123 . 33 . 41

423

Histoire de la
Gaspésie

Cet ouvrage est publié dans le cadre
de la collection « Les régions du Québec »,
dirigée par Fernand Harvey, chercheur à
l'Institut québécois de recherche sur la culture

Jules Bélanger
Marc Desjardins
Jean-Yves Frenette
avec la collaboration de Pierre Dansereau

Histoire de la
Gaspésie

Boréal Express/
Institut québécois de recherche sur la culture

Photo de la couverture:
le village de Cloridorme
(photo Charles Bernard)

Maquette intérieure
et maquette de la couverture,
photocomposition et montage:
Les Ateliers le Polygraphe Inc.

© Les Éditions du Boréal Express
Case postale 418, Station Youville
Montréal H2P 2V6

ISBN 2-89052-040-4

Dépôt légal: 4e trimestre 1981
Bibliothèque nationale du Québec

La nature a fait de la Gaspésie le lieu d'une lutte constante des hommes contre la mer, la forêt, la montagne et l'isolement. L'histoire de la Gaspésie témoigne d'une rude et interminable lutte pour la vie: les Amérindiens se disputèrent longtemps ce territoire de chasse et de pêche; les tentatives d'établissement des Européens sur ses côtes furent nombreuses et périlleuses; Acadiens déportés et Irlandais naufragés s'agrippèrent tour à tour à ses rivages inconnus; les marchands jersiais y construisirent leur monopole à même la misère de générations de pêcheurs sans défense et réduits au servage pour subsister. Depuis deux siècles, élus et chefs de file gaspésiens luttent sans cesse pour arracher aux divers gouvernements les moyens pour ce peuple de progresser normalement. L'histoire de la Gaspésie témoigne de cette force tenace et admirable qui habite les bâtisseurs du Québec.

Jules Bélanger

Avant-propos

Le 12 mars 1974, des membres de la Société historique de la Gaspésie s'entretenaient du futur Musée régional de Gaspé, lorsque l'un d'eux fit remarquer que s'il existait de nombreuses monographies de paroisses gaspésiennes, on attendait toujours une histoire générale de la région. Le projet de cette Histoire de la Gaspésie venait de naître et il fut résolu de lui donner suite sans plus tarder. Peu après, Marc Laterreur, historien gaspésien alors directeur du département d'histoire de l'Université Laval, acceptait de diriger le projet, d'en coordonner la recherche et de rédiger la version finale de l'ouvrage. Dès l'année suivante, le ministère des Affaires culturelles accordait à la Société historique de la Gaspésie une première subvention qui permettait de faire démarrer les travaux.

D'abord ralentis par diverses contraintes et difficultés, ces travaux furent brusquement interrompus par la tragique disparition de Marc Laterreur dans un accident d'avion le 23 juin 1978. Pour assurer la relève, il fallut reconstituer l'équipe et procéder à une redistribution des tâches. Les historiens Marc Desjardins et Yves Frenette rédigeraient les textes, sous la supervision du professeur Jean Hamelin; la révision du manuscrit final serait assumée par Jules Bélanger, président de la Société historique de la Gaspésie. Mais si le projet a pu être mené à terme, c'est grâce à la participation, à compter de décembre 1980, de l'Institut québécois de recherche sur la culture (IQRC). L'Histoire de la Gaspésie s'est dès lors inscrite dans un plus vaste projet d'histoire régionale, dirigé par Fernand Harvey.

Avant de raconter l'histoire des femmes et des hommes qui ont fait la Gaspésie d'aujourd'hui, il s'imposait de présenter le paysage gaspésien dans ses composantes minérales, végétales et animales. Nul n'était mieux désigné pour s'acquitter de cette tâche que Pierre Dansereau, écologiste de réputation mondiale et Gaspésien d'adoption depuis 1918. Yves Frenette s'est chargé de retracer l'histoire gaspésienne des origines à 1760: c'est la deuxième partie de l'ouvrage. Marc Desjardins a écrit l'histoire de la période écoulée entre 1760 et 1920, soit les troisième et quatrième parties. Desjardins et Frenette ont conjugué leurs efforts pour la cinquième partie, qui couvre la période 1920-1960. La sixième et dernière partie de l'ouvrage, qui traite des années 1960-1880, a été confiée à Jules Bélanger; elle se veut moins une histoire scientifique que le témoignage panoramique d'un Gaspésien qui a vécu de près les mutations qu'a connues la région au cours des vingt dernières années.

Les conjonctures politique, économique et sociale de l'histoire de la Gaspésie nous ont ainsi amenés à découper l'ouvrage en six parties. À travers ce découpage, nous avons généralement retenu l'approche thématique: elle nous a paru la meilleure pour mettre en relief les principales composantes de la vie gaspésienne. Parfois même, nous avons laissé de côté la suite chronologique des événements pour mieux saisir la continuité de certaines réalités ou encore pour éviter des répétitions inutiles.

Nous avons voulu écrire une histoire générale de la Gaspésie qui, tout en répondant aux critères de la recherche scientifique, soit au grand public. La narration de ce qui nous a paru la trame fondamentale de l'aventure gaspésienne des origines à nos jours ne pouvait donner qu'une synthèse, avec tous les raccourcis et sacrifices inhérents à un tel exercice. Cette Histoire ne raconte pas tout. Elle a probablement même passé sous silence des faits et gestes qui auraient mérité d'en remplacer d'autres que nous avons exposés. Il nous fallait faire des choix.

Nous avons cherché à présenter aux lecteurs une vue d'ensemble aussi équilibrée que possible; en même temps, nous espérons offrir aux chercheurs un instrument de travail qui les incite à entreprendre des recherches plus approfondies sur le passé gaspésien.

La documentation sur l'histoire de la Gaspésie se révèle abondante et particulièrement éparse. Pour une première synthèse, nous avons privilégié certaines sources: témoignages de contemporains, chroniques de voyageurs, d'explorateurs et de missionnaires, rapports de fonctionnaires et d'hommes politiques, journaux d'époque et imprimés gouvernementaux. Les archives de l'évêché de Gaspé, de même que la *Revue d'histoire de la Gaspésie* publiée depuis 1963 nous ont été particulièrement précieuses. Pour certains aspects, des travaux récents nous ont permis de limiter notre quête de sources. Ainsi, nous avons pu bénéficier des résultats des recherches d'André Lepage et de Roch Samson sur la pêche en Gaspésie au 19e siècle. Soucieux d'intéresser à la fois le lecteur moyen et le spécialiste, nous avons fait un compromis quant à l'appareil bibliographique: nous n'avons donné que les références qui nous paraissaient les plus utiles et nous les avons complétées par une orientation bibliographique générale.

Les limites géographiques de la Gaspésie n'ont jamais été précisées officiellement et elles ne le seront probablement jamais. À ce sujet, les opinions divergent et leur gamme s'étend de façon assez fantaisiste. D'aucun prétendent qu'on est en Gaspésie dès que, voyageant vers l'est, on a dépassé Québec ou Rivière-du-Loup. D'autres affirment que la Gaspésie commence à Rimouski. Un plus grand nombre considère que c'est la route de ceinture qui délimite le territoire et que la Gaspésie commence à Sainte-Flavie et inclut la vallée de la Matapédia. Nous n'avons pas essayé de trancher d'autorité la question. Nous nous sommes surtout intéressés au territoire compris entre Cap-Chat au nord et Ristigouche au sud, dont l'évolution historique a fait une région distincte. D'ailleurs, la création du district de Gaspé en 1788 et celle du comté du même nom en 1792 sont venues coiffer cette entité. On confirme la rationalité de ces limites en 1922, lorsqu'on créa le diocèse de Gaspé, qui les épousa. De toute la zone limitrophe, il est évident que la région de Matane-Cap-Chat est celle qui présente le plus d'affinités avec ce territoire. Aussi, nous faisons très souvent référence à ce secteur à cheval sur la Gaspésie et le Bas-Saint-Laurent.

*   *   *

Cette *Histoire de la Gaspésie* a nécessité la collaboration de plusieurs institutions et personnes à qui nous voulons exprimer notre gratitude. Le ministère des Affaires culturelles du Québec nous a consenti la grande part du financement dont nous avons eu besoin. Pierre Boucher, alors qu'il était sous-ministre à ce ministère, a parrainé notre projet avec beaucoup de compréhension et de détermination. La participation financière de l'IQRC a été tout aussi déterminante que la collaboration de son personnel. Nous avons également bénéficié du soutien du département d'histoire de l'Université Laval, du ministère de l'Éducation et du Service de l'éducation des adultes du Collège de la Gaspésie.

Pendant plus de deux ans, Farnand Harvey (à ne pas confondre avec son homonyme de l'IQRC) a effectué une partie de la recherche et effectué le premier jet de plusieurs thèmes pour les années 1867-1960. À la recherche générale, nous avons pu compter sur la collaboration de Yves Beauregard et de Céline Juneau. Réjean Lemoine et Micheline Gaulin ont collaboré à la rédaction de certaines sections consacrées à la période de 1945 à 1960. Claude Allard a participé à la révision des textes des périodes 1920-1960 et 1960-1980. Paul Joncas guida les chercheurs à travers les archives de l'évêché de Gaspé et il leur prodigua toute la collaboration dont sa riche expérience dans la vie religieuse du diocèse le rend capable. Il a également revu le chapitre sur l'histoire socio-religieuse de 1920 à 1960. Chantal Soucy, assistée de Jean-Marie Fallu, a patiemment rassemblé la documentation iconographique. Quant au travail cratographique, il a été effectué par le géographe Jean Gosselin.

Certains spécialistes ont bien voulu relire nos textes en première version et nous faire part de leurs remarques et suggestions. Ce sont Jacques Mathieu et Yves Roby, du département d'histoire de l'Université Laval, Jacques Frenette et Jean-Guy Deschênes, anthropologues, feu François de B. Gourdeau, ex-fonctionnaire au ministère de la Chasse et de la Pêche. D'autres nous ont apporté une assistance qu'il nous faut qualifier de spéciale. André Lepage s'est fait le lecteur critique de nos textes sur les pêches de 1760 à 1920, en plus de nous donner accès à ses propres manuscrits. Fernand Harvey, directeur de la collection « Histoire régionale » à l'IQRC, a relu patiemment nos textes et nous a donné de nombreux et fort utiles conseils. Jean Hamelin a été pour nous un guide sûr et stimulant. C'est avec une disponibilité remarquable qu'il a continuellement soutenu et orienté nos efforts, qu'il nous a encouragés en certains moments particulièrement difficiles et qu'il a mis à notre service sa longue expérience d'historien. Enfin, notre éditeur, Antoine Del Busso, a fait une lecture attentive de tous les textes.

Pour la correction des épreuves, nous avons bénéficié de la patiente collaboration de Paul Joncas, de Michel Lemoignan et d'Aurélien Lapierre. Nous avons reçu aussi l'aide des services techniques des secrétariats du Musée régional de Gaspé, de l'IQRC et du département d'histoire de l'Université Laval, paticulièrement de Georgette Huot. À la Bibliothèque de la Législature du Québec, nous avons toujours pu compter sur la disponibilité du personnel, en particulier de Gilles Gallichan.

Nous remercions sincèrement tous et chacun de ces collaborateurs sans qui la première histoire générale de la Gaspésie se ferait encore attendre.

Jules Bélanger
Marc Desjardins
Yves Frenette

1

Le paysage gaspésien

par Pierre Dansereau,
professeur d'écologie
Université du Québec à Montréal

L'histoire identifie les phases de l'occupation d'un paysage en suivant la trace des populations humaines qui s'y sont succédées. Elle rapporte les efforts et les conflits qui ont marqué la prise de possession et l'exploitation du territoire. L'écologie est, en quelque sorte, sous-jacente à l'histoire puisqu'elle fait l'inventaire des ressources et définit le dynamisme des forces qui les animent.

La prise de possession par l'homme peut se traduire par une série de bilans où la capacité de survie et le niveau de développement sont conditionnés par les éléments positifs de l'environnement, c'est-à-dire les *ressources* (chaleur, eau, sol, végétation, faune, information, services) et ses aspects négatifs, c'est-à-dire les excès et déficiences de ces mêmes ressources (froid, érosion, rareté et maladies des plantes et animaux, mésinformation, absence de services), autrement dit: ses *contraintes.*

Ces estimés fondamentaux reflètent l'alignement des forces permanentes du paysage que même la venue de l'homme technologique ne saurait neutraliser. Un inventaire des *écosystèmes naturels* nous offre donc la toile de fond sur laquelle se déroulent les destins de notre espèce. La guerre de Troie, la décadence de Babylone, les Croisades, la colonisation du Nouveau Monde et de l'Australie ne s'expliquent pas sans la connaissance des climats, des sols, des végétations et des bêtes sauvages qui précède la séquelle des investissements humains et des contrôles institutionnels. Westing vient de dresser un bilan de l'écologie des conflits armés qu'on peut lire parallèlement à la grande histoire de Toynbee ou de McNeill pour mieux étayer la vision des impacts irréversibles et des lentes cicatrisations[1].

Le paysage gaspésien porte la marque de plusieurs étapes de l'économie humaine, puisqu'il y subsiste de vastes étendues encore aujourd'hui soustraites à l'impact humain, que la chasse et la pêche y persistent et qu'on y trouve des zones agricoles et industrielles et des établissements urbains. Pour bien comprendre l'état actuel de l'occupation humaine de la Gaspésie et pour suivre le fil historique de son développement, on examinera successivement *la base biophysique et ses contraintes, les zones bioclimatiques,* et *l'état actuel de l'occupation des terres.* Ce tableau sera dressé dans une *perspective écologique,* c'est-à-dire en appliquant les concepts unificateurs de la science de l'environnement.

La perspective écologique

Le cadre historique dans lequel se place la présente introduction ne permet pas une définition détaillée des termes et des principes de l'écologie[2]. Dans

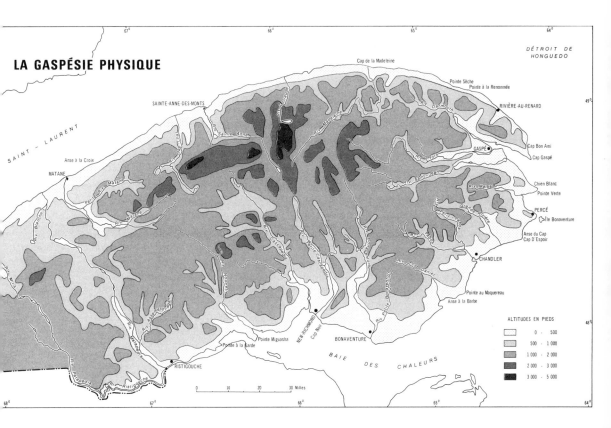

LA GASPÉSIE PHYSIQUE

un bref raccourci, contentons-nous donc d'esquisser les notions fondamentales des *concepts écologiques* et de les appliquer aux éléments les plus visibles du paysage gaspésien.

La notion d'*écosystème* est désormais assimilée par les économistes eux-mêmes et elle est aussi passée dans la langue des journalistes. Ce qu'il faut en retenir d'essentiel, c'est la *dépendance des êtres vivants* vis-à-vis leur milieu physique (qui les pourvoit des ressources indispensables et leur impose des contraintes); c'est aussi l'*interdépendance* des êtres vivants entre eux; c'est enfin la *nature du cyclage* qui permet des transferts de toute sorte.

Les écosystèmes, dans le monde, sont excessivement nombreux. Ils sont souvent interdépendants, et surtout ils révèlent une large gamme d'adaptations. Aussi ne doit-on pas perdre de vue la forêt tropicale, les savanes africaines, les déserts mexicains et la toundra arctique si l'on veut bien comprendre, en Gaspésie, la forêt, la tourbière, le marais salé, les corniches

Figure 1.
La forêt boréale de
sapins, épinettes et
bouleaux, typique de la
Gaspésie, à rivière Cas-
capédia,

d'oiseaux de mer, et les pâturages. C'est l'aspect dynamique de ces milieux qui nous révélera leur potentiel (et par conséquent leur avenir possible) et qui nous éclairera sur leur équilibre actuel (et comment il a été atteint dans le passé).

La phase gaspésienne (figure 1) de cette grande forêt de conifères qui s'étend de l'Atlantique au Pacifique est considérée comme un *climax régional*, c'est-à-dire une formation végétale enracinée dans les terres bien drainées qui se maintiendra telle quelle aussi longtemps que le climat lui-même ne subira pas de changement important. Une stabilité presque aussi grande se manifeste dans la tourbière (figure 2), mais à condition que le drainage continue d'être bloqué. Le marais salé (figure 3), au contraire, est le résultat du conflit incessant des sédiments déposés par les rivières et par la mer et de leur remaniement par les crues et par les marées. Les masses végétales qui se développent sur ces sites sont fort différentes: de grands arbres (sapins et épinettes) ancrés dans un sol bien aéré et riche dominent de nombreuses herbes, mousses et lichens dans la forêt; des arbustes rabougris plongent leurs racines dans un épais tapis de mousses stagnantes dans la tourbière; un pré très dense d'herbes résistantes au sel et au mouvement des eaux est ancré dans une boue assez instable.

La haute productivité de la forêt et du marais salé offre l'abri et la nourriture à d'innombrables animaux, alors que la tourbière, plutôt stérile, est moins accueillante.

À vrai dire, beaucoup d'animaux doivent se déplacer d'un écosystème à l'autre pour subvenir à leurs besoins de nourriture, d'abri et de reproduction. Les falaises de l'île Bonaventure (figure 4) en fournissent l'exemple classique: les margaulx (de même qu'une demi-douzaine d'autres oiseaux de mer) vivent en colonies denses sur les corniches de pierre friable; mais ils doivent rapailler des algues et des plantes terrestres pour bâtir leurs nids et pêcher les poissons dans la mer pour se nourrir. Chaque hiver, ils se lancent à la nage vers les mers du sud d'où ils reviennent au printemps.

D'autres animaux (chevaux, vaches, moutons) n'occupent que des prairies défrichées pour eux à même la forêt ou à la suite du drainage des marais. Ces pâturages (figure 5), semés d'herbes européennes, sont exposés à la constante invasion par les plantes du pays (verges d'or et aulnes) et subissent même la menace du retour de la forêt.

Un écosystème, ici comme ailleurs, diffère donc d'un autre d'abord par ses *occupants*: épinette, orignal, fauvette dans la forêt; sphaigne, cassandre, fourmi, grive dans la tourbière. La biomasse (poids total de la matière vivante, végétale et animale) est très variable aussi par son volume (forêt/tourbière), par sa productivité (tourbière/marais salé), par sa stabilité (forêt/pâturage), par le rapport végétal/animal (tourbière/corniches).

L'application de la notion d'écosystème nous permet donc d'analyser les mosaïques régionales, depuis les côtes très accidentées jusqu'aux sommets

Figure 2.
Une tourbière gaspé-
sienne avec son matelas
de mousses, ses arbustes
rabougris et ses épi-
nettes dispersées, au
Mont Albert.

Figure 3.
Le marais salé qui
borde la lagune enclose
dans un barachois, à
Métis.

Figure 4.
Les corniches de l'île
Bonaventure, habitat
des grandes popula-
tions de margaulx.

Figure 5.
Un pâturage gaspésien
aux herbes courtes et
abondantes, à Percé.

alpins, afin de projeter sur la toile de fond du dynamisme naturel les événements du passé et la trace qu'ils ont laissé sur le paysage actuel.

La base physiologique et ses contraintes

Les ressources d'un paysage dépendent avant tout de son histoire géologique. Les dépôts successifs, depuis les époques les plus anciennes, sont toujours l'objet de l'exploitation par les plantes et les animaux qui y vivent aujourd'hui. Le climat exerce un rôle prépondérant en fournissant l'eau et la chaleur qui, sous leurs diverses formes et rythmes saisonniers, favorisent ou limitent l'activité biologique et humaine. La flore et la faune dans leurs migrations passées comme dans leurs mouvements actuels sont la matière même de l'investissement du paysage.

On se demandera donc, en comparant la Gaspésie avec la plaine de Montréal, les Laurentides (et même la France ou la Nouvelle-Zélande), quelles sont les caractéristiques de la roche-mère, du climat, de la flore et de la faune?

"La figure 6 fait voir le relief de la péninsule, soit un massif central surélevé (les monts Notre-Dame d'où émergent les Chic-Chocs), point terminal des Appalaches, dont l'autre extrémité est dans l'Alabama. Le rebord septentrional est plutôt escarpé, alors que la face sud est atténuée par des plateaux et un piémont que borde la baie des Chaleurs. Le cours des rivières connaît un régime torrentiel qui chaque année peut déplacer ou remodeler les platières. "

Deux ères géologiques ont contribué au relief et aux formes de terrain actuels. Les roches précambriennes qui affleurent partout au nord du Saint-Laurent sont à peu près absentes, alors que les dépôts du primaire sont partout présents et forment l'infrastructure de la péninsule. Du cambrien (vieux de 570 à 500 millions d'années) au permo-carbonifère (280 à 225 millions d'années), ces couches géologiques conservent à l'état fossile les invertébrés (brachiopodes, trilobites), les poissons et les premières plantes vasculaires (ancêtres des prêles et des fougères) qui trouvaient leur subsistance dans la mer ou dans d'immenses marécages.

Les ères suivantes (secondaire: 225 à 65 millions d'années; tertiaire: 65 à 3 millions d'années) n'ont pas laissé de tels témoins. En fait, elles n'ont laissé aucune trace, si ce n'est les failles, les soulèvements et l'érosion qui

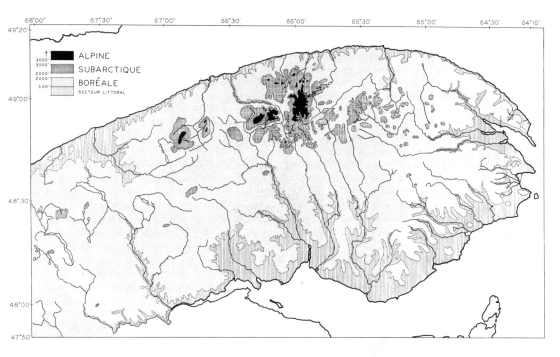

ont si fortement déplacé des dépôts horizontaux en les redressant (figure 7) et les plissant (figure 8).

Figure 6.
Carte de la Gaspésie montrant les zones bio-climatiques approxi-mativement délimitées par l'altitude.

Il restait à l'ère la plus récente, le quaternaire (qui a député il y a environ 3 millions d'années), à couvrir la péninsule à plusieurs reprises d'une épaisse couche de glace qui devait même déprimer les massifs et les collines et permettre à une partie de la plateforme continentale de sortir de la mer. Le retrait des glaciers a partout creusé de nouvelles vallées, formé des estuaires et des barachois, laissé des cuvettes sans drainage extérieur, amon-celé des moraines à gros blocs. Il a aussi permis aux terres soulagées de son poids de se surélever.

Les détails de cette histoire très ancienne qui a déterminé le relief ont été étudiés à fond[3], de même que les événements plus récents (quaternaires)[4], qui sont plus importants à connaître pour comprendre, d'une part, la formation des sols et, d'autre part, la distribution actuelle des plantes et des animaux.

Le microrelief et les sols eux-mêmes qui nourrissent les plantes sont fortement influencés par le climat. Celui de la Gaspésie se ressent un peu moins qu'on pourrait croire du voisinage de la mer, qui pourtant main-tient les températures souvent plus basses l'été et plus hautes l'hiver. Pour expliquer la durée de la saison de croissance et les intempéries, il faut

Figure 7.
Le Mont-Joli, à Percé,
montrant le redresse-
ment des anciens
dépôts marins causé
par un mouvement de
la croûte terrestre.

invoquer les régimes atlantique et continental qui s'affrontent, les effets de l'altitude, et les variations locales de chaleur et de précipitation[5]. À tout prendre, c'est un climat continental à grands écarts, sans période sèche. Le relief et les vents influencent les dépôts de la neige, par exemple sur les falaises littorales où l'on rencontre des plantes qui doivent être fortement résistantes aux intempéries puisqu'elles ont peut-être survécu sur place aux allées et venues des glaciers.

La flore gaspésienne attire depuis longtemps l'attention des botanistes, car elle comporte des éléments « rares »[6]. Ce n'est évidemment pas la rareté elle-même qui importe; c'est plutôt le témoignage historique qu'apportent ces plantes. Ainsi, dans le golfe Saint-Laurent plusieurs espèces ont leurs plus proches stations dans les Rocheuses (le chardon de Mingan, la verge-rette composée, le sainfoin alpin); d'autres sont fort répandues dans les milieux alpins et arctiques (la camarine, l'armérie, le saxifrage pourpre); et certaines ne débordent pas la zone du golfe Saint-Laurent lui-même (pâtu-rin des sables, renouée de Fowler, grande puccinelle). Ces plantes curieuses sont, pour la plupart, réfugiées sur les falaises et les éboulis, ou sur les platières rocailleuses, tous habitats instables et fort exposés aux intempéries.

Mais la masse de la végétation est composée d'espèces boréales, associées à la forêt canadienne (de l'Atlantique au Pacifique), soit le sapin, les épinettes, le bouleau blanc, les quatre-temps, la savoyane, etc. D'autres espèces également abondantes appartiennent plutôt aux Appalaches (l'as-ter acuminé), au complexe des Grands-Lacs — Saint-Laurent (le pin blanc, le muguet des bois, la clintonie) ou même à la forêt décidue qui s'étend du Mississippi à l'Atlantique en débordant les Appalaches et en entourant les Grands-Lacs (érable à sucre, claytonie de Caroline, ciguë maculée). Les plantes introduites d'Europe et d'autres continents sont quelquefois encore plus en évidence dans le paysage que les indigènes, qu'elles soient cultivées (le mil, l'avoine, les pommes de terre) ou mauvaises herbes (la marguerite, le pissenlit, les épervières, le jargeau, les chardons, le chiendent...).

La couverture végétale actuelle reflète donc assez faiblement les événe-ments antérieurs à la glaciation. Elle fait surtout voir l'accord avec le climat actuel et les reliques de temps (post-glaciaires) un peu plus chauds et beaucoup plus froids.

La faune que nourrit et abrite la matrice végétale est elle-même influen-cée par le passé. La plupart des mammifères boréaux sont présents, sauf le loup et peut-être le carcajou. Les grands cervidés (orignal, chevreuil, caribou) occupent des habitats différents. Musaraignes, écureuils, campa-gnols, souris sauteuses, lynx, martres, hermines, visons et loutres sont fréquents sinon nombreux.

La faune ornithologique est assez riche. Outre les pittoresques oiseaux

de mer (margaulx, pingouins, mouettes, goélands, marmettes, godes)[7], et la sauvagine (oies, canards, grèbes), tout un peuple de passereaux (pinsons, fauvettes) occupe les bois et les champs, les plages et les marais.

Figure 8.
Le Gros Morne, un cap rongé par la mer qui exposé les plis et les replis laissés par les haussements, les tassements et les failles.

Les zones bioclimatiques

Le décor naturel de la Gaspésie se répartit donc en trois grandes zones, selon l'altitude et le relief (figure 6). Le bioclimat, en effet, est fort différent du niveau de la mer jusque vers 2 000 pieds (zone boréale); puis de 2 000 à plus ou moins 3 000 pieds (zone subarctique ou subalpine); et enfin au-dessus d'environ 3 000 pieds (zone alpine). Ces trois paliers abritent chacun une flore, une végétation et une faune caractéristiques. La figure 9 fait voir le patron général de la zonation en altitude dans l'Est de l'Amérique du Nord.

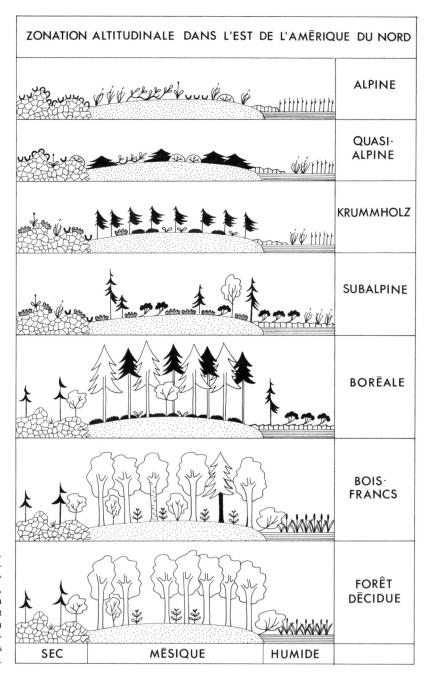

Figure 9. La zonation de la végétation dans l'est de l'Amérique du Nord, depuis le niveau de la mer jusqu'au sommet des montagnes. On trouve dans les Chic-Chocs toutes ces formes de végétation.

Figure 10.
Le littoral gaspésien comporte une grande variété de plages, de récifs, de promontoires, de falaises, de plateaux; à Percé.

Figure 11.
Vers 2 000 pieds, la forêt boréale s'éclaircit quelque peu pour former un parc ou une savane de caractère subalpin.

Figure 12.
Au-delà de la limite des arbres, les pentes et les sommets des Chic-Chocs abritent des pelouses rases ou encore une toundra d'arbustes rampants (Mont Jacques-Cartier).

La zone boréale contient un secteur littoral (en dessous de 500 pieds), qui est, de loin, le plus important et le plus diversifié avec ses falaises, promontoires, barachois, vallées à fond plat et collines à pente douce, où domine la forêt de conifères (figure 10).

La zone subarctique est limitée à un plateau où les arbres sont plus petits et plus espacés (figure 11); tandis que la zone alpine occupe les sommets isolés des Chic-Chocs, se place au-delà de la limite des arbres et se trouve recouverte d'une toundra semblable à celle des régions arctiques (figure 12).

À l'intérieur de chaque zone, selon la physiographie, la roche-mère, la pente, le drainage, les ressources du sol et du climat subissent des assemblages qui engendrent des écosystèmes différents. Le tableau 1 est un essai de classification simplifiée qui rend compte des pièces de la mosaïque végétale[8]. Une description complète exigerait une analyse de chacun de ces types de végétation.

Tableau 1.1. Les formes de relief de la péninsule de Gaspé, leurs régimes physiographiques et la distribution des habitats dans les trois aires bioclimatiques: la zone boréale caractérisée par la forêt canadienne, la zone subalpine où domine la savane tempérée et la zone alpine de la toundra. Les types de végétation correspondant aux habitats sont donnés à titre d'exemple et ne constituent pas un inventaire.

Relief et régime physiographique	Forme-de-relief	Habitat	Végétation des trois zones bioclimatiques		
			Boréale	Subalpine	Alpine
ABRUPT (érosion)	A. Falaise	Paroi	Touffes isolées de fougères et plantes herbacées, plaques de mousses		
		Crevasse	Bosquets de cèdres et de bouleaux		Touffes de fougères
		Corniche	Pelouse très dense	Pelouse graminoïde assez ouverte	
		Promontoire	Fourré de conifères	N.A.*	N.A.
		Cran	Tapis de génévriers et de camarine	N.A.	N.A.
		Éboulis	Fourré de cèdres, érables à épis, bouleaux	Aulnaie	Toundra à bouleaux nains
	B. Ravin	Fond	Saulaie	Aulnaie	N.A.
		Lèvre	Aulnaie	Mégaphorbiée (hautes plantes herbacées)	Saulaie
		Combe	N.A.	N.A.	Touffes de plantes herbacées
	C. Talus	Éboulis	Fourré de cèdres, érable à épis, bouleaux	Aulnaie	Toundra à bouleaux nains
	D. Dune	Dune	Savanes d'épinettes à bleuets	N.A.	N.A.

Peut-être convient-il, toutefois, de signaler dans chaque subdivision des conditions écologiques qui ont un intérêt particulier, soit à cause de réponses biologiques peu communes, soit à cause de leur importance pour l'homme.

‖Ainsi, le complexe littoral (figure 10) à l'embouchure des rivières forme une mosaïque d'une grande beauté: le barachois, cette longue barre de sables refoulés par les courants marins, abrite une prairie de blé-des-sables où fleurit le pois-de-mer. Là où cette formation est très large, comme à Penouille, il se forme une savane d'épinettes à tapis de lichens blancs et de hudsonias argentés. Dans la lagune, les îlots de marais salé sont rougis par

Tableau 1.1. (suite)

Relief et régime physio-graphique	Forme-de-relief	Habitat	Végétation des trois zones bioclimatiques		
			Boréale	Subalpine	Alpine
MOYEN (érosion et sédi-mentation)	E. Colline	Versant	Forêt de sapins et d'épinettes	Savanes d'épinettes, bouleaux, lichens	Toundra
	F. Rivière	Lit	Potamaie	Potamaie	N.A.
		Grève et berge	Saulaie, peupleraie	Peupleraie	N.A.
		Plage	Élymaie	Prairie à foin bleu	Pelouse très dense
		Platière	Saulaie à cornouillers	Aulnaie	
		Levée	Peupleraie, ormaie	N.A.	N.A.
		Ruisseau	Potamaie	Potamaie	Pelouse d'épilobes
PLAT (sédi-mentation)	G. Plaine	Marais et fossé	Typhaie	Scirpaie	Scirpaie
		Sablière	Onagres et verges d'or	N.A.	N.A.
		Gravière	Bétulaie	Bétulaie	Toundra
	H. Plateau	(Variable)	Forêt de sapins et d'épinettes	Savane d'épinettes, bouleaux, lichens	Toundra
		Felsenmeer	N.A.	N.A.	Croûte de lichens

la salicorne et tapissés de joncs noirs, de laîches jaunes, de spartines vertes. Ailleurs, des ramparts de sable ou de gravier, dans le désordre du retrait des glaces, ont bloqué le drainage, et des tourbières se sont formées, comme de grosses éponges: elles se couvrent de fleurs roses (rhododendron, kalmia, andromède, atocas) ou blanches (thé-du-Labrador, chicouté, smilacine, cassandre) et on y rencontre des plantes carnivores (rossolis, sarracénies); on y enfonce dans un épais matelas suintant de mousses (sphaignes).

La forêt présente un grand nombre de variations, depuis la dominance des trembles et des bouleaux après le feu ou la coupe (figure 19), jusqu'à la forêt d'épinettes (figure 1).

Les hauts plateaux, un peu froids, sont dominés par l'épinette noire, mais sa croissance est plus faible, et surtout l'espacement est plus prononcé, de sorte qu'on est plutôt en présence d'un parc ou d'une savane (figure 11) que d'une forêt dense.

Tableau 1.1. (suite)

Relief et régime physio-graphique	Forme-de-relief	Habitat	Végétation des trois zones bioclimatiques		
			Boréale	**Subalpine**	**Alpine**
DÉPRIMÉ (sédimentation)	I. Bassin clos	Tourbière	Fourré de cassandra-Kalmia-thé du Labrador		Pelouse de rouches, laîches
		Lac, étang, mare	Nénupharaie et potamaie		Isoétaie
	J. Littoral	Platière	Saulaie à cornouillers	Aulnaie	N.A.
		Grève et berge	Saulaie, peupleraie	Peupleraie	N.A.
		Plage	Élymaie	Prairie à foin bleu	Pelouse très dense
		Bande intertidale	Marais salé à spartines	N.A.	N.A.
		Lagune	Zostéraie	N.A.	N.A.
	K. Barachois	Marais et fossé	Typhaie	Scirpaie	Scirpaie
		Levée	Peupleraie, ormaie	N.A.	N.A.
		Plage	Élymaie	Prairie à foin bleu	Pelouse très dense
	L. Mer	Mer	Herbier de laminaires	N.A.	N.A.

* N.A.: non applicable.

Source: Dansereau, Pierre. « Biogéographie », *Encyclopaedia Universalis*, 3:293-301. 1968.

Ⅱ Quant aux sommets alpins, les arbres, de plus en plus rabougris et taillés par le vent (krummholz: voir figure 9), finissent par disparaître. La toundra et la pelouse (figure 12) abritent un grand nombre de plantes qu'on ne retrouve pas à plus basse altitude: le saule herbacé, le bleuet alpin, le silène acaule, la lychnide alpine, l'armérie, le rhododendron lappon, etc. Ⅱ

L'impact humain: état actuel de l'occupation

L'action de l'homme a débuté, après le retrait des glaciers, par l'occupation amérindienne qui a laissé peu de traces. La prise de possession du territoire par les Français, puis par les Anglais, a posé sa marque de diverses façons que l'on peut évaluer selon une échelle de l'escalade du pouvoir humain.

Ceci nous amènerait à cartographier la Gaspésie en représentant d'une façon appropriée: A) les paysages laissés à l'état naturel (ou revenus à la nature après l'abandon); B) les défrichements et cultures, en faisant une part importante à la pêche et à la forêt; C) les réseaux de communication et les industries; et finalement, D) l'urbanisation.

C'est évidemment le premier objectif d'un ouvrage historique que de faire voir dans l'état actuel d'un paysage le résultat de toutes les influences qui s'y sont exercées. Cela est nécessaire à une explication des effets statiques et dynamiques que les contemporains peuvent observer. Or, cela n'est pas moins utile à une perspective qui cherche à retrouver des potentiels négligés ou sous-exploités, des occasions manquées, des échecs constructifs.

Cette rétrospective du développement historique est l'arrière-plan sur lequel on peut projeter les contraintes majeures et les tendances lourdes pour dégager les «faits porteurs d'avenir» auxquels le système de valeurs ne peut échapper[9]. Autrement dit, les choix permis et les hypothèses futuristes vraisemblables sont axés sur le potentiel du paysage autant que sur les courants économiques et sociaux régionaux et mondiaux. Le tableau 2 est un essai d'alignement de ces forces dont la prédominance changeante modifiera l'aménagement et la gestion du territoire.

De telles notions ne manqueront pas de surgir fréquemment dans le présent ouvrage. Aussi ne tenterai-je pas d'anticiper sur les diverses formes qu'a pu assumer l'occupation de la Gaspésie par l'homme. Je me contenterai de dégager les principaux points de repère dans le paysage actuel qui témoignent de la diversité et de la relative intensité de l'exploitation des ressources de la péninsule.

Les années 70 ont été très productives pour les sciences de l'environnement. Elles ont singulièrement abondé en essais d'intégration des sciences naturelles et des sciences humaines. La méthodologie de l'*écodéveloppement* a pris des tangentes diverses selon que la poussée venait de la biologie ou de la sociologie. Les travaux de Dorney, de Coleman à Waterloo, ceux de Jurdant *et al.* à la baie James, faisant suite aux propositions de McHarg, Leopold *et al.*, Sachs et bien d'autres[10], ont conduit à l'élaboration de « matrices d'impact » à pondérations déplaçables qui accusent l'état encore pionnier de cette nouvelle synthèse.

Ayant contribué moi-même à ce concert[11], je ne m'arrêterai ni à la critique ni à l'autocritique de cette méthodologie, mais j'appliquerai résolument mes propres concepts au territoire gaspésien.

J'ai voulu aussi contribuer à une technique cartographique de l'occupation des terres, plus écologique et moins exclusivement empirique et utilitaire que celles dont nous disposons déjà. Cette classification[12] est basée sur l'escalade de l'impact humain sur le paysage. On y tient compte de la libération progressive des énergies de la matière qui a permis à l'homme des extensions toujours plus puissantes de son pouvoir d'exploitation du monde minéral, végétal, animal et, en fin de compte, humain. Cela passe par l'instrumentation, le feu, l'agriculture, la domestication, l'industrie, l'urbanisation, la conquête de l'air, de l'espace et de l'atome[13].

Il n'est pas question, ici, d'un sondage en profondeur de ces phénomènes adaptifs de la prise de possession de la planète par l'homme. Contentons-nous d'une simple application à la Gaspésie de la grille d'interprétation de l'occupation des terres que propose le système en question. Une telle classification, basée sur l'escalade de l'impact humain, a pour division majeure quatre volets: A) la nature, B) la campagne, C) l'industrie, D) la ville. Les processus dominants sont fort différents, et se définissent de la façon suivante.

A) Dans la *nature*, le libre jeu de l'hérédité et du milieu (les *processus indigènes*) a permis une adaptation à long terme des espèces et des écosystèmes. Le simple fait de la présence d'un grand nombre d'espèces révèle la prédominance de la survivance sur l'efficacité. En général, tous les niveaux d'exploitation sont actifs: transformation des substances minérales en matière végétale, absorbée ensuite par les animaux.

B) Dans la *campagne*, la sélection artificielle s'est très tôt substituée à la sélection naturelle, et les *processus agrigènes* ont dominé. C'est dire que l'hérédité des espèces animales et végétales a été contrôlée en vue de fonctions et productions privilégiées et que le milieu lui-même a été de bien des façons soustrait aux forces de son dynamisme naturel. Les cultures sarclées, les grains, les légumes, le pâturage sont surveillés et renouvelés par le

Tableau 1.2. Les contraintes et les tendances lourdes en Gaspésie et les faits porteurs d'avenir répartis à chaque niveau de l'exploitation du territoire.

Niveau écologique	Contraintes	Tendances lourdes	Faits porteurs d'avenir
Contrôle	Faibles investissements fédéraux Administrations provinciales lointaines Municipalités pauvres Groupements civiques et religieux faibles	Pêcheries négligées Foresterie et agriculture précaires Industries peu expansives	Décentralisations administratives fédérales et provinciales Regroupements municipaux Amélioration de l'éducation
Investissements	Mise sur le marché du poisson Population résidente réduite Investissements limités Éloignement des centres Saison courte	Mécanisation de la pêche Émigration Prudence des investissements Amélioration lente des transports Tourisme plafonné	Demande accrue des produits de la mer Diversification du travail Innovations artisanales et culturelles Augmentation des durées de séjour Hôtellerie et restaurants améliorés
Animaux	Dispersion Ignorance de la faune	Braconnage Pêche abusive Indifférence de la population	Diversité et abondance de la faune marine et terrestre Amour accru de la nature
Végétaux	Construction de routes Faible croissance annuelle Ignorance de la flore	Destruction des habitats naturels Rendements relativement bas	Flore d'intérêt scientifique et esthétique Amélioration génétique et technique des plantes domestiquées
Minéraux	Mer fertile Sols pauvres Climat froid Relief escarpé	Productivité réduite des terres et forêts Coût élevé du chauffage et du déblayage Difficultés de la construction	Organisation des sports d'hiver Beauté du paysage Richesses des mines

cultivateur.

C) Dans l'*industrie*, ce sont les *processus fabrigènes* qui dominent les écosystèmes. Autrement dit, l'adduction de matières premières, le design et la manipulation conduisent à une chaîne technologique (assez semblable à la chaîne alimentaire dans la nature) qui livre un produit. Ce sont les routes et les véhicules, les ateliers et les usines qui font appel à l'invention.

D) Dans la *ville*, les *processus urbigènes* consistent surtout en une occupation très dense de l'espace par l'homme, en une forte consommation de biens importés et en une exportation d'investissements, en même temps qu'une extension importante du contrôle. Outre l'agglomération des résidences, la prolifération des commerces, il y a la puissance des institutions civiles et religieuses, financières et techniques et le poids grandissant de l'information.

Les paysages du monde sont d'abord caractérisés, à ce premier ordre de grandeur, par l'importance relative des quatre volets. Le bleu (sauvage, A), le vert (rural, B), le jaune (industriel, C) et le rouge (urbain, D) sont répartis d'une façon très révélatrice sur la carte dans l'espace et dans le temps. Du 18e au 20e siècle, New York et Montréal ont vu le vert remplacer le bleu, le jaune former un réseau assez dense, et finalement le rouge déborder sur toute la surface.

Si la Gaspésie, dans son ensemble, demeure sauvage, il n'en est pas moins important de nous demander quelles formes ont été assumées dans les quatre volets. Cela conduit à un second ordre de grandeur où se situent les *blocs*, c'est-à-dire des catégories d'occupation de l'espace regroupées selon leur relative dépense énergétique.

Un inventaire plus détaillé permettrait d'examiner les formes précises d'occupation une à une, et de repérer tous les types qui se rencontrent sur le territoire gaspésien. Contentons-nous d'un survol rapide qui identifie l'aspect caractéristique de l'occupation des terres en Gaspésie. On pourra, en même temps, prendre conscience des principaux problèmes responsables de l'harmonie et du désordre dans l'environnement[14].

NATURE SAUVAGE: PARCS ET RÉSERVES

On peut dire que la plus grande partie de la péninsule se trouve, à l'heure actuelle, à l'état sauvage. La décadence de l'agriculture a même permis le retour de la végétation spontanée sur des pâturages et des champs cultivés. Le village de Percé en fournit un bon exemple, puisque les aulnes ont peu à peu réenvahi des terres cultivées (figure 13), en attendant un développement domiciliaire ou commercial.

Le sort réservé aux plantes et aux animaux sauvages, en Gaspésie, est étroitement lié à la psychologie et au système de valeurs des Gaspésiens eux-mêmes, mais aussi à l'influence des autres Québécois et Canadiens. À ces trois paliers de contrôle, des pressions contradictoires ont été une source de conflits.

Les Gaspésiens de langue française partagent avec les autres Québécois une relative indifférence vis-à-vis la nature. Contrairement aux Anglo-Saxons, ils n'avaient pas grandi dans une tradition respecteuse des sols, des plantes et des animaux. L'esprit pionnier québécois proclamait volontiers: « L'arbre, c'est l'ennemi ». La forêt leur paraissait, par ailleurs, inépuisable, de même que les animaux sauvages (mammifères, oiseaux, poissons).

On aura vu des entrepreneurs locaux gruger les falaises pittoresques qui font le charme (et la valeur touristique) de Percé pour en vendre la « gravelle » au Ministère de la Voirie. Celui-ci, à son tour, aura entamé les versants de la Grande Coupe (au nord de Percé), créant des éboulis très dangereux et annulant le travail des centaines de millions d'années qui avaient créé ce pittoresque relief.

On aura vu, aussi, des braconniers abattre les caribous des Chic-Chocs et même en vendre la chair en conserve. On peut se demander aussi dans quel état seront demain les populations de saumon. Nous vivons actuellement un conflit où s'opposent les Amérindiens, les gouvernements du Québec et du Canada et les concessionnaires américains.

Figure 13.
Les prairies et les pâturages abandonnés sont bientôt envahis par les aulnes, à Cannes-des-Roches.

L'histoire du mouvement conservationniste aboutit aujourd'hui au choix dramatique entre la société de consommation et la société de conservation[15]. Le Canada a planté quelques-uns des premiers jalons en créant, au siècle dernier, de grands parcs nationaux dans l'Ouest. Il faut bien reconnaître que ces enclaves soustraites à l'exploitation n'entravaient guère alors les opérations rentables de l'économie canadienne. Il en allait autrement au Québec et dans l'Ontario, qui n'ont accepté de créer de tels parcs que tout récemment. (Qu'on se tourne vers la France pour constater une réticence analogue.)

L'Ontario et le Québec, par ailleurs, avaient institué des parcs provinciaux administrés selon des critères et avec une surveillance beaucoup moins sévères que dans les parcs nationaux. Dans le parc de la Gaspésie, on a toléré non seulement la coupe du bois mais l'industrie minière!

Cela étant dit, deux réserves s'imposent. Premièrement, des scientifiques québécois avaient adopté, dès le siècle dernier, une attitude nettement conservationniste et ce mouvement n'a fait que s'intensifier au cours des générations suivantes. Les grands naturalistes, depuis Mgr Laflamme, l'abbé Huard et l'abbé Provancher, jusqu'au frère Marie-Victorin, Georges Maheux, Jacques Rousseau, René Pomerleau et ceux qui ont suivi leurs traces, ont milité en faveur de la protection de la nature. Mais les gouvernants provinciaux ont été très lents à formuler une législation adéquate et à exercer une surveillance efficace. Les retombées du Programme biologique international (1964-72) ont été fort heureuses à ce point de vue, car le « Conseil consultatif des réserves écologiques » en a résulté et le Québec ne compte pas moins de cinq réserves approuvées par l'État[16].

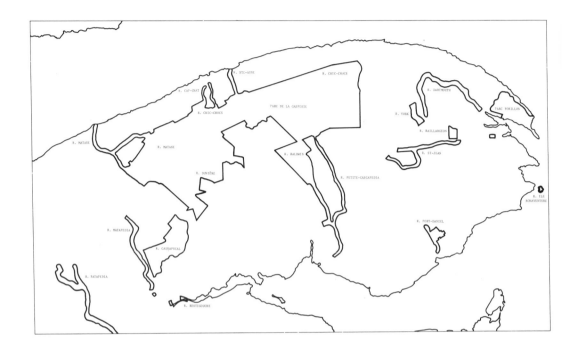

Figure 14.
Carte montrant les
parcs et réserves de la
Gaspésie.

La figure 14 fait voir où sont situées, actuellement, les aires protégées en Gaspésie. Le parc fédéral de Forillon est assez récent. La protection totale est venue tard, mais elle est désormais efficace. Quant au parc provincial de la Gaspésie, ses frontières ont plusieurs fois changé et elles sont encore menacées. La quinzaine de réserves est en partie l'effet du déclubbage, et ces zones présentent une grande variation dans la préservation de l'état sauvage.

Il n'est pas nécessaire d'appliquer une grille marxiste-léniniste à la gestion des parcs et réserves pour y retrouver des symptômes d'aliénation des populations locales auxquelles on impose à la fois un système de valeurs étranger (philosophie naturaliste anglo-américaine) et une privation possible de ressources locales (bois, poisson, gibier). Un certain « élitisme » est peut-être installé au coeur du mouvement de conservation de la nature. Si on lui fait un procès d'intention, il faudra commencer par reconnaître l'irréversibilité des dégâts qui se seraient produits en son absence.

En 1981, nous disposons de bons inventaires, d'une meilleure compréhension des équilibres naturels, d'une science plus certaine en matière d'aménagement et d'une opinion publique plus éclairée. Les contestations diverses engagées depuis 1960 ont apporté une redéfinition des objectifs et

des limites des parcs, une « déclubbation » qui vient à son heure, et de nouvelles habitudes de récréation chez une population plus consciente de la vulnérabilité des équilibres naturels.

La chasse n'a sans doute jamais été qu'une recette accessoire dans l'économie familiale gaspésienne. Aujourd'hui, elle est un sport assez sévèrement réglementé.

La faune de mammifères, d'oiseaux et de poissons est assez riche, encore que la position péninsulaire de la Gaspésie et les vicissitudes glaciaires aient pu limiter l'accès ou la survivance de plusieurs espèces.

Par contre, les trois grands ongulés sont présents: l'orignal qui y trouve son optimum écologique, le chevreuil dont l'aire s'est agrandie, et le caribou qui a bien failli disparaître[17] comme ce fut le cas dans les Adirondacks.

CHASSE ET PÊCHE

Figure 15.
La pêche à la morue traditionnelle comportait le séchage du poisson, au soleil, sur les vigneaux; près du quai, Percé.

Figure 16.
Récolte du foin à Saint-Georges-de-la-Malbaie.

On dresserait de semblables tableaux pour les oiseaux et pour les poissons, dont le nombre est passablement plus élevé.

Contentons-nous de regarder du côté de la sauvagine, c'est-à-dire des oiseaux qui habitent normalement les marécages et les pièces d'eau et qui se rattachent, pour la plupart, aux ansériformes: les oies, les canards, les sarcelles. On les trouve en compagnie de nombreux échassiers, des huards, des grèbes, etc. Cette avifaune palustre a fait l'objet de préoccupations d'autant plus constantes que sa valeur cynégétique et gastronomique est importante. Peu d'oiseaux de la terre ferme sont intéressants à ces points de vue, si l'on excepte la gélinotte ou « perdrix », la bécasse et la bécassine. Les Nord-Américains ne sont guère friands de petits oiseaux comme les grives, tellement prisées par les Européens.

Il en va autrement pour les oiseaux de mer, protégés selon la constitution

canadienne par les agents fédéraux, comme tous les oiseaux migrateurs. Les sanctuaires comme celui du cap Tourmente, de l'île Bonaventure (figure 4) et du Rocher-aux-Oiseaux des Iles-de-la-Madeleine, ont été établis de longue date. Il y a longtemps que la chasse y est réglementée (cap Tourmente) ou abolie complètement (île Bonaventure). On en vient même à se poser la question de la sur-protection.

La pêche, son origine et son histoire sont l'objet de descriptions et d'évaluations très fouillées dans les chapitres qui suivent. L'écologiste ne manque pas de se poser quelques-unes des mêmes questions que l'historien. Il s'inquiète aussi de l'escalade de la technologie, qui, en rentabilisant une exploitation désormais hissée au niveau industriel, est en mesure d'endommager le milieu producteur lui-même.

Les naturalistes n'ignoraient pas la présence des moules, des bigor-

Figure 17.
Champs cultivés dans la plaine littorale à Carleton.

Figure 18.
Une grande vallée inté-
rieure, à Mont Saint-
Pierre, comblement
alluvial d'un ancien
fiord, actuellement cul-
tivé.

neaux, des bourgauts, des calmars, des oursins, des crabes, des crevettes, du sébaste et de bien d'autres organismes déjà célèbres sur les tables euro-péennes et négligés au Canada. La «découverte» de ces chairs délicates depuis les années 60 a entraîné une véritable libération de ressources demeurées à l'état latent. D'autre part, le potentiel une fois exploité, de nouveaux dangers pour l'environnement se font jour. Depuis que la pêche industrielle a remplacé l'exploitation artisanale et que le processing tech-nologique s'est substitué au séchage en plein air (figure 15), l'épuisement des populations menace, de même que la détérioration des fonds.

**CULTURES
ET FORESTERIE**

Le déboisement en Gaspésie, suivi du défrichement, s'est effectué essentiel-lement d'accord avec les traditions acadiennes et laurentiennes, elles-mêmes inspirées des techniques normandes et poitevines. Une rotation allant des cultures sarclées au pâturage en passant par les céréales et le foin (figure 16) a longtemps prévalu, avec les améliorations qu'une agriculture scientifique pouvait inspirer à ces terres lointaines (figure 17). Les têtes de morue et les algues ont cédé le pas aux engrais chimiques; quelques cultures spécialisées comme les «petits-pois de la Gaspésie» ont connu un bref triomphe. Mais, depuis les années 40, on a l'impression que toute programmation agricole a disparu.

Sans nous pencher sur les causes et les conséquences économiques et sociales de la décadence de l'agriculture en Gaspésie, regardons seulement le paysage agricole actuel pour constater le «retour à la nature» d'un grand nombre de parcelles encore récemment cultivées. La figure 13 nous montre une des formes les plus familières de cette succession: l'invasion par les aulnes. Cet arbuste est porteur de nodules qui contiennent des bactéries capables d'utiliser directement l'azote de l'air. La rénovation qui s'ensuit dans le sol est très prometteuse pour les entreprises de jardinage.

Or, si la saison de végétation est courte, certaines productions sont susceptibles d'atteindre une qualité assez exceptionnelle (navet, betterave, pomme de terre) et même un rendement intéressant. Il se peut que l'ap-proche d'une crise alimentaire mondiale valorise enfin l'agriculture, récla-

Figure 19.
Forêt coupée à blanc,
montrant divers stages
de régénération et d'ex-
ploitation du bois.
Environs de Rivière
Saint-Jean.

mant tout autant l'attention du public que la crise actuelle de l'énergie. Ainsi, on ne pratiquerait pas trop exclusivement une «agriculture de championnat», et la présente loi du zonage agricole serait étendue aux terres de deuxième et même de troisième catégorie.

La figure 18 fait voir une de ces «grandes vallées» à fond plat où les alluvions récentes permettent une agriculture normale. Ce paysage fut le site d'une expérience socio-économique de forte conséquence au début des années 50. Esdras Minville (né à Grande-Vallée), directeur de l'École des hautes études commerciales, à Montréal, entreprit, avec l'accord de la municipalité et du gouvernement provincial, de coordonner les ressources de la mer, de la terre et de la forêt. Le desserrement de l'étreinte de la Compagnie Robin, Jones et Whitman sur les pêches et du monopole des forêts exercé par les pulperies américaines remplit alors le calendrier des villageois et haussa leur standard de vie.

L'économie forestière, à cette époque, était mûre pour des changements de plusieurs ordres. Les compagnies reconnurent (peut-être avant le gouvernement provincial) que le bois n'était pas une ressource inépuisable et qu'un autre mythe, la main-d'oeuvre à bon marché, allait se dissiper.

Cela n'empêche qu'on peut constater, dans la forêt gaspésienne d'aujourd'hui, le paradoxe suivant: la coupe à blanc et d'autres pratiques abusives ont laissé des cicatrices inquiétantes sur le paysage (figure 19); d'autre part, bien des secteurs forestiers sont sous-exploités, et il arrive que ce soient de belles forêts intactes qui sont rasées par le feu (figure 20).

C'est dire qu'une planification nouvelle et coordonnée des trois grands secteurs de l'économie gaspésienne s'impose: pêche, foresterie, agriculture. Et ceci comme arrière-plan à l'industrie et au tourisme.

INDUSTRIE, TRANSPORT ET COMMUNICATION

Les voies de communication sont proprement un phénomène *industriel*. La navigation fluviale et maritime, le cabotage, ont longtemps offert les meilleurs moyens de transport, surtout sur le versant nord de la Gaspésie. Jusqu'aux années 30, le *Gaspesia*, le *New Northland* et autres vaisseaux de la Clarke Steamship Company amenaient les villégiateurs à Percé.

Figure 20.
Un grand brûlé, non loin du Mont Lac-Berry.

Figure 21.
Murdochville et ses environs où la végétation a été polluée, brûlée ou détruite.

Figure 22.
L'usine à pulpe et papier de la compagnie Gaspesia, à Chandler.

Figure 23.
L'usine de processing et de mise en conserve des fruits de mer, à Sandy-Beach (Gaspé), incendiée en 1974.

Figure 24.
Vieille maison du début du 19e siècle, à Port-Daniel.

Figure 25.
Maison bourgeoise de style « loyaliste » (fin-de-siècle) à Newport.

Dès 1912, le chemin de fer de la Baie-des-Chaleurs formait un éperon de Matapédia à Gaspé, sur le parcours de la voie transcontinentale du Canadien National (Océan Limitée).

Jusqu'en 1929 (ouverture du boulevard Perron, aujourd'hui Route 132), le parcours automobile Rimouski — Sainte-Anne-des-Monts — Gaspé — Matapédia — Sainte-Flavie était souvent aventureux. Le réseau actuel, ouvert l'hiver comme l'été, est efficace et bien entretenu, bien que les Gaspésiens trouvent qu'il laisse encore à désirer.

Le transport aérien a atteint beaucoup plus récemment un degré de sécurité qui lui assigne un rôle important dans le développement régional.

Il n'est pas douteux que cette diversification a fortement marqué la forme et le poids des investissements industriels en créant de nouvelles ouvertures sur les marchés. Qu'il s'agisse du bois et de la pulpe, des fruits de mer frais ou en boîte, des alvéoles diverses du marché mondial accueillent les produits gaspésiens.

Longtemps pourvoyeur de morue séchée (figure 15) et de pulpe, l'industrie gaspésienne vise à une exportation proportionnellement grandissante de produits plus précieux (poisson frais) ou plus élaborés (papier, carton). Le faible pouvoir d'investissement des Gaspésiens n'a guère favorisé un tel programme. L'action coopérative des pêcheurs aura mis fin à une certaine misère, la mise en commun des fonds aux caisses populaires aura légèrement augmenté le contrôle des ressources.

La prospection minière a révélé des richesses intéressantes (le cuivre de Murdochville), mais jusqu'ici aucun gisement exploitable de charbon comme en Nouvelle-Écosse, ni de pétrole comme à Terre-Neuve. Le dommage causé à l'air, à l'eau, à la forêt et au sol dans la haute vallée de la rivière York (figure 21) rappelle le paysage lunaire de Sudbury (Ontario). Les pulperies de Chandler (figure 22) et de New-Richmond sont beaucoup moins polluantes.

Quant aux usines de traitement de fruits de mer, comme celles de Rivière-au-Renard, de Sandy Beach (figure 23), et de Grande-Rivière, elles semblent si bien intégrées dans le paysage qu'on y voit peu d'inconvénients. Sous sa forme plus artisanale, le séchage de la morue à l'air libre (sinon au soleil) dégage une forte odeur assez peu compatible avec les établissements touristiques (comme ce fut le cas de Percé jusqu'à récemment), même si une telle nuisance ne présente aucun danger pour la santé.

URBANISATION ET TOURISME

Matane, Sainte-Anne-des-Monts, Gaspé, Chandler, New-Richmond et Carleton ont un véritable caractère urbain, c'est-à-dire une population stable s'adonnant à une assez grande variété d'occupations où les services tendent à peser plus lourd que la production primaire et secondaire.

Dans ces centres, des établissements commerciaux très bien nantis répètent les mêmes architectures et offrent exactement les mêmes denrées (sous

Figure 20.

Figure 21.

Figure 22.

Figure 23.

Figure 24.

Figure 25.

Figure 26.
Maison bourgeoise
(19e siècle) de la famille
Laterreur, à Percé.

Figure 27.
Maison de pêcheur,
Port Daniel.

le même packaging) que Montréal et Québec. On se croirait aussi bien à Saskatoon ou à Granby qu'à Dallas.

Cela contraste fortement, bien entendu, avec les maisons québécoises, jersiaises et de la Nouvelle-Angleterre construites par les vieux résidents et avec les entrepôts de pêche traditionnels et l'allure victorienne des vieux magasins généraux. L'intérêt écologique de ces structures n'est pas moins grand que leurs connotations ethniques et historiques. En Gaspésie, comme dans la plaine de Montréal, un tableau comparatif des matériaux de construction en 1900 et 1980 révèle un habitat humain qui doit presque tout aux pierres, aux champs, à la forêt avoisinante d'une part (1900), et un autre (1980) qui évoque tous les emprunts et tous les exotismes d'un approvisionnement international[18].

Les figures 24 à 28 font voir quelques contrastes de style et de matériaux et par conséquent de mentalité et d'utilisation.

Or, le caractère d'ensemble des divers établissements urbains est encore plus significatifs écologiquement, que ces détails de construction. Les six grands centres mentionnés plus haut, malgré l'isolement de la Gaspésie toute entière, ne diffèrent pas essentiellement de villes québécoises ayant le même chiffre de population.

Une urbanisation totalement dépendante du tourisme, comme Percé, constitue un autre aspect. Il faudrait mettre à jour l'analyse publiée en 1959 par Brière[19]. Un essai cartographique sur «l'arrondissement naturel de Percé»[20] donne des dimensions écologiques à l'occupation récente de cet espace. Où l'on voit le contact partout présent du développement urbain et de l'espace sauvage, le tout vascularisé par le réseau routier, alors que le rural proprement dit est presque absent.

La population de Percé tombe, en hiver, à une faible fraction de ce qu'elle était en été. Le noyau de résidents permanents s'amenuise lui-même par la migration saisonnière soit à Montréal et Québec, soit en Floride. Cela donne lieu à une *écologie du ravitaillement* où la productivité locale

est négative (sauf en ce qui concerne le poisson). Cela donne également lieu à des importations massives à tous les niveaux, à des réinvestissements limités et à une exportation assez importante des profits vers d'autres écosystèmes. [11]

Les regroupements municipaux et scolaires des vingt dernières années ont eu des effets démographiques et sociaux plus favorables aux individus qu'à la société et au paysage de la Gaspésie. On peut y voir une démonstration particulièrement probante de la *mentalité sectorielle* que condamnent les écologistes. Ici, comme en Amazonie, on a amélioré la santé et l'éducation sans créer en même temps des structures capables de les valoriser. Les chômeurs instruits sont à Montréal ou à Québec, cependant que les ressources de la mer, des rivières, de la terre et de la forêt sont exploitées bien en dessous de leur potentiel de production.

Deuxième partie

L'émergence de la Gaspésie (4000 av. J.-C. - 1760 ap. J.-C.)

Pendant les siècles reliant la plus lointaine préhistoire au milieu du 18e siècle de notre ère, la Gaspésie émerge lentement de l'inconnu et développe peu à peu une spécificité propre. Dès 1675, les Blancs appellent « Gaspésiens » les Indiens micmacs qui habitent la péninsule depuis au moins un siècle et demi. Ils les distinguent ainsi de leurs frères des Maritimes, plus perméables aux influences européennes et plus impliqués dans les conflits qui opposent Français et Anglais.

La pêche, activité de survie pour les Micmacs, devient pour les Français une vaste entreprise commerciale. En effet, jusqu'en 1760, la Gaspésie n'est guère plus qu'une immense grave* où les exploitants font sécher la morue. En plus de confiner le peuplement au littoral, la pêche, de par son caractère saisonnier, ne permet pas une occupation permanente du territoire. À l'automne et à l'hiver, seuls des groupes d'Amérindiens parcourent en tous sens la presqu'île, accompagnés parfois de missionnaires qui essaient d'implanter ou de garder vivants les préceptes évangéliques.

Des entrepreneurs tentent bien d'établir des postes permanents, ce qui donnerait l'occasion de pêcher jusqu'à la fin du mois de novembre et de pratiquer une agriculture de subsistance, mais, au 17e siècle, leurs projets échouent: en plus de subir constamment les dommages causés par des corsaires, ils ne réussissent pas à prouver aux autorités métropolitaines et coloniales la rentabilité de leurs projets. Versailles et Québec préfèrent favoriser les forains qui, chaque printemps, s'amènent sur les rives poissonneuses de la Gaspésie, leur accordant même le droit de s'installer sur des graves déjà concédées. Au 18e siècle, la menace anglaise renverse la situation et l'ordre des priorités. Désireux de voir la région peuplée par des colons qui se feront en même temps soldats, les administrateurs s'intéressent davantage aux petites colonies qui, à Mont-Louis, à la baie de Gaspé, à Pabos et à Grande-Rivière, se développent et connaissent même la prospérité. À l'exception de ces deux derniers endroits, où une société complète est en voie de formation, les établissements gaspésiens ont l'allure de fronts pionniers où la vie sociale se limite à son strict minimum.

Quand la guerre s'abat sur la péninsule, entre 1758 et 1760, elle détruit tout sur son passage. En effet, malgré les velléités des autorités coloniales débordées de toutes parts, peu de choses ont été faites pour assurer une défense adéquate de la « clef du Canada ». La grande majorité des habitants quittent la région. Les forains ne viennent plus. Tout est à recommencer.

---

* Le mot « grave » que l'on reprendra souvent dans cet ouvrage est un vieux mot français qui désigne une plage de galets sur laquelle on fait sécher le poisson. Par extension, il désigne un établissement de pêche dans son ensemble, localisé sur ou à proximité d'une plage.

2

Les Amérindiens

Bien avant l'arrivée des Blancs, des populations amérindiennes occupaient la péninsule gaspésienne. Leur histoire est mal connue. Ce que nous savons de façon certaine, c'est qu'au 16e siècle des groupes micmacs émigrèrent des Maritimes vers la Gaspésie. Leur organisation sociale et leur mode de vie, basé sur la chasse et la pêche, étaient souvent mal interprétés par les Européens. D'ailleurs, bien que ceux-ci aient emprunté aux Amérindiens des traits matériels et culturels, l'acculturation ne s'est faite qu'en un sens: le Micmac a dû abandonner progressivement sa façon de vivre.

La préhistoire

Il y a 10 000 ans, le glacier qui recouvrait le sud du Québec et la Gaspésie se retirait vers les montagnes et disparaissait. Plusieurs millénaires plus tard, les espèces végétales et animales faisaient leur apparition. Venus du Sud ou de l'Ouest, des groupes de chasseurs Plano émigrèrent sur le littoral nord et est de la péninsule. Mais, comme la région était dépourvue d'animaux de grande taille, ils durent se contenter de petit gibier. De plus, ils ajoutèrent les baies sauvages à leur menu. Et, fait capital, les ressources de la mer devinrent partie de leur alimentation.

Cette nouvelle culture, l'archéologue Thomas Lee l'a nommée en 1969 « archaïque gaspésien[1] ». Caractérisée par le raccourcissement et l'élargissement progressif des pointes de projectiles, elle n'en conserve pas moins la retouche en « pelure » traditionnelle de la culture Plano. Selon l'archéologue José Benmouyal, c'est à cette époque que la Gaspésie a connu sa population préhistorique la plus importante, un environnement particulièrement favorable étant sans doute à l'origine de cet essor démographique[2].

Vers l'an 2500 avant notre ère, la retouche « en pelure » disparaît et les caractéristiques morphologiques des pointes de projectiles nous permettent d'inférer que les chasseurs commencent à utiliser l'arc et la flèche ainsi que le propulseur à javelot qui donne plus de force et de précision à leur tir. Pendant quelque 2 000 ans, le chert, matière première abondante, servira à façonner outils et armes comme le prouvent des recherches amorcées sur la côte nord de la péninsule, notamment à Rivière-au-Renard, à La Martre et à Sainte-Anne-des-Monts, sites préhistoriques les plus anciens du Québec (circa 4000 avant J.-C.).

Vers 500 avant J.-C., l'archaïque gaspésien entre dans sa dernière phase. Les poteries et haches de pierre polie trouvées en plusieurs endroits témoignent d'un accroissement des échanges culturels avec des groupes exté-rieurs à la Gaspésie, en même temps que d'une sédentarisation des chasseurs-pêcheurs. Il est même possible que, dès les premiers siècles de notre ère, des Amérindiens de la vallée du Saint-Laurent appartenant à la culture sylvicole[3] se soient rendus régulièrement dans la péninsule pour exploiter les ressources maritimes et/ou pour chasser le caribou. Cette hypothèse a été avancée en 1971 par Georges Barré qui a effectué des fouilles sur le site de Cap-Chat[4].

La préhistoire de la Gaspésie prend fin vers le 8e siècle. En effet, pour des raisons encore inconnues, il semble que la presqu'île soit déserte jusqu'au 15e ou 16e siècle, alors que diverses nations amérindiennes, dont les Mic-macs, l'occupent en permanence ou de façon saisonnière.

L'occupation du territoire à l'arrivée des Blancs

Au 16e siècle, les trois groupes qui se partageaient avec les Micmacs la péninsule gaspésienne étaient les Etchemins, les Kwedech et les Montagnais.

ETCHEMINS, KWEDECH ET MONTAGNAIS

Les Etchemins habitaient aux sources du fleuve Saint-Jean, loin au sud-ouest de la Gaspésie. Pour eux, la péninsule, avec ses nombreuses rivières, n'était qu'une voie de passage pour se rendre sur la rive nord du golfe.

L'énigme des Kwedech a suscité et continue de susciter maintes contro-verses. Souvent assimilés à tort aux Iroquois des Grands Lacs, ceux que les Micmacs appellent « Kwedech » dans leurs légendes, étaient en fait des Iroquoïens de la vallée du Saint-Laurent, de Stadaconé (Québec) notam-ment. Chaque année, par groupe de 200 ou 300, ils se rendaient sur la côte nord de la péninsule pour pêcher et chasser. Ils sont disparus entre 1535 et 1600, exterminés peut-être ou chassés de la région par les Micmacs, leurs ennemis séculaires. Certains auteurs pensent aussi qu'ils se sont mêlés aux Hurons ou aux Iroquois des Cinq-Nations.

Le territoire principal des Montagnais se trouvait sur la côte nord du Saint-Laurent ainsi qu'au Lac-Saint-Jean. Ils se rendaient parfois à Percé pour y faire la traite des fourrures avec les Français. Plus souvent, des groupes passaient l'hiver dans la péninsule gaspésienne, en période de famine notamment.

LES MICMACS   Les Micmacs occupaient le territoire constitué aujourd'hui par les Provinces maritimes. Au 16e siècle, sous la pression des Blancs, une partie de ce peuple remonta vers le nord du Nouveau-Brunswick et la Gaspésie. Ce sont eux que les chroniqueurs appelaient « Gaspésiens ». Depuis longtemps, la population micmaque était estimée, selon les auteurs, à 2 000 ou 4 000 personnes. Récemment, l'anthropologue Virginia P. Miller remettait radicalement en cause cette évaluation. Se basant sur la démographie amérindienne comparée et sur le fait que les observateurs du 17e siècle avaient déjà devant leurs yeux une population décimée par plus de 100 ans de contact, elle avance le chiffre de 35 000 comme minimum acceptable du nombre de Micmacs avant l'arrivée des Européens[5]. Quant aux « Gaspésiens » comme tels, le père Morain en dénombrait 500 au milieu du 17e siècle[6]. Dans l'état actuel des connaissances, il serait futile de vouloir confirmer ou infirmer cette observation, quoiqu'elle nous paraisse conservatrice. En 1745, il y aurait eu 400 Indiens à Ristigouche. De ce nombre, seulement 93 demeurèrent en Gaspésie en 1760. En 1949, 954 Micmacs constituaient leur descendance[7].

Si l'on n'est guère certain de l'importance numérique des Micmacs, on ne possède pas non plus la clef de l'énigme de leur origine. Groupe algonquien de l'Est, les Micmacs ont plusieurs caractéristiques que l'on retrouve aussi chez les Algonquiens du centre du Canada, les Ojibways notamment, et qui sont absentes chez leurs cousins montagnais et abénaquis. Bien que la théorie de la spécificité de la langue micmaque commence à être remise en question, personne ne peut nier que les Micmacs avaient une organisation sociale beaucoup plus complexe que leurs voisins et que leur religion et leur mythologie ressemblaient à celles des peuples de l'Ontario et des Grandes Plaines. L'américain Bernard G. Hoffman est d'avis que les Micmacs ont été en étroit contact, à une période pas tellement éloignée, avec les groupes amérindiens du centre-ouest du Canada. Peut-être auraient-ils même émigré en masse de cette région vers les Maritimes, tout en conservant les traits essentiels de leur culture[8].

Les activités économiques

La satisfaction des nécessités vitales a déterminé l'activité économique des Micmacs. La pêche et la chasse qui fournissaient l'abri, le vêtement et la nourriture ont constitué l'essentiel de leurs occupations.

Les produits de la mer comptaient pour 60% dans leur alimentation. Les saumons, capelans, maquereaux, aloses, loches, anguilles, loups-marins dont ils tiraient la graisse, les bars, truites, harengs, tortues, mollusques, bélugas, esturgeons, éperlans, gaspareaux et, bien sûr, morues étaient pêchés par les « Gaspésiens ». Dans le cas de la morue, ils la faisaient parfois sécher, comme en témoignait le frère Sagard qui a passé quelques jours à Gaspé en 1623: « Voici comment les Sauvages font sécher de ces poissons. Ils les laissent un peu esgoutter, puis les couppent la teste et la queuë, ils les ouvrent par le dos, puis les ayant vidés ils les tailladent afin que la fumée entre partout [...] Estant bien boucanez, ils les accouplent et en font de gros paquets environ d'une centaine à la fois[9]. »

La pêche se pratiquait dix mois par année. L'hiver, on forait des trous dans la glace pour pouvoir attraper l'éperlan, la loche et la petite morue. Comme les Inuits, les Micmacs se servaient du « nigog » (fouine) qui était « un instrument composé d'un long baston gros de trois doigts, au bout duquel ils attach[aient] un fer pointu, lequel ils arm[aient] de part et d'autre de deux petits bastons recourbés, qui se [venaient] quasi joindre au bout de la pointe de fer[10]. »

Nicolas Denys, lui-même entrepreneur de pêche et par surcroît géographe de l'Acadie, a décrit une des techniques de pêche des Micmacs: « Ils se servent encore d'une autre invention au plus étroit des rivières où il y a le moins d'eau, ils font une palissade de bois tout au travers de la rivière pour empescher le poisson de passer, au milieu ils laissent une ouverture, en laquelle ils mettent des nasses comme celles de France, en sorte qu'il faut de nécessité que le poisson donne dedans: ces passes qui sont plus grandes que les nostres, ils les levent deux ou trois fois par jour, il s'y trouve toujours du poisson...[11]. »

La documentation est mince en ce qui concerne la pêche, en regard de celle disponible sur la chasse. Bien que moins importante, cette dernière activité donne à ceux qui la pratiquent un prestige beaucoup plus grand, qu'augmente encore la demande en fourrures à l'arrivée des Européens.

Comme les Montagnais, les Micmacs chassaient le castor, l'orignal et le caribou. Ils s'intéressaient au petit gibier et aux oiseaux, autant pour leur viande et leurs oeufs que pour leur plumage dont ils se faisaient des ornements de tête. Parmi les nombreuses méthodes qu'ils utilisaient, il en

La Nouvelle-France d'après Lescarbot en 1609. Pour désigner la baie de Gaspé, Lescarbot utilise deux toponymes: Honguedo et Gachepé. (APC)

est une qui mérite une mention spéciale: la chasse au flambeau des sarcelles et des canards. Lentement, les Indiens avançaient dans leurs canots. Arrivés près de l'endroit où se trouvaient leurs proies, ils se cachaient dans leurs embarcations qu'ils laissaient aller à la dérive. Rendus au milieu des oiseaux, ils allumaient soudainement leurs torches: «ils [les oiseaux] se mettoient tous à tourner en confusion tout autour de ces flambeaux qu'un Sauvage tenoit en s'approchant toujours du feu et si proche qu'avec un baston que les Sauvages tenoient ils les assomoient en passant, outre qu'à force de tourner ces oiseaux s'étourdissoient si bien qu'ils tomboient comme morts & pour lors les sauvages les prennoient & leur tordoient le col, en sorte qu'en une nuit ils emplissoient leur canot[12] ».

En octobre, les Micmacs laissaient la côte et l'embouchure des rivières pour pénétrer par petites bandes vers l'intérieur des terres, d'abord pour

pêcher les poissons migrateurs, le saumon en particulier, puis pour chasser les grands mammifères. Ces groupes familiaux, unités économiques de base, étaient plus stables que chez les autres Algonquiens de l'Est. Ils retournaient toujours dans la même région, d'une année à l'autre.

Quand les premières neiges tombaient, les hommes partaient à la chasse, laissant les femmes monter le wigwam et s'occuper des activités domestiques. Leur proie favorite était le caribou dont ils appréciaient le poil court et mieux fourni que celui de l'orignal. Avec ses nerfs, ils fabriquaient des raquettes de « babiche » très souples. Ils se régalaient de sa viande après l'avoir fumée.

On chassait l'orignal à l'aide de chiens que la neige portait pendant que le cervidé s'enfonçait lourdement. Le chien était aussi très utile pour la chasse au castor dont les Indiens rompaient les digues. Chaque chasseur en possédait sept ou huit. Denys raconte qu'on chérissait ces bêtes et que le plus bel hommage qu'un homme pouvait rendre à un ami était de lui faire manger son chien favori, la viande des canidés n'étant apparemment pas mauvaise du tout[13].

Vivant au jour le jour, les Amérindiens étaient incapables de prévoir les mauvais jours. Par conséquent, ils ne faisaient presque pas de provisions. Certains hivers, ils souffraient de la famine. Le père Le Clercq, qui avait passé dix ans auprès des Micmacs, le leur reprochait sévèrement: « Ils se persuadent que quinze à vingt paquets de viande ou de poisson sechez ou boucannés à la fumée, sont plus que suffisans pour les nourrir l'espace de cinq à six mois: cependant comme ce sont des gens de bon appétit, ils consomment bien plutôt leurs vivres, qu'ils ne l'imaginent, ce qui les expose assez souvent au danger de mourir de faim, faute des aliments qu'ils pourroient facilement avoir jusqu'à l'abondance s'ils s'en vouloient donner la peine [...] [ils] se trouvent eux-mêmes obligez avec leurs malheureux enfants de manger du sang caillé, des raclures de peaux, des vieux souliers [...]; tout cela seroit peu, s'ils n'en venoient quelques-fois à d'autres extremitez, bien plus touchantes & plus horribles[14]. »

Faut-il attribuer cette rareté du gibier à la traite des fourrures ou aux caprices de la nature? Il est certain que le commerce des pelleteries a appauvri la faune de ces régions. Cependant, des conditions défavorables comme les feux de forêt et le peu de neige expliquent en bonne partie ces hivers de famine.

La vie quotidienne

LA NOURRITURE Chasseurs et pêcheurs, les Micmacs étaient donc de grands consommateurs de viande et de poisson. Ils se faisaient un délice de la viande d'orignal que les femmes apprêtaient en saucisses et boudins ou boucanaient sur une perche. On la mangeait aussi bouillie. La moelle de ce cervidé était une des parties les plus appréciées. Amateurs de la graisse de tous les grands mammifères, y compris le loup-marin, ils l'apprêtaient sous forme de ragoût. Le Clercq raconte comment se déroulait le retour de la chasse: « ils redoublent leur joie avec des cris et des chants d'allégresse, quand le chasseur, tout victorieux de sa prise, entre dans la cabanne & jette par terre, d'un sérieux & d'une fierté comme s'il avait triomphé d'un redoutable

ennemi, le fardeau qu'il a apporté sur ses épaules, dans lequel sont envelopez le coeur, le roignon, la langue, les entrailles & la graisse la plus délicate. C'est par là d'abord que ses amis & les femmes vont avec mille marques de joie, toûjours en chantant & en dansant, quérir sur leurs traîneaux le reste de la viande de l'origniac que ce glorieux chasseur a laissee fort proprement ensevelie dans les neiges[15]. »

Pour le boire, ils se contentaient d'eau naturelle, de neige fondue, d'eau d'érable et de bouillon, « ce qui les faisait vivre longtemps et peuploient beaucoup[16] ». Avec l'arrivée des Blancs, ils ont vite pris le goût de l'alcool.

Leurs ustensiles n'étaient pas nombreux. Ils cuisaient leurs aliments dans de grandes auges de bois qu'ils remplissaient d'eau et dans lesquelles ils jetaient constamment des pierres ardentes pour amener l'ébullition. Ils se servaient aussi de plats d'écorce, grands et petits, cousus avec des racines de sapin, qu'ils garnissaient parfois de poils de porc-épic. Les fourchettes et les cuillers leur étaient inconnues, au grand désespoir des missionnaires à qui il arrivait d'avoir des haut-le-coeur devant leurs habitudes alimentaires.

Les Micmacs choisissaient leurs campements d'été à proximité d'un cours d'eau navigable et, dans la mesure du possible, à l'abri du vent. Bien entendu, la richesse ou la pauvreté des ressources alimentaires était pour eux un facteur important de localisation.

Intérieur d'un wigwam par R. Petley — 1837. (MTL)

L'HABITATION

Campement de Micmacs durant la chasse à l'orignal par R. Petley — 1837. (MTL)

Il revenait au chef de famille de décider du lieu du campement. La veille du départ, il traçait la route à suivre et choisissait un lieu propre et commode. Quand le groupe arrivait au site choisi, les hommes nettoyaient l'emplacement et marquaient le plan de la cabane. Les femmes terminaient le travail. Sur un bâti de perches, elles fixaient des écorces de bouleau, se servant de racines de sapin comme fil et d'os aiguisés comme des aiguilles: «elles percent leurs écorces, y passent cette racine de trous en trous, de la largeur des écorces: cela étant fait elles les roulent le plus serré qu'elles peuvent, pour estre plus faciles à porter, quand elles les ostent de dessus leur cabanne pour les porter en un autre endroit, les chauffent encore pour les rendre plus souples; à mesure qu'elles chauffent, on les roule autrement elles rompent pour estre trop seches[17].» Elles coupaient ensuite les branches de sapin qui feraient office de lit, la femme du chef étant la première à choisir les plus tendres et les plus déliées.

Ces habitations, de figure ronde, étaient si basses qu'on ne pouvait s'y tenir debout. Il y faisait froid et la fumée incommodait beaucoup les Français qui y prenaient place. Chacune pouvait loger dix-huit ou vingt personnes (trois ou quatre familles). Chaque individu avait une place déterminée suivant son âge et son rang social. Les femmes occupaient toujours les places près de la porte «afin d'estre toutes prêtes à obéir & à servir promptement lors qu'on leur command[ait][18].» Loin d'être dénudées, les cabanes étaient ornementées d'images d'oiseaux, d'orignaux, de loutres et de castors. Sous l'influence des prêtres, certains Amérindiens y peignaient même des croix et le nom de Jésus.

L'HABILLEMENT

L'apparence des Amérindiens surprit fort les premiers Blancs à venir au Canada. Voici comment le père Biard, missionnaire d'Acadie, dépeignait les Micmacs en 1616: « ils n'ont point de barbe, autant plus les hommes que les femmes hormis quelques-uns plus robustes et virils. Souvent ils m'ont dit que nous leur semblions du commencement fort laids, avec nos cheveux aussi bien sur la bouche que sur la teste; mais peu à peu ils s'accoustument, et nous commençons à ne plus leur paroistre si difformes. Vous ne sauriez recognoistre les jeunes garçons d'avec les jeunes filles, sinon à la façon de se ceindre: parce que les femmes se ceignent dessus et dessous le ventre, et sont plus couvertes que les hommes, elles sont aussi d'ordinaire plus parées de matachias, c'est à dire de chaisnes, affiquets et semblables parures à leur mode, à ce que vous sçachiez que partout, telle est la nature du sexe amoureux d'embellissement. Universellement parlant ils sont de taille moindre que nous, principalement quant à l'épaisseur, belle toutefois et bien prise, comme si nous demeurions à l'état que nous avons à 25 ans[19]. »

Collet brodé et perlé de facture amérindienne.

Avant le contact avec les Européens, ils ne se couvraient que de peaux d'animaux, en particulier d'orignal et de castor. Les femmes portaient une tunique qui les couvrait des épaules à la mi-jambe. Normalement, ils laissaient tomber leurs longs cheveux sur leurs épaules. Cependant, en temps de guerre et de foire, ils portaient une espèce de couronne, faite de poil d'orignal peint en rouge. Conséquence directe de la traite, ils portaient, aux 17e et 18e siècles, des vêtements européens, sauf les femmes qui s'y refusaient obstinément.

Les Amérindiens se « matachiaient » le visage de rouge et/ou de noir. Souvent, ils se faisaient percer le nez pour y attacher quelques grains de porcelaine. Les femmes faisaient de même pour les oreilles. Leurs chaussures étaient des mocassins, ornés parfois de piquants de porcs-épics.

Ainsi, les Micmacs ne différaient pas dans leur vie quotidienne des autres Amérindiens du Nord-Est de l'Amérique. Mais il n'en était pas de même de leur organisation sociale.

L'organisation sociale

Les Micmacs du 18e siècle étaient répartis sur sept districts, dont le plus septentrional, « Gespegeoag » (Gaspé), englobait la Gaspésie et le nord du Nouveau-Brunswick. Pour être plus précis, il s'étendait de Miramichi à Gaspé, « Tjigog » (Ristigouche) étant la bourgade la plus importante.

Il est difficile de dire à quel point cette division avait une signification pour les Micmacs. Nous pensons qu'elle correspondait davantage à l'imagination des Français qu'à la réalité. En tout cas, les districts n'étaient pas

DISTRICTS ET CHEFS

Deux générations de
Micmacs avec vêtements
ornés de « parures de
cou ». (AMNH)

des institutions séculaires. Cette région comptait trois centres importants: Gaspé, Percé et Ristigouche, où, vers 1750, les missionnaires firent passer les Indiens de la rive sud à la rive nord de la rivière, à cause de l'avance des Anglais. Il y avait également d'autres villages, surtout sur le côté sud de la baie des Chaleurs.

On ne retrouvait pas véritablement de grands chefs chez les Micmacs. Même le fameux Membertou, « sagamo » de la région de Port-Royal, ne commandait qu'à 200 âmes tout au plus. Cependant, il existait une chefferie formelle, contrairement à ce qui se passait chez les autres peuples de chasseurs. Par exemple, les Montagnais-Naskapi n'avaient de leaders que pour certaines activités, dont la chasse et la guerre.

La principale fonction du « capitaine » micmac était l'assignation des territoires de chasse. Une couple de fois par année, il réunissait les chefs de famille, les Anciens, pour répartir les terrains de chasse. Une fois cette décision prise, il était défendu à quiconque d'outrepasser les limites prescrites au groupe dont il faisait partie. Le chef de famille partait à la tête d'une quinzaine de personnes et il commandait les déplacements et les arrêts.

C'était aussi le « sagamo » qui décidait de la guerre mais, selon la nature et l'importance de l'expédition à entreprendre, il consultait les chefs d'autres territoires. Dans les situations extraordinaires, un « sagamo » pouvait prendre un ascendant qui lui permettait de parler au nom d'une large portion de la tribu. Cependant, quand la paix était revenue, il ne lui restait de ce rôle que le prestige acquis. Il devait aussi arbitrer les conflits qui survenaient entre individus. Sa décision était sans appel. En outre, c'est par son intermédiaire que s'établissaient les contacts entre son groupe et les Blancs.

Il semble que le chef micmac se chargeait de la répartition des richesses à l'intérieur de son groupe. Ainsi, il voyait à ce que les bons chasseurs lui donnent une partie de leur chasse. Il s'occupait alors de redistribuer cette nourriture aux familles dans le besoin. De même, il plaçait les orphelins dans diverses familles, quand il ne s'en occupait pas personnellement. Tous lui devaient respect et obéissance. Les jeunes gens voyaient en lui un modèle à suivre. Lors des cérémonies et des fêtes, il figurait au premier plan et, avec les Anciens, avait droit à des délicatesses, telles le morceau de porc-épic rôti ou de foetus d'ours.

La chefferie micmaque avait un lien héréditaire. Si le fils aîné du « sagamo » était qualifié, il prenait la relève. Sinon, l'honneur et le devoir allaient à un de ses frères. Si le conseil jugeait qu'aucun des fils du « sagamo » n'était digne de devenir chef, la fonction passait dans une autre famille, surtout si celle-ci était puissante.

En effet, les « capitaines » avaient ordinairement une clientèle qui fondait leur pouvoir. Plus elle était grande, plus le chef était puissant. En

Famille de vanniers mic-
macs près de leur wig-
wam. Début du 20e
siècle. (AMNH)

deuxième lieu, venait la personnalité. Bernard Hoffman a établi sept critères selon lesquels on évaluait l'aptitude à diriger une bourgade ou un groupe. C'étaient le leadership, la confiance de la bande, la supériorité intellectuelle, la dignité du comportement, la générosité et la charité, le courage et l'intrépidité en temps de guerre et enfin la supériorité comme chasseur[20]. Cependant, nous ne savons pas par quel processus on décidait si tel individu possédait ou non ces qualités.

La famille élargie était à la base de la société micmaque: on y trouvait le père, la mère, les enfants, les grands-parents, les petits-enfants, un oncle ou une tante, quelquefois les soeurs et frères et des gens démunis qui se plaçaient sous la protection du chef de famille. Parfois même, les gendres laissaient leur village natal pour suivre leur beau-père et faire partie de sa

**L'UNITÉ
DOMESTIQUE**

Costume traditionnel des
Micmacs au 19e siècle.
Photo tirée de: George B.
MacBeath, *The story of
the Restigouche*, 1954.
(MRG)
2.1.9.

maison. Il est presque certain que ces lignages se regroupaient autour d'un ancêtre mythique pour former des clans identifiés par des emblèmes distinctifs que les membres tatouaient sur leur corps ou peignaient et brodaient sur leurs vêtements.

Les Micmacs prohibaient les mariages entre les membres d'une même famille. Les jeunes gens prenaient habituellement leur conjoint dans un village autre que le leur. Bien que les parents avaient leur mot à dire sur ce choix, leurs enfants pouvaient épouser qui ils voulaient. Si la fille acceptait les présents de son soupirant, celui-ci allait demeurer pendant un an dans la cabane du père de sa bien-aimée où il devait prouver ses qualités de chasseur. Quant à la fille, elle devait démontrer son habileté à confectionner des raquettes et à faire tous les travaux attendus d'elle. À la fin de cette année de probation, la cérémonie de mariage avait lieu lors d'une grande assemblée. Nicolas Denys a laissé une description remarquable des épousailles micmaques: « le plus ancien faisoit une harangue à la louange du marié, faisoit le récit de sa généalogie où il se trouvoit toûjours décendre de quelque grand capitaine de dix ou douze générations, exageroit tout ce qu'ils avoient fait de beau, tant en guerre qu'à la chasse, l'esprit qu'ils avoient, les bons conseils qu'ils avoient donné, & tout ce qu'ils avoient fait en leur vie de considérable puis exhortoient à ne point dégénérer de la valeur de ses ancêtres: ayant achevé sa harangue, toute la compagnie faisoit deux ou trois cris, disant hau, hau, hau; après quoy le marié les remercioit, promettant autant & plus que ses ancêtres, & l'assemblée faisoit encore le mesme cry, ensuite le marié se mettoit à dancer, chantoit des chansons de guerre qu'il composoit sur le champ, qui exhaltoit son courage & sa valeur, le nombre de bestes qu'il avoit tuées, & de tout ce qu'il prétendoit faire: en dansant il prenoit en ses mains un arc, des flesches, un grand baston où est amanché un os d'un orignac [...] chacun ayant sa chanson pendant laquelle il se mettoit en furie, & sembloit qu'il vouloit tout tuer: ayant finy, toute l'assemblée recommençoit leur hau, hau, hau qui signifie joye & contentement[21]. »

Quand ils étaient mariés, l'homme devenait le maître de sa femme ou de ses femmes. En effet, la polygamie était permise, notamment pour les chefs qui avaient une habitation plus importante et devaient être pères du plus grand nombre possible d'enfants pour renforcer leur groupe par des alliances. C'était l'épouse devenue mère la première qui commandait aux autres.

Le mariage n'était pas indissoluble chez les « Gaspésiens »: « S'il arrive pour lors, notait Le Clercq, que l'humeur de l'un soit incompatible avec le génie de l'autre, le garçon ou la fille se retire sans bruit; et tout le monde est aussi content ou satisfait que si le mariage avait réussi: parce, disent-ils, qu'il ne faut pas se marier pour être malheureux le reste de ses jours[22]. » La séparation était presque inévitable si le couple était stérile. Chacun se trouvait alors un nouveau parti.

La femme était traitée durement chez les Micmacs. Souvent elle était battue, surtout à partir du moment où les «Sauvages» connurent les «joies» de l'alcool. Le voyageur et chroniqueur Marc Lescarbot, qui séjourna à Port-Royal en 1606-1607, rapporte que les maris jouaient parfois leurs femmes au jeu mais qu'il était très difficile pour le gagnant de s'approprier sa nouvelle servante[23].

Avoir des enfants était le but premier de l'union conjugale chez les Micmacs. Les ethnologues Wilson et Ruth Wallis diront même que, pour ces Amérindiens, une femme sans enfant n'était pas une femme[24]. Dès qu'elle était enceinte, la Micmaque le disait à son mari pour que cesse toute activité sexuelle. L'accouchement était habituellement facile et n'avait jamais lieu dans les cabanes. Si le travail était lent et les douleurs nombreuses, «on luy attach[ait] les bras en haut à quelque perche, luy bouchant le nez, les oreilles et la bouche après quoy on lui press[ait] fortement les flancs afin de contraindre l'enfant de sortir du ventre de sa mère. Si elle se sent[ait] trop violentée, elle appel[ait] les Jongleurs...[25]»

Les nouveau-nés étaient lavés à la rivière; on leur faisait ensuite avaler de la graisse et de l'huile. Emmaillotés dans des peaux, ils étaient allaités jusqu'à l'âge de quatre ou cinq ans. Les garçons étaient élevés par le père et les filles par la mère. Un rite de passage avait lieu vers l'âge de seize ans. Les garçons devaient prouver qu'ils étaient devenus des hommes en abattant un ours ou un orignal. Ceux qui réussissaient l'exploit pouvaient dorénavant prendre part aux conseils de la tribu.

L'ENFANCE

Comme chez beaucoup de peuples dits «primitifs», le sens communautaire des Micmacs était très développé. L'individu agissait toujours en fonction du groupe. Ainsi les forts aidaient les faibles et les chefs s'occupaient de trouver gîte et nourriture à ceux qui étaient dans le besoin. C'est dans le même sens qu'il faut interpréter l'abandon, l'hiver, des infirmes et des impotents qui risquaient de compromettre la survie entière de la bande: «Ils leurs deschargent plustot un coup de hache sur la teste, que de prendre la peine de les traîner sur la neige tout le long de l'hiver[26].»

En fait, d'après Bernard G. Hoffman, toute la vie du Micmac se passait sous le signe de la contrainte. L'homme idéal était celui qui montrait de la retenue et de la dignité dans ses actions, qui était héroïque dans toutes les circonstances, qui se sacrifiait pour s'occuper du pauvre, du vieillard ou du malade, et qui était généreux et hospitalier. En même temps, il était implacable et cruel envers ses ennemis et brave à la guerre[27].

Lorsqu'un «Gaspésien» se fâchait, cela le couvrait de honte à moins que ce ne fut pour venger l'honneur d'un mort. Quand des disputes éclataient, les chefs ou des amis communs ramenaient la concorde. Dans les cas graves,

RÈGLES SOCIALES

Transport vers l'intérieur des terres durant la saison de chasse, par John Elliott Woolford vers 1847. (PMS)

la vengeance personnelle était reconnue légitime. Aussi, le coupable acceptait calmement son châtiment: « ils font même des presens considérables à ceux qui les châtient severement de leurs desordres; afin, disent-ils, de leur ôter du coeur toute l'amertume que leur cause le crime dont ils sont coupables: alleguant toujours pour leur excuse ordinaire, qu'ils n'avaient point d'esprit, quand ils ont fait telles & telles actions. Convaincus enfin de leur faute, on a beau les menacer de les rouër à coups de bâton, de leur percer le corps avec une épée, ou de leur casser la tête avec le fuzil, ils se presentent eux-mêmes, pour subir ces châtiments: Frapes-moi disent-ils, & tuës moi si tu le veux, tu as raison d'être fâché; & moi, j'ai tort de t'avoir offensé[28]. »

Dans cette constante atmosphère de contrainte qui provoquait l'anxiété, on avait besoin d'échappatoires. Le tabac avait cette fonction: « il les délasse dans leurs voiages, leur donne de l'esprit dans les Conseils, décide de la paix et de la guerre; il leur amortit la faim, leur sert de boire & de manger; & fussent-ils dans la dernière foiblesse, ils esperent toûjours de revoir le malade en sa première santé pourvû qu'il puisse encore fumer du tabac: le contraire est préjugé assûré de sa mort[29]. »

La danse servait aussi d'exutoire, en plus de faire partie des rites religieux. Elle était présente à tous les festins et à tous les banquets, qui abondaient. En effet, le plus grand bonheur qu'un homme pouvait espérer, le couronnement de sa vie sociale, était d'être adulé lors des fêtes solennelles de sa tribu. Les femmes n'y étaient admises qu'après que les hommes eussent fini de manger. En général, l'hôte était honoré. Un invité éminent le comparait à un arbre beau et fort. Il faisait le panégyrique de ses ancêtres. On dansait ensuite pour prouver sa gratitude et son amitié. Grâce à ces règles sociales, la société micmaque pouvait conserver son homogénéité et sa stabilité.

La guerre

La guerre était une activité importante chez les Micmacs de la Gaspésie. Les auteurs ne s'entendent pas sur ses causes. Les plus anciens, tels les missionnaires, croyaient que les expéditions guerrières avaient pour motif des vengeances d'injures publiques ou tout simplement la gloire de vaincre et de rapporter beaucoup de scalps. Ils allaient même parfois jusqu'à parler de « cri du sang[30] ». À l'opposé, les chercheurs contemporains y voient plutôt des causes économiques. Par exemple, pour le couple Crevel,

La vie des Indiens micmacs. Anonyme, 19e siècle. (GNC)

c'étaient la recherche du butin et l'appropriation des territoires de chasse qui causaient la guerre. Plusieurs tribus au mode de vie identique se disputaient des régions riches en gibier, l'île d'Anticosti entre autres[31]. L'historien Raynald Parent pousse plus loin que tout autre l'explication de l'effet de l'arrivée des Blancs sur les nations amérindiennes entre 1500 et 1660. Il montre comment la seule présence des Européens sur les lieux de rencontre entraîne une régionalisation de ces nations en brisant les rela-

Quelques pointes de projectiles provenant des sites archéologiques de Saint-Joachim-de-Tourelle et de La Martre.

tions qu'elles entretenaient entre elles. Elles devront se procurer par d'autres moyens les produits qu'elles obtenaient auparavant. L'arrivée de marchandises européennes aboutit à l'effondrement du système économique traditionnel. D'où une reprise inévitable des guerres entre les tribus amérindiennes. C'est ce qui arriva aux Micmacs qui, pour prendre le contrôle du commerce avec les Français, s'attaquèrent aux groupes de la rive nord du Saint-Laurent[32].

Très intéressante, la thèse de Parent minimise cependant le caractère séculaire des guerres amérindiennes. De plus, il n'est pas sûr qu'elle s'applique intégralement à la Gaspésie. David Lee a inauguré une voie de recherche nouvelle en tentant de démontrer que les « Gaspésiens » ont été acculturés moins rapidement que leurs frères d'Acadie, la traite et le contact avec les Blancs ayant été moins importants dans la péninsule. Leur chasse y aurait été moins dépendante du commerce des fourrures, de même que leurs guerres. Ils n'auraient que rarement participé aux conflits franco-anglais[33]. Cette interprétation, qui n'a été qu'esquissée, mériterait d'être approfondie.

Selon leur importance, les expéditions guerrières étaient décidées par les « sagamos » ou par les chefs de famille réunis en conseil. Quelqu'un se levait et proposait l'expédition, commençant souvent par dire qu'un ancêtre défunt lui était apparu en rêve et lui avait demandé de lui procurer la paix de l'âme par une razzia contre tel ou tel groupe. S'il y avait des opposants, ils étaient aussitôt ridiculisés par les jeunes braves.

Les préparatifs pour le combat étaient vite faits, l'armement et la stratégie étant rudimentaires. Par contre, les « Gaspésiens » prenaient garde aux présages de mauvais augure. De plus, ils se peignaient la figure de rouge « afin [...] que leurs ennemis, ni leurs compagnons mêmes ne puissent percevoir les différents changements de visage que la crainte fait assez souvent paraître dans les personnes les plus intrépides, les plus courageuses[34]. »

Habiles navigateurs, les Micmacs mettaient une journée pour traverser le Saint-Laurent. Lescarbot a laissé une intéressante description de leurs canots: « Ils sont faits en telle sorte qu'il ne faut point vaciller, ni se tenir droit, quand on est dedans, ains estre accroupi, ou assis au fond, autrement la marchandise renverseroit. Ils sont larges de quatre piés environ, par le milieu, et, vont en appointissant par les extremitez: et la pointe relevée pour commodement passer sur les vagues. J'ay dit qu'ils les font d'écorces d'arbres, pour lesquelles tenir en mesure ils les garnissent par dedans de demi cercles de bois de cèdre, bois fort souple et obéissant, de quoy fut fait l'Arche de Noë. Et afin que l'eau n'entre point dedans, ils enduisent les coutures (qui joignent les dites écorces ensemble, lesquelles ils font des racines) avec de la gomme de sapin...[35] » Très tôt cependant, ces embarcations sont remplacées par des chaloupes de pêcheurs que les Micmacs apprennent à manier avec dextérité et le canot ne sert plus qu'à naviguer sur les rivières de la péninsule.

Comme les Micmacs ont un accès plus facile aux haches de fer, ils sortent habituellement victorieux des combats. Ils massacrent littéralement leurs ennemis. À leur retour, ils triomphent de pouvoir porter à leur cou les scalps qu'ils ont arrachés. Rien n'indique qu'ils torturent leurs prisonniers. Ils les gardent plutôt en santé pour en faire des domestiques.

LES KWEDECH

Les ennemis connus des Micmacs qui vivaient en Gaspésie étaient les Kwedech, les Etchemins, les Abénaquis, et les tribus de la côte nord du Saint-Laurent. Les Kwedech passaient l'été en Gaspésie. C'est à eux que la cartographie du 16e siècle avait emprunté le mot « Honguedo » pour désigner la péninsule gaspésienne. À partir de 1585, le mot micmac « Gespeg » (fin des terres) s'impose à demeure, se transformant en « Gaspé ».

Le conflit Kwedech-Micmac est mal connu. Il semble que les Iroquoïens aient considéré le territoire gaspésien comme le leur puisqu'ils s'opposèrent à ce que Jacques Cartier en prenne possession en érigeant une croix. Les hostilités ont probablement commencé vers 1500 quand les groupes micmacs des Maritimes ont commencé à émigrer vers le nord. Ils se seraient alors heurtés aux Kwedech, dont la frontière sud du territoire aurait été la rivière Ristigouche. Les légendes micmaques font état d'un massacre dans cette région. Pour se venger, le chef micmac Tonel et ses braves auraient porté la guerre dans la région de Caughnawaga. De même, beaucoup de romantisme entoure l'histoire de l'Ilet-au-Massacre (en face du Bic) où 200 Toudamans (Micmacs) auraient été massacrés par un groupe de Kwedech. La guerre se serait terminée à la fin du 16e siècle avec l'extermination des Iroquoïens dans la vallée du Saint-Laurent. On ne retrouve malheureusement nulle trace d'un tel exploit dans la mythologie micmaque.

LES TRIBUS DE LA RIVE SUD DU SAINT-LAURENT

Les relations des Micmacs avec leurs voisins immédiats, les Etchemins, n'étaient guère plus cordiales. Bien qu'en général les heurts aient été rares et confinés à des endroits très précis, leur rivalité pour l'occupation des territoires de chasse dégénéra en guerre vers 1645. Les groupes de la côte nord du Saint-Laurent furent également mêlés à ce conflit. Quant aux Abénaquis, ils étaient constamment en guerre avec les Micmacs. La paix s'établit dans les années 1650-1660 alors que les Algonquiens de l'Est du Canada durent s'allier pour contrer le péril iroquois.

MONTAGNAIS ET INUITS

Aux 16e et 17e siècles, les groupes contre lesquels les Micmacs guerroyaient le plus étaient ceux de la côte nord du Saint-Laurent. Les différentes nations montagnaises étaient souvent victimes de leur fureur, en particulier les Papinachois et les Bersiamites. Au milieu du 17e siècle, la guerre connut son summum. En effet, vers 1630, les Micmacs s'attaquèrent aux

Oumamioueks et aux Papinachois. Dix ans plus tard, ces deux groupes reçurent l'aide des Bersiamites et des Montagnais de Tadoussac. Le père Richard, missionnaire jésuite à Miscou, fut témoin d'une expédition en 1645. Une troupe nombreuse de « Sauvages » de Gaspésie et d'Acadie partit alors pour s'attaquer aux Bersiamites. Ils vinrent chez le père Richard pour prier, espérant que cela les aiderait à écraser leurs ennemis. Victorieux, ils s'arrêtèrent de nouveau au retour pour remercier Dieu. Ils avaient tué sept hommes et avaient pris treize ou quatorze prisonniers, des enfants pour la plupart[36]. L'année suivante, les deux tribus signèrent la paix à Percé. Simon Boyer, « capitaine » de Tadoussac, agit comme médiateur. Ignace Ouandagareau représentait les Micmacs. Il offrit des présents aux Bersiamites qui les acceptèrent, «disant qu'ils ne feroient à l'avenir qu'un coeur[37].» La paix fut scellée par des festins et des danses qui durèrent quelques jours. À leur tour, ils s'unirent pour se défendre contre les Iroquois.

Tous les Amérindiens, y compris les « Gaspésiens », haïssaient les Inuits ou Esquimaux. De nombreux documents, comme celui du père Richard en 1661, témoignent de razzias en territoire esquimau. Tout l'hiver, ils avaient prémédité leur coup. Le père savait «qu'ils attaqueroient et qu'ils tueroient les premiers qu'ils rencontreroient au delà du Golfe, sans prendre garde s'ils sont amis ou s'ils sont ennemis...[38]» Dans un style imagé, le missionnaire raconte les rites du départ: «Comme ces Argonautes voguaient à force de rames sur la rivière Bacadensis, voilà deux canots qui sortent comme d'une embuscade, et qui tirent droit à eux, pour les attaquer et pour les piller et pour empêcher leur course. Ce sont des jeunes femmes bien lestes, et bien couvertes qui viennent donner une idée et faire un portrait du combat [...] elles vont, elles viennent, elles tournent, elles font mille caracolles à l'entour de ces chaloupes, s'efforçant de se jeter dedans pour les piller ou du moins pour enlever quelque butin [...] les hommes les repoussent, ils tirent quantité de coups de fusils, plutost pour faire du bruit, que pour les blesser. Enfin ces jeunes femmes se retirent, bien lassées, sans jamais avoir pu rien enlever[39].» Revenues à terre, les «amazones» furent huées et dépouillées par leurs consoeurs restées au bord: «Ces femmes sont bien aises d'estre ainsi pillées pour donner un heureux pronostic de la victoire qu'elles souhaitent à leurs parents et à leurs amis[40].»

Une fois parvenue à l'île d'Anticosti, la bande surprit une famille d'Inuits qu'elle massacra, à l'exception d'un enfant. Revenus à Gaspé, les guerriers lancèrent le petit à l'eau avec les scalps de ses parents. Tous ceux qui étaient restés au village se jetèrent à la nage pour se saisir du prisonnier qui fut finalement adjugé à la femme du chef. Le père Richard réussit à l'échanger et à soigner ses blessures[41].

L'univers mental

Profondément lié à la vie matérielle et sociale et au monde de la guerre, l'univers mental des Micmacs différait beaucoup de celui des Blancs. Aussi est-il impossible de le bien cerner car les seuls renseignements connus proviennent d'Européens, missionnaires par surcroît, qui comprenaient mal les raisons profondes des agissements des Amérindiens. Ceux-ci n'avaient pas le même système de représentation du monde que les Blancs. Les *Relations des jésuites* rapportent là-dessus: «Ils ont fort bonne mémoire des choses corporelles, comme de vous avoir veu, de qualitez d'une place où ils auront esté, de ce qui aura esté faict devant eux depuis vingt et trente ans; mais d'apprendre par coeur, là est l'écueil, il n'y a pas moyen de leur mettre dans la teste une tirade de paroles[42]. »

Ils avaient une certaine connaissance de l'astronomie. Ils racontaient que les trois gardes de l'étoile polaire étaient trois Micmacs qui s'embarquèrent un jour dans un canot pour surprendre la Grande Ourse et la Petite Ourse et que, par malheur, ils n'avaient pu les rejoindre[43]. Très près de la nature, ils se basaient sur elle pour compter.

Les missionnaires avaient beaucoup de difficulté à leur enseigner les «vérités» de la foi catholique. L'un d'eux, le père Chrestien Le Clercq, inventa un système d'écriture qui fut amélioré par ses successeurs. Il avait remarqué que les enfants faisaient des marques avec du charbon sur des écorces de bouleau et «comptoient avec leur doigt fort exactement à chaque mot des prières qu'ils prononçoient[44]. » Il s'en inspira pour créer de nouveaux signes qui exprimaient les concepts de Trinité, d'Incarnation, d'Eucharistie, etc. Sans toujours comprendre le système, les «Gaspésiens» l'adoptèrent et s'en firent les propagandistes chez leurs frères qui n'y avaient pas été initiés. Les hiéroglyphes devinrent un objet de la vie courante: «Il n'est pas jusqu'aux plus petits Sauvages qui n'aïent pas encore entièrement l'usage de la parole, prononcent cependant du mieux qu'ils peuvent, quelques mots de ces billets, qu'ils entendent dans leurs cabanes...[45] »

Dans le domaine médical aussi, les Amérindiens différaient des Européens. **MÉDECINE**
Là encore, la nature se faisait grande pourvoyeuse et on y trouvait des remèdes de toutes sortes. Ils connaissaient des plantes capables de guérir l'épilepsie et d'autres qui faisaient avorter les femmes. Ils employaient souvent des vomitifs et faisaient grand usage de la «suerie» (bain de vapeur), de la saignée et de la gomme de sapin. Ils avaient une manière singulière mais efficace de «ressusciter» un noyé. Ils remplissaient de fumée de tabac une vessie d'animal ou un gros boyau auquel ils attachaient

une canule qu'ils inséraient dans l'anus du malade; puis en pressant le boyau ou la vessie, ils lui insufflaient la fumée. Ils pendaient ensuite le rescapé par les pieds à un arbre et la fumée lui faisait vomir l'eau[46]. Ces moyens primitifs de guérison des maladies n'étaient pas sans valeur. Des siècles de vie dans la nature avaient permis de découvrir des remèdes efficaces.

CROYANCES ET RITES

Les « Gaspésiens » croyaient en une force suprême, le Grand Esprit, qu'ils priaient sous ses représentations du soleil et de la lune. On a beaucoup exagéré ce culte des astres pratiqué par les Micmacs. Il semble que le compte rendu qu'en donne le père Le Clercq reflète autant ses propres conceptions que celle des « Gaspésiens ». En effet, on y retrouve plusieurs éléments de la morale chrétienne, impensables dans l'optique amérindienne. D'ailleurs, Le Clercq avoue lui-même que ce culte est presque disparu à l'époque où il écrit, vers 1690[47]. Quant à la lune, elle était considérée comme la femme du soleil et la mère de l'espèce humaine. Elle protégeait la femme enceinte et se faisait la dispensatrice du lait nourricier.

Selon la mythologie des « Gaspésiens », le Grand Manitou avait créé l'Homme à l'embouchure de la Ristigouche et lui avait donné la péninsule en partage. Ces références au Dieu Suprême étaient complétées par plusieurs autres volets. La représentation symbolique exprimée dans le récit plus ou moins imaginaire, les gestes prohibés et la signification donnée à un objet en certaines circonstances constituaient les assises de leurs traditions.

Les légendes sacrées racontées par les vieux au coin du feu permettaient d'informer et de former les jeunes. Nicolas Denys écrit: « ils faisoient des contes qui étoient agréables & d'esprit, quand ils en disoient quelqu'un c'estoit toûjours par ouy dire de leur grand père, ce qui faisait paraître qu'ils avoient eu connaissance du Déluge, & des choses de l'ancienne Loy [...] ces faiseurs de contes qui paroissoient plus subtils que les autres, quoy que leur subtilitez ne fussent que des badineries ne laissoient pas d'abuser ceux qui prenoient plaisir à les écouter[48]. » Parmi ces mythes, il s'en trouvait un qui avait trait à l'origine de la culture du maïs et du tabac, disparue à cause de la négligence des ancêtres[49]. Cette légende appuie l'hypothèse d'une origine algonquienne centrale du peuple micmac.

La cosmogonie comprenait toujours plusieurs éléments que les Blancs ne savaient pas interpréter. Ainsi, la femme menstruée était éloignée et isolée, l'homme croyant qu'un contact avec elle le priverait de l'usage de ses jambes. Elle n'avait pas le droit non plus de manger de la viande d'orignal ni de castor car ces animaux n'accepteraient plus de se laisser prendre. De même, les veuves et les jeunes célibataires devaient se plier à certaines restrictions, comme celle de ne pas manger le coeur de l'ours.

La représentation totémique jouait un grand rôle chez les Micmacs. Par

« Sur un bâti de perches,
(les femmes) fixaient des
écorces de bouleau se servant de racines de sapin
comme fil et d'os aiguisés
comme aiguilles. »
(PMS)

La construction du wig-
wam, une tâche fami-
liale. (PMS)

exemple, ceux de la région de Ristigouche arboraient le saumon. Au nord du Nouveau-Brunswick, le symbole des habitants de la région était une sorte de croix qui a donné lieu aux interprétations les plus farfelues et qui les a fait baptiser « Porte-Croix ». Les principaux gestes de la vie, naissance et décès, guerre et paix, s'accompagnaient également de la présentation d'un objet matériel, signe tangible de l'événement qu'il rappelait.

Les Européens étaient plus influencés qu'on ne le croit généralement par la pensée et le mode de vie amérindiens. Outre les échanges de produits et l'adaptation aux conditions de vie dans la nature, ils en vinrent à partager certaines de leurs croyances. Ainsi en est-il quant à l'existence d'un monstre appelé Gougou que les Micmacs disaient habiter une île quelque part entre Percé et Miscou (N.-B.). Sous l'apparence d'une femme, Gougou dévorait les voyageurs. Champlain, bien que sceptique, écrivait : « ... je tiens que ce soit la résidence de quelque Diable qui les tourmente de la façon[50] ».

LE CHAMAN   Même les missionnaires qui, pourtant, tournaient habituellement en dérision les pratiques indigènes, avaient une grande peur des chamans, grands prêtres de la religion micmaque : « mais je ne puis me persuader aussi, que le Diable ne domine dans leurs tromperies, & les éloigne d'autant plus de la connaissance du vrai Dieu : car enfin il est difficile de croire qu'un Jongleur fasse naturellement paroître les arbres tout en feu, qui brûlent visiblement sans se consumer ; & donne le coup de mort à des Sauvages, fussent-ils éloignés de quarante à cinquante lieuës, lorsqu'il enfonce son couteau ou son épée dans la terre, qu'il en tire l'un ou l'autre tout plein de sang, disant qu'un tel est mort qui effectivement meurt et expire, dans le même moment qu'il prononce la sentence de mort contre luy[51]. » Il va sans dire qu'ils inspiraient la terreur et commandaient le respect des membres de la tribu. On les croyait doués d'un pouvoir surnaturel qu'ils pouvaient employer pour le bien ou pour le mal et que seul un autre chaman pouvait conjurer. Ils faisaient le lien entre les esprits et les hommes et ils étaient garants du succès de la bande à la chasse et à la guerre. Parfois, ils étaient chefs. Dans ce cas, ils cumulaient entre leurs mains les pouvoirs religieux, judiciaire et politique.

Le chaman agissait aussi comme médecin. On voyait en lui un guérisseur universel capable de faire sortir le démon consumant le malade. Il pratiquait cet exorcisme en échange de présents. Si, après quelques jours, le malade n'allait pas mieux, le « jongleur » convoquait ses parents et amis à une cérémonie spéciale chargée d'émotivité où l'on chasserait le démon par la force.

LA MORT   Le malade ne donnait-il aucun signe de guérison, le sorcier décrétait la mort. On abandonnait alors le moribond qui expirait dans la solitude.

Après s'être assurés qu'il était bien décédé, les gens frappaient sa cabane en criant Oué! Oué! Oué! pour faire sortir l'esprit. On envoyait alors de jeunes émissaires dans les villages voisins pour annoncer la nouvelle de la mort de tel vaillant guerrier et pour inviter ses amis aux funérailles. Pendant ce temps, on sortait le défunt de sa demeure à laquelle on mettait le feu sans rien emporter. À l'époque de Chrestien Le Clercq, il n'était plus question de déchiqueter le mort comme dans l'« ancien temps ». On se contentait de l'enterrer avec force discours, lamentations et cadeaux, les Amérindiens croyant à une vie éternelle dans un monde semblable à celui d'ici-bas. Nicolas Denys témoigne qu'il a vu des morts emporter pour plus de 2 000 livres de pelleteries, « ce qui faisoit pitié aux François, et peut-être envie tout ensemble, on n'osoit pourtant pas les aller prendre, car cela eust causé une haine et guerre immortelle[52]. »

Trois ou quatre jours de deuil et de festins suivaient, pendant lesquels le chef et d'autres orateurs prononçaient le panégyrique du défunt. Puis la vie normale reprenait son cours, sauf pour les parents et les amis du disparu qui portaient le deuil pendant un an, se peignant le visage en noir et coupant le bout de leurs cheveux « qu'il ne leur [était] plus permis de porter en cadenettes, ni de les orner de coliers de rassade & de pourcelaine...[53] » Des célébrations spéciales avaient lieu quand quelqu'un tombait au combat.

L'homme blanc

Le portrait que nous avons tracé du « Gaspésien » voulait autant que possible refléter sa vie avant l'arrivée des Européens. Tâche difficile car les sources d'information datent presque toutes du 17e siècle. À cette époque, les Micmacs étaient déjà en contact avec les Blancs depuis un siècle. Avec un certain recul, on peut tenter d'évaluer certains impacts sur les Micmacs du Nord de leur rencontre avec les cultures européennes.

Cette rencontre, peut-être moins envahissante que chez les Micmacs des Maritimes, a marqué tous les aspects de la société « gaspésienne ». En effet, la présence du Blanc aux postes de pêche, sa supériorité technologique (barques, armes à feu, etc.), l'attrait des produits européens, le zèle des missionnaires, ont tous, de diverses façons, entamé les traditions amérindiennes. Le commerce des pelleteries a joué le rôle-clé dans cet échange entre deux cultures et il en est le thème privilégié d'étude.

LA TRAITE DES FOURRURES

Avant l'arrivée des Blancs, la chasse n'était importante pour les Micmacs que trois mois durant l'hiver. Le reste du temps, ils s'adonnaient aux activités de pêche et de cueillette. De plus, ils laissaient souvent les peaux des animaux dans la forêt, n'apportant au campement que ce dont ils avaient besoin pour leur troc avec les «sagamos» qui leur donnaient en échange des canots et des chiens. Mais quand ils eurent pris goût aux articles européens, leur cycle économique changea. Pour capturer les animaux quand leur toison était à son meilleur, ils chassaient tout l'hiver, même durant la période où les chutes de neige étaient les plus abondantes, au lieu de rester sur le bord de la mer comme autrefois. L'été, pour participer à la traite avec les pêcheurs, ils délaissaient leurs activités traditionnelles de cueillette et de préparation des réserves en vue des longs hivers. Même les femmes trafiquaient leurs marchandises avec les morutiers. « Les Sauvagesses font valoir aux pêcheurs [les bourses de cuir] selon la peau et l'enjolivement bigarré qu'ils appellent matachiez [...] avec cela elles tirent beaucoup de choses des matelots, il n'y a celui qui n'en veuille avoir aux dépends du corbillon, c'est-à-dire du biscuit du navire & de la boisson, elles portent des martres, des escureuils, pour cravattes ou autres bagatelles que les femmes font; ce n'est pas qu'elles débitent à chaque voyage tout ce qu'elles portent, elles sçavent bien ménager leur fait, mais seulement pour faire montre & donner de l'envie: elles promettent à l'un & à l'autre & ne donnent rien, pendant tout ce négoce-là, on leur promet beaucoup s'ils les veulent aller trouver au lieu où ils vont ancrer pour faire leur pesche, ce qu'elles font espérer; apres quoy chaque matelot leur donne en cachette les uns des autres des galettes de biscuits, mais elles n'y vont pas de sitost, & demeurent encore à terre en attendant que d'autres navires viennent à passer...[54] »

Bien que la traite, ainsi que la contrebande, aient été pratiquées à Percé et à Gaspé, les centres importants du commerce des pelleteries étaient Matane, Miscou et Tadoussac. À ce dernier endroit, les Micmacs troquaient de la viande d'orignal et de la pacotille contre les peaux de castor des Montagnais et des Algonquiens. Ces pelleteries étaient ensuite échangées aux Français. Le père Le Clercq se plaignait de ce commerce qui aurait fait disparaître la générosité des Indiens: «Il est vrai que cette inclination généreuse souffre à présent quelque altération, depuis que les Français [...], les ont insensiblement accoûtumez à troquer...[55] »

Les denrées que les pêcheurs apportaient en Gaspésie changèrent irrémédiablement les habitudes de vie des Micmacs. Déjà en 1632, à l'arrivée de Nicolas Denys, ils se servaient de chaudières et de fer pour fabriquer leurs armes et leurs outils. Puis les armes à feu remplacèrent les armes blanches. Du côté de l'alimentation, ils connurent le pain, le sel et les biscuits.

L'EAU-DE-FEU   De tous les produits apportés par les Européens, l'alcool fit le plus de ravages. Au début, les Micmacs ne voulaient pas boire de vin, le comparant à du sang. Ils refusaient même de pactiser avec les Blancs qui en prenaient.

Cependant, ils en consommèrent très tôt. Mais quand ils connurent l'eau-de-vie, ils n'acceptèrent plus de boire de vin, boisson jugée trop faible. L'alcool était surtout apporté par les morutiers qui en avaient toujours de bonnes quantités sur leurs navires. Les matelots s'en servaient pour le troc, mais aussi pour séduire les femmes dont ils faisaient parfois leurs concubines, par la force s'il le fallait.

L'alcool apportait la violence et la désolation. Les hommes se battaient et si leurs femmes tentaient d'intervenir, elles recevaient les coups. Denys estime qu'il se tuait sept ou huit « Sauvages » par année à cause de l'ivrognerie. Parfois, les Indiens attaquaient des bateaux pour obtenir de l'eau-de-vie. Quand les Blancs leur en faisaient le reproche, « ils répond[aient] aussitost que nous le faisons bien entre nous[56]. »

Cette situation avait cours chez tous les autochtones de la Nouvelle-France. Le 6 mai 1660, Mgr de Laval menaçait d'excommunication ceux qui se livreraient au trafic de l'alcool avec les « Sauvages ». Ce mandement eut très peut d'effets en cette Gaspésie si éloignée. Le gouverneur Courcelle envoya bien un inspecteur pour tenter de faire respecter la loi mais il n'y fit qu'un bref et vain séjour.

L'eau-de-feu a même servi à christianiser les Indiens. « ... on donne aux Sauvages toutes les fois qu'ils viennent aux habitations un coup d'eau de vie, un morceau de pain, & du tabac en entrant, quelque nombre qu'ils soient, hommes et femmes; pour les enfants, on ne leur donne que du pain, on leur en donne enore autant quand ils s'en vont; toutes ces gratifications là avoient été introduites par le passé pour attirer les Sauvages aux habitations afin de les pouvoir plus facilement instruire à la foy & religion chrestienne...[57] »

Instruction religieuse des Micmacs. Photo tirée de: Père Chrestien Le Clerc, *New Relation of Gaspesia*, 1910. (MRG)

LE MISSIONNAIRE

Par contre, cette liqueur enivrante s'ajouta bientôt à l'ensemble des difficultés d'évangélisation des Micmacs. Nomades, ils ne pouvaient pas être instruits régulièrement. De plus, ils comprenaient mal des enseignements différents ou opposés à leur propre système de valeurs. Aussi, ils assimilaient souvent le prêtre à un chaman.

Confronté à deux vérités, l'Amérindien tentait en vain d'amalgamer ses traditions à la religion des Blancs. Ce qui faisait dire au père Le Clercq, après onze ans d'apostolat, que les « Sauvages » montraient « une opiniatreté invincible [...] à suivre et à croire les erreurs, les superstitions, les traditions fabuleuses de leurs ancêtres...[58] ». Certains individus essayaient même d'imiter les gestes du prêtre qui les impressionnait. Dans le même sens, des femmes qui avaient rencontré des ursulines se prenaient pour elles et croyaient ainsi pouvoir conférer avec le soleil[59].

Quand Le Clercq inventa son système d'écriture, ils en firent un jeu: « je ne puis vous exprimer, dit-il, avec quelle ardeur ces pauvres Sauvages contestoient les uns avec les autres [...] qui seroit le plus sçavant & le plus habile[60]. » D'ailleurs ils aimaient beaucoup ce pasteur et s'impatientaient de ses absences prolongées. Quand il repartit pour la France, un chef attristé lui aurait tenu ce discours: « He bien donc, mon fils [...] tu veux nous abandonner et repasser en France [...] Ah! si tu voyais mon coeur à présent, tu verrais qu'il pleure des larmes de sang, dans le temps même que mes yeux pleurent des larmes d'eau, tant il est sensible à cette cruelle séparation[61]. » Cette manifestation d'attachement reposait moins sur l'adhésion à une religion que sur la considération envers un homme apprécié.

« TOI QUI AMÈNES LA MORT » Les Micmacs refusaient quelquefois de se faire instruire car, disaient-ils, cela les ferait mourir jeunes. Bien que cette croyance fût fondée sur un rapport de causalité plutôt douteux, elle n'en éclaire pas moins la perception qu'avait le « Gaspésien » de l'Européen. Depuis que celui-ci s'était amené sur les rives de l'Acadie et de la Gaspésie, la population avait décrû. Les aînés se souvenaient que de grosses bourgades avaient prospéré en des endroits devenus déserts.

C'est au changement de régime alimentaire qu'il faut d'abord attribuer cette dépopulation. Peu habitués à se gaver d'aliments étrangers, les Micmacs firent connaissance avec les maux de ventre et la dysenterie. Encore une fois, il faut préciser que, d'après les écrits du père Le Clercq, les « Gaspésiens » souffrirent moins de ces « importations » que leurs frères des Maritimes. À cela, il faut ajouter les ravages de la syphilis et de la petite vérole. Celle-ci sévit particulièrement en 1669 alors que 250 personnes moururent aux missions jésuites de Tadoussac et de Sillery qui recevaient un bon nombre de « Gaspésiens ». Un autre facteur de la baisse de la population était l'impuissance qu'entraînait l'usage abusif de l'alcool. Les femmes étaient moins souvent enceintes et il faut peut-être voir en cela la cause de la disparition progressive de la polygamie[62].

L'histoire ultérieure des Micmacs de la Gaspésie n'est guère plus heureuse. Ils diminuent en nombre et doivent se soumettre à des conceptions et à des pratiques étrangères. Depuis que Jacques Cartier a abordé sur les rivages de la baie des Chaleurs, la partie est pour eux perdue.

3

Explorateurs, pêcheurs et missionnaires (1534-1650)

Plusieurs théories ont eu cours quant à la venue de navigateurs vikings sur les côtes de la Gaspésie vers le 11e siècle. Aujourd'hui, les spécialistes admettent que les Norvégiens et les Islandais n'ont guère dépassé le Labrador et Terre-Neuve. Il semble même que les pêcheurs européens qui, vers la fin du 15e siècle, s'installèrent à ces endroits ne se rendaient pas sur les rives de la péninsule.

Le premier siècle de l'histoire gaspésienne après l'arrivée des Européens sur le continent américain s'inscrit dans le contexte du mouvement des grandes découvertes. Il en porte les caractéristiques: il est une réponse aux objectifs de colonisation, de commerce et d'évangélisation poursuivis par la France en ces terres nouvelles. La richesse des ressources de la presqu'île gaspésienne, dont les eaux regorgent de poissons, en fait même un lieu recherché. À la suite des explorateurs, des pêcheurs s'établiront de façon quasi permanente, bien que sur une base saisonnière. Les missionnaires suivront.

Jacques Cartier

LA BAIE-DES-CHALEURS ‖L'un des tout premiers Européens à fouler le sol gaspésien est déjà un marin expérimenté quand François 1er le choisit pour « découvrir certaines isles et pays où l'on dit qu'il se doibt trouver grant quantité d'or et autres riches choses[1].» Parti de Saint-Malo le 20 avril 1534 avec deux navires et 61 hommes, Jacques Cartier met 20 jours à traverser l'Atlantique. Il passe par Terre-Neuve et arrive en vue des Iles-de-la-Madeleine le 26 juin. Trois jours plus tard, il longe l'Ile-du-Prince-Edouard. Puis de baie en baie, il aboutit à l'entrée de la baie des Chaleurs le 3 juillet. C'est lui qui la nomme ainsi en raison du climat favorable dont elle jouit en ce temps de l'année. Laissons au Malouin lui-même le soin de décrire ses impressions: « Le terroir qui est du côté Sud de ce golfe est aussi bon et beau à cultiver, et plein de belles campagnes et prairies que nous ayons vu, tout plat comme serait un lac. Et celui qui est vers Nord est un pays haut avec montagnes hautes pleines de forêts et de bois très haut et gros de diverses sortes. Entre autres, il y a de très beaux cèdres et sapins, autant qu'il est possible de voir, et bons à faire mâts de navires de plus de trois cents tonneaux, et ne vîmes aucun lieu qui ne fût plein de ces bois, excepté deux places que le pays était bas, plein de prairies avec deux très beaux lacs[2]. » ‖

Le lendemain, jour de la Saint-Martin, Cartier longe la côte nord de la baie et décide d'ancrer dans l'anse de Port-Daniel où il demeure jusqu'au 12, explorant les parages. Le 6, « après avoir ouï la messe[3] », il part sur une barque vers la pointe de Paspébiac où il rencontre une bande de Micmacs en canots.

Ces habitants du lieu passaient probablement l'été derrière le barachois et au bord de la rivière. Ils avaient surnommé l'endroit « Epsegeneg » (là où on se chauffe). Apercevant les Français, quelques-uns s'approchèrent de la pointe et mirent pied à terre, faisant des signes aux occupants de la barque pour qu'ils accostent. Ils étaient manifestement habitués à troquer des peaux avec les pêcheurs d'Acadie. Les Français, peu nombreux, refusèrent de se rendre sur le rivage. Sept canots d'Amérindiens les approchèrent alors, « sautant et faisant signe d'allégresse et de vouloir amitié[4]. » Encerclés par les « Sauvages », les explorateurs prirent peur: « En voyant que malgré les signes que nous leur faisions, ils ne voulaient pas se retirer, nous leur tirâmes deux coups de passe-volants par-dessus eux. Et alors, ils se mirent à retourner vers la dite pointe, et firent un bruit merveilleusement grand, après lequel ils commencèrent à revenir vers nous, comme avant. Et eux, étant près de notre dite barque, leur lachâmes deux lances à feu, qui passèrent parmi eux, qui les étonna fort, tellement qu'ils prirent la fuite, à très grande hâte, et ne nous suivirent plus[5]. »

Le jour suivant, le 7 juillet, neuf canots micmacs reviennent au même endroit. Cette fois-ci, ce sont les Indiens qui craignent Cartier et ses hommes. Finalement, les Blancs amadouent les Micmacs et un commerce s'établit à la suite duquel les indigènes s'en retournent tout nus, ayant échangé toutes leurs peaux, même leurs vêtements.

Le 8, les Français reprennent leur exploration, parcourant en chaloupe environ 25 lieues. Le lendemain, ils se rendent au fond de la baie dans l'espoir de découvrir un passage vers l'intérieur du continent. Comme leurs efforts s'avèrent vains, « dolents et marris », Cartier et ses hommes regagnent leurs navires. À la hauteur de Carleton, ils rencontrent un groupe de 300 Micmacs avec qui ils trafiquent de nouveau. Encore une fois, les Indiens se dépouillent entièrement.

Le 12 juillet, les deux petits navires appareillent et se dirigent vers l'est jusqu'au cap de Pratto (cap d'Espoir). Une tempête les oblige à mouiller entre l'île Bonaventure et le rocher de Percé. Profitant d'une accalmie, ils tentent de longer la côte mais une recrudescence des vents les oblige à se réfugier, le 14, à l'entrée de la baie de Gaspé. Le 16, la tempête s'aggrave et fait perdre une ancre à l'un des bateaux; Cartier décide de pousser plus avant et pénètre dans la baie de Gaspé. Il y restera jusqu'au 25. C'est là que le navigateur fait connaissance avec les Kwedech. Au nombre d'une quarantaine de familles, soit plus de 200 personnes, ils pêchent le maquereau dans les eaux de la baie. Leurs craintes surmontées, ils gagnent le bateau du capitaine malouin qui leur donne des objets de pacotille. Cartier décrit les

LES MICMACS

Médaillon en bois sculpté à l'effigie de Jacques Cartier. Ce médaillon daté de 1704 orna probablement la poupe d'un vaisseau français du 18e siècle. Auteur anonyme. Découvert à Cap-des-Rosiers en 1908. (MRG)

LES KWEDECH

Érection de la croix de Gaspé, par Charles W. Simpson, 1927. (APC)

Indiens: « Cette gent se peut nommer sauvage car c'est la plus pauvre gent qui puisse être au monde; car tous ensemble n'avaient pas la valeur de cinq sols, leurs barques et leurs rets de pêche exceptés. Ils sont tout nus, sauf une petite peau, avec laquelle ils couvrent leur nature et quelques vieilles peaux de bêtes qu'ils jettent sur eux en écharpes[6]. »

Le 22, Cartier et ses hommes rejoignent les Kwedech sur le bord de la baie. Heureux, ceux-ci se mettent à chanter et à danser. Cependant, ils ont fait fuir toutes les jeunes femmes dans la forêt à l'exception de deux ou trois « qui demeurèrent, auxquelles nous donnâmes à chacune un peigne et une petite clochette d'étain, dont elles furent fort heureuses remerciant le capitaine, en lui frottant les bras et la poitrine avec leurs mains[7]. » Voyant cela, les autres femmes sortent de leur cachette et ont droit elles aussi à des cadeaux.

Le 24 juillet 1534, les Français érigent une croix de trente pieds « sur la pointe de l'entrée du dit havre[8]. » Au milieu, ils ont posé un écusson sur lequel est écrit « Vive le roy de France ». Ils s'agenouillent ensuite pour prier, ce dont s'émerveillent les Indiens.

Retournés sur leurs navires, les marins voient s'approcher le chef Donnacona accompagné de ses trois fils et de son frère, venus protester, affirment plusieurs spécialistes, contre cette prise de possession d'un territoire qu'ils considèrent comme le leur. Par ruse et par force, les Français les embarquent sur un de leurs navires. Cartier fait manger et boire les « Sauvages ». Il réussit à convaincre Donnacona de le laisser emmener deux de ses fils en France. Le 25 juillet, il fait voile hors de la baie de Gaspé. Il contourne Anticosti qu'il prend pour une péninsule. Il ne trouve pas de passage vers l'Asie et, le 15 août, entreprend le voyage de retour. Il revient au Canada l'année suivante, ne s'arrêtant à Gaspé que le temps d'une courte escale.

JEAN ALFONSE

La dernière expédition de Cartier fut placée sous la direction de François de La Roque, sieur de Roberval. Toutefois, Cartier partit une année avant lui, hiverna loin à l'intérieur du Saint-Laurent et ne le rencontra qu'en juin 1542 à Terre-Neuve, alors qu'il avait déjà pris la voie du retour. Roberval, en l'absence de Cartier, pouvait cependant compter sur un pilote expérimenté, Jean Fonteneau dit Jean Alfonse, qui a laissé quelques informations sur les côtes gaspésiennes et qui a doté la péninsule de nombreux toponymes.

Alfonse précise, entre autres choses, que les terres de la baie des Chaleurs « sont toutes terres hautes, bien bonnes, et sont toutes couvertes d'arbres de diverses sortes, jusques au bord de la mer[9]. » De plus, « en ceste coste et à l'isle de l'Ascension [Anticosti] y a grand pescherie de molue et de plusieurs autres poissons beaucoup plus que à la Terre-Neufve[10]. » Les exploits de ces navigateurs font prendre conscience aux pêcheurs bretons et normands

Gravure exécutée en 1934 par Pierre Gandon à l'occasion du IVe centenaire de la découverte du Canada. (MRG)

GOLFE

DE

TERRE
NEUVE

aux Oiseaux

St Laurent

St Jean

Js St Pierre

Cartier à Percé par J.D. Kelly... « ... et nous fîmes route vers l'est, le long de la côte qui s'étend dans cette direction pendant environ dix-huit lieues, jusqu'au cap de Pratto. Est là, nous trouvâmes une étrange marée, et petit fond et la mer fort mauvaise. Et il nous fallut serrer la terre, entre ledit cap et une île, qui est à l'est de celui-ci à environ une lieue, et là, nous jetâmes les ancres pour la nuit. » Extrait de: Jacques Cartier, *Voyages au Canada avec les relations des voyages en Amérique de Gonneville, Verrazano et Roberval*, 1981. (APC)

de la richesse des eaux gaspésiennes. Ils ne tardent pas à se lancer sur leurs traces et à aborder sur les rives de la péninsule.

Au temps de la pêche saisonnière (1550-1650)

La Gaspésie regorgeait de sites intéressants pour les pêcheurs européens. Venus de Normandie, de Bretagne, des pays basques espagnol et français, de La Rochelle, ils ont laissé des traces dont témoigne la toponymie de la péninsule. Chaque année, il s'en trouvait à Paspébiac, à Pabos, à Grande-Rivière, à la baie de Gaspé, à l'île Percée, à Mont-Louis et à Matane.

Dès la seconde moitié du 16e siècle, les pêcheurs mirent au point des techniques et une organisation qui ont perduré jusqu'au début du 20e siècle. En fait, pendant trois siècles et demi, leur vie quotidienne a été conditionnée par les déplacements et les caprices d'une espèce de poisson: la morue.

Poisson d'eau froide, la morue a une grande valeur nutritive. Sa distribution géographique dépend de la température de l'eau; elle se tient dans les eaux qui ont entre 0 et 10 degrés centigrades et un taux de salinité de 34‰. Elle a toujours abondé le long du plateau continental de l'Amérique du Nord, du Massachusetts au Labrador. Pendant la saison d'été, la morue s'approche du littoral pour frayer et se nourrir de plus petits poissons, tels le hareng, le capelan, le lançon, le maquereau, le gaspareau, et de divers mollusques et crustacés. En Gaspésie, sous le Régime français, la saison de pêche dure de la mi-mai à la mi-septembre. Quatre bancs de morue se partagent l'assiduité des pêcheurs: le banc des Américains, à treize milles au sud de Gaspé; le banc des Orphelins, à 70 milles au sud-est de Percé; le banc de Miscou, à douze milles au nord-est de l'île du même nom; le banc Parent, à douze milles au nord-ouest de la pointe ouest de l'île d'Anticosti.

LA MORUE: UNE RESSOURCE FONDAMENTALE

L'appareillage dans les ports de France se faisait habituellement à la fin du mois de mars. Auparavant, l'armateur avait signé avec l'équipage un contrat qui lui assurait les trois quarts de la cargaison. Il s'engageait cependant à équiper le navire et à fournir les marins en tout. Jusqu'à la mi-avril, les vents étaient généralement favorables et on pouvait espérer faire la traversée en moins de trois mois. Le voyage de retour pouvait se faire deux ou trois fois plus rapidement grâce aux puissants vents de l'ouest qui prédominent sur l'Atlantique.

En raison de la nature de la pêche, les navires appareillant pour la Gaspésie étaient de plus fort tonnage que ceux venant à Terre-Neuve. En effet, pour la morue sèche, il fallait transporter les pêcheurs, leurs provisions et le matériel requis à terre. Ces navires jaugeaient parfois jusqu'à 250 tonneaux alors que ceux qui se rendaient à Terre-Neuve pour exploiter la morue salée ne dépassaient guère les 100 tonneaux. En général, on armait ces vaisseaux de quelques canons pour leur protection contre les pirates. En 1680, le *Simbole de la Paix* était armé de dix-huit canons, six mortiers, 40 mousquets, treize pistolets, 24 piques, 40 bandoulières, 1 400 livres de poudre, 200 livres de boulets, 100 livres de plombs à mousquet et dix-huit sabres d'abordage. Cependant les pêcheurs ne faisaient pas le poids face à des corsaires qui avaient fait de la bataille une profession. Sage, l'intendant Talon conseillait aux pêcheurs de prendre la route du nord qui, malgré la présence d'icebergs dangereux, était plus sûre que celle du sud, alors infestée d'écumeurs de mer[11].

LA TRAVERSÉE ET L'ARRIVÉE

Saint-Malo au 17e siècle.
Dessin au lavis. (Bibl.
nat. de Paris — Éd.
Robert Laffont)

L'historien Charles de la Morandière a reconstitué comme suit l'équipage-type d'un navire-pêcheur de 200 tonneaux qui fréquentait la Gaspésie au 18e siècle: 85 hommes (dix-sept chaloupes) qui se répartissaient comme suit: 45 pêcheurs de morue (quinze chaloupes), soit quinze maîtres de bateau, quinze avants de bateau, quinze banquiers; huit capelaniers (deux chaloupes), soit deux maîtres capelaniers, deux avants de bateau, quatre banquiers; dix-huit graviers, soit huit décolleurs, huit habilleurs, deux saleurs; quatorze non-pêcheurs, soit dix mousses, un chirurgien, un cuisinier, un second et un capitaine[12].

La plupart de ces hommes faisaient carrière dans la pêche en Gaspésie. Certains revenaient pendant quinze ou vingt ans sur les mêmes bancs de morue. Expérimentés, ils étaient très actifs et pouvaient prendre possession rapidement de la grave. Car le premier équipage arrivé était le premier servi. De plus, il devenait de facto le vaisseau-amiral et répartissait entre les autres les emplacements sur le rivage. En outre, le capitaine du vaisseau-amiral réglait les nombreuses disputes entre les différents équipages. Il ne pouvait cependant s'adjuger la part du lion, son carré de grave devant correspondre au nombre de chaloupes qu'il pouvait mettre en pêche.

Parvenu à destination, le capitaine ancrait son navire à l'abri du vent et distribuait les tâches. Les nouveaux venus devaient tout construire alors que le labeur était moindre pour les habitués qui, cependant, ne retrouvaient pas toujours en bon état l'équipement laissé près des graves à la fin de la précédente saison de pêche.

Pendant qu'une partie de l'équipage dégréait le navire, d'autres hommes construisaient les logements avec des troncs et des perches que l'on recouvrait de la voilure du vaisseau à laquelle on adjoignait des branches d'épinette et des écorces de bouleau. La même technique servait pour la bâtisse de la cuisine et des magasins. C'était le maître de grave et le pilote qui avaient la charge d'aller dans la forêt couper les bois nécessaires à l'opération. Nicolas Denys précise qu'il « les faut apporter jusques sur le bord de l'eau de sept à huit cens pas, & quelquefois de mil ou douze cens; car tous les ans l'on en coupe & les plus proches sont toujours les premiers pris, il y a des endroits où il y en a esté tant couppé qu'il n'y en a plus; il faut qu'ils en aillent chercher à trois, quatre, cinq & six lieux, & quelquefois plus loin...[13] » Enfin, un dernier groupe, composé des non-pêcheurs, s'oc-

Intérieur d'un morutier normand en activité sur le Grand Banc de Terre-Neuve. Photo tirée de: Duhamel du Monceau, *Traité général des pêches*, 1772. Éd. Robert Laffont.

cupait de la préparation de la grave ou de la construction des vigneaux. Il fallait laver les galets et arracher les herbes de la grave pour que la chair de la morue n'y soit pas détériorée. Quand les plages étaient en sable ou trop bien protégées du vent, il fallait mettre sur pied des vigneaux, sortes d'établis en perches, sur lesquels on faisait sécher le poisson. Sur les perches, on installait un treillis de branchages de sapin auxquels « l'on ost[ait] tout le feuillage à fin que l'air donne aussi bien par dessous que par dessus[14]. » Chaque navire, selon sa taille et l'étendue de son emplacement sur la grave, pouvait avoir 30, 40 ou 50 vigneaux.

Ces préparatifs duraient deux ou trois jours. Quelques hommes d'expérience n'y participaient pas et étaient affectés à la boette (boitte ou bouette). À trois par chaloupe, ils partaient à la pêche au hareng pour établir une réserve d'appâts. La boette devait-elle manquer, la pêche pouvait être retardée de plusieurs jours. Au 18e siècle, on remédiera à la situation en tendant de grands filets à l'embouchure des ports ou des baies. Le capelan, le gaspareau et le maquereau servaient aussi de boette plus tard en saison.

EN MER

Les pêcheurs de morue se levaient à trois ou quatre heures du matin. Ils chargeaient leurs provisions de la journée: biscuits, cidre, bière du cru, sapinette et, bien sûr, lignes, hameçons et boette. Grâce à leur flair, à leur expérience et à un peu de chance aussi, ils trouvaient les bancs de poisson qu'ils exploitaient au maximum. « Tant qu'ils trouvent du poisson, écrit Nicolas Denys, ils ne bougent pas de là. Quand le poisson leur manque, ils lèvent le grappin et vont à un autre endroit[15] ». Ils pouvaient ainsi parcourir quatre lieues et demie en une journée. Ils ne regagnaient la rive que tard en soirée. Quand la morue se faisait rare, les hommes devaient pêcher en dégrat, c'est-à-dire se rendre à 20 ou 25 lieues des habitations. Cette opération hasardeuse pouvait durer quelquefois de dix à quinze jours. « Le rude métier de la pêche », comme l'a appelé Bona Arsenault, exigeait beaucoup. Fatigués, les pêcheurs « couraient parfois le marigot ». Ils allaient se cacher dans une anse à l'abri d'un rocher, se faisaient rôtir un maquereau et dormaient jusqu'à 2 ou 3 heures de l'après-midi. Ils allaient alors sur les fonds et prenaient 100 ou 150 morues. Revenus à terre, ils jouaient les malheureux, alléguant qu'ils avaient « couru toute la journée d'un bord sur l'autre, mouillé plus de vingt fois le grappin sans trouver de molue, qu'ils [étaient] plus fatigués que s'ils en avoient pêché plus de 500, qu'ils [avaient] été malheureux, que le lendemain ils [iraient] d'un autre côté et [seraient] plus heureux[16]. »

L'APPRÊT Dès qu'on avait déchargé deux ou trois chaloupes, les hommes s'affairaient autour de l'échafaud (chafaud) qui mesurait de 80 à 100 pieds de long par vingt de large. « Un des bouts port[ait] sur terre ferme au plus haut des marées montantes et l'autre bout conduit de nouveau [était] appuyé sur des poteaux. Le plancher [était] fait avec des perches de la grosseur d'une jambe d'homme rangées les unes contre les autres et attachées sur des traverses avec de gros clous[17]. » Souvent recouvert de voilure, l'échafaud avait l'aspect d'un hangar.

Un garçon de grave prenait une morue, lui ouvrait la gorge et un peu le ventre avec un couteau pointu pour en tirer la langue et lançait le poisson sur l'étal placé à l'intérieur de l'échafaud. D'un côté se tenait le décolleur qui coupait la tête de la morue, lui ouvrait le ventre et la vidait complètement. Il mettait le foie d'un côté et les oeufs de l'autre. Dans des ouvertures sur le plancher, il jetait à la mer les tripailles. Il passait la « victime » au trancheur ou habilleur placé de l'autre côté de la table. Celui-ci « la [prenait] par l'oreille avec une mitaine qu'il avait à la main gauche [...] luy pos[ait] le dos contre une tringle de bois de la longueur de la moluë, épaisse de deux doigts, & clouée vis à vis de luy sur l'étably, afin de tenir le poisson ferme & l'empescher de glisser pendant l'opération, à cause de la graisse, & puis avec son couteau décharn[ait] le gros de l'arreste du côté de l'oreille qu'il [tenait] à la main, & commençant à l'oreille & venant jusqu'à la queuë, et au mesme temps, [donnait] un coup de coûteau sur l'arreste et la [coupait] à l'endroit du nombril, & puis [passait] son couteau par dessous l'arreste [venait] vers les oreilles coup[ait] toutes ces petites arrestes [...], [jetait] cette arreste derrière luy, & du couteau [jetait] la moluë dans ce petit coffret ou auget qui [était] à sa droite[18]. » Ces opérations se faisaient avec une telle rapidité que les garçons de grave avaient de la difficulté à fournir le décolleur et l'habilleur. Quand le poisson était tranché la nuit, comme c'était souvent le cas, les travailleurs s'éclairaient avec un morceau de bois « charbonné par l'un des bouts et coupé en plat par l'autre pour le faire tenir debout sur la table[19]. » On y mettait le feu avec une lampe à l'huile « perpandiculaire au tison sur lequel il degoute de l'huille qui le fait flamboyer à esclerer tout l'eschafaut[20]. »

Le saleur qui se tenait au bout de l'échafaud près d'un immense tas de sel étendait une couche de sel sur le plancher et y plaçait un lit de morues en les mettant de tête à queue, la peau en bas la chair en haut. Avec une pelle de bois, il répandait du sel sur la chair des morues ou merluches[21]. Il devait être adroit car une trop grande quantité de sel brûlait la morue. On laissait ainsi les poissons « prendre leur sel » et rendre leur eau et leur sang. Il fallait

Pêche et séchage de la morue. Photo tirée de: Duhamel du Monceau, *Traité général des pêches*, 1772. Éd. Robert Laffont.

Navires de pêche à la morue au 18e siècle. Photo tirée de: Duhamel du Monceau, *Traité général des pêches*, 1772. Éd. Robert Laffont.

pour cela de deux à huit jours selon la grosseur des morues et les conditions climatiques.

L'huile de foie de morue était extraite dans un « quarré de piesses bien joingtes et estanches » grâce à l'ardeur du soleil. Ce « charnier » était percé en deux endroits: « un trou tout au bas bien tamponné d'une cheville et l'autre à un pied ou environ au dessus... Lorsque l'on veut tirer l'huille comme tous les escrements sont au fonds, pour les faire sortir on ouvre le trou d'en bas par où les escremens découlent dans la mer et au trou de dessus on dispose une barique ou autre futaille où l'on fait decouler l'huille...[22] »

La deuxième partie du travail, et la plus délicate aussi, débutait quand le maître de grave jugeait que les morues étaient suffisamment imprégnées de sel et prêtes pour le lavoir. La morue séchait lentement. Tous les soirs, au coucher du soleil, on retournait les poissons la peau au-dessus pour les garantir contre l'humidité et les pluies éventuelles. Par paquets de cinq ou six au début de l'opération, on en faisait des piles en rond ou en forme de colombier jusqu'à ce qu'ils soient à demi séchés. Au bout de quelques jours, on remettait les morues à l'air une par une « en la retournant selon le besoin avant que d'en faire de grosses pilles, dans la même forme et dans lesquelles on la laiss[ait] quelquefois quinze jours sans la changer ni l'étendre... et quand elle [était] presque sèche on la rassembl[ait] et on la laiss[ait] suer. On la change[ait] ensuite une fois de place...[23] » Un cycle complet de travail de grave durait au minimum un mois et demi. Le 15 août était la date limite pour entreprendre un nouveau cycle de séchage.

LA MORUE VERTE — Il n'y avait pas que la merluche qu'on apprêtait en Gaspésie. Moins fréquemment, on préparait aussi de la morue verte. Pour cela, on se contentait de saler abondamment le poisson. Cette méthode permettait de plus grosses prises, qu'on aurait difficilement réussi à sécher: « La moindre pluie, le moindre brouillard y met la corruption et l'on est obligé de les jeter après avoir perdu beaucoup de sel et de temps à les soigner[24]. »

On apprêtait le poisson à bord des navires à mesure qu'on le prenait. On le débitait sur d'étroites tables fixées le long du bordage. Comme pour la merluche, on en faisait aussi de l'huile. Sur la côte, ce n'est qu'en situation extrême qu'on préparait la morue de cette façon. Il semble que les différents équipages préféraient l'une ou l'autre des techniques selon leur région d'origine: « Les Normands ne veulent point de poisson sec, les Basques n'en veulent point de vert. Ils s'accommodent ensemble; les Normands prennent le grand poisson des Basques et les Basques reçoivent deux petites morues pour une grande [...] cela détruit l'opinion de quelques particuliers qui prétendent que le grand poisson, qui se pêche sur les côtes n'est pas aussi bon que celui qui se prend sur le Grand Banc. Si cela était, les Normands qui savent leurs intérêts et qui n'apportent ce poisson vert au

Havre que pour Paris, ne se chargeraient pas d'une marchandise dont ils ne trouveraient pas de débit[25]. » Il ne faut cependant pas prendre à la lettre ces généralisations du mémoire de 1706. Il est certain que les Normands s'adonnaient au séchage de la morue et que les Basques pêchaient aussi en haute mer.

À l'automne, morues séchées et salées étaient empilées dans les cales. Les chaloupes, démontées par quartiers, étaient mises à l'abri des intempéries ainsi que le sel. Quelquefois, on confiait le tout à la garde d'un Micmac. Puis le navire voguait toutes voiles dehors vers la France ou le pays basque. L'entreprise avait duré quelque cinq mois.

Les pêcheurs n'étaient pas les seuls à venir en Gaspésie. Au 17e siècle, rares étaient les Européens qui se rendaient à Québec sans s'arrêter à Gaspé. Parmi eux, se trouve le fondateur de Québec, Samuel de Champlain. Il y passa une première fois en 1603 lorsque, sans titre officiel, il accompagnait l'expédition de François Gravé du Pont au Canada: «... nous eûmes connaissance de Gachepé, terre fort haute, et commençames à entrer dans la dite rivière du Canada, en longeant la bande du sud jusqu'à Matanne[26]. » Sur le chemin du retour, il s'y arrêta du 15 au 19 juillet. Il revint souvent en Gaspésie pendant les 32 ans qu'il passa en Nouvelle-France. Il en a laissé des descriptions et des impressions de voyage fort intéressantes. Sur le paysage gaspésien il écrit: « Et depuis Gaspey jusqu'au Bic, ce sont terres la plus grande part fort hautes, notamment les dits monts Notre-Dame, où les neiges y sont jusqu'aux 10 et 15 juin. Le long de la côte, il y a force anses, petites rivières et ruisseaux, qui ne sont propres que pour de petites barques et chaloupes, mais il faut que ce soit de pleine mer. La côte est fort saine et on peut en approcher d'une lieue ou deux et y a ancrage tout le long d'icelle [...] Tout ce pays est rempli de pins, sapins, bouleaux, cèdres et force pois, et persil sauvage, le long de la côte l'on pêche de la molue, jusqu'au travers de Mantane et force macreaux en sa saison et d'autres poissons[27]. »

Ce lieu de Matane impressionnait fort l'explorateur et colonisateur avec sa rivière à saumon et à truite qui servait de route aux Indiens pour se rendre à la baie des Chaleurs (rivière Matane — rivière Matapédia — rivière Ristigouche — baie des Chaleurs). Élément non négligeable, des vaisseaux de 80 ou 100 tonneaux pouvaient entrer à Matane, sans compter que la traite des fourrures y était importante.

Le fondateur de Québec n'était pas le seul à vanter les ressources de la Gaspésie. Les voyageurs faisaient l'unanimité sur ce point. Parlant de la baie de Gaspé, le frère Sagard, arrivé au Canada en 1623, écrivait: « Toute cette Baye estoit tellement pleine de Baleines, qu'à la fin elles nous estoient fort importunes, et empeschoient notre repos par leur continuel tracas et le bruit de leurs esuents. Nos Matelots y peschèrent grande quantité de

CHAMPLAIN EN GASPÉSIE

Homars, Truites et autres diverses espèces de poissons, entre lesquels y en avoit de fort laids, et qui ressembloient aux crapeaux[28]. » Le père Le Jeune abondait dans le même sens et se désolait de ce que la Nouvelle-France importât son poisson de France alors que « nous avons de la molue à nostre porte[29]. »

Cinq postes de pêche avaient la faveur des Français: Matane, Mont-Louis, le bassin de Gaspé, Percé et Pabos. Déjà, à ce temps, l'île Percée, comme on l'appelait alors, affirmait sa suprématie. Le père Richard y a vu huit navires en 1646[30].

LES ENTREPRISES ROCHELAISES   Au début du 17e siècle, les Européens prirent de plus en plus conscience de la richesse que constituait la fourrure au Canada. Pour en assurer l'exploitation, les autorités métropolitaines concédèrent des monopoles à des individus ou à des compagnies. Sur la rive sud du Saint-Laurent, Matane, qui devint un poste florissant, constituait la limite orientale des monopoles de traite.

Dès la fin du 16e siècle, les Rochelais s'adonnaient à la pêche et au commerce dans l'Est du Canada. Par exemple, le 15 avril 1599, le maître basque Michel Marguy, capitaine du *Notre-Dame d'Espérance*, signait une reconnaissance de dette de 100 écus envers Samuel George et Jean Macain, bourgeois de La Rochelle, aux fins d'un voyage de pêche et de traite à Terre-Neuve et aux « Ysles de Gaschepé ». En échange, George et Macain avaient la préférence à prix égal pour l'achat des pelleteries rapportées par Marguy[31]. Il est facile de comprendre que les bourgeois de La Rochelle ne virent pas d'un bon oeil la formation du monopole du prince de Condé en 1612. Ils étaient bien décidés à continuer leur traite à Matane. Aussi s'associèrent-ils avec des marchands de Limoges pour renforcer leur position. La nouvelle compagnie appareilla *Le Soleil*, navire de 150 tonneaux, qui fut saisi et pillé par les hommes de Champlain. Irrités, les Rochelais et les Limogeais envoyèrent un second bateau, *La Madeleine*, qui fut lui aussi saisi sur le Saint-Laurent. Cela donna lieu à un procès qui traîna longtemps.

Au printemps de 1615, les Rochelais envoyèrent cinq hommes à Matane; ils y passèrent l'été et l'hiver suivant en cachette. Le 15 mars 1616, devant le notaire Paul Chesneau, Samuel Macain, Jean Prou, Samuel George, Daniel Bodier, J. Godefroy et J. Bernon signaient un contrat pour aller cueillir les pelleteries des cinq traitants. Pierre George affrétait un navire, le *Jehan*, d'une capacité de 60 tonneaux et engageait un maître d'équipage, Daniel Braignault. Pour ce voyage, Pierre George et Braignault recevaient 150 livres tournois plus le 1/7e des marchandises. Cependant, avant tout partage entre les associés, une quantité suffisante de fourrures serait prélevée pour payer 698 livres tournois à Gabriel Picaudeau et aux quatre autres

La Rochelle, vers 1680. (Bibl. nat. de Paris — Éd. Robert Laffont)

traitants ainsi qu'à Daniel Bodier qui devait aider à l'inventaire et au tri des pelleteries[32].

Le 1er juin, *le Jehan* était à Matane et il revint à La Rochelle le 7 juillet. Les comptes furent réglés à la satisfaction de tous. Cependant, des marchands normands, qui exerçaient le monopole de la traite au nom du prince de Condé, intentèrent une poursuite contre les associés rochelais. Le procès dura presque vingt ans et, le 26 juin 1633, le Parlement de Rouen condamna Samuel George et consorts à une amende de 1 000 livres. À ce moment, quelques-uns des commerçants de la Rochelle n'étaient plus de ce monde[33].

L'ÉPISODE DES KIRKE

À ces rivalités commerciales s'ajoutaient des litiges entre les nations. En effet, la Nouvelle-France subit très tôt les contrecoups des guerres franco-anglaises. Dès 1613, la Gaspésie fut mêlée à ces hostilités, les Anglais déportant sur ses rives les Français de Port-Royal. Quinze ans plus tard, en 1628, les frères Kirke, corsaires anglais, reçurent une commandite de marchands de Dieppe (Anglais et calvinistes français) pour prendre la colonie du Canada. Ils dévastèrent les établissements de pêche de l'île Miscou et capturèrent tous les bateaux de pêche qu'ils trouvèrent aux environs de Gaspé et dans la baie des Chaleurs. Ils se rendirent ensuite à Tadoussac d'où ils sommèrent Champlain de se rendre. Celui-ci refusa, espérant des renforts de France.

De fait, le 28 avril, une flotte de quatre vaisseaux avec à sa tête l'amiral Claude Roquemont de Brison avait quitté Dieppe. Les navires transportaient 400 colons qui s'en venaient tenter leur chance en Nouvelle-France. À Gaspé, les Français apprirent par des Micmacs la présence des Kirke quelque part sur le fleuve. Roquemont fit décharger une partie de sa cargaison et tenta de remonter le Saint-Laurent à la faveur des brumes. Il fut attaqué par les Anglais à la hauteur de Tadoussac; l'équipage et les passagers furent faits prisonniers. L'année suivante, les Kirke revinrent au Canada, mettant pied à terre à Gaspé le 15 juin. Un mois plus tard, Québec capitulait devant eux. Ils en seraient les maîtres jusqu'en 1632.

LES ACTIVITÉS MISSIONNAIRES (1620-1670)

Cet épisode montre que la destinée gaspésienne était liée à celle de la Nouvelle-France qui survivait tant bien que mal au milieu de difficultés de toutes sortes. De même, les religieux qui visitèrent la Gaspésie étaient imbus de l'idéologie de la Contre-Réforme catholique qui florissait alors en France. Ils étaient prêts aux plus grands sacrifices, y compris celui de leur vie, pour répandre le nom du «vrai» Dieu.

En 1619, six récollets s'établissaient en Acadie. Parmi eux, un certain père Sébastien se rendait parfois à Miscou où il évangélisa sans doute plusieurs «Gaspésiens». Il périt en 1623 dans les bois du Nouveau-Brunswick. Cette année-là, le frère Gabriel Sagard s'arrêta à Gaspé, en route vers le pays des Hurons. Il raconte comment il dessina «avec la pointe d'un couteau, dans l'écorce des plus grands arbres des croix et des noms de Jésus pour signifier à Satan et à ses suppôts que nous prenions possession de cette terre pour le royaume de Jésus-Christ, et que dorénavant, [Satan] n'y aurait plus de pouvoir et que le seul vrai Dieu y serait reconnu et aimé[34].»

Mais à part le capucin Balthazar de Nipisiguit (Bathurst) qui fit de fréquentes visites en Gaspésie de 1648 à 1654, ce sont les jésuites qui ont pris charge des missions de la péninsule jusque vers 1660-1670. Ils possédaient trois bases d'où ils faisaient rayonner le christianisme: Tadoussac, la Rivière du Loup et Miscou (N.-B.).

Les apôtres de Tadoussac venaient surtout en Gaspésie avec des bandes de Montagnais. Ce fut le cas pour le père Druillettes dans la région de Matane en 1647-1648. Ce le fut aussi pour le père Albanel en 1651 et pour le père Bailloquet, toujours à Matane, à l'hiver 1661-1662. Ces trois missionnaires connurent de grandes misères, en suivant les Indiens en temps de famine.

À la rivière du Loup, dans la deuxième moitié du 17e siècle, les « Gaspésiens » étaient si nombreux que les jésuites leur envoyèrent le père Jean Morain qui les instruisait et les confessait, leur remettant en mémoire des vérités que ses prédécesseurs leur avaient déjà fait connaître. Plein d'espoir, le missionnaire écrivait: « Leur vie vagabonde est un grand obstacle à leur Instruction mais j'espère que les champs qu'on leur a offerts pour faire du bled d'Inde et la chapelle qu'on doit leur faire bastir les arresterons un peu ou du moins les ferons venir plus constamment tout le printemps[35]. » Cependant, comme à Tadoussac et à Miscou, les Indiens ne demeuraient sur place que peu de temps et repartaient vite pour la pêche ou la chasse.

La mission Saint-Charles, sur l'île Miscou, fut fondée vers 1635 par les pères Charles du Marché et Charles Turgis. Pendant 30 ans, les jésuites, deux par deux, y travaillèrent à la conquête et à la préservation des âmes, l'un s'occupant des Blancs et l'autre des « Sauvages ». Ils se rendaient rarement à Gaspé, concentrant leurs efforts sur les pourtours de la baie des Chaleurs. La misère était leur lot quotidien. Peu de temps après leur arrivée, le père du Marché fut contraint de repasser en France et le père Turgis mourut sur l'île. Ils furent remplacés par les pères Jacques de la Place et Nicolas Gondoin. Puis vinrent les pères Claude Quentin et Jean Dolebeau. Ce dernier perdit la vie en mer alors qu'il retournait en France.

Au début de la décennie 1640, Quentin et Dolebeau eurent comme successeurs les pères André Richard et Martin de Lyonne qui demeurèrent au poste vingt ans durant. Ces deux jésuites ont été les seuls missionnaires à parler micmac. Leurs prédécesseurs ou successeurs, sauf le père Le Clercq, devaient employer le montagnais ou l'algonquien, langues de troc, ou prêcher par l'intermédiaire d'interprètes qui « ... ne disoyent pas la dixième partie de ce qu'[ils] voulai[ent] dire[36]. »

Les activités missionnaires en Gaspésie sont peu connues. Nous savons cependant que Mgr de Laval, avant d'aller prendre possession de son siège de vicaire apostolique à Québec en 1659, donna le sacrement de confirmation à Percé à 140 personnes, dont 55 Micmacs.

La mission Saint-Charles fut abandonnée peu de temps après: en 1662 selon Denys, entre 1668 et 1670 selon Frontenac. Tous deux sont formels sur les causes de l'événement: le découragement des jésuites qui sont fatigués du nomadisme et de l'ivrognerie des Indiens.

Le premier siècle d'histoire européenne en Gaspésie a été marqué du signe du mouvement. Les explorateurs ne faisaient que passer dans la péninsule. Les pêcheurs repartaient chaque automne. De l'île Miscou et de Tadoussac, les jésuites tentaient de desservir la presqu'île, mais combien imparfaitement. Il faudra attendre la seconde moitié du 17e siècle pour voir des tentatives d'installation permanente en Gaspésie.

4

Essais de colonisation (1650-1713)

Dans la seconde moitié du 17e siècle, des hommes d'affaires échafaudent d'ambitieux projets pour la Gaspésie. Ils souhaitent y développer des postes de pêche rentables et autonomes. Au contraire des morutiers français qui n'exploitent les ressources de la mer que de mai à septembre, ils sont d'avis que des établissements permanents sont plus susceptibles d'apporter des revenus appréciables. Mais le plus souvent leurs plans ne se concrétisent pas. Et quand des projets sont en voie de réalisation, tels ceux de Pierre Denys de la Ronde et de Denis Riverin, des embûches de toutes sortes, la menace anglo-américaine en est un exemple, les empêchent de réussir.

Les seigneuries qu'ils se font octroyer servent surtout à leur assurer le monopole de la pêche sur un territoire donné. À Ristigouche et à Matane, les seigneurs s'intéressent aussi activement à la traite des fourrures, ce qui vaut à Mathieu Damours, seigneur de Matane, des démêlés avec le gouverneur Frontenac en 1681[1]. Comme le développement de l'agriculture est la dernière préoccupation des seigneurs gaspésiens, il ne faut pas se surprendre qu'ils n'habitent habituellement pas sur leurs fiefs. Riverin et Denys de la Ronde sont des exceptions à cet égard.

Les Denys

NICOLAS DENYS L'ancêtre d'une lignée de personnages célèbres en Gaspésie fut Nicolas Denys. Il arriva en Acadie en 1632 avec les hommes d'Isaac de Razilly, premier gouverneur d'Acadie. Entrepreneur de pêche et commerçant de bois et de fourrures, il prit une part active aux guerres que se livraient les « Grands » de l'Acadie. Cela lui vaut de voir plusieurs fois ses établissements détruits par ses ennemis et de subir quelques procès. En 1653, la compagnie de la Nouvelle-France lui octroya pour 15 000 livres l'exclusivité des droits de pêche sur la côte et les îles du golfe Saint-Laurent, du cap Canseau (Acadie) jusqu'au cap des Rosiers. La charte stipulait qu'il devait établir en six ans deux villages de 40 familles ou un seul de 80 familles. Peu après, il était nommé gouverneur et lieutenant-général de son territoire.

Denys limita ses entreprises commerciales à la côte canadienne et il ne réussit jamais à contrôler complètement le secteur de Percé qui passa en 1672 à son neveu Pierre Denys de la Ronde. Il ne mit jamais les pieds à Gaspé et il est douteux qu'il ait construit sur la rivière Matane un barrage de bois rond, comme l'affirme Antoine Gagnon[2].

Vers 1670, Denys écrit une *Description géographique et historique des costes de l'Amérique septentrionale avec l'histoire naturelle du Païs*,

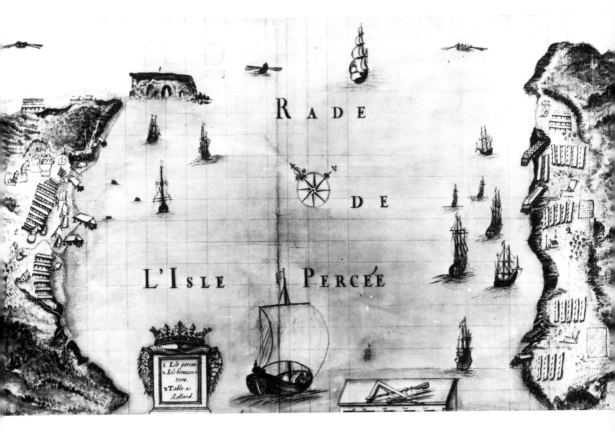

« Rade de l'Isle Percée ». Anonyme. 1686. Cette carte montre les postes de pêche temporaires de Percé et de l'île Bonaventure au 17e siècle, propriété de la famille Denys. (APC)

publiée à Paris en 1672. Cette oeuvre fut réalisée afin d'attirer des colons sur son immense concession. Peut-être espérait-il aussi en tirer des profits qui auraient pu améliorer sa situation financière. Source documentaire de première qualité, en particulier en ce qui concerne l'ethnographie des Micmacs et la vie des pêcheurs, les descriptions qu'on y trouve, quoique parfois erronées, sont très riches. En voici un exemple: « L'Isle Percée est une grande roche qui peut bien avoir cinquante à soixante brasses de hauteur excarpée à pied droit des deux costez, & peut avoir de largeur trois ou quatre brasses; de basse mer, l'on y va de terre ferme à pied sec tout autour, elle peut avoir de long trois cens cinquante ou quatre cens pas; elle a esté bienplus longue, allant auparavant jusques à l'Isle Bonne-aventure, mais la mer l'a mangée par le pied ce qui l'a fait tomber, & j'ay veu qu'il n'y avait qu'un trou en forme d'arcade par où une chaloupe passoit à la voile, c'est ce qui lui avoit donné le nom de l'isle Percée; il s'en est fait deux autres depuis qui ne sont pas si grands, mais qui à présent croissent tous les jours,

Tableau 2.1. Les seigneuries gaspésiennes sous le Régime français.

Nom et date de concession	Premiers concessionnaires	Localisation
Rivière-au-Griffon (1636)	Jean Bourdon	Entre L'Anse-à-Fugère et à mi-chemin entre Les Trois-Ruisseaux et L'Anse-Jersey
Gaspésie ou Cap-des-Rosiers (1652)	Louis d'Ailleboust, Jean Bourdon et neuf associés	Cap des Rosiers jusqu'à la hauteur de l'île Miscou
Cap-de-Chaste (1662)	Michel Leneuf de la Vallière	Cap-Chat
Bon-Port et Bonne-Pêche ou Sainte-Anne-des-Monts-Notre-Dame (1662)	Simon et Jacques Denys de la Ronde	Entre la rivière Sainte-Anne-des-Monts et la petite rivière Sainte-Anne-des-Monts
Crevier (1662)	Christophe Crevier dit Lameslée	Entre la petite rivière Sainte-Anne-des-Monts et un mille en amont de Petite-Tourelle
Mont-Louis (1672)	Nicolas Bourlet	Mont-Louis
Ile Percée (1672)	Pierre Denys de la Ronde & associés	Percé et ses environs
Matane (1677)	Mathieu Damours	Matane
Rivière de la Magdeleine (1679)	Antoine Caddé	Rivière-Madeleine et ses environs
Ristigouche (1690)	Pierre Le Moyne d'Iberville	Ristigouche et ses environs
Grande-Vallée-des-Monts-Notre-Dame (1691)	François Hazeur	Grande-Vallée
Pabos (1696)	René Hubert	Pabos et Chandler
Port-Daniel (1696)	René Deneau	Port-Daniel
Grande-Rivière (1697)	Jacques Cochu	Grande-Rivière
L'Anse-à-l'Étang (1697)	François Hazeur et Denis Riverin	Grand-Étang
Rivière Bonaventure (1697)	Sieur de la Croix	Bonaventure
Paspébiac (1707)	Pierre Haimard	Paspébiac
Cloridan (1707)	Charles Morin	Le long de la rivière Ristigouche

Source: *Marcel Trudel (Le terroir du Saint-Laurent en 1663*, Ottawa, Éditions de l'Université d'Ottawa, 1973) a été notre principale source pour la période antérieure à 1663. Pour le reste du Régime français, nous avons utilisé plusieurs auteurs qui s'abreuvent tous à Pierre-Georges Roy (*Inventaire des concessions en fief et seigneurie, fois et hommages et aveux et dénombrements*, Beauceville, L'Éclaireur, 1927-1929, 6 vol.). Le lecteur voudra bien noter que la localisation des seigneuries est approximative.

il y a apparence que ces trous affoiblissent son fondement, & seront cause à la fin de sa ceute, apres quoy les navires n'y pourront plus demeurer[3]. »

Un neveu de Nicolas, Pierre Denys de la Ronde, s'installa à Percé à la fin des années 1660. Il n'était pas en très bons termes avec son oncle. Associé avec les riches hommes d'affaires Charles Bazire et Charles Aubert de la Chesnaye, il se fit concéder en 1672 « une lieue de terre à prendre vers le passage de Canseau et autant de profondeur dans les terres et depuis la dite île du costé de l'ance de Gaspé les terres qui se trouvent entre les deux la Baye des Morues et l'ance St Pierre comprise jusqu'à demy lieue de la Baye de Gaspé avec droit de pesche et de chasse, même le droit de traite avec les sauvages à l'exclusion des pêcheurs ambulants[4]. » Âgé de 41 ans, Denys de la Ronde avait tâté de tous les négoces, y compris celui des pelleteries, avant de s'intéresser à la pêche. En 1662, il s'était fait accorder, au nom de ses fils, une seigneurie à Sainte-Anne-des-Monts (Bon-Port et Bonne Pêche). Comme il n'y mit jamais les pieds, la concession fut rattachée au domaine royal en 1688 avant de passer au sieur Denis Riverin. Il semble avoir été un homme dévôt; il installa les récollets sur son fief et Chrestien Le Clercq raconte qu'ils avaient ensemble de longs entretiens spirituels et que Denys de la Ronde « prenait un soin particulier de [l']éveiller tous les jours régulièrement à quatre heures, afin de [le] disposer à célébrer la sainte Messe...[5] »

PIERRE DENYS DE LA RONDE À L'ILE PERCÉE

Denys de la Ronde possédait trois huitièmes des actions de l'entreprise et en était le gérant. Ses deux associés se partageaient les cinq huitièmes restants. Les activités démarrèrent au printemps de 1673 quand Denys de la Ronde se rendit à Percé avec sept engagés. Ils construisirent deux établissements: le premier, à l'entrée du barachois de Malbaie, servait de quartiers d'hiver; le deuxième, à Percé même, était utilisé l'été. On y bâtit une chapelle et les récollets s'y établirent aussitôt.

LA MARCHE DE L'ENTREPRISE

Les difficultés s'accumulèrent rapidement et dès 1676 les acolytes de Denys de la Ronde menaçaient de se retirer de l'affaire et demandaient un remboursement de 13 029 livres 4 sols et 5 deniers. L'entrepreneur sollicita alors la faveur du roi. Dans un long mémoire, il décrivit ses tracas et surtout les avantages que procureraient au commerce des établissements bien organisés à Percé. Grâce à des pêcheries sédentaires, on pourrait subsister toute l'année en pêchant pendant sept mois. Toutes les variétés de poissons seraient capturées et, à la longue, les profits seraient réinvestis pour ainsi évincer les forains des pêches canadiennes. De plus, les hommes qui hiverneraient en Gaspésie pourraient surveiller le matériel qui était souvent l'objet de rapines. Une pêcherie sédentaire permettrait d'épargner beaucoup, ne fut-ce que sur le temps: « Un navire, écrit-il, dépense beaucoup de temps à faire des échafauds et logements couverts de voiles, ce qui les gâte et dépérissent bien au bout de cinq ans, 600 livres. Outre cela, ils perdent au moins quinze jours qui est d'ordinaire le meilleur temps de la pesche à préparer des vignaux et échafauds, chaloupes, boyards, timbre, charnier, etc. Au lieu que l'on peut avoir tout cela prêt et le garder d'une année à l'autre[6]. »

Denys de la Ronde voyait grand. Il promettait presque l'installation de 100 familles en trois ans. Il y aurait des pêcheurs, des laboureurs et des gens de métier. La petite colonie serait autonome grâce à l'agriculture prospère qu'on y pratiquerait. Le seigneur de Percé embellissait quelque peu la qualité du sol de la région. Dans un avenir plus ou moins rapproché, il envisageait même l'installation d'une brasserie. Les femmes avaient aussi leur place dans le projet: « Il faut aussi essayer d'amener six bonnes filles de travail qui seront capables de donner envie à quelques pêcheurs habitués. Elles ne seront pas inutiles, elles peuvent servir à la grave et quand elles ne feraient que laver les neux elles gagneraient leur dépense[7]. »

Concrètement, Pierre Denys de la Ronde demandait à Sa Majesté 20 000 livres pour défrayer les coûts de départ. Il jugeait aussi souhaitable que le roi prêtât pendant trois ans une flûte (navire) de 200 ou 300 tonneaux. Les deux années suivantes, le roi fournirait 10 000 livres, après quoi le poste serait viable de lui-même.

Le ministre Colbert s'opposa à la demande de Pierre Denys de la Ronde. Un arrangement eut cependant lieu. Denys de la Ronde pouvait transporter de l'Anjou et de la Touraine, sans droits de sortie, tous les vins et eaux-de-vie nécessaires à son établissement. Il avait aussi le droit d'approvisionner Québec avec ces produits. Mais la situation n'était pas facile et dès 1677 la compagnie céda à Jacques Le Ber la plus grande partie de la seigneurie. Bazire mourut en 1678 et l'explorateur Cavelier de La Salle demanda à le remplacer dans la compagnie, sans succès semble-t-il.

Un recensement de la région fait en 1678 montre que Pierre Denys de la Ronde y a laissé son fils, Simon-Pierre Denys de Bonaventure, avec quatre engagés, un récollet et un couple marié. À Percé, se trouvent des entrepôts et magasins d'été, une chapelle et une habitation pour les religieux et « 100 arpents de bonne terre où il y en a plus de la moitié preste à labourer et l'autre peu de travail pour y mettre la charrue[8]. » À Malbaie, le domaine comprend un « manoir » de quinze personnes et une terrasse de deux acres, entourés par une clôture blanche. Trente acres de terre sont défrichés et l'on compte deux magasins, une grange et une étable pour vingt bêtes à cornes.

LA FIN   Il n'y a jamais plus de 30 personnes établies en permanence dans la région de Percé sous le Régime français. Bien que les années 1680 voient une certaine expansion du poste, il semble qu'en fait seule la pêche estivale y soit profitable. À cette époque, Pierre Denys de la Ronde souffre de cécité totale et s'est retiré à Québec où il mourra en 1708. C'est son fils qui dirige l'entreprise. C'est lui aussi qui, en 1679 et en 1681, demande au gouverneur Frontenac d'intercéder auprès du roi pour son père, « à la veille de périr, de ne pouvoir plus subsister[9]. »

À partir de 1685, on ne sait plus très bien à qui appartient la seigneurie de Percé. En effet, les cinq habitants du fief portent plainte à Richard Denys de Fronsac, fils de Nicolas, au sujet des titres que Denys de la Ronde leur a refusés, bien qu'ils demeurent en ces lieux depuis plusieurs années. Denys de Fronsac s'occupe du litige avec plaisir en espérant que cela servira la cause de son père. Il cède les titres demandés ainsi que le droit de chasser et de commercer avec les Indiens. De plus, il fournit à tous un pâturage commun et octroie certains droits de pêche à Pierre Denys de la Ronde. Ces décisions n'ont pas de suite, Denys de Fronsac n'étant pas sur les lieux pour les faire respecter. L'année suivante, les habitants de Percé sont lésés par le règlement De Meulles qui fait de la région une zone de pêche libre. De toute façon, l'intendant légalise une situation de fait.

À la veille des dévastations anglo-américaines, la petite colonie de Percé est stagnante. Faute d'investissement, Pierre Denys de la Ronde n'a pu mener à bien les projets grandioses dont il avait rêvé. Après l'anéantissement de Percé, il reçoit une pension annuelle de 150 livres. En 1709, la seigneurie passe aux mains du sieur Nicolas Pinaud. À ce moment-là, Percé est un lieu quasi désert.

Percé en Gaspésie

Malgré quelques tentatives de pêche permanente comme celle de Denys de la Ronde et celle de Denis Riverin[10], la Gaspésie est avant tout au 17e siècle le royaume des pêcheurs saisonniers qui arrivent au printemps pour repartir à l'automne. Surtout Français, bien que des Basques, des Espagnols et des Anglais fréquentent aussi les rivages gaspésiens, les pêcheurs se concentrent de plus en plus à Percé et à Gaspé dans la seconde moitié du 17e siècle.

À Gaspé, c'est-à-dire de Grande-Grave à la pointe de Penouille, ils sont environ 200 à passer l'été. Il y a toujours au moins trois gros vaisseaux qui mouillent dans la rade. Le site est tel que le gouverneur Dubois Davaugour recommande au roi en 1663 d'y créer un établissement « à cause de la bonté de la rade et du port et de l'abondance de la pêche à la morue[11]. »

PRÉDOMINANCE DE PERCÉ Mais au 17e siècle c'était l'île Percée qui était la véritable Mecque de la pêche en Gaspésie. Ce toponyme désignait le rocher, l'île Bonaventure et la portion continentale avoisinante. La forêt y était riche en espèces diverses, ce qui permettait de ne pas trop s'éloigner pour la construction des échafauds et des vigneaux. Les animaux aussi abondaient et les marins pouvaient s'adonner à la chasse à la tourtre et au lapin: « de trente collets tendus le soir, l'on a du moins vingt lapins le lendemain matin[12]. »

Selon les années, de 400 à 600 pêcheurs s'assemblaient à Percé, sans compter les Indiens. Nicolas Denys y a vu jusqu'à onze navires tous chargés de morues[13]. À l'ombre du rocher Percé, « ils sont tous ancrez à quatre cables, & mettent des flottes ou pièces de bois de cedre à leurs cables pour les supporter crainte des roches qui sont au fonds, quand le mauvais temps vient de la mer, qui porte sur l'Isle la houlle qui donne contre et fait une ressaque qui retourne contre les navires, qui empesche que les cables ne travaillent; à la longueur de quatre ou cinq cables de l'Isle, il y a trois roches qui couvrent de pleine mer, & la plus au large est à deux ou trois longueurs de cable de la terre ces rochers là rompent encore la mer, qui fait qu'elle n'en est pas si rude[14]. »

"MAUVAISES MOEURS" ET VIOLENCE En juin 1686, l'intendant De Meulles édicta un règlement dans lequel il favorisait les pêcheurs saisonniers de préférence aux exploitants permanents[15]. Il ne faisait en cela qu'appliquer l'ordonnance de la Marine de 1681 qui ouvrait aux pêcheurs saisonniers cette portion du golfe Saint-Laurent baignant les rivages du territoire compris entre le cap des Rosiers et le cap d'Espoir. Mais Pierre Denys de la Ronde avait le premier choix, ce qui était source de litiges.

Les règles édictées par l'intendant valaient pour toute la Gaspésie mais concernaient davantage la réalité vécue à Percé. L'une d'entre elles fixait à trois le nombre de vigneaux par chaloupe. Une autre défendait de brûler les installations des autres morutiers sous peine de 50 livres d'amende payables à la chapelle du lieu. Les points 4 et 5 défendaient de prendre sans permission les biens d'autrui. Il semble que le vol ait été courant à l'époque car le coadjuteur de Mgr de Laval, Mgr de Saint-Vallier, renchérissait en août de la même année, en écrivant aux habitants de l'île Percée dans les termes suivants: « Je ne me sens pas moins obligé de vous avertir que c'est un vol considérable digne des châtiments de Dieu et des hommes de se prendre les uns aux autres les lignes ou les autres choses qui peuvent empêcher la pêche, et que c'est un aussi grand mal de les accepter de ceux qui n'ont pas le droit de les vendre que si on les volait soi-même, n'étant pas moins obligé à restitution que si on les avait pris[16]. » Les articles 6 et 7 décrétaient que les vaisseaux de pêche avaient droit à une chaloupe par vingt tonneaux et que les habitants pouvaient confectionner des vigneaux. Enfin, l'intendant poursuivait: « on laissera le chemin par nous marqué et indiqué en présence des susdits capitaines pour passer charette et autres voitures sur le bord de l'eau jusqu'aux maisons...[17] » De Meulles confiait au capitaine du vaisseau-amiral l'exécution de son règlement. Il reconnaissait ainsi l'impossibilité pour les autorités de faire appliquer la loi par les voies normales.

D'ailleurs, comment pouvait-il en être autrement dans cette région iso-lée? Les gens savaient qu'il était plus efficace de se faire justice eux-mêmes que d'en appeler au lointain intendant. La Gaspésie était un paradis pour les fugitifs. Par exemple, un Basque du nom de Caton soupçonné de complicité dans le meurtre d'un nommé Lacombe, s'enfuit en Gaspésie et on n'en entendit plus jamais parler.

La violence n'était pas rare. Souvent, l'alcool coulait à flots et les équipages venus de différents coins de France se battaient. Sur semaine, les capitaines ne permettaient que la consommation de vin coupé d'eau dans une proportion allant parfois aux deux tiers ou aux trois quarts. Mais le dimanche, on buvait le vin pur et la débauche régnait, les pêcheurs saoû-lant les Indiennes. Mgr de Saint-Vallier, lors d'une visite à Percé au début d'août 1686, exhortait les « fidèles » à vivre dans l'ordre et la sobriété et à assister respectueusement aux offices divins[18]. Il préférait les voir travailler le dimanche plutôt que de les voir se livrer à des abus de toutes sortes. Pour 'apaiser la violence, il conseillait aux missionnaires de refuser l'absolution. Il concluait sa lettre en disant: « ... il faut que je vous témoigne l'amertume du coeur que j'ai de voir si peu de paix, d'union et de charité dans un lieu où il serait si aisé de l'établir et de la maintenir[19]. »

Si Percé était le lieu privilégié de la pêche à la morue au 17e siècle, le littoral nord de la péninsule, lui, ne connut que des tentatives plus ou moins fructueuses. La pêcherie de marsouin que Charles Denys de Vitré établit à Marsoui ne laissa pas de trace durable. De même, les efforts de Denis Riverin pour développer des pêcheries permanentes entre Matane et Gaspé restèrent vains.

Les entreprises de Denis Riverin (1688-1702)

Denis Riverin naquit à Tours vers 1650. Il vint dans la colonie comme secrétaire de l'intendant Duchesneau en 1675. Il occupa cette fonction pendant cinq ans. En même temps, il s'intéressa activement à la traite des fourrures, devenant l'un des bourgeois en vue de la Nouvelle-France. Il s'y enrichit. Il désirait cependant diversifier ses activités économiques et il se

DE LA TRAITE À LA PÊCHE

tourna vers la pêche. En 1685, il présentait un mémoire sur la nécessité des pêches en Nouvelle-France, établissant un parallèle avec la dynamique et dangereuse Nouvelle-Angleterre: « Boston et toute la colonie [anglaise] nous en donne un exemple qui fait honte à notre nation, écrivait-il, puisqu'elle s'augmente tous les jours, par cette pesche qu'elle fait sur la plus grande partie de nos costes pendant que les Français ne s'occupent à rien[20]. » Avec un autre agent de la Ferme du Roi, Chalons, il demanda à la Cour la permission de fonder un poste de pêche à la morue et à la baleine en Gaspésie. Il reprend l'idée de Talon et rêva de vendre le poisson canadien aux Indes occidentales (Antilles). Mais à cause de nombreuses difficultés, il se tourna vers le marché européen. En 1686, il forma une compagnie en France. Il affréta un bateau de La Rochelle et engagea dix-huit matelots censés être aussi de bons pêcheurs. Le navire se perdit sur les côtes d'Acadie. Le nouvel intendant de la Nouvelle-France, Bochart de Champigny, commentait: « C'est une perte considérable pour le pays et pour le dit sieur Riverin que tout le monde plaint parce que c'est un honnête homme et beaucoup aimé[21]. »

En 1688, Riverin acquiert les seigneuries de Sainte-Anne-des-Monts-Notre-Dame et de Cap-Chat « avec six arpents de terre de chaque côté [de la rivière Cap-Chat] pour construire des bâtiments et magasins de pêche[22]. » Bien qu'il y pratique la pêche au saumon, c'est sur la seigneurie de Matane, louée à la veuve de Mathieu Damours, qu'il établit sa base d'opération. Il peut utiliser les constructions déjà existantes et, de là, faire pêcher ses hommes jusqu'à la baie de Gaspé. Il écrit au ministre Seigneley que le poisson y est très beau et pourrait être exporté en Espagne et au Levant. La chasse aux baleines y est excellente. En certains temps de l'année, ces grands cétacés sont tellement nombreux qu'on peut les tuer à coups d'aviron. Selon lui, si on le voulait, on pourrait employer plus de 500 chaloupes à la fois[23].

Mais pour l'instant, le sieur Riverin doit se contenter d'une couple de bateaux, de six pêcheurs et de deux harponneurs. Champigny est satisfait: « [Riverin] nous donne cette année des preuves comme l'on peut réussir dans la pesche de morue dans le fleuve [...] et il est résolu de continuer[24]. »

L'année suivante, Riverin dirige une flottille de sept bateaux. Il obtient la seigneurie de la rivière de la Magdeleine[25]. Il acquiert également la seigneurie de Belle-Isle située sur la côte du Labrador. Passé en France pour demander de l'aide, le protégé du ministre Pontchartrain obtient l'envoi d'harponneurs basques, réputés les meilleurs, pour enseigner à ses hommes les techniques de la pêche à la baleine[26]. D'autres faveurs royales lui sont accordées en 1690 alors que des vaisseaux lui transportent gratuitement du sel à Québec. Mais cette année-là, la présence des Anglais dans le Saint-Laurent l'empêche de partir à la pêche. Apparemment, il subit aussi de lourdes pertes.

La chance ne sourit pas à Riverin et la métropole commence à douter de son assiduité, surtout qu'il continue à s'intéresser aux fourrures. Le gouverneur Frontenac et l'intendant Champigny prennent sa défense: «Le sieur Riverin continue sa pesche avec assez de succès. Il y a plusieurs habitants établis en son établissement de pescherie et qui s'attachent à ce commerce; partie de son poisson a été gastée par les pluyes. Il en a vendu 450 qx au capitaine du navire Ste Anne de Bordeaux[27].»

Les deux fonctionnaires ont raison. Riverin vend du poisson à Plaisance et à Bordeaux et il a fait une transaction de 400 livres, payable en vin et en billet de change, avec Guillaume Maret, capitaine du *Sainte Anne de Bordeaux*. Il a pu recouvrer en partie ses pertes de 1690. De plus, il a liquidé

Industrie baleinière — Lithographie de Currier & Yves. « La chasse aux baleines y est excellente. En certains temps de l'année ces grands cétacés sont tellement nombreux qu'on peut les tuer à coups d'aviron. » (APC)

L'établissement du sieur Riverin se trouvait à l'endroit du village actuel. « Riverin espérait qu'un temps viendrait où les habitants seraient autonomes et où il bénéficierait lui-même d'avantages commerciaux. Il prévoyait qu'en 1705 le village compterait 100 familles. » (ACN)

ses parts dans la compagnie de fourrures du Nord pour pouvoir développer davantage ses pêches. En 1696, il prend une décision capitale. Il va investir dans des établissements de pêche considérables. Dans le court terme, estime-t-il, cela ne paiera guère mais à la longue les profits seront énormes et il pourra prendre une part plus grande du marché colonial.

Riverin projette une expansion à quatre endroits. À Mont-Louis, où il est présent depuis quelques années, il améliorerait les installations et augmenterait sa flotte de pêche jusqu'à vingt bateaux. Il implanterait aussi l'agriculture. Plus à l'est, à Grand-Étang, il veut exploiter une carrière de schiste. En société avec l'éminent homme d'affaires François Hazeur, il se fait concéder la seigneurie de L'Anse-à-l'Étang. Le rêve des deux entrepreneurs ne se réalise pas de leur vivant. Parallèlement, Riverin croit important de se tailler une place en Acadie. À cet effet, le 15 octobre 1696, il loue les seigneuries de Miramichi, de Nipisiguit (Bathurst), de Ristigouche et un arrière-fief sur l'île de Caraquet. Enfin, il propose au gouvernement métropolitain de fonder un établissement de pêche à Gaspé.

En effet, l'année précédente, Riverin avait découvert dans le fond de la baie de Gaspé « une rivière commode [Darthmouth] et dans laquelle les vaisseaux même de 500 t. peuvent estre en seureté et charger commodément et à couvert des plus mauvais temps[28]. » Quant à la baie elle-même, il la trouvait propre à occuper plus de 100 chaloupes et 500 pêcheurs canadiens. Il vantait au ministre Pontchartrain les ressources du coin où pullulaient baleines et morues, où le pin et l'épinette abondaient et où les possibilités agricoles étaient grandes[29].

Riverin voulait faire de Gaspé le point central de ses activités sur les côtes nord et est de la Gaspésie. Les vaisseaux qui repartaient à vide de Québec pour la métropole pourraient charger du poisson dans la baie. Il prévoyait faire construire sur les lieux douze chaloupes, des magasins et des échafauds. L'entrepreneur rappelait au ministre les problèmes que lui avaient causés les Anglais depuis qu'il s'intéressait à la pêche et il demandait encore du fret gratuit: « Grappins, cordages, bray, goldron et autres agreils et apparaux de pesche[30]. » En dernier lieu, il sollicitait une protection militaire: quatre pièces de canons de six livres, les installations nécessaires et 200 boulets « ... dont le dit Riverin sera tenu de ne payer aucune chose offrant de faire fortifier à ses dépens la rade principale dudit établissement...[31] » Si les autorités accordaient des faveurs à Riverin, elles n'étaient toutefois pas prêtes à s'aventurer sans précaution dans un projet d'une telle envergure.

Riverin avait réussi à s'associer avec deux financiers parisiens, les sieurs Bourlet et Mageux, pour l'exploitation des pêches canadiennes. En 1697, la compagnie était censée envoyer des engagés sur les seigneuries de Riverin pour la coupe du bois de construction, activité subsidiaire de la pêche. Mais le gouverneur interdit les départs pour l'Acadie, les Anglais rôdant dans le

coin. Comme les préparatifs étaient fort avancés, Riverin, pour éviter de tout perdre, décida d'envoyer ses hommes à Mont-Louis, poste moins exposé aux incursions ennemies.

Ce poste de Mont-Louis avait été exploité dès le début du 17e siècle. En 1744, l'historien F.-X. Charlevoix le décrivait ainsi: «Ce havre est à l'embouchure d'une jolie rivière, le mouillage y est fort bon et on n'y est exposé dans la rade qu'au seul vent du nord qui souffle très rarement en été. La rivière peut recevoir des bastiments de 100 tonneaux. Ils y sont à l'abri de tous les mauvais temps et à couvert des ennemis parce qu'on n'y peut entrer que quand la marée est haute et quand, elle est basse, il n'y reste pas deux pieds d'eau quoique dans la rivière même ils pussent toujours estre à flot. D'ailleurs, cette rivière est facile à défendre ayant d'un costé des montagnes inaccessibles et de l'autre une langue de terre qui fait une presqu'île d'une

L'APOGÉE ET LE DÉCLIN: MONT-LOUIS

Ex-voto: madame Riverin et ses quatre enfants, 1703. Attribuée à Dessaillant de Richeterre. Madame Riverin, née Angélique Gaultier, était la femme de Denis Riverin, personnage important de la colonie. Vers 1700, il subit des déboires financiers qui le pousseront à quitter la Nouvelle-France. (Sanctuaire de Sainte-Anne-de-Beaupré)

portée de mousquet de largeur au plus et sur laquelle on peut construire un fort[32]. »

Riverin investit d'abord à Mont-Louis la somme de 7 000 livres pour la construction d'un quai, d'un entrepôt, de logements et de plusieurs bateaux. À l'automne 1697, il se rendit à Paris pour convaincre ses deux partenaires d'oublier temporairement l'Acadie et de se consacrer à la côte nord gaspésienne. La compagnie de Mont-Louis vit le jour. Chacun des associés possédait le tiers des parts. Cependant, Riverin demeura le seul directeur de l'entreprise. À ce moment-là, douze familles habitaient Mont-Louis.

À la fin de 1699, le poste compte 91 personnes, soit 26 familles, toutes venues de Québec. Treize familles vivent près du rivage et s'occupent surtout de la pêche bien qu'elles cultivent de grands jardins qui produisent les légumes dont on aura besoin l'année suivante; les autres demeurent dans les environs où elles défrichent et ensemencent de grandes étendues de terre. Certaines possèdent même du bétail. Les hommes doivent être habiles et connaître la maçonnerie, la charpenterie, le sciage, le forgeage et même la médecine. De plus, la communauté jouit des services d'un missionnaire, le père Raffeix.

La compagnie octroyait à chaque adulte un lopin de deux arpents de profondeur sur trois de largeur en bordure de la rivière Mont-Louis. Chacun avait aussi droit à un lot de 4 000 pieds carrés pour construire une maison. Les gens se voyaient offrir toutes les nécessités la première année, la moitié l'année suivante et le tiers la troisième année. Les trois partenaires financaient aussi les constructions que les pionniers rembourseraient en heures de travail et en poisson. Riverin espérait qu'un temps viendrait où les habitants seraient autonomes et où lui-même s'enrichirait. Il prévoyait qu'en 1705 le village compterait 100 familles[33].

Mais les frais immédiats étaient élevés. En 1698, Riverin avait acheté 800 livres de blé du Séminaire de Québec. L'année suivante, il dut débourser 2 500 livres pour l'achat de victuailles et 500 autres pour l'acquisition d'un bateau. Apparemment, à ce moment, il avait déjà perdu plus de 30 000 livres[34].

C'est sans doute ce qui explique l'attitude de Bourlet et de Mageux qui, le 5 février 1700, confièrent leurs intérêts par procuration à Jean Clermont, sieur de la Gallière. Arrivé à Mont-Louis en juillet, au lieu des 30 barils de farine mandés par Riverin et ses associés, il emmenait avec lui quatre domestiques et douze engagés. Il désirait régler les comptes de l'entreprise et recouvrer les sommes investies par ceux dont il était fondé de pouvoir. Un compromis fut établi. Riverin acceptait Clermont comme partenaire mais restait le seul gérant. Cette entente ne dura pas longtemps. Après avoir tenté en vain de déménager à 40 lieues du poste pour se livrer à la traite des fourrures, Clermont prit Mont-Louis par la force. Deux hommes furent tués et plusieurs autres blessés. L'agent des Parisiens déporta 60 habitants à Québec, au grand dam de Riverin.

Commence alors pour ce dernier une aventure judiciaire dont il ne sortira ni gagnant ni perdant. À Québec, les familles déportées le poursuivent devant le Conseil souverain. Elles l'accusent de ne pas respecter ses engagements. Craignant que la charge de ces malheureux n'incombe au roi, le Conseil ordonne à Riverin de les dédommager. En même temps, ses créanciers lui intentent une série de procès. Débordé, Riverin obtient que le Conseil nomme un arbitre pour décider de la valeur de la pêcherie et pour prendre en mains l'établissement en attendant que l'affaire soit réglée. Cependant, il n'accepte pas l'évaluation de 30 000 livres que donne le médiateur et il envoie un mémoire à Pontchartrain fils, qui a remplacé son père. Il y évalue son installation à 36 000 livres et affirme qu'il en a perdu 30 000. Il accuse ses partenaires d'avoir agi illégalement en l'expulsant avant que les profits ne commencent à entrer. En conséquence, il demande à ne pas participer aux pertes de la compagnie[35]. Ces doléances sont accueillies favorablement. Le ministre Pontchartrain limite la responsabilité de Riverin à 4 000 milliers de poudre qu'il doit rembourser à Bourlet et Mageux. Il lui évite ainsi la faillite.

La compagnie de Mont-Louis est la dernière entreprise de Denis Riverin au Canada. En 1702, il s'associe bien à Augustin Courtemanche pour organiser une pêcherie à Matane mais ni l'un ni l'autre ne sont vraiment intéressés. Courtemanche préfère concentrer ses activités sur la côte du Labrador et Riverin est nommé agent de la compagnie de la Colonie en France, où il demeure jusqu'à sa mort survenue en 1717.

L'intendant Jean Talon s'intéressa dès 1665 à la mine de plomb à Petit-Gaspé. (APC)

Une mine de plomb à Gaspé

Le 12 octobre 1663, les Relations des jésuites mentionnent que le père Bailloquet est à Québec, arrivant de Gaspé avec des mineurs « n'ayant pas trouvé la mine bonne...[36] » Deux ans plus tard, avant de s'embarquer pour la Nouvelle-France, l'intendant Jean Talon rencontre Nicolas Denys à La Rochelle. L'entrepreneur des côtes acadiennes réussit à intéresser le nouvel intendant au sous-sol de Gaspé. Celui-ci charge Denys de prélever les échantillons préliminaires en attendant l'arrivée de François Doublet, commis de la Compagnie des Indes occidentales, et de 40 mineurs. Talon

Chariot retiré en 1958 de la mine de plomb de Petit-Gaspé. Milieu du 19e siècle. (MRG)

écrit à Colbert, le 27 avril 1665: « ainsi je crois avoir préveu et rémédié à tout ce qui pourroit causer quelques despense extraordinaire à la d. Compagnie en envoyant à l'avance faire la tentative de la mine de plomb pour tascher de gagner une année si elle est abondante et si elle se trouve stérile tourner nos soins ailleurs[37]. »

Doublet arrive à Gaspé le 13 août. Il est censé recevoir 3 000 francs par an et 4% des profits que donnera la mine. Le 28, les travaux commencent. On fore le roc du côté où les Micmacs ont découvert du minerai quelques années auparavant. Jusqu'au 6 septembre, on creuse 32 pieds de tunnel et on extrait 9 000 livres de plomb. C'est alors que la mine prend feu, tuant deux hommes et en estropiant un autre. Après 32 pieds, on ne trouve plus rien[38].

Du 15 au 24 septembre, on creuse sans succès le côté nord du site minier. Il en est de même pour les côtés est et ouest. Le 4 octobre, Talon écrit au ministre qu'un fondeur partira le lendemain pour Gaspé mais qu'il doute d'une réussite. Il poursuit: « La facilité avec laquelle ce fondeur prétend travailler dans une roche très vive et les grands avantages qu'il promet de son travail joints aux espérances de mines d'or et d'argent dont il nous flatte, surtout ce que je lui ay fait voir, me font dire qu'il est bon de l'examiner et reconnoistre s'il respondra aux espérances qu'il fait naistre, surtout sur les mines d'or et d'argent qu'il assure presque devoir se trouver en ce pays[39]. » Peu après, le froid et la neige arrêtent les travaux. L'année suivante, on fait une nouvelle tentative, mais sans plus de succès. Dix-huit ans plus tard, l'intendant De Meulles envoie encore des hommes visiter la mine de Petit-Gaspé. Ils ne peuvent que constater l'inutilité des travaux de forage dans ce roc trop dur.

Les récollets

À PERCÉ

En cette deuxième moitié du 17e siècle, la propagation du catholicisme fait des progrès en Gaspésie. La destruction de Percé en 1690 les rendra caducs. Alors que les jésuites ont assumé en totalité les missions gaspésiennes jusqu'en 1673, à partir de ce moment, ils doivent les partager avec les récollets. En effet, absents de la Nouvelle-France depuis quarante ans, ceux-ci réussissent à revenir dans la colonie en 1670 grâce aux tractations de l'intendant Talon, désireux de contrebalancer l'influence de Mgr de Laval et des jésuites. En 1673, Pierre Denys de la Ronde obtient par l'intermédiaire de Frontenac, protecteur des récollets, l'envoi à l'île Percée de deux membres de cet ordre, les pères Dethunes et Guesnin. Deux ans plus tard, le père Le Clercq les remplace. Il est en fonction dans la région jusqu'en 1686. À ce moment, Joseph Denys, fils de Pierre Denys de la Ronde, prend en charge le poste de Percé où il est arrivé trois ans plus tôt.

Au début, les missionnaires logent dans la résidence du seigneur à Malbaie. En 1676, ce dernier, ainsi que son associé Charles Bazire, leur donnent une petite maison avec « quatre arpents de terre de front sur quarante de profondeur à prendre dans leur Seigneurie, dans la Rivière-St-Pierre...[40] » L'inventaire de 1678 mentionne l'existence d'« une chapelle et un logement pour deux récollets le tout de charpente et de planches prêtes à maçonner[41]. » Cette année-là, Louis XIV les confirme dans leur établissement de Percé, « à quoi nous aurions d'autant plus volontiers incliné que nous connaissons le zèle de ces religieux pour la conversion des sauvages, et pour donner à nos sujets habitans dudit pays tous les secours spirituels dont ils ont besoin...[42] »

En 1683, le père Joseph Denys et le frère Didace Pelletier, charpentier de métier, construisent la première chapelle du lieu et améliorent considérablement le logement des missionnaires. En plus, ils élèvent sur l'île Bonaventure une petite chapelle à la gloire de sainte Claire. Lors de sa visite de 1686, Mgr de Saint-Vallier, grand vicaire de Mgr de Laval, ne trouve pas à son goût la chapelle de Saint-Pierre encore en construction et il exprime son désir d'en voir ériger une autre plus belle et plus vaste. Mais son évêque s'y oppose. La chapelle Saint-Pierre est terminée en 1687.

L'APOSTOLAT AUPRÈS DES PÊCHEURS

Les missionnaires trouvaient difficile d'enseigner les vertus chrétiennes à Percé. Les rigueurs du climat, la violence des pêcheurs et la dispersion des Amérindiens rendaient leur ministère des plus ardus. Deux par deux, ils passaient l'été en Gaspésie, l'un restant auprès des pêcheurs, l'autre pérégrinant dans la péninsule à la recherche d'âmes indiennes à sauver. Ils furent sept à se succéder ainsi de 1673 à 1690. L'hiver, un seul suffisait à la tâche. À partir de 1688, un récollet s'installa à demeure chez les Micmacs de Ristigouche regroupés par Richard Denys de Fronsac en un village de 60 familles.

Lors de son séjour à Percé, Mgr de Saint-Vallier adressa une lettre aux religieux de l'endroit. Bien que satisfait de leur conduite, particulièrement de celle du père Joseph Denys, il les enjoignait à se tenir le plus possible à l'écart des pêcheurs dont la fréquentation ne pouvait qu'être dégradante pour un religieux. Il leur défendait expressément de collaborer avec les cabaretiers pour écrire leurs comptes ou de se mêler d'autres affaires temporelles, comme le prescrivaient les règles et les canons de l'Église[43]. Les missionnaires devaient veiller au respect total du dimanche et des fêtes. S'ils n'étaient pas écoutés, ils devaient demander l'aide du bras séculier[44]. Le vicaire général de la Nouvelle-France désirait aussi que les récollets de Percé surveillent les aumôniers des morutiers pour qu'ils n'assument aucune fonction religieuse à terre, ces prêtres-marins ne respectant pas toujours, semble-t-il, les règlements du diocèse: « quant à l'extérieur, avoir au moins la soutane longue pour dire la messe s'ils ne l'ont pas tous les jours à quoi cependant je les exhorte [...] les cheveux courts, de sorte que les oreilles paraissent, la couronne, et qui soient toujours habillés de manière qu'ils puissent être connus pour de bons ecclésiastiques, leur défendons surtout d'aller à la chasse, l'entrée des cabarets, et une trop grande liberté et licence de manger de cabano en cabano, ne voulant point qu'ils suivent les lieux où ils penseraient que l'on fera la meilleure chère[45]. »

EN MISSION CHEZ LES MICMACS

Si les récollets avaient une juridiction presque exclusive chez les Blancs de la Gaspésie, ce qui explique leur prédominance dans la vie religieuse jusqu'en 1760, il n'en était pas de même dans les missions indiennes. Ainsi, les jésuites continuaient leurs courses dans la péninsule, quoique très sporadiquement; le curé de l'Isle-Verte, Joseph Paquet, exerça son ministère dans la région de Matane de 1662 à 1692 et le sulpicien Jean Beaudoin exerça le sien à Gaspé en 1696.

Quel que fut l'ordre auquel ils appartenaient, les religieux rencontraient les mêmes problèmes. Nomades et porteurs d'un système de valeurs fort différent de celui des Européens, les Amérindiens comprenaient rarement le sens des gestes du prêtre. Leur préparation de catéchumènes était trop sommaire. Plusieurs demeuraient, leur vie durant, de perpétuels néophytes. Mgr de Saint-Vallier nous éclaire là-dessus lorsqu'il écrit en 1686: « Surtout, je désire qu'ils [les missionnaires] s'en tiennent à la règle de ce diocèse pour le baptême des enfants et des adultes Sauvages, ne baptisant les uns et les autres que dans la grande nécessité et danger de mort, prenant soin de ne pas baptiser d'adultes qui ne soient suffisamment instruits, les interrogeant ou les faisant interroger par les interprètes des mystères qu'ils doivent savoir au moins de ce qui est absolument nécessaire au salut[46]. »

En effet, pour les Indiens, le baptême était un remède à leurs indispositions et maladies. Le missionnaire devait faire preuve de ruse pour s'introduire dans certaines familles. Comme le traitant, il usait de pacotille pour être accepté dans les wigwams. Médecin, ambassadeur, « journaliste », il n'avait pas la vie facile. S'attacher aux pas des « Sauvages » signifiait: « Coucher sur la terre couverte d'un peu de branches de pin, n'avoir qu'une écorce entre la neige et notre être, traîner notre bagage sur des montagnes, se laisser rouler dans des vallons épouvantables, ne manger qu'une fois en deux ou trois jours, quand il n'y a pas de chasse...[47] »

Cette citation du père Chrestien Le Clercq illustre bien la vie que menaient les missionnaires auprès des « Sauvages ». D'ailleurs, Le Clercq a été celui qui a poussé le plus loin le rôle d'évangélisation des Micmacs. Né en 1641, il entra chez les récollets de Saint-Antoine-de-Padoue en Artois en 1668. Le 15 mars 1675, il fut nommé missionnaire au Canada. Avant de partir, il recruta un novice, Emmanuel Jumeau, qui le rejoignit plus tard en Gaspésie. Débarqué à Québec en août, Le Clercq atteignit Percé le 27 octobre après avoir essuyé une violente tempête dans le golfe Saint-Laurent. Il passa l'hiver à Malbaie, à l'habitation de Pierre Denys de la Ronde, où il étudia la langue micmaque. Le printemps suivant, il commença ses voyages dans un district qui s'étendait de l'estuaire du Saint-Laurent jusqu'au littoral méridional de la baie des Chaleurs. Percé, Gaspé, Ristigouche, Miramichi et Nipisiguit (Bathurst) entendirent à un moment ou à un autre la prédication de Le Clercq. À partir de 1679, par suite d'un découragement total, il obtint la permission d'hiverner à Québec d'où il desservait quelques paroisses. En 1680, on le retrouve en France où on l'avait envoyé pour obtenir la permission que les récollets du Canada fondent un hospice à Québec et une maison à Montréal. À l'été 1681, il revint dans la colonie et se consacra de nouveau aux missions gaspésiennes jusqu'en 1687, date de son rappel.

Inventeur d'un système d'hiéroglyphes micmacs, Le Clercq mena une vie dure dans les forêts de la Gaspésie et du nord du Nouveau-Brunswick. En 1686, lors de la dédicace de la chapelle de Saint-Pierre, il faillit perdre la vie lorsque le canot dans lequel il avait pris place se brisa. Son oeuvre la plus précieuse est sans aucun doute sa *Nouvelle Relation de la Gaspésie*...[48]

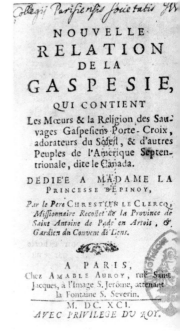

Publiée à Paris en 1691, *Nouvelle relation de la Gaspésie* est l'histoire des premiers Gaspésiens relatée par le père Chrestien Le Clercq qui vécut parmi eux de 1675 à 1686. (MRG)

qui, malgré ses éléments subjectifs, décrit bien les moeurs des « Gaspésiens ». Le livre de Le Clercq exalte la grande foi et la facilité de conversion des Micmacs. Pourtant, ses découragements sont là pour prouver que l'effort de christianisation de ces autochtones ne donnait souvent que de piètres résultats.

Les missions des récollets en Gaspésie reçoivent un dur coup lors du passage de corsaires américains en 1690. Même avec une compensation de 500 livres, les missionnaires ne se relèvent jamais complètement de ce désastre. La Gaspésie ne connaîtra pas de Chrestien Le Clercq au 18e siècle.

La fin d'une époque

DESTRUCTION DE PERCÉ ET DES POSTES VOISINS

Les quinze dernières années du 17e siècle se déroulent en Nouvelle-France sous le signe de la guerre. De nombreux navires ennemis sillonnent les eaux gaspésiennes. À l'été 1689, le sieur de La Mothe Cadillac, seigneur en Acadie et futur gouverneur de la Louisiane, perd tout ce qu'il a lorsque son bateau est abordé à l'entrée du Saint-Laurent par un corsaire américain. Nicolas Lion, de Honfleur, possède la moitié des intérêts dans deux bateaux rochelais, le *Sainte-Vierge* et l'*Espérance*, qui sont capturés, l'un sur le banc des Orphelins et l'autre à Percé, par une escadre de 36 vaisseaux. Cependant, les deux frères Bougourd qui commandaient le *Sainte-Vierge* vendent chèrement leur peau, semble-t-il. L'entrepreneur relate ainsi l'événement: « La Ste-Vierge a été prise au commencement de juillet [1690] sur le Banc des Orphelins avec 45 000 morues. Elle en auroit rapporté 70 000. J'apprends que le corsaire anglais a esté repoussé trois fois, mais j'apprends aussy la mort de mon capitaine, j'en suis fasché estant un si brave homme. Avec ce navire, j'aurois gagné 50 000 livres[49]. » Avec chacun quatorze canons, le *Sainte-Vierge* et l'*Espérance* ne peuvent pas faire grand-chose contre des frégates bien armées et des hommes aguerris. Frontenac déplore amèrement la situation et demande un vaisseau qui pourrait patrouiller dans le golfe Saint-Laurent et protéger les pêcheurs français[50].

Le coup de grâce est donné en août 1689 lorsque des pirates à la solde du gouverneur de New York pillent et détruisent les établissements de l'île Percée ainsi que les bateaux qui s'y trouvent en rade. Dans une lettre au père Le Clercq alors en France, le père Jumeau raconte l'épisode. Battant pavillon français, les deux frégates ennemies pénètrent dans la rade de l'île Percée et par ce stratagème peuvent se saisir aisément des cinq navires qui s'y trouvent. Leurs occupants se sauvent dans les bois environnants. Les corsaires descendent alors à terre et brûlent toutes les habitations, sauf la

Vaisseau de guerre au 17e
siècle. « Les dernières
quinze années du 17e siè-
cle se déroulent en
Nouvelle-France sous le
signe de la guerre. »
(Bibl. nat. de Paris —
Photo Hautefeuille, Éd.
Robert Laffont)

chapelle qui leur sert de corps de garde. Ils y restent huit jours, pillant et
dévastant les lieux saints et se livrant, selon Jumeau, aux pires débauches.
Ils poussent le sacrilège jusqu'à prendre « les Couronnes du saint Sacrement & de la Sainte Vierge qu'ils pos[ent] sur la tête d'un mouton: Ils lie[nt]
les pieds de cet animal, & l'aïant couché sur la Pierre consacrée du Maître
Autel, ils l'égorg[ent] & le sacrifie[nt], en dérision du Sacrifice de la sainte
Messe, pour remercier Dieu [...] des premiers avantages qu'ils remport[ent]
sur les Papistes de la Nouvelle-France[51]. »

Avant de repartir pour la Nouvelle-Angleterre, ils brûlent la chapelle, ne
laissant que ruine et désolation. À peine sortis de la forêt, les pêcheurs
doivent y retourner, voyant apparaître au large la flotte de Sir William
Phipps en route vers Québec et qui a été chargée de détruire au passage les
installations de pêche gaspésiennes. L'amiral anglais a exécuté son mandat à Gaspé et à Malbaie mais à Percé, comme il a été pris de vitesse par les
corsaires new-yorkais, il se contente de faire hisser le drapeau britannique
et de pêcher la morue, s'emparant à quelques jours d'intervalle de deux
barques françaises.

**LA CRAINTE
DE L'ANGLAIS**

Dès que la nouvelle de la destruction de Percé parvient aux oreilles des hommes d'affaires français, le taux d'assurance pour les bateaux de pêche augmente en une seule journée de 145%[52]. Cette peur dure jusqu'en 1713 et joue contre Percé, plus exposée aux incursions des Anglo-Américains que sa rivale Gaspé. Bien sûr, des morutiers continuent à y venir, mais en moins grand nombre.

En 1704, dans le but de limiter les dégâts, la métropole oblige les armateurs à munir leurs bateaux d'au moins six canons. Mesure ridicule et sans portée. Frontenac a beau vanter les mérites de la pêche sédentaire et la nécessité de protéger ceux qui la pratiquent, rien n'y fait. À Versailles, on a d'autres préoccupations. Les bateaux français subissent toujours la piraterie anglaise et ni à Percé ni à Gaspé on ne voit s'ériger de forteresse. Aussi l'amiral Walker peut-il se permettre de brûler un bateau de pêche dans la baie de Gaspé le 18 ou le 19 août 1711. Quelques jours plus tard, une partie de sa flotte se brisera sur les récifs de l'Ile-aux-Oeufs.

En somme, au début du 18e siècle, la Gaspésie était encore une terre à coloniser. Les entreprises de Pierre Denys de la Ronde et de Denis Riverin avaient fait long feu. La mine de plomb de Petit-Gaspé n'avait pas donné les résultats escomptés. Les établissements des récollets à Percé étaient détruits. Seuls les pêcheurs, bien que dérangés par la guerre, continuaient d'exploiter l'unique richesse gaspésienne du temps, la morue. Mais c'étaient des Français, non des Canadiens. La situation commença à changer en 1713. D'abord, la péninsule fut définitivement rattachée au Canada. Puis, en trois points de la côte, s'implantèrent des établissements permanents florissants, gérés par des Canadiens ou des Français qui avaient fait de la Nouvelle-France leur patrie d'adoption. Pendant 40 ans, une prospérité relative régna en Gaspésie.

5

Paix et guerre
(1713-1760)

‖En 1713, le traité d'Utrecht ampute la Nouvelle-France de la baie d'Hudson, de Terre-Neuve et de l'Acadie péninsulaire. Désormais, on considère que la Gaspésie relève des administrateurs de Québec. Auparavant, elle était rattachée à la fois à l'Acadie et au Canada. Dès lors, et plus encore après la première chute de Louisbourg survenue en 1745, les Canadiens se rendent compte de l'importance militaire de la presqu'île gaspésienne. Mais les autorités métropolitaines, mal renseignées et débordées, ne voient pas l'urgence de fortifier Gaspé. La « clef du Canada » reste sans aménagement défensif. ‖

Sur le plan socio-économique, les deux tendances observées au 17e siècle se continuent. D'une part, la pêche saisonnière se concentre autour du poste de Gaspé. D'autre part, à Mont-Louis, à Gaspé, à Pabos et Grande-Rivière, des entrepreneurs réalisent partiellement les rêves de Denys de la Ronde et de Riverin. Dans ces postes, on peut même commencer à parler de société organisée. C'est la France, beaucoup plus que le Canada, qui bénéficie de cet essor: selon les années, de 20% à 33% de la morue consommée en France provient de la Gaspésie[1]. Autre phénomène important: les Canadiens s'intéressent de plus en plus aux pêches gaspésiennes.

La pêche saisonnière: métropolitains et Canadiens

GASPÉ REMPLACE PERCÉ

Au 17e siècle, quelque 200 hommes faisaient la pêche annuellement dans les environs de Gaspé. Dans la première moitié du siècle suivant, de 350 à 400 pêcheurs y séjournent l'été. La baie de Gaspé devient le fief des Basques bien que les Granvillais et les Malouins s'obstinent à y venir malgré la menace anglaise qui persiste jusqu'en 1760. De 1722 à 1743, 136 équipages de Granville pêchent à Gaspé. À cette époque, les gens de la Haute-Normandie cessent de fréquenter les côtes gaspésiennes pour se consacrer au Grand Banc de Terre-Neuve. En 1724, l'enquêteur Louis Gosselin mentionne la présence de onze bateaux dans la baie de Gaspé. En 1740, 50 s'y trouvent en rade. Quant aux havres de Pabos, Grande-Rivière et Paspébiac, ils abritent chacun un ou deux navires par été.

Il arrivait souvent au 18e siècle que les armateurs laissaient des hivernants à Gaspé. Un témoin de l'époque, Pléville le Pelley, écrit: « Le métier que ces gens mènent est affreux. Ils partent ordinairement en septembre ou octobre, quelquefois plustôt; ils vont dans les postes que leurs bourgeois (armateurs) ont à la Côte [...] pour y faire la pêche du loup-marin, et en rapporter les pelleteries que la chasse peut leur fournir. Ils passent tout l'hiver enfermés dans les glaces [...] logés dans une cabane à la côte, dans un pays couvert de neige, ne vivant que de biscuits et de ce que la chasse peut leur procurer, et leur manque souvent[2]. »

En plus du loup-marin, la baleine et la morue avaient la faveur des pêcheurs, qui continuaient à utiliser les techniques de leurs prédécesseurs des 16e et 17e siècles en y apportant quelquefois des innovations. Ainsi, dans les années 1740, apparut une nouvelle technique de pêche au filet qui, cependant, n'eut jamais beaucoup d'adeptes. Il s'agissait d'attacher le bout d'un filet à un navire et l'autre à terre. Le capitaine faisait faire à son bateau un arc de cercle et la cueillette s'avérait fructueuse[3].

Au 18e siècle, les Canadiens prennent une part active dans l'exploitation de la morue gaspésienne. En effet, la crise des fourrures de 1700 et l'arrivée sur le marché du travail de la « génération de Talon », amènent des habitants de la Côte du Sud et de la Côte de Beaupré à chercher un revenu d'appoint dans la pêche. Chaque année, entre les semailles et les récoltes, ils partent dans leurs barques à destination du littoral nord gaspésien et de la baie de Gaspé. Leur nombre est tel qu'en 1734 le prix du quintal de morue baisse à huit ou neuf livres[4].

Plus intégrée à l'économie française qu'à celle du Canada, la Gaspésie ne contribua pas sous le Régime français à résoudre les difficultés de balance commerciale avec la France. Il était impossible d'assurer un équilibre entre les prix métropolitains et ceux du Canada. Ainsi, au début des années 1750, le quintal de morue se vendait quinze livres en France et 35 livres en Nouvelle-France. En 1758, le quintal se vend entre 35 et 45 livres. En 1759, la guerre s'amplifiant, il atteint le prix effarant de 250 livres[5].

La colonisation

On a souvent dépeint la Gaspésie du 18e siècle comme un désert où seulement quelques Blancs s'aventuraient, mis à part les pêcheurs saisonniers. Il n'en est rien. Des études récentes démontrent que 500 à 600 colons étaient établis dans la péninsule à la veille de la Conquête anglaise. On les retrouvait sur le littoral nord, à Mont-Louis principalement, à la baie de Gaspé et à la Baie-des-Chaleurs. Avec les 600 forains, la population estivale atteignait les 1200 personnes.

Après l'échec de Riverin, Mont-Louis avait périclité. En 1712, il y reste seulement quatre familles. En 1725, Louis Gosselin et sa mère, Louise Quillot, acquièrent la seigneurie et y établissent deux censitaires, Étienne Rond et Jean Pinon. Ce sont les seuls habitants permanents de Mont-Louis

LE LITTORAL NORD DE LA PÉNINSULE

à cette époque. Le fief passe ensuite à Joseph Cadet, maître-boucher et fournisseur en viandes de l'armée française au Canada. Comme il veut exploiter les richesses de sa seigneurie sans s'absenter de Québec, le futur munitionnaire général du roi s'associe au printemps de 1753 avec Michel Mahiet. Granvillais de naissance établi au Château-Richer, celui-ci effectue lui-même depuis quelques années des voyages de pêche dans la baie de Gaspé. Il est d'ailleurs le fournisseur en morue de Cadet.

L'association dure cinq ans. Cadet a investi les mises de fonds et fournit chaque année l'équipement et les approvisionnements nécessaires. En outre, il s'occupe d'écouler le produit des pêches sur le marché canadien. De son côté, Mahiet a fait construire les établissements et engage sa goélette, la *Marianne*. Il est le gérant du poste de Mont-Louis où il réside avec sa famille.

Les affaires sont prospères. En effet, il semble que Mont-Louis produise annuellement 10 000 quintaux de morue sèche, qui rapportent 400 000 livres[6]. Les maisons de brique témoignent de l'aisance des 30 habitants. En plus des pêcheurs et des graviers, Mahiet a aussi engagé un fermier dans l'espoir de mettre en valeur le potentiel agricole du poste. Ces hommes viennent presque tous de Château-Richer, de Charlesbourg et de Québec. Il y a aussi quelques Basques qui, en raison de leur expérience et de leurs responsabilités plus lourdes, sont beaucoup mieux payés que les Canadiens. C'est surtout Mahiet qui se charge de recruter les travailleurs de Mont-Louis, quoiqu'il arrive souvent que le maître de chaloupe engage ses propres hommes. Le mode de rétribution varie d'un individu à l'autre: certains sont payés à la pièce, d'autres au mois, d'autres pour une saison complète ou même pour plusieurs années. Dans tous les cas, des avances sont faites pour que les pêcheurs puissent défrayer les préparatifs de l'expédition[7].

L'association entre Cadet et Mahiet se termine en mars 1758. Il semble que le gérant de Mont-Louis ne soit pas satisfait de l'attitude de Cadet qui, croit-il, ne s'occupe pas assez de l'entreprise, lui laissant tout le travail et les risques. Le munitionnaire général du roi au Canada semble d'ailleurs content de se retirer de la compagnie et il vend même la seigneurie à Mahiet pour 20 000 livres[8]. Ce dernier ne peut profiter qu'un été de sa nouvelle situation. En septembre 1758, les Anglais s'amènent à Mont-Louis, pillant et rasant le petit poste. Fait prisonnier avec sa famille, il est envoyé en France. Il revient au Canada après la Conquête et meurt dans la région de Montréal vers 1774.

Plus à l'est, les fiefs de L'Anse-à-l'Étang, de Grande-Vallée-des-Monts-Notre-Dame et de Rivière de la Magdeleine passent, à la mort de François Hazeur, à ses enfants et à son gendre, le naturaliste et médecin Michel Sarrazin. En 1725, ceux-ci louent les trois seigneuries à Jean-Baptiste Gatien, de Québec, qui veut y faire la pêche sédentaire de la morue. Gatien affrète trois vaisseaux de 40 tonneaux qui ont à leur bord quatorze chaloupes et 65 hommes d'équipage. Avant de partir, une nouvelle le surprend. Deux autres marchands, par surcroît ses anciens associés, ont déjà fait réserver les graves en y envoyant cinq engagés. L'affaire aboutit devant l'intendant Bégon. Les deux «usurpateurs» lui font valoir que, malgré l'étendue de la côte, il y a peu d'endroits propices à la pêche et que pour rivaliser avec les forains, il faut agrandir les limites de la pêche libre. Ils sont de plus d'avis que les droits de pêche seigneuriaux ne s'appliquent qu'aux eaux comprises dans la seigneurie ou contiguës à celle-ci. Enfin, ils interprètent de façon large la déclaration du roi sur l'accessibilité à tous de la pêche à la morue[9].

L'intendant amène les deux parties à accepter un compromis. Gatien obtient le droit exclusif de pêcher à L'Anse-à-l'Étang et à la Rivière de la Magdeleine. À Grande-Vallée, il a droit à la grave et aux installations pour sept chaloupes, le reste allant à ses concurrents. Bégon confirme ainsi les limites primitives de la pêche libre (du cap d'Espoir au cap des Rosiers) et donne préséance aux seigneurs sur les pêcheurs itinérants.

En 1728, Michel Sarrazin et les fils de François Hazeur reprennent à leur compte le rêve de ce dernier et de Denis Riverin d'exploiter la carrière d'ardoise de L'Anse-à-l'Étang. Ils espérèrent fournir la colonie en matériau incombustible, ce qui aiderait à résoudre l'éternel problème des incendies, surtout dans les villes de Québec et de Montréal. L'ardoisière s'étend du Grand-Étang à la Petite-Vallée et l'on croit qu'elle «... s'étend aussi dans la profondeur des terres, quoiqu'elle semble courir le long du fleuve parce qu'on a trouvé des ardoises à une demi-lieue du bord de la mer, en avançant vers la Petite-Vallée [...] elle est plus dure et meilleure dans le milieu de la Périère [...]; le cap seul peut en fournir tout le Canada[10].» Sarrazin demande au ministre des Colonies, monsieur de Maurepas, l'envoi de deux ouvriers spécialisés. Le ministre répond: «Nous lui donnerons [à Sarrazin], le printemps prochain, une goélette avec six hommes pour aller tirer de l'ardoise; il a promis de la charger et d'être de retour assez tôt pour faire employer cette ardoise à couvrir le Palais[11].» Un échantillon est envoyé en France où il est jugé de bonne qualité. Sarrazin et les Hazeur s'associent alors avec les sieurs Pierre Lepage et Nicolas Rioux, respectivement seigneurs de Rimouski et des Trois-Pistoles.

En 1730, Pierre Hazeur de l'Orme, chanoine et délégué du Chapitre de Québec en France, écrit à un de ses frères: «L'affaire de l'ardoise dont vous m'avez envoyé les marchés est très avantageux pour nous et pour toute la colonie. Il s'agit de la pousser vivement et de ne rien épargner dans les commencements pour mettre tout en train. Le ministre est très content que nous fassions cette entreprise. Il s'agissait de sa part de nous donner une gratification, mais il se trouve que les temps sont trop mauvais et que le cardinal est trop resserré; car il faut que cela vienne par son canal. M. de

LA CARRIÈRE D'ARDOISE DE GRAND-ÉTANG

Maurepas qui n'aime pas à être refusé n'a point voulu lui en faire la proposition, d'autant plus que le Roi ne retire rien de cette carrière[12]. »

Les travaux avaient commencé en 1729 et l'ardoise retirée servit à couvrir la maison des jésuites à Québec. Le matériau résista au long et froid hiver 1729-1730. Au printemps, l'extraction reprit. On était cependant aux prises avec un problème de transport. Jean-Baptiste Gatien offrit de transporter les trois nouveaux « ardoisiers » venus de France et de ramener l'ardoise à Québec. L'intendant Hocquart accepta sa proposition. Mal lui en prit, car Gatien se préoccupa beaucoup de pêche et trop peu d'ardoise. Sarrazin et ses beaux-frères durent donc s'organiser autrement pour le transport.

Pendant un temps, la carrière prospéra. On employait le schiste dans la construction de divers bâtiments officiels de la colonie. Mais on s'aperçut assez vite de la mauvaise qualité du matériau et de son coût exorbitant en raison des difficultés d'extraction. En fait, l'ardoise de Grand-Étang revenait plus cher que celle de France: 51 francs du 1 000 au lieu de 40 francs. Le 9 octobre 1733, le gouverneur Beauharnois et l'intendant Hocquart firent leur rapport définitif: «... [l'ardoise] est de la pierre de grais, et il s'y trouve un déchet considérable, beaucoup se cassent en les perçant et leur surface peu unie donnant une prise entière aux vents occasionne des réparations sans fin[13]. » L'aventure de Grand-Étang valut aux deux fonctionnaires coloniaux une sévère réprimande de la part du ministre Maurepas.

LA RÉGION DE GASPÉ   Dans la première moitié du 18e siècle, la région de la baie de Gaspé connaît un essor encore plus marqué que celle du littoral nord de la péninsule. Son histoire reste cependant peu connue. Dans une enquête officielle qu'ils effectuent en 1724, Louis Gosselin et Jacques L'Hermitte mentionnent que « les terres n'y sont bonnes qu'à y faire du jardinage et ne valent rien pour l'agriculture[14]. » En 1722, un inventaire précise que le navigateur Jacques Pichet y habite[15]. Vingt ans plus tard, le seul habitant connu est Pierre Arbour: il y cultiverait avec un certain succès le blé, le sarrazin, le foin et divers légumes[16]. De 1748 à 1752, Michel Mahiet, seul ou avec le navigateur Henri Le Breton, fait aussi des pêches fructueuses dans la baie de Gaspé.

En 1745, l'auteur anonyme d'un mémoire insiste sur la nécessité d'établir un poste commercial et militaire à la baie de Gaspé. Contrairement à Gosselin et L'Hermitte vingt ans plus tôt, il croit que le sol n'y est pas «stérile ni ingrat il y a des rivières et ruisseaux qui donnent de justes espérances d'y pouvoir cultiver des prairies[17]. » Il reprend ainsi l'idée de Denis Riverin et autres de faire de Gaspé le port principal de la colonie. De cette façon, les navires métropolitains n'auraient pas besoin de courir les risques des eaux du fleuve et pourraient laisser là les approvisionnements de la Nouvelle-France qui seraient transportés au coeur de la colonie par des bateaux canadiens. Ce projet servirait de catalyseur au développement économique de la Nouvelle-France: « Cela donneroit d'ailleurs aux Cana-

Poste de Pierre Révol
détruit par Wolfe en
1758. Hervey Smyth,
1758. (APC)

diens la facilité et même les forceroit à faire eux-mêmes leurs exportations, leur fourniroit occasion à emploier utilement leurs bois de construction aux bâtimens qui seroient nécessaires pour cet object, multiplieroit peu à peu l'industrie, inspireroit le goût du commerce et de la culture qui le produit, et enfin procureroit nombre d'avantages que l'on peut aisément inférer de l'augmentation du commerce[18]. » De plus, comme les Anglais ont déjà manifesté le désir de s'installer dans la région, il faut les devancer pour des raisons tant commerciales que stratégiques[19].

Dix ans plus tard, le chevalier de la Pause réitère les mêmes demandes: il souhaite l'établissement d'un port de mer à Gaspé qui « ne laiss[erait] faire le commerce de Gaspé à Québec et Montréal que par des bâtiments de Québec et de Gaspé, qui ne pourroit faire autre commerce...[20] » Les Indes occidentales (Antilles) pourraient en importer tout le poisson et les huiles dont elles ont besoin. Jusqu'à la Conquête, ces préoccupations resurgissent périodiquement. Le dernier à les exprimer, l'officier de Bougainville, écrit en 1758: « Jusqu'au milieu de décembre, on pourrait de Gaspésie expédier des bâtiments vers l'Europe; pour la même raison on peut jusqu'en décembre aborder à Gaspé; le poste servirait d'entrepôt aux navires qui arriveraient trop tard et n'oseraient monter le fleuve[21]. »

Ces mémoires restèrent lettre morte et l'existence d'un établissement à la baie de Gaspé au milieu du 18e siècle fut le fait d'un individu, Pierre Révol. Fils d'un procureur du parlement de Grenoble, il avait été exilé au Canada en 1739 pour s'être adonné à la contrebande du sel. En 1744, il épousait Marie-Charlotte Roy, fille d'un riche commerçant, ce qui lui donnait un haut niveau de vie et lui procurait des relations d'affaires. C'est ainsi qu'il s'acheta un navire et se lança dans le commerce. Toujours à la limite de la légalité, il fut plusieurs fois accusé de fraude.

En 1752, il s'associe avec André Arnoux dans une entreprise de pêche dans la région de Gaspé. Jusqu'en 1755, les deux entrepreneurs amènent une quarantaine de colons « lesquels ont déjà défriché assez de terre pour recueillir en peu de temps plus de grains qu'il ne faut pour leur subsistance[22]. » En 1756, au nom des habitants de la région, ils offrent au gouvernement de construire des fortifications. Ainsi, ils pourraient agrandir leurs établissements et les autorités compteraient un poste militaire à l'embouchure du fleuve Saint-Laurent. Selon eux, n'était-ce la crainte de l'Anglais, « un grand nombre de Canadiens iraient s'y établir [Gaspé] de bonne volonté, par le seul appas des avantages[23]. » Encore une fois, le gouvernement fait la sourde oreille. Cependant, la même année, Révol réussit à se faire nommer sentinelle à Gaspé par le gouverneur Vaudreuil. Cette fonction consiste à faire rapport sur les déplacements de bateaux dans le golfe et sur les moyens de défendre la baie. La sentinelle de Gaspé aura à faire face à l'ennemi.

Révol possédait l'affermage des pêches moyennant une modique somme. Il vendait son poisson aux Français de passage et sur le marché de Québec. En 1758, les Anglais purent brûler 3 000 quintaux de poisson d'une valeur de 120 000 livres. Les colons étaient surtout payés en marchandises, dont la céramique. Révol faisait peut-être même avec les pêcheurs itinérants le commerce de ce produit.

À cette époque, Gaspé comptait 300 habitants permanents. Il y avait un établissement à Grande-Grave, un autre au bassin de Gaspé et Révol vivait à Penouille avec 60 colons. En 1756, une scierie fut construite sur les bords de la rivière York, à quatre milles de l'actuel pont de Gaspé. Son utilisation était surtout locale. À cet endroit, on pouvait compter sept maisons. Au nord du bassin, à la rivière Dartmouth, s'élevait une petite forge. Le sort réservé à ces établissements a été résumé en une phrase lapidaire par le capitaine Bell, aide de camp du colonel Wolfe: « Le tout fit un feu magnifique[24]. »

La côte de Gaspé connut elle aussi une expansion digne de mention. Sous l'égide de la famille Lefebvre de Bellefeuille, Grande-Rivière et Pabos devinrent les centres les plus importants de la Gaspésie dans les années 1750.

C'est Pierre Lefebvre de Bellefeuille qui, en 1729, acheta des frères Charles et Jean Hubert la seigneurie de Pabos. En fait, il agissait comme prête-nom pour son frère Jean-François et ses neveux Georges et François. Déjà, à la fin de la décennie 1730, les Lefebvre de Bellefeuille avaient installé une trentaine de familles, soit une centaine d'âmes, à Pabos et à Grande-Rivière, bien qu'ils ne possédaient aucun droit pour ce dernier fief. À la mort du père, survenue entre 1745 et 1752, François poursuivit l'entreprise. Le succès des Lefebvre de Bellefeuille résidait dans le fait qu'à l'encontre de la plupart des seigneurs gaspésiens, ils vivaient en permanence sur leur domaine.

En 1758, Pabos et Grande-Rivière comptaient plus de 80 maisons et 200 habitants. Grande-Rivière était de loin la localité la plus importante avec son manoir seigneurial, ses 60 maisons, ses 80 chaloupes et ses réserves de cognac et de sel[25]. Presque tous les habitants étaient Normands ou Bretons. L'établissement n'avait déjà plus l'allure d'un front pionnier. Le fait que le nombre d'hommes n'était supérieur à celui des femmes que dans la proportion de 5 à 3 fait ressortir le caractère de stabilité et de permanence du poste[26]. Comparativement à l'ensemble de la Nouvelle-France, la population semble avoir été en bonne santé et bien nourrie, puisqu'un seul nouveau-né sur dix-neuf est décédé de 1751 à 1756 et que les mères survivaient sans difficulté aux accouchements[27].

L'économie de Grande-Rivière et de Pabos était basée sur la morue. En 1758, les Anglais y détruisirent 11 500 quintaux de morue et 120 chaloupes[28]. Activité réduite au minimum, l'agriculture était confinée au jardinage: les colons faisaient croître des navets et du chou et ne possédaient que quelques têtes de bétail.

Les Lefebvre de Bellefeuille étaient sans conteste les Gaspésiens les plus fortunés. Ils exigeaient comme droit seigneurial le onzième du poisson pêché par leurs censitaires. De plus, ils louaient aux pêcheurs de passage des lots de grève. Il est toutefois impossible de préciser l'importance et la provenance de l'ensemble de leurs revenus. Les Lefebvre de Bellefeuille étaient les maîtres absolus de leur territoire. Éloignés des centres administratifs de la colonie, ils faisaient pratiquement ce qu'ils voulaient. Les autorités le comprirent et, en 1737, elles nommaient un membre de la famille, Georges, sous-délégué de l'intendant en Gaspésie. À ce titre, il devait régler les différends entre pêcheurs permanents et saisonniers. Il était donc souvent en conflit d'intérêt. Quand des gens s'avisaient de porter leur cause devant l'intendant, celui-ci les renvoyait à Lefebvre de Bellefeuille. En 1749, le titre passa à François qui recevait en même temps des

LA CÔTE DE GASPÉ ET LES LEFEBVRE DE BELLEFEUILLE

fonctions militaires imprécises. De toute façon, dès 1743, il signait «gouverneur de Pabos», ce qui était vrai en pratique.

Un jour, des pêcheurs de Paspébiac et de Pointe-Verte portèrent plainte à l'intendant Bigot contre Jean Barré qui s'était approprié leurs lots de grève. Bigot référa le cas à Lefebvre de Bellefeuille qui ne fit rien, Barré étant un ami de la famille. Au printemps de 1730, le *Reine des Anges* armé par le sieur Hirigoyen de Bayonne et commandé par le capitaine Berdoulin, s'apprêtait à mouiller à Pabos quand un officier de vaisseau, qui était allé à terre, vint avertir Berdoulin que les Lefebvre de Bellefeuille s'opposaient à ce qu'il prenne des graves déjà louées à d'autres. Le capitaine était fort surpris puisqu'il venait à Pabos depuis 1719 et que c'était la première fois qu'une chose semblable se produisait. Cinq jours plus tard, il demanda des explications. «Ils m'ont répondu, rapporte-t-il, que les ports et les lieux propres à faire la pescherie et sécherie des morues sont pour les navires venus de France ou d'Europe et Canada avec les congés de l'amiral et que le Roy ne permettoit pas suivant les ordonnances que des endroits comme ceux-là ni d'autres propres à faire la pescherie et sécherie soient concédés[29].» Comme le capitaine s'entêtait, Lefebvre de Bellefeuille fit armer ses hommes et menaça de tirer. Il proposa aux Basques un autre endroit, moyennant deux quintaux de morues par chaloupe. L'affaire fut réglée sans coup férir[30]. Les années suivantes, d'autres plaintes furent portées et le gouverneur Beauharnois tenta d'intervenir. François Lefebvre de Bellefeuille se défendit en invoquant que sa seigneurie était située en dehors des limites de la pêche libre. Il eut gain de cause et décida ensuite d'émettre, contre paiement d'une rétribution, des certificats permettant de s'installer sur les rivages de Grande-Rivière et de Pabos.

Les deux localités avaient une allure prospère. Au haut de la pyramide sociale, se trouvaient les seigneurs et leur ami Jean Barré qui était considéré comme un personnage important. Originaire de Granville, ce dernier s'était installé à la Pointe-Verte vers 1740 où il s'adonnait à la pêche. Propriétaire d'une goélette et d'une vingtaine de chaloupes, il paraît avoir été à l'aise. Pendant la guerre de la Conquête (1754-1760), il assura la liaison entre le Canada et la France. Prisonnier des Anglais à Québec jusqu'en 1763, il retourna en France l'année suivante. Il vécut pauvrement jusqu'à sa mort survenue en 1776[31].

Les Lefebvre de Bellefeuille, c'est-à-dire François et sa famille, Georges et ses deux soeurs, dont l'une mariée en 1753 en Gaspésie, se comportaient comme les autres seigneurs de la Nouvelle-France. François et sa femme étaient témoins d'un grand nombre de baptêmes et de mariages. Leur manoir de Grande-Rivière était beau et vaste. L'usage de certaines denrées rares, trouvées par les Anglais dans leurs entrepôts, témoigne de leur richesse.

La petite communauté jouissait de services religieux. Bien que la mis-

Rivière Ristigouche.
Photo tirée de: *Canadian Illustrated News*,
19 août 1882.

sion des récollets fût située à Ristigouche, où se succédèrent neuf missionnaires jusqu'en 1760, un prêtre desservit Pabos et Grande-Rivière à partir
de 1751. Auparavant, le seigneur procédait à certains actes religieux que le
missionnaire de passage validait ensuite. La paroisse de la Sainte-Famille
de Pabos s'étendait de Shédiac (N.-B.) à Kamouraska. Il fut accordé au père
Simple Bocquet, qui le premier y exerça la fonction de curé, des pouvoirs
plus grands qu'à l'ordinaire à cause de la distance qui le séparait de
Québec[32]. Il demeura en poste jusqu'au 10 septembre 1753 alors qu'il fut
remplacé par le père Alexis Duburon qui partira au début de 1757. Les
deux prêtres choisirent tous deux de vivre à Grande-Rivière avec la bonne
société que constituaient la famille seigneuriale, Jean Barré et les « bourgeois » de la place.

Comme ailleurs en Gaspésie, le développement de Pabos et de Grande-

Rivière fut arrêté brusquement lors du passage des Anglais en 1758. La famille Lefebvre de Bellefeuille se réfugia à Trois-Rivières et la plupart des habitants quittèrent les lieux.

La guerre

La Nouvelle-France du 18e siècle peut se comparer à un immense camp militaire. La guerre y est effective ou plane dans l'air, transformant les habitants en soldats. Cela est particulièrement vrai en cette Gaspésie si vulnérable aux attaques par mer et éloignée des centres militaires du Canada et de l'Acadie. Dans les années 1740, l'ennemi se contente de guetter sans rien tenter de sérieux. Pendant la décennie suivante, la tension monte et, en septembre 1758, les petits postes de pêche gaspésiens, quasi sans défense, tombent aux mains des Anglais. Deux ans plus tard a lieu la bataille de Ristigouche, que l'historien Gustave Lanctôt a appelée « le dernier effort de la France au Canada ».

« LA CLEF DU CANADA » L'idée d'un poste militaire à Gaspé est presqu'aussi vieille que le site lui-même. Pendant la guerre de succession d'Autriche (1744-1748), le gouverneur Beauharnois et l'intendant Hocquart réitèrent au ministre de la Marine, Maurepas, la nécessité d'ériger un établissement militaire à Gaspé. Le fonctionnaire royal ne leur ferme pas la porte mais le projet n'aboutit pas. En 1754, Pierre Révol et André Arnoux écrivent au gouverneur Duquesne pour lui démontrer l'importance d'un fort à l'entrée de la baie de Gaspé. Peu après, Duquesne communique au ministre de la Marine qu'il a pris des mesures afin d'être informé « si les Anglais remuants et usurpateurs [...] n'auroient pas quelques vues sur Gaspé qui est le mouillage le plus sûr et le plus important de cette colonie...[33] » Il a ordonné aux habitants du lieu de se tenir sur leurs gardes et, comme l'argent est rare, il conseille au ministre d'accepter la proposition de Révol et d'Arnoux de construire un fort en pierre. « Pour lors on pourra espérer que Gaspé deviendra un endroit très considérable et qu'il sera facile d'y attirer les Acadiens [...] qui viennent y faire la pêche et qui ont marqué leur désir pour secouer leur joug[34]. » Pour sa part, le chevalier de Raymond, en tournée d'inspection sur les côtes de la Nouvelle-France, déclare un an plus tard que fortifier Gaspé doit constituer la priorité des autorités militaires car si les Anglais s'en rendent maîtres, « nous serons obligés de nous rendre à eux sans qu'ils soient obligés de tirer un coup de fusil. Aucun vaisseau ne pourra se rendre à Québec, gros ou petit, plus de secours à espérer...[35] » En

1755, un autre militaire, le chevalier de La Pause, renchérit dans les termes suivants: « Nos vaisseaux de guerre pourront y hiverner; nous y serions à même de protéger de là nos postes du nord et les établissements que nous pourrons avoir hors du fleuve; on pourra s'y fortifier de façon à ne pas craindre qu'on y insulte notre marine; nos armateurs en temps de guerre pourront faire des courses sur les côtes d'Angleterre [Nouvelle-Angleterre] et nous serons à portée, si les circonstances devenaient favorables, de porter la guerre du côté de l'Acadie et d'expulser les Anglais d'Halifax [...] Le Canada ne sera jamais une colonie florissante tant qu'elle n'aura pas un port de mer[36]. »

En 1758, après le passage de Wolfe, de Bougainville reprend les mêmes arguments en les amplifiant et en tirant des événements récents la leçon qu'il fallait: les Anglais détiennent la « clef du Canada[37] ».

Les projets de fortifier Gaspé n'eurent pas de suite. Par manque de ressources et par incrédulité aussi, les administrateurs investirent trop peu dans la défense de la péninsule. Ils se contentèrent la plupart du temps de mettre en poste des sentinelles. Cette stratégie était cependant efficace. Ainsi, le 2 juillet 1747, Jean Barré et une trentaine d'hommes repoussèrent un détachement anglais qui tentait de débarquer à Grande-Rivière. Ils tuèrent onze hommes et en blessèrent 25 autres. Neuf ans plus tard, soit le 12 avril 1756, l'intendant Bigot écrivait au ministre des Colonies qu'il avait enjoint à ceux qui faisaient la pêche en Gaspésie de le faire à Gaspé, poste mieux protégé. En outre, le gouverneur Vaudreuil avait donné au sieur Révol le commandement de tous les pêcheurs des environs et lui avait accordé 120 miliciens. L'intendant, de son côté, avait fourni les vivres et les munitions pour 200 fusils et avait imaginé la stratégie suivante: « J'envoye deux ancres épatées de 4 à 5 milles qu'on enterera des deux costés de la passe [entrée du bassin à Penouille] et auxquelles on amarera deux cables de 20 pouces qu'on coulera à basse mer dans l'eau et qu'on y contiendra. J'ai consulté là dessus des marins, ils prétendent que ces cables seront suffisans pour arrêter un vaisseau, parce qu'il ne pourroit y entrer qu'a petite voile, la passe estant fort étroite et n'allant pas en droite ligne[38]. » Vaudreuil et Bigot pouvaient être satisfaits. Le 1er novembre, Pierre Révol, à la tête de 200 hommes, réussit à repousser l'ennemi mais quelques-uns de ses miliciens furent faits prisonniers et ses installations de pêche subirent des dommages considérables.

Au printemps suivant, plus précisément le 19 avril, le gouverneur écrit à Versailles que dès l'ouverture de la navigation, il enverra des secours à Révol pour qu'il puisse tenir le coup. Ce dernier a passé un hiver très dur: « Il a éprouvé une disette extrême de vivres et je doute fort que la quantité que je luy enverrai en prime soit suffisante[39]. » Selon Vaudreuil, Révol devra user de ruse pour défier l'ennemi. « Le Sr Revol fera de son mieux

**TROP PEU,
TROP TARD**

pour la défense de ce poste, il y est obligé pour la conservation de son propre bien et les pertes qu'il fit l'année dernière ne doivent pas peu contribuer à ranimer son zèle[40].» Le gouverneur termine sa missive en déplorant le fait que la métropole n'ait rien fait pour assurer la défense de Gaspé «de laquelle dépend celle de la colonie[41].» Le 1er juillet, il avertit le Garde des Sceaux que pas un seul bâtiment d'Europe ne pêche dans la baie de Gaspé en cet été 1757 et que la situation est désespérée pour le petit poste. Dans le but d'éloigner l'Anglais, Révol a fait construire des habitations indiennes dans lesquelles il compte allumer des feux dès qu'un vaisseau se montrera à l'horizon, afin de faire croire en une présence plus nombreuse sur les lieux. Révol et quelques hommes se déguiseront en Indiens pour impressionner l'ennemi. Le gouverneur conclut: «je ne puis garantir [que l'expédient] réussisse mais si les Anglais viennent à Gaspé, du moins aurois je la satisfaction qu'ils ne s'y établiront pas sans coup férir de la part des François[42].» La tactique peut tromper les Anglais mais elle ne décourage pas leurs ambitions.

LES FORCES BRITANNIQUES EN GASPÉSIE

Le 26 juillet 1758, pour la seconde fois dans sa courte histoire, la forteresse de Louisbourg sur l'Ile Royale (Ile du Cap-Breton) se rend aux Anglais. Comme il est trop tard pour songer à attaquer Québec en cette fin d'été et comme l'état-major anglais ne veut pas laisser ses hommes en état d'oisiveté, il commence à lorgner du côté de la Gaspésie où les postes de pêche florissants et la position stratégique de Gaspé constituent un danger potentiel. Le colonel James Wolfe suggère le premier une telle intervention: «lancer l'offensive et la guerre de destruction dans la baie de Fundy et dans le golfe du Saint-Laurent [...] je ne puis observer de sang-froid les incursions sanglantes de cette meute infernale que sont les Canadiens[43].» C'est avec cet esprit de vengeance et alléchée par l'espoir d'un butin attrayant qu'une flotte de sept bateaux et de 1 500 hommes quitte Louisbourg, le 29 août, sous les ordres de Sir Charles Hardy et du colonel James Wolfe.

Le 4 septembre, à 2 heures de l'après-midi, Wolfe, à la tête de trois régiments, prend pied à Sandy-Beach. Il entreprend de faire reconnaître les lieux. Connaissant la réputation de Pierre Révol, il lui envoie son aide de camp, le capitaine Bell, avec une lettre et un pavillon blanc. Arrivé à Penouille à 5 heures du soir, le soldat trouve les lieux déserts. Révol étant mort trois jours plus tôt, la population désemparée s'est enfuie dans les bois. Le militaire n'y trouve que Pierre Arbour et sa femme, le commissaire de Révol et cinq de ses hommes. Le lendemain, Wolfe et son état-major se rendent à Penouille avec un régiment d'infanterie légère. Ils s'emparent de l'établissement, de vingt-cinq chaloupes, de six canots et d'une grande barque et détruisent 3 000 quintaux de poisson et une grande quantité de gréements. Le commissaire de Révol part à la recherche des fuyards le long des rivières Dartmouth et York pour les convaincre de se rendre, Wolfe

ayant promis qu'ils seraient bien traités.

Le 6, au petit jour, Wolfe et Bell remontent à leur tour la rivière Dartmouth. À L'Anse-aux-Cousins, ils rencontrent quelques hommes qui promettent de se rendre à Penouille en chaloupe. Quelques milles plus haut, ils trouvent un autre groupe qui, à son tour, promet de faire de même dès que la marée sera haute. Le détachement anglais y retourne aussi. Les soldats passent le reste de la journée à cueillir des framboises et des atocas. Le lendemain, ils explorent les rives de la rivière York où ils font des prisonniers. En outre, ils brûlent le moulin à scie. Le 8, on cherche encore seize Français qui manquent à l'appel. On n'en retrouve que dix. Le 10 septembre, Wolfe donne ordre de brûler l'établissement de Penouille et les

La prise de Louisbourg par les Anglais. « Le 26 juillet 1758, pour la seconde fois dans sa courte histoire, la forteresse de Louisbourg sur l'Ile Royale (Ile du Cap-Breton) se rend aux Anglais. » (APC)

marins se livrent au pillage. Dans son journal, Bell note: « Les matelots donnèrent libre cours à leur rage pour le pillage, et cela de la manière la plus honteuse; ils se saoulèrent à ce point que les soldats d'une chaloupe qu'ils conduisaient ne durent la vie qu'à l'adresse d'un habitant français[44]. »

Le 18, le secteur est parcouru par un détachement commandé par le capitaine Byrd, qui brûle 36 chaloupes et sept maisons en plus de faire 22 prisonniers. De son côté, le lieutenant Warren détruit six maisons au bassin de Gaspé, deux habitations sur les bords de la rivière Dartmouth, la boutique de forge à Petit-Gaspé, treize chaloupes et quatre canots; il fait quatorze prisonniers. À ce jour, le bilan total des prises anglaises dans la région de Gaspé s'élève à 6 000 quintaux de poisson et à 200 chaloupes[45].

Pendant ce temps, des détachements sont envoyés à Grande-Rivière, à Pabos et à Mont-Louis. En effet, le 13 septembre, le capitaine Irving est chargé de détruire les établissements des deux premiers endroits alors que son collègue James Murray s'occupe de la région de Miramichi. À Grande-Rivière, tout le monde se sauve à la vue des barques remplies d'Habits rouges. Les soixante maisons de l'endroit sont brûlées ainsi que les entrepôts et les installations de pêche dont quatre-vingts chaloupes. Les soldats trouvent 200 coffres de vêtements. Au sujet du manoir des Lefebvre de Bellefeuille, Bell note: « La maison Bellefeuille était située sur une petite île dans la rivière; elle avait huit appartements sur un plancher; de grandes quantités de choses entassées dans des bureaux et des coffres pour expédier en sûreté à Québec[46]. » À Grande-Rivière, les Anglais détruisent 8 000 quintaux de morue. À Pabos, même scénario: « On a brûlé 27 maisons dont 17 indifférentes; environ 3 500 qx de poissons, une très bonne goélette remplie de poisson, une grande quantité de sel. Le magasin qui était très grand contenait toutes les réserves d'hiver, en habits, boisson, nourriture [...] Tout fut brûlé, y compris une grande quantité de bois de construction et environ 40 chaloupes[47]. »

À Mont-Louis, le major Dalling dirige l'expédition. Parti de la baie de Gaspé le 14 septembre avec une troupe d'environ 300 hommes, il marche pendant cinq jours et rencontre de grandes difficultés, la troupe devant parfois franchir des zones de roc déchiqueté ou attendre le retrait de la marée. Le groupe arrive finalement à Mont-Louis le 19. L'entrepreneur Michel Mahiet offre une rançon de 3 500 livres à Dalling. Celui-ci refuse et fait mettre le feu aux établissements. Seule la maison de Mahiet échappe au sinistre. Six mille quintaux de morue sèche sont détruits et le major anglais et son escadre retournent à Gaspé sur les deux goélettes de Mahiet, la *Marianne* et le *Vigilant*. L'entrepreneur et son épouse sont au nombre des prisonniers capturés par Dalling.

Le 27 septembre, les Anglais quittent la péninsule. Ils ont tout rasé et leur action paralyse pour un temps les bases de l'économie gaspésienne.

Plus de 20 000 quintaux de morue ont été détruits. Semblant oublier qu'il a été l'instigateur de cette expédition, Wolfe commente: «Nous avons fait beaucoup de dommages; répandu la terreur des armes de sa majesté par tout le golfe, mais nous n'avons rien fait pour en grandir la renommée[48].»

Contrairement aux craintes des Français et des Canadiens, les Anglais ne fortifièrent pas les alentours de la baie de Gaspé. Les Français eurent quelques velléités de les en déloger mais ils n'étaient pas en mesure de le faire. En effet, à ce moment, il fallait défendre le Canada en ses centres vitaux, tels Montréal et Québec. Mais la colonie tomba. Le 8 septembre 1760, le gouverneur Vaudreuil signait la capitulation générale du pays. La dernière bataille anglo-française au Canada avait eu lieu deux mois plus tôt en Gaspésie.

Au printemps de 1760, la Nouvelle-France est en mauvaise posture. Québec vit sous le drapeau anglais depuis bientôt un an et Montréal résiste difficilement. Pourtant, les administrateurs, Vaudreuil en tête, espèrent toujours une aide de la métropole. Cette dernière se décide enfin à envoyer des secours: une flotte apportera à la colonie en détresse des hommes, des munitions et des vivres. Comme c'est souvent le cas, on équipe des bateaux privés qu'on charge de soldats rapatriés de Louisbourg et de Québec. Mais des problèmes surgissent et la petite flotte ne quitte finalement La Gironde que le 10 avril.

L'escadre compte cinq vaisseaux marchands et une vingtaine de petits bâtiments chargés de munitions et de 1 000 fusils, de 6 000 quintaux de farine, de 4 000 quintaux de lard salé ainsi que de 400 quintaux de graisse. En outre, les bâtiments transportent à leur bord des bas, gilets et souliers pour les soldats ainsi que des étoffes, toiles et autres objets pour échanger aux Amérindiens. C'est le *Machault* qui est le navire convoyeur avec ses 28 canons et ses 150 hommes d'équipage[49]. Le commandant de l'expédition est l'amiral François Chenard de la Giraudais qui a reçu des instructions secrètes au cas où il s'avérerait absolument impossible de s'engager dans le fleuve Saint-Laurent. Il devrait alors en aviser le gouverneur Vaudreuil et se rendre en Louisiane ou à Saint-Domingue pour y décharger ses vaisseaux.

À peine éloignée des côtes françaises, la flotte est attaquée par une frégate anglaise. Trois navires sont pris. De tonnage important, il ne reste que le *Machault*, le *Marquis de Malauze* et le *Bienfaisant*. Seulement 200 hommes de troupe atteindront donc le golfe le 14 mai 1760. Chenard de la Giraudais s'empare alors d'un navire marchand ennemi. Des papiers trouvés dans la cabine du capitaine lui apprennent qu'une flotte anglaise l'a précédé de six jours dans le Saint-Laurent. Selon les ordres, l'amiral doit alors voguer vers les Indes occidentales ou la Louisiane. Il décide plutôt de se réfugier dans la baie des Chaleurs, probablement influencé par des soldats, anciens de

LA BATAILLE DE RISTIGOUCHE

Pots en terre cuite à glaçure verte livrés par l'épave du Machault. Photo: J. Jolin, Parcs Canada.

Louisbourg, qui connaissent bien la région et qui lui font valoir que les Anglais ne viendront pas les chercher dans le fond de la baie. De plus, une partie de la viande étant avariée, le manque de nourriture l'incite à se réfugier le moins loin possible. Le 17, les Français prennent deux autres navires ennemis près de Miguasha. Le 18, la petite flotte s'engage dans la rivière Ristigouche. Auparavant, Chenard de la Giraudais a débarqué l'officier Denis de Saint-Simon qui doit se rendre à Montréal pour porter les dépêches royales à Vaudreuil et prendre les ordres. Six jours plus tard, deux autres messagers partent avec des duplicatas et des triplicatas: l'amiral veut être sûr que les nouvelles parviendront à Montréal.

Le 19 mai, les 200 soldats et les équipages des trois navires débarquent à dix-huit milles du rapide de Ristigouche. Cet endroit est devenu depuis quelque temps le point de ralliement des réfugiés acadiens qui fuient les persécutions anglaises. Au nombre de 1 500, ils ont pour guide les récollets Ambroise et Étienne qui ont aussi la charge du village micmac de 250 personnes, plus haut sur la rivière. La misère est extrême. Pour alléger ses bâtiments en vue d'une remontée de la rivière, Chenard de la Giraudais distribue aux émigrés une partie de sa cargaison. De son côté, le capitaine François-Gabriel d'Angeac, en charge des hommes de troupe, témoigne: « J'ai trouvé dans ce séjour de misère plus de 1 500 âmes exténuées d'inanition et mourant de faim, ayant été obligées de manger des peaux de castor tout l'hiver. Je leur fais donner une demi-livre de farine par jour et un quart de livre de boeuf [...]. Ce petit secours les a tirées des portes de la mort[50]. »

Les Français montent leur camp entre la Pointe-à-la-Batterie et la Pointe-à-la-Garde. À ce dernier endroit, ils érigent une batterie. Puis, se croyant en sûreté, ils restent oisifs en attendant le retour des messagers. Le 12 juin, Chenard de la Giraudais envoie le sieur Lavary Le Roy en reconnaissance sur une goélette. Jusqu'au 22, ce dernier ne rencontre que des bateaux et esquifs acadiens qui rejoignent Ristigouche avec à leur bord de nombreuses familles démunies. Mais ce jour-là, c'est un vaisseau de la marine royale britannique que Lavary Le Roy aperçoit dans la direction de l'île aux Hérons. L'Anglais de son côté s'est aussi rendu compte de la présence de la petite goélette qu'il prend en chasse avec quatre barques. Le Roy échoue sa goélette et regagne la Pointe-à-la-Batterie par les bois.

Le 9 juin, un détachement anglais avait appris par le chef micmac de Richibouctou la présence de plusieurs vaisseaux français sur la rivière Ristigouche. Le gouverneur Whitmore dépêcha de Louisbourg le commodore Byron, surnommé Jack-la-Tempête, à la tête de trois navires de premier rang, le *Fame* (70 canons), le *Dorsetshire* (70 canons), l'*Achille* (60 canons), de deux frégates et de quatre goélettes[51]. Partie de Louisbourg le 18, la flotte mit de cinq à sept jours pour atteindre l'estuaire de la Ristigouche, le mauvais temps ayant dispersé les cinq navires.

Le 23, quand Lavary Le Roy apprend à Chenard de la Giraudais l'arrivée

de l'ennemi, l'amiral fait mettre sur la batterie (Pointe-à-la-Garde) quatre canons et ordonne que tous les bateaux remontent la rivière le plus haut possible même s'ils doivent pour cela être déchargés de leurs vivres et autres effets. Pendant ce temps, le *Fame*, navire-amiral anglais, s'échoue à trois lieues de l'endroit où sont mouillés les Français (Pointe-à-la-Garde). Apparemment, ceux-ci sont tentés à ce moment-là de le prendre d'abordage mais ils se ravisent. Les Anglais réussissent finalement à renflouer le *Fame* qui mettra trois jours à franchir les neuf milles qui le séparent de la première batterie. Les deux frégates, l'*Achille* et le *Dorsetshire* restent quatre ou cinq lieues plus bas.

Le 26 ou le 27, la batterie est prête. D'Angeac y place 60 soldats, 100

Épave du Marquis de Malauze retiré du fond de l'eau en 1931. Photo: Jean-Marie Fallu.

Une bombe ou boulet
explosif, vestige de la
bataille navale qui se
déroula à Ristigouche,
le 8 juillet 1760.
(Musée régional de
Gaspé)

Acadiens et quelques Indiens sous le commandement du capitaine de la Vallière. Auparavant, pour bloquer le passage à l'ennemi, il a eu l'idée de couler dans le canal les barques et les petits bateaux anglais qu'il avait fait prisonniers. Mais le 27, le *Fame*, les deux frégates et une goélette réussissent à traverser ce barrage. On se bombarde jusqu'à la tombée de la nuit alors que Byron retire ses vaisseaux dans le chenal du sud. Chenard de la Giraudais remonte encore, sachant qu'avec ses 850 hommes, dont 200 à 300 civils acadiens, il ne peut pas grand-chose contre les 1 700 hommes d'équipage de Byron.

Le 3 juillet, le *Fame* prend la batterie à revers et force ses défenseurs à se retirer. Le 6, les Anglais débloquent le canal et, après les avoir allégées, réussissent avec deux frégates à s'approcher de la flotte française. Cependant, ils doivent soutenir le feu des deux nouvelles batteries érigées par Chenard de la Giraudais de chaque côté du canal sur les sites futurs de Campbellton et de Pointe-à-la-Croix. De plus, pour maintenir les vaisseaux anglais à distance, l'amiral français a fait couler un second barrage de bâtiments en dehors de la batterie du nord, à demi-portée de canon de cette dernière. Les Français se défendent bien et l'ennemi doit se retirer plusieurs fois sous leur feu constant. Mais le 7, la défense de la batterie du sud s'effondre.

Dès quatre heures du matin, le 9 juillet, le *Scarborough* et le *Repulse* s'approchent des navires français et de la batterie du nord. Vers 5 heures, le combat commence. Pendant deux heures, le feu est très vif. Mais de 7 heures à 9 heures, le *Machault* canonne irrégulièrement. Quant à la batterie du nord, elle ne fait feu qu'à chaque quart d'heure. Le *Bienfaisant* et le *Marquis de Malauze* ne prennent aucune part à l'action, leur équipement ayant servi à armer les batteries. Sur le dernier, d'Angeac a envoyé 62 prisonniers qu'il a enfermés dans la cale.

Mais le combat n'est pas plus facile pour les Anglais. Le *Repulse* est durement touché et coule. Cependant, grâce au peu de profondeur de la rivière, on réussit à aveugler ses voies d'eau et à le renflouer. Du côté français, le *Machault* fait eau et manque de munitions. Les officiers décident alors de sacrifier leur navire. Écoutons d'Angeac: « La Giraudais vint donc me dire qu'il n'y avait plus de quoi faire feu et qu'il y avait sept pieds d'eau dans la cale. Je lui répondis, comme je le lui avais dit, que je ne quitterais le « Machault » que quand il déciderait de le brûler...[52] » Et c'est ce qui se produit. Le même sort échoit au *Bienfaisant* et on n'épargne le *Marquis de Malauze* que par égard pour les prisonniers qui s'y trouvent.

Ceux-ci, craignant une explosion et une attaque nocturne des Micmacs, défoncent une cloison et forcent les écoutilles. L'un d'eux, excellent nageur, rejoint le *Repulse* et ils sont libérés. Byron fait alors incendier le *Marquis de Malauze*. Il envoie ensuite une goélette et dix-sept barges de 25 hommes chacune pour détruire le reste de la flottille de Chenard de la

Giraudais. À terre, les Français continuent de riposter mais ils ne réussissent qu'à sauver une goélette et deux barges. Devant leur persistance, les Anglais renoncent à poursuivre le combat et, après avoir célébré leur victoire, repartent vers Louisbourg et Halifax.

Pendant ce temps, les Français pansent leurs plaies. Ils ont perdu une trentaine d'hommes et comptent au moins autant de blessés, contre quatre morts et une dizaine de blessés pour les Anglais[53]. Le village acadien de la Petite-Rochelle (200 maisons), situé sur la rive gauche de la Ristigouche, a été complètement rasé. Selon le père Pacifique de Valigny, 1 400 personnes, Français, Acadiens et Indiens, vivent alors à Ristigouche qu'on fortifiait de nouveau au cas où l'ennemi reviendrait[54]. Le jour même du combat, Denis de Saint-Simon arrive de Montréal avec l'ordre de porter les dépêches officielles en France le plus tôt possible. Chenard de la Giraudais arme la goélette restante qu'il baptise le *Petit Marquis de Malauze* et, le 10 août, il repart pour la France, où il ne pourra que rendre hommage à ses hommes[55].

À la fin d'août, d'Angeac reçoit l'ordre de quitter les lieux mais, faute de moyens, il ne peut être prêt avant le mois d'octobre. Le 10 septembre, la Nouvelle-France a capitulé et Vaudreuil l'enjoint de se rendre aux Anglais. C'est fait le 29 octobre. Seulement quelques hommes restent dans la région jusqu'en 1761. Ils sont cependant en pays étranger.

Troisième partie

Une société
de pêcheurs
(1760-1850)

"Après le passage des soldats anglais et la destruction des établissements de pêche français, la Gaspésie est un peu laissée à elle-même. Très tôt cependant, une nouvelle population venant de divers endroits d'Amérique et d'Europe s'établit à demeure sur le territoire. Elle se compose de quelques centaines d'individus en 1770, d'environ 3 000 au tournant du siècle et de près de 20 000 en 1850. Et si cette population riveraine est 40 fois plus nombreuse en 1850 qu'en 1765, c'est principalement dû au besoin constant de main-d'oeuvre du secteur des pêches. "

La Gaspésie redevient aussi en 1760 un territoire ouvert à de nouvelles entreprises maritimes. D'Angleterre, de Jersey, de Guernesey, du Canada et des autres colonies de Sa Majesté, elles amènent des pêcheurs sur place ou transigent avec les réfugiés acadiens. Ces derniers sont bientôt rejoints par des Loyalistes américains, des Canadiens français et divers autres immigrants. Cette population s'installe le long des anses, baies et barachois de la baie des Chaleurs et de la côte du golfe jusqu'au nord de Gaspé. Elle se consacre principalement à la pêche de la morue, séchée pour l'exportation. Il n'y a qu'à l'ouest du village de Bonaventure que l'agriculture fait quelques progrès. Quant au travail forestier et à la construction navale, ils sont marginaux. Si durant la belle saison, les Gaspésiens font la pêche ou travaillent la morue, l'hiver, ils vivent retirés dans leurs chaumières. Le temps d'activité de la péninsule se réduit alors à une moitié d'année.

Le Gaspésien d'avant 1850, morutier par goût ou par obligation, vend surtout son poisson aux firmes marchandes de Jersey qui ont éclipsé leurs principaux concurrents à la fin du 18e siècle. Le pêcheur ne dispose que d'une très faible marge de manoeuvre dans le processus économique et commercial de la pêche, organisé et contrôlé par quelques marchands jersiais, dont le célèbre Charles Robin, personnage presque mythique en Gaspésie. Ces commerçants font des avances aux pêcheurs qui, en retour, leur livrent la morue pour solder leur compte. Mais la valeur des avances est généralement plus élevée que celle accordée au poisson et les dettes s'ensuivent. C'est l'époque du capitalisme commercial. L'organisation de la pêche est centrée sur le profit des exploitants qui n'investissent pas sur le territoire les profits qu'ils retirent de la vente du poisson sur les marchés internationaux. Ce système permet aux entreprises maritimes d'orienter et de contrôler l'ensemble du processus de la pêche et leur assure un pouvoir déterminant sur la société. Le pêcheur gaspésien, plus souvent qu'autrement laissé à lui-même, est donc pris dans un mécanisme qui sert en fin de compte à perpétuer sa condition de dépendance vis-à-vis les compagnies jersiaises.

La Gaspésie du Régime anglais demeure donc, comme sous la période précédente, un territoire où se fait d'abord la pêche de la morue. Éloignée et isolée du reste de la province, n'ayant pour toute communication extérieure que le bateau, la population gaspésienne souffre aussi d'un isolement intérieur. Au fil des ans, ce territoire marginal se peuple et s'organise, mais les handicaps à son développement sont nombreux et de plusieurs ordres.

6

Occupation, organisation et exploitation du territoire

De nouveaux arrivants

La Gaspésie a souvent été décrite, avec raison, comme une terre de refuge. En effet, après la Conquête anglaise, deux peuples fugitifs s'y installent: les Acadiens d'abord et, peu après, les Loyalistes américains. Ces deux groupes, parmi les premiers à s'établir en permanence sur la terre gaspésienne, sont les ancêtres d'une importante portion de la population actuelle. C'est également à partir de cette époque que s'installent en Gaspésie des gens de souches ethniques fort diverses: Anglais, Irlandais, Écossais, Jersiais, Guernesiais, francophones du Québec, etc. Ils feront de la péninsule une mosaïque ethnique, culturelle et religieuse.

LES ACADIENS   Nous savons que plus de 1 000 Acadiens se sont réfugiés à la Baie-des-Chaleurs après la fameuse dispersion de 1755-1760. Installés à l'embouchure de la rivière Ristigouche et dans les environs, ils sont contraints de fuir dans les bois pour se cacher de nouveau après la bataille navale de Ristigouche à l'été 1760. En décembre de la même année, selon le dénombrement du commissaire Bazagier, ils sont 1 003 à l'embouchure de la Ristigouche, répartis en 170 familles[1]. L'année suivante, plusieurs Acadiens quittent la région pour Québec, alors que les autres laissent les environs de la rivière Ristigouche pour essaimer le long des deux rives de la baie des Chaleurs. En juillet 1761, Pierre du Calvet recense 300 personnes, toutes francophones, entre le barachois de Malbaie au nord de Percé et les environs de la rivière Cascapédia. Elles sont établies plus précisément au Barachois, à Pabos, Grande-Rivière, Port-Daniel, Paspébiac, Bonaventure et à la rivière Cascapédia[2]. Selon le recensement officiel de 1765, 112 personnes sont déjà installées dans la région s'étendant entre la baie de Gaspé et la Pointe au Maquereau, là où commence la baie des Chaleurs, 172 le long de ladite baie, presque exclusivement des Acadiens, et 85 Amérindiens sont recensés à Ristigouche[3].

Bonaventure, l'endroit jugé le plus sûr, regroupe alors presque toute la population de la Baie-des-Chaleurs, c'est-à-dire plus de 150 personnes rassemblées en une cinquantaine d'habitations. Les Acadiens, comme la majorité des colons de cette époque, érigent ordinairement leurs établissements à l'embouchure des cours d'eau pour des raisons de facilité de communication, de sécurité et d'approvisionnement. Bonaventure offre ces avantages, plus un sol cultivable, une rivière poissonneuse et un havre naturel protégé des vents et par surcroît assez profond. Quelques années plus tard, nous retrouvons un bon nombre d'Acadiens installés de façon

permanente à quelques autres endroits, particulièrement au barachois de Tracadièche qui, en langue micmaque, signifie « lieu où il y a des hérons ». En 1773, Tracadièche est devenue une bourgade d'une quarantaine de familles, soit près de 200 âmes. Ces gens vivent de pêche, de chasse et quelques-uns de la culture du sol[4]. Vers 1795, le gouverneur Guy Carleton donne son nom à Tracadièche. Il appelle aussi l'endroit voisin, Maria, du nom de son épouse.

Recrutés par la compagnie Robin, 81 Acadiens, déportés en 1755, arrivent de France à la Baie-des-Chaleurs en 1774 et s'y installent après avoir prêté le serment d'allégeance à la couronne britannique. En 1777, le recensement du lieutenant-gouverneur de la Gaspésie, Nicholas Cox, révèle la présence de 257 personnes à Carleton, 104 à Bonaventure, 47 à Paspébiac, 104 de Gaspé aux « caps », 103 à Percé, 4 à l'île Bonaventure et 9

L'année 1755 est tragique pour le peuple acadien. (APC)

Ile aux Acadiens où, selon la tradition, hivernèrent un bon nombre d'Acadiens à leur arrivée à Carleton. Photo: Claude Allard.

à Malbaie, soit un total de 628 personnes[5]. On peut estimer qu'environ les trois quarts des individus recensés sont d'origine acadienne. Mais toute cette population est encore très instable et plusieurs personnes ne s'établissent à un endroit que l'espace d'une année. Cox révèle aussi la présence d'environ 575 « serviteurs » ou engagés de pêche saisonniers, employés par de nombreux petits propriétaires d'établissements de pêche ou « chefs de famille[6] ». Entre les années 1760 et 1780, les Acadiens forment donc l'essentiel de la population établie de façon permanente en Gaspésie. Ainsi, les Allain, Allard, Arsenault, Bernard, Bourque, Bujold, Cyr, Dugas, Landry, Leblanc, Poirier et autres ont pris souche le long de la rive gaspésienne de la baie des Chaleurs.

LES LOYALISTES Citoyens restés fidèles à la couronne britannique après la Révolution américaine, les « United Empire Loyalists » arrivent en grand nombre au Canada dès la fin des années 1770 et le début des années 1780. Ces nouveaux venus s'installent en bonne partie dans les Maritimes, sur les rives nord des lacs Ontario et Erié et dans les Cantons-de-l'Est. Plusieurs de ces loyaux sujets du roi d'Angleterre venus dans la colonie du Canada s'établissent aussi en Gaspésie. Ils forment ainsi la deuxième couche d'importance de la nouvelle population de cette région non encore colonisée.

C'est aux environs de 1784 que les premiers Loyalistes arrivent dans la péninsule. Ils viennent principalement de la région de New York. De 1784 à 1792, Londres en établit tout un contingent. Le gouverneur Haldimand a envoyé le capitaine Justus Sherwood pour préparer l'établissement de ces compatriotes. Sherwood inspecte les lieux avec Félix O'Hara, juge des plaidoyers communs. On choisit de bonnes terres et le gouvernement londonien décide de pourvoir à l'installation des nouveaux venus. En 1784, la Gaspésie compte environ 200 familles loyalistes, regroupées principalement en deux endroits: Douglastown sur la baie de Gaspé et New-Carlisle sur la baie des Chaleurs. Quelques autres s'installent dans le secteur de New-Richmond, de Port-Daniel et de Ristigouche. En la seule année 1784, 315 Américains ont fait voile vers la baie des Chaleurs, accompagnés par le lieutenant-gouverneur Cox. Ainsi des noms d'une nouvelle consonnance, tels que Adams, Bebee, Caldwell, Doddridge, Hamilton, Munroe, Pritchard, Willet et autres, marquent désormais la vie de la péninsule.

Les Loyalistes s'installent rapidement. On se propose d'abord de faire de New-Carlisle un centre administratif qui serait, en quelque sorte, le point de ralliement des anglophones de la région. Le tracé du village prend la forme d'un parallélogramme car les Loyalistes veulent y inclure la grève et les marais. En 1784, New-Carlisle compte déjà 22 familles. Le 24 juillet 1788, le gouvernement anglais crée le district de Gaspé en même temps que quatre autres districts « loyalistes » dans le Haut-Saint-Laurent. Ces nouvelles structures administratives et judiciaires permettent aux Loyalistes de jouir d'un système particulier de gestion.

Le général sir Frederick Haldimand, gouverneur de la province de Québec (1778-1786). (APC)

D'autres groupes ethniques se joignent à ces deux noyaux principaux de population. D'abord, aux lendemains de la Conquête, les Britanniques désirent implanter des postes dans la péninsule gaspésienne. Ainsi, plusieurs officiers et soldats licenciés de l'armée de Wolfe se dirigent vers la Gaspésie peu après la fin de la guerre. Vers 1765, on compte déjà une cinquantaine d'individus d'origine anglaise sur le territoire. On leur attribue divers postes administratifs et d'appréciables étendues de terrain, en particulier le long de la baie de Gaspé, où ils se regroupent principalement. Dès 1765, l'arpenteur John Collins y échafaude des plans pour l'érection d'une forteresse (le fort Ramsay). Ce port naturel, particulièrement intéressant aux points de vue stratégique et commercial, mérite qu'on s'en préoccupe directement. Avant la guerre qui mettra aux prises l'Angleterre et ses treize colonies américaines en 1775, on remarque aussi la présence de nombreux pêcheurs saisonniers venant de la Nouvelle-Angleterre.

Des Irlandais, surtout de religion catholique, s'installent peu à peu en divers endroits de la région. Pêcheurs pour la plupart, ils prennent souche surtout à Percé et à la baie de Gaspé, plus particulièrement à Douglastown après le départ de plusieurs Loyalistes. Plus tard, d'autres se fixent à Barachois, à Rivière-au-Renard, à L'Anse-au-Griffon, à Cap-des-Rosiers, à Pabos, à Newport, à Maria et à Ristigouche. Des colons écossais s'établissent aussi dans la région, soit à la rivière Matapédia, à New-Richmond, à Hopetown, à Pointe-Saint-Pierre, au bassin de Gaspé et plus tard à Port-

LES AUTRES GROUPES

Daniel. De même, de nombreux pêcheurs et ouvriers des îles anglo-normandes de la Manche (Jersey et Guernesey) et même d'ailleurs en Europe sont amenés par les armateurs jersiais au début de chaque saison de pêche pour travailler dans leurs établissements côtiers et pour faire la pêche. Un bon nombre d'entre eux décident de rester. Nous retrouvons donc plusieurs Jersiais et Guernesiais un peu partout le long de la côte, mais en particulier à la baie de Gaspé, c'est-à-dire à Grande-Grave et Anse-Saint-Georges, à Cap-des-Rosiers, à Percé et à Paspébiac, où l'armateur Charles Robin, Jersiais lui-même, en installe une trentaine de familles. Des Basques et des Normands se mêlent également à la population de Paspébiac.

Dans le dernier quart du 18e siècle, des habitants de Montmagny, de Bellechasse, de Cap-Saint-Ignace, de L'Islet, de Kamouraska et même de La Malbaie ou de Baie-Saint-Paul fréquentent aussi la côte gaspésienne. Ils ont conservé du Régime français l'habitude de descendre pêcher l'été dans les eaux poissonneuses du fleuve et du golfe[7]. De plus, ils commencent à être sollicités par les compagnies de pêche et viennent s'engager dans les établissements côtiers. Ainsi, déjà dans les années 1790, Charles Robin amène de jeunes Canadiens français de la Côte du Sud et de Charlevoix pour faire la pêche l'été, le nombre de pêcheurs déjà sur place s'avérant insuffisant.

Au 19e siècle, le surpeuplement de plusieurs paroisses de l'est du district de Québec devient le catalyseur de ce mouvement de population. Les terres de ces endroits étant morcelées, l'agriculture ne suffit plus et la pêche devient un apport appréciable. Graduellement, un bon nombre de ces pêcheurs saisonniers, surtout des jeunes, s'établissent sur les lieux de pêche ou fondent de nouveaux établissements. Ils se joignent ainsi aux populations riveraines jusqu'à Percé, Cape-Cove, Pabos, Grande-Rivière, etc.

Monument et cloche du *Carrick*. Le *Carrick*, chargé d'immigrants irlandais, se brise en pièces au Cap-des-Rosiers en 1847. (MRG)

L'abbé Ferland, qui accompagne l'évêque coadjuteur de Québec lors d'une visite pastorale en 1836 et dont nous reprendrons souvent le témoignage, écrit à ce sujet: « Des pêcheurs, venus généralement du district de Québec, sont entrés dans ces familles [anglophones de L'Anse-au-Griffon et de Rivière-au-Renard] et en ont fondé de nouvelles. Ainsi que dans les autres villages de la côte, il s'y réunit pendant l'été un bon nombre d'étrangers, qui sont employés par MM. Janvrin et par la maison Buteau et LeBoutillier[8]. » Ce sont ces gens de la Côte du Sud et du Bas-Saint-Laurent qui, à partir de 1830-1840, contribuent au peuplement de la côte nord gaspésienne, entre Matane et Rivière-au-Renard.

En plus des Acadiens et de ces pêcheurs, nous retrouvons alors en Gaspésie d'autres éléments francophones: ce sont les quelques descendants des habitants des anciens postes de pêche de la baie de Gaspé, de Percé, de Pabos et de Grande-Rivière, dévastés par les soldats de Wolfe en 1758. Plusieurs d'entre eux étaient repartis vers Québec après s'être cachés dans les bois mais d'autres avaient décidé de rester. Enfin, à ce « melting pot », il faut ajouter quelques centaines de Micmacs regroupés surtout à Ristigouche mais aussi à la rivière Cascapédia et dans le secteur de Gaspé.

La coexistence d'autant d'ethnies fait un peu figure d'exception à l'époque dans le paysage rural de la province de Québec où l'élément francophone domine largement et où les anglophones sont regroupés en des endroits bien délimités. En Gaspésie, les anglophones et les francophones partageront peu leurs habitudes de vie respectives. L'importance numérique des premiers, ainsi que la situation économique et sociale de plusieurs d'entre eux leur confèrent davantage un rôle de dominants qu'un de dominés.

À cette diversité ethnique se juxtapose une diversité culturelle et religieuse assez particulière. Ainsi, les Acadiens, les Canadiens français, les Micmacs et les Irlandais anglophones sont catholiques, les Jersiais sont anglicans et méthodistes, les gens de souche britannique sont anglicans et les Écossais, surtout presbytériens. À cette époque, en considérant la diversité des facettes ethniques, culturelles, religieuses et quelquefois économiques de la population, on pourrait presque parler de plusieurs Gaspésies. Il faudra laisser passer plusieurs décennies pour voir un type «gaspésien» prendre forme et développer une spécificité et un caractère particuliers. Pour l'instant, cette mosaïque d'individus se considérant surtout Acadiens, Anglais, Écossais, Irlandais ou autres et non pas Gaspésiens, cohabitent en s'ignorant généralement les uns les autres. En plus des barrières ethniques et religieuses déjà présentes, il faut souligner celles des distances et des voies de communication, pratiquement limitées à l'utilisation du rivage, entre les bourgades.

Cependant, en certains endroits, comme Paspébiac, Port-Daniel, Pointe-Saint-Pierre et L'Anse-au-Griffon, presque tout le monde parle le français et l'anglais. Les rapports économiques entre pêcheurs, marins, maîtres de grave, commerçants et armateurs d'origines diverses expliquent le bilinguisme de ces communautés hétérogènes. Il arrive aussi que des groupes ethniques se rapprochent et cohabitent aux mêmes endroits. Quelquefois, ces gens sont amenés par les compagnies de pêche ou les nouveaux seigneurs, tels Félix O'Hara, qui établit des familles irlandaises à sa seigneurie de Pabos, où des Acadiens se sont déjà installés. Il est à noter que les mariages entre catholiques francophones et catholiques irlandais ne sont pas rares. Le métier commun de la pêche amenuise les diverses tensions, même si en certains cas, les sentiments, sinon les passions, sont tenaces. L'abbé J.-B.-A. Ferland écrit en 1836: «quoique voisins, les Acadiens de Bonaventure et les Paspébiacs ont peu de rapports ensemble. De mémoire d'homme, l'on n'a point vu un garçon d'une de ces missions épouser une fille appartenant à l'autre. Des deux côtés, un certain orgueil de caste s'oppose à ces alliances[9].» La rumeur voulait que plusieurs habitants de Paspébiac se soient métissés avec des femmes micmaques.

L'ESSOR DÉMOGRAPHIQUE   Vers 1810-1815, les seules parties habitées de la péninsule sont les côtes sud et est, c'est-à-dire la bordure du littoral zigzaguant depuis l'embouchure de la rivière Matapédia, à la frontière du Nouveau-Brunswick jusqu'aux environs de Cap-des-Rosiers, au nord de la baie de Gaspé. La population dépasse alors les 3 000 habitants permanents, plus quelques centaines de pêcheurs qui viennent de l'extérieur durant la saison de pêche et qui s'en vont à l'approche de l'hiver[10]. En 1831, selon l'arpenteur Joseph Bouchette (source plus exacte que le recensement officiel), la population de l'ensemble gaspésien est de 7 677 individus, soit une augmentation de quelque 140% depuis une vingtaine d'années[11]. À la Baie-des-Chaleurs, le nouveau comté de Bonaventure, s'étendant de la rivière Matapédia jusqu'à la Pointe-au-Maquereau, compte pour les deux tiers de la population totale, soit 5 510 individus. Le comté de Gaspé, qui couvre la moitié orientale de la

Gaspésie, de Cap-Chat à la Pointe au Maquereau, est peuplé par 2 567 personnes. En 1844, on recense 8 246 habitants dans Bonaventure et 5 408 dans Gaspé, soit un total de 13 654 personnes. L'évolution de la population entre 1765 et 1850 est résumée dans le tableau 1, établi d'après les recensements officiels et les données de J. Bouchette.

Tableau 3.1. La population gaspésienne entre 1765 et 1850.

Comté	1765	1777	1825	1831	1844	1850
Gaspé*	112	220	2 111	2 567	5 408	8 702
Bonaventure**	257	405	4 317	5 110	8 246	10 844
Total	*369*	*625*	*6 428*	*7 677*	*13 654*	*19 546*

* Excluant les Iles-de-la-Madeleine et les établissements à l'ouest de Cap-Chat.

** Baie-des-Chaleurs.

Source: *RAPQ*, 1936-1937, p. 113-116; *RAC*, 1888, p. 20; *Recensements du Canada*, 1844 et 1851. Voir aussi: J. Bouchette, *Description topographique de la province du Bas-Canada avec des remarques sur le Haut-Canada...*, Londres, Faden, 1815, p. 603; et J. Bouchette, *A Topographical Dictionnary of the Province of Lower Canada*, Londres, Longman, 1832, mots BONAVENTURE COUNTY et GASPE COUNTY (les Micmacs ne seraient pas inclus).

De toute évidence, la population gaspésienne a connu un accroissement important jusqu'au milieu du 19e siècle. Elle a presque quintuplé en l'espace de 40 ans (de 1804 à 1844). Au 18e siècle, l'immigration explique en bonne partie l'augmentation de la population. La mobilité (arrivées et départs) est alors très grande, particulièrement entre Percé et Rivière-au-Renard. À partir du début du 19e siècle, le haut taux de natalité est le facteur déterminant de la poussée démographique. L'installation de gens de l'extérieur demeure cependant appréciable, surtout si l'on considère qu'encore en 1830, durant l'été, la population des pêcheurs s'accroît d'environ le quart par la présence de pêcheurs saisonniers venus de la province, de Jersey et des Maritimes. La population masculine est ainsi pendant fort longtemps majoritaire en Gaspésie.

La Baie-des-Chaleurs, dont la géographie et le climat sont plus accueillants, se peuple avant le reste de la péninsule. Cette région demeure de beaucoup la plus habitée jusqu'à ce que le développement de nouveaux secteurs de pêche amène des gens du district de Québec à s'installer sur les côtes est et nord de la presqu'île.

Tout au long de la première moitié du 19e siècle, des émigrés irlandais, écossais et jersiais continuent de s'établir en Gaspésie. Des gens du Nouveau-Brunswick et de Terre-Neuve, attirés par les pêches, font de même. Il n'en reste pas moins qu'en 1844, entre 80 et 90% de la population gaspésienne est née dans la province[12]. Donc l'accroissement naturel et le déplacement de gens du district de Québec vers la Gaspésie expliquent surtout l'augmentation de la population à cette époque. C'est ce qui fait aussi que l'élément anglophone, prédominant à la fin du 18e siècle et au début du 19e, est dépassé ensuite par la population de langue française. D'abord, ceux qui arrivent des vieilles paroisses du Saint-Laurent sont francophones; ensuite, l'émigration semble plus élevée chez les anglophones. Ceux-ci, plus exigeants, se laissent souvent décourager par l'austérité de la vie gaspésienne et partent vers des cieux plus cléments[13]. Enfin, les francophones ont généralement un taux de natalité fort élevé. L'abbé Ferland, parlant des Acadiens de Bonaventure, en témoigne: « En général, les Acadiens vivent très vieux et laissent de nombreuses postérités. Une des familles qui se sont le plus anciennement établies en ce lieu, celle des Poirier, renferme plusieurs centaines d'individus. Un vieillard, nommé Forêt [...] mourut [...] laissant après lui trois cent dix-huit descendants[14]. » Il ne faut cependant pas croire que les familles nombreuses sont le lot exlusif des francophones. Ainsi Joseph-G. Barthe rapporte le cas d'un vieil Écossais qu'il rencontre à Douglastown en 1834: celui-ci « s'y était établi depuis près de 50 ans, et [sa] progéniture se chiffrait par 28 enfants (16 garçons et 12 filles), tous vivant sous le même toit avec leur père et mère[15]. »

LOCALISATION DE LA POPULATION

Le peuplement des côtes gaspésiennes se fait de façon inégale. Le seul groupe important déjà établi au moment de la Conquête est celui des Micmacs de la Baie-des-Chaleurs. C'est au village de Ristigouche (Pointe-à-la-Mission) qu'ils se regroupent majoritairement. Selon l'historien Antoine Bernard, le village attire la plupart des Amérindiens de la rivière Saint-Jean (N.-B.) et devient le point de ralliement des tribus du Madawaska[16]. Le recensement de 1765 mentionne 87 Micmacs à la rivière Ristigouche, chiffre qui est sûrement inférieur à la réalité[17]. Pour sa part, le père Pacifique de Valigny estime que vers 1810 la population amérindienne de Ristigouche s'élève à quelque 200 personnes, plus une centaine d'autres à la rivière Cascapédia (Maria)[18]. En 1817, le missionnaire des Micmacs, Joseph-Marie Bélanger, dans un mémoire qu'il fait parvenir à la Chambre d'assemblée, indique que le village indien de Ristigouche, voisin de quelques milles du village des Blancs, compte environ 50 familles qui s'y réunissent deux fois l'an, en juillet pour la fête patronale de sainte Anne et vers le début novembre pour la Toussaint[19]. C'est le temps où ils ont coutume de revenir de leur chasse d'automne (peaux de castors, de loutres...). Le plus grand nombre habite la mission; les autres se dispersent en petites bandes et ne retournent à la mission qu'aux temps susdits ou lorsque le missionnaire y séjourne. L'hiver, alors que les hommes sont à la chasse, les femmes s'occupent à confectionner des vêtements, souliers, parures et ornements. Plusieurs travaillent aussi comme domestiques à Campbellton et à Dalhousie au Nouveau-Brunswick, juste de l'autre côté

de la rivière Ristigouche. En 1825, un recensement évalue à 269 personnes la population indienne de Ristigouche et à 112 celle de Maria, soit respectivement 60 et 22 familles[20].

Au 19e siècle, plusieurs observateurs déplorent que le village de Ristigouche ne soit plus aussi considérable qu'auparavant; maladies et intempérance y seraient entretenues par les commerçants de poissons et de fourrures. Paternaliste, l'abbé Bélanger écrit en 1817 que « cette nation [...] est peut-être une des plus malheureuses de toute l'Amérique Septentrionale[21] ». Il y voit trois causes principales: le commerce des liqueurs fortes, surtout le rhum, la manière dont les Blancs font la pêche au saumon et le fait qu'on leur ôte de temps à autre les terres qu'on leur avait données ou promises.

Pour sa part, l'abbé Ferland écrit pathétiquement que sa pensée « se reporte avec tristesse sur ce peuple, jadis maître de toute la contrée, et

New-Carlisle, Thomas Pye, 1866. « On se propose d'abord de faire de New-Carlisle un centre administratif qui serait le point de ralliement, en quelque sorte, des anglophones de la région. » (MRG)

aujourd'hui disparaissant rapidement en présence de la civilisation euro-péenne[22]». Il ajoute: «Les Micmacs ont conservé leur langue. Beaucoup d'entre eux cependant parlent l'anglais, et quelques-uns le français. Le costume de leurs ancêtres commence à être mis de côté par les hommes[23]...» De même, l'apparence du village avec ses cabanes de maskoui (écorces de bouleaux) disposées sans ordre semble quelque peu misérable. Jusqu'en 1843, alors qu'ils reçoivent leur premier prêtre résidant, les Micmacs sont desservis deux fois par mois par le missionnaire catholique de Carleton.

La Baie-des-Chaleurs est la partie de la Gaspésie la plus développée à l'époque. Les principaux regroupements de population sont, d'ouest en est, la mission indienne de Ristigouche, Carleton, Maria, New-Richmond (Cascapédia), Bonaventure, New-Carlisle, Paspébiac, Hopetown et Port-Daniel. Selon les observateurs, l'endroit le plus peuplé jusqu'au 19e siècle est le poste acadien de Carleton. Mgr Plessis, évêque de Québec, constate lors d'une visite pastorale en 1811 que cette localité «pourrait figurer avec les paroisses de second ordre dans l'intérieur du Canada; s'il ne vaut pas Kamouraska, Saint-Joachim, Sainte-Anne de la Grande-Anse, il ne le cède ni à l'Islet, ni à Neuville, ni à Saint-Roch des-Aulnets. À la vérité il n'y a qu'une ligne d'habitations, mais elle n'a pas moins de cinq lieues d'étendue en y comprenant la partie nommée Maria[24]».

Plus tard cependant, il semble que ce soit New-Carlisle, chef-lieu de comté, qui devienne l'endroit le plus important de la Baie-des-Chaleurs. En 1830, le navigateur Joseph Barthe, de Carleton, déclare devant un comité de la Chambre d'assemblée que cet endroit est devenu «le plus fort village» de la Baie-des-Chaleurs avec 100 maisons étirées le long de la baie[25]. Siège de l'administration, de la justice et de la douane du comté de Bonaventure, ce petit village loyaliste est alors renommé pour ses belles résidences, appartenant aux notables de la région.

Sur la côte de Gaspé, on dénombre une vingtaine de petites bourgades éparses dont Pointe-au-Genièvre (Newport), Grand-Pabos, Grande-Rivière, Cap-d'Espoir ou Cap-Désespoir, L'Anse-à-Beaufils, Percé, Mal-baie, Douglastown, le bassin de Gaspé, Anse-Saint-Georges, Grande-Grave et Rivière-au-Renard. Dans plusieurs postes, l'apport de pêcheurs saison-niers peut faire doubler la population du lieu. Ainsi, avant 1825 à Grande-Grave, la population est très faiblement enracinée et le nombre d'occupants du territoire, dont une partie ne vient que pour la saison de pêche, est beaucoup plus considérable que le nombre de propriétaires de terrains et d'établissements[26]. Quant au poste de Percé, bourgade de quel-ques centaines de personnes vers 1830 (60 à 80 maisons), il est le chef-lieu et l'agglomération la plus importante du comté de Gaspé, et ce, dès la fin du 18e siècle. Isolé l'hiver, ce port de pêche est grouillant d'activité l'été quand toute une population cosmopolite y apparaît. L'abbé Ferland nous décrit l'aspect du village de Percé durant la saison estivale: «Au rivage, sont les nombreuses embarcations employées pour la pêche; sur la terre, le premier plan est occupé par les chafauds et de longs vignots; au-delà sont les habitations dont chacune est environnée d'un petit champ; en arrière, sur une colline, sont placés l'église et le presbytère[27].» Enfin, sur le littoral nord de la péninsule, c'est-à-dire de Sainte-Anne-des-Monts à Rivière-au-Renard exclusivement, il n'y a que quelques rares familles d'établies. Ainsi, vers 1810, il y a un petit établissement à Mont-Louis et trois ou quatre maisons éparses sur toute la côte. Vers 1835, on ne retrouve que trois familles à Mont-Louis et une à Grand-Étang, exception faite des postes de Sainte-Anne et de Cap-Chat où l'on compte respectivement 37 et 6 familles de pêcheurs[28]. La périphérie de la Gaspésie, c'est-à-dire la région comprise entre Matane et Cap-Chat, compte peu d'habitants. Dans les environs de Matane, le seigneur McKinnon vient établir des gens de Berthier vers 1781. Un petit nombre de colons allemands s'installent aussi dans les environs, de même que des habitants de Charlevoix et de la Côte du Sud. En 1812, l'évêque de Québec trouve à Matane une douzaine de familles de différentes ethnies[29].

Plusieurs bourgades prennent donc forme en Gaspésie durant cette période. Leur fondation est plutôt spontanée que planifiée par le gouvernement ou les compagnies de pêche, même si ces dernières favorisent l'établissement de groupes sédentaires autour de leurs installations. La localisation de la plupart des villages se fait en fonction de la qualité des lieux et des eaux de pêche. La petite anse avec ses habitations en bois reste le lieu d'identification du pêcheur. La plupart de ces petites bourgades isolées se développeront néanmoins au cours de la deuxième partie du 19e siècle. C'est à cette époque aussi que s'organiseront la plupart des postes de la côte nord gaspésienne.

Le drame
de l'isolement

L'éloignement, l'isolement et le manque de communications sont sûrement les principaux handicaps de la Gaspésie du 19e siècle. La péninsule est en effet isolée du reste du monde, et peut-être surtout du reste de la province. En effet, la route par mer entre la Gaspésie et l'Europe est moins hasardeuse que celle qui relie la péninsule à la ville de Québec par la terre ferme. Même par le fleuve, le voyage jusqu'à Québec peut prendre plus de quinze jours lorsque les vents sont contraires.

Séparée de l'extérieur, la Gaspésie souffre aussi d'un isolement intérieur, celui de ses bourgades, les unes par rapport aux autres. Cette situation perdure pendant une bonne partie du 19e siècle. L'absence de routes convenables entre les divers îlots de population tend à perpétuer une sorte d'émiettement ou d'atomisation de l'ensemble habité. Les Gaspésiens font leurs affaires indépendamment les uns des autres en commerçant avec les bateaux de passage sur les côtes, avec les marchands ou les armateurs. L'isolement interne a contribué à retarder l'émergence d'un esprit régional. L'éloignement et la carence des communications ont aussi ralenti la colonisation et le développement de la région, car si ailleurs au Québec on note aussi des problèmes de communication, dans la vaste péninsule gaspésienne, ces problèmes deviennent des handicaps majeurs.

La géographie gaspésienne est assez particulière. Le versant nord est presque infranchissable à cause des montagnes. Quant au reste du cordon littoral, sauf quelques régions plutôt plates, particulièrement le long de la baie des Chaleurs, il oppose aux voyageurs beaucoup d'accidents de terrains.

Il est donc facile de comprendre que le rivage de la mer demeure la route terrestre la plus adéquate pour circuler. L'été, les déplacements se font surtout sur l'eau, à bord de goélettes, de barges et de «flats». Ce sont les moyens de circulation les plus rapides. La plupart des visiteurs venant de la province ou du Nouveau-Brunswick utilisent ainsi la mer pour atteindre la région. Les pêcheurs locaux se servent aussi de leurs embarcations pour aller plus facilement aux autres postes ou aux comptoirs des compagnies. L'hiver, les voyages sont très rares et ils se font surtout en raquettes, le long des rives.

LES NAUFRAGES Il n'est toutefois pas toujours facile de naviguer le long des côtes gaspésiennes. Les récifs y sont nombreux. La mer, parfois fort houleuse à cause des vents et des courants, et les brouillards, souvent capricieux et imprévisibles, rendent la navigation délicate et hasardeuse. Les naufrages y sont fréquents. «C'est un pays de tempêtes et de naufrages», dit l'abbé Ferland en parlant de la pointe montagneuse de Forillon au nord de Gaspé et près de laquelle passent les navires désirant remonter le Saint-Laurent. «Fréquemment, écrit-il, au milieu de ces brumes, des navires poussés par un vent favorable, et n'ayant point vu de terres depuis leur départ d'un port européen, vont se briser contre les rochers du Forillon, ou les côtes basses du cap des Rosiers. D'autres entrent à pleines voiles, dans la baie de Gaspé, croyant remonter le Saint-Laurent[30].»

Plusieurs bateaux venant d'outre-mer ainsi que bien des barges de pêche se brisent le long des côtes. «Et tous les ans une vingtaine de pêcheurs se perdent dans les bateaux qui sombrent en mer ou qui chavirent dans les brisants en voulant gagner le rivage[31].» Parmi les plus importantes pertes,

Rocher de la baie de Cap-Chat, G.R. Dartnell, 1845. (APC)

Le *Premier* fait naufrage sur les rochers près de Cap-Chat en 1843, par G.R. Dartnell, 1845. (APC)

on signale celle d'un transporteur de troupes anglaises qui, en 1813, sombre vis-à-vis Cap-Chat mais dont le régiment d'infanterie qui est à son bord parvient à être rescapé. En 1830, le *Saint-Laurent* se brise sur les côtes gaspésiennes, faisant 21 morts; huit ans plus tard, le *Colborne* coule en s'écrasant sur les récifs de la Pointe-au-Maquereau à l'entrée de la baie des Chaleurs: 63 personnes se noient et $400 000 de cargaison se perdent dans la mer. En 1843, le *Gaspe Packet* et le *Premier* font naufrage, l'un sur les rochers du cap Rouge à l'entrée sud de la baie de Gaspé, près de Saint-Georges-de-Malbaie, et l'autre près de Cap-Chat. Deux ans plus tard, le *Montreal of London* perd tous ses occupants aux Capucins, à l'ouest de Cap-Chat. En avril 1847, le *Carrick*, chargé d'immigrants irlandais, se brise en pièces au Cap-des-Rosiers et la mer engloutit au moins 87 de ses 167 passagers.

Le gouvernement, devant la fréquence des naufrages, construit quelques phares aux endroits les plus névralgiques. Ainsi, en 1811, un phare apparaît à Cap-Chat. Un dépôt de provisions pour les naufragés est ensuite établi à la rivière Sainte-Anne près de là. Bien plus tard, vers 1858, on bâtit un phare au Cap-des-Rosiers et, deux ans après, un autre est érigé à la Pointe à la Renommée sur le littoral nord du comté de Gaspé. En 1862, un phare s'allume aussi à Matane.

Tous ces naufrages ont fait naître bien des légendes dont l'une des plus populaires dans la tradition orale se rapporte à un navire anglais de la flotte de l'amiral Walker, qui aurait sombré en 1711 au Cap-d'Espoir. Selon cette légende, un jour que les eaux sont calmes et le temps des plus doux, « tout à coup la mer se soulève et s'agite au large; les vagues se dressent comme des collines, se poursuivent, se brisent les unes contre les autres. Soudain, au-dessus de ces masses tourmentées, apparaît un léger vaisseau, portant toutes ses voiles dehors et luttant contre la rage des ondes bouillonnantes. Aussi rapide que l'hirondelle de mer, comme elle, il touche à peine les eaux. Sur la dunette, sur le gaillard, dans les haubans, partout, se dessinent des figures humaines, dont le costume antique et militaire convient à des soldats d'un autre siècle. Le pied posé sur le beaupré et prêt à s'élancer vers le rivage, un homme, qui porte les insignes d'un officier supérieur, se tient dans l'attitude du commandement. De la main droite, il désigne au pilote le sombre cap, qui grandit devant eux; sur son bras gauche s'appuie une forme drapée de longs voiles blancs. Le ciel est noir, le vent siffle dans les cordages, la mer gronde, le vaisseau vole comme un trait; encore quelques secondes et il va se broyer entre les rochers. Derrière lui, une vague, une vague aux larges flancs, se lève, s'arrondit et le porte vers le Cap Désespoir. Des cris déchirants au milieu desquels on distingue une voix de femme, retentissent et se mêlent aux bruits de la tempête et aux éclats du tonnerre. La vision s'est évanouie, le silence de la mort s'est étendu sur ces eaux; le vaisseau, le pilote, l'équipage

épouvanté, les soldats, l'homme au geste altier, la forme aux longs voiles blancs ont disparu; le soleil brille sur une mer calme et étincelante [...] Le pêcheur est resté seul à côté des varangues vermoulues du naufrage anglais[32]. »

Phare du Cap-des-Rosiers construit en 1858. *L'Opinion publique*, 22 novembre 1877.

Si les voyages par mer sont parfois périlleux, par terre ils sont des plus ardus. Avant le 19e siècle, les chemins sont inexistants. En 1796, une loi sur la voirie entre en vigueur dans le Bas-Canada et comporte des spécifications particulières pour le district de Gaspé. Ainsi, elle autorise le juge de la Cour provinciale du district avec trois juges de paix et le grand voyer à faire la réglementation pour le tracé, la construction et la réparation des chemins et ponts. On limite à douze journées par an le travail réclamé des habitants pour les travaux de voirie commune. La loi laisse donc à la charge des citoyens la confection et l'entretien des chemins publics. En 1808, une mesure gouvernementale modifie la réglementation particulière au district de Gaspé pour la normaliser avec celle de la province. Le gouvernement ne construit et n'entretient de chemins que dans des cas particuliers, comme le portage du Témiscouata. Les chemins sont faits et entretenus par les habitants, chacun sur sa propriété. Les grands propriétaires, eux, en dépit de l'obligation que leur en fait leur acte de concession, n'ouvrent pas de chemin à travers leurs domaines presque déserts.

À la fin du 18e siècle, le chemin le plus proche de la Gaspésie est le portage du Témiscouata. Cette piste tracée en 1783 à la demande du général Haldimand est en fait un chemin de piétons allant de la rivière du Loup au lac Témiscouata et qui sert pour la poste. Elle a été construite à des fins

JUSQU'AU PREMIER LIEN: LE CHEMIN KEMPT

militaires, devant être utilisée pour le transport de troupes en cas de danger venant des États-Unis. Ce « portage » comportant divers inconvénients, les autorités songent à une autre route par la vallée de la Matapédia, desservant par le fait même la Baie-des-Chaleurs.

En 1815, trois possibilités s'offrent au Gaspésien qui veut voyager vers l'ouest de la province: suivre la côte du golfe et du fleuve Saint-Laurent; emprunter la rivière Ristigouche juqu'à la rivière Matapédia et continuer jusqu'au lac du même nom pour prendre là un sentier jusqu'à la rivière Métis et poursuivre jusqu'au fleuve; enfin, remonter la rivière Ristigouche jusqu'à sa source, faire du portage et longer diverses rivières jusqu'au portage du Témiscouata. Ce dernier trajet est le plus facile mais la distance entre New-Carlisle et Québec est quand même de 390 milles. On comprend alors facilement Joseph-G. Barthe, qui écrit de la Gaspésie des années 1830: « En ce temps-là, à partir de la Pointe aux Pères, ou de Matane à tout le moins, le pays en deçà jusqu'au Ristigouche, et en arrière de Carleton, n'était guère qu'une forêt primitive, épaisse, sauvage et pour ainsi dire impénétrable [...] La Gaspésie était un pays séquestré du Bas-Canada comme par une barrière insurmontable. Son isolement en faisait comme un territoire à part, avec une habitation côtière mélancoliquement séparée de tout ce qui lui ressemblait au-delà de cette forêt vierge qui la faisait rêver! Aussi avenant le printemps tournait-elle avec intérêt les yeux du côté de Québec pour voir les mariniers du golfe arriver à pleines voiles de ces bords canadiens qui lui semblaient devoir être si enchantés d'après les récits qu'en faisaient ces fortunés voyageurs[33]. »

Quant à la voirie interne, un comité qui enquête sur la propriété des terres dans le district de Gaspé écrit dans son rapport de 1820: « Les chemins sont généralement en très mauvais état et en quelques endroits impraticables, dans d'autres il n'y a que des sentiers de trois à six pieds de large, et en plusieurs lieux il n'y a point de chemin du tout[34]. » Les commissaires soulignent en outre que le grand voyer du district n'est pas obligé par la loi de visiter annuellement certaines parties du district, telle la région de Gaspé, ce qui suscite du mécontentement. Selon eux, il est également nécessaire d'ouvrir des chemins qui pourraient être compris dans le système général de communication entre le Bas-Canada et les provinces voisines. Il faut faire des maisons de poste et des chemins le long des parties inhabitées de la côte afin que les voyageurs puissent y trouver du secours[35]. Ils recommandent en outre l'ouverture de divers chemins tout autour de la péninsule, même sur son littoral nord, alors presque inhabité. Le rapport signale enfin que le gouvernement pourrait ouvrir ces chemins à peu de frais en laissant aux gens qui obtiendraient des terres adjacentes le soin de les améliorer[36]. Il souligne que toute la province ressentirait les avantages de ces projets en Gaspésie grâce aux retombées possibles sur le commerce et la navigation[37]. Il faudra attendre plusieurs décennies avant que ces ambitieuses recommandations soient appliquées. Il est compréhensible toutefois qu'une si vaste région, de surcroît éloignée et faiblement habitée par des gens pauvres et vivant d'abord avec la mer, ait si peu de voies terrestres: bien des endroits plus peuplés en province sont dans la même situation.

Une dizaine d'années plus tard, un autre mémoire revient à la charge. Ce document fait suite à une pétition que des habitants du district de Gaspé ont fait parvenir aux autorités. Un comité spécial est alors formé et l'un des enquêteurs est Jean-Thomas Taschereau, ancien député du comté de Gaspé. En 1830, le comité tient des audiences publiques et suggère des réformes touchant la justice, les terres, les pêches et douanes, et enfin la poste et les communications[38].

Cependant, une première route, le chemin du roi, est en construction en direction de la Gaspésie. Longeant la rive sud du Saint-Laurent, cette voie de communication est ouverte jusqu'à Métis en 1824. Vers 1850-1852, elle atteint Matane. Une autre route va prolonger le chemin du roi en direction de Ristigouche et du Nouveau-Brunswick, via la vallée de la Matapédia. Elle est appelée Kempt, en l'honneur de James Kempt, gouverneur du Canada en 1830.

En effet, en 1818, le gouvernement du Canada craint une invasion des Américains comme celle de 1812 et décide d'explorer et d'arpenter le territoire de la vallée de la Matapédia en vue d'y ouvrir une route stratégique. Ce travail est confié à l'arpenteur Joseph Bouchette. La construction du chemin Kempt s'effectue principalement entre 1830 et 1832 après de nombreuses controverses autour de son tracé. C'est une route, ou plutôt un sentier, traversant plusieurs hauteurs et marécages et mesurant 98 milles. Quoique fait à la hâte et difficilement praticable, ce chemin est un lien utile entre la rive sud du fleuve Saint-Laurent et les établissements de la Baie-des-Chaleurs, du comté de Gaspé et du Nouveau-Brunswick.

À la session de 1833 de la Législature, Édouard Thibodeau, député de Bonaventure, demande au gouvernement d'établir des postes le long du chemin Kempt afin que les voyageurs y trouvent un abri car, si sur le tronçon reliant Métis au lac Matapédia il est possible de voyager en voiture, du lac au poste de Ristigouche, il n'y a encore qu'un chemin de pied[39]. On établit donc un premier relais au lac Matapédia, un deuxième à Causapscal en 1839, un troisième à Assemetquaghan en 1845 et un dernier au lac au Saumon en 1848. Ce chemin militaire, peu praticable jusqu'en 1842-1844, époque où on y effectue des améliorations, sert aussi d'étape aux courriers. Jusqu'en 1867, date où l'on termine le chemin Matapédia, c'est la seule route se rendant à la partie habitée de la Gaspésie.

LA VOIRIE

À l'intérieur de la péninsule, le besoin de routes devient pressant. Des pétitions réclament divers chemins. En 1828, les habitants de Percé demandent un chemin pour se rendre jusqu'à la rivière Malbaie[40]. La même année, le député de Gaspé, Robert Christie, présente un rapport détaillé sur les chemins dans ce district[41]. Le document recommande que le gouvernement alloue 1 150 livres pour l'ouverture d'une route de 18 pieds de largeur entre le bassin de Gaspé et Douglastown où il existe déjà un sentier de pied, de ce dernier endroit à Pointe-Saint-Pierre, où il n'existe aucun chemin, et de Newport à Port-Daniel, où là encore il n'y a aucune communication terrestre. La même somme doit aussi permettre l'amélioration des chemins déjà ouverts entre Port-Daniel et la rivière Nouvelle dans le canton Hope et entre Bonaventure et la rivière Cascapédia, où la route déjà construite est impraticable l'été pour les charrettes et les voitures à cheval[42]. En 1829, des sommes sont votées pour ouvrir des voies d'accès entre ces endroits[43]. Toutefois, la Chambre d'assemblée, en mauvais termes avec le Conseil exécutif, est réticente à accorder des fonds pour développer le réseau routier des régions divisées en cantons et habitées par des anglophones. Une pétition de tenanciers du comté de Gaspé à leur député Robert Christie reprend en 1830 les mêmes éternels griefs. Ainsi, l'article 4 de la pétition rappelle «que le mauvais état des chemins, et le manque total de chemins dans plusieurs parties du comté rendent les communications extrêmement difficiles et gênent le comté dans ses rapports internes et s'opposent à l'essor de l'industrie[44].» L'article 5 poursuit en ces termes: «Il n'y a pas une seule traverse régulièrement établie dans tout le comté, quoique depuis la Baie de Gaspé jusqu'à Ristigouche, on compte douze rivières dont trois seulement sont guéables à marée basse[45].»

Le second rapport du comité permanent sur les chemins et les améliorations publiques, remis à la Chambre en 1832, recommande d'allouer des sommes pour poursuivre les travaux déjà entrepris entre le bassin de Gaspé et la mission de Ristigouche. Les tracés prioritaires sont alors les sections entre Pointe-à-la-Croix sur la Ristigouche et la rivière Nouvelle à l'ouest de Carleton et entre l'endroit appelé Barachois dans le canton Malbaie et Percé[46]. Le rapport favorise également la construction d'un pont sur la rivière Nouvelle dans le canton Hope mais à la condition que les habitants de l'endroit fournissent les matériaux de construction[47].

Vers 1850, depuis la baie de Gaspé jusqu'aux environs du village indien de Ristigouche où aboutit le chemin Kempt, une voie de communication est ouverte presque partout et, en plusieurs endroits, il s'agit d'un chemin où peuvent circuler des voitures. Il n'y a cependant pas de voie d'accès vers l'intérieur des terres. Un problème perdure: il y a beaucoup de rivières non encore pontées. La Gaspésie est toutefois reliée au reste de la province par le chemin Kempt, qu'empruntent les voyageurs et la poste du district.

LE SERVICE POSTAL

Le premier relais de poste de la Gaspésie voit le jour à Gaspé en 1804 alors qu'on n'en compte que quatre dans tout le Bas-Canada[48]. En 1823, une pétition d'habitants de la Baie-des-Chaleurs demande qu'un chemin de poste soit ouvert entre cette région et Québec. Le transport de la poste ne se fait alors que durant la belle saison. À partir de 1829, deux à trois courriers par hiver entre Québec et le district de Gaspé communiquent « les révolutions du monde civilisé aux habitants de cette plage endormie[49] ». On reçoit le courrier à Québec quelquefois deux mois après la date d'envoi et il en coûte quelque deux shillings pour une lettre, plus quatorze sous si elle est insérée dans une enveloppe. « Aussi fallait-il que la correspondance provint de l'ardeur irrésistible d'une amante délaissée, après la clôture de la navigation, ou de quelque gros intéressé dans une affaire des plus graves et des plus urgentes; ou enfin d'un deuil subit ou de ces événements de famille imprévus qui ne souffrent pas de délais[50]. » Vers 1830, il se trouve un responsable de la poste à Gaspé et un autre à la Baie-des-Chaleurs.

Se rendre de la Gaspésie à Québec en hiver prend de 15 à 20 jours, que l'on soit parti de la Baie-des-Chaleurs ou de la région de Gaspé. Témoignant à Québec en 1830, le navigateur Joseph Barthe déclare: « Je suis parti le douze janvier de Carleton en suivant la Rivière Ristigouche jusqu'à la Rivière Matapédiac, en montant jusqu'au Lac, de là j'ai pris le portage de Métis, où je suis arrivé le vingt-et-un janvier, et le vingt-huit à Québec. J'ai marché en raquettes depuis la Rivière Ristigouche jusqu'à Métis. Nous avons été retardés parce que la Rivière Matapédiac n'était pas gelée[51]. » Abel Lucas, lui, est passé par la rive nord: « Je suis parti du Bassin de Gaspé le huit janvier et suis arrivé à Québec le vingt-neuf [...]. J'ai traversé de Grande Grève au Cap Rosier, et de là j'ai suivi le rivage de la mer jusqu'à [Gros Morne]. Ensuite j'ai fait un portage d'environ une lieue et demie, un autre à [Marsoui], d'environ un mille, pour arriver à Sainte-Anne [...]. Je ne vis personne de trois jours et deux nuits[52]. » Les principaux intéressés à un service régulier de la poste sont les marchands de poisson qui font leurs affaires avec l'extérieur et qui doivent se tenir au courant des prix des marchandises, de la disponibilité des engagés de pêche et des conditions des marchés. En 1830, des notables du comté de Gaspé se plaignent du service postal dans les termes suivants: « Le comté de Gaspé est la seule partie importante de la province qui soit privée de l'avantage de pouvoir communiquer régulièrement dans ses propres limites par le moyen des Bureaux de poste, privation qui se fait sentir vivement dans ses rapports civils, politiques et commerciaux avec la Capitale et les autres villes de la Province[53]. » Après bien des demandes, les habitants de la Baie-des-Chaleurs obtiennent en 1839 un service postal assez régulier. En 1848, un service hebdomadaire est organisé entre Québec et Percé. Un courrier laisse Pointe-à-la-Croix où se termine le chemin Kempt le mercredi à 2 heures, atteint New-Carlisle à 6 heures le jeudi et Percé à 10 heures le samedi. Il entreprend alors son voyage de retour pour atteindre New-Carlisle le lundi à 2 heures et enfin Pointe-à-la-Croix le mercredi à midi[54]. Au milieu du 19e siècle, avec l'avènement des bateaux à vapeur qui circulent entre Québec et les Maritimes, le service postal est assuré l'été de façon encore plus régulière.

Dans la première moitié du 19e siècle donc, le visiteur qui veut parcourir la péninsule gaspésienne en été se déplace surtout à pied, quelquefois à cheval et plus rarement en voiture; il lui faut traverser des rivières en bacs, longer les côtes et les plages pour éviter les montagnes. Si, moins chanceux, il est obligé de voyager l'hiver, il doit se munir de raquettes et de chiens, traverser les bois, les baies et les montagnes. Voyager par eau l'été reste peut-être encore la solution la plus facile. En tout cas, pour communiquer avec l'extérieur, le bateau demeure le moyen de transport le plus valable. Dans cette péninsule très accidentée, l'isolement est encore en 1850 un des plus grands maux à vaincre.

La prise de possession du sol

La sédentarisation de la population gaspésienne après 1760 amène l'appropriation par les habitants de la partie du territoire longeant la mer. Alors que de grandes étendues de terrain sont concédées à des seigneurs et à des commerçants, les pêcheurs s'installent le long des anses de pêche ou près des établissements marchands. À l'ouest de la baie des Chaleurs, plusieurs agriculteurs occupent la première ligne des terres, celle faisant face à la baie et à la grande rivière Ristigouche. « Squatters » ou propriétaires légaux du sol occupé, ils ne vivent en général que sur de petits lopins de terre. Quant aux Amérindiens, ils assistent impuissants à l'effritement de leurs anciens territoires de chasse, maintenant convoités par des Blancs de plus en plus nombreux.

LES NOUVEAUX SEIGNEURS L'ensemble des terres non exploitées de la province sont des terres publiques, désignées comme des terres de la Couronne; elles appartiennent à l'État. Le gouvernement vend ou donne ces terres aux personnes qui lui en font la demande. Généralement, sous le Régime anglais, ces grandes étendues de terrain sont divisées en cantons. À ce terroir public, se joignent les anciennes seigneuries, territoires accordés à des individus (les seigneurs) pour qu'ils en concèdent ensuite des parties aux colons qui en font la demande. Immédiatement après la Conquête, la tenure seigneuriale est reléguée au second plan. Les deux régimes fonciers des cantons et des

seigneuries vont quand même coexister jusqu'en 1854, année où le régime seigneurial est aboli. Après la Conquête, une seule seigneurie est créée en Gaspésie.

Quant à celles qui existaient déjà sous le Régime français, elles sont toutes abandonnées en 1760. Par la suite, elles passent en presque totalité à des marchands, à des militaires ou à des fonctionnaires anglais. En juillet 1765, le général Frederick Haldimand acquiert de François Lefebvre de Bellefeuille la seigneurie de Pabos. En mars 1772, celle de Grande-Rivière est concédée par un négociant de Québec, Henry Morin, aux marchands Duncan Anderson et William Smith. En 1781, Donald McKin-non, ancien lieutenant de milice, acquiert la seigneurie de Matane. En mai

« Les Micmacs se plaignent alors des empiètements sur leurs territoires de chasse traditionnels... » Photo tirée de Sir Richard H. Bonnycastle, *The Canadas in 1841*, 1841.

1786, le fief de Mont-Louis, propriété du négociant londonien Robert Hunter, passe à James Curchard, marchand de Québec. En 1787, le lieutenant-gouverneur de la Gaspésie, Nicholas Cox, se fait concéder l'île Bonaventure.

Un marchand de Londres, John Shoolbred, se voit accorder, le 24 juillet 1788, une seigneurie qui portera son nom au fond de la baie des Chaleurs. C'est la seule créée en Gaspésie sous le Régime anglais; elle mesure seize milles de longueur et un mille et demi de largeur. Elle s'étire le long de la baie d'Escuminac et de la pointe Miguasha. En 1789, la seigneurie de Sainte-Anne-des-Monts est concédée à Louis Vallée et Étienne Lajoie. L'année suivante, le fief de Grande-Vallée passe à Brice McCumming et celui de Rivière-Madeleine à Simon Fraser. Le gouvernement, lui, reprend en 1785 la seigneurie de la rivière Bonaventure et en septembre 1796, celles de Deneau (Port-Daniel) et de Ristigouche. Ces deux anciens fiefs français ont été achetés en 1787 par des marchands britanniques mais, parce que plusieurs Loyalistes s'y sont établis, le gouvernement les récupère pour les rattacher à la Couronne.

Le peuplement n'est pas la priorité des nouveaux seigneurs. La seigneurie gaspésienne est d'abord achetée pour servir de comptoir commercial ou à des fins de spéculation. Les nouveaux seigneurs et leurs successeurs prétendent ne plus être liés par les règlements établis sous le Régime français et, quand leur fief est habité, bon nombre d'entre eux augmentent le cens et les rentes et créent diverses redevances ou corvées. Vers 1850, la plupart des seigneuries gaspésiennes sont encore peu peuplées, contrairement à celles du reste de la province.

L'ouverture des terres reste donc une préoccupation fort secondaire pour la quasi-totalité des propriétaires terriens. Quel plus bel exemple que celui de Charles Robin qui ne vise que l'exploitation de la pêche et ne fait rien pour encourager la colonisation dans sa seigneurie de Grande-Rivière, bien au contraire. C'est en juin 1793 que Robin achète pour 100 livres sterling les droits de ce fief, coupant l'herbe sous le pied à un certain François De La Fontaine, de Grande-Rivière, qui était venu solliciter de la compagnie de Jersey un prêt de 100 livres pour cet achat[55]. La Charles Robin Company, par cette acquisition, veut éviter que ses pêcheurs-clients résidant dans la seigneurie paient une rente à un tiers, réduisant ainsi leur capacité de remboursement. Du même coup, elle s'assure un contrôle accru sur la production des pêcheurs ainsi qu'un profit supplémentaire sous la forme de rente foncière[56].

Quant à Pabos, seigneurie voisine, la colonisation s'y résume à presque rien. Les gens préfèrent plutôt s'établir à côté, à Newport. L'évêque de Québec écrit en 1811: « Ses édifices sont ruinés, sa pêche fort médiocre, et le seigneur actuel, M. Hugues O'Hara, ne paraît pas d'humeur à faire grande dépense pour lui rendre son ancienne célébrité[57]. » Quelques années plus tard, l'arpenteur Joseph Bouchette constate un peu le même état d'abandon pour la seigneurie de Shoolbred. Même si plusieurs portions de ce fief sont propres à la formation d'établissements, il n'est occupé par personne « parce qu'il ne s'est point fait de concession partielle[58] ».

La plupart des seigneurs gaspésiens étant marchands, leur but premier était de transformer leurs possessions en plates-formes commerciales ou spéculatives. Souvent, ils ont acheté leurs titres pour peu de choses de militaires ou hauts-fonctionnaires anglais devenus propriétaires terriens. Vers 1832, une pétition venant du district de Gaspé se plaint des charges seigneuriales élevées qui ont souvent cours[59].

Les grands propriétaires terriens ont l'obligation d'ouvrir des chemins, mais peu d'entre eux s'en soucient. En 1830, par exemple, aucun chemin ne traverse la seigneurie de Shoolbred alors que des sentiers et des routes ont été ouverts dans les cantons voisins. Dans ce fief peu peuplé, le propriétaire multiplie au fil des ans les réserves dans les contrats de concessions de lots: il retient les bois, exige un huitième sur le produit de la pêche, vend les emplacements de pêche, prend la moitié de la récolte sur les prés naturels et fixe les taux de cens et rentes à plus de dix sols par arpent[60].

D'autres seigneurs restreignent le rythme de concession des lots. Ainsi, avant 1850, plusieurs colons se font refuser par le seigneur du lieu l'accès aux terres des environs de Mont-Louis. D'autres encore multiplient les clauses dans les contrats et réclament, pour suppléer à la baisse de leurs revenus, des droits tombés en désuétude, comme les corvées et les droits de chasse et de pêche. On fait aussi des ventes détournées et fictives, des confiscations, etc. Sans être généralisées, ces méthodes sont fort employées par certains seigneurs qui profitent de la passivité de leurs censitaires et de l'absence de contrôles administratifs.

D'AUTRES TYPES D'OCCUPANTS

Si les seigneuries sont le plus souvent mal exploitées ou pas exploitées du tout, les autres terres sont aussi touchées par une certaine forme de spéculation. En effet, dans les dernières décennies du 18e siècle, on octroie des terres publiques à des notables, à des fonctionnaires ou à des officiers, surtout anglophones, en récompense pour services rendus.

Des personnages influents ou rusés, tels les marchands John Shoolbred et Isaac Mann, le fonctionnaire et marchand Hugh Finlay, le juge Félix O'Hara, l'armateur Charles Robin ainsi que certains arpenteurs comme Samuel Holland, John Collins et William Vondenvelden, obtiennent de cette façon de grandes étendues de terrain dans la lointaine Gaspésie. Holland, Collins et Finlay, par exemple, se font concéder le long de la baie des Chaleurs des terrains déjà occupés par des Acadiens. De même, Louis Fromenteau, avant d'être nommé juge des plaids communs, reçoit des terres le long de la rivière Bonaventure. En 1766, Joseph Deane, officier licencié, obtient 517 acres à la rivière York près de Gaspé. L'année suivante, le gouvernement accorde à Félix O'Hara, John McCord et Edward Manwaring 1 300 acres de terre dans le secteur de Gaspé; plus tard, O'Hara s'en fait concéder 1 500 autres[61]. De même, en 1785, le gouvernement favorise O'Hara, ses fils et les marchands John Shoolbred et Charles Robin en leur cédant des terres riveraines sans même se réserver, comme d'habitude, la plage et les lots de grève. L'année suivante, il décide de ne plus octroyer de parties de grève à d'autres compagnies. Deux ans plus tard, le même Charles Robin, qui possède maintenant les terres adjacentes au barachois de Paspébiac, obtient de vastes étendues de terrain à la suite des pressions que le lieutenant-gouverneur Nicholas Cox, fort endetté vis-à-vis de l'armateur, a faites auprès du gouvernement. En 1792, Robin réclame et obtient quelque 1 000 acres de terres dans le canton Hope, à l'est de Paspébiac. Cette concession sert de réserve à bois pour le chantier naval de la compagnie à Paspébiac: certaines parcelles seront éventuellement cédées à des pêcheurs[62]. La même année, le juge Félix O'Hara réclame 2 200 nouveaux acres pour la seule raison que ses enfants sont nés à Gaspé[63].

D'autre part, les Loyalistes qui arrivent dans les années 1780 réclament à leur tour des terres, sans se soucier des occupants acadiens ou micmacs. Le capitaine Justus Sherwood, envoyé en 1783 pour préparer l'établissement des Loyalistes, demande un an plus tard qu'on lui donne les terres « améliorées » et autres de presque tous les habitants établis à Paspébiac[64]. Bien sûr, les Acadiens protestent. Le juge Félix O'Hara, après bien des embarras, convainc les Loyalistes de prendre plutôt les terres touchant à Paspébiac (Petit Paspébiac, bientôt New-Carlisle)[65]. Apparemment, le marchand Charles Robin, ne voulant pas être importuné par la trop grande proximité des Loyalistes, tout en désirant s'assurer leur clientèle, obtient de faire déplacer le village projeté[66].

Le gouvernement accorde par billets de location 200 acres de bon terrain à chaque adulte mâle et 50 acres supplémentaires pour chaque femme et enfant. Jusqu'en 1786, le gouvernement anglais entretient ces familles: rations et semences pour trois ans, instruments aratoires, meubles, literie, etc. Le lieutenant-gouverneur, Nicholas Cox, dépense plus de 80 000 livres sterling pour faciliter l'établissement de ces colons, mais sans grands résultats. Tellement que l'un des magistrats du district, le juge John Gawler Thompson dit un jour: « Cet argent n'a pu qu'être dépensé à faire des excavations sous terre, car on ne voit rien sur le sol qui puisse justifier une telle dépense[67]. »

On commence à faire l'arpentage des terres des Loyalistes à l'automne 1784 pour le poursuivre jusqu'en 1787. Deux ans plus tard, le gouverneur forme un comité des terres composé entre autres du lieutenant-gouverneur Cox, de l'armateur Charles Robin, de Félix O'Hara et d'Isaac Mann jr. Ce comité doit, entre autres choses, distribuer aux Loyalistes des billets de location, documents qui attribuent aux requérants des lots « de ville » et de culture[68]. Malgré tout, devant le peu d'avenir que semble présenter la région, de nombreux Loyalistes abandonneront la partie et quitteront les lieux.

L'installation des nouveaux venus ne se fait pas sans heurts avec les habitants déjà en place qui voient souvent leurs terres menacées. Les Amérindiens de la rivière Ristigouche ont ainsi de sérieux problèmes avec leurs voisins de race blanche. À l'époque de la Conquête, leur territoire s'étend des rivières Cascapédia sur la rive sud gaspésienne jusqu'à la rivière Miramichi au Nouveau-Brunswick. Pour eux, la propriété ne se mesure pas avec des chaînes d'arpenteurs. Les premiers à s'établir près d'eux sont les Acadiens. Après la dispersion de 1755, les Micmacs de Ristigouche voient avec une certaine crainte affluer plusieurs centaines d'Acadiens. Par la suite, ceux-ci se dispersent mais certaines familles s'installent près d'eux, en Gaspésie comme dans la région de Campbellton. Les Micmacs se plaignent alors des empiètements sur leurs territoires de chasse traditionnels et dénoncent la construction de bateaux par les Acadiens et leur intention, laissent-ils entendre, de se livrer à la piraterie contre les Anglais[69].

L'EFFRITE-MENT DU TERRITOIRE AMÉRINDIEN

Un litige surgit entre Amérindiens et Acadiens. Moyennant une redevance, les colons de Bonaventure jusqu'à Miguasha allaient couper du foin dans les prairies et marais de Ristigouche. Les Micmacs veulent augmenter la redevance, alléguant que la coupe du foin fait disparaître le gibier. Ils dénoncent aussi l'empiètement des Acadiens qui tentent, en vain, de se faire concéder par le gouvernement des terres à l'embouchure de la rivière Ristigouche. Ceci fait dire au juge Félix O'Hara que ni les uns ni les autres ne semblent connaître leurs frontières et que les Amérindiens ne semblent pas concevoir qu'ils doivent demeurer dans certaines limites[70]. Les capitaines de milice et le juge O'Hara lui-même essaient en vain de régler cette affaire avec les autochtones. Ceux-ci désirent un arrangement en présence du gouverneur lui-même. En mars 1784, le lieutenant-gouverneur de la Gaspésie, Nicholas Cox, tranche le différend en confirmant la coutume voulant que les Acadiens paient un dollar pour couper les foins de Ristigouche et en certifiant aux Micmacs le seul droit de pêcher et de chasser dans et près de la rivière Ristigouche, mais dans certaines limites précises. Par le même arrangement, on crée une zone tampon à l'est de la rivière où les deux groupes peuvent chasser. En fait, les droits territoriaux des Micmacs ne sont jamais vraiment définis; mais à la suite de leurs premières réclamations, auxquelles on a porté attention, ils se croient assurés de droits inaliénables sur le territoire situé entre les rivières Ristigouche et Cascapédia[71]. W.F. Ganong résume la situation des Micmacs de l'après-Conquête: « Jusque-là, les Indiens erraient çà et là et campaient là où ils voulaient, sans entraves de la part des Blancs, comme sans reconnaissance formelle de leurs droits à la possession du sol. Mais le développement rapide de la colonisation, à cette époque, mit vite les Blancs en contact avec les groupements d'Indiens et sur leurs champs préférés de chasse et de pêche; ce dont ils se plaignirent souvent et presque inutilement[72]. »

Avec l'arrivée de colons écossais et surtout loyalistes après 1780, le problème de la propriété terrienne va s'envenimer. Les terres des Micmacs de Ristigouche tentent bien des gens. Justus Sherwood, l'envoyé spécial du gouverneur auprès des Loyalistes, dit bien dans son rapport d'août 1783: « Il y a ici [à l'embouchure de la Ristigouche] une grande étendue de bonnes terres, mais les Sauvages de Ristigouche les réclament, comme toutes les prairies sur la Ristigouche, lesquelles sont les plus vastes et les plus belles qu'il y ait au monde, et rapporteraient, si on en avait un soin convenable, plusieurs centaines de mille tonnes de bon foin[73]. »

Isaac Mann, Loyaliste venu de la région de New York et concessionnaire terrien, pressent bien les possibilités lucratives de ces prairies, surtout que l'on fait croire aux Acadiens de la Baie-des-Chaleurs, paraît-il, que là où le foin ne pousse pas naturellement, il est impossible d'en cultiver. On se rend donc de partout à Ristigouche où le foin est abondant. Les prés d'un affluent de la Ristigouche, la rivière du Loup, couverts par la marée haute, sont particulièrement appréciés des bêtes à cornes. Isaac Mann demande donc, dès 1780, la concession des prés de la Ristigouche. Il obtient 2 000 acres de terre à l'ouest de la rivière Nouvelle, empiétant ainsi sur les terres des Micmacs. En fait, Mann occupe ces terres avant d'en avoir obtenu les titres.

Suite aux récriminations des Micmacs, le gouverneur Carleton met sur pied en 1786 un comité formé du lieutenant-gouverneur Cox, de l'abbé Joseph-Mathurin Bourg et de l'arpenteur John Collins. Ce comité doit examiner les conditions pour que le peuplement blanc puisse se poursuivre sans heurts. À la fin juin, le comité séjourne au village de Ristigouche dont le chef, Joseph Claude, réclame pour les siens les terrains de chasse du côté nord de la Ristigouche et un droit exclusif de pêche au saumon[74]. Cox répond que leurs terres sont d'anciennes seigneuries françaises passées à la Couronne britannique et que le roi attend de ses Amérindiens qu'ils fassent de la place à « ses autres enfants les Anglais et les Acadiens, qu'[ils] devaient considérer comme des frères[75] ». Les commissaires convainquent les chefs micmacs d'abandonner une partie du territoire réclamé, dont la rivière Nouvelle et la pointe Miguasha, d'accepter une délimitation de terrain à côté des terres octroyées aux Blancs et ils les assurent que leurs droits exclusifs de pêche seront protégés. Le litige paraissant réglé, l'arpenteur William Vondenvelden mesure, en octobre 1787, un lot de 2 520 acres pour Isaac Mann, tranchant dans le territoire que les Micmacs se sont réservé, leur laissant moins de 1 000 acres. L'année suivante, l'arpenteur John Collins trace une nouvelle ligne séparant les terres à l'avantage des Mic-

Campement sur la rivière Ristigouche. Alexander Henderson. Vers 1870. (APC)

macs. Le Conseil législatif approuve les deux arpentages en 1790 et la confusion qui en résulte dure longtemps[76].

Pendant ce temps, la famille Mann fait de bonnes affaires avec les foins des prés qu'elle a obtenus. Les colons acadiens, qui se plaignent de la concession des prairies de la Ristigouche à Mann, doivent ainsi payer des droits souvent exorbitants pour faucher ou sont obligés de tuer leur bétail. Le missionnaire de Carleton, qui dessert la région, écrit à l'évêque de Québec: « Mr Mann a fait le tort le plus considérable qu'on puisse au pays; s'il est maître des prés, on n'a rien à lui dire; il a vendu tout le foin de Restig. aux gens du Restigouche, notamment aux habitants du Brunswick qui sont d'une province étrangère. Nos Acadiens se voyent réduits à tuer entre 150 et 200 bêtes à cornes faute de foin[77]. »

En 1819, une requête de plusieurs habitants de la Baie-des-Chaleurs se plaignant d'un des cinq fils d'Isaac Mann, Edward, aboutit en Chambre et nécessite la formation d'un comité d'enquête[78]. Les plaignants soutiennent que depuis toujours les colons fauchent en commun la prairie de la rivière du Loup. De plus, une ordonnance du lieutenant-gouverneur de Gaspé émise en 1784 avait légalisé la chose. La requête dit aussi que le juge de paix et commerçant Mann, « étant venu à bout, à force de persécutions, de chasser de leurs terres les Sauvages de Ristigouche », assura les colons qu'il détenait une concession approuvée et obligea les pétitionnaires et autres colons à lui payer une redevance annuelle pour faucher sur la prairie de Ristigouche. Aussi il réclame des sommes considérables et, à titre de juge de paix, emprisonne et saisit ceux qui fauchent comme auparavant. Les plaignants disent aussi: « Que ledit Edward Isaac Mann est tout-puissant dans cet endroit éloigné, et qu'il exerce sur les Pétitionnaires et autres habitans ainsi que sur les Sauvages une domination tyrannique à laquelle personne n'a le courage de résister, tellement que s'il n'est porté un prompt remède il est impossible aux Pétitionnaires de demeurer avec leurs établissemens. Que les Sauvages attribuant aux Blancs les maux que leur fait endurer ledit Edward Isaac Mann et autres Marchands de la Baie des Chaleurs se sont portés et se portent fréquemment à des voies de fait étant même commis quelque homicides, et que le mal ne peut augmenter s'il n'y est pourvu[79]. »

En cette même année 1819, la Gaspe Land Commission, dont nous étudierons plus loin le rôle dans la péninsule, adjuge à Mann son terrain d'après le tracé de l'arpenteur Vondenvelden. Les Micmacs se plaignent du déroulement final de toute cette histoire et affirment s'être faits duper. En octobre 1826, aux plaintes micmaques, le gouverneur Dalhousie répond qu'il ne peut changer les limites déterminées par les adjudications déjà faites[80].

La même année, Dalhousie se rend à Ristigouche rencontrer les Amérindiens. Il leur offre des terres avoisinant le lac Matapédia en échange de l'emplacement de leur village, plus une rente annuelle de 600 livres sterling. Ils refusent. L'abbé J.-B.-A. Ferland commente plus tard à sa façon cette offre du gouverneur: « L'offre était avantageuse; avec l'assurance d'une somme d'argent fort importante, ils devenaient maîtres d'un lac où le saumon monte en abondance dans la saison du frai. Or pour eux, la pêche au saumon est une occupation favorite et un moyen de subsistance [...] Ils se mettaient à l'abri des empiètements des blancs et occupaient le centre d'un pays de chasse. [Mais ils] ne purent se résoudre à abandonner les ossements de leurs pères[81]. »

Depuis de nombreuses années, les colons empiètent sur ce qu'ils considèrent leur appartenir. Un missionnaire écrit qu'on laisse toutefois assez de terrain aux Amérindiens « pour les amuser et les empêcher de se plaindre[82] ». De la même façon, on leur enlève de petites îles où ils faisaient leur sucre et un peu de culture depuis longtemps. On leur dit: « Laisse-moi cette île, le roi me l'a donnée[83]. » Au fil des ans, d'autres incidents attisent les griefs des Amérindiens. Ceux-ci se plaignent en effet au gouvernement que « les bourgeois anglais du Ristigouche » empiètent sur leurs droits et leurs réserves. Selon ces plaintes, les Anglais barrent la rivière Ristigouche et, avec des filets, interceptent le saumon, enlevant aux Micmacs des milliers de quarts de poisson. L'hiver, ceux-ci sont donc réduits à la seule chasse pour vivre ou encore « ils achètent à crédit et à haut prix, chez ces mêmes Anglois; j'ai vu une liste de ce qu'ils doivent à Mr Ferguson; elle monte à plus de 400 livres; ils doivent autant à Mr Mann; et 200 à un autre marchand [M. Guéret]. J'ai demandé aux Sauvages pourquoi ils s'endettoient ainsi; ils m'ont répondu: *qu'on avait pris leur vie dans l'eau, qu'il falloit bien qu'on leur donnât à manger*[84]. » Leurs doléances ne sont pas écoutées par les autorités, qui ne leur ont pas encore versé les compensations promises en 1786 en retour de la concession de terres aux colons. En 1828, une loi visant à restreindre la pêche au saumon fait déborder le vase, d'autant plus que les Micmacs croient, à tort ou à raison, que toutes leurs terres risquent d'être occupées. C'est l'abbé Édouard Faucher qui réussit à les arrêter, alors qu'ils s'apprêtent à prendre les armes pour aller massacrer les colons anglais voisins.

En 1833-1834, l'ex-député de Gaspé, Robert Christie, est au centre d'une autre controverse. Les autochtones contestent la ligne qui sépare leur territoire de celui de Christie à la Pointe-à-la-Croix. Ce dernier avait acquis à une vente du shériff, en 1824, des terres et le manoir d'Edward Isaac Mann alors poursuivi par un autre grand propriétaire, un Écossais du nom de Ferguson. On en vient finalement à un accord et Christie reçoit une compensation du gouvernement pour la partie du terrain qu'il remet aux autochtones. L'abbé Malo, missionnaire chez les Amérindiens, et l'évêque de Québec, Mgr Signay, avaient fait des pressions auprès du gouverneur Aylmer[85].

Au fil des ans, les propriétaires voisins des Micmacs continuent à empiéter sur les terrains de la tribu. Encore une fois, suite aux plaintes répétées des autochtones, une autre commission des terres siège et elle répond à ces nouvelles doléances par la négative, confirmant l'arpentage de Vondenvelden. En 1840, le responsable des affaires indiennes au gouvernement recommande qu'on dédommage les Amérindiens de Ristigouche en leur cédant des terres près de leur village; en 1845, les autorités approuvent cette suggestion et en 1851, on accorde aux Micmacs un territoire s'ajoutant à la réserve qu'ils possèdent à l'arrière de leur village de Pointe-à-la-Mission.

LES TERRES DES ACADIENS

Les Acadiens de la Baie-des-Chaleurs, dont certains sont établis depuis 1759-1760, ont aussi des problèmes pour se faire reconnaître la propriété du sol qu'ils occupent. Ces réfugiés, installés à Bonaventure, à Carleton et en quelques autres endroits, occupent des terres riveraines sans titre de propriété lorsqu'en 1766 John Collins vient faire l'arpentage des terres. Par la suite, ces « squatters » attendent que le gouvernement leur accorde des titres authentiques de propriété pour le sol qu'ils défrichent et ensemencent depuis plusieurs années. Leurs inquiétudes se multiplient à l'arrivée des premiers Loyalistes qui s'installent près d'eux, quelquefois à leur place, ou encore sur des terres qu'ils réclamaient pour eux-mêmes.

Les Loyalistes se font plus insistants que leurs voisins pour obtenir des titres de propriété effectifs, mais ils ne reçoivent que des billets de location. Toutefois, les nouveaux colons anglophones bénéficient de l'appui des autorités qui prêtent une oreille plus attentive à leurs doléances. Ainsi, en 1793, le premier député de Gaspé, Edward O'Hara, transmet au gouverneur 25 requêtes de personnes désireuses d'obtenir des terres en Gaspésie. Ces demandes sont favorablement accueillies et des lettres-patentes sont préparées concédant les terres demandées[86]. Une vingtaine d'Acadiens de Bonaventure écrivent en 1789 au gouverneur Dorchester au sujet du favoritisme manifesté envers les colons anglophones: « Cette distinction nous alarme [...] et nous semble une voie réservée à quelques ambitieux plus puissants que nous pour nous troubler[87]. » Ils demandent des titres pour savoir à quels seigneurs payer des droits. Ils obtiennent des billets de location mais non de véritables titres officiels, malgré une autre pétition adressée en 1795 à Francis LeMaistre, lieutenant-gouverneur de Gaspé. Se plaignant d'être les victimes de tentatives d'extorsion, ils écrivent: « Dès le commencement de leur arrivée dans la Baie, M. William Van Felson s'opposa à tout établissement se disant seigneur de tout Bonaventure. On découvrit à la fin qu'il n'avait que cinq cents arpents. En 1785, George Law, Écuyer, informa vos suppliants que l'Honorable Hugh Finlay, Écuyer, réclamait leurs fermes. Ils crurent acheter la paix en payant au dit Mr. Law, comme agent de M. Finlay, sous le nom d'une rente annuelle, un impôt de six piastres. M. Shoolbred en 1788 produisit d'autres titres, et par les moyens d'adresse extorqua une obligation de vos suppliants de lui payer une rente annuelle, un impôt de six piastres. M. Vanden-Velden [l'arpenteur] avant son départ de la Baie leur a communiqué une autre lettre de M. Finlay qui avance avoir obtenu leurs terres sous le grand sceau de la province, et leur annonce ultérieurement que leurs enfants ne doivent pas se flatter d'en jouir après leur décès[88]. »

Ce texte montre bien les sentiments d'inquiétude que ressentent les Acadiens devant ces tentatives répétées pour leur extorquer leurs terres, surtout qu'en cette même année un plan se dessine, semble-t-il, pour établir des seigneuries avec propriétaires anglophones sur des terres occupées par les Acadiens[89]. À coups de requêtes, certains obtiennent, à partir de 1796, leurs titres de propriété. Mgr Plessis, évêque de Québec, écrit, lors de son voyage de 1811 en Gaspésie: « Les habitants de Carleton sont généralement propriétaires des fonds qu'ils occupent, si l'on peut considérer comme titres de propriété les certificats du gouvernement qui attestent qu'ils occupent. À Bonaventure, sept ou huit habitants ont des propriétés certaines... Tous les autres possèdent sans titres ni certificats, et n'ont jamais pu en obtenir, nonobstant leurs demandes réitérées. Ils cultivent néanmoins au risque de tout perdre; ils ont même amélioré leurs terres en y faisant des prairies[90]. » On en vient à une solution partielle de ce problème en 1825 seulement, après la création de la Commission des terres de la Gaspésie.

Joseph Bouchette, arpenteur. (APC)

LA COMMISSION DES TERRES DE 1819

En plus des Acadiens, qui n'ont que la tradition pour garantir leurs propriétés, et des Micmacs, qui voient fondre leur terroir, des Loyalistes établis par le gouvernement et plusieurs autres personnes venues de l'extérieur n'ont pas non plus de titres réguliers de propriété. Les « squatters », c'est-à-dire ceux qui n'ont pas de titres légaux de propriété, sont alors très nombreux. Lorsque la population s'accroît et que le terrain devient plus rare, à la Baie-des-Chaleurs surtout, des problèmes de délimitation de propriétés surgissent, compliqués par le fait qu'aucun titre de concession n'établit les prétentions respectives des réclamants. C'est pourquoi, en 1818, le député de Gaspé, James Cockburn, présente à la Chambre un projet de loi autorisant le gouverneur à nommer des commissaires chargés de s'enquérir sur les lieux de ce problème et de juger à qui doivent appartenir les propriétés en litige. La loi est entérinée en 1819[91].

La nouvelle commission issue de cette loi est composée, entre autres, de Jean-Thomas Taschereau, ex-député de Dorchester et bientôt député de Gaspé, de Louis-Juchereau Duchesnay, de l'arpenteur du Bas-Canada, Joseph Bouchette, et du futur député de Gaspé, Robert Christie, à titre de secrétaire. La commission est chargée, en plus de régler le contentieux des terres, de s'enquérir des besoins de la péninsule gaspésienne. Elle tient des séances en Gaspésie dès 1819 et l'année suivante, dans un premier rapport au gouvernement, elle demande d'encourager l'agriculture, de tracer des chemins et de favoriser l'aménagement du port de Gaspé. Les commissaires étudient aussi les diverses réclamations des habitants[92]. Ils visitent la Gaspésie durant les étés de 1819, 1820 et 1823. Le mandat de la commission expire en avril 1825 et 631 réclamations venant d'environ 1 000 personnes auraient alors été reçues et réglées selon le principe premier qu'un individu est le propriétaire d'un lot s'il a la preuve écrite qu'il l'occupe depuis dix ans. Le « squatter» ne se voit reconnaître un titre de propriété que s'il occupe une terre depuis au moins vingt ans. En 1821, le docteur Von Iffland, de passage dans la région, écrit au sujet des travaux de cette commission: « Les commissaires ayant été autorisés à recevoir toutes les réclamations pour les terres que pourraient faire les habitans de Gaspé, en conséquence quelques individus se présentèrent pour demander des lots extraordinaires; et comme ils payèrent les droits, ils sont enregistrés maintenant sur le tarif des concessions. On m'a dit que quelques-uns d'entr'eux avaient été assez déraisonnables pour demander jusqu'à deux mille acres. Si on les leur accorde ce sera créer une seconde espèce de monopole qui détruira les plus belles espérances du gouvernement, car son but n'étant que d'encourager l'agriculture, ce qui ne se peut faire sans encourager en même temps de nouveaux habitans à venir s'établir, il est absolument nécessaire de présenter des situations commodes et avantageuses à ceux que l'on veut attirer[93].» Les souhaits de Von Iffland ne sont pas tout à fait exaucés car certaines personnes se voient confirmer de grandes étendues de terrain. Les adjudications faites par la Commission des terres ne constituent pas des titres réguliers et ne sont que des billets de location qui doivent être remplacés par des lettres-patentes. Or, les adjudicataires, pour la plupart, ne se donnent pas la peine d'acquérir ces documents et n'obtiennent ainsi aucun titre régulier de propriété.

Dans une pétition que des habitants du district de Gaspé envoient au gouvernement en 1830, quelques-uns des griefs énoncés traitent particulièrement du travail de ces commissaires des terres. Il y est dit que la loi de 1819 n'a pas répondu à son objectif d'assurer les habitants dans la possession de leurs terres et que les enquêteurs ont laissé la population dans une condition pire qu'avant. De plus, ils accusent des membres de la commission, en particulier Robert Christie, d'avoir indûment exigé de l'argent de divers réclamants[94]. Selon les pétitionnaires, d'autres irrégularités auraient aussi été commises. Les commissaires et les arpenteurs réfutent ces accusations devant un comité spécial et les choses en restent là.

Le problème de la propriété terrienne en Gaspésie perdure durant tout le 19e siècle. Ainsi, un document gouvernemental de 1891 mentionne que « plus de la moitié des gens des comtés de Gaspé et Bonaventure [...] n'ont pas de titre de propriété, pas même de billets de location[95]». Ce n'est qu'en 1909 qu'un arrêté en conseil de la Législature provinciale tranche définitivement la question. Des lettres-patentes sont accordées, entre autres, aux individus dont les réclamations n'ont pas été rapportées par la commission de 1819 et à ceux qui n'ont pas réclamé de lettres-patentes officielles à l'époque. La seule condition d'admissibilité exigée est que ces gens et leurs descendants aient occupé ces terres d'une façon continuelle, paisible et ininterrompue. Cette mesure met fin aux innombrables querelles au sujet de la délimitation et de la possession du sol.

S'ÉTABLIR EN GASPÉSIE

Depuis la nouvelle organisation des terres selon la tenure dite libre, la Gaspésie voit son territoire se diviser graduellement en cantons, qui sont cependant mal subdivisés. À la Baie-des-Chaleurs, sont créés les cantons Matapédia, Ristigouche, Mann (où se trouve la réserve micmaque), Nouvelle, Carleton, Maria, New-Richmond, Hamilton, Cox, Hope et Port-Daniel. Ces cantons ont généralement de huit à douze milles de largeur sur neuf de profondeur[96]. Dans le comté de Gaspé, apparaissent les cantons Newport, Percé, Malbaie, Douglas, York, Baie-de-Gaspé-Nord, Baie-de-Gaspé-Sud, Sydenham, Cap-des-Rosiers, Fox et Cap-Chat.

Vers 1820-1830, les terres qui sont occupées en plus grand nombre sont celles situées près de la mer dans les cantons à l'ouest de Bonaventure. En plusieurs endroits, la ligne de front des concessions est presque tout habitée. Ainsi, au cours des années 1825 à 1828, l'agent des terres James Crawford aurait accordé quelque 170 concessions couvrant 23 580 acres dans tous les cantons de la Baie-des-Chaleurs. Cependant, ces concessions sont gratuites, non-autorisées et consignées sur des formules que Crawford a lui-même fait préparer. Le gouvernement enquête et l'arpenteur William McDonald fait rapport en 1848. Une partie seulement des concessions de Crawford sont alors reconnues[97].

Ce ne sont pas seulement les nouveaux venus qui profitent des nouvelles concessions. Le plus souvent, on cède des lots à des habitants des environs, à leurs fils ou à des commerçants locaux. Le registraire du comté de Gaspé écrit en 1849 : « L'étendue de terre comprise dans 32 contrats est de 4 296 acres. Les ventes à de nouveaux colons sont très peu nombreuses, si même il y en a aucune [...]. Le décroissement de l'immigration empêche que les terres ne s'ouvrent rapidement[98]. »

Dans l'ensemble, peu de nouvelles terres sont cédées à des fins de colonisation avant 1850. La pêche étant le moteur de l'économie, les pêcheurs n'occupent ou n'achètent que de petits lopins, appelés lots de grève. Par ailleurs, la vie du colon est aussi misérable que celle du pêcheur. L'activité de la mer demeure plus attrayante, ne serait-ce que parce qu'elle offre un profit plus immédiat que le défrichement et la culture du sol. Pour le cultivateur, la pêche s'avère aussi un précieux complément. Même pour un groupe comme celui des Loyalistes, dont on facilite pourtant l'établissement, les conditions d'installation et les exigences du travail de défrichement et de culture ne sont pas des plus aisées, et plusieurs familles quittent les lieux. Témoignant en 1818 devant un comité de la Chambre d'assemblée, Isaac Mann donne des renseignements sur les Loyalistes établis à Ristigouche et sur les conditions d'établissement qu'un colon arrivant de l'extérieur devait remplir: « Un homme qui s'établit doit avoir les moyens de se pourvoir avec sa famille de provisions pendant au moins une année après être arrivé sur sa terre [...] J'ai toujours considéré 20 à 25 livres sterling pour chaque individu d'une famille comme la moindre somme qu'un homme dût avoir en argent en partant de Québec pour se mettre sur sa terre [...] Pour avoir un billet de location, le colon doit avoir le moyen de se rendre sur son lot et les moyens d'y subsister pendant une année. Dès que le choix du lot est fait, on ne permet aucun échange [...] Le temps fixé pour la résidence avant qu'un homme soit mis en possession de son titre est de trois années, si durant ce temps, il a continué d'accomplir les conditions d'établissement, on devait le lui donner immédiatement[99]. »

Sur le plan administratif, il est à remarquer qu'en 1826 les terres publiques, auparavant concédées gratuitement, à l'exception de l'arpentage et des lettres-patentes qu'il fallait payer, sont maintenant vendues à l'enchère. Des commissaires doivent indiquer au gouverneur les terres à céder aux éventuels acheteurs. Le système des octrois gratuits (100 acres au maximum) se maintient toutefois pour les lots situés le long des grands chemins. Certaines conditions spécifiques d'établissement sont cependant toujours exigées. En 1832, une pétition émanant du district de Gaspé et présentée par le député de Bonaventure à la Chambre déclare: « On réprouve l'idée seule de vendre les terres de la Couronne dans le District de Gaspé par la voie d'un agent des terres de la Couronne ou de Commissaire pour le Bas-Canada. [On] considère ce système comme décourageant et nuisible à l'établissement du District de Gaspé et [on] souhaite ardemment qu'il soit trouvé et adopté quelque nouveau mode facile et efficace dans son opération pour l'encouragement, la réception et l'établissement des Émigrés dans ce District[100]. »

Cependant, si à partir du deuxième quart du 19e siècle il est requis d'acheter les terres, plusieurs « squatters » s'installent encore illégalement, espérant se les faire reconnaître plus tard. Le prix d'achat des lots semble un handicap certain. L'arpenteur Fournier écrit en 1847, au sujet du canton Cap-des-Rosiers où sont établis de nombreux « squatters », particulièrement des Irlandais: « Si les gens sont forcés de payer leurs lots comptant ou à un prix élevé, le plus grand nombre par leur pauvreté vont être obligés d'abandonner leurs terres. Tous ces gens et plus particulièrement les européens se sont logés sur ces terres étant bien pauvres ne vivant en partie que de pêche et le seront encore longtemps avant de se trouver la somme nécessaire. Déjà quelques personnes aisées se proposent d'acheter une grande étendue de ces terres, qu'ils revendront après un certain nombre d'années à bénéfice[101]. »

Depuis 1831, le prix des terres est devenu fort élevé au Bas-Canada. Les ventes à l'enchère encouragent cette augmentation. En 1844, on vend l'acre de terrain deux chelins ou shillings ($0,40) dans Bonaventure et un chelin, six deniers ($0,30) dans Gaspé[102]. Ce n'est toutefois pas énorme puisque dans d'autres endroits on paie dix, quinze et vingt chelins l'acre. Un peu plus tard, le prix de départ des enchères dans Gaspé est de trois chelins ($0,60) l'acre et les terres semi-défrichées se vendent de dix à vingt-cinq chelins ($2 à $5) l'acre[103]. Vers 1850, le prix de départ pour des terres de la Couronne est de deux chelins ($0,40) l'acre dans les deux comtés.

Dans les endroits où la pêche est l'activité prédominante, la valeur du sol est d'abord fonction de la qualité qu'il offre comme base d'opération pour cette industrie. La valeur des terres est d'autant plus grande qu'on se rapproche des graves les plus importantes et les plus convoitées, généralement appropriées par les sociétés marchandes pour leurs besoins de production et de transformation du poisson. La division des terrains est plus poussée près des graves les plus importantes[104]. En général, donc, l'occupation du sol gaspésien à cette époque se fait de façon plus ou moins structurée. L'appropriation des terres à des fins de colonisation agricole demeure encore fort secondaire, la culture du sol étant une activité peu valorisée dans la péninsule.

Une agriculture embryonnaire

Activité inhérente à la situation géographique et à une longue tradition, la pêche reste jusqu'à la fin du 19e siècle le moteur économique de la péninsule. La culture du sol, généralisée ailleurs au Bas-Canada, est simplement, pour un certain nombre de pêcheurs gaspésiens, une occupation complémentaire. Pour beaucoup d'autres, elle est tout à fait ignorée. Le seul noyau important d'agriculteurs au 19e siècle se trouve le long de la baie des Chaleurs, dans sa partie ouest. Il est à signaler que toute la côte gaspésienne, de Cap-Chat jusqu'à la région de Percé, offre généralement une bien faible étendue de sol fertile, alors qu'à la Baie-des-Chaleurs, le climat est plus doux et le terrain moins accidenté.

Les premières générations d'Acadiens installées en Gaspésie, le long de la baie des Chaleurs, s'intéressent déjà à la culture du sol. Raymond Bour-

UNE ACTIVITÉ MARGINALE

dages construit même deux moulins à grains près de Bonaventure dans les années 1760. D'abord pêcheurs, les Acadiens finissent par défricher et ensemencer leurs terres de plus en plus sérieusement. Ils sèment au printemps, pêchent l'été et récoltent à l'automne. Habitant des terrasses fertiles dans le secteur de Bonaventure-Carleton et descendant d'un peuple surtout agricole, certains d'entre eux délaissent la pêche à partir du début du 19e siècle. Le poisson ne sert plus alors qu'à subvenir aux besoins alimentaires de la famille. Sans abandonner totalement la pêche, les Acadiens de la région de Bonaventure-Carleton sont donc parmi les premiers en Gaspésie à vivre d'abord des produits du sol et de l'élevage.

Les Loyalistes qui arrivent plus tard, terriens avant tout, s'adonnent en grande partie à ce mode d'existence. Même orientation pour plusieurs immigrants anglais, irlandais et écossais. Ces nouvelles catégories d'habitants, disposant le plus souvent de bonnes terres et en plusieurs cas d'aide gouvernementale, voient leurs terroirs s'accroître et se développer plus rapidement que ceux de leurs voisins acadiens.

Les compagnies de pêche ne voient pas toujours d'un bon oeil cet intérêt pour la culture du sol. Comment compter sur une population occupée aux travaux de la terre. On tente donc de diverses façons de persuader les Gaspésiens de travailler aux pêches. Charles Robin réussit même à convaincre les pêcheurs de Paspébiac de limiter leur propriété foncière individuelle à un lopin de dix arpents. Ils doivent alors tout acheter aux magasins de la compagnie et Robin peut compter régulièrement sur la disponibilité des pêcheurs, déjà peu nombreux pour les besoins de ses entreprises. À l'ouest de Bonaventure cependant, l'idée de travailler la terre s'ancre solidement. Ainsi, selon un témoin, en 1794, les familles du secteur de Bonaventure « firent en grande partie la vie et l'habit du produit des terres qu'elles cultivent; il en est ainsi pour la plupart des habitants depuis la Nouvelle de Carleton, y compris Richmond... Les revenus annuels des terres de ces différentes parties peuvent être considérés valoir aux propriétaires depuis 20 à 50 louis, eu égard au prix que toutes choses s'y vendent. Tous ces habitants ont boeufs, chevaux, vaches, moutons, et autres animaux du pays, dont les différentes espèces s'augmentent considérablement. Deux moulins à eau pour les grains y sont construits: l'un est à Carleton, et l'autre à Bonaventure, surnommée Hamilton; et un troisième a été construit à Carlisle l'année dernière[105]. »

La culture du sol se pratique de façon sommaire et demeure une activité de subsistance. Quant à la partie orientale de la côte gaspésienne, de Paspébiac à Gaspé plus précisément, la pêche y est bonne et constitue le principal pôle d'activité. Des marchands de poissons s'y sont déjà installés et divers postes de pêche apparaissent à plusieurs endroits. Soulignons aussi qu'à l'est de Paspébiac, la bande de basses terres cultivables se fait moins large. Les montagnes se rapprochent du rivage et il est plus aisé de

Le moulin Day, à Bona-
venture, vers 1918. « La
rareté de ces moulins
reste un handicap pour
l'agriculteur. » (ANQ)

tirer sa subsistance des ressources de la mer. Notre même témoin note ainsi: « Paspébiac est un établissement où il y a 25 à 30 familles, lesquelles pêchent beaucoup et cultivent peu. La Nouvelle [Hope], le Port-Daniel, Pabeau, la Grande-Rivière et le Cap-Désespoir sont des peuplades [...] lesquelles pêchent beaucoup et cultivent peu. Percé, l'Ile de Bonaventure, le Barachois St-Jean, la Pointe St-Pierre et la Grande Grave sont des peuplades dont les habitants vivent presque totalement de la pêche[106]. »

Vers 1830, la situation a peu changé. Entre 400 et 500 familles « font de la terre » à la Baie-des-Chaleurs[107]. Interrogé par un comité d'enquête, Joseph Barthe, navigateur de Carleton, affirme: « Dans le comté de Gaspé, c'est la pêche qui les fait vivre, et dans la Baie, c'est l'agriculture. Les entreprises de bois et la construction de bâtiments et la pêche en partie. La plupart c'est la culture des terres qui les fait vivre[108]. »

Les eaux de la baie des Chaleurs étant de moins en moins poissonneuses, les habitants s'intéressent davantage à ce que peut leur fournir la terre. Quant à ceux qui vivent le long de la rivière Ristigouche, la seule pêche possible est celle du saumon et leur labeur se porte donc d'abord sur la culture du sol. Les Micmacs de la Baie-des-Chaleurs, selon l'abbé J.-B.-A. Ferland, font cependant exception et ne cultivent pas, préférant se nourrir des produits de la chasse et de la pêche. Ce sont les seuls habitants de cette région à négliger la culture de façon presque totale. Un de leurs missionnaires écrit: « Mais en général vouloir astreindre les Micmacks à cultiver la terre pour vivre, et les transformer en stables fermiers, est un projet semblable à celui de blanchir des nègres[109]. »

Déjà certaines localités agricoles semblent prospérer le long de la baie des Chaleurs. Ferland remarque ainsi que chaque cultivateur de Carleton possède cheval et charrettes, que ce soit pour voyager, se promener ou travailler la terre[110]. Même la maritime Paspébiac, selon un témoignage assez surprenant du docteur Von Iffland, aurait en 1821 « des champs de blé aussi grands qu'en bien des parties de l'Angleterre, et tous les fruits du jardin en abondance à l'exception des melons[111] ». Si ce témoignage est véridique, Von Iffland n'a pas vu de telles récoltes sur les lopins de terre des pêcheurs, déjà absorbés par leurs travaux en mer, mais plutôt sur les terres de quelques propriétaires terriens aisés ou dans les champs à proximité de la grande ferme que la Charles Robin Company exploite pour subvenir aux besoins de son établissement de pêche de Paspébiac.

CULTIVER POUR SA SUBSISTANCE

Sans doute, la production agricole n'est pas énorme. Elle n'excède pas la consommation et n'a aucune ambition commerciale. Au plus, connaissons-nous quelques cas isolés de commerce, tels celui des Irlandais de Pabos qui fournissent des pommes de terre aux pêcheurs de la côte. L'agriculture reste primitive dans ses techniques et peu productive. Comme dans les seigneuries de la province, les Gaspésiens pratiquent des méthodes de culture inadéquates qui épuisent rapidement les sols. Mais cette culture embryonnaire ne se compare pas avec celle des seigneuries du Saint-Laurent, loin de là. La production du district n'est du reste pas suffisante pour alimenter l'ensemble de la population et la péninsule demeure tributaire des Canadas pour une forte proportion de ses besoins alimentaires[112]. On voit même des pêcheurs manquer de poisson l'hiver. En effet, certains d'entre eux fournissent les navires de la côte jusqu'aux derniers jours de la saison, en espérant qu'il leur restera assez de temps pour faire leurs propres provisions. Mais souvent, l'arrivée soudaine de l'hiver crée une disette de poisson pour de longs mois.

Tableau 3.2. État de l'agriculture dans le district de Gaspé en 1831.

Superficie et culture	Bonaventure	Gaspé et Iles-de-la-M.	Total
Acres occupés	98 364	37 850	136 214
Acres en culture	12 090	6 597	18 687
Minots de blé	5 470	4 872	10 342
Minots d'orge	3 400	1 583	4 983
Minots d'avoine	3 600	1 920	5 520
Minots d'autres grains	704	1 027	1 731
Minots de pommes de terre	426 940	102 525	529 465

Source: Recensement du Bas-Canada, 1831.

Un coup d'oeil sur les statistiques nous permet de dégager quelques considérations sur les particularités agricoles de la péninsule en 1831. D'abord, nous relevons que 13,7% de la surface des terres possédées par des particuliers est livrée à la culture. Le défrichement se fait couramment en mettant le feu dans le bois[113]. Deuxièmement, le blé, comme ailleurs au Bas-Canada, est la céréale la plus cultivée. N'est-ce pas la matière première d'une denrée essentielle, le pain? Mais, de toute évidence, c'est la pomme de terre qui est la base de l'alimentation. Fort nutritif, cet aliment se cultive facilement. Les chiffres confirment aussi la prépondérance agricole du comté de Bonaventure sur son voisin. L'arpenteur Bouchette souligne que la terre de ce comté est très bien adaptée à la culture des céréales, du lin et du chanvre. Le blé, l'orge, l'avoine, les pois et la pomme de terre y rendent bien, précise-t-il, et les prés fournissent du foin en bonne abondance. Les semailles se font ordinairement en mai et les moissons en septembre[114]. La consommation des légumes commence aussi à se populariser chez les Gaspésiens.

Tableau 3.3. Évolution du cheptel dans le comté de Gaspé, de 1765 à 1831.

Bétail	1765	1777	1819	1831*
Bêtes à cornes	9	53	872	2 216
Chevaux	3	—	42	317
Moutons	—	—	885	2 438
Porcs	—	—	603	3 662
Total	12	53	2 402	8 633

* Comprend aussi les Iles-de-la-Madeleine.

Source: RAPQ, 1936-1937, p. 113-116; *RAC*, 1888, p. 20-21; *Journaux de la Chambre d'assemblée*, 1820-1821, app. X (1821); *Recensement du Bas-Canada*, 1831.

En plus de la polyculture, il se fait aussi un peu d'élevage. Le mouton apparaît à la Baie-des-Chaleurs pour la première fois dans le recensement de 1777. Les cultivateurs de cette région élèvent déjà quelques porcs à ce moment-là. En 1831, les Gaspésiens trouvent en cet animal un élément substantiel de leur alimentation. Les bovins, vigoureux, résistants et dociles, sont de très utiles bêtes de trait dans les champs et sur les chemins bourbeux. Les chiffres en attestent. La viande et le lait des bovins ajoutent à leur utilité. Le cheval reste un animal de luxe; il est même plutôt un objet de prestige qu'une utilité de premier ordre. Encore une fois, c'est la Baie-des-Chaleurs qui montre le plus d'intérêt pour l'élevage. On y vend même des bestiaux aux entrepreneurs de bois d'exportation. Vers 1830, selon un observateur, les bons agriculteurs possèdent de douze à quinze bêtes à cornes, un couple de chevaux, trente à quarante moutons et de huit à douze porcs[115]. On nourrit ces animaux en partie du produit des terres et, pour le reste, à même les prés salés dans le lit de la rivière Ristigouche[116].

Cette agriculture vivrière, déjà faible et vulnérable, est soumise maintes fois aux aléas des mauvaises récoltes qui laissent les habitants dans un état de détresse lamentable. Ils doivent alors recourir aux autorités. La famine est particulièrement sérieuse en 1816, en 1833, en 1836 et en 1849 et les Gaspésiens doivent demander du secours. Un observateur fait le bilan de la disette de 1816: « Les récoltes de patates et de toutes espèces de grains ont particulièrement manqué dans leur district, et en conséquence la détresse est extrême entre la Pointe aux Maquereaux et Ristigouche, où les principaux moyens de support pour l'hiver sont tirés du produit de l'Agriculture, les pêches dans cette partie du district n'étant qu'un objet secondaire. [On demande] deux mille six cent vingt-cinq quintaux de biscuit et trois cents quintaux d'Orge ou de Riz, pour cinq mois; ce qui fait environ une livre de Biscuit et deux onces d'Orge ou de Riz par tête, par jour[117]. » En 1833 et en 1836, en plus des récoltes, les pêches sont mauvaises elles aussi. Les magasins des compagnies jersiaises restent vides durant ces périodes maigres. L'entrepreneur William Price écrit: « Aucune maison de commerce n'y a envoyé de provisions, il n'y a pas d'apparence non plus qu'aucune y en envoie, vu que les habitans n'ont aucuns moyens de payer, soit par leur travail ou autrement[118]. » À l'hiver 1849, trois magasins, dont deux à Port-Daniel, se font défoncer et piller durant la nuit par des gens dans la misère.

Un autre problème auquel doit faire face le cultivateur est le prix souvent exorbitant du droit de mouture qu'imposent les quelques propriétaires de moulins à farine, c'est-à-dire près du sixième sur les grains non criblés[119]. La rareté de ces moulins est un handicap pour l'agriculteur. Dans les années 1820, il n'y en a que quatre dans le district de Gaspé, dont trois à la Baie-des-Chaleurs. En 1831, il y en a six et en 1844, huit, répartis également dans les deux comtés; c'est peu pour un territoire aussi étendu.

Ce n'est donc que dans la partie ouest du comté de Bonaventure que l'on s'adonne à la culture du sol de façon significative. Pour les pêcheurs du reste de la côte, le travail de la terre est une activité fort limitée, le plus souvent réservée à la femme et aux jeunes enfants. De même, pour les agriculteurs, la pêche demeure un complément possible et occasionnel. Toutefois, vers 1850, de plus en plus de pêcheurs vivant à l'est de la Baie-des-Chaleurs, face à des problèmes d'endettement et de rareté du poisson et sensibles aux incitations des prêtres-missionnaires, commencent à consacrer un peu plus de temps à l'agriculture, au printemps et à l'automne. Un contemporain peut-être trop optimiste se permet d'écrire vers 1833: « J'ose dire que je crois qu'il y a maintenant la moitié des habitants qui fournissent leur famille de pain, patates, légumes, viandes, du produit de leurs terres. La manière de cultiver les terres dans le district de Gaspé n'est point systématique; ce à quoi l'on doit s'attendre d'une population mixte; mais généralement je crois que la manière de culture, suivie par ceux qui font de l'agriculture leur principal emploi, est aussi bonne que dans le district de Québec, excepté que la culture y est moins étendue[120]. »

Une richesse peu exploitée: la forêt

Aux 18e et 19e siècles, le boisé gaspésien ne fait l'objet que d'une exploitation superficielle. L'hiver, la coupe du bois ne se fait que sur une petite échelle, à des fins personnelles ou locales. Ce n'est vraiment qu'en de rares endroits de la Baie-des-Chaleurs que s'effectue la coupe du bois pour l'exportation. Quelques petits chantiers navals demandent aussi à la forêt certaines de ses essences.

UN COMMERCE PEU ORGANISÉ

Dès les premières années postérieures à la Conquête, des marchands intéressés avant tout par le commerce du poisson gaspésien s'engagent aussi dans le négoce du bois, comme dans celui des fournitures et des fourrures, dans le but de rentabiliser au maximum leurs opérations. Établis à Québec, les marchands McKinzay (Mackenzie), Moore, Finlay, Van Felson et Bootman font pendant quelque temps le commerce du bois de charpente et des mâts des navires à la Baie-des-Chaleurs. Le bois est expédié principalement en Angleterre et plus tard aux Antilles.

Ce bois, du pin principalement, est coupé par les résidents côtiers. Charles Robin écrit à l'automne de 1767 que, deux ans auparavant, les habitants de Bonaventure ont coupé 900 mâts de vaisseaux d'environ 70 pieds de longueur pour les marchands Moore, Finlay et Montgomery[121]. Ces pins rouges équarris sur huit faces sont vendus douze sols du pied linéaire. Robin indique également que cet automne-là, il a vu à Bonaventure quelques navires appartenant à Hugh Montgomery, associé d'Alexander McKinzay, qui venaient d'arriver de Londres pour charger de ces mâts[122].

Dans les années 1760, le petit poste acadien de Bonaventure est le plus populeux de la Baie-des-Chaleurs et la plupart des marchands itinérants s'y rendent pour faire le négoce du poisson et du bois avec les résidents. D'ailleurs, les berges de la rivière Bonaventure sont renommées dès cette époque pour la quantité de solides pins rouges qu'elles offrent et qui donnent un bois de charpente et des mâts de très bonne qualité. De plus, la Bonaventure est une rivière peu obstruée et la descente du bois jusqu'au havre de la bourgade s'effectue très facilement. Le pin de la vallée de la rivière Bonaventure est exploité assez régulièrement au 19e siècle, particu-

Draveurs sur la rivière Ristigouche. (The New Brunswick Museum)

lièrement pour la construction navale le long de la côte. Mais dans le dernier quart du 18e siècle, le commerce du bois devient presque inexistant. John Shoolbred est alors le seul marchand de bois digne de mention à la Baie-des-Chaleurs.

Ce n'est qu'après la guerre anglo-américaine de 1812-1815 que le commerce du bois semble prendre un départ significatif. En 1818, quatre vaisseaux quitteraient le district de Gaspé chargés de bois de construction. Les années suivantes, le nombre des navires venant prendre des chargements de pin augmente de façon notable[123]. L'historien Fernand Ouellet estime à 5 013 tonneaux l'expédition annuelle moyenne de bois gaspésien entre 1818 et 1822. À la Baie-des-Chaleurs, c'est une augmentation de 88% par rapport à la période 1813-1817. Dans Gaspé, la situation reste stable[124]. Le bois canadien bénéficie alors d'une préférence tarifaire sur le marché anglais, déjà avide de bois pour son industrie navale.

Mais les problèmes surviennent au cours des années 1840. Vers 1848, une pétition d'édiles municipaux de la Baie-des-Chaleurs parle même « de ruine du commerce du bois dans le comté de Bonaventure[125] ».

Dans la première moitié du 19e siècle, l'exploitation de la forêt se fait de façon désordonnée. C'est en 1826 que l'on met sur pied un premier système régulier de permis ou licences de coupe forestière sur les terres de la Couronne. En 1842, l'émission de ces licences se fait désormais pour un temps limité. On procède soit par vente privée, soit par enchères publiques. Les quelques compagnies engagées dans ce commerce sont très réticentes à fournir des renseignements aux agents de surveillance gouvernementaux. De façon presque courante, elles coupent plus de bois que ne leur permettent leurs licences. Ainsi, à l'hiver 1842-1843, la firme Arthur Ritchie & Company produit 7 500 tonneaux de bois, soit 3 300 de plus que le maximum fixé par sa licence[126].

LA CONSTRUCTION NAVALE

Dans les dernières décennies du 18e siècle, quelques commerçants, dont le plus important semble être Charles Robin, mettent en service de petits chantiers navals à divers endroits de la péninsule, dont la baie de Gaspé (goélettes baleinières), Pointe-Saint-Pierre, New-Richmond, Bonaventure et Paspébiac. Au 19e siècle, les compagnies de pêche possèdent leurs propres navires marchands pour l'exportation de la morue et l'importation de divers autres biens. Les firmes sont aussi propriétaires de goélettes de moindre tonnage pour la navigation côtière et de barges de pêche que des charpentiers construisent et réparent dans les divers établissements. Des forgerons fabriquent ferrures et grappins, des voiliers confectionnent et réparent les voiles.

La plus grande partie de la flotte marchande de la Charles Robin Company, la principale maison de commerce établie en Gaspésie, est construite dans la péninsule. D'abord, l'approvisionnement en bois est facile et certaines espèces, telles le pin, fournissent un matériau de bonne qualité. C'est durant les guerres européennes de la fin du 18e siècle que Charles Robin se met à construire ses propres vaisseaux à Paspébiac. Il se sert alors du bois de l'arrière-pays de Bonaventure. En 1791, il engage un charpentier pour réparer et construire des bateaux de divers gabarits à la Baie-des-Chaleurs.

En 1792, Charles Robin sort son premier vaisseau de Paspébiac: le *Fiott*. Pendant des décennies, sa compagnie construira ainsi à Paspébiac plusieurs bâtiments au tonnage varié. Vers 1828, elle aurait déjà mis en chantier une vingtaine de goélettes à traits-carrés jaugeant au total 3 790 tonneaux, plus de nombreux navires caboteurs de 30 à 65 tonneaux[127].

Quelques autres entrepreneurs de pêche et des marchands de bois, tels William Cuthbert de New-Richmond et William Ross de Québec, construisent aussi des vaisseaux de commerce. S'ajoutent de nombreux petits constructeurs artisanaux, tels les Annett, les Boyle et les Baker de la région de Gaspé. David J. McDougall estime qu'avant 1800, au moins 41 navires sont construits sur les côtes gaspésiennes, particulièrement à la Baie-des-Chaleurs. Il ajoute que 460 vaisseaux de différents tonnages, principalement des goélettes à deux mâts, sont construits le long des côtes gaspésiennes entre Cap-Chat et la rivière Ristigouche de 1762 à 1895. Sur ce nombre, seulement 68 sont des bricks ou goélettes à traits-carrés[128]. Dans son inventaire de 1815, Joseph Bouchette parle de la construction d'un navire de guerre et de trois ou quatre petits bâtiments chaque année dans les chantiers navals gaspésiens[129]. En 1820, les enquêteurs de la Commission des terres écrivent qu'il y a « plus de seize gros vaisseaux employés annuellement à l'exportation du poisson sec dans le sud de l'Europe, dont la plupart sont construits dans le District, étant de la première classe des Vaisseaux Marchands...[130] ». En 1830, selon Bouchette, il y a quatre chantiers navals dans le comté de Gaspé seulement[131]. Dans la circonscription voisine de Bonaventure, on en compte trois ou quatre autres. Ce ne sont certes pas de grosses entreprises, mais elles permettent à la péninsule de construire une bonne partie des navires de tout gabarit nécessaires à ses activités maritimes. Certaines de ces installations se maintiendront tout le long du 19e siècle.

Le bois est au service du monde de la pêche de bien des façons. Certaines essences, comme le pin rouge et le cèdre, sont employées pour l'assemblage des bateaux qui alimentent les flottilles des armateurs. Le cèdre s'avère encore précieux pour la construction des petits bateaux et des barges, le merisier pour celle des quilles et l'épinette pour les rames. Sur le sol, les vignaux servant à faire sécher le poisson sont construits avec du sapin et les piquets de clôture avec du bouleau. Et, bien sûr, on utilise le bois pour la fabrication de contenants pour le poisson, la construction des habitations et entrepôts et enfin comme combustible.

**LES LIEUX
DE TRANS-
FORMATION
ET D'EXPÉDITION**

Avant 1850, les scieries sont encore peu nombreuses en Gaspésie: une en 1819, cinq en 1827 (sur environ 700 au Québec), quinze en 1844 et trente en 1850[132]. Si l'on remarque une certaine augmentation du nombre des « moulins à scie » vers le milieu du siècle, c'est que, du moins sommairement, le bois est de plus en plus transformé sur place, que ce soit en madriers, lattes, douves ou d'autres façons. Il n'en reste pas moins que la quasi-totalité de ces scieries ne sont encore que de petites entreprises artisanales ne faisant vivre que peu de familles. Dans le comté de Bonaventure, où s'effectue surtout le commerce du bois, ce ne sont que les forêts des environs de New-Richmond, Ristigouche, Bonaventure et Port-Daniel qui sont exploitées. Dans le comté de Gaspé, l'activité forestière s'organise en divers endroits autour de la baie de Gaspé et de la pointe Forillon.

Le premier commerçant de bois d'importance à installer ses quartiers en Gaspésie se nomme William Cuthbert. Dans les années 1810, il s'établit à la Baie-des-Chaleurs, à New-Richmond plus précisément, après avoir accumulé une fortune estimée à $400 000 en Écosse[133]. Il aurait attiré dans la région plusieurs familles écossaises et irlandaises. Ses principales installations sont situées à l'embouchure de la rivière Petite Cascapédia et elles produisent du bois de charpente et du bois de construction navale, ce dernier étant surtout destiné au marché anglais. Avec quelques sous-contractants (*jobbers*), il dirige aussi plusieurs chantiers forestiers le long de certains cours d'eau de la Baie-des-Chaleurs, telles les rivières Cascapédia et Bonaventure. Cuthbert, qui sera député de Bonaventure de 1848 à 1851, possède aussi des magasins et il semble rémunérer ses employés de la même façon que les armateurs de pêche, c'est-à-dire en effets et marchandises. Il leur consent aussi des emprunts garantis par leurs terres, qu'il n'hésite pas à confisquer lorsque les échéances de remboursement ne sont pas rencontrées. Il amasse ainsi un grand nombre de terres, tout en restant régulièrement créancier hypothécaire de plusieurs familles. « À deux ou trois exceptions près, écrit un missionnaire de New-Richmond, tous les catholiques de Cascapédiac étaient dans cette dernière catégorie[134]. »

La Hugh and John Montgomery & Co. est une autre entreprise forestière qui fait affaires dans la région située entre Ristigouche et New-Richmond, où elle a des installations. Son siège social est cependant à Dalhousie au Nouveau-Brunswick. La firme se spécialise dans la construction navale et l'exportation du bois. William Cuthbert ayant trouvé épouse dans la famille Montgomery, son commerce passe dans les mains de cette dernière après son décès en 1854. Une autre entreprise néo-brunswickoise d'importance est celle d'Arthur Ritchie & Co., filiale des Britanniques Pollock, Gilmour & Co., commerçants solidement implantés au Canada. Cette compagnie fait affaires surtout dans les environs de la rivière Ristigouche. En 1842, elle est propriétaire de trois scieries en Gaspésie, soit à la rivière Matapédia, à Maria et dans le secteur de Bonaventure, où elle possède également un magasin et une forge[135].

À ce dernier endroit, le commerce du bois d'exportation se poursuit encore au milieu du 19e siècle. Le bois est acheté par la firme Pollock, Gilmour & Co., qui le transporte à Dalhousie d'où il est acheminé vers l'Angleterre[136]. Le bois de Bonaventure sert aussi à la construction des navires des compagnies maritimes Robin et LeBoutillier, de Paspébiac. Cependant, dans les années 1840, le commerce du bois de charpente est entravé dans ce secteur quand la Gaspé Fishing and Coal Mining Co. achète tout l'arrière des terres. Les habitants ont même, semble-t-il, de la difficulté à obtenir du bois de chauffage[137]. Enfin, Port-Daniel est le dernier endroit de la Baie-des-Chaleurs où se fait l'exportation du bois. L'hiver, les pêcheurs travaillent à amener les billots au rivage pour l'exportation. L'abbé Ferland note qu'en 1835 quatre ou cinq navires ont chargé du bois à cet endroit[138]. On ignore cependant pendant combien de temps cette activité a cours à Port-Daniel.

Dans les environs de Pabos, au début des années 1840, la Gaspé Fishing and Coal Mining Company met sur pied un petit complexe forestier employant jusqu'à 500 hommes. Mais, à la fin de la décennie, des pertes financières obligent la compagnie à fermer ses portes et les établissements sont abandonnés. Plus au nord, dans le secteur de Gaspé, il se fait aussi des chargements de bois. De petites scieries sont construites tout autour de la baie. Charles Davis, par exemple, en bâtit deux vers 1830, l'une à L'Anse-aux-Cousins, l'autre sur la rivière York[139]. La famille Simon fait de même à Indian-Cove en 1841. Ensuite, il faut se rendre dans la région de Matane pour trouver d'autres scieries. À cet endroit, François Buteau, seigneur de Sainte-Anne-des-Monts, construit une scierie vers 1835 et entreprend le commerce du bois[140]. Dans les années 1840, on remarque aussi une certaine activité forestière à l'ouest de Matane, dans le canton du même nom. D'ailleurs, vers 1847, le puissant William Price construit une scierie sur la rivière Tartigou. Price est déjà propriétaire, depuis 1830, d'un grand établissement à l'embouchure de la rivière Mitis[141]. Plus tard, on le retrouvera à Matane et à Cap-Chat.

Au milieu du 19e siècle, le travail forestier est encore peu développé en Gaspésie. Peu d'entrepreneurs importants s'y sont établis. Une bonne partie du bois coupé sert au marché local ou est acheminée au Nouveau-Brunswick avant de prendre le chemin des marchés. Le commerce du bois ne fait vivre, somme toute, que peu de Gaspésiens. Ce n'est que vers la fin du 19e siècle que l'industrie forestière, à la recherche de nouveaux territoires boisés à exploiter, se déplacera vers une région périphérique comme la Gaspésie dont certaines vallées, comme celles des rivières Saint-Jean, Grande Rivière, Pabos, Bonaventure, Cascapédia, Ristigouche et Matapédia renferment une quantité considérable de bois d'exportation. Pour le moment, la grande industrie, c'est la pêche morutière.

7

La morue sèche, moteur de l'économie

Dans la deuxième moitié du 18e siècle, une nouvelle population aux origines et aux cultures différentes s'installe sur le bord du rivage, autour de petites anses, baies, grèves et barachois, le long de la baie des Chaleurs et dans la région de Percé et de Gaspé. Fortement isolée du reste de l'Amérique, cette population oriente son labeur d'abord vers l'économie de la pêche; l'agriculture et le travail forestier n'étant que des activités secondaires. C'est dans la mer beaucoup plus que sur le sol que le Gaspésien puise alors sa subsistance.

Les nouveaux intermédiaires de la pêche

En 1758, le général anglais Wolfe détruisait, dans sa marche de Louisbourg vers Québec, les établissements de pêche français de la côte gaspésienne. Deux ans plus tard, la capitulation de la colonie mettait un terme aux activités des Français dans les pêcheries de cette région de l'Amérique du Nord. En 1763, lors de la Proclamation royale, l'Angleterre satisfait les désirs de quelques-unes de ses autres possessions en détachant de Québec une partie du riche réseau de pêche du golfe Saint-Laurent, donnant l'île d'Anticosti, les Iles-de-la-Madeleine et l'Ile du Cap-Breton à Terre-Neuve et à la Nouvelle-Écosse.

LA RECONQUÊTE DES PÊCHERIES ABANDONNÉES

Londres désirait depuis longtemps déjà mettre la main sur les pêcheries françaises. James Murray, conscient de l'importance commerciale de ces nouveaux gains, écrit en 1762, un an avant d'être nommé gouverneur de Québec, que « le poisson pris sur les côtes [du fleuve et du golfe Saint-Laurent] et dans les baies est bien supérieur à la morue des bancs [de Terre-Neuve], et détient un prix plus élevé sur les marchés étrangers. En outre, les pêcheurs se trouvant sur les lieux commenceront à faire la pêche dès que la saison le permettra pour la continuer jusqu'à l'extrême limite de l'automne; de cette façon, le commerce sera augmenté des produits de deux mois qui représentent des dépenses considérables et ne rapportent pas le moindre profit[1]. »

Immédiatement après la Conquête, plusieurs sociétés marchandes font leur apparition en Gaspésie. Ce sont surtout des négociants anglais de

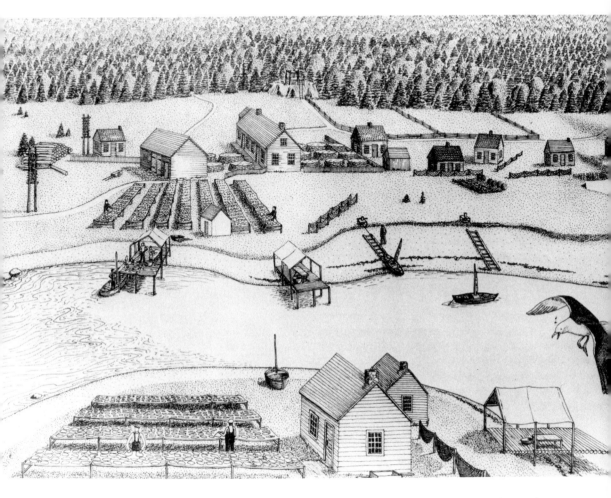

Reconstitution en plongée du « plan topographique du Bourg et du Chenal de Pabos. » Dessin: Alain Ross. Éditeur officiel du Québec.

Québec. Mais la péninsule de Gaspé n'attire pas les commerçants uniquement à cause de ses pêches. C'est de fait un terrain rêvé pour les contrebandiers qui veulent faire passer en fraude les articles et les spiritueux français accumulés à Saint-Pierre et Miquelon[2].

Avant même le traité de Paris de 1763 qui cède le Canada à l'Angleterre, des marchands anglais de Québec, Moore, Finlay et Alexander McKinzay (MacKenzie), se lancent dans l'exploitation des pêches dans les environs de Bonaventure[3]. En 1763, William Van Felson obtient aussi la permission de commercer à la Baie-des-Chaleurs. Un autre Anglais, anciennement employé par Moore et Finlay, William Smith, a un pied-à-terre à Bonaventure avant 1766. Est également présent à la Baie-des-Chaleurs, Hugh

Montgomery, associé d'Alexander McKinzay. Une autre firme, celle de George Walker, a un comptoir à Bathurst (N.-B.) à la même époque. Elle fait aussi du commerce à Ristigouche vers 1766. Le négociant londonien Frederick Dutens est aussi présent sur les côtes de la péninsule dans les années 1760. Pour rentabiliser leurs affaires, la plupart des marchands naviguant alors en Gaspésie pour le commerce du poisson, achètent aussi aux résidents côtiers des fourrures, du bois de charpente et des mâts. De plus, ils approvisionnent la région en marchandises et fournitures diverses.

Peu après la Conquête, deux commerçants canadiens de Québec, Henri Mounier et Jacques Terroux, décident de lancer une entreprise de pêche en Gaspésie. Ainsi, en mai 1764, Terroux achète la moitié du fief de Pabos du seigneur François Lefebvre de Bellefeuille afin de remettre en état cet ancien poste fort ravagé durant la guerre, et pour pouvoir l'utiliser « tant pour la pesche que pour la chasse et la traitte[4] ». L'exploitation fait vite faillite et le général Haldimand achète à son tour la seigneurie de Pabos en juillet 1765. Il tente par la suite de la remettre sur pied et, en 1767, un de ses amis écrit que « les ouvriers de Pabos avaient commencé à bâtir un moulin; ils avaient aussi construit deux schooners et cinq ou six maisons[5] ».

D'autres entreprises anglaises de Québec, d'Halifax ou d'Angleterre, toutes plus ou moins solvables, ont aussi des intérêts dans la région. Quelques-unes font pendant un certain temps de bonnes affaires dans le cabotage mais la plupart échouent rapidement pour diverses raisons, dont la difficulté de recruter de la main-d'oeuvre, le manque de planification et la méconnaissance de ce type de commerce. Les marchands expédient le poisson principalement à Québec, mais aussi à Halifax et aux Antilles anglaises.

La concurrence est d'autant plus vive que l'ouverture en 1763 des zones de pêche gaspésiennes aux autres colonies anglaises fait que les Néo-Écossais et les Américains naviguent aussi le long de ces côtes poissonneuses. Des gens du Rhode Island et de Cape Cod, par exemple, viennent jusque vers 1775 pêcher sur la côte gaspésienne. Ils laissent alors leurs goélettes à Gaspé et se servent de bateaux plus légers pour se rendre entre Cap-d'Espoir et Pointe-Saint-Pierre, secteur occupé par les Européens seulement après 1775[6]. Percé est même désigné dans des papiers de la firme Robin comme un ancien établissement de pêche américain[7]. En 1763, 80 navires de la Nouvelle-Angleterre pêchent dans le golfe et le long des côtes de la péninsule. Ils sont 117 en 1765 et 300 en 1766[8]. La compétition est acharnée entre marchands anglais et américains. En 1771, les entrepreneurs de la Baie-des-Chaleurs envoient une pétition au gouvernement de Québec déplorant le fait qu'on permette le commerce côtier aux Américains. Selon eux, seul leur type d'entreprise peut contribuer au développement et à l'immigration dans la région. Ils contestent même la légalité de la présence des navires de ces autres colonies de l'Angleterre.

Apparaissent aussi des marchands venus des îles anglo-normandes de Jersey, Guernesey, Aurigny et Sercq. Ils vont marquer la vie gaspésienne d'une manière si profonde qu'aujourd'hui encore on en observe des traces très évidentes. Décriés par les uns comme des gens puissants et inhumains, considérés par d'autres comme les principaux catalyseurs économiques du développement gaspésien, ces marchands sont à tout le moins, dès la fin du 18e siècle et tout au long du 19e, les personnages les plus puissants de la péninsule. Maîtres du processus économique de la pêche, leur influence sur les pêcheurs et la société en général est très importante. Comprendre leur organisation, leur système de gestion, le type de liens qu'ils maintiennent avec la population locale, c'est déjà expliquer en bonne partie l'évolution de la Gaspésie jusqu'au 20e siècle. Nous devrons nous en tenir ici aux grandes lignes du sujet, laissant à d'autres le soin d'expliciter cet aspect complexe du passé gaspésien[9].

LE CAS JERSIAIS

Localisons d'abord ces fameuses îles d'où sont venus les renommés capitalistes de la mer. Les îles Jersey, Guernesey et autres sont situées dans le canal de la Manche, entre la France et l'Angleterre, à l'ouest des côtes de la Normandie. L'archipel, de souche et de tradition françaises (normandes), reste fidèle au duc de Normandie après qu'il ait conquis l'Angleterre au 11e siècle. Les souverains anglais lui préserveront toujours son indépendance. Il demeurera très attaché au roi d'Angleterre, ancien duc de Normandie. La situation amène les insulaires à parler à la fois le jersiais, le français et l'anglais, ce qui est un atout dans le commerce. D'autre part, le fait de parler la même langue que les pêcheurs gaspésiens va leur faciliter les premiers contacts.

Il y avait longtemps que ces Anglo-Normands, et en particulier ceux de Jersey, la plus grande des îles, voguaient le long des côtes du golfe Saint-Laurent et de la Gaspésie[10]. Ils étaient au courant des bonnes affaires que les commerçants français faisaient dans l'exploitation des diverses pêcheries. Après la Conquête, ils s'empressent donc d'occuper les anciens territoires français, tels l'île du Cap-Breton, l'île Saint-Jean (Ile-du-Prince-Édouard) et les rives gaspésiennes. Charles Robin dont le nom est encore rattaché au commerce en Gaspésie, est l'un de ces marchands.

Cet insulaire qui allait supplanter, et pour longtemps, tous les autres commerçants gaspésiens, est né en 1743 à Jersey[11]. C'est vers l'année 1765 que l'entreprise maritime Robin, Pipon & Company est créée dans cette île. Charles Robin et ses deux frères, Philip et John, sont actionnaires dans cette compagnie et dans une autre créée peu après sous le nom de Robin and Company. Cette dernière firme marchande fait des affaires au Cap-Breton et la première surtout à la Baie-des-Chaleurs. La Robin, Pipon &

Company possède alors trois bateaux: le *Seaflower*, le *Recovery* et le *Hope*. Charles Robin vient pour la première fois dans la péninsule gaspésienne en 1766 afin d'y explorer les ressources maritimes et déterminer son potentiel commercial.

En 1767, au nom de la Robin, Pipon & Company, il commence à faire des affaires à la Baie-des-Chaleurs et s'installe au barachois de Paspébiac dont il a remarqué les avantages lors de son voyage de l'année précédente. Il y a découvert une sorte de barachois de sable prenant la forme d'un grand triangle édifié par le jeu incessant des marées. Perçu comme un port naturel idéal pour de petits bateaux et le traitement du poisson, Paspébiac devient aussitôt le siège social de Robin en Gaspésie et bientôt l'une des principales plates-formes commerciales de la péninsule. L'établissement d'un poste à la Baie-des-Chaleurs semble aussi déterminé par le fait que la morue y arrive très tôt, que son climat paisible et sans bruine facilite le travail de séchage du poisson et permet ainsi d'atteindre les marchés plus tôt que bien des compétiteurs. Enfin, c'est sur les rives de la grande baie que la population avec laquelle il doit traiter est la plus nombreuse.

En 1767, Charles Robin s'associe avec le marchand de Québec, William Smith. Il est entendu que le Jersiais s'occupe d'organiser des établissements à l'est de Paspébiac tandis que l'Anglais garde le contrôle des postes échelonnés de Bonaventure jusqu'à la rivière Ristigouche. Cette association est éphémère et plus tard Smith s'alliera à un autre entrepreneur anglais, John Shoolbred, pour faire le commerce du saumon de la rivière Ristigouche.

Robin, lui, poursuit son entreprise sur la côte de la Baie-des-Chaleurs, établissant des contacts avec les Acadiens et les Micmacs. Son cabotage est diversifié: approvisionnement des pêcheries en sel, commerce des fourrures sur la rivière Ristigouche et achat de morue, huile de baleine, saumon, etc. Ces contacts établis, il ramène à Paspébiac la morue échangée et ses hommes voient à l'apprêt du poisson. En effet, contrairement aux marchands anglais, qui ont de la difficulté à recruter des pêcheurs, Robin amène de nombreuses personnes de l'île natale pour combler ses besoins de main-d'oeuvre. Il s'est maintenant construit un petit comptoir permanent à Paspébiac, alors que presque tous ses concurrents ne viennent faire le commerce de la morue que l'été. Il dispose dès lors d'un poste côtier continuellement ouvert et il peut recevoir tôt le printemps le poisson des pêcheurs locaux. Il rend ainsi son commerce plus fonctionnel, les glaces et les variations saisonnières n'étant plus un obstacle aux échanges avec les Acadiens.

Vers 1770, Charles Robin est devenu un marchand d'importance moyenne. Les affaires de la Robin, Pipon & Company, dont il est agent à la Baie-des-Chaleurs, ne sont pas des plus florissantes, mais elles sont plus viables que celles de la plupart de ses concurrents. Robin continue de

visiter les résidents de la Baie-des-Chaleurs et à commercer avec eux, échangeant poisson, fourrures... contre aliments, sel, fournitures de pêche... Il se rend même jusque dans le secteur de Percé.

Cette exploitation à partir de postes permanents pouvait promettre des lendemains stables, à condition de pouvoir maintenir en place la population des pêcheurs et de réussir à y intégrer de nouveaux arrivants pour peupler la côte et ainsi étendre le commerce. Charles Robin appuiera donc son exploitation maritime, d'une part sur des pêcheurs résidents, et d'autre part sur une main-d'oeuvre amenée de Jersey ou d'ailleurs pour faire fonctionner la nouvelle organisation ou tout simplement pour pêcher.

Quelques autres entreprises issues des îles de la Manche ont également un pied-à-terre en Gaspésie. Apparues elles aussi après la Conquête, elles disparaissent rapidement pour la plupart. On remarquera en particulier

Le banc de Paspébiac au début du siècle. « Perçu comme un port naturel idéal pour de petits bateaux et le traitement du poisson, Paspébiac devient aussitôt le siège social des Robin en Gaspésie et bientôt l'une des principales plates-formes commerciales de la péninsule. » (APC)

les noms des Guernesiais Helier Bonamy et Nicholas LeMesurier, établis à Grande-Grave, à l'entrée nord de la baie de Gaspé. Vers 1777, ils emploient 58 des 70 engagés de pêche de cette région[12]. Ces premiers commerçants venus de la Manche sont d'abord désavantagés par rapport aux marchands anglais et canadiens. En effet, de 1764 à 1769, une réglementation commerciale britannique obligeant les navires de Jersey et Guernesey à s'enregistrer à un port anglais entrave leur commerce avec la colonie du Canada. Quelques navires de la Robin, Pipon & Company sont ainsi saisis en 1768 par la marine royale anglaise sous l'accusation de commerce illicite[13]. Les Jersiais réussissent peu après à faire abroger cette loi; leurs navires pourront désormais se rendre directement au Canada.

Parmi tous les marchands présents en Gaspésie après la Conquête, Charles Robin est le seul dont le commerce perdure jusqu'à la fin du 18e siècle. Malgré bien des problèmes de douane, de marchandises avariées, de manque de sel ou de pertes de navires, son système d'établissement permanent à Paspébiac, bientôt élargi à Percé et à Grande-Rivière, s'avère une réelle réussite commerciale. Pour les pêcheurs locaux, le crédit que Robin accorde semble alléchant et il devient plus avantageux de vendre à ce marchand qu'à ceux de Québec. Mais au fil des ans, et surtout à partir de la fin du 18e siècle, ils n'auront plus le choix: endettés envers Robin, c'est à lui seul qu'ils vendront leurs poissons[14]. Avant de connaître la prospérité, un épisode va causer beaucoup de difficultés aux pêcheries et au commerce du golfe Saint-Laurent et entraîner de nombreuses faillites: c'est la présence dans les eaux canadiennes de nombreux corsaires américains lors de la guerre d'Indépendance des États-Unis de 1775 à 1783.

LA DIFFICILE RECHERCHE DU PROFIT

Le conflit qui pendant plusieurs années met aux prises l'Angleterre et ses treize colonies au sud du Canada a ses répercussions en Gaspésie, où les Américains harcèlent la mère-patrie et son commerce. Durant cette guerre, des corsaires venus de Nouvelle-Angleterre et plus particulièrement de la région de Boston font de nombreuses incursions le long des côtes de la péninsule et du golfe. Ils pillent ainsi plusieurs comptoirs commerciaux peu ou pas défendus et s'emparent de quelques vaisseaux appartenant aux marchands de la région.

Au début de la guerre, les pêcheries de la Gaspésie vont bon train. On estime en 1777 qu'elles emploient annuellement une moyenne de douze vaisseaux qui exportent 16 000 quintaux de poisson[15]. Un quintal équivaut alors à 112 livres. En juin 1777, Charles Robin expédie à lui seul en Angleterre pour plus de 1 000 livres sterling de fourrures et dix tonnes d'huile de morue et d'huile de baleine[16]. À Paspébiac, une trentaine de pêcheurs européens, principalement jersiais, et une dizaine de familles du lieu ont pris plusieurs milliers de quintaux de morue fraîche en un seul été[17]. De Bonaventure, plusieurs bateaux transportent chaque année des

Poste de pêche de la Charles Robin Company, à Percé, à la fin du siècle dernier. (Collection Livernois, ANQ)

cargaisons de poisson vers les marchés des Indes occidentales (Antilles) et vers l'Europe. Percé est le principal poste de pêche et plus de 400 engagés saisonniers pêchent l'été dans la centaine de petits bateaux que possèdent alors les « chefs de famille[18] ». La pêche commence vers le 15 mai et les morutiers se rendent jusque dans la baie des Chaleurs. Au bout de six semaines, ils reviennent à Percé.

Déjà, avant la guerre d'Indépendance, des escarmouches avaient eu lieu dans le golfe Saint-Laurent entre Américains et marchands anglais et jersiais mais ce n'étaient que des chicanes commerciales. En 1776, par le biais des incursions des corsaires, la présence américaine se fait sentir de façon beaucoup plus inquiétante. Cette année-là, les Américains incendient les magasins de Raymond Bourdages à Bonaventure ainsi que des maisons de pêcheurs[19]. Ils s'en prennent également aux installations d'autres marchands, dont celles de Charles Robin. Au début de l'été de 1777, un des navires de la Robin, Pipon & Company, parti de Jersey pour le Canada, est rejoint par un maraudeur américain. Les Robin, voulant prévenir ce genre d'ennuis, ont averti leurs capitaines de se munir de passeports français et de battre pavillon de ce pays. Le navire intercepté s'en tire de justesse grâce à ce subterfuge, composant astucieusement avec le fait que les Jersiais parlent français. Les autres navires de Jersey en direction du Canada se sont fait escorter par des vaisseaux de la *Royal Navy*.

L'année 1778 est moins heureuse pour les marchands de la Baie-des-Chaleurs. Les Robin se font détruire au printemps leurs embarcations du Cap-Breton. À la mi-juin, deux goélettes américaines, armées de deux canons et de 26 pierriers et montées par une soixantaine d'hommes, prennent d'assaut l'établissement de Paspébiac et mettent la main sur un vaisseau des Robin, le *Bee*. Ils chargent le navire du poisson et des fourrures dont ils se sont emparés et brûlent ce qu'ils ne peuvent emporter[20]. Charles Robin, d'abord fait prisonnier, s'est enfui dans les bois. Le matin du 15 juin, des navires de la marine royale viennent chasser les Américains qui savouraient déjà leur victoire[21].

En juillet de la même année, le *Neptune*, parti pour l'île Miscou (N.-B.), est coulé par un navire de corsaires après que les rebelles eurent transporté dans leur bateau sa cargaison de 1 050 quintaux de morue. D'autres vaisseaux sont aussi pris à l'automne de cette année-là: le *Bee* encore, chargé de morue, de fourrures et de marchandises, le *Otter*, rempli de morue, de pelleteries et d'huile, le *Fox*, chargé de poisson, d'huile, de douves et de farine, le *Norman* et quelques embarcations de plus petite taille, dont l'une est reprise par un navire côtier, le *Saint-Peter*. En cette année 1778, les comptoirs du golfe sont plus ou moins ruinés.

Les marchands William Smith, Charles Robin et Henry Shoolbred obtiennent la présence d'un navire de guerre dans la baie des Chaleurs pour protéger leurs intérêts commerciaux[22]. Prévoyant toutefois un retour des corsaires, les marchands adressent une requête au gouverneur Haldimand pour lui demander d'organiser une protection efficace des pêcheries de la côte[23]. Les commerçants, les pêcheurs et les colons anglais demandent la présence d'un navire militaire au port de Gaspé et une surveillance plus efficace dans le golfe car les petits maraudeurs américains déjouent les navires de guerre anglais patrouillant le golfe. À Gaspé même, on installe des canons et le nouveau lieutenant-gouverneur de la Gaspésie, Nicholas Cox, envoyé dans la région pour mettre sur pied un système de défense, organise un noyau de milice locale. Il demande vainement de l'aide au gouvernement de Québec durant ce conflit. Les pêcheries sont fort affectées par les incursions des rebelles et la circulation des denrées s'avère souvent aléatoire. Aussi plusieurs personnes quittent-elles la péninsule.

Alors que Nicholas Cox trouve que les Gaspésiens francophones sont peu sympathiques à la cause américaine, les marchands de la Baie-des-Chaleurs diffèrent d'opinion. Charles Robin écrit en juillet 1778 qu'il passe par des temps très durs et que les habitants sont « tous gagnés à la cause des Américains[24] ». William Smith aussi trouve que tous les habitants du pays sont devenus les ennemis des Anglais; il décide donc de quitter la Baie. Il écrit au gouverneur Haldimand que les Acadiens et les Canadiens n'offrent aucune résistance aux Américains et qu'ils ont plutôt tendance à les favoriser[25]. Enfin, Henry Shoolbred écrit à son frère que les habitants français favorisent les Américains, lesquels ont aussi gagné les « Sauvages » à leur cause par des présents pris à même les magasins à Ristigouche[26].

Le fait est que, comme un peu partout en province lors de cette guerre, les francophones restent plus ou moins neutres dans ce conflit entre « Anglais » et transigent avec celui qui paie bien. Dans leur guérilla, les Américains n'entravent pas l'activité des pêcheurs locaux, ne s'en prenant qu'aux biens des marchands. Les Acadiens essaient de tirer parti de la situation en considérant les sollicitations des marchands et des corsaires ou en profitant discrètement des pillages des Américains dans les comptoirs ou sur les vaisseaux des marchands.

Les Micmacs, eux, semblent plus actifs. Le missionnaire de Carleton, l'abbé Joseph-Mathurin Bourg, doit même aller calmer ceux de la rivière Saint-Jean au Nouveau-Brunswick que les autorités craignent de voir se soulever. Il se fait en quelque sorte ambassadeur auprès des tribus amérindiennes jusqu'à la fin du conflit. À Ristigouche, un appel à la sédition est lancé en 1778 « à mon cher frère Joseph Claude et autres sauvages Mickmaks » par le comte d'Estaing, vice-amiral de France, alors alliée des colonies rebelles[27]. Suite aux appels du missionnaire Bourg, les Amérindiens ne se soulèvent pas comme on le leur propose mais se livrent à quelques « fugues ». En effet, cette année-là, ils indiquent aux Américains l'endroit où les commerçants de Ristigouche ont caché leurs marchandises et ils en profitent aussi. À un autre moment, les Micmacs de Ristigouche, qu'on disait affamés, pénètrent par effraction dans l'entrepôt des Robin à Carleton et ils y volent, dit-on encore, autant de choses qu'ils peuvent en emporter. C'est un coup de malchance pour Robin qui, cette année-là, a pu sauver ce comptoir des mains des corsaires.

En 1779, grâce aux agissements d'un agent pro-américain, John Allan, il y a d'autres pillages, dont ceux des installations de John Shoolbred à Bonaventure, d'un certain Murray à Carleton et de Raymond Bourdages à Caraquet. Les anglophones de la région menacent de quitter les lieux si on n'envoie pas des troupes pour les défendre contre les Amérindiens en hiver. Le juge Félix O'Hara est d'avis qu'il faudrait envoyer aux Micmacs et aux Acadiens de la Baie-des-Chaleurs un message leur faisant des promesses d'amitié ou de peines suivant leur conduite[28]. Le gouverneur Haldimand menace même d'envoyer une petite armée pour rétablir l'ordre.

Les Américains, eux, sillonnent toujours les côtes. En juin 1780, ils attaquent Percé, mais sont repoussés par le capitaine Peter Fraser et la milice du lieu[29]. Par la suite, ils sont attaqués par le capitaine Tongue à Malbaie. L'année suivante, selon certains témoignages, le village de Percé est presque désert. En juin 1782, deux navires de corsaires attaquent de nouveau le poste de pêche. Les embarcations amarrées sont brulées et les canons jetés en bas des rochers[30]. Ils se rendent ensuite dans la baie de Gaspé, où ils font prisonnier le juge O'Hara, qu'ils libéreront après lui avoir fait subir un procès[31].

L'hiver 1782-1783 est calme. Au cours de cette année-là, le traité de Versailles met fin au conflit et les États-Unis deviennent dès lors un pays indépendant. Dans ce document, il est entendu que les Américains continuent à pouvoir pêcher dans le golfe Saint-Laurent et qu'ils ont la liberté de préparer, saler et sécher leur poisson le long des côtes inhabitées. Cette clause sera fort contestée ultérieurement par les marchands de la péninsule gaspésienne qui trouveront cette présence indésirable, surtout parce qu'elle permet aux Américains de faire de la contrebande avec les habitants. D'autre part, on se plaint que ces voisins du Sud ne se gênent pas pour travailler leur poisson près des lieux habités.

La guerre d'Indépendance américaine a désorganisé le commerce du poisson au Canada. On remarque en effet une baisse de 19,5% dans les expéditions de morue au port de Québec pendant cette période troublée[32]. En Gaspésie, le conflit a laissé des traces profondes: pêcheries plus ou moins désorganisées, démembrement et faillite de plusieurs compagnies et accentuation des différends ethniques, les anglophones n'oubliant pas de sitôt la neutralité souvent bienveillante des Acadiens envers les rebelles et les agissements des Micmacs.

Charles Robin peut donc écrire que la guerre «a appauvri la côte de façon extraordinaire[33]». Les opérations commerciales étant devenues trop incertaines, la pêche n'est plus tournée que vers la consommation locale et plusieurs personnes ont quitté la péninsule. Mais le mouvement est lancé; la machine des Robin a eu le temps de se roder et va se remettre en marche après cette période de perturbations et fonctionner de plus belle pendant encore plus d'un siècle.

La genèse d'un monopole: la firme Robin

De 1763 jusqu'au début des hostilités mettant aux prises l'Angleterre et ses treize colonies américaines, la pêche saisonnière est encore, comme au temps des Français, celle qu'on pratique le plus couramment à la Baie-des-Chaleurs. Charles Robin semble le premier, ou en tout cas l'un des seuls, à sédentariser et à rendre permanente l'exploitation des pêches et il le fait d'abord en un endroit précis: Paspébiac. À partir de 1783, les marchands jersiais prennent en main, et pour longtemps, le contrôle des pêcheries gaspésiennes. Une conjoncture économique et commerciale favorable et un mode d'exploitation efficace vont permettre à la nouvelle Charles Robin Company d'exercer un quasi-monopole dans les pêcheries jusqu'au milieu du 19e siècle.

La Révolution américaine entraîne une réorientation des forces dans les pêches internationales. Cette guerre ferme aux Américains les marchés des possessions britanniques et les ouvre davantage aux autres colonies maritimes de l'Angleterre. Dès la fin des hostilités, le commerce reprend rapidement le long des côtes gaspésiennes. Charles Robin, qui a quitté la Baie-des-Chaleurs à l'automne de 1778 à la suite de la capture de deux de ses navires, y revient au mois de juillet 1783 pour diriger une nouvelle entreprise, la Charles Robin Company. Sont aussi de retour les Guernesiais qui s'étaient installés avant la guerre à la baie de Gaspé, à Grande-Grave plus précisément. On note alors un regain d'activité dans les pêcheries du golfe et en Gaspésie. C'est à partir de ce moment que Robin prend le contrôle des pêcheries les plus importantes de la péninsule, celles de la Baie-des-Chaleurs et de la côte jusqu'à Percé. Cette centralisation se fait au détriment d'anciennes et de nouvelles entreprises anglaises, canadiennes et même jersiaises et guernesiaises qui périclitent rapidement.

Après le traité de Versailles de 1783, une pléthore de commerçants de toutes sortes et de toutes origines se mettent à sillonner la côte gaspésienne à la recherche de profits et de pêcheurs pour leur fournir le poisson. On investit quelquefois de grosses sommes d'argent. Mais la plupart de ces compagnies meurent peu de temps après leur naissance, entraînant dans leur déroute de plus anciennes entreprises. Dans le secteur de Bonaventure, par exemple, des firmes de Québec et de Halifax font faillite en quelques années. William Smith, ancien associé de Robin, avait un capital élevé et

LA RÉORGA-NISATION DES PÊCHERIES

plus de navires que son ex-partenaire de Jersey. Ayant souffert de la piraterie américaine, son entreprise disparaît en 1784, après que son représentant John Shoolbred eut perdu une somme de plusieurs milliers de livres[34]. Après six ans de négoce, la compagnie qui lui succède à Bonaventure tombe à son tour. À cette époque, plusieurs marchands de Québec, tel Peter Bréhaut, construisent des magasins de marchandises à la péninsule de Forillon et font affaire avec leurs clients par l'intermédiaire d'un agent local[35]. Les compagnies de pêche avec intérêts anglais se font cependant rapidement éclipser à la Baie-des-Chaleurs et, vers 1820, les dernières tombent dans la région de Gaspé.

De petites entreprises des îles de la Manche périclitent également: le Guernesiais Thomas LeMesurier fait faillite peu après son installation à la baie de Gaspé; Nicolas Fiott & Co. à Percé, Hamond Dumaresq & Co. à l'île Bonaventure, un certain Johnson à Malbaie, Edward Square et John LeMontais à Pointe-Saint-Pierre, subissent le même sort. À la Baie-des-Chaleurs, les marchands John Lee, Mathew Stewart & Co. et John Rimphoof, tous financés par des fonds anglais, perdent chacun de fortes sommes dans leurs affaires maritimes[36]. Il y a aussi le cas des Jersiais Daniel LeGeyt à Bonaventure et Philippe LeCouteur à Port-Daniel et Miscou qui, après avoir connu certains succès, voient leurs affaires s'effondrer. Pour leur part, les Guernesiais installés à la baie de Gaspé vendent certains de leurs intérêts à la solide maison Janvrin, qui possède quelques établissements dans les colonies atlantiques.

Il y a faillite dans l'ensemble des entreprises maritimes gaspésiennes même si l'on remarque quelques rares succès, tel celui du Loyaliste écossais Daniel McPherson qui maintient ses pêcheries et établissements de provisions à Pointe-Saint-Pierre, Malbaie et Douglastown[37]. En 1802, il se retire à sa seigneurie de l'Ile-aux-Grues mais le travail à Pointe-Saint-Pierre se continue par ses descendants[38].

À part celle de Charles Robin, la seule entreprise maritime d'importance à prospérer en Gaspésie après la guerre d'Indépendance américaine est une autre firme de Jersey. C'est celle des frères Francis et Philip Janvrin. Associés pendant un certain temps aux Robin, ils installent leur première station de pêche à l'île du Cap-Breton vers 1783. Ils sont aussi présents aux Iles-de-la-Madeleine dans les années 1780-1800. Cette firme qui s'implante en Gaspésie vers la fin du 18e siècle, occupe bientôt le deuxième rang derrière la Charles Robin Company par le volume de ses affaires maritimes. Robin et Janvrin transigent dans deux secteurs géographiques différents. En effet, Janvrin fait affaire dans la zone sise entre Percé et le nord de la baie de Gaspé alors que l'autre entreprise jersiaise évolue de Percé jusqu'à l'intérieur de la baie des Chaleurs. La compagnie Janvrin semble aussi avoir été associée à la firme guernesiaise Carteret et Priault, présente à Pointe-Saint-Pierre.

Le *Janvrin*, un navire appartenant à la firme des frères Janvrin. Aquarelle anonyme, 1818. (Coll. privée)

Établissement Janvrin à Grande-Grave en 1841. Photo tirée de Sir Richard H. Bonnycastle, *The Canadas in 1841*, 1841.

Le premier poste des Janvrin en Gaspésie est celui de Grande-Grave, au nord de la baie de Gaspé. Ils s'installent ensuite à l'île Bonaventure en 1798. Avec l'expansion des marchés au début du 19e siècle, ils étendent leur aire d'influence à Rivière-au-Renard, Cap-des-Rosiers, L'Anse-au-Griffon, Malbaie et Pointe-Saint-Pierre. Dans le secteur de Gaspé, au lieu d'éliminer par la concurrence les entrepreneurs guernesiais de Grande-Grave et d'Anse-Saint-Georges, ils procèdent de façon à réduire leur autonomie et à s'en faire plutôt des clients[39]. La présence des Janvrin semble nuire aux marchands québécois Peter Bréhaut et William Sheppard, qui se plaignent au gouverneur Craig en 1810 que les Jersiais ont à Grande-Grave plusieurs édifices sur un terrain pour lequel ils ne possèdent aucun titre[40]. En 1821, leurs installations de Grande-Grave comprennent une maison pour leur agent et quinze bâtiments. À Pointe-Saint-Pierre, ils possèdent une autre maison, six bâtiments et un quai[41]. C'est à Gaspé qu'ils emmagasinent leur poisson pour l'exportation. Les établissements Janvrin sont gérés par des commis et la famille jersiaise semble ne jamais s'être établie dans la péninsule.

Il faut noter que sans sa solide organisation et l'efficacité des méthodes de gestion qu'elle avait développées, une compagnie comme celle de Charles Robin aurait pu faire faillite à son tour. En effet, à cette époque où l'Europe subit plusieurs conflits armés qui déstabilisent et bouleversent les marchés, l'approvisionnement des côtes gaspésiennes se fait d'abord par Québec de préférence au vieux continent. Durant la guerre entre la France et l'Angleterre, de 1793 à 1796, Robin perd de fortes sommes d'argent, des navires et, en 1796, le marché espagnol. C'est ce qui explique la prédominance du commerce avec Québec et aussi l'exportation aux Antilles anglaises, et ce, jusque vers 1820, favorisant ainsi le cabotage[42]. Les marchés sont assez diversifiés et souvent ce sont les capitaines eux-mêmes qui cherchent un endroit pour écouler leur cargaison. Ce n'est que vers 1820 que les marchés se stabilisent vraiment.

Entre 1804 et 1814, les guerres opposant Napoléon et ses alliés à l'Angleterre et à une partie de l'Europe obligent les protagonistes à s'approvisionner en denrées alimentaires faciles à conserver et à transporter, telle la morue séchée. Ainsi, l'Angleterre, surtout lorsque les côtes de l'Europe lui sont interdites par le blocus naval de Napoléon, doit s'approvisionner dans ses colonies. Le prix de la morue monte alors jusqu'à six livres sterling le quintal. Malgré cette demande accrue, les marchands jersiais oeuvrant en Amérique du Nord sont aux prises avec la flotte française, qui les pourchasse; ils perdent ainsi de nombreux navires.

Il n'en demeure pas moins que le commerce du poisson séché est en plein essor dans cette première moitié du 19e siècle, particulièrement après 1815. De plus, l'ouverture récente du marché des Etats-Unis et de l'Amérique du Sud ajoute un élément nouveau à cette conjoncture florissante pour les

Pointe-Saint-Pierre en 1866. Thomas Pye. (MRG)

armateurs jersiais. D'autre part, les Janvrin et surtout Charles Robin ont la possibilité de renforcer leurs positions sur le marché européen et méditerranéen et, débarrassés d'un grand nombre de compétiteurs locaux, d'étendre et de solidifier leurs assises en Gaspésie. C'est l'époque de la montée en flèche de la Charles Robin Company.

LA SUPRÉMATIE DE LA CHARLES ROBIN COMPANY

Tous les écrits du temps témoignent de l'emprise de la compagnie de Charles Robin sur la région s'étendant entre Percé et l'intérieur de la baie des Chaleurs. On parle toujours abondamment du phénomène Robin, de son organisation particulière et de son pouvoir sur les pêcheurs et les habitants de cette grande partie de la côte, où se regroupe la majorité de la population péninsulaire. On a même souvent exagéré l'importance de ce marchand, contribuant à le mythifier à outrance.

Au cours du 19e siècle, la pêche devient en Gaspésie une entreprise lucrative. De 1811 à 1837, les rapports de douane révèlent que les exportations de morue sèche à partir du port de Paspébiac augmentent de 182,7%[43]. C'est que le poisson séché est une denrée non périssable et fort en demande. Même chose pour l'huile de foie de morue, car jusqu'à la découverte du pétrole et des huiles lourdes, l'huile animale demeure essentielle pour l'éclairage et pour le graissage des machines, qui constituent la base de la nouvelle société industrielle en Europe. En plus de son commerce avec l'étranger, la firme de Jersey ravitaille la péninsule en sel, en agrès de pêche, en boissons et en produits manufacturés.

La grande force de la Charles Robin Company résulte de son système d'exploitation rationnel et bien coordonné. Tous les éléments de la réussite y sont: présence quasi monopolistique sur le territoire gaspésien, marchés sûrs et en expansion, produit de qualité apprécié par les acheteurs, flotte marchande autonome et système d'approvisionnement, d'échange et de crédit très rentable avec les pêcheurs qui dépendent de la compagnie. Ayant pu profiter de l'expansion du marché européen à la fin du 18e siècle, il ne reste plus à Charles Robin qu'à prospérer. Sa compagnie va bientôt devenir la première société marchande d'envergure en Gaspésie. L'abbé J.-B.-A. Ferland qui, comme plusieurs autres, a contribué à mythifier le personnage, va jusqu'à écrire qu'au début du siècle « les profits du commerce furent si considérables pour M. Charles Robin, qu'il ne savait plus où placer ses capitaux[44] ».

Installé dès 1767 à Paspébiac, il fait de cet endroit son quartier général en Amérique. La pêche y est cependant moins importante que dans d'autres établissements de la compagnie. On y privilégie d'abord certaines activités, telles la construction navale et l'emmagasinage du poisson et des marchandises. Vers 1776, Robin s'établit à Percé, longtemps le centre de pêche le plus actif et le plus important de la côte. Son troisième grand poste est situé à Grande-Rivière, une seigneurie qu'il acquiert en 1793. Avant 1860, il possède aussi des établissements de pêche à Caraquet (1844) et à Newport (1854) et des magasins à Bonaventure, à Cascapédia et à Carleton.

L'exploitation de plusieurs zones de pêche est d'ailleurs une autre formule à succès des Jersiais pour rentabiliser leurs opérations. Ainsi, on peut combler les pertes et les déficits encourus dans une région par les gains enregistrés dans une autre, compenser une mauvaise saison de pêche dans un endroit par une bonne saison ailleurs et balancer les pertes de certains pêcheurs par les gains des autres[45].

La compagnie Robin possède ses propres navires qui font la navette Amérique-Jersey-Europe. Ces vaisseaux transportent le poisson sur les marchés extérieurs et rapportent aux comptoirs de la côte les marchandises, agrès, sels, etc., nécessaires aux établissements riverains. Ils amènent aussi plusieurs travailleurs de Jersey et même des immigrants. Les principaux marchés de la compagnie à l'époque sont les ports d'Espagne et du

Portugal, l'Angleterre, l'Italie, le Brésil et le Québec.

En plus de la production de ses propres établissements de pêche, Robin achète également le poisson des pêcheurs établis tout le long de la côte, au sud de Percé. Ces « clients » sont généralement endettés vis-à-vis Robin qui a perfectionné, à son retour d'Europe en 1783, un système de troc et de crédit avec les pêcheurs de la Baie-des-Chaleurs. Ceux-ci sont approvisionnés par la compagnie qui leur fait crédit en retour de leurs prises. La valeur de celles-ci étant généralement inférieure à celle des marchandises créditées, ils se retrouvent, pour la plupart, sous le contrôle plus ou moins serré et permanent de la firme de Jersey. D'un autre côté, la compagnie Robin se tisse un réseau d'alliances auprès des autorités régionales et coloniales. Ainsi le Jersiais se fait-il concéder facilement de grandes étendues de rivage et plusieurs terres qu'il vend ensuite en partie aux pêcheurs. Il est aussi créancier hypothécaire de nombreux péninsulaires.

De même, il obtient diverses gratifications et privilèges qui lui sont toujours utiles dans ses affaires. Il reçoit ainsi certains mandats de juge ou de commissaire-enquêteur; il fait aussi ouvrir un bureau de douane à New-Carlisle près de son établissement principal de Paspébiac; il contribue à faire élire facilement des députés tel Edward O'Hara, le frère de Henry, officier de la douane de Paspébiac et fils de Félix, juge provincial du district et représentant du lieutenant-gouverneur de la Gaspésie.

Au début du 19e siècle, Charles Robin associe deux de ses neveux à la direction de ses affaires et, en 1802, il décide de ne plus retourner en Gaspésie. Devenu riche, il laisse en 1824 la direction de la compagnie à son neveu Philip. Quant ce dernier prend sa retraite, il est remplacé par son frère James. Les neveux de Charles Robin dirigent la maison à partir de l'île de Jersey, où se trouve le siège social de la firme. En Gaspésie, ce sont des commis jersiais, placés à Paspébiac, à Grande-Rivière et à Percé, qui gèrent les affaires selon les instructions venant de l'île natale. L'agent principal réside à Paspébiac. L'influence de la famille Robin ne se fait plus sentir qu'à distance.

Tout au long du 19e siècle, la maison jersiaise est reconnue pour son conservatisme, ne permettant aucune innovation et s'en tenant aux anciens usages. Une vieille histoire rapporte qu'un jour un de ses charpentiers qui avait construit un brick pour le service côtier avait été très sévèrement blâmé parce qu'il avait donné une poupe carrée au navire, alors que l'usage de la maison voulait que les bateaux se terminent en cul-de-poule. Le malheureux charpentier dut refaire la poupe et revenir à la forme traditionnelle. L'exemple peut sembler caricatural mais il illustre bien l'esprit de la maison de Jersey, qui s'exprime aussi dans ses rapports sociaux avec la population et dans son style de fonctionnement.

Les établissements de la compagnie jersiaise sont devenus au 19e siècle d'importantes plates-formes commerciales. Vers 1830, celui de Paspébiac comprend huit habitations, dix magasins, une réserve de sel, une voilerie, un atelier de garniture et onze hangars[46]. Une vingtaine d'années plus tard, celui de Percé compte une trentaine de bâtisses, occupant presque un quart des anses de l'endroit. Les Robin y « tiennent ordinairement 60 berges qu'ils donnent à des Paspébiacs[47] ». Les fournitures et marchandises importées d'Europe valent plus de 10 000 livres sterling. Les exportations hors du district sont de 22 000 à 27 000 quintaux de morue sèche, d'environ 100 barils de poisson mariné et de 30 à 50 tonnes d'huile de foie de morue[48].

Au 19e siècle, la compagnie embauche plusieurs centaines de pêcheurs et gens de terre, plus quelque 100 à 150 employés non affectés directement à la pêche ou à la transformation du poisson[49]. Vers 1830, quelques centaines de familles vivent principalement du commerce avec la Charles Robin Company, qui les approvisionne en sel, en agrès et en marchandises de toutes sortes[50]. La compagnie n'a jamais trop de pêcheurs et c'est pourquoi elle a même à Saint-Thomas de Montmagny un recruteur: Thomas Proux, de 1820 à 1832, et Jean-Baptiste Boulet, à partir de 1833[51]. Elle a aussi des représentants ou courtiers dans les principales localités où elle s'approvisionne et où elle vend sa production: Québec, Halifax, Naples, Liverpool et Londres. La Charles Robin Company est donc devenue une entreprise prospère exerçant un quasi-monopole en Gaspésie jusqu'en 1830-1840.

L'ARRIVÉE DE SOCIÉTÉS CONCURRENTES

La concurrence qui, un peu avant le milieu du 19e siècle, commence à menacer la puissante maison Robin germe en bonne partie dans l'entreprise elle-même, c'est-à-dire par l'initiative d'anciens employés. Ainsi en est-il de John LeBoutillier et de William Fruing, auxquels s'ajouteront plus tard John Fauvel, les frères Collas, Elias et Edward De La Parelle et quelques autres. Depuis la fin du 18e siècle, une seule autre compagnie jersiaise a une certaine envergure en Gaspésie: la firme Janvrin. Le système de fonctionnement des Janvrin, comme celui des autres commerçants, s'aligne dans son ensemble sur celui régissant la Charles Robin Company.

Vers 1833, le Jersiais John LeBoutillier (LeBouthillier), ancien commis et gérant des Robin à Percé, se lance dans l'exploitation des pêches à cet endroit. En 1835, il s'associe avec un marchand de Québec, François Buteau, caboteur et propriétaire de la seigneurie de Sainte-Anne-des-Monts, où il fait la pêche. Selon l'abbé J.-B.-A. Ferland, à cette époque « trois compagnies occupent une large part du commerce de poisson, dans le district de Gaspé, ce sont les maisons Robin, Janvrin, Buteau et LeBoutillier[52] ». Dès lors, dit-on, la compagnie Robin s'inquiète du commerce expansionniste de la firme des associés LeBoutillier-Buteau. Cependant, quelque temps après, l'association entre les deux marchands s'effondre. Plus tard, la John LeBoutillier & Co. ouvrira des succursales à L'Anse-au-

Griffon, à Sainte-Anne-des-Monts, à Mont-Louis et possédera des entrepôts au bassin de Gaspé.

En 1838, d'autres Jersiais anciennement employés eux aussi par la firme
Robin, les frères David, Amy et Edward LeBoutillier se lancent en affaires
en Gaspésie. La LeBoutillier Brothers, qu'il ne faut pas confondre avec
l'entreprise de John LeBoutillier, s'installe d'abord au barachois de Paspébiac, à l'ouest de Robin, et en 1845, à l'île Bonaventure. Elle semble aussi
présente à la pointe Miscou (N.-B.). Cette compagnie devient vers le milieu
du siècle la principale exportatrice de morue séchée après la Charles Robin
Company.

William Fruing, agent-chef de la compagnie Robin à Paspébiac, quitte
la maison-mère vers 1830 et se lance en affaires au Nouveau-Brunswick, à
l'entrée de la baie des Chaleurs plus précisément. En 1832, il a à son service
60 barges de pêche à Shippagan et une vingtaine à la pointe Miscou[53]. Une
douzaine d'années plus tard, il commence à racheter les principales installations de la vieille maison Janvrin, qui passe entre ses mains en 1855[54]. La
William Fruing & Company s'installe surtout dans de nouveaux secteurs
de pêche, au nord de la baie de Gaspé. Son chef-lieu est alors Grande-
Grave.

En ce milieu du 19e siècle, d'autres entreprises surgissent aussi: William
Hyman, Juif d'origine russo-polonaise, s'établit à Grande-Grave vers 1845;
les Jersiais John et Elias Collas achètent à Pointe-Saint-Pierre l'établissement qu'un certain Henry Johnston a lui-même acquis auparavant de la
firme Janvrin; John Fauvel, un autre ancien commis des Robin, fait aussi
du commerce à Pointe-Saint-Pierre peu après 1850. La firme jersiaise
Hamond et LeGros est aussi présente dans la région de Newport vers
1830-1835.

Une entreprise formée d'actionnaires anglais, la Gaspé Fishing and Coal
Mining Company, voit le jour au début des années 1840[55]. Une loi lui
accorde le pouvoir de posséder des terres et de faire le commerce du poisson
car « l'amélioration des pêcheries britanniques dans le golfe Saint-
Laurent, la Baie des Chaleurs et autres lieux sur les côtes de la province du
Canada est d'une immense importance[56] ». Quelque temps après son accréditation, le procureur de la compagnie écrit qu'elle a fait à Pabos « l'érection d'une grève ou établissement de pêche considérable, avec tous les
édifices nécessaires à la construction de vaisseaux et bateaux; et ils ont
maintenant rendus sur les lieux, tous les matériaux nécessaires pour
accomplir leurs opérations[57]. » Puissante financièrement, la compagnie
fait aussi de l'exploitation forestière et de la spéculation foncière. Elle
ouvre plusieurs magasins le long de la côte[58].

Cependant, les pratiques commerciales et l'inexpérience de ses agents
locaux lui occasionnent rapidement des problèmes. Par exemple, les
agents surestiment la productivité moyenne des pêcheurs, ce qui les amène

à instaurer une politique de crédit beaucoup trop généreuse, réduisant bien vite la marge de profit de la compagnie dans ce secteur d'activité[59]. Cette entreprise anglaise, que son rival jersiais James Robin appelle la « Gigantic Company », cesse de faire parler d'elle au début des années 1850, quelque temps après une révolte de ses ouvriers qu'elle n'a pu payer[60]. Elle conserve cependant ses terres, dont la seigneurie de Pabos. Le commandant Pierre Fortin du Service de protection des pêcheries constate lors d'une de ses premières visites en Gaspésie : « La compagnie de Gaspé [...] a fait construire sur la rive sud de la rivière Pabos de grands et magnifiques bâtiments pour l'exploitation des pêcheries sur la côte. Elle avait en outre des chantiers de bois et une scierie [...] Mais quelques années après son établissement, cette compagnie fit, dit-on, des pertes considérables, et interrompit ses travaux d'exploitation des pêcheries et des bois. Depuis, les bâtiments qui forment ce magnifique établissement n'ont pas été occupés et la population qui habitait cette partie de Pabos est allée s'établir ailleurs[61]. »

Quant aux commerçants canadiens, ils sont presque absents des pêcheries gaspésiennes à l'époque. Mentionnons cependant les noms de François Buteau, établi à Sainte-Anne-des-Monts dans les années 1830, et des frères Georges et Ferdinand Boissonnault, qui possèdent un magasin et un établissement de pêche à Bonaventure, à côté des bâtiments des Jersiais. Selon toute vraisemblance, cette entreprise ne dure pas longtemps car en 1856 l'inspecteur du Service de protection des pêcheries, en visite à Bonaventure, affirme qu'il n'y a plus à cet endroit de grands établissements de pêche à la morue et que les pêcheurs vont maintenant sur la côte nord du Saint-Laurent[62].

Au milieu du 19e siècle, les Robin ne sont donc plus seuls. Ils font face à de solides concurrents. La compagnie garde toujours, malgré la présence de la LeBoutillier Brothers, le contrôle de la majorité des établissements de la Baie-des-Chaleurs jusqu'à Percé. De là jusqu'à Rivière-au-Renard et même plus loin à l'ouest, plusieurs armateurs, dont les principaux sont John LeBoutillier et Janvrin-Fruing, commencent à organiser et développer de nouvelles pêcheries.

Sur le littoral nord gaspésien, à l'exception de quelques pêcheurs isolés, les premiers postes que l'on rencontre à l'ouest de Rivière-au-Renard sont situés à Cap-Chat et à Sainte-Anne-des-Monts. À ce dernier endroit, une cinquantaine de familles font la pêche. Dans la région matanaise, cette activité demeure encore l'un des moyens de subsistance les plus importants de la population. Mais la carence des transports semble nuire à la mise en marché de la production locale. Les pêcheurs de cette partie du littoral vendent leurs surplus de poisson à des marchands d'occasion venus faire du cabotage le long de la côte. Il est à noter que les compagnies jersiaises ne sont pas présentes à l'ouest de Sainte-Anne-des-Monts.

Malgré leur apparente vitalité, les pêcheries gaspésiennes doivent compo-
ser avec la présence de concurrents sur les eaux du golfe Saint-Laurent et de
la baie des Chaleurs. Les principaux sont les Américains. On sait que le
traité de Versailles de 1783 leur permet de pêcher au large des eaux canadiennes. Plusieurs objections à cette autorisation sont alors acheminées au
gouvernement de Québec. Le juge Félix O'Hara se plaint ainsi de la
contrebande de ces voisins du Sud avec les colons et les pêcheurs. Selon lui,
on ne pourra la faire cesser tant que les Américains auront la permission de
saler leur poisson sur les rives.

En 1788, le parlement anglais adopte une loi régularisant les activités de
la pêche autour de la péninsule. Désormais seuls les sujets britanniques ont
le droit de pêcher dans les eaux gaspésiennes et traiter, saler et sécher leur

**LA PRÉSENCE
AMÉRICAINE**

poisson sur les rives publiques de ce territoire. Les différends qui peuvent survenir doivent être réglés par deux juges de paix du district; les recours en appel peuvent être entendus par le lieutenant-gouverneur de Gaspé ou par un juge des plaids communs. Charles Robin est nommé à ce dernier poste la même année. La loi prévoit en outre la nomination d'inspecteurs des pêches. Hugh Munro est appelé à occuper ce poste pour le district de Gaspé.

Mais les Américains trouvent moyen de contourner la loi. Robin et les principaux marchands se plaignent en effet que plusieurs de leurs bateaux, exclus par la loi de 1788, se servent de registres d'Halifax pour venir en toute sécurité pêcher dans la baie des Chaleurs[63]. Les Américains puisent dans les eaux du golfe Saint-Laurent et des côtes de la péninsule de fortes quantités de poisson. Leurs navires ne font qu'un seul voyage par saison, emportant, dans les années 1800, environ 33 000 quintaux de poisson, surtout de la morue. Ils en exportent une bonne partie en Espagne et au Portugal. Dans la décennie 1810, leur présence se fait moins assidue, à cause surtout de la guerre anglo-américaine.

La situation évolue bien peu lors de la convention de 1818, les Américains se voyant garantir le droit de pêcher dans les eaux canadiennes mais à une distance minimale de trois milles marins des côtes. Les pêcheurs des États-Unis n'ont pas le droit de traiter et de sécher le poisson dans les baies et havres de la péninsule gaspésienne mais on leur accorde la permission de s'y arrêter pour faire la réparation de leurs navires, pour les urgences, l'approvisionnement en eau, etc.

Après l'accalmie des année 1810, ces voisins reviennent en grand nombre pêcher la morue et le maquereau. L'expansion de leur marché intérieur et le développement de leurs plantations du Sud remplies d'esclaves à nourrir ouvrent de nouvelles avenues. La convention de 1818 est à peine signée que les Américains se voient accusés de la transgresser par Robert Christie[64] et divers marchands et notables, non sans exagération parfois. Une lettre de la compagnie Robin rend ainsi les Américains responsables de la détérioration des pêches à la Baie-des-Chaleurs: « La pêche a tellement diminué dans la Baie-des-Chaleurs, depuis la dernière Paix avec les États-Unis, qu'à Tracadiach [Carleton] et Cascapédia [New-Richmond] endroit où ceux qui faisaient la pêche trouvaient un avantage à établir des Pêcheries régulières réussissent à peine depuis quelques années à prendre du Poisson au-delà de ce qui est nécessaire pour leur propre usage: et le surplus peut à peine couvrir la dépense de l'équipement. À Bonaventure, New-Carlisle, Paspébiac, Nouvelle, et au Port-Daniel, le Poisson diminue annuellement, hors de la Baie, tant au Nord qu'à l'Est, et vers Percé, etc. depuis la période susdit, une diminution considérable s'est fait ressentir dans ces pêches quoiqu'elle ne soit pas à comparer avec celle de la Baie[65]. »

Dans le même sens, la Commission des terres Taschereau-Duchesnay écrit en 1820 que « pendant la dernière guerre Américaine [1812-1814] lorsque l'entrée du golfe fut défendue aux pêcheurs Américains, la pêche à la morue le long de la côte produisit plus que de coutume, depuis la guerre et le retour de ces pêcheurs, elle a sensiblement diminué[66] ». Quoi qu'il en soit, les Américains seront présents le long des côtes canadiennes tout au long du 19e siècle. Moses Henry Perley, dans un rapport sur les pêches de la région, avance le chiffre de 700 à 800 navires américains sillonnant annuellement le golfe Saint-Laurent vers 1850[67]. Les pêcheurs français sont aussi de la partie. Fixés à Saint-Pierre et Miquelon, ils sont surtout présents dans les eaux terreneuviennes. Perley estime à 360 le nombre de leurs navires naviguant dans le golfe[68]. Enfin, à ces nombreux pêcheurs étrangers, s'ajoutent ceux des autres colonies anglaises de l'Atlantique, en particulier les Néo-Écossais.

En 1823, un comité d'enquête de la Chambre d'assemblée se penche sur les problèmes de l'industrie de la pêche au Bas-Canada. Les témoignages entendus alors sont riches en observations sur les diverses sortes de pêche, la présence américaine le long des côtes et certaines pratiques de capture du poisson et de mise en marché de la morue.

LES PÊCHERIES DÉSAVANTAGÉES

Il semble évident qu'à cette époque, les pêches de la Baie-des-Chaleurs stagnent, alors que celles de la côte de Gaspé sont plutôt florissantes. Dans la décennie 1820, les exportations de morue enregistrées au port de Gaspé dépassent celles du port de Paspébiac. On dit qu'une barge qui prenait 300 quintaux de poisson n'en prend maintenant difficilement que 150. Bien sûr, il y a la présence des étrangers, mais il y a aussi le nombre croissant de postes de pêche le long des côtes du golfe Saint-Laurent et de la péninsule, qui fait que chacun trouve les eaux moins poissonneuses. Quelques témoignages soulignent aussi que les détritus de poisson jetés à la mer sont nocifs à la morue, parce qu'en s'en nourrissant elle ne mord plus ou « parce que, dit-on, les os que mange le poisson le font mourir, et cela le chasse[69] ». D'autres estiment que ces détritus rendent les eaux impures, tuant les oeufs du poisson ainsi que le fretin. Exagérées ou non, les difficultés de l'industrie morutière à la Baie-des-Chaleurs font que cette zone perd de son importance au profit de la côte de Gaspé, particulièrement entre Port-Daniel et Pointe-Saint-Pierre, région plus poissonneuse, où les pêcheries se développent sans cesse. Les pêcheurs de la Baie-des-Chaleurs s'y rendent de plus en plus nombreux.

Vers 1830, selon Joseph Bouchette, plus de 1 800 personnes font la pêche dans le district de Gaspé[70]. La population totale est alors d'environ 7 500 habitants. Le même auteur fait également état de 441 embarcations pour la pêche côtière et de quinze pour celle des rivières dans le comté de Gaspé, alors que dans celui de Bonaventure, les chiffres sont respectivement de 297 et de 49[71].

L'enquête de 1823 montre que la pêche au hareng a elle aussi diminué. Les contemporains tendent à croire qu'une des raisons principales de cet état de fait est que l'on utilise en trop grande quantité cette espèce pour engraisser le sol. De plus, la technique de pêche à la seine (filet) lui serait néfaste. Le saumon des rivières de la Baie-des-Chaleurs semble aussi en danger et la cause principale de sa raréfaction serait le fait qu'on barre les chenaux des rivières avec des filets, empêchant ainsi le poisson d'y passer pour aller frayer. Il y aurait aussi les Micmacs qui, semble-t-il, pêchent le saumon trop tôt dans les rivières, avant même le frai.

Des témoins déplorent enfin la piètre qualité du poisson exporté. Ainsi, du poisson de qualité très inégale est indistinctement envoyé à l'étranger. Quant aux inspecteurs, « quelques fois, [ils] ont estampé des quarts avant qu'ils fussent pleins, et les ont ensuite envoyés aux Marchands qui les ont remplis avec ce qu'ils voulaient[72]. »

Le comité recommande au gouvernement de procéder à une réglementation plus complète et mieux adaptée aux circonstances en légiférant pour empêcher la disparition du poisson, surtout du saumon, et pour instaurer des mesures obligeant les pêcheurs étrangers à respecter les traités et à s'abstenir de jeter des débris de poisson à l'eau. On demande également que le poisson soit mieux inspecté, trié et marqué avant l'expédition et qu'une prime soit accordée à l'exportation. On suggère enfin une remise des droits perçus sur le sel utilisé pour le traitement du poisson et une autre remise sur la taxe de 2,5% imposée par une loi de 1813 sur la valeur du matériel de pêche acheté à Québec et à Montréal ou bien importé du Royaume-Uni[73]. Les marchands se plaignent souvent de ces lois fiscales sur les importations. Ils les considèrent très nuisibles pour concurrencer les autres colonies atlantiques, exemptes de ces taxes.

En 1824, une loi donne suite à quelques suggestions de cette commission, mais la plupart des problèmes persistent. Ainsi, après l'adoption de la loi, on entend encore plusieurs témoignages au sujet de nombreux abus dans la classification et l'empaquetage du poisson. Les inspecteurs ont souvent des intérêts dans les affaires maritimes et plusieurs manquent de qualification. Il y a aussi le cas de ceux qui volent à d'autres leurs sites de pêche ou lots de grève.

Les mesures fiscales du gouvernement du Bas-Canada n'améliorent pas les choses. La concurrence est acharnée sur les marchés internationaux, où les colonies anglaises de l'Atlantique (Nouveau-Brunswick, Nouvelle-Écosse, Terre-Neuve), favorisées par des exemptions d'impôt et des primes gouvernementales, l'emportent souvent haut la main sur le Bas-Canada. Au Nouveau-Brunswick, par exemple, on accorde vingt chelins par tonneau pour les navires qui vont pêcher sur les bancs et au Labrador, à condition qu'ils y restent quatre mois ou jusqu'à ce qu'ils aient pris dix quintaux pour chaque tonneau. Ces voisins bénéficient aussi d'une prime de dix deniers par quintal sur leur poisson après l'avoir salé et vendu. Le marchand François Buteau explique ainsi que les trois goélettes qu'il a envoyées au Labrador en 1829 n'ont pas payé les dépenses « parce que les bâtiments qui avaient fait la pêche au même endroit que moi, avaient une prime de vingt chelins par tonneau, et neuf deniers par quintal que je n'avais pas, et il a fallu vendre mon poisson au même prix qu'eux[74] ».

L'attitude des autorités du Bas-Canada s'explique quand on sait qu'un Louis-Joseph Papineau affirme en Chambre que « créer un pêcheur, c'est enlever un cultivateur à la terre, c'est encourager l'industrie la moins convenable au pays car l'agriculture sied plus au Canada que la pêche[75] ». Si les pêcheurs ne prospèrent pas, selon lui, c'est le signe de la non-rentabilité de leur occupation. S'ils deviennent plutôt agriculteurs, ils pourront échanger leur production contre du poisson. « Quelle importance peut-il y avoir, dit Papineau, à ce que le poisson provienne de la Gaspésie ou de la Nouvelle-Écosse ou du Nouveau-Brunswick[76]? » La méconnaissance de cette activité et de ses vrais problèmes en amène plusieurs, dont Papineau, à opposer l'industrie de la pêche aux intérêts agricoles de la province. Aussi, il n'est pas surprenant de voir celle-ci importer du poisson des Maritimes et des États-Unis.

L'organisation de la pêche

LE PÊCHEUR GASPÉSIEN

Les pêcheurs gaspésiens résisteront pendant fort longtemps à toutes les tentatives pour les amener à diversifier leur mode de vie. Ils estiment que la pêche morutière, industrie de leurs pères, demeure l'activité la plus rentable. Il y a un siècle déjà, un politicien gaspésien écrivait: « Élevés dans cette industrie, ces gens s'y rattachent fortement, et cet amour excessif se transmet de père en fils. Tard dans l'automne quand les froids les forcent à quitter la mer, ils abandonnent la pêche paraissant satisfaits. Mais avec le printemps renaît cette passion, la gaieté est peinte sur toutes les figures et partout il y a de l'activité. Ils s'occupent avec le plus grand plaisir, je dirai avec le plus grand enthousiasme, à faire aux barges leurs nouvelles toilettes, et tous y mettent la main, les petits comme les grands. Vous ne sauriez croire comme ils sont anxieux de voir arriver le jour où ils pourront lancer leurs embarcations et partir pour la pêche[77]. »

La morue est capitale pour le Gaspésien. Ce poisson constitue sa principale source de revenu, il détermine son mode de vie et conditionne la répartition de son temps de travail. Il nourrit le Gaspésien, directement et indirectement. On s'en sert comme d'une monnaie d'échange, pour payer la dîme, pour engraisser la terre et même pour faire du savon avec son huile. L'industrie de la morue fait naître d'autres activités connexes, telles la construction d'embarcations de différents tonnages, la fabrication de contenants pour le poisson et le tissage et la réparation de filets. Les hommes font la pêche et les femmes et les enfants travaillent le poisson sur le rivage. « Dès l'enfance, nous raconte un missionnaire de Rivière-au-Renard, ils apprennent à manier la rame, à trimer une berge, à calculer avec les phases de la lune, qu'un enfant de dix ans suit avec intérêt, avec la marée montante ou baissante, etc[78]... »

Le métier de pêcheur, quelle que soit sa catégorie, est une occupation saisonnière: on commence au printemps et on s'arrête à l'automne. L'hiver, dans cette région où le travail de la terre et l'élevage n'occupent que peu de monde et où l'industrie forestière n'est pas encore organisée, c'est le grand repos. En plusieurs endroits, au début de la saison de pêche, les morutiers s'installent dans des cabanes étalées sur la grève pour se retirer en fin de saison afin de passer l'hiver dans leurs maisonnettes situées plus haut sur les terres. En prenant comme exemple le poste de Newport, l'abbé Nérée Gingras nous donne, vers 1850, une description savoureuse de la façon dont les gens passent l'hiver: « Cette population, qui formait environ 200 Communiants, était logée dans de petites maisons dans les anses, s'occupait de pêche durant l'été; et l'automne ils s'enfermaient dans leurs cabanes, passaient la plus grande partie de leur temps à fumer, et encore, ils manquaient très souvent de tabac, et alors, ils étaient dans une espèce de désespoir. J'ai vu arriver un jour dans ce poste pour la mission du printemps, et j'ai trouvé les hommes chagrins, abattus, et me paraissant très malheureux. Leur malheur, ils avaient manqué de tabac, il n'y en avait plus dans les magasins, ils avaient mangé toutes leurs poches où avait passé du tabac durant l'été, lorsque je leur montrais une boîte où était ma provision de tabac pour six semaines, ils la dévoraient des yeux, et je leur procurais la plus grande joie en les faisant fumer, et dans trois où quatre jours ma boîte était vide. Ces pauvres gens passaient l'hiver enfermés dans leurs cabanes, n'ayant la plus grande partie que du pain et du poisson à manger. Ils ne faisaient rien, ils avaient même beaucoup de peine à se chauffer, quoique le bois fût très proche. Durant l'hiver, les hommes se levaient de grand matin, ils attelaient deux chiens ou un boeuf, ils allaient chercher un voyage de bois, et venaient ensuite dormir le reste de la journée[79]. » Quant à l'habitation du pêcheur gaspésien, elle n'a rien de luxueux, on s'en doute bien. L'évêque de Québec, Mgr J.-Octave Plessis, écrit lors de sa visite pastorale de 1811 que « soit par rareté de la pierre à chaux ou de gens qui savent la cuire, il est vrai de dire que dans toute cette région, on ne saurait trouver ni une maison, ni un solage de pierre, ni plus de 3 ou 4 cheminées qui soient faites autrement que de terre mêlée de foin avec des guenilles, bandages ou plates-bandes de bois[80]». Quelques années plus tard, le prélat, alors en direction des missions acadiennes des Maritimes, fait un arrêt dans la maison d'un pêcheur infirme de la région de Sainte-Anne-des-Monts et il en laisse la description suivante: « Rien de plus vide que cette maison. Une poêle et un chaudron font la batterie de cuisine. La femme a soin de la maison et du petit champ de patates qui l'avoisine. Les enfants vont à la pêche. Le malade est sur un grabat propre, environné de quatre planches en forme de boîte, et reste seul les trois quarts de la journée. La famille se réunit le soir; le malade partage avec les autres le poisson et les patates sans apprêt qu'on a fait bouillir au retour de la pêche. Il y a autant d'assiettes et de fourchettes qu'il y a de personnes, et rien de plus. On ne désire ni épices, ni assaisonnement, ni pain, ni dessert, ni bière, ni liqueurs spiritueuses, parce qu'on n'en connaît pas l'usage. À défaut de chaises, on s'assied sur des coffres ou sur de petits bancs pour prendre sa réfection, après laquelle chacun lave son assiette, et n'ayant point de linge pour l'essuyer, la renverse sur une planche, afin qu'elle soit sèche pour le lendemain. La mère de famille en fait autant de son chaudron dont la même eau a servi à laver la vaisselle, après avoir fait bouillir la nourriture. Une fontaine voisine suffit pour étancher la soif de toute la famille, chacun allant à son tour y plonger une même tasse. Et ces pauvres gens vivent heureux! La pêche étant plus abondante que ne le requiert le besoin de la maison, on sale l'excédent du poisson, dont la vente produira l'argent nécessaire pour la provision de sel, pour les hardes simples, pour du linge grossier. Peut-être par la suite parviendra-t-on à renouveler les vitres cassées depuis deux ans, à étancher le toit de la maison par l'achat de quelques planches. On se croirait au comble de l'opulence, si après dix ans d'épargnes on parvenait à avoir une vache et à se nourrir de son lait[81]. »

Les observateurs de l'époque remarquent le sens communautaire des pêcheurs. Les travaux de quelque importance s'effectuent par corvées qui deviennent des occasions de réjouissances. Quant au travail quotidien de la pêche, tous les bras disponibles y prennent part. Les voyageurs vantent aussi le courage et la jovialité des Gaspésiens, tels ceux de Percé, dont on écrit: « Ils sont d'une hardiesse extrême, on leur entend dire qu'avec une bonne berge, ils ne craignent rien. Ils ont la hardiesse marquée sur leurs visages, et ils ont un caractère tout particulier. Élevés à la pêche, dans une vie aventureuse, en contact avec les étrangers, ils ont beaucoup de connaissances, ils ont plein d'histoires pour rire, ils sont joyeux aimant à faire des tours, et on peut rire beaucoup en les voyant jouer entre eux sur le rivage dans une belle soirée; et malheur à celui qui peut prêter à leurs farces et à leurs tours, car il s'en retire qu'après bien des avaries de toute sorte[82]. »

Ces pêcheurs sont généralement des gens tranquilles et hospitaliers. Quelques petits hameaux ont cependant mauvaise réputation. Tels ceux de Cap-Chat et de Sainte-Anne-des-Monts, où les habitants du début du 19e siècle passent pour des pillards notoires au point que les navires, dit-on, craignent de s'y arrêter. L'évêque Plessis écrit lors de sa visite de 1815: « Mais que faire avec ces douze familles qui venaient de piller le Doris, de concert avec ses matelots? Comment leur faire entendre, ignorants et voleurs comme ils le sont, qu'il n'est pas plus permis de voler le Roi que les particuliers? Comment leur persuader qu'ils n'ont pas eu raison de pénétrer dans le vaisseau naufragé, et d'en enlever les effets qui allaient être perdus, ou de les acheter à bas prix des matelots auxquels ils n'appartenaient pas? Comment proposer la restitution in solidum à des gens qui ne savent pas restituer les choses mêmes qu'ils ont prises en particulier[83]. » Les contemporains parlent enfin de l'indolence du pêcheur qui, l'hiver, ne fait rien et prend toujours le temps un peu comme il vient, comme s'il avait le choix.

LES TECHNIQUES DE LA PÊCHE MORUTIÈRE

Les techniques de pêche ont peu évolué depuis l'époque des Français. Comme à ce moment-là, les Gaspésiens du milieu du 19e siècle pêchent encore la morue à l'unité selon la méthode de la « ligne à main ». Faite de chanvre, cette ligne est enroulée autour d'un dévidoir et garnie de deux hameçons. On la déroule en fonction de la profondeur de l'eau, soit de 20 à 40 brasses. Cet engin de pêche ne coûte pas cher à fabriquer et se manipule facilement. De toute façon, la morue est un poisson qui offre peu de résistance à sa capture.

Les compagnies n'ont pas intérêt à implanter des techniques de pêche plus productives ou sophistiquées. Parlant de ces techniques anciennes, l'anthropologue Roch Samson explique qu'à chaque ligne correspond un pêcheur, donc un client pour l'écoulement des marchandises du magasin. Plus le nombre des pêcheurs augmente, plus la production a de chances d'augmenter et partant, plus de marchandises sont écoulées en salaire[84].

L'unité de production dans les établissements de pêche est la barge. Cette embarcation de dix-huit pieds de quille et d'environ six pieds de large est montée par deux hommes et de fabrication peu coûteuse[85]. Elle est faite surtout de cèdre et construite solidement, de manière à résister à de gros coups de vent. Une barge peut durer jusqu'à huit ans. On peut y embarquer de sept à huit quintaux de morue. Vers 1820, le district compte environ 700 barges employées pour la pêche côtière de la morue[86]. En 1835, John LeBoutillier, député de Gaspé, évalue à environ 600 le nombre de barges de pêche dans son comté[87].

Comme sous le Régime français, tôt le matin, les pêcheurs se rendent sur les lieux de pêche à la voile ou à la rame, et, arrivés sur place, ils jettent le grappin et abaissent les deux voiles et les mâts qu'ils mettent au travers du bateau avec leurs avirons. Quand la barge est remplie, ils retournent au rivage. En général, l'équipement du morutier gaspésien est bien inférieur à

celui du pêcheur des Maritimes et des États-Unis. Une barge charge de 150 à 300 quintaux de morue par saison[88]. Dans les meilleurs moments, on peut voir les deux morutiers de certaines barges capturer jusqu'à 600 morues en une seule journée; mais généralement, lors d'une pêche fructueuse, la barge prend de trois à cinq « drafts » de morue. Une « draft » équivaut à 238 livres de poisson tranché.

« Les Gaspésiens du milieu du 19e siècle pêchent encore à la morue à l'unité selon la méthode de la "ligne à main". » George Monro Grant, *Picturesque Canada*, volume II, 1882.

La technique de la ligne à main demande une quantité appréciable de boëtte pour appâter les lignes. Les espèces dont on se sert sont le hareng, le capelan, le maquereau, le lançon, l'éperlan, l'encornet, etc. Certaines d'entre elles servent aussi pour la consommation et l'exportation. Leur migration saisonnière attire la morue près des côtes. Le pêcheur compte alors sur l'abondance de ces appâts pour s'assurer une bonne pêche: « On ne fait de pêche fructueuse à la morue, qu'autant qu'on a une boitte fraîche et abondante à mettre sur les hameçons dont les lignes sont garnies[89]. » Tous les jours et particulièrement le matin, le pêcheur va chercher dans ses filets le nombre de petits poissons nécessaires à la pêche de la journée.

LA CUEILLETTE DES APPÂTS

Toutefois, contrairement à la morue qui apparaît au printemps pour ne repartir qu'à l'automne, les poissons qui servent d'appâts ne sont présents sur les côtes qu'à des périodes bien précises.

La boette dont on se sert d'abord le printemps en Gaspésie est le hareng, puis le capelan. Le hareng est un poisson qui se déplace par bancs. On commence à le pêcher au mois d'avril et on poursuit jusqu'à la mi-juillet. On le voit en grande quantité lorsqu'il fraie près du rivage au mois de mai. La pénurie de boette de hareng peut entraver la pêche de la morue. En 1824, une loi prohibe l'utilisation de ce poisson et du capelan comme engrais et défend de ramasser leurs oeufs. À la Baie-des-Chaleurs, on apprête le hareng, soit en le salant (*pickle fish*), soit en le fumant. À Bonaventure et à Cascapédia en particulier, on en fume beaucoup.

Avec le capelan, on nourrit les hommes et le sol. Très apprécié de la morue, il est, avec le hareng, le principal poisson-boette employé par les Gaspésiens. On le pêche avec des filets appelés seines. Il se prend également avec beaucoup de facilité lorsqu'il vient frayer près du rivage à l'époque du roulis, à la fin de mai et au début de juin. On peut en sortir de l'eau de grandes quantités en puisant dans les vagues du rivage avec des seaux ou des nasses. Quant au lançon, petit poisson fréquentant les fonds sablonneux, il sert de boette au milieu de l'été, après le départ du hareng. On le prend aussi avec des seines. Abondant dans la région de Gaspé, ce poisson est pêché par des équipes qui se relèvent quotidiennement.

Le maquereau aussi peut servir de boette. En juillet, il fait son apparition dans la baie des Chaleurs et dans la baie de Gaspé pour y demeurer jusqu'aux premiers jours d'octobre[90]. Les pêcheurs le prennent à la seine ou à la ligne. Toutefois, au 19e siècle, ce sont surtout les Américains qui exploitent cette espèce. L'encornet, appelé aussi calmar ou *squid*, arrive le long des côtes vers la fin juillet et est pêché à l'automne. Il sert aussi de boette pour la morue. On le prend le soir lorsqu'il vient frayer près du rivage. On se sert pour l'attraper d'un leurre en plomb garni de petits crochets (turlutte) au bout d'une ligne[91]. D'autres appâts peuvent aussi être utilisés à l'occasion comme l'éperlan, les mollusques, la sardine, les entrailles de morue, etc.

L'ACTIVITÉ EN MER   La morue apparaît près des côtes canadiennes généralement entre le 10 mai et le 1er juin. Au 19e siècle, sa pêche commence au milieu ou à la fin du mois de mai, selon les secteurs, et se termine à la fin octobre. À la Baie-des-Chaleurs, la saison dure moins longtemps que dans la région de Gaspé, la morue se retirant plus tôt après le frai sur les bancs où elle trouve une nourriture suffisante[92]. « Les mois de juin, juillet et d'août, explique le commandant Pierre Fortin, sont les mois les plus favorables à la pêche de la morue, non seulement parce que pendant cette période de douze semaines les calmes sont fréquents, les beaux temps de longue durée et les tempêtes

plus rares que dans aucun autre temps de la saison; mais parce que la morue afflue le plus vers les côtes, soit pour frayer, soit pour courir à la poursuite des bancs de caplan et de lanson [...] et qu'ainsi ces poissons qui servent d'appâts sont abondants et faciles à prendre[93]. »

La période annuelle d'activité maritime se divise en deux parties appelées « pêche d'été » et « pêche d'automne ». La pêche d'été est la plus considérable. Le 15 août, une fête la sépare de celle de l'automne. Les compagnies ont alors fixé le prix du quintal de morue et elles commencent à recevoir la production des pêcheurs autonomes. La morue pêchée jusqu'à la fin de septembre est séchée et préparée pour l'exportation alors qu'après cette date elle est seulement salée, mise en barils et destinée surtout aux marchés de Québec et de Montréal[94].

La pêche gaspésienne de la fin du 18e siècle et du 19e siècle se fait, comme au temps des Français, à moins de quelques milles des côtes. En l'absence de procédés de conservation en mer, la production ne peut reposer que sur la pêche en zone côtière[95]. Dans la première moitié du 19e siècle, la morue semble la plus abondante entre Malbaie et la Pointe-au-Maquereau, à l'entrée de la baie des Chaleurs[96]. Les deux pêcheurs de la barge utilisent deux lignes chacun, placées également de chaque côté de l'embarcation. L'abbé Nérée Gingras trace un portrait du déroulement quotidien de cette activité à Percé, dont voici un extrait: « Ils embarquent dans leur berge dans le mois de mai, et c'est pour l'été; les jours qu'ils ne pêchent pas, soit par le mauvais temps ou parce qu'il n'y a pas de morue, vous voyez tous les pêcheurs en habit de dimanche, couchés le long [de l'atelier] ou se prome-

La cueillette des appâts. « Tous les jours et particulièrement le matin, le pêcheur va chercher dans ses filets le nombre de petits poissons nécessaires à la pêche de la journée ». *The Pictural Times*, 26 octobre 1844. (APC)

nant dans les chemins. Ils vivent avec la plus grande insouciance, ne pensant jamais durant l'été aux misères de l'hiver. Lorsqu'il fait beau, à 4 heures du matin, on voit partir les pêcheurs qui s'embarquent dans leurs berges et quelquefois pour deux jours. Ils prennent un pain, une cruche d'eau, et ils n'emportent jamais autre chose, et celui qui emporterait un morceau de viande serait la risée de tous les autres. Comme c'était un beau coup d'oeil le matin, de voir partir à notre porte 200 ou 300 berges, se balançant sur l'eau avec leurs belles petites voiles blanches, de voir partir tous ces hommes joyeux, en chantant ou en criant, et sans aucune inquiétude [...] Ils chargent quelquefois leurs berges de 10 à 12 quintaux de morue et lorsque le temps est beau, ils reviennent le soir, chargés de belles morues; contents, fatigués, ils vont prendre un méchant souper pour recommencer le lendemain[97]. »

Si la pêche n'est pas bonne à un endroit, les pêcheurs lèvent l'ancre et cherchent plus loin des fonds plus poissonneux. En fin d'après-midi ou en début de soirée, ils reviennent rapidement à terre afin que la morue puisse être tranchée et salée de suite, c'est-à-dire avant qu'elle n'ait eu le temps de s'échauffer et de ramollir.

Si la pêche à la morue se fait surtout à bord de barges et près des côtes, elle s'effectue aussi avec de petits bâtiments de 40 à 55 tonneaux qui vont plus loin, c'est-à-dire sur les bancs du golfe. Cette pêche dure quelques jours. Le voyage terminé, le bâtiment retourne à son poste de pêche, où la morue est alors débarquée, lavée et séchée, puis mise en piles dans des hangars. Vers 1820, il y a dix à douze bateaux de cette importance avec des équipages de six à dix hommes et quelques mousses. Ils pêchent ainsi pendant environ deux mois dans l'été[98]. On se procure alors les appâts en tendant des filets en pleine mer, à quelque distance du navire. Cette pêche morutière se fait dans des profondeurs variant entre 15 et 50 brasses avec des lignes « dormantes », c'est-à-dire garnies de 100 à 150 hameçons qu'on laisse plusieurs heures dans l'eau, retenues chacune par des ancres et repérables par des bouées[99]. Les pêcheurs des autres colonies anglaises et des États-Unis qui sillonnent les eaux du golfe possèdent, eux, de nombreuses goélettes bien équipées pour ce genre de pêche, soit des navires d'une centaine de tonneaux, pouvant transporter plus de 800 quintaux de morue[100].

À plusieurs endroits de la côte de Gaspé, les pêcheurs vont aussi au large sur leurs petites embarcations quand le poisson s'éloigne des côtes. C'est une opération souvent risquée. L'abbé Gingras nous raconte ce type d'excursion: « Dans les mois de juillet et d'août, la morue se retire au large, et alors, c'est la pêche des Bancs: pêche bien dangereuse. Très souvent, durant la nuit, il s'élève des tempêtes horribles, les pauvres pêcheurs sont à 12 lieues au large, dans de petites berges ouvertes; on ne croirait jamais que les pêcheurs seront capables de revenir. Alors, c'est bien triste à terre, lorsque la tempête éclate et que les pêcheurs sont au large; les mères, les épouses, les petits frères et les petites soeurs pleurent, se lamentent [...] et cependant dans le cours de l'avant-midi, on apercevait de petites voiles blanches au large qui s'approchaient [...] et quelle dextérité pour aborder le rivage, pour choisir leur temps [...], et il fallait voir la joie de ces pauvres pêcheurs qui avaient passé une nuit terrible, trempés jusqu'aux os; quelques berges étaient obligées de fuir avec le vent; alors, ils étaient deux ou trois jours sans aborder; mais ces pêcheurs sont si adroits dans leurs petites berges que c'est bien rare qu'il leur arrive des accidents. Dans l'espace de sept ans, il n'y a que trois berges qui ne sont jamais revenues, et qui ont chaviré au large, mais c'est bien peu pour les malheurs que l'on croirait devoir arriver[101]. »

Quand les barges reviennent de leur expédition quotidienne en mer, elles se dirigent vers leur établissement où elles accostent à l'échafaud (chafaud), grande bâtisse en bois, couverte de planches et de bardeaux et dont l'une des extrémités touche l'eau pour se terminer par un débarcadère avançant dans la mer, assez loin pour que les bateaux chargés de poisson puissent accoster à marée basse. Le plancher de l'échafaud est divisé en compartiments dans lesquels les pêcheurs lancent leurs morues en les comptant avec des pics de fer (piquois). À l'entrée de l'échafaud sont dressés des étaux sur lesquels on « habille » la morue. C'est alors que commence le travail de la préparation de la morue par les gens de terre (graviers). C'est le commandant Pierre Fortin du Service de protection des pêcheries qui nous donne, dans son rapport de 1859, la description la plus complète des opérations de nettoyage, de salaison et de séchage du poisson dans les établissements de pêche gaspésiens d'une certaine importance. Nous lui empruntons ce long extrait: « La morue une fois portée dans l'échafaud et comptée, les hommes se mettent à l'ouvrage.

« Le piqueur, armé d'un couteau à deux tranchants, saisit la morue par les yeux, l'égorge et d'un seul coup de couteau l'ouvre jusqu'au nombril, puis la passe au décolleur. Celui-ci détache le foie qu'il jette dans un baril placé près de lui, et de la même main arrache les entrailles, puis avec la main gauche décolle la tête du poisson. Le trancheur saisit par le collet gauche la morue arrivée à cet état de préparation, et l'ouvre par le côté gauche depuis le col jusqu'à l'origine de la queue; il l'appuie ensuite sur une tringle clouée sur l'étal, et d'un seul coup de couteau, s'il le peut, il enlève, depuis le nombril jusqu'à l'extrémité supérieure, la colonne vertébrale par le milieu de la substance médullaire.

« Les débris de poisson, comme la tête, les entrailles, sont jetés à la mer par un trou pratiqué sous l'étal et emportés par le reflux, s'ils n'ont pas déjà été dévorés par les crapauds de mer et les plies qui se tiennent toujours en grand nombre auprès des échafauds.

« Des mains du trancheur, la morue passe dans celles du saleur qui la pile, en ayant soin de bien l'étendre, la chair en haut et les collets en dehors,

LE TRAITEMENT ET LE SÉCHAGE DU POISSON

et met un lit de sel entre chaque rangée au moyen d'une pelle de bois. L'art du saleur consiste à étendre sur chaque morue la quantité de sel nécessaire pour la bien conserver sans la brûler.

« On laisse ainsi la morue pilée pendant trois ou quatre jours quelque fois, selon le degré de force du sel qu'on a employé, puis on procède à l'opération du lavage [...]

« Pour laver la morue, on la transporte au moyen de brouettes ou de boyards, dans un grand auge fait en madriers de dix à douze pieds de longueur sur quatre de largeur, avec trois pieds de hauteur, rempli d'eau qu'on a soin de changer continuellement, puis des hommes armés de gaules, autour desquelles sont attachés des torchons appelés fauberts, la tournent et la frottent en tous sens, jusqu'à ce qu'elle soit entièrement lavée du sel qui la recouvrait; puis on la met de nouveau en pile pour que dans cette position l'humidité dont elle est toute chargée s'écoule facilement.

« Quand la morue a été ainsi pendant quelques jours, on défait les piles et on l'étend une à une, sur des claies de trois pieds de large, recouvertes de branche d'épinette ou de sapin, et reposant sur des poteaux à environ trois pieds de terre, afin qu'exposée ainsi à l'action du soleil, elle finisse par perdre toute l'eau qu'elle contient et acquière cet état de siccité qui lui permette de se conserver, même dans les pays chauds, pendant plusieurs années.

« Si les procédés qui consistent à habiller la morue doivent être faits avec soin, d'un autre côté l'opération de la dessication ne doit pas être non plus négligée un seul instant; car la morue est marchande ou de qualité inférieure, et quelquefois totalement perdue selon que cette opération est bien ou mal conduite.

« Les claies sur lesquelles la morue est étendue pour sécher, sont appelées vignots. Elles sont placées parallèlement les unes aux autres, ayant un espace de quatre pieds entre chaque pour permettre aux hommes chargés de soigner la morue de circuler autour.

« Pendant la nuit, les morues sont ramassées et mises en piles de quinze à vingt poissons, la chair en bas, et recouvertes des morues les plus larges. Le matin on les étend, la chair en haut. Si le soleil devient trop ardent vers le milieu du jour, on les retourne la chair en bas, afin qu'elles ne soient pas brûlées. Mais du moment que la grande chaleur est passée, on expose de nouveau la chair à l'action dessicative du soleil. Car plus la morue sèche vite, plus elle conserve sa blancheur et devient transparente, et plus elle se vend cher sur les marchés étrangers [...]

« Une fois la dessication de la morue assez avancée, on fait de grandes piles rondes, contenant jusqu'à trente quintaux de morue chaque, recouvertes d'écorce de bouleau et de pierres pesantes. Ainsi pressée elle perd ce qui lui restait d'humidité. Et quand elle a été dans cet état pendant quelques semaines, on la met dans des hangars bien étanches, où on la

Poste de pêche de Belle-Anse vers 1895. (MRG)

laisse jusqu'à ce qu'arrive le temps de l'expédier sur les marchés où elle se vend le mieux.

« Mais avant de la mettre à bord des navires on l'étend, pendant une journée de chaleur, sur un terrain couvert de graviers fins, et on lui donne son dernier soleil ou le soleil de partance, pour la priver de l'humidité qu'elle aurait pu prendre dans les hangars[102]. »

Comme on peut le constater, le travail de traitement et de séchage de la morue en Gaspésie au 19e siècle est presque identique à celui effectué sous le Régime français, tel que décrit par Nicolas Denys au 17e siècle, sauf peut-être pour la salaison et le séchage, qui sont alors moins élaborés. Chez les pêcheurs indépendants, tout ce travail est familial, tandis que dans les graves ou dans les établissements des compagnies, le pêcheur laisse le travail du poisson aux gens de terre, qui ont des tâches spécialisées. Notons que dans plusieurs établissements, chez les maîtres de grave et les pêcheurs indépendants, le séchage du poisson s'effectue surtout sur la grève (plage de galets) et que les vignaux sont rares.

LES DIFFÉRENTS TYPES DE GRAVES

On peut distinguer trois types d'établissements de pêche au 19e siècle: l'établissement familial, celui du maître de grave, et celui de la compagnie exportatrice[103]. Dans les trois cas, la localisation des installations de pêche répond à des critères géographiques bien précis: grève pour préparer et faire sécher le poisson, anse bien abritée, proximité d'eaux poissonneuses, etc. L'abbé J.-B.-A. Ferland explique la chose en prenant l'exemple de L'Anse-au-Griffon: « Au fond de l'anse est une petite rivière avec son barachois. En général, sur cette côte, tous les établissements sont placés dans une situation analogue. En voici la raison: la pêche demande une grève commode pour faire sécher la morue, et un mouillage où les chaloupes et les goëlettes puissent ancrer à l'abri des gros vents; il faut aussi trouver de l'eau douce dans le voisinage. À l'embouchure des petites rivières qui se jettent dans la mer, se rencontrent ordinairement une grève commode, une anse, de l'eau douce; la mer fournit le reste. Sur tous les autres points de la côte, les flots viennent battre contre des rochers escarpés, au pied desquels une corneille trouverait à peine assez de place pour poser le pied[104]. »

Percé est le havre de pêche le plus achalandé de la Gaspésie. Endormi l'hiver, il se réveille au début de juin: « Des goëlettes et des navires arrivent chargés de marchandises; ils versent sur le rivage une population nouvelle [pêcheurs de l'extérieur, marins et marchands], qui apporte la vie et le mouvement. Les achats se font, les marchés se concluent, les embarcations sont gréées pour la croisière, les rêts et les seines se déroulent sur le rivage; au milieu des hommes occupés de leurs préparatifs, tourbillonne la cohue des enfants, des chiens et des flâneuses [...] Au-dessus du bruit discordant des voix humaines et canines, domine la voix solennelle de la mer...[105] »

« Le séchage du poisson s'effectue surtout sur la grève (plage de galets)... ». (ACN)

Pesage de la morue à la Pointe-Saint-Pierre vers 1895. (MRG)

Il y a donc trois genres d'établissements de pêche le long des côtes gaspésiennes. Celui que l'on appelle «familial» ou établissement du pêcheur indépendant est le plus classique. L'on y compte une à deux barges. Il regroupe le propriétaire des lieux, sa famille et parfois de proches parents[106]. Tous, y compris le propriétaire de l'établissement, participent aux diverses opérations de la pêche et du travail de préparation du poisson. Le pêcheur indépendant possède ses embarcations et agrès de pêche. Il prépare sa morue afin de la fournir séchée au marchand, qui le paie soit à la pièce, mais le plus souvent au quintal. Il obtient de la compagnie avec laquelle il a un compte des avances en sel, agrès et marchandises au début de la saison de pêche, en acompte sur sa production à venir. Généralement endetté vis-à-vis le commerçant, il peut se permettre quelquefois de vendre son poisson à la firme la plus offrante pour tenter, par la suite, de rembourser le marchand qui l'a d'abord renfloué. En fait, son autonomie ou son «indépendance» se fait sentir surtout au niveau de la gestion interne de son établissement[107]. Le nombre de pêcheurs indépendants augmentera à la fin du 19e siècle.

L'établissement du maître de grave, appelé aussi «maître-pêcheur» ou «*dealer*», se situe entre celui du pêcheur indépendant et celui de la compagnie. Les maîtres de grave possèdent un minimum de deux barges de pêche. Ce sont de petits entrepreneurs qui, seuls ou en association, sont propriétaires d'installations de transformation du poisson. Ce qui différencie les leurs de celles dites «familiales», c'est qu'ils ont un surplus d'équipement (barges et agrès) qu'ils fournissent à d'autres pêcheurs, extérieurs à leur groupe domestique. Ces pêcheurs sont appelés des «engagés». Plus le nombre d'engagés est grand, plus le travail se spécialise et ceux qui font la pêche ne sont pas nécessairement les mêmes qui voient au travail du poisson sur la grève[108]. La plupart du temps, le maître de grave assume tous les frais d'opération. Un observateur du milieu du 19e siècle écrit: «Là, comme partout ailleurs, il y a des pauvres et des riches. Ceux qui sont bâtis dans les anses, qui ont une place où ils peuvent tenir des berges, sont très bien; les autres ne sont que de pauvres malheureux que la pêche ne peut faire vivre. Ceux qui ont des places de pêche tiennent ordinairement 2, 3, 4 et 5 berges, voilà ce que l'on appelle l'armateur. Il fournit à ces pêcheurs de belles berges très bien faites, bien peintes, bien voilées, très légères, qui volent sur l'eau [...]; ensuite l'armateur engage des hommes pour mettre dans ses berges; il lui faut deux hommes par berge, et c'est ce qu'on appelle des moitiés de ligne[109].»

Le maître de grave garde la moitié de la pêche et toute l'huile de la morue. Il vend ensuite son poisson séché à la compagnie qui l'approvisionne. Les frais de ce petit entrepreneur sont élevés: barges, filets, bâtisses, avances aux pêcheurs, pertes de matériel, etc. Ce qui amène l'abbé Nérée Gingras de Percé à écrire: «il doit toujours calculer sur des pertes, et il n'y

Établissement du pêcheur indépendant.
(ACN)

en a pas un seul à présent, qui serait capable de vivre honorablement par la pêche seule. Mais les armateurs qui cultivent leurs terres en faisant la pêche réussissent très bien. Ils emploient à la terre leurs engagés, qui dans certains jours, n'ont que très peu à faire avec le poisson; ils profitent de l'engrais si commun que leur donne le varec et les débris de poissons [...] la terre leur donne mille choses qu'ils étaient obligés auparavant d'achéter chez le marchand...[110]» Cet intermédiaire entre le pêcheur et les compagnies est très dépendant de ces dernières qui peuvent limiter les avances à une entreprise jugée peu productive au profit d'une autre[111]. Le terme « maître de grave» désigne aussi à l'époque l'homme de confiance d'une compagnie dont le rôle consiste à superviser la préparation de la morue sur la grave de la firme.

Les maîtres de grave et les compagnies emploient donc des engagés, c'est-à-dire des pêcheurs et des hommes de terre qui, ne possédant pas de grave ou d'installation pour préparer la morue, offrent leur service pour la saison de pêche. Les critères de différenciation et de rémunération de ces engagés sont fort complexes et variables. En général, ceux qui travaillent le poisson sur la grève sont employés à gages, tandis que les pêcheurs le sont surtout comme « moitiés-de-ligne». Dans le premier cas, l'employeur crédite le nécessaire à l'engagé qui solde ses comptes à la fin de la saison sur ce que lui a rapporté son labeur. Quant au pêcheur employé comme « demi-ligne», il est payé à la part, c'est-à-dire qu'il reçoit la moitié de la valeur des prises de la barge, une fois celles-ci transformées par l'employeur. Comme il y a deux pêcheurs dans une barge, chacun reçoit le quart de la valeur de la prise. Dans les établissements des maîtres de grave, c'est cette situation qui prévaut surtout. Le propriétaire de l'établissement assure une partie de la subsistance du pêcheur et le loge, soit dans des «*cookrooms*», petites habitations d'une seule pièce servant de cuisine et de logis, ou encore à la maisonnée même. D'ordinaire, le moitié-de-ligne ne possède ni embarcation, ni agrès de pêche et il les loue de l'employeur. L'engagé qui travaille pour un maître de grave a, auprès de la compagnie, un compte séparé de celui de son employeur[112]. La saison de pêche dure plus de trois mois lorsque l'homme s'engage pour la pêche d'été et un mois et demi de plus lorsqu'il fait aussi la pêche d'automne[113].

Les hommes engagés par les maîtres de grave et les compagnies peuvent être ou bien des résidents de l'endroit où l'entrepreneur a ses installations ou bien des saisonniers venant d'un autre poste de pêche. Les résidents de la côte travaillent ordinairement tous les ans pour l'entreprise envers laquelle ils sont liés. Dans le cas de ceux qui viennent de l'extérieur, André Lepage remarque qu'on ne retrouve que rarement les mêmes hommes dans le même établissement plus de deux ans de suite, ce qui témoigne de la grande mobilité de ces pêcheurs et graviers[114]. Dans bien des cas, ce sont les maîtres de grave qui demandent au commis de la compagnie qu'ils four-

Établissement du maître de grave. (NGS)

nissent en poisson de leur procurer les hommes dont ils ont besoin, profitant de son réseau de recrutement bien structuré[115].

Au cours des décennies suivant la Conquête, les entreprises de pêche alors établies dans la péninsule utilisent déjà, en plus de la population locale, des pêcheurs venus de Jersey, Guernesey, du Canada ou d'ailleurs. Dans son recensement de 1777, le lieutenant-gouverneur de la Gaspésie, Nicholas Cox, compte quelque 575 personnes employées aux pêches sous le nom de « serviteurs». Ce chiffre est très élevé, compte tenu des faibles effectifs de la population résidente. Plus de 400 d'entre eux travaillent à Percé, où Peter Fraser en emploie une centaine[116]. Les pêcheries gaspésiennes ayant toujours besoin de bras, les entrepreneurs, en particulier Charles Robin, commencent dans les deux dernières décennies du 18e siècle à engager de nombreux graviers et pêcheurs saisonniers venant principalement du sud de Québec, c'est-à-dire de la région s'étendant entre Montmagny et Rivière-du-Loup. Ces hommes partent de chez eux au début du mois de mai à bord de goélettes qui les amènent jusqu'au lieu de leur travail saisonnier. Ils s'en retournent généralement vers la fin août même si certains restent jusqu'à la Toussaint. La compagnie ou le maître de grave leur fournissent des barges gréées, de l'équipement et diverses avances. Ces travailleurs de la mer n'étant pas des résidents, on les paie surtout en argent. En 1830, ils gagnent de six à dix « piastres» par mois.

Durant tout le 19e siècle, Percé est l'endroit où se regroupe le plus grand nombre de ces graviers et pêcheurs non-résidents. En 1811, l'évêque Plessis parle de quelque 200 jeunes venant du district de Québec pour pêcher à Percé l'été comme moitiés-de-ligne[117]. La Commission d'enquête Taschereau-Duchesnay écrit pour sa part en 1820, que sur plus de 1 800 personnes employées par l'industrie de la pêche dans le district de Gaspé, environ 500 viennent chaque année des paroisses de l'amont de l'estuaire du Saint-Laurent et de la région de Québec[118]. L'arpenteur Joseph Bouchette reprend d'ailleurs ces chiffres dix ans plus tard[119]. On peut toutefois penser que toutes ces estimations sont exagérées. Chez Robin, par exemple, ces engagés du district de Québec sont principalement affectés au travail du poisson sur la grève. Et, selon André Lepage, entre 1820 et 1870, la firme jersiaise n'emploie à l'établissement de Percé, où elle a le plus de pêcheurs, que de 35 à 50 terriens. Ils sont presque tous recrutés à Saint-Thomas de Montmagny[120]. Toutefois, il faut dire que la compagnie engage un grand nombre de saisonniers pour les maîtres de grave de la côte. À mesure que la côte de Gaspé se peuple, en partie par ces gens justement, le nombre de saisonniers venant de la Côte du Sud diminue proportionnellement. En outre, surtout après 1830-1840, les migrations de travailleurs de la Baie-des-Chaleurs vers les établissements de la côte de Gaspé jouent un rôle complémentaire de plus en plus important[121].

Établissement de la compagnie exportatrice. (APC)

La tâche des graviers consiste à s'occuper sur la terre ferme de la prépara-

tion, du salage et du séchage de la morue ramenée par les pêcheurs. Ces travailleurs, surtout des jeunes, se fournissent aux magasins des firmes jersiaises et ils sont payés à salaire fixe. Dans les graves des compagnies, le travail de terre se spécialise et l'on distingue des trancheurs, piqueurs, décolleurs, saleurs, laveurs et manoeuvres. Chaque groupe est rémunéré en fonction de l'importance de son travail dans la chaîne. Ainsi, un trancheur est beaucoup mieux payé qu'un manoeuvre. Un maître de grave ou « maître de pêche» supervise le travail des gens de terre.

L'ÉTABLISSEMENT DE LA COMPAGNIE

Le troisième et dernier type d'établissement de pêche rencontré en Gaspésie au 19e siècle est celui des compagnies exportatrices de poisson. Ces grandes installations sont disséminées à quelques endroits le long des côtes gaspésiennes. Les principales appartiennent aux maisons Robin, LeBoutillier et Janvrin. Ces établissements étant plus gros que ceux des maîtres de grave, le travail y est par le fait même plus spécialisé. Il y a ici des gens affectés à la pêche de la boëtte et d'autres à celle de la morue. De même, les graviers ont des tâches très précises[122]. C'est aussi le cas du personnel qui coordonne les opérations de la pêche. Les engagés des compagnies, (pêcheurs, graviers, manoeuvres, marins...) sont issus de différentes sources mais, pour ce qui est de la compagnie Robin, ils proviennent surtout de la Baie-des-Chaleurs, en particulier de Paspébiac, et de Saint-Thomas de Montmagny[123].

En plus du poisson fourni par les pêcheurs qu'elles ont engagés, les compagnies disposent d'autres sources d'approvisionnement. Vers la mi-août, c'est-à-dire à la fin de la pêche d'été, de petites goélettes de 40 à 80 tonneaux font la navette le long de la côte pour collecter le poisson et l'huile des pêcheurs indépendants et des maîtres de grave liés à la firme marchande. La façon de procéder est la suivante: la goélette qui dispose de poids et de balances se dirige vers un petit havre ou une anse où la compagnie a des fournisseurs de morue. Une fois le bateau ancré, le capitaine et une partie de l'équipage débarquent, pèsent et classifient le poisson avant de l'embarquer. Là, il est soigneusement empilé ou mis en paquets, chaque qualité de morue étant placée à part des autres[124]. D'autres pêcheurs transportent eux-mêmes leur production à l'établissement de la compagnie. Ce poisson séché venant des pêcheurs autres que ceux de l'établissement est classifié et emballé par les engagés de la compagnie pour ensuite être entreposé avant de prendre le chemin des marchés, généralement à l'automne de chaque année.

Les établissements de pêche des compagnies jersiaises sont également des comptoirs commerciaux où l'on entrepose aussi bien le poisson que les fournitures importées d'Angleterre ou d'ailleurs. On trouve de tout dans ces magasins: agrès, provisions, outils, ferronnerie, marchandises sèches, habits, chaussures, meubles, etc. Dans son rapport de 1859, le commandant

Pierre Fortin trace un portrait de l'établissement jersiais-type du 19e siècle: « L'établissement de pêche, tel que nous l'avons sur la côte de Gaspé et sur la côte du Labrador, se compose d'une réunion de grandes et de petites bâtisses en bois, qui de loin ont l'apparence d'un village, dont les unes servent à loger les employés et les pêcheurs de l'établissement, et les autres à recevoir le poisson, soit à l'état frais, soit à l'état salé, et à contenir les marchandises, les agrès des bâtiments et des bateaux de pêche, les provisions, le sel, etc. Il y a d'abord la maison du chef de l'établissement ou de l'agent, généralement placée au centre du groupe de bâtisses, et dans un endroit élevé, d'où il peut voir tout ce qui se fait sur l'établissement, et en même temps surveiller les bateaux qui sont à la pêche; puis autour du magasin, des marchandises et des provisions, les hangars où sont serrés les ustensiles de pêche, les ateliers du charpentier et du voilier, la boutique du forgeron, et enfin l'échafaud placé aussi près que possible du rivage où se font les premières opérations de la préparation du poisson[125]. »

Quelquefois, comme dans le cas de la maison Robin, on trouve en plus une boulangerie, une ferme et même un petit chantier naval pour la construction ou la réparation des barges et des goélettes. L'abbé Ferland nous donne des indications précises sur le plus considérable des établissements de l'époque, celui de la Charles Robin Company à Paspébiac: « Sur la terre ferme, dit-il, près du havre, est la résidence ordinaire des commis de MM. Robin: c'est un joli cottage, à demi caché au milieu d'un bosquet. Sur

« Le rocher Percé ». John A. Fraser vers 1880. « Durant tout le 19e siècle, Percé est l'endroit où se regroupe le plus grand nombre de ces graviers et pêcheurs non-résidents. » (MTL)

le banc, un vaste établissement renferme les magasins, les hangars, les chantiers, ainsi qu'une maison qui sert de demeure aux agents pendant le temps de la pêche. Dans ce lieu, règne un ordre admirable; les cours sont couvertes de gravier, qu'on applanit sous le rouleau; tous les bâtiments sont blanchis à la chaux ou peinturés: les chantiers pour la construciton des navires de la compagnie sont pourvus, en abondance, des meilleurs matériaux. Paspébiac renferme le dépôt principal des marchandises destinées au pays, et du poisson préparé pour les marchés étrangers. C'est d'ici que partent les bâtiments qui vont porter la morue aux Antilles, au Brésil et en Italie[126]. »

Chez les Robin, tout est planifié. Même pour le personnel, un apprentissage et une discipline sévère sont de rigueur. L'agent supérieur de l'établissement a d'abord, avant sa promotion, la charge d'un plus petit établissement où il doit faire la preuve de ses capacités. Il faut qu'un commis soit en mesure de bien juger de la valeur des marchandises et de la qualité du poisson et de sa préparation[127]. L'abbé Ferland nous a laissé une image colorée du système régissant le travail des commis de cette compagnie: « Dans le district de Gaspé, les affaires sont dirigées par six commis, placés deux par deux [Paspébiac, Percé, Grande-Rivière]. Ces employés doivent être célibataires, ou bien, s'ils sont mariés, ils ne doivent point avoir leurs femmes auprès d'eux. On leur a imposé un règlement très sévère, entrant dans les plus minutieux détails de la conduite à tenir, et spécifiant même les plats qui, chaque jour, doivent être servis à table [...] Quoique les émoluments des commis soient faibles, jamais, cependant, maître n'a été mieux servi que ne le sont MM. Robin. Choisis vers l'âge de quatorze ans, et formés pendant quelque temps auprès des chefs, ces employés sont envoyés dans les établissements, où les intérêts de la compagnie semblent s'identifier avec les leurs. Tous les deux ans, un des commis de chaque magasin va passer l'hiver à Jersey, afin de rendre compte de l'état des affaires[128]. »

Le système d'établissement et de gestion employé par la compagnie Robin est utilisé dans ses grandes lignes par les autres marchands jersiais de la côte. Quand on sait qu'une bonne partie des concurrents de la compagnie au cours du 19e siècle sont d'anciens commis et employés de la maison, l'imitation s'explique facilement.

LA DÉPENDANCE DU PÊCHEUR-CLIENT

Les relations multiples mais surtout économiques qui existent entre le pêcheur et les compagnies conditionnent grandement la vie gaspésienne du 19e siècle. Dans cette relation économique, tout est prévu et contrôlé: à partir du moment où le pêcheur jette sa ligne à l'eau jusqu'au jour où le navire marchand, chargé de poisson, quitte le rivage gaspésien vers les marchés étrangers. Seuls les commerçants investisseurs profitent de la prospérité que connaît en Gaspésie le commerce de la morue dans la première partie du 19e siècle.

L'organisation économique et commerciale qui régit les pêcheries gaspésiennes dès la seconde moitié du 18e siècle peut être qualifiée de capitalisme maritime. André Lepage souligne que faute de changements techniques aptes à augmenter le volume de la production de morue avec un nombre constant d'hommes dans le temps, l'accroissement du capital commercial des firmes jersiaises ne peut se faire que grâce à une politique visant à accentuer le nombre de pêcheurs-clients[129]. L'abondance du poisson permet d'absorber une main-d'oeuvre croissante; il suffit aux compagnies de fournir aux nouveaux pêcheurs les moyens de pêcher, qu'ils réclament d'ailleurs[130].

L'indépendance du pêcheur, dans la plupart des cas, se réduit à peu de choses. L'entrepreneur jersiais a le monopole de l'achat du poisson et de l'approvisionnement des pêcheurs. On peut dire que l'échange de quelques produits bruts (poisson, bois, produits de la ferme) contre les marchandises nécessaires au travail et à la subsistance de la famille, est généralisé. Ensuite, par le jeu du crédit et de l'endettement, la firme marchande tente de contrôler les pêcheurs d'une région donnée, afin qu'ils dépendent d'elle et qu'ils lui fournissent leur poisson pour acquitter les avances consenties.

La dépendance du pêcheur s'organise donc autour du système du crédit. Après la guerre d'Indépendance américaine, Charles Robin a institutionnalisé en Gaspésie ce système alors en vigueur à Terre-Neuve. D'abord, il lui faut amener le pêcheur à rester sur place et à lui vendre à chaque année la totalité de ses prises, et ce, au plus bas prix possible. Il installe donc des comptoirs où le pêcheur peut obtenir à crédit des marchandises et du matériel qu'il rembourse plus tard en vendant sa morue. En s'approvisionnant au magasin de l'armateur, le Gaspésien n'a pas besoin de cultiver et peut donner tout son temps à la pêche. L'entrepreneur devient vite l'unique dépositaire en marchandises, matériel de pêche et sel, matière indispensable à la préparation de la morue séchée. De plus, pour embellir son image aux yeux des pêcheurs, il utiliserait certains stratagèmes: « Donnez à ce bateau, aurait-il écrit à un commis en 1783, le nom de Saint-Pierre, patron des pêcheurs... Ce nom est familier aux habitants et leur fera plaisir... Il ne faut rien brusquer... Les pêcheurs ont leurs habitudes; attendons qu'ils les abandonnent d'eux-mêmes pour adopter les nôtres de la même façon... Ne blâmons rien chez eux. Appelés à vivre avec eux, faisons généreusement les sacrifices nécessaires pour leur faire oublier qu'ils sont les vaincus et nous, les vainqueurs... Toute attitude contraire les éloignerait de nous; et alors, où iraient-ils pauvres comme ils sont. N'y a-t-il pas là une situation bien propre à nous inspirer une grande commisération pour eux[131]? »

Les compagnies jersiaises disposent donc d'engagés qui ont un compte ouvert au grand livre de la compagnie et de « clients », c'est-à-dire des pêcheurs et maîtres de grave s'approvisionnant à crédit à leurs magasins en retour de leur poisson. Les gens de pêche sont surtout payés en marchandises, car la conversion des produits en argent, même si elle existe, n'est pas très courante, vu l'éloignement des grands centres d'affaires. Quand elles jugent qu'il y a trop de numéraire en circulation, les compagnies tentent d'en récupérer par la vente de produits plus luxueux ou encore en faisant un rabais de 20% sur le prix des marchandises à ceux qui paient en argent. La compagnie Robin se sert aussi de « bons » comme pièces de monnaie. Ils équivalent généralement à une journée de travail chacun et servent au calcul du solde du client.

En fin de compte, les besoins matériels du pêcheur et de sa famille dépassent presque toujours la valeur accordée à ses prises de morue. Il ne peut généralement payer avec le produit de sa pêche tout son nécessaire annuel. Il y a plus de cent ans, l'inspecteur du Service de Protection des Pêcheries, Napoléon Lavoie, décrivait le système comme suit: « ... c'était lorsque la pêche rapportait davantage que les dettes s'accumulaient. Cela peut paraître étrange lorsqu'on en ignore la raison. Supposons le cas d'un pêcheur qui a fait un gain de $100 pendant la saison. Sur cette somme, il lui fallait payer, disons, $40 à compte sur sa vieille dette, car d'une manière ou d'une autre et à quelques exceptions près, il y avait toujours une vieille dette. Notre homme ne restait donc qu'avec $60 pour passer l'hiver, ce qui était insuffisant, et comme il avait fait une forte pêche, l'année précédente, qu'il était bon pêcheur et qu'on pouvait s'attendre à une pêche productive l'année suivante, le marchand lui avançait, et une fois le compte ouvert, l'acheteur y regardait peu, et le montant grossissait tous les jours. Voilà pourquoi les meilleurs pêcheurs n'ont pas prospéré jusqu'à présent; voilà pourquoi, après avoir travaillé toute leur vie, ils se trouvent sans ressource dans la vieillesse; voilà la cause des dettes, et à quelques exceptions près, la situation générale de nos pêcheurs qui n'ont point cultivé de terre et ont fait de la pêche leur seul moyen d'existence[132]. »

L'attrait du crédit pousse le pêcheur à acheter des produits de luxe tels le thé et le café et il se retrouve au même point qu'avant. En plus de devoir rembourser continuellement les avances que l'entrepreneur lui consent, il doit continuer de faire vivre sa famille durant la saison hivernale, période de l'année qu'il consacre normalement à la chasse et à certaines petites activités pouvant apporter un quelconque soutien à la famille. Pour réduire une dette, le pêcheur doit souvent détourner une partie de ce temps d'hiver à certains travaux pour la compagnie, telles la construction de barges « sur dettes », la coupe de bois de chauffage et la fabrication de contenants pour le poisson.

Le cycle est routinier: au début de la saison de pêche, le commerçant avance au pêcheur ce dont il a besoin. À la fin de l'été, ce dernier rembourse

Établissements Robin et LeBoutillier à Paspébiac en 1866. Thomas Pye. (MRG)

les avances consenties; avec ce qui lui reste sur sa pêche d'automne, il achète à prix élevé les marchandises nécessaires jusqu'au printemps suivant; enfin, les marchandises obtenues s'avérant souvent insuffisantes pour terminer l'hiver, il doit demander du crédit à la compagnie jusqu'au printemps suivant. Et ça recommence.

Par ce jeu du crédit, le pêcheur s'endette inévitablement et rapidement. Roch Samson constate que la contrainte de l'endettement va servir de moteur au développement des compagnies de Jersey qui peuvent maintenir une intensité de travail poussée chez les pêcheurs. Ce système ne peut cependant être viable sans le monopole d'approvisionnement que possèdent les firmes en question[133]. En outre, selon André Lepage, la situation foncière du client est un facteur déterminant dans l'évaluation de sa solvabilité. Ainsi, le volume de la dette ne doit pas approcher de trop près la valeur globale de sa terre et de son établissement de pêche, qui servent de garantie de remboursement. Un crédit de quelque importance est souvent avancé à la condition de signer une reconnaissance de dette avec hypothèque sur la valeur des biens immobiliers[134].

Le pêcheur a peu de choix. S'il veut vendre son poisson ailleurs, on menace de le traduire pour dettes devant les tribunaux où la compagnie obtient presque toujours gain de cause. « Force leur est, écrit l'abbé Ferland, de se remettre sous le joug, et d'expier par une longue pénitence leur tentative d'émancipation[135]. » Il peut ainsi difficilement profiter du jeu de la concurrence pour payer ses dettes et il est toujours amené à transiger avec la même firme commerciale avant d'acquitter sa créance. De plus, les dettes sont transmissibles de génération en génération, ce qui peut hypothéquer l'avenir des descendants du pêcheur. On remarque cependant que le volume de la dette du pêcheur est plus élevé alors qu'il est jeune, pour diminuer par la suite.

On a souvent accusé Charles Robin d'avoir utilisé tous les moyens possibles pour tenir les moyens possibles pour tenir les habitants de la côte à l'activité de la pêche. Ainsi, Justus Sherwood, qui est envoyé par le gouvernement pour préparer l'installation des Loyalistes, écrit au gouverneur Haldimand en 1783: « La région déviendrait bientôt, je n'en doute pas, la plus riche des domaines de Sa Majesté dans l'Amérique du Nord. Il faut savoir cependant, que cette région ne prospèrera jamais tant qu'elle sera assujettie au monopole de quelques marchands spéculateurs, qui s'étudient à détourner les pauvres habitants de la culture du sol et à les tenir endettés pour les obliger à faire la pêche tout l'été afin d'acquitter leurs arrérages. Telle est actuellement la situation des pauvres habitants de la baie des Chaleurs, très beau pays que les intéressés représentent comme inhabitable excepté pour quelques pêcheurs[136]. » Il faut cependant spécifier que Sherwood n'apprécie guère Charles Robin qui craint qu'on déloge ses pêcheurs de Paspébiac pour y installer les Loyalistes, ce qu'il tente de contrer.

Aussi longtemps que le faible peuplement de la côte gaspésienne entraîne une pénurie de pêcheurs, il demeure vital pour les compagnies de tenir le plus de Gaspésiens possible à cette activité afin de toujours embarquer le poisson en quantité suffisante dans les cales des navires. L'agriculture est donc mal vue. Les écoles aussi sont condamnées; elles ne servent, selon les compagnies, qu'à éloigner les enfants du travail de la pêche et ne sont d'aucune utilité. De la même façon, les missionnaires, avec leurs idées de culture du sol, d'éducation et de tempérance, sont fort peu appréciés par la plupart des marchands, dont certains approvisionnent les Gaspésiens en boissons alcooliques. Ce trafic très lucratif est réglé de façon à ce que les pêcheurs ne boivent pas trop pendant le temps de la pêche mais suffisamment après la saison pour épuiser leurs réserves personnelles et s'endetter à nouveau. La même situation prévaut entre les Micmacs et les commerçants de saumon. Le missionnaire Joseph-Marie Bélanger écrit d'une plume moralisatrice: « Les Sauvages ivrognes ne sont point de bonne foi dans leurs commerces; ils vendent pour des liqueurs le fruit de leurs pêches et de leurs chasses sans faire aucune provision comme nous l'avons déjà remarqué. Ensuite dans l'automne et l'hyver les marchands leur vendent à crédit ce qui leur est le plus nécessaire espérant avoir leurs poissons l'été suivant. Après quelques années de ce commerce les Sauvages se voyant surchargés de grosses dettes qu'ils désespèrent de payer désertent ces marchands et commencent avec d'autres le même espèce de commerce[137]. »

Le système des avances s'avère en général très rentable avec son double profit sur les prix du poisson et des marchandises mais il comporte aussi de sérieux risques pour la compagnie. En effet, celle-ci avance de fortes sommes aux pêcheurs et lorsque la pêche est très mauvaise ou que des variations subites des prix surviennent sur les marchés internationaux, elle peut essuyer de lourdes pertes. Le système est à double tranchant. Si la compagnie n'offre pas assez de crédit, le pêcheur va être tenté d'aller ailleurs; d'autre part, si le crédit est trop ouvert, le morutier va peut-être trop s'endetter en achetant des produits de luxe et une partie de la créance deviendra alors insolvable. C'est pourquoi, on permet souvent l'endettement des pêcheurs productifs alors qu'on impose la fermeture des comptes des plus pauvres pour les rouvrir l'année suivante.

Vers le milieu du 19e siècle, lorsque leur nombre s'accroît, la plupart des entreprises se voient obligées d'ouvrir le crédit, d'offrir de plus larges avances qu'auparavant pour obtenir le nombre de barges dont elles ont besoin. Elles aggravent ainsi leurs risques devant un abus éventuel du crédit ou la possibilité de mauvaises saisons de pêche répétées. Pour les pêcheurs, lorsque survient cette dernière conjoncture, c'est la famine. Mais lorsque le crédit est ouvert à un client jugé solvable, souvent celui-ci n'hésite pas à acheter des produits de luxe. L'abbé Ferland va jusqu'à affirmer: « Aussi les filles sont-elles ici mieux vêtues que les élégantes des faubourgs, à Québec[138]. »

Certains groupes de pêcheurs réussissent malgré tout à éviter l'emprise des compagnies de Jersey. Mais ils font exception à la règle. Un des cas les plus patents de la domination des marchands est celui de Paspébiac. En 1811, Mgr Plessis écrit de façon un peu excessive que les gens de cette localité sont, vis-à-vis des Robin, « des espèces de serfs entièrement dans leur dépendance; ils ont concédé à 33 d'entr'eux, 33 arpents de terre de front sur 10 de hauteur, en sorte que chaque colon n'ayant que dix arpents en superficie pour sa part, ne peut vivre qu'avec le secours de la pêche, et que se trouvant hors d'état d'en faire les avances nécessaires, il est toujours endetté au bourgeois, toujours à sa disposition, exposé à être mis à bord de quelqu'un des bâtiments de la compagnie et à faire le voyage d'Europe en qualité de matelot [...] Ainsi n'est-il pas rare d'en trouver qui ont été à Jersey, à Lisbonne, à Cadix, à Messine, à Palerme[139]. »

Généralement, les pêcheurs, qu'ils soient payés à la prise, à la part ou à salaire, sont obligés de recourir aux grandes firmes pour obtenir des avances de matériel ou écouler leur production. Par exemple, les maîtres de grave, qui sont eux-mêmes des entrepreneurs et possèdent plusieurs barges et des engagés, sont contrôlés par les compagnies de commerce qui leur créditent des avances et des fournitures pour leurs pêcheurs. Les travaux d'André Lepage permettent de constater que cette politique est sélective et discrétionnaire, car si la production annuelle de morue livrée par le maître de grave est trop faible et que celui-ci reste endetté de façon excessive, la firme tend à limiter le volume des avances et des marchandises qu'elle lui consent pour les redistribuer à d'autres qui sont plus productifs[140]. Dès lors, ce dernier ne peut plus s'organiser de façon efficace et il lui est difficile de mobiliser des hommes, ce qui a pour effet de réduire le volume de sa production. L'endettement, explique encore Lepage, sert alors de moyen de pression sur les producteurs, qu'ils soient de simples pêcheurs ou de petits entrepreneurs[141]. Selon le marchand François Buteau, 90% des habitants du district sont endettés envers une maison de commerce dans les années 1820[142].

Quant au gouvernement, peu préoccupé par les problèmes des pêches, il laisse faire les compagnies. Un missionnaire en colère écrit au milieu du 19e siècle que « si le Gouvernement eût compris plut tôt quelle source de richesse il possédait dans le Golfe, il n'aurait pas abandonné les pauvres pêcheurs à la merci d'étrangers qui les exploitent[143]. » Les autorités pallient au plus urgent et certaines lois laissent libre cours à maints abus plutôt que de répondre aux vrais besoins des pêcheurs. Ainsi, une loi dite du « dernier équipeur », votée en 1829, a pour effet de les empêcher de vendre leurs prises au plus offrant. Cette législation donne priorité d'achat des prises à l'entrepreneur qui a avancé les fournitures de pêche (grée-

Le « Century », brigantin jersiais. (Department of Postal administration, St-Hélier)

ments) ou les barges.

Cette loi veut faire contrepoids à la présence en Gaspésie, particulièrement au nord de Percé, de caboteurs ou marchands itinérants venant du Bas-Canada, du Nouveau-Brunswick, de la Nouvelle-Écosse et des États-Unis. Ces commerçants échangent leurs marchandises, particulièrement des vivres (farine, lard, grains, beurre...) et des boissons alcooliques contre le poisson des pêcheurs. Ils interviennent le plus souvent en cours et en fin de saison et ils achètent une partie de la production de pêche de l'automne. Vers 1820, le docteur Von Iffland, en parlant des caboteurs de la région de Québec, note: « Tout le temps que [le Saint-Laurent] est navigable, un grand nombre de barques marchandes viennent échanger leurs effets, et c'est avec eux que les habitans font le mieux leur profit. Les objets de ces petits commerçants consistent en marchandises sèches et autres choses nécessaires à la vie, qu'ils échangent à des prix raisonnables, de sorte qu'ils ôtent bien des pratiques aux marchands les plus considérables du lieu [Grande-Grave]. Cette sorte de commerce a si fort augmenté depuis quelques années, que si les habitans n'étoient obligés de faire leurs emplettes chez les gros marchands dont leurs vieilles dettes les font totalement dépendre, ils pourroient tous se procurer toutes sortes de marchandises à des taux qui ne les ruineront pas[144]. »

Par exemple, le quart de farine se vend douze dollars dans les magasins des firmes jersiaises et les caboteurs le cèdent, eux, pour quatre dollars. Le monopole des marchands de Jersey est cependant presque total dans les articles non périssables, tels les équipements, agrès, matériaux de pêche et le sel[145]. Et la loi du « dernier équipeur » oblige le morutier à faire commerce avec celui qui lui vend les fournitures de pêche. Inutile de dire que cette loi est fortement contestée par les pêcheurs indépendants et les caboteurs. En 1830, devant le comité de la Chambre sur les pêcheries, Joseph Barthe affirme que la loi nuit aux pêcheurs « parce qu'on leur enlève toute leur pêche; et quand ils n'en ont pas assez [les marchands] prennent tous leurs animaux et autres produits, et même leurs terres; cela ne se fait pas partout », tempère le témoin[146]. Les autres créanciers d'un pêcheur doivent attendre que l'équipeur soit remboursé pour réclamer leurs dus.

LE COMMERCE SUR LA CÔTE GASPÉSIENNE

Si les compagnies jersiaises contrôlent l'organisation de la pêche, elles ont aussi la haute main sur l'expédition de la morue vers l'extérieur. Le marché local n'absorbe qu'une très faible partie de la production. Jusqu'au début du 19e siècle, les marchés sont nombreux et de faible taille, mais par la suite et pour longtemps, la production de morue séchée est principalement orientée vers la Méditerranée et l'Amérique méridionale. Cette pêche fournit aussi l'automne le reste de la province. Le port de Québec reçoit de bonnes quantités de morue séchée et verte, de saumon salé et fumé, de hareng et d'huile de poisson. Les grandes firmes jersiaises disposent de courtiers ou correspondants sur les marchés d'écoulement du poisson. Ces agents sont en communication avec l'île de Jersey d'où ils reçoivent des instructions diverses ayant trait aux affaires de la compagnie.

Les pêcheries gaspésiennes expédient vers les différents marchés trois catégories de morue séchée, selon la qualité de sa préparation. La plus chère, appelée « marchande », telle la fameuse « Gaspé Cure », se distingue par une chair ne présentant ni taches, ni coupures, ni meurtrissures et par un salage léger. Le fait que la morue gaspésienne, grâce aux bonnes conditions climatiques de la région, sèche rapidement, est déterminant dans la production d'un poisson de qualité. Pierre Fortin note que « c'est sur la côte de Gaspé, où l'influence des brumes formées par le Gulf Stream se fait le moins sentir, qu'on prépare la plus belle morue de toute l'Amérique[147]. » La « Gaspé Cure » est envoyée aux ports méditerranéens d'Espagne, du Portugal, d'Italie et de Sicile, où elle est fort en demande. La firme Robin est renommée sur ces marchés pour la qualité de son poisson.

La deuxième catégorie, appelée « inférieure » ou « de Madère » va au Brésil. On expédie aussi du poisson de qualité « marchande » et « inférieure » à l'île de Jersey, aux États-Unis et, en moindre quantité, vers le port de Québec. La troisième catégorie, appelée morue de « réfection » ou « haddock », mal préparée ou brûlée par le sel, en plus de nourrir le Gaspésien,

Tableau 3.4. Principales importations enregistrées par les deux bureaux de douanes du district de Gaspé en 1829*

Articles	Unité de mesure	Quantité
Rhum	Gallons	6 126
Mélasse	Gallons	5 714
Brandy	Gallons	1 030
Vins (France et Espagne)	Gallons	133
Sucre blanc	Livres	316
Sucre des Antilles	Livres	12 355
Café	Livres	915
Thé	Livres	643
Riz	Livres	2 075
Tabac	Livres	2 933
Goudron	Quarts	30
Farine de maïs	Quarts	50
Lard	Quarts	17
Blé	Minots	10
Sel	Minots	60 690

* Les produits enregistrés à la douane de New-Carlisle après le 10 octobre ne sont pas compilés.

Source: « Rapport du comité spécial sur la pétition de certains habitans du district de Gaspé... », *Journal de la Chambre d'assemblée*, vol. 39 (1830), App. T.

est acheminée vers les pays esclavagistes, dont les Antilles. On appelle d'ailleurs cette morue poisson « des Antilles» ou « des Iles». On fournit aussi le Canada, via le port de Québec. Pendant une bonne partie de la première moitié du 19e siècle, le poisson du district de Gaspé qui se rend aux Antilles semble d'abord passer par Halifax d'où il est expédié l'hiver[148]. Enfin, la morue salée (verte) produite à l'automne et qu'on n'a pas réussi à sécher complètement, est envoyée telle quelle vers le marché canadien. Il faut noter que si la production de l'été va aux grandes compagnies, celle de l'automne va en bonne partie, avant 1860, aux marchands locaux et commerçants indépendants qui approvisionnent les marchés plus proches, tels Québec et Halifax[149]. Le rôle et l'importance exacte de ces marchands et caboteurs demeurent encore imprécis.

En Gaspésie, le poisson est mesuré au quintal (112 livres) pour l'achat et la vente. Pour les marchés portugais, espagnol et italien, la morue est expédiée en vrac à bord des navires. Pour d'autres pays, il y a des unités de masse spécifiques: barils en forme de cuves, appelés « tubs» ou « drums» (128 livres) pour le Brésil; boucauts (deux quintaux chacun) pour les

Antilles. À la fin du 19e siècle, le boucaut sera utilisé pour l'expédition sur la plupart des marchés. Il existe également d'autres types de contenants: tonneaux, caisses, barriques, paquets, boîtes, caques, etc., mais ils sont peu utilisés avant 1850.

Deux endroits en Gaspésie jouent un rôle important dans le commerce avec l'extérieur: Paspébiac et le bassin de Gaspé. En tout, le district possède « dix-huit bons havres, qui tous peuvent admettre l'entrée de bâtimens d'une grandeur capable de naviguer sur l'océan et le Saint-Laurent...[150] » La baie de Gaspé est cependant très particulière. C'est « une belle nappe d'eau, large de huit milles et s'avançant environ six lieues entre deux terres hautes. L'une, le revers du Fourillon, est montagneuse; l'autre est agréablement diversifiée par des côteaux, des vallons, des bois [...] La terre du nord est généralement escarpée. Sur quelques points, néanmoins, les montagnes s'éloignent de la mer, et laissent à leur base un espace plus uni, sur lequel se sont formés des établissements de pêche; telles sont l'anse Saint-Georges et la Grand'Grave...[151] » Le bassin de Gaspé est un vaste port naturel coupé des vents et fort renommé car l'on dit « que le Havre et le Bassin de Gaspé est un des meilleurs Havres et des plus avantageux de l'Amérique, et peut contenir plus de trois cents vaisseaux dans la plus parfaite sûreté [...] Les vaisseaux sur leur route d'Europe et qui y vont y entrent souvent, lorsqu'ils sont opposés par des tempêtes dans le Golfe[152]. »

La baie de Gaspé, où sont installés des entrepreneurs, tel Janvrin à Grande-Grave, en plus de servir de refuge aux navires, abrite le principal bureau de la douane du district et nombreux sont les bâtiments qui s'y arrêtent, soit pour faire des provisions, soit pour charger des marchandises pour l'étranger. La première jetée à l'intérieur de la baie est construite par le juge Félix O'Hara et ses fils vers 1800. Plusieurs autres quais sont complétés par la suite sur ces mêmes rivages. On voit entrer chaque année dans la baie environ 40 à 50 navires d'Europe. Outre Gaspé, Paspébiac est le port le plus achalandé, car c'est là que se trouve le principal dépôt des marchandises destinées au district et c'est de là que les firmes Charles Robin Company et LeBoutillier Brothers expédient leur poisson vers l'Europe, les Antilles et l'Amérique du Sud. C'est dans les ports de Gaspé et de Paspébiac que se fait l'expédition de morue séchée.

Percé ne jouit pas d'un havre aussi sûr que celui de Gaspé car il est exposé aux vents du large. Mais pendant la saison de la pêche, comme au 17e siècle, cette localité est le plus important lieu de rencontre des marchands et des pêcheurs canadiens et européens. Il y vient des gens de tous les points de la côte, de la province et de l'étranger. Une bonne partie des cargaisons de poisson enregistrées aux deux bureaux de douanes du district émane de Percé. D'autres havres ont aussi un quelconque rôle commercial, c'est le cas de Grande-Rivière et de Newport où les Robin possèdent des établissements. Sur la côte nord de la péninsule, c'est le port de Matane qui

Gaspé en 1874. Dessin du gouverneur général Lord Dufferin, lors d'un voyage sur le navire le *Druide*. Photo tirée de: Marchioness of Dufferin and Ava, *My Canadian Journal 1872-78*, 1891.

est le plus achalandé.

De façon générale, les postes de pêche sont privés de quais ou de jetées et l'on doit transborder les marchandises dans des barques pour atteindre le rivage et vice-versa. Les problèmes majeurs des installations riveraines gaspésiennes demeurent donc cette absence de quais et l'embarras des glaces l'hiver, alors que dans d'autres ports de l'Atlantique, tel celui de Saint-Jean au Nouveau-Brunswick, les navires peuvent accoster durant la saison froide.

Qui dit port de commerce dit aussi maladies et épidémies. L'absence de bureaux de santé dans les ports gaspésiens amène certains problèmes graves et « les conséquences de cet oubli ont été des plus sérieuses, vu qu'il a occasionné la mort de quelques habitans respectables et estimables, par la contagion, surtout à Gaspé, où elle a été apportée par des vaisseaux venant d'Europe...[153] » En 1821, le gouvernement envoie un médecin pour faire de la vaccination contre la petite vérole. Plus tard, en 1832, devant le danger de nouvelles épidémies de choléra au Bas-Canada, le gouverneur général, lord Aylmer, institue une station provisoire de quarantaine à Gaspé où les navires en provenance de l'extérieur doivent s'arrêter pour fins d'inspection. Le docteur Douglas du district de Gaspé est nommé surintendant médical de cette station. Il n'y a qu'un médecin dans tout le district à ce moment-là.

Les navires de commerce naviguent rarement à lège. Il faut fonctionner de façon à ce qu'ils voyagent toujours chargés. C'est d'ailleurs l'une des fonctions des représentants des compagnies sur les marchés étrangers de voir à ce que le navire reparte avec tel type de produit vers telle destination après avoir livré sa cargaison. Ainsi, un bateau de la firme Robin peut partir le printemps de Jersey pour Paspébiac avec toutes les marchandises et approvisionnements nécessaires pour la saison de pêche. Il repart ensuite avec une première cargaison de morue sèche qu'on avait entreposée dans les hangars pour se diriger vers les Antilles, le Brésil ou la Méditerranée. Ayant disposé de son poisson, le vaisseau charge alors, s'il est en Amérique du Sud, du sucre, des fruits ou de la mélasse qu'il ramène vers l'Europe. L'hiver, on le consigne au transport de diverses marchandises. Au printemps suivant, chargé de marchandises de Jersey ou de sel de Cadix, de Liverpool ou du Portugal, il retourne à Paspébiac.

Le voyage à travers l'Atlantique s'effectue en une quarantaine de jours. Le poisson doit être parfaitement sec car s'il prend de l'humidité, il peut chauffer et se gâter dans la cale du navire. Avant l'utilisation de contenants, on tapisse le fond du navire avec de l'écorce de bouleau pour contrer l'humidité et on y empile la morue. Plusieurs vaisseaux font deux voyages en Gaspésie avant les glaces. Ils arrivent le printemps avec des marchandises diverses et repartent au mois de juillet avec la première production de morue sèche; ils reviennent à l'automne pour repartir une dernière fois, surtout vers l'Europe, avec les dernières cargaisons de poisson. Bouchette écrit vers 1815 que les exportations et les importations du district emploient ordinairement huit ou neuf bâtiments à trait carré et environ 35 petits[154]. Les vaisseaux employés dans le transport du poisson sont des goélettes à hunier, des bricks, des « barques » et des brigantins. La plupart jaugent de 100 à 400 tonneaux. Après 1860, on voit apparaître les bateaux à vapeur (*steamers*). Des navires de plus faible tonnage sont surtout affectés au commerce côtier et au transport des marchandises de Québec et d'Halifax. Ils n'appartiennent pas tous aux compagnies jersiaises.

Pour établir la production de morue sèche envoyée sur les marchés, il faut se fier aux enregistrements des bureaux de douane. À Douglastown, le bureau de douane existe depuis 1767. C'est Edward Manwaring qui en est le premier officier. D'abord succursale de Québec, cette douane devient indépendante en 1785 après que Félix O'Hara et quelques marchands en aient fait la demande. Au siècle suivant, on se plaint souvent de l'emplacement de la douane principale du district et de ses inconvénients pour les navires. À ce propos, le marchand François Buteau déclare: « les bâtimens qui vont faire commerce sur la côte de Gaspé se trouvent obligés d'aller là pour avoir leurs papiers; c'est une Baie dans laquelle on n'entre pas avec le même vent que celui qui mène à Québec. Plusieurs bâtimens ont perdu quinze à vingt jours, étant obligés d'entrer dans la Baie de Gaspé. Plusieurs en automne ont par là été empêché de monter à Québec. Je pense qu'il faudrait un Bureau de Douane à Percé, où tous les bâtimens peuvent aller sans se mettre hors de leur route, et où ils s'en chargent le plus[155]. » C'est seulement vers 1835-1840 qu'on ouvre un sous-bureau à Percé.

À New-Carlisle, c'est Charles Robin qui fait ouvrir un bureau de douane près de ses établissements à la fin du 18e siècle. Là s'arrêtent tous les bâtiments entrant à la baie des Chaleurs afin d'y payer « leur hommage ». Un sous-bureau est installé plus tard à Carleton. Le choix des environs de Gaspé et de New-Carlisle s'expliquent quand on sait que le « fonctionnarisme » à l'époque est réservé aux anglophones, principalement installés à ces endroits. Ferland peut ainsi faire remarquer au sujet du poste de douane de New-Carlisle : « ... il est à déplorer qu'on l'ait relégué sur un point dont les vaisseaux ne peuvent approcher, tandis qu'à droite et à gauche se trouvent des havres excellents[156]. » Vers 1865, Thomas Pye écrit que la douane de New-Carlisle a été transférée à Paspébiac afin d'éviter aux marchands et capitaines de faire six milles à chaque fois qu'ils doivent faire affaire avec le bureau douanier[157].

De 1791 à 1832, le gouvernement du Bas-Canada perçoit en droits douaniers dans le district de Gaspé un montant net de 12 400 livres sterling[158]. En 1840, le bureau de Douglastown perçoit 979 livres sterling en droits et celui de New-Carlisle 820[159]. Seize ans plus tôt, soit en 1824, les montants perçus ont été de quelque 243 livres pour le premier et de 582 pour le second[160].

Jusqu'au 19e siècle, l'exportation enregistrée de morue sèche ne semble pas dépasser les 25 000 quintaux. Pour 1769, l'historien Ferland Ouellet établit à quelque 13 000 quintaux l'expédition de morue gaspésienne[161]. Dans son recensement de 1777, le lieutenant-gouverneur Nicholas Cox mentionne, lui, que depuis cinq ans, une moyenne de 16 000 quintaux de poisson sont expédiés annuellement de la péninsule après être passés à la douane du district[162]. Au 19e siècle, surtout à partir de la fin de la décennie 1810, le volume des envois de morue séchée croît continuellement, exception faite des années où la pêche est désastreuse, ou lorsqu'il y a des conflits armés ou des crises économiques. La demande sur les marchés et le développement général des pêches font croître le volume des expéditions. En 1848, par exemple, les douaniers de Gaspé et de New-Carlisle enregistrent une sortie de 87 792 quintaux de morue[163]. À titre de comparaison, Terre-Neuve en exporte un million de quintaux en 1845. Dans la deuxième partie du 19e siècle, avec le développement de nouvelles zones de pêche et l'accroissement du nombre de pêcheurs, les exportations de morue à l'étranger oscilleront entre 100 000 et 150 000 quintaux par année.

Les statistiques dont nous nous servons ici n'ont rien de systématique et peuvent avoir été gonflées ou n'être que des états partiels. D'abord, une partie du poisson pris en Gaspésie s'en va à Québec et même à Halifax sans passer aux douanes. De plus, le système douanier n'est pas toujours très efficace en cette première partie du 19e siècle et plusieurs fraudes et oublis faussent l'enregistrement des exportations. Quant aux importations, une partie est enregistrée à Québec.

D'autres chiffres nous renseignent sur l'ensemble des exportations de poisson. Nous pouvons les examiner, sous toute réserve encore, à titre indicatif seulement. En 1815, dans sa description topographique de la province, Joseph Bouchette estime l'exportation annuelle de poisson à environ 35 000 quintaux de morue, 5 000 de saumon, de 10 000 à 12 000 de hareng, de sardine et de maquereau, plus le produit de quelques baleines[164]. Vers 1820, selon la Commission des terres, le produit total de la pêche morutière est d'environ 50 000 quintaux de ce poisson séché, de 10 000 quintaux de poisson mariné et d'environ 20 000 gallons d'huile de foie de morue. On expédie aussi environ 4 000 barils de hareng fumé et salé. La pêche au saumon produit chaque année quelque 2 000 barils envoyés à Québec, à Halifax et aux Antilles. Quant à la pêche à la baleine, elle donne environ 18 000 gallons d'huile, acheminés vers Québec[165]. Bouchette, l'arpenteur de cette commission, reprend d'ailleurs ces données dans son répertoire de 1832[166]. Certaines autres statistiques, compilées en 1829, semblent plus conservatrices. Il manque toutefois à ces chiffres l'enregistrement des exportations effectuées à la douane de New-Carlisle après le 10 octobre. Cette année-là, le district exporterait 50 108 quintaux de morue, plus 121 quarts et 48 tinettes, 352 quarts de saumon, 471 de hareng et 3 288 gallons d'huile de poisson[167].

Le poisson et ses dérivés constituent l'essentiel des exportations du district de Gaspé. Toutefois, quelques autres produits (bois, fourrures, métal) sont envoyés à l'extérieur. À part le bois qu'on achemine vers l'Europe et le port de Québec à l'état brut ou en madriers, les autres articles d'exportation représentent en volume des quantités négligeables. Ainsi, le commerce des fourrures n'a jamais été important dans la péninsule. Les principaux échanges autour de ce produit se sont effectués peu après la Conquête, entre les Micmacs et quelques marchands.

Les arrivages dans le district sont aussi enregistrés par les deux douanes de New-Carlisle et de Douglastown. Outre le sel, qui sert directement à l'industrie de la pêche, on importe surtout du sucre et de l'alcool. Le sel vient surtout de Cadix en Espagne et de Liverpool; le rhum, le sucre et la mélasse des Antilles; la farine et les autres marchandises proviennent d'Angleterre et de Jersey.

Le district de Gaspé exporte plus en valeur marchande qu'il n'en peut importer. Ainsi, en 1841, la valeur des importations est de 29 027 livres

Baleinier à vapeur vers 1890. (Coll. privée)

sterling, sans compter les marchandises arrivées par cabotage, et celle des exportations, hormis aussi le cabotage, atteint 70 142 livres sterling[168]. En 1851, ces chiffres sont respectivement de $107 031 pour les importations et de $221 840 pour les exportations[169]. En ce sens, la Gaspésie reste d'abord un réservoir de matière première (le poisson) destinée à l'exportation.

La pêche de la baleine qui s'était déjà pratiquée avant la Conquête, renaît avec l'arrivée des Loyalistes dans les années 1780. Plusieurs de ces nouveaux venus pratiquaient cette activité sur la côte est américaine (Nantucket, New-Bedford). Ils initient les Jersiais et les Écossais des environs à cette activité spéciale qui demeurera l'apanage de certaines familles anglophones de la baie de Gaspé, tels les Boyle et les Baker. Commencée de façon effective à cet endroit vers 1800 seulement, cette pêche prospère dans la première moitié du 19e siècle et L'Anse-aux-Cousins et surtout Penouille deviennent des havres baleiniers florissants.

Avant les années 1820, la pêche à la baleine se fait aussi à Percé et à Paspébiac. Mais c'est surtout depuis Mont-Louis jusqu'au golfe Saint-Laurent qu'on la pratique[170]. Joseph Bouchette avance le chiffre, apparemment un peu élevé, de 18 000 à 20 000 gallons d'huile de ce mammifère expédiés annuellement entre 1820 et 1830[171]. Selon lui, cinq à six goélettes affrétées à la baie de Gaspé et montées par des équipages de huit à dix hommes font cette pêche durant les mois d'été[172]. Des armateurs de Halifax et de Saint-Jean (N.-B.) expédient, eux, toute une flottille pour pêcher les baleines. En Gaspésie, les profits de cette pêche sont partagés entre les membres de l'équipage. Une goélette peut rapporter 1 000 à 2 000 gallons d'huile par saison; une seule baleine fournit de 80 à 100 gallons[173]. Les bâtiments ressemblent à ceux des anciens Basques. En voici une description faite par un contemporain: « Les bâtiments employés pour la pêche de la baleine, dans le golfe Saint-Laurent, sont de grosses et fortes goélettes,

**LA PÊCHE
DE LA BALEINE
À LA BAIE
DE GASPÉ**

capables de résister aux tempêtes; car, pour faire du profit à ce métier, il faut toujours tenir la mer. À leurs flancs sont suspendues deux berges baleinières, toujours prêtes à être lancées à l'eau dès que le premier signal en est donné. L'équipage de chaque goélette se compose d'une quinzaine d'hommes, qui doivent être de vigoureux et bons rameurs; car il leur faut quelquefois ramer pendant des journées entières[174].»

La méthode utilisée pour capturer les baleines ressemble également à celle que pratiquaient les Basques au 17e siècle. Quand on aperçoit le cétacé, on met à la mer les baleinières et on commence la poursuite. Dès qu'on a réussi à l'approcher, un dardeur placé derrière la barque lui lance un harpon dans le flanc. La baleine commence alors sa course et lorsqu'elle s'arrête, fatiguée, le bateau s'en approche et on l'achève en enfonçant dans son corps une longue lance ou des dagues avec lesquelles on «tacaude» au point de provoquer une hémorragie pulmonaire. Il est toujours dangereux que la baleine heurte le flanc de la chaloupe. Morte, on la palanque à bord de la goélette ou on l'amène à terre pour la dépecer et on fait fondre sa graisse pour en tirer l'huile[175]. Vers 1850, la pêche à la baleine commence à péricliter et les gros cétacés ne se retrouvent plus que le long des côtes du Labrador et du détroit de Belle-Isle.

LE SAUMON DE LA BAIE-DES-CHALEURS   Une autre pêche digne de mention à cette époque est celle du saumon de l'Atlantique dans les rivières. Les Micmacs la pratiquaient depuis longtemps. Rapidement toutefois, avec l'arrivée des Acadiens et surtout des Loyalistes, de petits et moyens entrepreneurs accaparent la plus grande partie de ce commerce: Shoolbred, Smith, Mann, Ferguson, Christie, etc. Charles Robin est aussi de ceux-là. Vers 1790, environ 1 500 à 2 000 tierçons de saumon sont pêchés annuellement dans la rivière Ristigouche. Une quinzaine d'autres rivières poissonneuses, généralement peu exploitées, sillonnent aussi la péninsule.

Charles Robin et d'autres marchands se plaignent vers la fin du 18e siècle de ce que les Amérindiens harponnent le saumon qui n'est propre ainsi que pour le marché des Antilles, tandis que l'utilisation de filets faciliterait sa vente sur le marché européen[176]. Cette dernière méthode se généralisant, on capture de grandes quantités de saumon. En 1807, pour protéger ce poisson, une loi interdit aux Blancs de tendre des filets ou des seines dans les chenaux des rivières Ristigouche et Cascapédia où pêchent les Amérindiens; on défend également d'acheter de ceux-ci le saumon entre le 15 août et le 1er décembre ou d'en prendre eux-mêmes entre ces dates. Les Micmacs ne doivent pêcher que pour leur propre alimentation. Cette loi veut protéger les intérêts des compagnies de pêche, tout en facilitant les provisions d'hiver aux Micmacs.

Disputée entre les Amérindiens et les Blancs, la pêche du «roi des rivières» connaît un déclin au début du 19e siècle. Elle diminuerait des

Les Amérindiens, fai-
seurs de canoë d'écorce,
vers 1870. Photo:
Alexander Henderson.
(GNC)

Canoë indien en écorce,
fin du 19e siècle. (MRG)

deux tiers avant 1820 dans la Ristigouche, la concurrence donnant naissance à des pratiques préjudiciables que la loi de 1807 a peu corrigées: installations de barrages de filets à l'embouchure de la rivière, pêche en tout temps, pêche au flambeau, etc.[177] Edward Isaac Mann se serait même vanté d'avoir pris 3 000 saumons en deux nuits avec six filets cousus ensemble[178]. En 1824, une autre loi coloniale défend toute pêche au saumon après le premier août (période de frai) et réaffirme l'illégalité de tendre ou de remorquer des filets en amont des premiers rapides des rivières Ristigouche et Cascapédia. La pratique de darder ce poisson à la lueur des flambeaux est prohibée elle aussi. D'autres méthodes utilisées pour diriger le saumon vers des filets tombent sous le coup de la même loi. Les réglementations ne font cependant pas disparaître les différends entre Amérindiens et Blancs au sujet des zones de pêche sur la rivière Ristigouche et ses affluents et sur la manière de prendre le poisson. Ainsi, vers 1842, les Micmacs se plaignent que Robert Christie, Thomas Busteed et Peter Adams pêchent le saumon de façon préjudiciable.

Vers 1820, le saumon salé fait son apparition dans les registres de douane de New-Carlisle: huit barils en 1820 et 1 328 barils en 1828. Ensuite, c'est le déclin. Organisé par des personnes généralement indépendantes du commerce de la morue, l'envoi du saumon salé se fait principalement vers Québec et Halifax pour prendre ensuite le chemin des Antilles. On en expédie aussi en Europe. Vers 1837, le prix du saumon par quart est de six à huit dollars. Les lois votées pour la conservation de l'espèce sont toujours peu respectées, comme en témoigne l'abbé Ferland: « Autrefois des masses mouvantes de saumons remontaient le Ristigouche, dans la saison du frai; mais, depuis que des rets fort grands barrent la rivière dans toutes les directions, ce poisson ne paraît plus avec la même abondance, et peu de saumons peuvent arriver aux eaux mortes. Des lois ont été faites pour arrêter la destruction de cette source intarissable de richesses, ces règlements sont souvent éludés par ceux qui ont charge de les faire observer. N'ayant point les fonds nécessaires pour se procurer des rets, les sauvages se contentent du dard; aussi leur pêche est rarement abondante. « Qu'un saumon soit gros ou qu'il soit petit, le micmac en demande toujours le même prix; il lui faut un écu. Lui représente-t-on qu'un petit saumon ne devrait pas coûter aussi cher que celui dont le poids est double ou triple: ''Écoute'' répond-il; ''je le prends comme le bon Dieu l'envoie; et j'ai autant de peine à en darder un petit qu'un gros. S'il ne pèse davantage, ce n'est pas ma faute''[179]. »

Encore en 1843 on met sur pied un comité de la Chambre d'assemblée pour étudier cette question. Son rapport mentionne « qu'il a été exporté dudit district, à une certaine époque, dans une seule année, 7 000 tierçons de saumon, tandis qu'aujourd'hui, la plus grande quantité qui en a été prise [...] ne s'élève pas à plus de 500 quarts annuellement[180]. » Le comité demande l'établissement d'une réglementation uniforme pour les provinces du Canada-Uni et du Nouveau-Brunswick afin de prévenir les abus. En effet, chacune des deux colonies a juridiction sur une partie de la rivière Ristigouche qui fait frontière entre les deux territoires. Il est alors facile de transgresser les règlements.

La sédentarisation d'une nouvelle population en Gaspésie après la Conquête s'accompagne donc d'une réorientation du système commercial des pêches. Des commerçants jersiais, dont Charles Robin est de loin le plus important, monopolisent, dès la fin du 18e siècle, le commerce de la morue gaspésienne qu'ils expédient principalement sur les marchés européens. Leur système commercial s'appuie sur une échelle de rapports très rigide avec les pêcheurs, qu'ils tentent de contrôler de la façon la plus totale possible. Un des éléments les plus efficaces de ce système est l'emploi d'une forme de crédit qui amène le morutier à s'endetter envers la compagnie à laquelle il se lie, celle-ci ayant alors le monopole de l'achat du produit de sa pêche et de la vente des fournitures nécessaires à son travail et à sa subsistance. Cette situation changera bien peu avant le 20e siècle.

8

Ébauche d'encadrement religieux et administratif

Les compagnies de pêche de Jersey exercent un pouvoir évident sur la société gaspésienne mais leur ascendant sur la population n'est pas exclusif pour autant. En effet, différents notables ont, à divers niveaux, une certaine influence sur la population. Souvent liées aux firmes jersiaises, plusieurs de ces personnes représentent les nouvelles structures religieuses, administratives et politiques qui s'implantent graduellement auprès de la population gaspésienne. Ces structures d'encadrement plutôt chétives n'ont pas beaucoup de pouvoirs réels à l'époque. Ainsi en est-il des Églises qui, avant 1850, en sont encore à s'organiser.

Missions et missionnaires

UNE IMMENSE DESSERTE

Au moment de la Conquête, la Nouvelle-France ne compte guère que 165 prêtres pour une population de plus de 60 000 personnes. Compte tenu de l'éparpillement des habitants sur des distances énormes, ce nombre ne peut certes pas répondre à tous les besoins. En Gaspésie plus particulièrement, on constate l'absence de toute structure religieuse. La situation n'est toutefois pas tellement différente de celle qui a perduré durant tout le Régime français. La population de ce territoire lointain est peu nombreuse, et surtout dispersée. De plus, l'état de fragilité des quelques nouveaux établissements n'engage pas à y déplacer des énergies déjà précieuses ailleurs.

De 1760 à 1773, les Gaspésiens sont un peu laissés à eux-mêmes au point de vue religieux, ne recevant la visite de prêtres que fort irrégulièrement. Selon le père Pacifique de Valigny, vers cette époque, deux récollets, les pères Étienne et Ambroise, desservent la population catholique de la région de Ristigouche, mais cette source ne précise pas davantage[1]. Nous savons toutefois que le dernier nom cité est celui d'Ambroise Rouillard, missionnaire de Rimouski et de Trois-Pistoles de 1745 à 1769. Il revient à Bonaventure au début de 1768 remplacer le père Bonaventure Carpentier et pour faire faire leurs Pâques aux habitants.

Bonaventure Carpentier, lui aussi récollet, dessert les Acadiens de Miramichi lorsque ces derniers s'enfuient à la Baie-des-Chaleurs en 1758. En 1764, il s'installe à Bonaventure, visitant la population des deux rives de la baie. Mentionnons que cette région ainsi que l'Acadie et la côte est de la Gaspésie sont toujours considérées à cette époque comme faisant partie d'un même ensemble religieux. En 1768 cependant, l'évêque catholique de

Québec, Mgr Jean-Olivier Briand, enlève tous ses pouvoirs au père Carpentier et lui défend l'exercice de toutes fonctions religieuses dans son diocèse, qui recouvre ces régions[2]. Des plaintes affirmant qu'il aurait eu un enfant avec une Micmaque ont été portées contre sa personne. Sommé de comparaître devant l'évêque, il ignore la missive et est frappé de suspense malgré certaines protestations des habitants de la Baie-des-Chaleurs à qui l'évêque demande de « ne plus avoir aucun commerce ni société pour la religion avec le frère Bonaventure Carpentier, [...] de le faire sortir du presbitere dans lequel il n'a plus droit, de retirer la clef de l'église et sacristie d'entre ses mains, et tous les ornemens et vases sacrés[3]. »

En 1768, arrive en Nouvelle-Écosse l'abbé Charles-François Bailly de Messein, futur coadjuteur de l'évêque de Québec. Il a le titre de vicaire général d'une immense desserte allant de Kamouraska jusqu'en Nouvelle-Écosse et incluant la Gaspésie. Et ce n'est que parce que les Anglais craignent les Micmacs que le gouverneur de la Nouvelle-Écosse accueille ce missionnaire « papiste ». L'abbé Bailly de Messein a des problèmes avec les pasteurs protestants. Pour lui, le meilleur pied-à-terre pour un missionnaire catholique reste la Baie-des-Chaleurs. De là, dit-il, un prêtre pourrait, en habit séculier et en usant de prudence, parcourir les différents endroits de l'Acadie et secourir les « Français » et les « Sauvages »[4]. Il fait part de ce plan à Mgr Briand, qui décide d'envoyer dans cette mission le jésuite La Brosse, à qui il confie ses pouvoirs le 11 avril 1770[5].

Jean-Baptiste de La Brosse arrive à la Baie-des-Chaleurs en 1771. Il choisit Bonaventure comme lieu d'hivernement. À l'automne 1772, revenant du Nouveau-Brunswick, il visite Ristigouche et Tracadièche (Carleton), où il fait ériger une chapelle. Il retourne passer l'hiver 1772-1773 à Bonaventure. En 1773, il est remplacé par l'abbé Bourg. C'est à cette date que commence à se structurer, avec l'arrivée de son premier prêtre résident, l'Église des régions environnant la baie des Chaleurs.

Né en Acadie, l'abbé Joseph-Mathurin Bourg après un an passé auprès de Mgr Briand, arrive à Tracadièche, lieu de sa résidence, à l'été de 1773. Il a alors la charge des missions des Provinces maritimes et de la Gaspésie, où croît « un germe acadien ». Tracadièche devient donc le siège provisoire du gouvernement religieux de l'Acadie. En Gaspésie, la juridiction de M. Bourg s'étend jusqu'à Gaspé et Rivière-au-Renard.

L'abbé Bourg, bientôt vicaire général en Acadie, se rend souvent jusqu'en Nouvelle-Écosse, où il s'établit quelque temps. En 1778, pendant la guerre d'Indépendance américaine, il réussit à pacifier, des menaces d'excommunication aidant, les Micmacs d'Acadie et de Ristigouche que les autorités craignent de voir appuyer les insurgés[6]. Il fait de même jusqu'en 1781. Bien vu des autorités, il est remercié de cette aide par diverses gratifications, dont la concession de l'Ile-aux-Hérons, sise dans la baie des

**LES PREMIÈRES
MISSIONS**

Tableau 3.5. Importance de la population catholique dans les comtés de Bonaventure et de Gaspé, 1844 et 1871.

Comtés	1844		1871	
	N	**%**	**N**	**%**
Comté de Bonaventure				
Population	8 246	100,0	15 923	100,0
Catholiques	5 547	67,3	11 343	71,2
Autres	2 699	32,7	4 580	28,8
Comté de Gaspé (sans les Iles-de-la-Madeleine)				
Population	5 408	100,0	15 557	100,0
Catholiques	4 054	75,0	12 820	82,4
Autres	1 354	25,0	2 737	17,6

Source: Recensements du Canada, 1844 et 1871.

Chaleurs, face à l'ancienne Tracadièche. En 1785, alors que Bourg est à Halifax, un second prêtre, Antoine Girouard, est envoyé à la Baie-des-Chaleurs. Au retour de l'abbé Bourg, Girouard s'installe à Caraquet au Nouveau-Brunswick et dessert la rive sud de la baie, alors que Bourg s'occupe de la rive nord et des Micmacs. Girouard, qui reste cinq ans comme missionnaire à la Baie-des-Chaleurs, écrit un jour à l'évêque que l'abbé Bourg se conduit de façon imprudente avec sa servante, qu'il affirme être sa parente. Elle serait aussi la cause de querelles entre le prêtre et ses ouailles, ce qui amène Mgr Hubert à semoncer son missionnaire.

En 1795, l'évêque de Québec, Mgr Hubert, apporte de l'aide au vicaire général de l'Acadie. Il écrit au gouverneur Carleton en juillet qu'il part pour la Baie-des-Chaleurs avec deux prêtres, MM. Jean-Baptiste Castanet et Louis-Joseph Desjardins, qui ont quitté l'ancienne mère-patrie à la suite de la Révolution française, et qu'il veut aller lui-même établir dans cette desserte[7]. Quant à M. Bourg, fatigué et malade, il se retire à Saint-Laurent de Montréal. L.-J. Desjardins se fixe à Carleton et J.-B. Castanet à Caraquet. En 1797, le Français Jacques Delavaivre les rejoint et s'installe à Bonaventure, desservant également Paspébiac et Port-Daniel. Desjardins s'occupe, lui, de Carleton, Ristigouche, Percé et les environs, de même que de Jacquet River et Eel River sur le côté sud de la baie des Chaleurs.

À l'aube du 19e siècle, la Gaspésie compte donc deux prêtres, établis dans les endroits les plus peuplés à cette époque, Carleton et Bonaventure, et qui desservent le plus régulièrement possible un vaste district. Quant à la rive nord de la péninsule, c'est le curé de l'Isle-Verte qui, depuis 1790, dessert le

Monument de l'abbé
Joseph Mathurin
Bourg (1744-1797), à
Carleton. Photo: Jules
Lemieux.

territoire jusqu'à Matane. En 1793, le nouveau curé de Rimouski s'occupe de Matane et, cinq ans plus tard, sa desserte s'étend jusqu'à la mission de Sainte-Anne-des-Monts.

Attendre les secours immédiats d'un prêtre pour les Gaspésiens est un problème constant jusqu'aux années 1850. Le manque de missionnaires est l'objet de bien des remarques et plaintes de la part de la population, de visiteurs ou de prêtres déjà en place. Mais la seule réponse possible à ces demandes est celle que Mgr Panet fait au missionnaire de Gédaïque (Shédiac) en 1831 en lui disant que partout, surtout sur le littoral de la baie des Chaleurs, les gens demandent des prêtres et qu'il se trouve dans l'impossibilité d'en envoyer, le grand séminaire étant presque vide[8].

De petits édifices religieux sont construits à différents endroits le long de la côte gaspésienne. Ainsi, lorsqu'un îlot de population se forme quelque part, on construit une chapelle pour accueillir le missionnaire ou bien, tout simplement, on transforme une maison en lieu du culte lors de la visite du prêtre. Pour une petite communauté de pêcheurs pauvres, l'érection d'une église et l'installation d'un missionnaire entraînent de sérieux problèmes d'argent. Vers 1830, une dizaine de chapelles catholiques ainsi que quelques-unes du culte protestant témoignent de l'organisation religieuse sur le littoral de la côte gaspésienne. Les principales églises sont à Carleton et à Bonaventure.

Le nombre des missions ou dessertes suit le rythme de croissance de la population, ce qui alourdit d'autant la charge déjà énorme des missionnaires. Aussi, en 1822, un troisième prêtre catholique s'établit à Percé. En 1837, un autre missionnaire catholique s'installe à Paspébiac. Des prêtres de même religion s'établissent à Ristigouche en 1843, à Douglastown et à Matane en 1845. Le titulaire de cette dernière mission se rend alors prêcher jusqu'à Sainte-Anne-des-Monts. En 1850, sept prêtres catholiques et quelques pasteurs protestants desservent la Gaspésie.

LA PRÉSENCE PROTESTANTE L'Église catholique semble s'organiser plus rapidement et plus facilement dans le district de Gaspé que les Églises protestantes. Plusieurs raisons peuvent expliquer cet état de fait. D'abord, les non catholiques sont moins nombreux, ils sont divisés en plusieurs dénominations: anglicans, presbytériens, méthodistes et leurs Églises sont moins bien structurées au Québec que dans les autres colonies anglaises. Si les catholiques gaspésiens peuvent bénéficier dès les années 1770 de la présence permanente d'un prêtre sur leur territoire, les protestants doivent attendre le début du siècle suivant pour voir des missionnaires s'établir à demeure chez eux. Avant cela, ils ne sont visités que par quelques pasteurs itinérants.

En 1789, le noyau protestant du bassin de Gaspé reçoit la visite de l'évêque anglican Charles Inglis, chargé du Bas-Canada à l'époque. Il ne trouve nulle part de temple de sa religion. En 1813, le marchand Henry Johnston demande à l'évêque anglican du diocèse de Québec, Jacob Mountain, la présence d'un ministre du culte dans la région de Gaspé[9]. Mais c'est seulement en 1819 qu'on verra le premier pasteur anglican dans le district de Gaspé, le révérend John Suddard. En 1821, un autre missionnaire vient l'aider à parcourir cet immense territoire. Richard Knagg s'installe à Paspébiac et ensuite à Percé pour desservir les fidèles de la région. En 1826, William Arnold fait de même à la Baie-des-Chaleurs en s'établissant à New-Carlisle. Peu de temps après, on le voit au bassin de Gaspé d'où, pendant près de dix ans, il dessert tout le comté de Gaspé. En 1837, deux pasteurs anglicans oeuvrent en Gaspésie, l'un dans le comté de Gaspé, l'autre dans celui de Bonaventure. Ils visitent les fidèles de la baie de Gaspé, de Malbaie, Percé, l'Anse-du-Cap (Cape-Cove), Hopetown, Paspébiac et New-Carlisle. Vers 1840, une mission est ouverte à Port-Daniel. Au milieu du siècle, les anglicans sont desservis par trois pasteurs résidant au bassin de Gaspé, à Cape-Cove et à New-Carlisle. À l'ouest du village loyaliste, aucune mission de l'Église d'Angleterre n'est organisée.

Du côté presbytérien, dès 1798, la péninsule reçoit la visite des révérends John Waddel et Matthew Dripps. Quelques années plus tard, soit en 1805, le révérend John Mitchell s'établit à New-Carlisle et se rend prêcher jusqu'au Nouveau-Brunswick. Plus tard, Edward Pigeon fait de même à partir du village loyaliste. D'autres missions sont organisées, aux alentours de 1830 à Hopetown, et en 1847 à New-Richmond. Les missions presbytériennes de la Baie-des-Chaleurs sont toujours desservies par un pasteur itinérant ayant sa résidence à New-Carlisle puis, après 1850, à New-Richmond. Dans le comté de Gaspé, les presbytériens sont peu nombreux.

Chez les méthodistes, un missionnaire de Guernesey, Pierre Simon, s'installe à Indian-Cove en 1817[10]. Deux ans plus tard, le pasteur wesleyen fait bâtir une chapelle à L'Anse-Saint-Georges, tout près de là. Mais vu leur petit nombre, les méthodistes gaspésiens ne seront desservis pendant longtemps que de façon irrégulière. Quant aux autres dénominations religieuses, elles ne regroupent que quelques familles.

Les pasteurs de l'Église d'Angleterre et des autres confessions protestantes visitent les missions et dessertes de la même façon que leurs homologues catholiques. Nous n'insisterons donc pas, sauf pour dire que les pasteurs anglicans reçoivent 200 livres sterling par année de la *Society for the Propagation of the Gospel*. Il faut aussi souligner les visites de G.-J. Mountain, en 1824 et 1826, en qualité d'archidiacre et, en 1837, 1853, 1859 et 1862, en tant qu'évêque anglican de Québec.

La religion catholique est, tout au long du 19e siècle, le culte le plus pratiqué dans les deux comtés de Bonaventure et de Gaspé. Les anglicans représentent la dénomination protestante la plus répandue dans le comté de Gaspé et sont devancés par les presbytériens dans Bonaventure. Il y a aussi, on l'a vu, quelques îlots méthodistes, en particulier au nord de la baie de Gaspé. La population non catholique du district de Gaspé, assez élevée vers 1830, surtout dans Bonaventure (46%), stabilise par la suite ses effectifs et voit son pourcentage décroître lentement, ceci étant dû surtout à l'importante natalité des catholiques francophones et à l'arrivée dans le district d'une nouvelle population majoritairement catholique.

Les relations entre ces différents groupes de croyants sont fonction de situations bien locales et, en général, les rapports semblent assez définis entre les diverses communautés. Ainsi, André Lepage nous apprend que dans les environs de Grande-Grave, les anglicans entretiennent des relations à la fois avec les catholiques et les méthodistes tandis que ces derniers n'entretiennent de rapports qu'avec les anglicans[11]. La coexistence religieuse est parfois plus difficile que le voisinage linguistique. La diversité des croyances entraîne des heurts. Ainsi en témoigne un voyageur qui passe dans la région de Gaspé en 1821: « Un fanatique qui se nommait Hiram Lord parut à Grande-Grève à la tête d'un bon nombre de fanatiques comme lui, presque tous de l'Ile de Jersey. Il prêcha quelque tems sa détestable doctrine en toute liberté le jour et la nuit, non seulement dans la chapelle qu'ont en ce lieu les méthodistes et dans différentes maisons particulières, mais encore sur les bords de la mer. Cette doctrine consistoit à annoncer la

Petit calice en argent massif probablement apporté à Carleton, par l'abbé Louis-Joseph Desjardins, vers 1800. (Inventaire des biens culturels du Québec)

colère de Dieu [...] Il avoit tant d'horreur des catholiques, qu'avec le secours de deux ou trois de ses sectaires, il coupa les croix qui étoient sur les tombeaux dans le cimetière, et qu'il mit leur petite chapelle hors de pouvoir servir. De leur côté les catholiques et surtout les Irlandais, ne restoient pas dans l'inaction, et ils ne s'en tinrent pas à menacer d'une ruine totale les possessions des méthodistes, car ils démolirent entièrement la chapelle de ces derniers, brisèrent la chaire et les bancs, et maltraitèrent de la manière la plus cruelle et la plus dangereuse le pauvre ministre et nombre de ceux de sa croyance[12]. »

LA VIE MISSIONNAIRE La vie d'un ecclésiastique dans une région aussi éloignée et peu accueillante que la Gaspésie d'entre 1760 et 1850 n'est pas de tout repos. Plusieurs problèmes assaillent le missionnaire: le nombre et l'espacement de ses missions, la difficulté des communications, l'hostilité de certaines communautés, l'ignorance des uns et les manigances des autres, sans compter les problèmes financiers.

Le nombre des missions à desservir et leur éloignement les unes des autres est le problème le plus présent. N'oublions pas qu'en 1820 il n'y a que quelques desservants en Gaspésie, en incluant le curé de Rimouski qui se rend jusqu'à Sainte-Anne-des-Monts de temps en temps. Les prêtres se plaignent souvent de cette situation et réclament de l'aide. Écoutons l'abbé Louis-Joseph Desjardins: « Il n'est pas possible qu'un seul prêtre chargé de tant d'ouvrage le puisse bien faire, et qu'il tienne lui-même longtemps aux voyages pénibles que la distance des lieux rend si difficiles. J'ai passé presque tout mon hiver en courses [...] J'aurais désiré aller jusqu'à Percé et l'hiver serait en effet le vrai temps pour y catéchiser les pauvres gens qu'on a peine à réunir dans l'été; mais comment se résoudre à abandonner pour quelques ouailles une si grande partie de son troupeau[13]? » Cette lettre à Mgr Plessis est écrite vers 1796. La situation s'améliorera, certes, mais encore quelque 60 ans plus tard, l'abbé Nérée Gingras, de Percé, peut écrire: « le lendemain des Rois, il fallait repartir pour la mission d'hiver, et de même quatre fois par an, et chaque voyage durait six semaines. Dans l'intervalle, il fallait courir les malades d'une extrémité à l'autre de la mission, et Dieu seul sait combien je fis de voyages, à pied, en raquettes, en voiture, et en berges! J'étais constamment sur les chemins...[14] »

Les habitants se plaignent souvent, soit de l'absence de secours religieux, soit du départ de leur prêtre pour d'autres dessertes. Il faut savoir que les voyages du missionnaire sont longs et ses obligations nombreuses: baptiser, préparer les jeunes gens à la première communion, voir à l'accomplissement du devoir pascal, réprimer les désordres, donner des instructions, célébrer des mariages, etc. Il doit apporter avec lui: ornements, pierre d'autel, vases sacrés, provisions[15]. Cette tâche de visiter les missions est donc très exigeante. Aussi, en l'absence du desservant, « les catholiques,

Mission de Cross-Point en 1841. Photo tirée de: Sir Richard H. Bonnycastle, *The Canada in 1841*, 1841.

écrit l'abbé Ferland, observent l'usage de se réunir le dimanche à la chapelle, pour y faire leurs prières [...] Un catéchiste est chargé de lire les prières à haute voix et d'instruire les enfants. Ces fonctions sont confiées à un homme probe, et assez instruit pour pouvoir, tant bien que mal, lire les prières de la messe d'un bout à l'autre[16]. » Souvent, il est difficile de trouver de ces gens instruits chez les pêcheurs. Ainsi Ferland raconte: « Débis pien tes années, nous disait le père Stiver, allemand de naissance et lecteur de la Grande-Rivière, ché vais la brière, ché leux parle du bon Tié; à brésent chi sis renti. Ché sis fenu tans le bays, afec le rêchiment Tes plancs. Il y a pien tes années; car ch'édais cheune carson, et ch'ai quatre-fingt-teux-ans[17]. »

La carence des moyens de communications entre les différentes dessertes ajoute énormément à la difficulté des missionnaires. Le plus souvent, l'hiver, il faut marcher dans les bois en raquettes et l'été, sur les rivages à travers maints obstacles à escalader, à contourner et à franchir. Pour bien des prêtres, si la Législature peut ouvrir des chemins, « elle aura rendu un immense service à la religion et au pays[18]. » Le missionnaire a toutefois la consolation de temps à autre de recevoir la visite de l'évêque. Ainsi, Mgr Hubert visite la Gaspésie en 1795, Mgr Plessis y vient en 1811 et en 1821 et Mgr Turgeon fait de même en 1836 et en 1841.

Un autre problème que rencontrent les missionnaires est l'apathie religieuse de certaines communautés, voire l'hostilité de certaines ouailles. À tel point quelquefois qu'on voit l'abbé Bourg écrire à Mgr Hubert en 1795 des paroles aussi dures que celles-ci: « je n'aurai plus pour eux [les gens de Carleton] l'estime que j'avais ici devant, à moins qu'ils ne changent totalement de conduite c'est a dire qu'ils ne soient plus doubles, perfides, hypocrites et calomniateurs, parlant, eux qui sont les plus simples et les plus ignorants de tout le genre humain qu'à peine méritent-ils d'être appelé homo parlants di-je contre tous, de la conduite des prêtres, même des règlements des évêques[19]. » Il est vrai que l'hiver précédent, les gens de Carleton avaient affirmé que M. Bourg, atteint de fièvre, délirait et tenait des propos « antireligieux[20] ». Les paroissiens avaient alors demandé un autre prêtre. Une autre fois, c'est le missionnaire de Paspébiac qui reçoit la visite d'un homme menaçant de le tuer avec une hache. L'évêque tente de rassurer le prêtre tant bien que mal...[21]

Ce sont surtout des facteurs d'ordre économique qui sont à l'origine des attitudes quelquefois négatives envers le prêtre. Ainsi, on proteste contre les charges ecclésiastiques trop élevées, on refuse d'assurer la subsistance du desservant, on n'entretient pas les bâtiments religieux, on ne paie pas la dîme. Pour mettre au pas les gens qui ne remplissent pas leurs devoirs religieux, le moyen le plus utilisé par l'évêque est la menace de leur enlever leur prêtre. Dans une région minée par la pauvreté, il est difficile de faire vivre des ecclésiastiques et d'entretenir des églises. M. Bourg l'a remarqué: « C'est en effet avec beaucoup de peine que j'ai pu retirer le salaire de six mois écoulés. Mais à dire le vrai, supposé qu'ils eussent la volonté d'entretenir deux ecclésiastiques en cet endroit, ils ne le peuvent. Ils sont encore en dette de trois à quatre cents louis pour la bâtisse de leur église[22]. »

Le prêtre gaspésien, comme d'ailleurs beaucoup de ses collègues, surtout ceux des régions peu organisées, est un homme sans le sou. L'évêché ne peut presque rien fournir et le gouvernement verse une somme nominale aux seuls prêtres évangélisant les Amérindiens, comme le desservant des Micmacs de Ristigouche par exemple. Donc, le missionnaire ne vit qu'avec les dîmes, peu élevées et souvent difficiles à percevoir. Joseph Barthe explique en 1830 que les prêtres catholiques sont soutenus « par la dîme, depuis Bonaventure jusqu'à Ristigouche; en descendant la Baie, précise-t-il, c'est tant par communiant, et on leur fournit le bois de chauffage [...] Ils vivent médiocrement[23]. » Certains paient le casuel, d'autres paient par grains ou de diverses façons selon leurs possibilités matérielles. Le poisson aussi sert couramment à payer la capitation. Mais souvent les habitants n'y souscrivent pas ou encore le font très en retard, ce qui occasionne des remontrances de l'évêque.

Un instrument pratique d'aide aux missions est l'Association de la propagation de la foi, fondée par Mgr Signay en 1836. Par ses aumônes, elle s'occupe de l'évangélisation des « nations sauvages » et vient en aide aux catholiques dispersés dans les nouveaux établissements du pays et « qui se trouvent exposés à oublier ou à perdre leur religion, par l'éloignement des prêtres[24].» Les sommes allouées servent à faire vivre le missionnaire, à défrayer ses voyages, à construire et à entretenir des chapelles et des écoles, à acheter des livres, etc[25]. Dans les missions gaspésiennes, on a souvent recours à cet organisme, même si les sommes versées sont la plupart du temps nominales[25].

Les préoccupations du prêtre gaspésien sont fort diverses à cette époque. En plus de ses fonctions strictement pastorales, spirituelles et missionnaires, il s'attaque aux problèmes particuliers à la région: l'ivrognerie, les désordres, l'ignorance, l'exploitation des pêcheurs, la misère et ses causes et enfin l'apostasie. Il propage sa foi d'un bout à l'autre de son immense paroisse, s'occupe du développement des missions et des écoles et essaie de convaincre les habitants de cultiver le sol au lieu de pêcher.

L'IVROGNERIE ET LES AUTRES MAUX

L'ivrognerie est un mal chronique en Gaspésie. Pour les premiers prêtres, c'est un fléau presque incurable. Le docteur Von Iffland écrit en 1821: « Comme les pêcheurs regardent les liqueurs fortes comme une des choses les plus nécessaires à la vie, je crois que proportions gardées, il ne s'en dépense nulle part plus que dans le district de Gaspé. Les conséquences de l'usage immodéré que font principalement les sauvages sont si dangereuses, que les habitants sobres ont toujours à craindre de la brutalité des ivrognes. Leurs débauches sont suivies de scènes odieuses, à craindre non seulement par ceux qui se mêlent de leurs querelles, mais encore par ceux qui se trouvent présents par hasard[26].»

Et, 30 ans plus tard, l'abbé Nérée Gingras déplore la situation en ces termes: « Les enfants étaient élevés à l'école de l'ivrognerie, les mères de famille même étaient adonnées à ce vice. Ils étaient favorisés par toutes sortes de marchands qui leur donnaient de la méchante boisson, qu'ils vendaient le prix qu'ils voulaient; et les pêcheurs s'encourageaient à boire, c'était un dédommagement aux peines qu'ils éprouvaient[27].»

Ces témoignages reflètent bien l'ampleur du phénomène et la gravité de ses ravages. Le pêcheur est docile avec le prêtre quand il est sobre mais, tout en respectant la soutane, il n'obéit souvent plus aux exhortations du prêtre quand il est ivre. Les missionnaires déplorent le trafic des marchands d'alcool, jersiais ou autres, qui exploitent ainsi les pêcheurs. On utilise avec le Gaspésien du 19e siècle la formule qui avait réussi avec l'Amérindien des 17 et 18e siècles. Le clergé local craint aussi « l'écume de certaines paroisses du district de Québec» qui vient pêcher l'été et qui « corrompt» les jeunes. Certains havres sont ainsi dénoncés: Percé, Grande-Grave, Gaspé, par exemple. Les prêtres réclament à grands cris l'intervention gouvernementale pour contrôler la contrebande des boissons. En Gaspésie, plaident-ils, on ne trouve pas « une population agricole, indépendante de ses marchands, et par là même éloignée des occasions de séduction et protégée contre la cupidité des spéculateurs, mais bien une population toute au service des commerçants, et qui par la nature même de ses occupations a besoin d'un frein, pour être contenue dans l'ordre et dirigée dans la voie du progrès[28].» Les clercs réclament donc l'observance des règlements en vigueur ainsi que de nouvelles lois contrôlant les boissons et les auberges. De plus, beaucoup de distributeurs d'alcool n'ont pas de permis. Mais les missionnaires ont fort à faire et ne peuvent être présents partout à la fois. Ce que l'on règle un jour est à refaire le lendemain.

Amener les pêcheurs à l'agriculture est une autre préoccupation du prêtre gaspésien. Pour celui-ci, l'obstination à pêcher est une des causes majeures de la misère des gens, car ils chôment une bonne partie de l'année et ils s'endettent auprès des marchands qui les exploitent ensuite, alors que la terre peut rapporter des profits et faire d'eux des hommes plus libres. De plus, «faire la terre, c'est agrandir la patrie, c'est fixer la nation», argumente-t-on. Le clergé sera sans doute le principal responsable de l'ouverture des terres nouvelles et des progrès agricoles dans la deuxième partie du 19e siècle. Le même phénomène se reproduit pour les écoles, les prêtres se faisant les plus farouches artisans de la fondation de petites écoles élémentaires dans les bourgades.

D'autre part, les relations, surtout des jeunes, avec les protestants inquiètent bien des prêtres qui luttent contre l'apostasie et les «vices» de leurs voisins non catholiques. À Ristigouche, par exemple, le missionnaire vocifère parce que les jeunes Micmacs vont travailler l'hiver au bois «de tonne» (bois de construction) et qu'ils sont mêlés aux protestants qui leur font boire, dit-il, leur argent au printemps[29]. Une autre fois, celui de Percé part en guerre sainte contre un pasteur méthodiste qui fait circuler une version calviniste de la bible parmi les catholiques. Il sépare même publiquement et remarie un couple de catholiques que le pasteur «hérétique» a uni. Les missionnaires acceptent beaucoup plus facilement les mariages entre catholiques francophones et anglophones que les mariages entre catholiques et protestants. Pourtant, devant la difficulté de trouver un conjoint de l'autre sexe, il est courant de voir des unions mixtes. Plusieurs personnes vont même jusqu'à abjurer leur religion pour mieux s'intégrer à une communauté.

Les supérieurs ecclésiastiques secondent et appuient généralement les «luttes» de leurs religieux sauf en certaines occasions où ceux-ci heurtent, par exemple, les autorités en place. Ainsi l'abbé Louis-Stanislas Malo, de Carleton, se voit reprocher par l'évêque Panet d'avoir compromis son caractère de prêtre en mettant son nom en tête des signatures d'une requête blâmant certains membres de la Commission des terres de 1819, personnages souvent importants, comme le député du comté de Gaspé, Robert Christie[30]. Quelques années plus tard, l'abbé Jean-Baptiste McMahon a, lui, des démêlés avec les magistrats de Percé. Qu'il ait tort ou raison, l'évêque lui recommande de se renfermer dans ce qui regarde son ministère,

« L'ennemi no 1 du foyer. » « Les prêtres réclament à grands cris l'intervention gouvernementale pour contrôler la contrebande des boissons. » Photo tirée de: *Ma Gaspésie*, vendredi 5 février 1954. (MRG)

sans quoi il s'expose à perdre l'estime de certaines personnes avec lesquelles il est essentiel de vivre en paix[31]. À cette époque où l'Église catholique lutte encore pour fortifier et accroître ses assises, les dirigeants ecclésiastiques se font un devoir de collaborer avec les autorités civiles, qu'elles ne veulent en aucune façon s'aliéner.

La vie religieuse gaspésienne ressemble à celle de bien d'autres régions de la province où le peuplement est récent. L'activité ecclésiastique va de pair avec l'accroissement de la population et le rythme d'intégration des régions marginales. Avant 1850, la péninsule est desservie par peu de prêtres résidents. Par après, la présence religieuse imprégnera davantage la vie des Gaspésiens. Prêtres et chapelles se multiplieront alors le long de la côte. Les premières paroisses seront créées dans les années 1860. Avant cette époque, on ne peut parler de véritable encadrement religieux de la population.

L'ouverture
de quelques écoles

Au milieu du siècle dernier, la presque totalité de la population gaspésienne n'a jamais mis les pieds dans une école. Dans les années 1820,
c'est-à-dire après plus de 60 ans d'établissements sédentaires, on compte
deux écoles seulement dans cette vaste région. Cela peut paraître dérisoire
pour un district habité par plus de 5 000 personnes mais il faut se rappeler
que la population est pauvre et éparpillée en petits hameaux.

**LES ÉCOLES
ROYALES** La première loi scolaire au Canada français date de 1801. Elle crée des
écoles primaires sous la régie du bureau de l'Institution royale, une sorte de
commission permanente de l'éducaiton. Cet organisme ne reçoit ses lettres
patentes qu'en 1818. En Gaspésie, la première école élémentaire est instaurée avant cette loi. En effet, en 1786, une école fonctionne dans la toute
nouvelle bourgade loyaliste de New-Carlisle. C'est une des rares écoles
protestantes établies dans la campagne québécoise entre 1760 et 1800.
L'instituteur reçoit son salaire du gouvernement. Vers 1813, on ouvre une
autre école protestante dans le district inférieur de Gaspé, à Douglastown.
Ces deux écoles sont régies par le système de l'Institution royale et relèvent
donc de l'État. Vers 1820, sur les 37 écoles royales que compte la province,
deux sont gaspésiennes, de langue anglaise et de religion protestante.

Ignoré par le clergé catholique pour diverses raisons dont celle de la
confessionnalité des écoles, le régime de l'Institution royale, qui se veut
aussi un instrument d'anglicisation des Canadiens, n'a que très peu de
succès. Ainsi on ne voit s'ouvrir qu'un petit nombre d'écoles catholiques.
L'évêque de Québec souligne au missionnaire de Paspébiac que « les écoles
de l'Institution royale sont sous la direction immédiate du clergé protestant qui ne se soucie guère de les laisser gouverner par des catholiques et a
déjà rejeté plusieurs maîtres pour cette raison, notamment à Douglastown[32]. » Une autre fois, il rappelle que les habitants de Paspébiac ont mal
fait en donnant leur signature pour établir une école de ce type. « Ils auront
à supporter, dit-il, les frais de son entretien et les enfants catholiques ne
peuvent y aller, si l'on commente la Bible et si l'on y fait le service à la
manière des protestants[33]. » Par ailleurs, en 1831, les protestants de New-
Richmond adressent des lettres au gouverneur se plaignant de certaines
injustices qu'aurait commises le prêtre catholique de Carleton à l'égard de
leur école[34]. La tentation de dépasser le stade du simple boycottage se fait
sentir.

D'autres problèmes affectent ce système scolaire. Ainsi, en 1821, dix écoles royales, dont celle de Douglastown, ferment leurs portes dans la province. Les difficultés politiques du Bas-Canada en sont la cause. En effet, la fréquente dissolution de la Chambre d'assemblée et la lenteur dans le paiement des salaires découragent un certain nombre de maîtres qui préfèrent chercher un emploi plus rémunérateur. Ainsi, l'instituteur de New-Carlisle réclame encore en 1843 son salaire pour les années 1836-1840[35]. De plus, à Douglastown, des frictions entre l'instituteur et la population hâtent la fermeture de l'école. Le docteur Von Iffland affirme que « cette école cependant ne pouvait pas produire de grands avantages, parce qu'il n'y avait que huit ou neuf enfants qui la fréquentaient, et encore pendant l'hiver seulement; car pour l'été, on doit remarquer que dès qu'un enfant est capable de marcher, il est toujours à quelque chose d'utile à la pêche[36]. »

Malgré tout, en 1832, nous retrouvons six écoles royales dans le district de Gaspé, alors que la province en comtpe 72. Par la suite, leur nombre va décroissant, la Chambre d'assemblée décidant de réduire les fonds de l'Institution royale qui, dit-on, ne sert que la minorité anglo-protestante.

LES ÉCOLES D'ASSEMBLÉE

En 1829, une loi générale dite « loi des écoles d'Assemblée » permet l'élection de syndics chargés de la direction des écoles. De plus, elle confie au député un rôle de surveillance des institutions de son comté. Le gouvernement donne une allocation pour la construction de la bâtisse et un salaire de vingt livres sterling à l'instituteur. Il faut cependant que l'école fonctionne pendant 90 jours et soit fréquentée quotidiennement par au moins vingt enfants. Les écoles royales et les écoles de fabrique, instaurées en 1824, entrent dans ce nouveau système[37]. En Gaspésie, en plus des écoles royales protestantes déjà connues, nous voyons alors apparaître quelques autres écoles. Mais toutes ces institutions organisées au niveau local sont le plus souvent très éphémères.

Le Gaspésien de la première moitié du 19e siècle n'a généralement d'autre instruction que celle de la tradition orale transmise par les aînés. L'analphabétisme est presque total. Quelques bourgades font cependant exception, tel Douglastown, qui « présente une physionomie sociale qu'on ne rencontre pas dans les postes environnants. Cette différence marquée doit être regardée comme un des effets de l'instruction qui est généralement répandue...[38] » Il y a encore le cas des gens de Bonaventure où « l'instruction élémentaire, répandue parmi eux, a produit et produit encore les résultats les plus satisfaisants pour le corps et pour l'âme. Il est digne de remarque que dans les deux ou trois endroits du district de Gaspé, où l'on a établi des écoles, les habitants remplissent leurs devoirs civils et religieux mieux que leurs voisins qui sont privés de ce grand avantage[39]. »

Comme l'abbé Ferland, les quelques missionnaires de la péninsule voient dans l'école un moyen privilégié de propager la foi chez les jeunes Gaspésiens privés de la connaissance des principes de la religion. Pour le clergé catholique, l'école est aussi un moyen d'amener le pêcheur à s'occuper davantage de la terre, activité plus valable pour un catholique. L'apathie des Gaspésiens envers l'école reste cependant généralisée.

Avant les années 1850 donc, la Gaspésie ne compte que quelques rares écoles structurées et fonctionnant de façon acceptable. La population des bourgades est tellement peu nombreuse et pauvre que la chose s'explique facilement. Le plus souvent, on trouve les écoles dans les villages les plus aisés, où les activités maritimes sont moins envahissantes. Les entreprises de pêche ne voient pas d'un bon oeil les écoles qu'elles jugent inutiles parce qu'elles soustraient les enfants au travail du poisson avec leurs parents. C'est ainsi que Philip Robin aurait écrit un jour à ses commis: « Il n'y a pas besoin d'instruction pour eux; s'ils étaient instruits, seraient-ils plus habiles à la pêche[40]? »

Un système
judiciaire déficient

Il est intéressant de jeter un coup d'oeil sur l'administration régionale et sur celle de la justice en particulier. En effet, une région comme la Gaspésie a besoin d'un système judiciaire efficace. Dans cette péninsule où le plus puissant et le plus malhonnête peuvent se constituer de petits royaumes, où la présence de visiteurs et de marins étrangers est monnaie courante, où diverses ethnies et autant de valeurs ou d'intérêts se confrontent, enfin dans un territoire laissé le plus souvent à l'arbitraire général, un encadrement judiciaire semble de rigueur.

UNE PREMIÈRE ESQUISSE Durant les premières années du Régime anglais, il n'y a aucune ébauche d'administration judiciaire. Les différends entre Gaspésiens se règlent probablement à l'amiable. La Couronne dote toutefois la province de Québec d'un système judiciaire en 1764. Elle crée alors deux cours de justice et organise le système des juges de paix dont le rôle est d'entendre les causes locales et mineures. En 1774, l'Acte de Québec apporte de nouvelles dispositions au système judiciaire colonial. La loi maintient le droit criminel britannique mais reconnaît le droit civil français. C'est sous l'empire de cette loi que la Gaspésie reçoit son premier juge en 1779. La guerre avec les

colonies américaines et les plaintes des armateurs de pêche amènent le gouvernement à établir un embryon d'administration sur ces rives éloignées: un lieutenant-gouverneur en 1775 et une cour de justice pour les délits mineurs en 1779.

En 1788, les autorités créent cinq nouveaux districts judiciaires dans la colonie française d'Amérique, dont celui de Gaspé, détaché de Québec. Le personnel judiciaire gaspésien est aussi augmenté. L'Acte constitutionnel de 1791 apporte de nouvelles modifications. Ainsi, le gouverneur et son conseil exécutif jouent le rôle de cour d'appel en matière civile. De plus, la Cour du Banc du Roi devient une cour de première instance au civil et au criminel et on instaure des tribunaux itinérants nommés « Cours de circuit ».

Palais de justice de Percé en 1854. « Percé est d'ailleurs un endroit peu enviable car il s'y amasse durant la saison de la pêche tout un monde cosmopolite, en particulier des jeunes marins et pêcheurs venus de l'extérieur et boissons et bagarres font partie de la vie quotidienne. » Photo: Charles Bernard.

Toutefois, en 1793, des règlements spéciaux sont institués pour la Gaspésie (34 Geo. III, chap. 6). Le nouveau district de Gaspé, créé quelques années auparavant, devient, son pouvoir judiciaire étant moindre, le « district inférieur de Gaspé ». Il est lié de cette façon à celui de Québec. La Cour de circuit s'appelle Cour provinciale en Gaspésie et dispose d'une réglementation spécifique. La juridiction du juge-résident est limitée à la somme de vingt livres sterling dans les actions dites personnelles, soit les réclamations en matières civiles, et son jugement est sans appel. Dans les matières plus importantes, il faut recourir à la Cour du Banc du Roi à Québec. De plus, quatre fois par an, des Sessions générales de la paix, ou Cours de quartier, sont tenues sous l'autorité de juges de paix. Ces cours inférieures règlent les litiges, font maintenir la paix et s'occupent des réclamations et des affaires locales. Elles siègent, après les termes de la Cour provinciale, à quatre endroits: Carleton, Bonaventure (plus tard New-Carlisle), Percé et Douglastown. Ajoutons qu'à défaut de prêtres et même lorsqu'il y en a, plusieurs mariages sont contractés devant les juges de paix, et ce, jusqu'au début du 19e siècle.

UN NID
DE PATRONAGE   L'administration de la justice en Gaspésie demeure pendant longtemps aussi déficiente qu'arbitraire. En effet, l'appareil judiciaire, levier de commande, de pouvoir et de profit plus qu'instrument d'équité, est, de sa création jusqu'au milieu du 19e siècle, entre les mains d'une oligarchie anglophone. À cette époque, on retrouve la même discrimination un peu partout en province car, depuis le fameux serment du test établi par la Proclamation royale de 1763 et bien après son abolition, les postes administratifs et judiciaires sont difficilement accessibles aux Canadiens français, en particulier dans les endroits où les anglophones sont implantés solidement.

En Gaspésie, où l'élément anglophone est proportionnellement plus nombreux qu'ailleurs dans la province, le phénomène est d'autant plus prononcé. D'abord en 1764, un officier licencié de l'armée anglaise, Hugh Montgomery, reçoit du gouvernement une commission d'officier de justice afin de faire respecter la loi sur l'immense territoire gaspésien. L'année suivante, Félix O'Hara, ancien lieutenant de marine établi dans la péninsule depuis peu, devient juge de paix pour la Gaspésie. En 1779, durant la guerre avec les Américains, il est nommé juge à la nouvelle Cour des plaidoyers communs « de Gaspé, de la Baie-des-Chaleurs et du golfe Saint-Laurent[41]. » Le gouverneur Carleton a écrit à O'Hara: « Pour vous montrer que je n'oublie pas les intérêts de votre désert, je vous enverrai sous peu une commission de juge de district[42]. » À l'époque de l'arrivée des Loyalistes, Thomas Mann, le fils d'Isaac, celui qui va s'approprier les prairies micmaques, est choisi comme premier shérif de la péninsule gaspésienne. Plus tard, il devient inspecteur des pêcheries à Gaspé et est nommé « officier rapporteur» du comté de Gaspé lors de l'élection du premier parlement en 1792.

En 1788, en plus de Félix O'Hara, Isaac Mann devient à son tour juge des plaidoyers communs et l'armateur Charles Robin se voit confier la même charge. Il n'est pas exagéré de dire que Robin occupe ce poste pour protéger ses intérêts personnels, sa compagnie étant presque la seule à avoir recours aux tribunaux. En effet, la plupart des procès ont trait à des recouvrements de dettes entre marchands et pêcheurs. En 1792, Félix O'Hara reçoit une nouvelle commission de juge des plaids communs conjointement avec Hugh Munro et Louis Fromenteau. Trois ans plus tard, O'Hara devient le premier juge provincial du district inférieur de Gaspé. De même, comme deux autres membres de sa famille, l'un étant capitaine de milice et l'autre officier de prévention, il est aussi juge de paix. De plus, le lieutenant-gouverneur du district étant presque toujours absent, O'Hara lui sert d'agent et détient ainsi dans le district une grande influence.

Cette oligarchie judiciaire fait souvent partie elle-même d'une oligarchie terrienne: O'Hara est seigneur de Pabos; la famille Mann possède de grands terres; Robin en possède aussi en plus de sa seigneurie de Grande-Rivière, etc. Les mêmes hommes sont impliqués dans le commerce. Ces grands propriétaires que l'on retrouve presque partout dans les hautes fonctions régionales de la justice, du commerce et de la politique — un autre O'Hara, Edward, devient le premier député de Gaspé — détiennent un grand pouvoir. Ils forment des « familles» de fonctionnaires. Durant la première moitié du 19e siècle, presque tous les magistrats et officiers de la justice gaspésienne sont anglophones. C'est un peu la même disproportion pour les autres représentants gouvernementaux: vers 1830, seulement trois des vingt-quatre juges de paix sont d'origine canadienne-française[43]. Aussi, sur 37 nominations gouvernementales faites de 1791 à 1841, on ne trouve que quatre noms francophones[44].

Les entreprises commerciales établies dans la région sont souvent de connivence avec les représentants de la justice et de la politique. L'exemple de la maison Robin est presque un classique du genre. Ainsi, ses agents sont souvent choisis comme jurés et les sentences s'en ressentent; l'accusé est jugé plus favorablement s'il est un protégé de la firme jersiaise. Les compagnies ont une certaine emprise sur la population et le jeu devient facile. Et il n'est pas exagéré de dire que la corruption est le fait de bien des fonctionnaires qui profitent de leur poste et du peu de contrôle exercé par le gouvernement pour monnayer leurs fonctions.

À travers les misères de l'administration judiciaire gaspésienne, celle des maisons de justice, c'est-à-dire les prisons et les salles d'audience, est révélatrice d'un certain embourbement administratif et financier propre à l'époque. D'abord, en avril 1797, une résolution de la Chambre d'assem-

L'ACTION DE LA JUSTICE

blée demande un rapport sur diverses estimations nécessaires pour l'érection de salles d'audience à Québec, Montréal et dans le comté de Gaspé, et cela afin que la Chambre puisse voter les fonds nécessaires. Deux ans plus tard, l'Assemblée déclare que l'érection d'édifices de justice en Gaspésie est « de nécessité urgente pour la sûreté de la vie et des propriétés des sujets de Sa Majesté[45]. » En 1808, neuf ans après cette déclaration d'urgence, une loi « pour ériger des prisons communes avec des salles d'audience dans le district inférieur de Gaspé » est votée par la Chambre mais n'est sanctionnée qu'un an après. Cet acte prévoit la construction d'édifices judiciaires à New-Carlisle et à Percé « comme étant les places les plus fréquentées et les plus centrales[46]. » Percé est d'ailleurs un endroit à la réputation peu enviable car il s'y amasse durant la saison de la pêche tout un monde cosmopolite, en particulier des jeunes marins et pêcheurs venus de l'extérieur et boissons et bagarres font partie de la vie quotidienne: « En disant que Percé est la place la moins policée du district, explique un contemporain peu laudatif, je ne crois pas dire trop, et je crois à peine que les tribus errantes de l'Amérique au temps de sa découverte pussent fournir des traits de méchanceté aussi frappants que ceux qui ont lieu tous les jours dans ce petit coin du monde[47]. »

L'application de la loi sur les maisons de justice n'est pas chose facile. Ainsi les coûts de construction sont plus élevés que prévus; les sommes nécessaires aux travaux se font attendre et ne sont pas suffisantes; le type de matériau de construction et les plans sont remis en cause; des pétitions s'ensuivent, etc. La Commission Taschereau-Duschenay sur les terres gaspésiennes écrit dans son rapport de 1820 qu'à Percé: « les crimes multipliés du genre le plus atroce, tels que les meurtres, les vols avec effraction, les vols de grand chemin etc. [...] répandent l'alarme parmi les habitans paisibles et respectables, tandis que le Magistrat sans pouvoir, par le manque d'une Prison solide, est obligé de fermer les yeux au crime, plutôt que de courir les risques d'être insulté et probablement maltraité par un malfaiteur enhardi par la conviction intérieure qu'il n'y a aucun moyen de le confiner, quelque scélérate que soit sa conduite[48]. »

D'autres témoignages confirment la faiblesse du pouvoir judiciaire dans la péninsule, surtout quand marins et pêcheurs étrangers s'y retrouvent. En 1821, un médecin de passage, le docteur Von Iffland, en semble abasourdi: « Le danger de voyager la nuit dans ces lieux [Percé] est plus grand qu'on ne sauroit se l'imaginer. Les voyageurs, quels qu'ils soient, sont souvent insultés, et même, ce qui est bien pis, menacés de la perte de leur vie et de leurs effets. En un mot il est dans le district plusieurs endroits où restent bien des misérables flétris pour leurs crimes dans des pays étrangers, qui en changeant de patrie ne font que changer la scène de leur déprédations[49]. » Il note aussi que: « quelque temps avant mon arrivée, un nommé Dionne, commerçant de Grande Grève, à environ trois lieues de Douglastown, fut assailli par quelques vagabonds qui le menacèrent de la mort s'il ne leur délivroit une partie de ses marchandises. Sur son refus ils le maltraitèrent beaucoup. S'étant échappé de leurs mains, il se transporta chez M. Johnston [l'officier de justice], pour déposer contre eux. Mais parce qu'il n'y avoit personne pour aller signifier et exécuter le warrant [mandat d'arrêt], sa déposition ne fut pas reçue. Ce pauvre malheureux se vit par là condamné aux insultes de ces coquins [...] Quelques temps après ils revinrent à la charge, entrèrent galamment chez-lui, et emportèrent la plus grande partie de ses marchandises[50]. »

Un des moyens coercitifs pour décourager les délits est bien sûr l'ouverture des prisons dont on parachève les travaux à New-Carlisle en 1821 et à Percé en 1828. Ces prisons contiennent aussi des salles d'audience pour les magistrats. Là encore, le favoritisme fait des siennes. Un dénommé Amasa Bebee, en plus d'agir comme greffier de la Cour et trésorier des commissaires chargés de la construction des prisons, fournit des poteaux de cèdre pour la construction de l'édifice de la justice à New-Carlisle. De plus, il vend sa grange aux commissaires, ses employeurs.

Comme les témoignages précédents le laissent entendre, le personnel judiciaire n'est pas particulièrement nombreux pour une aussi vaste région. En 1817 par exemple, dans tout le district, il y a un juge, un shérif, un gardien de prison à New-Carlisle, un président des sessions et un protonotaire. En 1850, ils sont douze personnes, c'est-à-dire six dans chacun des deux comtés du district.

Quant au système carcéral, il est loin de la perfection. Certains châtiments sont arbitraires et cruels. C'est le prix à payer pour une police embryonnaire. Et Von Iffland de préciser: « Les actes de barbarie qui ont lieu dans ces endroits sont je crois, suffisans pour justifier les procédés de Mr. Fox, qui pendant plus de cinquante ans a été la terreur des vagabonds. Ce monsieur respectable [...] avoit même destiné un lieu pour fouetter les criminels de sa propre main. Ces mesures, quoiqu'arbitraires, n'étoient pas sans de grands avantages; car la loi est souvent obligée, vû la faiblesse de la puissance exécutrice, de laisser impunis des crimes dont elle reconnoit la malice. « Je ne puis m'empêcher de dire que ces punitions étoient nécessaires dans bien des cas pour le commun avantage des paisibles habitants; mais c'étoit trop s'avilir pour un magistrat que de mettre la main sur ces misérables. Et en outre l'homme est sujet à se tromper quand il agit isolé. Une fatale erreur, un faux zèle l'emportent; quelque fois même l'esprit de parti, ou des intérêts particuliers entraînent presque malgré lui un administrateur de la justice[51]. »

D'autres cas sont patents. En 1838, une lettre du grand jury de Percé signale qu'un prisonnier est enfermé depuis douze mois et qu'il n'a pas encore eu de procès. Un Amérindien soupçonné d'avoir allumé un incendie est incarcéré à Percé lors de son enquête préliminaire en 1829. Déclaré dangereux, il est isolé dans une cellule et n'a pas de procès pendant plus d'un an. Il meurt près de deux ans après son incarcération, devenu malade par suite des mauvais traitements du shérif, du manque de nourriture saine et de l'isolement total dans lequel on l'a confiné[52]. Toutefois, nulle part on ne signale d'exécution de prisonniers en Gaspésie même.

UNE ADMINISTRATION DÉFECTUEUSE

En 1820, la Commission des terres du district de Gaspé porte à l'attention du gouvernement les problèmes déjà nombreux et chroniques du système judiciaire gaspésien et « la nécessité d'étendre les bornes de sa judicature locale[53] ». Nous pouvons lire dans le rapport de cette Commission: « Nous observons avec regret, que l'administration de la Justice est très défectueuse [...] Il en résulte des conséquences ruineuses pour ceux qui font un commerce étendu, vû qu'ils sont obligés de s'adresser aux Cours de Québec pour le recouvrement des dettes au dessus de 20 livres sterling [...] Depuis plusieurs années il ne s'est tenu aucune Cour de Sessions de Quartier, et le Shérif n'a sommé ni grand ni petit Juré à cet effet, donnant pour raison que les Juges de Paix ne lui avoient jamais signifié ou adressé d'ordre pour cet objet, sous prétexte que sans Prison, l'Administration de la Justice par une Cour de Sessions de Quartier seroit absolument inefficace [...] Il devroit être du devoir du Juge Provincial de donner son assistance aux Juges de Paix, comme étant le seul officier de connoissances légales dans le District...[54]. » En 1822, le gouvernement fait donc adopter une loi qui est amendée deux ans plus tard et qui étend la juridiction du juge provincial, auparavant limitée à vingt livres sterling, à toutes les affaires « personnelles, réelles ou mixtes jusqu'à concurrence de la somme de cent livres courant...[55] » Il est permis d'en appeler à la Cour du Banc du Roi pour les sommes supérieures à vingt livres sterling et celles touchant aux dettes envers Sa Majesté. Le juge peut maintenant faire exécuter des saisies; on garantit l'habeas corpus et les procès devant jury. Ces mesures répondent particulièrement aux plaintes des marchands au sujet des dettes impayées. Les termes de la Cour provinciale à New-Carlisle, Carleton, Percé et Douglastown, deviennent obligatoires, et ce, à des dates précises, du début du printemps à la fin de l'été. Auparavant, ils n'avaient lieu que de façon très irrégulière.

Comme on s'en doute, beaucoup de lacunes existent encore dans l'administration de la justice. Plusieurs rapports, plaintes, remarques ou pétitions nous éclairent sur les carences du système judiciaire d'alors. D'abord, les habitants se plaignent souvent des diverses cours, en particulier de celle des Sessions de la paix, car elle oblige les jurés à se déplacer; cela coûte cher et fait perdre beaucoup de temps; les termes se tiennent en effet durant la saison des pêches, quand les Gaspésiens sont les plus dispersés. Quant aux jurés, plusieurs disent que les responsables de la justice les choisissent parmi les individus qu'ils peuvent mener à leur guise. Des personnes sont aussi d'avis qu'une Cour d'Amirauté serait fort utile dans le district parce que le commerce extérieur y est important et qu'il surgit de nombreux différends dans le monde de la navigation[56]. Cette dernière requête ne sera jamais satisfaite.

D'autres plaintes soulignent que de nombreux juges de paix ne sont pas natifs des lieux, que leur nombre est mal réparti géographiquement et que leurs intérêts sont souvent différents de ceux de l'ensemble de la population. Le marchand Charles William Ross mentionne que « ce sont pour la plupart des émigrés de la Grande-Bretagne et des Iles de Jersey et Guernesey. Je suppose que 1/3 d'entre eux sont natifs de l'endroit », ajoute-t-il[57]. L'éloignement et la difficulté de se rendre au chef-lieu pour les affaires judiciaires sont aussi des motifs de plaintes. Ainsi, en 1835, des gens de Sainte-Anne-des-Monts et de Cap-Chat demandent que leurs localités soient détachées du district de Gaspé pour être annexées à celui de Québec. Ce n'est qu'en 1852 que ces établissements sont rattachés au district de Kamouraska[58]. Plus tard, ils seront tributaires de Rimouski, sauf pour les causes criminelles entendues à Percé.

Quelquefois, les choses vont loin. Ainsi, en 1835, un groupe de citoyens réclame la destitution du juge provincial du district, John Gawler Thompson, ami du gouverneur Dalhousie et de Robert Christie, député de Gaspé. L'un des deux députés du comté de Bonaventure, l'avocat percéen Joseph-François Deblois, premier avocat de langue française en Gaspésie, accuse en Chambre le juge Thompson de « hauts crimes et malversions[59]. » Il lui reproche son « imbécilité naturelle », son « insuffisance du côté de l'intelligence », il l'accuse « de négligence, d'ignorance et de mépris pour les Lois du Pays » et de s'être immiscé dans la dernière élection générale[60]. L'affaire est amenée au Comité permanent des griefs de la Chambre d'assemblée. Les accusations du député sont endossées par ses confrères, malgré une contrepétition de Gaspésiens affirmant avoir toujours eu une entière confiance dans les décisions du juge. Deblois gagne sa cause devant la Chambre mais le gouverneur refuse de destituer le juge Thompson. À l'époque, les rapports entre l'Assemblée et l'Exécutif ne sont pas des plus sereins.

D'autre part, la même année, une lettre d'un autre avocat gaspésien, J. Ferguson Winter, demande à Deblois de dresser une requête pour obtenir de la Législature que les postes de shérifs, juges de paix et autres officiers de comté deviennent électifs. Il trouverait des appuis à cet effet dans plusieurs circonscriptions ainsi que l'approbation de Louis-Joseph Papineau et du docteur Edmund Bailey O'Callaghan, futurs Patriotes. Cette réforme, dit Winter, « mettrait ces officiers hors de la portée [du] caprice et de la vengeance d'un Conseil Exécutif pourri, et d'un Gouverneur imbécile, capricieux, vindicatif, tyran et injuste[61]. » Ces escarmouches, on le voit, s'inscrivent directement dans la lutte que se livrent, peu avant les soulèvements de 1837-1838, la Chambre des députés et le gouverneur et son Conseil.

Les professionnels de la justice sont rares. Il y a à New-Carlisle depuis 1825 quelques avocats, presque tous anglophones, ainsi qu'un notaire, le Guernesiais Martin Sheppard. Si une bonne partie de ses clients demeurent dans les environs du village loyaliste, on en retrouve certains jusqu'à Rivière-au-Renard et Ristigouche, ce qui démontre l'acuité du problème[62].

Avant l'arrivée de Sheppard, les actes étaient rédigés sous seing privé, c'est-à-dire par des prêtres, des notables, des juges de paix, et ce, sans observance des formules prescrites par la loi. Le gouvernement légalise en 1824 ces documents. Par la même loi, il authentifie tout acte ou accord passé devant un juge de paix ou un prêtre pendant les trois années suivantes. On légalise le passé et on accorde un privilège temporaire afin de permettre aux gens de se familiariser avec la procédure de l'acte authentique reçu devant un homme de loi[63]. Une série de lois spéciales viendront perpétuer celle de 1824 pendant de nombreuses années. Encore en 1939, soit 115 ans plus tard, ce régime d'exception règle toujours les actes en Gaspésie. Le protonotaire et registraire de Gaspé écrit alors dans un rapport que « n'importe quel juge de paix, ministre du culte, curé ou missionnaire, peut recevoir n'importe quel acte et ces actes sont authentiques[64]. » Ce régime exceptionnel sera totalement aboli en décembre 1953.

Les représentants politiques

À l'instar de l'administration judiciaire, les autres institutions reliant la Gaspésie au gouvernement sont encore mal structurées. De toute façon, ce qui se passe à Québec intéresse peu l'humble pêcheur préoccupé par ses problèmes immédiats et nullement enclin à voir dans les autorités et leurs représentants, élus ou non, des agents essentiels à l'amélioration de son existence. De même, pour certains Gaspésiens, la péninsule peut aussi bien appartenir au Bas-Canada qu'au Nouveau-Brunswick, sans plus de problème.

LE LIEUTENANT-GOUVERNEUR DE LA GASPÉSIE

La Gaspésie eut droit, comme les districts de Québec, Montréal et Trois-Rivières, à son lieutenant-gouverneur. Alors qu'en ces derniers endroits, le poste pouvait se justifier par l'importance des populations, dans la Gaspésie déserte de la deuxième moitié du 18e siècle, on créa ce poste pour répondre d'abord à des objectifs militaires. C'est la guerre de l'Indépendance américaine qui amena la présence du gouvernement anglais en Gaspésie. En effet, c'est en mai 1775 que les autorités de la colonie décident d'envoyer dans la péninsule un officier chargé de mettre sur pied une milice locale, de vérifier si certains éléments de la population, c'est-à-dire les Amérindiens et les Acadiens, ne sympathisent pas avec les rebelles américains et d'agir le cas échéant. Cet officier, le lieutenant-gouverneur, doit également aider les nouveaux colons anglophones déjà établis dans la région. Au début des années 1780, c'est-à-dire à la fin de la guerre anglo-américaine, il doit aussi coordonner l'établissement des Loyalistes qui fuient les États-Unis. Ce haut fonctionnaire assume de plus le titre de surintendant du commerce et des pêcheries dans le district de Gaspé et sur la côte du Labrador. Il a juridiction sur toute la péninsule gaspésienne, y compris la rive sud de la baie des Chaleurs. Il relève du lieutenant-gouverneur du Bas-Canada et du gouverneur général[65].

Le premier titulaire de ce poste est Nicholas Cox, officier anglais lors de la guerre de la Conquête et major depuis peu[66]. Il détient cette fonction pendant dix-neuf ans. Parti de Québec à l'été de 1777, il s'occupe d'organiser des groupes de miliciens dans la péninsule, alors aux prises avec les pirates américains. Il essaie en vain d'obtenir des autorités coloniales une aide maritime et matérielle pour lutter contre les corsaires qui hantent les côtes et menacent les pêcheries. Il réside dans le district de Gaspé à quelques occasions durant son mandat et il a, en la personne du juge Félix O'Hara, un représentant omniprésent qui prend plus d'importance que lui sur le territoire.

Francis LeMaistre, lui aussi ancien officier, succède à Nicholas Cox en 1794. La fonction de lieutenant-gouverneur de la Gaspésie est devenue un poste honorifique, une sinécure pour récompenser les serviteurs du roi. LeMaistre est un Jersiais ami de la famille Robin et le démontre de diverses façons. Il ne semble venir que rarement dans la péninsule. Après lui, un autre ex-officier, Alexander Forbes, détient le poste pendant plusieurs années, ne s'occupant jamais de la Gaspésie, mais retirant régulièrement son salaire de 300 livres sterling. Forbes est même prêt à abandonner cette fonction plutôt que d'être obligé d'habiter dans la péninsule. Vers 1820, un comité de la Chambre d'assemblée chargé d'étudier les dépenses gouvernementales déficitaires signale comme une anomalie le traitement d'un lieutenant-gouverneur à Gaspé. Selon le comité, ce fonctionnaire est « entièrement inutile, et ses appointements sont une charge, qui n'est pas nécessaire [...], cet Officier n'étant point non plus résident, et n'ayant aucun devoir quelconque à remplir...[67] ». En 1826, l'Assemblée des députés refuse de voter le salaire du lieutenant-gouverneur de Gaspé et ce poste de fonctionnaire sans fonction est aboli en 1831 par le gouverneur Aylmer.

LES DÉPUTÉS

Si le lieutenant-gouverneur détient une charge d'abord administrative, les véritables représentants de la péninsule gaspésienne sont les députés. C'est en 1791 que l'Angleterre établit ce que l'on appelle l'Acte constitutionnel, divisant la colonie du Canada en deux provinces distinctes, soit le Haut-Canada (Ontario) et le Bas-Canada (Québec). En outre, elle institue pour la première fois au pays un système parlementaire, c'est-à-dire la possibilité pour les citoyens de se faire représenter par des députés élus. Le gouverneur conserve les pouvoirs de direction des nouvelles provinces. L'année suivante, le Bas-Canada est divisé en vingt-et-un comtés dont celui de Gaspé qui embrasse toute la péninsule gaspésienne, de Cap-Chat jusqu'au secteur de Ristigouche-Matapédia. À ce comté, se rattachent jusqu'en 1897 les Iles-de-la-Madeleine. Trente-sept ans après sa création, soit en 1829, la circonscription de Gaspé est divisée en deux parties. Apparaît alors le comté de Bonaventure qui regroupe les localités de la Baie-des-Chaleurs. Quant à la région de Matane-Cap-Chat, elle fait partie du comté de Rimouski jusqu'en 1890.

Deux régimes parlementaires sont instaurés avant la Confédération de 1867. C'est d'abord le régime de l'Acte constitutionnel, de 1791 à 1840, alors que le Québec s'appelle Bas-Canada et ensuite le régime d'Union, de 1840 à 1867, alors que les deux provinces, le Haut-Canada, de majorité anglaise, et le Bas-Canada, surtout français, sont réunies. Sous ce dernier régime, les deux provinces du Canada ont un parlement unique.

Un seul député représente chacune des circonscriptions gaspésiennes jusqu'en 1867, sauf de 1830 à 1838 pour Bonaventure et de 1833 à 1838 pour Gaspé alors que deux représentants par comté siègent à la Chambre d'assemblée. Les « élus du peuple » sont majoritairement anglophones comme les officiers rapporteurs, fonctionnaires locaux chargés des élections. Un seul francophone se fait élire dans le comté de Gaspé entre 1791 et 1867, même si plus de la moitié de la population est de langue française. L'historien acadien Antoine Bernard conclut, non sans amertume: « Ces noms en majorité anglais (y compris LeBoutillier, jersiais) symbolisent l'atmosphère proprement politique des deux comtés Gaspésiens à cette époque: atmosphère anglaise, protestante, qui néglige l'élément français et acadien ou ne s'en sert que pour accroître sa fortune matérielle et son influence à l'extérieur[68]. »

Il est à remarquer aussi que plusieurs des députés gaspésiens sont des gens de l'extérieur du district, ne connaissant que très peu la région. Le phénomène est courant à l'époque et un homme comme Jean-Thomas Taschereau, député de Dorchester, peut poser sa candidature à la fois dans son comté et dans celui de Gaspé en prévision du cas où il perdrait la majorité dans sa première circonscription, ce qui se produit en 1820.

Les hommes politiques de l'époque sont surtout des avocats et des marchands locaux. Tous sont des notables, associés pour la plupart au parti anglais de la Chambre d'assemblée. Avant les troubles de 1837, seulement trois députés de la Gaspésie prennent position pour le Parti canadien de Louis-Joseph Papineau, soit Jean-Thomas Taschereau,

Édouard Thibodeau et Joseph-François Deblois. Lorsque se produisent les soulèvements de 1837-1838, la Gaspésie ne bouge pas; tout au plus, énonce-t-on quelques prises de position. Ainsi, dans une requête à la Chambre d'assemblée en 1830, certains habitants du district affirment « qu'ils n'ont jamais partagé les sentiments ni participé aux procédés de quelques partisans aveugles de l'administration souvent arbitraire du ci-devant Gouverneur Lord Dalhousie[69]. » D'autre part, à l'été de 1838, les grands jurés du district nient les rumeurs de révolte dans la région et se disent « prêts à défendre avec risques le bonheur de jouir du régime britannique[70]. » Enfin, on a la trace d'un affidavit d'un certain Joseph Skobetch, en date du 4 juin 1838, attestant que le chef micmac Thomas Barnaby aurait déclaré qu'il ne prêterait jamais le serment d'allégeance à la Reine, comptant sur le retour de Papineau au Canada avec d'autres rebelles[71]. Les échos du conflit qui oppose la Chambre d'assemblée à l'Exécutif, et qui conduit aux événements de 1837-1838, ont donc rejoint, mais sans grand heurt, la lointaine Gaspésie, exception faite peut-être de la tentative du député de Bonaventure, Joseph-François Deblois, de faire destituer en 1835 le juge du district de Gaspé, John Gawler Thompson, et de l'expulsion par les députés du Parti canadien de Robert Christie, député de Gaspé et ami de Thompson et du gouverneur. Plusieurs anglophones gaspésiens menacent alors de faire sécession pour s'annexer au Nouveau-Brunswick.

Certains députés gaspésiens se font remarquer de diverses façons. Jean-Thomas Taschereau, député de Gaspé de 1820 à 1832, est l'un des fondateurs du journal *Le Canadien*, père du cardinal Elzéar-Alexandre Taschereau et grand-père de Louis-Alexandre, premier ministre du Québec de 1920 à 1936; il est aussi membre de quelques commissions et comités d'enquête mettant en cause la péninsule. Les commerçants jersiais David et John LeBoutillier sont aussi députés, le dernier successivement dans Bonaventure et Gaspé. John est aussi membre du Conseil législatif canadien comme représentant de la nouvelle division du golfe en 1867. Théodore Robitaille, député du comté de Bonaventure pendant près de vingt ans, occupe de hautes fonctions: receveur général du Canada en 1873, lieutenant-gouverneur de la province de Québec en 1879 et sénateur en 1885. Il est l'un des initiateurs de la construction du controversé chemin de fer de la Baie-des-Chaleurs.

Un de ces élus gaspésiens mérite une attention toute particulière: il s'agit de Robert Christie. Natif de Nouvelle-Écosse et avocat à Québec, il prend contact avec la Gaspésie en 1819 à titre de secrétaire de la fameuse Commission des terres. Il est député du comté de Gaspé pendant dix-huit ans, soit de 1827 à 1832 et de 1841 à 1854. Auteur d'une série d'ouvrages historiques et de plusieurs articles dans la *Gazette* et le *Mercury*, il est l'un des champions de la cause anglaise à la Chambre d'assemblée. Il veut même, nous dit un Antoine Bernard engagé, rattacher la Gaspésie au Nouveau-Brunswick pour l'angliciser définitivement[72]. Christie attire particulièrement l'attention à cause du rôle central qu'il joue dans un débat typique entre le parti de Papineau et celui du gouvernement, quelques années avant la rébellion de 1837-1838.

À cette époque, l'Assemblée des députés nourrit une multitude de griefs contre le gouverneur Dalhousie et contre ceux qu'elle considère responsables, à divers degrés, de ses agissements. En 1828, Robert Christie préside les Sessions de quartiers à Québec. Lors de l'étude d'une loi pour la qualification des juges de paix, on l'accuse d'avoir provoqué la démission de quatre adversaires politiques, membres de la Commission de la paix, les députés Neilson, Quirouet, Blanchet et Bélanger, et de plusieurs officiers de milice. Des témoignages sont entendus et, à la suite d'un rapport soumis à la Chambre, contrôlée par le parti de Papineau, la majorité vote son expulsion de la Législature lorsqu'il est déclaré coupable de « grand mépris de [la] Chambre et [...] indigne de servir ou siéger dans cette Chambre[73]. » Sa demande d'enquête contradictoire n'est pas entendue. S'engage alors un duel de quelques années entre l'Assemblée d'une part et Christie et son comté d'autre part. Il est ainsi expulsé cinq fois de la Chambre après avoir été élu par le comté de Gaspé. Lassé, il se retire la cinquième fois pour prendre sa revanche après l'Acte d'Union de 1840 en se faisant élire de nouveau dans Gaspé.

Dans le comté, plusieurs personnes affirment alors que Christie organise ses réélections avec l'aide particulière de la Charles Robin Company et de l'officier rapporteur qui fixe les élections à des dates et endroits peu propices pour bien des gens[74]. Il bénéficie aussi de l'appui de nombreux anglophones. En octobre 1832, des résolutions provenant de plusieurs localités protestent contre l'expulsion de Christie et demandent l'annexion au Nouveau-Brunswick[75].

ÉLECTIONS ET VIE POLITIQUE

Il est à remarquer que lors des premières élections et même par la suite, les électeurs sont peu nombreux en Gaspésie. La rareté des endroits de scrutin, leur éloignement, la difficulté d'y accéder et aussi les pressions indues peuvent expliquer ce phénomène. Ainsi, lors de l'élection du premier parlement en 1792, Edward O'Hara est élu député de Gaspé avec une majorité de trois voix sur un total de cinq votes. En 1796, il est réélu avec une majorité de quatre voix sur son unique adversaire qui en obtient une seule[76]. Ce sont des cas limite dans l'histoire parlementaire du Québec. Comme ailleurs dans la province, un seul endroit de vote est d'abord instauré pour tout le comté (Percé), ce qui ne tient aucun compte de la géographie ni de l'immensité de presque toutes les circonscriptions. À l'élection de 1800, on peut enfin voter à deux endroits différents, soit au bassin de Gaspé et à New-Carlisle, localités anglophones. Les choses s'améliorent par la suite et d'autres bureaux de scrutin voient le jour

Résidence du député de Bonaventure, John Robinson Hamilton (1841-1844), à New-Carlisle. Photo: Pierre Rastoul.

ailleurs. Le nombre des électeurs reste cependant peu élevé. Encore au milieu du 19e siècle, l'électorat ne représente qu'environ 15% de la population. Le revenu et la propriété sont des critères de base du système électoral. De toute façon, pour la plupart des gens, élire un député est une tâche embarrassante, puisque le vote se fait à main levée. Les fréquentes irrégularités et les pressions des compagnies de pêche en amènent plusieurs à ne pas se prévaloir de leur droit de vote.

Les anomalies commises lors de la tenue des scrutins suscitent bien des contestations d'élections. Ainsi, dès la toute première, en 1792, trois requêtes de contestation au sujet de l'élection d'Edward O'Hara parviennent à la Chambre des députés. Faute de preuves toutefois, elles sont ignorées, car faire venir à Québec des témoins à charge est une entreprise onéreuse. En 1801, une autre requête souligne que lors du scrutin tenu précédemment à Gaspé, le candidat John Mure a obtenu la majorité mais que l'officier rapporteur a tenu une autre séance à New-Carlisle après la date limite de scrutin et a ainsi permis à l'arpenteur William Vondenvelden d'obtenir une majorité suffisante pour devancer Mure[77]. Après étude, l'élection est déclarée valide.

La multiplication des contestations d'élections amène l'Assemblée à légiférer en 1807. En Gaspésie, vu l'éloignement, la Chambre d'assemblée délègue des pouvoirs à trois commissaires de la région qui, en cas de dispute, feront rapport et soumettront leur avis à l'Assemblée. Ces mesures ne mettent cependant pas fin aux irrégularités électorales. Ainsi, à l'élection de 1828, il semble que le député Robert Christie ait fait retenir captif le candidat d'opposition, Joseph Barthe, en organisant un faux rendez-vous d'affaires. Le malheureux est alors retenu jusqu'à ce que l'heure limite pour la fin des mises en candidature soit dépassée[78]. Ses gardiens lui font savoir que l'élection de Christie est d'une nécessité absolue pour la minorité anglo-protestante de la Baie-des-Chaleurs, ce qui semble véridique quand l'on sait que Christie agit à Québec comme procureur de la Charles Robin Company et qu'il défend également les intérêts des Loyalistes[79]. Autre cas: en 1832, l'officier rapporteur du comté de Bonaventure proclame élu le député sortant John Gosset, neveu de Philip Robin, alors qu'il vient d'être défait. Après l'enquête, l'irrégularité commise par l'officier rapporteur Henry O'Hara est confirmée et John Robinson Hamilton, le candidat lésé, devient député[80]. En 1841, c'est au tour de ce dernier d'être accusé d'illégalité, son élection étant, dit-on, marquée « par des actes de violence et de corruption sans exemple jusqu'à ce jour », la menace et la boisson étant de rigueur[81]. Les plaideurs affirment aussi qu'on a omis de consulter les électeurs dans un ou deux endroits.

Les influences indues lors des scrutins sont alors monnaie courante. La maison Robin contrôle ainsi bien des élections. Dès la première, en 1792, elle fait élire le fils du juge Félix O'Hara, favorable à la compagnie. Les intérêts Robin ont donc un représentant à Québec. Elle fait aussi pression sur les maîtres de grave et les pêcheurs qui sont liés à l'entreprise et qui doivent voter, rappelons-le, à main levée. Les témoignages au sujet des pressions exercées par cette maison auprès de ses clients-pêcheurs et de la population en général sont explicites. Devant un comité d'enquête, en 1830, un notaire de Québec explique: « J'ai entendu des plaintes du pouvoir que la maison Robin avait sur les habitants qui lui étaient beaucoup endettés. Ils m'ont dit que cette maison maîtrisait les élections, et que quelques années auparavant on avait empêché les électeurs indépendants de voter par la violence et les menaces [...] Entre Bonaventure et Carlisle, on m'a montré l'endroit où les gens dans l'intérêt des Messieurs Robin s'étaient attroupés, armés de bâtons, pour empêcher les autres de voter; et les électeurs ont été forcés de se retirer après avoir reçu des coups de bâtons[82].»

L'année suivante, une pétition soutient que: «[nos] prétendus mandataires, qui, dans la vue de favoriser quelques Négocians intéressés dans les Pêcheries, et de se ménager leur influence, ont toujours choisi, pour la tenue des Élections, les endroits les moins populeux et qui par rapport à leur position géographique, offrent dans un pays intersecté de nombreuses rivières, et extrêmement retardé dans ses communications extérieures, les plus grands obstacles à la masse des Électeurs du comté de Gaspé[83].»

Voilà un peu le portrait de la vie politique en Gaspésie dans la première moitié du 19e siècle. Quant aux discours politiques et aux promesses électorales de l'époque, ils sont sensiblement, en 1850, les mêmes qu'en 1981; ils montrent à l'horizon une Gaspésie au seuil du développement et de la prospérité!

Il semble évident que les autorités de Québec et la Chambre d'assemblée ne s'intéressent que très peu à la lointaine Gaspésie et ne se préoccupent que partiellement de ses pêches. Vers 1851, on écrit encore que « le pays entier qui se trouve au-dessous de Québec semble séparé du reste du Canada, aussi bien que des provinces d'en-bas, sans aucune communication sociale ou commerciale[84].» Plusieurs Gaspésiens écrivent même qu'ils vont « en Canada» comme si la péninsule était un pays distinct. Un article de la *Revue Agricole* de septembre 1863 affirme qu'« on se croit ici [en Gaspésie] dans un autre monde en entendant parler du Canada et des Canadiens comme d'étrangers de distinction, venant de grandes distances[85].» Il ne faut donc pas se surprendre qu'à diverses occasions, principalement entre 1820 et 1840, certains groupes de citoyens gaspésiens demandent à l'Angleterre d'être annexés au Nouveau-Brunswick, plus accessible et sûrement plus apte à répondre aux problèmes de la région.

Dans leur rapport de 1820, les commissaires des terres, Jean-Thomas Taschereau et Louis-Juchereau Duchesnay, notent déjà: « Quelques-uns ont pensé que ce District n'était nullement avantageux à cette province, [et] qu'il serait plus convenable qu'il appartint à une des Provinces adjacentes...[86]» Mais des raisons d'ordre économique amènent les commissaires à penser que le Bas-Canada doit conserver ce district. « Il doit devenir, disent-ils, un entrepôt de commerce entre Québec et les Iles, la Nouvelle-Écosse et le Nouveau-Brunswick »; en cas de perte de cette région, « notre commerce en cet endroit serait aussi exposé à des charges additionnelles pour l'entrée et la sortie des Ports de ce District»; et, de plus, « par le moyen de ce District la Province commande le Commerce du Golfe dans lequel elle est plus intéressée qu'aucune autre Colonie[87].» Malgré cela, le comte de Dalhousie, quelques mois après avoir quitté le poste de gouverneur du Canada, propose à Sir George Murray, ministre des Colonies, d'annexer le district de Gaspé à la province du Nouveau-Brunswick[88].

LA GASPÉSIE IGNORÉE

Au début des années 1830, le député Robert Christie demande lui aussi l'annexion au Nouveau-Brunswick mais pour des raisons surtout ethniques et en réaction à ses démêlés avec les députés du parti de Papineau. Pour les mêmes motifs que Christie, des anglophones du comté de Gaspé font circuler une pétition appuyant un projet d'annexion. La Chambre a négligé, dit-on, le comté de Gaspé et l'a « injustement privé de l'avantage d'être représenté en Parlement par Robert Christie[89].» La circonscription voisine de Bonaventure, par la voix de son député Édouard Thibodeau, s'élève contre le projet d'annexion et la Chambre d'assemblée endosse cette proposition[90]. Toutefois, les Micmacs de Ristigouche demandent à la même époque d'être rattachés eux aussi au Nouveau-Brunswick[91].

Le gouverneur Aylmer considère à son tour que par son climat et sa géographie, la Gaspésie devrait être rattachée au Nouveau-Brunswick mais il estime qu'il y a tant d'esprit de parti mêlé à la question de l'annexion qu'il est difficile de percevoir les véritables sentiments de la population, surtout qu'on adopte des positions diamétralement opposées dans la même région[92]. Les habitants de la Gaspésie sont donc divisés sur cette question et lorsqu'en 1840, Londres propose l'union de la province avec le Haut-Canada anglophone, les partisans de l'annexion au Nouveau-Brunswick changent d'opinion.

De toute évidence, aux 18e et 19e siècles, la péninsule gaspésienne offre beaucoup plus de similitudes avec les colonies anglaises de l'Atlantique qu'avec le reste du Québec. La situation socio-économique qui y prévaut entre 1760 et 1850 n'est pas unique dans l'Est maritime. À Terre-Neuve, au Cap-Breton, au nord du Nouveau-Brunswick, et plus tard sur la côte nord du golfe Saint-Laurent, l'organisation de la vie et du travail dans ces régions maritimes présente de nombreuses similitudes. Même si le Gaspésien de la seconde moitié du 19e siècle n'aura encore que très peu de possibilités d'améliorer son sort, il n'en reste pas moins que la péninsule commencera à transformer son image de colonie maritime pourvoyeuse de morue en celle de région rurale périphérique. Mais cette transformation ne sera que graduelle et inégalement répartie.

Quatrième partie

La Gaspésie
en transition
(1850-1920)

Si en 1850 la plupart des Gaspésiens vivaient d'abord et surtout de la mer, en 1920, il n'en est plus de même. La pêche est encore très importante mais les activités agricoles et forestières occupent maintenant de nombreux travailleurs, particulièrement dans le comté de Bonaventure et sur la côte nord de la péninsule, entre Matane et Sainte-Anne-des-Monts. En effet, vers la fin du 19e siècle, l'industrie de la pêche morutière est en crise. Les péninsulaires tentent alors de diversifier leurs activités ou préfèrent s'expatrier. Région d'immigration au début du 19e siècle, la Gaspésie voit maintenant sortir les siens, malgré le fait que le peuplement progresse un peu partout sur la côte, le long du chemin de ceinture et aussi, peu à peu, à l'intérieur des terres.

On ne peut pas encore parler de grand mouvement de colonisation. L'agriculture progresse lentement mais elle est encore sous-développée si on la compare à celle d'autres régions de la province. Par contre, l'exploitation des ressources forestières devient de plus en plus importante, en particulier vers la fin du 19e siècle.

Quant à l'industrie de la morue séchée, toujours organisée selon le système mis en place par les compagnies de Jersey, elle atteint un sommet dans les années 1860 pour décliner par la suite, répondant de moins en moins aux nouvelles conditions des marchés. D'autres espèces marines, comme le homard ou le saumon, font aussi l'objet d'une exploitation organisée; mais elles n'atteindront pas l'importance de la morue qui mobilise toujours la majorité des pêcheurs.

Sur le plan des communications, la péninsule est maintenant reliée au reste du pays par la voie terrestre, peu utilisée, ou encore par les bateaux à vapeur qui font la navette entre Québec, la Gaspésie ou les Provinces Maritimes. À la fin du 19e siècle, le chemin de fer vient lui aussi rapprocher la péninsule du reste du continent.

La population gaspésienne, qui passe de quelque 20 000 personnes en 1850 à plus de 60 000 en 1920, est également mieux organisée qu'auparavant au niveau des institutions et des services. Ainsi, les églises, les chapelles et les écoles côtoient partout les bâtisses de pêche ou les scieries. De plus en plus, on remarque la présence de commerçants, d'artisans, de professionnels divers et de fonctionnaires gouvernementaux.

En 1920, la Gaspésie conserve encore plusieurs des traits qui la caractérisaient en 1850 mais elle n'est plus ce territoire perdu, vivant principalement et misérablement de la pêche à la morue. La pauvreté n'est pas disparue, loin de là, mais en certains endroits, les conditions matérielles sont meilleures qu'auparavant. La Gaspésie est encore un territoire marginal, mais au même titre que les autres régions périphériques de la province.

9

L'extension du peuplement

La population gaspésienne

Au milieu du 19e siècle, de larges portions du littoral gaspésien restent inhabitées. Si le peuplement s'est amorcé depuis longtemps déjà le long des rives de la baie des Chaleurs et, depuis quelques décennies, le long de la côte de Gaspé, on n'aperçoit toujours, de Rivière-au-Renard jusqu'aux environs de Matane, que de rares îlots de pêcheurs francophones. En 1850, la Gaspésie ne représente que 2,1% de la population du Québec. Durant les 70 années suivantes, cette population s'accroît certes, mais pas au rythme où les colonisateurs le souhaiteraient. En effet, la péninsule gaspésienne n'attire pas facilement l'immigrant et les départs sont nombreux.

LES DEUX GROUPES LINGUISTIQUES

De 1850 à 1920, la population des comtés de Gaspé et de Bonaventure a plus que triplé. Le taux de croissance est particulièrement élevé entre 1850 et 1880. La population augmente alors de plus du quart par décennie. Cet accroissement est en partie attribuable au peuplement de certaines zones inhabitées du comté de Gaspé, principalement sur le littoral nord. À partir des années 1880, le rythme de la croissance démographique diminue, en raison surtout de l'émigration de nombreux péninsulaires, particulièrement des jeunes.

La péninsule gaspésienne n'est pas à cette époque une grande région de colonisation comme le sont le Saguenay, la Mauricie ou même le Témiscamingue. L'arrivée des nouveaux venus est numériquement peu importante; par contre, le taux élevé de natalité arrive à compenser l'exode de nombreux jeunes et de familles entières. En 1890, on compte 6,17 personnes par famille dans le comté de Bonaventure et 6,41 dans celui de Gaspé[1]. En fait, c'est le surplus des naissances sur les décès qui explique d'abord l'accroissement de la population durant ces 70 ans. Le publiciste Alfred Pelland explique en 1914: « La Gaspésie, étant complètement en dehors de la route que suivent les courants d'émigration, n'a pu compter que sur sa propre fécondité. Et encore, a-t-elle perdu, dans le passé, beaucoup des siens qui ont pris le chemin des villes canadiennes et américaines. Quant au mouvement colonisateur qui se dirige vers le sud-est de la province de Québec, il semble, jusqu'ici, s'être arrêté à la plantureuse vallée de la Matapédia[2]. »

En 1860, environ 55% de la population gaspésienne est francophone. En 1921, par contre, ce pourcentage atteint 75%. Le fort taux de natalité des francophones et le fait que la majorité des nouveaux arrivants soient des Canadiens français d'autres régions de la province expliquent ce phénomène. L'importante minorité anglophone n'en continue pas moins d'agir et de concevoir ses rapports sociaux avec l'attitude d'une majorité: ainsi, l'anglais reste la langue des affaires, de la loi, du pouvoir. Cette attitude est une conséquence de la position de domination économique dont bénéficient les anglophones depuis la Conquête. Au 19e siècle et encore au début du 20e, quoique minoritaires, les anglophones occupent des fonctions économiques et administratives importantes. Les chefs-lieux de New-Carlisle et de Percé ainsi que certains centres économiques comme Gaspé et New-Richmond comptent une forte population anglophone.

Tableau 4.1. Population des comtés de Bonaventure et de Gaspé*, 1850-1921.

Année	Bonaventure	Gaspé	Total
1851	10 844	8 702	19 546
1861	13 092	11 426	24 518
1871	15 923	15 557	31 480
1881	18 908	20 685	39 593
1891	20 835	21 933	42 768
1901	24 495	24 657	49 152
1911	28 110	26 338	56 448
1921	29 092	33 248	62 340

* À moins d'indication contraire, les Iles-de-la-Madeleine sont exclues de nos statistiques.
Source: Recensements du Canada, 1851-1921.

À une époque où les rapports et les échanges s'effectuent généralement au niveau local, les relations entre groupes ethniques et religieux différents sont d'abord de type économique. L'anglais étant la langue des affaires et du pouvoir, les francophones ont tendance à devenir bilingues quand ils entrent en contact avec les Anglais. Ceux-ci, par contre, offrent une certaine résistance à parler français. Ce n'est que dans le deuxième quart du 20e siècle qu'ils commencent à ressentir leur position de minorité. Les activités économiques sont alors de plus en plus axées sur une organisation régionale ou coopérative, les communications sont plus faciles et les francophones occupent de plus en plus de fonctions aux niveaux municipal, administratif, social et professionnel.

ΙΙ La seule région entièrement francophone est le littoral nord de la péninsule, récemment peuplé. Les secteurs les plus anglophones de la Gaspésie sont alors ceux de la Baie-de-Gaspé et de la Baie-des-Chaleurs. Arthur Buies décrit, dans un numéro du journal *Le Soleil* de la fin du siècle dernier, le type de relations qu'on y retrouve: « [Il] n'est pas d'endroit où l'usage des deux langues anglaise et française soit aussi courant à tout le monde en général. Il faudrait néanmoins observer que les Canadiens français apprennent et parlent presque tous l'anglais, soit dans les écoles, soit dans la vie commune, mais que les Écossais et les descendants des « loyalistes » américains ne se donnent pas la peine d'apprendre le français[3]. » ⟨

Même à l'intérieur des deux grandes familles linguistiques, des particularismes différencient les habitants de bourgades voisines. Le prêtre chargé de la vaste mission de Rivière-au-Renard en témoigne en 1868 : « ...des huit missions que je desservais, dit-il, chacune a son caractère particulier, des mœurs différentes et même une manière différente de parler, surtout de prononcer les mots. Ici, c'est un mélange d'anglais, de français et de barbarismes dans toutes les langues[4]. » Toutefois, au fil des ans, des modes

Tableau 4.2. Nombre d'habitants et de familles dans les comtés de Gaspé et de Bonaventure et moyennes de personnes par familles en 1890.

Comtés et sous-régions	Population	Familles	Personnes par famille
Bonaventure			
Matapédia	1 273	237	5,4
Ristigouche	579	87	6,7
Mann et réserve indienne	808	147	5,5
Nouvelle et Shoolbred (ouest)	791	116	6,8
Nouvelle et Shoolbred (est)	1 359	197	6,9
Carleton	1 078	150	7,2
Maria (ouest)	966	124	7,8
Maria (est)	1 467	223	6,6
New-Richmond (ouest)	1 264	195	6,5
New-Richmond (est)	786	128	6,1
Caplan	1 305	216	6,0
Hamilton (ouest)	1 198	179	6,7
Hamilton (est)	1 130	180	6,3
New-Carlisle	991	185	5,4
Paspébiac (ouest)	891	167	5,3
Paspébiac (est)	858	145	5,9
Hope (ouest)	828	132	6,3
Hope (est)	1 286	216	6,0
Port-Daniel (ouest)	672	114	5,9
Port-Daniel (est)	1 305	235	5,6

Comtés et sous-régions	Population	Familles	Personnes par famille
Gaspé (sans les Iles-de-la-Madeleine)			
Newport	1 481	219	6,8
Pabos	1 348	215	6,3
Grande-Rivière	2 348	357	6,6
Anse-du-Cap	1 497	213	7,0
Percé	1 800	273	6,6
Malbaie	1 827	297	6,2
Douglas	1 468	261	5,6
York	350	58	6,0
Gaspé (village)	307	61	5,0
Bassin	839	140	6,0
Baie-de-Gaspé-Nord et Sydenham-Sud	1 153	197	5,9
Cap-des-Rosiers	785	129	6,0
L'Anse-au-Griffon	1 030	184	5,6
Fox et Sydenham-Nord	1 422	208	6,8
Cloridorme	647	100	6,4
Grande-Vallée	575	81	7,0
Mont-Louis	896	115	7,8
Sainte-Anne-des-Monts	1 762	258	6,8
Cap-Chat	1 237	185	6,7

Source: Recensement du Canada, 1891.

d'existence communs et une tradition de cohabitation commencent à forger un type gaspésien identifiable. En exagérant quelque peu, Buies perçoit ce phénomène à la Baie-des-Chaleurs à la fin du siècle dernier: « Grâce à leurs origines variées [...], à leur longue séquestration qui a amené l'uniformité dans les habitudes, grâce à la distance qui les a tenus en dehors du développement des autres parties du pays et d'un contact fréquent avec leurs populations, les habitants de la Baie des Chaleurs ont gardé dans les moeurs, dans le genre de vie, dans le langage, les manières et les dispositions, une teinte uniforme dans laquelle viennent se fondre les diversités de chaque race, et qui est tel qu'ils en ont perdu leur caractère distinctif. Américains, Écossais, Irlandais, Jersiais, Acadiens et Canadiens offrent, à part la langue [...] la plus parfaite et la plus insolite ressemblance[5]. » Il est encore trop tôt cependant pour détecter, chez ces Gaspésiens de diverses origines, une prise de conscience régionale.

Arthur Buies, comme plusieurs autres, fait abstraction de la présence sur le territoire des premiers habitants de la péninsule, les Micmacs. En fait, la

LA SITUATION DES MICMACS

mission amérindienne de Ristigouche fut toujours quelque peu oubliée. De 1842 à 1858, par exemple, elle ne reçoit la visite d'aucun représentant du gouvernement canadien, dont elle relève pourtant. Vers 1857, selon le témoignage du responsable religieux de la mission, Félix-David Dumontier, la population serait de 473 personnes, soit 97 familles, toutes catholiques romaines[6]. Les trois quarts des Indiens habitent le village autour de la chapelle. À l'école, les enfants apprennent l'anglais. Selon Dumontier, une trentaine de familles conservent encore les anciens usages et les anciennes manières de vivre et habitent des cabanes ou maisons d'écorce[7]. L'acculturation des Amérindiens est de plus en plus prononcée. En 1863, un chroniqueur de la *Revue agricole* remarque: « Le costume est celui des blancs, celui des vieillards excepté. Ils ont adopté les danses nouvelles préférablement aux danses sauvages en parties oubliées. La population est très morale et se civilise à vue d'oeil[8]. » La surconsommation de boissons alcoolisées est encore un fléau local.

À cette époque, la plupart des hommes détiennent de l'emploi dans les chantiers de Campbellton, en face de la mission, et dans ses environs. Ils travaillent comme équarrisseurs, conducteurs de radeaux et journaliers dans les scieries. La chasse et la pêche demeurent aussi des activités importantes. La culture du sol est faible et les terres ne sont pas encore divisées par lots. Au plus, retrouve-t-on autour des maisons de petits champs cultivés avec plus ou moins de soin. Les Micmacs ont toujours des problèmes avec les colons voisins qui empiètent sur leurs terres et avec les pêcheurs commerciaux de saumon. D'ailleurs, le gouvernement leur a enlevé le droit de pêcher le saumon au dard, un de leurs moyens de subsistance.

La réserve de Ristigouche située à l'ouest du canton Mann a une superficie de 8 869 acres. À cette réserve, le gouvernement ajoute le 30 août 1851 un territoire de 9 600 acres[9]. Une autre partie du peuple micmac réside près de l'embouchure de la rivière Cascapédia dans le canton Maria. En 1857, on y compte 83 personnes vivant surtout de la pêche[10]. La réserve de Maria s'étend sur 416 acres.

À la fin du 19e siècle, l'industrie forestière prend de l'ampleur dans la région. L'été, des bateaux étrangers viennent à Ristigouche charger des billots. Le travail de la forêt devient donc primordial pour le Micmac. De plus, en échange de la promesse d'emplois de guides au service d'organismes privés ou de clubs, celui-ci en vient même à céder ses droits sur la pêche au saumon[11].

Durant toute la période de 1850 à 1920, la population micmaque gaspésienne reste stationnaire. La natalité est assez élevée mais plusieurs personnes quittent la tribu. En 1911, la réserve de Ristigouche compte 537 habitants et celle de Maria, 115[12]. Depuis 1894, les pères capucins sont chargés de la mission de Ristigouche et ils desservent également ses environs.

Tableau 4.3. Population canadienne-française par rapport à la population totale en 1860.

Cantons, paroisses	Pop. totale	Can. franç.	%
Cap-Chat	450	449	99,8
Sainte-Anne-des-Monts	869	849	97,7
Mont-Louis	200	149	74,5
Grande-Vallée, Anse-de-l'Étang, Sydenham-Nord	304	269	88,5
Rivière-au-Renard	588	470	79,9
Cap-des-Rosiers	1 060	568	53,6
Baie-de-Gaspé-Nord	316	94	29,7
Baie-de-Gaspé-Sud	520	124	23,8
Syndenham-Sud	81	11	13,6
Douglastown	988	41	4,1
Haldimand et York	205	32	15,6
Percé	2 720	1 531	56,3
Malbaie	1 077	645	59,9
Grande-Rivière	879	737	83,8
Pabos	754	480	63,7
Newport	415	223	53,7
Port-Daniel	1 155	598	51,8
Hope	992	370	37,3
Cox	2 161	947	43,8
Hamilton	1 309	1 145	87,5
Maria	1 823	1 404	77,0
New-Richmond	1 510	597	39,5
Carleton	958	879	91,8
Ristigouche	521	47	9,0
Matapédia	310	1	0,3
Mann	792	523	66,0
Nouvelle et Shoolbred	1 561	728	46,6

Source: Recensement des Canadas, 1861.

L'accroissement de la population dans la péninsule de Gaspé est principalement tributaire du haut taux de natalité de ses habitants. Les nouveaux arrivants sont moins nombreux que par le passé. La pêche, qui drainait jadis de nombreux immigrants, est maintenant un facteur d'émigration, les pêcheurs de la péninsule allant jeter leurs lignes dans les eaux de la côte nord du Saint-Laurent. En 1857, un rapport gouvernemental fait observer:

UN PETIT NOMBRE D'IMMIGRANTS

« le devant du comté de Bonaventure est aussi favorable aux colons que n'importe quelle partie du Bas-Canada où il soit encore possible d'acheter des terres, et il se trouverait peuplé depuis longtemps n'était que, non seulement il est éloigné des parties de la province qui ont un surplus de population, mais aussi qu'il se trouve en dehors du courant de l'immigration[13]. » Quelques décennies plus tard, Arthur Buies, grand propagandiste de la conquête des terres neuves, énumère les causes qui auraient, à son avis, retardé le développement de la colonisation en Gaspésie, contrairement à d'autres régions du Québec: « L'éloignement de la Gaspésie, l'isolement féroce où l'a tenue l'absence des communications, les perfidies d'une tradition obstinée qui enracinait de plus en plus tous les ans dans l'esprit du public l'idée que la Gaspésie n'était et ne serait jamais qu'un pays de chasse et de pêche... l'ignorance profonde, épaisse, où tout le monde était tenu en dehors sur la valeur et la nature réelle d'une contrée que l'on croyait presque inhabitable et qui jouit au contraire d'un climat remarquablement régulier et tempéré: ces quelques causes et d'autres encore ont paralysé jusque dans leurs germes toutes ces tentatives de colonisation et de culture[14]. » Bien d'autres contemporains y vont de leur diagnostic. Le publiciste Jean-Chrysostome Langelier insiste, par exemple, sur le manque de communications; Eugène Rouillard parle du « ver rongeur de l'émigration » qui enlève des bras à la terre et de la « passion » des Gaspésiens pour l'activité de la pêche au détriment de la culture, etc.[15]. Bien des raisons peuvent être invoquées.

De toute façon, la Gaspésie est peu connue et les colons des campagnes mieux peuplées du centre de la province ou d'ailleurs peuvent trouver de nouvelles « patries » plus attrayantes que le district de Gaspé: les fertiles Cantons-de-l'Est ou la Beauce, le Saguenay, la Mauricie et le Témiscamingue, où les ressources forestières et leur exploitation offrent des sources de revenus intéressants. Il y a aussi les centres urbains canadiens ou les manufactures et les chantiers américains qui demandent constamment des bras et qui donnent la possibilité aux jeunes de trouver du travail permanent. Vers la fin du 19e siècle, une nouvelle région de peuplement, la vallée de la Matapédia, draine à son tour un grand nombre de colons; ceux-ci apprécient ses terres fertiles, ses voies d'accès (chemin de la Matapédia et Intercolonial) qui la relient aux grands marchés ainsi que l'exploitation facile que l'on peut faire de son bois. Quant à l'industrie de la pêche, dès les années 1880, elle n'attire plus grand monde de l'extérieur. Au fil des ans, les nombreux morutiers saisonniers qui venaient s'engager chez les marchands gaspésiens se font de plus en plus rares, la main d'oeuvre autochtone suffisant à la tâche.

Ceux qui s'établissent en Gaspésie à l'époque qui nous concerne proviennent presque tous d'autres régions du Québec, en particulier de la Côte du Sud, du Bas-Saint-Laurent et des Iles-de-la-Madeleine. On ne peut toutefois pas appeler ce mouvement un « déversement » de population. Les arrivants de l'extérieur du Québec sont plutôt rares. À ce sujet, les statistiques gouvernementales donnent des chiffres insignifiants. Ces migrants proviennent surtout de l'Est du Canada, particulièrement du Nouveau-Brunswick et de l'Ile-du-Prince-Édouard.

L'immigration étrangère, jadis fortement liée au monde de la pêche, est donc chose du passé : « depuis trente ans que je connais ce peuple là, souligne Pierre Fortin en 1882, il n'a reçu aucune immigration de l'Écosse, de l'Irlande, de l'Angleterre, de l'Allemagne ni de la France. Il a grandi de lui-même[16]. » Les immigrants européens qui viennent nombreux en Amérique préfèrent les régions prometteuses de l'Ouest canadien et des États-Unis plutôt que l'Est du Canada et la Gaspésie, où la croissance de l'économie est nulle et les perspectives d'avenir fort chétives. Jean-Chrysostome Langelier ajoute : « comme cette région est absolument en dehors de la route que suivent les immigrés pour se rendre dans les ports de Québec et des autres grandes villes du Canada, ils ne peuvent pas même avoir l'idée de songer à s'établir dans cette contrée[17]. » Aussi, en 1881, près de 95% de la population comprise dans les deux comtés de Gaspé et de Bonaventure est native de la province de Québec[18].

De petites colonies d'immigrants s'installent quand même en Gaspésie. La plupart connaissent l'échec. Ainsi, en 1859, 400 Norvégiens s'établissent dans le canton Malbaie au nord de Percé. En 1864, ils sont à peu près tous partis vers l'Ouest et le Wisconsin. Les gelées tardives qui ont endommagé leurs moissons semblent les avoir découragés[19]. À la même époque, des familles jersiaises et irlandaises s'installent au nord de la baie de Gaspé. En 1860, le curé de Rustico sur l'Ile-du-Prince-Édouard vient avec quelques Acadiens explorer le canton Matapédia, au sud-ouest de la rivière du même nom. Enchantés des lieux, ils retournent à l'île pour inciter les leurs à venir s'y installer. Un premier groupe part à l'automne 1860 et, les années suivantes, quelques dizaines de familles acadiennes quittent à leur tour l'Ile-du-Prince-Édouard pour s'établir définitivement dans le canton Matapédia. À la fin de l'année 1864, la nouvelle colonie, noyau des paroisses de Saint-Alexis et de Saint-Laurent, compte 47 familles ou 275 personnes[20].

En 1891, un père rédemptoriste belge, Henri-Joseph Mussely, fonde avec 60 à 80 de ses compatriotes une petite colonie dans l'arrière-pays de Saint-Charles-de-Caplan, près des affluents des rivières Petite Bonaventure et Caplan. Ils appellent l'endroit Musselyville ou « petite Belgique », maintenant devenue Saint-Alphonse. Cependant, « ces braves cultivateurs belges, écrit un peu plus tard le publiciste Eugène Rouillard, obligés d'abattre la forêt pour se créer un ''home'' se lassèrent vite d'un travail dont ils n'avaient point l'habitude...[21] » En effet, seulement quelques familles belges s'établissent pour de bon. Les autres quittent les lieux. Ce sont des

Tableau 4.4. Population de la Gaspésie selon le pays d'origine, 1881.

Origine	Bonaventure	Gaspé
Province de Québec	17 580	20 071
Angleterre	47	118
Irlande	100	105
Écosse	178	20
Île-du-Prince-Édouard	408	8
Nouvelle-Écosse	65	7
Nouveau-Brunswick	393	114
Terre-Neuve	8	10
Iles de la Manche	58	180
France	9	20
Allemagne	3	4
Pays scandinaves	3	2
États-Unis	37	7
Population totale	*18 908*	*20 685*

Source: Recensement du Canada, 1881.

habitants de Caplan, Maria et d'autres endroits environnants qui occupent alors la plupart des terres vacantes de la colonie. Un dernier exemple: en 1910, une compagnie franco-américaine de colonisation, la Nationale, de Lowell au Massachusetts, obtient 250 lots dans le canton Hope à l'est de Paspébiac pour y faire venir des colons. Quelques-uns s'établissent mais pour repartir bientôt, l'absence de marchés pour écouler une production agricole étant, semble-t-il, une des raisons majeures de leur départ[22].

L'IMPORTANCE DES MIGRATIONS

Si l'arrivée de nouveaux venus est faible, l'émigration saisonnière ou permanente devient une constante de la vie gaspésienne à cette époque. Vers 1850 déjà, l'exode des Canadiens français vers les États-Unis commence à atteindre les régions éloignées du centre de la province. Entre 1850 et 1920, environ 760 000 Québécois émigrent aux États-Unis, particulièrement dans les États du Nord-Est et le « Middle West »[23]. Cette saignée démographique atteint surtout les campagnes surpeuplées. Les jeunes, en particulier, préfèrent travailler dans les chantiers, les pêcheries ou les manufactures des États-Unis plutôt que d'occuper et de défricher de nouvelles terres dans des régions excentriques de la province. C'est la faiblesse structurelle de l'économie québécoise qui donne à cet exode tant d'ampleur.

Chaque automne, commes des feuilles se détachant de l'arbre qui ne peut plus les faire vivre, nos gaspésiens abandonnent leur patrie !

¶ En Gaspésie comme dans le reste de la province, l'émigration est soit saisonnière, soit sans intention de retour. Plusieurs familles et des jeunes quittent définitivement leur région pour des horizons qu'ils anticipent meilleurs. Plusieurs autres s'absentent quelques années seulement, le temps de s'amasser de l'argent pour fonder une famille. D'autres enfin, pour alléger le fardeau familial, quittent leur foyer durant l'hiver, le temps « d'aller au bois»; ils reviennent pêcher ou cultiver au printemps. ¶

Dans la péninsule, les départs atteignent un sommet dans les années 1880. La vie difficile et misérable dans les pêches, les crises de cette industrie, l'absence de sources de revenus durant l'hiver, le morcellement des terres riveraines et la difficulté d'en ouvrir de nouvelles, enfin, le sous-développement général, incitent bien des Gaspésiens à changer de région et ce, au grand dam des prêtres et des autorités civiles. En 1880, le premier ministre du Québec, Honoré Mercier, en parlant des jeunes du comté de Matane, explique que ces derniers s'en vont en se disant qu'« il est inutile de rester dans ce pays où nos pères eux-mêmes ne peuvent gagner assez pour vivre même modestement[24]. » Mercier s'inspire de l'analyse pessimiste d'Arthur Buies, qui avait constaté un peu plus tôt en explorant le comté de Matane: « la génération nouvelle, qui se trouve isolée, dépaysée au milieu des progrès modernes, [est] comme paralysée au sein même d'abondantes ressources, par suite de défaut de chemin de fer et d'autres communications pour les faire valoir. Obligée d'écouler tous ses produits sur place, et cela la plupart du temps à des prix très inférieurs, et par conséquent nullement rémunérateurs, la population actuelle abandonne petit à petit l'agriculture, les jeunes gens désertent, toute entreprise languit ou dépérit, et des paroisses qui avaient pris un magnifique essor, se voient aujourd'hui arrêtées et comme paralysées sans remède...[25] »

Arthur Buies, propagandiste de la conquête des terres neuves et ami du curé Labelle. (APC)

Au moins plusieurs milliers de personnes ont quitté la péninsule entre 1850 et 1920; elles se sont fixées soit aux États-Unis, soit dans les centres forestiers ou les grandes villes du Québec et de l'Ontario, au Nouveau-Brunswick et sur la côte nord du Saint-Laurent. Il est assez difficile d'en déterminer le nombre exact. Nous savons toutefois qu'il est sorti plus de monde de la péninsule qu'il n'en est entré.

Dans les villes canadiennes, les Gaspésiens s'engagent surtout dans les manufactures ou, au printemps, comme débardeurs dans les ports. Plusieurs jeunes filles quittent aussi la péninsule pour la ville. « Un grand nombre de nos jeunes gens, écrit le pasteur anglican de Malbaie en 1906, nous ont quitté pour aller faire du service domestique à Montréal et à Toronto. À Malbaie et à Barachois, très peu de jeunes filles restent à la maison après l'âge de douze ans[26]. » Aux États-Unis, les Gaspésiens sont attirés, semble-t-il, par les chantiers forestiers du Nord-Est (Maine, Vermont...) et du Michigan. Un grand nombre, venant surtout de la Baie-des-Chaleurs, descendent travailler l'hiver comme bûcherons ou draveurs dans les forêts du Nouveau-Brunswick. Certains s'établissent dans le nord de cette province où l'industrie forestière est en plein essor. On les retrouve aussi dans les chantiers du Lac-Saint-Jean, dans ceux du haut de l'Outaouais et à quelques autres endroits. Dans une lettre à l'évêque de Rimouski, le député fédéral de Gaspé, Pierre Fortin, écrit en 1882: « L'année dernière à cause de la misère, suite d'une pêche infructueuse et d'une mauvaise récolte, environ six cents hommes ont quitté le comté de Gaspé pour aller gagner de l'argent dans les chantiers de la région de l'Ottawa, et des États-Unis. Les trois quarts sont revenus ce printemps, je crois[27].»

Aucune solution n'est encore possible pour régler le problème généralisé de l'exode temporaire ou définitif des péninsulaires. La seule industrie d'hiver, le travail forestier, est encore peu développée. Fortin écrit ainsi dans une autre lettre: « Il existe une pauvre misère et pas d'argent à gagner pendant l'hiver, excepté aux chantiers peu considérables de Pabos et de Sainte-Anne-des-Monts[28].» Entre deux maux, autant choisir le moindre et Fortin tente d'obtenir, par des accords avec les compagnies ferroviaires et maritimes, la réduction des taux de transport des péninsulaires vers l'Outaouais afin que les gens s'y dirigent plutôt que d'émigrer aux États-Unis. « De cette façon, mentionne-t-il, nos travailleurs qui, après leurs travaux soit de pêche soit de culture, n'ont plus rien à faire, pourront se rendre aux chantiers de l'Ottawa facilement et en revenir au printemps, à temps pour ensemencer leurs terres et faire la pêche[29].» Au tournant du siècle, bien que l'industrie forestière se développe en plusieurs endroits et que les travaux publics et la construction du chemin de fer procurent occasionnellement de l'emploi à de nombreuses personnes, l'émigration n'en continue pas moins de sévir[30].

D'autre part, les Gaspésiens, et en particulier ceux de la Baie-des-Chaleurs, vont maintenant pêcher l'été sur l'île d'Anticosti et sur la Moyenne et la Basse Côte-Nord. C'est ainsi que dans les années 1850-1870, les grandes compagnies de pêche Robin, LeBoutillier, Fruing, Collas et autres fondent des établissements et des comptoirs de pêche entre la rivière Moisie et Natashquan sur la Côte-Nord. Vers 1895, nous retrouvons à Magpie quelque 250 pêcheurs acadiens venus en particulier de Paspébiac et de Bonaventure. « Ces gens de la Baie des Chaleurs, nous raconte l'abbé Victor-Amédée Huard en parcourant ces côtes, sont des cultivateurs ou des fils de cultivateurs, qui viennent à la pêche après avoir ensemencé les terres, et qui s'en retourneront à temps pour couper les foins et les céréales[31].» Plusieurs de ces pêcheurs saisonniers finissent par s'installer définitivement dans les établissements de la Côte-Nord. Ainsi, en 1881, dix familles quittent la paroisse de Sainte-Adélaïde-de-Pabos pour s'établir sur l'île d'Anticosti et au Labrador (Basse Côte-Nord)[32].

Enfin, surviennent à l'époque, comme antérieurement d'ailleurs, des déplacements à l'intérieur même de la péninsule ou dans ses environs. C'est

ainsi que pour pallier le manque de travail sur les terres et la rareté du poisson chez eux, plusieurs jeunes de la Baie-des-Chaleurs vont s'engager dans le secteur de Percé ou dans les autres centres morutiers pour faire la pêche jusqu'à l'automne. Certains se rendent plus loin, entre Rivière-au-Renard et Sainte-Anne-des-Monts, et contribuent ainsi au peuplement de cette zone montagneuse. Ces migrations intérieures témoignent du passage graduel d'une économie centrée sur le grand établissement de pêche à une économie régionale plus décentralisée[33].

De la même façon, au tournant du siècle, à mesure que des chantiers s'ouvrent dans la péninsule, les jeunes préfèrent y chercher de l'emploi plutôt que de quitter la région. Cet essor de l'industrie forestière contribue à limiter la saignée démographique annuelle. Signalons aussi que de grands travaux, tels la construction du chemin de fer Intercolonial dans les années 1870, amènent bien des péninsulaires à se déplacer temporairement au Nouveau-Brunswick et le long de la Matapédia. Même afflux d'ouvriers lors de la construction du chemin de fer de la Baie-des-Chaleurs.

Les efforts des gouvernements et du clergé pour freiner l'émigration ont peu de succès. Notons toutefois que quelques centaines d'« exilés » revien-

« L'accroissement de la population dans la péninsule de Gaspé est principalement tributaire du haut taux de natalité de ses habitants. » (MRG)

nent dans la péninsule pour tenter leur chance sur les terres que le gouvernement provincial ouvre à la colonisation.

L'occupation
le long du grand chemin

Si la péninsule gaspésienne reçoit peu d'immigrants et perd plusieurs de ses fils, ce n'est pas faute d'espace. En 1850, de larges sections de la côte sont encore inhabitées: tout le littoral nord ne compte qu'un millier d'habitants. Jusqu'au tout début de ce siècle, de nouveaux villages apparaissent çà et là, en bordure du chemin de ceinture que le gouvernement termine par sections. En 1920, un chapelet de villages et de hameaux s'égrenne tout le long du rivage gaspésien et s'étire jusqu'au Bas-Saint-Laurent.

LA RÉGION DE MATANE   À cheval sur le Bas-Saint-Laurent et la péninsule gaspésienne, la partie est du comté de Rimouski devient, en 1890, le comté provincial de Matane. Celui-ci comprend la portion de territoire s'étendant de Sainte-Flavie aux Capucins sur le Saint-Laurent et englobe la vallée de la Matapédia jusqu'au sud de Sainte-Florence. La région Matane-Matapédia connaît un essor démographique sans précédent entre 1850 et 1920. Cela est rendu possible grâce au peuplement accéléré de la vallée de la Matapédia, au « déversement » vers l'est de nouveaux colons venant de paroisses situées entre Montmagny et Rimouski et à l'un des taux de natalité les plus élevés de l'histoire canadienne.

Nous parlerons plus loin de cette vallée de la Matapédia. Quant à la partie du comté de Matane qui longe le fleuve Saint-Laurent, nous y retrouvons en 1850 plus de 3 000 personnes. Un demi-siècle plus tard, malgré l'émigration, la population a au moins quadruplé, atteignant quelque 14 250 personnes. Des villages ont prospéré: Matane, Mont-Joli, Sainte-Flavie, Price, Baie-des-Sables, Saint-Ulric, Sainte-Félicité. Quelques bourgades ont surgi dans l'arrière-pays: Saint-Damase, Saint-Luc, Saint-Léandre... et quelques autres sont en voie de formation. La population vit d'abord de l'agriculture, mais aussi de l'élevage et de la forêt.

Dans le secteur matanais, la colonisation a pris son véritable essor à partir des années 1830-1840. Ailleurs, c'est vers 1840-1850 que la colonisation s'est accrue avec l'arrivée d'habitants des paroisses du Bas-Saint-Laurent qui s'installent à mesure que s'ouvre le chemin du roi. C'est aussi à cette époque que l'exploitation forestière devient une activité économique importante dans la région, en particulier dans le secteur Métis-Price.

Matane en 1875. Photo tirée de: *L'Opinion publique*, 2 septembre 1875.

Un élément essentiel du peuplement maritime reste la deuxième phase de construction d'un grand chemin autour du littoral gaspésien. Vers le milieu du 19e siècle, une seule route dessert la péninsule. Longeant le fleuve depuis le centre de la province, elle s'enfonce dans les terres à Métis, traverse la vallée de la Matapédia (chemin Kempt) jusqu'à Ristigouche, longe la baie des Chaleurs pour aboutir à la baie de Gaspé. En bien des endroits, cette route ressemble plutôt à un sentier. Un autre chemin relie Métis à Matane le long du Saint-Laurent. Une route en bordure de la rive nord gaspésienne et un nouveau chemin dans la vallée de la Matapédia entre Matane et Gaspé, viendront boucler, entre 1850 et 1890, la ceinture routière de la péninsule. Ces nouvelles voies de communication se construisent par tronçons successifs.

En 1850, le chemin du roi qui suit le fleuve Saint-Laurent sur la rive sud s'arrête dans les environs de Matane. À mesure qu'il avance vers l'est, des colons descendent le fleuve et occupent les terres qu'il traverse. Ce flux migratoire fait que l'on rencontre couramment entre Sainte-Flavie et Matane des colons issus des paroisses de la région Trois-Pistoles-Rimouski. Des missions qui deviennent vite des paroisses s'ouvrent alors le long du chemin du roi. Le premier rang du canton Mac Nider avec ses dix-sept lots est déjà complètement établi en 1865[34].

Entre 1850 et 1866, l'État prolonge le chemin du roi jusqu'à Cap-Chat et Sainte-Anne-des-Monts. C'est vers 1860 que l'on ouvre les premières terres le long de ce chemin à peine praticable. Ces premiers défrichements semblent impressionner le commandant Pierre Fortin du Service canadien des pêcheries, qui écrit: « Je fus étonné [...] du nombre de nouveaux colons qui s'étaient établis depuis peu sur le nouveau chemin qui relie Matane au Cap-de-Chatte[35].» De petites agglomérations se forment alors entre Matane et Cap-Chat. En 1865, cette paroisse compte 654 personnes, la mission des Capucins, 84 et celle de Les Méchins 119[36].

Le peuplement de ce secteur s'accentue dans les années 1880, alors qu'on rénove la route Matane-Cap-Chat et que les établissements se développent. Eugène Rouillard affirme que cette voie de communication a largement stimulé la colonisation[37]. Vers 1900, les lots qui bordent le chemin Matane-Cap-Chat seraient généralement occupés[38]. Dans les vingt années suivantes, la situation ne se modifie pas beaucoup. Les habitants installés en bordure du chemin pratiquent, pour la plupart, l'agriculture et la pêche. Plusieurs de ceux qui se sont établis en vue de cultiver la terre trouvent dans la pêche un moyen de subsistance plus attrayant.

LE LITTORAL NORD DE GASPÉ

Vers 1850-1860, c'est à Sainte-Anne-des-Monts que finit la ligne des défrichements. Au delà, sur plus de 100 milles, aucun chemin: seulement quelques petits postes de pêche ou quelques labours perdus. À l'ouest de Rivière-au-Renard, les établissements surgissent à nouveau. La longue bande montagneuse entre ces deux endroits ne commence à se peupler véritablement qu'au milieu du 19e siècle, la pêche y attirant de nouveaux travailleurs.

Vers 1850, nous pouvons évaluer à environ 1 000 personnes la population s'échelonnant de l'est de Cap-Chat jusqu'aux alentours de Rivière-au-Renard, soit sur une distance de quelque 125 milles. Ces gens, presque tous des pêcheurs, sont regroupés surtout à Sainte-Anne-des-Monts puis à Cap-Chat[39]. Une dizaine d'années plus tard, soit en 1859, un prêtre catholique estime à 1 268 le nombre de personnes établies entre Ruisseau-à-la-Loutre, à l'est de Grosses-Roches, et Anse-Pleureuse. Deux familles seulement sont protestantes[40].

Vers le milieu du siècle dernier, et même auparavant, des entrepreneurs de pêche de la Côte du Sud et du Bas-Saint-Laurent descendent l'été pêcher avec leurs engagés en divers points de la côte, tels Cap-Chat, Sainte-Anne-des-Monts, Mont-Louis, Rivière-Madeleine, Grande-Vallée, Cloridorme, Grand-Étang, etc. Plusieurs de ces pêcheurs et leurs familles finissent au bout d'un certain temps par s'établir de façon permanente sur les lieux de leur pêche. Ces habitants des paroisses «d'en bas de Québec» sont à l'origine de la plupart des nouveaux établissements de cette côte. Ils viennent surtout de Montmagny, du Cap-Saint-Ignace, de l'Islet, de Rivière-Ouelle, de La Pocatière et du comté de Rimouski. Des gens du comté de Charlevoix les rejoignent. Dans les années 1860-1870, des armateurs de pêche de la côte de Gaspé, plus particulièrement de Grande-Grave, ouvrent des comptoirs dans cette région. Les plus connus sont les LeBoutillier, Fruing et Hyman. La concurrence sur les anciens bassins, l'éloignement et la diminution des stocks de poisson les incitent à exploiter de nouvelles zones de pêche.

À la fin des années 1860, les autorités décident de prolonger le chemin Matane-Cap-Chat vers l'est. Auparavant, comme le souligne un inspecteur d'écoles: « il n'y a pas un pouce de chemin praticable; la seule, l'unique communication possible est celle du fleuve par la saison d'été; pour l'hiver le voyageur est forcé de parcourir cette longue et pénible distance à la raquette, sur le plus affreux rivage[41]. » Plus à l'est, « ... de la Rivière-au-Renard au Cap-Rosier, écrit un missionnaire, il y a une espèce de sentier où l'on peut aller à cheval, lorsque le gros vent nous empêche d'employer les berges[42]. » À la même époque, un chemin de portage traverse la pointe Forillon entre L'Anse-au-Griffon et les environs de Penouille. De là, on prend un bac jusqu'au village de Gaspé où aboutit le chemin de la Baie-des-Chaleurs. Vers 1865, on termine les travaux pour relier divers postes de la péninsule de Forillon, côtés nord et sud.

C'est vers 1869-1870 que s'ouvrent les premiers milles du « chemin maritime de la rive sud » ou « chemin du golfe » entre Ruisseau-Castor, à une dizaine de milles à l'est de Sainte-Anne-des-Monts, et Rivière-au-Renard. L'arpenteur Charles Baillargé en a fait le tracé au début des années 1860. En 1870, les gouvernements fédéral et provincial accordent chacun $10 000 d'octroi en vue de continuer ce chemin; on pourra l'utiliser comme voie publique et installer une ligne télégraphique sur son parcours. Entre 1868 et 1878, la Gaspésie est la région qui reçoit de la Province les plus fortes subventions affectées à la colonisation, soit $258 503[43]. Une bonne partie de cet argent est engloutie par le chemin maritime qui doit traverser les montagnes. Ces travaux procurent de l'emploi à plusieurs Gaspésiens qui abandonnent temporairement la pêche.

À mesure que la construction de la route Sainte-Anne-des-Monts-Rivière-au-Renard se poursuit, c'est-à-dire jusque dans les années 1880-1890, des habitants prennent des terres que le gouvernement offre gratuitement le long de ce chemin. Des gens de Cap-Chat et de Sainte-Anne-des-Monts essaiment à Cap-au-Renard, à La Martre et à Marsoui. D'autres viennent de l'extérieur du district. Edmund James Flynn, député provincial de Gaspé, fait état des conditions de ce chemin en 1879: « Malheureusement il a été en beaucoup d'endroits mal tracé, et mal fait. Il traverse en grande partie un territoire non encore incorporé; il y a sur son parcours de distance en distance, un grand nombre d'établissements de colons qui ont laissé les paroisses d'en haut, notamment le comté de Rimouski et qui maintenant vivent de la culture de la terre, mais ces colons sont trop pauvres pour entretenir ou réparer ce chemin. Dans ce moment ce chemin est en grande partie impraticable et le courrier est obligé de transporter la malle sur son dos ne pouvant y passer en voiture. Un grand nombre de ponts sont tombés, soit par vice de construction, soit par la crue des eaux et il y a nécessité urgente de les reconstruire[44]. »

Au début du 20e siècle, le littoral nord gaspésien est beaucoup plus peuplé qu'il ne l'était 50 ans plus tôt. D'un millier environ en 1850, la population est passée à près de 5 300 en 1880 et à plus de 9 500 en 1920[45]. La pêche, l'industrie forestière et l'agriculture font vivre cette population. La pratique de deux ou trois de ces activités selon les occasions ou les saisons est devenue monnaie courante. La très grande majorité des habitants de cette portion du littoral sont francophones et catholiques. Le taux de natalité se maintient très haut et les éléments allogènes s'assimilent rapidement.

À l'aube de notre siècle, cette partie de la péninsule gaspésienne est encore mal desservie au niveau des communications. Il n'y a pas de voie ferrée, les liaisons maritimes sont mal organisées et la route terrestre est plus ou moins achevée. Les résidents sont trop pauvres pour contribuer à son entretien et d'ailleurs on ne trouve entre Sainte-Anne-des-Monts et Rivière-au-Renard que deux municipalités organisées. Même si le gouvernement a affecté des sommes supplémentaires pour réparer et achever cette route d'accès et l'a même prise en charge dans les lieux peu habités, elle reste de qualité fort inégale. Encore au 20e siècle, plusieurs tronçons passent sur le rivage ou ne sont en fait que des « *trails* ». Les ponts sont souvent dangereux. Pour se rendre à Gaspé ou à Percé, les voyageurs préfèrent toujours passer par la vallée de la Matapédia, délaissant le chemin du littoral nord, plus pittoresque, mais décidément trop hasardeux[46].

LES VILLAGES, LES MUNICIPALITÉS ET LES PAROISSES

Si le littoral nord gaspésien est presque désert en 1850, le reste de la côte compte plusieurs milliers d'habitants. Dans bien des cas, le peuplement remonte au 18e siècle. Pourtant, les villages gaspésiens ressemblent peu à ceux des paroisses agricoles du centre de la province. Souvent, ce ne sont que des grappes de petites habitations près d'un établissement de pêche ou dans le voisinage d'une chapelle ou d'une église. En général, les bourgades sont toutes en longueur, étirées le long de la mer dans un rayon de quelques milles de l'église et animées quelquefois de plusieurs anses de pêche. Arthur Buies trace, au début des années 1870, un portrait du paysage riverain de la Baie-des-Chaleurs, cette partie du littoral gaspésien au peuplement pourtant le plus ancien: « En parcourant les rivages de la Baie des Chaleurs, vous verrez apparaître inopinément un clocher au milieu d'espaces vides [...]; c'est la chapelle protestante ou catholique; mais, autour d'elle, rien de ce rassemblement qui rappelle aussitôt l'idée du Troupeau réuni sous la main du pasteur. Les habitations sont disséminées sur la grande route, parfois quelque peu rapprochées, assez suivies, le plus souvent clairsemées; aucun endroit ne tire son nom d'un village ou de saint auquel il est consacré, mais d'une configuration de terrain, d'une petite rivière, d'un souvenir fortuit, d'un accident et même d'un hasard[47]. »

Dans sa description de l'habitat gaspésien, le chroniqueur constate qu'il n'y a pas à proprement parler de village, que ce que l'on désigne du nom de ville n'y correspond guère dans la réalité et qu'il s'agit tout au plus de centres de commerce[48]. La Gaspésie est une région essentiellement rurale. Plusieurs villages structurés de la façon dont nous les connaissons aujourd'hui prennent quand même forme, surtout à la fin du 19e siècle, particulièrement à la Baie-des-Chaleurs.

Les premières lois relatives aux administrations municipales et scolaires apparaissent au 19e siècle[49]. L'augmentation de la population, les progrès de l'agriculture, l'extension du commerce et de l'industrie appellent un système régulier d'autorités locales. En 1841, une première loi est adoptée. Elle crée 22 districts municipaux dont ceux de Bonaventure et de Gaspé, administrés chacun par un conseil. Cette loi, d'abord mal accueillie, est abrogée en 1845 et une nouvelle législation voit à ce que chaque paroisse ou canton forme une corporation municipale représentée par un conseil de sept membres élus, dont un maire. Le comté de Bonaventure regroupe dix de ces corporations et celui de Gaspé, neuf. Deux ans plus tard, une nouvelle loi remplace les 321 municipalités de paroisse et de canton par 46 municipalités de comté. Mais Bonaventure, Gaspé et quelques autres circonscriptions, à cause de leur étendue, forment chacune plus d'une municipalité. Dans le premier cas, on remarque deux divisions (New-Carlisle, New-Richmond) et dans le second, trois (Bassin de Gaspé, Percé, Iles-de-la-Madeleine). En 1849, Cap-Chat et Sainte-Anne-des-Monts, à cause de leur éloignement de Gaspé, deviennent la quatrième division distincte du comté de Gaspé. En 1855, une nouvelle législation crée la dualité administrative municipale: corporations locales et corporations de comté.

Jusqu'au 20e siècle, l'administration civile fonctionne, grosso modo, de la façon suivante; un conseil de comté qui regroupe les maires de toutes les municipalités locales administre la municipalité de comté. Présidé par un préfet, il s'occupe des affaires d'intérêt général pour le comté et administre les parties du territoire non érigées en municipalités. Au 19e siècle, ce conseil siège de façon assez irrégulière. Vient ensuite la municipalité dite locale, c'est-à-dire de paroisse ou de canton, administrée par un maire et des conseillers élus par les contribuables. Le conseil municipal s'occupe des problèmes de voirie, des affaires de police et d'administration locale. Les municipalités financent leurs activités par l'impôt foncier et diverses taxes.

Aux administrations civiles et scolaires, s'ajoute la paroisse. En Gaspésie, cette entité n'apparaît qu'en 1860 et joue peut-être un rôle moins important qu'ailleurs au Québec[50]. Ainsi, bien qu'elle tende à se conformer le plus possible à la configuration des îlots de peuplement, elle est en général plus vaste, couvrant parfois tout un canton. C'est sur le littoral nord de la péninsule qu'elle est la plus extensible. Ainsi, celle de Petite-

Madeleine comprend une partie de la seigneurie de la Rivière Madeleine et une partie des cantons Taschereau et Denoue, et regroupe trois hameaux absolument séparés: Manche-d'Épée, Petite-Madeleine et Rivière-Madeleine. Même principe pour la paroisse de Saint-Maurice de l'Échouerie qui comprend cinq bourgades de pêche: L'Échouerie, Petit-Cap, Grande-Anse, Pointe-Jaune et L'Anse-à-Valleau.

Au début du 20e siècle, les principales paroisses et agglomérations gaspésiennes offrent le tableau suivant: Matane, centre forestier et commercial important, station balnéaire réputée et chef-lieu du comté avec son palais de justice et son bureau d'enregistrement; Sainte-Anne-des-Monts, centre de commerce et d'approvisionnement principal du littoral nord; Rivière-au-Renard, établissement de pêche prospère où plusieurs compagnies se sont établies; Gaspé, port d'expédition du poisson qui prend de l'importance à partir du milieu du 19e siècle, centre d'affaires dont les magasins attirent les gens des paroisses voisines — ce village, qui rassemble plusieurs habitations disséminées sur la colline dominant le port, compte 606 habitants en 1911 et presque le double, soit 1 150 en 1917[51]; Percé, chef-lieu du comté de Gaspé, une des principales localités de pêche de l'Est canadien et populaire station de villégiature; Grande-Rivière, paroisse aisée où les Robin possèdent un vaste établissement de pêche; Chandler, village qui prend forme au milieu des années 1910 quand une grande scierie et une pulperie sont construites à l'embouchure de la rivière Grand Pabos — il compte déjà 1 200 habitants en 1917[52]; Paspébiac, important centre d'expédition du poisson et d'entrée de marchandises pour la côte; New-Carlisle, chef-lieu du comté de Bonaventure, village aristocratique qui se fait remarquer par ses hôtels, ses magasins et ses somptueuses résidences; Bonaventure, New-Richmond et Maria, populeuses paroisses forestières et agricoles; enfin, Carleton, village pittoresque dont Jean-Chrysostome Langelier disait en 1884 que c'était la plus belle et la plus riche paroisse de la Gaspésie, une espèce de « Old Orchard Beach » en devenir[53]. À ces principaux centres, il faut ajouter d'autres villages et paroisses existant déjà depuis plusieurs années ou dont la création est plus récente. Ils s'échelonnent tout autour de la péninsule jusqu'à la vallée de la Matapédia, récemment peuplée.

Vallée de Saint-Maurice-de-L'Échouerie en 1937. (APC)

LA VALLÉE DE LA MATAPÉDIA

Par ses délimitations naturelles et géophysiques et par son évolution historique, la vallée de la Matapédia est distincte de la Gaspésie. Il est néanmoins intéressant de jeter un coup d'oeil sur cette région qui englobe toute la frontière ouest de la péninsule gaspésienne. Dans le dernier tiers du 19e siècle, elle se développe à un rythme accéléré, grâce à ses terres fertiles, densément boisées, et à son réseau de communications efficaces. Cela a fait dire au géographe Raoul Blanchard: « Comme en Témiscouata, [l'occupation de la vallée] procède d'une route et d'une voie ferrée ouvertes pour des fins stratégiques et utilisées d'abord par l'industrie [le bois][54]. »

En effet, au milieu du 19e siècle, la vallée est presque inhabitée. « À l'exception des défrichements qui couvrent quelques milles aux deux extrémités, on ne rencontre le long de cette longue route [chemin Kempt] que deux ou trois postes, échelonnés dans l'intérieur pour fournir aux besoins des courriers de la malle et des voyageurs[55]. » Donc, les deux extrémités de la vallée seulement sont peuplées. Dans la partie nord, on retrouve le petit village de Sainte-Flavie, la paroisse de Saint-Octave-de-Métis et la mission de Sainte-Angèle-de-Mérici. Depuis le début du 19e siècle, des Loyalistes, des Écossais et quelques Acadiens sont disséminés aux alentours de Matapédia, au sud de la vallée. En 1860, d'autres Acadiens venus de l'Ile-du-Prince-Édouard s'installent dans le canton Matapédia.

C'est vers 1862 que le centre de la vallée reçoit ses premiers contingents de visiteurs embauchés dans une tâche bien précise. En effet, en 1857, on décide de remplacer le chemin Kempt, qui relie le fleuve Saint-Laurent au comté de Bonaventure. Vieux de 25 ans, il a été construit à la hâte et il est mal découpé sur un terrain accidenté. L'automne et l'hiver, on ne peut le traverser autrement qu'à pied ou en raquettes, car il n'y a personne pour l'entretenir, ce qui entraîne des plaintes répétées de la part des voyageurs et des postillons. On veut surtout une bonne route entre Québec et Halifax car on craint de subir les effets de la guerre de Sécession qui déchire les Américains. Les travaux du nouveau chemin durent jusqu'en 1867. Le gouvernement provincial offre alors 2 600 acres à titre d'octrois gratuits sur le parcours de cette route large de 22 pieds et qu'on appelle chemin Matapédia. L'une des plus belles et des plus coûteuses de l'époque, cette route d'une centaine de milles compte 51 ponts assez solides pour porter l'artillerie lourde[56].

Un second groupe important de travailleurs suit peu après, c'est-à-dire lors de la construction du chemin de fer Intercolonial entre 1867 et 1876. Cinq grands cantons sont alors arpentés sur la ligne ferroviaire. Environ 4 000 ouvriers des « paroisses d'en haut » et de la Gaspésie participent aux travaux tout le long de la vallée. Un petit nombre s'établissent sur les lieux. L'évêque de Rimouski, Mgr Jean Langevin, ne trouve en 1875 que trois paroisses organisées dans toute la vallée: Sainte-Angèle-de-Mérici au nord, Saint-Alexis au sud, et Saint-Moïse, à une vingtaine de milles au sud de Sainte-Angèle[57]. Ces travaux ne donnent pas moins naissance aux premiers établissements de l'intérieur de la vallée et on voit apparaître Humqui (Amqui), Cedar Hall (Val-Brillant) et Lac-au-Saumon.

Au début des années 1880 et surtout dans les années 1890, avec l'arrivée des compagnies forestières qui établissent des scieries à proximité du chemin de fer, plusieurs colons descendent du centre de la province et de la région de Rimouski-Métis pour acquérir des lots et travailler au bois. La présence de scieries permet au colon de tirer de la coupe du bois un revenu

Vallée de la Matapédia. « Dans le dernier tiers du 19e siècle, la Vallée se développe à un rythme accéléré, grâce à ses terres fertiles, densément boisées, et à son réseau de communications efficace. » (APC)

très appréciable et lui vaut une aide précieuse, ce qui est important dans les premières années de son établissement. Les plus grands commerçants de la vallée sont les King et les Price, les premiers ayant acheté en 1881 la seigneurie du lac Matapédia.

À la fin du siècle, plusieurs colons venus du comté de Bonaventure, des Iles-de-la-Madeleine et du Nouveau-Brunswick, se joignent à la population de la vallée. Le défrichement, l'agriculture, la vente de bois pour l'entretien du chemin de fer, le travail dans la forêt ou dans les scieries, donnent à cette région un air de prospérité. De plus, grâce à l'Intercolonial, les colons ont facilement accès aux marchés de Québec et des provinces atlantiques. Une publicité bien orchestrée aide à faire connaître la région. Arthur Buies, Eugène Rouillard et L.-E. Carufel, par exemple, se font les chantres de cette vallée que Buies appelle la « Terre de Chanaan ». Quant à Rouillard, il estime que 300 000 colons pourraient s'y établir et y prospérer.

De quelque 1 700 individus en 1880, la population de la vallée de la Matapédia passe à plus de 8 000 habitants à l'aube du 20e siècle. Deux décennies plus tard, la population atteint 20 000 âmes, soit une augmentation de 150%. Neuf paroisses dépassent les 1 000 habitants et six comptent plus de 2 000 âmes. En 1917, cinq villages sont déjà incorporés en municipalités: Sayabec (1 547 h.), Amqui (1 204 h.), Lac-au-Saumon (1 096 h.), Saint-Moïse (892 h.) et Cedar Hall (866 h.)[58].

* * *

Entre 1850 et 1920, malgré une faible immigration et des départs nombreux, les rives de la Gaspésie continuent donc de se couvrir d'habitations. Le littoral nord, seul secteur de la péninsule presque désert au milieu du 19e siècle, est habité cinq décades plus tard par quelques milliers d'habitants. À l'ouest, la vallée de la Matapédia est en plein essor. Les deux régions désertes que devait traverser le voyageur à destination de la Baie-des-Chaleurs ou de Gaspé en 1850 ne le sont désormais plus.

La lente colonisation des terres vierges

L'ouverture de nouvelles terres à des fins de colonisation devient dans la seconde moitié du 19e siècle une entreprise organisée à laquelle participent les gouvernements, le clergé, les municipalités et divers groupes de pression. La conquête des terres neuves constitue la réponse traditionnelle de la société québécoise aux tensions démographiques. En Gaspésie cependant, la colonisation se fait au ralenti. On en est encore à peupler le cordon littoral. Ce n'est que vers la fin du 19e siècle que certaines terres situées à quelques milles à l'intérieur du territoire commencent à se peupler de façon significative.

L'ORGANISATION ET LA VENTE DES LOTS
Sous le régime de l'Union, les gouvernements prennent certaines initiatives pour instaurer de nouvelles structures et de nouvelles règles afin de planifier et d'encourager la colonisation. En 1840, le gouvernement anglais, jadis administrateur des terres de la Couronne, remet au Canada-Uni la juridiction en ce domaine. Ce transfert s'accompagne d'importantes réformes qui modifient en profondeur l'assise juridique du régime de concession des terres, telles l'abolition de la concession de grands domaines privés, la création de municipalités et du système d'enregistrement des titres de propriété foncière. Vers 1860, l'idée est acquise que les terres ne doivent plus être distribuées sous forme de patronage; le principe de la vente est sanctionné.

On reconstitue aussi à l'intérieur du canton le système du rang seigneurial. En effet, dans la seconde moitié du 19e siècle, les arpenteurs essaient de diviser le sol des cantons de façon à offrir un point d'eau au plus grand nombre de propriétaires. Les lots sont ainsi très étroits et irréguliers en bordure des lacs et des rivières et plus larges le long des rangs[59]. L'alignement des rangs et la forme des lots sont conçus de manière à faciliter l'entraide et le resserrement des liens de voisinage. Ce système traduit les exigences d'une économie de subsistance et d'une organisation communautaire. Même après l'abolition du système seigneurial en 1854, le rang continue d'être le modèle privilégié de répartition des lots, le canton

n'étant qu'une unité d'arpentage[60]. La plupart des cantons riverains de la péninsule gaspésienne sont érigés officiellement en 1842.

    Les terres du gouvernement se vendent généralement en lots de 100 acres aux colons « de bonne foi ». On cède aussi des terres en bloc, c'est-à-dire qu'on octroie des réserves de terrains à des sociétés de colonisation indépendantes. Ainsi, la Nationale obtient-elle un jour 250 lots dans le canton Hope pour y établir, avec peu de succès cependant, des colons[61]. C'est encore le billet de location qui certifie la vente d'un terrain public. Il vise à empêcher la spéculation, la monopolisation et l'usage abusif des terres de la Couronne en réglementant l'établissement du colon. Alors qu'avant 1852 ce billet était d'abord une promesse de vente, un permis d'occupation, par la suite, il témoigne d'une vente réelle avec clause résolutoire pour non-respect des conditions qu'il stipule.

    Le colon doit satisfaire à certaines exigences pour acquérir une terre publique et s'y établir. Il doit payer comptant un cinquième du prix d'achat du lot qu'il obtient par un acte de vente conditionnel et le reste en quatre versements égaux et annuels avec intérêts de 6%. Il a six mois pour

« L'État refusant d'accorder gratuitement aux colons l'accès à la forêt, plusieurs personnes acquièrent des lots sous prétexte de les ouvrir à la colonisation, mais sous des semblants de défrichements, s'occupent à exploiter le bois du lot pour le vendre à d'éventuels acheteurs. » (APC)

prendre possession de sa terre que lui-même ou ses représentants doivent occuper pendant au moins deux ans. Durant les quatre premières années d'occupation, il doit défricher et mettre en culture au moins dix acres de terre sur cent et construire une maison d'au moins seize pieds sur vingt. La vente n'est considérée parfaite que lorsque toutes les conditions requises ont été respectées. Elle est alors ratifiée par des lettres patentes qui ne peuvent être émises qu'après deux ans d'occupation ou lorsque toutes les conditions d'établissement ont été respectées, même si la terre est déjà payée en entier[62].

Le colon peut aussi acheter des terres dites « partiellement défrichées » ou « améliorées ». Ce sont des lots qui sont abandonnés par leurs habitants ou repris par le gouvernement à la suite d'un non-respect des règles d'établissement ou pour quelque autre motif. Un chef de famille peut en outre acheter des lots pour ses fils: « Ainsi un père de famille qui a deux grands garçons peut prendre un lopin de six cents acres, deux cents acres pour lui-même et autant pour chacun de ses fils, le tout pour $120 ou $180, puisque les terrains se vendent presque partout de 20 à 30 cents l'acre. Dans les endroits où il y a des octrois gratuits, il peut s'emparer de ce domaine absolument pour rien[63]. »

Le gouvernement tente de supprimer les obstacles à la colonisation par diverses mesures incitatives. Les octrois de terre en sont un exemple. Pour revaloriser les régions jugées moins fertiles et y activer le peuplement, les autorités provinciales concèdent gratuitement aux colons qui en font la demande des terres le long de certains tronçons routiers. Cela se produira le long des chemins Matane-Cap-Chat, Sainte-Anne-des-Monts-Rivière-au-Renard, Matapédia et Kempt.

Dans son *Esquisse sur la Gaspésie* de 1884, Jean-Chrysostome Langelier mentionne que, sur le chemin de Matane à Cap-Chat, le gouvernement met à la disposition des colons 3 042 acres de terrain. Il en offre sur le chemin Maritime, 20 338 autres, 18 419 sur le chemin Kempt et 12 452 sur celui de Matapédia[64]. Pour obtenir gratuitement un lot du gouvernement, le colon doit se présenter chez l'agent des terres régional. Celui-ci est tenu d'accorder un permis d'occupation pour 100 acres à quiconque, étant âgé d'au moins dix-huit ans, en fait la demande. Le concessionnaire devient propriétaire incommutable de son lot si, après quatre ans, il y a construit une maison habitable et cultivé douze acres de terrain[65].

Les octrois gratuits sont supprimés en 1888. Un arrêté en conseil rétablit, le 30 octobre 1892, le principe de ces octrois sur le parcours du chemin de Matane à Cap-Chat et de là, à Rivière-au-Renard[66]. Il est difficile d'apprécier la portée réelle de cette mesure sur le peuplement du littoral nord gaspésien et de la vallée de la Matapédia. À tout le moins, elle a le mérite d'activer la prise de possession du sol, surtout dans la vallée et dans le secteur Matane-Cap-Chat.

Cap-Chat vers 1930.
(MRG)

Les autres terres du gouvernement sont mises en vente. Le prix des lots offerts varie selon les époques, les régions et l'attrait que ces dernières exercent auprès des colons potentiels. Au Québec, ces prix varient entre 20 et 80¢ l'acre. En Gaspésie, les terres se vendent entre 20 et 30¢ l'acre. Elles sont donc cédées au prix minimum. Cela s'explique par le fait que les terres gaspésiennes sont peu en demande; on espère, par ces taux réduits, inciter des colons à venir s'établir dans la péninsule.

Un agent des terres représente le département des Terres et Forêts pour une étendue de territoire donnée. Il voit à la vente des lots, à la perception des comptes, etc. Il n'a pas de pouvoir décisionnel. Selon l'historien Normand Séguin, il exerce une surveillance lointaine et souvent suspecte du mouvement d'occupation[67]. Il est facilement corruptible et bien des marchands de bois pourraient en témoigner. À la fin du 19e siècle, six agences sont responsables de la vente des terres publiques dans les deux comtés de Gaspé et de Bonaventure.

**L'OUVERTURE
DES TERRES
PUBLIQUES**

Au cours des années 1850, dans la plupart des cantons longeant la côte gaspésienne, le gouvernement fait arpenter des étendues de terrain pour répondre à de futures demandes. En 1860, certains cantons ont déjà plusieurs rangs d'arpentés: Port-Daniel en a huit, Hope dix, Maria cinq, Cox quatorze, New-Richmond huit. En 1874, le gouvernement poursuit l'exploration et l'arpentage des berges des principales rivières des comtés de Gaspé et de Bonaventure[68].

Vers 1860, 374 500 acres de terres publiques sont mis en vente dans les cantons gaspésiens. Cependant, il reste encore à arpenter des millions d'acres couverts de forêts. En 1888, 1 087 466 acres sont mis à la disposition des colons et des compagnies forestières dans les comtés de Gaspé (541 000) et de Bonaventure (546 466)[69]. La Gaspésie est l'une des régions de la province où le volume des terres disponibles est le plus élevé. Cependant, l'arpentage, souvent mal fait, est à l'origine de nombreuses confusions.

Ristigouche est, vers 1885, le premier canton à être entièrement cadastré[70]. En 1894, le comté de Gaspé est cadastré mais de façon incomplète. Dans Bonaventure, le cadastre est en vigueur dans les cantons Carleton, Mann, Maria, Nouvelle, Ristigouche et dans la seigneurie de Shoolbred mais incomplet dans les autres cantons et paroisses. Dans Matane, c'est un peu la même situation[71]. Ce régime est toutefois ignoré pendant longtemps. Le cadastre ne constitue pas un titre et n'établit donc pas de droit de propriété. Dans le cas de partage, d'échange, de vente, d'acquisition d'une partie ou du tout d'une propriété, il faut être en mesure de bien identifier celle-ci. En Gaspésie, cette identification est rendue très difficile par défaut ou négligence d'enregistrer les actes affectant le partage et la subdivision des héritages pour diverses fins. Une révision du cadastre sera donc faite dans les années 1940 pour que le droit de propriété de la plupart des Gaspésiens ne prête plus à équivoque[72]. En 1850, il existe un bureau d'enregistrement à Percé et un autre à New-Carlisle. En 1870, il s'en ouvre un à Matane. Cinq ans plus tard, le comté de Bonaventure est scindé en deux divisions et Carleton obtient son bureau d'enregistrement. Même phénomène dans Gaspé, où Sainte-Anne-des-Monts devient la deuxième division d'enregistrement du comté vers 1892.

Il est intéressant de relever quelques données partielles sur la quantité de lots vendus par les agents des terres. Ainsi, entre 1867 et 1887, 206 concessionnaires dans Gaspé et 288 dans Bonaventure (total 494) obtiennent des lots. La plupart de ces personnes étaient déjà établies dans la péninsule. Ces chiffres peuvent toutefois être inférieurs à la réalité, car un groupe ou une association quelconque de colons ne sont enregistrés que comme une seule unité de concession[73]. D'autre part, entre 1909 et 1920, 732 lots sont vendus par les trois agences de colonisation du comté de Gaspé et 565 par celles du comté de Bonaventure, plus 138 autres enregistrés à Saint-Laurent de Matapédia. À titre de comparaison, l'agence de la vallée de la Matapédia

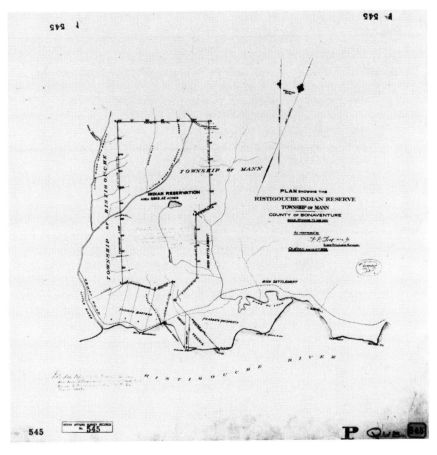

Plan de la réserve
indienne de Ristigouche
en 1899. (APC)

enregistre, à elle seule, 1 780 ventes pour la même période. Il faut cependant noter qu'une partie des ventes est révoquée pour une raison ou pour une autre, ce qui laisse un total net d'appropriations inférieur à ces données. D'autre part, plusieurs de ces lots sont utilisés à d'autres fins que celle de la colonisation. En effet, alors que la coupe du bois n'est permise que pour les défrichements, le chauffage, la maison ou les clôtures, plusieurs personnes n'occupent les lots que pour les vider de leur bois.

En Gaspésie, dans le dernier quart du 19e siècle, il y a encore le long de la mer de grandes étendues de terre propres à la culture qui ne sont pas encore occupées. Edmund James Flynn, député de Gaspé, s'adresse à ses collègues en 1879 en ces termes: « ce qu'il y a de remarquable dans toutes [les] paroisses [gaspésiennes] c'est que le colon n'a pas encore pénétré en règle

**LA PÉNÉTRA-
TION VERS
L'ARRIÈRE-PAYS**

Tableau 4.5. Occupation du sol en Gaspésie, 1861, 1881 et 1911.

Comtés	1861		1881		1911	
	Nombre d'occupants	Surface occupée (en acres)	Nombre d'occupants	Surface occupée (en acres)	Nombre d'occupants	surface occupée (en acres)
Gaspé	1 597	109 004	3 090	222 788	4 506	255 913
Bonaventure	1 760	158 774	2 854	247 396	4 066	344 924
Total	3 357	267 778	5 944	470 184	8 572	600 837

Source: Recensement du Canada, 1861, 1881, 1911.

générale, au-delà du deuxième rang, et dans quelques endroits du premier rang. Il reste encore les troisième, quatrième, cinquième rangs à coloniser[74]. » Un peu plus tard, un autre contemporain, Eugène Rouillard, confirme cette situation; il observe que la région de la Baie-des-Chaleurs, pourtant de peuplement ancien, « n'est cependant habitée que sur le bord de la mer, à un mille ou deux de profondeur. Il est vrai que bon nombre d'autres lots sont pris à quatre ou cinq milles de profondeur, mais ceux-ci ne paraissent avoir été pris que pour des fins de spéculations et attendent encore des colons de bonne foi[75]. »

À la fin du siècle, l'occupation des terres intérieures se limite à quelques cantons. Les péninsulaires sont peu intéressés à ouvrir des terres dans l'arrière-pays. Dans une lettre adressée à l'évêque de Rimouski, un notable gaspésien porte un jugement sévère sur le manque d'ardeur agricole de ses concitoyens: « il est impossible de se fier sur la population gaspésienne pour ouvrir ces terres; celles qui sont prises n'avancent presque pas, à tous les ans, on se propose de cultiver davantage, mais il y a très peu de progrès. [...] Il faut donc des gens des paroisses d'en haut qui sont reconnus cultivateurs qui s'encouragent sur une terre, mais non pas cette population de pêcheurs qui n'ont que la pêche dans l'idée [...] Notre population appauvrie par l'absence de poisson, sans aucune énergie pour la culture, découragée par les dettes qui pèsent sur elle, menace de partir soit pour les États, pour le Nord ou pour l'Anticosti, à l'exemple de quelques-uns[76]. »

On a beaucoup parlé de l'atavisme du Gaspésien, de ce pêcheur qui ne veut ou ne peut quitter le littoral pour coloniser, comme tout rural canadien-français. Il est vrai que pêcher est une tradition chez le Gaspésien. Même le cultivateur, quand il le peut, s'adonne à cette activité. Mais pourquoi le péninsulaire quitterait-il la zone côtière où il peut pêcher et cultiver en même temps pour s'enfoncer dans le bois, pratiquer une activité peu enthousiasmante et à laquelle il est peu habitué, y entretenir un chemin, défricher, etc.? Il peut même difficilement vendre le bois de sa terre

Défrichement de L'Alverne vers 1920. (Coll. privée)

et écouler les produits de son sol. Pour les jeunes, il est plus intéressant d'aller à l'extérieur que de s'installer sur des terres peu accessibles et pas toujours de première qualité. D'ailleurs, de grandes compagnies forestières possèdent de nombreuses concessions dont elles n'exploitent qu'une infime partie. Ce sont donc avant tout des raisons d'ordre économique qui justifient le peu d'empressement des Gaspésiens à ouvrir et à peupler les rangs.

Le clergé, les politiciens et les « bien-pensants » exhortent les péninsulaires à pénétrer à l'intérieur du territoire et à défricher. Ils y voient le moyen le plus efficace d'améliorer le sort des Gaspésiens soumis aux aléas de la pêche et à l'endettement vis-à-vis les marchands. À la Baie-des-Chaleurs en particulier, on tente, pour éviter le morcellement des lots déjà cultivés en bordure de la côte, d'envoyer les enfants des riverains occuper l'arrière des défrichements déjà faits, là où les terres sont plus régulièrement découpées.

À partir de la fin du 19e siècle, par suite de mauvaises saisons de pêche successives et avec le développement de l'industrie forestière, plusieurs péninsulaires vont ouvrir les premiers rangs intérieurs et ceux situés le long des rivières. Cela se produit surtout dans les cantons longeant la baie des Chaleurs, dans la seigneurie de Pabos et dans les cantons de Percé et de Malbaie. En se référant à ce dernier canton, l'arpenteur S.-N. Castonguay fait remarquer vers 1900 que la population, « naguère composée presqu'exclusivement de pêcheurs s'attache au sol, laisse le bord de la mer et pénètre vers l'intérieur[77]. » Il ajoute cependant qu'il « s'écoulera plusieurs années avant qu'une nouvelle paroisse puisse se former[78]. »

Vers 1920, quelques petites paroisses, missions ou colonies ont pris forme dans l'arrière-pays: Saint-Isidore-de-Gaspé dans le canton Percé, Saint-Alphonse dans Hamilton, Saint-Jules dans Maria, Saint-Louis-de-Gonzague dans le canton Nouvelle, L'Alverne dans celui de Mann, Millstream, Saint-André et Saint-Fidèle dans Ristigouche, Saint-Alexis, Saint-François-d'Assise et L'Immaculée-Conception (Marieville) dans le canton Matapédia. Dans la région de Matane, l'occupation des rangs est plus avancée.

LES CHEMINS DE COLO-NISATION

« La colonisation a donné des résultats satisfaisants mais n'a pas fait les progrès qu'on était en droit d'en attendre, parce que le manque de chemins expose les colons à tant de misères qu'on craint de s'établir tant qu'il n'y aura pas de voie de communication[79]. » C'est ainsi qu'un constructeur (conducteur) de chemin décrit la situation de la colonisation dans le secteur de Matapédia en 1868. La route est pour les gens de l'époque un facteur essentiel au développement de la colonisation et à la croissance économique en général.

Les gouvernements lancent donc des programmes de construction de chemins. Les municipalités jouent aussi un rôle dans ces projets d'accès aux terres vierges. D'ailleurs, la construction et la réparation des routes et des ponts deviennent la préoccupation majeure des édiles municipaux. Ces chemins, généralement mal faits et boueux, sont impraticables l'hiver. Du reste, les surintendants ont peu de notions techniques et la planification des routes ou sentiers est souvent sommaire. De plus, les députés contrôlant l'utilisation des octrois gouvernementaux, le « patronage » et la partisanerie ont leur place dans la localisation et la répartition des dépenses.

On éparpille de façon arbitraire les sommes affectées aux chemins; si beaucoup y trouvent leur compte, en revanche, tout travail sérieux sur un chemin donné devient impossible. Ainsi, en 1871, on peut lire que 47 chemins sont ouverts en même temps dans Bonaventure et 31 dans Gaspé; or, ces chemins ne sont souvent que de quelques arpents. « Chaque habitant a son chemin portant son nom », ironise le député de Chicoutimi, P.-A. Tremblay, se plaignant du régime des bouts de routes et du favoritisme politique dans les octrois de colonisation[80]. Parfois, l'argent destiné aux voies de communication va à l'ouverture et à la prolongation de chemins pour atteindre des chantiers forestiers. C'est encore les députés qui choisissent les directeurs des travaux. Souvent, il y a abus: «... ordinairement, nous dit le curé Édouard Guilmet, le tiers et plus des sommes allouées par le Département se perd entre les mains des conducteurs et sous-conducteurs, sans profit pour les chemins de colonisation...[81] ».

Le manque de ponts sur les rivières fait aussi l'objet de bien des récriminations. Les coûts occasionnés pour ponter les cours d'eau grugent les octrois gouvernementaux. Ainsi, la construction des ponts sur les rivières Bonaventure et Matapédia oblige la Province pendant une dizaine d'années à abandonner l'ouverture de bien des chemins dans le comté de Bonaventure[82].

En certaines occasions, de sérieuses disettes contraignent le gouvernement à convertir une partie de l'argent alloué aux chemins de colonisation en provisions de secours que le Gaspésien doit rendre au printemps suivant par des travaux de voirie. Le résultat est que les travaux dépassent en valeur le prix de la farine, ce qui fait écrire au curé Guilmet, après deux saisons de pêche désastreuses sur la côte de Gaspé: « Nous avons plus fait pour la colonisation avec cette modique quantité de farine qu'avec de grandes sommes déjà données auparavant[83]. »

Vers 1900, exception faite de la route riveraine, des chemins de colonisation s'enfoncent à quelques milles à l'intérieur des terres de plusieurs cantons et de quelques seigneuries. Cependant, le système d'éparpillement des subsides cause encore bien des problèmes. On s'acharne aussi à suivre ce principe qui consiste à faire venir des colons sur les terres avant d'ouvrir les chemins qui y conduisent. D'autres fois, des pionniers s'aventurent d'eux-mêmes loin des chemins déjà ouverts et lorsque quelques familles se sont regroupées, elles réclament une voie de communication. On gaspille ainsi des ressources sur des chemins d'une utilité souvent aléatoire. Vers 1910, dans certains villages et leurs environs, apparaissent les chemins macadamisés et les routes « gravelées ». On les retrouve surtout à la Baie-des-Chaleurs. À partir de 1911, le gouvernement provincial prête aux autorités municipales l'argent nécessaire à la confection de routes de ce type.

À part la route riveraine, deux chemins de colonisation à l'époque méritent une certaine attention. Il s'agit des chemins Mercier et Lemieux, du nom de deux députés gaspésiens. L'ouverture du chemin Mercier est organisée au début des années 1890 par le premier ministre du Québec et député de Bonaventure, Honoré Mercier. Cette route part de Saint-Alphonse à six milles en haut de Caplan et traverse d'ouest en est le canton Hamilton. Une dizaine d'années plus tard, elle se rend dans les cantons Cox et Hope. Ce chemin parallèle à la mer a pour but de faire pénétrer le colon dans la forêt et de lui donner accès à des terres jugées fertiles. Alfred Pelland claironne que cette voie de communication « doublera l'étendue habitée de Bonaventure et assurera le triomphe définitif de l'agriculture sur les sots préjugés d'antan[84]. » En cela le publiciste a vu trop grand: le chemin tombera peu à peu en désuétude.

L'autre route de colonisation, le chemin Lemieux, est construite entre 1913 et 1920 à l'intérieur du canton Percé. Ce chemin qui contourne la pointe de Percé, naît sur un point de la route maritime entre Weygand et L'Anse-à-Beaufils, s'enfonce dans les terres, longe la voie ferrée pour sortir à Coin-du-Banc, au nord de Percé. On prévoit même à cette époque de continuer le chemin jusqu'à Douglastown, ce qui ne sera pas fait. Quelques familles s'installent à proximité de cette route.

LES RÉSERVES DE LOTS

Pour raviver le mouvement colonisateur, le premier ministre Lomer Gouin inaugure en 1902 la politique des réserves de lots. Cette mesure met sous le contrôle du département de la Colonisation un certain nombre de lots qu'on distribue ensuite à des colons choisis par le gouvernement. On tente ainsi d'orienter et de canaliser méthodiquement la colonisation. Les réserves doivent faciliter les travaux de voirie, réduire l'éparpillement des colons, leur offrir la garantie d'une terre fertile et donner au ministre un contrôle sur des régions nouvelles[85].

Cinq réserves sont créées au Québec: parmi elles, soulignons celle du chemin Mercier qui regroupe les lots des rangs V à VIII du canton Cox, et V et VI de celui de Hope, soit 25 000 acres. Le premier ministre Gouin justifie la création de cette réserve en ces termes: « Pour raviver le mouvement colonisateur dans le comté de Bonaventure et la Gaspésie en général, j'ai jugé à propos de reprendre le projet conçu par feu l'Honorable M. Mercier et partiellement mis à exécution durant les années 1889 et 1890 [...] j'ai cru qu'en s'appuyant sur la colonie relativement prospère de St-Alphonse et en utilisant les deux grandes routes [...] de New-Carlisle et de Paspébiac, le département pourrait à l'avenir grouper les colons le long du nouveau chemin, tout en favorisant l'ouverture, avec le temps, des lots situés sur les premiers rangs[86]. » Le centre de cette réserve d'environ 25 milles de longueur est traversé par le chemin du même nom. En 1908, des 246 lots que comprend la réserve, 42 sont vendus dans le canton de Cox et 68 dans celui de Hope[87]. Malgré cette réussite apparente, l'expérience s'avère un échec et peu de colons s'y établissent vraiment.

Une autre réserve, celle de Matane, est formée en 1904. S'étendant entre Matane et Sayabec, dans le secteur où sont situés les villages actuels de Saint-Léandre et de Sainte-Paule, elle comprend 252 lots. Saint-Léandre passe rapidement à 75 familles alors que quelques années plus tôt ne s'y retrouvait qu'un petit groupe de colons venus de Saint-Ulric[88]. Un chemin relie la mission de Saint-Léandre à Sayabec dans la vallée de la Matapédia.

LES SOCIÉTÉS DE COLONISATION

En 1869, une loi créant des sociétés de colonisation est adoptée par le gouvernement provincial. Les nouveaux organismes ont pour but d'activer et d'encadrer l'établissement de colons sur les terres publiques, d'attirer de nouveaux venus et d'ouvrir les chemins qui s'imposent. Les sociétés de colonisation doivent compter au moins 30 membres. Elles sont subventionnées par le gouvernement. Une société peut se faire octroyer un canton ou une partie de canton par le département des Terres. Les colons, souvent dirigés par des prêtres ou des notables, mettent en commun le travail de la concession et défrichent des lots pour eux ou leurs enfants. Après quelques années, la concession peut être divisée entre les souscripteurs.

Dès juin 1869, un premier de ces organismes est créé en Gaspésie: la Société de colonisation de Bonaventure No 1. Elle fait d'abord des défrichements dans les cantons Carleton et Maria. En mars 1870, la Société de colonisation de Bonaventure No 2 voit aussi le jour. La première année, dix-sept colons font 40 arpents d'abattis à l'ouest de Bonaventure, dans les deuxième et troisième rangs. L'année suivante, 26 colons font du défrichement; quatre d'entre eux résident déjà sur leurs lots et six sont en train de se bâtir[89]. En 1874, 45¼ lots (8 790 acres) sont accordés à cette société dans le canton Hamilton[90]. Dans le comté de Gaspé, une première société de

Établissements de
colons sur la rivière
Tartigou, au sud-est de
Métis, vers 1875. Photo:
Alexander Henderson.
(APC)

Visite de Mgr Ross à la
colonie de L'Alverne.
(Coll. privée)

Camp de bois rond sur
la rivière Tartigou vers
1870. (APC)

colonisation, dite de Gaspé No 1, est reconnue officiellement en mai 1871. Deux ans plus tard, elle demande sa dissolution, considérant avoir atteint son but en soutenant, dit-elle, 253 colons de Sainte-Anne-des-Monts[91].

D'autres sociétés de colonisation naîtront par la suite et fonctionneront plus ou moins longtemps. Ainsi, vers 1883, la Société Saint-Isidore est créée dans le comté de Gaspé. Patronnée par l'évêque du diocèse et plusieurs membres de son clergé, elle contribue à ouvrir des chemins dans les cantons Percé et Malbaie et à établir un centre de colonisation dans les terres (Saint-Isidore-de-Gaspé). En 1890, une nouvelle société organisée dans le comté de Bonaventure dirige ses efforts en vue de rapatrier les « compatriotes » partis aux États-Unis et désirant revenir. Elle favorise aussi la venue de nouveaux colons qui viendraient « d'en-haut[92] ». Les administrateurs de cette société sont tous des prêtres de la Baie-des-Chaleurs. En mars 1890, elle compte 52 membres. En 1905, une autre société de colonisation voit le jour dans ce comté. Présidée par l'ancien curé de Maria, Jacob Gagné, l'organisme veut promouvoir la colonisation dans Bonaventure « par tous les moyens possibles, surtout en faisant ouvrir de bons chemins et en aidant les colons dans leurs premiers défrichements[93]. » Constatant qu'il est vain d'essayer d'attirer des immigrants, la société concentre ses efforts au rapatriement des jeunes qui travaillent aux États-Unis.

Des sociétés de colonisation aux visées plus larges surgissent aussi. Elles utilisent leur argent à procurer certains secours à diverses régions de la province. Vers 1900-1905, l'une d'entre elles, la Société de colonisation de Montréal, fondée par le curé Labelle, fait venir à Saint-André-de-Ristigouche quelques dizaines de colons. Cet organisme, dont le secrétaire est à l'époque le publiciste L.-E. Carufel, s'occupe de faire connaître la Gaspésie à Montréal et dans les Cantons-de-l'Est et à organiser le transport de ceux qui désirent s'y établir.

C'est vers 1880-1890 que le gouvernement commence à vanter la Gaspésie comme région de colonisation. Parmi les principaux propagandistes de la péninsule, citons Jean-Chrysostome Langelier dont la brochure *Esquisse sur la Gaspésie* publiée en 1884 est distribuée en grande quantité. Quatre éditions, dont une en langue anglaise, sont imprimées en trois ans[94]. Arthur Buies, Eugène Rouillard, Louis-Zéphirin Joncas, L.-E. Carufel et Alfred Pelland sont d'autres publicistes qu'il convient de signaler. En 1866, on avait aussi publié le *Canadian Scenery: District of Gaspé* de Thomas Pye[95]. Ce volume illustré de belles lithographies fut l'un des premiers instruments à faire connaître la Gaspésie. Au début du 20e siècle, le département de la Colonisation met à la disposition du public des brochures décrivant les régions de colonisation, dont la péninsule gaspésienne. Ouvrages de propagande terrienne avant tout, ils exagèrent souvent les avantages des régions à coloniser, les présentant de façon très idyllique.

« Roue à vent » d'un
moulin à Saint-Moïse
vers 1920. (APC)

Moulin à vent de Saint-
André-de-Ristigouche.
(Coll. privée)

Le moulin de Grant sur
le lac Matapédia ». Photo
tirée de: *L'Opinion
publique*, 1878.

LA GRANDE PROPRIÉTÉ ÉCONOMIQUE

Si une portion du domaine public est mise à la disposition des petits acheteurs, une autre partie, beaucoup plus grande, est vendue, louée ou affermée à des compagnies privées, oeuvrant particulièrement dans le secteur forestier. Aux terres de la Couronne se joignent les huit seigneuries gaspésienne appartiennent à des intérêts privés. À un certain moment, neuf marchands se partagent même celle de Shoolbred.

Mais, la tenure cantonale qui laisse le colon maître absolu de sa terre après l'obtention des patentes, rend anachronique la tenure seigneuriale, le censitaire devant toujours payer des redevances. En 1854, une loi abolit le régime seigneurial dans la province de Québec. Dès lors, tous les droits concernant le seigneur ou le censitaire deviennent caducs. Ce dernier doit cependant racheter sa concession s'il veut en devenir propriétaire. Quant aux seigneurs, les titres de leurs domaines et les terres qui n'ont pas été concédées à des colons leur sont reconnus en pleine propriété avec liberté d'en disposer à leur gré.

Toutefois, ces grands domaines sont rarement lotis et certains d'entre eux resteront longtemps encore la propriété d'individus ou de compagnies, généralement américaines[96]. Acquis d'abord à des fins commerciales ou spéculatives, leur colonisation ou leur aménagement routier n'entre pas tellement dans les priorités des propriétaires. Louis Desjardins, desservant de Saint-Adélaïde-de-Pabos, en est bien offusqué: « Cette paroisse comme la Grande Rivière, est une Seigneurie, et c'est certainement un malheur, parce que les Seigneurs qui s'occupent uniquement du commerce de la morue, négligent leurs seigneuries, mettent des entraves à la Colonisation. Ils concèdent leurs terres à un taux très élevé et par là, sont la cause, qu'un bon nombre n'ayant pas les moyens de payer, vont ailleurs et laissent ces belles terres incultes[97]. » Comme celui de Grande-Rivière, le fief de Pabos offre de belles étendues de terres cultivables, ce qui n'est pas le cas cependant de toutes les seigneuries gaspésiennes. Pour permettre aux colons de Pabos de profiter de ces espaces fertiles, une seule solution semble possible: « Le seul moyen que je connaisse pour donner un élan à l'agriculture dans notre localité, écrit Robert Mauger, serait le rachat par le gouvernement de la Seigneurie de Pabos, qui met un entrave à tout ce qui a pour but l'avancement agricole et la colonisation par le prix énorme de 5 chelins l'arpent qu'elle demande pour ses terres [...] Ces terres non concédées sont laissées à ne rien faire, pendant qu'il ne manque pas de bras pour les utiliser[98]. » Depuis 1844, cette seigneurie appartient à la Gaspé Fishing and Coal Mining Company. À la fin des années 1840, l'entreprise anglaise connaît des difficultés et cesse ses opérations forestières à Pabos. Dans la décennie 1850, elle possède quelque 133 000 acres de terre, dont 50 000 en arrière de Grand-Pabos, 50 000 dans le canton Cox et le reste dans la région de Bonaventure[99]. Dans les rangs, un couloir large de six milles entre Paspébiac et Caplan appartient ainsi à la compagnie. Après la faillite de ses établissements de pêche et de bois, la firme anglaise conserve ses terres qu'elle refuse de vendre aux colons par lots de 50 et 100 acres à moins de prix exhorbitants. Elle tente même de faire contester les droits de propriété des pêcheurs et des colons établis sur la seigneurie de Pabos[100]. En 1872, sur recommandation d'un comité de la Chambre, le gouvernement rachète des créanciers de la compagnie au prix de $62 501 les terres qu'elle possède alors, soit 122 312 acres[101]. Il ordonne ensuite l'arpentage de la seigneurie.

Si l'on peut considérer les seigneuries gaspésiennes comme des propriétés économiques, une grande partie du territoire intérieur de la péninsule l'est aussi. En effet, le gouvernement vend ou octroie aux compagnies forestières, minières, ferroviaires ou autres, de grandes étendues de boisés. Ainsi, en 1890, 3 000 milles carrés de forêts sont affermés à des entreprises forestières dans Gaspé et Bonaventure[102]. Les compagnies ferroviaires reçoivent aussi plusieurs dizaines de milliers d'acres. Le gouvernement subventionne alors ce genre d'entreprises, soit en argent, soit en terres publiques.

Le territoire situé à l'arrière des premiers rangs gaspésiens étant généralement affermé à des compagnies forestières, il survient différents conflits entre le domaine colonisable et le domaine forestier. En effet, les marchands de bois et les colons convoitent souvent les mêmes terres publiques, le même espace géographique. En 1849, une loi accorde un droit de propriété simultané au détenteur d'une limite à bois et à un colon sur un lot situé à l'intérieur d'une concession forestière. Cela veut dire qu'une personne peut obtenir un billet de location pour une terre classée propre à la culture sur des terrains sous licence de coupe de bois. Dans ce cas, le marchand a le droit de couper certaines essences et certains diamètres d'arbres sur le lot du colon. Ce dernier, tant qu'il n'est pas propriétaire, ne doit utiliser le bois du terrain que pour son défrichement, son habitation, ses clôtures, etc. Il ne peut pas faire le commerce du bois de son établissement et profiter des revenus de coupe pour payer son terrain. Toutefois, plusieurs habitants outrepassent ces règlements pour se faire un revenu d'appoint. Le détenteur d'une concession forestière, lui, n'a pas intérêt à ce que le colon vende le bois de sa terre. Confiné à une agriculture de subsistance, le colon, s'il veut gagner un peu d'argent, se voit obligé d'aller travailler en forêt pour un concessionnaire qui le paie mal.

Les conflits quant à l'utilisation du domaine public (commerce du bois et agriculture) se font sentir là où la colonisation fait le plus de progrès. Au tournant du siècle, par exemple, plusieurs colons, leurs leaders ecclésiastiques et laïques en tête, se plaignent de ce que la famille Robitaille, de New-Carlisle, retarde la colonisation en arrière de Caplan, Bonaventure, Paspébiac, Hopetown et d'autres paroisses du comté de Bonaventure. Dans les années 1870 et 1880, les Robitaille ont obtenu de vastes limites à bois

DOMAINE COLONISABLE ET DOMAINE FORESTIER

dans cette région à titre d'octrois pour la construction du chemin de fer de la Baie-des-Chaleurs. Depuis ce temps, ces concessions ne sont pas exploitées, ce qui fait dire aux colonisateurs que les habitants doivent aller à l'extérieur chercher du travail alors qu'ils pourraient « faire des chantiers » chez eux. D'autre part, quand des colons demandent des lots, les Robitaille s'y objectent la plupart du temps.

Commencée au milieu du 19e siècle, cette querelle au sujet de l'utilisation du domaine public s'aggrave une quarantaine d'années plus tard. Les propriétaires de licences gagnent le plus souvent contre les détenteurs de billets de location. Ainsi, Louis Robitaille fait-il annuler en 1902 quelque 150 ventes de lots dans les sixième, huitième, neuvième et dixième rangs du canton Cox sur lesquels, affirme-t-il, le bois a été pillé par des colons de « mauvaise foi[103] ». Il est même en guerre avec le curé de Bonaventure, Thomas Gravel, au sujet de l'implantation d'une colonie au centre du canton Cox.

Au cœur de ces conflits, il y a toujours la question des droits de coupe sur les lots. Pour le gouvernement, il faut jouer sur les deux tableaux: s'il ne vend pas de lots, on lui reproche d'enrayer la colonisation; s'il en vend, à leur tour les détenteurs de limites à bois poussent de hauts cris et laissent entendre que les lots ne sont pris que pour le bois. Le colon juge indispensable d'utiliser le bois de son lot afin de se faire un peu d'argent tandis que le marchand estime qu'en utilisant à son profit le bois de sa terre, le colon lui nuit. En plus, ce dernier vend souvent ce bois à de petites scieries indépendantes plus ou moins en règle avec la loi.

Plusieurs personnes acquièrent des lots sous prétexte de les ouvrir à la colonisation, mais, sous des semblants de défrichements, s'occupent d'en exploiter le bois pour le vendre à d'éventuels acheteurs. Certains de ces « faux colons » achètent des lots, assurent un minimum de défrichement pour obtenir leurs lettres patentes et les revendent ensuite à des compagnies forestières ou à de petits propriétaires de scieries. D'autres prêtent leur nom à ces entrepreneurs afin qu'ils puissent mettre la main sur des terres vendues à des fins de culture mais qui servent à l'exploitation forestière sous le couvert de la colonisation. Les lots, vidés de leur bois, sont ensuite offerts en cadeau aux pourvoyeurs de noms.

La colonisation progresse donc lentement en Gaspésie. Les personnes intéressées à ouvrir de nouvelles terres ne sont pas légion. C'est surtout dans les zones au peuplement plus ancien qu'on commence à s'enfoncer dans les rangs. Ailleurs, il reste encore des lots à occuper le long du cordon littoral. De toute façon, le travail de la terre ne se gagne pas facilement de nouveaux bras, en tout cas pas autant que le souhaitent les colonisateurs.

10

La diversification
de l'économie

De nouveaux adeptes pour l'agriculture

Alfred Pelland écrivait en 1914 que l'agriculture n'avait guère plus progressé en Gaspésie, de 1755 à 1840, que de 1534 à 1755[1]. Cette affirmation est quelque peu caricaturale, mais il ne faut pas oublier que dans la première moitié du 19e siècle, bien peu de péninsulaires font de la culture du sol leur activité principale. Malgré certains développements intéressants, l'agriculture gaspésienne de la seconde moitié du 19e siècle et du début du 20e ne parvient pas à vaincre ses problèmes structuraux et demeure une activité plus ou moins rentable. Elle a même de la difficulté à conserver les transfuges que les pêches lui cèdent. D'ailleurs, plusieurs cultivateurs pratiquent d'autres activités, soit la pêche, le travail forestier ou les travaux publics.

UN COMPLÉMENT DE LA PÊCHE

Dans la seconde moitié du 19e siècle, les observateurs mettent de plus en plus en évidence la complémentarité de la pêche et de l'agriculture en Gaspésie. De passage à la Baie-des-Chaleurs au début des années 1860, un voyageur remarque: « Ici comme sur tout le littoral de la péninsule de Gaspé, au reste, l'exploitation des pêcheries joue un rôle important dans la production et se mêle considérablement à l'exploitation du sol. De fait, tous les pêcheurs sont quelque peu cultivateurs directement ou indirectement, et tous les cultivateurs sont également un peu pêcheurs. Dans ces circonstances, il est difficile que la culture du sol ne souffre pas un peu au profit de la pêche, plutôt que la pêche au profit de la culture[2]. » Il faut faire attention au terme « agriculture ». Il peut tout aussi bien désigner le fait de bêcher un peu de terre autour de la maison pour se nourrir que celui de cultiver une grande étendue de terrain et vivre des produits du sol. Ce que plusieurs pêcheurs gaspésiens se mettent à faire en cette seconde moitié du 19e siècle, c'est assurer la subsistance de la famille par le défrichement et l'ensemencement de quelques acres de leur lot. Ils tentent ainsi de s'affranchir des marchands, compte tenu du prix qu'il faut payer pour l'achat des denrées alimentaires: « Quand un pêcheur a un morceau de terre défrichée suffisant pour récolter ses patates, il peut vivre, même si la pêche est mauvaise. Jusqu'ici, c'est le contraire qui a eu lieu, et il fallait une bonne pêche pour être en état de se procurer des provisions qu'on était obligé d'acheter[3]. » De toute façon, c'est souvent l'épouse et les enfants du pêcheur qui besognent sur les jardins potagers et les petits champs de la famille; travail rudimentaire et qui ne fait entrer aucun argent à la maison[4]. On continue cependant à acheter bien des denrées chez le marchand, car on ne peut les trouver ailleurs.

Les difficultés incitent les pêcheurs à diversifier un peu leurs activités estivales. La *Gazette des campagnes* du 13 mars 1884 exprime la situation de cette façon: «Ce n'est donc à proprement parler que depuis environ trente ans que la Gaspésie a commencé à être colonisée; ce n'est que lorsque la morue s'est un peu éloignée du rivage, lorsque les maisons de commerce ont senti le besoin de diminuer les avances et le crédit, que les habitants se sont vus forcés de défricher et d'ensemencer leurs terres[5].» Déjà, en 1861, le curé de Port-Daniel écrit fièrement de ses paroissiens que «tous dérobent maintenant à la pêche le printemps et l'automne un temps qu'ils ne croyaient pouvoir lui refuser autrefois, mais qu'ils jugent aujourd'hui mieux employé à l'ouverture de leurs terres[6].» Lors d'une halte à Sainte-Anne-des-Monts, à l'été 1857, Pierre Fortin constate un peu la même chose: «Les habitants de Ste-Anne-des-Monts sont agriculteurs et pêcheurs. Ils vont à la pêche lorsque leurs semences sont faites, et cessent de se livrer à cette occupation, lorsque le temps arrive de faire la moisson. Puis, la moisson finie, ils prennent ce que l'on appelle la morue d'automne...[7]»

Cependant, la situation n'est pas partout la même. En effet, dans bien des endroits, cette préoccupation agricole est encore superficielle. Thomas Pye mentionne même en 1866 que, partout sur la côte, de New-Richmond à Cap-Chat, la culture du sol n'est qu'une occupation secondaire par rapport à la pêche[8]. Le temps accordé à cette activité, source principale des revenus, prime sans contredit sur tout travail de la terre. Avant que les maisons de commerce ne se mettent à restreindre le crédit, il est plus attrayant pour le pêcheur de subvenir à ses besoins en faisant appel aux marchands. De plus, à cette époque, il est difficile de ne pas faire affaire avec les grandes firmes commerciales. Un curé de Grande-Rivière nous l'explique: «[Elles] refuseront au cultivateur les avances nécessaires, tandis que le seul titre de pêcheur sera un titre à leurs bonnes grâces [...]; et la population étant toute plus ou moins endettée envers ces Maisons, il s'en suit que le pauvre pêcheur qui voudrait se faire colon, aurait d'abord à se mettre en opposition directe, avec d'impitoyables créanciers et n'aurait, au début de sa nouvelle carrière, que la perspective d'une ruine presque complète[9].» De même, plusieurs pêcheurs, particulièrement à la Baie-des-Chaleurs, doivent se déplacer aux grands établissements de la côte de Gaspé et de la côte nord du Saint-Laurent pour faire la pêche jusqu'à l'automne. Cela les empêche de cultiver leur morceau de terre et les contraint à tout acheter chez le marchand. On peut donc dire qu'au fil des ans, de plus en plus de pêcheurs se mettent à cultiver un tant soit peu leurs lopins de terre, mais que dans la plupart des endroits, c'est la pêche qui est encore l'industrie dominante.

FAIRE CULTIVER CES PÊCHEURS

Nous avons déjà mis en évidence le rôle tenu par le clergé et plusieurs notables gaspésiens tels que députés, avocats et médecins pour faire progresser l'agriculture. Leurs incitations prennent même souvent des allures de croisade. Tous les efforts, tous les arguments possibles sont employés dans ce but. La pêche devient dans leurs discours la cause principale du sous-développement de la Gaspésie tandis que l'agriculture est perçue comme la voie de l'avenir et du bien-être matériel.

Les prêtres gaspésiens sont les promoteurs les plus influents de cette idée. Souvent eux-mêmes fils de terriens, ces clercs sont convaincus, comme la plupart des élites canadiennes-françaises de l'époque, des vertus de l'agriculture. Le spectacle des villages agricoles aisés et prospères qu'ils ont observés dans d'autres régions et l'image du pêcheur gaspésien exploité, pauvre, endetté, accusent un contraste dont il est tentant de tirer parti: on accréditera ainsi le préjugé selon lequel la pêche ruine son homme tandis que l'agriculture l'enrichit.

Forts de cette conviction, ces agents de colonisation à soutane se mesurent aux influentes compagnies de pêche, de même qu'aux seigneurs et détenteurs de concessions forestières qui ont acquis des terres pour autre chose que la production agricole. Plusieurs membres du clergé s'impliquent très directement, prenant la tête de sociétés de colonisation ou d'agriculture, patronnant des cercles agricoles, guidant des colons vers les terres intérieures, etc. Louable dans ses intentions, leur démarche ne tient pas toujours compte des réalités géographiques, économiques et sociales du milieu. Des projets plus fantaisistes que rationnels échouent ainsi en plusieurs occasions.

Pour certains, si les pêcheurs partageaient convenablement leur temps de travail entre la pêche et l'agriculture, ils pourraient vivre aisément. Le curé Thomas Beaulieu de Port-Daniel en a la conviction: « Ce qui semble de première nécessité ici, et le plus propre à favoriser les vrais intérêts du district, c'est l'encouragement de l'agriculture. Du moment que nos habitants pourront s'y livrer sans entraves, devenant indépendants de leurs marchands, et pouvant disposer à leur gré des immenses produits de la mer, qu'ils savent si bien exploiter, ils acquerront en peu de temps une aisance et une prospérité peut-être sans égales dans le reste du pays[10]. » Georges LeBoutillier, douanier et agent des terres, affirme pour sa part: « La conclusion, la pêche et la culture s'entraident, c'est qu'avant d'entreprendre la pêche, il faut être bien établi sur une terre en bonne culture ayant les bâtiments convenables: c'est que pour encourager les pêcheries, il faut encourager l'agriculture. L'agriculture est la base de la pêche, comme ailleurs elle est la base des manufactures et de l'industrie[11]. »

Si plusieurs agriculturistes se satisfont de voir les pêcheurs ensemencer quelques arpents le printemps, d'autres n'en continuent pas moins de se faire les apôtres d'une conversion totale du travail de la mer à celui de la

Rivière-à-Claude, 1940 « En Gaspésie, l'éloignement des marchés et la carence des moyens de transport et des voies de communication pour les atteindre expliquent en partie le retard de l'agriculture et le peu d'attrait que cette activité exerce comme mode exclusif de subsistance. » (APC)

terre. Les péninsulaires sont pauvres, notent-ils régulièrement, parce qu'ils ne s'occupent pas assez de culture. Ce que plusieurs oublient de dire, c'est que la cause directe de cette pauvreté réside plus dans l'organisation de l'industrie de la pêche que dans l'activité elle-même.

L'exemple de cultivateurs qui tirent un certain profit de leurs activités agraires, particulièrement chez les anglophones, revient continuellement sous la plume des chroniqueurs de l'époque. Ainsi, Joseph Sansfaçon écrit dans la *Gazette des campagnes*: «Les Cascapédiacs catholiques sont comme ceux de Carleton et de Maria, attachés à la routine en fait d'agriculture, et ils ont beaucoup de peine à soutenir la concurrence avec les protestants, presque tous Écossais, synonyme de bons cultivateurs. Ceux-ci sont ingénieux, inventifs et surtout vivent de peu[12].» Auguste Béchard décrit, lui, les succès d'un cultivateur installé depuis 24 ans à Grande-Rivière: «Lui et les plus âgés de ses enfants se mirent à défricher cette nouvelle terre et à recommencer la vie. Ils laissèrent à leurs voisins le soin d'engraisser les marchands jersiais de leurs sueurs au moyen de la pêche à la morue: ils se livrèrent exclusivement à la culture de leur ferme [...] Aujourd'hui, il est parfaitement à l'aise [...] Ce que M. Desjardins et sa famille ont acquis, ont trouvé sur leur terre, est à eux seuls et pour eux seuls [...] Voyez, examinez l'apparence des terres voisines de cette famille de laboureurs, voyez ces terres ayant le même sol, la même fertilité, le même climat et les mêmes moyens de culture; voyez, dis-je, et comparez, puis dites s'il est plus avantageux de pêcher ou de cultiver la terre; dites, si les esclaves des jersiais ne sont pas malheureux par leur faute[13].»

Malgré les exhortations de toutes sortes, les progrès de l'agriculture sont lents, surtout dans le comté de Gaspé. Plusieurs propagandistes de l'agriculture perdent patience et proposent des mesures draconniennes: «Un des moyens les plus puissants pour forcer les gens à cultiver, selon un missionnaire, serait une loi passée en Chambre, défendant de commencer la pêche à la morue avant le commencement de juin. Alors ne pouvant satisfaire leur goût passionné pour ce métier, qui les force à jeter leurs lignes à l'eau lorsqu'ils devraient ensemencer leurs terres, ils ne se livreraient à la pêche qu'après s'être assuré quelque moyen de subsistance pour l'hiver suivant, en prenant le mois de mai pour les semences. Tant qu'il n'y aura pas de loi prohibant la pêche pendant le printemps, la plupart demeureront sourds aux voix amies qui leur répètent depuis longtemps: cultivez donc vos terres[14].» D'autres, tel Arthur Buies, sont moins autoritaires mais plus cyniques: «lorsqu'on lit dans les journaux que la pêche a manqué, on est effrayé à l'idée d'une véritable calamité, d'une famine en règle. Mais c'est un bonheur providentiel que la pêche fasse défaut, et si cette calamité pouvait se produire plusieurs années de suite avec circonstances de plus en plus aggravantes, la Gaspésie serait sauvée et la colonisation en ferait une bienfaisante et fructueuse conquête[15].»

Tableau 4.6. Cultures et récoltes en Gaspésie, 1850, 1880 et 1910 (quantités en boisseaux).

Produits	1850		1880		1910	
	Bonaventure	**Gaspé**	**Bonaventure**	**Gaspé**	**Bonaventure**	**Gaspé**
Blé	21 694	2 938	35 839	27 696	18 459	6 861
Orge	10 620	9 328	31 932	43 364	41 021	39 235
Avoine	93 247	6 878	194 570	74 220	523 087	322 458
Seigle	482	1 242	5 529	6 609	465	2 172
Sarrazin	70	—	64 446	1 543	33 309	1 275
Patates	144 788	57 114	704 432	353 600	636 276	414 468
Navets	22 721	5 498	101 490	83 473	102 078	68 501
Pois et fèves	1 308	1 139	2 257	5 893	1 514	3 239
Foin (tonneaux)	8 451	5 305	16 891	13 575	41 974	33 631

Source: Recensements du Canada, 1851, 1881, 1911.

Tableau 4.7. Évolution numérique du cheptel gaspésien, 1850, 1880 et 1910.

Espèces d'animaux	1850		1880		1910	
	Bonaventure	**Gaspé**	**Bonaventure**	**Gaspé**	**Bonaventure**	**Gaspé**
Boeufs	1 952	899	1 041	905	*	*
Vaches laitières	2 757	1 431	3 783	2 432	8 469	7 669
Autres bovins	1 936	831	2 761	2 028	11 435	8 957
Chevaux	1 283	506	2 316	1 449	5 731	4 886
Moutons	8 917	3 121	12 616	9 447	17 252	11 448
Porcs	3 510	2 022	7 166	6 090	9 714	10 811

* Compris dans Autres bovins.

Source: Recensements du Canada, 1851, 1881, 1911.

Au début du 20e siècle, certains observateurs entrevoient le problème de façon différente. Paul Hubert est l'un de ceux-là. Pour lui, « la pêche doit avoir ses adeptes, tout comme la culture. Vouloir combiner les deux est une erreur. On peut très bien développer simultanément les pêcheries et l'agriculture sans que l'une nuise à l'autre [...] Au lieu de regarder [le Gaspésien] avec dédain, encourageons-le, organisons-le, sortons-le de son apathie, causée par le mépris de ses compatriotes[16]. »

Si, au tournant du siècle, des difficultés dans les pêches amènent plusieurs péninsulaires à s'occuper davantage de la culture du sol, d'autres sont au contraire attirés par le travail forestier, qui se fait d'abord l'hiver, mais aussi de plus en plus le printemps et l'été. Pour plusieurs fervents de l'agriculture, tel G.-E. Marquis, ce travail en forêt entraîne la négligence de la terre: lorsque la pêche diminue, on croit se rattraper en faisant des billots ou en travaillant dans les scieries[17]. On admet que les chantiers et la drave procurent au nouveau colon le revenu d'appoint nécessaire à son installation et à l'entretien de sa famille, mais celui « qui veut fonder un foyer durable doit se mettre dans l'idée que c'est à son lot qu'il doit donner le meilleur de ses pensées et de son travail[18]. »

LA FAIBLESSE DES MARCHÉS   Pour qu'une agriculture soit rentable, il lui faut des débouchés. En Gaspésie, l'éloignement des marchés et la carence des moyens de transport et des voies de communication pour les atteindre expliquent en grande partie le retard de l'agriculture et le peu d'attrait qu'elle exerce comme mode exclusif de subsistance. Le marché local, lui, est très limité et peu susceptible d'expansion. Pourquoi cultiver plus que ce qui est nécessaire à sa subsistance, demandent bien des Gaspésiens en réponse aux diverses incitations qui leur sont faites? « À quoi sert, dit-on, d'avoir du grain à vendre, si, faute de débouché, il nous faut le céder aux bourgeois pour un vil prix[19]. » En effet, les maisons de commerce achètent les surplus agricoles des cultivateurs de la même façon que le poisson des pêcheurs, c'est-à-dire à un prix très bas et en échange de marchandises vendues assez cher. « Nous avons deux marchands à Percé, souligne un cultivateur de l'endroit, et la farine en ce moment se vend de $5 à $7 le quart. Nous recevons peu d'argent en échange de nos produits et inutile de dire que nos marchands font de belles affaires. Il est très difficile de se procurer des hommes pour nous aider aux récoltes. Nous payons jusqu'à $16 par mois durant les foins[20]. » Vendre aux compagnies n'est donc pas rentable et faire crédit aux pêcheurs est impensable car le cultivateur qui s'y risquerait aurait de fortes chances de ne jamais être payé, les maisons de commerce prenant tout le poisson des pêcheurs, c'est-à-dire leur seul revenu.

À partir des années 1880, le seul moyen pour le cultivateur d'atteindre les marchés nationaux consiste à emprunter le chemin de fer Intercolonial à Dalhousie ou Campbellton au Nouveau-Brunswick. Mais on ne s'y rend pas comme on veut: le service de steamers qui fait la navette entre la péninsule et ces localités demeure irrégulier et peu organisé pour le transport des denrées agricoles. Quant au chemin de fer de la Baie-des-Chaleurs, dont on achève la construction au début du 20e siècle, il est en 1920 d'une inefficacité chronique; il n'est pas outillé pour transporter de façon rapide et régulière une quelconque production agricole vers les grands marchés. De plus, les taux de transport demeurent élevés, sinon prohibitifs.

Cette carence des moyens de communications qui ne permet pas à l'agriculture de s'intégrer à l'économie de marché nationale, affecte aussi

l'élevage. Le curé Morissette de Baie-des-Sables, dans le comté de Matane, en témoigne à la fin des années 1880: « On pourrait y cultiver avec profit les céréales, les légumes et y faire l'élevage des animaux, mais le marché manque pour l'écoulement des produits, quels qu'ils soient. La station de chemin de fer la plus rapprochée est celle de St-Octave de Métis, à treize milles de distance. Comment veut-on que des bestiaux puissent se vendre avec profit, quand il faut les conduire à pied aussi loin que cela [...] il faut, pour les conduire, prendre une journée entière et faire des dépenses de route qui enlèvent tout le profit, puisque le cultivateur est obligé de vendre ses animaux le même prix que le cultivateur voisin du chemin de fer[21]. »

Les marchés local et régional demeurent donc les principaux débouchés aux produits agricoles. Ils sont cependant limités aux paroisses de pêcheurs, aux magasins des compagnies de pêche et aux chantiers forestiers. Ces marchés qu'on ravitaille en foin, en avoine, en pommes de terre, en porc, en fromage et en beurre sont trop limités pour stimuler vraiment le développement agricole.

UNE AGRICULTURE AUTARCIQUE

Ainsi, alors que l'agriculture du centre de la province se convertit graduellement aux besoins des marchés, celle de la Gaspésie continue d'en être le plus souvent qu'une de subsistance, d'auto-suffisance. Dans la seconde moitié du 19e siècle, en plusieurs endroits, on continue d'importer non seulement certaines denrées telles que la farine et le lard mais aussi du boeuf, du saindoux, du beurre, du savon, du son, des légumes, et ce, à des prix souvent élevés. Vers les années 1860, un marchand de Sainte-Anne-des-Monts importe tous les ans 100 quarts de farine, de 600 à 800 minots d'orge et de 1 000 à 1 500 barils de pommes de terre[22].

D'autre part, l'industrie locale restera encore embryonnaire; les artisans ne sont pas très nombreux et souvent ils travaillent pour les propriétaires des grands magasins. À Paspébiac, par exemple, la compagnie Robin possède une ferronnerie où des artisans fabriquent et réparent certains instruments. Mais cela est loin de répondre à tous les besoins: «Ce qui manque le plus à la population de la Gaspésie, ce sont les gens de métier. De bons ouvriers dans toutes les branches trouveraient aisément à s'y placer dans des conditions avantageuses, et auraient une clientèle assurée. Faute d'ouvriers, on est obligé de faire venir de Québec et d'ailleurs les meubles de ménage, les voitures et les instruments aratoires dont on a besoin[23].»

Une agriculture de subsistance comme celle que l'on rencontre en Gaspésie au 19e siècle n'est axée vers aucune spécialisation: elle s'oriente plutôt vers la polyculture. On vise d'abord la production de céréales et de pommes de terre, denrées alimentaires immédiatement utilisables[24].

Comme ailleurs dans la province, les cultures qui progressent le plus sont l'avoine, le foin et l'orge. L'avoine, culture peu exigeante quant à la qualité des sols, occupe de loin la première place, couvrant plus de la moitié du sol utilisé pour les semailles. L'écart s'accroît graduellement par rapport aux autres céréales, en particulier le blé, qui périclite en Gaspésie comme ailleurs au Québec. Le sarrasin demeure populaire à la Baie-des-Chaleurs tandis que l'on cultive le seigle principalement sur la côte du fleuve Saint-Laurent, en particulier dans le secteur Cap-Chat-Sainte-Anne-des-Monts, où l'on semble aussi apprécier la culture de l'orge.

Un arrache-patates en bois à Saint-Joachim-de-Tourelle, 1918. « Quand un pêcheur a un morceau de terre défrichée suffisant pour récolter ses patates, il peut vivre, même si la pêche est mauvaise. » Photo: Marius Barbeau. (MNC)

Les moulins à farine se font rares; il faut souvent parcourir de grandes distances pour faire moudre son grain. En 1880, on trouve dix-huit de ces moulins dans le comté de Bonaventure et quatorze dans celui de Gaspé[25]. En 1910, il n'y en a plus que sept dans Bonaventure et quatre dans Gaspé[26]. Cette baisse est peut-être due aux quelques progrès de l'élevage et de l'industrie laitière, les grains servant alors de plus en plus à nourrir les bêtes. On ne trouve pas non plus beaucoup de machines à traction animale pour battre le grain; on utilise encore le fléau, instrument composé de deux

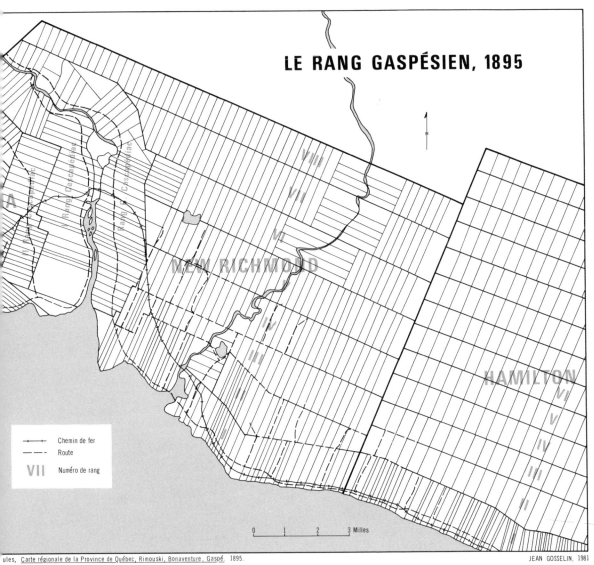

LE RANG GASPÉSIEN, 1895

Chemin de fer
Route
VII   Numéro de rang

0   1   2   3 Milles

ules, <u>Carte régionale de la Province de Québec, Rimouski, Bonaventure, Gaspé</u>. 1895.

JEAN GOSSELIN, 1981

« De toute façon, c'est souvent l'épouse et les enfants du pêcheur qui besognent sur les jardins et les petits champs de la famille ». (APC)

bâtons articulés avec lequel on bat le grain manuellement.

Bien qu'on enregistre certains progrès vers la fin du 19e siècle, la mécanisation agricole et les nouveaux procédés de culture mettent du temps à s'implanter. On reproche volontiers au cultivateur gaspésien son esprit routinier et son manque de connaissances techniques; il ne sait pas orienter et rationaliser le choix de ses cultures et les méthodes d'exploitation de sa terre. Un collaborateur de la *Gazette des campagnes* écrit en 1866: « Dans nos paroisses [l'ouest du comté de Bonaventure] on ne cultive pas suivant les règles de l'art, on fait ce qu'on a vu faire à ses pères, jamais plus, quelquefois moins. Tant que la terre n'est pas tout à fait épuisée, on se vautre dans le chemin de la routine. Mais la négligence à recueillir les précieux engrais qui se perdent de tous les côtés, la négligence à fossoyer convenablement, la négligence surtout à bien choisir la semence et à faire des labours d'automne, cette négligence produit sur les ressources de nos agriculteurs les mêmes effets que la consomption sur les forces du corps humain: elle les épuise peu à peu[27]. » Pour la production du foin, on remarque aussi un certain manque de rationalité et de connaissances agricoles. Jean-Chrysostome Langelier écrit ainsi: « En beaucoup d'endroits, on suit encore l'affreuse routine qui consiste à faire des prairies sans guère semer de graines de foin, puis à laisser ces prairies en foin tant qu'elles ne sont pas complètement incapables de produire. On comprend qu'avec un pareil système, il est impossible de récolter beaucoup de foin, même dans les terres les plus susceptibles d'en produire quand elles sont bien cultivées[28]. »

Toutefois, les cultivateurs gaspésiens savent être ingénieux. Ainsi, ceux de la Baie-des-Chaleurs protègent leur foin des intempéries d'une façon bien particulière: ils le mettent en berges, grosses meules qui ont de seize à vingt pieds de haut. Pour ce faire, ils foulent le foin et la partie supérieure, qui ressemble à une tuque, est peignée au râteau et recouverte de paille

façonnée en forme de toit circulaire. Ainsi, la pluie ne pénètre pas au-delà de deux pouces. En quelques jours, le tout forme une masse compacte et quand on veut y prendre du foin, on coupe des « menées » verticales avec une hache[29]. Le foin ainsi disposé demeure de bonne qualité. On procède également de cette façon pour conserver le grain, vu que les granges sont généralement assez petites.

La culture des légumes progresse elle aussi. C'est vrai particulièrement pour le navet, mais également pour d'autres produits alimentaires. Ainsi, la pomme de terre sera longtemps, avec le poisson, l'aliment de base de la population: le sol sablonneux que l'on retrouve presque partout est très

« Pour la production du foin, on remarque un certain manque de rationalité et de connaissances agricoles. » (ACN)

favorable à cette culture substantielle qui demande peu d'attention. C'est à l'ouest de Carleton que l'on en voit les plus grands champs.

Les terres gaspésiennes étant de qualité fort inégale, surtout dans le comté de Gaspé, les produits de la mer servent à fertiliser le sol. On a peut-être exagéré l'importance de ces engrais naturels mais, comme le souligne Eugène Rouillard, on ne les utilise pas moins couramment, en particulier à la Baie-des-Chaleurs: « Un autre appoint précieux pour le cultivateur gaspésien, dit-il, c'est l'engrais dont il a besoin pour ses terres et que la mer lui fournit avec une profusion sans égale. Pendant que dans les autres parties de la province, l'on est le plus souvent obligé de recourir à l'emploi d'engrais artificiels, ici la mer vient déposer sur les rivages, en quantités énormes, un excellent varech ou goëmon qui ne coûte que le trouble de le recueillir. Il y a aussi les déchets de poisson qui constituent un engrais des plus fertiles[30]. »

Ces produits de la mer (varech, morue, hareng, capelan, plie, homard...) sont déposés soit à la surface du sol, soit dans les sillons même des terres en culture, mêlés au fumier. Très efficaces sur les terrains humides, ces fertilisants peuvent faire pousser les pommes de terre dans des sols jugés très pauvres[31]. Leur utilisation est plutôt mal vue par les compagnies de pêche, qui se plaignent, à tort ou à raison, qu'elle fait diminuer les stocks de boëtte pour la morue. Auguste Béchard décrit la façon dont s'effectue le transport des déchets de poisson vers les sols en culture dans la région de Percé, plus précisément entre le cap Blanc et le cap d'Espoir: « Ce chemin est rempli de voitures, presque toutes traînées par des boeufs, qui charroient sur les terres les têtes de morue entassées sur le rivage [...] Chaque voiture est montée par une jeune Gaspésienne, qui, pour se faire oublier la marche lente et monotone de son indolent quadrupède, chante gaiement les airs du pays[32]. »

Avant le 20e siècle, les troupeaux de bovins sont rares: « ... les cultivateurs nous ont dit que faute de marchés et de communications, ils sont forcés de négliger l'élevage des animaux », note un voyageur en 1885[33]. Au début de ce siècle, l'industrie laitière s'amorce et on commence à s'intéresser à l'élevage des vaches. « Presque tous les cultivateurs que j'ai rencontrés dans le comté de Bonaventure, indique Charles Marcil en 1914, se proposent de suivre un système de rotation qui, appliqué à leurs terres, leur fournira le moyen d'élever et de nourrir plus de vaches qu'actuellement et leurs cercles agricoles commencent à acheter avec les octrois qu'ils reçoivent du gouvernement, des taureaux de première classe de races laitières Ayrshire et canadienne pour améliorer leurs vaches communes d'à présent[34]. »

Comme c'est le cas pour les chevaux et les bovins, le nombre de porcs augmente, particulièrement sur le littoral nord. Au début du siècle actuel, on expédie à partir des Capucins un nombre croissant de ces animaux pour le ravitaillement des postes de Pentecôte, de Baie-Trinité et de Clarke-City

sur la Côte-Nord. Certaines années, on en expédierait jusqu'à mille unités[35].

L'élevage des ovins progresse également. L'avantage avec les moutons, c'est que l'on peut les faire paître sur les terrains pauvres ou trop accidentés pour la culture ou l'élevage de vaches laitières. On pense même que le pêcheur gaspésien pourrait se livrer à l'élevage de plusieurs ovins sans nuire à son activité première. Mais là encore, on se heurte au problème des débouchés.

Le nombre d'animaux par exploitation agricole demeure faible. En 1871, la moyenne est seulement d'une à deux vaches par ferme. En 1901, elle est d'une à quatre[36]. À l'ouest de la Baie-des-Chaleurs, le bétail est plus nombreux et de meilleure qualité. Les ressources fourragères y sont d'ailleurs plus abondantes. Qu'il suffise de rappeler la présence des prés de la rivière du Loup, à quelques milles de Ristigouche. Deux fois par année, au printemps et à l'automne, des inondations les enrichissent d'un dépôt limoneux servant d'engrais et permettant la production d'un foin long, serré et salé.

LES ZONES
AGRICOLES
Comparée à d'autres régions rurales du Québec, l'étendue des terres cultivables est plutôt faible en Gaspésie. Au 19e siècle, l'agriculture se pratique surtout dans le comté de Bonaventure et dans le secteur de Matane. En 1857, un rapport gouvernemental mentionne que « le long de la Baie-des-Chaleurs s'étend, entre les montagnes et le rivage, une bande de pays riche et d'une surface comparativement unie, courant de la rivière Cascapédia au Port-Daniel, c'est-à-dire sur une longueur de cinquante milles, dont presque tous les points sont colonisés sur le devant et même, en quelques lieux, assez profondément dans l'intérieur[37]. » Quant à l'ouest de la baie et le long de la rivière Ristigouche, ce secteur « serait excessivement favorable à la colonisation, n'étaient les graves inégalités de sa surface. Les versants des montagnes, qui sont fréquemment impropres au labourage, à cause de leurs pentes rapides, occupent une grande partie de la surface du pays[38]. »

Toutefois, dans ce dernier cas, les fermes de la zone littorale semblent plus nombreuses et plus prospères qu'ailleurs. Les constructions s'agrandissent et souvent, à côté du « *log house* », se dresse un bâtiment spacieux et de bon goût[39]. Certains cultivateurs sont même devenus propriétaires de véritables domaines. Ainsi, vers 1863, John Fraser possède, à l'embouchure de la rivière Matapédia, une exploitation de 5 000 arpents. Il a douze boeufs et dix-huit chevaux de trait, dix-sept vaches laitières, un grand nombre de boeufs d'engraissement, un troupeau de 130 brebis et agneaux et une porcherie d'une centaine de têtes[40]. Fraser a acheté en 1843 une grande partie de la propriété de Robert Ferguson.

Vers 1880, à l'ouest de Bonaventure, la plupart des gens vivent d'abord de l'agriculture. À l'est, jusqu'à Anse-aux-Gascons, ils vivent en général de pêche et de culture, sauf peut-être pour les paroisses anglophones de New-Carlisle et Shigawake, où l'agriculture est prépondérante[41].

Au début du 20e siècle, dans le comté de Bonaventure, seulement quelques paroisses comptent une importante concentration de pêcheurs. La zone agricole ne comprend généralement qu'une lisière du littoral, ne dépassant guère deux ou trois concessions (rangs). Une coutume française liée à la division de terres et au mode de succession semble freiner le développement agricole. En effet, la tradition veut qu'en mourant, un chef de famille divise son bien entre ses fils. Or, cette division se fait toujours dans le sens de la largeur du terrain, de sorte que le long du rang côtier, là où la colonisation est la plus ancienne, les terres sont tellement subdivisées en bandes de 30 ou 40 arpents de profondeur sur quelques verges agraires de largeur qu'il devient impossible d'y cultiver. C'est un autre facteur qui pousse bien des jeunes à quitter le foyer pour s'installer plus haut dans les terres ou à s'expatrier.

Dans le comté de Gaspé, l'agriculture demeure une activité secondaire. D'ailleurs, il «est plus inégal que le comté de Bonaventure et d'un climat moins propre, par suite de sa situation qui est plus exposée aux vents glacés et aux brouillards du golfe. Les montagnes qui dominent la partie septentrionale de ce comté, sont plus élevées et il offre un sol moins fertile; enfin [...] à l'est de la Pointe Maquereau, s'étend une bande pierreuse et aride [...] Néanmoins, la contrée située entre ce désert et la Baie de Gaspé, renferme une grande quantité de bonne terre[42]».

Les temps de culture sont plus courts qu'à la Baie-des-Chaleurs. Certains témoignages du début des années 1880 nous font voir les différences qui existent à cet égard entre Gaspé et Bonaventure. Ainsi, à New-Carlisle, «... la saison exempte de gelées excède quatre mois et demi. Et ces premières gelées [...] sont très légères, incapables de nuire même aux grains et aux plantes les plus sensibles [...] La récolte commence vers le vingt-cinq août [...] en sorte qu'il y a plus d'un mois et demi pour la faire, avant les gelées sérieuses et les pluies de l'automne...[43]» Dans le secteur de Percé, on ensemence à la fin mai et au début de juin; on récolterait le blé et l'avoine en octobre et les pommes de terre au début de décembre; les labours se font souvent jusqu'à la mi-novembre[44]. Au bassin de Gaspé, les cultivateurs vendent du bétail aux marchands locaux qui le revendent à leur tour aux commerçants de Lévis et de Québec[45].

En amont du comté de Gaspé, dans la région de Matane, l'agriculture est implantée depuis longtemps et les fermiers aisés ne sont pas rares. L'élevage y occupe aussi une place importante, quoique son expansion soit longtemps freinée par l'absence de voie ferrée permettant l'expédition des bestiaux. Une des suggestions d'Arthur Buies était de faire de Matane un port d'expédition du bétail en Europe[46]...

LES ASSOCIATIONS AGRICOLES

Pour orienter et aider l'agriculture, les autorités prennent un certain nombre de mesures. Ainsi, en 1852, on crée un Bureau d'agriculture et, plus tard, sous le régime confédératif, un ministère de l'Agriculture est chargé de superviser et de promouvoir le développement agricole. D'autre part, on met sur pied des sociétés d'agriculture qui doivent jouer un rôle éducatif de premier ordre. Elles ont pour rôle d'informer et d'inciter les cultivateurs à rationaliser, à planifier et à accroître leur production. Pour ce faire, elles organisent des réunions, des expositions, des concours et des conférences.

En Gaspésie, une première société d'agriculture, dite de district, formée en 1820, fut de courte durée. En 1845, deux nouvelles sociétés apparaissent: l'une dans Gaspé et l'autre dans Bonaventure. Toutefois, ces organismes suscitèrent bien peu d'intérêt «car les habitants, comme le soulignait le président de la Société de Bonaventure, ne connaissant pas les avantages qui résultent de l'établissement de semblables sociétés dans les autres pays, regardaient l'entreprise avec indifférence, sinon même avec soupçon[47]. »

En 1856, alors qu'en général une seule société d'agriculture est permise pour chaque comté, les circonscriptions gaspésiennes obtiennent l'autorisation d'en former deux. L'année suivante, vu la dissémination de la population agricole du comté de Gaspé, les autorités autorisent la création de deux nouvelles sociétés agricoles, l'une à Sainte-Anne-des-Monts, l'autre aux Iles-de-la-Madeleine. En 1865, la plus importante des quatre sociétés gaspésiennes ne compte que 66 membres et vient au 46e rang sur les 73 alors existantes au Québec. Les trois autres ont respectivement 58, 56 et 41 membres[48]. Ces organismes, dont le nombre varie constamment, sont mal dirigés et mal orientés.

En 1883, les quatre chétives sociétés du comté de Gaspé regroupent 176 membres, dont 116 anglophones; 150 sont cultivateurs. Dans Bonaventure, les trois sociétés comprennent 250 membres, dont 192 anglophones[49]. En 1913, on retrouve dans les deux comtés gaspésiens cinq sociétés d'agriculture regroupant 767 membres. Dans le comté de Matane, un organisme de ce type comprend à lui seul 610 personnes et 22 cercles agricoles totalisent 1982 membres[50].

Alors que les sociétés d'agriculture rejoignent généralement les cultivateurs d'un comté ou d'une partie de comté, les cercles agricoles limitent leurs activités aux municipalités et paroisses où ils sont formés. Ils oeuvrent sous la direction immédiate du curé. À l'époque, on reproche aux sociétés d'agriculture d'être des nids de chicanes et de favoritisme, fertiles en querelles de clans et en oppositions ethniques. Les cercles agricoles, plus petits et circonscrits à un territoire restreint, deviennent plus populaires. Les membres peuvent se réunir régulièrement pour discuter de leurs problèmes et partager leurs expériences. Les souscripteurs se cotisent pour acheter des graines de semence et des animaux de race. Les cercles agricoles se fixent comme objectifs de faire aimer et prospérer l'agriculture, d'encourager la colonisation et d'enrayer l'émigration. Le gouvernement leur envoie des conférenciers dans le but d'assurer la diffusion des connaissances agricoles.

Les premiers de ces organismes, qui doivent compter au moins 25 personnes, se forment assez tard en Gaspésie. Les premières traces que nous en ayons remontent au début des années 1890. Dans le comté de Bonaventure, à Matapédia, à Shoolbred, à Maria, à New-Richmond et à Port-Daniel, cinq cercles regroupant 285 membres sont en pleine activité. Dans le comté de Gaspé, on en retrouve quatre autres formés de 272 membres, soit à Cap-Chat, à Sainte-Anne-des-Monts, à Grande-Rivière et à Grand-Pabos[51]. Ceux de cette dernière localité et de Cap-Chat se révèlent les plus importants. En 1913, seize cercles dans le comté de Bonaventure, dont celui

Tableau 4.8. Tableau comparatif des cercles agricoles et des sociétés d'agriculture en 1918.

Comtés	Cercles agricoles		Sociétés d'agriculture	
	Nombre de cercles	Nombre de membres	Nombre de sociétés	Nombre de membres
Bonaventure	22	1 421	3	320
Gaspé	14	842	4	394
Matane	24	1 934	1	455

Source: Annuaire statistique du Québec, 1919, p. 540.

de Maria, très actif, comptent 1697 membres et neuf autres dans Gaspé regroupent 998 personnes[52].

Par ailleurs, des sociétés coopératives agricoles d'achat et de vente se forment en Gaspésie à partir de 1913, principalement dans le comté de Bonaventure. Elles s'occupent soit de l'approvisionnement des agriculteurs, soit de l'écoulement de leurs produits ou des deux à la fois. Dans le premier cas, il s'agit de fournir aux cultivateurs des biens pour leur travail et même pour la consommation. Un bon nombre de ces sociétés disparaissent rapidement pour diverses raisons, dont le manque de capital et la mauvaise gestion. Plusieurs cercles agricoles peuvent s'unir en société coopérative.

Le gouvernement intervient de diverses façons pour favoriser la diffusion des connaissances agricoles. Les écoles supérieures d'agriculture en sont un exemple. Ainsi, plusieurs jeunes Gaspésiens sont envoyés aux écoles de Sainte-Anne-de-la-Pocatière et d'Oka pour y recevoir un enseignement de ce type. Dans quelques institutions élémentaires, on offre aussi des cours d'agriculture et d'horticulture. Entre les années 1912 et 1914, on ouvre des écoles ménagères à Grande-Rivière, à Matane, à Saint-Alexis-de-Matapédia et à Sainte-Anne-des-Monts. En 1905, on fonde à Paspébiac un orphelinat ayant pour objectif d'assurer une solide formation agricole à ses protégés.

Dans la même veine et sous l'instigation d'Honoré Mercier, une féculerie s'ouvre à Maria vers 1887. Elle achèterait annuellement des cultivateurs jusqu'à $30 000 de pommes de terre[53]. Toujours à la Baie-des-Chaleurs, le gouvernement établit au début du siècle une station expérimentale d'arboriculture fruitière entre Bonaventure et Caplan. Une autre station fruitière apparaît à Mont-Louis vers 1913. À la même époque, le gouvernement fédéral suscite quelques stations agronomiques. Celle de New-Carlisle est exploitée depuis 1916 par E.-M. Gallais et celle de New-Richmond par J.-B. Cyr.

UN EMBRYON D'INDUSTRIE LAITIÈRE

Une partie des efforts des autorités en matière agricole se concentre sur le développement de l'industrie laitière. Grâce au produit du lait et de ses dérivés, l'intégration de l'agriculture québécoise à l'économie de marché nord-américaine, encore hésitante dans les années 1870, ne fait plus guère problème après deux décennies. L'extension du réseau des chemins de fer et de multiples améliorations techniques dans les procédés de conservation et de tranformation du lait permettent aux grandes régions agricoles du Québec d'entrer sur ce marché.

En 1880, aucune fabrique de beurre ou de fromage n'existe encore en Gaspésie, alors que la province compte 22 beurreries et 141 fromageries. C'est Honoré Mercier, alors député du comté de Bonaventure, qui subventionne vers 1890 l'établissement des deux premières fromageries de la péninsule. Les curés Antoine-Philippe Bérubé, de New-Richmond, et Augustin Gagnon, de Port-Daniel, sont les instigateurs de ces fabriques, qui n'emploient qu'environ cinq personnes chacune. En 1900, le comté de Bonaventure compte des fromageries à Saint-Alexis-de-Matapédia, à Carleton, à Maria, à New-Richmond, à Caplan et à Bonaventure, mais aucune beurrerie. À l'inverse, le comté de Gaspé possède deux beurreries à Cap-Chat et une à Sainte-Anne-des-Monts, mais ne dispose d'aucune fromagerie[54]. Avec ses trois beurreries et ses six fromageries (la province en compte 445 et 1 207), la Gaspésie est forcément exclue du circuit commercial[55].

Ces fabriques, qui n'emploient qu'un ou deux employés chacune, subissent des échecs constants. La qualité de leurs produits est d'ailleurs bien faible. Dans Bonaventure, seule la fromagerie du curé Jacob Gagné de Maria, fondée en 1895, fonctionne encore en 1912. À partir de 1910, l'industrie du beurre se relève peu à peu, de sorte que, deux ans plus tard, on peut trouver quatre beurreries et une fromagerie dans ce comté. Quatre d'entre elles sont l'oeuvre de coopératives. Les fabriques transforment alors de 2 000 à 6 000 livres de lait[56]. En 1918, sur 628 beurreries disséminées à travers le Québec, onze se trouvent à Bonaventure et deux à Gaspé. Sur 900 fromageries, Bonaventure n'en compte que deux et Gaspé n'en a pas du tout[57].

L'industrie laitière demeure donc embryonnaire en Gaspésie, alors qu'elle se développe en plusieurs endroits de la province. L'éloignement des marchés et leur difficulté d'accès expliquent cette situation pour une bonne part. De plus, le chemin de fer de la Baie-des-Chaleurs ne fournit pas de facilités de transport avec wagons frigorifiques, indispensables à la conservation des produits laitiers. Il faut s'adresser à l'Intercolonial pour obtenir les wagons requis jusqu'à Matapédia, et de là, jusqu'à Montréal.

Ainsi, la Gaspésie n'est pas une importante région agricole. Malgré des efforts concertés, surtout à partir des années 1890-1900, les progrès de l'agriculture n'y sont pas très rapides. Le développement de ce moyen de subsistance est encore freiné par des problèmes de production et de débouchés. De plus, il doit se mesurer à d'autres types d'activités, la pêche ou l'industrie forestière, qui absorbent une bonne partie de la main-d'oeuvre.

La mise en valeur des ressources forestières

Le géographe Raoul Blanchard fixe le début de la grande exploitation forestière en Gaspésie à la fin du siècle dernier: « Dans ce pays maritime, mais complètement boisé, écrit-il, la pêche et l'exploitation des bois étaient les deux ressources les plus immédiatement accessibles. Cependant, tant qu'une population suffisamment dense ne se serait pas installée en Gaspésie ou qu'une demande intense de bois, bois d'oeuvre, bois de sciage, bois de pulpe (pâte à papier) ne viendrait pas de l'extérieur, l'exploitation des immenses forêts gaspésiennes ne pouvait être qu'insignifiante, et elle l'a été en effet jusque vers la fin du XIXe siècle. Insignifiante, mais pas inexistante[58]. » C'est en effet vers 1890-1900 que la grande entreprise forestière alors à la recherche de nouvelles zones d'approvisionnement en bois se dirige vers certaines régions périphériques comme la péninsule gaspésienne. On n'a qu'à regarder l'augmentation du nombre de billots de bois coupés en 1900 comparativement aux décennies précédentes pour s'en faire une idée: 19 944 billots en 1870, 18 235 en 1880, 15 150 en 1890 et enfin 210 497 en 1900[59]. Mais on est encore loin de la production de l'Outaouais (3 714 680), de la Mauricie (1 638 955) ou du Saguenay (639 541 en 1899). La division voisine de Rimouski produit, dans les mêmes années, deux fois

AU HASARD DES RESSOURCES ET DES INITIATIVES

plus de billots que la Gaspésie (484 474) et celle de la Matapédia un peu plus (254 968)[60].

Dans la seconde moitié du 19e siècle, le bois scié l'emporte sur le bois équarri dans la production québécoise destinée à l'exportation. En Gaspésie, c'est vers 1870-1880 que cette transformation paraît décisive. Un des grands inconvénients du commerce du bois équarri, c'est la sous-utilisation des forêts: pour obtenir un bois de qualité comme l'exige le marché anglais, il faut laisser de côté les arbres présentant quelque défaut ou étant de trop petite taille. Le commerce du bois scié ou de construction, par contre, permet d'utiliser de façon maximale le bois qu'on a coupé. Il occasionne cependant des problèmes de reboisement car l'on coupe alors des arbres souvent trop jeunes. Le bois scié, transformé d'abord en madriers et en planches, est expédié d'ordinaire sur les marchés de la Grande-Bretagne et de la Nouvelle-Angleterre. Graduellement, l'épinette remplace le pin comme bois de construction. On en tire aussi des douves pour les tonneaux, des bardeaux et des lattes.

Le territoire que le gouvernement accorde à l'entreprise privée pour y effectuer la coupe du bois s'appelle « limite à bois ». Ces portions de boisés appartenant au domaine de la Couronne sont d'abord cédées par conventions privées ou par enchères publiques. On émet alors des licences de coupe de bois, qui sont en fait des titres accordés par le gouvernement. Après 1872, les licences de coupe s'accordent par enchères publiques seulement. En plus de son permis d'exploitation, un propriétaire paie un droit de coupe alors qu'un locateur paie en plus une rente foncière. Une agence dans chacun des comtés gaspésiens perçoit les revenus que le gouvernement provincial tire de l'exploitation forestière.

Généralement, ce sont de grands exploitants qui s'approprient les limites à bois. Dans la seconde moitié du 19e siècle, ces entrepreneurs, appelés « barons du bois » ou *lumber barons*, se nomment en Gaspésie: William Price pour la région Métis-Cap-Chat (8 155 milles carrés affermés en limites à bois en date de 1873), Édouard Vachon dont les limites s'étendent des environs de Les Méchins jusqu'à sa seigneurie de la Rivière Madeleine (859 milles carrés), Lowndes Bros. (Gaspe Steam Mill) dans la région de Gaspé (180 milles carrés), Henry King and Bros. à l'est comme à l'ouest de Matane et dans le secteur Pabos-Port-Daniel (563 milles carrés), Girouard et Beaudet dans les environs de Port-Daniel, au canton Hope et sur les rivières Cascapédia (403 milles carrés) et Louis Robitaille sur la rivière Bonaventure et ses affluents (634 milles carrés)[61].

Louis Robitaille et la compagnie Girouard et Beaudet possèdent ainsi presque toutes les limites à bois de l'agence de Bonaventure (1 038 milles carrés sur 1 053) et les compagnies Lowndes, Vachon et King détiennent 1 240 milles carrés de limites sur les 1 313 relevant de l'agence des bois de Gaspé[62]. Certains de ces barons du bois sont aussi présents ailleurs dans la

Chaland pour transporter les marchandises dans les camps de bûcherons sur la rivière Cascapédia, vers 1890. (Coll. privée)

province: Vachon et King dans la région de Rimouski, Girouard et Beaudet au Saguenay et Price est bien implanté en Mauricie, au Saguenay-Lac-Saint-Jean et dans le Bas-du-Fleuve.

Ces concessions forestières ne sont pas nécessairement situées à l'intérieur du territoire. Ainsi, vers 1875, presque toutes les limites vendues par l'agence de Gaspé se trouvent près du fleuve ou du golfe. Elles sont cependant loin d'être toutes exploitées. Pour obtenir de plus grandes concessions, des commerçants allèguent toutes sortes de raisons. Par exemple, on menace de suspendre le travail parce que l'alimentation en bois n'est pas suffisante. Les politiciens, très près des grandes compagnies forestières qui renflouent la caisse électorale, sont sensibles aux pressions. De grandes étendues de terrain sont alors acquises à bas prix sans qu'on les exploite. La maison Robitaille garde ainsi, sans les faire valoir, des centaines de milles carrés de forêts qu'elle a acquis à huit dollars le mille en 1872. Une partie de ce domaine foncier venait tout juste d'être racheté par le gouvernement à la compagnie anglaise, Gaspé Fishing and Coal Mining Co., alors en faillite. À maintes reprises, la population s'était plainte: la compagnie anglaise, en n'exploitant pas ses vastes possessions, paralysait le développement de la Baie-des-Chaleurs. Le comportement des Robitaille soulève les mêmes griefs. Témoignant devant une commission de colonisation au début de ce siècle, le député provincial de Bonaventure, John Hall Kelly, explique: « Nous avons en arrière de New-Carlisle, de Paspébiac, de New-Richmond, de Caplan, de Hopetown et d'autres paroisses, des limites à bois considérables qui sont encore vierges [...] Il y a maintenant au-delà de trente ans que monsieur Robitaille possède ces limites et malgré cela elles sont encore intactes. Ce monsieur détient ces limites dans le simple but de spéculation. Cela a pour effet de retarder de beaucoup le comté de Bonaventure. Ces limites n'étant pas exploitées, les gens ne peuvent obtenir ou se procurer de l'ouvrage ici et s'en vont ailleurs[63]. »

La grande majorité des scieries et des « moulins à bardeaux » que l'on trouve en Gaspésie dans la seconde moitié du 19e siècle sont la propriété de petites entreprises artisanales. Elles s'approvisionnent avec le bois des colons et des agriculteurs des environs et n'emploient que peu de personnes. On les retrouve principalement au bassin de Gaspé (rivières York et Dartmouth), à Port-Daniel, à Pabos, à Bonaventure, à New-Richmond, à Maria, à Carleton, à Nouvelle, à Ristigouche et sur le littoral nord, particulièrement entre Matane et Sainte-Anne-des-Monts. En 1851, on recense dans les deux comtés de Gaspé et de Bonaventure 30 scieries qui donnent du travail à une cinquantaine d'hommes. En 1870, 31 scieries et 43 moulins à bardeaux emploient 244 personnes. En 1890 enfin, on dénombre 48 scieries qui occupent 385 travailleurs et 20 moulins à bardeaux qui en occupent 31[64].

Une partie des entreprises forestières écoulent leur production sur le

Tableau 4.9. Sommes perçues par les agences gaspésiennes à titres de droits de coupe, de rentes foncières, etc., entre 1871 et 1914 (en $).

	1871-75	1876-80	1881-85	1886-90	1891-95	1896-1900	1901-05	1906-10	1911-14
Bonaventure	16 262	17 220	26 704	29 502	42 935	189 312	309 055	224 946	325 831
Gaspé	24 627	21 464	22 787	15 868	20 822	40 506	357 072	178 507	165 816
Total	*40 889*	*38 684*	*49 491*	*45 370*	*63 757*	*229 818*	*666 127*	*403 453*	*491 647*

Source: Annuaire statistique du Québec, 1915, p. 466.

marché local et régional. À la Baie-des-Chaleurs, de nouveaux moulins vont remplacer peu à peu ceux du Nouveau-Brunswick où les gens allaient s'approvisionner en bois scié. D'autres entreprises, surtout les plus importantes, exportent leurs produits, principalement en Angleterre. Ainsi, en 1857, le bois de la scierie de M. Shaw sur la rive nord du bassin de Gaspé constitue à lui seul la cargaison de sept navires en partance vers différents ports britanniques[65]. En 1866 cependant, Thomas Pye remarque que cette scierie qui employait une cinquantaine d'hommes est inactive depuis un certain temps[66]. À la Baie-des-Chaleurs, en 1860, les Montgomery de New-Richmond envoient en Angleterre cinq navires chargés de bois équarri et de madriers. Pour sa part, John Meagher de Carleton fournit en bardeaux, en lattes et en planches six bâtiments à destination de Saint-John's (Terre-Neuve) et Halifax. Une dizaine d'autres cargaisons de divers bois sont expédiés par des marchands de la côte cette année-là[67].

Environ un quart de siècle plus tard, c'est une dizaine de navires que les Montgomery chargent à destination de l'Europe, en plus de vendre beaucoup de bois sur le marché local[68]. De New-Richmond, on expédie aussi des planches de pin à Terre-Neuve et des bardeaux à Halifax. De même, une grande quantité du cèdre coupé se voit transformé en bardeaux que l'on expédie par la suite aux Antilles. Ces bardeaux, disposés en paquets de cent, mesurent chacun une vingtaine de pouces de longueur sur neuf pouces de largeur[69].

Dans le secteur de Ristigouche, l'industrie forestière est également importante. Des chantiers ouverts le long des rivières Ristigouche et Matapédia fournissent de l'emploi à plusieurs travailleurs de la région, dont les Micmacs. Le bois est amené à Campbellton et à Dalhousie pour être stocké et expédié. La compagnie Moffat, par exemple, exploite en grand les forêts des rivières Escuminac, Nouvelle et Assametquaghan durant les années 1870-1880.

L'industrie du bois de fuseau occupe pendant longtemps les scieries situées entre Matane et Mont-Louis. Elles répondent aux besoins croissants

LE BOIS DE FUSEAU

de l'industrie textile anglaise pour les bois très durs servant à la fabrication de bobines et de fuseaux. Le bouleau blanc est ainsi transformé en baguettes carrées de diverses longueurs et épaisseurs, prêtes à s'adapter aux instruments des tourneurs britanniques. Dans leur itinéraire culturel sur la Gaspésie, Pierre Rastoul et Alain Ross soulignent que les scieries gaspé-siennes produisent des quantités énormes de bois de fuseau, au point, quasiment, de vider la forêt de ses bouleaux[70].

C'est vers 1875-1877 que cette industrie prend son essor en Gaspésie et, rapidement, elle attire de nombreux pêcheurs et colons. À Matane, on ouvre une manufacture de bois de fuseau à la fin de 1877. Propriété de James Richardson, qui exploite plusieurs scieries le long de la côte, elle est transportée à l'est de Sainte-Félicité en 1882[71]. D'autres exploitants, tels James Russell, Charles Bertrand et surtout Théodore Lamontagne, possè-dent aussi de ces petites scieries dans les environs de Sainte-Félicité, Grosses-Roches, Les Méchins, Capucins, Cap-Chat, Sainte-Anne-des-Monts et La Martre[72]. En 1878, Richardson et Russell s'installent à Cap-Chat pour exporter du bois de fuseau. Ils ont obtenu à cette fin une concession forestière de 300 milles carrés dans les cantons de Cherbourg, de Dalibaire et de Romieu. Ils entreprennent par la suite, à l'intention des marchés anglais, le sciage du pin blanc et de l'épinette à Cap-Chat, aux Méchins et au Ruisseau-à-la-Loutre[73]. Dès la seconde moitié du 19e siècle, la compagnie de William Price exploite aussi des établissements dans la région Matane-Cap-Chat. Elle utilise en particulier les rivières Matane, Sainte-Anne et Cap-Chat pour « draver » son bois. Plus tard, ses activités se concentrent dans le secteur de Matane.

L'industrie forestière (bois de fuseau ou autre) contribue à l'essor de plusieurs localités sises entre Matane et Mont-Louis, de même qu'en certains autres points de la rive orientale de la côte, entre Mont-Louis et Grand-Étang. En 1875, par exemple, entre Cap-Chat et la rivière Made-leine, huit navires chargent du bois équarri et des madriers[74]. Mais là comme ailleurs, le commerce est parfois perturbé par les nombreux et dévastateurs feux de forêt. Signalons seulement celui qui fit rage en 1867 entre L'Anse-à-la-Croix, près de Sainte-Félicité, et la rivière Lapierre dans la seigneurie de Mont-Louis, soit sur une distance de 69 milles. Allumé en juin, il ne s'éteint qu'avec les pluies de l'automne, détruisant plus de 200 000 acres de boisés, de nombreuses récoltes et les foyers de plus d'une centaine de familles[75].

LA CONSTRUC-TION NAVALE

La construction de navires se poursuit en Gaspésie dans la seconde moitié du 19e siècle. Chaque année, un certain nombre de goélettes de divers tonnages sortent des quelques petits chantiers appartenant à des compa-gnies de pêche ou à des marchands de bois. Les navires de faible tonnage servent principalement au commerce des entrepreneurs de pêche et au

Construction navale à
Sainte-Anne-des-Monts
en 1927. (APC)

Calfatage d'un bateau de
pêche à Matane en 1932.
(APC)

cabotage côtier, alors qu'une partie des bricks et autres gros navires sont envoyés en Angleterre, à Jersey, en Irlande et en Écosse. Les forêts gaspésiennes fournissent la matière première nécessaire à la construction des divers vaisseaux et embarcations. Il est difficile de déterminer le nombre exact de ces petits chantiers maritimes. On peut estimer à cinq environ le nombre de ceux qui construisent des goélettes de moyen tonnage ou de haute mer et de dix à quinze le nombre de ceux, très artisanaux, qui se limitent à la fabrication de barges et de petites embarcations.

Le principal chantier appartient à la maison Robin et il est situé à Paspébiac. On y construit des vaisseaux de haute mer. En 1856, on lance le 45e bâtiment de ce type depuis que la compagnie a ouvert son chantier en 1791. L'année suivante, Pierre Fortin y voit un brick de 280 tonneaux mesurant 112 pieds de quille, 23½ pieds de bau et 13½ pieds de cale et une goélette jaugeant 116 tonneaux, les deux récemment construits[76]. Quelques années plus tard, Fortin vante la qualité des navires construits au chantier Robin et illustre son propos en prenant l'exemple du *C.R.C.*, navire que la firme jersiaise a jadis construit à Paspébiac et qui n'a jamais, en dépit de ses 45 années de service, subi de réparations majeures. Fortin attribue cette longévité à la qualité du bois de construction de la région et au soin apporté à l'ouvrage[77].

Alors que les entreprises de pêche fabriquent d'abord des navires pour leurs propres besoins, les autres constructeurs vendent une partie de leur production sur les marchés extérieurs, principalement l'Angleterre. À New-Richmond, William Cuthbert exerce ce commerce jusqu'à son décès en 1854. Pierre Fortin écrit, quelques années plus tard: « Maintenant, la rareté des bois près de la côte, mais surtout les bas prix du marché de Liverpool et des autres ports anglais où ces bâtiments étaient expédiés pour être vendus, ont arrêté en grande partie cette industrie[78]. » À ce moment-là, à New-Richmond, on ne bâtit plus que cinq ou six goélettes pour la pêche et le cabotage. Vers 1870, John Doddridge et George Caldwell sont les seuls à y fabriquer des navires. Une autre entreprise digne de mention est celle des Jersiais John et Elias Collas, armateurs de pêche de la côte de Gaspé. À leur chantier de Pointe-Saint-Pierre, ils bâtissent les navires nécessaires à leurs activités. On construit aussi des bateaux près de là, à Coin-du-Banc et plus au sud, à Cap-d'Espoir.

Au fil des ans, la construction navale périclite. Une des causes de ce déclin est le manque de dynamisme des entrepreneurs face aux concurrents, en particulier ceux de la Nouvelle-Écosse et des États-Unis. Ces derniers fabriquent des vaisseaux et des voiliers légers, mieux adaptés à la pêche sur les bancs, laquelle se développe de plus en plus. De toute façon, dans le dernier quart du 19e siècle, avec l'arrivée des bâtiments à coque de métal, les vaisseaux de bois deviennent désuets et il s'avère plus rentable pour les compagnies de pêche qui veulent rejoindre les marchés de louer des navires ou d'utiliser le chemin de fer ou les bateaux à vapeur (*steamers*). Au début du 20e siècle, les petites goélettes de bois servant au cabotage sont elles aussi, de plus en plus désuètes. Toutefois, des constructeurs artisans, tels ceux de Les Méchins, continuent de fabriquer diverses embarcations de bois: petites chaloupes et barques, barges, ainsi que des goélettes pour pêcher sur les bancs ou pour faire du cabotage. Le plus souvent, on construit les embarcations sur la plage même.

Si la construction navale périclite, l'industrie du bois de sciage ou de construction est en plein essor. À cette époque, la rareté du grand bois ailleurs au pays justifie les coûts de déplacement vers la péninsule où des quais permettent l'embarcation du bois et où l'on est à construire une voie ferrée le long de la côte. Grandes et petites scieries se multiplient donc un peu partout. Alors que le recensement décennal de 1891 signale dans les comtés de Gaspé et de Bonaventure la présence de près de 70 scieries employant plus de 400 personnes, quelque 25 ans plus tard, Alfred Pelland en recense 114[79]. En ajoutant à ce nombre celles de la région de Matane, Raoul Blanchard en arrive à un total de plus de 120 usines à débiter le bois. « Grandes et petites, ajoute-t-il, parfois actionnées par une force hydraulique, le plus souvent chauffées aux déchets de bois, ces usines à bois sont partout, coupant les billots en rondins, produisant le bois de sciage, toutes les variétés de planches et lattes, les ébauches pour fuseaux de l'industrie textile et parfois [à Matane et à Carleton] les montants de portes et fenêtres, des chassis. Le moulin [...] est devenu un des traits caractéristiques du paysage gaspésien[80]. »

Exception faite de la demande locale en produits sciés (bois de chauffage, bois pour la construction des diverses embarcations de la côte, bois pour la fabrication de tonneaux pour le poisson et de nombreuses traverses de chemin de fer), la plus grande partie du bois gaspésien continue d'être expédiée à l'état brut ou semi-fini au Nouveau-Brunswick et sur les marchés nationaux et étrangers, l'Angleterre et les États-Unis (Nouvelle-Angleterre) principalement, mais aussi l'Amérique du Sud.

Il s'exporte un grand nombre de traverses ou dormants de voie ferrée à Québec et aux États-Unis. Tout le long du chemin de fer, les gens apportent de petites quantités de ces traverses que le train charge. De même, une dizaine de négociants de Nouvelle, de Caplan, de Maria, de Bonaventure et d'ailleurs dans ce comté, chargent annuellement plusieurs dizaines de vaisseaux et fournissent la plus grande partie des dormants de cèdre achetés par des compagnies ferroviaires de la Nouvelle-Angleterre[81]. On en utilise beaucoup aussi pour la construction et la réparation de la voie ferrée reliant Matapédia et Gaspé.

Encore au début de notre siècle, une bonne partie du bois coupé à la Baie-des-Chaleurs est transformé au Nouveau-Brunswick. Il est acheminé

ESSOR DE L'INDUSTRIE FORESTIÈRE

vers la province voisine par flottage. Cependant, la traversée de la baie des Chaleurs ou de la rivière Ristigouche occasionne des pertes. Le bois est expédié principalement à l'usine de pâte de bois et à la scierie de la Bathurst Co., à Bathurst, à Dalhousie et à Atholville où de grandes scieries reçoivent le bois coupé le long des affluents de la Ristigouche et aussi une partie de celui coupé dans la vallée de la Matapédia. Cette situation favorise le développement des villes du nord du Nouveau-Brunswick et le développement de leurs infrastructures ferroviaires et portuaires. Par ailleurs, elle retarde la croissance de petits centres de transformation et d'expédition du bois sur la rive gaspésienne de la baie des Chaleurs.

De 1890 à 1910, la superficie des concessions forestières double en Gaspésie. Pour le gouvernement, les droits sur le bois, les licences de coupe forestière et la vente des terres représentent jusqu'à 20 à 30% des revenus provinciaux. En favorisant au maximum l'exploitation de la forêt, le gouvernement augmente ses revenus et il contribue à activer l'économie et à procurer plusieurs emplois temporaires et permanents. Dans les comtés de Gaspé et de Bonaventure, sur les territoires affermés aux marchands de bois, de juin 1910 à juin 1911, on coupe d'impressionnantes quantités de bois de toutes les espèces, allant du pin blanc et du pin rouge jusqu'au peuplier, en passant par le chêne, le noyer, le frêne, le cèdre, le merisier, l'érable et le tamarac[82].

En plus du bois coupé ou acheté par les détenteurs de licences, une quantité appréciable est acquise par les petits propriétaires de scieries. Ces derniers s'approvisionnent en bois coupé sur des lots patentés ou sur billet de location. Certains d'entre eux n'hésitent pas, quant ils ont besoin de s'approvisionner en essences forestières, à contourner la loi pour échapper aux contraintes qu'elle leur impose. C'est ainsi qu'ils alimentent leurs usines avec du bois coupé illégalement sur des lots vendus à des fins agricoles. Les grands détenteurs de limites à bois font alors la guerre à ces petits entrepreneurs qui souvent ne se gênent pas pour empiéter sur leurs territoires. Ces petits commerçants ne faisant pas de rapports, le gouvernement peut difficilement contrôler leur exploitation: «C'est dire, argumente un fonctionnaire de l'époque, que les terres vendues et patentées pour la culture servent à l'exploitation forestière sous le couvert de la colonisation et sans que le trésor en retire le revenu normal[83].» Il faut ajouter que les grands exploitants se permettent les mêmes irrégularités.

Le gouvernement a beaucoup de difficultés à percevoir correctement et entièrement les droits qui lui reviennent annuellement pour la coupe du bois. Il perd des sommes particulièrement importantes dans les agences de Bonaventure et de la vallée de la Matapédia. Devant la Commission de colonisation de 1904, on fait état de ce problème: «Dans le comté de Bonaventure, il a été fait sur des lots de colons plus de 100 000 billots toisant environ 7 500 000 pieds de bois converti en sciages et en bardeaux, au-delà

Draveurs sur la rivière Nouvelle vers 1910. (MRG)

de 200 000 dormants de chemin de fer, du cèdre carré ainsi que beaucoup de poteaux de télégraphe et de téléphone. Seulement des cantons de Cox et Hamilton, le chemin de fer de la Baie des Chaleurs a transporté 159 chars, ou 47 700 dormants. Il en est parti plus par la navigation, d'après les renseignements qui nous ont été fournis. Et les colons n'ont pas été obérés par le paiement des droits de coupe, puisque l'agent des terres n'a fait rapport que de 20 000 dormants pour toute l'étendue de son agence[84]. »

Sensibles aux pressions des uns et des autres, les gardes forestiers et les agents perçoivent de façon arbitraire les droits de coupe. D'autre part, ils disposent de moyens limités et peuvent difficilement empêcher la violation des lois. Un enquêteur en rend compte dans une lettre: « Le fait que les limites qui couvrent toute cette agence [Bonaventure] ne sont pas exploitées si ce n'est irrégulièrement ou illicitement, rend la perception des droits de coupe très difficile, tant sur le bois sortant des limites que sur celui coupé en contravention[85]. » Il est donc difficile d'établir des statistiques valables sur le volume de coupe du bois. Petits et grands entrepreneurs s'alimentent de façons bien diverses: à même les limites forestières, sur les terres patentées ou non de colons et de cultivateurs, sur les lots extraits des limites pour fin de colonisation, etc. Dans son ensemble, cette exploitation est arbitraire: concessions et limites non exploitées dans un secteur, coupe annuelle trop considérable dans un autre, infrastructure de transport déficiente, etc.

Mais travailler dans l'industrie forestière devient de moins en moins une activité passagère. Ainsi, comme l'écrit Blanchard: « Les moulins actionnés par l'eau ne peuvent marcher qu'en été; pour les autres, l'approvisionnement en billots, effectué par le flottage du début du printemps, ne suffit généralement que pour six mois. Enfin la raison principale de cet arrêt d'hiver, c'est qu'à cette saison la main-d'oeuvre disponible est aux chantiers. Les moulins ont été ainsi dès l'origine une industrie complémentaire de l'abattage hivernal du bois, utilisant comme travailleurs les gens libérés au printemps, après la ''drave'' des billots[86]. » Alors qu'auparavant l'industrie forestière exigeait peu de bras et s'alimentait pendant une partie de l'année du travail d'agriculteurs et de pêcheurs en quête d'un revenu d'appoint, de plus en plus, voit-on apparaître un nouveau genre de travailleurs tirant l'essentiel de leurs revenus du travail de chantier, de la drave et de l'usine.

LE CHANTIER EN FORÊT   Les chantiers forestiers sont les centres d'abattage du bois qui alimente les scieries et les usines de pâtes de bois à l'embouchure des rivières. En Gaspésie, jusqu'à la fin du 19e siècle, ils sont peu nombreux. Ainsi, un grand nombre de personnes sans travail, particulièreent des jeunes, doivent s'exiler l'hiver dans des chantiers situés souvent très loin de la péninsule. À une certaine époque, les Gaspésiens sont si nombreux sur les chantiers de

l'Outaouais et d'ailleurs au Québec qu'on les enregistre dans une catégorie spéciale. En Gaspésie comme à l'extérieur, les chantiers sont ordinairement situés sur les concessions des « *lumber barons* ». Le travail y commence tôt l'automne pour se poursuivre jusqu'au mois de mars environ. On y coupe principalement du bois de sciage. Le printemps venu, des travailleurs restent pour la période de la drave.

À l'automne, plusieurs catégories de travailleurs se rendent au chantier: colons des environs, agriculteurs ayant fait leurs récoltes à la hâte, pêcheurs qui, comme les cultivateurs, se cherchent un revenu d'appoint, journaliers, et jeunes gens qui doivent aider à la subsistance de leur famille. Se rendre dans un chantier dès l'adolescence est alors monnaie courante. La plupart du temps, on passe l'hiver au « campe » sans descendre chez soi. De toute façon, la communication entre le chantier et les habitations des

« Quand les "bûcheux" ont terminé l'abattage du bois, en janvier ou février, ils font eux-mêmes le charroi des billots jusqu'au cours d'eau. » (Photo: Charles Bernard)

Tableau 4.10. Superficie en milles carrés des terrains affermés pour la coupe de bois dans les comtés de Gaspé et de Bonaventure, 1872-1911.

Année	Bonaventure	Gaspé	Total
1872	1 313	1 313	2 626
1890	1 631	1 369	3 000
1903	2 210	1 981	4 191
1911	3 294*	3 073	6 367

* Comprend l'agence de Saint-Laurent de Matapédia.
Source: divers documents de Session (Q), 1874-1875, 1890, 1903, 1911.

premières concessions est assez difficile.

En général, ce sont des entrepreneurs (*jobbers*) qui font l'exploitation des chantiers des grandes entreprises forestières. D'ordinaire, de vingt à quarante hommes accompagnent le «*jobber*». Le «campe», sorte de longue maison en bois rond en bordure d'un ruisseau, forme le cadre de vie du travailleur forestier. Les lits et le poêle central composent l'essentiel du décor. Quelques autres bâtisses, cuisines, écuries, entrepôts, entourent parfois le «campe». Dans les plus petits chantiers, la cuisine et les lits sont dans la même bâtisse.

Les différents travailleurs des chantiers ont des responsabilités précises. Au sommet de la hiérarchie, se trouve le contremaître qui gère le campement et le travail des forestiers. Homme d'expérience, il est respecté de tous. Il y a ensuite le cuisinier ou «*cook*», qui joue aussi le rôle de bras droit du contremaître. Viennent ensuite les diverses catégories de forestiers. Les bûcherons ou «bûcheux» sont les plus nombreux. Ils abattent et ébranchent les arbres en forêt. La hache et surtout la scie manuelle (*buck saw*) sont leurs outils de travail. Quand les «bûcheux» ont terminé l'abattage du bois, en janvier ou février, ils font eux-mêmes le charroi des billots jusqu'au cours d'eau. Certains chantiers, plus gros ou plus éloignés des rivières, embauchent des charretiers; ces derniers transportent le bois sur des traîneaux tirés par des chevaux jusqu'à l'affluent qui permettra d'en faire la drave. En Gaspésie, les arbres étant ordinairement coupés le long des rivières, le charroi est assez limité. L'épinette, par exemple, est tellement près des cours d'eau que plusieurs entrepreneurs y font jeter le bois «à bras[87]».

Les forestiers travaillent à gages ou à forfait. Les employés à gages sont nourris et logés; ceux à forfait paient une pension. Leurs salaires sont peu élevés; de $5 à $10 par mois au 19e siècle, ils passent à environ $25 vers 1900. Le lard, la soupe aux pois, les «*beans*» ou fèves au lard, la mélasse, les pommes de terre constituent l'essentiel du menu quotidien. Le soir, après une journée de travail d'une dizaine d'heures, quand on a soupé et remis les outils en bon état, on se divertit de différentes façons; on se raconte des histoires, on joue aux cartes, on fait de la musique, ou encore on se livre à des tours de force.

Lors de la crue printannière, vers la fin d'avril, les arbres débités en billots sont expédiés par flottage vers les scieries sur le bord de la mer ou encore ils sont tirés vers les rives du Nouveau-Brunswick. Des draveurs manoeuvrent les billots avec de grandes perches lors de la descente du bois. La Gaspésie dispose de nombreuses rivières où la « pitoune » peut flotter et descendre facilement. Ainsi, peut-on lire dans un rapport gouvernemental: « Les rivières de Gaspé, en y comprenant celle de Ristigouche et ses affluents, sont remarquables par leur grand volume d'eau [...] [Les cours d'eau] qui se jettent dans le Saint-Laurent coulent en cascades lorsqu'ils se rapprochent du fleuve [...] Au contraire, les rivières qui roulent leurs eaux dans la Baie-des-Chaleurs, ayant leurs sources dans la vallée intérieure, sont remarquables par l'uniformité de leur course, bien qu'elles aient en général un courant rapide. Aussi, à moins qu'elles ne soient obstruées par des digues, n'est-il pas difficile de remonter la plupart d'entre elles dans de légères embarcations jusqu'à leurs sources [...] On peut remonter de cette manière, jusqu'à une hauteur de soixante milles, la Cascapédia, la Matapédia et la Bonaventure[88]. »

À certains endroits, on ne met pas d'estacades (*booms*) à l'embouchure des rivières; des hommes guettent l'arrivée du bois et le chargent immédiatement sur des radeaux que des bateaux tirent jusqu'à l'usine: c'est là qu'il est traité pour l'expédition. L'opération de la drave se terminant vers la fin du mois de mai, c'est alors le temps de retourner bêcher la terre ou d'étendre les filets de pêche. Comme l'écrivait le géographe Raoul Blanchard, « ainsi la saison stérile se trouve fécondée par un travail nouveau[89]. »

GRANDS ET PETITS EXPLOITANTS

En commençant par l'ouest de la Baie-des-Chaleurs et en procédant par secteurs, voyons la situation de l'industrie forestière entre 1890 et 1920. Sur les rives de la rivière Ristigouche, dans la zone située entre les villes forestières du Nouveau-Brunswick (Campbellton et Dalhousie) et la vallée de la Matapédia, cette industrie est prospère. D'abord exploité en bonne partie par de petites compagnies, le secteur accueille au début du 20e siècle des entreprises de plus grande envergure: la Dalhousie Lumber Company, qui exploite les forêts de la rivière Matapédia, la Chaleurs Bay Mills de Portland, la Danagher & Malendy Company sur les rivières Nouvelle et Mann, la William K. McKean près d'Escuminac, Nouvelle et Carleton[90].

Campbellton et Dalhousie sont les grands centres de convergence de l'industrie forestière de cette région. Le bois descend des affluents de l'arrière-pays (Patapédia, Ferguson, Du Moulin) par la rivière Ristigouche, est retenu par des barrages flottants pour être ensuite amené par radeaux au Nouveau-Brunswick. En 1902, la Chaleurs Bay Mills met en fonction une importante scierie à Ristigouche, en face de Campbellton. Jusqu'en 1939, des navires étrangers viendront au quai de l'endroit prendre des chargements de bois pour faire de la pulpe. Les Micmacs auraient cédé une partie de leur réserve à cette compagnie pour sa scierie[91]. L'entreprise emploie 300 ouvriers en 1907. La compagnie W.K. McKean, quant à elle, donne du travail à une soixantaine de personnes[92].

Dans le secteur central de la Baie-des-Chaleurs, c'est New-Richmond qui demeure le pivot de l'industrie forestière. Au début du siècle, on y retrouve les plus grandes scieries du comté de Bonaventure, exploitées par la New Richmond Lumber Company, qui charge de quinze à vingt voiliers par an[93]. Depuis 1872, les limites des deux rivières Cascapédia appartenaient surtout à la firme Girouard et Beaudet qui les exploitait peu. Elles sont ensuite acquises par la New Richmond Lumber Co. L'entreprise possède ainsi en 1910 quelque 315 milles carrés de limites sur ces rivières. La famille Montgomery, sous la raison sociale The Montgomery & Sons Co. Ltd, est encore présente à New-Richmond. Ajoutons enfin que Maria est un autre endroit où on fait le commerce du bois.

Plus loin, dans les cantons de Hamilton, de Cox et de Hope, l'exploitation de la forêt a longtemps été gênée par la non-utilisation que les Robitaille faisaient de leurs concessions (310 milles carrés non exploités en 1890)[94]. Au début du 20e siècle, le sénateur William C. Edwards achète 659 milles carrés de limites sur les rivières Cascapédia. En 1907, il fait l'acquisition de 558 autres milles carrés de forêt à même les anciennes concessions de Robitaille[95]. Son entreprise, la Cascapedia Manufacturing & Trading Company, emploie environ 150 ouvriers. Sa plus grande scierie est à Bonaventure. C'est la même usine actionnée à la vapeur et éclairée à l'électricité qu'Eugène Rouillard décrit en 1903 comme appartenant à la firme Leblanc et Cie mais qui, en fait, est la propriété d'Edwards. Ce moulin emploie une centaine de personnes[96].

À l'est de la Baie-des-Chaleurs, vers la fin du 19e siècle, la compagnie King Bros. est le principal exploitant. Ses concessions couvrent 547 milles carrés dans le canton de Hope et sur les rivières Port-Daniel, Newport et Grand Pabos[97]. Vers 1905-1907, la firme change sa raison sociale et devient la Grand Pabos Lumber Company. Un peu plus tard, trois financiers de Philadelphie, fondateurs de la St. Lawrence Pulp and Lumber Corporation, achètent les limites de la Grand Pabos Lumber Company et décident de construire une scierie et une usine de pâte de bois près de l'embouchure de la rivière Grand Pabos où un barachois permet de stocker les billots descendant le cours d'eau.

En 1913, on commence la construction de l'usine. Plus de 200 travailleurs italiens participent aux travaux de cimentation[98]. La compagnie bâtit aussi 200 maisons pour les travailleurs[99]. En 1915, la grande usine de

« Edwards dirige son plus grand moulin à Bonaventure. » (Coll. privée)

Ristigouche, 1916. « En 1902, la "Chaleur Bay Mills" met en fonction une importante scierie à Ristigouche, en face de Campbellton. Jusqu'en 1939, des navires étrangers viendront au quai de l'endroit prendre des chargements de bois pour faire de la pulpe. » (APC)

De 1907 à 1931, la Calhoun Lumber Company et la Shepard and Morse Lumbering Co. possèdent une scierie à L'Anse-aux-Cousins, près de Gaspé. En 1907, on y employait 225 ouvriers. (ACN)

Groupe d'ouvriers travaillant à la pulperie de Madeleine. (MRG)

pâte de bois commence à fonctionner et de nombreux agriculteurs et pêcheurs d'un peu partout en Gaspésie se fixent autour des installations de la compagnie. Un village de plusieurs centaines de personnes naît de ce rassemblement et on lui donne le nom du premier président de la compagnie, Percy Milton Chandler. Comme l'indique le géographe Jean Audet, d'une part on assiste au remplacement de l'activité dominante qu'était la pêche et, d'autre part, le regroupement de la population autour de l'usine a pour effet de transformer graduellement l'habitat rural en un habitat de type urbain, fait nouveau en Gaspésie[100]. La construction de ce complexe forestier a aussi une incidence sur les villages voisins qui y expédient beaucoup de bois par le chemin de fer.

Dans la région de Gaspé, les principaux exploitants sont, vers 1900, la Calhoun Lumber Company du Nouveau-Brunswick (225 ouvriers en 1907), The Gaspe Lumber Company, et la York Lumber Company de Montréal (150 ouvriers en 1907). Ils oeuvrent sur les rivières York, Dartmouth et Saint-Jean[101]. Lorsque la York Lumber Co. construit son usine de Sandy-Beach, le pasteur anglican y voit un remède à l'émigration des jeunes[102]. Vers 1905, la firme John Breakey achète 450 milles carrés de forêt sur la rivière York. Au même moment, mais plus au sud, la Sherbrooke Lumber Company (150 ouvriers en 1907) s'active sur la rivière Malbaie et dans le canton de Fortin.

Sur le littoral nord de la péninsule, vers 1890, c'est Édouard Vachon qui est le principal baron du bois. Il possède 554 milles carrés de concessions forestières entre Cap-Chat et la rivière Madeleine. En 1875, par exemple, sa firme employait quelque 300 hommes à ce dernier endroit[103]. Vers 1900, Charles W. Mullen, de Bangor au Maine, achète ces limites. Une autre firme, la Dominion Lumber Company, obtient entre 1900 et 1906 de grandes étendues de boisés à Grande-Vallée et dans le secteur Marsoui-Cap-Chat. Elle emploie 600 personnes en 1907. La compagnie anglaise construit à sa seigneurie de Grande-Vallée, à l'embouchure de la rivière, d'importantes scieries qui fermeront pourtant leurs portes en 1908.

Une tentative d'exploitation de pâte à papier a également lieu dans ce secteur. C'est la Great Eastern Paper Company, propriété de Charles W. Mullen, qui en est le promoteur. La construction de l'usine de pâte de bois commence en 1917 et le premier papier en sort en janvier 1921. Le complexe est situé en bordure de la rivière Madeleine, à quelques milles de son embouchure. Ce cours d'eau, fort de plusieurs cascades, renferme suffisamment d'énergie hydraulique pour une entreprise de ce genre. D'ailleurs, un barrage et une centrale électrique sont construits en même temps que l'usine. Pourtant, un problème majeur reste à résoudre. En effet, le seigneur de Rivière Madeleine n'ayant pas accordé à la compagnie un droit de passage sur la rivière à saumon, l'entreprise américaine doit construire un petit chemin de fer d'environ six milles pour contourner la seigneurie et relier la mer à l'usine, qui emploie alors plusieurs centaines de personnes. Après diverses péripéties, dont l'incendie de la chambre des presses et d'une petite partie de l'usine, et des accidents rocambolesques impliquant le chemin de fer construit à flanc de montagne, la compagnie fait faillite en 1923, ne pouvant surmonter les difficiles conditions d'exploitation. On commence à peine à ce moment-là à fabriquer de la pâte mécanique[104].

Plus à l'ouest, on poursuit encore vers 1900 la coupe du bouleau pour le bois de fuseau et des conifères pour l'industrie du sciage. Sainte-Anne-des-Monts devient un centre forestier important. La Dominion Lumber Company y bâtit une grande scierie après 1905. À Cap-Chat, plusieurs usines préparent aussi à un rythme soutenu le bois de fuseau et le bois de construction. Ces scieries utilisent l'énergie hydraulique. La plus importante d'entre elles appartient à James Richardson. Dans les cantons de Romieu, de Cherbourg et de Dalibaire, d'autres entreprises, dont plusieurs sont gérées par Richardson, font aussi l'exploitation du bois de sciage, du bois de fuseau et du bardeau.

Dans le secteur de Matane, les Price sont solidement implantés. Depuis 1890, ils possèdent les limites forestières de la rivière du même nom[105]. Sept ans plus tard, ils commencent à gérer dans le village de Matane une grande scierie de 250 pieds de long et de 75 de large actionnée par la vapeur et réservée au sciage du sapin et de l'épinette[106]. À l'est des limites de la Price, la Matane Lumber & Development Company, filiale de la Canada & Gulf Terminal Railway, qui possède le chemin de fer reliant Mont-Joli à Matane, exploite depuis 1918 les concessions forestières qu'elle a obtenues pour la construction de la voie ferroviaire. Elle construit diverses installations, notamment au Grand-Détour, à quelques milles de l'embouchure de la rivière Matane[107]. En 1920, la Matane Lumber & Development Co. est achetée par une entreprise américaine, la Hammermill Paper. Enfin, à Saint-Ulric, à l'ouest de Matane, la maison J. Roy possède d'importantes scieries vers 1904.

Ainsi, l'industrie forestière, plus que l'agriculture encore, contribue à diversifier la structure économique de la péninsule gaspésienne. C'est à la fin du 19e siècle que cette industrie prend son véritable essor. Dès lors, chantiers et scieries se multiplient. Les concessions forestières s'agrandissent tout en demeurant entre les mains d'un nombre limité de grandes entreprises. La production se diversifie, mais la coupe du bois de sciage demeure prédominante. Vers 1920, l'industrie forestière est devenue, face à des pêcheries en difficulté et à une agriculture peu rentable, le moteur le plus dynamique de l'économie gaspésienne. De plus, elle contribue largement à meubler ce temps d'inactivité que représentait pour le péninsulaire l'interminable hiver gaspésien.

11

Les activités maritimes

Dans la deuxième moitié du 19e siècle, sur une grande partie des côtes gaspésiennes, les habitants du cordon littoral attendent encore avec impatience le printemps pour s'adonner à la traditionnelle pêche à la morue. En 1864, Pierre Fortin, du Service canadien de protection des pêcheries, estime que l'industrie morutière gaspésienne, alors à son apogée, emploie près de 4 000 pêcheurs (sans compter les femmes et les enfants qui travaillent sur le rivage à la préparation du poisson) et mobilise une centaine de navires montés par 800 à 900 marins. Fortin évalue alors le capital investi à plusieurs millions de dollars[1]. Mais, à partir de la décennie 1880, l'industrie de la morue séchée éprouve des difficultés qui feront remettre en question le système traditionnel d'exploitation des pêches en vigueur depuis l'époque lointaine de Charles Robin.

L'apogée de l'industrie de la morue séchée

LA PRÉDO-MINANCE DES MARCHANDS JERSIAIS

Le système d'exploitation commerciale établi par les firmes jersiaises, en particulier la Charles Robin Company, domine encore l'organisation de l'industrie morutière en Gaspésie après 1850. La concurrence est cependant plus forte que cinquante ans plus tôt; les firmes Robin et Janvrin occupaient alors une situation privilégiée dans le commerce international de la morue gaspésienne. Vers 1833, John LeBoutillier, ancien commis des Robin, se lançait dans le commerce de la morue séchée, s'installant à Percé, à côté de son ancien employeur. Bientôt, d'autres compétiteurs lui emboîtent le pas, développant de préférence de nouvelles zones de pêche, en particulier au nord de la baie de Gaspé et sur la côte nord du golfe Saint-Laurent. Quelques entrepreneurs canadiens-français tentent aussi de se faire une place dans ce secteur d'activité alors à peu près monopolisé par des firmes étrangères. Dans son rapport de 1872, le commandant Napoléon Lavoie, du Service des pêcheries, note que les principaux établissements de pêche dans la division de Gaspé appartiennent aux firmes jersiaises Robin, Fruing, Collas, LeBoutillier Brothers, Charles LeBoutillier (successeur de John) et Fauvel ainsi qu'aux Canadiens Michel Lespérance et Théodore Lamontagne[2].

La Charles Robin Company possède les intérêts les plus considérables en Gaspésie. Au Canada, son quartier général et son principal port d'expédition est toujours Paspébiac. La société jersiaise continue de faire affaire

Les établissements
Charles Robin Company
à Paspébiac, d'après un
dessin de W. Goode.
Photo tirée de: *The
Canadian Magazine*,
février 1901.

avec un plus grand nombre de pêcheurs que ses concurrents. Sa grande zone d'exploitation se situe entre Bonaventure et Percé. Ses principaux établissements se trouvent à Percé, à Paspébiac, à Grande-Rivière et à Newport. Au début des années 1870, s'ajoutent au moins deux établissements, à Cape-Cove et à L'Anse-à-Beaufils[3]. La compagnie est aussi présente au Nouveau-Brunswick, à l'Ile-du-Cap-Breton et sur la côte nord du golfe Saint-Laurent. En fait, c'est la plus grande firme exportatrice de poisson de l'Est canadien. En 1857, elle exporte à elle seule plus de 30 000 quintaux de morue sans compter les autres poissons et l'huile[4]. Cette même année, ses profits sont évalués à $200 000, alors que ceux de son plus proche concurrent, la LeBoutillier Brothers, totalisent quelque $150 000[5]. Ses principaux marchés sont les pays méditerranéens, le Brésil et les Antilles. Pierre Fortin écrit en 1862 que cette compagnie emploie dans ses divers établissements de pêche à la morue environ 750 personnes, alors que la LeBoutillier Brothers en engage environ 580[6].

La firme LeBoutillier Brothers vient au deuxième rang des entreprises

jersiaises établies en Gaspésie. Fondée par David, Amy et Edward LeBoutillier en 1838, elle est en pleine expansion jusque vers 1870. Dès le départ,
elle a, elle aussi, établi son quartier général à Paspébiac. Par la suite, en
1845, elle achète de John Godfrey un établissement à l'île Bonaventure; en
1865, on y retrouve 120 employés et 38 barges[7]. Première firme gaspésienne
à s'être installée sur la côte nord du Saint-Laurent, à l'île au Bois plus
précisément, elle fait affaire aussi au Nouveau-Brunswick. Vers 1872, elle
emploie dans la péninsule à peu près la moitié moins de monde que la
compagnie Robin.

Au troisième rang se trouve la firme marchande William Fruing &
Company. Commis, puis agent-chef de la compagnie Robin en terre
gaspésienne, Fruing ouvrait vers 1830 quelques établissements au
Nouveau-Brunswick, dans la région de Shippagan, à l'entrée sud de la baie
des Chaleurs. Plus tard, il élargit son champ d'action en Gaspésie, faisant
de Grande-Grave le centre de ses opérations. À la suite d'une crise financière, la compagnie est reconstituée en mai 1861 par l'apport de fonds
londoniens[8]. Elle fait affaire surtout avec les pêcheurs de ce nouveau
secteur de pêche qu'est devenu le littoral nord gaspésien. Elle est ainsi
présente à L'Anse-au-Griffon, à Rivière-au-Renard, à L'Échouerie, à Cloridorme, à Grande-Vallée, à Rivière-Madeleine et à Mont-Louis. Elle
envoie même ses pêcheurs jusqu'à l'île d'Anticosti. La compagnie possède
également des entrepôts au port de Gaspé, du côté sud du bassin. À l'été
1861, Pierre Fortin, de passage dans la baie de Gaspé, remarque que la
compagnie Fruing fait sécher 18 000 quintaux de morue, qu'elle destine
aux marchés méditerranéens de Cadix, de Naples et de Civitavecchia[9]. Ses
goélettes font aussi la navette entre la baie de Gaspé et Québec. Vers 1900,
elle contrôle une bonne partie du commerce de la rive nord de la péninsule,
particulièrement à l'est de Mont-Louis.

La société Hyman est fondée dans les années 1840. En fait, c'est en 1845
que William Hyman, marchand d'origine juive, achète son premier établissement à Grande-Grave, à côté de celui de Janvrin. Contrairement aux
compagnies de Jersey qui délèguent des agents à Gaspé, il dirige lui-même
ses affaires sur place[10]. Il a adopté lui aussi le fameux système d'avances et
de crédit des Jersiais; il dépend de ces derniers pour le financement de ses
cargaisons, pour son approvisionnement en marchandises et pour la vente
de son poisson. Comme Fruing, il fait surtout affaire avec les pêcheurs qui
s'établissent de plus en plus nombreux sur le littoral nord gaspésien. À sa
mort en 1882, il lègue à ses héritiers deux établissements de pêche à
Grande-Grave, un à Cap-des-Rosiers, deux à Rivière-au-Renard, un au
Cap-à-l'Ours, un quai, des entrepôts et un magasin à Gaspé, un hôtel et
plusieurs propriétés[11]. Les fils de Hyman installent d'autres établissements
de pêche ou des magasins le long du littoral nord de la péninsule, soit à
Petit-Cap, à L'Échouerie, à Saint-Yvon, à Cloridorme, à Grande-Vallée et

La Charles Robin Company est aussi présente à Grande-Rivière. (Société d'Hist. rég. du Bas-Saint-Laurent)

La LeBoutillier Brothers s'installe à l'île Bonaventure en 1845. (Min. du Loisir, de la Chasse et de la Pêche)

à Rivière-Madeleine[12]. Les Hyman écoulent leur production dans les pays méditerranéens, en Amérique du Sud et à Halifax. En 1919, ils achètent de la famille Davidson les trois mines de plomb d'Anse-Saint-Georges, de Indian-Cove et de Little-Gaspé au nord de la baie de Gaspé. Ils les exploitent pendant une dizaine d'années[13].

Une autre firme à signaler est celle de John LeBoutillier, ce Jersiais qui avait quitté Robin vers 1830 pour s'associer à un marchand de Québec, François Buteau. Seigneur de Sainte-Anne-des-Monts, où il possède un établissement de pêche, sa compagnie, la John LeBoutillier & Co., est aussi présente à Percé, à L'Anse-au-Griffon et à Mont-Louis. La compagnie maintient plusieurs entrepôts au port de Gaspé, du côté sud du bassin. À sa mort en 1872, John LeBoutillier cède ses divers établissements à ses enfants. Ceux de Gaspé et de L'Anse-au-Griffon vont à Charles et Éliza et ceux de Mont-Louis et de Sainte-Anne-des-Monts à Horatio[14]. Un autre fils, Philip, hérite des installations de Percé.

John et Elias Collas sont aussi d'anciens employés de la firme Robin avant d'acheter un établissement à Pointe-Saint-Pierre. En 1856, ils y emploient 20 embarcations et 30 hommes[15]. Vers 1866, ils possèdent un second établissement à Malbaie, un troisième à Sheldrake sur la côte nord du Saint-Laurent et un entrepôt au bassin de Gaspé. Leur compagnie devient alors de plus en plus importante. En 1891, ils s'associent à la firme Robin. Un autre ancien commis des Robin, John Fauvel, s'établit à Pointe-Saint-Pierre en 1854 après avoir acheté l'établissement du Jersiais Abraham De Gruchy[16]. Deux ans plus tard, il n'y emploie encore que six barges et douze hommes[17]. Il possède aussi un établissement à Malbaie, acheté de Janvrin. Autres noms à signaler: ceux des Jersiais Edward et Elias De La Parelle (De La Perelle), également anciens employés de la compagnie Robin. Établis à Cape-Cove depuis 1857, ils s'installent l'année suivante à Petit-Natashquan sur la Côte-Nord. On peut encore citer d'autres noms: Savage et LeGros, Valpy et LeBas, Biard, Baker, Hamond, LeMarquand, Alexander, LeGresley, LeCouteur et Lindsay. Entre 1855 et 1870, à la faveur d'une conjoncture favorable, de l'ouverture au peuplement de la côte nord du Saint-Laurent, de l'abolition des frais de douane au port de Gaspé entre 1861 et 1866, apparaissent de nombreux petits entrepreneurs indépendants. Dans les années 1860, ils sont plus d'une trentaine en Gaspésie. Installés la plupart du temps en un seul endroit, où ils possèdent un entrepôt, ils s'efforcent de trouver des pêcheurs-clients à qui acheter leurs prises. Mais ils sont contraints, la plupart du temps, de commercer avec les moins productifs, les autres faisant affaire avec les grandes firmes exportatrices. Ces petits marchands vendent leur poisson soit à ces dernières, soit sur le marché canadien, où les prix sont peu élevés. Au fil des ans, la plupart de leurs entreprises disparaissent d'elles-mêmes ou sont absorbées par les firmes marchandes plus importantes.

Deux entreprises canadiennes-françaises attirent notre attention. La première est celle de Michel Lespérance, qui acquiert au milieu du 19e siècle la seigneurie de L'Anse-à-l'Étang, à l'est de Cloridorme. Au printemps, ce marchand de Saint-Thomas de Montmagny descend avec ses engagés pour faire la pêche le long des côtes montagneuses de sa seigneurie et des environs. Il s'installe aussi sur la côte nord du Saint-Laurent, plus précisément à la rivière au Bouleau, à 30 milles à l'est de la rivière Moisie. En 1857, il emploie dix-huit embarcations de pêche et 40 hommes à Grand-Étang. L'année précédente, il a exporté sur les marchés d'Espagne et d'Italie plus de 3 000 quintaux de morue sèche[18]. En 1868, ce sont environ

80 hommes qui travaillent pour lui à Grand-Étang[19]. Plus à l'ouest, dans le secteur de Sainte-Anne-des-Monts, un autre entrepreneur canadien, Théodore Lamontagne, fait aussi le commerce de la morue dans le troisième quart du 19e siècle.

Les entreprises jersiaises règnent donc encore dans le commerce de la morue séchée en Gaspésie. Il en est ainsi jusqu'à l'aube de notre siècle. Elles possèdent les plus gros établissements de pêche et demeurent les principaux acheteurs de la production des pêcheurs indépendants. L'organisation traditionnelle du travail qui a fait leurs beaux jours se perpétue aussi, mais avec de plus en plus de difficultés.

Si l'on en croit de nombreux observateurs du 19e siècle, les compagnies de commerce de Jersey ont été les principales responsables de la pauvreté de la population gaspésienne, endettée et exploitée à l'intérieur d'un système permettant peu d'échappatoires. D'autres ont vu en elles les instruments qui ont permis la sédentarisation des individus et le développement général des pêcheries sur tout le contour du littoral, en assurant durant tout le siècle du travail à une population de plus en plus nombreuse. Quoiqu'il en soit des diverses interprétations émotives, il n'en demeure pas moins qu'encore après 1850, ce sont les grandes firmes marchandes venues de Jersey qui dirigent et orientent l'industrie de la pêche morutière en Gaspésie, et ce, bien sûr, dans leurs meilleurs intérêts.

Dans la seconde moitié du 19e siècle, les critiques sur l'organisation du travail et sur le type de rapports que ces compagnies maintiennent avec les pêcheurs se font de plus en plus nombreuses. Elles sont canalisées par plusieurs membres des élites religieuses, administratives, politiques et professionnelles. Le désir d'arracher le pêcheur à sa condition misérable entraîne, vers la fin du 19e siècle, une lutte d'influence entre l'élite marchande et une partie de l'élite institutionnelle. Cette dernière, sensibilisée aux idées agriculturistes si prédominantes au Canada français, incite de plus en plus le pêcheur à troquer la ligne à main contre la charrue, à quitter la pêche pour une activité plus rentable. Certains ne ménagent pas leurs mots pour dénoncer le pouvoir économique des compagnies de pêche sur la population riveraine. Ainsi en est-il d'Auguste Béchard qui, en termes virulents, trace un portrait peu flatteur de ceux qui lui ont causé tant de problèmes alors qu'il était inspecteur d'écoles dans le comté de Gaspé: « Malheureusement, dit-il, cette maison [Robin] a trouvé des imitateurs chez d'autres marchands, race de vampires sans entrailles et sans caractère moral. Ce sont eux et eux seuls qui ont sucé les sueurs et le sang des pêcheurs gaspésiens, qui les ont tenus dans la misère, loin des écoles, de l'agriculture et de toute idée de progrès. C'est donc sur eux, sur ces sangsues des pêcheurs, que doit retomber de tout son poids le reproche que l'on peut

L'ORGANISATION TRADITIONNELLE DE LA PÊCHE

faire en voyant l'apathie, l'engourdissement, le sommeil de cette brave population. Ces marchands engraissés ayant recueilli le profit matériel de leur commerce infâme, il n'est que juste qu'ils en recueillent aussi toute la honte et toute la malédiction[20]! »

La situation matérielle du pêcheur a peu évolué tout au long du 19e siècle. Les concurrents sont plus nombreux, certes, mais ils agissent généralement de la même façon. Toutefois, pendant un certain temps, la concurrence permet aux pêcheurs d'obtenir plus facilement du crédit. En effet, les compagnies, pour s'attirer une nouvelle clientèle ou pour conserver celle qu'elles ont déjà, augmentent leurs marges de crédit aux pêcheurs, surtout ceux qui sont jugés les plus productifs ou les plus solvables. Cette politique leur occasionne bientôt des problèmes de recouvrement de dettes, particulièrement à la suite de plusieurs mauvaises saisons de pêche successives. C'est pourquoi, dès la fin des années 1860, les compagnies exportatrices de poisson commencent à restreindre les avances et le crédit; pour un peu, les fervents de l'agriculture se prennent à rêver: « ... dorénavant, nos pêcheurs auront à régler leurs dépenses sur leur gagne. Ils ne s'endetteront plus; ils cultiveront davantage, pêcheront peut-être moins; mais, en somme, vivront mieux que par le passé et pourront, tous les ans, payer quelque chose sur les anciennes dettes...[21] » En fait, les compagnies ne consentent plus d'avances sur une longue période de temps aux pêcheurs les moins productifs. On ferme leurs comptes à la fin de la saison pour les réouvrir l'année suivante.

Les marchands d'origine jersiaise maintiennent leur monopole quasi exclusif dans la fixation des prix et des conditions d'achat du poisson. Si la réussite d'une saison de pêche dépend du climat, de la migration de la morue ou de l'abondance de la boëtte (appâts), la rémunération et les conditions matérielles du pêcheur dépendent, quant à elles, des prix que les marchands fixent annuellement pour l'achat de leur poisson et pour la location ou la vente de l'équipement de pêche. Vers 1867, le prix d'achat de la morue s'établit à $3,60 le quintal. Les taux varient d'une année à l'autre et sont laissés à la discrétion des marchands. Ainsi, au cours de la saison de pêche de 1873, les morutiers de Pointe-Saint-Pierre à Percé, déjà éprouvés par les pertes que leur a occasionnées une tempête au mois d'août, subissent une augmentation sensible des prix du sel et des gréements de pêche et une baisse exceptionnelle du prix de la morue. L'inspecteur du Service des pêcheries en conclut: « Cette disproportion entre les prix de la morue sur les côtes de Gaspé et ceux des marchandises vendues ne peut [...] être que ruineuse pour les pêcheurs, et nombre d'entre eux parlent d'immigrer sur la rive nord, où ils espèrent améliorer leur condition, trouver un meilleur marché et plus de bon temps[22]. »

De même, l'année suivante, bien que la morue soit vendue à un prix élevé sur les marchés étrangers, la compagnie Robin offre à ses pêcheurs une

Tableau 4.11. Production de la morue, en quintaux, par comté (pêche d'été et d'automne).

Année	Gaspé	Bonaventure	Total
1867	101 527	10 204	111 731
1872	111 557	12 943	124 500
1877	100 778	9 716	110 494
1882	87 576	6 641	94 217
1887	86 183	10 345	96 528
1892	124 115	18 980	143 095
1897	89 306	13 840	103 146
1902	102 410	26 183	128 593
1907	88 176	22 510	110 686
1912	85 854	16 640	102 494
1917	196 286	15 160	211 446*
1922	57 446	16 270	73 716

* Les années 1914-1918 sont des années exceptionnelles à cause de la forte demande durant la guerre.

Source: les documents de session et parlementaires des gouvernements du Canada et du Québec.

somme très inférieure pour leur poisson. Dans son rapport annuel, l'inspecteur du Service des pêcheries dénonce ce qu'il considère comme une injustice criante: «... l'occasion était trop bonne [...] pour enfoncer davantage la vis et s'assurer pour des années à venir du travail de nos pêcheurs: aussi, la puissante maison Robin et Cie, qui règne en souveraine dans le district de Gaspé, s'est bien gardée de la perdre. Ses calculs étaient faits, et elle avait décidé que seize schellings suffisaient pour payer un quintal de morue qui valait cet automne trente-cinq schellings à Québec[23].»

Lorsque les prix sont fixés par la firme Robin, les autres maisons de commerce n'osent pas en offrir de plus élevés, par crainte qu'une concurrence déloyale puisse les ruiner. L'inspecteur du Service des pêcheries, Napoléon Lavoie, blâme de nouveau la compagnie Robin et ses imitateurs qui ne jouent pas le jeu d'un marché ouvert: «Admirons, en passant, la conduite de ces marchands; pendant tout l'été ils reçoivent le poisson sans faire de prix avec les pêcheurs [...]; et quand ils sont assurés de la plus grande partie de la morue, ils fixent les prix. Dans nos villes et nos villages, la valeur des marchandises est extraordinairement cotée d'après la demande, la rareté ou la consommation, et tout le monde peut tirer profit d'une hausse pour vendre ses produits; mais ici le riche marchand peut seul profiter de ces changements [...] Si, cependant, le marché du poisson subit une hausse, les marchands ne manquent pas d'établir en conséquence une hausse dans le prix de leurs marchandises. L'automne dernier, par exemple, le thé qu'on avait à Québec pour quarante centins se vendait quatre-vingts à Percé; la mélasse, quatre-vingt-dix; le beurre, de cinquante à soixante; les bottes de pêche quatre-vingt-huit, et ainsi de suite[24]. »

En 1875 cependant, Charles LeBoutillier, l'un des successeurs de John, offre aux pêcheurs des conditions plus avantageuses que ses concurrents[25]. L'année suivante, toutes les maisons rivalisent de libéralité et portent le prix du poisson à un taux élevé. Si auparavant on rémunérait mal les pêcheurs, cette année-là, on les paie bien. Mais ce sont là des écarts passagers et somme toute accidentels; généralement, les grandes entreprises exercent leur monopole avec plus d'unanimité.

Ainsi en est-il quand plusieurs morutiers commencent à adopter la technique de la pêche à la seine dans les années 1870. Utilisé couramment par les Américains, ce filet permet aux pêcheurs de prendre de fortes quantités de poisson. Les compagnies appréhendent que cette technique fournisse éventuellement aux pêcheurs l'occasion de se constituer des surplus de production qui les rendraient à la longue plus autonomes. Elles tentent donc d'en freiner l'usage. Dans ce but, elles font parvenir au gouvernement fédéral une requête alléguant qu'il faut prohiber l'utilisation des seines à morue si l'on désire la protection des pêcheries. L'inspecteur Lavoie interprète leur intervention comme un moyen d'étouffer toute velléité d'émancipation chez le pêcheur[26]. Les seines à morue sont, en fait, des filets qui peuvent mesurer plusieurs centaines de pieds de longueur. Elles sont utilisées sur des barges généralement montées par six hommes. Quand un banc de morue est repéré, un des pêcheurs jette à l'eau un bout de la seine; la barge décrit alors un cercle pour entourer le banc de poisson et vient rattraper le bout mis d'abord à l'eau. La barge jette alors l'ancre et une moitié de l'équipage tire un bout de la seine sur l'avant et l'autre moitié fait de même sur l'arrière de l'embarcation pour ramener la morue à bord[27].

Vers la fin des années 1860, des pêcheurs, en particulier ceux qui résident entre Pointe-Saint-Pierre et Port-Daniel, expérimentent un autre procédé de pêche que la ligne à main traditionnelle, soit les lignes de fond, appelées « *trawls* », « dormantes » ou encore « palangres ». Même si elles demandent beaucoup de boette, ces lignes semblent plus efficaces que la ligne à main pour la pêche sur les bancs. De dimensions variables, elles sont garnies de 100 à 150 hameçons appâtés qu'on laisse filer par le fond et qu'on ne visite que de temps en temps. Les pêcheurs les repèrent grâce à des bouées, généralement de petits barils flottants. La remontée de ces lignes, très pénible en raison du poids des captures, demande souvent quelques heures. Ces lignes ont cependant l'avantage de pouvoir être laissées seules pendant la nuit ou par mauvais temps. Mais là encore, les marchands ne font rien pour répandre cette nouvelle technique. Comme pour la seine

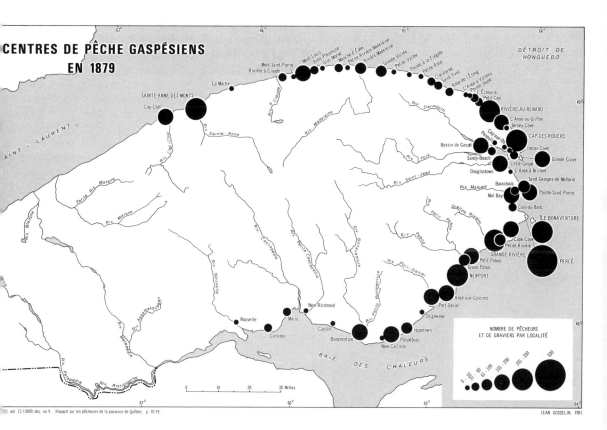

CENTRES DE PÊCHE GASPÉSIENS
EN 1879

NOMBRE DE PÊCHEURS
ET DE GRAVIERS PAR LOCALITÉ

0 - 30   31 - 60   61 - 100   101 - 200   201 - 330   330

JEAN GOSSELIN, 1981

(C). vol. 13 (1880) doc. no 9.   Rapport sur les pêcheries de la province de Québec.   p. 70-79.

morutière, l'utilisation courante de la palangre n'est encouragée qu'à partir du début du 20e siècle, alors que les provinces voisines en usent couramment. Il en est de même pour le leurre norvégien ou « *jigger* », ligne lestée d'un plomb imitant la forme d'un poisson et auquel sont accrochés un ou deux hameçons. Pour prendre la morue, on imprime d'abord à la ligne des mouvements brusques vers le haut pour l'attirer sur le leurre et on la remonte quand elle se jette dessus. Ce procédé est assez fatigant car on ne voit pas le poisson et il faut répéter sans cesse le mouvement ascendant de la ligne jusqu'à ce que ça morde.

En plus de ne pas favoriser les changements technologiques aptes à augmenter la production et par ricochet l'indépendance des pêcheurs, les compagnies de pêche modifient les méthodes d'embauche de leur personnel. Dès le début des années 1870, Napoléon Lavoie constate un changement dans l'organisation traditionnelle de la pêche. Il semble que de nombreux pêcheurs auparavant engagés pour la pêche d'été seulement,

Maison de l'agent commercial de la John LeBoutillier & Co. à L'Anse-au-Griffon. Elle est devenue le Manoir LeBoutillier. Photo: Marius Barbeau. (MNC)

Établissements de pêche à Pointe-Saint-Pierre vers 1895. (MRG)

voient leurs contrats étendus jusqu'à l'automne. Ils sont envoyés aux grands établissements de Percé, de Newport, de Grande-Rivière et sur la côte nord du Saint-Laurent. Le nouveau système donne moins d'opportunités aux pêcheurs pour cultiver leurs morceaux de terre et les contraint à tout acheter chez le marchand. Cela cause aussi préjudice au petit cabotage. Le commandant Lavoie juge sévèrement la compagnie responsable de ce nouveau mode d'engagement: « Mais les MM. Robin se sont aperçu que "l'ancien" système donnait au pêcheur un peu trop de liberté et comprirent qu'ils pouvaient serrer la chaîne un peu plus fort, avec plus de chance d'augmenter leurs bénéfices; ils se décidèrent donc à changer insensiblement leur système d'engagement en un autre que le pêcheur imprévoyant et sans défense a adopté comme l'autre, sans s'inquiéter des résultats[28]. » Il faut toutefois préciser que ce changement est plus graduel que ne le laisse entendre le texte.

Somme toute, la situation du pêcheur demeure précaire. Dépendant financièrement et matériellement des marchands dans un système qui ne lui permet que peu de latitude, soumis aux conditions du marché, il reste aussi à la merci des caprices de la nature. Il doit continuellement compter avec les imprévus, tels un climat capricieux ou une pénurie de morue ou d'appâts. Ainsi en 1867, 1869, 1874 et 1875, des pêcheurs sont en détresse sur la côte de Gaspé et au Labrador. Ils reçoivent alors une aide gouvernementale qui totalise $13 195[29]. En revanche, au cours de ces années, les pêcheurs gaspésiens profitent des grands travaux publics réalisés dans la région, tels la construction dans la vallée de la Matapédia et au nord du Nouveau-Brunswick du chemin de fer Intercolonial, le parachèvement d'une ligne télégraphique de Matapédia à Rivière-au-Renard et les premiers travaux pour l'ouverture d'un chemin entre Rivière-au-Renard et Sainte-Anne-des-Monts. Dans la décennie 1870 mais surtout dans les années 1880, les diverses misères de l'industrie de la pêche incitent plusieurs pêcheurs à quitter la région ou à diversifier leurs activités.

L'hiver, alors que la glace recouvre la mer, ceux qui ne sont pas partis travailler au bois attendent patiemment l'arrivée du printemps. On remarque alors un resserrement des relations sociales communautaires: visites, soirées, etc. À Grande-Grave, en avril 1869, le journal d'Isaac Hyman raconte qu'une noce de deux jours attire 120 personnes et qu'un thé au presbytère méthodiste en amène 140[30]. Si l'on remarque une nette accentuation des migrations saisonnières à l'extérieur du territoire, surtout de la part des jeunes qui doivent se trouver du travail pour alléger le fardeau familial, la vie quotidienne du pêcheur de 1920 est semblable à celle qu'il menait en 1850. A.P. Coleman, qui visite la rive nord de la péninsule en 1878, y revient 40 ans plus tard: rien ou à peu près n'a changé[31].

GÉOGRAPHIE DE LA PÊCHE MORUTIÈRE

Dans la deuxième moitié du 19e siècle, de nouvelles communautés de pêche apparaissent, en particulier sur la rive nord de la péninsule. À d'autres endroits, la pêche cède graduellement de son importance au profit d'autres activités. C'est le cas dans la Baie-des-Chaleurs. La pêche à la morue se pratique grosso modo entre Matane et Bonaventure. Dans les années 1870, on ne prend plus la morue que rarement dans la région de Rimouski et à l'ouest de Bonaventure. Dans les décennies suivantes, la zone de pêche va s'amenuisant et les paroisses composées majoritairement de pêcheurs ne s'étendent plus que des environs de Cap-Chat, au nord, jusqu'à Port-Daniel, au sud. Des localités de la Baie-des-Chaleurs, comme Paspébiac, Bonaventure, Saint-Siméon, Caplan et Maria comptent encore plusieurs morutiers, mais la plupart de ceux-ci doivent aller travailler pour les compagnies à Percé, à Grande-Rivière ou sur la Côte-Nord.

Les mouvements de la morue varient beaucoup et ils sont plus ou moins perçus comme instables par le pêcheur. Alors qu'elle foisonne près d'une localité, plus loin, on la cherche; une année, elle abonde à tel endroit, l'année suivante elle arrive très en retard ou manque au rendez-vous. L'établissement d'une ligne télégraphique dans les années 1870 vient pallier, en partie, aux difficultés de repérage du poisson. Il n'en demeure pas moins que certaines places de pêche donnent plus de morue que d'autres. La meilleure zone est la côte de Gaspé, entre Rivière-au-Renard et Newport. Pierre Fortin, en 1864, décrit les endroits de prédilection de la morue: ce sont les eaux qui baignent les côtes de Newport, de Grande-Rivière, de Cap-d'Espoir, de Percé, de l'île Bonaventure, de Pointe-Saint-Pierre, de Grande-Grave, de L'Anse-au-Griffon, de Rivière-au-Renard et de Grand-Étang[32].

Les bancs au large des côtes abondent aussi en morue. C'est là qu'elle se regroupe en plus grand nombre. Elle s'y tient souvent jusque très tard l'automne. Les meilleurs bancs sont ceux de Miscou, des Orphelins, à 20 ou 25 milles de la terre ferme, le banc Vert et ceux qui avoisinent le cap Gaspé et Percé. Le banc de Miscou, à 45 milles au large de Percé, est particulièrement renommé: l'on y trouve beaucoup de poisson après le temps du frai. Il y a aussi de petits bancs de morue dans les environs de Sainte-Anne-des-Monts et de Cap-Chat mais ils n'ont pas l'importance de celui de Miscou par exemple.

Les pêcheurs gaspésiens sont mal organisés pour la pêche sur les grands bancs poissonneux du golfe Saint-Laurent; mieux équipés, les Américains, les Néo-Écossais et les Français les y remplacent. La plupart du temps, contrairement à leurs voisins des Maritimes, les Gaspésiens ne s'éloignent pas des fonds qui bordent leurs rivages car leurs barges ne sont pas construites pour ce type de pêche. Toutefois, certains pêcheurs n'hésitent pas à s'aventurer sur les bancs avec leurs petits voiliers: c'est le cas des morutiers de Percé, de Grande-Rivière et de Port-Daniel qui se rendent l'automne, par une mer houleuse, sur le banc de Miscou. Plusieurs d'entre eux, chaque année, y laissent leur vie.

Pour la pêche au loin, sur les grands bancs du golfe, on utilise quelques goélettes. Ces bâtiments montés par dix à trente pêcheurs, selon le tonnage, se rendent mouiller sur les bancs. On se procure les appâts en tendant des filets à quelque distance du navire puis on pêche la morue avec des lignes, jour et nuit, jusqu'à ce que la cale soit pleine de poisson tranché et salé. Par la suite, on retourne au port d'attache pour décharger la morue[33]. Les plus importants de ces ports sont Sainte-Anne-des-Monts, Gaspé, Percé et Paspébiac. Les goélettes gaspésiennes ne sont pas nombreuses. Elles sont plus petites et moins robustes que celles utilisées par les Américains ou les Néo-Écossais. Elles sont mal équipées, ne disposant pas, par exemple, de glacières pour la conservation des appâts. De toute façon, les pêcheurs n'ont pas les capitaux nécessaires pour rivaliser avec leurs voisins. Quant aux compagnies maritimes, elles ne sont pas intéressées par ce type de pêche. Comme le fait remarquer une fois de plus l'inspecteur du Service des pêheries: «... le système de commerce fait sur les côtes n'est pas de nature à encourager le développement d'une industrie qui permettrait aux pêcheurs de choisir leur propre marché et qui leur procurerait plus d'indépendance[34]. »

En Gaspésie, à la fin du 19e siècle, c'est encore la barge et la pêche côtière qui sont à l'honneur. Construite en cèdre, la barge gaspésienne imite la forme d'une baleinière avec ses flancs arrondis, sa coque aux lignes effilées, sa proue et sa poupe terminées en pointe. À cette époque, on distingue deux types de barges: la petite et la grande. La petite mesure de dix-huit à vingt-deux pieds de quille et cinq à sept pieds de largeur; on peut la tirer sur le rivage en cas de mauvais temps. On retrouve beaucoup de ces barges sur le littoral nord gaspésien où peu d'abris naturels permettent de protéger les embarcations contre les tempêtes. La grande barge de Gaspé, appelée aussi barge de Miscou, plus grosse et plus robuste, mesure de vingt à trente pieds de quille, a une largeur d'une dizaine de pieds et est pontée à l'avant. Ce petit voilier permet au pêcheur d'étendre son rayon d'action, de mouiller au grand large. Ses voyages durent quelquefois deux jours. Cette barge est ancrée en rade et l'on se sert d'une petite chaloupe ou «*flat*» pour transborder la morue sur la rive. À la Baie-des-Chaleurs, il existe une variante de la grande barge de Gaspé. Elle est à peu près de la même longueur mais ses extrémités sont plus élancées. Sa coque, plus creuse et plus large, lui donne une forme plus évasée[35].

Il est très difficile d'évaluer le nombre exact de barges affectées à la pêche à la morue ou le nombre de pêcheurs réguliers. Les statistiques disponibles comportent de multiples variations au fil des ans. Vers 1860, on peut évaluer à environ 1 200 et 200 le nombre de barges employées pour la pêche à la morue dans Gaspé et Bonaventure et à 2 500 et 400 le nombre des morutiers[36]. En 1875, le commandant Napoléon Lavoie parle de 3 210 hommes occupés à cette pêche avec 1 577 embarcations[37]. Aux pêcheurs proprement dits, il faut ajouter quelques centaines de personnes occupées sur le rivage à la préparation, à la salaison, au séchage et à l'expédition du poisson, et ce, sans compter les femmes et les enfants. Avec le développement des pêcheries de homard, de hareng, de saumon ou d'autres espèces, il devient plus difficile d'établir le pourcentage des morutiers sur l'ensemble des pêcheurs. Vers le début des années 1890, quelque 3 500 personnes dans Gaspé et 1 500 dans Bonaventure travaillent dans l'industrie de la pêche. Dans Gaspé, on pêche surtout la morue alors que dans Bonaventure, la pêche est plus diversifiée. Vers 1915, de 1 800 à 1 900 embarcations dans Gaspé et seulement 425 dans Bonaventure sont employées aux différentes pêches. Elles sont montées par environ 3 500 hommes dans Gaspé et par 700 à la Baie-des-Chaleurs. Le nombre de personnes enregistrées comme pêcheurs représente alors environ 14% de la population totale du comté de Gaspé et 2,5% de celui de Bonaventure. Une augmentation du nombre de pêcheurs ou d'embarcations n'est pas nécessairement liée à une augmentation des stocks de poisson et ne grossit pas obligatoirement le volume des expéditions; plus simplement, l'industrie absorbe encore plus de main-d'oeuvre. La part de chaque barge peut alors se trouver amoindrie.

Si la pêche à la morue est importante sur les côtes du comté de Gaspé, elle l'est de moins en moins à la Baie-des-Chaleurs. Auparavant, ce poisson remontait assez loin à l'intérieur de la baie. L'augmentation du nombre de pêcheurs et de stations de pêche un peu partout dans l'Est canadien et à l'entrée de la grande baie explique peut-être que la morue s'y fait moins abondante. Des contemporains tentent aussi d'expliquer cette diminution par l'utilisation trop abondante, pour engraisser les terres, du hareng et du capelan, aliments de la morue. Cette explication semble peu convaincante. En tout cas, les compagnies délaissent graduellement cette zone pour d'autres plus productives. D'autre part, l'implantation, vers la fin des années 1860, à Port-Daniel, à Maria, à Carleton et ailleurs le long de la baie, d'établissements pour préparer et mettre en boîte le saumon, le homard et le hareng, amènent des pêcheurs à se consacrer de préférence à ces industries dont les propriétaires sont reconnus pour offrir de bons traitements à leurs employés. D'autres personnes délaissent tout simplement la pêche pour les activités agricoles et forestières.

Le long de la baie des Chaleurs, la pêche à la morue se fait encore à différents endroits, principalement à Paspébiac, à Port-Daniel et à L'Anse-aux-Gascons. Ailleurs, elle n'occupe que quelques pêcheurs. Les graves du comté de Bonaventure ne sont cependant plus ce qu'elles étaient[38]. Les maisons marchandes de Paspébiac ne pouvant plus se procurer suffisamment de poisson à la Baie-des-Chaleurs, elles envoient la main-d'oeuvre disponible de Paspébiac, de Bonaventure, de Caplan, de Maria et des environs pêcher sur les bancs du golfe Saint-Laurent et aux postes de Magpie, de Rivière-au-Tonnerre ou de Blanc-Sablon sur la côte nord du Saint-Laurent. Jusqu'à la fin du 19e siècle, la pêche à la morue à la Baie-des-Chaleurs ne représente qu'à peine 10% de la production totale de la côte gaspésienne. Du côté du Nouveau-Brunswick, les principales stations de pêche sont celles de Miscou, de Shippagan, de Caraquet et de Grande-Anse; elles sont gérées par les compagnies jersiaises.

C'est sur la lisière de la côte entre Port-Daniel et la baie de Gaspé que la pêche à la morue emploie le plus d'hommes et où la production est la plus élevée. Aux frontières des comtés de Gaspé et de Bonaventure, le village de pêche de Newport gagne en importance durant la seconde moitié du 19e siècle. Dans les années 1850, les principaux marchands de cette localité sont les Robin, Charles Kelly et Philip Hamond. Les Robin sont propriétaires

« Barge de Belle-Anse »
vers 1895. (MRG)

d'une vaste grave à cet endroit. Viennent ensuite les postes de Petit-Pabos et Grand-Pabos, de Petite-Rivière et surtout de Grande-Rivière, où les Robin sont installés depuis longtemps. S'y ajoutent plus tard les commerçants Collas, Fauvel et Baker. Après celle de Percé, Grande-Rivière est considérée comme la meilleure station de pêche de la compagnie Robin. Entre ces deux endroits, deux vieux postes de pêche sont encore florissants: Cape-Cove et L'Anse-à-Beaufils. Le premier endroit est le fief du Jersiais Savage qui exporte annuellement en Europe plusieurs cargaisons de poisson. Les pêcheurs de ces localités vont aussi à la morue sur les bancs situés dans le voisinage de Percé et de l'île Bonaventure où la LeBoutillier Brothers possède un important poste. Elle y emploie des travailleurs venant aussi bien des paroisses d'en aval de Québec que de Paspébiac et d'un peu partout dans la Baie-des-Chaleurs. Vers 1865, la firme jersiaise compte à son service 38 embarcations et 120 hommes à l'île Bonaventure, où ne se trouve alors qu'une poignée de résidents[39].

En face de l'île, Percé est le poste de pêche le plus important de la péninsule gaspésienne et même du golfe Saint-Laurent. C'est là que se regroupent le plus grand nombre de barges et de pêcheurs. La Charles Robin Company y possède son établissement le plus productif. Thomas Pye mentionne au milieu des années 1860, que la vieille maison de Jersey y emploie 70 barges montées par deux hommes chacune, plus quelque 105 graviers, occupés à la préparation du poisson sur le rivage. Environ 300 personnes travaillent de quelque façon à cet établissement[40]. Situé à l'anse du sud-ouest, il se compose d'une quarantaine de bâtisses dont, fait assez rare, une spacieuse glacière pour conserver la boëtte. John LeBoutillier possède le second grand établissement percéen, situé à l'anse du nord-est. À Percé, au commencement de la saison de pêche, on trouve généralement une grande quantité de morue, soit dans le canal formé par la terre ferme et l'île Bonaventure, soit autour de l'île ou encore sur les bancs situés à neuf ou dix milles du rivage. À la fin de l'été, comme ceux de Newport, de Pabos et de Grande-Rivière, les pêcheurs de Percé se rendent sur les bancs de Miscou, des Orphelins ou au banc Vert où la morue abonde.

Il vient à Percé des pêcheurs de tous les points de la côte, depuis Paspébiac jusqu'à Grande-Vallée. Aussi, le volume des prises y est-il considérable jusqu'à la fin du 19e siècle, alors que la pêche se décentralise après la construction de quais un peu partout. La pêche nomade tend alors à disparaître. À Percé, on prend tous les ans plusieurs milliers de quintaux de poissons qu'on expédie à Québec et à Montréal de même que sur les marchés étrangers. Il n'est pas rare que la production annuelle de morue s'élève à plus de 10 000 quintaux. Le havre de Percé est fréquemment visité par des goélettes étrangères qui s'y approvisionnent et dont les équipages sont souvent cause de querelles. S'y arrêtent aussi les caboteurs et les bateaux à vapeur qui font la navette entre le Saint-Laurent et les Mari-

Poste de pêche de
L'Anse-à-Beaufils. Eugène Klimoff. (MRG)

times. Pourtant, Percé est une rade où les bâtiments sont forcés de mouiller «à grande eau», car les vents du large y soulèvent une telle mer qu'il est très difficile aux navires, surtout au printemps et à l'automne, d'y mouiller, même avec les plus forts câbles et les plus lourdes ancres.

Entre Percé et la baie de Gaspé, on retrouve plusieurs autres graves, dont la plus importante est celle de Pointe-Saint-Pierre. Les Jersiais Collas et Fauvel y emploient quelques dizaines de barges. La firme Robin y viendra aussi. Le long de la baie de Gaspé même, on ne compte pas beaucoup de morutiers, sauf à Grande-Grave et ses environs ainsi qu'à Douglastown. Ce dernier endroit n'est pas considéré comme une bonne place de pêche, si ce n'est au temps du capelan, alors que la morue se rapproche du rivage. Les pêcheurs de Douglastown se rendent surtout près de l'île d'Anticosti. Pour se rapprocher des bancs, plusieurs d'entre eux traversent la baie et s'installent dans les environs de Grande-Grave pour ne retourner dans leur village qu'à l'automne. Ce dernier site est d'ailleurs la principale plate-forme commerciale des firmes Fruing et Hyman et demeure un poste de pêche important, reconnu pour la qualité de sa morue. En effet, Grande-Grave et les localités voisines de l'Anse-Saint-Georges, l'Anse-aux-Sauvages (Indian-Cove) et Little-Gaspé disposent de grèves de galets qui ont la propriété d'être particulièrement propices au séchage.

Au nord de la baie de Gaspé, les principaux établissements de pêche sont les suivants: Cap-des-Rosiers, L'Anse-au-Griffon, Rivière-au-Renard, Grand-Étang, Pointe-Sèche (Saint-Yvon), Cloridorme, Grande-Vallée, Rivière-Madeleine, Mont-Louis, Sainte-Anne-des-Monts et Cap-Chat. La plupart de ces postes n'ont pris leur essor qu'au milieu du 19e siècle. Le poisson séché le long de cette vaste côte accidentée est expédié en Europe alors que la morue verte s'en va sur les marchés du Québec. Fruing et Hyman sont les principaux marchands de la région.

Le secteur Cap-des-Rosiers-Mont-Louis est moins important que la côte de Percé mais le volume de sa production demeure respectable, surtout au nord de la péninsule de Forillon, où l'on trouve trois regroupements importants de pêcheurs: Cap-des-Rosiers, L'Anse-au-Griffon et Rivière-au-Renard. Cette dernière localité est considérée comme l'un des meilleurs postes de pêche de tout le golfe Saint-Laurent, surtout à cause de sa proximité des bancs de poisson. Les Américains s'y arrêtent régulièrement lorsqu'ils viennent pêcher le maquereau. Un contemporain affirme avoir déjà vu de cinquante à soixante goélettes y mouiller en même temps[41]. Fruing et Hyman y gèrent d'importants établissements. Plus tard, la Charles Robin, Collas Company s'y installera aussi. Plus à l'ouest, on trouve Grand-Étang, poste de pêche saisonnier très prospère dans les années 1860. L'été, le seigneur du lieu, Michel Lespérance, de Montmagny, y amène plusieurs dizaines d'hommes qu'il occupe à la pêche et à la culture du sol. L'hiver, la permanence n'est assurée que par un agent et quelques domestiques. Mais au fil des ans, cette station perd de son importance.

Quand on remonte le fleuve, on passe devant Grande-Vallée, poste réputé pour l'abondance de sa morue. Les nombreux petits entrepreneurs de cette localité vendent leur morue sèche aux marchands de Gaspé qui l'expédient en Europe. À Grande-Vallée comme à Rivière-Madeleine, plusieurs pêcheurs délaissent leur métier pour celui de bûcheron lorsque des entreprises forestières s'implantent à proximité. Quelques dizaines de milles plus loin se trouve le vieux poste de Mont-Louis. Là, comme en plusieurs autres endroits de ce littoral accidenté, la pêche se fait au début sous la direction de petits commerçants ou «bourgeois» possesseurs de quelques embarcations; ce sont presque tous des Canadiens français originaires des paroisses d'en bas de Québec. Dans les décennies suivantes, des compagnies de plus grande envergure, telles Fruing et Hyman, contrôlent la plupart des postes de pêche et offrent un prix d'achat uniforme pour la morue.

Cap-Chat et Sainte-Anne-des-Monts sont les derniers postes de pêche importants en Gaspésie. Dans les années 1850-1860, la seigneurie de Sainte-Anne-des-Monts appartient au marchand jersiais John LeBoutillier, qui dirige un établissement à l'embouchure de la rivière. En 1857, la population, elle aussi originaire des paroisses en aval de Québec, s'élève à environ 200 familles, dispersées le long du rivage sur une distance de quelque huit milles. Pierre Fortin relate que ces gens «vont à la pêche lorsque leurs semences sont faites, et cessent de se livrer à cette occupation, lorsque le temps arrive de faire la moisson. Puis, la moisson finie, ils prennent ce qu'on appelle la morue d'automne ou d'arrière-saison, qui est expédiée à Québec[42].» Théodore Lamontagne semble être le commerçant de poisson le plus important du secteur Sainte-Anne-des-Monts-Cap-Chat.

En remontant encore le fleuve, on retrouve de petites localités où, entre 1850 et 1880, l'activité de la pêche prend une certaine importance. C'est le cas des Capucins, de Les Méchins et L'Anse-à-la-Croix. Plus près de Matane, la pêche, encore significative vers 1850-1870, périclite par la suite. La morue s'y ferait de plus en plus rare.

Si la deuxième moitié du 19e siècle connaît une extension des pêcheries gaspésiennes sur le littoral nord de la péninsule, plus particulièrement entre Rivière-au-Renard et Mont-Louis, c'est aussi l'époque où des Gaspésiens vont pêcher et même s'installer sur la côte nord du golfe Saint-Laurent, c'est-à-dire entre Moisie et Natashquan (Moyenne Côte-Nord) et jusqu'à Blanc-Sablon (Basse Côte-Nord). Cette migration saisonnière de pêcheurs vers la Côte-Nord s'accompagne d'un mouvement similaire de la part de Madelinots et de Canadiens français d'en aval de Québec. Dès lors, la migration saisonnière que ces derniers effectuaient en Gaspésie chaque été est en bonne partie détournée vers cette nouvelle région ouverte à l'exploitation[43].

L'EXPANSION DES PÊCHERIES VERS LE NORD

Si la côte nord du Saint-Laurent attire de nombreux Gaspésiens durant l'été, les eaux de l'île d'Anticosti sont aussi visitées par les pêcheurs. Ainsi en est-il des gens de Douglastown qui vont à la morue et au hareng autour d'Anticosti parce que la pêche est médiocre dans la baie de Gaspé et ses environs. À l'été 1869, ils sont 200 à s'y rendre[44]. Anticosti accueille d'autres pêcheurs de la côte de Gaspé et de la Baie-des-Chaleurs qui y trouvent une morue abondante et de bonne qualité. La seule firme gaspésienne qui s'y établit est celle des frères Collas vers 1884. Une quarantaine de familles résident alors dans l'île. L'exploitation des Collas ne dure cependant pas longtemps.

Le peuplement et le développement de pêcheries sur la Moyenne Côte-Nord fait suite à l'abolition du monopole qu'y exerçait la Hudson's Bay Company. Avant 1850, cette entreprise possédait un droit exclusif de chasse et de pêche sur un large territoire s'étendant de Tadoussac, à l'embouchure de la rivière Saguenay, jusqu'à l'est de la terre de Mingan, soit sur quelque 400 milles de littoral. La compagnie protégeait son monopole commercial au moyen de chaloupes armées qui patrouillaient les côtes de son domaine, fréquentées par des pêcheurs terre-neuviens, néo-écossais, américains, gaspésiens et autres venant des abords des comtés de Berthier et de Montmagny. Elle tentait alors de les empêcher de descendre à terre pour traiter leur poisson. Cette compagnie s'intéressant surtout à la pêche au saumon et à la traite avec les Indiens, n'exploitait pas les ressources que renfermait la mer baignant les côtes de son territoire. À la suite de pressions répétées de la part de certains marchands, la Hudson's Bay Company perd ses privilèges en 1851. Robert Christie, alors député de Gaspé, fait voter une loi permettant à tout sujet britannique d'ériger à terre toutes les constructions nécessaires à la pêche. Ouverte au peuplement libre, cette région ne tarde pas à voir apparaître des exploitants, comme c'était déjà le cas plus à l'est, sur la Basse Côte-Nord. Des entreprises gaspésiennes y faisaient déjà la pêche dans les années 1840. Les Américains y sont aussi en grand nombre.

À partir de 1853, les compagnies jersiaises établies en Gaspésie commencent à ouvrir des comptoirs et des établissements de pêche sur la Moyenne Côte-Nord. Les Madelinots font de même ainsi que des entrepreneurs de la province, tel Michel Lespérance, qui exploite déjà un poste de pêche à Grand-Étang en Gaspésie. Lespérance s'installe à la rivière au Bouleau, à l'est de Moisie. Chaque printemps, les entrepreneurs appareillent avec des goélettes qui amènent pêcheurs et marchandises pour la saison. À l'automne, ils retournent chez eux avec leurs engagés et leurs cargaisons de poisson. Au début, cette expansion des pêcheries québécoises au nord du golfe Saint-Laurent est due à l'initiative de nombreux petits armateurs indépendants qui profitent souvent de l'aide de firmes rivales de la Charles Robin Company. Ils ont une fonction analogue à celle des maîtres de grave qu'on retrouve en Gaspésie et qui servent d'intermédiaires entre les grandes compagnies et les pêcheurs. S'approvisionnant chez les grandes sociétés marchandes, ils tombent graduellement sous leur dépendance. Finalement, ils deviennent victimes d'une politique sélective qui réduit considérablement leur nombre au profit des plus gros d'entre eux[46].

Les goélettes des États-Unis, de Terre-Neuve et de la Nouvelle-Écosse, qui sont des habituées de ces eaux, continuent aussi à fréquenter la côte nord du Saint-Laurent. Dans les années 1850, leur commerce concurrence fortement celui des entrepreneurs de la province du Canada. Il arrive même

La célèbre *Canadienne*, goélette commandée par le docteur Pierre Fortin. Photo tirée de: *L'Opinion publique*, 13 mai 1875.

que des Américains délogent les pêcheurs canadiens des meilleurs fonds pour les occuper eux-mêmes.

Vers le milieu du 19e siècle, de nombreux Gaspésiens s'en vont donc combler les besoins en main-d'oeuvre des compagnies sur la Côte-Nord. Ces pêcheurs sont payés, moitié en argent, moitié en fournitures quand ils reviennent à l'établissement de la compagnie dans la péninsule[46]. Ils viennent de partout en Gaspésie mais surtout de la Baie-des-Chaleurs. En mai 1859, le commandant Pierre Fortin remarque: « Partout sur la côte de la Baie des Chaleurs, il se préparait des expéditions pour la pêche de la morue sur la côte nord du fleuve et du golfe St. Laurent. Mais c'est surtout Bonaventure, Paspébiac et le Port-Daniel qui fournissent le plus grand nombre de pêcheurs qui, le printemps, laissent leurs demeures et leurs familles pour aller se livrer aux rudes travaux de leurs métiers sur la côte si inhospitalière du Labrador, mais en même temps si riche de poissons de la plus belle espèce, pour ne revenir que l'automne avec les produits de leur pêche [...] On apportait le bois et tout ce qui était nécessaire pour y faire des établissements nouveaux[47]. » Au début de juin de l'année suivante, Fortin nous apprend que la plupart des trente bâtiments qui se trouvaient alors à Paspébiac viennent de quitter le port, emportant de 40 à 60 hommes chacun et des chargements complets d'approvisionnements et de fournitures de pêche. « Et je suis certain, dit-il, que cette année pas une anse, pas une crique ne restera inoccupée depuis les Sept-Iles jusqu'au Mingan[48]. » Aussi, retrouve-t-on des pêcheurs de Bonaventure à Magpie, de New-Carlisle à Longue-Pointe, de Grande-Rivière à l'île du Hâvre de Mingan et d'autres de Malbaie à Sheldrake et Magpie, etc. Les sédentaires ne sont pas encore nombreux, ce qui explique cet afflux de travailleurs. Pendant longtemps, les pêcheurs saisonniers seront plus nombreux sur cette côte que les résidents. La Côte-Nord demeure une zone d'exploitation habitée surtout par des hommes. Au fil des ans, Gaspésiens et Acadiens des Iles-de-la-Madeleine, dans l'espoir d'améliorer leurs conditions d'existence, y émigrent avec leurs familles. Rivière-au-Tonnerre et les localités avoisi-nantes jusqu'à Mingan seront ainsi peuplées de descendants des « Paspé-biacs[49] ». Mais, les Gaspésiens se voient soumis au même système qui les a fait quitter la péninsule.

En effet, ce sont les firmes de Jersey qui fondent les principaux établisse-ments de pêche entre Moisie et Blanc-Sablon. Les plus grosses supplantent graduellement les plus petites ainsi que les entrepreneurs indépendants, tel Clarence Hamilton, de New-Carlisle, propriétaire d'un établissement à Longue-Pointe de Mingan. La première compagnie jersiaise à s'y rendre est la LeBoutillier Brothers. Elle s'installe sur la partie occidentale de l'île au Bois, près de Blanc-Sablon, et à Rivière-au-Tonnerre. En 1865, elle emploie plus de 200 personnes sur la Côte-Nord[50]. Peu à peu arrivent aussi: De La Parelle à Natashquan, Collas à Sheldrake, Fruing à la Pointe-aux-Pots près de Blanc-Sablon, E. Hamond à la Pointe-aux-Esquimaux, etc. Harold A. Innis mentionne qu'en 1876, dix-sept entreprises de pêche de la péninsule gaspésienne exploitent trente établissements sur la Côte-Nord[51].

En 1869, la Charles Robin Company s'installe à son tour. Elle était quand même présente dans ces eaux depuis le milieu des années 1850, achetant le poisson de divers pêcheurs. Ses premiers établissements sont ceux de Magpie et de Natashquan. À la fin du 19e siècle, son principal centre d'affaires sur la Côte-Nord est Moisie. Elle possède des établisse-ments et des magasins à plusieurs autres endroits entre Moisie et Natash-quan. Vers 1895, elle emploie aux postes de Dock, Ridge-Point, Magpie et Rivière-Saint-Jean, 105 barges et 480 Gaspésiens venus pêcher pour l'été; sur ce nombre, il y en a 120 à l'établissement de Magpie et 120 autres à celui de Rivière-Saint-Jean[52]. En plus de ses propres prises, la compagnie Robin achète le poisson de pêcheurs résidents et de petits entrepreneurs. Réguliè-rement, des goélettes parcourent les postes de pêche et chargent le poisson pour l'amener à Paspébiac, d'où on l'expédie à l'étranger. La compagnie loue du matériel de pêche (barques, lignes etc.) aux pêcheurs qui le désirent et leur paie un montant correspondant au nombre de « *drafts* » qu'ils ont pris. Elle leur consent aussi des avances. Le système qu'elle utilise sur la Côte-Nord ne diffère donc pas de celui qu'on connaît en Gaspésie.

À la fin du 19e siècle, la LeBoutillier Brothers exploite toujours son établissement de Rivière-au-Tonnerre. Maintenant aux mains d'intérêts canadiens, la compagnie est aussi présente à Magpie. Comme sa vieille concurrente, elle fait des avances aux pêcheurs et achète la production de divers maîtres de grave et de pêcheurs indépendants pour l'expédier à Paspébiac. Cette maison emploie environ 80 résidents et 120 Gaspésiens vers 1895. La firme Collas, elle, fait des affaires à Sheldrake, à Rivière-au-Tonnerre et pendant un certain temps à Rivière-Saint-Jean. Quant à De La Parelle, il vend son établissement de Natashquan à la compagnie Robin.

Ce comptoir compte plus de quinze bâtisses, dont six « *cookrooms* » et deux chafauds.

Les deux grandes firmes gaspésiennes, Robin et LeBoutillier, sont donc devenues à la fin du 19e siècle les principaux exploitants des pêcheries de la Moyenne et de la Basse Côte-Nord. Les relations entre cette région et la péninsule de Gaspé se resserrent davantage. L'abbé Victor-Amédée Huard mentionne que vers 1895, au seul poste de Magpie, quelque 250 hommes de la Baie-des-Chaleurs travaillent pour les maisons Robin et LeBoutillier[53]. La Côte-Nord est une région d'émigration pour les Gaspésiens. Depuis 1872, durant la saison de navigation, une goélette assure même un service postal entre la Gaspésie, l'île d'Anticosti et la Côte-Nord.

LES PÊCHEURS ÉTRANGERS

Les Jersiais et les entrepreneurs canadiens ne sont pas les seuls à s'intéresser à la pêche dans le golfe Saint-Laurent. Les Terreneuviens, les Néo-Écossais, les Néo-Brunswickois et les habitants de l'île-du-Prince-Édouard s'y intéressent aussi. Il en est de même des pêcheurs de l'étranger, Français de Saint-Pierre et Miquelon et Américains. Les plus nombreux dans le golfe sont les Américains et les Néo-Écossais. Dans son rapport de 1859, Fortin mentionne que tous les ans les côtes canadiennes sont visitées par quelque 250 à 300 goélettes de pêche de la Nouvelle-Écosse et de 200 à 300 autres en provenance des États-Unis[54]. La moitié viennent pour la seule pêche à la morue. Les Américains sont aussi très intéressés à la capture du maquereau. Montés sur des goélettes bien équipées, ils se servent de lignes de fond et de seines pour en capturer le plus possible. Tout au long de la seconde moitié du 19e siècle, et surtout pendant la durée du traité de réciprocité, entre 1854 et 1866, ils viennent nombreux de Boston, de Providence et d'autres ports du Massachusetts, du Rhode Island et du Maine. Ainsi, en 1857, environ 150 navires de la Nouvelle-Angleterre, occupés à la pêche dans le golfe, viennent mouiller à la seule rade de Port-Daniel. En 1860, 24 goélettes de 80 à 100 tonneaux (clippers), montées par des équipages de 12 à 18 hommes, jettent l'ancre dans l'anse de la rivière Madeleine. En 1857, le gouvernement canadien estime à 452 le nombre de vaisseaux américains pêchant dans le golfe. Les 6 240 hommes d'équipage de ces navires auraient pris du poisson pour plus d'un million de dollars, soit $840 000 de maquereau, $180 000 de morue et $33 000 de hareng[55]. Même surestimées, ces statistiques font bien valoir l'importance de la présence américaine dans le golfe Saint-Laurent.

Les pêcheurs et les entrepreneurs gaspésiens ont beaucoup de griefs contre les exploitants étrangers. D'abord, les navires américains venant dans le golfe se préoccupent peu de respecter la vieille loi de 1818 qui leur défend de prendre du poisson dans un rayon de trois milles des côtes et de l'embouchure d'une anse ou d'une baie de toute colonie anglaise. Le Québec et les autres territoires britanniques de l'Atlantique protestent auprès des autorités, mais sans grand succès. Lorsqu'en 1854, la Grande-Bretagne et les États-Unis signent un traité de réciprocité, ils y incluent des clauses visant à réglementer les malentendus opposant pêcheurs américains et sujets britanniques relativement à l'étendue des privilèges de pêche accordés par la convention de 1818. En vigueur jusqu'en 1866, le traité de réciprocité permet aux Canadiens et aux Américains l'accès aux eaux et aux rivages inhabités des deux territoires.

Ce sont surtout les Américains qui mettent à profit les privilèges accordés par le traité de 1854. Cela explique le nombre impressionnant de leurs navires dans les eaux du golfe Saint-Laurent à cette époque. On voit leurs goélettes pêcher à la seine le maquereau jusqu'à la pointe Miguasha, au fond de la baie des Chaleurs[56]. En 1856, les États-Unis nomment même un consul à Gaspé pour représenter leurs intérêts. Les commerçants et les pêcheurs gaspésiens prétendent que la pêche extensive du maquereau que font les goélettes américaines (certaines en prennent jusqu'à 900 barils par voyage) a pour conséquence de nuire à leur pêche morutière, le maquereau servant d'appât pour la morue. De façon générale, on les accuse de faire diminuer les stocks de ce poisson dans le golfe: « Ce traité eut un désastreux effet pour nos pêcheries, bien que, peut-être, il ait permis à quelques marchands de mieux vendre leur poisson aux États-Unis [...] les américains purent avoir accès à toutes nos meilleures pêcheries, surtout dans la baie des Chaleurs, dans la baie de Gaspé et jusqu'au fond de la baie de Fundy. C'est alors que nous commençâmes à voir décliner la production de nos plus célèbres bancs de pêche par suite des pêches excessives des pêcheurs américains concurremment avec celles de nos propres pêcheurs[57]. »

Cette opinion sera formulée à la Chambre des communes par le député Pierre Fortin qui, à l'époque du traité, est responsable de la surveillance des pêcheurs américains. Ces propos semblent justes car en 1877 une commission, dite de Halifax, estime que le Canada et Terre-Neuve ont en effet subi un préjudice et qu'ils ont droit à une compensation de $5 500 000 pour l'excédent de la valeur des prises américaines et pour compenser les déprédations subies par les pêcheurs. Une partie de cette somme est dès lors distribuée annuellement aux pêcheurs de l'Est canadien à titre de prime de dédommagement.

De plus, les commerçants faisant affaire avec les pêcheurs du golfe se plaignent constamment de la contrebande qui sévit entre navires étrangers et populations côtières. Ainsi, des navires français de Saint-Pierre et Miquelon se rendent aux ports des Iles-de-la-Madeleine avec de l'alcool, du vin et d'autres marchandises. Là, ils trouvent « des goélettes toutes prêtes à prendre leurs cargaisons, dont une partie est débarquée dans les paroisses d'en bas et le reste au port de Québec, sans y éveiller aucunement l'attention des officiers de la douane, parce qu'on a eu le soin de recouvrir avec de la morue et des quarts d'huile les futailles contenant ces articles de contrebande[58]. » Après le traité de réciprocité qui leur permet de faire la pêche le long des côtes, d'entrer dans les baies et de remonter le fleuve, les Américains accentuent le commerce illicite avec les populations du littoral. Les Néo-Écossais et les Américains contrôlent alors la majeure partie du commerce de la Côte-Nord. « Il est vrai, écrit Fortin, qu'ils ont un grand avantage sur les trafiquants du Canada, celui de pouvoir acheter dans les entrepôts de douane de la Nouvelle-Écosse et des États-Unis des produits des Antilles, des États-Unis et d'autres pays, tels que du thé, du café, de la cassonade, des cotons, des vins, des eaux-de-vie, etc., etc., et de les vendre à nos pêcheurs sans payer de droits, tandis que de semblables produits qui seraient expédiés de Québec les auraient payés[59]. »

Autre problème: les licences de pêche. Après l'expiration en 1866 du traité de réciprocité, les goélettes étrangères doivent se munir de licences de pêche, c'est-à-dire qu'elles doivent payer un droit de 50 cents par tonneau si elles veulent pêcher le maquereau à l'intérieur de la zone de trois milles des côtes. Plus tard, ce droit est porté à $2. Cela semble trop faible, surtout si on considère que les Canadiens ne peuvent aller pêcher dans les eaux américaines: « ... Nous persistons [...] à admettre, dit Pierre Fortin aux Communes, les pêcheurs américains dans nos eaux territoriales pour une somme nominale, même s'ils sont mieux équipés que nos propres pêcheurs. Nos pêcheries sont protégées par une goélette avec vingt-quatre hommes chargés d'observer deux cents bateaux aussi chargé chacun que la goélette[60]. » Aussi les Américains font souvent fi de cette nouvelle obligation[61].

Quand le maquereau manque, les pêcheurs américains ne semblent pas pressés de se procurer des licences; ils préfèrent mouiller aux Iles-de-la-Madeleine et sur les bancs plutôt que de payer pour pêcher près des rives. De toute façon, les contrôles sont peu fréquents et peu efficaces, même si, vers 1870, une flottille de croiseurs canadiens est affectée à la surveillance de leurs navires. La saisie de quelques-uns d'entre eux entraîne alors des problèmes entre les deux pays. Mais en 1871, un autre traité, celui de Washington, renouvelle pratiquement le traité de réciprocité de 1854 et soulève des protestations chez les Gaspésiens qui s'intéressent à la pêche.

Le ressentiment des Gaspésiens et des Madelinots contre les pêcheurs américains provient en partie des actes de violence et de vandalisme perpétrés chez eux par ces visiteurs. Les témoignages de ces déprédations sont particulièrement nombreux à l'époque du traité de réciprocité. En l'absence d'une police, les pêcheurs étrangers qui débarquent pour s'approvisionner ou pour tout autre motif, harcèlent les petites populations riveraines. Les rapports du commandant du Service de protection des pêcheries foisonnent d'exemples. Voici des extraits de celui de Pierre Fortin pour le mois de septembre 1860: « À la Madeleine, un nombre de pêcheurs étaient débarqués, il y avait déjà quelques semaines, puis avaient fait des dégâts dans la maison d'un pêcheur du lieu, alors inhabitée [...] On me disait qu'à Mont-Louis, un moulin avait été saccagé par des pêcheurs de la même nation, et qu'en outre plusieurs de nos pêcheurs avaient été insultés par eux de la manière la plus honteuse [...] Auguste Richard [Grande-Vallée] dit que des pêcheurs américains sont allés sur son établissement et lui ont pris, une certaine quantité d'huile de poisson dont ils se sont servis pour graisser leurs bottes, et de plus, lui ont enlevé un certain nombre de morues qui étaient à sécher sur ses vignauts [...] Noël Cloutier, un autre pêcheur de Grande-Vallée, dit [qu'une goélette] lui a emporté avec sa quille en appareillant, un de ses filets, tandis qu'il pêchait le hareng à la dérive [...] on disait aussi que des équipages de bâtiments de ce pays se rendaient à terre par bandes de 15, 20 et 30 hommes, passaient sur les champs ensemencés, entraient dans les maisons des habitants malgré eux, et quelque fois les insultaient de la manière la plus grossière: et malheureusement nos pêcheurs ne se trouvaient jamais assez nombreux pour les mettre à la raison[62]. »

L'INTERVENTION GOUVERNE- MENTALE

Depuis longtemps, le secteur de la pêche réclamait de l'aide du gouvernement. On souhaitait entre autres mesures l'abolition des taxes sur les marchandises achetées à Québec, la protection de la faune marine, le contrôle des pêcheurs étrangers, l'octroi de primes d'encouragement, une police des mers, etc. Les pressions se font de plus en plus fortes sur le gouvernement et un Gaspésien va jusqu'à dire que « les Américains connaissent mieux que notre gouvernement colonial les immenses richesses que nous possédons dans les pêcheries du golfe et du littoral, qui sont en réalité le véritable Pérou de l'Amérique britannique[63]. »

Au milieu du 19e siècle, le parlement du Canada-Uni forme un comité d'enquête sur l'industrie de la pêche. Présidé par Robert Bouchette, le comité remet son rapport en mars 1851 et soumet quatre principales recommandations, à savoir: l'organisation d'une patrouille armée dans le golfe Saint-Laurent, l'octroi de primes aux pêcheurs, la suppression des tarifs sur les marchandises nécessaires à cette industrie et l'érection de phares aux endroits les plus dangereux. Certaines conclusions du rapport Bouchette sont prises immédiatement en considération. Ainsi en est-il de la création d'un service de protection pour les pêcheries du Golfe.

Le service est rapidement mis sur pied. On nomme un inspecteur en 1852 et on lui confie un mandat très large. Mais son rôle consiste surtout à protéger les pêcheries et à maintenir l'ordre. Comme inspecteur, il est tenu de visiter les établissements de pêche, de faire respecter les droits d'installation des exploitants, de protéger les espèces marines, de faire observer les règles de douane et d'enrayer le commerce illicite, surtout des boissons alcooliques, de surveiller l'activité des pêcheurs étrangers, d'émettre des permis de pêche et d'occupation saisonnière et de compiler des statistiques sur le poisson et le commerce. Comme officier de justice, il voit à la police dans les havres et les ports, c'est-à-dire qu'il règle les différends, maintient l'ordre et prête assistance aux officiers publics disséminés sur les territoires qu'il couvre. Comme le fait de maintenir l'ordre implique celui de faire respecter la légalité de l'engagement d'un pêcheur, l'action de l'inspecteur, souligne Roch Samson, concourt à maintenir les conditions socio-économiques du pêcheur. Samson estime qu'à l'époque, les actions gouvernementales ont pour effet de consolider la position des firmes jersiaises, dont on vante l'extraordinaire activité et la grande contribution au développement des pêches canadiennes[64].

Station piscicole de Gaspé, 1981. Photo: Guy Collin.

Le docteur Pierre Fortin devient, en avril 1852, le premier directeur du nouveau service gouvernemental. Dès lors, à chaque année, le commandant Fortin, comme on l'appelle, part de Québec vers la mi-mai et se dirige vers le golfe à bord d'une goélette armée, le *Napoléon III* et, plus tard, *La Canadienne*. Avec ses hommes, il parcourt jusqu'à la fin de novembre les rives de la Gaspésie, de la Côte-Nord et des Iles-de-la-Madeleine, surveillant particulièrement les nombreuses goélettes américaines et terreneuviennes qui pêchent sans permis d'énormes quantités de poisson et qui font subir ainsi une dure concurrence aux pêcheurs côtiers, lesquels, avec un équipement beaucoup plus modeste, ne peuvent rivaliser avec elles. Les populations riveraines de ces territoires semblent apprécier le travail de Fortin et de son équipage, malgré l'étendue du territoire qu'ils ont à couvrir. Plus tard, certains reprocheront toutefois au commandant de *La Canadienne* d'avoir entretenu de trop bonnes relations avec les marchands jersiais. En 1867, Fortin devient député du comté de Gaspé à la fois au fédéral et au provincial. En septembre, il cède la place comme magistrat stipendiaire du Service des pêcheries à son adjoint, Théophile Têtu; ce dernier est remplacé, après son décès en 1868, par Napoléon Lavoie, qui dans ses rapports annuels tient des propos assez durs à l'endroit des grandes compagnies jersiaises.

En 1858, le gouvernement du Canada-Uni institue un Service des pêcheries distincts au ministère des Terres de la couronne. Ce service s'occupe spécifiquement de toutes les affaires relatives aux pêches, aux terres riveraines, aux grèves, aux lots en eau profonde et aux rivières dans tout le Haut et le Bas-Canada[65]. En 1860, on divise la surintendance des pêcheries du Bas-Canada en deux parties, confiant la division du golfe Saint-Laurent à Pierre Fortin et celle du reste de la province à Richard Nettle. En 1858, une loi appelée « Acte des pêcheries » autorise pour la première fois l'engagement de surveillants ou garde-pêche pour protéger les stations de pêche et surveiller les endroits de reproduction du poisson dans les rivières. En 1859 et 1860, neuf de ces officiers sont nommés dans le district de Gaspé. Soulignons également l'organisation par le gouvernement fédéral, à Ristigouche en 1873 et à L'Anse-aux-Cousins en 1875, de piscicultures pour l'ensemencement de truites et de saumons dans les lacs et les rivières. Celle de L'Anse-aux-Cousins est transférée à Gaspé (Gaspé-Harbour) en 1902 et passe sous juridiction provinciale en 1921. Le gouvernement fédéral installe aussi à Port-Daniel une pisciculture pour la reproduction du homard.

L'Acte des pêcheries de 1858 octroie également une subvention à une ligne de steamers pour naviguer entre Québec, la Gaspésie et les Maritimes. Il tente aussi de stimuler la pêche en goélette, telle que pratiquée par les Américains, en accordant des primes aux goélettes qui vont mouiller sur les bancs. La prime s'applique aux navires jaugeant de 20 à 80 tonneaux qui s'engagent pendant un certain nombre de mois à pêcher la morue, le maquereau, le hareng, le loup-marin ou la baleine. Ces vaisseaux doivent transporter un équipage de huit à douze hommes. Un tiers de la prime, qui s'établit à trois dollars par tonneau, est distribué à l'équipage et les deux autres tiers vont au propriétaire du navire. En 1859, dix-neuf goélettes gaspésiennes se prévalent de ce bonus[66]. Mais comme on l'a déjà souligné, les grandes compagnies maritimes s'intéressent peu à ce type de pêche et les Gaspésiens sont trop pauvres pour s'équiper eux-mêmes. Les pêcheurs américains profitent déjà, eux, d'une prime du même type depuis une cinquantaine d'années. Ils ont pu ainsi se bâtir une flotte de grande qualité et bien gréée.

Le premier système de primes allouées directement aux pêcheurs entre en vigueur en 1882. L'argent provient du dédommagement accordé par les Américains à la suite de la Commission de Halifax et est distribué aux pêcheurs dans le but d'encourager la construction et le paiement de leurs propres embarcations. La prime est versée par le gouvernement fédéral au pêcheur dit « méritant ». Celui-ci doit posséder une barge d'au moins douze pieds de quille, pêcher trois mois dans l'année et prendre plus de 2 500 livres de poisson[67]. Cette gratification symbolique d'un montant de cinq dollars reste la même jusqu'au 20e siècle; en 1934, elle sera portée à dix dollars. C'est la seule aide directe que le pêcheur reçoit des autorités. À l'automne, un officier réunit les pêcheurs d'une localité, qui déclarent sous serment leurs prises de l'année. Par la suite, le gouvernement leur envoie leur billet de cinq dollars.

LE PORT FRANC DE GASPÉ   En 1860, le gouvernement adopte une autre mesure visant à encourager les pêches gaspésiennes. Elle fait suite à l'une des recommandations du rapport Bouchette de 1851 et tient compte d'une vieille revendication des marchands gaspésiens, soit l'abolition des droits et des tarifs sur les marchandises nécessaires à l'industrie de la pêche. Peter Mabee, constructeur de navires à Percé, écrit à ce moment-là: « Je considère que ceux qui se livrent à la pêche dans cette province sont soumis à presque tous les découragements possibles, comparativement aux citoyens des autres pays qui exploitent cette branche d'industrie; par exemple, les américains nos

voisins et les français, les deux seules autres nations qui, à part de nous, exploitent les pêches en grand non seulement admettent tous les articles nécessaires aux pêches libres de droits, mais encore encouragent la pêche par des primes considérables, tandis que nous, habitants de cette province, engagés par les mêmes entreprises nous avons à payer excepté sur le sel, les lignes et quelques autres articles, l'énorme tarif de 12½ à 30%. Le droit sur tous les articles d'habillement est de 12½% et sur tous les articles d'épicerie, à l'exception des mélasses, seul édulcorant à l'usage des pêcheurs, il est presque de 30% [...] Il s'en suit que nous ne pouvons rivaliser avec ces autres pays, lorsque nous les rencontrons sur les mêmes marchés; parce qu'ils peuvent vendre leur poisson sur le marché étranger à moindre prix que le nôtre ne nous coûte chez-nous, et y faire profit, tandis que nous devons perdre, et perdons réellement[68]. »

En 1860, le gouvernement du Canada-Uni crée le port franc ou port libre de Gaspé, inauguré au même moment que celui de Sault Sainte-Marie dans le Haut-Canada[69]. Gaspé fonctionne comme port franc de 1861 à 1866. Pendant ces cinq années, les marchandises importées au port de Gaspé sont exemptes de droits d'accise et de douane. Tout bateau de 30 tonnes et plus, même s'il doit continuer de se présenter à la douane, peut faire admettre en franchise les marchandises importées qu'il transporte, moyennant certaines conditions. Ce privilège s'étend à une zone de trois milles seulement autour du port. Cette mesure a pour effet de donner un élan important au commerce du port de Gaspé en y dirigeant une bonne partie du trafic maritime qui s'enregistrait auparavant à la douane de New-Carlisle. Pierre Fortin écrit à l'automne de 1863 au sujet de l'activité provoquée par la création du port franc: « Le commerce, depuis l'ouverture de la navigation, y avait toujours été actif et d'après les apparences, augmente d'une manière remarquable depuis qu'on en avait fait un port franc. De nouveaux magasins, de nouveaux hangars, de nouveaux quais s'élevaient des deux côtés de ce magnifique bassin, et plusieurs genres de négoce s'y étaient établis depuis cette époque, et tous paraissaient réussir[70]. »

Toutefois, si les magasins se remplissent de marchandises de l'étranger, le rhum de Saint-Pierre et Miquelon coule à flot et à bas prix, ce qui en inquiète plus d'un. Le curé de Port-Daniel, Thomas-Eugène Beaulieu, est outré de cette situation qu'il décrit à son évêque de la façon suivante: « sans amener de compétition entre les marchands qui tiennent le monopole du commerce et conséquemment de diminution sensible dans le prix des marchandises [le port franc] leur fournit les moyens de vendre à vil prix les boissons enivrantes et de spéculer honteusement sur les passions de leurs concitoyens. Les petits commerçants, trouvant aussi dans la vente des boissons un moyen facile de soutirer l'argent, si rare par ici, et de se faire des amis, s'en approvisionnent largement, de sorte que, au lieu de deux vendeurs de boisson que nous avions dans la mission du Port-Daniel, par exemple, l'année dernière, nous en avons maintenant huit et un nombre proportionnel d'ivrognes[71]. »

La contrebande est donc des plus florissantes à l'époque du port libre. D'abord, les douaniers de Gaspé cessent d'examiner les cargaisons des navires sous prétexte que la chose s'avère inutile depuis l'abolition des droits. On se satisfait donc de la déclaration du capitaine. Les navires qui ne déchargent pas à Gaspé se contentent d'envoyer un canot à terre pour faire rapport aux douaniers qui « n'exercent d'autre contrôle sur les importations ou les exportations que celui que leur fournit la déclaration du patron du navire. » Des inspecteurs nommés pour surveiller la bonne marche des ports francs soulignent dans un rapport la forte contrebande qui se fait alors entre le port de Gaspé et ceux des rives du Saint-Laurent jusqu'à Québec ou encore avec le Nouveau-Brunswick. « Un navire, déclarent-ils, peut prendre un chargement à Québec pour Gaspé, aller déclarer au bassin qu'il est à destination de la rive nord ou de quelqu'autre endroit de trafic, et se remettre en route pour revenir et disposer de sa cargaison sur son chemin[72]. » Entre le Nouveau-Brunswick et Gaspé, le commerce des spiritueux est important: dissimulé dans des barils de poisson et d'huile, l'alcool est transporté de nuit à bord des barges de pêcheurs.

Le port franc profite largement aux compagnies jersiaises de la région, et ce, au détriment des marchands de Québec. Il favorise aussi l'expansion du commerce et de la pêche sur le littoral nord de la Gaspésie et sur la côte nord du golfe Saint-Laurent. Les compagnies maritimes établies à Paspébiac, afin d'obtenir l'exemption des droits sur les marchandises qu'elles importent, doivent imposer à leurs bateaux un détour par le port de Gaspé. Elles demandent donc, mais en vain, que la zone du port franc inclut Paspébiac. Les pêcheurs sont moins choyés que les marchands par cette mesure. En effet, ces derniers, soulagés des droits de douanes sur les marchandises qu'ils importent, n'en baissent pas pour autant les prix, malgré leur prétention du contraire. Les inspecteurs des ports francs le soulignent très bien: «Les marchands de Gaspé, de Percé, de New-Carlisle et de Paspébiac nous ont assuré que tout l'avantage de l'abolition des droits était pour le consommateur, que le prix des marchandises avait baissé de cette différence, que les pêcheurs en retiraient de grands profits, que leur situation s'était de beaucoup améliorée [...] Les consommateurs que nous avons rencontrés [...] nous ont affirmé au contraire que, sauf la diminution du prix des eaux-de-vie et liqueurs ce qui est loin d'être un avantage, il n'y a eu aucune réduction notable dans les prix. Le gros des affaires a été monopolisé par quelques maisons Jersiaises qui ont de grands capitaux et rendent impossible la concurrence aux maisons moins fortes; ces principales maisons contrôlent de fait les prix du poisson au moyen d'un entendement mutuel.» Et ils ajoutent: «La population a été désappointée, à n'en pas douter, car on lui avait fait croire que la création du port franc allait réduire le prix des nécessités de la vie; cet avancé était faux, parce que la farine, le lard, les céréales, les bestiaux, le bois, en un mot tous les articles de première nécessité étaient libres de droits avant la création des ports francs, de même aussi que les articles de pêche tels que les lignes, les seines, etc.[73]» On constate de faibles réductions dans les prix des vêtements et des chaussures, de la mélasse, du sucre et du blé. Les baisses semblent plus sensibles pour les achats au comptant, ce que peu de clients sont en mesure de se permettre.

C'est pourquoi, les enquêteurs reconnaissent l'inutilité du port franc de Gaspé, qui profite d'abord aux maisons de commerce. Ils soulignent dans un rapport que le port franc laisse de côté les gens de la Baie-des-Chaleurs et que la liberté du commerce ne touche pas les navires étrangers qui s'approvisionnent déjà chez eux. Ils notent le préjudice subi par un navire qui ne peut quitter un des ports du district relevant du port franc de Gaspé, c'est-à-dire Percé, Paspébiac, Carleton, Rivière-au-Renard, Amherst aux Iles-de-la-Madeleine et Sept-Iles sur la Côte-Nord, ni y venir, sans faire escale à Gaspé afin d'y réclamer ses papiers. «Ainsi, un navire parti d'Halifax à destination de Paspébiac devra se rendre d'abord à Gaspé, c'est-à-dire faire 120 milles de plus que son voyage; un navire parti de Caraquette devra faire neuf fois la distance de son voyage à la même destination pour se rendre à Gaspé. Un navire parti de Carleton pour

Dalhousie, Bathurst ou un port étranger devra, s'il transporte autre chose que des produits du Canada prolonger son voyage jusqu'à Gaspé pour obtenir son acquittement[74]. » En septembre 1866, le rappel du traité de réciprocité avec les États-Unis modifie certains actes de douane et le port franc de Gaspé est aboli. On rétablit alors les droits douaniers à ce port, ce qui affecte les affaires des marchands de la baie de Gaspé.

LA PRODUCTION ET LE COMMERCE

Comme dans la première moitié du 19e siècle, Paspébiac et le bassin de Gaspé demeurent les principaux endroits où se chargent et se déchargent les bâtiments de commerce. C'est de là que se fait l'expédition du poisson sur les marchés et la réception des marchandises, du sel et des fournitures de pêche nécessaires aux résidents de la côte. Ces deux endroits, non exposés aux vents du large, offrent un ancrage sûr aux navires de commerce durant la saison de navigation. Presque toute la morue séchée des entrepreneurs jersiais passe par les nombreux entrepôts que l'on retrouve dans ces deux ports avant d'être exportée à l'étranger. Il en est de même de la morue pêchée sur la côte nord du golfe Saint-Laurent.

Siège de la douane principale du district, le port du bassin de Gaspé est en pleine expansion après 1860. La création du port franc et le développement des pêcheries sur le littoral nord de la Gaspésie et sur la côte nord du Saint-Laurent stimulent les activités de ce havre. À Gaspé, on arme de nombreux bâtiments pour la pêche sur la Côte-Nord. Des quais se construisent et un village prend forme à l'endroit où, jadis, il n'y avait que quelques habitants. En 1864, on compte sur les rives nord et sud du bassin de Gaspé vingt entrepôts ou hangars pouvant contenir 148 000 quintaux de morue sèche[75]. Plusieurs milliers de quintaux arrivent tardivement de la Côte-Nord et doivent être entreposés à Gaspé jusqu'au printemps suivant.

À Gaspé, on ne fait pas la pêche proprement dite mais la population travaille aux activités liées au passage des navires. Cette animation commerciale amène l'établissement de consulats étrangers. Ainsi, en 1862, s'ouvre un consulat italien. Son représentant est le jersiais Horatio LeBoutillier, fils du commerçant John LeBoutillier. Apparaissent aussi des consulats des États-Unis, du Brésil, du Portugal et de la Norvège[76]. En 1865, Horatio LeBoutillier cumule les fonctions de consul d'Italie et vice-consul du Brésil et des États-Unis.

À Paspébiac, chef-lieu des deux grandes maisons de commerce, Robin et LeBoutillier, la pêche et le travail de la morue sont des activités de moins en moins importantes. Cependant, comme le poisson du Labrador se sèche difficilement sur place, une partie de sa production est ramenée à Paspébiac pour y être séchée[77]. Cet endroit demeure le siège social et le dépôt principal des marchandises et du poisson des deux grandes firmes marchandes. La rade de Paspébiac est généralement ouverte à la navigation du début d'avril jusqu'au milieu de décembre. Gaspé et Paspébiac demeurent donc les principaux ports de commerce gaspésiens même si l'on fait quelques expéditions de poisson de Percé, de Cape-Cove, de Pointe-Saint-Pierre, de Grande-Rivière et de Newport.

Il est difficile d'évaluer précisément le volume du commerce gaspésien à partir des statistiques gouvernementales. Ainsi, avant la Confédération, le trafic avec les Maritimes est considéré comme commerce extérieur, cette région ne faisant pas partie du Canada. Après 1867, les échanges de plus en plus nombreux entre le Québec, le Nouveau-Brunswick et la Nouvelle-Écosse font maintenant partie du commerce intérieur, diminuant artificiellement les chiffres des exportations et des importations. Jean-Chrysostome Langelier explique en 1884: « Aujourd'hui, une bonne partie du poisson qui s'exportait directement [des] ports [gaspésiens] est expédié à Halifax et là embarquée sur les navires qui le transportent à l'étranger, en sorte que le chiffre de ces [exportations] se trouve dans les registres du port d'Halifax au lieu de ceux des ports de la Gaspésie. Il en est de même pour une partie des importations[78]. » Une portion de la morue sèche envoyée par les marchands à Halifax est expédiée durant l'hiver aux Antilles et au Brésil.

Maison LeBoutillier à Gaspé, 1981. Résidence de Horatio LeBoutillier, consul d'Italie et vice-consul du Brésil et des États-Unis en 1865. Photo: Guy Collin.

Chaque année, plusieurs dizaines de navires de toutes sortes quittent la péninsule pour amener la morue séchée sur les marchés étrangers dont les plus importants demeurent l'Italie (Naples, Civitavecchia, Ancône, Bari, Palerme...), l'Espagne (Cadix, Malaga, Valence), le Portugal (Lisbonne, Oporto, Figueira...), le Brésil (Rio de Janeiro, Bahia, Pernambuco...) et les Antilles anglaises (Barbades, Saint-Vincent, Dominique, Jamaïque, Trinidad, Bermudes...). Ce dernier marché se développe de plus en plus. Il y a aussi les États-Unis, la Grande-Bretagne et l'île de Jersey. Malgré la concurrence de certains autres pays, les pays méditerranéens, particulièrement l'Italie, demeurent les principaux clients des firmes jersiaises, dont ils se partagent avec le Brésil la plus grande partie de la production d'été. Quant au poisson salé (vert) de la pêche d'automne, il est mis dans des caisses et des barils et continue d'alimenter le marché continental. Au début du 20e siècle, alors que se répand l'usage de la réfrigération, on commence à expédier en petites quantités sur le marché nord-américain du poisson frais: morue, hareng, éperlan, capelan et saumon.

Après 1850, de plus en plus de marchandises sont achetées de Québec, de Montréal, de Saint-John (N.-B.), de Halifax et de Toronto de préférence à l'Europe. En 1871, Napoléon Lavoie remarque que les bottes, souliers, étoffes et hardes importées autrefois d'Angleterre proviennent maintenant en presque totalité du Canada. Il estime que quelques années auparavant la valeur du commerce de cabotage au port de Gaspé s'élevait à plus de $286 000[79]. Langelier reprend plus tard: « Il se fait autant, même beaucoup plus d'affaires commerciales dans la Gaspésie, mais elles se font avec les grandes villes du pays et n'apparaissent pas dans les tableaux des importations...[80]» Les marchandises sont acheminées en Gaspésie par de petites goélettes appartenant, soit aux compagnies de commerce, soit à des caboteurs indépendants, ou soit encore par les bateaux à vapeur des lignes de navigation qui font le trajet Québec-Nouveau-Brunswick. Il y a également, à partir de la fin du 19e siècle, le train qui sert au transport des marchandises. Toutefois, avant les années 1880, les importations de l'extérieur du Canada sont encore importantes. Elles proviennent surtout d'Angleterre, de Jersey, d'Espagne et des États-Unis. C'est le cas en particulier pour les fournitures nécessaires à l'industrie de la pêche. L'emprise grandissante des caboteurs dans l'approvisionnement de la Gaspésie explique pourquoi les grandes firmes marchandes, qui restreignent leurs avances aux pêcheurs, ont de plus en plus de difficultés à rentabiliser leurs opérations d'import-export. Au fil des ans, elles préfèrent expédier leurs cargaisons au port de Halifax, noliser des navires ou utiliser un tiers pour le transport de leur poisson. Cela contribue à faire disparaitre la marine marchande gaspésienne, composée de navires de bois, dont un certain nombre ont été construits dans les chantiers de la région.

Les pêches secondaires

Si le 19e siècle gaspésien peut être considéré comme l'âge d'or de la morue séchée, il connait aussi l'exploitation de quelques autres espèces marines, principalement le hareng, le maquereau, le capelan, la baleine, le homard et le saumon. Certains poissons sont surtout recherchés pour garnir les hameçons des lignes de pêche à la morue. Les cultivateurs s'en servent également pour engraisser leurs terres, surtout les espaces réservés à la culture de la pomme de terre. L'exploitation à des fins commerciales d'espèces autres que la morue n'atteint pas une grande ampleur. Les marchands de Jersey s'opposent toujours à la capture de poisson autre que la morue. De toute façon, celle-ci est toujours en forte demande et facilement exploitable. À partir des années 1870, on assiste toutefois à une certaine diversification dans l'industrie de la pêche, particulièrement à la Baie-des-Chaleurs. Elle est l'oeuvre d'entreprises non impliquées dans la pêche morutière.

LA PÊCHE DU HARENG   La pêche du hareng vient au premier rang des pêches secondaires en Gaspésie. Ce poisson qui, comme la morue, se déplace par bancs, fait son

Barques chargées de harengs à Belle-Anse.
Photo: Charles Bernard.

apparition près des côtes gaspésiennes vers la fin avril et abonde surtout en mai. Au mois de juin, il quitte la zone côtière pour y revenir en août. C'est surtout à la Baie-des-Chaleurs qu'on s'intéresse au hareng. Entre la pointe Miguasha et Carleton et aussi dans la baie de Cascapédia où il va frayer, il s'en fait une pêche abondante, d'abord le printemps mais aussi à l'automne. On en prend de bonnes quantités à d'autres endroits de la Baie-des-Chaleurs, soit à Maria, Bonaventure et Port-Daniel. Pierre Fortin souligne: « Il est absolument impossible, sans en être témoin, de se faire une juste idée de la prodigieuse abondance d'oeufs de harengs déposés tout le long des côtes où ce poisson va frayer. J'ai vu maintes fois "plusieurs milles" continus du rivage couverts de ces oeufs sur une épaisseur de deux ou trois pieds[81]. »

Certains pêcheurs se servent de seines pour attraper le hareng. Mais le

Fumoirs ou boucaneries à harengs. Dessin: Alain Ross (Éd. off. du Québec)

coût élevé de ces filets limite leur utilisation et ce sont surtout les étrangers qui s'en servent. Les seines à hareng sont de grands filets de 100 à 130 brasses de longueur sur huit à onze de profondeur. Un bout du filet est installé sur le rivage et l'autre dans un canot qui décrit un mouvement circulaire pour revenir au rivage. À mesure que les côtés de la seine se rapprochent, le poisson est acculé vers son centre. Parfois, on utilise plutôt deux chaloupes qui étendent la seine en demi-cercle pour capturer le poisson. Les Gaspésiens se servent surtout des rets, filets qui coûtent moins chers que les seines. Que ce soit pour la pêche aux autres poissons-boëtte ou pour celle du saumon, les rets sont utilisés suivant le même principe. Mesurant 30 brasses de longueur sur cinq à six de profondeur pour la pêche au hareng, on les installe à faible distance du rivage ou à l'embouchure des anses. De petits barils clos et des flotteurs de liège les maintiennent au ras de l'eau tandis que des poids en métal fixés à l'autre bout en assurent la position verticale. Le poisson tente de traverser l'obstacle et s'engage la tête dans les mailles du filet que son corps plus gros ne peut traverser. Dès lors, il ne peut se dégager, ses ouïes formant crochet et l'empêchant de reculer. On tend les rets l'après-midi. Tous les matins, les pêcheurs vont les visiter pour en retirer le poisson emmaillé durant la nuit. Les bonnes nuits, on peut prendre de cinq à dix quarts de hareng par filet.

À Percé et à Gaspé, les pêcheurs font de grosses salaisons de hareng pour leur propre consommation. Si la pêche du saumon est en grande partie le fait d'individus favorisés, celle du hareng demeure le lots des pauvres. Ils traitent ce poisson et le mettent en marché eux-mêmes. Néanmoins, ce sont surtout les pêcheurs étrangers, en particulier ceux de la Nouvelle-Écosse, qui s'intéressent alors à l'exploitation de cette espèce négligée par les Gaspésiens. En mai 1858, Pierre Fortin mentionne que sur les 70 000 barils de hareng pris dans son secteur d'affectation, pas plus de 6 000 à 7 000 barils le sont par les pêcheurs canadiens[82].

Pendant la durée du traité de réciprocité avec les États-Unis, de 1854 à 1866, le commerce du hareng devient une industrie florissante. Le poisson pris dans la baie des Chaleurs est alors expédié, principalement à Boston, mais aussi dans les États du Sud, où cet aliment bon marché, mariné et salé sans précaution, est consommé par les esclaves noirs. Dès 1854, une firme américaine, la Merrian & Co., s'installe à Bonaventure. Deux ans plus tard, elle exporte aux États-Unis environ 3 000 quarts de hareng et plus de 1 000 quintaux de morue[83]. Quant au hareng envoyé sur le marché national, il n'est pas toujours de première qualité, si l'on en croit ce témoignage: « On envoie à Québec, affirme James McPherson Lemoine, des commandes pour tant de harengs: et au lieu de la qualité demandée, on reçoit des futaies contenant du poisson d'une qualité totalement inférieure, non marchande[84]. »

Vers 1866-1867, une maison de Sligo, en Irlande, la Petry, Robertson & Co., met sur pied des établissements pour la préparation du hareng à Maria et à Carleton. Vers 1870, elle en fonde un autre à Bonaventure. Elle possède aussi deux installations de ce type au Nouveau-Brunswick. Le poisson est exporté principalement en Méditerranée car, à ce moment là, les États-Unis imposent un droit à l'importation du hareng. Petry emploie un grand nombre d'hommes et de femmes du pays sans compter les ouvriers qu'il fait venir d'Europe pour diriger les opérations. Au printemps, il paie le baril de hareng frais 50 cents et le baril de hareng salé $1,40. À l'automne, le poisson frais vaut 60 cents et le salé $2,80[85]. Le hareng préparé se vend en Irlande de $6 à $10 le baril. En 1869, Petry expédie 7 000 barils de hareng de Carleton. En 1871, il en envoie 11 000 quarts de Maria et de Bonaventure. Au début des années 1870, la pêche du hareng à des fins d'exportation ne se fait qu'en ces trois endroits.

La compagnie irlandaise payant ses pêcheurs en argent comptant, Carleton se donne alors des airs de village prospère. Mais, dès 1873, les hausses de prix du sel et des barils, la rareté du hareng et le blocus des ports prussiens, forcent la compagnie à fermer ses établissements en Gaspésie. La production de hareng dans les comtés de Gaspé et de Bonaventure qui atteignait 20 638 barils en 1869 tombe alors à 5 343 barils. De plus, le gouvernement libéral canadien, libre-échangiste, donne le coup de mort à cette industrie débutante en faisant adopter en 1874 une loi permettant l'entrée du hareng de Terre-Neuve sans imposition d'aucun droit et sans inspection. Cette mesure entraîne la fermeture presque complète des marchés de Québec et de Montréal au hareng gaspésien.

En juin 1883, une nouvelle loi met un terme à celle de 1874. De 10 743 barils en 1880, la production de hareng s'élève à 24 325 barils en 1883. La presque totalité, soit 23 450, provient de la Baie-des-Chaleurs. Bon nombre de pêcheurs gaspésiens salent alors leurs 40 ou 50 demi-barils de hareng pour la vente dans les villes et paroisses de l'intérieur de la province. En sus de cette production, il faut ajouter celle du hareng fumé, qui s'établit entre 4 000 et 8 000 barils dans les années 1880. Marie-Dina Arseneau, dans ses souvenirs de la fin du 19e siècle gaspésien, explique la façon dont on salait et fumait le hareng. « Le hareng, dit-elle, était éguibé, vidé et salé dans des quarts faits par nos tonneliers. Il fallait bien le saler et le paqueter serré. Souvent on en mettait dans de grandes cuves ou vats qu'on appelait flattes [...] Après avoir passé trois semaines dans une forte saumure, le hareng était à nouveau salé et remis dans des barils. On emplissait le baril de saumure par la bonde et on le chevillait juste avant de l'envoyer. » Au printemps, pour fumer le petit hareng, « On construisait une petite bâtisse de dix pieds carrés tout au plus, haute, sans fenêtre et une seule porte étroite. Dans le faîte, on rangeait des baguettes appelées alignettes. Sur la terre, on étendait du son de scie de bois d'érable. C'était un boucan. Le hareng, tout frais, était éguibé, c'est-à-dire qu'on enlevait seulement les ouïes. On le mettait dans une saumure forte pendant une journée ou deux. Il ne fallait pas le laisser au soleil avant de le saler, ensuite on l'étendait pour le faire sécher. Puis on l'embrochait sur les alignettes [...] On place les alignettes dans le faîte du comble. Puis on allume le son de scie ou des copeaux de bois franc et on ferme la porte. Il faut entretenir le feu pour faire de la fumée pendant quinze jours ou un mois[86]. »

Au début des années 1890, la production du hareng connaît un regain grâce à la vente du poisson congelé qui se chiffre en 1893 à plus de 83 400 livres. Celle du hareng fumé varie dans le seul comté de Bonaventure de 35 000 à plus de 100 000 livres entre 1893 et 1900. Le hareng salé, comme d'ailleurs les autres poissons saumurés (maquereau, saumon, morue) n'est pas encore préparé avec assez de soin et n'obtient pas le prix qu'on pourrait en attendre. Il n'est expédié qu'aux marchés du Québec, alors qu'il pourrait fournir les marchés de l'Ouest canadien et des États-Unis, approvisionnés par le poisson préparé en Écosse et en Hollande. En 1912, la comité des pêcheries de la Commission de la conservation pose encore la question: « Pourquoi une abondance n'est pas exploitée[87]? »

LE MAQUEREAU ET LES AMÉRICAINS

La pêche commerciale du maquereau est encore l'affaire des Américains. Sauf pour la boëtte, les Canadiens ne pratiquent guère cette pêche, exception faite de certains pêcheurs des Iles-de-la-Madeleine et de la baie de Gaspé ou de quelques hommes âgés et jeunes garçons qui s'amusent matin et soir à prendre le maquereau avec une turlutte (*jigger*) quand ils le voient se former en bancs dans les anses.

Cette pêche attire chaque année plus d'une centaine de goélettes des États-Unis et des navires en provenance du Nouveau-Brunswick, de la Nouvelle-Écosse et de l'Ile-du-Prince-Édouard. Elles viennent pêcher le maquereau, soit à la seine, soit à la ligne. Dans les eaux gaspésiennes, ce poisson se tient surtout dans la baie de Gaspé et dans la portion de la baie des Chaleurs sise entre Port-Daniel et Bonaventure. Il se présente à ces endroits vers la mi-juin et y demeure jusqu'aux premiers jours d'octobre.

En 1865, Pierre Fortin estime que pas moins de 1 200 à 1 500 goélettes américaines pêchent le maquereau dans le golfe Saint-Laurent et il évalue à plus de 300 000 barils le produit de cette pêche. Sur ce nombre de bâtiments, quelque 200 à 300 viennent dans les eaux des Iles-de-la-Madeleine et de la péninsule gaspésienne. Ils y prennent entre 15 000 et 30 000 barils de maquereau. La ville de Gloucester dans le Massachusetts fournit à elle seule de 500 à 600 de ces goélettes, ce qui fait dire à Fortin: « Ainsi, cette petite ville américaine équipe à elle seule, pour un seul genre de pêche, plus de trois fois le nombre de bâtiments que tout le Canada pour toutes nos pêcheries[88]. » Ces navires partent de leur port d'attache vers la mi-juillet pour atteindre le golfe Saint-Laurent une semaine plus tard.

À l'expiration du traité de réciprocité en 1866, les bateaux américains se font moins nombreux dans les eaux canadiennes, mais leur nombre demeure respectable. Les pêcheurs américains se sont constitués en sociétés de dix à vingt goélettes dont les équipages de quinze à vingt hommes se partagent les profits de la pêche. Les habitants de Paspébiac, port de refuge privilégié de ces voiliers, sont souvent irrités par la conduite des Américains qui, lorsqu'ils débarquent sur la grève, causent des désordres. Ils sont même obligés de poster des gardiens la nuit pour protéger les propriétés.

En Gaspésie, la production commercialisée du maquereau n'atteint que quelques centaines de barils par année. Les meilleures saisons de pêche, celles qui dépassent le millier de barils, sont 1869 (1 002 barils), 1878 (1 242), 1880 (1 840), 1889 (4 600), 1901 (5 500), et 1902 (1 000). Ainsi, le maquereau demeure une ressource sous-exploitée par les péninsulaires, malgré les incitations qui leur sont faites d'en profiter. Mais encore là, les entrepreneurs locaux ne sont pas intéressés et les pêcheurs ne sont pas organisés pour en faire la mise en marché. Qui plus est, les Américains ont établi une législation protectionniste visant à fermer leur marché au maquereau canadien.

LES AUTRES ESPÈCES PÊCHÉES

Comme le hareng et le maquereau, d'autres espèces servent à appâter les lignes à morue. Sur les côtes des comtés de Bonaventure et de Gaspé jusqu'à Mont-Louis, le capelan, le lançon, l'éperlan, la truite et différents mollusques, dont l'encornet et la seiche, sont ainsi utilisés comme poissons-boëtte. En amont de Mont-Louis, on emploie plutôt les moules prises sur la côte nord du Saint-Laurent. On les conserve fraîches pendant deux mois en les mettant dans des sacs submergés. La boëtte détermine les rendements de la pêche à la morue. Aussi, quand les Américains pêchent intensément le maquereau et que les autres sortes d'appâts viennent à manquer, les pêcheurs sont dans une situation difficile. Napoléon Lavoie écrit en 1877: « C'est surtout lorsqu'il y a disette de boitte que l'on peut mieux apprécier les dommages incalculables faits aux pêches du maquereau de la côte par les pêcheurs des États-Unis. Quand le capelan et le hareng quittaient la côte vers la fin de juillet et avant que la seiche fut arrivée, nos pêcheurs comptaient autrefois sur le maquereau qui fait une excellente boitte pour la morue pendant cette saison de l'année [...] Ce temps est malheureusement passé et l'on peut à peine estimer le tort fait à cette population quand on songe que de quinze à dix-huit cents bateaux ont été obligés de rester inactifs durant les trois ou quatre semaines du meilleur temps de la pêche, parce que cette boitte indispensable faisait défaut[89]. »

Plusieurs contemporains pensent aussi que l'utilisation en assez grande quantité d'espèces comme le capelan et le hareng pour engraisser les terres contribue à diminuer les stocks. Vers 1889, le problème de la boette se pose d'une façon aiguë: le capelan et le hareng sont devenus rares. Il existe alors beaucoup de mécontentement sur la côte au sujet de l'interdiction de pêcher l'éperlan à la seine, sauf avec des permis spéciaux. À l'automne, après le départ de l'encornet et lorsqu'il est impossible de se procurer du hareng, l'éperlan devient indispensable. Déjà quelques grandes maisons de pêche importent des moules salées de Halifax afin de contrer les pénuries de boette et de sauver du temps aux pêcheurs. Ces derniers trouvent cependant ces moules trop petites et refusent de s'en servir.

C'est alors qu'on réalise les premières tentatives de congélation de la boëtte. À Newport, les Robin construisent une glacière à l'été de 1891 pour y conserver le hareng printanier. D'autres commerçants les imitent. Au début, les pêcheurs sont réticents à utiliser les appâts congelés, mais ils ne tardent pas à en reconnaître l'avantage puisqu'un approvisionnement de hareng congelé, sous les planches, au fond du bateau, leur permet de pêcher dès qu'ils atteignent les fonds. Le gouvernement canadien met sur pied en 1899 un système de congélateurs pour l'emmagasinage de la boette et tente d'amener la formation d'associations de boëtte dans les différents centres de pêche. En 1901-1902, on trouve déjà une vingtaine de ces congélateurs le long des côtes des Provinces maritimes, mais il faut attendre jusqu'en 1903 pour voir démarrer leur implantation au Québec. Un premier congélateur est alors construit à la rivière Bonaventure. En 1910, on peut compter 41 « *freezers* et *Ice-Houses* » dans Gaspé et 51 dans Bonaventure.

En sus des espèces marines précitées, certains Gaspésiens se mettent à capturer le flétan à l'aide de palangres à morue. Mais ce poisson est déjà fortement pêché par les Américains. Pendant un certain temps aussi, le marsouin est pourchassé dans la baie des Chaleurs; on se sert alors d'un filet pour ce faire. Une compagnie se forme en 1867 pour capturer le marsouin près du banc de Carleton mais l'aventure échoue. Autre tentative éphémère: celle de la pêche aux huîtres. Patronnée par le Service canadien des pêcheries, cette expérience voit le jour à la fin des années 1850. En 1859, Pierre Fortin essaie d'en faire l'implantation dans les eaux du bassin de Gaspé. En 1861, il fait transporter de Caraquet à ses bancs artificiels de Gaspé 300 barils d'huîtres. Plus tard, le Service des pêcheries fait venir d'autres huîtres de Caraquet mais cette fois aux Iles-de-la-Madeleine, à New-Richmond et, en 1866, au Bic, à l'ouest de Rimouski, sans plus de succès.

LA PRODUCTION D'HUILE DE BALEINE

Vers 1850, l'extraction de l'huile animale est une industrie très lucrative. Utilisée pour l'éclairage et le graissage des machines de toutes sortes, elle sert aussi au tannage, à la savonnerie, etc. La morue et la baleine procurent ce produit. La production gaspésienne d'huile de foie de morue varie entre 50 000 et 80 000 gallons dans la deuxième moitié du 19e siècle. Le comté de Gaspé en fournit la plus grande partie. Le procédé d'extraction est rudi-

mentaire: les foies sont mis dans un baril dont le flanc comporte trois trous bouchés de chevilles. Avec la chaleur de l'été, la putréfaction dissocie les cellules, en libère les corps gras et ceux-ci par gravité montent à la surface et s'y accumulent. Ensuite, on enlève les chevilles pour décanter l'huile[90]. C'est le seul sous-produit de la morue à être mis sur le marché, exception faite de ses oeufs qu'on tente de commercialiser au début des années 1870. Ces oeufs, que l'on rejetait auparavant, sont dès lors saumurés de la même manière que la morue. En 1870, à Percé, Grande-Rivière et aux Iles-de-la-Madeleine, on en livre plusieurs centaines de barils au prix relativement élevé de $5 ou $6 le baril[91]. Ces « roques » sont exportées en France par une maison de New York et servent dans la baie de Biscaye d'appâts pour la sardine. Malgré les encouragements de l'officier des pêcheries, l'exploitation de ce nouveau produit est très éphémère et disparaît après quelques années seulement.

L'huile de baleine jouit aussi d'un bon marché mais sa production est beaucoup moins élevée que celle du foie de morue. Le bassin de Gaspé est le seul port du golfe qui arme des goélettes baleinières et cette industrie se maintient depuis près de cent ans dans les mêmes familles. C'est vers le mois de juillet que commence généralement la pêche à la baleine dans le golfe Saint-Laurent et le détroit de Belle-Isle. Les pêcheurs reviennent à Gaspé vers le milieu de septembre. Les lieux de capture les plus favorables sont le banc de Mingan, situé dans le détroit de Jacques Cartier, au nord de l'île d'Anticosti, et le banc Saint-Jean, dans les eaux du détroit de Belle-Isle, cet étroit passage séparant l'île de Terre-Neuve et le Labrador.

À cette époque, la baleine franche étant devenue très rare, les pêcheurs pourchassent les baleines noires, les « *humpback* », les « *sulpur bottom* », les « *fin back* », ou « *jinner* ». Mais la baleine noire, la plus recherchée de toutes, se fait rare elle aussi. Pierre Fortin écrit en 1856 que « depuis sept ou huit ans [...] il n'a été tué sur nos côtes que quatre ou cinq mammifères de cette espèce. » Les pêcheurs du port de Gaspé s'attaquent donc surtout à la baleine « *humpback* » ou baleine à bosse, nombreuse dans les eaux du golfe et facile à attraper. En effet, quand on réussit à l'approcher, on la harponne tout de suite et au moyen d'une ligne amarrée au manche du harpon, on se laisse remorquer par la baleine jusqu'à ce qu'elle s'épuise; on s'approche alors de nouveau et on la tue en lui faisant de larges entailles dans les chairs avec une lance. La baleine à bosse peut donner de 10 à 80 quarts d'huile. Les goélettes rapportent en général de 150 à 310 barils d'huile chacune, valant de $2 400 à $5 200[92]. David J. McDougall estime qu'à cette époque la production annuelle moyenne d'huile de baleine se chiffre à 750 barils[93]. La meilleure année pour les prises est celle de 1858.

À partir des années 1860, la pêche à la baleine diminue constamment. En 1866, sept goélettes partent de Gaspé pour faire la pêche, en particulier sur les côtes du Labrador et dans les parages de Terre-Neuve. Elles reviennent avec 12 330 gallons d'huile[94]. En 1875, trois navires baleiniers seulement quittent le port de Gaspé. Dans les années 1860, les officiers Fortin et Têtu du Service des pêcheries recommandent déjà, sans succès, la formation d'une ou de deux compagnies pour pourchasser le grand mammifère dans les mers du nord et au Groënland, où le baleinier expérimenté de Gaspé obtiendrait sans doute une bonne pêche. Ces fonctionnaires suggèrent aussi d'accorder des primes d'encouragement aux pêcheurs. On avance alors comme causes de la raréfaction de la baleine le développement des pêcheries qui chasse les grands cétacés de leurs anciens lieux de fréquentation et l'utilisation, surtout par les Américains, de fusils à fusées à la congrève pour harponner les mammifères. Quoi qu'il en soit, les produits pétroliers remplacent graduellement les huiles animales pour l'éclairage et la lubrification. La pêche à la baleine à partir de la baie de Gaspé cesse complètement à l'automne de 1893[95].

En Gaspésie, la pêche au homard se pratique surtout depuis 1870. Elle s'organise d'abord sur les bords de la baie des Chaleurs, en particulier dans les baies de Cascapédia, de Port-Daniel et de Carleton. Cette pêche est des plus faciles. Le homard se capture au moyen de trappes ou cages de bois fermées aux deux extrémités par une espèce de rets, au centre duquel subsiste une petite ouverture que traverse le crustacé pour aller chercher l'appât. Les trappes, maintenues au fond de l'eau par une pierre, sont attachées à des bouées de repérage reliées entre elles par un câble. Le pêcheur visite ses cages deux fois par jour en longeant avec sa barque le câble qui relie toutes les bouées. Selon Jean-Chrysostome Langelier, un pêcheur peut récolter de 500 à 600 livres de homard par jour[96].

Ces crustacés sont vendus à des propriétaires d'établissements de mise en conserve, qui les mettent sur le marché dans des contenants de fer blanc scellés. Le homard vivant ne s'exporte pas encore. On utilise aussi le crustacé comme engrais pour les terres. En fait, on a l'habitude de n'utiliser pour le commerce que la chair de la queue et des pinces, le reste du homard étant destiné à l'engraissage du sol.

Avant 1870, on ne prenait qu'occasionnellement le homard en se servant de pièges faits de branches d'osiers et d'ambres entrelacées. L'implantation de la pêche de ce crustacé en Gaspésie et dans les Maritimes fait suite à l'épuisement des stocks de homard aux États-Unis, entre le Massachusetts et le Maine. « Jusqu'à ces six ou sept dernières années, écrit l'inspecteur Lavoie en 1876, on n'avait pas encore songé à s'aventurer sur notre terrain et nul Canadien n'avait pensé à exploiter cette mine précieuse [...] quand une compagnie américaine commença à s'en occuper à Carleton et à Maria. » Cette première entreprise à commercialiser des crustacés en Gaspésie est celle de l'Américain Campbell. En effet, dans son rapport de 1871, Lavoie écrit que « M. Campbell est le seul qui pratique cette pêche dans la

**LES CONSER-
VERIES
DE HOMARD**

Baie des Chaleurs. Il a préparé 55 000 boîtes de homards. » L'année suivante, l'inspecteur fait allusion à deux grandes conserveries américaines à la Baie-des-Chaleurs ainsi qu'à un M. Brown, du Nouveau-Brunswick, qui s'occupe de ce commerce à Port-Daniel, une fois la pêche au saumon terminée. De juin à octobre 1872, pas moins de 280 640 livres de homard sont mises en boîtes à Maria et à Carleton. En 1874, la plus grande conserverie, celle de Carleton, emploie 99 hommes et 37 femmes. Elle appartient à M. Hogg, un Américain de Portland, au Maine. En 1877, l'inspecteur Lavoie fait le bilan des nouveaux établissements de mise en conserve: « En 1875, il en a été construit deux à Maria [il s'agit des établissements de Hogg et Walker] et au Cap Noir [i.e. l'établissement de George Haddow] et un à Bonaventure. Cette année, deux autres ont été ouverts à Port-Daniel et à la Petite Rivière. On doit en ouvrir deux autres à Newport l'année prochaine[97]. »

Lavoie indique aussi dans le même rapport qu'un M. Holliday, de Québec, a ouvert en 1873 une conserverie de homard à Barachois. En 1875, Holliday en ouvre une autre du côté sud de la baie de Gaspé, à Sandy-Beach. Un Canadien en organise aussi une à Caplan. Vers 1878, deux nouveaux établissements sont mis sur pied, à Newport et à Grand-Pabos et Holliday commence l'exploitation de nouveaux fonds à Seal-Cove (plus tard à Cap-d'Espoir) et à Percé, où la Canada Packing Co. fait aussi de la mise en conserve. Dès 1872, le commandant Lavoie recommande des mesures spéciales pour protéger cette espèce. En 1873, un premier règlement interdit la prise de homard femelle portant des oeufs et de celui pesant moins d'une livre et demie. En 1877, la pêche au homard est interdite en Gaspésie du 20 août au 15 septembre.

Puis, le plus important établissement, celui de Hogg et Walker à Carleton, se transporte à New-Mills du côté du Nouveau-Brunswick, où on n'a pas encore ruiné les fonds de pêche comme à Carleton et à Maria. Les homards pris dans la baie des Chaleurs sont alors transportés à New-Mills pour être mis en boîtes. Vers 1880, la pêche au homard ne se pratique à peu près plus dans le haut de la baie des Chaleurs, les crustacés se prenant surtout entre Percé et Port-Daniel. Malgré la diminution apparente des stocks, de nouvelles conserveries surgissent et les industriels songent à étendre cette pêche sur la côte nord du Saint-Laurent et à l'île d'Anticosti. En 1882, deux nouvelles fabriques ouvrent leurs portes à Belle-Anse et à Malbaie. En 1886, d'autres voient le jour dans le voisinage du bassin de Gaspé. Dans le comté de Gaspé, il y avait quatre fabriques en 1877; dix ans plus tard, il y en a dix-huit. Dans Bonaventure, trois conserveries de homards fonctionnaient en 1877; dix ans plus tard, on en compte six. Ainsi la production n'a fait que doubler mais le nombre de fabriques a plus que triplé.

Vers 1888, plusieurs établissements ferment leurs portes à cause de la

forte diminution des prises et des nouvelles restrictions sur l'étendue de la saison de pêche, qui se situe alors entre le 20 avril et le 15 juillet. En 1886, la production gaspésienne dépassait les 400 000 livres et en 1890, elle n'est plus que de 210 630 livres. Le comté de Gaspé possède alors quatorze conserveries de homard (9 335 trappes) et celui de Bonaventure quatre (3 250 trappes): elles sont situées à Bonaventure, Nouvelle (Hope), Port-Daniel, Anse-aux-Gascons, Newport (deux), Grand-Pabos, Petite-Rivière, Grande-Rivière, Cap-d'Espoir, Percé, l'île Bonaventure, Coin-de-la-Grève (baie de Malbaie), Belle-Anse, Chien-Blanc (Saint-Georges-de-Malbaie), Bois-Brûlé, l'Anse-aux-Loups-Marins et Cap-aux-Os.

Dans les années 1890, de nouvelles conserveries s'implantent en des endroits où il ne semblait pas justifié de s'installer autrefois. Ainsi, au printemps 1897 et pendant les années suivantes, on en voit apparaître sur le littoral nord de Gaspé. C'est le cas de celle de la compagnie montréalaise Windsor à Cloridorme et d'une autre à Saint-Yvon, propriété d'une firme de Halifax. Au tournant du siècle, le nombre de conserveries de homard connaît une baisse sérieuse dans la division administrative du golfe Saint-

« Le homard se capture au moyen de trappes ou cages de bois fermées aux deux extrémités par une espèce de rets au centre duquel subsiste une petite ouverture que traverse le crustacé pour aller chercher l'appât sans possibilité de retour. » (MRG)

Cannerie de homard appartenant à la famille Sullivan de Port-Daniel en 1922. (MRG)

Étiquette des contenants de homard expédié par P.O. Hurley, Grand-Pabos. (MRG)

Laurent, comprenant la Gaspésie, la Côte-Nord et les Iles-de-la-Madeleine. Des 151 recencées en 1901, il n'en reste plus que 93 l'année suivante. Cette diminution s'explique d'abord par l'abandon au profit d'industriels plus fortunés de petites entreprises qui ne peuvent tenir le coup devant l'âpre concurrence des dernières années.

Joseph Windsor, qui est dans cette industrie depuis 35 ans, possède à lui seul des fabriques à Malbaie, Percé, Cap-d'Espoir, Petite-Rivière, Newport et deux autres à l'île Miscou au Nouveau-Brunswick. En Gaspésie, il emploie 200 personnes et dans la province voisine, de 75 à 100 autres. Au début de son exploitation, il payait les pêcheurs gaspésiens de 50 à 75 cents pour 100 livres de homard, les bateaux et l'outillage lui appartenant. Dans les années 1900, il les rémunère entre $2 et $3 par cent livres, mais les bateaux et le matériel sont la propriété des pêcheurs[98]. L'industriel américain Hogg, lui, emploie à Port-Daniel 30 bateaux et 68 hommes. J.E. Alexander, qui fait affaire en Gaspésie depuis 1891, possède trois établissements à Shigawake, à Port-Daniel et à l'Anse-à-la-Barbe, près de cette dernière localité. Dans Gaspé, on retrouve aussi la Portland Packing Co., de l'État du Maine, et dans Bonaventure, la H.J. Forham, du même État. La pêche au homard est alors presque monopolisée par les industriels américains. La politique du ministère des Pêcheries consiste alors à refuser l'émission de tout nouveau permis. En 1917, la Gaspésie compte quatorze conserveries de homard employant 165 personnes. La production a grandement diminué depuis vingt ans. Cette industrie a donc connu une croissance rapide mais sans doute excessive, ce qui semble avoir compromis son développement.

Une autre pêche non négligeable en Gaspésie est celle du saumon. Elle se fait de deux manières: au rets ou à la ligne. La pêche à la ligne ou à la mouche est d'abord une pêche sportive, tandis que celle au filet en est une commerciale. Cette dernière se pratique en tendant des rets sur le bord de la mer, dans les anses et surtout à l'embouchure des rivières. À la marée haute, le poisson passe au-dessus des rets pour se rendre près de la terre ou remonter dans les rivières. Lorsque l'eau redescend, il s'éloigne de la terre et retourne vers la mer où son passage est intercepté par les filets. On l'appelle alors saumon « maillé ». Dans les premières décennies du 20e siècle, une nouvelle méthode se répand à la Baie-des-Chaleurs. Avec l'ancien procédé, le poisson devait lutter contre les mailles du filet; il meurtrissait alors sa chair qui perdait de sa qualité. Les pêcheurs inventent donc la « pêche », qui est en fait une trappe. Le saumon qui s'y aventure rencontre d'abord un filet qui lui coupe le chemin. Il le suit et entre dans la première porte de la trappe. Après deux autres ouvertures plus petites, il est pris définitivement. Dès qu'on l'attrape avec une salebarde, on le jette dans le fond du « flat » et on l'assomme pour éviter qu'il ne meurtrisse sa chair en se débattant. Apparemment, cette méthode permettrait de doubler et même de tripler les prises de saumon. Précisons toutefois que ce ne sont pas tous les rivages qui se prêtent à l'utilisation de la « pêche »[99].

Le saumon semble apprécier les rivières gaspésiennes où on le retrouve en abondance. Les principaux cours d'eau qu'il remonte sont la Matane, la Cap-Chat, la Sainte-Anne, la Mont-Louis et la Madeleine sur le littoral nord, les Dartmouth, York et Saint-Jean, qui se jettent dans la baie de Gaspé, la Grande Rivière, le Grand Pabos et plusieurs affluents de la baie des Chaleurs, soit la Bonaventure, les Cascapédia, la Nouvelle, la Ristigouche et ses affluents, les rivières Matapédia, Patapédia, et Mistigougèche.

De la fin des années 1830 au milieu du 19e siècle, la pêche commerciale du saumon est incertaine, précaire même. Une exploitation abusive faite souvent selon des méthodes illégales et l'utilisation d'un trop grand nombre de filets expliquent la situation. Il y a aussi les sciures et croûtes de bois qui polluent les rivières et les écluses de certaines scieries qui obstruent les cours d'eau, ne laissant aucune place aux saumons pour remonter les

**LA PÊCHE
COMMERCIALE
DU SAUMON**

rivières. Richard Nettle estime que des 2 000 à 3 000 tierçons pêchés vers 1820-1830, on est passé vers 1867 à une production annuelle de moins de 200 à 300 tierçons[100]. En juin 1857 et en août 1858, deux lois créent une nouvelle réglementation pour la pêche au saumon et à la truite. La loi de 1858, en particulier, institue pour la première fois un corps d'inspecteurs ou garde-pêche sur les principales rivières fréquentées par le saumon. En Gaspésie, on reproche particulièrement à certains pêcheurs et aux Amérindiens de capturer illégalement le saumon dans des rivières importantes. Le poisson est ensuite vendu à des trafiquants ou aux résidents qui sont peu loquaces sur ces agissements, ce qui ne facilite pas le travail du Service de protection des pêcheries.

En 1859 et 1860, neuf garde-pêche sont nommés pour couvrir le territoire gaspésien. D'autres s'ajoutent par la suite. Ils font rapport à l'inspecteur du Service des pêcheries, qui longe les côtes à bord de sa goélette pour distribuer les licences de pêche, faire appliquer les règlements, s'occuper des différends entre les propriétaires de stations de pêche, surveiller le braconnage, faire construire des passes migratoires pour faciliter la montée du saumon en période de frai, etc. En 1859, un système de permis pour la pêche au saumon vient s'ajouter à ces mesures protectrices.

Malgré cette surveillance, les contrevenants peuvent encore agir efficacement, particulièrement sur la rivière Ristigouche. Ce cours d'eau marque la frontière entre le Québec et le Nouveau-Brunswick et la double juridiction qui y est exercée entraîne bien des complications. Aussi les Micmacs, qu'on oblige à se procurer des licences pour pêcher dans des endroits bien spécifiques et pour leur subsistance seulement, continuent en bonne partie comme auparavant à darder et à pêcher le saumon au flambeau, comme c'est de tradition chez eux. Pour ce faire, ils préparent des torches formées d'une douzaine de feuilles de bouleau, mesurant un pied sur deux et repliées puis reliées avec une courroie de bouleau à trois ou quatre places. La nuit venue, un canot est amené sur la rivière. La lueur vive de la torche attire le saumon près de l'embarcation où un pêcheur l'embroche avec un dard[101]. On utilise également des fouënes ou nigogs, sortes de fourchettes qui servent à piquer le poisson.

« La nuit venue, on amène un canot sur la rivière. La lueur vive de la torche attire le saumon près de l'embarcation où un pêcheur l'embroche avec un dard. On utilise également des fouënes ou nigogues, sortes de fourchettes qui servent à embrocher le saumon. » Photo tirée de: George Monro Grant, *Picturesque Canada*, volume II, 1882.

Les nouvelles mesures gouvernementales mettent quand même un peu d'ordre dans l'exploitation des rivières. Le commandant Théophile Têtu va même jusqu'à dire en 1867: « le gouvernement, en abolissant le dard et les barrières, en diminuant le nombre de filets et en augmentant la distance qui doit se trouver entre eux, a atteint le but tant désiré, le repeuplement de nos belles rivières, autrefois si fécondes en saumon et en truite. » Il paraît même qu'à la Grande Rivière « ... où, il y a deux ou trois ans, l'on pouvait à peine, à l'aide de filets, prendre quelques saumons [...] à la mouche, le général Davis, des États-Unis, en capturait 160, à part le nombre déjà pris par les pêcheurs dans leurs stations[102]. » Cela explique qu'au tournant des

années 1870, les demandes de places de pêche pour le saumon se font toujours plus nombreuses, « excessives » affirme l'inspecteur du Service des pêcheries. En effet, devant les gains réalisés par les détenteurs de licences de pêche, de nombreux Gaspésiens réclament les mêmes privilèges auprès de leurs députés. Au tournant des années 1870, le nombre de stations de pêche au saumon s'accroît de plusieurs dizaines. En 1871, on accorde 40 nouvelles licences: 30 dans Gaspé et 10 dans Bonaventure. L'augmentation du volume des prises est appréciable: en 1865 dans Gaspé, elles sont de 217 quarts et en 1873, de 742 quarts; dans Bonaventure, les quantités passent de 299 à 692 quarts.

La pêche commerciale du saumon prend de l'ampleur parallèlement au développement des moyens de communication. Ainsi, grâce aux lignes de bateaux à vapeur, on peut envoyer du saumon frais sur les marchés de l'Amérique du Nord. Vers 1870, il y a déjà à Carleton et à Dalhousie des conserveries de saumon. Ceci permet aux pêcheurs de se trouver facilement un acheteur pour leur production et de recevoir de l'argent comptant en retour. Le commandant Napoléon Lavoie écrit en 1871: « Le saumon qui se prend à Gaspé est expédié à l'état frais à Québec, à Montréal et dans le Haut-Canada. M. Brown en acheta quatre-vingt-treize quarts pris à Port-Daniel, le mit en boîtes et l'expédia sur les marchés de la Nouvelle-Écosse et du Nouveau-Brunswick. Les propriétaires des établissements où l'on met le saumon en boîtes à Campbellton et à Dalhousie en achetèrent 239 000 livres de Ristigouche et des environs, et l'exportèrent aux États-Unis conservés dans de la glace ou en boîtes. Le reste a été consommé sur les lieux, ou expédié à Québec à l'état salé et vendu pour des provisions[103]. »

Les pêcheurs réalisent alors un meilleur gain avec le poisson frais vendu à Québec qu'avec le mariné mis en boîte. Vers 1870, le prix du baril de saumon frais est d'environ $23 à $25, tandis que le baril de poisson mariné ne dépasse pas les $16 en 1875. Souvent, les conserveries de saumon et de homard sont réunies sous un même toit et elles appartiennent à un même entrepreneur. Les pêcheurs de Pabos et de Port-Daniel vendent leur saumon sept cents la livre à quatre conserveries, dont trois sont situées au Nouveau-Brunswick. En 1873, les établissements de Windsor, Haddow et Howick mettent en boîtes 309 000 livres de saumon pour la Nouvelle-Écosse et le Nouveau-Brunswick. Ils en achètent aussi des pêcheurs de cette dernière province pour l'expédier aux États-Unis. Les saumons sont alors mis en boîtes ou conservés dans la glace. Pour ce faire, une des techniques utilisées consiste à pelleter la neige du printemps dans un petit hangar appelé neigère et à l'été, y déposer le saumon. La maison de commerce Caldwell & Mowatt, qui possède une entreprise de congélation du poisson à Campbellton, exporte en Angleterre du saumon de la Baie-des-Chaleurs à l'état congelé. Le *London Telegraph* du 1er décembre 1879 annonce: « Enfin le marché de Billingate a été envahi par un produit canadien. Il y a

Pêche sportive du saumon sur la rivière Bonaventure vers 1900. (Arch. photo. Notman; Musée McCord)

un ou deux jours, 3 000 saumons récemment arrivés du Canada, ont fait leur apparition sur les quais de la Tamise. Congelés par un procédé artificiel avant d'être embarqués sur le navire, on les a trouvés, à leur arrivée sur le marché de Londres, dans une condition admirable et excellemment bon pour la table. Dans leur nombre se trouve probablement des échantillons du beau poisson qui habite la fameuse rivière Ristigouche et dans ce cas, la métropole peut se flatter d'avoir du saumon comme elle n'en a jamais vu. D'après les calculs de ceux qui ont apporté la cargaison, ce poisson coûte, livré, un peu plus qu'un tiers plus cher que celui qui vient de la Hollande[104]. »

Le saumon frais commence à devenir accessible. En 1878, un M. Lemesurier, représentant de maisons françaises, visite la Gaspésie pour signer des contrats avec les pêcheurs intéressés à lui en vendre. D'autres marchands, tels les Labillois, Stuart et Baillie, sillonnent la côte pour en faire le commerce. L'ouverture du chemin de fer Intercolonial en 1876-1877 stimule aussi le commerce du saumon à la Baie-des-Chaleurs. Une maison d'affaires expédie par train, en six jours, 80 000 livres de saumon à New York. Le nombre de wagons réfrigérés passe bientôt de deux à treize. John Mowatt qui, depuis longtemps, s'occupe de cette pêche dans le secteur de la rivière Ristigouche, affirme que de 1869 à 1887 le nombre de rets à saumon est passé dans les comtés de Gloucester (nord du Nouveau-Brunswick) et de Bonaventure, de 35-40 à 150. Il estime que vers 1886, quelque 250 pêcheurs utilisent de ces rets à la Baie-des-Chaleurs[105]. Au début des années 1890, devant cette exploitation grandissante et la diminution des prises, on parle même d'interrompre le droit de pêche au filet dans les estuaires et les embouchures des rivières. La situation se rétablit par la suite et la production dépasse même les 450 000 livres au début de notre siècle. Une bonne partie du saumon de la Baie-des-Chaleurs est alors salée et expédiée par goélette aux marchands Reed et Loggie de Dalhousie et O'Haig de New-Mills, qui l'envoient par train sur les marchés canadiens et américains.

À cette pêche commerciale, s'ajoute la pêche sportive, c'est-à-dire la capture des saumons à la mouche. Dans la seconde moitié du 19e siècle, de plus en plus de visiteurs viennent l'été pêcher le saumon dans les rivières gaspésiennes. C'est en 1871 que le gouvernement commence à louer à bail des sections de rivières et même des cours d'eau complets à des concessionnaires ou à des clubs privés. La Gaspésie laisse donc paraître cet étrange contraste du pêcheur de saumon fortuné et du morutier dont la situation est toujours précaire[106].

Les crises
du secteur morutier

À partir des années 1880, l'industrie de la morue séchée est aux prises avec de sérieux problèmes. Cette activité qui fut toujours le moteur économique de la péninsule fonctionne selon une gestion déjà centenaire et de plus en plus désuète. Le poisson séché est également moins en demande, la concurrence et le développement de la technologie et des communications ajoutent aux marchés de nouvelles exigences. De plus, des crises financières majeures ébranlent les compagnies maritimes de Jersey et les forcent à se restructurer. Quant aux morutiers gaspésiens, ils commencent à acquérir une plus grande liberté de manoeuvre qu'auparavant et tentent peu à peu de s'organiser d'une façon différente de celle qu'ils ont toujours connue. L'industrie morutière, conçue selon un système jadis très efficace, tente de résister aux multiples changements qui secouent aussi bien la Gaspésie que les marchés à partir de la fin du 19e siècle.

UN RETARD TECHNOLOGIQUE ET COMMERCIAL

Aux prises avec des problèmes d'organisation, les compagnies exportatrices de poisson maintiennent un style de gestion qui, dynamique à l'époque qui les a vu naître, devient une force d'inertie à la fin du 19e siècle. Ce système routinier révèle ses lacunes particulièrement dans le type de bateau et les techniques de pêche utilisés: « Je ne puis cependant passer sous silence, explique Louis-Zéphirin Joncas en 1886, un peu avant de devenir député fédéral de Gaspé, le fait que nous sommes encore dans l'enfance dans l'art de pêcher. Nous faisons un usage bien trop exclusif de la ligne et du hameçon et les engins améliorés semblent nous être antipathiques, tant ils s'introduisent lentement dans notre pays[107]. » Le député provincial de Bonaventure, Fabien Bugeaud, quelque 35 ans plus tard, écrit, de façon un peu exagérée, dans une brochure de l'École sociale populaire: « Il n'y a aucune différence entre la manière de pêcher d'alors [au temps de Jacques Cartier] et celle d'aujourd'hui: les bateaux sont les

Tableau 4.12. Nombre de barques à voile et à essence dans la province de Québec, 1908-1918.

Année	Barques à essence	Barques à voile
1908	—	6 109
1909-1910	—	6 133
1910-1911	5	6 122
1911-1912	73	6 180
1912-1913	132	4 994
1913-1914	247	5 102
1914-1915	266	4 984
1915-1916	548	3 872
1916-1917	1 002	3 929
1917-1918	1 652	3 693

Source: Annuaire statistique du Québec, 1919, p. 375.

mêmes, les méthodes de salaison et de préparation du poisson sont les mêmes, les marchés sont les mêmes. Nous n'avons pas avancé et, en industrie, qui n'avance pas recule[108]. »

L'industrie de la pêche en Gaspésie, comme ailleurs au Québec, accuse donc un retard technologique évident. Premièrement, la pêche morutière est demeurée artisanale et le volume des prises est limité par le nombre de bras disponibles, la ligne à main étant toujours privilégiée. En Norvège et dans d'autres pays, au contraire, l'utilisation de filets fixes est d'usage courant et permet d'augmenter le volume des prises. Cette méthode s'implante aussi dans les années 1880 dans les Provinces maritimes. Même situation pour la ligne de fond ou palangre, qui permet de prendre un plus grand nombre de poissons que la ligne à main traditionnelle, si chère aux entreprises jersiaises. Ce n'est qu'à partir des années 1910 que ces techniques sont utilisées en Gaspésie.

Pour augmenter la production, il faut améliorer l'outillage du pêcheur, dont un des éléments principaux demeure l'embarcation. Les barges utilisées par les Gaspésiens pour faire la pêche côtière, bien que reconnues pour leurs indéniables qualités nautiques, sont trop petites pour aller au grand large. En effet, elles ne sont pas assez grandes pour permettre de trancher et saler à bord les prises de la journée. Elles doivent revenir à terre le soir, car un poisson frais se détériore s'il n'est pas tranché le jour même de sa capture. Au début du 20e siècle, les experts recommandent l'adoption de grands bateaux pontés, beaucoup mieux adaptés que les barges à la pêche sur les bancs en haute mer. Ces navires, une réduction du bateau norvégien, sont utilisés depuis un certain temps par les Français, les Anglais et les

Américains et, depuis peu, dans les provinces atlantiques, particulièrement en Nouvelle-Écosse où, contrairement aux riverains du golfe Saint-Laurent, il faut aller assez loin de la côte pour prendre du poisson. De toute façon, en Gaspésie, il se fait traditionnellement peu de pêche en haute mer et ces navires auraient des problèmes de fonctionnement à cause du manque de ports et de quais en eau profonde pour les accueillir.

Autre élément technologique qui tarde à s'implanter en Gaspésie: le moteur à combustion interne. Il n'est installé qu'au début des années 1910 sur les barges des pêcheurs québécois, alors qu'ailleurs au Canada, on l'utilise depuis une dizaine d'années. Au Québec, on ne recense que cinq de ces moteurs en 1910-1911 et 1 652 en 1917-1918. Dans le comté de Bonaventure, quelque 800 pêcheurs utilisent alors 550 barques à voiles et 82 à essence. Dans Gaspé, 5 849 pêcheurs se servent de 1 067 voiliers et de 1 256 embarcations motorisées, plus cinq navires à voiles et à essence, de dix à vingt tonneaux[109].

Ces moteurs d'un ou de deux cylindres développent de quatre à dix HP et sont renommés pour faire beaucoup de bruit. Le prix d'un moteur de quatre HP est très élevé: $100 en 1916[110]. Pour les pêcheurs, pauvres et souvent endettés, cette innovation technologique ne semble être vraiment effective qu'à partir de la Première Guerre mondiale, alors qu'ils obtiennent des prix très intéressants pour la morue. Pour la première fois, le nombre d'embarcations équipées d'un moteur dépasse celui des voiliers dans le comté de Gaspé en 1918. Cependant, l'utilisation du moteur n'apporte pas de modifications majeures à la barge gaspésienne, les pêcheurs conservant même leurs voiles sur leurs embarcations. De la même façon, si elle permet au morutier d'atteindre plus rapidement sa zone de capture, elle n'entraîne pas pour autant la disparition de l'antique méthode de la pêche à la ligne à main.

Les transformations au niveau du transport et des communications viennent perturber l'organisation des pêcheries gaspésiennes. L'établissement de voies de communication régulières entre le littoral maritime et les villes de l'intérieur porte un premier coup aux compagnies et fait disparaître leur marine marchande composée de navires à coque de bois. La disparition de cette flotte entraîne avec elle la désaffection de petits ports et en même temps la dislocation de l'infrastructure commerciale de ces entreprises. La morue, exportée surtout vers le marché méditerranéen, passe désormais par d'autres ports continentaux avant de traverser l'Atlantique. Ainsi, en 1907, pas moins de 80 « carloads » sont envoyés par l'Intercolonial à New York, où le poisson est embarqué sur des transatlantiques.

Les progrès de l'industrie frigorifique pour la conservation et le transport du poisson favorisent à cette époque l'expédition d'un produit frais, portant un autre coup aux pêches québécoises, encore fortement axées sur la production de la morue séchée. Les États-Unis sont en avance dans ce

« L'utilisation du moteur n'apporte pas de modifications majeures à la barge gaspésienne, les pêcheurs conservant même leurs voiles sur leurs embarcations. (ACN)

domaine et bientôt une partie de leur production prend le chemin du Canada, pour atteindre particulièrement Montréal. Vers 1890, la Nouvelle-Écosse fait de même. Bien que Montréal et Québec soient plus près de Gaspé que des Provinces maritimes, ce sont ces dernières qui approvisionnent de plus en plus le marché québécois en poisson. Avec l'aide du gouvernement fédéral, la Nouvelle-Écosse s'impose bientôt sur le marché canadien, prenant graduellement la place des États-Unis. En effet, en 1907, au détriment des pêcheries du Québec, les compagnies ferroviaires consentent un taux spécial à la Nouvelle-Écosse pour le transport de son poisson frais vers Montréal et Toronto, lui donnant accès aux marchés détenus alors par les Américains. De 1909 à 1918, Ottawa défraie une partie de l'expédition du poisson des Maritimes et de la Colombie-Britannique vers les marchés intérieurs. Cette dernière province effectue ainsi une percée continentale dans le domaine des pêches. Vers 1900, des wagons frigorifiques transportent sur les marchés de l'Est le saumon et le flétan du Pacifique. Alors qu'en Colombie-Britannique, les entrepreneurs conçoivent la pêche comme une industrie qui doit être dynamique et diversifiée, sur la côte atlantique, il s'agit encore de faire vivre un grand nombre d'hommes en s'agrippant à des marchés traditionnels, en s'appuyant sur des techniques qui ne le sont pas moins et en maintenant une production très peu diversifiée[111].

Pendant que le poisson frais et congelé conquiert une part grandissante du marché, le Québec continue de privilégier la production du poisson salé et séché. Il est vrai que les espèces de haute valeur commerciale (saumon, éperlan, homard) sont déjà expédiés à l'état frais, mais elles ne constituent qu'un faible pourcentage de la production totale des pêcheries de la province. Déjà concurrencée par de nouveaux produits, la morue séchée gaspésienne fait face à une baisse de demande sur ses marchés traditionnels. Ainsi, l'abolition de l'esclavage aux États-Unis et dans les colonies espagnoles, où l'on nourrissait les esclaves avec cet aliment peu coûteux, et l'affranchissement de certaines colonies antillaises qui signent des accords préférentiels avec les États-Unis donnent un autre coup aux compagnies oeuvrant en Gaspésie.

De même, la morue séchée gaspésienne subit l'assaut d'autres producteurs, comme Terre-Neuve et certains pays européens, dont l'Irlande et la Norvège. La morue norvégienne livre une rude compétition au poisson gaspésien sur le marché méditerranéen, en particulier en Italie. Entre 1900 et 1913, le prix de vente de la morue gaspésienne dégringole, chutant de $6 à $3 le quintal.

LES DIFFICULTÉS DES COMPAGNIES JERSIAISES   Vers 1880, malgré l'accroissement de la population, le nombre des pêcheurs diminue en Gaspésie. L'insuccès que connaît l'industrie en décourage plusieurs. En 1883, aux mauvaises saisons des années précédentes, s'ajoutent cette fois-ci d'importants dommages causés par les intempéries aux principaux centres de pêche, notamment ceux de Percé et de Pointe-Saint-Pierre, sans compter les nombreuses journées en mer perdues. Au début de l'année 1886, le spectre de la misère refait surface lorsque les journaux annoncent la fermeture des deux plus puissantes compagnies de pêche. Durant ces années de mauvaise fortune, nombreux sont ceux qui quittent la péninsule pour de bon ou pour se trouver du travail saisonnier à l'extérieur. D'autres diversifient leurs occupations par le travail forestier, les travaux publics ou encore en se faisant colons.

Au début du 20e siècle, le nombre de pêcheurs continue de diminuer. Dans le comté de Gaspé, il se maintient dans les 4 000 personnes vers 1900, alors qu'il varie entre 3 300 et 3 500 dans la période 1903-1916. Dans Bonaventure, la baisse est encore plus accentuée. Dans son rapport de 1908, le divisionnaire William Wakeham du Service des pêcheries constate: « la main-d'oeuvre étant en grande demande à des salaires élevés tant aux chantiers de coupe de bois que pour la construction de voies ferrées dans Bonaventure et Gaspé et de quais et de jetées sur la côte, beaucoup de personnes ont abandonné la pêche. Les jeunes gens surtout recherchent d'autres occupations, et la plupart d'entre eux ne redeviennent plus pêcheurs. Il n'y a pas très longtemps, plus de 200 barques appareillaient à Percé, l'un des plus anciens lieux de pêche, et l'on embauchait des équipages sans difficulté; aujourd'hui, Percé fournit un contingent de cinquante barques et l'on trouve à peine assez d'hommes pour les monter[112]. »

Les compagnies de pêche jersiaises cantonnées dans leur traditionalisme et leur manque de dynamisme sont ébranlées par la réorientation technologique et commerciale qui secoue le continent dans le domaine des pêches. De plus, de graves crises financières affectent leur commerce entre 1873 et 1890. La plus grave survient en janvier 1886 et cause la cessation temporaire des activités de la Charles Robin Company et de la LeBoutillier Brothers. Ces fermetures font suite à la faillite de la Banque Commerciale de Jersey, faillite qui fait disparaître les réserves liquides des compagnies. Les répercussions sont immédiates chez les clients gaspésiens de ces entreprises, car les deux maisons jersiaises dépensent, l'hiver seulement, quelque $40 000 en avances et en ouvrages divers. À ce moment là, la firme Robin possède quatorze voiliers pour le commerce et le cabotage, 300 embarcations de pêche et fait vivre 2 000 personnes. La compagnie LeBoutillier est propriétaire, elle, d'une dizaine de navires, de 165 embarcations de pêche et 1 200 personnes en dépendent pour gagner leur vie.

Les pêcheurs qui font affaire avec ces entreprises craignent de se retrouver sans provisions jusqu'au printemps. Par la voix de leurs députés, ils demandent une aide urgente des pouvoirs publics. Pour les apôtres de l'agriculture, l'occasion de faire la leçon est bonne. Le député Edmund James Flynn va jusqu'à dire «que si cette faillite est un malheur sous un

Cyprien Larrivée, curé de
Paspébiac durant la
famine de 1886. (MRG)

rapport, cela peut être un bonheur sous un autre». Une première aide de
$4 000 émanant des deux niveaux de gouvernement est accordée au début
du mois de février. De plus, on mène en province une souscription publique qui rapporte quelque $2 000. Le 16 février, craignant la famine, les
pêcheurs de Paspébiac pillent les grands magasins Robin et LeBoutillier,
emportant de la farine et de la nourriture. Le curé Cyprien Larrivée de
Paspébiac écrit que même le bedeau, trois chantres et un marguillier
participent au vol[113]. Un mois plus tard, les pêcheurs menacent d'entrer de
nouveau dans les magasins. Pour les arrêter, le curé Larrivée va jusqu'à se
mettre devant le madrier que les hommes tiennent pour enfoncer la porte
d'un entrepôt. À ce moment, quelque 100 familles de Paspébiac n'ont que
de la farine à manger «et pas une bouchée de viande».

À Natashquan sur la Côte-Nord, la situation devient suffisamment
dramatique pour que le gouvernement nolise un navire pour ramener à
Québec quelque 160 personnes. En Gaspésie même, les secours en argent
sont insuffisants. Comme l'écrit à son évêque le curé de Paspébiac: «les
marchands donnaient des avances ($20 par famille) et faisaient faire de
l'ouvrage pour autant, quelquefois plus. Ce qui fait une moyenne de $40
par famille. Deux cents familles vivaient ainsi l'hiver ce qui fait à peu près
$8 000 pour Paspébiac. Vous comprenez qu'il est impossible de combler ce
gouffre avec $600 à $700[114].» Quelque 600 familles gaspésiennes sont alors
affectées par la fermeture des magasins des deux maisons jersiaises. On
forme des comités et sous-comités de secours à la Baie-des-Chaleurs et à
Percé, à Cape-Cove, à Grande-Rivière, à Pabos et à Newport. On réussira à
éviter la famine jusqu'à la reprise des activités des deux importantes firmes.

Dans les décennies suivantes, les compagnies jersiaises vont se restructurer, se fusionner ou disparaître. Ainsi, la puissante Charles Robin Company passe en mars 1886 dans les mains d'une société formée de Gervaise
Legros, Edward De La Parelle et Elias Collas, de Jersey. En 1888, elle est
réorganisée sous la raison sociale de Charles Robin & Co. Limited. Trois
ans plus tard, elle se transforme en la Charles Robin, Collas & Co. Ltd.
Depuis plusieurs années, les rapports entre la compagnie et ses pêcheurs-
clients ont changé. Autrefois très personnalisés, alors que la famille entière
dépendait de l'entreprise, ces rapports deviennent de plus en plus anonymes et les individus disparaissent au sein de la masse des clients aux titres
divers de producteurs ou de consommateurs seulement, faisant affaire aussi
avec d'autres institutions dans une économie plus ouverte[115].

Au tournant du siècle, l'exploitation des pêches gaspésiennes passe en
bonne partie sous le contrôle de capitaux canadiens. Des crises économiques et financières en Europe favorisent ce changement de propriété.
Certains sont aussi d'avis que c'est l'abus du crédit aux pêcheurs qui
constitue la cause des problèmes financiers des compagnies. Pourtant, dès
les années 1870, celles-ci prennent des mesures pour restreindre ce crédit.

Entrepôts de la Charles Robin Collas & Co. Ltd à Gaspé vers 1904. (MRG)

Tout en voulant maintenir les pêcheurs suffisamment endettés pour qu'ils leur demeurent liés, les firmes désirent qu'ils restent solvables et puissent rembourser les avances consenties. Cet équilibre est difficile à garder, car la concurrence croissante peut faire perdre des pêcheurs à une compagnie si elle ne leur prête pas suffisamment. Plusieurs acheteurs paient maintenant comptant, ce qui oblige les commis des compagnies à disposer d'un volume de liquidité que leur vieux système de gestion ne leur accorde pas.

Pour tenter de diminuer le volume des avances aux pêcheurs, les compagnies développent dans leurs établissements ce que l'on appelle la pêche « à la *draft* ». Le pêcheur est alors payé à la prise journalière ramenée à la compagnie. Une « draft » équivaut à 138 livres de poisson tranché. Celui-ci est cependant acheté à bas prix. De cette façon, le morutier s'endette peu mais il vit de façon très précaire, si on le compare à d'autres catégories de pêcheurs. De même, peut-être parce que la main-d'oeuvre anciennement disponible pour traiter le poisson sur la grève est difficile à recruter, l'organisation de l'établissement jersiais subit certains changements au début du 20e siècle. Par exemple, on abandonne la location de barges et d'agrès aux pêcheurs. Ces derniers doivent alors se procurer leurs propres embarcations et pêcher eux-mêmes leurs appâts. Déjà en 1895, l'abbé Victor-Amédée Huard signale que les pêcheurs employés par la LeBoutillier Brothers en Gaspésie ont presque tous leur barque et se fournissent eux-mêmes de boette[116]. De la même manière, quand le poisson des morutiers indépendants arrive, les pêcheurs à la « draft » doivent sécher eux-mêmes leurs prises, les terriens de la compagnie étant occupés à recevoir et à manutentionner la morue des indépendants.

Au tournant du siècle donc, les principaux intérêts jersiais disparaissent ou changent de mains. En 1888, deux ans après sa faillite, la LeBoutillier Brothers est devenue la LeBoutillier Brothers Company en passant dans les mains d'intérêts de Québec, représentés par Richard Turner. Il ne lui reste plus que des correspondants commerciaux en Europe. À l'automne 1899, la compagnie de Charles LeBoutillier, qui est en fait une partie de l'ancienne John LeBoutillier & Co., fait faillite à L'Anse-au-Griffon. En 1904, suite à de nouveaux regroupements, la Charles Robin Collas & Co. Ltd déménage son siège social de Jersey à Halifax. L'entreprise contrôle alors 28 stations de pêche en Gaspésie et sur la Côte-Nord[117]. Elle a maintenant des entrepôts à Gaspé. En 1910, elle reçoit du sang neuf par sa fusion avec les compagnies A.G. Jones et A.H. Whitman de Halifax, et s'appelle dorénavant la Robin, Jones & Whitman. Cette fusion, rendue nécessaire pour faire face aux nouveaux impératifs du marché, résulte en une vaste entreprise exploitant aussi bien la morue séchée légèrement salée de Gaspé ou « *Gaspé Cure* », que la « *Medium cure* » de Nouvelle-Écosse, celle très salée de Lunenburg (N.-É.) et la morue du Labrador. C'est ce qu'Harold A. Innis a appelé une stratégie de retraite[118]. En plus de son commerce de poisson, la compagnie développe le négoce des nouveautés. Elle possède à Paspébiac ce qu'Alfred Pelland qualifie du « plus beau et [du] plus important magasin à rayons du district de Québec, en dehors de la ville de ce nom[119]. » Elle a d'autres magasins généraux à Gaspé, à Pabos et à Caraquet au Nouveau-Brunswick.

En 1917, la William Fruing & Co., qui avait établi son quartier général à Londres, fait faillite. La cour de Percé établit son inventaire à $42 325. L'entreprise ne semble pas avoir su faire face aux premiers mouvements organisés des pêcheurs de sa région d'exploitation pour vendre leur poisson directement sur les marchés, un importateur italien achetant leur morue à un prix de beaucoup supérieur à celui qu'offrait Fruing. La Robin, Jones & Whitman acquiert pour $20 000 les six propriétés que possédait la compagnie au Nouveau-Brunswick[120]. La station de Mont-Louis est achetée par l'Américain Charles W. Mullen et les autres établissements semblent passer entre les mains du vieux concurrent de Fruing, la William Hyman & Sons, dont les capitaux sont canadiens.

Au début du 20e siècle, la majorité des pêcheurs vendent encore leur poisson aux maisons Robin, LeBoutillier et autres, mais un certain nombre d'entre eux pêchent pour leur propre compte et envoient leur production, via les steamers, sur les marchés de Québec et de Halifax[121]. Obligés de s'équiper eux-mêmes et de préparer individuellement leur morue pour le marché, ces pêcheurs, en particulier sur le littoral nord, se trouvent malgré tout en mesure d'effectuer leurs transactions en dehors de l'ancien système. Pour les pêcheurs endettés, il est plus difficile de faire de même.

**AUTONOMIE
ACCRUE
DU PÊCHEUR**

Les critères de qualité et de classification du poisson sont encore établis par les « *cullers* » des compagnies. La plupart du temps, c'est le pêcheur qui apporte sa morue au comptoir de la compagnie où elle est mise dans de gros tonneaux appelés « boucauts » et qui contiennent quatre quintaux, ou 448 livres, de morue sèche pressée. Ces contenants sont faits en sapin et mesurent quatre pieds de haut et trois de diamètre. Quand un pêcheur ne doit pas sa morue à une compagnie, il peut vendre ailleurs s'il trouve que l'évaluation du « culler » est trop basse. Il se trouve dans une meilleure position que le pêcheur lié à une compagnie et ainsi privé de ce choix. C'est lorsque le gouvernement emploiera ses propres « cullers » que les pêcheurs pourront expédier eux-mêmes leur morue sans passer par les firmes.

Le fait de vendre soi-même son poisson amène aussi des inconvénients. En effet, les expéditions se font à partir de la fin de juillet et le règlement final de la vente met du temps à venir. Ainsi, seuls les pêcheurs qui peuvent attendre les rentrées d'argent jusqu'à l'automne ou même jusqu'au milieu de l'hiver peuvent profiter de la situation. La plupart se trouvent tout simplement dans l'impossibilité d'attendre aussi longtemps. La qualité de la morue diminue aussi: les pêcheurs qui vendent eux-mêmes leur poisson le classifient et l'empaquettent de diverses façons et les fraudes sont nombreuses. C'en est fait de l'excellente réputation de la morue gaspésienne. La valeur marchande de celle-ci se met à diminuer parce que le manque d'inspection et de classification rend trop inégale la qualité de la production. Le mélange de la morue de qualité inférieure à celle de premier choix entraîne une baisse du prix général par rapport à celui qu'obtiennent les concurrents.

En 1907, certaines circonstances spéciales et l'intervention d'un importateur de poisson de Bari en Italie, Giuseppe Atlante, qui fait des arrangements avec les pêcheurs et la Banque nationale de Québec, permettent à des morutiers du secteur Sainte-Anne-des-Monts-Cap-des-Rosiers de faire affaires eux-mêmes avec le marché italien. Les pêcheurs consignent leurs boucauts de morue à la Banque nationale qui les expédie à l'importateur, ce qui fait doubler le prix de la morue séchée, qui passe ainsi de $5 à $10 le quintal. Les vieilles compagnies doivent tenir compte de la situation et les prix montent. Pouvant profiter de la concurrence, les pêcheurs deviennent plus exigeants. Les ententes établies par les pêcheurs du littoral nord avec la Banque nationale restent en vigueur jusqu'à la crise de 1921.

En 1909, un événement illustre ces velléités d'autonomie: la révolte de Rivière-au-Renard. Au mois d'août de l'année précédente, les compagnies de l'endroit offrent aux pêcheurs d'acheter leur poisson de première qualité à $3 le quintal, alors que quelques semaines auparavant, ils offraient $5. Prétextant l'encombrement des marchés, elles avertissent les pêcheurs qu'en 1909, ce serait le taux de $3 qui prévaudrait. Cette année là, ces derniers décident de négocier avec un commerçant de Halifax, qui envoie une goélette à Rivière-au-Renard pour charger leur morue. Apparemment, aussitôt arrivé, le capitaine se laisse soudoyer par les agents des compagnies gaspésiennes car il repart le lendemain, sa goélette aussi à lège qu'à son arrivée. Les pêcheurs soupçonnant les agents d'avoir acheté le capitaine, ils décident de faire la grève. Ils mettent sur pied un comité pour représenter les morutiers de L'Anse-à-Valleau, de Pointe-Jaune, de L'Échouerie, de Petit-Cap et de Rivière-au-Renard et aller réclamer au moins $4 le quintal pour leur poisson. Au nombre de 200, ils trouvent les portes des établissements de Rivière-au-Renard fermées. Pris de panique, les agents fuient et sont rattrapés. L'un d'eux blesse alors malencontreusement un pêcheur et il est maltraité. Les compagnies demandent de l'aide aux autorités qui délèguent à Rivière-au-Renard un navire chargé de soldats. Les pêcheurs en grève s'étant enfuis dans les bois, la frégate va déposer les soldats à une douzaine de milles à l'ouest, à la pointe à la Renommée. Ces derniers entreprennent alors une marche vers Rivière-au-Renard, arrêtant au passage plusieurs pêcheurs. Traqués, 22 d'entre eux se retrouvent finalement à la prison de Percé. Malgré cet échec, les pêcheurs se sont assurés l'appui de beaucoup de monde, dont leurs prêtres qui font des démarches pour favoriser l'expédition directe de la morue en Italie. Plusieurs marchands locaux font de même, tels Joseph Richard, de Rivière-Madeleine, et Didace Bouchard, de Mont-Louis[122].

LE REGAIN DE 1914-1918

La Première Guerre mondiale met fin temporairement à l'ère de stagnation des pêches gaspésiennes. La morue salée est alors fortement en demande. En 1917, sa production double même celle de la morue séchée, c'est-à-dire 136 130 quintaux contre 68 004. Mais dès la fin du conflit, la morue sèche reprend sa prédominance d'antan. En plus de la forte demande pour leur poisson, les pêcheurs profitent durant la guerre de l'établissement d'une compagnie américaine, la Gorton Pew, qui ouvre des comptoirs entre Gaspé et Rivière-au-Renard. Elle achète la morue salée et elle l'expédie à

Tableau 4.13. Production de morue en quintaux, 1912-1921.

Année	Séchée	Salée	Fraîche	Total
1912	93 478	8 650	400	102 528
1913	58 100	10 700	—	68 800
1914	105 151	52 652	900	158 900
1915	—	—	—	—
1916	94 877	68 685	3 847	167 409
1917	68 004	136 130	7 312	211 446
1918	82 398	147 360	1 695	231 453
1919	115 375	44 528	4 150	164 053
1920	34 472	30 022	520	65 014
1921	74 721	7 443	3 738	85 902

New York. Les pêcheurs sauvent ainsi et le temps et les coûts du séchage. Ils peuvent vendre leur poisson vidé et tranché et se faire payer en argent comptant. De plus en plus de pêcheurs transigent avec cette compagnie, qui n'est en affaires en Gaspésie que pendant quelque temps, suffisamment en tout cas pour permettre aux travailleurs de la mer de réaliser des gains intéressants.

En effet, la concurrence entre quelques compagnies fraîchement arrivées, dont la Gorton Pew et les vieilles firmes de la côte fait monter les prix. Le quintal de morue séchée passe ainsi de quelque $3 à $4 vers 1909 à $12,50 en 1918. Le boucaut de morue atteint les $50. Le gouvernement italien est prêt à payer le gros prix. La production gaspésienne touche alors de nouveaux sommets, tant par son volume que par les prix obtenus. Les vieilles firmes doivent débourser de l'argent pour payer aux pêcheurs l'excédent de la valeur de leur poisson sur le montant des avances consenties. Après la guerre cependant, le marché italien se ferme, le prix du poisson redescend mais le coût des provisions de consommation et des agrès de pêche continue de monter. En 1921, c'est la récession. Néanmoins, durant le conflit, les pêcheurs ont réalisé des profits qui leur ont permis de rembourser des dettes ou de réinvestir dans la modernisation de leur matériel de pêche.

Déjà, vers 1910, l'ancien député fédéral de Gaspé, Louis-Zéphirin Joncas, écrit que la position des pêcheurs s'améliore et que plusieurs d'entre eux sont parvenus à se libérer de leurs obligations auprès des marchands et abandonnent la pratique du crédit. Cependant, il déplore que d'autres, nombreux encore, n'en sortent pas et méprisent les moyens mis en oeuvre pour les arracher à cet état[123].

Depuis la fin du 19e siècle, exception faite de l'intermède de la Première Guerre mondiale, l'industrie de la pêche morutière en Gaspésie perd de son importance. La relève commence même à se faire difficile. L'attrait de l'extérieur et la diversification de l'économie régionale enlèvent des bras à cette industrie. Des villages, autrefois peuplés d'une majorité de pêcheurs, comptent maintenant davantage de journaliers, de forestiers et de cultivateurs. La pratique de plusieurs activités complémentaires, au gré des circonstances, est alors courante.

En fait, l'organisation de la pêche en 1920 n'est pas fondamentalement différente de celle de 1850. Bien sûr, la mise en marché de la production a changé, les concurrents sont plus nombreux, la pêche s'est un peu diversifiée, les morutiers sont de moins en moins endettés et de plus en plus autonomes, mais, malgré ce début de mutation, les traces de l'ancien système se maintiennent encore: la morue sèche est toujours privilégiée et la façon de capturer et de traiter le poisson demeure sensiblement la même.

12

La péninsule sort de son isolement

Le problème des communications a toujours été un des principaux handicaps au développement gaspésien. Encore au milieu du 19e siècle, c'est le transport par eau qui prédomine, imposé par la géographie. Malgré la construction de nouveaux chemins, la circulation terrestre est souvent lente et difficile; quant aux projets ferroviaires, ils ne se réalisent qu'au début du 20e siècle.

Les communications maritimes s'organisent

RENDRE LA NAVIGATION PLUS SÉCURITAIRE

C'est par la route maritime que les Gaspésiens s'approvisionnent en marchandises de toutes sortes et que les marchands exportent le poisson et le bois. Néanmoins, la navigation reste encore difficile le long des côtes accidentées de la péninsule. Malgré les nombreuses baies, bassins et barachois que l'on y trouve, l'abordage des bateaux est hasardeux; à marée basse, on risque souvent de s'envaser. Le rapport annuel de 1863 du Service canadien de protection des pêcheries dit ainsi que la rade de Percé est « ... mal abritée contre les vents du large [...] qui ne permettent pas aux bateaux d'aborder la côte à cause du ressac qui s'y fait sentir avec une force et une violence irrésistibles[1]. » Les quais étant quasi absents, les navires sont obligés de mouiller en rade et ce sont les chaloupes qui font la navette.

Dans les années 1850 et 1860, on déplore encore de nombreux accidents et naufrages de navires dans le golfe et le long des côtes. Les hommes d'affaires craignent les accidents qui risquent de compromettre la rentabilité de leurs entreprises. Alors que les armateurs redoutent déjà les dangers du golfe, la publicité des compagnies de chemins de fer, dont le Grand Tronc, met en parallèle le caractère sécuritaire du train et les risques encourus par les passagers qui utilisent le bateau. Certains journaux de Halifax discréditent la voie fluviale du Saint-Laurent dans laquelle ils perçoivent une rivale.

À ces facteurs, il faut en ajouter d'autres, d'ordre économique (monopole jersiais du commerce, faiblesse du marché gaspésien, etc.), pour expliquer le retard que prend l'organisation du transport maritime en Gaspésie. Jusqu'à la Confédération on fait peu pour édifier des infrastructures maritimes solides. Ainsi, avant cette date, on ne comptait que quelques phares dispersés çà et là. Le premier député fédéral de Gaspé et ancien magistrat du Service des pêcheries dans le golfe, Pierre Fortin, est l'un de

Phare de Cap-Chat construit en 1871. (ACN)

ceux qui font le plus de pressions pour rendre la navigation plus sécuritaire sur les côtes. De 1870 à 1875, plusieurs phares surgissent le long des côtes gaspésiennes: à Paspébiac en 1870, à Cap-Chat, à Rivière-Madeleine et à la pointe de Sandy-Beach en 1871, à la pointe Carleton vers 1871-1872, au cap Gaspé et au cap Blanc, près de Percé vers 1873, au cap d'Espoir et à la pointe au Maquereau vers 1874. Le steamer *Napoléon III* ravitaille les phares de la côte et des bouées indiquant les chenaux, battures et récifs, ainsi que des balises pour repérer des points particuliers sur les rives viennent aussi réduire les dangers de la navigation.

Avant la Confédération, la station télégraphique la plus rapprochée se trouve à Dalhousie, au Nouveau-Brunswick. En 1871, la Compagnie de Télégraphe de Montréal commence la construction d'une ligne reliant Matapédia à Cap-des-Rosiers. Les municipalités lui fournissent gratuitement les poteaux et le gouvernement le transport des ouvriers et des matériaux[2]. À ce moment-là, une autre ligne télégraphique court de Rimouski jusqu'à Matane. En 1878 et 1879, le gouvernement central vote des crédits à la Compagnie de Télégraphe de Montréal pour parachever la ligne ceinturant la péninsule en reliant Cap-des-Rosiers à Matane.

En dépit de ces améliorations, les naufrages et les pertes éprouvées par les navires demeurent importants. De 1869 à 1875, plus d'une centaine de navires de tout gabarit sombrent entre Québec et Gaspé et sur les côtes de l'île d'Anticosti, entraînant de nombreuses pertes de vie[3]. Cela a pour effet d'accentuer la tendance des exportateurs de l'Ouest à diriger leurs marchandises, via les canaux, au port de New York, où les taux d'assurance sont plus bas. L'établissement de phares et d'une ligne télégraphique pour demander du secours en cas de danger sur le fleuve et le golfe font partie d'une campagne visant à faire de la voie laurentienne une artère commerciale pouvant rivaliser avec New York.

LES PREMIERS AMÉNAGEMENTS PORTUAIRES

La construction du chemin de fer Intercolonial (1867-1876) reliant les Maritimes au reste du pays entraîne les premiers aménagements portuaires d'importance dans le Bas-Saint-Laurent mais non en Gaspésie. Ainsi, vers 1871, on discute de l'établissement d'un havre de refuge à Rimouski. Le gouvernement fédéral, de qui relève ce domaine, fait voter un crédit en 1874 pour l'aménagement d'un port d'escale à cet endroit. En 1879, Ottawa accepte également d'ériger un débarcadère au havre de Matane, ces deux ports étant les seuls jugés sécuritaires depuis l'entrée du fleuve jusqu'à Québec.

Les premiers travaux pour aménager les havres gaspésiens ne sont réalisés qu'entre 1880 et 1890, période où le chemin de fer de la Baie-des-Chaleurs commence à se concrétiser. En 1881, un agent de la compagnie Robin, Henry De Veuille, expose au député fédéral de Gaspé la situation précaire des pêches et il en attribue la responsabilité en partie à l'inexis-

Port de New-Carlisle vers 1900. (Arch. photo. Notman; Musée McCord)

tence de ports en Gaspésie: « On sait que les côtes de la Gaspésie n'ont pas un seul port, à l'exception du Bassin de Gaspé, qui, cependant, est trop avant dans les terres pour servir de centre de pêche. Sans havres, sans abris, les pêcheurs perdent le tiers de leur temps. À chaque gros vent ou tempête du large, il faut qu'ils halent leurs bateaux à terre, après les avoir délestés [...] Dans la rade de Percé seule, je crois qu'il a été perdu plus de cent bateaux de pêche depuis dix ans; valeur, dix mille piastres...[4]. »

Que l'agent De Veuille exagère ou non, il est évident que l'absence d'aménagements portuaires nuit à l'exploitation et au commerce des pêches. En 1880 et 1881, le gouvernement central entreprend la construction d'une jetée à New-Carlisle et l'érection d'un débarcadère à Carleton afin de permettre l'accostage du steamer faisant le service entre Gaspé et Campbellton. On érige des brise-lames ou digues à New-Richmond et à Caplan. Port-Daniel et Newport obtiennent des crédits pour la construction de quais en 1886 et 1887, Percé (l'anse du sud) en 1888 et Grand-Pabos vers 1890.

Ces améliorations ne suffisent pas à rattraper les retards. Quand s'élèvent les tempêtes, les pêcheurs n'ont encore dans la majorité des endroits d'autre choix que de jeter leurs barges sur la côte, le sable du rivage étant le seul endroit de refuge. Cette absence de havres paralyse tout autant le commerce. Les grandes maisons transportent leur poisson sur les marchés par des voiliers. Or, la morue pêchée en août et septembre ne peut être séchée et prête pour l'exportation avant octobre et novembre, période des grands vents, qui accentue la nécessité d'aménagements portuaires décents pour effectuer le chargement. Les exportateurs doivent donc entreposer une partie de leur poisson en prévision de l'hiver et subir ainsi des pertes. Ils doivent aussi payer un taux d'assurance plus élevé, les navires se voyant souvent dans l'obligation de jeter l'ancre au large. Les marchands Valpy et LeBas écrivent ainsi en 1888: «Depuis le bassin de Gaspé jusqu'au Port-Daniel, soit sur un parcours de plus de 70 milles, il n'y a pas une seule baie ou anse où un navire prenant à son bord les produits du pays puisse mouiller en sûreté. Comme résultat ils sont forcés de prendre la haute mer ou de s'échouer[5].»

Dans ce contexte difficile, les intéressés à la pêche s'impatientent devant le retard et la lenteur de la construction de quais à Bonaventure, à Barachois, à Paspébiac ou à Gaspé. Le quai de New-Carlisle, en construction depuis 1881, n'est pas encore terminé dix ans plus tard et ce qui a été construit l'aurait été de façon «déplorable»[6].

PASPÉBIAC: PORT NATIONAL? En cette deuxième moitié du 19e siècle, on échafaude le projet de faire de Paspébiac un port national qui deviendrait un centre de relais des transatlantiques assurant la liaison entre le Canada et l'Europe. En 1874, Théodore Robitaille, député fédéral de Bonaventure, poursuivant son objectif de faire de Paspébiac le terminus du chemin de fer dont il est le principal promoteur, préside un comité parlementaire nommé pour discuter de la ligne la plus courte «pour le transport des malles et des passagers entre le Canada et l'Europe» et trouver un havre accessible en hiver. Le comité rapporte que «le port de Paspébiac [...] offre tous les avantages d'un havre de première classe, car, d'après les témoignages, il est accessible en toute saison[7].» Cette affirmation est chimérique, la navigation n'étant possible dans cette région que du début avril jusqu'à la mi-décembre environ[8]. Quoi qu'il en soit, le projet en reste là pour quelques années. On se contente pendant un certain temps de réclamer un simple quai dans la rade de Paspébiac, ce qui épargnerait bien du temps et de l'argent pour le transbordement des produits de la pêche et des marchandises. C'est à cet endroit, rappelons-le, que les principales maisons de commerce, la Charles Robin Company et la LeBoutillier Brothers, entreposent leurs marchandises et regroupent leur production pour l'expédition vers les marchés étrangers.

Le projet de construction d'un chemin de fer du Pacifique à l'Atlantique relance les velléités entretenues par des notables du comté de Bonaventure, guidés par l'association d'intérêts économiques et politiques, de faire de Paspébiac le point de rencontre des voyageurs et des marchandises en provenance d'Europe et à destination des grandes villes canadiennes ou américaines. Cependant, les citoyens du comté de Gaspé s'opposent à ce projet de port. On craint en effet que les promoteurs de la voie ferrée de la

Quai de Paspébiac.
(ANQ)

Baie-des-Chaleurs fassent de Paspébiac le terminus du chemin de fer en voie de construction et ainsi ne prolongent pas le rail jusqu'à Gaspé. Cette querelle permet au gouvernement Macdonald de ne pas donner de réponse au projet. De 1891 à 1895, plusieurs pétitions continuent de s'accumuler au ministère de la Marine.

La même querelle entre Bonaventure et Gaspé se répète au niveau des élus. Charles Marcil, député fédéral de Bonaventure, prétend que le chemin de fer Intercolonial construit peu après la Confédération a favorisé les ports du Nouveau-Brunswick et de la Nouvelle-Écosse. Maintenant que le train se rend à Paspébiac, il espère récupérer le trafic dévié vers les Maritimes. En 1902, il demande au gouvernement s'il ne croit pas «qu'il serait sage, au lieu de diriger vers le Nouveau-Brunswick et la Nouvelle-Écosse les trains arrivant à Matapédia, de voir à utiliser le chemin de fer [...] jusqu'à Paspébiac, puis aménager en cet endroit un port de mer qui pourrait recevoir les plus grands navires[9].» Le député de Gaspé, Rodolphe Lemieux, défend une option différente: «je n'admets pas que ce soit là le meilleur havre des comtés de Gaspé et de Bonaventure. Selon moi, Paspébiac est un havre magnifique [...] Mais il est reconnu sans l'ombre d'un doute que le meilleur port du littoral se trouve dans le comté de Gaspé et est désigné sous le nom de Bassin de Gaspé[10].»

Les Gaspésiens réclament un réseau maritime qui leur soit plus favorable, mais ils ne parviennent pas toujours à faire front commun. Les querelles de clochers ne sont pas absentes des débats. Dans Bonaventure, on espère profiter du chemin de fer pour donner au port de Paspébiac un avenir national, alors que dans le comté voisin, on perçoit les démarches des compagnies de pêche et des entrepreneurs ferroviaires en faveur de Paspébiac comme une action qui compromettrait le prolongement de la voie ferrée jusqu'à Gaspé.

UN RÉSEAU DE PORTS LOCAUX

La première phase importante de travaux portuaires en Gaspésie coïncide avec l'arrivée au pouvoir de Wilfrid Laurier en 1896. Si des contemporains ont pu affirmer que le premier ministre Flynn avait couvert la Gaspésie de ponts ou que le gouvernement Mercier avait favorisé l'essor des chemins de colonisation, le cabinet Laurier, par l'intermédiaire de l'influence politique d'un Rodolphe Lemieux, investit avec un rythme soutenu dans la construction et l'amélioration d'estacades, de brise-lames et de quais aux villages de pêche longeant la côte gaspésienne.

Ainsi, en 1898, le chenal de L'Anse-à-Beaufils est dragué pour permettre aux bateaux de mouiller dans le bassin; des brise-lames sont érigés à Bonaventure et à Anse-aux-Gascons; un débarcadère et une jetée sont mis en chantier à Cap-Chat. L'année suivante, on rénove et on agrandit les quais de New-Carlisle, de Carleton, d'Anse-Saint-Jean (baie de Gaspé) et on construit des quais à Maria, à L'Anse-au-Griffon et à Grosse-Pointe. Vers 1900, Newport obtient un brise-lames à l'endroit appelé Les Islets et des débarcadères sont érigés à Percé (anse du nord) et à Rivière-au-Renard. En 1903, le gouvernement vote une série de crédits pour construire des brise-lames à Mont-Louis, Bonaventure, Saint-Godefroi, Caplan, New-Richmond, Paspébiac, Percé, Port-Daniel et Shigawake[11]. En 1904 et 1905, l'État fait construire un quai à Miguasha et un autre pour la déviation du courant au barachois de Malbaie, où sont établies des scieries.

L'érection d'un quai à Grande-Vallée donne naissance de 1902 à 1907 à un débat orageux à la Chambre des communes entre les conservateurs et le gouvernement libéral de Laurier. Les « tories » voient dans cette décision un cas de patronage car le député libéral du comté de Stanstead, Henry Lovell, possède une scierie à Grande-Vallée.

Dans la première décennie du 20e siècle, le mouvement d'améliorations portuaires se poursuit. Ainsi, un brise-lames est érigé à Cape-Cove et l'on prolonge le quai de Grande-Rivière car les steamers peuvent difficilement y accoster en raison des dépôts de sable. On aménage un havre de refuge à Sainte-Anne-des-Monts pour faciliter aux marchands de bois l'exportation de leur production et aux nombreuses goélettes, qui assurent la distribution des marchandises aux villages de pêche du versant nord de la Gaspésie, l'accostage directement au quai. La jetée de Douglastown est prolongée alors que le chemin de fer approche de cette localité. Un quai de dérivation apparaît à Bonaventure-Est, où il se fait un grand commerce de bois. Les conservateurs s'opposent à des dépenses qui, selon eux, « sont entièrement à l'avantage d'un riche syndicat qui possède des concessions forestières de grande valeur et qui les exploite à son seul profit[12]. »

Vers 1909-1910, Rodolphe Lemieux obtient du gouvernement Laurier la construction d'un quai en eau profonde à Gaspé. On reprend vite l'idée d'un port national (cette fois à Gaspé), maintenant que la voie ferrée est toute proche. Le changement de gouvernement en 1911 entraîne une modification de la politique de transport maritime et compromet cet espoir, le comté de Gaspé se retrouvant de surcroît dans l'opposition.

La Gaspésie a maintenant des quais mais l'insuffisance du dragage les rend inaccessibles aux gros navires ou aux vapeurs. Sur toute la côte, quatre ou cinq de ces quais seulement peuvent recevoir ces bateaux. Dans la majorité des ports, seules des goélettes de moins de 90 tonnes peuvent s'amarrer à l'estacade, à condition de repartir au bout de deux heures, quitte à revenir à la marée suivante si les opérations ne sont pas terminées[13]. Les installations portuaires manquent aussi d'outillage pour la manutention des marchandises et du poisson. De plus, nombre de travaux sont restés inachevés. En fait, la plupart des navires de moyen tonnage continuent de mouiller en rade. En 1917-1918, les politiciens gaspésiens demandent la reprise des investissements gouvernementaux dans les ports de la côte, car les rigueurs du climat détériorent les quais. Le vent et le mouvement des vagues détruisent les estacades de bois. La précarité de ces ouvrages exige un entretien régulier.

Le développement d'aménagements portuaires en Gaspésie est donc tributaire de politiques gouvernementales toujours instables. Il ne se réalise qu'avec peine et par l'accumulation de pressions politiques constamment renouvelées. Le voisinage des ports des Provinces maritimes qui accaparent une partie du commerce de l'Ouest canadien en direction de l'Europe n'encourage pas les gouvernements à investir dans les havres gaspésiens, ce qui nuit à l'établissement d'un service régulier de transport par bateau à vapeur entre le centre de la province et la péninsule. Cette absence d'infrastructures portuaires encourage aussi la tendance du commerce gaspésien à se diriger vers les ports du Nouveau-Brunswick et de la Nouvelle-Écosse d'où se fait l'acheminement vers l'étranger.

NAISSANCE DU TRANSPORT MARITIME ORGANISÉ

Les premières lignes de transport maritime par steamer entre la Gaspésie, l'intérieur du fleuve Saint-Laurent et le Nouveau-Brunswick s'organisent tardivement. Avant les années 1850, seules quelques goélettes sillonnaient le fleuve entre le centre de la province et la péninsule. On venait acheter du poisson, approvisionner les compagnies, vendre des denrées et des marchandises aux habitants, etc. La population n'était pas nombreuse, les lieux étaient souvent difficiles d'accès et la plus grande partie de la production de poisson était expédiée par les vaisseaux des compagnies de pêche. D'ailleurs, les Gaspésiens faisaient à peu près tous leurs achats auprès de ces mêmes compagnies. Le trafic fluvial était plutôt dirigé vers le haut du Saint-Laurent.

Goélette au quai de Dalhousie. (APC)

Entre 1831 et 1854, quelques liaisons irrégulières sont tentées mais sans grand succès. En 1858, le *S.S. Lady Head*, propriété de François Baby, de Québec, commence à faire la navette de façon permanente entre Québec et Pictou (N.-E.) chaque quinzaine, faisant escale à Gaspé, à Paspébiac et à quelques ports du Nouveau-Brunswick[14].

Le regroupement des colonies britanniques lors de la Confédération de 1867 entraîne le développement de liens permanents entre ces régions et les échanges entre Québec et les Maritimes s'accroissent. À l'hiver 1867, des hommes d'affaires de Québec organisent la Compagnie des steamers de Québec et des Ports du Golfe. L'entreprise met en service deux vapeurs, le *Secret* et le *Gaspé*, qui transportent la poste entre Québec et Pictou, s'arrêtant à Gaspé, Percé et à la Baie-des-Chaleurs. Chaque navire peut accepter 50 passagers «de cabines» et les commerçants de Québec y envoient leur fret. Cette ligne est subventionnée par le gouvernement fédéral jusqu'à ce que le chemin de fer Intercolonial inaugure son service en 1876. La compagnie cesse alors de faire escale à la Baie-des-Chaleurs. Arthur Buies écrit en 1872: «le voyage de Gaspé, long de quatre cent quarante-trois milles, se fait maintenant en trente-six heures, à partir de Québec. Par terre, le même voyage prend dix jours, parce que, sur un parcours de cent dix milles, de Sainte-Anne-des-Monts au bassin de Gaspé, le chemin n'est pas encore propre à la voiture; le postillon, chargé de la malle dans cette partie du pays, la porte sur son dos; il fait tout ce trajet à pied[15].» Remarquons enfin la présence du petit steamer *Beaver*, appartenant à un négociant de Québec. Il fréquente les ports gaspésiens dans les années 1880.

Les grandes compagnies qui traitent avec les pêcheurs, maîtres de grave et petits marchands de la côte, ont leurs propres navires de commerce; des goélettes à voile faisant la navette entre la péninsule et l'Europe ou Québec. Chargées de sel, de farine, de mélasse et autres denrées, elles approvisionnent les postes côtiers. De plus en plus, les fournitures proviennent du continent plutôt que de l'Europe. Les compagnies Robin, LeBoutillier, Fruing et Hyman, par exemple, envoient des goélettes à Québec pour y acheter des marchandises. À l'occasion, des firmes canadiennes, américaines et anglaises nolisent des navires pour recueillir le poisson de quelques marchands indépendants, tels les Kennedy, de Douglastown. De même, des caboteurs du Saint-Laurent longent la côte de Gaspé à la recherche de poisson salé qu'ils achètent à bas prix des pêcheurs indépendants.

LA LIGNE GASPÉ - NOUVEAU-BRUNSWICK

L'histoire de la liaison maritime Gaspé-Dalhousie-Campbellton est plutôt mouvementée. D'abord, les deux villes du Nouveau-Brunswick doivent leur développement portuaire en partie au chemin de fer Intercolonial, qui évite à Matapédia le territoire gaspésien pour se diriger vers les Maritimes.

Ce n'est donc pas la station ferroviaire de Matapédia, difficile à atteindre par voie d'eau, mais celles de Campbellton et de Dalhousie du côté sud de la rivière Ristigouche qui constituent pour les Gaspésiens les meilleurs endroits pour accéder au chemin de fer.

Peu après que le gouvernement eut retiré sa subvention à la Compagnie des steamers de Québec et des Ports du Golfe, une autre entreprise, la Compagnie de navigation du Saint-Laurent consent en 1878 à assurer la liaison avec les ports du nord du Nouveau-Brunswick, puisque le gouvernement fédéral reprend sa politique de subvention pour maintenir le service postal. Le steamer de la compagnie fait le trajet Campbellton-Gaspé deux fois la semaine, arrêtant dans une quinzaine de ports intermédiaires. Un commerce assez substantiel de marchandises, bois, houille et poisson, commence à se développer entre le Nouveau-Brunswick et les comtés gaspésiens, ce qui n'est pas toujours pour plaire aux compagnies de pêche.

Mais le service est très déficient et il suscite bien des récriminations. Invariablement, par exemple, le navire interrompt ses voyages vers le début de novembre, alors qu'il reste du poisson à expédier. La qualité et le rendement des navires que la compagnie met en service font l'objet de critiques répétées. L'efficacité du service postal donne lieu aussi à des plaintes comme en témoignent les pétitions envoyées au gouvernement par plusieurs hommes d'affaires et des membres du clergé gaspésien.

Au tournant du siècle, on en est encore réduit à utiliser le vieux vapeur *Admiral*, qui ne navigue que huit mois par année. Construit en 1866 par le gouvernement américain, la Compagnie de navigation du Saint-Laurent en fait l'acquisition en 1881. Jaugeant 508 tonneaux, il peut recevoir plus de 500 voyageurs, dont 60 « de cabines »[16]. On réclame un steamer à hélice de fer, mieux adapté à la navigation automnale qu'un vapeur à aubes[17]. Paradoxalement, d'autres pétitions demandent que le service du steamer soit discontinué entre Gaspé et le Nouveau-Brunswick, alléguant que cette ligne est parallèle au nouveau chemin de fer reliant New-Carlisle et Matapédia, et ce, sur une distance de plus de 90 milles. On voudrait que les marchandises se rendent à New-Carlisle par train et que de là, le steamer les transporte vers Gaspé. Le projet n'a pas de suite, compte tenu, entre autres facteurs, de l'opposition des habitants du comté de Gaspé, qui craignent une augmentation des tarifs à cause d'un intermédiaire supplémentaire dans le transport des marchandises.

Après l'échec d'un premier navire à hélice et l'incendie du vieil *Admiral*, le gouvernement fédéral fait appel à de nouveaux soumissionnaires pour continuer le service Gaspésie-Nouveau-Brunswick. Des hommes d'affaires de Campbellton, Dalhousie et de quelques localités gaspésiennes fondent alors la Compagnie internationale de navigation du Canada. Vers 1904, l'entreprise fait construire en Écosse un nouveau vapeur à hélice conçu

Le *Gaspésien* de la compagnie Gaspé et Baie-des-Chaleurs qui fait liaison Campbellton-Gaspé vers 1913. (MRG)

spécialement pour ce type de navigation. Le nouveau navire, baptisé *Lady Eileen*, quitte Campbellton à destination de Dalhousie, puis se rend à Carleton, faisant ensuite relâche à chaque port jusqu'à Gaspé. Il navigue jusqu'à la mi-janvier.

Au fil des ans, le service se détériore. En juin 1908, le *Lady Eileen* se brise sur l'île Newport[18]. Vers 1910, le gouvernement conclut une entente pour un nouveau steamer avec la Fraserville Navigation Company, qui possède le *Canada*, un navire rapiécé. Vers 1913, le service est interrompu et la compagnie de navigation Gaspé et Baie des Chaleurs prend avec le *Canada* et le *Gaspésien* la relève d'une organisation chancelante. Des agences indépendantes commencent alors à organiser leur propre système de transport. Même un habitant de Bonaventure y va de son navire. En avril 1914, le député fédéral de Bonaventure, Charles Marcil, dénonce la mauvaise situation du transport maritime et ses conséquences économiques: « Des soixante voyages que ce service donnait autrefois dans l'année, il n'en a plus fait que cinquante-trois, et voici que maintenant ce sera vingt-six, un voyage par semaine. Dans les mois de mai et juin, il se prend de Gaspé à Charlo [N.-B.], de grandes quantités de saumons envoyées à Dalhousie et mises là dans des glacières, pour être transportées en chemin de fer. On a trouvé que ces deux voyages par semaine du "Canada" étaient de tout point insuffisants et l'on a organisé des services locaux[19]. »

Après 1910, l'arrivée du chemin de fer à Gaspé annonce la fin de la ligne de transport par bateau à vapeur entre Gaspé et le Nouveau-Brunswick. Ainsi, en 1895, l'*Admiral* expédiait 3 025 tonnes de marchandises de Dalhousie aux ports gaspésiens et, en 1916, l'*Élaine* n'en transporte plus de 536 tonnes. La subvention fédérale aux navires prend fin en 1918. Dans une situation financière difficile de temps de guerre, Ottawa est d'avis que c'est un luxe pour les Gaspésiens que de se faire subventionner un steamer alors qu'ils bénéficient déjà du chemin de fer Matapédia-Gaspé. Des mécontents allèguent alors en vain que la voie ferrée ne dessert pas tous les petits ports de la côte et que la décision gouvernementale affectera le transport du poisson[20].

UN NOUVEAU RÉSEAU QUÉBEC - GASPÉ

Si les parties orientales et méridionales de la péninsule peuvent compter sur un service de steamers entre leurs ports et ceux du Nouveau-Brunswick et, au début du 20e siècle, sur une ligne ferroviaire, la partie nord, entre la baie de Gaspé et Sainte-Anne-des-Monts, est totalement démunie de communications maritimes régulières. Il y a bien la Quebec Steamship Line, anciennement la Compagnie des steamers de Québec et des Ports du Golfe, qui fait le service Montréal-Pictou mais ses bateaux ne font escale qu'aux deux semaines à Gaspé, à Percé et parfois à Cape-Cove. La compagnie prétend d'ailleurs en Gaspésie le commerce n'est pas assez important pour qu'il vaille la peine de s'y arrêter. Les pêcheurs qui veulent vendre leur poisson à des commerçants de Québec doivent passer la nuit en pleine mer dans de petits bateaux à attendre le passage d'un steamer. Très souvent, le vapeur ne s'arrête même pas et les pêcheurs reviennent bredouille. De toute façon, certains voyages sont réservés aux touristes.

En 1897, le député de Gaspé aux Communes, Rodolphe Lemieux, parvient à faire voter une subvention pour un petit steamer chargé de faire du cabotage sur le littoral nord gaspésien. Les habitants de la côte peuvent ainsi expédier leur poisson et leurs pommes de terre à Québec et acheter leurs provisions à meilleur marché que dans les magasins locaux. Le député de Gaspé se réjouit en ces termes: « Depuis des années et des années, les habitants de Gaspé sont à la merci de quelques marchands rapaces tels que les Robin et autres [...] Ils sont obligés de vendre leur poisson moyennant un prix peu élevé et ils ne sont pas payés en espèces. Ils sont payés en provisions [...] lorsque le service sera établi, les pêcheurs de Gaspé pourront faire le commerce avec les marchands de Québec[21]. »

Appuyée par une subvention, la Gaspé Steamship Line met en service le *Lady of Gaspé* et par la suite le *Gaspésia* et le *Percésien*. Ces navires assurent un service annuel de quinze voyages d'une durée de dix jours chacun avec départ à Montréal, arrêt à Québec puis escale à toutes les paroisses longeant la côte de Matane jusqu'à Port-Daniel. Cette nouvelle ligne maritime marque le point de départ d'un commerce de poisson exercé par des pêcheurs indépendants et de petits commerçants, qui peuvent expédier directement leur production par steamer jusqu'à Québec ou jusqu'au chemin de fer, qui l'achemine à Halifax ou à New York.

L'augmentation du trafic entre la province et la Gaspésie entraîne la création d'une nouvelle compagnie de transport maritime, la Gaspé et Baie des Chaleurs qui, avec le vapeur *Gaspésien*, relie Montréal à Paspébiac. Cette compagnie assure également, à partir de l'été 1914, la liaison mari-

Le *Gaspesia* à Sainte-Anne-des-Monts vers 1910. (MRG)

time Gaspé-Campbellton. Elle sera la dernière à la faire. Parce que les quais du littoral nord gaspésien baignent en eau peu profonde, les compagnies desservent le moins possible les ports de faible importance échelonnés entre Matane et Gaspé. Bien souvent l'abordage constitue un tour de force et les passagers doivent quelquefois se rendre aux navires dans des chaloupes, en pleine noirceur, ou bien débarquer dans un havre voisin de celui de leur destination. Pour les Gaspésiens, chaque arrivée du steamer est un événement nouveau et ils se regroupent pour l'accueillir.

Au début du 20e siècle, les goélettes des compagnies de pêche et les caboteurs font encore du transport de marchandises et de poisson en Gaspésie. Toutefois, l'organisation des lignes de bateaux à vapeur reliant le centre du Québec, la péninsule et les Maritimes modifie les anciennes règles du transport du poisson. À la fin du 19e siècle, sur le versant sud, un nouvel intervenant avait fait son apparition: le chemin de fer de la Baie-des-Chaleurs. Le transport qui se faisait, via les steamers, jusqu'à l'Intercolonial au Nouveau-Brunswick peut désormais s'effectuer par train sur le territoire même. Cependant, la construction du chemin de fer s'éternise et, avant 1930, il s'avérera d'une efficacité bien relative.

L'interminable construction de la voie ferrée

L'économie de la péninsule gaspésienne est intimement liée à la durée de la saison de navigation, c'est-à-dire un peu plus de la moitié de l'année. Après 1850, alors qu'on assiste à une phase intense de construction ferroviaire, les Gaspésiens entrevoient le jour où ils pourront bénéficier d'un lien direct avec le centre du continent, et ce, en toutes saisons. Comme ailleurs au pays, on perçoit le chemin de fer comme un levier essentiel de développement et de progrès.

LA NAISSANCE D'UN ESPOIR: L'INTER-COLONIAL

Afin de gagner l'adhésion de la Nouvelle-Écosse à la Confédération canadienne, les politiciens s'engagent à construire un chemin de fer reliant les Provinces maritimes aux régions centrales du Québec et de l'Ontario. Le choix du tracé devient important, puisqu'il influencera l'avenir économique de plusieurs régions. Des études ont déjà été entreprises à ce sujet. Ainsi, en 1847, le gouvernement impérial chargeait le major William Henry Robinson de tracer une ligne de chemin de fer reliant Québec à un port néo-écossais. Dans son rapport, Robinson recommande la ligne Halifax-Truro-Shédiac-Matapédia-Sainte-Flavie-Rivière-du-Loup. Le parcours proposé passe donc par la vallée de la Matapédia. En 1864, le gouvernement colonial charge d'autres ingénieurs de réétudier un éventuel tracé. On considère alors plusieurs routes possibles.

À l'annonce du projet de chemin de fer, journaux, hommes d'affaires, politiciens et leaders d'opinions adoptent diverses positions selon leur appartenance régionale. Pour les Gaspésiens, il devient vite évident que la ligne Robinson est susceptible d'avantager économiquement la région, en dépit du fait que ce tracé ne traverse pas leur territoire mais le longe, tant à Matapédia que sur le versant néo-brunswickois de la baie des Chaleurs.

Le 8 avril 1867, une grande assemblée publique réunit à Rimouski les principaux notables locaux depuis Saint-Siméon de Rimouski jusqu'à Ristigouche pour recommander le tracé passant par la vallée de la Matapédia[22]. Le 14 octobre, une autre grande assemblée se tient au palais de justice de New-Carlisle et « un grand nombre des principaux électeurs étaient venus d'une grande distance pour assister à cette assemblée importante[23]. »

Le 8 juillet 1867, le gouvernement fédéral avait décrété la construction de l'Intercolonial et le 19 décembre, le premier ministre John A. Macdonald propose la troisième lecture du projet de loi concernant le chemin de fer. Le nouveau député de Gaspé, Pierre Fortin, se fait alors le défenseur de la ligne Robinson. Il parle avec conviction du brillant avenir économique promis à la Gaspésie grâce à l'établissement de cette voie ferroviaire. La colonisation, l'agriculture et les pêches en bénéficieront: « La communication étant établie entre les richesses du golfe et le reste du pays, le nombre des pêcheurs sera doublé...[24] »

En janvier et février 1868, une pléiade de maires, commerçants, politiciens, notables et curés gaspésiens présentent à la Chambre des communes et à l'Assemblée provinciale des pétitions réclamant le choix du tracé Robinson. La demande par le gouvernement canadien, le 8 juillet 1868, d'une nouvelle exploration ravive les craintes des gens des comtés de Rimouski, Gaspé, Bonaventure et de Gloucester et Restigouche au Nouveau-Brunswick. Enfin, après de longs débats, le tracé Robinson est adopté par un ordre en conseil daté du 11 décembre 1868. Une commisison fédérale devient responsable de la construction de la voie ferrée. En fait, le tracé choisi répond davantage à des préoccupations militaires et politiques qu'à des impératifs économiques[25]. En effet, la stratégie militaire commande un tracé passant loin de la frontière des États-Unis, car l'on craint toujours la menace américaine. De plus, il faut pouvoir rejoindre la mer en toute saison pour recevoir des secours de l'Angleterre en cas de conflit.

Six ans de travaux entre Sainte-Flavie et la rivière Ristigouche, de 1868 à 1874, amènent quelques milliers d'ouvriers sur les bords du lac et de la rivière Matapédia. Un grand nombre de Gaspésiens participent aux travaux. L'inspecteur du Service des pêcheries, alors qu'il circule dans le secteur de Cap-Chat en 1870, remarque: « malheureusement, les bras étaient rares, presque tous les pêcheurs travaillaient sur le chemin de fer Intercolonial[26]. » Au sud, dans le comté de Bonaventure, de nombreux jeunes gens quittent leur patelin pour aller besogner jusqu'à l'automne au chemin de fer. En 1875, un premier pont interprovincial enjambe la rivière Ristigouche près de Matapédia pour permettre la circulation du train et des voitures. Le 8 novembre, une locomotive circule pour la première fois entre le fleuve Saint-Laurent et Moncton. Mais il faut attendre jusqu'en juillet

1876 pour que s'ouvre la ligne entre Sainte-Flavie et Campbellton. La vallée de la Matapédia est désormais accessible aux habitants des vieilles paroisses de la rive sud de Québec.

Si le chemin de fer favorise la colonisation et l'industrie forestière dans la vallée, il n'en est pas de même pour la péninsule. En effet, la seule station ferroviaire de l'Intercolonial touchant à la Gaspésie, celle de Matapédia, est sise à l'extrémité sud-ouest, à plus de 100 milles du comté de Gaspé. De plus, à cet endroit, la rivière Ristigouche est trop étroite et pas assez profonde pour y établir un port de transbordement. Ainsi, l'établissement du chemin de fer Intercolonial donne des résultats contraires aux attentes des Gaspésiens. Désormais, leur commerce sert au développement et au renforcement des localités des provinces voisines, alors qu'ils avaient soutenu avec ardeur le tracé Robinson dans l'espoir de voir développer ceux de leur région par la construction d'un embranchement à partir de la station ferroviaire de Matapédia. Pour l'instant, ce sont les villes et villages du nord du Nouveau-Brunswick qui profitent des retombées de la construction du chemin de fer. Ainsi, Dalhousie devient en peu de temps un centre d'expédition du poisson gaspésien. Un rapport gouvernemental portant sur le trafic de l'Intercolonial en 1876 déborde déjà d'optimisme en ce qui concerne un nouveau genre de transport, celui du poisson frais : « Le trafic du poisson frais est devenu considérable et pour lui donner les facilités voulues, des wagons avec réfrigérants ont été construits à Moncton [...] sur plusieurs points de la ligne, des particuliers ont construit des bâtiments pour la congélation du poisson en été, ce qui annonce que ce commerce va prendre un grand développement[27]. » Leurs illusions perdues, les Gaspésiens vont appuyer un projet visant à réaliser un chemin de fer dans la péninsule même. L'Intercolonial aura toutefois été une étape importante pour rapprocher la Gaspésie du circuit commercial canadien.

LE CHEMIN DE FER DE LA BAIE-DES-CHALEURS

En 1871, en vertu du système du double mandat, Théodore Robitaille, député de Bonaventure depuis dix ans, siège simultanément aux parlements fédéral et provincial. Cette année-là, il regroupe quelques actionnaires et forme une compagnie privée de chemin de fer, la Compagnie de la Baie-des-Chaleurs. Les promoteurs de ce projet sont étroitement liés au parti conservateur et à la famille Robitaille. On y retrouve les deux frères du député et Louis-Joseph Riopel, beau-frère de Robitaille et notaire à New-Carlisle. S'y joignent des actionnaires plus ou moins importants, tels R.H. Montgomery, marchand de bois de New-Richmond, William McPherson, maire de Port-Daniel, Alexis Poirier, maire de Bonaventure, Joseph Rousseau, marchand général à Nouvelle, François Giroux, commerçant à Maria, etc. Ces personnes servent surtout de prête-noms pour former le nombre de directeurs requis par la charte.

En 1872, Robitaille obtient de la Législature provinciale, grâce à l'appui

Construction d'un pont
de l'Intercolonial à
Millstream vers 1870.
(APC)

du gouvernement conservateur de P.-J.-O. Chauveau, l'incorporation de la compagnie et d'importants octrois de terres rattachés à la construction de la voie ferrée. En vertu de sa charte, la Compagnie de la Baie-des-Chaleurs a dix ans pour relier Matapédia à Paspébiac. De 1874 à 1878, le Parti libéral détenant le pouvoir à Ottawa, c'est en vain que Théodore Robitaille tente de faire reconnaître le chemin de fer de la Baie-des-Chaleurs comme un embranchement de l'Intercolonial, ce qui lui procurerait des subventions fédérales.

En 1877, la compagnie essaie de prouver qu'elle a débuté ses activités, alors que presque rien n'est encore fait. Elle organise donc une inauguration officielle des travaux et accorde des contrats de construction à trois entrepreneurs, dont deux, ne sachant écrire, signent avec des croix. Selon un inspecteur, les conditions de ces contrats sont telles, qu'aucun entrepreneur sérieux ne les aurait signés[28]. En 1878, un fonctionnaire du gouvernement provincial constate que les quelques efforts de la Compagnie de la Baie-des-Chaleurs se résument à la localisation de la future ligne et à quelques vagues travaux de déblaiement. Le subside provincial à la compagnie est alors confisqué. Quand le délai de la charte expire en 1882, il n'y a pas encore un seul mille de rail de construit entre Matapédia et Paspébiac.

Pour plusieurs contemporains, l'isolement de la Gaspésie est le facteur majeur de la stagnation dont elle souffre. Le peuplement est d'une lenteur désespérante selon les apôtres de la colonisation et l'émigration s'intensifie. L'agriculture rencontre toutes les misères à s'assurer un véritable départ et la pêche connaît des temps difficiles. Le chemin de fer devient la panacée qui répondrait à tous ces problèmes. Sa venue relancerait l'économie régionale, freinerait l'émigration et favoriserait l'immigration. Les Gaspésiens n'ignorent pas que depuis les années 1870, plusieurs régions, telles le Lac-Saint-Jean, les Laurentides, la Beauce et les Cantons-de-l'Est ont réclamé, au nom de la colonisation, leur chemin de fer et l'ont obtenu. *La Minerve* du 12 septembre 1881 lance un cri d'alarme: « La Gaspésie est une section à part du Canada français [...] On la connaît peu dans la province de Québec proprement dite [...] La Gaspésie et ses habitants sont encore pour nous une sorte de colonie éloignée et des frères séparés, un peu comme les Acadiens. Cela est dû d'abord à l'éloignement [...] et au défaut de communication à travers une partie de ces cents lieus. La ligne des steamers du Golfe Saint-Laurent et l'Intercolonial ont rapproché la presqu'île gaspésienne du Canada comme du reste du continent. Mais la voie de mer est peu de chose; et le chemin de fer passe encore loin de la vraie Gaspésie [...] Ce serait pourtant le bien de la population que son éloignement prît fin. Elle aurait tout à gagner surtout si cela devait avoir pour résultat de lui inspirer le goût de l'agriculture et de lui permettre de mieux profiter de la pêche, industrie inépuisable, mais qui, aujourd'hui, n'enrichit que les

« Causapscal House » et le pont de l'Intercolonial. (APC)

patrons et maintient les travailleurs dans un état de servage et de pauvreté uniforme[29]. »

Quelques années plus tard, Jean-Chrysostome Langelier poursuit l'analyse de *La Minerve* dans son livre intitulé *Esquisse sur la Gaspésie*. Pour que la région ait un avenir prometteur, il formule une seule solution: la présence d'un moyen de transport rapide, c'est-à-dire un chemin de fer ayant comme terminus un port important, en l'occurence Paspébiac[30]. Bien d'autres voix se joignent alors à la sienne.

LA TENTATIVE DE 1882   Les promoteurs de la Compagnie de la Baie-des-Chaleurs n'abandonnent pas leur projet de relier la péninsule à l'Intercolonial. Ainsi, Louis-Joseph Riopel, gérant-actionnaire de la compagnie, se fait élire aux élections provinciales de 1881 dans le comté de Bonaventure avec l'intention expresse de présenter un nouveau projet d'incorporation de la compagnie. Cette fois, la famille Robitaille s'allie avec Thomas McGreevy, député fédéral de Québec-Ouest et homme d'affaires réputé, et un entrepreneur montréalais, C. Newhouse Armstrong, dont les opérations boursières ont eu un certain retentissement à travers le pays. S'ajoutent à ces actionnaires quelques prête-noms; le quatuor Robitaille-Riopel-McGreevy-Armstrong possède près de 92% du capital de la compagnie. En fait, l'entreprise se sert de fausses souscriptions et n'aura jamais de véritable capital social: elle dépendra entièrement des subventions qu'on lui versera de part et d'autre[31].

Quelques mois après son élection, Louis-Joseph Riopel fait adopter un projet qui prévoit la construction d'une voie ferrée jusqu'à Paspébiac seulement[32]. En 1883, l'entreprise des Robitaille-McGreevy demande au gouvernement fédéral une subvention de $6 000 le mille pour 100 milles, alors que les autorités lui en ont accordé $3 200. Pour éviter des précédents embarrassants, Ottawa imagine une façon détournée d'augmenter la subvention de la compagnie: le gouvernement fédéral décide de construire lui-même les vingt premiers milles du chemin de fer, de Matapédia vers Paspébiac, à titre d'embranchement de l'Intercolonial[33]. Le ministre des Travaux publics, Hector Langevin, justifie cette décision en alléguant que « les premiers 20 milles de la voie sont les plus difficiles, et en les construisant à titre d'embranchement de l'Intercolonial, on donnera à la compagnie une bonne chance de construire plus tard le reste de la ligne[34]. »

En 1885, la Compagnie de la Baie-des-Chaleurs offre d'entreprendre les travaux de l'embranchement à certaines conditions. Une entente est ratifiée en 1886: l'entreprise ferroviaire exploitera le tronçon comme sa propre voie et le gouvernement accorde un renouvellement de subvention versée pour les vingt premiers milles aux vingt milles suivants, ceci en plus de la subvention régulière et des octrois provinciaux. Le 8 juin 1888, la compagnie confie un contrat à Henry MacFarlane, de Toronto, pour la construction des 60 milles de rails aboutissant à la rivière Cascapédia.

Les travaux sont entrepris avec vigueur. Cependant, ils coûtent plus cher que prévu et les réclamations à la compagnie s'additionnent de plus en plus. Des ponts sont érigés sur les rivières Caplan, Escuminac, Nouvelle et Maria et d'autres restent à construire. Enfin, la section des environs de Carleton exige, à cause de la configuration montagneuse des lieux, des travaux exceptionnels afin d'éviter les rampes raides.

Puis un beau matin de 1889, la construction s'arrête. MacFarlane n'ayant pas été payé par la compagnie, il se voit dans l'incapacité de rémunérer ses ouvriers, qui se mettent en grève en même temps d'ailleurs que ceux de Newhouse Armstrong qui se trouvent à l'est de la rivière Cascapédia. Nombre de Gaspésiens qui ont délaissé la culture des champs et la pêche pour travailler à la voie ferrée, se retrouvent ainsi sans le sou juste à l'approche de l'hiver. Les ouvriers s'impatientent. À Maria, ils manifestent

L'Intercolonial à Dalhousie en 1884. « Ainsi, Dalhousie devient en peu de temps un centre d'expédition du poisson gaspésien. » (APC)

sur le chantier, tentent d'enlever les rails et de s'emparer d'une locomotive. Le gouvernement d'Honoré Mercier demande au secrétaire de la province Charles Langelier, de faire enquête. Ce dernier confie à son frère, Jean Chrysostome, le soin de recevoir les réclamations des ouvriers et des fournisseurs de matériaux. Il appert que c'est le coût des travaux supplémentaires qui a empêché MacFarlane de payer ses employés. Le commissaire enquêteur Langelier conclut: «Il ressort clairement que toutes les difficultés survenues à propos de cette entreprise résultent du manque de moyens voulus de la part de la compagnie, qui a compté exclusivement sur l'argent des gouvernements et des municipalités pour exécuter son entreprise[35].»

Des subsides gouvernementaux aident à régler rapidement une partie des réclamations. Pour le reste, il faut attendre plusieurs mois. Les travaux demeurent paralysés en raison de litiges entre la compagnie et l'entrepreneur MacFarlane: malgré des subventions de $1 250 000 de la part des gouvernements provincial et fédéral, la compagnie n'a pu faire face à ses engagements financiers et se voit poursuivie par MacFarlane pour la somme de plusieurs dizaines de milliers de dollars. La Compagnie de la Baie-des-Chaleurs qui, en 1882, a fait en sorte qu'il n'y ait aucune clause l'obligeant à finir le chemin de fer selon un échéancier précis, a tout le loisir de retarder la reprise des travaux.

Aux élections de juin 1890, le premier ministre du Québec, Honoré Mercier, brigue les suffrages dans le comté de Bonaventure et s'engage à régler l'éternelle question du chemin de fer, soit en supprimant la Compagnie de la Baie-des-Chaleurs, soit en la réorganisant. Élu par acclamation, il se fait rappeler ses promesses dès l'automne, entre autres par les curés de Bonaventure, de Paspébiac, de Port-Daniel et de New-Carlisle[36].

En 1890, la Compagnie de la Baie-des-Chaleurs est en banqueroute. Le gouvernement Mercier accule les promoteurs au pied du mur et ils doivent céder les parts de l'entreprise à un nouveau groupe d'actionnaires montréalais. Réorganisée, la compagnie s'engage à construire la voie ferrée jusqu'à Paspébiac pour la fin de 1892 et jusqu'à Gaspé dès que possible. Les travaux reprennent donc, en dépit de difficultés légales causées par l'entrepreneur MacFarlane et le scandale provoqué par le Sénat canadien et qui coûtera le pouvoir à Honoré Mercier. En septembre 1891, de 400 à 500 hommes travailleraient au chemin de fer[37].

1902:
ON ATTEINT
PASPÉBIAC

Au printemps de 1894, la circulation commence sur la voie ferrée entre Matapédia et Caplan. Cependant, à peine quelques tronçons sont construits entre ce dernier endroit et New-Carlisle où on ne parviendra qu'en 1898. Ne pouvant atteindre Gaspé dans des délais raisonnables, la nouvelle Compagnie de la Baie-des-Chaleurs, toujours endettée, est vendue en 1894 à la Compagnie du chemin de fer Atlantique et Lac Supérieur. Cette entreprise construit déjà des lignes ferroviaires ailleurs au Canada et son âme dirigeante est C. Newhouse Armstrong. Plusieurs des directeurs de la compagnie sont des politiciens.

En octobre 1895, de nouvelles difficultés surgissent et, la compagnie étant incapable de payer ses dettes, les travailleurs en grève empêchent le passage du train entre Caplan et Matapédia. Le surintendant de la ligne, D.S. McCarthy, fait envoyer des constables sur les lieux. Des fiers-à-bras seraient même amenés par Armstrong. La Chambre de commerce de Gaspé, divers notables, curés et politiciens demandent l'annulation de la charte de l'entreprise ferroviaire et son remplacement. Un arrêté ministériel de novembre 1895, suivi d'une ordonnance de la Cour supérieure, met la compagnie sous séquestre.

Le 1er janvier 1897, le gouvernement fédéral, via l'Intercolonial, reprend l'exploitation de la ligne ferroviaire, pendant que la Compagnie du chemin de fer Atlantique et Lac Supérieur fait face aux tribunaux. La locomotive reprend donc son va-et-vient. À la fin de mai, après les élections provinciales qui permettent au député libéral de Bonaventure, François-Xavier Lemieux, de se faire réélire sur le thème du chemin de fer, le sifflet du train se tait de nouveau et le gouvernement Laurier remet l'exploitation de cette ligne peu rentable à la compagnie d'Armstrong. Le déficit de janvier à mai dépasse les $18 000 et le fédéral n'a pas l'intention d'acquérir le chemin de fer de la Baie-des-Chaleurs et d'assumer de nouvelles obligations financières à son endroit. Le gouvernement provincial fait de même. Ce sera encore une fois l'impasse pour plusieurs mois.

Cependant, grâce à des avances de fonds bancaires, la compagnie reprend la construction du chemin de fer entre Caplan et New-Carlisle jusqu'à ce qu'au cours de l'hiver 1900, elle fasse banqueroute, alors qu'il ne reste que trois milles à franchir pour atteindre Paspébiac. Elle est endettée de $200 000 envers ses employés et le gouvernement fédéral refuse de lui verser une subvention, alléguant qu'elle n'a pas rempli les conditions stipulées dans sa charte, laquelle est maintenant périmée.

En juillet 1900, la propriété de la compagnie est transférée à des syndics anglais. On adopte une loi à cet effet et la nouvelle entreprise s'engage à atteindre Paspébiac dans un délai de deux ans. La subvention fédérale est réinstaurée mais elle est assortie de clauses précises, dont le paiement des dettes de l'ancienne compagnie envers ses ouvriers. Le chemin de fer rejoint Paspébiac à l'automne 1902.

Cependant, la ligne est mal entretenue et un seul train par semaine, ou par quinzaine, circule entre Matapédia et Paspébiac. Toutefois, la préoccupation première reste celle de terminer le chemin de fer jusqu'à Gaspé. Or, la

LE PARACHÈ-VEMENT JUSQU'À GASPÉ

mauvaise situation financière de la compagnie qui administre la ligne compromet son parachèvement. À bout de patience, le premier ministre Wilfrid Laurier déclare: « Nous avons accordé des subsides plus qu'il n'en fallait pour ce district, et [...], si ces derniers n'eussent pas été dépensés d'une manière déplorable, je pourrais dire criminelle, la population de Gaspé aurait eu ses communications de chemin de fer[38]. » Le député de Bonaventure, Charles Marcil, renchérit: « Il ne faut plus désormais que cette population soit laissée à la merci de tous ces promoteurs de chemins de fer, de tous ces colporteurs et traficants de chartes. Je demande au Gouvernement de s'emparer de la question et de lui donner une solution définitive. Le chemin de fer est construit jusqu'à Paspébiac; qu'on le parachève jusqu'au Bassin de Gaspé[39]. »

Des capitalistes de Toronto, de Québec et d'Angleterre, dont certains ont fait percer des puits de pétrole dans la région de Gaspé, acceptent d'investir pour prolonger la voie ferrée et fondent la Quebec, Atlantic and Occidental. Cette nouvelle entreprise, comme certaines autres, telles les Compagnie du chemin de fer de la ligne courte de la Péninsule et de Gaspé, financée par des entrepreneurs de Saint Paul au Minnesota, et l'éphémère Compagnie de chemin de fer de Gaspé et de l'Ouest, ont toutes eu comme objectif de relier le centre de la vallée de la Matapédia au bassin de Gaspé par l'intérieur de la péninsule. Ces projets ne se sont jamais concrétisés. Celui de la Quebec, Atlantic and Occidental de relier Paspébiac à Gaspé en passant le long de la côte est accepté en Chambre au printemps 1903, après qu'on eut pris certaines précautions pour éviter les déboires déjà vécus. Le gouvernement accorde à la compagnie une subvention et une aide spéciale pour construire les 26 ponts métalliques qui devront être érigés entre Paspébiac et Gaspé. À la fin de l'année 1907, le chemin de fer atteint Port-Daniel et, à l'automne 1911, il rejoint enfin Gaspé.

La ligne ferroviaire Matapédia-Gaspé est donc la propriété de deux entreprises. La première section, de Matapédia à Paspébiac, appartient depuis 1910 à la Quebec Oriental qui a acheté les titres de la Compagnie du chemin de fer Atlantique et Lac Supérieur. L'autre partie, de Paspébiac à Gaspé, est la propriété de la Quebec, Atlantic and Occidental. Le coût du transport des marchandises s'avère élevé sur ces lignes. Le client de Gaspé qui passe une commande à Québec a affaire à trois réseaux de chemins de fer: l'Intercolonial, le Quebec Oriental et le Quebec, Atlantic and Occidental. De plus, le tronçon Matapédia-Paspébiac est toujours en mauvais état. Quant au matériel: « Il serait impossible de faire circuler entre Matapédia et Paspébiac un convoi de composition moderne; les locomotives qu'on y voit sont semblables à celles dont le Grand-Tronc se servait il y a vingt-cinq ans. À l'exception de trois ou quatre vieilles locomotives et de quelques voitures à voyageurs, le matériel appartient presque entièrement à d'autres chemins de fer[40]. »

La gare de Grande-Rivière, un nouveau lieu de rassemblement. (Société d'Hist. rég. du Bas-Saint-Laurent

Il a donc fallu aux Gaspésiens 40 ans, la chute d'un gouvernement[41], une série de faillites de compagnies, des douzaines de débats parlementaires, une multitude de démarches de la part de députés, de notables, de prêtres, plusieurs campagnes électorales, de multiples subventions et une infinité d'obstacles et d'embûches de toutes sortes à surmonter pour obtenir une ligne ferroviaire peu efficace et encore soumise à bien des problèmes de gestion.

En 1888, alors que l'Intercolonial relie les Maritimes au reste du Canada et que le chemin de fer de la Baie-des-Chaleurs avance tant bien que mal, le député provincial du comté de Rimouski, Édouard Martin, fait motion à l'Assemblée législative pour que soit construit un embranchement de l'Intercolonial entre Mont-Joli et Matane[42]. L'ingénieur en chef de la province, A.L. Light, est alors chargé par le premier ministre Honoré

LE CHEMIN DE FER MONT-JOLI - MATANE

Mercier d'ébaucher un tracé pour un éventuel chemin de fer qui partirait de Mont-Joli, station de l'Intercolonial, longerait le fleuve jusqu'à Matane et de là, se poursuivrait le long du littoral nord jusqu'à Gaspé.

Dès 1889, la Compagnie du chemin de fer de Matane, nouvellement créée, se propose de réaliser cet objectif. En 1893, une autre entreprise, la Gaspesia Railway Company, reçoit aussi son incorporation du gouvernement du Québec. Le député fédéral de Gaspé, Louis-Zéphirin Joncas, compte parmi les actionnaires de cette dernière entreprise. Il faudra attendre une dizaine d'années pour voir l'exécution du projet. En effet, en février 1902, le gouvernement provincial fait adopter une loi incorporant la Compagnie du chemin de fer de Matane et Gaspé pour relier par rail la rive nord de la péninsule. Par le fait même, l'entreprise reçoit des autorités de grandes étendues de boisés à titre d'octrois. En 1909, la compagnie change de nom pour s'appeler The Canada and Gulf Terminal Railway Company.

Comme dans le cas du chemin de fer de la Baie-des-Chaleurs, les débuts sont très lents. Les témoignages semblent s'accorder pour dire que la compagnie a d'abord des intentions d'ordre spéculatif et que le sifflet des locomotives n'est pas près de se faire entendre. *Le Progrès du Golfe* de Rimouski écrit en août 1904: « Nous devons remercier MM. Ross et Caron, députés, pour tout le travail fait par eux pour cette entreprise, mais nous devons les mettre en garde contre le président de la Compagnie qui, d'après certains événements récents, ne serait qu'un spéculateur[43]. »

En 1910, le chemin de fer atteint Matane et... n'ira jamais plus loin. Il passe par Price, Petit-Métis, Baie-des-Sables et Saint-Ulric. Il traverse un terrain relativement plat et les ponts à construire sont peu nombreux. La construction de cette voie ferrée ne tarde pas à favoriser l'économie de la région. Ainsi, on délaisse les cultures céréalières au profit de la pomme de terre, fort en demande sur les marchés du pays. Cet intérêt se manifeste aussi pour les produits laitiers[44]. Mais, les coûts de transport sont élevés. Il en coûterait plus cher pour faire circuler un colis entre Mont-Joli et Matane qu'entre Montréal et Mont-Joli[45]. Il se fera donc encore beaucoup de commerce par bateau.

Il appert que les principaux actionnaires de la Canada and Gulf Terminal Railway Company, les dénommés O'Brien et Doheney, se font une petite fortune avec cette entreprise, profitant des subsides gouvernementaux et municipaux ainsi que des octrois forestiers. Ils fondent la Matane Lumber & Development Company pour exploiter les limites forestières reçues. Ils construisent un embranchement ferroviaire pour atteindre leurs installations sur la rivière Matane. Quand ils vendent leur concession forestière à la Hammermill Paper, en 1920, ils possèdent 128 300 acres de boisés dans les bassins des rivières Matane, Cap-Chat et Grande Cascapédia[46].

Si en Gaspésie les projets ferroviaires ne manquent pas d'envergure, les résultats sont peu déterminants. Le développement économique escompté par la venue du chemin de fer, cet outil qui a si bien servi d'autres régions du pays, se fait encore attendre en 1920. D'abord objet de spéculation financière et industrielle, le chemin de fer gaspésien tardera très longtemps à rendre les services qu'on attend de lui. Toutefois, à l'instar du transport maritime et même du réseau routier, si sommaire soit-il, la voie ferrée a contribué à sortir la péninsule gaspésienne de son isolement séculaire en l'intégrant au moins partiellement aux circuits nationaux.

13

L'organisation sociale et politique

En même temps que la péninsule gaspésienne se rattache lentement au réseau de communications du Québec, ses institutions évoluent dans le même sens. Que ce soit aux niveaux religieux, scolaire ou politique, la Gaspésie fonctionne désormais comme les autres régions du Québec. Éparpillés et mal organisés en 1850, les services de l'Église et de l'école le sont beaucoup moins 70 ans plus tard. Au niveau politique, les partis se structurent de plus en plus et les questions d'affaires publiques ont meilleure audience qu'auparavant.

L'encadrement religieux

La desserte de l'abbé Nérée Gingras s'étendait, en 1849, de la baie de Malbaie jusqu'à Newport et il avait cinq chapelles à visiter[1]. Sa situation n'avait rien d'exceptionnel: en 1850, une douzaine de prêtres catholiques et de pasteurs protestants desservaient une population de plus de 20 000 personnes disséminées sur plus de 400 milles de côte. Pendant les dix années suivantes, leur tâche devient moins ardue. Chez les catholiques, de nouveaux missionnaires s'installent à Grande-Rivière en 1851, à Sainte-Anne-des-Monts en 1854, à Rivière-au-Renard l'année suivante et à Port-Daniel en 1858. La Gaspésie compte alors onze missionnaires catholiques, mais aucune paroisse n'est encore créée.

LES PREMIÈRES PAROISSES

Il faut attendre jusqu'en 1860 l'organisation des premières paroisses à même les missions les plus populeuses. Au nombre de quatorze, elles sont érigées canoniquement en mars de cette année-là et civilement en janvier 1861[2]. Ces premières paroisses catholiques sont: Rivière-au-Renard, Douglastown, Saint-Pierre-de-Malbaie (Barachois), Percé, Cap-d'Espoir, Grande-Rivière, Sainte-Adélaïde-de-Pabos, Newport, Port-Daniel, Paspébiac, Bonaventure, Cascapédia (New-Richmond), Maria et Carleton. Les années suivantes, d'autres paroisses s'ajoutent à ce premier lot: Matane en 1861, Sainte-Anne-des-Monts en 1863, Cap-Chat en 1864, Nouvelle en 1868, Sainte-Félicité en 1869, Caplan en 1872, Cap-des-Rosiers et Saint-Godefroi en 1873, L'Anse-au-Griffon en 1874, Mont-Louis et Gaspé en 1875.

C'est lorsque l'évêque décide qu'une population est suffisamment nombreuse pour y installer un prêtre résident qu'une paroisse est formée. Elle est administrée par le curé pour le spirituel et par un conseil de fabrique

Tabernacle de l'église de Carleton, oeuvre de François Baillargé, 1828. (Inventaire des biens culturels du Québec)

pour les matières temporelles. Le curé est alors tenu d'ouvrir des registres
En certains cas, le démembrement d'une paroisse trop étendue entraîne de
désaccords, certains paroissiens désirant rester attachés à la paroisse mère
ou ne s'entendant pas sur la localisation de la future église.

La création des premières paroisses gaspésiennes coïncide avec le déta
chement de la péninsule du diocèse catholique de Québec et son incorpora
tion au nouveau diocèse de Rimouski fondé le 15 janvier 1867
Antérieurement, il avait été question de la création d'un évêché en Gaspési
ou du rattachement de la péninsule au diocèse de Chatham au Nouveau
Brunswick. Le diocèse de Rimouski s'étend de Cacouna à l'ouest et inclu
la péninsule de Gaspé. Son premier titulaire est Mgr Jean Langevin, qu
visite la Gaspésie pour la première fois à l'été de 1868. Il y revient ensuite
quelques reprises. En 1891, Mgr Langevin sera remplacé par Mgr André
Albert Blais. Au début de l'année 1920, à la suite du décès de Mgr Blais, c'es
un Acadien de Carleton, Joseph-Romuald Léonard, qui accèdera au siège
épiscopal de Rimouski. À son premier voyage à Rome en 1922, il présen
tera un projet de division de son vaste diocèse, ce qui amènera la création de
l'évêché de Gaspé en mai 1922.

En 1867, le premier vicaire général pour le district de Gaspé est Nicola
Audet, curé de Carleton, la paroisse la plus populeuse. Plus tard, l'évêque
désigne un vicaire forain pour chacun des deux comtés de Gaspé et de
Bonaventure. En mai 1868, le curé de Carleton est le premier à recevoi
l'aide d'un vicaire pour l'assister dans ses fonctions curiales[3]. En 1890, on
compte cinq vicaires sur le territoire: à Matane, à Carleton, à Bonaventure
à Paspébiac et à Grande-Rivière[4]. L'Église catholique, mal organisée en
Gaspésie avant 1850, est maintenant solidement implantée. En 1918, dan
le comté de Gaspé, on trouve dix-neuf paroisses, quatre dessertes et hui
missions. À la même date, dans Bonaventure, on compte dix-hui
paroisses, une desserte et neuf missions[5]. En tout, une quarantaine de
curés, quelques vicaires et quelques dizaines de membres de communauté
religieuses composent le clergé catholique gaspésien.

Pendant longtemps, les prêtres des paroisses et des missions gaspé
siennes font face à d'épineux problèmes de financement. La question de la
capitation est particulièrement aiguë. Dans les années 1850-1860, la dîme
est de cinq chelins ou $1 par communiant. Comme ailleurs au Québec, le
paiement en argent semble causer des problèmes à plusieurs ouailles. En
plus de la pauvreté, il y a la difficulté de se procurer de l'argent en retour de
produits vendus aux commerçants ou d'ouvrage exécuté[6].

C'est pourquoi certains curés acceptent le paiement de la capitation en
produits ou marchandises divers plutôt qu'en argent. Jean-Chrysostome
Langelier remarque que « pour ce qui regarde le service religieux, les curé
catholiques reçoivent la dîme, c'est-à-dire le vingt-sixième des céréales e
des pommes de terre, en certaines localités[7]. » Leurs collègues protestant

« La journée du curé ».
Les habitants de Saint-
André-de-Ristigouche
payaient leur dîme en
donnant une journée
d'ouvrage chez leur curé.
(Coll. privée)

Sortie de la messe domi-
nicale à l'église angli-
cane de Malbaie vers
1895. (MRG)

sont dans la même situation[8]. Toujours selon Langelier, « les ministres d[u] culte protestant sont entretenus au moyen de contributions par les mem[bres] bres de leur congrégation et par les secours qu'ils reçoivent de certaine[s] associations formées dans les grandes villes pour venir en aide aux congré[é] gations trop pauvres ou trop peu nombreuses pour entretenir un ministr[e] exclusivement à leur frais. C'est assez dire que pour les catholiques comm[e] pour les protestants, les frais de culte et de service religieux s'élèven[t] comparativement à bien peu de chose[9]. »

Les prêtres se plaignent souvent à leurs supérieurs de la faiblesse de leur[s] revenus ou encore des retards que des paroissiens mettent à acquitter leur[s] redevances. Le curé Joseph-Marie Dubé écrit ainsi à son évêque vers 1891[:] « Pour la capitation, Monseigneur, et les sépultures, c'est décourageant d[e] ce que les gens ne paient pas. Toutes les sépultures se font à crédit e[t] presque personne paie, on fait même chanter des services et on ne les pai[e] point[10]. »

Outre la capitation, les revenus du prêtre et de son église proviennen[t] d'autres sources, c'est-à-dire du casuel, de dons, de quêtes religieuses et de l[a] vente de bancs à l'église. Mais là encore, ce n'est pas toujours facile. « Il y [a] un abus, clame le missionnaire de Douglastown en 1851, qui règne par tout, sur la côte de Gaspé, c'est que, dans les chapelles actuellemen[t] existantes, les bancs sont la propriété d'un certain nombre qui, sou[s] prétexte d'avoir contribué à la construction de l'église, les occupent, san[s] rien payer. Ce qui fait que les chapelles sont dans le plus grand dénue[e] ment[11]. » Mais malgré ces problèmes et plusieurs autres, le prêtre jou[e] désormais dans sa communauté le même rôle que ses homologues du rest[e] de la province, qui ont généralement la chance d'oeuvrer dans des paroisse[s] plus prospères et mieux organisées.

ANGLICANS, PRESBYTÉRIENS ET MÉTHODISTES

La situation des pasteurs et ministres protestants est à peu près la mêm[e] que celle de leurs confrères catholiques. Cependant, les protestants son[t] moins nombreux et ils sont divisés en trois principaux groupes: les angli[i] cans, les presbytériens et les méthodistes. Compte tenu des faibles effectif[s] de cette population ainsi que de sa plus grande dispersion, le nombre de se[s] leaders religieux croît moins rapidement que chez les catholiques. Alor[s] que chez ces derniers, les prêtres s'occupent de secteurs qui se limitent d[e] plus en plus à un village et à ses environs immédiats, chez les protestants les pasteurs doivent desservir des territoires plus étendus.

C'est d'ailleurs à cette époque que l'Église catholique devient vraimen[t] prédominante en Gaspésie. Ainsi, en 1861, 74,7% de la population de[s] comtés de Gaspé et Bonaventure se déclare catholique alors qu'en 1921, c[e] pourcentage atteint 84,6%. Un secteur de la côte est presque exclusivemen[t] peuplé de catholiques, soit la région nord, entre Cap-Chat et Rivière-au[-] Renard. Pendant ces soixante années, la population catholique augment[e]

Tableau 4.14. Population par cultes, 1861, 1891 et 1921.

	1861		1891		1921	
	Gaspé	Bonaventure	Gaspé	Bonaventure	Gaspé	Bonaventure
Catholiques	9 103	9 127	18 990	15 771	29 360	23 538
Anglicans	1 736	1 586	2 555	2 049	3 093	2 067
Presbytériens	122	2 092	31	2 522	41	2 774
Méthodistes	266	166	280	127	458	109
Luthériens	37	40	2	3	6	—
Baptistes	3	70	6	83	16	237
Protestants	148	—	46	—	88	1
Autres	11	11	22	21	163	72
Brethren	—	—	1	259	—	294
% des catholiques	79,7	69,7	83,4	75,7	88,3	80,9

Source: Recensements du Canada, 1861, 1891, 1921.

de 190,1% et la non catholique de 49,8% seulement. Chez cette dernière, ce sont les anglicans qui sont les plus nombreux (57,5% de l'ensemble des non catholiques en 1891), suivis des presbytériens (31,9%) et des méthodistes (5,8%). Les autres groupes religieux ne représentent que 5,5% de la population non catholique.

Les anglicans se concentrent principalement autour de la grande baie de Gaspé, dans les cantons de Malbaie et Percé, à Port-Daniel, à Shigawake, à Hopetown, à Paspébiac et à New-Carlisle. Les presbytériens se regroupent surtout à la Baie-des-Chaleurs, particulièrement à l'ouest de New-Carlisle. Les méthodistes, moins nombreux, se sont établis sur la rive nord de la baie de Gaspé et, en nombre moins important, à Cap-des-Rosiers, au village de Gaspé, dans les environs de Percé et le long de la rivière Ristigouche. Signalons aussi la présence de baptistes à Gaspé, à New-Richmond et le long de la Ristigouche et de « Plymouth Brethren » dans le secteur de New-Richmond.

Les anglicans sont mieux organisés que les autres protestants. En 1850, ils ont trois pasteurs à leur disposition. Quelques années plus tard, un quatrième ministre s'établit à Sandy-Beach. Ces quatres ministres du culte couvrent les territoires suivants: celui de Sandy-Beach dessert le côté nord de la baie de Gaspé et particulièrement l'endroit appelé Little-Gaspé; celui du bassin de Gaspé, les environs immédiats du village du même nom et aussi le secteur de Malbaie; celui de Cape-Cove, Percé et ses environs et celui de New-Carlisle se rend à Paspébiac, Hopetown et Port-Daniel. En 1859, cette dernière mission est subdivisée, le secteur Hopetown-Anse-aux-

Gascons obtenant son propre pasteur. Trois dessertes de congrégations sont alors établies dans la nouvelle mission: Hopetown, Shigawake (Shigouac), dont la mission tire son nom, et Port-Daniel[12].

Vers la même époque, un autre pasteur anglican s'installe à Malbaie, célébrant aussi l'office dominical à Barachois et à Coin-du-Banc[13]. À Malbaie, où le service est donné en anglais et en français, le pasteur semble trouver que sa mission manque de ferveur religieuse[14]. Malgré tout, de trois ministres anglicans en 1850, on est donc passé à six en 1860. La mission la plus populeuse est celle de New-Carlisle-Paspébiac, qui regroupe 117 familles en 1863-1864[15]. En différents endroits, il n'y a pas encore de lieux de culte et le pasteur doit rassembler ses ouailles dans des écoles ou des maisons privées. En 1870, on organise une septième mission: celle de Peninsula et Little-Gaspé. Six ans plus tard, la mission de Shigawake est subdivisée, Hopetown revenant à la mission de New-Carlisle.

Avant 1900, l'Église anglicane n'est pas organisée à l'ouest de la Baie-des-Chaleurs. Vers 1896, le secrétaire de la « Church Society of the Diocese of Quebec » fait une tournée de la vallée de la Matapédia et de l'extrémité ouest du comté de Bonaventure. Il n'y trouve qu'une cinquantaine de personnes de religion anglicane visitées de temps en temps par un pasteur de la petite ville de Campbellton, rattachée au diocèse du Nouveau-Brunswick[16]. En 1904, ce territoire, qui compte alors près de 300 fidèles, est incorporé à une nouvelle mission, appelée Matapédia, et qui s'étend de New-Carlisle à l'est jusqu'à Grand-Métis à l'ouest. L'industrie forestière étant alors en pleine expansion dans cette région, c'est auprès des bûcherons que le pasteur passe une grande partie de son temps. La construction de la première église se termine en 1906, à Matapédia.

Deux ans plus tard, on procède à un remaniement des missions à l'est de la Baie-des-Chaleurs et on en crée une troisième. Port-Daniel, Anse-aux-Gascons et Newport forment ainsi une nouvelle mission alors que Hopetown est détachée de New-Carlisle pour être annexée à nouveau à Shigawake. En 1910, un autre changement s'effectue: la desserte de New-Richmond se détache de la mission de Matapédia pour être incorporée à celle de New-Carlisle. À partir des années 1913-1914, alors que le village industriel de Chandler est en pleine croissance, le pasteur anglican de Cape-Cove s'y rend à l'occasion pour célébrer le service religieux.

Ce sont les évêques anglicans du diocèse de Québec qui ont juridiction sur la péninsule gaspésienne. Leurs visites dans la région sont assez fréquentes. En 1869, l'évêque William Williams et sa famille y passent huit semaines[17]. Ils en profitent pour visiter les Îles-de-la-Madeleine, où il y a un noyau anglican.

Chapelle anglicane St. Lukes à Coin-du-Banc, 1978. Photo: Pierre Rastoul.

Il faut souligner le rôle important joué, surtout à partir des années 1890, par des groupements de femmes appelés « Ladies Guild », « Women Auxiliary », « Junior Guild », « Girl's Friendly Society » et autres. Ces associa-

tions féminines voient en particulier à amasser des fonds pour les besoins et la bonne marche de leur congrégation (l'équivalent de la paroisse catholique). Pour ce faire, elles organisent bazars, quêtes, concerts, séances de thé, etc. Les thés, qui s'apparentent à des réunions sociales, se tiennent chez les différents membres de l'association locale et, lors d'occasions spéciales, dans un endroit public. Ainsi, en 1895, à Coin-du-Banc, un thé attire jusqu'à 250 personnes, dont plusieurs catholiques[18]. Pendant la Première Guerre mondiale, ces associations de femmes s'affilient à la Croix Rouge pour aider matériellement les combattants. Notons aussi l'importance accordée aux « Sunday Schools », leçons de cathéchisme professées généralement avant ou après le service dominical.

Chez les presbytériens, un seul ministre dessert la Gaspésie au milieu du 19e siècle. Dans les années 1850, il réside à New-Richmond. Le district de Gaspé fait partie du « Presbytery » de Montréal jusqu'en 1856, alors qu'on crée celui de Québec. Dans la décennie suivante, après une vacance de quelques années, la congrégation de New-Richmond reçoit un nouveau pasteur. En 1880, elle regroupe 160 familles. En 1865, une nouvelle congrégation s'organise à New-Carlisle. Par la suite, elle s'élargit à Hopetown, à Port-Daniel, à Paspébiac et à Shigawake. En 1880, elle compte 75 familles, plus une douzaine de personnes non rattachées à ces cellules familiales. Dans les années 1870, des dessertes s'organisent à Matapédia et à Escuminac. Les deux localités regroupent près d'une centaine de familles en 1880[19]. La péninsule gaspésienne fait maintenant partie du « Presbytery » de Miramichi. Au début des années 1880, s'ajoute une autre desserte, Douglastown. À la fin du siècle, cette dernière et celle d'Escuminac deviennent des congrégations avec ministre résident. Quatre pasteurs sont alors à l'oeuvre en Gaspésie, dont trois à la Baie-des-Chaleurs. Enfin, vers 1915, le nouveau village de Chandler obtient sa desserte.

Quant aux méthodistes gaspésiens, ils ne reçoivent leur premier ministre résident qu'en 1859: Isaac Tallman s'installe au nord de la baie de Gaspé, où on retrouve le plus grand nombre de ces fidèles. De 1859 à 1869, on assiste à une expansion de l'Église méthodiste wesleyenne dans cette région. On bâtit des chapelles à Jersey-Cove, à Rose-Bridge, au bassin de Gaspé et un presbytère à Cap-aux-Os[20]. Le ministre méthodiste dessert aussi à l'occasion ses quelques coreligionnaires de l'île d'Anticosti. En 1889-1890, à la suite de différends survenus à l'intérieur de l'Église anglicane, des fidèles de Sandy-Beach décident de passer chez les méthodistes et forment une petite congrégation à Haldimand. Au même moment, une église-école méthodiste est construite à Douglastown et un deuxième ministre s'amène dans la région de Gaspé. Le territoire à desservir est alors divisé en deux parties: Gaspé-Nord et Anticosti (Cap-aux-Os) et Gaspé-Sud (Gaspé). En 1912, il y a réunification de ces deux territoires. En 1916, une chapelle est bâtie à Indian-Cove, servant aussi de maison du culte aux habitants de Grande-Grave et de l'Anse-Saint-Georges[21].

Pour ce qui est des autres dénominations religieuses, elles ne disposent d'aucune organisation particulière, exception faite des « Plymouth Brethren », que l'on retrouve dans le secteur de New-Richmond vers 1879. Ils construisent une première chapelle à Black-Cape en 1880, une autre à New-Richmond en 1893 et une troisième à Grande-Cascapédia vers 1900[22]. Un pasteur y assure le service religieux.

Les relations catholiques-protestants, quoique pas toujours très bonnes, n'en sont pas moins empreintes de tolérance. En fait, on s'ignore plus qu'on ne se voisine. Ce sont les autorités religieuses catholiques qui semblent adopter les positions les plus rigides. Elles perçoivent souvent les protestants comme des gens sans moeurs, qui passent leurs dimanches dans l'oisiveté ou les rassemblements suspects. En plus, ils parlent une autre langue. Leur coexistence avec les catholiques inquiète plus d'un curé: « En général, les prêtres de la Gaspésie, écrit l'un d'eux, devraient suivre les familles de leurs paroisses de plus près dans leurs relations journalières, afin de prévenir autant que possible le danger de perversion auquel les exposent leurs rapports si fréquents avec les Protestants[23]. » La population catholique elle-même semble beaucoup moins tatillonne en cette matière, comme en témoigne une lettre de l'évêque Jean Langevin à l'un de ses curés après l'élection partielle dans le comté de Bonaventure en 1874: « Je vous avoue, écrit-il, que j'ai vu avec étonnement et regret l'état des polls dans l'élection qui vient d'avoir lieu pour la chambre locale. Je ne comprends pas comment un si grand nombre de vos catholiques peuvent avoir voté pour confier à un protestant leurs intérêts les plus chers[24]. »

Vers la fin du 19e siècle, la coexistence religieuse semble causer moins de problèmes. Là où il y a une présence multi-confessionnelle, la communauté d'intérêts dans les questions municipales et scolaires, prenant appui et exemple sur une plus ancienne communauté d'intérêt au niveau du commerce et des échanges locaux, amenuise de plus en plus les divisions religieuses[25]. On assiste même à des prises de position ou à des mouvements communs, comme celui du mois d'août 1910 qui amène catholiques, presbytériens et anglicans de Port-Daniel à s'unir pour organiser un concert-bénéfice en faveur des habitants de Campbellton, victimes d'un grave incendie[26]. Entre les différentes dénominations protestantes, les relations sont naturellement plus faciles qu'entre catholiques et protestants. On peut ainsi voir le ministre d'un culte desservir des fidèles d'autres confessions ou encore prêter sa chapelle à un pasteur d'une autre dénomination dont les ouailles n'ont pas de lieu de culte.

Le travail du prêtre ne se limite pas à son rôle spirituel: il s'étend aux questions économiques, sociales, politiques et culturelles qui touchent sa mission ou sa paroisse. Après 1850, son rôle de leader s'affirme de plus en **LA FONCTION SOCIALE DU PRÊTRE** plus. Alors qu'auparavant les missionnaires ne faisaient que passer, les ecclésiastiques sont désormais implantés dans tous les villages, même ceux de moindre importance. Leur prestige social s'accroît grâce aux luttes qu'ils mènent pour améliorer le sort de leurs ouailles.

L'emprise du clergé n'est toutefois pas absolue. Le géographe Frank W. Remiggi l'a montré en scrutant ses rapports avec les marchands du comté de Gaspé au 19e siècle. Croyant fermement que ces derniers maintiennent la population dans un état de dépendance et de pauvreté par leur système de crédit, et mus aussi par le fait que le paupérisme des péninsulaires les touche dans le prélèvement de la dîme et dans la bonne marche financière de la fabrique, les prêtres voient en l'agriculture l'alternative idéale pour que les Gaspésiens se défassent de la tutelle des armateurs. Ils mettent beaucoup d'énergie à les convaincre mais sans grand résultat, les pêcheurs préférant un mode d'existence qu'ils pratiquent depuis toujours et qui semble leur offrir le plus de garanties. Selon Remiggi, cela prouve que les francophones répondent bien plus aux conditions et aux contraintes géographiques et économiques qu'aux impératifs cléricaux. La population fait donc une distinction entre les choses spirituelles et temporelles, entre le religieux et les conditions matérielles. Elle ne suit pas nécessairement les directives de l'Église lorsque celles-ci semblent venir en contradiction avec sa sécurité[27]. Il faut toutefois remarquer, avec Remiggi, que les rapports entre les clercs et les marchands varient d'une paroisse à l'autre.

Un des grands motifs de discorde entre le clergé gaspésien, catholique comme protestant, et les marchands a trait à la vente des spiritueux. « Il s'introduit encore, écrit un prêtre en 1860, des boissons fortes dans mes missions par la Grande-Grave et ceux qui les importent sont des marchands de Jersey. Déjà j'ai eu l'occasion de représenter à l'un des agents que ces boissons ne tendaient qu'à démoraliser notre peuple et à le rendre plus pauvre: mais peu leur importe, pourvu qu'eux-mêmes fassent des profits, ils ne comptent le reste que pour rien[28]. »

Pour combattre l'ivrognerie, on utilise divers moyens dont les mâts de tempérance surmontés d'une croix. Au pied de celle-ci, on promet solennellement de rester sobre. Lors de la visite du prêtre, si la tempérance a été observée, on hisse le pavillon en haut du mât « mais s'il y a eu quelque défection, le pavillon sera honteusement baissé à mi-mât, pour proclamer la lâcheté, l'humiliation des coupables. Alors ce sera au missionnaire à les punir comme il le jugera à propos, soit en restant moins longtemps au milieu d'eux, soit en les privant de quelques instructions [...] Ce moyen réussit dans toutes les missions où l'on veut abolir un désordre qui semble avoir pris racine. » Le prêtre qui parle ainsi avoue même avoir refusé en 1866 la sépulture religieuse à un homme mort en état d'ébriété complète, afin de donner l'exemple aux autres[29]. Au fil des ans, un clergé de plus en plus nombreux parvient à assurer un meilleur contrôle de la situation. Les

Groupe de paroissiens près de l'église Notre-Dame de Paspébiac. (Arch. photo. Notman; Musée McCord)

grandes maisons jersiaises cessent même graduellement de vendre de l'alcool à leurs magasins. Mais il reste les auberges.

Nous avons déjà souligné les efforts du clergé pour amener les pêcheurs, particulièrement ceux du comté de Gaspé, à consacrer plus de temps à la culture du sol. Ces luttes ne sont pas vaines, certes, mais les progrès réalisés ne correspondent pas aux efforts déployés. Pour les défenseurs de la foi, de la langue et du sol, des impératifs géographiques, économiques, moraux et historiques assignent aux Canadiens français une vocation agricole. Faute de choix aussi et devant les ravages de l'émigration, l'ouverture et la colonisation des terres vierges deviennent chez eux une préoccupation majeure. Certains ecclésiastiques vont jusqu'à s'attaquer aux grands propriétaires terriens et aux concessionnaires forestiers. Les clercs sont impliqués dans les sociétés de colonisation et d'agriculture, dans les cercles agricoles, etc. Durant les années 1890, des missionnaires agricoles sont nommés par l'évêque avec mandat d'attacher la population à la terre, de la conseiller et de l'encourager.

Le clergé est actif aussi au niveau électoral appuyant des candidats en fonction de leur confession, de leur attitude envers l'Église et des possibles retombées de leur action sur la paroisse. Ainsi, c'est sans gêne que plusieurs prêtres appuient la candidature du nationaliste Honoré Mercier au poste de député de Bonaventure en 1890 car, en tant que premier ministre, il peut gratifier le comté.

L'implication du clergé se fait sentir surtout au niveau de l'éducation. Il s'occupe de la fondation et de la bonne marche des écoles. Plusieurs membres du clergé se retrouvent présidents de commissions scolaires ou inspecteurs d'écoles. C'est le cas du révérend William Gore Lyster, de Cape-Cove, qui sera pendant de nombreuses années inspecteur de son district. L'instruction étant un outil essentiel de christianisation et de moralisation de la population, on comprend l'intérêt des autorités religieuses à cet égard. Le premier curé de Port-Daniel, Thomas-Eugène Beaulieu, est bien conscient du rôle de l'école en tant qu'instrument de probité morale: « *Retirer les enfants des dangers où ils sont exposés dès leur bas âge, confier leur éducation à des maîtres religieux et zélés, leur donner des aptitudes nouvelles en les appliquant de bonne heure au travail et à la pratique des vertus de leur âge; voilà ce qu'il n'est possible d'obtenir qu'au moyen de bonnes écoles et ce que réclament impérieusement le salut de ces pauvres enfants, et l'avenir des familles*[30]. »

LES COMMU-NAUTÉS RELIGIEUSES   Surtout pour combler les besoins de l'enseignement, les curés sollicitent l'aide de communautés religieuses. La première à s'établir dans la région est celle des soeurs grises de la Charité de Québec. Quatre religieuses de cette communauté s'installent à Carleton en 1867 et y ouvrent un couvent pour jeunes filles. Ensuite, c'est au tour des soeurs des Petites Écoles. Cette communauté a été créée officiellement en 1879 par Mgr Langevin de Rimouski. Un an plus tard, à Port-Daniel et à Saint-Godefroi, elles s'installent pour s'occuper des écoles. En 1891, elles adoptent le nom de Congrégation de Notre-Dame-du-Saint-Rosaire. En 1900, elles s'établissent à Douglastown et à Sainte-Anne-des-Monts, en 1903 à Ristigouche, en 1906 à Barachois, en 1911 à Paspébiac, en 1912 à Bonaventure et en 1917 à Gaspé. Pour leur part, les soeurs du Bon Pasteur s'installent à Matane en 1883 et à Grande-Rivière en 1905. L'année précédente, les Filles de Jésus, de Trois-Rivières, sont arrivées à Cap-Chat et à Pabos. En septembre 1915, les soeurs de la Providence, de Montréal, s'établissent à Chandler et, en 1917, à Cap-d'Espoir.

En plus de leurs tâches d'enseignement, les religieuses ont la responsablité de visiter les malades et les pauvres, d'assister les mourants, etc. Elles

Salle de cours du couvent des Sœurs de Notre-Dame du Saint-Rosaire à Gaspé en 1918. (MRG)

sont aussi sacristines, c'est-à-dire qu'elles tiennent le rôle d'auxiliaires du curé: elles voient à la confection d'ornements sacerdotaux, à diriger les enfants de chœur, à assurer la pratique de la musique et des chants liturgiques, à parer les autels, à assurer la bonne tenue de la sacristie.

À ces communautés religieuses féminines s'en ajoutent quelques-unes masculines. Le groupe le plus important est celui des pères capucins, recrutés à Ottawa par Mgr Blais en 1894. Le 2 octobre, ils prennent charge de la mission amérindienne de Ristigouche composée majoritairement de catholiques[31]. En 1900, au nombre de seulement quatre, ils y construisent un premier couvent. Leur supérieur est alors le père Pacifique de Valigny, qui exercera son apostolat à Ristigouche jusqu'en 1943. Il laissera de précieuses études géographiques et historiques sur la région. Il écrit aussi des traités linguistiques dont un dictionnaire de la langue micmaque. De Ristigouche, les capucins vont aussi faire des dessertes, prédications, retraites, campagnes de tempérance ou de vocation ailleurs dans la péninsule et même à Rimouski, à Bathurst, à Moncton et chez les Franco-Américains[32]. Il est à noter que Sainte-Anne-de-Ristigouche, comme Sainte-Anne-des-Monts d'ailleurs, devient un lieu de pèlerinage à la dévotion de Sainte-Anne. À Ristigouche, on reçoit la visite de fidèles de la Baie-des-Chaleurs et du Nouveau-Brunswick et à Sainte-Anne-des-Monts, celle de touristes et de nombreux pêcheurs de la côte, Sainte-Anne étant la patronne des pêcheurs.

Le Père Pacifique de Valigny chargé de la mission de Ristigouche de 1900 jusqu'en 1943. (Coll. privée)

En mars 1917, l'évêque de Rimouski confie à la Congrégation de Jésus et Marie, c'est-à-dire les pères eudistes, la direction de la nouvelle paroisse du Saint-Cœur-de-Marie de Chandler, détachée de Sainte-Adélaïde-de-Pabos. Jusqu'à ce que les revenus ordinaires de la paroisse puissent s'élever à $3 000, Alfred Dubuc, président et gérant général de la compagnie de pulpe de Chandler, s'engage au nom de son entreprise à combler la différence entre cette somme et celle que les eudistes pourront récolter[33].

À ces congrégations religieuses ayant la charge d'une paroisse, s'ajoutent d'autres membres du clergé régulier qui ont la responsabilité d'une école, tels les frères de la Croix de Jésus à Percé et à Matane, ou qui viennent occasionnellement prêcher dans les paroisses. De ce dernier groupe, les pères rédemptoristes sont sûrement les plus actifs. De 1879 à 1882, ils font des tournées régulières du diocèse de Rimouski, prêchant, évangélisant et organisant des retraites[34]. Par la suite, on les verra de façon épisodique prêcher des retraites paroissiales en Gaspésie.

La période 1850-1920 en est donc une de consolidation pour les Églises catholique et protestantes. Du missionnaire devant parcourir des dizaines de milles pour couvrir ses diverses dessertes, on est passé au prêtre ayant la charge d'un village et de ses environs et bénéficiant de l'aide de vicaires, de communautés religieuses ou d'associations et confréries de fidèles. Le clerc est de plus en plus présent parmi ses ouailles et son contrôle sur sa communauté s'affermit au fil des ans. À l'instar de ses confrères du reste de la province, il occupe un rôle central dans sa paroisse ou sa congrégation. Tous les événements de la vie sont maintenant empreints de religieux. L'influence du clergé et celle de la religion se font sentir à tous les niveaux, en particulier dans le domaine de l'éducation.

L'implantation de l'enseignement primaire

La période d'érection canonique des paroisses gaspésiennes coïncide avec une phase de croissance rapide du nombre des écoles. En fait, c'est à partir des années 1840 que les autorités gouvernementales mettent sur pied des mesures visant à encourager l'éducation à l'échelle provinciale. Promoteur infatigable de la cause de l'éducation pour les jeunes, le clergé local collabore activement avec l'État. Mais l'implantation des écoles ne se fait pas sans complications, loin de là. Les problèmes de financement et de fonctionnement, la division du système scolaire en deux confessions, les difficultés de recrutement et le peu de qualification du personnel enseignant sont parmi les nombreux obstacles à surmonter. L'idée même de l'instruction entre difficilement dans les moeurs. Mais les progrès sont évidents: la situation de l'éducation en 1920 ne se compare aucunement à celle de 1850, époque où tout était encore à faire, où quelques écoles seulement étaient ouvertes avec des maîtres souvent improvisés au gré des circonstances.

LES COMMISSIONS SCOLAIRES   Les premières réformes législatives en vue de structurer un régime scolaire au Québec remontent donc au gouvernement de l'Union dans les années 1840. C'est en effet le 20 juillet 1841 que l'Assemblée du Canada-Uni adopte un projet de loi dont l'objectif est de créer un réseau d'écoles dirigées par

« L'enseignement d'autrefois ». J. Mussely, 1977. (MRG)

des commissaires élus, subordonnés au conseil municipal, qui a le pouvoir de prélever des taxes et l'obligation de bâtir et d'entretenir des écoles et de fournir des manuels scolaires. Un surintendant supervise l'ensemble du système. Un changement survient en 1845. On crée alors les commissions scolaires, organismes indépendants du conseil municipal et relevant du surintendant. On asseoit le régime scolaire sur l'organisation paroissiale. L'année suivante, une autre loi consacre ce principe et celui de la confessionnalité des écoles. Les municipalités ou commissions scolaires sont réorganisées et pouvoir est donné aux commissaires d'imposer des cotisations. Les recettes des commissions scolaires reposent sur trois sources: les taxes, la rétribution mensuelle et la subvention du gouvernement. Les taxes sont prélevées sur toutes les propriétés foncières tandis que la rétribution mensuelle est une somme que paient les parents pour chaque enfant en état de fréquenter l'école. Cette somme doit être égale à l'octroi gouvernemental.

L'action d'une campagne d'opposition à la taxation rend difficile l'application du nouveau système. Les autorités tentent de remédier à la situation en créant, en 1851, le poste d'inspecteur d'école. Ce dernier doit assister le surintendant dans son oeuvre et est responsable de la surveillance d'un district en particulier. L'avocat percéen Peter Winter est le premier à être nommé à cette fonction pour les districts municipaux de Gaspé et de Bonaventure, divisés chacun en dix municipalités scolaires. Ces districts sont mixtes, à cause des diverses confessions de la population. Un autre inspecteur, le docteur J.-G. Lespérance, s'occupe du district de Gaspé-Nord, c'est-à-dire le secteur de Cap-Chat et de Sainte-Anne-des-Monts où il n'y a qu'une école en 1852. En 1859, cette division est jumelée à celle de Gaspé. Pour se faire une idée de l'application du nouveau régime scolaire en Gaspésie, lisons cet extrait du rapport de l'inspecteur Winter pour l'année 1852-1853: « Dans le comté de Bonaventure, il y a dix municipalités scolaires divisées en quarante-quatre arrondissements, dans lesquels il y a vingt-et-une maisons d'école et dix-neuf écoles en opération dont quelques unes dans des maisons privées, prêtées ou louées. Il y a plusieurs maisons d'école non occupées soit faute d'instituteurs ou faute de moyens chez les habitants et en quelques cas par manque d'énergie chez les commissaires, ou faute de bien comprendre l'étendue de leurs pouvoirs et de leurs devoirs. Ceci s'applique aussi au comté de Gaspé. Très peu connaissent les lois d'école... Dans le comté de Gaspé [...] il y a maintenant dix municipalités divisées en 26 arrondissements, dans lesquels il y a 17 maisons d'école sous contrôle et quatre indépendantes en opération... J'ai rencontré dans le cours de ma visite de très bonnes écoles et des médiocres. Dans les premières on y enseigne des branches qui par la loi sont assignées aux écoles modèles telles que l'arithmétique dans toutes ses parties, la tenue des livres, etc., grammaire, géographie, etc.[35] »

En vertu de la loi de 1846, les commissaires doivent prélever des cotisations dans la population. C'est le problème majeur que rencontrent les nouveaux inspecteurs dans leur travail. La population, en effet, est fort réticente à payer pour l'entretien des institutions scolaires et des maîtres. Dans toute la province, une levée de boucliers jaillit contre le système d'écoles officielles. Ce mouvement est appelé la « guerre des éteignoirs ». C'est plus une lutte contre la législation que contre l'école elle-même. En plusieurs endroits de la province, on retire les enfants des écoles, on intimide les inspecteurs et les commissaires, etc.

La Gaspésie est loin de faire exception. Les gens sont réticents à abandonner le système des contributions volontaires pour adopter celui des cotisations. Dans le comté de Gaspé, plusieurs écoles ferment leurs portes à la fin des années 1840 et au début de 1850. En divers endroits, on paie par cotisations, en d'autres, par contributions volontaires ou encore on se promène d'un système à l'autre, sans grand résultat. Les commissaires sont dans une situation délicate. Comme l'écrit l'inspecteur Winter : « Les commissaires ont craint [...] prévoyant de l'opposition, d'en souffrir dans leurs affaires privées, et n'ont pas tenté de faire sentir aux contribuables combien il leur aurait été avantageux d'avoir plus d'écoles[36]. »

Encore à la fin des années 1850, ce mouvement de rejet, d'ailleurs entretenu par plusieurs marchands, en particulier dans le secteur de la pêche, n'est pas totalement apaisé. L'inspecteur Auguste Béchard en sait quelque chose : on brûle sa maison et on tente même de le pendre. Dans son exposé de 1859, il écrit : « J'ai rencontré de l'opposition partout [...] Dans quelques endroits, j'ai reçu des insultes, et dans d'autres [...] on semblait décidé à me faire un mauvais parti. On croyait qu'en se débarrassant de l'inspecteur d'écoles, on abolissait du même coup la loi des écoles[37]. »

En 1857, la taxe scolaire n'est établie légalement que dans deux localités du comté de Gaspé : Grande-Rivière et Sainte-Anne-des-Monts[38]. Ailleurs, on en est encore au système des contributions volontaires. L'inspecteur Béchard peut toutefois écrire au début des années 1860 que « ... l'opposition à la cotisation diminue et perd du terrain tous les jours, grâce aux poursuites judiciaires faites aux opposants...[39]. » La présence de la goélette armée du commandant Pierre Fortin du Service canadien des pêcheries facilite l'application de la législation scolaire. Plusieurs individus qui n'ont pas respecté les ordres des cours locales sont arrêtés et traduits devant l'officier pour avoir défié la loi des écoles. Le zèle et l'influence des curés et missionnaires contribuent aussi à apaiser la résistance. La somme fournie par les contribuables du comté de Gaspé pour les écoles s'élève ainsi à $1 134 en 1859, à $1 495 en 1860 et à $3 476 pour l'année suivante[40]. Dans Bonaventure, la cotisation est établie partout sauf en trois endroits où des écoles dites « dissidentes » fonctionnent indépendamment. Dans les années 1860, l'opposition systématique à la taxe scolaire n'existe plus mais c'est sans grande joie que la population se résout aux cotisations.

LA PETITE ÉCOLE

L'apprentissage du travail maritime ou agricole est considéré plus utile pour l'avenir du jeune que l'instruction. De plus, l'absence partielle de l'enfant prive la famille de bras nécessaires pour accomplir les diverses besognes domestiques. Cela explique la déception de l'inspecteur Meagher qui, au cours d'une inspection du comté de Gaspé en 1855, ne trouve que six écoles ouvertes sur vingt arrondissements scolaires parce que les gens sont occupés à la pêche et que la plupart des enfants aident leurs parents. Même les commissaires sont difficiles à recruter. Quelque temps plus tard, le curé de Percé, Edouard Guilmet, écrit: «l'éducation de la famille est nulle; on lui [l'enfant] parlera de poisson, de berge, de tempête, on réserve la religion pour l'enseignement du prêtre. À cinq ou six ans l'enfant saura nager comme une morue, à dix il saura conduire une berge comme un pilote, mais il ne saura pas un mot de catéchisme, mais il ignorera jusqu'au nom d'Adam, à douze ou treize ans on l'enverra deux mois au catéchisme il fera sa 1ère communion puis son père l'engagera quelque part pour pêcher [...] Voilà, Monseigneur, voilà l'éducation de la famille sur nos rives du Golfe, dans la triste réalité [...] Que voulez-vous donc qu'il fasse le jeune homme qui croit bien faire en imitant son père? Comment voulez-vous que la jeune mère de famille forme ses enfants mieux qu'elle a été formée elle-même? Il faut donc réformer la famille[41].»

Le nombre d'écoles et leur clientèle n'augmentent vraiment qu'au début des années 1860. En 1846, la Gaspésie comptait 38 écoles primaires; en 1866, ce nombre est porté à 69. Il y en a alors 3 589 dans la province. La fréquentation scolaire, elle, passe de 1 356 élèves à 3 342. Dans un numéro de la *Revue d'Histoire de la Gaspésie*, Lionel Allard a fait l'évaluation du pourcentage écoliers/enfants pour l'année 1855. Sur 2 581 jeunes de cinq à seize ans, 49% sont inscrits dans des écoles, soit 6,5% de la population totale de la péninsule (Gaspé et Bonaventure). Ailleurs en province, la moyenne est alors de 14,6%[42]. Entre 1860 et 1870, les principales localités de la Baie-des-Chaleurs sont pourvues d'écoles fréquentées en assez grand nombre pour en assurer la survie. En 1856, on a ouvert une école à Ristigouche pour les Micmacs de l'endroit et une autre en 1864 pour ceux de la pointe Maria. Dans les deux cas, c'est le gouvernement qui paie les instituteurs. L'enseignement est de confession catholique et il se fait en anglais. À l'extérieur de la Baie-des-Chaleurs, la dispersion plus grande des habitants a pour effet de multiplier les écoles. Par contre, le faible peuplement de plusieurs arrondissements scolaires rend précaire la survie de leurs écoles qui, en général, vivotent dans la misère et fonctionnent irrégulièrement.

Les secrétaires-trésoriers compétents ne sont pas légion. Leur incapacité place parfois la commission scolaire dans le désarroi financier. S'il n'y a pas de curé ou de pasteur tout près, l'inspecteur doit alors tout faire. Il lui

arrive même d'être obligé de s'arrêter plusieurs jours dans un endroit pour y prélever lui-même les taxes scolaires, qui sont pratiquement toujours payées en retard[43].

Le premier couvent de Douglastown ouvert en juillet 1900. (MRG)

La principale source de revenus des commissions scolaires provient des contribuables. En effet, le subside gouvernemental ne dépasse jamais les 30 ou 40% du budget scolaire d'une corporation. Une subvention additionnelle à celle déjà faite par le gouvernement est instaurée en 1856 pour aider les municipalités pauvres. Elle est accordée de préférence aux nouvelles agglomérations, aux plus éloignées et à celles qui font le plus d'efforts pour leurs écoles. Elle sert surtout à la construction et à la réparation des bâtisses. Régulièrement, une majorité de municipalités scolaires du comté de Gaspé reçoivent cette aide supplémentaire. Malgré cela, les inspecteurs supplient constamment les autorités d'accroître les subsides. En 1888, par exemple, l'inspecteur Thomas Tremblay prévoit la suspension dans un court délai de vingt écoles, l'allocation étant insignifiante[44]. Devant le manque de ressources, les commissaires laissent souvent aller à l'abandon les arrondissements trop pauvres.

Certes, le taux de fréquentation scolaire s'accroît mais encore en 1880, l'inspecteur Tremblay affirme qu'à peine la moitié des enfants en âge d'aller à l'école y vont réellement. Il arrive, écrit un autre inspecteur, que « les parents sont incapables de vêtir convenablement leurs enfants et sont obligés d'ailleurs de les faire travailler pour pourvoir à leur entretien; l'éducation est alors tout naturellement considérée comme une chose d'importance secondaire[45]. » Encore en 1900, plus du tiers des élèves inscrits dans les écoles n'y viennent pas. Les écoles ne sont généralement ouvertes qu'une partie de l'année seulement. Leur période moyenne d'activité est de huit mois. Au début du 20e siècle, la fréquentation scolaire entre le 15 décembre et le 15 février est presque nulle. L'été, on retient les enfants pour les travaux des champs. En somme, tout un ensemble de facteurs décourage la fréquentation scolaire. Des détails qui peuvent sembler mineurs ont des conséquences importantes sur la durée de l'enseignement. Ainsi en est-il de l'approvisionnement en combustible: « Le bois de chauffage, écrit un inspecteur, doit être fourni invariablement par les commissaires. Mal observé, un cinquième du temps, d'octobre à juin, est perdu faute de bois. Le fléau donne lieu à de graves difficultés entre contribuables, commissaires ou instituteurs[46]. »

Dans plusieurs municipalités, les écoles ont plutôt mauvaise mine: absence de carreau de ventilation, salles trop petites pour y loger un poêle en hiver sans surchauffer les élèves placés à proximité, classes ayant pour seule décoration un tableau noir usé et quelques cartes désuètes et déchiquetées, bancs et tables non adaptés à la taille des enfants, cabinet d'aisance au fond de la cour impropre à tout service dès les premiers froids, eau conservée à découvert avec un seul gobelet pour tous les élèves, etc. Ce n'est qu'au début de ce siècle que le gouvernement fait un effort pour moderniser le mobilier.

Malgré leurs difficultés à s'implanter et à fonctionner convenablement, les écoles assurent quand même une instruction de base: « je n'ai aucun doute, écrit l'inspecteur W. Gore Lyster en 1886, que les enfants sont en général, bien mieux enseignés que par le passé et il en est bien peu de ceux qui fréquentent l'école, même jusqu'à l'âge de 14 ans seulement, qui ne réussissent point à acquérir une instruction élémentaire assez passable, et qui ne soient capables d'écrire des lettres ou de faire des factures ordinaires, ce qui leur est d'une grande utilité [...] [Les maîtres de poste] déclarent que leur besogne augmente constamment, et que le nombre de lettres et de journaux qui passent par leurs bureaux s'est accru du double en certains endroits, depuis quelques années[47]. »

Au début des années 1890, une mauvaise conjoncture économique freine le développement du réseau scolaire gaspésien: « Il m'est pénible de constater, affirme l'inspecteur Tremblay, que la dépression de plus en plus sensible et générale de la pêche, source principale des revenus dans Gaspé, affecte gravement le soutien des écoles, en diminue le nombre et provoque un déplorable courant d'émigration: hommes, femmes et enfants, des familles entières, sans même excepter d'excellentes institutrices [...] prennent la trop large voie qui conduit aux États-Unis [...] Il est facile de déduire que l'éducation est quelque peu en souffrance[48]. » Cette tendance se résorbe puisqu'au total, le nombre d'écoles augmente dans la décennie 1890, même s'il y a une décroissance du nombre de bâtisses et d'élèves dans

Couvent de Grande-Rivière (1905-1965) (MRG)

le réseau scolaire protestant. En 1900, on compte 100 établissements scolaires dans le comté de Gaspé et 89 dans Bonaventure[49]. Après 1900, le nombre d'écoles s'accroît encore: en 1916-1917, on en retrouve 150 dans Gaspé et 147 dans Bonaventure; 78% sont de confession catholique[50].

LES ÉCOLES DISSIDENTES

La diversité des croyances religieuses contribue à fragmenter la clientèle des écoles gaspésiennes. Dans les localités où cohabitent plusieurs confessions, c'est la majorité qui dirige. Si les minorités ne sont pas satisfaites de l'administration des écoles, elles peuvent se soustraire à l'autorité de la commission scolaire majoritaire et élire un syndic pour diriger leurs propres institutions. Dès lors, les écoles de la minorité prennent le nom d'écoles dissidentes. Les syndics sont investis à l'égard de ces établissements des mêmes pouvoirs que les commissaires à l'égard de ceux de la majorité. Toutefois, ce sont ces derniers qui continuent de percevoir les contributions. Ils remettent aux syndics le montant prélevé chez les contribuables dissidents ainsi qu'une partie de la subvention publique au prorata du nombre de ces derniers. Les commissions scolaires ainsi subdivisées voient leurs revenus baisser en conséquence.

En 1867, on ne compte que quatre syndics dissidents dans les comtés de Gaspé et de Bonaventure: Cap-d'Espoir, Hamilton, New-Richmond et Petite-Nouvelle. Le mouvement s'accélère en 1873, particulièrement dans Gaspé: « Cette année, cinq minorités se sont déclarées dissidentes sans avoir les ressources suffisantes pour soutenir de bonnes écoles. Les ressources déjà assez minimes sont donc divisées entre des écoles de plus en plus nombreuses et ne peuvent que nuire ou retarder la prospérité générale des écoles[51]. »

Quelques années plus tard et tout au long des décennies suivantes, de nouvelles écoles dissidentes apparaissent pendant que d'autres disparaissent. Les minorités invoquent toujours des raisons d'ordre religieux et/ou linguistique pour justifier leur action. Par exemple, la présence d'une minorité protestante au sein d'une majorité catholique oblige la commission scolaire à engager deux institutrices, l'une de langue anglaise et protestante et l'autre de langue française et catholique, ou encore une maîtresse bilingue qu'il est difficile de trouver. La plupart du temps, on ne peut se payer ce luxe et ainsi satisfaire tout le monde. Quand les contribuables minoritaires ne trouvent pas à redire sur les qualifications linguistiques de l'institutrice, ils s'objectent sur le taux de cotisation ou sur la localisation de l'école qui peut favoriser un groupe en particulier.

LES LIVRES ET L'ENSEI-GNEMENT

Un autre problème qu'il faut résorber est la grande rareté des livres et des instruments pédagogiques. Vers 1850, dans la plupart des cas, la variété des manuels est telle qu'on ne peut former de classes. N'ayant pas de politique sur cette question, les commissaires achètent indifféremment divers volumes, sans se préoccuper de leur degré d'utilité. Par la suite, les maîtres doivent instruire les enfants séparément. Les commissaires reçoivent des inspecteurs des directives pour corriger ces lacunes. D'autre part, le surintendant de l'Instruction publique envoie chaque année à tous les inspecteurs des livres en français et en anglais pour les distribuer en prix. Il s'agit surtout de volumes à saveur religieuse ou nationale, tels les ouvrages de la « Bibliothèque de la jeunesse chrétienne » et de la « Bibliothèque nationale et religieuse ». Dans les années 1860, on distribue surtout les livres de la « Bibliothèque de l'enfance in 18 » et le « Canon Schmidt's tales ».

L'atomisation du réseau scolaire gaspésien aggrave la pénurie des instruments pédagogiques. En 1876, une loi permet la fourniture des livres au prix coûtant aux municipalités scolaires, lesquelles assurent ensuite la distribution gratuite aux élèves. La mesure est bien vue et seules quelques rares municipalités persistent à vendre les volumes. En fait, l'enthousiasme est tel chez les péninsulaires que lorsque les critiques du clergé et des journaux conservateurs de la province qui craignent le monopole étatique forcent le gouvernement à abandonner le « dépôt des livres », les commissaires gaspésiens poursuivent la distribution gratuite. Et lorsque le surintendant reformule son projet dans son rapport de 1880-1881, il cite en exemple la réussite du procédé utilisé dans le comté de Bonaventure pour justifier son application[52]. Entre 1900 et 1920, les bibliothèques scolaires tendent à se répandre dans les écoles primaires de la péninsule. Vers 1920, environ 75% des institutions catholiques et toutes les institutions protestantes disposent d'une bibliothèque, si petite soit-elle.

En fait, la presque totalité des enfants n'ont que le temps d'apprendre d'une manière plus ou moins satisfaisante à lire, à écrire et à calculer. Beaucoup de jeunes catholiques s'arrêtent après avoir fait leur première communion. Les exigences du programme académique ne sont suivies que par ceux et celles qui aspirent à devenir instituteurs et institutrices ou à compléter leur éducation dans des établissements supérieurs.

L'ÉCOLE MODÈLE ET L'ÉCOLE SPÉCIALISÉE

Le nombre des écoles primaires augmentant, on commence à fonder quelques « écoles modèles » dans les années 1860. Ces écoles constituent un lien entre les niveaux primaire et secondaire. En fait, elles offrent un enseignement primaire plus complet. Comme il n'y a ni école normale, ni académie, ni collège en Gaspésie au 19e siècle, c'est l'école modèle qui offre la possibilité au jeune de prolonger ses études et surtout de se préparer à l'enseignement. Les premières écoles modèles sont établies à New-Carlisle (1859-1861), Carleton (vers 1861), Matane (1863), Percé (1864), Maria et Grande-Rivière (1865) et Sainte-Anne-des-Monts (1867). La moyenne de fréquentation est alors d'environ 70 élèves par établissement. Par la suite, d'autres écoles de ce niveau s'ajoutent au réseau déjà existant. En quinze ans, de 1867 à 1883, le nombre d'écoles modèles catholiques dans Gaspé et Bonaventure passe de cinq à dix. La clientèle scolaire double également, passant de quelque 350 personnes à plus de 700[53].

L'implantation de ces écoles en milieu protestant est plus tardive. Sauf pour un court laps de temps à New-Carlisle vers 1860, alors que l'institution ne compte qu'une dizaine d'élèves, les premières écoles modèles protestantes ouvrent leurs portes à la fin de 1885. En effet, à sa séance du 15 novembre, le comité protestant du Conseil de l'Instruction publique fait mention de deux lettres confirmant l'ouverture d'une école modèle au village de Gaspé et d'une autre à New-Carlisle ainsi qu'une demande pour une école de ce type à New-Richmond[54]. Les protestants d'Haldimand acquièrent la leur en 1889.

Ces écoles modèles ne sont souvent que de simples écoles primaires dont on a voulu élever le niveau d'enseignement. Leur établissement n'en suscite pas moins l'opposition de citoyens apeurés par la nouvelle dépense. La subvention gouvernementale ne comblant que le quart du coût du fonctionnement de ces institutions, seules les municipalités les plus populeuses peuvent s'en payer. Outre les matières de base, l'élève peut y apprendre, selon les institutions, la tenue de livres, le calcul mental, l'algèbre, la grammaire, la géographie, l'histoire sainte, l'histoire du Canada, voire même celle de la France, de l'Angleterre et des États-Unis. Dans des écoles de langue française, on apprend aussi l'anglais. Les meilleurs établissements offrent des cours à caractère pratique ou artistique. Ainsi, les jeunes filles de Maria, de Percé et du couvent de Carleton reçoivent des leçons de couture et de broderie. Des élèves de Nouvelle, de Percé, de Maria et de Carleton s'adonnent, elles, à la musique instrumentale ou vocale. En d'autres endroits, on s'exerce à la gymnastique ou à la danse. À Percé, à Nouvelle et à Carleton, des jeunes suivent un programme d'agriculture ou terminent un cours commercial spécial. À Maria, d'autres se familiarisent avec l'horticulture. Par sa vocation pratique, l'école modèle joue en Gaspésie le rôle dévolu ailleurs à l'académie.

Quelques couvents jouent aussi ce rôle palliatif. C'est surtout au début du 20e siècle qu'ils font leur apparition. On a vu comment le clergé a fait appel à la collaboration des religieuses. Dès 1867, un premier couvent s'ouvre en Gaspésie. C'est le curé de Carleton, Nicolas Audet, qui en est le promoteur. Un riche commerçant irlandais de l'endroit, John Meagher, ouvre grande sa bourse et la population de Carleton emboîte le pas. Meagher est d'ailleurs le beau-père de Pierre-Joseph-Olivier Chauveau, premier ministre de la province et surintendant de l'Instruction publique. Le 27 août 1867, quatre soeurs grises de la Charité de Québec s'embarquent pour aller habiter ce couvent. Elles en prennent possession en septembre. Ces premières religieuses à s'établir en Gaspésie inaugurent un enseignement axé sur la formation d'institutrices et les vocations religieuses. La première année, elles accueillent 35 jeunes filles. Environ la moitié des élèves sont pensionnaires. Le statut de cet établissement scolaire équivaut alors à celui d'une école modèle. Il est même considéré comme la meilleure école modèle de la région. De 1867 à 1914, 329 élèves y obtiennent leur brevet d'école primaire, modèle et académique[55].

Treize ans plus tard, en septembre 1880, quelques soeurs des Petites Écoles de Rimouski arrivent à Saint-Godefroi et à Port-Daniel. À ce dernier endroit, leur bâtisse est un ancien entrepôt de pêche. Même lavée et désinfectée, l'école ressemble plus à un hangar qu'à une résidence. Une quarantaine d'élèves forment la première classe. Six ans après leur arrivée, elles quittent Port-Daniel. Mais à Saint-Godefroi, leur classe est transformée en couvent. En 1883, un autre couvent ouvre ses portes à Matane. Il est tenu par les soeurs du Bon-Pasteur. En 1900, aux quatorze écoles modèles des comtés de Gaspé et de Bonaventure, s'ajoutent celles de Douglastown et de Sainte-Anne-des-Monts, dirigées par les soeurs du Saint-Rosaire. En 1903, cette communauté s'établit à la mission indienne de Ristigouche, dirigée depuis 1894 par les pères capucins. En 1904, les Filles de Jésus, de Trois-Rivières, prennent la direction de couvents à Cap-Chat et à Sainte-Adélaïde-de-Pabos. L'année suivante, une école modèle et un pensionnat sont mis sur pied à Grande-Rivière par les soeurs du Bon-Pasteur. En 1906, les soeurs du Saint-Rosaire ouvrent une autre école, cette fois à Barachois. En 1912, c'est au tour de Bonaventure de les recevoir dans un couvent où il se fera de l'enseignement ménager. En 1911, elles fondent un établissement scolaire à Paspébiac, en 1917 à Gaspé et en 1921 à Rivière-au-Renard. Enfin, quatre soeurs de la Providence ouvrent deux classes à Chandler en 1915 et une académie dans une nouvelle bâtisse en 1917. Cette année-là, elles fondent une école à Cap-d'Espoir. Toutes ces institutions de faible taille n'ont rien à voir avec les grandes écoles et couvents que l'on verra plus tard.

La jeune Gaspésienne est plus avantagée que ses frères pour apprendre. En fait, elle est généralement plus instruite qu'eux. Les garçons, qu'on prépare très tôt au travail, sont moins disponibles pour parfaire leurs études et les institutions faites spécifiquement pour eux sont très rares. Toutefois, grâce à un octroi gouvernemental, une académie commerciale pour garçons est fondée à Percé en 1912. Les frères de la Croix de Jésus, de Rimouski, en prennent la direction. Ils y ajoutent un pensionnat en 1915. Mais cette académie est ramenée au niveau d'une école de village en 1921, les charges devenant trop lourdes pour la commission scolaire. En 1913, la même communauté enseignante s'installe à Matane pour s'occuper d'une nouvelle école. D'autres municipalités scolaires parviennent aussi à se doter d'écoles intermédiaires pour garçons: Bonaventure en 1914, Saint-Omer et Chandler en 1916. En fait, durant cette décennie, plusieurs écoles modèles catholiques se transforment en académies: académie mixte à Cap-

Chat, académies-couvents à Grande-Rivière et à Carleton, académie de garçons à Percé. Chez les protestants, des presbytériens de la Baie-des-Chaleurs construisent à cette époque, près du « high school » de New-Carlisle, une résidence pour les jeunes filles afin qu'elles puissent suivre les classes de 10e et de 11e années.

C'est également dans les années 1910 qu'on met sur pied les premières écoles ménagères dans la péninsule. En effet, à l'automne de 1912, la commission scolaire de Bonaventure inaugure un cours d'enseignement ménager à l'école des sœurs du Saint-Rosaire. Au début, les religieuses limitent leur enseignement aux travaux domestiques: couture, tricot, art culinaire. Peu après, d'autres écoles ménagères ouvrent aussi leurs portes. En 1913-1914, on en trouve quatre dans Gaspé et Bonaventure: à Saint-Alexis-de-Matapédia (82 élèves), à Bonaventure (25 élèves), à Grande-Rivière (27 élèves) et à Sainte-Anne-des-Monts (121 élèves)[56]. En 1912, commence aussi un cours d'enseignement ménager au couvent de Matane. Enfin vers 1914, une première école de navigation est mise sur pied à Carleton. Elle débute ses activités avec seulement six élèves, sous la direction du capitaine Landry.

LE RECRUTEMENT D'INSTITUTRICES QUALIFIÉES

Les écoles modèles et les couvents forment des institutrices nécessaires aux petites écoles. Vers 1850, le personnel enseignant est rare, peu qualifié et très mal payé. Un rapport souligne que « l'octroi du gouvernement est si faible, que, lorsqu'il est partagé entre les arrondissements scolaires, il ne revient pas plus de $5 à $10 en argent à chaque instituteur, avec la balance de salaire qu'il est obligé de prendre en produits agricoles à des prix très élevés[57]. » La qualification des professeurs est liée aux salaires versés: « Les instituteurs ne recevant qu'à peine le salaire accordé aux moindres engagés dans les établissements de pêche, comment, dit un autre rapport, peut-on prétendre qu'ils soient qualifiés en tous points[58]? » Les instituteurs, très majoritaires jusque vers 1850, se voient supplantés en nombre par les institutrices à partir de la décennie suivante: 36 hommes et sept femmes en 1856; 34 hommes et 46 femmes en 1867. Dix ans après, il ne reste que neuf hommes; quinze ans plus tard, trois. Le traitement des maîtres étant plus élevé que celui des maîtresses, les commissaires préfèrent engager ces dernières. C'est surtout à Carleton, à Percé, à Maria, à Nouvelle et dans les paroisses avoisinantes que se rencontrent la plupart des enseignantes. Le couvent de Carleton fournit annuellement à lui seul sa dizaine d'institutrices au milieu des années 1880. L'apport est cependant plus faible dans le secteur protestant. Quelques futures maîtresses seulement poursuivent leurs études dans une école normale à l'extérieur de la péninsule.

Vers 1856, le gouvernement crée en Gaspésie un bureau régional d'examinateurs afin de décerner des certificats aux futures institutrices. Quelques années plus tard, les comtés de Gaspé (Percé) et de Bonaventure

(New-Carlisle) possèdent chacun leur propre agence. Quelques candidats seulement s'y présentent chaque année. En douze ans, de 1867 à 1878, ces bureaux accordent environ 130 brevets de capacité, soit une dizaine par année[59]. Les commissions d'examinateurs sont formées par des notables et les curés de la région. En 1880 dans Bonaventure et en 1886 dans Gaspé, on divise ces commissions en deux sections distinctes, l'une catholique, l'autre protestante. En 1896, on remplace les bureaux d'examinateurs du Québec par une agence centrale qui, avec les écoles normales, est seule habilitée à délivrer des brevets d'enseignement.

Dans le troisième quart du 19e siècle, une bonne partie du personnel enseignant provient de l'extérieur de la péninsule. Pour obtenir de bonnes institutrices, les commissaires protestants font appel à l'école normale McGill de Montréal et au MacDonald College; les catholiques en recrutent à l'École normale Laval, quand ils ne se limitent pas à publier une annonce dans le journal. Les commissaires font même de l'engagement à rabais. La tactique consiste à remercier une institutrice de ses services à la fin de l'année scolaire afin de la placer au niveau d'une débutante et de l'obliger à accepter le salaire correspondant l'année suivante. Il arrive cependant que des contribuables aisés assurent des gages plus élevés à une institutrice qualifiée.

De 1870 à 1890, les salaires des institutrices catholiques sont en baisse. Leurs consoeurs du réseau protestant sont mieux payées. L'engagement d'éducatrices non brevetées moins bien rémunérées explique cette diminution de la moyenne des traitements dans le secteur catholique. De 1900 à 1920, par contre, l'institutrice gaspésienne connaît ses premières hausses salariales d'importance. Cependant, l'écart de rétribution entre enseignantes catholiques et protestantes perdure: les premières sont deux fois moins bien payées que les secondes. Vers 1910, dans le comté de Bonaventure, le salaire annuel moyen à l'école primaire catholique est de $142; à l'école modèle, il monte à $208. Chez les protestants, les institutrices du primaire reçoivent en moyenne $221 et celles des écoles modèles et académiques $511[60].

L'incapacité de la région à former son propre personnel enseignant, faute d'institutions adéquates, et l'insuffisance du recrutement à l'extérieur, aggravé par la faiblesse des traitements salariaux, ont longtemps paralysé le développement de l'école primaire gaspésienne. Les institutions demeurent ouvertes tant bien que mal. Les commissaires ont donc pris l'habitude d'engager des jeunes filles sans brevet et inexpérimentées afin d'éviter des fermetures d'écoles. Des années 1880 jusque vers 1900, la proportion des institutrices non qualifiées dans le comté de Gaspé se maintient à près de 25% du corps professoral. Au début du 20e siècle, quelque 10% seulement des institutrices des comtés de Gaspé et de Bonaventure sont passées par l'école normale. En 1902, l'inspecteur des écoles catholiques de Bonaventure signale qu'« une proportion de près de 50% des institutrices à l'oeuvre n'ont aucune formation pédagogique et sont à peu près incompétentes[61]. » La grande pourvoyeuse d'enseignantes aux abords du 20e siècle demeure l'école modèle, dont l'enseignement n'a jamais visé à dispenser une solide formation pédagogique. L'arrivée de congrégations religieuses vouées à l'éducation permet de commencer à corriger la situation.

PRESSE ET CULTURE D'ÉLITE

Conséquence directe de l'éducation, la lecture se développe de plus en plus dans la Gaspésie de la seconde moitié du 19e siècle et des premières décennies du 20e. C'est ainsi que les journaux se répandent, en particulier *La Presse, Le Soleil*[62], *Le Montreal Herald*, le *Star of Montreal, Le Journal d'Agriculture* et *Le Cultivateur*. Il en est de même des feuillets religieux, tels *Les Annales de Sainte-Anne-de-Beaupré* et *Le Bulletin Eucharistique*. Apparaissent aussi les journaux plus régionaux: *La Voix du Golfe, Le Nouvelliste* et *L'Écho du Golfe* de Rimouski. Moins éphémère est *Le Progrès du Golfe*, qui naît en 1904, toujours à Rimouski. Entre 1911 et 1916, un journal est aussi publié à Matane: *Le Cri de l'Est*. Ces journaux traitent surtout de sujets locaux et on n'y parle qu'à l'occasion de la péninsule gaspésienne.

Avant 1928, sauf une exception, aucun journal n'est publié dans les comtés de Gaspé et de Bonaventure. Cette exception s'appelle *The Gaspe' Gazette*. Robert Warren Kelly la fonde à New-Carlisle en 1848. Mais cet hebdomadaire de quelques feuilles ne paraît que jusqu'en 1851. Le premier numéro est daté du 4 janvier 1848. La clientèle du journal s'étend à l'extérieur du district de Gaspé: on retrouve des distributeurs à Montréal, Québec, Halifax, Campbellton, Dalhousie et Shippagan. Il a ses bureaux à New-Carlisle mais il est imprimé à Grand-Pabos, où la Gaspé Fishing and Coal Mining Company, dont Kelly est actionnaire, possède une imprimerie[63]. L'homme d'affaires publie également, du mois d'août 1848 au mois de juin 1850, un mensuel, *The Gaspe' Magazine*. Profitant du même réseau de distribution que le *Gaspe' Gazette*, la revue offre surtout des textes littéraires et historiques. Son contenu n'a rien de local ou de régional[64]. Il est à noter que l'imprimerie de Grand-Pabos a publié aussi *The Child's First Book*, un manuel illustré à l'usage exclusif des écoles du district de Gaspé.

Dans les années 1850, des anglophones de New-Carlisle fondent un institut littéraire. Même initiative à Douglastown où l'institution est une salle publique de lecture regroupant les principaux journaux des différentes colonies anglaises d'Amérique du Nord[65]. En 1869, des notables du bassin de Gaspé fondent la Gaspe Literary Institute Company, qui construit un institut comprenant des salles de lecture et de conférence devant aussi servir à des fins d'éducation[66]. Du côté francophone, il semble qu'un Institut canadien soit fondé à Carleton en octobre 1866. Il est difficile d'évaluer le rôle et l'impact de ces diverses sociétés littéraires, mais ils paraissent plutôt limités.

Malgré ses nombreux problèmes d'implantation et la qualité souvent très pauvre de son enseignement, l'école gaspésienne se développe de façon significative entre 1850 et 1920. Au début de cette période, on comptait à peine vingt municipalités scolaires et une quarantaine d'écoles dans les deux comtés de Gaspé et de Bonaventure. Soixante ans plus tard, on compte, dans Bonaventure seulement, 42 municipalités scolaires, 88 écoles primaires catholiques, 41 protestantes, une quinzaine d'écoles modèles et deux académies. Dans Gaspé, on trouve 123 écoles, dont onze modèles et une académie pour garçons[67]. Les ecclésiastiques sont les premiers responsables de cet état de chose. Faire bâtir des écoles pour l'instruction générale, morale et religieuse des enfants demeure une de leurs constantes préoccupations. Cependant, malgré les nets progrès enregistrés, la fréquentation scolaire ne se limite habituellement qu'à quelques années et avant de parler de population instruite, il y a encore toute une marge à franchir. Il faut plutôt parler de population alphabétisée.

Le personnel politique

La Confédération de 1867, en créant deux ordres de gouvernement, le fédéral et le provincial, relègue aux oubliettes la représentation unique qu'avait chacun des comtés au parlement du Canada-Uni. Deux députés, l'un à Québec et l'autre à Ottawa, représentent désormais les électeurs. Jusqu'en 1873-1874, le double mandat électoral est possible, c'est-à-dire qu'un élu peut siéger aux deux niveaux de parlement en même temps. C'est le cas de Pierre Fortin dans le comté de Gaspé de 1867 à 1874 et de Théodore Robitaille dans Bonaventure de 1871 à 1874. Les partis politiques sont alors peu structurés. Ainsi, lors d'une élection, la lutte peut se faire entre des candidats se réclamant d'un même parti. Tout est affaire d'organisation électorale.

À quelques détails près, le découpage des circonscriptions de Gaspé et de Bonaventure est le même au fédéral et au provincial. À l'ouest de Cap-Chat commence la circonscription de Rimouski jusqu'à ce qu'en 1890, on crée le comté provincial de Matane et en 1917, le comté fédéral du même nom. Dans les deux cas, le nouveau comté englobe la vallée de la Matapédia. En 1897, suite à de nombreuses pétitions des insulaires, les Iles-de-la-

Madeleine sont détachées du comté provincial de Gaspé pour former une circonscription distincte.

**LES CONSER-
VATEURS
AU POUVOIR**

Entre 1867 et 1890, la péninsule gaspésienne élit presque exclusivement des représentants d'allégeance conservatrice. Tant à Ottawa qu'à Québec, la grande formation politique est alors le parti conservateur. À l'été de 1867, à la première élection du nouveau régime confédératif, deux hommes fort populaires se présentent au nom de ce parti dans les comtés de Gaspé et de Bonaventure. Dans le premier cas, il s'agit de Pierre Fortin et dans le second, de Théodore Robitaille.

Dans la circonscription de Gaspé, les élections provinciales et fédérales de 1867 s'axent surtout sur la personnalité d'un candidat qui, bien que n'étant pas natif de la région, connaît intimement les problèmes quotidiens des péninsulaires. En effet, à l'été de 1867, lorsque John LeBoutillier décide de ne pas se représenter, plusieurs électeurs de toutes les parties du comté offrent le poste au docteur Pierre Fortin, magistrat du Service de protection des pêcheries du golfe Saint-Laurent. Fortin, dont les fonctions consistaient à surveiller l'activité des pêcheurs étrangers mal vus des morutiers et des commerçants gaspésiens, de maintenir l'ordre le long des côtes et de régler les litiges d'ordre maritime, est bien connu des péninsulaires et des Madelinots, qu'il visite régulièrement avec son équipe depuis près de quinze ans. Il entretient aussi de bonnes relations avec les influents marchands de la côte, en particulier avec John LeBoutillier.

En juillet 1867, le « roi du golfe », comme on l'a souvent appelé, est élu sans opposition sous la bannière conservatrice dans le comté de Gaspé, et ce, pour les deux législatures. Il sera député à la Chambre des communes pendant quinze ans et à l'Assemblée législative pendant onze ans. Les questions maritimes, la construction d'un chemin de fer et les problèmes de colonisation sont ses principales préoccupations. Avec Louis-Zéphirin Joncas, Pierre Fortin demeure le député gaspésien dont la compétence dans le domaine des pêches influence grandement les politiques et les réglementations gouvernementales. Il se fait le défenseur des pêcheurs commerciaux de saumon vis-à-vis les pêcheurs sportifs, qui sont pour la plupart des étrangers. En plus d'obtenir des mesures protectionnistes pour la pêche du hareng, il joue un rôle actif dans l'érection de phares et d'une ligne télégraphique le long de la côte, dans la construction du chemin de fer Intercolonial, dans l'établissement d'une route sur le littoral nord et d'un service postal avec la Côte-Nord.

Lorsqu'on abolit le double mandat, Fortin ne se représente pas aux élections fédérales de 1874. Louis-George Harper, un avocat de Percé, le remplace alors mais pour peu de temps. En effet, son élection est annulée car il est lui-même officier rapporteur de son comté, ce qui, légalement, l'empêche d'être membre du Parlement. Il se représente à l'élection par-

Pierre Fortin, le « roi du golfe », député de Gaspé pour les deux législatures: 1867-1874, 1878-1887 au fédéral et 1867-1878 au provincial. (APC)

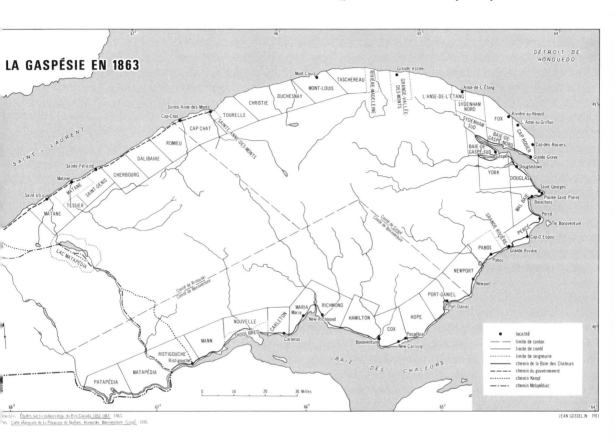

LA GASPÉSIE EN 1863

tielle qui suit mais il est défait par John Short, un autre conservateur.
Pierre Fortin ne demeure député que sur la scène provinciale. Commissaire
des Terres de la Couronne en 1873 et orateur (président) de l'Assemblée
législative à partir de novembre 1875, il démissionne de son poste le 9
novembre 1876 à cause de la contestation de son élection de l'année précédente. Cette dernière est annulée le 7 mars 1877, mais Fortin se fait de
nouveau élire comme député de Gaspé aux partielles du 2 juillet suivant.
Un an plus tard, il quitte son siège à Québec pour revenir à la politique
fédérale. En 1887, il devient sénateur, poste qu'il occupe jusqu'à sa mort
l'année suivante[68].

Dans le comté de Bonaventure, c'est un autre médecin, Théodore Robitaille, qui est l'homme politique le plus influent. Il représente cette circonscription à compter de 1861. Il a laissé sa marque en Gaspésie surtout en
tant qu'initiateur et directeur de la Compagnie de la Baie-des-Chaleurs,
intéressée à la construction d'une première voie ferrée dans la péninsule.

Théodore Robitaille, député de Bonaventure pour les deux législatures: 1867-1879 au fédéral et 1871-1874 au provincial. (APC)

En 1867, Robitaille se lance dans l'arène fédérale sous l'étiquette conservatrice. En 1871, il participe aussi à l'élection provinciale en faisant la lutte au député libéral sortant, le marchand de poisson Clarence Hamilton. Il le bat par 160 voix. L'élection est par la suite contestée sans succès par le frère de Hamilton, John Robinson, avocat à New-Carlisle et lui-même ancien député de Bonaventure. C'est à cette époque que Robitaille prend l'initiative de regrouper des actionnaires pour former une compagnie privée de chemin de fer. La question de la voie ferrée de la Baie-des-Chaleurs va dès lors devenir, et pour plusieurs décennies, le thème central de presque toutes les élections gaspésiennes.

Avec l'abolition du double mandat, Théodore Robitaille résigne son siège à la Législature de Québec en janvier 1874 pour ne demeurer que député fédéral. À l'élection partielle du mois d'août, le notaire de Carleton, le conservateur Pierre-Clovis Beauchesne, lui aussi promoteur et directeur de la Compagnie de la Baie-des-Chaleurs, succède à Robitaille au siège provincial de Bonaventure en battant John Robinson Hamilton. En cette même année 1874, Robitaille, qui a été solliciteur général du Canada l'année précédente, préside un comité parlementaire chargé d'étudier « la ligne la plus courte pour le transport des malles et des passagers entre le Canada et l'Europe, et trouver sur les rives canadiennes un havre accessible en hiver et en été pour être le terminus. » Il ne réussit ni à faire accepter le port de Paspébiac ni à obtenir des subventions pour son projet de chemin de fer; c'est un gouvernement libéral qui dirige alors le pays. Au retour des tories au pouvoir, il est nommé lieutenant-gouverneur de la province de Québec. Il occupe ce poste du 26 juillet 1879 au 7 novembre 1884, après quoi, il est nommé sénateur.

LES INFLUENCES INDUES

Les élections sont d'abord l'affaire des candidats et de leurs organisateurs, tant au niveau du comté qu'à celui des paroisses. Les partis politiques ne sont pas encore structurés. L'appartenance politique d'un candidat est même souvent moins importante que son prestige personnel. C'est à ses organisateurs que revient la tâche de mener à bien la campagne au niveau local. La corruption électorale, le favoritisme, les achats de votes, les pressions sur les électeurs sont alors choses courantes. Pour assainir quelque peu les pratiques électorales, une loi de 1875 introduit pour la première fois le vote secret et des mesures plus coercitives pouvant aller jusqu'à l'annulation d'une élection. Malgré cela, certaines actions peu orthodoxes ont encore libre cours et le succès d'un candidat repose toujours sur la force de son organisation politique. Le revenu et la propriété demeurent la base du système électoral. Pendant longtemps, ce ne sont que les hommes de 21 ans et plus, propriétaires de biens-fonds ou locataires avec revenus, qui peuvent voter. Les femmes, elles, ne peuvent être ni candidates ni participer aux élections.

Outre les notables et les représentants des compagnies, ce sont les prêtres qui ont le plus d'influence sur les électeurs. En effet, depuis un certain temps, le clergé catholique québécois a pris l'habitude d'intervenir en temps d'élection afin de contrer l'influence des « rouges », ces radicaux de la laïcité chez qui l'Église voit une menace pour sa position privilégiée. Après le déclin des rouges dans les années 1860, une partie du clergé poursuit ses interventions en politique. Appelés « ultramontains », ces ecclésiastiques voient dans le parti libéral, descendant modéré des « rouges », un mouvement anticatholique qu'il faut combattre.

Curé Napoléon Thivierge de Bonaventure. (MRG)

La lointaine Gaspésie n'échappe pas à cette tendance. Ainsi, en août 1861, le curé de Bonaventure, Joseph-Louis Alain, écrit à son évêque qu'il a travaillé à faire perdre l'élection de John Meagher, marchand de Carleton. Il ne s'en excuse pas car il affirme que Meagher aurait éventuellement voté pour une loi favorisant le divorce[69].

Dans les années 1875-1876, l'intervention du clergé dans les élections, en particulier dans les comtés de Bonaventure et de Charlevoix, prend l'ampleur d'un débat à l'échelle du Québec et entraîne des procédures judiciaires. Dans Bonaventure, c'est la victoire du candidat conservateur, Pierre-Clovis Beauchesne, qui déclenche la controverse. Son adversaire libéral était le protestant John Robinson Hamilton. Les libéraux accusent leurs adversaires de s'être servis de l'influence des curés pour gagner l'élection et ils amènent les choses devant les tribunaux. Les curés Napoléon Thivierge, de Bonaventure, et François Gagné, de New-Richmond, sont au centre du litige. Selon le maire William Cyr de New-Richmond, appelé à témoigner, le curé Gagné a dit « qu'il tâcherait d'avoir la permission de l'évêque pour savoir à confesse pour qui l'on avait voté. » Le prêtre aurait aussi affirmé qu'il fallait travailler pour sa patrie, pour sa religion et ne jamais voter pour des protestants. Quant au curé Thivierge, il aurait dit « qu'il avait reçu des nouvelles de Monseigneur et que Monseigneur refuserait les sacrements à toutes les personnes qui voteraient pour le parti rouge[70]. »

L'évêque de Rimouski, Mgr Jean Langevin, décide d'intervenir en faveur de ses prêtres. Le prélat a lui-même écrit au curé François-Adelme Blouin, de Carleton, quelques mois avant l'élection: « J'apprends qu'un certain protestant parcourt le comté de Bonaventure comme candidat pour la chambre locale. Il me semble que nos intérêts religieux seraient bien mal placés entre ses mains. Je compte donc que la juste influence du clergé s'exercera avec prudence et activité de manière à empêcher la représentation du comté d'être confiée à une telle individualité. Veuillez donc vous entendre avec vos confrères et votre archiprêtre là-dessus, mais aussi secrètement que possible[71]. »

Après l'élection, les curés consultent leur évêque sur la conduite à tenir vis-à-vis de ceux qui ont voté pour le candidat libéral. L'évêque leur répond de ne pas en parler en chaire mais au confessionnal. « Refusez d'absoudre, écrit-il, ceux qui ont voté pour le candidat en question [...] à moins qu'ils ne se repentent et promettent d'agir mieux une autre fois[72]. » Le 19 décembre 1876, trois juges de la Cour supérieure annulent l'élection du député Beauchesne. Les deux candidats sont disqualifiés pour sept ans, Beauchesne à cause de l'absence des qualifications foncières requises et pour influence cléricale indue et Hamilton pour avoir payé à boire le jour de l'élection. Le conservateur Beauchesne est accusé d'avoir utilisé à son profit les menaces proférées par certains prêtres contre son adversaire. La Cour déclare que l'action des prêtres devient abusive quand ils joignent à leur intervention des menaces de peines spirituelles. Le 15 janvier 1877, Mgr Langevin riposte avec un mandement dans lequel il condamne certaines propositions du jugement de la Cour supérieure ainsi que les personnes qui soutiendraient ces propositions.

À l'élection partielle qui suit ce jugement, les conservateurs parachutent dans Bonaventure l'ultramontain Joseph-Israël Tarte, rédacteur de journaux, dont *Le Canadien*, et personnage bien connu au Québec. Tarte bat ses deux adversaires, dont le frère de John Robinson Hamilton. Il est aidé par certains membres du clergé à qui le jugement tout récent de la cour n'a pas coupé les ailes. Pour ces prêtres, les dangers du libéralisme sont aggravés par la présence des nombreux protestants gaspésiens. Le curé de Maria, Jacob Gagné, justifie ainsi ses interventions: « Nous nous croyons obligés de travailler de la sorte, si nous ne voulons pas que le comté soit emporté par un protestant *franc-maçon* [Hamilton] et père de celui qui disait à la dernière élection: "We must crush them down", en parlant des prêtres[73]. »

À l'élection provinciale de mai 1878, le mouvement reprend de plus belle. Cette fois-ci, les libéraux présentent contre Israël Tarte un jeune avocat, François-Xavier Lemieux. Ce dernier fait campagne avec l'appui moral et financier des anglophones et des protestants de la région. On écrit des chansons sur Tarte et on fait circuler sa photo en costume de franc-maçon. Tarte est même assailli par le principal organisateur libéral dans le feu d'un discours. Quelque 25 ans plus tard, Lemieux, défait à cette élection, écrira à sir Wilfrid Laurier: « Croyez-moi, à cette époque, le sol était quelque peu réfractaire aux idées libérales. Je fus, sans cérémonie et du haut de la chaire, décrété de damnation éternelle, parce que vilain rouge que j'étais, j'avais la témérité d'être le candidat des Anglais et des protestants contre un des piliers de l'Église, chargé d'*Agnus Dei* et de bénédictions épiscopales de Mgr Langevin[74]. »

Le clergé gaspésien, et en particulier celui de Bonaventure, continuera pendant plusieurs années à appuyer ouvertement certains politiciens. Ainsi, le curé Thivierge et son confrère Gagné, anciens pourfendeurs de libéraux, deviennent de grands organisateurs de ce parti vers 1890 quand le

Joseph-Israël Tarte, député provincial de Bonaventure, 1877-1881. (ANQ)

premier ministre du Québec, Honoré Mercier, se présente dans le comté de Bonaventure. William LeBoutillier-Fauvel, député libéral fédéral, affirme même qu'il doit au curé Thivierge le fait de représenter le comté de Bonaventure. François-Xavier Lemieux, le successeur d'Honoré Mercier dans ce comté, lui doit aussi son élection. Comme une partie de la population, la plupart des prêtres sont alors déçus des conservateurs et de leur fameux chemin de fer. Ils mettent désormais leurs espoirs dans les libéraux. Ils ne sont pas unanimes cependant.

Ainsi, lorsqu'au début de l'année 1890 plusieurs prêtres du comté de Bonaventure adressent une requête au premier ministre Honoré Mercier, lui demandant de se présenter dans leur circonscription, Mgr Jean Langevin, membre d'une des grandes familles conservatrices du Québec, leur reprochera très sévèrement leur geste. Les signataires, neuf curés et un missionnaire, ne se laissent pas désarmer, et ils ne manquent pas de rappeler que quelques années auparavant, dans le comté de Rimouski, une pareille requête fut adressée sans problème à Hector Langevin, frère de l'évêque. Ils menacent même d'amener l'affaire devant le préfet de la Propagande à Rome[75].

Honoré Mercier, premier ministre du Québec, 1887-1891 et député provincial de Bonaventure, 1890-1894. (ANQ)

FLYNN ET LES DERNIERS CONSERVATEURS

Quand Israël Tarte décide de ne pas se représenter dans le comté de Bonaventure en 1881, c'est un actionnaire de la Compagnie de la Baie-des-Chaleurs qui se fait élire à la Législature de Québec. Louis-Joseph Riopel, notaire et avocat à New-Carlisle, est aussi le beau-frère de Théodore Robitaille. Son élection, comme bien d'autres, entraîne son lot de passions et d'irrégularités.

Riopel ne semble poursuivre qu'un but: présenter un nouveau projet d'incorporation pour la compagnie de chemin de fer dont il est actionnaire. Moins d'un an après son élection et quelques mois après l'adoption de son projet, il quitte son siège à Québec pour se faire élire à la Chambre des communes, où il entend désormais défendre son chemin de fer. C'est un autre conservateur, Henri-Josué Martin, qui lui succède à Québec. Médecin à Carleton et maire de l'endroit, Martin se fait élire par acclamation.

Quelques années auparavant, soit en 1878, Edmund James Flynn, natif de Percé mais avocat à Québec et professeur de droit à l'Université Laval, a été élu sans opposition député libéral provincial de Gaspé. Seize mois après son élection, Flynn rejoint les rangs du parti conservateur avec quatre de ses collègues, rendant minoritaire le gouvernement libéral de Joly de Lotbinière. Dans le nouveau gouvernement conservateur, Flynn est nommé commissaire des Terres de la Couronne. Il occupera ce poste jusqu'en juillet 1882. En février 1884, il est nommé commissaire des Chemins de fer et, un peu plus tard, solliciteur général. En tant que commissaire des Terres de la Couronne, il accorde en 1882 un important octroi de terres à la Compagnie de la Baie-des-Chaleurs, puis plus tard,

Louis-Joseph Riopel, député fédéral de Bonaventure, 1882-1891. (APC)

Edmund James Flynn, premier ministre du Québec, 1896-1897 et député provincial de Gaspé, 1878-1890 et 1892-1900. (ANQ)

comme commissaire des Chemins de fer, il obtient la conversion de ces terrains en argent.

Flynn sera élu sept fois dans Gaspé, dont quatre sans opposition. Selon ses adversaires libéraux, il est de connivence avec l'officier rapporteur de son comté pour assurer ses réélections. *L'Électeur* du 5 octobre 1886 écrit en parlant d'une de ces élections: « La nomination aura lieu le six octobre prochain au lieu du 14 comme on paraît le croire encore à Québec. Nul doute qu'en ceci, l'officier rapporteur s'est rendu à l'avis et aux conseils de Flynn qui voulait rendre toute opposition impossible pour un candidat qui serait venu plus tard[76]. » Ordinairement, à cause de l'éloignement, les élections dans le comté de Gaspé ont lieu deux ou trois semaines après celles des autres circonscriptions. La fixation de la date de présentation du bulletin de vote est alors laissée à l'officier rapporteur, généralement nommé par le parti au pouvoir. Les libéraux accusent donc les ministres conservateurs d'avoir sciemment tenté de surprendre leurs adversaires en anticipant, contre la coutume, la date de mise en nomination des candidats. Ils affirment aussi que les « bleus » ont refusé arbitrairement la mise en nomination de leur candidat, permettant à Flynn de se faire élire par acclamation.

Aux élections suivantes, Flynn est tout de même battu par un libéral, Achille-Ferdinand Carrier. Il se présente alors sur la scène fédérale contre son collègue conservateur Louis-Zéphirin Joncas, mais ne réussit pas à le vaincre. En 1892, Flynn reprend son siège de Gaspé à la Législature provinciale. Il redevient alors commissaire des Terres de la Couronne. Le 11 mai 1896, après la mort de Louis-Olivier Taillon, il est le premier Gaspésien de naissance à accéder au poste de premier ministre du Québec. Il occupe cette fonction jusqu'au 24 mai 1897, c'est-à-dire pendant un an seulement.

Louis-Zéphirin Joncas, député fédéral de Gaspé, 1887-1896. (APC)

Du côté fédéral, le comté de Gaspé est représenté depuis 1887 par Louis-Zéphirin Joncas, originaire de Grande-Rivière. Il succède à Pierre Fortin dont il a été le secrétaire privé en 1875-1876. Actif dans le commerce du poisson à Grande-Rivière, il a aussi été shérif du comté de Gaspé de 1876 jusqu'à son élection. Comme Fortin, il est considéré comme un spécialiste de la pêche. Il possède un bureau comptable s'occupant de la gérance et des affaires de sociétés maritimes de Toronto, de Montréal, de Halifax, de Boston et de Québec. En 1873, il a été président de la Commission internationale des pêcheurs réunie à Chicago et, en 1883, il a représenté le gouvernement canadien à l'exposition internationale des pêches tenue à Londres. Auteur de plusieurs travaux dans ce domaine, il s'y intéresse prioritairement en Chambre. Réélu en 1891 comme conservateur indépendant, il est alors rédacteur en chef du journal *L'Événement*.

Avant 1890, la péninsule gaspésienne élit donc presque exclusivement des représentants d'allégeance conservatrice. La renommée des Fortin, Robitaille, Tarte, Flynn et Joncas y est pour quelque chose. De plus, Robitaille, Beauchesne et Riopel ne sont-ils pas les promoteurs de cette voie ferrée tant souhaitée? À la fin des années 1880, la situation a changé. Le chemin de fer de la Baie-des-Chaleurs n'est pas rendu très loin: les travaux sont arrêtés, les employés ne sont pas payés et il apparaît que les promoteurs ne sont intéressés qu'à faire le plus d'argent possible. De plus, tant du côté fédéral que provincial, le parti conservateur fait face à plusieurs difficultés: l'affaire Riel, la question des écoles du Manitoba, la difficile succession de John A. Macdonald, la montée d'Honoré Mercier à Québec et de Wilfrid Laurier à Ottawa. En Gaspésie, les libéraux gagnent du terrain, surtout après la décision du premier ministre Mercier de se présenter dans le comté de Bonaventure, avec l'intention expresse de régler le problème du chemin de fer.

À l'été 1888, Mercier, premier ministre du Québec depuis plus d'un an, a entrepris un voyage en Gaspésie, ses premières vacances depuis son accession au pouvoir. À son arrivée à Carleton, il reçoit un accueil triomphal. Il se rend jusqu'au bassin de Gaspé sur un bateau à vapeur et revient par la voie terrestre. Il est alors accueilli de village en village par des attroupements et des processions de voitures. Avant de quitter ses hôtes, Mercier organise à Carleton une fête qui se termine par un feu d'artifice. Le premier ministre retourne à Québec impressionné par le « courage de cette population » et par l'esprit de coopération des « bons curés » qui lui confient les misères et les espérances de leurs paroissiens.

À l'automne 1889, la voie ferrée s'arrête à Caplan, la compagnie ayant cessé de payer ses employés. Le premier ministre Mercier appuie alors les efforts du député conservateur de Bonaventure, Henri-Josué Martin, pour qu'on donne leur dû aux ouvriers et aux entrepreneurs. Mais, les travaux restent en suspens. Étant quasi assuré d'une victoire, Mercier se porte candidat dans le comté de Bonaventure aux élections de juin 1890. Le député conservateur sortant, le docteur Martin, préfère ne pas affronter Mercier. Dans le comté de Gaspé, un jeune avocat, Achille-Ferdinand Carrier, s'oppose à Edmund James Flynn. Au cours de la présentation des candidats dans Bonaventure, Mercier inaugure un pont ferroviaire sur la rivière Cascapédia, s'engage à régler la question du chemin de fer et promet l'établissement de nouveaux chemins de colonisation et une aide à l'agriculture. Mercier réussit ainsi à se faire élire sans opposition. Dans la circonscription voisine, Carrier déloge avec une faible majorité de 290 voix l'ancien ministre Flynn, député de Gaspé depuis une douzaine d'années.

La question du chemin de fer a encore été au coeur d'une élection. Les orateurs ont repris le thème devenu classique du manque d'industrie en Gaspésie dû à l'absence de voies de communication. Depuis longtemps, les

MERCIER ET LE SCANDALE DE LA BAIE-DES-CHALEURS

campagnes électorales se font autour des promesses d'ouverture de routes, d'établissement de liaisons maritimes ou de construction de chemins de fer. À partir de 1872 et pendant 40 ans, c'est-à-dire jusqu'à ce que le train atteigne Gaspé après bien des tergiversations et des arrêts de travaux, la question du chemin de fer est au centre des débats politiques et des promesses électorales. Même après l'achèvement de la ligne Matapédia-Gaspé, d'autres projets de voie ferrée vont retenir l'attention de l'électorat tout au long du 20e siècle: chemin de fer intrapéninsulaire joignant la vallée de la Matapédia à Gaspé, ligne entre Matane et Gaspé par la rive nord, réaménagement et nationalisation du tronçon déjà existant, etc.

C'est le chemin de fer de la Baie-des-Chaleurs qui entraîne la chute du gouvernement d'Honoré Mercier. En effet, en août 1891, le Comité des chemins de fer du Sénat canadien entreprend l'étude des crédits fédéraux accordés à la Compagnie de la Baie-des-Chaleurs nouvellement réorganisée et fait scruter des livres de banque. Il découvre qu'il y a eu détournement d'un subside de $175 000 destiné à l'entreprise pour payer ses dettes mais que l'entrepreneur C.N. Armstrong a utilisé autrement. De cette somme, Armstrong a remis à Ernest Pacaud, trésorier du parti libéral provincial, quelque $100 000 pour payer les dettes de certains ministres. Le scandale fait vite fureur. Les conservateurs, les ultramontains et leurs journaux prennent d'assaut Honoré Mercier et son gouvernement. En octobre 1891, une Commission royale d'enquête est mise sur pied.

Des habitants du comté de Bonaventure, dirigés par le maire de New-Richmond, le docteur L.-N. Crépault, et le curé Napoléon Thivierge, viennent témoigner en faveur de Mercier; ils voient en lui l'homme qui a fait payer aux ouvriers de la ligne ferroviaire leurs dus après plus de dix mois d'arrérages et qui a sorti le chemin de fer de l'impasse. Les personnages à blâmer, selon ces témoins, sont ailleurs et le chanoine Thivierge exprime le sentiment de plusieurs des siens: « je suis convaincu que cette compagnie, surtout les messieurs Robitaille et Riopel ont été une nuisance publique[77].»

La Commission royale d'enquête remet son rapport au lieutenant-gouverneur, Auguste-Réal Angers, en décembre. Deux des trois commissaires concluent à l'illégalité de la transaction, déterminent la responsabilité de ministres, mais ne peuvent démontrer celle de Mercier. Néanmoins, Angers, jugeant le rapport suffisamment compromettant, retire sa confiance au gouvernement Mercier et appelle les conservateurs et son vieil ami Charles Boucher de Boucherville à former un gouvernement. Aux élections qui suivent peu après, conservateurs et ultramontains s'acharnent contre Mercier et crient au voleur. Dans Bonaventure, ils lui opposent Nicolas Arsenault, celui-là même qui avait présidé à l'accueil de Mercier en terre gaspésienne quelques années auparavant. Les libéraux se font balayer à la grandeur de la province et Mercier parvient tout juste à conserver le comté de Bonaventure. Dans Gaspé, le conservateur Flynn défait par 702 voix Achille-Ferdinand Carrier qui l'avait battu deux ans plus tôt.

Le déclin des libéraux n'est que momentané, car de 1890 à 1930, outre Flynn et Joncas qui conservent leurs sièges pendant un certain temps, un seul candidat se fait élire sous l'étiquette conservatrice dans les comtés de Gaspé, de Bonaventure et de Matane. Au niveau provincial, exception faite de Flynn, seuls des libéraux représentent ces trois comtés de 1890 à 1936. Au niveau fédéral, le comté de Bonaventure n'élit pas un seul candidat d'allégeance conservatrice en 66 ans, soit de 1891 à 1957. Il est à noter que, de façon générale, les choix politiques des Gaspésiens ne diffèrent pas tellement de ceux du reste de la province.

LES LEMIEUX ET L'ÉPOQUE LIBÉRALE

Sur la scène provinciale, la mort d'Honoré Mercier entraîne une élection partielle dans le comté de Bonaventure le 11 décembre 1894. Attachant beaucoup d'importance à cette élection, le gouvernement conservateur présente Nicolas Arsenault, qui avait fait une chaude lutte à Mercier deux ans plus tôt. Du côté libéral, on trouve un candidat de prestige en la personne de François-Xavier Lemieux, avocat de renom, défenseur de Riel en 1885 et de Mercier en 1892. Lemieux s'était retiré de la politique active deux ans auparavant après avoir été député de Lévis pendant plusieurs années. En 1878, il s'était fait battre par Joseph-Israël Tarte dans la circonscription de Bonaventure. Le clergé du comté, le curé Thivierge en tête, avait alors appuyé le conservateur Tarte. Par un retour des choses, les prêtres de la Baie-des-Chaleurs appuient maintenant Lemieux, Thivierge est son principal organisateur politique et l'avocat lévisien est accompagné par Tarte, passé aux libéraux.

François-Xavier Lemieux, député provincial de Bonaventure, 1894-1897. (ANQ)

Les conservateurs mènent la lutte sur le thème de « pas d'étrangers dans Bonaventure » et les libéraux s'appuient sur le souvenir de Mercier et le prestige de Lemieux. Au pouvoir à Québec, les conservateurs dépêchent dans le comté le procureur général, Thomas Chase Casgrain, le ministre des Travaux publics, Guillaume-Alphonse Nantel, et le commissaire des Terres, Edmund James Flynn. Ils promettent alors que les travaux du chemin de fer vont se poursuivre avec rapidité et que les primes aux pêcheurs seront soldées sans délai. Les libéraux ne sont pas en reste. Ils envoient par train spécial une phalange d'orateurs et de « cabaleurs ». Lemieux l'emporte par une faible majorité de 185 voix.

À l'automne de 1897, ce dernier démissionne pour occuper un poste à la magistrature. Son successeur est William Henri Clapperton, un important commerçant de Carleton qui est aussi agent des terres. En 1904, Clapperton est facilement défait par un autre libéral, John Hall Kelly, natif de Saint-Godefroi et avocat à New-Carlisle, et qui sera par la suite président de plusieurs compagnies oeuvrant dans le secteur minier: la New Richmond

William-Henry Clapperton, député provincial de Bonaventure, 1897-1904. (ANQ)

Louis-Joseph Lemieux, député provincial de Gaspé, 1904-1910. (ANQ)

Mining Co., la North American Mining Co., la Gaspe Mines, la Matapedia Mines et la Paspebiac Mines. Fondateur de la Bonaventure & Gaspe Telephone Company en 1906, il est aussi représentant de plusieurs banques. Il semble que c'est lui qui fait les pressions suffisantes pour forcer la famille Robitaille à vendre ses immenses concessions de terres de la Baie-des-Chaleurs, alors interdites ou presque aux colons. Kelly possède en outre une grande partie des droits de pêche au saumon sur la rivière Bonaventure. En 1914, il résigne son poste de député pour devenir conseiller législatif. En 1935, il sera ministre sans portefeuille dans le gouvernement libéral d'Alexandre Taschereau et de 1939 jusqu'à sa mort en 1941, il sera haut-commissaire du Canada en Irlande. En 1914, son remplaçant à la Législature provinciale est un autre libéral, Joseph-Fabien Bugeaud, également avocat à New-Carlisle. Élu trois fois sur quatre sans opposition, Bugeaud abandonne la politique active en 1924 pour devenir juge des districts de Gaspé et de Rimouski.

Dans le comté de Gaspé, Edmund James Flynn est encore député à la mort de Mercier. Au printemps 1897, maintenant premier ministre du Québec, Flynn déclenche des élections générales. Pour les libéraux, c'est le journaliste Charles Marcil qui se présente dans le comté natal du premier ministre sortant. La campagne électorale prend vite l'allure d'une confrontation entre les conservateurs de Flynn à Québec et les libéraux de Wilfrid Laurier à Ottawa. Le vote est d'abord favorable à Marcil par une voix mais après un recomptage, Flynn est déclaré élu avec une faible majorité de onze voix. À l'échelle provinciale, les libéraux remportent une éclatante victoire.

En 1900, Flynn ne prend pas de risque et se fait élire dans le comté de Nicolet. Ce sont alors deux libéraux, Xavier Kennedy et Horatio LeBoutillier, qui se font la lutte dans Gaspé. Kennedy, un marchand de poisson qui a été maire de Douglastown, préfet de comté et président du Gaspe Board of Trade, l'emporte. Il ne se représente pas à l'élection suivante. Un médecin de Montréal, Louis-Joseph Lemieux, devient alors député libéral de Gaspé. Il est le frère de Rodolphe Lemieux, député fédéral de la même circonscription. Deux fois élu par acclamation, Louis-Joseph Lemieux démissionne en janvier 1910, pour être remplacé par un autre libéral, Joseph-Léonide Perron, lui aussi de Montréal. Deux ans plus tard, un autre membre de la famille Lemieux, Gustave, remplace Perron à la Législature provinciale. Député de Gaspé pendant près de vingt ans, Gustave Lemieux est dentiste de profession et, comme ses deux frères, habite Montréal. Candidat dans Gaspé à cinq reprises, il est élu trois fois sans opposition.

Dans le nouveau comté provincial de Matane créé en 1890, un libéral, Louis-Félix Pinault, est d'abord élu. Cet avocat de Québec est défait en 1892 par Edmund James Flynn, qui se présente à la fois dans Gaspé et dans

Matane. Élu dans les deux circonscriptions, Flynn abandonne le siège de Matane que reprend Pinault aux partielles de novembre. Aux élections suivantes, tenues en 1897, un conflit éclate entre deux juges, ce qui vient donner du piquant à la campagne. En effet, des plaintes sont portées au sujet des listes électorales. La loi prescrit qu'en ce cas c'est le juge local qui doit entendre les plaignants. En son absence, la tâche revient au juge de district. Or ce dernier décide de siéger, alors que l'autre magistrat est pourtant rendu au chef-lieu pour entendre la cause. Le journal libéral *Le Soleil* laisse entendre que le juge de district a reçu des instructions de siéger quand même pour donner raison aux conservateurs, Pinault ne pouvant faire casser le jugement avant les élections[78]. Pinault est quand même élu, mais la même année, il démissionne pour devenir sous-ministre de la Milice à Ottawa. Il est remplacé par un autre libéral, Donat Caron, un cultivateur de Saint-Octave-de-Métis qui représente Matane pendant près de vingt ans.

Gustave Lemieux, député provincial de Gaspé, 1912-1930. (ANQ)

Pendant les trente premières années de notre siècle, la politique gaspésienne est marquée par le rôle influent de Rodolphe Lemieux, de ses deux frères et de Charles Marcil. Rodolphe Lemieux et Marcil siègent tous deux à Ottawa. Ces deux Montréalais sont des hommes forts du parti de Wilfrid Laurier. Lemieux représente le comté de Gaspé pendant près de 28 ans et Marcil celui de Bonaventure pendant 37 ans sans interruption, soit un total de dix législatures ou quarante sessions consécutives; c'est un record en Gaspésie et une des plus longues carrières au Canada. Quand il meurt en 1937 à l'âge de 77 ans, Marcil est le doyen de la Chambre des communes.

Mais le premier député libéral fédéral à se faire élire dans la péninsule gaspésienne est William LeBoutillier-Fauvel, fils du marchand de poisson John Fauvel. Avant son élection dans Bonaventure en 1891, il est gérant de la LeBoutillier Brothers, vice-consul du Portugal à Paspébiac et maire de New-Carlisle. Il se fait élire avec l'aide d'Honoré Mercier, qui veut à tout prix enlever le siège de Bonaventure au conservateur Louis-Joseph Riopel, gérant de la Compagnie de la Baie-des-Chaleurs que Mercier vient de déposséder. Le premier ministre craint la vengeance de Riopel s'il est encore député aux Communes lors du prochain scrutin provincial. L'organisation du curé Thivierge voit à maximiser les chances de Fauvel. Réélu en 1896, ce dernier meurt un an plus tard. Il est remplacé par Jean-François Guité, marchand général à Maria, où s'arrête alors la voie ferrée. Guité, fidèle à la tradition, fait sa campagne sur le thème du chemin de fer. Le nouveau gouvernement de Wilfrid Laurier n'a-t-il pas fait circuler le train dès son arrivée au pouvoir? Ses partisans avertissent les électeurs que la défaite du candidat libéral pourrait décourager le gouvernement dans ses efforts futurs à ce sujet. À Caplan, Guité se fait fort d'obtenir une subvention de $3 000 000 pour parachever la voie ferrée jusqu'à Gaspé. À l'automne 1900, Charles Marcil prend la relève de Guité qui ne se représente pas.

Rodolphe Lemieux, député fédéral de Gaspé, 1896-1911 et 1917-1930. (APC)

À Ottawa, c'est alors Wilfrid Laurier qui préside aux destinées du pays. La conjoncture économique est favorable et une vague de prospérité traverse le Canada. Le climat de confiance en l'avenir de la nation est plus fort que jamais et le parti de Laurier sait en tirer profit. C'est dans ce contexte qu'à l'aube de notre siècle, le journaliste Charles Marcil se fait élire député fédéral de Bonaventure. Comme Rodolphe Lemieux, il appartient à ce groupe de libéraux qui ont l'avantage de jouir de l'amitié de Laurier. Cela se traduit par plusieurs investissements dans la péninsule. Marcil, appelé par les Anglais the silver-tongue-man, est nommé par Laurier orateur adjoint des Communes en janvier 1905. Quatre ans plus tard, il devient l'orateur (président) de la Chambre des communes et il le demeure jusqu'à la chute des libéraux en 1911. Il est aussi membre du Conseil privé. Lors de sa nomination à la présidence des Communes, on organise une fête à Bonaventure qui attire, semble-t-il, quelque 8 000 personnes venues par trois trains spéciaux et deux bateaux[79].

Charles Marcil, député fédéral de Bonaventure, 1900-1936. (APC)

Pour Marcil comme pour beaucoup d'autres, la construction du chemin de fer Intercolonial au lendemain de la Confédération a fait dévier une partie du commerce gaspésien au profit des Provinces maritimes. En mai 1902, lorsque la voie ferrée de la Baie-des-Chaleurs atteint Paspébiac, Marcil sollicite du gouvernement une réorientation du transport commercial de l'Est canadien vers la Gaspésie plutôt que vers les Maritimes. À l'instar de ses prédécesseurs conservateurs, tel Robitaille, Beauchesne et Martin, il défend le projet de faire de Paspébiac le point de liaison d'un grand axe Europe-Amérique par lequel, grâce au chemin de fer de la Baie-des-Chaleurs, on pourrait atteindre l'Intercolonial à Matapédia et joindre ensuite Lévis, Montréal et le centre du pays. Son collègue de Gaspé, Rodolphe Lemieux, défend cependant une autre thèse: le meilleur havre gaspésien, c'est le bassin de Gaspé.

Comme Marcil, Rodolphe Lemieux est un admirateur de Wilfrid Laurier. En plus, il est un de ses bras droits. Avocat à Montréal, il a été assistant éditeur du journal *La Patrie* en 1886-1887. À son étude légale, il est associé à Honoré Mercier et plus tard à Lomer Gouin, futur premier ministre du Québec. Il est élu pour la première fois dans le comté de Gaspé en 1896, c'est-à-dire à l'élection qui porte Wilfrid Laurier au pouvoir. En 1904, il devient solliciteur général du Canada. En juin 1906, il se retrouve à la fois ministre du Travail et ministre des Postes. L'influence politique de Rodolphe Lemieux, de ses deux frères et de Charles Marcil se fait sentir dans la péninsule par plusieurs réalisations: écoles, couvents, chemins de colonisation (le chemin Lemieux en arrière de Percé), ponts, quais, lignes de bateaux à vapeur, achèvement de la ligne ferroviaire et subventions diverses. En 1909-1910, Lemieux obtient la construction d'un quai en eau profonde à Gaspé. En août 1911, il devient ministre de la Marine et des Pêcheries mais la défaite du gouvernement Laurier, quelques mois plus

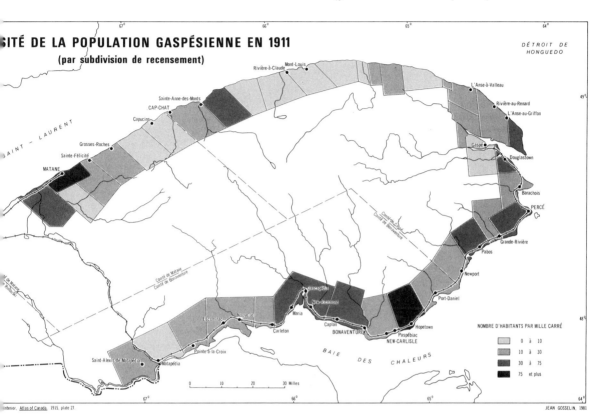

ITÉ DE LA POPULATION GASPÉSIENNE EN 1911
(par subdivision de recensement)

DÉTROIT DE HONGUEDO

NOMBRE D'HABITANTS PAR MILLE CARRÉ

0 à 10
10 à 30
30 à 75
75 et plus

Interior. Atlas of Canada. 1915, plate 27.   JEAN GOSSELIN, 1981

tard, compromet le rêve d'un port national à Gaspé. De plus, le comté passe aux conservateurs avec Louis-Philippe Gauthier, un médecin de Sainte-Anne-des-Monts. Lemieux a toutefois pris la précaution de se présenter aussi dans le comté de Rouville, où il est élu. En 1917, il reprend très facilement le comté de Gaspé et le garde jusqu'en 1930. En mars 1922, il devient orateur de la Chambre des communes et en juin 1930, sénateur.

Si les Lemieux, Marcil, Mercier et Flynn occupent des fonctions politiques qui leur permettent de gratifier leurs comtés, il n'en demeure pas moins qu'ils vivent la plupart du temps hors des circonscriptions qu'ils représentent et qu'ils n'y sont présents le plus souvent qu'au temps des élections. Souvent, les candidats font leur campagne électorale sur un bateau pavoisé de drapeaux bleus ou rouges qui s'arrête quelque temps aux divers villages. Entre 1867 et 1920, dix des vingt-six députés des comtés de Gaspé et de Bonaventure sont natifs de la Gaspésie. Sur ces vingt-six hommes politiques, dix-sept habitent la péninsule au moment de leur

Louis-Joseph Gauthier,
député fédéral de Gaspé,
1911-1917. (APC)

élection. Dix-huit sont membres de professions libérales (avocats, médecins, notaires et dentistes), cinq sont marchands, un est fonctionnaire, un autre journaliste et enfin un seul est cultivateur. Ils sont cinq à avoir été maire d'un village gaspésien avant leur élection.

Un élément central des campagnes électorales consiste en de grandes assemblées publiques qui se tiennent surtout le dimanche et qui mettent en présence les divers candidats. Ces derniers se font accompagner de notables locaux, de députés voisins ou d'orateurs bien connus que le parti dépêche à l'occasion. Ces débats contradictoires attirent toujours des centaines, quelquefois des milliers de personnes. Les candidats, surtout s'ils ont la parole facile, ont alors l'occasion de se faire valoir auprès des électeurs. Des défilés de voitures et diverses démonstrations d'enthousiasme précèdent et suivent ces assemblées, souvent houleuses, aussi bien en haut qu'en bas de l'estrade, sur le perron de l'église ou au palais de justice. Ces manifestations se tiennent le plus souvent au chef-lieu du comté. Le témoignage suivant, tiré d'un journal libéral, nous donne une idée de l'une de ces grandes assemblées. Il s'agit de la présentation des candidats à l'élection provinciale de 1908 dans le comté de Matane. Bien sûr, le correspondant du *Soleil* est partial mais, à cette époque, la plupart des journaux étant des organes de propagande attachés à l'un ou l'autre des deux partis politiques, le journaliste a pour tâche de louer les siens et de pourfendre les autres: « L'assemblée de l'appel nominal à Matane, écrit donc *Le Soleil*, a été un véritable succès pour le candidat libéral. M. Donat Caron a exposé avec beaucoup de lucidité sa conduite parlementaire et les avantages qu'il avait obtenus pour son comté [...] Le candidat conservateur, M. le notaire Gagnon et le Dr Gauvreau de Rimouski, qui était venu soutenir sa candidature, ont été tous deux d'une faiblesse désespérante [...] Le docteur Gauvreau [...] a été d'une impolitesse excessive. Il a été bas et trivial [...] Monsieur Corriveau [un avocat libéral de Québec] a flagellé le Dr Gauvreau et l'a convaincu de mensonge, aux grands applaudissements de l'assemblée. Il était à faire une exécution en règle du Dr Bouillon [un conservateur de Matane], lorsque ce dernier a voulu pousser de la tribune M. Corriveau, en l'interrompant grossièrement. Prompt comme l'éclair, un électeur, M. Dionne, a frappé le Dr Bouillon, qui a culbuté en bas des marches du palais de justice. L'assemblée s'est ainsi terminée dans le brouhaha, grâce aux polissonneries du Dr Bouillon[80]. »

Quand un parti sort victorieux d'une bataille électorale, il s'empresse de distribuer à ses amis, à même les fonds publics, des emplois et des contrats. Les fonctions de maître de poste, de gardien de phare, d'inspecteur, d'agent des terres et autres sont couramment offertes en récompense aux partisans du gagnant. On comprendra alors que ces fonctionnaires n'hésitent pas à « faire de la cabale politique », même si cela leur est interdit. Ils ont tout intérêt à voir leur parti demeurer au pouvoir. Des cadeaux sont aussi distribués aux membres des familles des députés ou à leurs proches organisateurs. Quand une formation politique arrive au pouvoir, elle procède à des purges en invoquant surtout l'argument de l'ingérence politique des fonctionnaires qu'elle veut destituer. Ainsi, en 1911, après la défaite des libéraux de Laurier aux mains des conservateurs, Charles Marcil s'inquiète du limogeage de ses partisans. Il exhibe alors une lettre que J.-A. Mousseau, son adversaire de la dernière élection, a fait parvenir au directeur général des postes: « Inutile de vous dire que les demandes affluent depuis les élections. Or, comme presque tous les employés du gouvernement se sont mêlés de politique et contre nous, bien entendu, il y aura beaucoup de changements à faire[81]. »

En définitive, l'image politique de la Gaspésie n'est pas tellement différente de celle du reste de la province, sauf peut-être que les grands thèmes nationaux y sont moins débattus. Les campagnes électorales sont surtout axées sur l'idée d'une meilleure intégration de la péninsule au reste du pays, particulièrement au niveau des communications. Qu'il suffise de rappeler encore une fois l'importance accordée à la construction du chemin de fer entre Matapédia et Gaspé.

LA PREMIÈRE GUERRE MONDIALE

Lors de la Première Guerre mondiale, plusieurs péninsulaires, particulièrement des anglophones, n'hésitent pas à se porter volontaires dans les forces armées. Au début du conflit, ils s'enrôlent surtout dans des régiments du Nouveau-Brunswick. On indique même que 10% de la population de New-Carlisle se porte volontaire pendant la guerre, pourcentage qui n'est dépassé que par Vancouver à l'autre bout du pays[82]. En 1916, une famille McRae de Hopetown a déjà perdu cinq fils à la guerre[83]. Même le député fédéral de Gaspé, le docteur Louis-Philippe Gauthier, s'enrôle dans un régiment qui combattra en France et en Belgique. En février 1916, 300 recrues venant des comtés de Gaspé, de Bonaventure, de Matane et de Rimouski sont acceptées et s'embarquent huit mois plus tard vers l'Europe[84]. Aux élections fédérales de 1917, le vote militaire s'établit à 242 personnes dans Bonaventure, à 224 dans Gaspé et à 34 dans Matane[85]. Ce sont tous des volontaires, la conscription commençant tout juste à s'appliquer. Au Québec, dans les comtés très majoritairement francophones, le nombre de ces volontaires est minime, n'atteignant souvent pas dix personnes.

En effet, la participation au premier conflit mondial ne suscite pas grand enthousiasme chez les francophones, contrairement à ce qui se produit chez les anglophones, qui s'enrôlent nombreux. Lorsque la loi de la conscription est votée par les conservateurs de Robert Borden en 1917, une levée de boucliers a lieu dans la province. Aux élections fédérales qui suivent, les Canadiens français rejettent en masse le gouvernement conservateur « conscriptionniste ». Dans Matane, presque exclusivement francophone, 92% des électeurs appuient les libéraux; dans Gaspé et Bonaventure, où les anglophones constituent une bonne minorité, les chiffres sont respectivement de 82,5% et de 77%. À Bonaventure, Caplan et Musselyville qui sont francophones, seulement 3% des électeurs environ appuient les « conscriptionnistes[86] ». Dans les localités anglophones de la Gaspésie, la majorité des électeurs préfèrent les conservateurs, même si plusieurs d'entre eux avaient toujours jusque-là donné leur appui aux libéraux.

Ces prises de position opposées enveniment quelque peu les relations entre les deux ethnies gaspésiennes. Le ressentiment des francophones vis-à-vis le parti conservateur sera d'ailleurs par la suite assez tenace et les libéraux verront à l'entretenir. Grâce à cette stratégie, ils amassent environ 80% du vote des trois·comtés précités en 1921[87]. À cette élection, dans Matane, les libéraux accusent durant une grande assemblée Herménégilde Boulay, ex-député conservateur et maintenant candidat libéral-fermier, d'avoir, malgré ses prétentions contraires, dénoncé des conscrits qui tentaient d'échapper aux militaires. Ils exhibent une lettre écrite de sa main en janvier 1918 et adressée au ministre de la Milice: « Je sais, y est-il écrit, d'une manière certaine, que plusieurs jeunes gens dont j'ai déjà communiqué les noms au colonel Jones ont été exemptés, tant par certains officiers médicaux que par le tribunal de Sayabec, lesquels n'auraient jamais dû l'être. À part cela, j'ai donné les noms de quelques-uns qui ne se sont pas rapportés, d'autres qui sont allés aux polls voter sans être sur les listes...[88] » Invectivé par la foule, deux de ses principaux partisans le désavouent et Boulay doit se réfugier dans la gare pour échapper à quelques éléments qui veulent lui faire un mauvais parti. Il en est quitte pour manquer son train. Les libéraux exploitent l'affaire en allant jusqu'à reproduire la fameuse lettre dans leurs journaux.

Dans la péninsule, des groupes se forment pour venir en aide aux militaires durant le conflit. Ainsi, des associations féminines, telles les « Guilds » protestantes, suspendent leurs activités régulières afin de travailler pour la Croix-Rouge. Elles confectionnent des articles et des vêtements pour les soldats. Ainsi, durant les quatre années de la guerre, les « Guilds » de la congrégation St. Mathew's (Peninsula) font 1 229 articles et amassent $442,26[89]. Chez les catholiques, on participe aussi à l'effort de guerre. Ainsi, la section de la Croix-Rouge matanaise taille et coud 1 200 verges de tissu et tricote plus de 100 livres de laine[90].

La Première Guerre mondiale amène aussi la présence à Gaspé du groupe principal du corps expéditionnaire canadien, en route vers l'Europe. C'est à la fin du mois de septembre 1914 que la flotte canadienne part de Québec avec 31 300 hommes, 8 000 chevaux et une trentaine de camions. Elle jette l'ancre dans le port de Gaspé afin d'y attendre l'escorte anglaise. Dans la nuit du 2 au 3 octobre, les 31 navires de transport de troupes quittent la baie de Gaspé vers l'Angleterre, accompagnés de onze bateaux de guerre anglais[91].

* * *

À la fin du premier conflit mondial, la Gaspésie n'est plus la région perdue qu'elle était 70 ans plus tôt. Bien des transformations se sont effectuées. Mais la péninsule n'en demeure pas moins un territoire mal intégré à l'économie continentale. À l'instar d'autres régions périphériques, elle est aux prises avec de nombreux problèmes de développement. Et c'est encore une des zones les plus pauvres de la province.

Cinquième partie

Le difficile rattrapage (1920-1960)

Depuis toujours, la Gaspésie a un visage de région lointaine où la pêche constitue l'activité prédominante bien que l'agriculture et l'industrie forestière jouent un rôle de plus en plus important. Cependant, les choses se modifient à partir de 1920.

‖ D'abord, le profil économique de la région change. La pêche, à cause de ses nombreux problèmes, perd constamment des bras. Après la guerre, les bouleversements technologiques contribuent à diminuer le nombre des pêcheurs. Plusieurs travailleurs de la mer voient dans la complémentarité des occupations une solution qui leur permettra de survivre. Pendant une partie de l'année, ils deviennent journaliers dans les « moulins», bûcherons dans les chantiers ou travaillent aux divers travaux publics. Comme pour l'agriculteur, l'industrie forestière devient essentielle pour le pêcheur, s'il veut boucler son budget. ‖

Mais ce secteur important de la vie économique gaspésienne, même s'il continue de se développer, ne le fait pas toujours de la façon la plus souhaitable. Car, fait essentiel, les grandes compagnies ne voient souvent dans la péninsule qu'une immense réserve forestière à exploiter au gré des circonstances. De plus, la quasi-absence de transformation sur place, sauf pour les petites industries, fait que le boisé gaspésien continue à alimenter les usines du Nouveau-Brunswick, des États-Unis ou d'ailleurs.

Quant à l'agriculture, elle continue d'en être une de subsistance. Rares sont les localités où l'on peut en vivre de façon exclusive. Peu spécialisée, ses marchés se limitent presque exclusivement au territoire même. Pendant la décennie 1950, anciens pêcheurs, cultivateurs et bûcherons trouvent des emplois stables dans la nouvelle ville minière de Murdochville. D'autres, et ils sont nombreux, partent chercher du travail partout où l'on a besoin de main-d'oeuvre. Toute la stratégie des élites tourne autour des moyens pour contrer le sous-emploi dans la péninsule.

‖ À partir de 1920, le phénomène qui frappe peut-être le plus les observateurs est la plus grande ouverture de la Gaspésie au monde extérieur par l'amélioration des communications maritimes et ferroviaires et par la naissance d'un véritable réseau routier et du transport aérien. La route surtout est synonyme de changement. Grâce à elle, de nombreux visiteurs viennent durant la saison estivale chercher le dépaysement dans une région enchanteresse. Leurs attitudes auront tôt fait de déteindre sur les péninsulaires. Si on y ajoute l'influence des médias, principalement la radio, on a fait le tour des principaux facteurs de l'évolution des mentalités. ‖

L'Église, seul corps organisé ayant un véritable ascendant sur la population, est appelée à jouer un rôle de premier plan comme leader socio-économique. Ce sont les prêtres qui mènent les combats et ils les imprègnent souvent de leurs idéaux. La création du diocèse de Gaspé et surtout l'activité d'un évêque dynamique contribuent à modifier bien des situations. Des coopératives sont fondées, des institutions sont mises en place et des services sont instaurés. Dans divers secteurs, les péninsulaires tentent de se prendre en main. Mais, après la guerre, le mouvement s'essouffle quelque peu. Par exemple, le syndicalisme essaie de faire une percée dans la région, mais l'ardeur de l'avant-guerre n'est plus.

Les hommes politiques, quant à eux, naviguent parmi les problèmes d'une Gaspésie en mutation et, très souvent, se contentent de suivre le vent. Ils tentent de concilier les espoirs des uns avec les résistances des autres. Eux aussi sont conscients que la péninsule comble difficilement ses retards mais leur poids n'est pas lourd dans des capitales où les questions gaspésiennes constituent rarement une priorité.

14

Les problèmes de l'économie

De 1920 à 1960, la situation économique du Gaspésien n'est guère encourageante. Tout au long de la période, la pêche perd de sa popularité. L'agriculture, elle, continue d'en être une de subsistance, malgré des progrès certains. C'est l'activité forestière qui constitue le principal gagne-pain des péninsulaires au 20e siècle. Mais ici les inégalités sont plus présentes que jamais. De grandes compagnies tirent des revenus immenses de l'exploitation de la forêt pendant que de petits entrepreneurs survivent avec difficulté et que les bûcherons doivent se contenter de ne travailler qu'une partie de l'année. Après la Deuxième Guerre mondiale, la prospection minière fait miroiter aux yeux des Gaspésiens les possibilités d'un avenir doré à l'image, croit-on, des pays prospères. Effectivement, la naissance de Murdochville procure à de nombreuses personnes un niveau de vie décent et entraîne dans la région un essor évident. Mais la ville minière n'est pas la Gaspésie et ailleurs les questions de chômage et de dépeuplement sont des éléments permanents du paysage socio-économique. Comparée à un Québec en pleine croissance, la Gaspésie demeure une région marginale.

Prémices à la crise: les années vingt

Les « années folles », comme on appelle souvent celles de la décennie 1920, constituent surtout un phénomène urbain. En Gaspésie, plus qu'ailleurs, les riches héritières dansant le charleston sont rares et n'appartiennent qu'à une classe privilégiée d'estivants. La prospérité nord-américaine ne touche la presqu'île que dans le domaine des pêches, et encore, ce n'est que temporaire. La terre continue de se montrer avare de ses ressources. Quant à l'industrie forestière, elle recrute de plus en plus de bras, mais le travail y est surtout saisonnier et plusieurs scieries ferment leurs portes. De nombreux péninsulaires quittent encore temporairement leurs demeures pour les chantiers de la côte nord du Saint-Laurent et du Lac-Saint-Jean. Le mouvement d'exode permanent vers les grandes villes du Québec et de l'Ontario se poursuit lui aussi.

RÉCESSION ET ESSOR DANS LES PÊCHES

En 1920, la vie du pêcheur gaspésien n'est guère différente de celle de ses pères. Debout à 2 ou 3 heures du matin, il commence sa journée de labeur en levant les rets à hareng. Si cette boëtte n'est pas suffisante, il doit traîner les filets à la dérive pour en capturer d'autres. Le reste du jour et de la soirée

Habitation de pêcheurs en 1922. Photo: Marius Barbeau (MNC)

se passe à pêcher la morue. Les embarcations non plus n'ont pas changé, sauf qu'elles sont maintenant motorisées.

Après la guerre, une récession généralisée met tragiquement en lumière les déficiences de la pêche en Gaspésie. Dès 1919, la demande sur les marchés internationaux périclite et les prix chutent. L'année suivante, la situation n'est guère meilleure: à l'instar des prix, la production de la morue baisse à 55 597 quintaux dans le comté de Gaspé et à 9 417 quintaux dans celui de Bonaventure[1]. Pour un grand nombre, c'est la misère noire. À la fin de juin, un grand nombre de Gaspésiens ont déjà migré vers les petites et grandes villes dans le but de se trouver un emploi. La fermeture du marché italien en 1921 accentue le marasme: seulement 73 552 500 livres de morue sont pêchées cette année-là au Québec. La valeur au commerce ne représente que 40,6% de ce qu'elle était en 1919 et le prix payé aux pêcheurs n'est plus que de 37,3%.

Ceux qui abandonnent la pêche, les jeunes surtout, espèrent presque tous ne pas reprendre ce métier ingrat. C'est probablement cette récession d'après-guerre qui donne le coup final à la prépondérance des pêches dans l'économie gaspésienne. De 1919 à 1921, le nombre de personnes employées dans l'industrie québécoise de la pêche passe de 10 094 à 7 612. Le seul comté de Gaspé perd 1 116 pêcheurs en 1922-1923, soit 31% de ses effectifs.

En ces années de crise, l'urgence de réformer et de moderniser les pêches gaspésiennes est à l'ordre du jour. Louis Bérubé, un des premiers experts dans le domaine, explique les causes de la situation déficitaire et précaire de l'industrie de la pêche en Gaspésie: une seule variété de poisson (la morue), une seule forme de préparation (le séchage), et qui encore laisse à désirer, un seul marché important (l'Italie). Comme l'inspection et la classification font défaut, les spécimens de qualité inférieure sont mélangés aux autres, ce qui confine le poisson gaspésien à des prix très bas. De plus, fait capital, la réfrigération n'est guère popularisée dans la péninsule alors qu'elle est un élément essentiel de la réussite des producteurs de la Colombie-Britannique et de la Nouvelle-Écosse dans leur conquête des marchés nord-américains. Même les rudimentaires congélateurs à boëtte qui font partie du paysage gaspésien depuis trente ans sont inégalement répartis, le littoral nord n'en possédant que très peu. Et pour ajouter encore aux disparités, mais cette fois-ci sur un plan pan-canadien, il en coûte plus cher aux Gaspésiens qu'aux gens des Maritimes pour expédier leur poisson à Montréal et en Ontario. Enfin, mentionnons un autre problème: le trop petit nombre et la mauvaise organisation des quais et des abris qui, dans le premier cas, empêchent le déchargement et la manutention rapide de la morue, et, dans le second, entraînent la destruction des barges et paralysent la pêche, comme c'est le cas à L'Anse-au-Griffon et à Cap-des-Rosiers en juin 1929[2].

En 1922, le comité judiciaire du Conseil privé de Londres tranche en faveur du Québec le débat constitutionnel sur les pêches qui a cours depuis 1898. Ottawa continuera de légiférer sur le commerce et les politiques d'inspection du poisson pendant que le Québec appliquera les réglementations, prenant ainsi en charge ses pêches maritimes. Selon le géographe Pierre-Yves Pépin, cette initiative marque le début de la consolidation économique des pêches québécoises[3]. Cependant, en cette première décennie de juridiction provinciale, l'action gouvernementale se fait avec lenteur et parcimonie. Même si l'État crée un Service des pêcheries maritimes en 1925, il n'y affecte que $600 pour fins d'inspection l'année suivante: les cinq classificateurs qu'il embauche ne travaillent qu'à temps partiel et leurs qualifications sont plus que douteuses. Ce n'est qu'en 1928 qu'un surintendant maritime est engagé en la personne de F. M. Gibaut[4]. Néanmoins, les bases sont jetées pour la formation de spécialistes, l'aide à l'expansion de l'industrie frigorifique et l'organisation de coopératives.

Une femme de pêcheur
aux mains rugueuses,
Port-Daniel en 1922.
Photo: Marius Barbeau
(MNC)

Celles-ci voient le jour en 1923 sous l'égide de l'évêque de Gaspé, Mgr François-Xavier Ross mais, après quelques succès, l'inexpérience en coopération et les menées des compagnies se font sentir. La crise de 1932 leur donne le coup de grâce. Seule la coopérative de Carleton, spécialisée dans la capture et l'apprêt du saumon, résiste à l'effondrement[5].

En 1924, cette coopérative met en service une conserverie. Construite au coût de $6 480, la conserverie bénéficie des conseils techniques de Louis Bérubé, diplômé de l'École des pêcheries de l'Université de l'État de Washington à Seattle[6]. La mise en conserve s'effectue de la façon suivante. Dès qu'il est sorti de l'eau, le saumon est amené à l'usine où les employés le nettoient et l'éviscèrent avant de le passer à des ouvrières qui le tranchent et le mettent dans des boîtes de fer-blanc; ces contenants sont acheminés vers le sertisseur qui les ferme hermétiquement puis vers la bouilloire. Pendant trois semaines, ils sont entreposés pour prendre du goût. Après inspection, les conserves sont étiquetées et placées dans des caisses pour être expédiées sur le marché. Comme la conserverie ne fonctionne que six mois par année, l'équipement se détériore et la rouille s'y installe. Les activités s'interrompent en 1929 et la fermeture définitive a lieu en 1932.

La production du saumon demeure une activité secondaire en Gaspésie. C'est encore la morue qui a la faveur des pêcheurs et des compagnies dont la plus puissante est toujours la Robin, Jones & Whitman, malgré les attaques virulentes d'un clergé qui veut « secouer le joug des esclavagistes ». Mais la concurrence des coopératives oblige les vieilles firmes à augmenter les prix offerts aux pêcheurs. Par exemple, en 1927, elles paient $8 le quintal pour la morue de première qualité, $7,25 pour la seconde qualité et $6,50 pour celle de troisième qualité. Sur la côte du Nouveau-Brunswick, où les coopératives de pêcheurs sont inconnues, elles paient alors $6,50, $6 et $3,25. De plus, leur demi-monopole s'effrite davantage sous l'action de nouvelles entreprises italiennes et canadiennes. La même situation existe dans le domaine de la consommation: les coopératives peuvent offrir de l'essence à 30¢ le baril alors qu'elle coûte 40¢ aux magasins des compagnies[7]. La concurrence est d'autant plus forte que les marchands généraux s'approvisionnent chaque année davantage chez les grossistes de Québec et de Montréal, faisant du commis-voyageur un personnage typique en Gaspésie. Il ne faut pas croire cependant que les vieilles firmes perdent toute influence. La disparition des commandants (inspecteurs) des Pêcheries fédéraux en 1922 fait resurgir des procès coûteux entre particuliers et compagnies.

En avril 1926, s'installe à Mont-Louis la compagnie Le Poisson de Gaspé Ltée, initiative d'un Gaspésien d'origine, Firmin Létourneau, qui s'adjoint Louis Bérubé comme gérant. La première année de l'entreprise s'avère difficile, le marché italien étant mauvais. En 1927, les profits triplent et les exportations dépassent le million de livres[8]. En 1929, la

compagnie construit une conserverie à Mont-Louis, où se trouve son siège social. Elle concentre ses activités dans le comté de Gaspé, où elle possède des agences à Grande-Vallée, à Cloridorme, à L'Anse-à-Valleau, à Rivière-au-Renard, à L'Anse-au-Griffon, à D'Aiguillon et à Newport, en plus d'être implantée à Magpie sur la côte nord du Saint-Laurent. En 1930, avec l'aide du gouvernement provincial, elle construit à Barachois le premier entrepôt frigorifique de la côte de Gaspé. Comme le système n'a pas encore fait ses preuves, elle se contente, au début, de n'y congeler que la boëtte et le hareng.

Chez les Italiens, la G. Atlante continue de faire des affaires dans la péninsule en cette décennie 1920. Selon l'abbé Pierre-Marie Gagné, qui soumet en 1928 un mémoire sur les pêches du littoral nord de la Gaspésie, la compagnie de la ville de Bari n'est pas sans défaut. Le prêtre lui reproche de ne pas toujours offrir les meilleurs prix et, comme les autres compagnies italiennes, de payer les pêcheurs et marchands québécois en livres sterling.

Cannerie de saumon à Carleton en 1924. (Coll. privée)

Comme le cours du change varie et que la monnaie canadienne prime sur l'anglaise, les pêcheurs y perdent.

En 1928, la Cie P. Agnesi déménage son comptoir gaspésien de Pointe-Saint-Pierre, où elle est établie depuis quelques années, à l'île Bonaventure, où elle vient de louer les droits de pêche détenus par les successeurs de la LeBoutillier Brothers, qui a fait faillite en 1923. L'entreprise de Gênes, qui a envoyé en Gaspésie le fils de son président, Robert Agnesi, veut profiter des avantages de l'île Bonaventure, toujours réputée le meilleur endroit de pêche de toute la côte de Gaspé. La Cie P. Agnesi achète directement du pêcheur sans passer par des intermédiaires, ce qui lui permet de lui payer des prix plus élevés. Outre ceux de la côte de Gaspé, elle fait aussi des affaires avec les gens de Cloridorme et de Grande-Vallée.

Si de nouvelles compagnies voient le jour en cette deuxième moitié des années 20, c'est que la situation s'est considérablement améliorée depuis la crise de 1921-1922. En effet, dès 1923, une reprise de dessine timidement. Le marché italien s'ouvre à nouveau et l'expédition de morue sèche recommence. Les pêcheurs gaspésiens bénéficient en outre du marché américain, malgré ses droits d'entrée prohibitifs. Les statistiques témoignent de cet essor. En 1925, la production des comtés de Gaspé et de Bonaventure s'élève à 101 499 quintaux de morue sèche, à 9 868 quintaux de morue verte et à 1 750 quintaux de morue fraîche. En ajoutant les produits dérivés du poisson, on obtient des ventes de l'ordre de $1 277 626, soit la moitié du chiffre pour l'ensemble du Québec. Mais la saison désastreuse de 1927 avec ses tempêtes répétées en juillet, ses pluies diluviennes et ses brouillards à l'automne montre bien que la prospérité des pêches gaspésiennes ne tient qu'à un cheveu.

L'AGRICULTURE: QUELQUES PROGRÈS
Ce n'est certes pas dans l'agriculture que le pêcheur désabusé trouvera de quoi bien vivre. En effet, l'activité agricole ne se développe guère durant la décennie 1920. La superficie totale des comtés de Matane, de Gaspé et de Bonaventure est de 9 270 milles carrés, dont seulement 19% font partie de fermes exploitées. Mais à y regarder de plus près, l'on s'aperçoit que seulement 7% du sol est réellement aménagé. Et si l'on exclut le comté de Matane, la proportion baisse à 5% dans Bonaventure et à 3% dans Gaspé[9]. Dans Bonaventure, le nombre de fermes occupées connaît une légère baisse dans la décennie et passe de 4 019 à 3 884[10]. L'agriculture continue incontestablement d'en être une de complémentarité et de subsistance et plusieurs paroisses doivent encore importer de l'extérieur de la péninsule des grains et des aliments.

L'agriculture n'en enregistre pas moins quelques progrès. Ainsi, la machinerie agricole fait timidement son apparition et les têtes dirigeantes

des sociétés agricoles et des coopératives tentent de persuader leurs membres de remplacer le goémon par des engrais chimiques et de diversifier leurs cultures. En 1927, le ministère de l'Agriculture du Québec décide de mettre à profit le climat tardif de la Gaspésie en y encourageant la culture maraîchère, entre autres celle des petits pois. En 1928, entre le 15 août et le milieu d'octobre, 25 000 à 30 000 livres de ces pois sont expédiés de Cap-d'Espoir à Montréal. L'année suivante, la production est multipliée par dix et rapporte un bénéfice de $15 000[11]. L'acheteur, Alexandre Bardou, n'a pas de difficulté à revendre les petits pois de Cap-d'Espoir, qui se taillent vite une excellente réputation sur le marché en raison du goût exquis que leur confère la proximité de la mer. De même, les fruits (pommes, poires, cerises) s'écoulent facilement sur le marché de Montréal à cause de leur mûrissement tardif. Dans la culture des céréales, la luzerne, bien que marginale, est produite davantage. Le gouvernement encourage aussi la production de miel. Il donne lui-même l'exemple avec ses stations de New-Carlisle et de Pabos. Mais les résultats sont très décevants.

L'expansion des marchés, celui de la Côte-Nord en particulier, permet des progrès dans l'élevage, bien que la sélection du bétail à des fins commerciales laisse énormément à désirer et que les coûts de fret demeurent très élevés. Ainsi, les producteurs doivent payer le même montant pour le transport de leurs produits de New-Carlisle à Matapédia que de ce dernier endroit à Montréal[12]. Les agronomes de comté essaient de populariser l'élevage des ovins, qui connaît un certain succès, dans la région matanaise notamment. À Capucins, on s'intéresse beaucoup à l'élevage du porc.

Alors que l'industrie laitière québécoise est dans un état de marasme pendant l'entre-deux-guerres, en Gaspésie, elle progresse. Il aurait été difficile d'en être autrement, cette industrie y étant encore à ses débuts et la région n'étant guère influencée par le ressac des marchés d'outre-frontières. Ainsi, en 1916, le comté de Bonaventure comptait neuf beurreries et produisait 191 943 livres de beurre. Gaspé, avec ses trois fabriques, produisait 88 162 livres. Neuf ans plus tard, le nombre de beurreries est passé à quatorze dans Bonaventure et à quatre dans Gaspé. La production a augmenté respectivement de 93% (370 992) et de 39% (122 259). Cependant, l'industrie fromagère, complètement absente dans Gaspé, survit difficilement dans Bonaventure: seulement 85 253 livres de fromage sortent de trois fabriques en 1916 et la production baisse à 53 383 livres en 1925[13]. À la fin de la décennie, le nombre de beurreries passe à seize dans Bonaventure et à sept dans Gaspé. Dans ce dernier comté, la production atteint 131 451 livres, mais dans Bonaventure, elle a diminué un peu, passant à 321 770 livres. La production fromagère, elle, a légèrement grimpé, atteignant 57 350 livres. Elle est toujours nulle dans Gaspé[14].

Mais il ne faut pas croire que l'industrie laitière ne connaît pas de problèmes. D'abord, la sélection des troupeaux manque de rigueur et l'hygiène des étables laisse à désirer. En second lieu, l'absence d'un entrepôt frigorifique dans Bonaventure oblige les cultivateurs à n'exporter leur beurre que l'été, période de l'année où les prix sont les plus bas. Ils perdraient ainsi trois sous par livre. Et, comble d'ironie, l'hiver, les Gaspésiens doivent importer cette denrée au coût de huit sous la livre[15].

Avec une agriculture si difficile et si peu rémunératrice, il n'est guère surprenant que le géographe Raoul Blanchard constate à la fin de la décennie, qu'en général, l'agriculteur de la Gaspésie est aussi bûcheron. Cultivateur à temps plein d'avril à septembre, il quitte la ferme à l'automne et ne revient qu'en mars, quand il ne repart pas pour la drave en mai. Blanchard estime que dans certaines paroisses, 50 à 75% des adultes sont au chantier[16]. Peu à peu, le cultivateur abandonne la culture du sol à sa femme et à ses enfants pour s'adonner le plus possible au travail en forêt. L'agriculture devient ainsi de plus en plus une activité complémentaire et le clergé doit reprendre de plus belle son clairon agriculturiste.

Le clergé éprouve cependant de la difficulté à faire défricher l'intérieur gaspésien, en grande partie impropre à la culture du sol: « Mais la plus grave difficulté à laquelle nous devons faire face, souligne Mgr Ross, c'est la mentalité de nos gens [...] on n'aime pas la colonisation [...]; les Gaspésiens ont pris des habitudes et un esprit qui s'adaptent bien peu au travail pénible, il faut le dire, du défrichement[17] ». En 1920, le diocèse de Rimouski a son missionnaire-colonisateur en la personne de l'abbé David Jean. Quand le diocèse de Gaspé est fondé, un des premiers gestes du nouvel évêque, Mgr Ross, est de nommer l'abbé Edmond Plourde, ancien curé de Saint-Georges-de-Malbaie, directeur des oeuvres économiques du diocèse. En plus de voir à l'implantation des coopératives de pêcheurs, ce dernier se voit confier l'important dossier de la colonisation.

De son côté, le gouvernement provincial, même s'il délaisse de plus en plus la colonisation au profit du développement industriel, n'en continue pas moins de favoriser l'ouverture de terres nouvelles en fournissant, entre autres, des subsides aux sociétés de colonisation et en ouvrant et entretenant des chemins. En 1928 par exemple, le comté de Bonaventure reçoit à ces fins $29 004 et celui de Gaspé $21 847. C'est peu cependant, si l'on considère que l'Abitibi reçoit $200 000[18]. Depuis 1923, l'État alloue des primes pour encourager les colons à défricher leurs lots, à les labourer et à y résider. Ainsi, ils reçoivent $5 l'acre jusqu'à concurrence de cinq acres par année. En 1927, on ajoute les primes de labour qui rapportent $6 l'acre aux non-résidents et $2 aux résidents[19].

Il est difficile d'évaluer l'ampleur de la colonisation en Gaspésie durant les années 20. En 1940, un fonctionnaire du ministère de la Colonisation,

L'ARRIÈRE-PAYS S'OUVRE LENTEMENT

J.-E. Garon, écrivait: « Jusqu'à ces dernières années, c'est-à-dire jusqu'en 1928 [...], la marche de la colonisation s'est faite au ralenti, en rapport avec les facilités que l'on créait par la confection de chemins[20] ». Les données partielles que nous avons relevées confirment cet état de fait. De 1920 à 1929, 1 011 lots sont vendus dans les six agences de terres gaspésiennes. On se souvient qu'à la décennie précédente, 1 435 ventes y avaient été enregistrées. Ces chiffres ne comprennent pas les colons qui se sont inscrits aux bureaux de colonisation de Québec et de Montréal sans passer par les agents des terres locaux. Par contre, il y a les faux colons qui n'ont bûché que dans un but commercial ou n'ont jamais défriché leur lot, préférant gagner de l'argent sonnant dans les chantiers environnants.

En 1920, 3 391 Gaspésiens, soit 5% de la population totale, vivent dans des zones dites de colonisation. Cinq ans plus tard, leur nombre passe à 4 500[21]. Ces zones ne sont pas limitées à l'arrière-pays mais comprennent aussi des localités du littoral où l'on veut attirer des colons, telles L'Anse-au-Griffon et Anse-aux-Gascons. Il existe des paroisses de colonisation dont l'ouverture remonte à une trentaine d'années et qui sont assez prospères. Saint-Alphonse de Caplan en est un exemple, avec ses 692 habitants en 1926. À l'opposé, on retrouve des missions ou dessertes dont la population ne dépasse pas 60 personnes. Saint-Louis-de-Gonzague (canton Nouvelle) et Millstream (canton Ristigouche) font partie de cette catégorie.

Ce sont surtout des consolidations et non des fondations qui se font pendant la décennie 1920. Seulement trois nouvelles colonies voient le jour. Dans le comté de Matane, il s'agit de Saint-Adelme, derrière Sainte-Félicité. Ouverte en 1920, cette colonie compte, dix ans plus tard, 280 âmes et est fière de sa chapelle, de ses deux écoles, de ses trois « moulins » et de son cercle agricole[22]. Dans le diocèse de Gaspé, Mgr Ross s'oppose à l'éparpillement des efforts. Après une entente avec le ministre de la Colonisation, il décide d'établir une colonie dans le canton Cox et une autre dans celui de Percé. Ce seront, à court terme, les deux missions de prédilection de l'abbé Edmond Plourde avant qu'il ne songe à effectuer d'autres trouées dans la forêt. L'évêque écrit en 1923: « Des ordres sont donnés pour ouvrir ces territoires à la colonisation, tracer les routes essentielles, d'après le centre qui sera déterminé d'un commun accord après inspection, à l'endroit où je fixerai le site des futurs édifices religieux». Ainsi surgit de la forêt Saint-Elzéar dont les 26 premiers colons sont recrutés à Bonaventure. Dès 1924, 130 personnes y habitent[23]. La colonie de Val-d'Espoir, elle, a reçu ses premiers défricheurs en 1920, sous l'impulsion d'Antoine Poirier, curé de Cap-d'Espoir. Mais ces pionniers ont abandonné la tâche et, en 1923, cinq nouvelles familles les remplacent[24]. Cependant, l'agriculture stagne et l'essor de la mission préoccupe peu de gens. De plus, les pêcheurs du littoral détiennent des lots en bois debout et ils sont réticents à les céder au ministère de la Colonisation, des Mines et des Pêcheries. Néanmoins, le

Le moulin de Chandler, propriété de la Bonaventure Pulp and Paper Company en 1927. Photo: Jacques de Lesseps. (MRG)

nombre de résidents est de 130 en 1926 et augmente jusqu'à 164 à la fin de la décennie[25]. Ils viennent surtout de Cap-d'Espoir, de Percé et de Sainte-Thérèse-de-Gaspé.

Durant les années 20, l'industrie forestière prend une place encore plus importante dans l'économie gaspésienne. Elle attire constamment d'anciens cultivateurs et d'anciens pêcheurs. À Matane, par exemple, plus de 600 hommes travaillent dans les scieries et les chantiers des environs. Dans certains endroits, des femmes montent dans les chantiers avec les enfants. Elles y font la cuisine et s'occupent de la tenue du camp. Cette situation n'a

LES DIFFICULTÉS DE L'INDUSTRIE FORESTIÈRE

Alfred Dubuc, gérant
général de l'usine de
Chandler en 1915. (APC)

toutefois pas l'heur de plaire aux autorités ecclésiastiques.

Chandler, un gros village qui deviendra vite une « *company town* », a vu le jour en 1913. Percy Milton Chandler et ses associés ont choisi ce site en raison de son accessibilité (transport océanique, proximité des chemins de fer), de la qualité et de la quantité du bois de la région, des facilités d'opération (quatre rivières) et de la main-d'oeuvre disponible. Quand la construction commence, en mai 1915, la St. Lawrence Pulp and Lumber Corporation forme avec deux autres compagnies le North American Pulp and Paper Companies Trust, dont le président est Alfred Dubuc, magnat des pâtes et papier dans la région du Saguenay-Lac-Saint-Jean. Celui-ci décide de voir personnellement à la bonne marche des opérations et devient le gérant général de l'usine. Il fait de Chandler sa ville. En 1920, prétendant être à court de capital, il commence à payer ses employés avec des coupons échangeables seulement au magasin de la compagnie. Le système fonctionnera un an ou deux, rappelant aux pêcheurs devenus journaliers leur vieille relation de dépendance avec les compagnies de pêche. Les commis de Dubuc refuseront même d'accepter des coupons légèrement abîmés. Comme dans d'autres « *company towns* », l'entreprise loge les travailleurs dans ses maisons et domine le conseil municipal, ce qui lui vaut des exemptions fiscales intéressantes.

L'usine de Chandler a, à cette époque, une capacité annuelle de 36 000 tonnes, mais sa moyenne se situe autour de 21 000 tonnes et les profits sont bas. Des problèmes techniques surgissent constamment et la structure financière du trust, devenu le Saguenay Pulp and Power, est faible. En 1923, l'usine est vendue à la Bay Sulphite Company, qui fait faillite en quelques mois, provoquant le chômage et la misère. Comme ils sont incapables de vendre les installations, les actionnaires forment une nouvelle compagnie, la Bonaventure Pulp and Paper Company, qui prend l'usine en mains le 1er avril 1925 dans le but de la revendre. On apporte des innovations, la production augmente et les coûts d'opération baissent. Mais en 1930, quand la crise frappe, la fermeture de l'usine plonge à nouveau la ville de 1 741 habitants dans la misère[26].

L'autre usine gaspésienne de pâte à papier, celle de Rivière-Madeleine, ne se remet pas de la faillite retentissante de la Great Eastern Paper Company en 1923. Son président, Charles Mullen, forme une nouvelle compagnie, la Cape Magdalen Pulp and Paper Company, et tente de ressusciter l'industrie. Une centaine d'hommes travaillent à la reconstruction de l'usine, en partie incendiée à la fin de l'année 1922. Elle recommence à produire au ralenti à l'hiver 1925 et reprend son plein rendement au printemps. À l'automne, un autre accident de chemin de fer interrompt les activités. La St. Anne Pulp and Paper Ltd tente sa chance mais, après six mois, le déficit atteint $50 000. La Brown Corporation achète les installations à un prix dérisoire et se propose de construire une usine au bord de la

Chemin de fer de la compagnie Great Eastern Paper Company. (MRG)

mer. Elle électrifie le village de Rivière-Madeleine et dresse des plans pour la fondation d'une ville moderne. On rénove l'hôtel local et on démolit l'ancienne usine. Mais, Rivière-Madeleine ne devait jamais voir d'autre moulin, la crise économique faisant avorter le projet[27].

La situation des usines de Chandler et de Rivière-Madeleine est symptomatique du malaise qui prévaut dans l'industrie forestière en Gaspésie. Sur la rive nord de la péninsule, l'exploitation du bois de fuseau s'essouffle. Partout, des usines ferment leurs portes, comme à Port-Daniel, où les hommes retournent à la pêche sans enthousiasme. Même situation à Grande-Vallée, à Ristigouche, à New-Richmond. En 1924, seulement la Shepard & Morse Lumbering Co., de Gaspé, produit annuellement plus de 10 000 000 de pieds de bois et il n'y a que la Ste. Anne Lumber Company qui voit sa production se situer entre 5 000 000 et 10 000 000 de pieds. Sept autres scieries ont une production supérieure à 1 000 000 de pieds[28].

À côté de ces grands de l'industrie forestière gaspésienne, fonctionnent une centaine de petites scieries, souvent des entreprises familiales qui luttent pour leur survie. En effet, pendant les années 20, se dessine un mouvement de concentration systématique dans l'industrie forestière. Des compagnies américaines et anglo-canadiennes rachètent d'anciennes entreprises, s'assurent de vastes limites et essaient d'exploiter les ressources forestières sur une base rationnelle, ce qui les amène à fermer certaines usines.

La plus puissante d'entre elles est la Canadian International Paper Company, déjà concessionnaire de 568 milles carrés dans l'arrière-pays de Gaspé. Elle acquiert en mars 1926, pour la somme de $500 000, la Ste. Anne Lumber Company et ses vastes limites dans le voisinage de Sainte-Anne-des-Monts. Cinq mois plus tard, elle devient propriétaire des terres et des installations de la Chaleur Bay Mills Company, ce qui comprend, entre autres actifs, 490 milles carrés dans le bassin de la rivière Ristigouche, une grosse scierie à Sainte-Anne-des-Monts, des magasins aux alentours du village et une soixantaine de maisons d'ouvriers, le tout pour quelque $2 000 000. Mille autres milles carrés sont également achetés de la Fraser Company dans la région de la Baie-des-Chaleurs et de la rivière Ristigouche. L'International posséderait en tout le dixième du territoire gaspésien[29]. Il y a aussi dans les années 20, l'arrivée de la Mont Louis Seigniory Limited qui exploite le bois du fief du même nom. Mentionnons enfin la Brown Corporation, propriétaire de la seigneurie de la Rivière-Madeleine, la Howard Smith Pulp and Paper établie à Sandy-Beach et la Wayagamack Pulp and Paper qui, en 1919, acquiert pour un temps les limites de la John Breakey (451 milles carrés)[30].

L'appropriation par des compagnies étrangères de 3 500 000 acres de la forêt gaspésienne[31] aggrave le double problème de sa sur-exploitation et de sa sous-exploitation. En certains endroits, la coupe annuelle est beaucoup trop considérable par rapport à la pousse alors qu'en d'autres lieux, les forêts se détruisent sur pied, ayant dépassé leur point de maturité. Cela cause des centaines de milliers de dollars de dommages chaque année[32]. De plus, ces entreprises fonctionnent à l'échelle du pays ou du continent et elles ne se préoccupent guère de procurer du travail aux Gaspésiens: aussi la plus grande partie du bois coupé est transformée en dehors de la péninsule. Comme les transports continuent d'être inadéquats, le problème de « la traverse » du bois de la baie des Chaleurs se pose avec acuité. Cette « émigration » de New-Richmond vers Bathurst, de Nouvelle vers Dalhousie et Atholville, ne va pas sans provoquer des tiraillements entre le clergé gaspésien et les autorités politiques. Cette traversée du bois gaspésien se poursuivra pendant quelques décennies. À ces difficultés, il faut ajouter celles provoquées par des causes naturelles, tels les feux de forêt, les tempêtes (chablis) et la mouche à scie.

Matane est sans doute l'agglomération gaspésienne où l'activité forestière est la plus dynamique. Bois de sciage et bois d'oeuvre constituent le gagne-pain de la majorité de la population. En 1919, la Price a reconstruit presque entièrement son moulin à scier l'épinette qui donne de l'emploi toute l'année à 250 hommes[33]. L'acquisition l'année suivante de la Matane Lumber & Development Company par la Hammermill Paper Company inaugure une ère de croissance pour la petite ville de 3 000 habitants, bien que la scierie soit fermée au profit de la coupe exclusive de bois de pulpe qui part alimenter les usines des Grands-Lacs. Avec l'aide du gouvernement fédéral, le port est creusé et amélioré. De petites entreprises se développent parallèlement, telles la Compagnie Gagnon et frères.

En 1931, Matane compte 4 800 habitants. Bien que ce ne soit encore qu'un gros village, la concentration autour de l'usine Price présage déjà de son développement futur. Plus à l'est, Cap-Chat a une population de 2 300 âmes. Mais ce sont, avec Sainte-Anne-des-Monts, des exceptions et le littoral nord se reconnaît à ses hameaux de quelques centaines d'habitants. Au contraire, sur la côte méridionale, les localités populeuses ne sont pas rares et beaucoup d'anciennes paroisses sont subdivisées pour en constituer de nouvelles.

UNE POPULATION STATIONNAIRE

Cela ne veut pas dire que la population de Gaspé et de Bonaventure connaisse une grande expansion. En effet, pendant la décennie 1920, elle passe de 62 340 à 70 107, ce qui constitue un accroissement réel de 12%. Dans le comté de Bonaventure, elle n'augmente que de 11%, passant de 29 092 à 32 432. La croissance démographique est légèrement plus forte dans Gaspé qui, de 33 248 en 1921 atteint 37 675 habitants en 1931, soit une hausse de 13%[34].

Dans les deux comtés, l'immigration est presque nulle et l'émigration est forte. En fait, cette hémorragie explique une démographie stagnante, malgré un fort taux d'accroissement naturel. Plus de 10% des gens quitteraient à tout jamais la région pendant la décennie 1920, surtout dans sa première moitié. Ils partent vers les centres industriels du Québec et de l'Ontario, en particulier Montréal, où un grand nombre d'entre eux deviennent débardeurs; ils vont aussi vers la Matapédia, la Côte-Nord, le Lac-Saint-Jean et l'Abitibi, et, enfin, vers la section américaine des Grands-Lacs où les chantiers requièrent des bras en grand nombre. Fait intéressant à noter, Blanchard estime que le nord-est des États-Unis n'a plus la vogue d'antan. Les vieilles paroisses de la Baie-des-Chaleurs sont celles qui souffrent le plus de cette saignée. Ainsi, Port-Daniel perd 200 personnes en cinq ans[35]. Comme à la période précédente, ce sont surtout les jeunes qui partent. *La Voix de Gaspé* commente pathétiquement: « Et chaque automne, comme des feuilles se détachant de l'arbre qui ne peut plus les faire vivre, nos gaspésiens abandonnent leur patrie[36] ».

Dans la métropole canadienne on fonde même, le 8 février 1929, l'Asso-

Tableau 5.2. Population des districts de recensements de Bonaventure et de Gaspé, 1920-1960.

	Bonaventure	Gaspé		Total
		Gaspé-Ouest	Gaspé-Est	
1921	29 092	32 248		62 340
1931	32 432	37 675		70 107
1941	39 196	12 397	33 871	85 464
1951	41 121	15 089	37 442	93 652
1961	42 962	20 529	41 333	104 824

Source: Recensements du Canada, 1921-1961.

ciation des Gaspésiens de Montréal. Le président en est l'économiste Esdras Minville, originaire de Grande-Vallée. En plus d'organiser des activités sociales et culturelles, l'association vise à venir en aide aux Gaspésiens restés chez eux pour qu'ils n'aient pas à émigrer à leur tour. « S'ils s'unissent, ce n'est pas pour encourager les autres à venir les rejoindre, non; c'est pour conserver en eux le plus possible l'âme formée dans leur enfance, et pour trouver dans le souvenir de leurs origines un préservatif contre l'entourage immoral de la ville[37]. »

Si la population gaspésienne a été exempte d'un vieillissement rapide, c'est grâce au taux de fécondité très élevé. En effet, l'accroissement naturel est fort: 23,3 pour mille en moyenne dans Bonaventure de 1922 à 1930 et 27 pour mille dans Gaspé[38]. Deux facteurs expliquent cette vitalité plus forte dans Gaspé. D'une part, les habitants y sont plus jeunes, donc plus prolifiques. D'autre part, la population y est aussi plus homogène que dans Bonaventure. En effet, cette dernière circonscription compte un plus fort pourcentage d'anglophones (24,5% en 1921) que celui de Gaspé (21,8). Pour des raisons culturelles et sociales, les Canadiens français sont plus prolifiques que leurs concitoyens de langue anglaise. Ce fait est corroboré par Raoul Blanchard qui, à Cap-aux-Os, a vu des familles francophones de quinze à seize enfants et pas une seule de plus de huit enfants dans les foyers anglophones. À Port-Daniel, il trouve huit ou neuf jeunes en moyenne chez les parents de souche française et un ou deux seulement chez les Anglais et les Irlandais[39].

Ainsi, la désertion de la péninsule gaspésienne est le mal chronique qui la mine pendant la décennie 1920. On part à la recherche d'un avenir meilleur que ne peuvent assurer les aléas de la pêche et de l'activité forestière ni l'ingratitude de la terre. La situation économique s'aggravera encore quand, de Wall Street, la crise gagnera la Gaspésie.

La crise

La crise économique de 1929 frappe durement les régions qui connaissaient déjà des problèmes structurels de développement. Partout, dans la péninsule, le marasme s'installe. Sur le littoral nord, pour comble de malheur, la pêche fait complètement défaut en 1930. La Canadian International Paper Company ferme son usine de Sainte-Anne-des-Monts et ne fait plus chantier. Même paralysie pour l'Anticosti Corporation. À Chandler, c'est la misère. Plusieurs tentent leur chance dans l'aventure colonisatrice, mais la plupart ne doivent leur subsistance qu'à l'aide gouvernementale. Les menus se limitent de plus en plus à la soupe aux pois et au lard salé. Pour un grand nombre de Gaspésiens, vivre occasionnellement des secours de l'État devient une réalité qui se perpétuera par la suite.

En plus de prôner le retour à la terre et la construction d'un chemin de fer péninsulaire, les élites demandent enquêtes et conférences pour trouver des solutions. Le député Charles Marcil harcèle constamment le gouvernement conservateur en 1934-1935. Au niveau provincial, le gouvernement unioniste de Maurice Duplessis, au pouvoir depuis 1936, décide de mettre sur pied des équipes pour effectuer un inventaire des ressources et de la situation économique de la province. L'économiste Esdras Minville se voit confier la direction du projet. Les premiers comtés inventoriés seront ceux de la Gaspésie, région qui a le plus besoin d'un redressement à court terme. Pendant l'été 1937, des universitaires parcourent la péninsule, visitant les villages un à un, partageant la vie du pêcheur, du bûcheron et du cultivateur. Leurs rapports, sources inestimables de renseignements sur l'état général de la Gaspésie à la fin des années 30, resteront cependant sur les tablettes.

LA PÊCHE: DÉSAFFECTION ET INNOVATIONS

Dans le domaine de la pêche, par exemple, l'enquête de 1937 arrive à des chiffres fort différents des statistiques officielles. Ainsi, dans les nouvelles circonscriptions de Gaspé-Nord (Cap-Chat à L'Échouerie) et de Gaspé-Sud (Rivière-au-Renard à Newport), quant au nombre de barques de pêche en service, les chiffres des enquêteurs, sous la direction du professeur Joseph Risi, diffèrent grandement de ceux des fonctionnaires. De même, au sujet du total des prises, dans un secteur donné, les statistiques du ministère de la Chasse et des Pêcheries donnent 18 000 quintaux. Risi et son équipe l'établissent à... 1 800. Le fonctionnaire responsable leur apprend qu'il a reçu l'ordre d'ajouter un zéro[40]...

Selon les enquêtes économiques de 1937, à cette date, les deux comtés de

Gaspé et celui de Bonaventure ne comptent plus qu'environ 2 000 personnes qui tirent le plus gros de leurs revenus de la pêche. Le nombre de gens engagés dans cette industrie et dans celle de la préparation du poisson est de 761 dans Gaspé-Nord et de 876 dans Gaspé-Sud. Dans le premier comté, environ le tiers des familles de pêcheurs pratiquent aussi l'agriculture, et dans le second, presque tous les pêcheurs exploitent une entreprise agricole plus ou moins importante. Dans les deux cas, pratiquement tous les pêcheurs travaillent l'hiver dans le secteur forestier. Il y a donc de moins en moins de personnes qui s'adonnent exclusivement à la pêche[41].

Seuls, quelques rares foyers de pêcheurs professionnels réussissent à gagner des revenus qui leur permettent de vivre toute l'année. D'où le besoin, pour la plupart, d'une ou de plusieurs autres activités. En effet, la pêche et le travail aux chantiers se pratiquant en des saisons différentes, cette combinaison est plus facile à faire qu'avec l'agriculture. La diminution du nombre de pêcheurs est constante, particulièrement durant la crise. La colonisation, l'émigration vers la ville, la raréfaction du poisson en sont aussi responsables. Si les plus âgés restent attachés à leur métier, il en est autrement chez les plus jeunes.

Il va sans dire qu'on ne pratique pas la pêche partout avec la même intensité. Dans le comté de Matane, elle est nettement marginale, l'agriculture et la forêt étant les grandes pourvoyeuses d'emplois. Dans le comté municipal de Gaspé-Ouest (Cap-Chat à Rivière-Madeleine), le métier de la pêche ne s'exerce plus de façon courante que par un petit nombre de familles qui n'en retirent d'ailleurs qu'une faible partie de leurs revenus. Les familles qui font encore la pêche se retrouvent surtout à Saint-Joachim-de-Tourelle (quelque 50 familles), Mont-Louis (environ 40) et L'Échouerie (une trentaine). Les prises sont vendues fraîches à la Compagnie de transport du poisson de Gaspé dont les camions parcourent tous les jours les localités à l'ouest de Rivière-Madeleine jusqu'à Matane, où le poisson est traité. La compagnie y possède un entrepôt frigorifique pouvant emmagasiner 1 500 000 livres de poisson. Elle possède aussi un petit entrepôt à Grande-Vallée, où elle concentre la production des postes de pêche du voisinage jusqu'à Saint-Yvon[42].

Pour la plupart des pêcheurs du comté municipal de Gaspé-Est (Grande-Vallée à Newport), la pêche ne constitue pas l'unique ni même la principale source de revenus; elle n'en représente souvent que 40% à 50%. Les villages de pêche les plus importants sont Cloridorme (125 familles), Grande-Rivière (105), Newport (100), Rivière-au-Renard (96), Pabos (90) et Grande-Vallée (80). Dans la plupart de ces localités, la majorité de la population vit encore de la pêche. En certaines autres, comme Percé ou Rivière-au-Renard, la pêche décline et ne se compare plus à ce qu'elle était autrefois. Dans le comté de Bonaventure, cette activité ne représente pas 8% du revenu des agriculteurs. Dans certaines localités par contre, elle compte

« Pour les pêcheurs, la production de morue fraîche représente la ''seule industrie capable de leur donner leur indépendance''. » (NGS)

désespérée. Coincées sur les marchés étrangers par les productions concurrentielles de morue sèche de certains pays européens, dépassées au Canada par le poisson frais des Provinces maritimes et de la Colombie-Britannique et victimes d'une surproduction internationale, les pêcheries gaspésiennes ont besoin d'un coup de barre vigoureux pour se redresser.

Peu à peu, des progrès sont accomplis: triage méthodique du poisson, système de prérefroidissement, méthodes efficaces de tranchage, classification des filets de morue fraîche, emballage et marque apposée. Le Service des pêcheries maritimes met sur pied un vaste réseau d'entrepôts frigorifiques qu'il soutient financièrement. En 1932 et 1933, on en voit une dizaine entrer en service dans Gaspé et dans Bonaventure. Dix ans plus tard, tous les havres gaspésiens de quelque importance disposent d'un de ces congélateurs munis de compresseurs à basse vitesse actionnés par un moteur diesel. Ils servent surtout à conserver la boëtte que le gouvernement achète des pêcheurs le printemps et qu'il leur distribue gratuitement pendant l'été et l'automne. En outre, 89 neigères (glacières) sont réparties dans les anses de la péninsule. De 1932 à 1935, le gouvernement du Québec fournit aussi une vingtaine de hangars à classification et une demi-douzaine d'entrepôts de salaison[44].

Le problème des déchets de poisson inutilisés connaît un début de solution quand, à la fin des années 30, le docteur Hervé Nadeau fonde à Rivière-au-Renard la compagnie Les Produits marins gaspésiens, spécialisée dans le traitement des foies de morue et la préparation de farine de poisson, de fumure et de pâtée. L'établissement de C. Biard, à L'Anse-à-Beaufils, qui préparait de la farine de poisson avait fermé ses portes en 1935.

La popularisation des nouveaux procédés frigorifiques coïncide avec une réduction en 1931 des tarifs du chemin de fer, qui, avec le bateau et le camion, sert à expédier la production. De nouveaux producteurs peuvent dorénavant, sur un pied d'égalité avec les Néo-Écossais, s'attaquer au marché du Canada central. Un certain nombre de petits commerçants, qui sont d'anciens pêcheurs ayant milité au sein du premier mouvement coopératif, se lancent en affaires à cette époque. Leurs entreprises sont petites et faiblement capitalisées. Productrices de poisson frais, elles passent de quatre ou cinq en 1934 à une quinzaine en 1940. Le volume annuel de poisson frais décuple: de 1 000 000 de livres en 1931, il atteint les 10 000 000 en 1941. À elle seule, la production québécoise de filets frais, qui a débuté en 1928, passe de 94 300 livres en 1932 à 3 238 200 en 1940. Pour la première fois, la quantité de poisson frais, congelé ou apprêté en filets, dépasse celle de la morue séchée. Cette dernière qui, encore en 1932, constitue 83% des prises gaspésiennes, décroît à 30% en 1940, alors que le poisson frais suit une courbe ascendante: 3% de la production en 1932 et 50% dix ans plus tard[45].

Cette nette amélioration des procédés de production et de commercialisation laisse espérer un avenir meilleur. Partout, on réclame des congélateurs et des neigères. Quand la Compagnie de transport du poisson de Gaspé, subventionnée par le gouvernement provincial, menace de suspendre ses activités à la fin de la saison de 1938, les protestations et les pétitions fusent de partout. À Grande-Vallée, on songe à fonder une nouvelle coopérative et à écouler soi-même le poisson en profitant de la subvention que recevait la compagnie de transport. Pour les pêcheurs, la production de morue fraîche est nécessaire pour percer le marché national.

Les forestiers et les journaliers sont aussi inquiets. Depuis la fin de la Première Guerre mondiale, seize grands moulins d'une capacité supérieure à 2 000 000 de pieds mesure de planche (p.m.p.) ont fermé leurs portes dans les comtés de Gaspé et de Bonaventure. Les six qui tournent encore à l'issue de la crise ont largement entamé leurs réserves forestières pendant que de grandes étendues de forêt restent inutilisées, entraînant un manque à gagner pour la population et contribuant à l'exode des jeunes. Les grandes compagnies forestières se font concéder de larges réserves forestières et les exploitent selon l'état du marché. Comme elles jugent elles-mêmes du moment et de l'endroit où elles feront leurs exploitations, cela aboutit à une situation où les réserves les plus faciles d'accès et les moins coûteuses à mettre en valeur sont surexploitées, tandis que celles qui sont plus éloignées et d'un aménagement plus onéreux restent intactes pendant des années. Sur les rives des rivières Grande Cascapédia, Bonaventure, Pabos et sur d'autres cours d'eau, des dizaines de milles carrés de forêt sont dénudés et réduits à l'état d'abattis. Le gaspillage laisse sur place de grandes quantités de bois favorisant les incendies.

À la fin de la décennie 1930, les 130 petites entreprises qui ont survécu à la crise n'embauchent pratiquement personne et la production de la grande majorité d'entre elles ne dépasse pas 100 000 p.m.p. par an. Leurs propriétaires se plaignent amèrement de ne pouvoir augmenter leurs affaires par manque de matière première. Partout, les grands concessionnaires leur refusent l'accès à la forêt ou exigent des droits de coupe prohibitifs. Dans une paroisse, les habitants manquent même de bois de chauffage. Selon les experts de l'époque, la perte en valeur de la forêt gaspésienne, due au vieillissement du boisé, se chiffre à $50 000 000, dont $16 000 000 sont attribuables aux dégâts causés par la mouche à scie[46].

À Chandler, c'est la stagnation. L'usine ferme ses portes du 15 novembre 1930 au 1er février 1931, faute de marché pour sa pâte de bois. Elle est mise en service pendant quelque temps pour convertir les réserves de bois en pulpe, puis c'est la fermeture définitive. Aux prises avec une population de chômeurs, le conseil municipal demande de l'aide du gouvernement provincial qui accorde, selon les mois, entre $2 400 et $5 200. De plus, en 1936,

LE MARASME FORESTIER

un programme de travaux publics de $20 000 est approuvé par les gouvernements provincial et fédéral. L'affaire dégénère en scandale quand on apprend que les travaux ont été exécutés sur les terrains de la compagnie et que l'argent versé a généreusement garni les poches des entrepreneurs, les chômeurs n'en ayant jamais beaucoup profité. La crise économique est telle que la municipalité elle-même déclare faillite en 1933, les citoyens n'ayant pas les moyens de payer leurs taxes.

À plus long terme, les élus municipaux orientent leur action vers la réouverture du moulin. Lorsque Duplessis arrive au pouvoir, il fait voter une loi autorisant le gouvernement à acquérir par expropriation l'usine de Chandler et à la vendre à quiconque donne des garanties de solvabilité. En mai 1937, l'Anglo Newfoundland Development Corporation acquiert par le biais d'une filiale, la Gaspesia Sulphite Company, l'usine et les concessions de Chandler. Elle doit payer les arrérages de taxes municipales mais bénéficie d'une réduction substantielle des droits de coupe pendant cinq ans.

La crise prend donc fin à Chandler le 28 juillet 1937 quand la Gaspesia Sulphite remet l'usine en marche. Cette année-là, 254 employés permanents y trouvent de l'emploi outre les quelque 1 200 bûcherons qui oeuvrent dans les chantiers à la coupe et au flottage du bois. Les bûcherons, qui travaillent trois ou quatre mois par année, sont cependant plus difficiles à recruter qu'auparavant, les plus expérimentés ayant émigré et les plus jeunes acceptant moins volontiers de gagner leur vie en forêt.

Sur le littoral nord, Marsoui connaît la prospérité à partir de 1936 quand s'y installe la scierie de A. Couturier & Fils. Auparavant, cette localité ne comptait que quatre ou cinq habitations. Dès la première année, la compagnie procure de l'emploi à une cinquantaine de familles[48] et la production s'accroît encore avec la construction, un peu plus tard, d'un nouveau moulin à l'embouchure de la rivière Marsoui.

Le comté de Matane est moins affecté par la crise économique. Ici, l'industrie du bois peut bénéficier du grand nombre de réserves forestières exploitées par des entreprises de coupe. Un réseau fluvial adéquat permet de draver les billots de l'intérieur jusqu'aux centres de Price et de Matane. À ce dernier endroit, la Price Bros. et la Hammermill Company fournissent de l'emploi à la majorité de la population et expédient leur bois vers les États-Unis (bois à pâte), la Grande-Bretagne et le Canada (bois de sciage, bardeaux, lattes). La Hammermill connaît une année-record en 1936 alors qu'elle achemine 48 091 cordes de bois vers Érié en Pennsylvanie, où elle possède des usines à papier[49].

Dans le comté de Matane et à un moindre degré dans ceux de Bonaventure et Gaspé, tout le monde va aux chantiers. Cultivateurs et pêcheurs y trouvent un revenu d'appoint, alors que d'autres s'y consacrent exclusivement. Le travail est dur et certaines compagnies pressurent les journaliers.

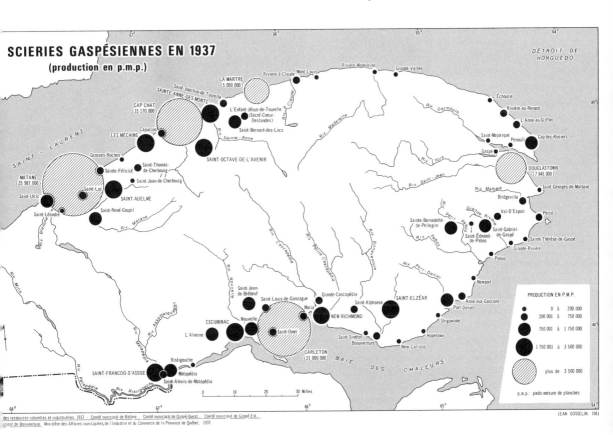

SCIERIES GASPÉSIENNES EN 1937
(production en p.m.p.)

C'est le cas de la Howard Smith, où un bûcheron gagne en 1928 quelque $50 par mois, mais doit en débourser $22 ou $23 pour sa pension et ses outils qu'il se procure au magasin de la compagnie. La situation est encore pire sur le littoral nord où la Mont Louis Seigniory Limited effectue la mesure des cordes à son grand avantage et vend à fort prix les denrées et outils nécessaires aux travailleurs. Ainsi, pour cinq semaines de travail, des ouvriers reviennent dans leur foyer avec la somme rondelette de $4,25[50].

Il se coupe également beaucoup de bois sur les terres des cultivateurs. Dans le comté municipal de Gaspé-Ouest, les enquêteurs de 1937 peuvent ainsi écrire: « Il devient étrange de parler de revenus de la "ferme" quand l'exploitant d'un lot tire des chantiers de bois, du travail dans les scieries ou de l'exploitation des ressources ligneuses de sa terre un revenu bien supérieur à celui qu'il obtient de la culture proprement dite. Là plus que partout ailleurs dans la Gaspésie, le détenteur d'un lot ne peut vivre sans l'argent que lui procure la forêt d'une manière ou d'une autre[51] ».

L'AGRICULTURE   L'agriculture gaspésienne demeure toujours une activité de subsistance, l'argent liquide apporté dans la famille provenant d'abord d'autres types d'activités, principalement celles qui sont liées à un aspect ou à l'autre de l'industrie forestière. Rarement, un cultivateur en tire moins du tiers de son revenu qui s'établit, en 1937, à $800 dans Bonaventure et à $600 dans Gaspé. Avec le mouvement du retour à la terre, le nombre de fermes augmente pendant la décennie. Comparativement à l'agriculteur québécois besogneux qui peut espérer cultiver une soixantaine d'acres sur un vaste lot de 127 acres, le Gaspésien dispose en moyenne d'une parcelle de 80 acres dont 16 ou 17 à peine sont labourés. Si une paroisse comme Cap-Chat fait bien vivre ses cultivateurs sur 165 acres dont 77 sont défrichés, Grande-Rivière n'en offre que 25 aux siens[52].

En 1939, la ferme moyenne du comté de Bonaventure est évaluée à $3 938, alors que celle de Gaspé l'est à $2 752. En comparaison, dès 1931, la valeur moyenne de la ferme québécoise s'établit à $6 542. Le capital d'exploitation de l'agriculteur représente en 1931, dans Gaspé, 25% de la valeur de ses biens alors que les spécialistes fixent ce pourcentage à 40% pour assurer la rentabilité d'une ferme. La modernisation de l'exploitation accuse donc un net retard. En 1941, l'électricité est encore inconnue et moins de 1% des cultivateurs disposent d'un tracteur, tandis que moins de 7% possèdent des batteuses. Seules les faucheuses à traction animale sont assez répandues. Dans Bonaventure, l'outillage représente une valeur de $515 par ferme et il ne dépasse pas $355 dans Gaspé[53].

Raoul Blanchard nous donne une bonne description de la ferme gaspésienne vers 1930: « Chaque exploitation comprend toujours deux, et le plus souvent trois bâtiments. D'abord, la maison, toujours isolée des dépendances; elle est vaste et comporte généralement un étage, parfois deux; avec sa véranda, ses ornementations de bois. À l'écart et parfois à 300 pieds de distance, vient la grange, qui est l'écurie, surmontée d'un vaste grenier à foin; on y entrepose les récoltes. Elle est aussi en bois. Son toit s'orne souvent, au centre, d'une sorte de petit clocheton. Entre ces deux bâtiments principaux, le hangar, construction en bois moins soignée où l'on serre les instruments et où la ménagère vient faire des travaux jugés salissants pour la maison[54] ».

Cercles agricoles et sociétés d'agriculture continuent d'inculquer lentement des principes d'agriculture progressive. Chaque municipalité possède son cercle agricole même si son rôle est souvent peu important. Par le coopératisme, clercs et laïcs entendent rentabiliser les activités de la ferme, en particulier l'industrie laitière. Mais concurrencées par l'entreprise privée, les coopératives agricoles ont une existence mouvementée et difficile. De plus, les coopérateurs réussissent rarement à prendre le contrôle des meuneries et minoteries, corderies et tanneries, qui appartiennent pour la plupart à de petits exploitants.

Scène paysanne de la Gaspésie en 1950. (NGS)

Dans le même but de former de bons cultivateurs, le monastère des cisterciens de Val-d'Espoir, maintenant abandonné, devient en 1938 une école moyenne d'agriculture subventionnée par les fonds publics. En même temps, le gouvernement unioniste présente un projet de loi favorisant l'application du crédit agricole en Gaspésie et aux Iles-de-la-Madeleine.

À part les produits du bois, c'est l'industrie laitière qui est la source la plus substantielle de revenus pour le cultivateur gaspésien, surtout s'il habite le comté de Bonaventure, celui de Matane ou les bastions agricoles de Cap-Chat et de Sainte-Anne-des-Monts. En 1938, on compte 23 beurreries et quatre fromageries entre Saint-Ulric-de-Matane et Matapédia. Pour nourrir leurs bêtes, les agriculteurs cultivent surtout le foin et l'avoine. Ainsi, en 1937, 52% des acres en culture sont alloués au foin dans Bonaventure tandis que 33% le sont à l'avoine. Le blé ne fait qu'acte de présence avec 1% des surfaces. Dans Gaspé, le foin couvre 58% du sol cultivé, l'avoine 24% et le blé moins de 1%. S'ajoute aussi l'orge, avec 4% des superficies[55].

Parmi les autres cultures, la pomme de terre est celle qui connaît le plus de succès, même si elle subit un recul. En effet, éloignés des grands centres, les producteurs ont de la difficulté à organiser leur réseau de vente. De plus, ils ne cultivent pas les variétés les plus populaires. Dans Gaspé-Ouest, toutes les municipalités, à l'exception de Christie et de Duschesnay, vendent de 20 à 35% de leur production sur le marché local et les chantiers environnants; ces derniers doivent quand même s'approvisionner à l'extérieur, cette production étant nettement insuffisante.

Un certain nombre d'animaux prennent le chemin de l'abattoir et rapportent à l'habitant une moyenne de \$100 dans Bonaventure et de \$65 dans Gaspé. En 1939, la ferme de la Baie-des-Chaleurs compte en moyenne 1,5 chevaux, cinq bêtes à cornes (dont trois vaches), sept moutons, trois porcs et 38 volailles. Sur ce point aussi, Gaspé est moins avantagé, la ferme moyenne y comptant un cheval, deux bêtes à cornes (une vache), deux moutons, 1,35 porcs et 25 volailles[56].

LE RETOUR À LA TERRE La crise économique oblige les gouvernements à tenter des efforts exceptionnels pour parer temporairement à l'augmentation du chômage. Pour plusieurs hommes politiques et pour l'élite en général, le retour à la terre demeure le meilleur remède. C'est pourquoi le ministre de la Colonisation, Hector Laferté, dirige de nombreux colons vers l'Abitibi, le Saguenay, le Témiscouata, la Matapédia et la Gaspésie.

Dans cette dernière région, les secours directs des municipalités ne sont pas très élevés, celles-ci étant trop pauvres pour en supporter les frais. Les nécessiteux doivent donc souvent se contenter de la charité publique, puisqu'il s'avère impossible d'occuper la plupart des chômeurs. Durant la décennie, les octrois et les secours directs des gouvernements dépassent les cinq millions de dollars. Pour les élites, ce n'est qu'en ouvrant à la population la forêt qu'on pourra résoudre en partie le problème. Mais alors qu'avant, on vantait, souvent à outrance, la valeur de l'agriculture et des terres en Gaspésie, dans les années 30, on est plus conscient des limites agricoles du territoire et on essaie d'orienter la colonisation à partir de ces deux ressources complémentaires que sont le bois et la terre. Certains entrevoient même une invasion telle de la péninsule que le diocèse de Gaspé devra être éventuellement divisé. De fait, la région accueille un nombre de colons jusque-là inégalé.

Les autorités religieuses et civiles se donnent la main pour encourager la venue et l'établissement des colons. En 1929, Mgr Ross nomme l'abbé Edmond Plourde missionnaire-colonisateur de son diocèse. Cinq ans plus tard, l'évêque jette les bases de la Société de colonisation du diocèse de Gaspé, dont il assume lui-même la présidence. L'administration courante est confiée à l'abbé Camille LeBel; l'abbé Zénon Desrosiers est le missionnaire-colonisateur du diocèse en remplacement de l'abbé Bergeron, qui a lui-même succédé à l'abbé Plourde en 1930. Dès que la Société diocésaine de colonisation est formée, des adhésions arrivent de partout. En 1935, 26 comités paroissiaux étudient les besoins locaux et envoient à Gaspé le résultat de leurs travaux[57]. On recommande la classification scientifique des terrains colonisables et l'ouverture de nouvelles colonies dès le printemps.

Pendant ce temps, les autorités politiques ne restent pas inactives. En 1935, le gouvernement Taschereau lance un vaste programme de colonisation connu sous le nom de « Plan Vautrin ». De son côté, Ottawa lance la même année le « Plan Gordon-Rogers », qui vise à mettre à la disposition des citoyens secourus par l'assistance publique et désireux de revenir à la terre, un octroi de $1 000 réparti sur quatre ans. Ce programme fédéral permettra à plusieurs centaines de colons de s'établir dans le diocèse de Gaspé au fil des ans.

Les quatre comtés gaspésiens connaissent un essor de la colonisation. L'arrière-pays s'ouvre ainsi, trop souvent sur des tas de roches. Pourtant, Mgr Ross, principal porte-étendard du mouvement de retour à la terre dans sa région, est l'un de ceux qui croient à une planification du peuplement de l'intérieur: « ... il est de la plus haute importance de ne placer des colonies que dans des régions capables de devenir des paroisses régulières, s'ajustant aux paroisses déjà existantes et aux paroisses futures. Pour cela, il faut, avant de commencer, que des experts examinent le terrain, en classifient les lots, en déterminent le centre le plus avantageux pour mettre l'église à la portée de tout le monde, indiquent les artères principales, visent à constituer des rangs doubles autant que possible pour faciliter l'organisation scolaire et l'accès à l'église, et prévoir comment une autre colonie pourrait faire suite à celle qui est en voie de formation[58]. » Mais le prélat n'est pas toujours capable de freiner l'ardeur de curés trop zélés ou de colons trop pressés de s'établir dans les bois. C'est le cas à quelques endroits, notamment dans le canton Mann (Saint-Conrad). Ailleurs, l'arpentage gouvernemental a été fait en fonction des compagnies forestières, ce qui empêche le progrès de certaines colonies. Saint-Jean-de-Brébeuf, dans le canton Dugal, en est un bon exemple.

La vie du colon n'a rien de facile, on l'imagine bien. Isolé, privé de services religieux réguliers, loin des marchés pour écouler son bois, il est souvent exploité par les compagnies forestières. L'agriculture ne donne quasiment rien. Pour comble de malheur, les feux de forêt sont fréquents. De même, la crue printannière des rivières fait souvent des ravages. Heureusement, le travail en forêt fournit un peu de numéraire. Mais la misère est toujours à la porte. À l'automne de 1938, la nouvelle paroisse de Saint-Jean-de-Brébeuf appréhende la venue des temps froids. De nombreuses familles manquent de vêtements. Le crédit du marchand local s'élève à plus de $8 000. Pathétique, le curé François Casey écrit à son évêque: « J'achève de donner mes chaussons, mes culottes et mes jaquettes[59] ». De toutes les colonies fusent vers la société diocésaine de colonisation et le ministère des appels à l'aide et des demandes d'octrois. Partout, on « tire la couverte de son bord ». Parfois, on fustige le missionnaire-colonisateur, administrateur des argents provinciaux. Pourtant, lui aussi doit travailler dans de dures conditions.

Dans le comté de Matane, Saint-Adelme, fondée au début des années 20, devient une paroisse en 1933. Pendant la décennie, quatre autres colonies voient le jour. Elles sont toutes situées dans la partie est du comté, pourtant la moins propice à l'agriculture. En 1937, elles regroupent plus de 1 500 personnes. La pénétration en forêt commence d'abord dans le canton Romieu quand une vingtaine de familles fondent en 1932 Saint-Paul-des-Capucins. Trois ans plus tard, deux petites colonies s'établissent dans le canton de Cherbourg. En 1937, Cherbourg-Est (Saint-Thomas) compte 358 personnes. Cherbourg-Ouest (Saint-Jean) regroupe, elle, 245 âmes. La plupart des colons viennent de Sainte-Félicité, de Les Méchins et de Grosses-Roches. En 1938, un feu d'abattis mal éteint rase 80 maisons et bâtiments dans deux rangs de Cherbourg-Est. Enfin, Saint-René-Goupil occupe dans le sud du canton Tessier une partie de la vallée de la rivière Matane et quelques rangs. Ouverte en 1932, la petite colonie reçoit un groupe de colons de Saint-Ulric en 1936 et l'année suivante, elle compte 792 personnes[60].

Cette année-là, les quatre missions de Saint-Paul-des-Capucins, Cherbourg-Est, Cherbourg-Ouest et Saint-René-Goupil n'ont encore défriché et mis en valeur que 3 338 acres de terre (12,3 acres par lot). Dans Cherbourg-Ouest, on commence à peine à semer un peu d'avoine, de foin et de pommes de terre. L'élevage est peu développé et dans trois de ces

endroits, on manque même de lait pour les enfants. De septembre à mai, les seuls revenus proviennent des chantiers de la région et de la Côte-Nord. Le bois coupé sur les lots est vendu aux sept scieries locales, qui emploient 44 colons et 28 journaliers au printemps et à l'été.

Bonaventure à l'époque des trottoirs de bois. (APC)

Le comté de Gaspé-Nord compte six jeunes colonies, toutes situées à l'intérieur des terres. Saint-Octave-de-l'Avenir est celle qui promet le plus. Ouverte en 1932, alors que la crise économique sévit dans toute sa rigueur, on la considère comme la colonie de Cap-Chat dont elle est distante d'une douzaine de milles. C'est d'ailleurs le curé de ce village qui fonde la nouvelle colonie. En 1934, elle compte déjà 42 familles, soit 290 personnes. Trois ans plus tard, la population approche les 1 200 âmes. Environ la moitié des familles proviennent de Cap-chat et les autres de Sainte-Anne-des-Monts, de Padoue, de Price, de Mont-Louis et aussi de Québec et de Montréal. Dès 1935, un premier curé vient y résider. Deux scieries y sont établies, employant quelque 45 personnes durant quatre mois. Ces ouvriers ne viennent cependant pas de la colonie. En 1945, l'incendie du rang Faribeau mettra sur le pavé une centaine de personnes, qui finiront par quitter les lieux. La population tombera alors à quelque 600 personnes. Par la suite, il y aura recrudescence grâce à une industrie forestière florissante. À la fin des années 50, autre déclin. En 1958, la colonie ne comptera plus que 745 âmes. Ce scénario sera celui de plusieurs autres colonies fondées dans la première partie du siècle.

Saint-Bernard-des-Lacs est la colonie de Sainte-Anne-des-Monts. On l'ouvre elle aussi en 1932. Ce sont des familles de Sainte-Anne qui s'enfoncent dans la forêt vierge pour s'y installer. En 1937, la colonie compte 340 habitants. La population vit d'agriculture et de la coupe forestière. Trois petites scieries y ont leurs installations. En 1940, un prêtre vient résider auprès des 111 familles. Dans les années 1950, quelques dizaines de familles s'en iront: il y a eu l'incendie d'un rang, le commerce du bois décline et la vie se fait trop difficile.

La colonie L'Enfant-Jésus-de-Tourelle, ou Sacré-Coeur-Deslandes, est située en arrière de Saint-Joachim-de-Tourelle. Prolongement de cette paroisse, la mission compte 253 résidents en 1937. Une scierie, alimentée en bois par les colons, emploie une quinzaine d'hommes. Comme pour les colonies voisines, la compagnie Richardson est le principal acheteur du bois des moulins. En 1958, la population comptera 525 personnes. Tous les colons, sauf quelques exceptions, sont des travailleurs forestiers. Enfin, il y a l'éphémère colonie Lefrançois située près du Lac-au-Diable en arrière de Manche-d'Épée. Vers 1937, huit familles y partent et y bâtissent une école. Après quelques mois, la colonie est déclarée non viable et les 34 résidents doivent aller ailleurs.

Grande-Vallée-des-Monts est une colonie fondée à la fin de la décennie par l'initiative conjointe des autorités provinciales, de l'économiste Esdras Minville et du curé Alexis Bujold du village côtier de Grande-Vallée[61]. On tente alors pour la première fois d'organiser les habitants dans un syndicat agro-forestier. En plus des lots mis à la disposition des colons, on constitue une réserve forestière spéciale d'une superficie de 130 milles carrés devant être exploitée au bénéfice des gens de l'endroit. Fondée en 1938, la colonie regroupe 120 personnes en 1941. Saint-Thomas-de-Cloridorme reçoit ses premiers défricheurs en 1937. Ils sont alors une soixantaine de personnes. On est aussi à construire une route pour atteindre les lieux.

Si dans Gaspé-Nord, de petites colonies prennent péniblement racine en arrière des villages de la côte, dans Gaspé-Sud, la situation est encore pire. Le colon gagne de $200 à $290 par année. L'agriculture est nulle, en général, et ce ne sont pas des fils de cultivateurs qui ouvrent les missions mais de jeunes pêcheurs désabusés. La plus ancienne et la plus peuplée des sept colonies que compte Gaspé-Sud vers 1937 est Val-d'Espoir, fondée près de vingt ans plus tôt. Les autres datent des années 30. Le défrichement n'y est pas très avancé et l'exploitation forestière est partout la principale source de revenus.

Les colonies de Gaspé-Sud sont situées dans l'arrière-pays, entre Percé et Chandler. Val-d'Espoir connaît un développement assez lent. Dans les années 30, elle ne semble guère en meilleure posture que les colonies plus récentes. Elle est érigée en paroisse en 1932. Un monastère tenu par les cisterciens y est fondé au début de la décennie et il est pris en charge par les clercs de Saint-Viateur en 1938. Une école moyenne d'agriculture y est alors ouverte. En 1937, la population atteint 917 habitants, soit quelque 600 de plus qu'en 1931. Une centaine de lots sont détenus par des gens habitant en dehors de la paroisse, ce qui semble freiner la colonisation. L'agriculture en est une de subsistance et on doit importer quelque 5 000 livres de beurre par an. L'hiver, l'exploitation du bois se fait sur les lots des colons. Six scieries et moulins à bardeaux fonctionnent dans les limites de Val-d'Espoir. Mais les lots ne renferment presque plus de bois de commerce. De plus, les concessions de la Consolidated Pulp & Paper Company sont toutes proches et il n'est pas facile d'y obtenir à des taux raisonnables des droits de coupe.

Les quatre dernières colonies du comté de Gaspé-Sud sont plus jeunes que Val-d'Espoir. C'est en 1935 que les colons s'enfoncent en arrière de Sainte-Thérèse-de-Gaspé et de Chandler pour les défricher. L'une d'elle, Saint-Gabriel-de-Gaspé, est située à l'ouest de Val-d'Espoir. On a d'ailleurs songé à l'annexer à cette paroisse avant de trancher autrement. La population, qui compte 250 personnes en 1937, provient de Cap-d'Espoir et de Val-d'Espoir. Les gens vivent d'abord de l'industrie forestière. Deux scieries emploient trois mois par année une cinquantaine d'hommes. En 1948, Saint-Gabriel devient paroisse. La colonie de Saint-Charles-Garnier est située dans la seigneurie de Pabos. En 1937, sa population est de 194 personnes. Les défrichements y sont faibles, les habitants devant travailler un peu partout pour gagner leur vie.

Près de Saint-Charles-Garnier, la colonie de Saint-Edmond comprend 321 personnes en 1937. Comme dans les autres jeunes missions, la terre ne procure pas de revenus au début. Un petit moulin existe depuis 1933. En haut de Saint-Edmond-de-Pabos, dans le canton Pellegrin, se trouve la colonie de Sainte-Bernadette, fondée elle aussi en 1935. De 60 colons la première année, on atteint 445 personnes deux ans plus tard. Les grains de semence sont distribués gratuitement par le gouvernement car les colons ne peuvent les acheter. Le revenu moyen est de $230 alors qu'on estime que pour développer les exploitations, les colons devraient retirer entre $500 et $800. Une scierie s'ouvre là aussi.

C'est le comté de Bonaventure qui compte le plus de colonies dans les années 30. Elles sont au nombre de onze et regroupent 3 800 personnes. Quelques-unes, comme L'Alverne et Routhierville, remontent à trente ou quarante ans, d'autres sont vieilles de quinze ou vingt ans, mais plusieurs naissent durant les années 30. Avant la crise, la colonisation allait aussi au ralenti dans ce comté mais à partir de 1930-1931, le mouvement colonisateur s'accélère. Là encore, les colons vivent de travaux de voirie, d'octrois, de primes gouvernementales et de travaux forestiers. Le bois est vendu aux scieries locales qui ne fonctionnent que quelques mois par année. Au cours de l'année financière 1936-1937, le gouvernement provincial verse aux colons $13 510 en primes statutaires pour leurs travaux de défrichement et de premier labour. Mais les secours directs doivent dans plusieurs cas suppléer à l'insuffisance des autres revenus.

La colonie de Saint-Jogues s'ouvre en 1935 dans le haut du canton Hope. Des 54 colons de la première année, 22 viennent du diocèse de Chicoutimi. La mission compte 300 habitants en 1937; on trouve une scierie sur son territoire. Saint-Elzéar est ouverte, elle, depuis 1924. Dans les années 30, la colonie est en pleine expansion. De 1931 à 1937, sa population s'accroît de 226 personnes pour atteindre 625 habitants. Une cinquantaine de familles y sont alors montées mais plus d'une quinzaine ont quitté les lieux. Des routes la relient à Bonaventure et à New-Carlisle. Mais là comme ailleurs souvent, l'éloignement des marchés freine la croissance des cultures. Saint-Elzéar compte cinq scieries dont quatre travaillent à commission pour les cultivateurs. Elles emploient quelque 75 hommes.

La mission de Saint-Louis est située dans le canton Nouvelle et relève de Saint-Omer depuis 1932. Sa population est de 300 personnes en 1937. Les gens y vivent principalement du bois. Saint-Louis-de-Gonzague ne compte qu'une petite scierie. Plus à l'ouest dans le même canton, se trouve la colonie de Saint-Jean-de-Brébeuf ouverte en 1930 et qui compte 400 habitants sept ans plus tard. La plupart viennent de Nouvelle. Dans le canton voisin de Mann se trouve la colonie de L'Alverne. Habitée depuis 1897 environ, elle n'est desservie par voie de mission que depuis 1931. Six ans plus tard, elle regroupe 630 personnes. Les revenus du colon sont d'environ $240 par année et sa production agricole est loin de répondre aux besoins de la consommation familiale. Là aussi on vit surtout des chantiers, de la coupe sur les lots et du travail aux trois moulins locaux. Dans le même canton, la colonie de Saint-Conrad, établie en 1935, compte une centaine de personnes deux ans plus tard.

Dans le canton de Ristigouche, existe depuis 1932 la colonie de Saint-Fidèle dont la population s'élève à environ 400 personnes en 1937. Plus à l'ouest, celle de Routhierville, située sur la rivière Matapédia, compte 350 habitants en 1937. Ouverte en 1908, elle est moins isolée que ses voisines, étant traversée par le chemin de fer et la route de la Vallée. Dans toute la colonie, il n'y a « qu'un seul vrai défricheur ». Deux autres groupements de population sont aussi à signaler le long de la Matapédia: Milnikek, qui groupe une cinquantaine de personnes en 1937, et Millstream, qui compte aussi une cinquantaine d'habitants. À ce dernier endroit, la population demeure stationnaire durant la décennie. À part les deux jardins de famille que l'on y retrouve, le chemin de fer est peut-être le levier économique le plus solide de l'endroit. Enfin, dans le canton Matapédia, se trouve la colonie de Saint-Jean-de-Matapédia. Sa population dépasse 400 personnes en 1937. Le revenu annuel des colons tourne autour de $55.

Malgré cette prise de possession de nouvelles terres intérieures, l'exode des Gaspésiens se poursuit . En effet, si entre 1930 et 1940, la population de Gaspé-Nord, de Gaspé-Sud et de Bonaventure augmente de 22%, passant de 70 107 à 85 464 personnes, cette hausse est de beaucoup inférieure à l'accroissement naturel de la population. L'émigration se poursuit donc malgré le fait que la crise sévisse partout et que le chômage soit chronique dans les villes. Les vieux comtés de Gaspé-Sud et de Bonaventure sont depuis toujours les plus grands perdants à ce niveau. Dans les conclusions de leur inventaire des ressources naturelles, les enquêteurs de 1937 estiment que près de 45 000 personnes ont quitté la grande région Matapédia-Matane, Gaspé, Bonaventure et Iles-de-la-Madeleine entre 1881 et 1931, c'est-à-dire en cinquante ans[62].

Avec la crise cependant, l'émigration ralentit son rythme. Divers secours des gouvernements et certaines mesures des municipalités permettent d'aider la population à traverser ces mauvaises années. Aussi remarque-t-on un courant de migration intérieure plus fort qu'auparavant, les gens se déplaçant nombreux d'un endroit à l'autre dans les comtés, particulièrement vers les endroits de colonisation où l'on pense pouvoir s'en sortir.

L'EXODE CONTINUE

Dans Matane, on quitte surtout son village ou sa paroisse pour s'établir à proximité, dans un secteur forestier en développement. Les quelques 1 000 personnes qui quittent quand même la région vont surtout vers la Côte-Nord, notamment à Baie-Comeau, Shelter-Bay et Trinity-Bay, où l'industrie forestière est florissante; parfois, elles vont grossir les rangs des ouvriers des grandes villes où elles auront de la peine à vivre durant ces années de crise. Chaque année, dès le début de l'automne, les journaliers et les cultivateurs s'embauchent dans les chantiers du comté ou de la Côte-Nord. La plupart y travaillent durant une période moyenne de quatre mois. Sauf une ou deux localités, toutes les municipalités du comté de Matane fournissent leur contingent de bûcherons et de draveurs. Durant l'automne et l'hiver, c'est un continuel va-et-vient entre ces localités et les chantiers.

Dans plusieurs municipalités, le travail en forêt fournit plus de 40% du revenu annuel des familles. Dans ce comté, il y a donc à la fois émigration définitive vers l'extérieur, migration intérieure qui s'attache à la colonisation et émigration saisonnière vers les chantiers. Le principal centre de population demeure Matane, devenue ville en 1937. Elle compte alors 4 869 habitants dans l'agglomération principale et 1 431 personnes dans sa municipalité rurale[63]. Cette ville forestière, en plus d'être un centre d'exportation du bois, est aussi un point de distribution de marchandises pour tout le comté.

Durant la décennie 1930, la population de Gaspé-Nord n'émigre pas beaucoup. Par contre, il y a, là aussi, de nombreux déplacements de gens du littoral vers les nouvelles colonies de l'intérieur. Le départ pour les chantiers est presque toujours temporaire, tandis que les jeunes filles qui s'engagent pour le service domestique quittent souvent le comté pour toujours. Les principaux centres sont Sainte-Anne-des-Monts, Cap-Chat, Mont-Louis, Saint-Joachim-de-Tourelle, Rivière-Madeleine et Grande-Vallée.

Gaspé-Sud est depuis la deuxième moitié du 19e siècle un grand exportateur de population. Les gens qui sont partis vers les grands centres industriels des États-Unis et de l'Ontario ne se comptent plus. Entre 1871 et 1937, plus de 18 000 personnes auraient quitté le sol natal entre Grande-Vallée et Newport[64]. Comme dans Gaspé-Nord, la crise ralentit l'émigration extérieure au profit du développement des colonies de l'arrière-pays. Les principaux villages sont Chandler, Gaspé, Grande-Rivière et Rivière-au-Renard.

Le comté de Bonaventure ne retient plus depuis longtemps ses enfants. À cause de la crise, l'émigration diminue cependant. L'arrivée de nouveaux immigrants venus pour coloniser réussit souvent à compenser les départs. Il n'y a pas de villes dans le comté mais on y retrouve de populeux villages, tels Nouvelle, Carleton, Maria, New-Richmond, Caplan, Bonaventure, New-Carlisle, Paspébiac, Port-Daniel et Gascons.

Dans les comtés de Matane et de Gaspé-Nord, la population est presque totalement francophone. Dans Gaspé-Sud, les secteurs Rivière-au-Renard-Cap-des-Rosiers et Barachois-Newport sont principalement de langue française alors qu'entre Cap-des-Rosiers et Barachois un peu plus de la moitié de la population est anglophone. Cependant, cette majorité s'effrite continuellement par le départ massif des jeunes. Malgré cela, les postes dominants du commerce, de l'industrie et de l'administration de ce secteur sont encore occupés fort majoritairement par des anglophones. Même si elle est aux trois quarts francophone, la population du comté de Bonaventure demeure celle où la minorité anglaise est la plus forte. Certaines municipalités, telles Matapédia, Escuminac, Grande-Cascapédia, New-Carlisle, Shigawake et Port-Daniel-West sont composées majoritairement d'anglophones.

À la fin des années 30, on tente de trouver de nouvelles solutions pour augmenter le niveau de vie du Gaspésien. La crise a démontré plus que jamais la fragilité de l'économie de la région. Les responsables de l'enquête de 1937 écrivaient en conclusion de leur rapport que la Gaspésie est une entité à part. Ils soulignaient, entre autres besoins, la réorganisation de la pêche en fonction de la haute mer, une meilleure planification technique et commerciale de cette industrie et le groupement des pêcheurs. Pour eux, la forêt est la clé de l'économie péninsulaire. Ils souhaitaient cependant qu'on l'utilisât de façon plus intense tout en assurant la permanence de la ressource. Quant à l'agriculture, vu ses possibilités limitées, ils suggéraient qu'elle fût conçue principalement pour assurer la subsistance des familles et ensuite en fonction des marchés locaux ou avoisinants. Le remède proposé au mal économique de la péninsule souligne bien la fragilité des modes de vie: « Partout, concluaient-ils, s'impose la coordination des modes de vie, puisque pour ainsi dire nulle part une seule occupation ne peut procurer à la population un niveau de vie satisfaisant. Partout aussi est requise l'exploitation simultanée de toutes les ressources[65] ». Malgré certains essais ultérieurs en ce sens, les résultats s'avéreront faibles à long terme, les revenus du Gaspésien demeurant encore trop aléatoires.

La guerre et l'après-guerre

Pendant la guerre et l'après-guerre, la Gaspésie, malgré son entrée dans la société de consommation nord-américaine, n'en reste pas moins une région marginale par rapport à l'ensemble du Québec. À cause de son éloignement des grands centres urbains québécois et ontariens et de son faible développement industriel, elle ne peut profiter à plein des retombées de l'expansion économique que connaît le Québec d'avant la Révolution tranquille. Cependant, elle s'intègre davantage à l'économie continentale.

C'est l'industrie forestière qui prime dans les décennies 1940 et 1950. La forêt occupe plus de 80% de la superficie de la péninsule. De ce total, les terres de la Couronne représentent plus de 60%, alors que la forêt privée compte pour 21% et le boisé de ferme pour 17%. Près de la moitié des terres de la Couronne est concédée principalement à de grandes compagnies. Les

L'IMPORTANCE DE L'INDUSTRIE FORESTIÈRE

trois plus importants concessionnaires sont, durant la période, la Gaspesia Sulphite Co., la New Brunswick International Paper Co. et la Cascapedia Manufacturing and Trading Co. De plus, sur les terres de la Couronne, le gouvernement met en place des réserves forestières cantonales et spéciales. Les premières sont destinées aux colons et aux cultivateurs qui n'ont pas de bois sur leurs terres, alors que les secondes sont mises à la disposition des syndicats forestiers. À la fin de la décennie 1950, la péninsule de Gaspé compte dix-sept réserves spéciales, qui ne représentent cependant que 6% de la superficie forestière de la région.

La grande période d'activité forestière est l'automne et l'hiver. Cependant, les besoins en bois des grandes compagnies exigent de plus en plus un approvisionnement continu et la coupe d'été va se généralisant. L'apparition de la scie mécanique dans les années 50 permet d'augmenter la productivité du bûcheron. Deux types de rémunération ont alors cours: le salaire à forfait et celui à la journée. Les salaires moyens versés à la fin de la décennie varient entre $8 et $13 par jour.

Les petits producteurs continuent d'occuper une place importante dans l'industrie forestière. En effet, près de la moitié des terres appartenant à des cultivateurs ou à des colons sont en bois debout. À l'automne, les cultivateurs consacrent au moins quelques semaines à la coupe de ce bois. Leur grand problème est celui des prix, plusieurs intermédiaires s'interposant entre eux et les compagnies.

À la suite des recommandations de la Commission Héon en 1955, le gouvernement de l'Union nationale adopte une loi qui autorise la signature, au niveau régional, de plans conjoints pour la mise en marché des produits agricoles et du bois, entre petits producteurs et acheteurs. Du côté des producteurs, c'est l'Union catholique des cultivateurs (UCC) qui assume la responsabilité de la négociation. Ainsi, le 21 mai 1958, entre en vigueur le premier plan conjoint de la Gaspésie, ratifié par 2 219 producteurs (83%) répartis dans 32 paroisses entre Saint-Fidèle-de-Ristigouche et Douglastown. D'importants contrats sont signés par la suite avec les grandes compagnies forestières. Pendant ses trois premières années d'existence, l'Office des producteurs de bois de pulpe de la Gaspésie s'occupe de la mise en marché de plus de 100 000 cordes de bois. Dès l'automne 1959, les acheteurs se regroupent à leur tour en Association des acheteurs de bois de pulpe de la Gaspésie.

Un tour rapide de la région nous permet de nous faire une idée des principales entreprises forestières qui font chantier à la fin des années 50. À Matane, nous retrouvons toujours la Price Brothers Company qui, pendant la décennie 1940, engage 500 à 600 bûcherons payés en moyenne $100 par mois. Deux à trois camps à peine fonctionnent durant l'été mais, dès septembre, leur nombre augmente à plus de douze. Les « *jobbers* » recrutent leur main-d'oeuvre dans les environs. Tout le bois, en moyenne 22 000 000

Le « chemin d'eau » du moulin de la Mont Louis Seigniory Ltd en 1938. (ACN)

p.m.p., flotte vers Matane. De 125 à 150 draveurs y travaillent pendant 40 à 50 jours au salaire quotidien de $3 à $3,50. On débite tout le bois d'oeuvre à la scierie de Matane. Dès 1944, la production baisse à 16 000 000 p.m.p.; huit ans plus tard, elle est tombée à 10 000 000 p.m.p. On découvre alors que la possibilité de coupe annuelle est descendue à 9 000 000 p.m.p., soit l'équivalent de 20 000 000 de cordes de bois à pâte. La production de la scierie diminue de moitié, ainsi que la main-d'oeuvre engagée en forêt et en usine. En 1954, on assiste à une autre baisse de production (8 000 000 p.m.p.) et en 1957, c'est la fermeture définitive de l'entreprise qui affecte 300 travailleurs, tous chefs de famille. La Hammermill Company, pour sa part, fournit du travail à 1 200 hommes, dont 1 000 bûcherons gagnant en moyenne $19,52 par jour et coupant chacun 1,61 corde quotidiennement. Une centaine de forestiers travaillent au flottage. Mais comme la compagnie s'approvisionne de plus en plus à l'extérieur de la région, le volume de bois qu'elle y coupe diminue.

Plus à l'est, la James Richardson Company continue ses activités de coupe à l'arrière de Cap-Chat[67]. C'est l'entreprise la plus importante du comté de Gaspé-Nord. Elle possède 180 milles carrés de limites à bois dans les cantons de Romieu, Cap-Chat, Dalibaire, Joffre, Faribault et Cherbourg. Vers le milieu des années 50, un grand incendie détruit 1 600 000 p.m.p. de bois dans ce comté dont une partie des concessions de la Richardson. Son gros moulin est situé à Cap-Chat[67]. En plus des syndicats forestiers, quelques autres entreprises détiennent des concessions sur la rive nord de la péninsule. Il s'agit de la Tourelle Lumber Cie, propriétaire d'une scierie à Sainte-Anne-des-Monts depuis 1949 et détentrice de 36 milles carrés de forêt dans les cantons Lapotardière et Boisbuisson. À La Martre, la Sainte-Marthe Lumber Company exploite des terrains vacants de la Couronne depuis 1938. Le volume annuel moyen de coupe est de l'ordre de 3 000 000 p.m.p. et de 2 000 cordes de bois à pâte. À Marsoui, l'entreprise A. Couturier & Fils emploie une centaine d'hommes sur ses concessions des cantons Christie et Duchesnay. Quant à la Mont Louis Seigniory Limited, elle est vendue en 1947 à des intérêts allemands. La coupe reprend de 1953 à 1957.

Dans le secteur de Gaspé, la Canadian International Paper Company, dont l'usine de pâte et papier se trouve à Trois-Rivières, exploite encore sa concession de la rivière York. La coupe se fait presque toute l'année et occupe dans la période de pointe de l'automne 400 hommes. En moyenne, dans les années 50, la compagnie fait couper annuellement sur son domaine 26 000 cordes. De plus, elle en achète 18 000 autres des cultivateurs du secteur Douglastown-Rivière-au-Renard.

À la Baie-des-Chaleurs, à la même époque, la concession de la Gaspesia Sulphite Co. fournit du travail à 400 hommes, qui produisent annuellement 27 000 cordes de bois. L'entreprise qui occupe la place la plus importante pour ce qui est de la coupe en forêt est l'association entre la Bathurst Power and Paper Company et la Cascapedia Manufacturing Trading Company. Cela lui permet d'extraire en moyenne 100 000 cordes par année et de fournir du travail à 500 bûcherons. Ce bois est acheminé vers les usines de la Bathurst située dans la ville du même nom. Finalement, la New Brunswick International Paper Company, filiale de l'International, embauche annuellement 1 000 hommes pour une coupe moyenne de 144 000 cordes de bois. Cette production fournit la moitié de la matière première de l'usine de pâte à papier de Dalhousie.

À la fin de la décennie 1950, la Gaspésie fournit un peu moins du quart du bois d'oeuvre et 10% du bois de pulpe utilisé au Québec[68]. Mais à part les nombreuses scieries du littoral, celle de Chandler est la seule usine importante de transformation du bois. Depuis sa réouverture en 1937, elle accroît constamment sa production de pâte à papier, qui passe de 125 tonnes par jour en 1938 à 200 en 1948 et à 275 en 1951. L'usine doit parfois fermer ses portes pour de courtes périodes à cause de problèmes d'approvisionnement. Elle transforme annuellement 169 000 cordes de bois, qui donnent

Carleton, en 1945. (APC)

80 000 tonnes de pâte à papier. Près de 80% de la production s'en va aux États-Unis, pendant que le Canada et l'Angleterre en retiennent 10% chacun. Dans les années 50, environ 500 personnes y travaillent (bûcherons non compris) mais, outre la question de l'approvisionnement, des coûts d'opération élevés et une technologie de plus en plus désuète freinent la croissance de l'entreprise[69].

Les comtés de Bonaventure et de Gaspé sont très actifs dans l'industrie du bois de sciage. En effet, en 1957, on y compte 108 scieries, qui occupent plus de 1 000 personnes. Appartenant à des intérêts privés ou transformant le bois pour les syndicats forestiers, leur production est de plus de 4 500 000 p.m.p. Les plus grandes entreprises de ce type sont à Cap-Chat. Dans Bonaventure, les usines de sciage de McLellan & Dumais et de Paradis & Frères de Nouvelle-Ouest produisent ensemble 7 800 000 p.m.p. Jusqu'en 1958, année qui voit fermer la scierie Price, à Matane on coupe plus de 10 000 000 p.m.p.

Après la guerre, l'industrie gaspésienne du bois se distingue par la place importante qu'y jouent les syndicats forestiers. À la fin des années 50, le comté de Gaspé-Nord en compte quinze et celui de Bonaventure, deux; au total, quelque 700 personnes y travaillent. Ceux de Gaspé-Nord vendent une bonne partie de leur production aux scieries de A. Couturier & Fils et de la James Richardson. Par ailleurs, certains syndicats exploitent leurs propres scieries, comme à Grande-Vallée et à Mont-Saint-Pierre. Indéniablement, la création des syndicats forestiers contribue à augmenter le niveau de vie des Gaspésiens et à stabiliser leurs revenus, particulièrement chez les pêcheurs du littoral nord. Mais le grand handicap au développement de ces coopératives demeure la mauvaise qualité de la forêt mise à leur disposition.

UN NOUVEAU SECTEUR: L'INDUSTRIE MINIÈRE

La mise en valeur des mines de cuivre à Murdochville à partir de 1953 constitue aussi un élément important de la hausse du niveau de vie et de l'intégration des Gaspésiens à l'économie nord-américaine d'après-guerre.

Depuis le 17e siècle, on espérait trouver et exploiter des richesses dans le sous-sol gaspésien. En 1831, sir Richard Bonnycastle, géologue amateur qui accompagna lord Aylmer dans la péninsule, confirma l'existence de pétrole dans la région. Treize ans plus tard, William Edmund Logan, géologue en chef du gouvernement canadien, explora la région. Il était d'avis que les dépôts de pétrole trouvés dans les vallées de la Saint-Jean et de la York étaient exploitables commercialement. Logan fut suivi par de nombreux autres, tels James Richardson (à ne pas confondre avec l'entrepreneur du même nom), A.P. Low (1883), R.W. Ells (1883), R. Chalmers (1904), A.P. Coleman (1918—1919), A. Mailliot (1919), J.C. Beidelman (1920), F.J. Alcock (1926), I.W. Jones (1929 et 1933), J.E. Sill et P.E. Auger (1943). Il faut cependant attendre 1950 pour voir la publication d'une première étude géologique sur la région.

Dès le départ, au milieu du siècle dernier, ce sont les richesses en hydrocarbure qui faisaient l'objet de recherches assez intenses. On fora les premiers puits dans le secteur de Gaspé au début des années 1860, aux endroits où on avait constaté des suintements d'huile et de pétrole. Entre 1860 et la fin du siècle, on fora près de 60 puits mais aucune nappe de pétrole ou de gaz ne semblait assez importante pour justifier une exploitation commerciale. Au début du 20e siècle, on effectua 22 autres tentatives de forage mais sans grand résultat car ces recherches se faisaient à l'aveuglette et à de très faibles profondeurs[70].

Les rapports des premiers géologues en Gaspésie entraînent la création de quelques compagnies intéressées au forage et à l'exploitation commerciale du pétrole. Le gouvernement leur accorde alors divers octrois. Ainsi, en 1844, la création de la Gaspé Fishing and Coal Mining Company fait écho aux recherches de Logan dans la région. En 1860, la Gaspé Bay Mining Company fore les deux premiers puits, l'un à Douglastown, l'autre sur un affluent de la rivière York. En 1865, la Gaspé Petroleum Co., la Gaspé Lead Mining Co., en 1889, l'International Oil Co. et en 1899, la Petroleum Oil Trust Co., creusent à leur tour des puits dans le secteur de Gaspé. Après quelques années de recherches ou d'exploitations infructueuses, la plupart des entreprises liquident ou cèdent leurs avoirs. Au 20e siècle, malgré la faiblesse des résultats, les forages se poursuivent. Entre 1940 et 1960, on fait aussi quelques tentatives. En 1943, on effectue un forage de 2 571 pieds dans le canton Galt, en arrière de la baie de Gaspé et de 1946 à 1948, la Gaspé Oil Ventures Company tente trois fois sa chance dans la même région. En 1959, l'Associated Developments, entreprise déjà active au niveau de la recherche pétrolière dans la péninsule, fusionne quatre compagnies également impliquées dans le forage en Gaspésie.

Sur le plan minier, la Gaspésie est une région riche mais la plupart des gisements sont de faible étendue et très difficilement exploitables sur le plan commercial. Ainsi, la Consolidated Condego, installée dans le canton Boisbuisson entre 1948 et 1954, construit à côté de la mine qu'elle exploite un concentrateur qui traite au cours de ces six années 68 478 tonnes de minerai dont la teneur en plomb, en zinc et en argent est assez faible. L'entreprise doit cesser ses activités parce qu'elles s'avèrent non rentables. Au cours de la même période, la Federal Metals et la East MacDonald Mine font d'autres tentatives sur un site qui se trouve à une quarantaine de milles au sud de Sainte-Anne-des-Monts, près de l'actuelle route transgaspésienne. Mais la découverte au début des années 60 de riches gisements sur la Côte-Nord détourne l'attention des prospecteurs et des grandes entreprises.

Le développement de l'industrie minière dans la péninsule gaspésienne connaît son sommet le plus important quand on décide de mettre en valeur les gisements de cuivre à basse teneur du mont Needle dans le canton

Contenant à thé en métal lithographié provenant de la compagnie anglaise Petroleum Oil Trust Company. De 1889 à 1903, cette firme prospecte et exploite des puits de pétrole dans la région de Gaspé. (MRG)

Holland. De cette exploitation naît une agglomération minière, ville-champignon et ville de compagnie, qui marque de façon majeure le développement du secteur nord-est de la péninsule.

La découverte de filons de cuivre dans la région date du début du 20e siècle alors qu'Alfred Miller trouve des traces de ce minerai dans le lit de la rivière York, près de Douglastown. Au début des années 1920, les frères Miller commencent une série d'expéditions qui vont leur permettre de remonter à la source de la rivière York et d'explorer les gisements de cuivre près du lac du même nom. Par la suite, ils décident de céder leur concession minière à la compagnie Noranda Mines, qui se donne une filiale, la Gaspé Copper Mines. Avant la dernière guerre mondiale, celle-ci entreprend un programme de forage au diamant et d'exploration pour établir une cartographie des gisements. Durant la guerre, les travaux sont suspendus pour reprendre après 1945. Les résultats de ces recherches permettent d'évaluer à 48 millions de tonnes le potentiel de la mine. Le prix élevé du cuivre et l'expansion prometteuse du marché de ce métal incitent la Noranda Mines à créer une ville minière.

À partir de 1951, la compagnie charge une firme d'ingénieurs de la préparation des plans de la future ville. Ils décident de construire ce centre juste à côté de la mine et de l'usine, c'est-à-dire à 2 500 pieds d'altitude dans une région semi-désertique. La ville est nommée Murdochville en l'honneur du premier président de la Noranda Mines, James Y. Murdoch. Durant l'hiver 1951-1952, les tracteurs et les grues se mettent à l'oeuvre pour dégager le site et construire les premières rues et maisons. Les premiers logements multifamiliaux reçoivent leurs locataires à partir de décembre 1952. À la fin de la décennie, la population approche les 3 000 habitants avec des infrastructures qui peuvent en contenir jusqu'à 5 000.

Dès le départ, les investissements gouvernementaux sont massifs, car il n'existe aucune infrastructure routière, ferroviaire ou portuaire pour le transport du minerai. La mine oblige ainsi le gouvernement à ouvrir l'intérieur de la péninsule en construisant des routes.

Les opérations minières pour l'extraction au mont Needle débutent en 1952, quand cinq galeries d'accès sont percées. Murdochville est formée en corporation municipale le 15 juillet 1953 et l'allumage du premier four à réverbère a lieu le 12 décembre 1955, tandis que la première coulée de cuivre est effectuée le 9 décembre de la même année, soit 46 ans après la découverte des frères Miller. À la fin des années 50, l'extraction est de 8 000 tonnes de minerai par jour. Par ailleurs, la construction d'un concentrateur permet de transformer sur place le cuivre de sa forme minérale à la forme métallique. On le transporte ensuite à Montréal, où la Canadian Copper Refiners en complète la transformation par l'affinage. De 1956 à 1959, le concentrateur produit 100 000 tonnes de cuivre anode.

S'apercevant que son concentrateur pourrait transformer plus de mine-

Murdochville et sa mine de cuivre, vers 1958. Photo: Charles Bernard.

rai que la mine en fournit quotidiennement, la compagnie décide en 1957 d'acheter des concentrés de cuivre de la Maritime Mining and Smelting Company de Terre-Neuve à raison de 60 000 tonnes par année. Le minerai arrive au port de Gaspé d'où il est transporté par camion jusqu'à Murdochville.

Ainsi, dans la première décennie de son existence, Murdochville devient l'une des grandes villes minières canadiennes. Le concentrateur de la compagnie, avec une capacité de transformation de 42 000 tonnes par jour, arrive au second rang en importance au Canada. Il fournit 12% de la production canadienne de cuivre. Mais la croissance d'un centre comme Murdochville requiert d'importantes ressources énergétiques que la Gaspésie ne possède pas. Le gouvernement du Québec décide, au cours de l'été et de l'automne de 1954, de poser quatre câbles sous-marins d'une longueur de 31 milles entre Manicouagan et Les Boules pour importer de l'énergie hydro-électrique des centrales de Bersimis I et II. Plus du tiers de l'énergie ainsi apportée ira aux besoins de Murdochville. Cependant, les bris répétés des câbles empêchent la régularité du service. Les autorités de la Gaspé Copper Mines décident alors de construire à côté de l'usine une centrale qui suppléera aux déficiences de l'alimentation en énergie électrique et qui régularisera le débit.

En comptant les infrastructures hydro-électriques et routières, c'est plus de $10 000 000 que le gouvernement du Québec investit pour le projet de Murdochville au cours des années 50. Ces investissements permettent de freiner le déclin économique de la région en créant de 1 000 à 1 500 emplois. Chaque année, $5 000 000 à $6 000 000 en revenus alimentent l'économie de la région. Quant à la Noranda Mines, elle a investi plus de $30 000 000[71].

Pour les Gaspésiens de la côte, le travail de la mine, exigeant et parfois dangereux, implique des changements d'attitudes. Des gens habitués au travail de la pêche et de la forêt se plient mal au régime du salariat et à la présence de contremaîtres qui les surveillent continuellement. Pendant les premières années d'exploitation, on constate un certain flottement dans l'emploi, car plusieurs travailleurs ne persévèrent pas. Par ailleurs, tous admettent que située à 2 500 pieds d'altitude dans une région quelque peu aride, Murdochville est l'anti-modèle du village gaspésien du bord de la mer. Froide et inhospitalière, cette ville en forme de damier contraste avec les courbes et la géographie fantaisiste de la côte. Mais son niveau de vie plus élevé et l'accès à un emploi stable incitent à y venir travailler plutôt que de s'exiler à Montréal ou ailleurs.

L'exploitation du cuivre de Murdochville joue un rôle important dans le développement économique de la péninsule gaspésienne. Mais la mine n'a entraîné aucune autre création d'usine dans la région. Cependant, au niveau des activités de service et de la vente au détail, elle fait naître un dynamisme économique qui ralentit l'exode démographique et diminue quelque peu le pessimisme qui régnait dans la région.

D'après le recensement de 1956, les terres agricoles représentent 5,6% de la surface du comté municipal de Gaspé-Ouest, 10% de celle de Gaspé-Est et 16% de celle du comté de Bonaventure. Durant la période 1940-1960, la superficie des terres cultivées diminue de façon importante, soit de 16%. Les recenseurs font alors la différence entre les fermes commerciales et les fermes individuelles. Si une exploitation agricole a un potentiel de vente de $1 200, elle est classée comme ferme commerciale de culture et d'élevage. Alors qu'en 1956, au Québec, le pourcentage de ces fermes tourne autour de 70%, en Gaspésie, il n'est que de 42% pour Gaspé-Ouest, de 50% pour Bonaventure et de 8,5% pour Gaspé-Est.

ESSAIS DE MODERNISATION AGRICOLE

La population agricole accuse une chute très importante au cours de ces années. Au début des années 1940, plus de 60% de la population gaspésienne vit sur une exploitation agricole; au recensement de 1956, il n'en reste qu'environ 45%. Les comtés gaspésiens sont donc durement touchés par les abandons de la terre. Ainsi, de 1941 à 1956, Bonaventure perd 4 000 personnes sur une population agricole totale de 27 000, Gaspé-Ouest en perd 3 953 sur 23 000 et Gaspé-Est, 1 588 sur 6 450. On se dirige plus nombreux qu'avant vers d'autres secteurs d'activité.

La production laitière occupe une part de plus en plus grande dans l'économie régionale et les autres cultures en deviennent complémentaires. Entre 1941 et 1956, malgré la diminution de la population agricole et du nombre de fermes, le troupeau laitier augmente de 27% dans Gaspé-Ouest, de 42% dans Gaspé-Est et de 12% dans Bonaventure; au Québec, l'augmentation moyenne n'est que de 5%. En 1957, la Gaspésie compte une trentaine de beurreries et de laiteries. Mais dans l'ensemble, la production laitière n'est pas encore assez importante pour que s'y développe un véritable réseau de commercialisation.

Comparée à l'ensemble du Québec, la production de fourrages est encore faible. Sur le plan céréalier, la culture de l'avoine domine largement, avec 31 800 acres en culture en 1959, ce qui place la péninsule, là aussi, endessous de la moyenne québécoise. La production du foin et de l'avoine est principalement destinée à l'alimentation du cheptel des exploitations agricoles même si une partie, notamment pour le foin, va aux chantiers forestiers.

La culture de la pomme de terre profite beaucoup aux Gaspésiens à cause de son rendement très important. En 1959, alors que la moyenne se situe pour le Québec à 103 boisseaux à l'acre, la Gaspésie en produit 111. La population locale consomme environ 50% de cette production; le reste est écoulé et sur d'autres marchés. Un des plus importants à conquérir est celui de la Côte-Nord, desservi par les agriculteurs des Maritimes. Grâce à la

Compagnie de Transport du Bas-Saint-Laurent, qui leur donne un monopole d'acheminement, les producteurs gaspésiens de pommes de terre peuvent prendre ce marché dans les années 50.

La production horticole connaît aussi certains progrès, mais elle reste très faible. La coopérative de Cap-d'Espoir, par exemple, continue d'obtenir de bons résultats. Elle cultive des petits pois qu'elle expédie à Montréal. Pendant les années 40 et 50, la terre affectée à la culture des légumes en Gaspésie passe de 147 à 779 acres. À l'exception des choux et des navets, on n'exporte rien sur les marchés extérieurs.

La période 1940-1960 marque la montée des entreprises coopératives et le déclin des sociétés de colonisation. La Coopérative Fédérée de Québec, principal regroupement de coopératives agricoles, voit ses effectifs croître largement. À la fin des années 50, la Gaspésie compte treize coopératives agricoles regroupant 1 800 membres. Dans le seul comté de Bonaventure, on en trouve dix et, sur la rive nord de la péninsule, Sainte-Anne-des-Monts est particulièrement bien organisée à ce niveau.

Quant aux mouvements de colonisation qui ont connu leurs heures de gloire durant la période de la dépression des années 30, ils traversent des moments difficiles tout au long de la décennie suivante. La plupart du temps, le colon est avant tout un travailleur forestier. À ce titre, il se préoccupe peu d'organiser son exploitation agricole pour lui demander un jour sa subsistance. Quand il le fait, il s'aperçoit souvent que le sol n'est pas assez fertile pour l'agriculture. Généralement donc, le colon défriche et fait de la terre neuve jusqu'à ce que prenne fin l'aide gouvernementale. Ensuite, il abandonne le défrichement pour le travail forestier. Un rapport d'enquête sur le comté municipal de Gaspé-Ouest, en 1958, affirmait déjà: « Aujourd'hui, après une expérience qui dure depuis 25 à 30 ans, on réalise que ces colonies posent des problèmes vraiment insolubles parce qu'elles n'auraient jamais dû être ouvertes[72]. »

La mécanisation et l'électrification rurale représentent les deux grandes innovations qui apparaissent durant les années 40 et 50 chez les agriculteurs gaspésiens. En quinze ans, le nombre de tracteurs se multiplie par quinze, et ce, au détriment des chevaux dont le nombre diminue. De plus en plus, la machinerie occupe une place importante dans la vie de la ferme. Par ailleurs, la mise en place de l'Office de l'électrification rurale en 1945 permet une augmentation rapide du nombre d'utilisateurs de l'énergie électrique. En 1956, 81% des fermes de Gaspé-Ouest sont électrifiées. De plus, l'on note l'augmentation rapide du nombre de moteurs électriques et de trayeuses mécaniques.

En 1936, avec la création de l'Office du crédit agricole, le gouvernement espérait améliorer la stabilité de l'entreprise rurale. Cet office permet aux cultivateurs d'emprunter à long terme avec des taux d'intérêt plus faibles que d'habitude. Par ailleurs, c'est l'Union régionale des caisses populaires

Grange-étable et bâtiments secondaires à Port-Daniel. Photo: Pierre Rastoul.

de Gaspé qui s'occupe du crédit agricole dans la région. Puis, avec l'école régionale d'agriculture de Val-d'Espoir, les autorités commencent à penser à la relève.

L'industrie de la pêche connaît, dans les années 1940 et 1950, des transformations radicales tant sur le plan technologique qu'organisationnel. Quoique cette activité occupe encore une place importante dans l'économie de la région, elle attire de moins en moins d'adeptes. Au Québec, le nombre de pêcheurs passe de 10 925 en 1931 à 5 200 en 1957, soit une diminution de 52%. En Gaspésie, où l'on compte un peu plus de la moitié des pêcheurs provinciaux, la baisse est constante, sauf à partir du milieu

**LES TRANSFOR-
MATIONS
DE LA PÊCHE**

des années 1950, alors qu'on constate une légère remontée. Les pertes les plus lourdes sont enregistrées entre 1941 et 1951, quand les industries de guerre et d'après-guerre ainsi que l'aménagement de la Côte-Nord poussent les Gaspésiens à quitter leur région. Il faut aussi tenir compte de la chute des prix et de la production après la guerre.

Les changements les plus importants dans l'industrie de la pêche durant cette période sont le développement de la pêche hauturière grâce à l'avènement des chalutiers, des cordiers et des gaspésiennes. Ce développement est aussi favorisé par la construction d'usines de transformation qui améliorent la qualité du poisson et l'importance croissante que prend la coopération chez les pêcheurs par l'intermédiaire de Pêcheurs-Unis, l'organisme qui regroupe les coopératives de pêcheurs créées à la fin de la décennie 1930. On remarque aussi une diversification plus poussée qu'auparavant des espèces pêchées et des méthodes de capture. Ainsi, le leurre norvégien (jigger) et la palangre sont de plus en plus populaires chez les morutiers, et ce, aux dépens de l'ancienne ligne à main.

Si, dans les années 1930 les autorités avaient construit le long de la côte gaspésienne de nombreux entrepôts frigorifiques, dans la décennie 1940, on salue la mise en place de quelques séchoirs artificiels. Mais les grands changements surviennent pendant la décennie 1950, avec l'apparition des bateaux pour la pêche en haute mer. Auparavant, les pêcheurs gaspésiens pratiquaient leur métier au large des côtes avec leurs petites embarcations, appelées barges de Gaspé. Les navires hauturiers permettent aux pêcheurs d'étendre leur rayon d'action et de prendre de plus grandes quantités de poisson. Si dans Gaspé-Ouest, ce sont encore les barges qui continuent d'être le plus utilisées, dans Gaspé-Est, les navires de haute mer fournissent une part de plus en plus grande de la production.

Le plus populaire de ces bateaux est le chalutier. Déjà utilisé depuis longtemps en Europe et à partir des années 1930 en Angleterre, il fait son apparition dans les Provinces maritimes en 1947. En 1951, le ministère provincial des Pêcheries en achète deux, qu'il amène à la station de biologie de Grande-Rivière. À la suite d'essais fructueux, il crée en 1952 un service responsable de la rénovation de la flotte de pêche. On fera ainsi construire annuellement une dizaine de bateaux pour la pêche hauturière. En 1953, le service réussit à mettre à la mer seize navires, dont quatorze en Gaspésie, pendant que cinq autres sont en construction aux chantiers de la Gaspé Ship Building à Sandy-Beach.

Le chalutier est un navire d'une soixantaine de pieds et il est monté par quatre hommes. Il utilise un grand filet conique de 70 à 80 pieds de longueur, appelé chalut, qui lui permet de draguer sur son passage toutes les espèces de poissons. Un treuil muni de câbles d'acier assure la manoeuvre du chalut. Quand le filet est remonté, on le vide et on traite le poisson sur place; on l'empile dans la cale entre des couches de glace concassée. Un

Des « gaspésiennes » au quai de L'Anse-à-Beaufils. (MRG)

LA GASPÉSIENNE
NO 11

bon coup de chalut peut recueillir plus de 3 000 livres de poisson. Cela ne se compare pas aux prises des anciennes barges. Ce nouveau type de pêche permet donc de prendre plus de poisson, de capturer une plus grande diversité d'espèces, d'opérer en eau plus profonde et d'allonger la saison de pêche. Les sorties durent généralement quelques jours et elles s'effectuent la plupart du temps jusqu'à une cinquantaine de milles du rivage. Cependant, certains chalutiers se rendent jusqu'à la Côte-Nord ou aux Iles-de-la-Madeleine.

Le palangrier ou cordier de type « Robar » est moins gros que le chalutier. Il est aussi monté par quatre hommes. D'une longueur de 50 à 60 pieds, il est muni d'un guindeau mécanique pour la levée de la palangre; son équipement comprend, comme le chalutier, un sondeur à écho pour repérer les fonds, un radio-téléphone et un compas. Mais il semble moins productif que son concurrent. Il utilise en effet la même méthode de pêche qu'auparavant mais sur une plus grande échelle. Les pêcheurs doivent ainsi appâter durant des heures des milliers d'hameçons sur environ 150 lignes dormantes. Le palangrier est toutefois rapidement supplanté par la gaspésienne, sorte de petit cordier d'environ 45 pieds, qualifié souvent de grosse barge. La station de biologie de Grande-Rivière teste ce navire pour la première fois en 1955. Munie d'une palangre motorisée, la gaspésienne dispose d'un bon aménagement mais n'est pas dotée de l'équipement de bord sophistiqué du chalutier et du cordier[73].

L'apparition de ces trois nouveaux navires, dont le nombre dépasse les 80 vers 1958, modifie peu à peu les habitudes du pêcheur gaspésien. Dans les années 1950, le gouvernement du Québec et les dirigeants de Pêcheurs-Unis s'unissent pour lancer une campagne afin de convaincre les pêcheurs de la nécessité de se lancer dans la pêche en haute mer. Pour ce faire, ils se servent du journal *À Pleines Voiles* et de l'émission Radio-Pêcheries sur les ondes de CHNC à New-Carlisle. La situation des pêcheurs côtiers se fait alors de plus en plus précaire. Plusieurs d'entre eux doivent même se recycler dans la pêche sportive ou touristique. C'est avec l'appui financier des autorités gouvernementales que vont s'effectuer les changements, car il faut d'énormes sommes pour se payer des chalutiers. Le crédit maritime, institué en 1941, est modifié afin de minimiser la mise de fonds des pêcheurs dans la construction des bateaux hauturiers. Cependant, cette offensive de modernisation n'entraîne pas une augmentation suffisante des revenus des pêcheurs.

Des changements majeurs ont aussi cours dans le traitement même du poisson. Le gouvernement provincial fait d'ailleurs preuve d'une sévérité de plus en plus grande dans sa classification. À partir de 1958, les autorités fédérales imposent l'inspection obligatoire de tout le poisson frais et congelé. Pour répondre aux défis, les entrepreneurs doivent moderniser et agrandir leurs usines de transformation. On met l'accent sur la productivité. Ainsi, en 1954, la compagnie Robin, Jones & Whitman ouvre à Paspébiac une usine employant 60 personnes pour transformer le poisson apporté par neuf chalutiers.

Quant à la fédération de Pêcheurs-Unis, elle se lance dans la construction de trois importantes usines: à Rivière-au-Renard en 1954, à Sandy-Beach en 1956 et à Newport en 1960. Ces installations sont construites grâce à l'appui des gouvernements et souvent dans l'indifférence des pêcheurs-sociétaires eux-mêmes, qui craignent la centralisation des activités et la fin de l'autonomie de leurs syndicats locaux. Pour que les usines puissent fonctionner à plein, il doit y avoir une augmentation de la production. Ainsi, celle de Pêcheurs-Unis passe, entre 1953 et 1964, de 12 000 000 à 34 000 000 lbs. Les nouvelles usines créent de l'emploi dans la région; les employés sont rétribués au salaire minimum mais ils peuvent bénéficier d'une garantie de stabilité de leurs revenus plus grande que les pêcheurs.

Si la croissance très rapide du mouvement coopératif au niveau de la pêche s'explique par le zèle et le travail des animateurs du Service social économique de Sainte-Anne-de-la-Pocatière, épaulés par le clergé et les autorités gouvernementales, il ne faut pas oublier non plus les facteurs économiques. En effet, si en 1939 le cent livres de morue vaut $1,73, ce prix grimpe à $5,39 en 1945. La Deuxième Guerre mondiale, en empêchant la sortie des navires de pêche européens, crée une rareté dont vont profiter les pêcheurs gaspésiens, comme ce fut le cas lors du premier conflit mondial. Mais, comme en 1919, la fin des hostilités et la reprise des activités économiques normales entraînent une baisse considérable du prix du poisson (surtout pour la morue). La fédération de Pêcheurs-Unis, qui n'a pu amasser un capital pour les mauvais jours, passe à travers une série de problèmes financiers très sérieux qui amènent une tutelle gouvernementale de sept mois en 1948.

Même si en 1960, plus de 80% des pêcheurs utilisent encore des techniques et un équipement artisanaux, la décennie qui vient de s'écouler a ouvert la porte à l'industrialisation de la pêche gaspésienne. La valeur moyenne annuelle des prises tourne alors autour de $1 400 000. De plus, à la fin de la décennie, les industries de transformation du poisson occupent en bonne saison plus de 1 200 personnes. L'apparition du poisson congelé et du poisson en bâtonnets permet l'ouverture de nouveaux marchés et consolide ceux qui sont déjà acquis. Dans les années 1950, le marché américain et surtout celui de l'Italie absorbent la majeure partie de la production de morue séchée. Quant aux produits frais et congelés, ils sont écoulés principalement en Amérique du Nord. Pêcheurs-Unis avait d'ailleurs décidé de miser de façon toute particulière sur le marché provincial. Avec le développement de la pêche hauturière et la régionalisation de son infrastructure, le débarquement du poisson devient trop important pour être pris en charge par le pêcheur et sa famille, ce qui entraîne la disparition du pêcheur indépendant traitant ses propres captures.

Désormais, toutes les variétés de poisson sont livrées à l'usine par les pêcheurs des coopératives. Ainsi, la pêche au chalut permet la capture de la sébaste et de la plie, espèces qu'on ne prenait presque jamais auparavant. À l'usine, les prises sont classées et traitées par des ouvriers salariés qui, pour la morue par exemple, au lieu de toute la sécher, transforment en filet frais ou congelé la petite, sèchent la moyenne et salent la plus grosse. Le mode familial de préparation du poisson qui avait tant profité aux compagies est devenu impossible.

Les vieilles entreprises de pêche ne se sont pas réellement adaptées aux changements technologiques, à la perte de leurs anciens marchés, à l'apparition de nouveaux produits que les coopératives mettent en circulation et à la prise en main par les gouvernements de l'industrialisation de la pêche. En 1960, elles sont toutes disparues, sauf la William Hyman & Sons Limited, qui ne fait plus que vivoter et la Robin, Jones & Whitman. Cette dernière ne contrôle plus en 1958 que quatre « usines » de pêche: Paspébiac, Barachois, L'Anse-à-Beaufils et Newport. En 1960, elle indique au gouvernement son intention de s'en départir après avoir tenté en vain de vendre celle de Paspébiac à Pêcheurs-Unis[74]. La Robin, Jones & Whitman délaisse bientôt ses activités maritimes pour ne garder que ses magasins de vente au détail. En 1964, ses bâtiments de Paspébiac sont détruits par un incendie. En 1967, c'est au tour de la compagnie Hyman de fermer ses portes. Les petites entreprises, dont les principales sont situées à L'Anse-à-Beaufils, à Sainte-Thérèse-de-Gaspé, à Grande-Rivière et à Port-Daniel, connaissent aussi des problèmes et certaines doivent cesser leurs activités, entre autres parce qu'elles ne peuvent concurrencer les nouvelles usines de transformation.

Malgré toutes les améliorations, la situation des pêcheurs, surtout les côtiers, demeure difficile. À partir de 1957, le gouvernement accepte de rendre ce groupe de travailleurs admissible au régime d'assurance-chômage, institué en 1941, mais à condition qu'ils aient pêché un certain quota, difficile à atteindre pour les pêcheurs côtiers. Encore à la fin des années 1950, le pêcheur ou le travailleur dans l'usine de transformation de poisson doit continuer à s'exiler une partie de l'hiver pour aller travailler en forêt; s'il est moins chanceux, il reste chez lui à attendre le printemps suivant.

LA POPULATION GASPÉSIENNE   En 1961, la population de la Gaspésie s'élève à 104 824 personnes, ce qui constitue une augmentation de 19 360 par rapport à 1941. Le comté municipal de Bonaventure compte 42 962 personnes, celui de Gaspé-Est 41 333 et celui de Gaspé-Ouest 20 529. Ce dernier comté connaît d'ailleurs le plus haut taux d'excédent de population au Québec entre 1945 et 1955 avec une augmentation de 7 380 personnes, soit une hausse de 37%. Cette perfor-

Intérieur de l'usine de transformation des Pêcheurs-Unis à Sandy-Beach. (ANQ)

mance est due, dans une large mesure, à la naissance de Murdochville. La population du territoire Matane-Cap-Chat passe, elle, d'environ 14 300 personnes en 1940 à plus de 21 000 en 1960. La ville de Matane connaît à elle seule une augmentation de 4 447 habitants[75].

Une des caractéristiques de la courbe démographique gaspésienne est l'importance numérique de sa jeunesse. Cette particularité est une constante de la population de la péninsule depuis la fin du 19e siècle. On doit attribuer cette situation dans une large mesure au taux d'accroissement naturel très élevé des Gaspésiens.

La population blanche continue de devenir de plus en plus francophone. À la fin des années 50, la proportion de Canadiens français se situe à 92% du total alors que les anglophones représentent 4,8%. Un phénomène d'assimilation ou d'exil frappe les anglophones qui comptaient au milieu du 19e siècle pour près de 50% de la population et en 1920, pour quelque 25%. Après la Deuxième Guerre mondiale, la baisse s'accentue.

Quant aux Amérindiens, ils sont regroupés en îlots peu nombreux mais homogènes. Ainsi, les réserves micmaques de Maria et de Ristigouche comptent 1 300 personnes, alors qu'à Gaspé, moins d'une centaine d'Amérindiens vivent mêlés aux Blancs depuis plusieurs générations. Plus de la moitié de tous les Amérindiens ont moins de vingt ans. Les guides touristiques de l'époque mentionnent les Micmacs comme un attrait de la région. En réalité, ils sont victimes de mauvaises conditions socio-économiques et de racisme.

Entre 1940 et 1960, la majorité de la population active de la région oeuvre dans le secteur primaire (agriculture, forêt, pêche, mines). Les activités du secteur secondaire se développent quand même quelque peu dans les années 50 et vont permettre une augmentation du nombre d'emplois. Le tertiaire, c'est-à-dire le secteur des services, est, lui, plus développé; il comprend un peu moins du tiers de la population active. Comparativement au reste du Québec, la Gaspésie vit encore dans des conditions de sous-industrialisation, caractéristique bien particulière des régions périphériques. Le développement régional passe alors après le développement des structures industrielles des grands centres urbains.

Le problème majeur de la population active en Gaspésie est le sous-emploi. Sur une base saisonnière, le chômage peut varier dans une même année de 5% à 35%. Les mois les plus difficiles pour les travailleurs sont ceux de décembre à mai, avec un paroxisme en mars. À la fin des années 50, durant la période hivernale, les chômeurs représentent 50% de la population active des villages desservis par les centres de main-d'oeuvre et d'assurance-chômage de Chandler et de Matane. Les jeunes continuent à désespérer des faibles possibilités qu'offrent les lieux et désertent de plus en plus leurs villages natals pour aller travailler sur la Côte-Nord, à Montréal ou à Québec. L'essor rapide de la Côte-Nord dans les années 50 n'est pas sans causer des remous dans la péninsule gaspésienne. Cette région, disposant d'un potentiel élevé en ressources minières et hydro-électriques, est appelée à se développer plus rapidement que sa voisine du sud. La croissance industrielle des villes de Sept-Iles et de Baie-Comeau a, sur la péninsule, des incidences positives sur le plan économique en général. Sur celui de la démographie, la Gaspésie se retrouve cependant perdante.

Également, à partir des années 50, les sources d'immigration commencent à se tarir dans la région. Si les sociétés de colonisation parviennent à établir de nouvelles familles, elles viennent rarement de l'extérieur. Ce ne sont certainement pas les quelques familles hongroises qui s'installent dans la péninsule après la crise de 1956 dans leur pays, qui permettent d'influencer son flux migratoire. Entre les années 1956 et 1961, l'érosion migratoire est en train d'annuler totalement le fort accroissement naturel des comtés de Matane et de Bonaventure.

Après la Seconde Guerre mondiale, les gouvernements fédéral et provincial mettent en oeuvre des mesures législatives dans le but de subvenir aux besoins des gens les moins fortunés. Ces politiques sociales (assurance-chômage, pensions de vieillesse, etc.) font suite à des mesures déjà prises pour faire face à la crise économique des années 30. Elles doivent diminuer les inégalités de revenus et combler les écarts de développement économique entre les régions. Ainsi, les gouvernements vont déverser en Gaspésie des millions de dollars pour assurer la survie des chômeurs, des pauvres et des personnes âgées. Nous entrons dans l'ère de l'État-providence. Ces aides massives des gouvernements témoignent de la faiblesse de l'économie régionale. En effet, la moyenne des revenus des Gaspésiens reste largement inférieure à celle des autres Québécois. Les possibilités de trouver un emploi stable et permanent leur sont très limitées, à moins qu'ils acceptent de déménager à l'extérieur de la région. Et, finalement, leur droit à des services éducatifs, hospitaliers et culturels minimaux est souvent limité par les dures réalités socio-économiques.

Le sociologue Marcel Rioux soulignait que la période de la guerre et de l'après-guerre avait donné aux Gaspésiens le goût de la réussite individuelle et de l'argent[76]. Comme ailleurs au Québec, l'amélioration du niveau de vie et l'intégration à la société de consommation sont devenues, en 1960, les deux préoccupations majeures des collectivités gaspésiennes.

15

L'impact des communications

On décrit souvent le siècle actuel comme celui des communications, celui où les contacts entre les hommes deviennent plus faciles et plus fréquents. Le Québec n'échappe pas à la règle et même ses régions périphériques profitent des progrès de la technologie qui avance à pas de géant. En Gaspésie, cela a un double effet. D'abord, la péninsule devient plus aisément accessible: l'ouverture d'un chemin de ceinture carrossable amène, l'été, de nombreux touristes. Ils apportent des idées nouvelles, américaines ou autres, qui contribuent à changer les mentalités. En même temps, l'impact des communications se fait sentir sur la conscience régionale. Désormais, bien que les esprits de clocher persistent, le pêcheur de l'Échouerie et l'agriculteur de Carleton se sentent plus solidaires pour résoudre les problèmes communs.

L'amélioration du système de transports

Encore au 20e siècle, nombreux sont les observateurs qui voient dans le problème des transports l'entrave majeure au développement de la péninsule. Beaucoup de critiques pleuvent sur les gouvernements qu'on accuse de laisser végéter un chemin de fer désuet, de refuser d'envisager la possibilité d'un port océanique à Gaspé et de ne pas investir suffisamment dans l'infrastructure routière.

LA NATIONA- LISATION DES CHEMINS DE FER

Nous avons déjà vu que l'arrivée du chemin de fer à Gaspé en 1911 n'a pas réglé les problèmes des péninsulaires. Trois compagnies se partagent le trajet de Québec à Gaspé. Le marchand gaspésien est donc contraint de payer trois taux de fret différents. À cause de ces difficultés, encore en 1920, une grande partie du commerce est dirigée par bateau vers le Nouveau-Brunswick où l'Intercolonial offre un service efficace et à moindre coût. Les Gaspésiens sont déçus, eux qui ont mis tant d'espoir dans un chemin de fer générateur de développement économique. Par l'intermédiaire du député fédéral de Bonaventure, Charles Marcil, les administrateurs de la Quebec Atlantic & Occidental avaient tenté, vers 1912-1913, de faire couper les subventions gouvernementales au transport maritime Gaspé-Campbellton.

C'est que le service aux passagers, inauguré en 1913, laisse beaucoup à désirer. De Québec, il faut plus de deux jours pour se rendre à Gaspé. Et dans quelles conditions: wagons bondés trop chauds l'été, trop froids l'hiver, haltes à toutes les gares de village, sans compter les « arrêts spéciaux ». Un habitué nous raconte le périple de façon assez amusante: « beaucoup de voyageurs refusaient de qualifier du titre de chemin de fer les voitures que traînait une imitation de locomotive sur des semblants de rails tordus, longeant des précipices, traversant des ponts sur chevalets d'une antiquité si douteuse que maints voyageurs prétendaient qu'ils ne tenaient debout que par force d'habitude. Ces trains avaient leur commodité... pour les voyageurs peu pressés: les fermiers et les pêcheurs pouvaient donner des commissions aux conducteurs qui, complaisants, arrêtaient le train vis-à-vis les demeures pour accommoder les gens. L'horaire: on partait quand on était prêt; en route, on arrêtait livrer un sac de farine, un cent livres de sucre, une poche de sel, ou charger un quart de hareng ou de morue et on arrivait quand on pouvait[1]. »

La nationalisation des chemins de fer gaspésiens apparaît à plusieurs comme la solution à leurs problèmes. Dès janvier 1913, Charles Marcil et son collègue Gustave Lemieux, député de Gaspé, demandent au gouvernement conservateur d'incorporer les chemins de fer gaspésiens au réseau de l'Intercolonial, propriété de l'État canadien depuis le début de sa construction en 1868. Le gouvernement envoie dans le comté de Bonaventure un commissaire pour entendre les doléances des citoyens. Les Gaspésiens se rendent en grand nombre aux assemblées pour réclamer l'achat de la ligne Matapédia-Gaspé par le gouvernement central. Mais la Première Guerre mondiale tue le projet dans l'oeuf.

La paix revenue, l'idée de nationalisation refait surface. Les pétitions affluent tant chez les élus que chez les fonctionnaires fédéraux. Le ministère des Chemins de fer échange une volumineuse correspondance avec la Quebec Atlantic & Occidental au sujet du tronçon Paspébiac-Gaspé mais ne juge pas opportun de conclure le marché. Sous les pressions de Marcil et Lemieux, la Commission nationale des chemins de fer se rend enquêter sur place. À New-Carlisle, où débutent les audiences, la Chambre de commerce de Québec alarme les autorités sur le sort fait aux pêcheurs de la côte qui sont dans l'impossibilité d'exploiter le nouveau marché canadien du poisson frais, par manque de wagons-glacières. Les Gaspésiens exigent d'autre part un service de train quotidien des postes et des voyageurs. Ils réclament enfin la modernisation du rail et des équipements. Mais le président de la Commission, Frank B. Carvell, ne croit pas que le gouvernement doive acquérir les biens des deux compagnies impliquées, la Quebec Oriental et la Quebec Atlantic & Occidental. Il suggère plutôt que le Canadien National, qui vient d'acquérir le réseau de l'Intercolonial, loue ou prête le matériel moderne adéquat pour rentabiliser la ligne. Il veut en outre obliger les compagnies à établir un service quotidien jusqu'à Gaspé. Reprenant à son compte le diagnostic des élites gaspésiennes, il écrit: « Tout le long de la ligne, il y a d'immenses forêts qui s'étendent au loin vers le nord. Les possibilités agricoles sont considérables, mais ce n'est rien en comparaison de ce qui pourrait se cultiver s'il y avait de meilleurs moyens de transport[2]. »

À l'automne de 1923, Mgr Ross convoque, conjointement avec les députés fédéraux, une grande assemblée afin que toute la population puisse discuter de la question des chemins de fer avec le président du Canadien National, sir Henry Thornston. Dans l'église de Bonaventure, 2 000 personnes prennent place pour débattre la question, trois heures durant. Thornston semble être gagné à la cause et, peu après, la Commission des chemins de fer entreprend une visite de la péninsule, s'arrêtant à toutes les gares pour entendre les représentations des intéressés. Mais le président de la Commission, le juge McKeonn, estime que les sommes demandées par la Quebec Oriental et la Quebec Atlantic & Occidental ne sont pas raisonnables.

Pendant ce temps, Mgr Ross fait l'impossible pour que le gouvernement se décide enfin. Le 7 février 1925, il rencontre le premier ministre Mackenzie King et le presse de trouver une solution au problème. L'avenir de la Gaspésie en dépend, soutient l'évêque de Gaspé. Il faut intéresser le colon en lui donnant des moyens de communication appropriés. King se contente de répondre que la situation financière du pays ne lui permet pas d'acquérir les chemins de fer gaspésiens, mais qu'il ne s'opposerait pas à leur location à un prix raisonnable par le Canadien National. Le déclenchement de la campagne électorale de 1926 retarde encore le projet.

Après la réélection des libéraux, Marcil réclame une autre enquête sur la nationalisation des voies ferrées de la péninsule. Une fois de plus, la population se groupe autour du député de Bonaventure et de Mgr Ross, qui se rend à Montréal donner une conférence sur la Gaspésie. En 1928, la Commission des chemins de fer est de nouveau en tournée dans la péninsule, avec Charles Marcil comme guide. Le rapport des commissaires suggère la nationalisation. Le grand manitou libéral, Ernest Lapointe, intervient personnellement et, malgré les réticences de certains députés de l'Ouest, la Chambre des communes adopte finalement une loi en ce sens en mai 1929.

La prise en main par l'État améliore considérablement le transport ferroviaire dans la péninsule. Bien sûr, on critique encore le système pour sa vétusté mais, en général, les usagers voient une grande différence. L'un deux commente: « [les voyageurs] s'ils ne sont plus obligés, par mesure de prudence, de s'assurer avant de prendre le train, et s'ils ne peuvent plus descendre d'un train en marche pour aller cueillir des framboises, ils y trouvent une compensation en arrivant à destination à temps[3]. » En effet, les employés doivent désormais faire montre de plus de discipline. De nouvelles locomotives, toujours à vapeur mais plus grosses, font leur apparition en attendant d'être remplacées par des locomotives diesel après

Le chemin de fer près de Matapédia. Les Gaspésiens « réclament l'achat de la ligne Matapédia-Gaspé par le gouvernement central. » (ACN)

la guerre. Les convois deviennent alors plus longs et les principales stations (Matapédia, New-Richmond, New-Carlisle, Chandler, Gaspé) sont dotées de radio-émetteurs et récepteurs. Le Canadien National inaugure de nouvelles gares, en ferme d'autres et modifie le parcours: en 1931, Campbellton devient le terminus des trains de fret, au lieu de Matapédia. Encore une fois, les Gaspésiens sortent leur arsenal de pétitions et de requêtes.

L'hiver, des wagons munis d'un système de chauffage rendent le voyage moins pénible aux passagers et aux employés. Mais les tempêtes demeurent un problème majeur. Quand le train est immobilisé par la neige, on doit faire appel à de nombreux hommes qui tentent, tant bien que mal, de dégager le convoi. Un vieil employé raconte: « Une fois, en direction de Gaspé, il faisait une tempête [...] Nous étions ensevelis et plus moyen de s'en sortir. Une soixantaine d'hommes vinrent à notre rescousse avec des pelles. Ils n'ont pu nous dégager, car ils enlevaient une pelletée de neige et il en venait deux autres. C'était très froid, à quinze sous zéro. Un coup sortis de là, nous n'allions pas plus loin que deux ou trois milles, que la même chose arrivait. J'ai déjà vécu un expérience de ce genre, où nous sommes restés pris sous la neige durant trois jours[4]. »

LE PROJET D'UN CHEMIN DE FER TRANSGASPÉSIEN

Ces difficultés du transport ferroviaire, les habitants du littoral nord aimeraient bien les connaître car, eux, ils n'ont même pas de chemin de fer et ils ne se satisfont guère du nouveau boulevard Perron, qui laisse à désirer et qui est fermé l'hiver. Les échanges entre les villages côtiers sont réduits à leur plus simple expression et Cap-Chat et Sainte-Anne-des-Monts, centres régionaux, vivent au ralenti pendant la moitié de l'année. En outre, la crise économique et la renaissance du mouvement de colonisation qui en découle font prendre conscience aux élites gaspésiennes de l'ampleur des ressources encore inexploitées à l'intérieur de la péninsule. Aussi, jusqu'en 1960, ceux qui parlent de l'essor et de l'avenir prometteur de la Gaspésie persistent à démontrer la nécessité d'un deuxième chemin de fer.

À tour de rôle, des notables gaspésiens mettent de l'avant l'achat par l'État du chemin de fer Mont-Joli-Matane et sa prolongation dans un premier temps jusqu'à Sainte-Anne-des-Monts, puis jusqu'à Gaspé. Dans la vallée de la Matapédia, on serait plutôt favorable à une ligne ayant son point de départ à Sayabec ou à Amqui et qui traverserait le coeur de la péninsule jusqu'à Gaspé. Mais tous poursuivent le même but: « Nous désirons faire vibrer au coeur de tous les Gaspésiens la note de l'espérance en un avenir brillant et faire entendre aux oreilles de tous le son de la confiance en un progrès certain, en une prospérité pleine et entière[5]. »

Des personnalités comme l'économiste Esdras Minville et le père Alexandre Dugré, de l'École sociale populaire, soutiennent le projet publiquement et élaborent une politique de développement de la région, à la base de laquelle ils placent la nécessité d'une voie ferrée transgaspésienne et

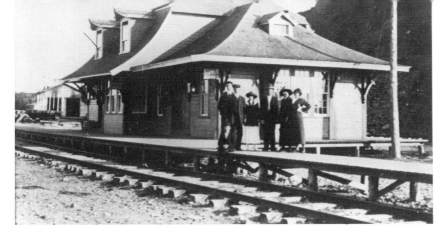

Gare de Gaspé au début du siècle. (Coll. privée)

d'un port moderne à Gaspé. L'Union catholique des cultivateurs et la Société Saint-Jean-Baptiste favorisent aussi le projet. Quant à Mgr Ross, il est aux premières lignes de feu et multiplie interventions et articles. Dans la revue *Prix Courant* du 30 décembre 1927, il déclare: « La question gaspésienne est une question économique qui se réduit à une question de transport[16]. » La bataille continue, sans résultat, pendant toute la décennie 1930.

Même si la guerre accentue la nécessité d'assurer un service ferroviaire efficace à la base aéro-navale de Gaspé, ce sont les travaux d'exploration des entreprises minières et pétrolières qui sensibilisent le plus la population au problème des communications gaspésiennes. En effet, les compagnies, croit-on, n'attendent qu'un système de transport adéquat pour doter la région d'industries de premier ordre, synonymes de prospérité. Après beaucoup d'autres, le député de Gaspé, Léopold Langlois, prie instamment le gouvernement fédéral d'acheter la Canada and Gulf Terminal Railway Company, propriétaire du chemin de fer Mont-Joli-Matane, et de le prolonger au moins jusqu'à Sainte-Anne-des-Monts pour que cette petite ville devienne la plaque tournante de l'économie de la rive nord gaspésienne et le centre d'expédition des produits et des matériaux indispensables aux exploitations minières de la côte nord du Saint-Laurent et du Nouveau-Québec[7].

Ce ne sera pas le gouvernement d'Ottawa mais plutôt des intérêts canadiens-français, en partie entre les mains des hommes d'affaires Jules Brillant de Rimouski et Arthur Desjardins de Matane, qui acquerront le chemin de fer Mont-Joli-Matane en décembre 1947. Le ministre unioniste Onésime Gagnon est un des instigateurs de la transaction, ce qui permet à Duplessis d'affirmer: « Grâce au gouvernement de l'Union nationale [...], une solution excessivement heureuse a été trouvée. Il s'agit d'un règlement qui aura une portée considérable sur le développement futur de la Gaspésie. La situation intenable dont on se plaignait avec raison cessera d'exister[8]. » L'optimisme du premier ministre ne coïncide malheureusement pas avec la réalité. Encore une fois, en 1949, une délégation gaspésienne (Gaspé-Nord) se rend à Ottawa reformuler le projet, toujours sans succès.

Avec le boom minier des années cinquante, le projet d'un chemin de fer transgaspésien refait surface. Des investissements s'annoncent, mais à la condition que des moyens de transport adéquats soient établis. Ainsi la East Sullivan Mines Ltd., qui exploite des dépôts de cuivre et de zinc à Black-Lake, dans les Cantons-de-l'Est, exprime son intention de faire raffiner son minerai en Gaspésie plutôt qu'aux États-Unis dès que le chemin de fer sera construit. L'industrie forestière, qui éprouve des difficultés à exporter sa production sur les marchés américains et même canadiens, apprécierait aussi la réalisation du projet. Ainsi, la St. Lawrence Corporation appuie la Chambre de commerce de Gaspé-Nord dans ses démarches pour prolonger le chemin de fer Mont-Joli-Matane au moins jusqu'à Sainte-Anne-des-Monts[9].

En 1958, le gouvernement Diefenbaker, minoritaire, se présente devant les électeurs pour obtenir un mandat clair. Il enjoint les Québécois de voter conservateur pour ne pas être défavorisés par rapport au reste du pays. À Matane, le ministre des Transports, George Hees, promet la construction de la voie ferrée jusqu'à Sainte-Anne-des-Monts. Cet engagement ne tombe pas dans l'oreille de sourds et les trois comtés gaspésiens votent bleu, comme beaucoup d'autres circonscriptions québécoises.

Mais les promesses mettent du temps à se concrétiser. S'il est gagné à l'idée du prolongement jusqu'à Sainte-Anne-des-Monts, le gouvernement Diefenbaker n'est pas nécessairement en faveur d'une voie ferrée reliant Sainte-Anne à Gaspé, au grand désarroi de plusieurs péninsulaires.

Finalement, à la veille des élections générales de 1962 et cinq ans après l'avènement des conservateurs au pouvoir, le ministre Léon Balcer présente le projet aux Communes. Mais en juin, le gouvernement Diefenbaker se retrouve minoritaire et il est battu un an plus tard. Les libéraux de Lester B. Pearson, maintenant au pouvoir, choisissent plutôt d'investir dans l'aménagement des ports et la réfection de la route Matane-Sainte-Anne-des-Monts.

LA RATIONA-
LISATION
DU TRANSPORT
MARITIME

Ces initiatives s'inscrivent parmi les diverses mesures qui, depuis 1920, tendent à améliorer l'infrastructure routière et les aménagements portuaires du littoral nord gaspésien, en particulier du secteur de Matane qui veut profiter du développement de la côte nord du Saint-Laurent.

Ainsi, après la première guerre, le port de Matane devient le centre d'expédition des fournitures vers les chantiers forestiers et les scieries qui s'étendent de Bersimis à Moisie. Une partie des marchandises est apportée par la Canada & Gulf Terminal Railway Company jusqu'à Matane, d'où elles sont expédiées vers la rive nord du fleuve. Mais le gros du trafic se fait surtout par mer, de Québec à Sept-Iles, en passant par Rimouski et Matane. Les deux principales compagnies impliquées sont la St. Lawrence Steamship et la Cie de Messageries Maritimes du Nord. Cependant, en 1924, une entreprise concurrente voit le jour: la Heppell Transportation Co. Conscient de l'importance accrue du port de Matane, le gouvernement

Le *North Gaspe* de la Clarke Steamship Co. Ltd., en 1941. (Coll. privée)

fédéral, en collaboration avec la Hammermill, qui y possède une jetée, injecte quelque $300 000 entre 1922 et 1929 pour le financement du port. En 1930, il encourage la fusion de la Heppell Transportation Co. et de la Rimouski Saguenay pour former la Lower St. Lawrence Transportation Co., qui relie Rimouski, Matane et la Côte-Nord. Sont alors mis en service le *N.V. Manicouagan*, le *Marco Polo* et le *Moyta*. En 1935, au moment de la création de la papeterie de Baie-Comeau, on ajoute à la flotte le *Jean Brillant*, muni d'un système de radio-téléphone, innovation pour l'époque. Un peu plus tard, soit en 1938 et en 1939, le *Matane* et le *Rimouski* commenceront à desservir la Côte-Nord à partir des deux localités dont ils portent les noms. La Lower St. Lawrence regroupe des intérêts rimouskois et matanais et constitue, en fait, une filiale de la Clarke Steamship Company Ltd[10].

Celle-ci, fondée en 1921, relie Québec aux rives nord et sud du golfe Saint-Laurent. C'est le *Labrador* qui inaugure le service en Gaspésie. D'une capacité de 125 passagers et de 175 tonnes de fret, il navigue de Québec à Gaspé via Sainte-Anne-des-Monts, Mont-Louis, Petite-Vallée, Rivière-au-Renard et Grande-Grave. Il est remplacé l'année suivante par le *Gaspesia*. De temps en temps, le *Colima* et le *Margaret* visitent aussi la région. En 1926, un nouveau circuit touristique s'organise, alors que le *Northland* fait escale à Mont-Louis et à Gaspé, en route vers Terre-Neuve et le Labrador. C'est un bateau imposant qui peut transporter 218 passagers et 2 000 tonnes de marchandises. De 1934 à 1938, les péninsulaires bénéficient d'un cargo réfrigéré, le *Cape Gaspe* qui, le printemps et l'été, emporte une partie de leur poisson à Québec. À la fin de la décennie, deux nouveaux navires font leur apparition sur les côtes gaspésiennes, le *North Star* et le *North Gaspe* qui remplace le *Gaspesia*.

Même avec ces liaisons auxquelles il faut ajouter les travaux de réparation et de reconstruction de différents quais, les communications maritimes continuent à susciter les griefs des Gaspésiens. La fréquence du brouillard ralentit le service et, malgré les subventions des deux niveaux de gouvernement, les taux de transport sont élevés, tant pour les marchandises que pour les passagers.

Conscientes du fait qu'en cette région isolée les transports maritimes vont encore constituer pendant longtemps l'épine dorsale du système de communications, les élites gaspésiennes, réunies autour de Mgr Ross, continuent de demander l'aménagement d'un port national à Gaspé. On fait valoir que le site est privilégié, étant le port canadien le plus rapproché de l'Europe. En outre, ce port pourrait rester ouvert toute l'année et « il offre un abri parfait à d'immenses flottes de n'importe quel tonnage, tout en assurant, grâce à un môle naturel, une sécurité totale au point de vue militaire et contre les violentes tempêtes[11]. » La guerre fournit un argument de plus aux défenseurs du projet: « Bougainville appelait Gaspé "la clef du pays". Wolfe recommandait de fortifier Gaspé. C'est en somme la recommandation de Wolfe que l'on applique en établissant une base aéronavale au Bassin[12]. »

Entre 1945 et 1960, plusieurs aménagements portuaires sont effectués. Ainsi on construit un nouveau port à Mont-Louis et on modernise un peu celui de Sandy-Beach. En tout, de 1955 à 1963, on dépense plus d'un million de dollars pour ces deux projets. De plus, l'essor de la Côte-Nord amène un meilleur service entre les deux rives du Saint-Laurent. En 1951, l'Ungava Transport, filiale de la Clarke Steamship, inaugure, avec un bateau portant son nom, une liaison quotidienne de Sainte-Anne-des-Monts à Sept-Iles. D'une capacité de 300 tonnes de marchandises et de 50 passagers, le navire est toujours rempli. En 1958, environ 8 000 voyageurs, surtout des travailleurs gaspésiens et néo-brunswickois, en bénéficient. Pour suffire à la demande, le bateau est remplacé, au printemps de 1960, par un navire plus grand et plus moderne qui peut recevoir de 18 à 30 automobiles et 100 passagers[13]. L'année suivante, le *North Gaspe*, qui relie les différents ports gaspésiens, cesse ses activités, le transport routier et aérien le rendant désuet. Ceci met fin au service-passager le long de la côte.

À Matane, les statistiques sont éloquentes: de 1952 à 1958, environ 160 000 tonnes sont manutentionnées annuellement, dont 89,9% constituent de l'exportation. Pour la période 1959-1962, la moyenne annuelle est de 89 272 tonnes, dont 79,2% en exportation[14]. Cette importante diminution s'explique par la fermeture dans cette ville de la Price Brothers en 1958. Les principaux produits manipulés sont le bois à pâte, le bois de construction, la gazoline et le ciment.

À l'est de la péninsule, le port de Gaspé devient, à la fin des années 50 et au début des années 60, un centre d'expédition du bois à pâte de la Canadian International Paper Co., des anodes de cuivre de la Gaspé Copper Mines de même que du poisson et de ses sous-produits. Il y entre principalement du minerai de concentrés de cuivre et des produits pétroliers. De 1959 à 1962, la moyenne annuelle du tonnage manutentionné à Gaspé est de 236 986 tonnes[15].

Ce n'est qu'en 1925 que se structure un véritable réseau routier en Gaspésie. En effet, auparavant, il fallait à Matane troquer son automobile contre une voiture à cheval. À partir de Sainte-Anne-des-Monts, il n'existait que des sentiers qui ne se rejoignaient pas toujours. Le voyageur se voyait parfois dans l'obligation d'emprunter une goélette. C'était le cas entre le Grand-Étang et L'Anse-à-Valleau.

LE RÉSEAU ROUTIER

En fait, sur 150 milles de route entre Sainte-Anne et Gaspé, moins de la moitié était jugée sécuritaire en temps normal. La situation était telle que certains préféraient couper par la vallée de la Dartmouth ou bien filer tout droit à Grand-Pabos « en traversant la péninsule à travers la forêt vierge par la route de beaucoup la plus courte que nous offre la passe entre les deux terrasses que séparent la rivière Madeleine, la vallée de la rivière à Eau Claire, la vallée de York et les coupes aux Fourches de la Saint-Jean pour descendre par la rivière Pabos jusqu'au havre...[16] » Sur le reste de la côte, à l'exception de la route qui longeait le rivage et dont l'état était des plus précaires, la seule autre voie de communication importante était le chemin Lemieux qui reliait Coin-du-Banc à Weygand et qui n'était utilisable, la plupart du temps, que par des voitures à cheval. Vers l'intérieur, la pénétration se limitait à la route de la Cascapédia qui suivait la rive est de cette rivière puis le Berry Brook jusqu'aux mines de plomb et de zinc, soit une distance de 44 milles. On pouvait aussi atteindre le site de ces mines à partir de Sainte-Anne-des-Monts. Il existait également des chemins de rang dans l'arrière-pays, entre Matane et Sainte-Anne-des-Monts, dans le secteur de Percé-Malbaie et sur le versant de la baie des Chaleurs.

En 1925, le ministère de la Voirie et des Mines prend la relève de celui de la Colonisation dans le domaine des routes et il se lance dans un programme de réfection et de construction. La route Rimouski-Sainte-Anne-des-Monts est ainsi refaite et l'on s'attaque à la réalisation d'un chemin de ceinture jusqu'à Matapédia. On en construit 190 milles en 1927 et en 1928. Dès l'été 1927, une centaine de touristes s'aventurent sur la route en construction. L'année suivante, ils sont plus de 3 500[17]. Lorsque le ministre de la Voirie, Joseph-Léonide Perron, inaugure la nouvelle route qui portera son nom, *La Voix de Gaspé* s'exclame enthousiaste: « Nous naissons au progrès, nous allons maintenant pouvoir développer nos ressources naturelles, nos riches forêts, nos mines [...] de plomb et de zinc, nos pouvoirs hydrauliques. Nous pourrons donner de l'ouvrage à notre population, nous pourrons garder nos jeunes gens chez nous, et elle se fermera cette plaie de l'immigration des Gaspésiens [...] et si nous le voulons, nous ferons de la Gaspésie le plus riche coin de la province[18]. »

Il y a cependant une ombre au tableau. L'extrémité est de la péninsule n'est pas desservie par la nouvelle route qui longe la rivière au Renard entre la localité du même nom et Saint-Majorique. En effet, le gouvernement et les municipalités concernées n'arrivent pas à s'entendre sur la part respective qu'ils doivent prendre dans la continuation du projet. Un Gaspésien déçu raille: «On tient mordicus à ce que Mont-Joli et Rivière-Blanche, soient de la Gaspésie et on consent volontiers à en exclure Cap-aux-Os, Cap-des-Rosiers et L'Anse-au-Griffon[19]». La situation est réglée en 1929 quand le boulevard Perron est prolongé jusqu'à Cap-des-Rosiers d'où il rejoint Cap-aux-Os par le portage de la Rancelle, permettant aux habitants de Cap-des-Rosiers de ne franchir que sept milles au lieu de quarante pour se rendre à Cap-aux-Os.

L'impact de cette nouvelle route est énorme. Voyager en Gaspésie devient beaucoup plus facile. Les péninsulaires apprennent vite à tirer partie de l'industrie touristique. Des garages, des hôtels, des restaurants voient le jour un peu partout. Des services d'autobus fonctionnent régulièrement entre Matane et Gaspé. F. Pezzulo charge $4 par passager de Rimouski à Sainte-Anne-des-Monts. À la Baie-des-Chaleurs, la Chaleur Bay Autobus Co. de New-Carlisle assure le transport des voyageurs et des colis. Désormais, il est possible de se servir de camions pour acheminer les marchandises. En 1930, le service postal devient continu entre Matane et Gaspé. Des automobiles transportent le courrier jour et nuit. La route facilite aussi l'émergence d'une conscience régionale. De plus en plus, cultivateurs de la Baie-des-Chaleurs et pêcheurs du littoral nord se désignent eux-mêmes du nom de Gaspésiens.

Le nombre d'automobilistes s'accroît. Dans les années 1910, seuls quelques notables possédaient des véhicules-moteur. À Paspébiac, un garage, celui des Lévesque, avait été établi dès 1913. En 1926, le comté de Bonaventure compte 416 automobiles, une par 66 personnes, et celui de Gaspé 370, soit une par 92 habitants. La moyenne provinciale est d'une voiture par 24 personnes. En 1930, Bonaventure compte 1 019 automobiles et Gaspé 996, soit une hausse respective de 145% et 169%[20]. Le phénomène a une telle importance qu'à partir de 1927 les autorités organisent une bénédiction de véhicules-moteur à Bonaventure. À celle de 1929, plus de 300 automobilistes se placent ainsi sous la protection de Saint-Christophe. Les orateurs incitent les gens à la prudence et le député de Bonaventure, Pierre-Émile Côté, rappelle à son auditoire l'époque pas tellement lointaine où les rares automobilistes étaient taxés de «fieffés bolchéviques[21]».

Les voyageurs qui s'aventurent sur le boulevard Perron passent par toute une gamme d'émotions. En 1930, un des premiers guides touristiques, rédigé en anglais, décrit ainsi la route dans le secteur de Marsoui: «À partir d'ici, l'automobiliste devrait garder sa main proche du klaxon. Sur plusieurs milles, la route se déroule à peu près au niveau de l'eau; mais elle devient sinueuse et tortueuse à tous les quelques 100 pieds et on ne peut

voir venir les autres voitures avant qu'elles ne soient tout près; ainsi, l'élémentaire prudence demande qu'on avertisse avant de s'engager dans l'un de ces virages. » Pour décrire les approches de Grande-Vallée, le guide poursuit: « Les précipices et les gouffres, les gorges et les canyons, avec leurs escarpements abrupts vers des profondeurs vertigineuses resteront longtemps dans la mémoire après qu'on aura vécu la grande aventure et le touriste se sentira soulagé au moment d'amorcer sa descente vers des niveaux inférieurs pour enfin se retrouver dans le giron de la mère-terre[22]. »

La route gaspésienne après 1925: priorité aux enfants. (NGS)

En 1933, on traduit la brochure en français et on l'adapte. Pour ne pas effrayer le touriste, cette nouvelle publication précise que la route ne présente aucun danger, pourvu qu'on y observe une élémentaire prudence. D'ailleurs, y lit-on, depuis cinq ans, pas un seul accident n'est « directement » imputable à quelque défaut du boulevard Perron! Entre Percé et Matapédia, il n'y a que 45 passages à niveau! Le voyageur doit donc être tous yeux, toutes oreilles. En ces temps héroïques, le gouvernement rappelle à l'automobiliste qui s'aventure en Gaspésie de ne jamais dépasser la vitesse de 30 milles à l'heure, de garder toujours la droite et de ne se servir de l'avertisseur sonore qu'« ... à une distance suffisante du point de danger et de façon à ne pas produire un son strident et prolongé[23]. »

En ce début des années 30, la situation des communications terrestres ne se compare donc nullement avec ce qu'avaient connu jusque là les Gaspésiens. Il ne faut rien exagérer cependant. Le boulevard Perron n'est ni macadamisé ni asphalté et il n'est utilisable en automobile que de mai à novembre ou décembre. L'allocation accordée pour entretenir les chemins durant la période des premières neiges n'est que de \$15[24]. De plus, aucune route ne pénètre encore profondément à l'intérieur, sauf celles de la Cascapédia, du Mont-Albert, à partir de Sainte-Anne-des-Monts, et des Mines de Gaspé (canton Holland), commencée en 1928. Depuis son arrivée au siège épiscopal de Gaspé en 1923, Mgr Ross ne cesse de réclamer un pont dans sa ville: la traversée de la rivière York y est pénible et même périlleuse à certains temps de l'année. Il obtiendra gain de cause en 1932.

Jusqu'en 1960, les communications terrestres feront encore des pas de géant. Ainsi, avec le mouvement de retour à la terre, des chemins pénétreront davantage l'arrière-pays. Vers 1935, Matane est reliée à la vallée de la Matapédia par une route qui va jusqu'à Amqui. En 1939, on aménage pour les automobilistes le chemin qui relie Sainte-Anne-des-Monts au parc de la Gaspésie; en 1954, il deviendra la Transgaspésienne (Sainte-Anne-des-Monts-New-Richmond), réclamée depuis longtemps par les élites régionales. En 1947, le gouvernement provincial entreprend la réfection et le gravelage de la route de ceinture. Un an plus tard, un service hebdomadaire d'autobus relie Québec et Gaspé.

Cette époque verra la modernisation du service de traversier faisant la navette entre Pointe-à-la-Croix en Gaspésie et Campbellton au Nouveau-Brunswick. Remontant déjà à plusieurs années, cette affaire s'avère très rentable et la Restigouche Ferries Ltd instaure un deuxième service en 1950 pour relier Miguasha et Dalhousie. Très achalandés, les deux bateaux-passeurs recevront 40 000 personnes en 1956, dont la moitié seront des touristes[25].

Dans les années 1950, on commence l'entretien des chemins d'hiver et on procède à l'asphaltage et à l'amélioration du boulevard Perron. Ainsi, à la fin de la décennie, on refait de nombreux ponts, dont celui de Matane. Quant à la route reliant Rivière-Madeleine et Grande-Vallée, célèbre pour ses côtes étroites et abruptes, on la déplace, on l'élargit et on la redresse. Même amélioration à Douglastown, à Prével et à Pabos-Mills; à Chandler, une nouvelle voie permet d'éviter la ville.

Il reste cependant beaucoup à faire: par exemple, réduire le nombre des passages à niveau. Véritable danger public, on en compte 84, dont 46 sur le boulevard Perron entre Matapédia et Gaspé. Avec l'ouverture du complexe

Pont couvert de Saint-Majorique en 1935. (NGS)

Traversier de la baie de Gaspé. « Depuis son arrivée au siège épiscopal de Gaspé en 1923, Mgr F.-X. Ross ne cesse de réclamer un pont dans sa ville, vu que la traversée de la rivière York y est pénible et même périlleuse à certains temps de l'année. » (ACN)

minier de Murdochville, trois nouvelles grandes routes vont sillonner l'est de la péninsule. Elles relient Murdochville à L'Anse-Pleureuse, à Gaspé et au lac Sainte-Anne. Ces trois voies coûtent $7 293 405, dont $800 000 sont payés par la Gaspé Copper Mines[26]. La compagnie a surtout besoin des deux premières routes, alors que la troisième est l'initiative du gouvernement provincial qui veut profiter de la création de la ville pour ouvrir à la population locale le parc de la Gaspésie et éventuellement faciliter la prospection minière et l'exploitation forestière.

Ainsi, de 1920 à 1960, une infrastructure routière se développe et contribue à rendre moins aigu l'isolement séculaire qui caractérisait la péninsule. Le transport aérien a eu la même fonction.

UN NOUVEAU MOYEN DE TRANSPORT: L'AVION

Dès 1926, les avions de la Compagnie Aérienne Franco-Canadienne sillonnent le ciel gaspésien. Cette entreprise a été chargée par le ministère des Terres et Forêts du Québec de procéder à un relevé cartographique scientifique de la péninsule. Le comte français Jacques de Lesseps, as de la Première Guerre mondiale, assume la responsabilité du projet. Il poursuit son travail pendant les étés de 1926 et de 1927. De sa base à Gaspé, il part régulièrement photographier la presqu'île gaspésienne à 14 000 pieds d'altitude. Il périt par mauvais temps le 18 octobre 1927, mais les opérations photographiques se continueront jusqu'en 1931[27].

C'est à Matane que se joue l'épisode suivant de l'histoire aérienne en Gaspésie. En 1934, les frères Watts, en collaboration avec la compagnie Commercial Airways, créent la première liaison aérienne avec les centres forestiers de la côte nord du Saint-Laurent. Le service n'existe que l'hiver, la rivière gelée servant de piste d'atterrissage. En 1935, on transporte ainsi 1 238 passagers. Les années suivantes, les deux frères utilisent des champs d'atterrissage de fortune. Dans les années 1940, on construit le premier aérodrome, sur un côteau en bordure ouest de la ville[28].

À la fin de la guerre, le surplus d'avions à bas prix et la disponibilité d'aviateurs démobilisés permettent le véritable essor du transport aérien. La Matane Air Service inaugure modestement ses opérations avec des vols nolisés vers la Côte-Nord. Elle possède alors deux petits monomoteurs Cessna T. 50 d'une capacité de quatre passagers. En 1952, la compagnie obtient un permis de transport-voyageurs de deuxième classe pour relier Baie-Comeau, Franquelin, Godbout, Baie-Trinité, Pentecôte et Shelter-Bay, toutes des localités de la Côte-Nord. En 1956, la flotte comprend quatre appareils Lockheed Electra (dix passagers). De 1958 à 1961, elle s'enrichit de trois DC-3. La clientèle de 1961 constitue un summum en raison de l'activité fébrile de Manic 5.

L'extrémité orientale de la péninsule bénéficie de communications aériennes depuis 1947, alors que la Rimouski Airlines installe une piste d'atterrissage à Penouille et instaure un service à destination de l'île

Inauguration du pont de Gaspé en 1932. (MRG)

Traversier Frances faisant la navette entre Pointe-à-la-Croix et Campbellton au Nouveau-Brunswick, vers 1930. (Coll. privée)

Avion du Comte français
Jacques de Lesseps, 1926-
1927. (Coll. privée)

d'Anticosti et de la rive nord du Saint-Laurent. En 1948, la compagnie est mise sur la sellette à la suite de l'écrasement d'un de ses appareils à deux milles de Grande-Grave. Les 29 occupants, pour la plupart des bûcherons, y trouvent la mort. À l'époque, c'est le deuxième plus grand désastre aérien à survenir au Canada[29].

La Trans-Gaspesian Airlines Ltd prend la relève de la Rimouski Airlines en 1951. Elle organise des pistes d'atterrissage à Gaspé, à Murdochville, à Cap-d'Espoir et à Sainte-Anne-des-Monts. Le président en est Michel Pouliot, fils du docteur Camille-Eugène Pouliot, ministre de la Chasse et des Pêcheries dans le gouvernement Duplessis. La nouvelle compagnie semble d'ailleurs bénéficier largement des faveurs gouvernementales et, à la veille des élections de 1960, on tente de ternir la réputation du vieux politicien. À cette époque, la compagnie de son fils possède sept appareils d'une capacité totale de 40 passagers et relie à la Gaspésie les localités de Port-Menier (île d'Anticosti), de Sept-Iles, de Mingan, de Havre-Saint-Pierre et de Rivière-au-Tonnerre, sur la Côte-Nord.

À l'écoute du monde

Au 19e siècle, seuls le télégraphe et la poste apportaient directement aux Gaspésiens les nouvelles du monde extérieur. Ces deux moyens sont vite dépassés au 20e siècle par le téléphone, par la radio et, à la fin de la période qui nous concerne ici, par la télévision.

LES DÉBUTS DU SERVICE TÉLÉPHONIQUE

En 1898, le docteur Jean-François Demers fonde à Saint-Octave-de-Métis la Compagnie du téléphone de Métis. Dès la deuxième réunion du bureau de direction, on décide d'étendre le réseau jusqu'à Matane et l'on trouve déjà dix abonnés. L'année suivante, les lignes se rendent à Petit-Matane. En 1900, alors qu'elle passe sous le contrôle de la Compagnie de Téléphone de Bellechasse, la Compagnie du Téléphone de Métis compte 26 abonnés à Matane qui paient entre $5 et $25 annuellement[30]. En 1905, leur nombre atteint 245[31]. Le 14 mars 1907, la Compagnie de Téléphone de Bellechasse devient la Compagnie de Téléphone Nationale, la plus importante au Québec.

Pendant ce temps, dans la région de la Baie-des-Chaleurs, des promoteurs s'étaient aussi intéressés à la « machine parlante ». Sous le leadership de John Hall Kelly, ils avaient fondé, le 12 décembre 1906, The Bonaventure & Gaspe Telephone Company. La plupart des vingt directeurs provi-

Le téléphone rejoint
Sainte-Anne-des-Monts
en août 1916. (Coll.
privée)

soires venaient de la Baie-des-Chaleurs et personne du comté de Gaspé ne siégeait au bureau de direction. Le capital-actions était fixé à $100 000 et devait être divisé en parts de $50. On achetait les poteaux de particuliers qui soumissionnaient à cet effet. À l'une de ses premières réunions, le bureau de direction provisoire fixa l'échelle de tarifs suivante: ligne d'affaires privée, $25; ligne d'affaires co-abonnement, $20; ligne résidentielle privée, $15; ligne résidentielle co-abonnement, $12; à plus d'un demi-mille du central, frais supplémentaires. Bien peu de temps après cependant, on revisera à la hausse ces tarifs[32]. Le siège social de la compagnie est situé à New-Carlisle. En août 1910, on termine la ligne entre Maria et Gaspé.

De 1910 à 1940, de grands progrès se font sentir dans les réseaux téléphoniques de la Gaspésie. Le moindre verglas provoque toujours des pannes et des tempêtes, comme celles de 1915 et de 1937, continuent de paralyser

**PROGRÈS
ET CONSO-
LIDATION**

complètement les réseaux. Les feux sont aussi monnaie courante, en raison de la précarité des systèmes. Mais, peu à peu, des améliorations techniques diminueront ces problèmes. Par exemple, en 1911, la Nationale reconstruit sa ligne entre Métis et Matane. En 1915, le raccordement avec les compagnies Bell et Kamouraska permet aux abonnés des districts de Rimouski et de Matane de parler directement à Québec, à Montréal et à tous les grands centres du pays. De même, ils peuvent communiquer avec les gens de la Baie-des-Chaleurs grâce aux raccordements avec la Bonaventure & Gaspe à Campbellton. Un an plus tard, la Nationale vend à William Russell de Matane, gérant de la Compagnie James Richardson, la partie du réseau téléphonique qui s'étend de Matane à Sainte-Félicité. Russell développe le service à Cap-Chat, à Les Méchins, à Sainte-Félicité et, plus tard, à d'autres localités entre Matane et Gaspé. Le 29 août 1927, il achète le réseau téléphonique de Sainte-Anne-des-Monts, qui appartenait à Georges Fournier. La Compagnie de Téléphone de Matane & Gaspé rejoint donc maintenant Saint-Joachim-de-Tourelle. Presque en même temps, elle passe sous le contrôle de la nouvelle Corporation de Téléphone et de Pouvoir de Québec qui vient aussi de mettre la main sur la Nationale et d'autres compagnies de téléphone dans une vaste entreprise de consolidation des services publics d'une partie du Québec. En 1935, la Nationale reprend la Matane & Gaspé.

Avec Jules Brillant, président de la Corporation de Téléphone et de Pouvoir de Québec, s'ouvre une ère nouvelle pour les communications téléphoniques dans l'Est du Québec. En 1929, cette entreprise construit un édifice à Matane pour loger le central téléphonique et plusieurs bureaux. Les tarifs augmentent avec le développement des services. À la fin de 1938, il en coûte $1,35 le jour et $0,70 la nuit pour un appel de trois minutes de Matane à Québec.

Sur la côte sud gaspésienne, la compagnie de John Hall Kelly et de ses amis ne se compare nullement à la Nationale et à ses successeurs. En 1911, les revenus de l'entreprise ne dépassent pas $180; ils atteignent $3 202 cinq ans plus tard[33]. En 1927, la compagnie se modernise en construisant des lignes de cuivre entre Oak-Bay et Carleton. À la fin de 1928, elle installe une ligne jusqu'à l'extrémité de la pointe de Miguasha. À ce moment, son revenu net est de $7 624. Elle paie $23 000 en salaires et gages à ses dix-neuf employés et elle a en service 1 102 appareils, dont 26 publics[34]. La crise économique touche durement l'entreprise. Les employés doivent accepter des diminutions de salaires. En 1938, la reprise dans les affaires permet à la Bonaventure & Gaspe d'étendre son réseau jusqu'à Rivière-au-Renard. Il y a donc service continu sur le littoral entre cette localité et Miguasha. Cependant, dans son implantation, le réseau téléphonique a oublié une grande partie de la côte nord gaspésienne. En effet, de Saint-Joachim-de-Tourelle à Rivière-au-Renard, il n'y a qu'un service local, propriété de coopératives ou de particuliers. Ainsi, au cours des années 1930, les frères Irénée et Philippe Richard, marchands généraux à Rivière-Madeleine, installent une ligne jusqu'à Manche-d'Épée. Leur entreprise s'appelle la Coopérative de Téléphone de Gaspé-Nord. En 1938, ses équipements passent à la Bonaventure & Gaspe, qui fournit également le service à Grande-Vallée.

Les résidents de Gaspé-Nord accèdent au service téléphonique après la guerre. L'armée canadienne, soucieuse de voir la région dotée de bonnes communications en cas de danger, installe des lignes sur une distance de 710 milles. À la fin des hostilités, les équipements commencent à servir à la population civile. De nouveaux centraux s'ouvrent à La Martre, Mont-Louis, Madeleine-Centre, Cloridorme et L'Échouerie. À la même époque, la Bonaventure & Gaspe acquiert pour $21 500 la Compagnie de Téléphone du Cap-des-Rosiers et se départit du réseau de Grande-Vallée en faveur de la Corporation de Téléphone et de Pouvoir de Québec[35]. En 1947, cette dernière achète le réseau téléphonique de l'armée. Elle possède aussi la ligne Saint-Joachim-de-Tourelle-Saint-Majorique.

L'INTÉGRATION DES RÉSEAUX DE TÉLÉPHONE

En 1953, c'est au tour de la Bonaventure & Gaspe de passer sous le contrôle de la Corporation de Téléphone de Québec (Québec Téléphone). En 1957-1958, celle-ci acquiert les lignes du ministère des Transports du Canada desservant entre autres localités: Saint-François-d'Assise, L'Ascension, Saint-Adelme, Cherbourg, Saint-Nil, Saint-René-Goupil, Saint-Octave-de-l'Avenir, Cap-des-Rosiers, Irishtown, Cap-d'Espoir, Saint-Gabriel, Rameau, Grande-Rivière, Port-Daniel, Thivierge, Saint-Omer, Saint-Louis-de-Gonzague et Saint-Jean-de-Brébeuf.

Les quinze années d'après-guerre voient d'autres progrès dans les télécommunications, en Gaspésie comme ailleurs. Tout d'abord, graduellement, Québec Téléphone remplace le vieux système à manivelle par le système à batteries centrales. C'est Sainte-Anne-des-Monts qui jouit la première de l'innovation, le 20 septembre 1947. L'année suivante, c'est au tour de Matane. Puis suivent d'autres endroits moins importants, tels Nouvelle, Rivière-au-Renard, Mont-Louis, etc.

L'expansion rapide de la côte nord du Saint-Laurent commande l'installation de relais radiotéléphoniques à modulation de fréquence entre Baie-Trinité et Matane (1947), entre Baie-Comeau et Matane (1949) et entre Cap-Chat et Clarke-City (1951). Avec le développement du canton Holland, on fait de même entre Mont-Louis et Murdochville en 1952. D'ailleurs, Québec Téléphone amène dans la nouvelle ville une ligne au coût de $320 000 et, le 22 mars 1955, 64 abonnés peuvent communiquer avec l'extérieur. Enfin, on installe des auto-commutateurs-satellites à Sainte-Félicité (1951), à Caplan (1954), à Murdochville et à Cascapédia (1955), ainsi qu'à Les Méchins (1959).

LA PRESSE ÉCRITE Si le téléphone permet à deux personnes de communiquer entre elles, les médias écrits et électroniques, eux, jouent le rôle de véritables catalyseurs culturels, particulièrement dans une région isolée comme la Gaspésie. En effet, au fil des ans, les Gaspésiens consomment de plus en plus de journaux: *Le Soleil, La Presse, Le Devoir, L'Action catholique*, et *La Patrie* chez les francophones et le *Montreal Star* et le *Quebec Chronicle Telegraph* chez les anglophones.

À Matane, pendant l'entre-deux-guerres, plusieurs journaux voient le jour: *L'Écho de Matane* en 1923, la *Revue commerciale, historique et littéraire* à la fin de 1927, *La Voix du fleuve*, en 1928 et *L'Aube* en 1936. Hebdomadaires pour la plupart, ces feuilles consacrent la plus grande partie de leurs pages à la publicité et ont la vie plutôt courte, ne dépassant que rarement le cap de leur première année.

Dans les comtés de Gaspé et de Bonaventure, depuis que la *Gaspe Gazette* a cessé de paraître en 1851, aucun journal ne dessert vraiment la région. C'est donc avec satisfaction que les Gaspésiens saluent la naissance de *La Voix de Gaspé* en septembre 1928. Pour sa part, le ministre de la Voirie et des Mines, J.-L. Perron, s'exclame: «... un journal rendu là [...] Il ne manquait plus que ça[36]...» Le journal est imprimé à Rimouski. Le directeur-propriétaire en est Séraphin Vachon junior et le premier rédacteur, Louis-Philippe Rioux. L'hebdomadaire de deux pages se veut au service du développement régional et se déclare indépendant en politique. Comme plusieurs journaux régionaux, *La Voix de Gaspé* fait appel à des correspondants qui, cependant, ne se contentent pas de rapporter les nouvelles et potins, mais participent aussi à de chaudes polémiques. En outre, des spécialistes, comme Louis Bérubé et le frère Antoine Bernard, y signent régulièrement des articles de fond.

Le coût de l'abonnement annuel à *La Voix de Gaspé* est de $2 et $2,50 selon que l'on est du Canada ou des États-Unis. En avril 1929, l'hebdomadaire tire à 1 300 copies. Dans le but d'augmenter son tirage, le directeur décide de déménager ses pénates à Gaspé où il veut fonder une imprimerie. En conséquence, il ne publie pas le journal de juin 1929 à janvier 1930. Vachon éprouve des difficultés financières et l'Union régionale des caisses populaires lui consent un prêt de $3 000. Neuf prêtres se portent garants pour *La Voix de Gaspé*, qui collabore, depuis les débuts, avec Mgr Ross et son clergé[37]. Quand il recommence à paraître, le journal publie une page en anglais. Cette pratique a cours jusqu'en juillet 1930. Quatre mois plus tard, pour faire face à un nouveau concurrent, *Le Gaspésien*, Vachon fait paraître sa publication deux fois par semaine. Mais il ne peut renflouer son entreprise et, en mars 1931, il vend *La Voix de Gaspé* à Maurice Marquis, qui la fusionne avec *Le Gaspésien*.

Homme d'affaires de Montmagny, Marquis possède plusieurs journaux régionaux. Libéral ardent, il ne cache pas son allégeance politique. Néanmoins, comme son prédécesseur, *Le Gaspésien* se veut le défenseur des intérêts de la région. Bien qu'imprimé à Montmagny, il semble être rédigé à Chandler et il peut compter sur un vaste réseau de correspondants (68 en décembre 1930) qui informe la population des potins locaux. Les nouvelles internationales et nationales proviennent d'autres journaux. *Le Gaspésien* tire à 7 700 en 1933.

Pour des raisons que l'on ignore, le nom *La Voix de Gaspé* est ressuscité en 1937 et remplace celui de *Le Gaspésien*. Le tirage a beaucoup diminué, n'étant que de 2 494 en 1940. En 1955, le journal est acheté par deux hommes d'affaires de Matane, René et Octave Lapointe, qui acquièrent aussi *La Voix de Matane*. Ce dernier journal avait été fondé en 1945 par un ancien député fédéral, Gérard Légaré, et des intérêts matanais. *La Voix de Matane* disparaît et les frères Lapointe lancent *La Voix Gaspésienne*, tabloïd de tendance libérale, qui tire à 2 758 en 1960 et qui malgré son nom, se spécialise dans les affaires locales.

Un autre hebdomadaire voit le jour à Black-Cape en 1951. Fondé par les oblats, il porte le nom de *Ma Gaspésie*. Une bonne partie de son contenu traite des questions d'ordre religieux. En 1956, son tirage est de 2 425[38]. Cette année-là, le journal devient bimensuel et insiste davantage sur les multiples problèmes régionaux. Ainsi, à la fin de la décennie, sous la plume de Jean-Marie Jobin, *Ma Gaspésie* dénonce ceux qu'elle qualifie d'exploiteurs, notamment les grandes compagnies. La publication prend à coeur le développement régional et appuie le projet d'un chemin de fer sur le littoral nord de la Gaspésie. À compter de septembre 1959, le journal se nomme *Gaspésie* et se déplace à Gaspé. L'abbé Claude Allard en devient le rédacteur en chef.

À côté de ces journaux, paraissent des publications de compagnies ou de syndicats. Ainsi, de 1953 à 1955, la Gaspé Copper Mines publie le *Murdochville Miner*, organe qui monte en épingle les réalisations de la firme et la croissance de la ville. Par la suite, le *Gaspe Peninsula/Voyageur de la Gaspésie* prend la relève. À Chandler, de 1946 à 1949, les employés de la Gaspesia Sulphite Company ont leur journal: le *Leader*.

Au contraire de la presse écrite, la radio n'a pas mis longtemps à s'implanter en Gaspésie. Dès 1933, en effet, les Gaspésiens bénéficient de l'invention de Marconi. Le 23 décembre de cette année-là, entre en ondes la station CHNC de New-Carlisle, sous l'impulsion du dentiste Charles Houde, un passionné de la TSF. Habile, Houde avait annoncé aux notables anglais du vieux bastion loyaliste qu'était alors New-Carlisle son intention d'établir un poste radiophonique bilingue. Ainsi, il se ménagea leur appui. Leur vendant des actions pour $5 500, il put acheter une antenne à la Northern Electric. Cette station des premiers jours est bien modeste avec ses 100 watts de puissance. Un technicien, un annonceur, le docteur Houde et sa femme,

**CHNC-
NEW-CARLISLE**

Charles Houde, promoteur de la station CHNC de New-Carlisle. Photo: Charles Bernard.

voilà l'équipe de CHNC. Ce premier annonceur, Chapados de Gascon, passait des soirées à jouer du piano. Il fallait bien meubler les heures d'antenne qui n'étaient cependant pas longues.

En 1936, Houde engage comme annonceurs Stan Chapman et René Lévesque, futur premier ministre du Québec. À cette époque, les émissions offrent des programmes de qualité douteuse, l'amateurisme régnant en maître dans la station. Cependant, les affaires vont bien; de même, le nombre d'appareils-radio augmente très vite dans la Baie-des-Chaleurs.

En 1936, l'arrivée de Viateur Bernard à titre de directeur-gérant va changer l'orientation du poste. Cet instituteur, improvisé animateur et administrateur de radio, reste le bras droit de Houde jusqu'en 1957. Sous sa gérance, CHNC devient une station professionnelle. D'abord le poste s'affilie à Radio-Canada, ce qui lui permet de diffuser tout le jour. Puis, débute une programmation où, tout en respectant le goût des gens, les annonceurs introduisent au compte-goutte ce que l'un d'eux appelle de la belle musique, c'est-à-dire la musique classique et la chansonnette française. Des émissions scientifiques et littéraires voient aussi le jour. Du côté religieux, l'abbé Lionel Boisseau, curé de New-Carlisle, entreprend en 1936 une émission de méditation religieuse. Encore en ondes en 1981, ce quart d'heure de réflexion quotidienne semble avoir battu tous les records connus de longévité radiophonique[39].

En 1939, Houde réalise un rêve vieux de cinq ans: l'augmentation de la puissance à 1 000 watts permet au poste gaspésien de couvrir la Gaspésie entière, les trois provinces maritimes, les Iles-de-la-Madeleine, Terre-Neuve et les Iles Saint-Pierre et Miquelon. À l'ouest, on peut capter le poste jusqu'à Montmagny. C'est l'âge d'or de CHNC. La concurrence anglaise s'estompe lentement et, seul poste français de l'Est du Canada, la station du docteur Houde bénéficie d'une très bonne cote d'écoute, ce qui lui permet d'aller chercher de gros commanditaires nationaux et régionaux. À cette époque, 34% des foyers gaspésiens possèdent une radio[40]. Avec la guerre, CHNC ne diffuse que les nouvelles de Radio-Canada, alors que « La semaine au village », avec son réseau de 200 correspondants, renseigne les Gaspésiens sur l'actualité locale. La station collabore par ailleurs avec le mouvement coopératif en donnant du temps d'antenne à ses propagandistes[41].

Mais, à certaines heures, les postes américains submergent encore la région. Grâce à l'appui de l'Union régionale des caisses populaires, CHNC installe un émetteur de 5 000 watts en 1946. Presque en même temps, le docteur Houde, encore pour faire face à la concurrence, fait de CHNC une station uniquement française et fonde, pour les auditeurs anglophones, la station CKNB de Campbellton. Au début des années 50, New-Carlisle devient une station de base pour Radio-Canada, ce qui implique des contrôles plus sévères de la société d'État et une programmation de meil-

Inauguration de CHAU-TV en 1959. « Mgr Charles-Eugène Roy, depuis quelques années responsable du sanctuaire du Mont Saint-Joseph à Carleton, convainc Charles Houde de choisir ce site pour y établir le nouveau poste de télévision... » Photo: Charles Bernard.

leure qualité.

En 1956, CHNC compte une dizaine d'employés, mais l'ouverture d'autres stations dans le Bas-Saint-Laurent et dans les Maritimes a diminué le nombre de ses auditeurs. Bonaventure, Gaspé-Sud, une partie de Gaspé-Nord, de la Matapédia et du Nouveau-Brunswick forment encore plus qu'avant le gros de sa clientèle[42]. C'est alors que le docteur Houde songe à la télévision. Mgr Charles-Eugène Roy, depuis quelques années responsable du sanctuaire du Mont-Saint-Joseph à Carleton, le convainc de choisir ce site pour y établir le nouveau poste de télévision, CHAU-TV, qui ouvre ses portes en 1959.

Un des postes qui vient faire concurrence à CHNC, surtout dans le comté de Matapédia, est CKBL-Matane. Ouvert en septembre 1948, il est le fruit de l'association de deux hommes d'affaires matanais, Roger Bergeron et René Lapointe. La station a une puissance de 1 000 watts et émet sur une fréquence de 1 250 kilocycles. Dix-neuf employés se partagent les tâches, ce qui constitue une bonne équipe, compte tenu de l'époque et du lieu[43]. L'émetteur se trouve à Poncheville (Matane-Est). L'aire de rayonnement théorique s'étend de Pointe-au-Père à Rivière-Madeleine, comprenant la majeure partie du comté de Matapédia et une portion importante de la rive nord du Saint-Laurent, de Forestville à Sept-Iles. Mais l'auditoire réel est plus restreint. L'annonceur Marcel Houle, auteur de romans-fleuve qui connaîtront un fort succès, assume une bonne partie du travail de la programmation.

Les temps sont durs et après un an et demi d'exploitation la survie de l'entreprise est en jeu. Bergeron, intéressé par d'autres affaires, cède une partie de ses actions à René et à Octave Lapointe. Pour éviter la faillite, les frères Lapointe appliquent de sévères restrictions budgétaires, réduisent les

CKBL-MATANE

effectifs et finissent par rétablir la situation. En 1950, la puissance de la station augmente à 5 000 watts et CKBL s'affilie à Radio-Canada. En 1952, un jeune ingénieur, Yvan Fortier, prend en main les destinées techniques du poste. Une série d'oeuvres marquent l'histoire de la programmation de CKBL, qui se dote même d'un orchestre en 1954. Les radio-romans, produits au poste même, se succèdent et le 23 janvier 1956, la station se voit décerner un « Beaver Award » pour une émission locale, « La Marjolaine », entendue sur les ondes de 26 stations de langue française.

Une fois la rentabilité de l'entreprise assurée et jouissant d'une bonne réputation, les frères Lapointe songent à se lancer dans la télévision, en plus de fonder *La Voix Gaspésienne*. CKBL-TV commence ses activités le 19 août 1958, mais ses premiers pas sont chancelants. La rentabilité se fait attendre et la grève des réalisateurs de Radio-Canada qui commence à la fin de l'année n'aide pas l'entreprise, qui doit en outre subir la concurrence de deux nouvelles stations de radio à Hauterive et à Sept-Iles. Mais la situation finit par s'améliorer.

Le tourisme: de la villégiature à l'invasion

UN PARADIS TERRESTRE

À la suite de Lord Dorchester (Guy Carleton) qui, à la fin du 18e siècle, passa quelques étés à la Baie-des-Chaleurs, des membres de l'aristocratie britannique et de la haute bourgeoisie canadienne et américaine se rendaient annuellement en Gaspésie. À partir de 1850, on vit de somptueuses villas s'ériger à Carleton, à New-Carlisle, à Percé et au bassin de Gaspé, célèbre pour son vieux Coffin Hotel qui brûla en 1878. Les villégiateurs s'embarquaient à Montréal et à Québec sur l'un des navires de la Quebec & Gulf Ports Steamships Co. Fonctionnaires royaux, riches Américains, hommes politiques y venaient surtout chasser et pêcher. Quelques-uns s'adonnaient au yatching et la plupart regardaient avec condescendance pêcheurs et cultivateurs qui gagnaient leur pain quotidien.

De ces oasis de repos, Carleton était la plus populaire. Jean-Chrysostome Langelier en parle, en 1884, dans les termes suivants: « La grève est on ne peut plus belle, mieux adaptée pour prendre des bains de mer, les paysages environnants sont d'une beauté ravissante [...] Si cette localité était plus

Sainte-Flavie, en route
pour la Gaspésie. (ACN)

connue elle deviendrait en peu de temps la place d'eau la plus recherchée
[...] de la province de Québec[44]. »

À Percé, en plus de la clientèle huppée, des artistes et des naturalistes
commencent déjà à fréquenter la plage, la montagne et l'île Bonaventure
qui, en 1919, deviendra officiellement un sanctuaire d'oiseaux. Certains
jours, des pêcheurs nettoient leurs barques et font faire le tour de l'île à des
villégiateurs. À New-Carlisle, des hommes d'affaires fondent en 1889 la
Compagnie d'Hôtel de New-Carlisle qui vise la construction d'hôtels et la
promotion du tourisme dans la vieille bourgade loyaliste[45].

Mais ce n'est qu'au tournant du siècle, avec l'arrivée du chemin de fer à
Paspébiac, que les Gaspésiens seront témoins de la première vague de
construction d'hôtels sur les pourtours de la péninsule. Bien que les plus
fortunés continuent à préférer le bateau au train, des villégiateurs plus
pressés apprécieront de ne rouler que quinze à vingt heures pour atteindre
la presqu'île gaspésienne. Quand, en 1911, le rail se rend enfin à Gaspé, le
nombre de touristes augmente encore. C'est l'âge d'or de l'hôtel White
House et ensuite des Sables Rouges à Carleton, de l'hôtel Annett à New-
Carlisle, du Bleu Blanc Rouge et de l'hôtel Bisson à Percé, de l'hôtel Baker

Percé, rendez-vous des artistes. (ACN)

à Gaspé et de plusieurs autres établissements luxueux sur la côte. Même la côte nord gaspésienne, moins favorisée, commence à s'éveiller à la nouvelle industrie. À Matane, on construit l'hôtel Belle-Plage en 1921. Sainte-Anne-des-Monts, avec sa Vieille Maison, devient aussi un coin recherché pour vacanciers fortunés, en plus de recevoir un type spécial de voyageurs: des pélerins venus vénérer la bonne Sainte-Anne, patronne des marins. Entre cet endroit et Gaspé, on compte trois hôtels en 1925.

Mais déjà, l'industrie du tourisme connaît des problèmes et les voyageurs se plaignent du service des hôtels, qui sont au nombre de 36 en 1926. À ceux-ci, il faut ajouter les nombreuses maisons de pension de même que les cabines, dont l'apparition récente permet de croire que le phénomène du tourisme commence à atteindre les classes moyennes.

PÊCHE SPORTIVE ET CHASSE

En même temps que la Gaspésie de la seconde moitié du 19e siècle s'ouvrait au tourisme de luxe, des hommes d'affaires et des politiciens, souvent américains ou canadiens-anglais, achetaient les rivières des propriétaires riverains ou se les faisaient concéder par les gouvernements. Ainsi, en 1873, ces nouveaux seigneurs des eaux intérieures avaient loué à bail six cours d'eau, dont la Cascapédia et la Matapédia, considérées à la fin du siècle comme les deux meilleures rivières à saumon de la province. Le gouvernement du Québec trouvait payante cette politique qui lui rapportait quelque $3 000 en 1884[46]. À la même époque, le Nouveau-Brunswick offrait l'affermage de ses rivières aux enchères et obtenait $3 000 en 1887 pour la seule Ristigouche[47].

Déjà, des voix s'élèvent pour réclamer que la population ait accès à une rivière au moins dans le district de Gaspé et qu'on loue les cours d'eau aussi bien aux gens du lieu qu'aux étrangers. Pour sa part, le député Pierre Fortin défend le pêcheur commercial de saumon qui voit son temps de pêche s'écourter par suite des pressions des pêcheurs sportifs sur les autorités politiques. Il s'insurge contre « les millionnaires des États-Unis [qui] peuvent venir en ce pays s'emparer de nos rivières pour leur amusement et chasser ceux qui pêchent au filet[48]. » Mais pendant longtemps, les « sportsmen » grugeront les droits des pêcheurs aux rets.

Au 20e siècle, l'affermage des rivières québécoises est érigé en système; cela rapporte au trésor provincial des sommes relativement importantes pour l'époque. L'État reçoit ainsi $116 000 en 1912[49]. Mais la quantité des prises diminue constamment: de 1940 à 1944, les captures annuelles au Restigouche Salmon Club s'établissent à 1 984; de 1955 à 1959, elles ne sont plus que de 635[50]. Mais pour les observateurs étrangers, tel W. L. Calderwood, ancien inspecteur des pêcheries de saumon d'Écosse, qui effectue une tournée provinciale vers 1935, la pêche au saumon en Gaspésie constitue un phénomène. Il raconte: « Un wagon emportait [...] les poissons à la salle d'emballage du Club [Restigouche]. Parfois, les hommes qui amenaient le poisson ramaient depuis trois ou quatre heures du matin et s'étaient mis en route, au clair de lune. Ils chargeaient environ soixante-dix ou quatre-vingt poissons dans un canot; une fois au club, on plaçait ces saumons dans des caisses en bois, une caisse par poisson et on y empilait de la neige après avoir inscrit dans un registre le poids du poisson et les noms et adresses des destinataires. C'étaient toujours des cadeaux destinés à des amis habitant New-York, Washington ou d'autres endroits [...] Une pièce de 43 livres fut en fait la plus belle prise durant mon séjour [...] La moyenne pour la Cascapédia est de 23 livres, mais pour la Restigouche, elle doit être 20 livres car nous prîmes bon nombre de jeunes poissons pesant environ 12 à 16 livres[51]. »

En 1945, le ministère de la Chasse et de la Pêche fait l'acquisition des rivières Matane et Petite Cascapédia. Il restaure la première et la ressuscite comme paradis du pêcheur de saumon. Trois ans plus tard, c'est au tour de la Port-Daniel de passer sous le contrôle gouvernemental. Au début des années 50, c'est au tour des rivières Saint-Jean et Sainte-Anne. Muni d'un permis, le touriste moyen peut ainsi s'adonner à son sport favori sur ces cours d'eau et sur quelques lacs.

Comme la pêche, la chasse a de tous temps servi à nourrir les Gaspésiens. Elle était cependant plus libre et seulement quelques clubs possédaient des territoires privés. Le péninsulaire pouvait donc poursuivre espèces ailées et cervidés sans compter les petits animaux qui abondaient dans les grands bois. Jusqu'en 1929, alors que le gouvernement provincial vote une loi pour prohiber la vente de venaison, de véritables carnages avaient lieu. James MacPherson Lemoine en signale de terribles dans les profondeurs de la Ristigouche et de la Cascapédia vers 1880. Des troupeaux entiers d'orignaux périrent et des centaines de carcasses restaient sur place, langue, mufle et peau enlevés. Même chose pour le caribou derrière la vallée de la rivière Nouvelle. Entre 1900 et 1915, on expédiait ces cervidés sur les marchés par wagons entiers[52].

« Hôtel des Sables-Rouges », Carleton. (ACN)

Dans ces conditions, il n'est guère surprenant que le caribou des bois voit sa survie menacée, d'autant plus qu'il est très sensible aux changements apportés à son environnement par les opérations forestières, aux feux et aux épidémies d'insectes. Vers 1930, il en reste très peu et, en 1937, le gouvernement provincial crée le parc national de la Gaspésie pour protéger l'espèce. En 1949, on prohibe la chasse au caribou dans toute la province. Selon le biologiste Gaston Moisan, la péninsule compterait entre 700 et 1 500 têtes en 1956[53].

LE TOURISME NOMADE Nous avons vu la quasi-révolution provoquée par l'apparition de l'automobile en Gaspésie. Désormais, la péninsule est à la portée des familles qui ont le moyen de se payer une voiture. Poussés par le goût de l'aventure et dotés d'une bonne résistance physique, un nombre croissant d'Américains et de Canadiens se lancent à la découverte du pays gaspésien. Jusqu'à la fin de la guerre, de 20 000 à 50 000 itinérants se rendent annuellement en Gaspésie. Un grand nombre n'y passent que trois ou quatre jours, mais les plus fortunés, continuant la tradition des villégiateurs du 19e siècle, résident dans la péninsule pendant quelques semaines et parfois la majeure partie de l'été. Ceux qui n'ont pas de véhicule peuvent toujours, à partir de 1933, prendre place dans un « confortable » autobus de la Compagnie de transport provincial et visiter en groupes la région déjà célèbre. Quant aux voyageurs plus pressés, ils auront avantage à s'adresser au service de location de Mont-Joli qui, en 1937, commence ses activités; il fournit aux clients une voiture et un chauffeur-guide qui leur décrit les beautés du paysage pendant les quatre jours que dure la randonnée[54].

Les succès du tourisme en Gaspésie sont de beaucoup redevables au gouvernement provincial qui accorde une large place à la région dans sa publicité. Dès 1928, en guise d'avant-première, il distribue 500 000 cartes postales typiques. L'année suivante, il publie pour les riches itinérants une brochure intitulée *Romantic Quebec-Gaspe Peninsula*, où ils puiseront les renseignements utiles à leur séjour. Sous la plume des publicistes gouvernementaux, la Gaspésie devient alors un vaste terrain de golf et de tennis tout en conservant les traits d'une région arriérée où le pêcheur affable se fera un plaisir de poser pour la postérité[55].

En 1930, pour s'ajuster à une clientèle moins huppée, le Bureau provincial du tourisme met en circulation 100 000 exemplaires d'une brochure intitulée *The Gaspe Peninsula*, le premier de nos guides touristiques modernes. Après une esquisse historique et une description physique et humaine de la région, les auteurs y décrivent le parcours de Rivière-du-Loup à Matapédia. Traduit en français en 1933, le guide est distribué l'année suivante à 50 000 exemplaires. Parallèlement, de nombreuses conférences se donnent sur les divers aspects de la Gaspésie. Pour la seule année de 1933, 2 000 articles de journaux américains, y compris franco-

Artisane de Rivière-au-Renard crochetant des tapis traditionnels. (ACN)

Gaspé informe ses tou-
ristes. (ACN)

américains, font la réclame de la péninsule[56]. Les magazines sont aussi utilisés et le prestigieux *National Geographic* consacre un reportage à la Gaspésie en août 1935[57]. Des associations, tel le Club Automobile de Québec et, un peu plus tard, l'Association des hôteliers de la Gaspésie, fondée en 1938, mènent aussi leur propre campagne de publicité. L'Association des hôteliers publie un manuel-guide, initiative qui, au fil des ans, sera imitée par des agences de voyage, des chambres de commerce et des compagnies d'essence.

Il est difficile d'évaluer l'apport économique du tourisme dans la Gaspésie d'avant-guerre. Pour sa part, le sociologue Gérard Guité l'estimait à $200 000 en 1940[58]. Il faut cependant tenir compte du fait que ce n'est qu'une partie de la population qui en bénéficie: garagistes, propriétaires de magasins d'artisanat, hôteliers qui « importent d'ailleurs tout ce dont ils ont besoin à l'exception de quelques sacs de pommes de terre qu'ils achètent dans la localité[59]. » De 1925 à 1930, le nombre d'hôtels double et on construit 75 cabines[60]. Ces dernières atteignent déjà la centaine en 1932, au désespoir de Mgr Ross, qui y voit des lieux de promiscuité et de débauche. Avec d'autres, l'évêque de Gaspé fait pourtant campagne pour amener le touriste à se plaire dans la péninsule et à y revenir souvent. À cet effet, il incite les Gaspésiens à embellir leurs propriétés et à démontrer de l'originalité dans la fabrication de souvenirs et dans l'apprêt des mets. Il insiste particulièrement sur la fabrication des enseignes, s'attaquant aux « Inns », aux « Camping Grounds », aux « Home Spun », aux « Hot Dogs » et aux « Fresh Fish », tant par esprit patriotique que pour répondre à l'attente du touriste qui veut retrouver le caractère français des régions où il voyage[61]. D'ailleurs, à Montréal, on a formé un comité qui vise à encourager le tourisme en Gaspésie.

À l'aube de la guerre, on compte 331 cabines sur le territoire. Les hôtels, eux, passent de 50 en 1930 à 100 en 1939[62]. Toujours pleins à craquer, il s'en trouve pour tous les goûts et tous les portefeuilles, du snob hôtel Baker de Gaspé au simple hôtel David Duguay de Sainte-Adélaïde-de-Pabos, où le voyageur peut se loger pour $0,75 et se restaurer pour le même prix[63]. Il y a aussi de nombreuses maisons de pension qui servent des mets du pays à très bas prix et « avec cette traditionnelle hospitalité française qui sait offrir un service dévoué en même temps que discret[64]. » À Newport, un terrain de camping attire les rares adeptes de ce type de villégiature encore à ses débuts.

C'est le coin de Percé, avec tout son pittoresque, qui attire le plus de visiteurs. Ils sont entre 25 000 et 50 000 à se partager annuellement chambres d'hôtels, cabines, maisons de pension et tables de restaurants. Une quinzaine de bateaux permettent de faire des excursions dans les environs, surtout autour de l'île de Bonaventure, célèbre sanctuaire des fous de bassan.

Luxueux chalet de pêche sur la rivière Cascapédia. (Arch. photo. Notman; Musée McCord)

Pendant la guerre, l'industrie touristique connaît un ralentissement. La mobilisation pour la production ne prête guère aux voyages et la construction d'équipement se fait rare. De même, le gouvernement suspend les travaux d'aménagement du parc de la Gaspésie.

L'idée d'un parc national dans la péninsule n'était pas nouvelle. Dès 1905, le gouvernement de Lomer Gouin avait créé une vaste réserve de 2 500 milles carrés, ancêtre de l'actuel parc et des réserves des Chic-Chocs et de Matane. Mais, à l'époque, les politiciens n'étaient guère sensibilisés à la conservation de la faune et de la flore; ils étaient plus intéressés à accorder des permis de coupe de bois, but réel de la réserve.

Vingt ans plus tard, la situation a changé. Les travaux du frère Marie-Victorin ont popularisé la connaissance de la flore québécoise et, fait fondamental, il faut protéger le dernier cheptel de caribou des bois au sud du Saint-Laurent. En 1937, une loi crée donc le Parc national de la Gaspésie, qui ne compte alors que 350 milles carrés. À l'aube de la décennie 1960, son expansion lui aura permis d'atteindre 1 300 milles carrés. Dès la première année, on localise les sites les plus remarquables. En 1938, on entreprend la construction d'une route et on érige les logements des ouvriers. Ceux-ci s'affairent à la construction des bâtisses permanentes qui, regroupées au pied du Mont-Albert, présentent toutes une architecture d'inspiration suisse. Le lieutenant-gouverneur E.-Léon Patenaude visite le chantier et le parc en août. Dès 1939, quand le chemin est terminé, de nombreux villégiateurs se rendent dans le nouveau parc national. Cependant, à cause de la suspension des travaux imposée par la guerre, ils n'y trouvent aucun accomodement; ce sera le cas pendant plusieurs années encore.

En 1947, s'ouvre au public l'hôtellerie du Service des parcs du Québec à Fort-Prével, sur un promontoire dominant la baie de Gaspé et ayant été fortifié pendant la guerre qui vient de se terminer. Trois ans plus tard, c'est

« Restigouche Salmon Club », Matapédia. (APC)

au tour du complexe touristique du Mont-Albert, situé en plein coeur du parc de la Gaspésie, d'accueillir les voyageurs. En même temps, le Service des parcs aménage plusieurs lacs du secteur de Sainte-Anne-des-Monts au bénéfice des pêcheurs sportifs. Des cours d'hôtellerie sont dispersés sous la direction de François de B. Gourdeau.

Au milieu des années 50, le parc de la Gaspésie, accessible par quatre routes (à partir de Sainte-Anne-des-Monts, Mont-Louis, Gaspé et New-Richmond), connaît un succès certain. Pour la seule année 1955, 5 863 pêcheurs demandent un permis de pêche: 2 633 d'entre eux sont américains et 3 230 sont canadiens, dont 2 952 originaires du Québec et 1 115 de la Gaspésie même[65]. Les excursions en jeep sur le plateau des Chic-Chocs sont aussi très populaires à cette époque. Près de Cap-des-Rosiers, le cap Bon Ami, acheté par le gouvernement provincial en 1949, fait partie du parc de la Gaspésie. En 1971, il sera intégré au parc national Forillon.

LE DÉFERLEMENT ANNUEL

Mais, si l'intérieur de la péninsule exerce un attrait sur les amateurs de plein air, c'est le littoral qui retient le plus grand nombre de touristes avec ses paysages pittoresques et ses anses de pêche typiques où s'affairent les habitants du lieu. Avec son circuit unique où le voyageur découvre des paysages sans cesse renouvelés, il n'est donc pas surprenant que la Gaspésie soit envahie, après la guerre, par un nombre considérable de touristes.

La saison touristique dure peu longtemps: de la fin de juin au début de septembre. Mais 80 000 à 100 000 personnes font annuellement le « tour de la Gaspésie » dans les années 50 et dépensent dans la région quelque $4 000 000. À 99%, cette clientèle vient du Canada et des États-Unis, dans une proportion de 52% et 47% respectivement. Les Canadiens proviennent presque uniquement du Québec (75%) et de l'Ontario (20%). Quant aux 40 000 Américains recensés en 1955, il s'agit surtout de résidents de la Nouvelle-Angleterre et de l'État de New York bien qu'une minorité impor-

ROMANTIC QUEBEC

Gaspé PENINSULA

ALBERT
CLOUTIER

PUBLISHED BY
THE PROVINCE OF QUEBEC TOURIST BUREAU

Brochure distribuée aux
touristes dès 1929.
(MRG)

tante vienne du Middle West. Parmi les visiteurs de la Nouvelle-Angleterre,
les trois quarts sont franco-américains.

Ce tourisme de masse a exigé la modernisation des structures d'accueil.
En effet, de plus en plus friand de confort, le voyageur nord-américain
demande le chauffage automatique et l'eau courante. Il passe en général
deux ou trois semaines dans la région et couche dans une quinzaine
d'établissements différents.

Bien que le nombre d'hôtels passe de 128 en 1946 à 189 en 1956, ce sont les
cabines et les motels qui ont désormais la faveur du touriste. Alors qu'il
n'existait que 331 cabines au début de la guerre, leur nombre atteint 814 en
1956 et elles peuvent loger 3 000 personnes. Quant aux motels, synonymes

de consommation de masse, ils font leur apparition en 1951 et, cinq ans plus tard, ils peuvent loger 1 276 visiteurs.

Si tous les secteurs, à l'exception de celui de Gaspé, connaissent un essor, c'est la Percésie qui bénéficie surtout du tourisme de masse. Chaque été, le village de Percé se transforme en une petite ville de 4 000 personnes qui excursionnent à l'île Bonaventure, explorent le Mont Sainte-Anne et envoient à leurs proches la traditionnelle carte postale du rocher Percé. On visite les comptoirs d'artisanat, on va à la pêche, on sirote une consommation à un bar, on rencontre des gens. En fait, Percé c'est l'étape par excellence du tour de la Gaspésie.

Mais l'odeur des frites remplace de plus en plus celle de la morue et on peut parler de Percé comme de l'*Old Orchard Beach* du Québec. En vérité, la situation percéenne ne reflète que le malaise général. Dans un but mercantile, on détériore et on détruit des sites. La cuisine est plus américaine que gaspésienne et l'artisanat se fait volontiers japonais. Dans les années 50 et au début des années 60, les observateurs qui critiquent cet état de chose font figure de prophètes de malheur. Mais avec le déclin de l'industrie dans les années 70, leur discours revient à la mémoire avec acuité.

Du matin au soir, écrit Marcel Rioux en 1961, les enfants de Belle-Anse regardent passer les touristes[66]. Quarante ans auparavant, leurs pères se contentaient d'observer les barques sur la mer. En 1960, radio et télévision racontent l'élection de John Kennedy et la menace d'une guerre nucléaire. Il ne faut plus comme avant attendre deux semaines pour recevoir des nouvelles du jeune étudiant à Québec ou à Rimouski. Le téléphone permet de le faire souvent. Pour l'observateur, il ne fait aucun doute qu'entre 1920 et 1960, les communications ont provoqué en Gaspésie un profond changement culturel.

16

Le religieux
et le social

La périole 1920-1960 se caractérise par le rôle prédominant joué par le clergé du diocèse de Gaspé dans à peu près toutes les sphères d'activité: éducation, services sociaux, économie, colonisation, coopératisme, etc. Jusqu'en 1945, sous le leadership d'un évêque omniprésent et interventionniste, François-Xavier Ross, les prêtres gaspésiens, épaulés par des laïcs, s'impliquent dans la fondation et l'administration de plusieurs institutions, de divers mouvements. L'élément le plus marquant de cette action se situe au niveau des coopératives, qui foisonnent à partir des années 30. Considérée comme un outil de développement économique et comme une oeuvre sociale, la coopération devient le remède à bien des maux. Après la guerre, l'action et l'influence du clergé commencent à perdre de l'importance. Bien sûr, les clercs sont encore présents: jusqu'en 1960, on les retrouve au coeur des problèmes de la région; ce sont eux qui mettent sur pied les coopératives d'électricité et ils oeuvrent à la base de la difficile syndicalisation des travailleurs de la forêt.

Le successeur de Mgr Ross, Mgr Albini Leblanc, s'implique lui aussi dans les affaires socio-économiques, mais il se confine davantage à l'aspect proprement spirituel de l'oeuvre religieuse. Qui plus est, les prêtres sont dépassés par la modernisation et la bureaucratisation des oeuvres qu'ils ont créées. Petit à petit, ce sont des spécialistes qui prennent en main les destinées des coopératives, des syndicats et des services. En Gaspésie, comme ailleurs au Québec, la société se sécularise.

Chez les protestants, les leaders connaissent une situation bien pire. Dans leur cas, c'est presque la survie de leurs églises qui est en jeu. Face à la baisse constante de leurs effectifs, ils maintiennent tant bien que mal des institutions, victimes qu'ils sont de la régionalisation du pouvoir et du dynamisme des catholiques.

Le relèvement d'un peuple

Dès le milieu du 19e siècle, on avait pensé à créer un diocèse pour la Gaspésie et il en avait été souvent question par la suite, mais c'est en 1920 que le projet est relancé sérieusement par le nouvel évêque de Rimouski, Mgr Joseph Romuald Léonard, originaire de Carleton.

Le district de Gaspé compte alors à lui seul 58 300 personnes réparties en 42 paroisses et 18 missions[1]. C'est déjà plus de population que dans certains diocèses existants. En mai 1920, Mgr Léonard consulte les curés gaspésiens, qui sont tous favorables au projet mais qui sont partagés sur le choix du siège épiscopal. En octobre de la même année, Mgr Léonard met sur pied une commission dont font partie, le vicaire général du diocèse, Mgr François-Xavier Ross qui assume la présidence, Mgr Philippe Sylvain et les chanoines Fortunat Charron et Victor Côté. Dans son rapport, la commission recommande que le nouveau diocèse comprenne tout le comté de Gaspé et presque tout celui de Bonaventure, à l'exception de quelques villages à l'extrémité ouest. Le choix du futur siège épiscopal est plus délicat. Il faut choisir entre Gaspé, Grande-Rivière et surtout Bonaventure: « Un siège épiscopal à Saint-Bonaventure irait bien à cette paroisse; l'évêque y serait mieux; la population du côté sud de la péninsule y trouverait son avantage; le reste est pauvre et ne compterait guère dans l'organisation ». C'est cependant Gaspé qui l'emporte: « La commission partage la manière de voir des curés du comté de Gaspé sur la position centrale de Gaspé et son importance future [...] Il est vrai que la situation immédiate de l'évêque sera moins agréable, plus pénible à Gaspé qu'à Saint-Bonaventure. Il sera assez longtemps isolé des paroisses importantes. Il pourra toutefois s'installer convenablement dans le presbytère et la petite église dès le commencement[2]. » Gaspé est alors un village d'environ 1 000 personnes, dont 600 catholiques.

C'est Mgr Léonard lui-même qui se rend présenter une supplique à Rome et, le 5 mai 1922, le Saint-Siège officialise l'érection du nouveau diocèse. Ses limites seront celles des comtés de Gaspé et de Bonaventure moins les cantons de Ristigouche, de Matapédia, de Patapédia, de Milnikek et d'Assemetquaghan. Dès le mois d'août, on soulève la question d'une annexion des Iles-de-la-Madeleine au nouveau diocèse de Gaspé. La consécration du nouveau prélat est fixée au 1er mai 1923 à la cathédrale de Rimouski. Dès le lendemain, Mgr Ross prend le train pour Gaspé. À chaque gare, la population l'acclame et, à Gaspé, on scie la glace reliant encore les deux rives du bassin pour permettre à l'évêque et à sa suite de faire la traversée en chaloupe. Le 3 mai, il est intronisé. Mgr Ross s'est déjà choisi un vicaire général en la personne du curé de Bonaventure, J.-Elzéar Matte[3].

UNE ÉGLISE EN EXPANSION

Au moment où il prend possession de son diocèse, en 1923, François-Xavier Ross y trouve 51 170 catholiques, 55 prêtres séculiers, 5 prêtres réguliers (capucins et eudistes) et 5 communautés religieuses féminines. Il s'étend sur une superficie de 7 751 milles carrés. Quand le premier évêque de Gaspé décède, 22 ans plus tard, le diocèse compte 70 000 catholiques, 8 825 non-catholiques, 83 prêtres séculiers, 31 réguliers, 8 communautés religieuses masculines et 11 féminines. Les paroisses sont alors au nombre de 55 et les missions et dessertes de 13. Les églises et les chapelles passent de 50 en 1923 à 72 en 1945 et les écoles tenues par des religieuses, de 14 à 28[4]. Il y a donc nette progression durant ces deux décennies, tant du côté démographique

que de celui de l'organisation religieuse. La population catholique est à peu près à 90% francophone. Une seule des paroisses du diocèse est anglaise: Douglastown. Trois autres ont une population moitié anglophone, moitié francophone: New-Richmond, Saint-Pierre-de-Malbaie (Barachois) et Gaspé. On compte quelques anglophones de religion catholique à Saint-Majorique, Percé, Chandler et New-Carlisle. Les autres paroisses sont francophones et les quelques familles irlandaises qui s'y trouvent parlent habituellement le français.

À l'arrivée de Mgr Ross, tout est à organiser ou presque. L'église paroissiale de Gaspé servira de pro-cathédrale jusqu'à son incendie en 1929. Mais, il faut un évêché. À cette fin, on achète une maison qu'on fait rénover. Le prélat y entre au printemps de 1924 et il y demeure jusqu'à l'automne de 1930. Cette année-là, l'évêché est cédé aux soeurs missionnaires du Christ-Roi. Mgr Ross va alors résider au monastère des Ursulines. En 1942, il s'installe dans l'évêché actuel, une maison achetée de Kingsley Carter en 1934.

Mgr Ross ne ménage pas ses efforts pour transformer Gaspé en une véritable ville épiscopale. Les soeurs de Notre-Dame du Saint-Rosaire y tiennent déjà une école depuis 1917. En 1924, l'évêque fait venir les ursulines pour ouvrir une école normale, puis plus tard une école ménagère et un pensionnat. En 1926, on complète la construction du petit séminaire, qui est confié aux jésuites, et des soeurs de la congrégation de Sainte-Marthe (Saint-Hyacinthe) s'y installent pour faire le service culinaire et ménager. La même année, des hospitalières de la Miséricorde de Jésus (Québec) ouvrent l'Hôtel-Dieu de Gaspé. En 1927, des religieuses de Notre-Dame (Mont-Laurier) arrivent dans la ville épiscopale pour s'occuper de l'évêché. Elles y restent trois ans. À partir de 1941, ce sont les Servantes de Notre-Dame-Reine-du-Clergé qui voient à ce travail.

Mais l'Église gaspésienne ne roule par sur l'or. Mgr Ross disait qu'au moment de la création du diocèse, seuls deux presbytères avaient l'eau courante, un bain et une chambre de toilette intérieure[5]. C'est dire que pour la construction des nouvelles institutions, l'argent est difficile à trouver et les dettes se font nombreuses et lourdes.

À l'automne 1928, Mgr Ross fonde à Gaspé la congrégation missionnaire des soeurs du Christ-Roi, qui est érigée canoniquement le 11 février 1930[6]. Trois ans plus tard, les quatre premières soeurs missionnaires formées à Gaspé partent pour le Japon. Les religieuses du Christ-Roi, exclusivement vouées à l'oeuvre des missions, subsistent grâce aux dons, au potager qu'elles cultivent de leurs mains, aux messes chantées, aux petits travaux, à la couture, à la confection des hosties, etc. Vers 1940, elles sont obligées, pour se faire un revenu d'appoint, d'organiser une pouponnière et de prendre des pensionnaires.

En 1945, en plus des prêtres diocésains, il y a dans le diocèse huit communautés religieuses d'hommes. Trois d'entre elles ont la charge d'une paroisse: les capucins à Ristigouche et dans ses environs (1894), les eudistes à Chandler (1917) et les servites de Marie à Saint-Majorique (1938). Les clercs de Saint-Viateur, eux, remplacent les jésuites à la direction du séminaire de Gaspé en 1938. Ils prennent en même temps la direction de l'école d'agriculture de Val-d'Espoir. Quant aux frères du Sacré-Coeur, à ceux de l'Instruction chrétienne et aux maristes, ils enseignent aux garçons de Cap-Chat, de Chandler et de Sainte-Anne-des-Monts. Les communautés religieuses de femmes, plus nombreuses, font de l'enseignement dans 28 endroits différents dans le diocèse. En outre, les hospitalières de la Miséricorde tiennent l'hôpital de Gaspé (1926), les soeurs de la Providence un hôpital-hospice à Chandler (1915) et celles de Saint-Paul-de-Chartres une institution du même type à Sainte-Anne-des-Monts (1930).

À cette implantation d'institutions catholiques s'ajoute la mise en oeuvre d'activités ou de mouvements à caractère religieux et semi-religieux. Ainsi, les retraites fermées deviennent de plus en plus populaires. La première aurait été organisée à Grande-Rivière dès 1921. Des locaux s'ouvrent spécialement à cette fin au séminaire de Gaspé en 1931, à Saint-Edgar en 1937, etc. Il en est de même de l'Association catholique de la jeunesse canadienne-française (ACJC). Des groupements de ce type s'organisent dans de nombreuses paroisses au cours de l'été 1934. S'ajoute, en 1941, l'organisation officielle de l'Action catholique, dont la direction est confiée à l'abbé Gérard Guité, qui vient d'obtenir sa licence en sciences sociales.

Durant ces 22 premières années d'existence, le diocèse de Gaspé a donc vu à s'organiser et à se structurer de fond en comble. Les dirigeants ecclésiastiques se sont dotés de toutes les organisations que l'on retrouve habituellement dans les autres villes épiscopales ou les autres diocèses. De plus, l'évêque et son clergé se sont impliqués dans de nombreux combats qu'ils ont réussi à gagner assez souvent. L'homme qui s'emploie à lancer, à diriger et à catalyser la plupart de ces réalisations est Mgr François-Xavier Ross. Il est donc nécessaire de scruter de plus près la pensée, l'influence et l'action de ce personnage sur l'ensemble de la vie gaspésienne entre 1923 et 1945.

Mgr François-Xavier Ross, premier évêque de Gaspé, 1923-1945. (MRG)

UN ÉVÊQUE INTERVENTIONNISTE

François-Xavier Ross est né aux Grosses-Roches dans le comté de Rimouski le 6 mars 1869. Il est ordonné prêtre à Rimouski le 19 mai 1894. Dans ce diocèse, il cumule diverses fonctions curiales et administratives. À sa nomination comme premier évêque de Gaspé, le 11 décembre 1922, il est vicaire général du diocèse. Évêque de Gaspé pendant 22 ans, il décède à Québec le 5 juillet 1945.

Mgr Ross est d'abord un homme d'organisation et d'action. « Je me suis donné comme programme, dit-il un jour, d'éveiller les énergies, de susciter les initiatives, de déclencher l'action...[7]» Déjà, dans son mandement d'entrée de mai 1923, il exprime quelques-unes de ses idées maîtresses: « C'est notre mot d'ordre, c'est notre programme. Il faut croître, il faut grandir; ce progrès il faut l'atteindre suivant l'idée chrétienne [...]; et il faut grandir par tous les moyens que sait utiliser la pensée chrétienne. » Il ajoute: « Et ce sera, croyez-le, la sollicitude de votre évêque, de vous inspirer confiance, d'éveiller et d'utiliser vos activités, de susciter vos initiatives pour vous conduire dans les voies montantes[8]».

Pour Mgr Ross, le grand ennemi des Gaspésiens n'est pas tant la misère que l'ignorance. Et l'artisan d'une véritable réforme doit être le peuple lui-même. L'évêque s'attaque donc d'abord au problème de l'éducation. Dans ses divers écrits, il ne manque jamais l'occasion de parler du sujet, voire de rappeler divers principes pédagogiques ou de faire allusion à son expérience d'éducateur. En effet, il est l'auteur d'un traité de pédagogie publié en 1916 et l'un des principaux responsables de la refonte du programme des écoles élémentaires de 1923[9]. L'évêque de Gaspé est aussi un apôtre de la terre et de la colonisation. Dans son mandement de mai 1923, il écrit ainsi: « En tout premier lieu, nous considérons comme devant être la base de notre propriété future, la prise de possession du sol et son intelligente exploitation. Fixés par vos pères au bord de la mer, sur les richesses de laquelle vous avez jusqu'ici compté trop exclusivement, vous vous êtes désintéressés de la culture du sol; souvent vous l'avez pris en dégoût, préférant quitter vos rivages et aller demander aux villes et aux exploitations forestières la nourriture que la mer vous refuse, plutôt que de vous retourner vers la terre que Dieu a donnée à l'homme [...] Les parties de la Gaspésie qui sont devenues les plus prospères et qui, en temps de crise, ont surmonté le plus facilement les difficultés économiques, sont celles qui se sont adonnées à l'agriculture [...] Pourtant à quelques arpents du rivage, commencent ces belles régions de colonisation qui sollicitent votre courage, et n'attendent que votre travail pour vous livrer un sol productif et couvrir votre territoire de belles et florissantes paroisses[10].»

Pour l'évêque de Gaspé, « la race française, qui est une race essentiellement paysanne, prouve par son histoire qu'une race terrienne peut donner dans tous les domaines, des supériorités qui égalent ou éclipsent celles des nations boutiquières et industrielles[11]». Il ne voit pourtant pas en l'industrie une ennemie, du moins tant qu'elle ne devient pas un obstacle à la colonisation et à l'agriculture. Mgr Ross favorise l'établissement de nouvelles colonies en nommant des missionnaires-colonisateurs, en prenant la défense des colons contre les compagnies forestières, en faisant des pressions auprès des autorités pour faciliter l'accès aux terres, ou encore, comme c'est le cas en 1928 à Val-d'Espoir, en organisant la venue de communautés religieuses pour indiquer à la population les voies à suivre.

La crise économique de 1929, qui entraîne un mouvement provincial de retour à la terre, semble convaincre Ross de poursuivre ses efforts. Il prend alors l'initiative de réunir à Gaspé divers notables, le clergé et des représentants des gouvernements pour trouver des solutions au problème de la crise. On décide de faire une grande offensive de colonisation des terres intérieures qui devrait, par l'exploitation conjointe de la terre et de la forêt, amener l'ouverture de nouvelles paroisses. Malgré son souci de voir les colons occuper de nouvelles terres, Ross s'oppose à une colonisation désordonnée, risquant d'aboutir à un échec.

Sceau du diocèse de Gaspé. (Coll. privée)

L'évêque s'implique aussi très directement et très activement dans l'organisation et le développement des divers mouvements coopératifs. Si en d'autres diocèses les autorités religieuses favorisent les coopératives, en Gaspésie, les premières organisations de ce type sont bien des fois l'oeuvre directe de l'action épiscopale. Pour favoriser la création et le développement de mouvements coopératifs, il met sur pied diverses mesures, dont la mobilisation d'un prêtre pour faire le tour des paroisses et prêcher les principes de la coopération. Nourri des encycliques sociales de Léon XIII, de Pie XI et de Pie XII, auditeur assidu des Semaines sociales, Ross est fidèle à la doctrine sociale de l'Église.

En collaboration avec certains membres de son clergé et des fonctionnaires, Mgr Ross met sur pied les premières coopératives de pêcheurs dès 1923. Le mouvement semble vouloir prendre de l'ampleur et le ministre de la Colonisation, des Mines et des Pêcheries, Joseph-Édouard Perreault, harcelé par le lobbying des marchands de poisson, écrit à l'évêque de Gaspé: « Monseigneur, n'allez pas trop vite, je vous en prie; vous ne savez pas à quelles pressions nous sommes soumis ». Ce à quoi l'évêque répond: « le jour où ceux qui nous mènent verront le groupe des électeurs, sans souci de défendre le parti, quel qu'il soit, solide dans la défense de ses intérêts, l'emprise des puissantes compagnies sera chose du passé. Ceux qui gouvernent ne sont pas si mal disposés [...] Mais ils ont besoin de sentir, chez le peuple qui les élit, une force leur permettant de résister à ces puissances d'argent qui s'arrogent le droit de mener les gouvernements...[12] »

Mgr Ross n'hésite pas à faire appel aux gouvernements, que ce soit pour la construction du boulevard Perron qui ceinture la péninsule, pour celle de la route reliant Sainte-Anne-des-Monts à New-Richmond, pour un chemin de fer intrapéninsulaire, etc. Et il ne se gêne pas pour forcer la main aux politiciens. Dans sa campagne pour la nationalisation du chemin de fer Matapédia-Gaspé, il offre un bon exemple des moyens de pression qu'il peut exercer. Ainsi, dans une circulaire de décembre 1926, il informe ses curés que « ... bientôt des requêtes circuleront dans les deux comtés pour reprendre nos réclamations. Les conseillers municipaux devront y prendre part par des résolutions corporatives. Je compte que vous mettrez tout en oeuvre afin de créer un mouvement d'ensemble assez imposant pour donner suite à l'émotion qui nous a valu des égards particuliers au cours des derniers événements politiques [élections fédérales de septembre]. N'attendons pas qu'on vienne nous offrir un chemin de fer; allons le chercher[13] ».

Il est aussi intéressant de considérer les positions de Mgr Ross sur des questions d'ordre moral. Ainsi, au sujet de la vente et de la consommation des alcools, l'évêque est très strict. Il s'oppose avec véhémence à ceux qui fabriquent de façon illicite de l'alcool frelaté ou « bagosse » et en font la contrebande. C'est alors l'époque de la prohibition et la consommation d'alcool est fortement contrôlée; plusieurs municipalités en interdisent même la vente. Fabriquer et trafiquer de l'alcool de qualité plus ou moins douteuse devient alors un commerce très rentable. Le clergé gaspésien est aux premières lignes pour combattre les contrebandiers.

Tout comme les ecclésiastiques de son temps, Mgr Ross se montre également très rigoureux à propos des danses « lascives », de certaines tenues vestimentaires « immodestes », particulièrement apportées par les touristes, des théâtres et des cinémas « de mauvais aloi », des randonnées-automobiles sans surveillance, etc. Il lutte aussi contre les Témoins de Jéhovah et les communistes dont on craint à l'époque les infiltrations: « L'absence de tout centre industriel a préservé jusqu'ici notre diocèse de la formation de cellules communistes dans la Gaspésie [...] Certains traits de moeurs assez fréquents et des expressions d'idées païennes recueillis dans nos milieux, nous avertissent assez que quelque chose mijote dans la mentalité de notre peuple et qu'il ne faut pas attendre la catastrophe pour nous opposer au mal[14] ».

À l'égard des protestants, l'évêque de Gaspé semble adopter une attitude prudente mais ferme. Il écrit un jour: « Ma politique est de ne rien brusquer, de ne froisser aucun, mais de marcher droit devant moi. Au reste je suis convaincu que ce procédé est le plus approprié aux Anglais quant on veut s'en faire respecter. Pour les fêtes du Centenaire, je marche la main dans la main avec le maire qui est protestant; le ministre anglican est même dans notre comité. Mais c'est notre programme qui sera exécuté[15]. » Il s'attache par ailleurs à franciser sa ville épiscopale, réussissant, par exemple, à faire abolir le règlement qui décrétait l'usage exclusif de l'anglais dans les avis publics du conseil municipal, obtenant l'embauche d'un télégraphiste bilingue, etc.

En conformité avec les positions conciliaires, il condamne les mariages entre catholiques et protestants et la fréquentation des écoles protestantes par les enfants catholiques. Les parents qui, pour une raison grave, désirent envoyer leurs jeunes à ces institutions doivent d'abord en référer à l'évêque. En 1920, il avait pris part à une polémique assez âpre dans les journaux pour retarder au moins jusqu'à la troisième année du cours primaire l'introduction de l'enseignement de l'anglais. Il avait groupé ses articles sous le titre de *Questions scolaires*[16].

Bénédiction de la chapelle-école de Saint-Elzéar, le 25 août 1924. (Coll. privée)

Il faut enfin souligner l'attitude de Mgr Ross vis-à-vis la participation du Canada au conflit mondial. Nationaliste, il refuse de souscrire officiellement à l'effort de guerre. Il souligne dans une lettre que tout en étant contre le nazisme et le communisme, il trouve que le Canada n'aurait pas dû déclarer la guerre. « Je ne puis davantage accepter l'idée, poursuit-il, que, devant cette menace, nous devons encourager le gouvernement à vider notre pays, dégarnir nos côtes pour aller sur tous les continents défendre l'Empire anglais: car enfin c'est cela que poursuivent nos chefs. Je me soumets aux lois, j'évite de dire quoi que ce soit qui entrave l'action gouvernementale; mais je ne veux pas intervenir sur un terrain politique, trop discuté, pour appuyer officiellement l'action gouvernementale au nom de l'Église et de la religion[17]. » Aussi, il refuse de joindre son nom à un mandement collectif des évêques qui viendrait cautionner l'action du gouvernement canadien.

UN OUTIL ESSENTIEL: L'ÉDUCATION

L'instruction des enfants, qui relève alors de l'Église, fait l'objet d'une attention particulière de la part de l'évêque de Gaspé, lui-même ancien professeur et auteur d'un manuel de pédagogie. D'ailleurs, il continue de donner des conférences et des cours de pédagogie. Chapeauté par des communautés religieuses et un clergé de plus en plus nombreux et actifs, le réseau scolaire gaspésien continue de se développer, particulièrement au niveau secondaire. Toutefois, encore en 1931, 13,23% des habitants du comté de Gaspé ayant dix ans et plus, sont analphabètes. À ce chapitre, Gaspé occupe alors le 209e rang sur les 222 comtés canadiens[18].

Avant 1922, l'enseignement primaire catholique était divisé en trois degrés: l'élémentaire, l'intermédiaire (écoles modèles) et le supérieur (académies). Cette année-là, une nouvelle loi scinde cet enseignement en deux catégories, soit l'ancien programme élémentaire, qui englobe désormais les écoles modèles, et l'enseignement complémentaire, c'est-à-dire les académies. La refonte du programme scolaire étend à l'école de rang le privilège jusque là réservé à l'école de village de conduire les enfants jusqu'à la sixième année, comme le faisait l'école modèle. En 1925, on compte 80 municipalités scolaires dans les comtés de Gaspé et de Bonaventure. Sur ce nombre, 35 n'ont qu'une seule école, la plupart du temps d'une classe unique recevant aussi bien les garçons que les filles. En tout, dans ces deux comtés, il y a 350 classes catholiques regroupant 11 370 élèves, dont 5 510 garçons. En comptant les écoles protestantes, il faut ajouter quelque 70 classes et 1 500 élèves. La moyenne de la fréquentation scolaire est d'environ 75%. Le personnel enseignant se compose de 298 institutrices, 4 instituteurs et 48 religieuses[19].

Avant la loi de 1944 sur l'instruction obligatoire, la brièveté de la fréquentation scolaire chez les garçons semble demeurer un des grands problèmes de l'école primaire gaspésienne. En 1930, les garçons au-dessus de douze ans qui franchissent la quatrième année se retrouvent presque seulement dans les écoles de village. Les classes de cinquième année dans les écoles de rang sont des classes de jeunes filles.

Peu d'élèves se rendent au secondaire. Dans son rapport de 1941-1942, l'inspecteur Paul Hubert précise que seulement 5% des 37 000 élèves de la région no 8 atteignent la septième année. De 5 256 jeunes inscrits en cinquième, 3 301 partent avant la septième année. Quant à la fréquentation scolaire, il constate: « Notre assiduité est très pauvre. Sur 100 élèves qui s'inscrivent en septembre, 23 manquent la classe toute l'année. Adieu le certificat d'étude ». Entre 1927 et 1943, le nombre d'inscriptions n'augmente presque pas dans les écoles primaires catholiques de Gaspé et de Bonaventure. Problème encore plus dramatique chez les protestants. En vingt ans, de 1922 à 1942, le nombre des élèves inscrits à l'élémentaire baisse de moitié (1 333 à 532), un seuil jamais atteint depuis 1867[20].

L'éducation chrétienne imprègne tout l'enseignement chez les catholiques. On en fait du matin au soir. L'instruction religieuse proprement dite prend au moins une heure de classe sur les cinq de la journée. L'enseignement de la langue maternelle fait aussi l'objet d'un soin particulier dans les écoles primaires. Mais plusieurs parents francophones envoient leurs enfants à l'école anglaise pour s'initier à « la langue des messieurs », ce qui entraîne des remontrances sévères de l'évêque et des curés. On constate même de drôles d'anomalies: « Dans des municipalités rurales ou scolaires, indique Mgr Ross, si un seul membre du Conseil est de langue anglaise, toutes les délibérations se font en anglais, même si ce membre de langue anglaise comprend le français. Dans notre école du village de Gaspé, il y avait à mon arrivée quarante et quelques enfants de langue française et cinq de langue anglaise. Toutes les matières s'enseignaient en anglais et on faisait deux heures de français par semaine[21] ».

L'enseignement ménager se développe dans les écoles. On y apprend la

Buanderie de l'école ménagère de Gaspé. Photo: Livernois. (Coll. privée)

couture, certaines notions agricoles, le jardinage, etc. Vers 1925, on compte des écoles ménagères à Saint-Alexis de Matapédia (38 élèves), à Grande-Rivière (71), à Gaspé (50), à Sainte-Anne-des-Monts (56) et à Matane (269)[22]. La plupart sont vieilles d'une dizaine d'années. En 1926, une autre école de ce type est fondée à New-Richmond. En 1929, l'école ménagère de Gaspé, tenue par les ursulines, est reconnue officiellement comme école ménagère régionale. En 1945, celle de Matane, dirigée par les soeurs du Bon-Pasteur, est aussi élevée à ce titre. Au début des années 30, à la faveur de la crise économique et du mouvement de retour à la terre qu'elle entraîne, le clergé et les inspecteurs orientent l'enseignement vers un objectif prioritaire: l'agriculture. Les religieuses et les institutrices utilisent divers procédés pédagogiques afin de créer une atmosphère rurale dans l'école: pensées agricoles inscrites au tableau, confection de dessins illustrant des scènes de la vie rurale, petits jardins, etc.

De 1920 à 1945, entre Matane et Saint-Alexis de Matapédia, les religieuses s'installent en quinze localités pour y faire fonctionner des écoles paroissiales, des couvents et quelques académies. Les communautés masculines font de même en six endroits. Toutefois, en dehors des principaux villages, il n'y a pas d'écoles de garçons alors que les couvents pour les filles sont plus nombreux. Les seules nouvelles venues chez les religieuses enseignantes en paroisse sont les ursulines et les soeurs de Saint-Paul de Chartres. Les deux premières religieuses de cette dernière communauté arrivent au Canada en 1930. Mgr Ross accepte qu'elles viennent cet été-là à Sainte-Anne-des-Monts pour prendre charge de l'hospice naissant. C'est là qu'elles installent leur maison-mère au Canada. En 1932, elles ouvrent un noviciat dans le village. Jusqu'en 1952, près de 130 jeunes filles, principalement des Gaspésiennes, prennent le voile chez les soeurs de Saint-Paul. Entre 1937 et 1939, plusieurs religieuses de cette communauté quittent Sainte-Anne-des-Monts pour prendre la direction de six écoles du diocèse[23].

La première école normale gaspésienne, la dix-septième en province, est le résultat de l'initiative de l'évêque de Gaspé qui désire, dès la prise en charge de son diocèse, y former des institutrices. C'est d'ailleurs la première fondation de Mgr Ross à Gaspé. À cette fin, il fait appel aux ursulines. Le 9 juillet 1924, les trois premières religieuses de cette communauté quittent Rimouski pour Gaspé. Elles restent deux mois à l'évêché avant que ne s'ouvrent les premières classes à l'ancien hôtel Baker. Le 6 septembre, trois autres religieuses les rejoignent à Gaspé. Le 8, elles prennent possession du monastère-pensionnat où 22 élèves font leur entrée. En 1926, une dizaine d'institutrices obtiennent leur diplôme à l'école normale de Gaspé et la première profession religieuse au monastère et en Gaspésie a lieu deux ans plus tard[24].

En 1938, une nouvelle législation provinciale exige que toutes les candi-

Couvent des ursulines fondé en 1924. (Coll. privée).

dates au diplôme d'enseignement devront suivre les cours de formation professionnelle dans les écoles normales. Aucune aspirante ne pourra y être admise sans avoir terminé la huitième année du primaire. Auparavant, les commissions scolaires s'alimentaient surtout dans les couvents et les écoles modèles des villages. Les examinateurs décernaient des brevets à des jeunes filles après leur sixième année. En 1937, sur 754 institutrices que compte la région no 8, seulement 113 sont diplômées de l'école normale, soit 15%. L'école normale de Gaspé devenant l'unique source de recrutement autorisée dans la péninsule, les institutrices sont plus difficiles à trouver. De 170 enseignantes laïques non brevetées en 1943, ce chiffre passe à 332 en 1945, soit 33% du total de la région no 8[25]. Plusieurs écoles doivent fermer leurs portes malgré le recours aux jeunes filles non diplômées et la récupération des anciennes institutrices mariées. Le salaire des enseignantes est encore peu élevé. Le traitement moyen annuel dans les écoles élémentaires catholiques est de $268 en 1925, de $275 en 1930 et de $300 en 1940.

Le problème du personnel non qualifié affecte aussi les protestants de la Gaspésie. Il contribue à baisser la qualité de l'enseignement dans 50% de leurs écoles et à rendre difficile la classification des élèves. De 1932 à 1942, seulement quatre professeurs obtiennent leur diplôme du MacDonald College et 39 personnes non diplômées font la classe avec un permis spécial[26].

À son arrivée à Gaspé, Mgr Ross s'était donné comme priorité de fonder un séminaire, car la région ne comptait aucun collège classique. À cette époque, les parents qui voulaient que leurs enfants obtiennent un enseignement supérieur devaient les envoyer à Rimouski, à Québec, à Lévis, à Montréal, à Bathurst ou à Caraquet, un luxe que seul le petit nombre pouvait se permettre. Ayant obtenu l'appui des jésuites, il fit entreprendre les travaux dès 1924 et, deux ans plus tard, le séminaire put accueillir plus de 60 élèves. Par manque de professeurs, ont dut en refuser une dizaine d'autres en rhétorique et à peu près autant en versification. Trois classes sont ouvertes: philosophie, éléments latins et éléments français. Les problèmes financiers pesaient cependant très lourdement. En effet, la

Le séminaire de Gaspé ouvrit ses portes en septembre 1926. (MRG)

construction avait coûté quelque $260 000 et, malgré les souscriptions populaires (plus de $90 000), la dette augmentait toujours. Pour comble de malheur, la crise économique entraîna la faillite de la maison d'affaires de Québec chargée des obligations du séminaire[27].

Les jésuites assumèrent la direction du séminaire jusqu'en 1938, alors qu'ils furent remplacés par les clercs de Saint-Viateur. C'est à la mi-août que quatorze religieux de cette communauté, sous la direction du père Joseph Latour, s'installèrent au séminaire, qui peut alors accommoder 90 élèves, soit 70 pensionnaires et 20 externes[28]. En 1939, on décida de construire une aile de deux étages pour permettre d'augmenter la capacité de logement de l'édifice dans lequel on venait d'instaurer un nouveau cours commercial. À l'inscription de septembre 1939, on peut accepter plus de 150 étudiants.

Au cours des années 40, il sera souvent question de céder aux clercs de Saint-Viateur la propriété du séminaire, mais pour diverses raisons, la transaction n'a pas lieu. Sans en être propriétaires, les religieux sont chargés de l'administration du séminaire et la congrégation de Saint-Viateur fournit le personnel. La corporation du séminaire paie ce personnel et la propriété de l'édifice reste au diocèse. En 1943-1944, une vingtaine de clercs de Saint-Viateur y dispensent un cours classique, un cours commercial et un troisième cours, préparatoire aux deux premiers. L'inscription est de 150 élèves. Presque tous proviennent du diocèse. De toutes les paroisses, ce sont Grande-Rivière, Gaspé et Carleton qui fournissent le plus d'étudiants[29].

En plus de prendre la direction du séminaire pour remplacer les jésuites, les clercs de Saint-Viateur se retrouvent aussi avec la charge du monastère de Val-d'Espoir fondé par les cisterciens en 1930. Situé à quelques milles à l'ouest de la mission, le juniorat peut abriter une cinquantaine de pension-

naires. De 1930 à 1936, le monastère des « Cisterciens adorateurs de Sainte-Marie de Val-d'Espoir » avait accueilli 80 juvénistes et les pères avaient réussi à défricher une cinquantaine d'arpents. Mais les dettes de construction, la crise économique, le faible rendement du sol et le dépaysement des religieux européens firent en sorte que le monastère fut dissous. En 1938, avec l'appui du premier ministre Maurice Duplessis, l'ancien monastère est converti en école d'agriculture, la première en Gaspésie. Reconnue par l'État, elle émargera désormais au budget gouvernemental. Assurés de cette aide, cinq clercs de Saint-Viateur viennent prendre possession du monastère à l'automne de 1938. Grâce à leurs efforts, l'étendue des terres en culture atteint bientôt 215 acres et les récoltes permettent d'entretenir 25 bêtes à cornes et six chevaux de trait. De plus, on peut vendre de 25 à 30 tonnes de foin et de paille chaque année. Des jeunes viennent y chercher, en plus des matières professées dans d'autres écoles, diverses méthodes culturales et y apprendre un métier. Le cours dure deux ans.

Les services hospitaliers connaissent aussi un important développement au cours de cette période. Encore là, c'est l'Église qui prend en charge ces institutions. Le premier hôpital à être construit dans la péninsule est celui de Chandler, un peu avant la création du diocèse de Gaspé. C'est en juillet 1915 que l'évêque de Rimouski, Mgr André-Albert Blais, écrit à la supérieure des sœurs de la Providence de Montréal qu'Alfred Dubuc, gérant général de la St. Lawrence Pulp and Lumber Corporation de Chandler désire ouvrir un hôpital au village. Il est disposé à céder gratuitement le terrain nécessaire pour y construire un hôpital, une église et une école. Le 21 septembre, les premières sœurs arrivent à Chandler, où il y a déjà un médecin. Le 18 octobre, elles prennent possession d'un hôtel transformé qui peut compter six lits. Très bientôt, elles seront débordées face aux

LE SERVICE HOSPITALIER

ravages de la grippe espagnole[30]. Le 16 janvier 1917, une convention est signée entre la compagnie et les soeurs de la Providence. La compagnie fournit un terrain, accorde un octroi de $10 000 pour la construction d'un édifice de 30 lits et donne l'assurance d'amortir les dettes éventuelles, de procurer gratuitement de l'ameublement et du matériel technique, de fournir les services d'eau, d'électricité et de téléphone, etc. En compensation, les ouvriers accidentés de la compagnie recevront gratuitement les premiers soins[31]. En 1920, on commence les travaux de construction de l'hôpital mais ce n'est qu'en janvier 1924 que le personnel médical peut y faire son entrée.

Après avoir acquis pour $15 000 l'ancienne propriété du marchand Charles LeBoutillier sur la rive sud du bassin de Gaspé pour y ériger un hôpital, Mgr Ross invite les augustines hospitalières de la Miséricorde de Jésus de Québec à s'y installer. En 1926, elles y aménagent un hôpital de vingt lits et un monastère. Cependant, les besoins croissent et la maison s'avère bientôt trop exiguë. On décide donc de bâtir un nouvel édifice, qui ouvre ses portes en 1930. Il compte 75 lits. En 1940, on commence la construction d'une aile supplémentaire permettant l'ouverture d'une maternité, d'un service de pédiatrie et surtout d'un service destiné aux tuberculeux qui compte 50 lits. En 1939, l'Unité sanitaire de Gaspé dénombrait plus de 250 tuberculeux dans le seul comté de Gaspé-Sud. Seulement 25 lits étaient alors disponibles pour ces malades[32]. Dès 1938, Mgr Ross soumettait aux autorités provinciales son intention d'établir un sanatorium à Gaspé. Il recevra l'accord du gouvernement provincial à cet effet au début de juillet 1945, très peu de temps avant sa mort. Cinq ans plus tard, le sanatorium Ross ouvrira ses portes.

Mais si l'Hôtel-Dieu de Gaspé se développe, il n'en est pas ainsi de l'hôpital de Chandler, qui a peine à vivre. On assiste même à des frictions répétées entre l'évêque et les responsables de cet hôpital. Les soeurs de la Providence n'acceptent pas facilement le projet de Mgr Ross de transformer leur institution en hospice pour vieillards et malgré des directives très précises de la part de leur évêque, elles continuent pendant un certain temps à recevoir des malades. De 1932 à 1948, l'hospice de Chandler accueille une quarantaine de personnes âgées par année.

Au début des années 1930, un hôpital-hospice ouvre ses portes à Sainte-Anne-des-Monts. Le curé Pierre Veilleux et ses paroissiens en ont demandé l'autorisation à Mgr Ross, qui exige cependant que ni la paroisse, ni le diocèse n'assument de responsabilités financières. Le gouvernement supportera donc seul les frais pour la construction et le maintien de l'hôpital, qui sera dirigé par les soeurs de Saint-Paul de Chartres, nouvellement arrivées de France. En décembre 1945, les soeurs de Saint-Paul assument également la direction du nouvel hôpital de Maria, baptisé hôpital Bourg. Auparavant, plusieurs patients devaient se rendre jusqu'à Campbellton

Visite de Mgr Ross à l'hôpital de Chandler. (MRG)

pour se faire soigner. En dehors du diocèse de Gaspé, les soeurs dominicaines transforment l'hôtel Belle Plage pour fonder, en 1935, l'hôpital de Matane, qui logera dans un nouvel immeuble en 1950[33].

LA PRISE EN MAIN PAR LE COOPÉRATISME

Un élément majeur de l'histoire gaspésienne de cette époque est la mise sur pied de tout un réseau de coopératives, tant chez les pêcheurs que chez les agriculteurs et les travailleurs forestiers. Dans le domaine de l'épargne et de la consommation, le coopératisme apparaît alors aux élites comme la solution la plus efficace et la plus facilement applicable pour améliorer les conditions matérielles des péninsulaires et pour développer chez eux l'esprit de solidarité, gage d'harmonie sociale. Ce mouvement est principalement canalisé par le clergé qui s'implique directement pour lancer les projets coopératifs, les encadrer et très souvent les gérer. Mgr Ross, dans une circulaire à ses prêtres peu après son arrivée à la tête de l'Église de Gaspé, traçait la marche à suivre: « Eh bien, étendons ces organisations [les coopératives] et affermissons-les. Notre peuple peut développer encore son esprit coopératif qui ne se forme que graduellement. Ne perdons pas de vue que la mentalité d'un peuple longtemps opprimé ne se transforme que lentement, et sous une direction aimante, patiente, éclairante et créatrice d'initiative. Développons le sentiment de charité sociale, de solidarité et de fierté d'âme. Un peuple qui n'a pas l'ambition de prendre la direction de ses propres ressources est marqué par l'esclavage; il restera l'éternel exploité[34]. »

Pour réaliser ses objectifs, le clergé gaspésien bénéficie, vers la fin des années 30, de l'aide très importante du Service social-économique (SSE) de Sainte-Anne-de-la-Pocatière, qui joue alors un rôle d'éducation coopérative de premier ordre. Le SSE voit d'abord à former dans le milieu des chefs et des propagandistes de la coopération sociale. Par la suite, on organise des cercles d'études au niveau local, en fonction d'un besoin local, d'une ressource à exploiter, soit dans la production, soit dans les services ou la consommation.

Le premier mouvement coopératif naît dans les années 1910 et se développe au début des années 20. Il est cependant souvent improvisé et il souffre des effets de la crise économique et de divers autres facteurs moins conjoncturels. Vers le milieu des années 30, le mouvement reprend de plus belle et se développe dans différents secteurs: les coopératives de pêche, les caisses populaires, les coopératives agricoles, de consommation, les syndicats forestiers, les coopératives d'aqueduc, d'électricité, de téléphone, de loisir, les mutuelles-feu, etc. Même les jeunes participent au mouvement. Ainsi, à Percé, une coopérative de guides pour le tour de l'île Bonaventure est organisée par le curé Charles-Eugène Roy. En 1941, elle groupe plus d'une douzaine de personnes. À la fin de la randonnée, les jeunes déposent leur pourboire dans une caisse commune qui redistribue les fonds en parts égales. Dans la flambée d'associationnisme des années 40, on parle même d'établir des coopératives de médecine, de construction, etc. « La coopération n'est plus considérée en Gaspésie comme un mouvement de révolutionnaires ou de mécontents, écrit le directeur du SSE en 1944, une affaire dont on ne doit parler qu'en petits comités [...] Le clergé, un nombre de plus en plus considérable de professionnels, tout le personnel enseignant, le corps agronomique, nos chefs civils et même quelques hommes d'affaires se donnent la main pour assurer son expansion et son succès[35]. » En 1945, la Gaspésie est devenue à l'échelle de la province un des principaux leaders de la formule coopérative, un exemple à suivre.

Même si la fondation des caisses populaires et des coopératives agricoles précède de quelques années les coopératives de pêcheurs, il semble plus approprié de parler d'abord de ces dernières, vu leur plus grande spécificité régionale et leur importance comme symbole du mouvement coopératif dans la péninsule[36].

ORGANISER LES PÊCHEURS

Les premières coopératives de pêcheurs voient le jour après la récession économique de 1921, quand le gouvernement provincial, qui vient de prendre en charge la régie administrative des pêches commerciales, passe une loi pour favoriser l'organisation de la coopération chez les pêcheurs. Dès le début, le clergé gaspésien s'implique et devient le leader du mouvement.

Dès juillet 1923, Mgr Ross rencontre à Caplan le ministre de la Colonisation, des Mines et des Pêcheries, Joseph-Édouard Perreault, avec qui il fixe un plan de coopération pour les pêches et la colonisation. L'abbé Edmond Plourde, missionnaire diocésain, est alors chargé d'organiser les coopératives. Le gouvernement lui adjoint Louis Bérubé, un spécialiste du ministère. En même temps, le ministre confie à L.-A. Masson, de la Coopérative fédérée de Québec, qui oeuvre dans le secteur agricole, l'organisation commerciale des coopératives. Le 19 août, Mgr Ross accompagne des fonctionnaires à Cap-des-Rosiers et à l'Échouerie pour lancer, de concert avec les curés concernés, les deux premières coopératives de pêcheurs. Le 5 septembre, c'est au tour des pêcheurs de saumon de Carleton d'entrer dans le mouvement. Le 9 septembre, ce sont ceux de Cap-aux-Os, le 9 octobre, ceux d'Anse-aux-Gascons et le 28, ceux de Newport. Les six groupements de 1923 comptent près de 260 membres; le capital souscrit totalise $3 280. Déjà, quelques-uns d'entre eux, par l'entremise de la Coopérative fédérée, préparent 40 150 livres de morue salée verte pour le marché et signent des commandes de marchandises pour $2 853. De 1923 à 1926, pas moins d'une dizaine de coopératives sont fondées, regroupant plus de 400 pêcheurs. Avant la crise de 1929, deux autres viennent s'y ajouter. Leurs membres représentent environ le tiers des effectifs gaspésiens. En 1925, ils livrent à la Coopérative fédérée plus d'un million de livres de morue[37].

Les coopératives achètent les agrès et les objets nécessaires au pêcheur dans son travail ainsi que les denrées de consommation dont lui et sa famille ont besoin. Elles s'occupent de l'achat et de la vente des prises, de leur inspection, de leur préparation, de leur conservation, de leur mise en conserve s'il y a lieu, de leur transport et de leur mise en marché. Elles doivent aussi voir à la construction d'entrepôts frigorifiques et de toutes autres bâtisses nécessaires à l'industrie de la pêche. En fait, ce sont des coopératives artisanales de préparation du poisson doublées de coopératives d'approvisionnement et de vente; les pêcheurs ne mettent pas en commun le produit de leur pêche.

Ces premières coopératives nées des suites de la récession de 1921 connaissent l'échec à partir de 1927. En 1932, seule celle de Carleton poursuit ses activités. Plusieurs raisons peuvent expliquer cet échec. D'abord, les compagnies de pêche manoeuvrent pour contrecarrer le travail des coopératives. Elles font des pressions sur le gouvernement, qui semble prendre ses distances vis-à-vis le mouvement à mesure qu'il évolue. Les maisons de commerce peuvent également payer comptant le poisson des pêcheurs, ce que ne sont pas en mesure de faire les coopératives, faute de liquidité disponible lorsqu'arrive la morue. Les caisses populaires n'ont pas encore les reins assez forts pour financer les opérations des coopératives de pêche, dont la solvabilité semble souvent les inquiéter.

L'une des principales causes de l'échec est sans doute le manque d'éducation coopérative. « Nous avons voulu faire des coopératives avant de former des coopérateurs. Nous avons créé des cadres coopératifs dans lesquels sont entrés des gens qui ignoraient tout de la lettre et de l'esprit de la coopération », admettra Mgr Ross. « Ils ne comprirent pas, ajoutera-t-il, qu'il s'agissait de leur affaire, d'une entreprise bien à eux. Et alors, ici et là, on tricha, cherchant à tromper les coopératives comme on cherchait à tromper les compagnies[38]. » Comme le souligne Georges Lafontaine: « ... sauf exceptions, les membres des coopératives ne virent là qu'une espèce de compagnie nouvelle protégée par le gouvernement, institution que l'on pouvait donc exploiter de son mieux tout en lui donnant le moins possible[39] ». Par exemple, deux coopératives ne vendent pas par l'entremise de la Coopérative fédérée se contentant d'acheter d'elle au prix du gros et écoulant leur poisson ailleurs. D'autres vendent en coopération mais plusieurs de leurs pêcheurs cèdent leurs prises à des compagnies. Plusieurs autres causes ayant trait à la qualité du poisson expédié, à la qualification du personnel, à l'administration interne des coopératives s'ajoutent à ce diagnostic. De plus, la crise économique affecte le secteur des pêches, surtout en 1931, et elle vient précipiter la disparition des coopératives. En 1932, il ne reste donc plus que la coopérative de Carleton. Cette dernière a pu bénéficier de la valeur du saumon dont le prix se maintient durant les années 30.

Adélard Roy, pêcheur de saumon et membre de la coopérative des pêcheurs de Carleton depuis 1947. Photo: Radio-Canada.

Les initiateurs du premier mouvement de coopération chez les pêcheurs comprennent qu'il faut lui donner des bases plus solides. Pour sa part, Mgr Ross prépare en 1934 un mémoire pour le gouvernement provincial dans lequel il préconise la formation d'ingénieurs en pêcheries qui assureraient aux travailleurs de la mer un encadrement semblable à celui des agronomes vis-à-vis des cultivateurs. En 1937, des représentants du clergé, des universités et du gouvernement se concertent pour relancer le mouvement.

À la suite de ces rencontres, l'École supérieure des pêcheries est fondée à Sainte-Anne-de-la-Pocatière, en mai 1938. En 1939, elle est rattachée à la Faculté des sciences de l'Université Laval. En plus de voir à améliorer le sort des pêcheurs par la recherche de débouchés pour leur poisson et par le perfectionnement des méthodes de pêche et de manutention, cette institution a pour mission de former du personnel technique nécessaire à l'administration des pêcheries. Son directeur, l'abbé François-Xavier Jean, s'empresse de mettre sur pied un service extérieur d'éducation des adultes. Dès lors, le Service social-économique entreprend la tâche d'organiser une campagne devant conduire à l'établissement d'un nouveau mouvement coopératif chez les pêcheurs. Le premier secrétaire du Service est l'agronome Alexandre Boudreau. Fort de l'expérience de l'Université d'Antigonish (N.-É.), on met sur pied un programme comportant trois points: la formation de leaders locaux, l'organisation par ces derniers de cercles d'étude chez les pêcheurs et l'appui du SSE par des assemblées paroissiales, par la distribution de documentation et de films, par des congrès, par des conférences radiophoniques, etc.

Avec l'appui du gouvernement, de Mgr Ross et du clergé gaspésien, le SSE passe rapidement à l'action. À l'automne de 1938, l'école de Sainte-Anne-de-la-Pocatière accueille 54 jeunes pêcheurs choisis par leurs curés. Au cours de l'hiver suivant, quelque 200 cercles d'étude et des discussions sont organisés un peu partout. De 1938 à 1941, plus de 220 pêcheurs de la région fréquentent l'école. Des institutrices, des inspecteurs d'écoles, des agronomes et un groupe de curés y suivent aussi des cours sur la coopération. Le troisième congrès coopératif de la Gaspésie, tenu en septembre 1941, attire à Gaspé plus de 175 délégués représentant des coopératives de pêcheurs, des caisses populaires, des coopératives agricoles et de consommation. La propagande du clergé et des membres des cercles d'étude précède et prépare la venue des animateurs du SSE. Bien vite, ce dernier est débordé devant le nombre croissant de requêtes demandant la présence de propagandistes ou la tenue d'assemblées de fondation. De 1938 à 1941, Alexandre Boudreau donne ainsi plus de 205 conférences. Avant 1945, plus de 50 causeries du SSE sont diffusées par CHNC de New-Carlisle. Devant l'afflux des sollicitations, le SSE tente prioritairement de ressusciter les coopératives des années 20 et accorde aussi préséance aux groupements paroissiaux sur ceux des petites anses, pour préserver le cadre paroissial et

Usine de poisson de Sainte-Thérèse-de-Gaspé, 1944. (ANQ)

satisfaire le clergé[40].

Au printemps 1939, trois coopératives de pêcheurs sont actives: celles de Carleton, de Rivière-au-Renard et d'Anse-aux-Gascons. En avril, afin de raffermir l'unité du mouvement, on les regroupe dans une fédération provinciale appelée « Pêcheurs-Unis de Québec ». À la fin de l'année, on compte huit syndicats coopératifs de pêcheurs et en 1940, il s'en fonde trois autres; il s'en crée autant en 1941 ainsi qu'en 1942. Devant les succès de ces premières coopératives et la propagande du SSE, les pêcheurs se joignent graduellement au nouveau mouvement. Une succursale est ouverte à Matane et elle dessert les pêcheurs de ce comté ainsi que ceux du secteur ouest du comté de Gaspé-Nord. Les pêcheurs isolés de la Baie-des-Chaleurs (Bonaventure, Saint-Siméon, Caplan) sont rattachés à la coopérative de Carleton. Les pêcheurs de saumon de cette coopérative, ayant leurs propres marchés et leurs prix stables, obtiennent en 1942 un statut particulier dans l'organisation de Pêcheurs-Unis, tout en y restant affiliés. Quand la fédération ne peut verser les prix réclamés, ils écoulent leur poisson ailleurs.

L'organisation des Pêcheurs-Unis fonctionne de la façon suivante. Pour devenir sociétaire d'une coopérative, une personne doit débourser un dollar. Chaque « locale » est chapeautée par une sorte de conseil d'administration composé de cinq membres élus pour deux ans par les coopérateurs de l'endroit. C'est ce conseil qui nomme un gérant pour la coopérative. La fédération provinciale fonctionne de la même façon. Des délégués des « locales » se réunissent lors d'une convention pour élire les administrateurs, dont le président. L'activité la plus importante de la fédération est la vente du poisson. C'est à partir du siège social qu'on effectue les transactions sur les marchés étrangers, tandis que les succursales de vente de Matane (1939), Montréal (1942) et Québec (1945) s'attaquent au marché domestique alors entre les mains de grossistes affiliés à des compagnies des Maritimes. La fédération dispose aussi d'un service d'achats pour les marchandises à distribuer aux « locales ». Moins de 30 jours après la livraison de son poisson, le pêcheur reçoit une avance pour subsister en attendant le paiement final de son produit. Pour financer ses immobilisations, la fédération emprunte aux caisses populaires alors que pour le versement des avances à ses membres, elle s'adresse plutôt aux banques[41].

Les pêcheurs étant peu familiers avec ce nouveau type d'organisation, les permanents en viennent à jouer un rôle important dans la fédération. Alexandre Boudreau, du SSE, qui est aussi secrétaire de Pêcheurs-Unis de 1939 à 1948, l'abbé Gérard Guité, directeur des oeuvres sociales du diocèse de Gaspé et aviseur moral de Pêcheurs-Unis ainsi que les responsables des divers secteurs de la fédération, exercent un réel ascendant sur les membres du conseil d'administration. Le paternalisme à peine déguisé de la fédération, affirme Paul Larocque, ne remet pas en cause la décentralisation. C'est pour limiter les erreurs et coordonner les opérations que la « centrale » s'interpose. La décentralisation demeure quand même effective. En effet, l'absence de relations suivies avec la fédération assure aux syndicats locaux une indéniable autonomie[42].

Les coopératives de pêcheurs sont d'abord l'oeuvre du clergé et des animateurs du SSE. Une quinzaine de syndicats coopératifs sur la vingtaine créée après 1939 doivent en partie leur existence, sinon leur survie, aux initiatives et aux encouragements des curés. Après la période des fondations, plusieurs d'entre eux continuent à suivre le développement et à seconder la bonne marche des syndicats locaux en tant qu'aviseurs moraux, présidents honoraires ou membres de l'exécutif. Quant au SSE, son action au niveau de l'éducation et de l'organisation coopérative permet la mise sur pied de nombreux syndicats de pêche, de consommation, d'épargne ou autres. La contribution des autorités gouvernementales demeure secondaire. Par exemple, le budget alloué à l'École supérieure des pêcheries passe de $25 000 à $15 000 en 1944. D'ailleurs, les relations entre Pêcheurs-Unis et le gouvernement provincial se détériorent graduellement.

En 1945, l'organisation des Pêcheurs-Unis est devenue la principale force économique dans le domaine des pêches en Gaspésie; elle est la plus importante par le nombre de ses membres et par son chiffre d'affaires. Regroupant toutes les coopératives de pêcheurs de la province, elle compte 3 268 sociétaires dont 2 300 en Gaspésie, c'est-à-dire la moitié des pêcheurs de la péninsule. Cette région est de loin la plus importante de l'organisation, autant par son membership que par sa production de poisson. De huit « locales » en 1939, la fédération regroupe, à la fin de la guerre, 36 coopératives au niveau de la province, dont plus d'une vingtaine dans le diocèse de Gaspé. Déjà en 1943, l'organisme contrôle plus de 50% de la valeur du poisson expédié à partir de la péninsule et 54% des pêcheurs vendent leurs prises par l'entremise des coopératives. Ils contrôlent au-delà de 40% de la production de morue, 45% de celle du maquereau, 45% de celle

Fin des cours de coopération donnés à l'école normale des ursulines par MM. Alexandre Boudreau et Louis Bérubé: 30 août 1940. (Coll. privée)

du saumon et 35% de celle de l'éperlan. Le chiffre d'affaires des coopératives dépasse alors le million de dollars[43]. Désormais ce sont les compagnies qui s'alignent sur les prix fixés par la fédération ainsi que sur ses pratiques commerciales. S'attaquant à la fois aux marchés étrangers et au marché national, Pêcheurs-Unis diversifie aussi ses produits et s'implante dans le secteur du poisson frais et congelé. En 1947, la fédération vend 62 espèces différentes de produits. Néanmoins, les difficultés à surmonter sont encore nombreuses.

Un autre mouvement coopératif d'importance à s'implanter en Gaspésie est celui des caisses populaires d'épargne et de crédit. La première de ces institutions était fondée à Lévis en 1900 par Alphonse Desjardins. En septembre 1908, à la demande du curé Théodule Smith, Desjardins vient à Maria fonder la huitième caisse provinciale et la première dans la péninsule. Tout de suite après, il en ouvre une autre à Bonaventure, qui ne démarrera vraiment qu'en 1913, sous l'instigation du curé Elzéar Matte. En juillet 1915, c'est au tour de Saint-Omer, suivi, en avril 1917, par Nouvelle. Ces deux fondations sont l'oeuvre de l'abbé J.-Albert Saint-Laurent qui devient vite le promoteur des caisses populaires en Gaspésie. Il contribue en effet à l'ouverture de celle de Saint-Godefroi en février 1919, de celle de Saint-Siméon en mai de la même année, de celle de Saint-Alphonse en octobre et de celle de New-Richmond en mars 1923[44].

Cette année-là, outre celle de Matane inaugurée en août 1911, il y a huit caisses populaires dans le district de Gaspé et elles sont toutes situées dans le comté de Bonaventure. Le 3 décembre, on fonde un « Bureau central d'inspection et de surveillance des caisses populaires du diocèse de Gaspé », qui est en fait le regroupement de sept caisses du comté de Bonaventure, celle de Saint-Alphonse refusant d'y adhérer. Le bureau-chef est établi à Nouvelle, où le curé J.-Albert Saint-Laurent dirige à toute fin pratique le

LES CAISSES POPULAIRES

nouvel organisme. L'actif des sept caisses est alors de $324 375, leur béné-
fice de $106 345 et le nombre d'actionnaires s'élève à 2 122 membres, dont
1 515 déposants[45]. En 1924, on fonde six caisses populaires dans le comté de
Gaspé, soit à Cap-des-Rosiers, Pabos, Saint-Majorique, Cap-aux-Os, Cloridorme et Grande-Vallée, et une dans Bonaventure, à l'Anse-aux-Gascons.
Une autre est créée en 1925 à Saint-Georges-de-Malbaie. La même année,
l'association régionale des caisses gaspésiennes, qui regroupe alors quinze
établissements, s'incorpore sous le nom d'« Union régionale des caisses
populaires Desjardins du district de Gaspé ». La présidence en est confiée
au curé Saint-Laurent. La plupart des nouvelles caisses sont organisées
dans des localités où viennent de naître des coopératives de pêcheurs.

Après 1925, il y a ralentissement du mouvement d'implantation. Jusqu'en 1935, il ne s'en fonde que trois: à Saint-Joachim-de-Tourelle en 1930
et à Caplan et Carleton en 1934. La seule qui ne faisait pas partie de
l'Union, celle de Saint-Alphonse, s'inscrit dans les rangs de l'organisme en
1928. De plus, cinq caisses du diocèse de Rimouski se joignent de façon
temporaire à l'Union régionale de Gaspé en attendant d'avoir la leur. Les
caisses sont elles aussi affectées par la crise économique des années 30. Le
volume de leurs dépôts et, bien sûr, celui de leur actif diminuent rapidement; le premier s'affaisse de 42% de 1929 à 1931 et le deuxième diminue de
20% de 1930 à 1934. Vers 1933, la plupart des caisses manquent de liquidités; ce sont les plus grosses qui s'en tirent le mieux alors que celles qui sont
situées dans les villages de pêche ont plus de difficultés. Plusieurs d'entre
elles traversent la crise de justesse.

Les prêtres gaspésiens sont à l'origine de la plupart des caisses populaires, qui ont quelquefois leurs bureaux au presbytère. Qu'il suffise de
rappeler le rôle de l'abbé Joseph-Albert Saint-Laurent, qui est au centre de
l'administration de l'Union régionale du district de Gaspé à divers titres:
aumônier, administrateur, président. En 1930, l'Union régionale lui
accorde même un droit de veto, conférant ainsi à un seul homme le contrôle
absolu de l'institution. « Avec un laïc, écrit l'abbé Saint-Laurent à son
évêque, il y a toujours des factions. Lorsque le prêtre est gérant, l'oeuvre
devient paroissiale comme par enchantement[46]. » Peu à peu cependant, les
laïcs occupent une place plus grande dans l'administration du mouvement. Au cours des années 40, les derniers curés se retirent de la gérance des
caisses, sans pourtant se désintéresser de la chose.

Les caisses populaires ont joué un rôle important au sein du mouvement
coopératif. Alexandre Boudreau disait à la radio de CHNC de New-Carlisle
le 26 janvier 1944: « La Caisse Populaire est, en effet, la base de tout le
mouvement coopératif. C'est le baromètre de la coopération[47]. » Mgr Ross,
pour sa part, affirmait déjà 21 ans auparavant: « Pour favoriser le bon
fonctionnement des coopératives, dans les pêcheries comme en agriculture,
il est nécessaire qu'elles soient appuyées par des ressources pécuniaires à la

disposition des coopérateurs. C'est ce que l'on obtient en faisant surgir des Caisses Populaires à côté des coopératives[48]. »

Toutes les caisses ne sont cependant pas engagées au même degré dans le mouvement coopératif. Ainsi, celles de Bonaventure et de Maria, qui gèrent quelque 60% de l'actif de l'Union régionale de Gaspé, soutiennent les coopératives agricoles mais demeurent très sceptiques face aux nouvelles coopératives de pêche. « Les cultivateurs, écrit l'abbé Saint-Laurent à Mgr Ross, ont leur terre pour garantir leurs emprunts, mais les pêcheurs, s'il leur arrive de perdre leurs filets, leurs vaisseaux de pêche, etc. où sera la garantie[49] ? » On assistera d'ailleurs à des dissensions qui ne se régleront qu'à la fin de la décennie 1940, et qui feront que les caisses les plus importantes du comté de Bonaventure restreindront au minimum leur participation financière à leur Union régionale pour transférer leurs dépôts à la Caisse centrale de Lévis.

Tableau 5.3. Progression des caisses populaires de l'Union régionale de Gaspé entre 1937 et 1944.

	31 mai 1937	30 avril 1944	% d'augment.
Nombre de caisses	19	40	111
Sociétaires	3 184	8 388	163
Déposants	2 084	6 315	203
Emprunteurs	1 302	1 996	53
Actif	$495 143	$1 402 892	183

Source: À Pleines Voiles, vol. 1, no 1 (1er juin 1945), p. 6.

La fondation de caisses reprend vers 1937, alors qu'on en met sur pied cinq autres. Le SSE dirige alors une campagne en faveur de l'implantation de caisses populaires pour permettre en particulier aux pêcheurs d'acquitter leurs dettes auprès des marchands et d'organiser des coopératives. De 1938 à 1945, dix-neuf autres localités du diocèse de Gaspé entrent à leur tour dans le mouvement. Avec la guerre qui stimule l'économie régionale, l'actif des caisses gaspésiennes passe de $500 000 en 1939 à $2 000 000 en 1945; près des trois quarts de ces actifs sont détenus par les caisses du comté de Bonaventure[50]. En 1945, l'Union régionale de Gaspé compte 43 caisses affiliées, dont celle du séminaire de Gaspé, fondée en janvier 1940, une première au Québec.

Discuté depuis quelques années, un nouveau programme appelé « crédit maritime » est établi en 1941 par l'Union régionale en collaboration avec le gouvernement provincial. Les caisses prêtent aux pêcheurs pour l'achat d'une barque ou d'agrès de pêche, pourvu que les emprunteurs prennent une police d'assurance sur la vie. Le gouvernement paie la prime d'assurance, garantit les prêts et acquitte une partie de l'intérêt. Au début de 1945, on a déjà accordé 1 625 de ces prêts aux pêcheurs: 29 emprunteurs seulement sont en retard sur leurs remboursements[51]. Il semble malgré tout qu'à cette époque les plus gros prêts soient consentis aux institutions religieuses, comme le laisse entendre l'abbé Saint-Laurent à Mgr Ross: « Ne serait-il pas à craindre que le public gaspésien finisse par savoir que plus des trois quarts des épargnes des Caisses populaires de Gaspé sont prêtées à nos institutions religieuses? Des malins ne pourraient-ils pas nous dire: nous comprenons maintenant pourquoi les autorités religieuses sont si intéressées dans l'établissement des Caisses populaires[52]. »

LES COOPÉRATIVES AGRICOLES ET DE CONSOMMATION

Chez les agriculteurs du comté de Bonaventure, il existe depuis les années 1910 des coopératives agricoles. Ces associations voient à l'achat du matériel nécessaire aux exploitations agricoles et à la vente des produits de la ferme. Il existe aussi une organisation centrale, la Coopérative fédérée de Québec, qui regroupe plus de 200 de ces associations au Québec. Le nombre de celles-ci augmente jusque vers 1925, après quoi plusieurs cessent leurs activités. Particulièrement populaires dans Bonaventure — à un certain moment c'est le comté qui en compte le plus grand nombre au Québec — les coopératives agricoles sont surtout, au début, des coopératives d'achat. Par la suite, apparaissent des sociétés d'achat et de vente, des beurreries, et quelques couvoirs; on compte même une linerie de ce type à Caplan et une coopérative de vente de pois à Cap-d'Espoir. Là, comme dans les autres mouvements coopératifs, le clergé est aux premières lignes.

Les coopératives agricoles semblent s'implanter plus facilement que les coopératives de pêche. Leur utilité soulève peu de doutes et certaines d'entre elles prennent de l'importance. Ainsi, dans les années 30, celle de Matane fait un grand commerce de denrées agricoles avec la Côte-Nord. Elle y écoule également une bonne partie de la production laitière de sa région. Elle joue le rôle d'intermédiaire entre les petits fabricants du comté et les centres de consommation. À l'instar des cercles agricoles, les sociétés coopératives sont des canaux d'implantation pour les nouvelles méthodes de culture et de rationalisation de la production. Elles préconisent, par exemple, l'utilisation d'engrais chimiques de préférence au goémon et aux engrais de ferme, de meilleurs assolements, la mécanisation agricole, la sélection des animaux, etc. Cependant, les succès ne sont pas toujours évidents, l'agriculture gaspésienne demeurant surtout une agriculture domestique, peu encline à la spécialisation.

Aux coopératives agricoles viennent s'ajouter les magasins coopératifs. Le SSE de Sainte-Anne-de-la-Pocatière joue un rôle important dans ce domaine. Le premier de ces magasins à voir le jour dans la péninsule est fondé à Caplan en 1940. On l'appelle alors « La Fraternité ». Celui de Maria, organisé par le docteur Benoît Martin, est baptisé du nom de « La Liberté ». En 1942, il existe quatre magasins de ce type en Gaspésie, tous situés dans le comté de Bonaventure, soit à Caplan, à Maria, à Saint-Alphonse et à Saint-Elzéar. Leur création paraît répondre d'abord au désir d'enrayer la hausse du coût de la vie en temps de guerre. En 1945, treize magasins tout autour de la péninsule regroupent 1 928 membres. Leur chiffre d'affaires grimpe alors à $574 000[53].

L'abbé Gérard Guité, directeur des oeuvres sociales du diocèse de Gaspé, explique que « le magasin coopératif combat chez le peuple deux plaies nationales qui engouffrent les petites épargnes de nos ruraux et accentuent le mouvement de désertion de nos campagnes: je veux parler, précise-t-il, de l'abus du crédit et de l'achat en masse chez « Eaton » par l'intermédiaire du fameux catalogue[54] ». Les sociétaires de ces magasins sont habituellement classés en deux catégories: les membres actifs qui versent une souscription de $5 et les membres auxiliaires, dont il n'est requis que 25¢ mais qui n'ont pas le droit de vote ni la possibilité d'accéder à la gestion de la coopérative. Les ristournes aux sociétaires s'échelonnent graduellement de 3 à 5% sur les deux ou trois premières années d'activité. La plupart des magasins coopératifs entrent en affaires avec un capital assez bas, variant de $150 à $300. La vente aux non-membres se fait assez régulièrement, car on espère à la longue convertir ces clients en membres actifs. Aux deux organismes coopératifs que nous venons de décrire se joignent diverses associations agricoles, telles les sociétés d'agriculture, les cercles agricoles, les cercles de jeunes agriculteurs, les cercles de fermières, etc.

Esdras Minville, natif de Grande-Vallée, directeur de l'École des hautes études commerciales de Montréal de 1938 à 1962. (MRG)

LES SYNDICATS FORESTIERS

À la fin des années 30, on voit apparaître les syndicats forestiers. C'est à l'été de 1938 qu'Esdras Minville, directeur de l'École des hautes études commerciales de Montréal, en association avec le curé Alexis Bujold et quelques autres, jette les bases d'une organisation coopérative agro-forestière en son village natal. Après avoir fait une entente avec les propriétaires de la seigneurie de Grande-Vallée, la Brown Corporation, et le gouvernement, qui rachète ce domaine, on met à la disposition du Syndicat agricole et forestier de Grande-Vallée une lisière de terrain cultivable formant la vallée de la rivière sur une profondeur de quelque huit milles ainsi qu'une réserve forestière établie au fronteau des terres et d'un autre domaine forestier plus au sud. Un peu plus de 50 lots de 42 arpents de longueur par deux de largeur sont mis à la disposition des colons.

La nouvelle entreprise fonctionne de la façon suivante. Chaque propriétaire foncier a le droit de prélever durant l'hiver une récolte de bois proportionnelle au rendement annuel de la réserve en vue d'assurer la permanence du capital forestier. Les propriétaires sont constitués en syndicat coopératif pour assurer un contrôle plus efficace de l'exploitation forestière et faciliter la vente du bois en regroupant un volume capable d'intéresser les acheteurs. On partage la coupe entre les membres du syndicat, proportionnellement à leurs charges familiales ou au gré des décisions de l'assemblée générale. Enfin, la licence de coupe du syndicat est renouvelée chaque année par le gouvrenement. Les contemporains voient dans ce mode d'organisation de nombreux avantages: travail annuel pour la population, c'est-à-dire pêche ou agriculture en été, bois en hiver; encouragement à la propriété foncière, gage de stabilité sociale; encouragement à la famille; éveil de l'esprit de coopération chez les membres qui ne peuvent bénéficier du privilège de coupe que s'ils traitent par l'intermédiaire du syndicat; préservation de la forêt par une exploitation rationnelle, etc.

L'expérience de Grande-Vallée est la première tentative d'exploitation coopérative de la forêt au Québec. Pour son promoteur, Esdras Minville, l'exploitation forestière tue l'agriculture dans les régions mi-agricoles, mi-forestières. De même, on se plaint généralement que les grandes réserves forestières, qu'elles soient surexploitées ou bien totalement inexploitées, sont une entrave à la colonisation. Avec l'organisation coopérative, toujours selon Minville, « le bûcheron disparaît, le forestier s'y substitue, et l'exploitation forestière, loin, comme c'est le cas à l'heure actuelle, de miner l'esprit agricole, le raffermit[55]. » Les leaders de ce mouvement coopératif considèrent que la grande exploitation capitaliste de la forêt est inadéquate, qu'elle est souvent entre les mains d'étrangers et que les ressources humaines et matérielles sont malheureusement drainées vers les grands centres. La formule coopérative, selon eux, va aider à résoudre les problèmes de la forêt gaspésienne dans le sens de la décentralisation et de l'exploitation progressive des ressources au bénéfice des « petits ».

La colonie agro-forestière de Grande-Vallée connaît néanmoins des débuts difficiles: l'éducation pour ce genre de coopération n'est pas faite; les prix du bois sont bas et les acheteurs exigeants; la plupart des membres manquent d'expérience et son mal outillés et la formule n'inspire pas confiance aux colons, qui s'y adonnent souvent de mauvaise grâce[56]. Une des craintes des promoteurs est aussi que les colons négligent leurs terres pour s'intéresser surtout au bois. Des règlements voient donc à prohiber à ces derniers l'accès à la forêt pour la coupe entre les mois de mai et d'octobre. Pour les nouveaux colons, la coupe du bois paraît plus avantageuse et plus rentable que le travail de défrichement. Ainsi, durant la première année du syndicat, la vente du bois rapporte $25 000 et, en 1942, $70 000. La ristourne moyenne distribuée à chaque famille s'établit alors autour de $400. Certaines familles tirent jusqu'à $600 ou $700 de l'exploitation forestière[57]. Dans les chantiers ordinaires, un ouvrier gagne alors environ $200. Jusqu'en 1945, le bois est vendu en grume pour la pulpe ou encore pour la construction, au plus offrant. Cette année-là, le syndicat

Tableau 5.4. Syndicats forestiers en Gaspésie en 1958.

	Année d'incorporation	Nombre de membres	Nombre de travailleurs
Gaspé-Nord			
Grande-Vallée	1938	120	60
Pointe-à-la-Frégate	1940	35	26
Cloridorme	1940	71	28
St-Yvon	1940	25	30
St-Antoine (Gros-Morne)	1943	75	45
St-Maurice (L'Échouerie)	1943	87	88
Ste-Madeleine	1943	20	14
Mont-St-Pierre	1944	99	25
Mont-Louis	1944	137	43
Ruisseau-des-Olives	1944	52	35
Petite-Vallée	1944	60	56
Rivière-à-Claude	1945	23	25
St-Octave-de-l'Avenir	1946	54	36
Manche-d'Épée	1947	48	28
Rivière-Madeleine	1952	28	20
Bonaventure			
St-Edgar	1944	58	50
St-Elzéar	1944	165	90

Source: Pierre-Yves Pépin, *La mise en valeur des ressources naturelles de la région Gaspésie-Rive-Sud*, Québec, Ministère de l'Industrie et du Commerce, 1962, p. 168.

construit son propre moulin à scie où l'on fait du bois de charpente.

Vers 1947, une population d'environ 400 personnes s'est établie dans la nouvelle colonie de Grande-Vallée-des-Monts, ou « colonie d'Esdras ». À part ces défricheurs, 47 résidents du village côtier de Grande-Vallée font partie du syndicat et partagent les avantages de la réserve forestière. La plupart des familles ont défriché près de la moitié de leur lot. Chacune d'elles possède en moyenne un cheval, deux vaches laitières, une truie, sept à huit moutons et une quinzaine de poules[58].

D'autres syndicats du même type se forment assez tôt dans les environs de Grande-Vallée et ensuite à la Baie-des-Chaleurs. C'est le cas à Pointe-à-la-Frégate, à Cloridorme et à Saint-Yvon en 1940. Ces localités étant peuplées surtout de pêcheurs, ceux-ci n'ont pas de terres dans le voisinage et ils combinent l'exploitation forestière avec la pêche plutôt qu'avec l'agriculture. En novembre 1944, on fonde la Fédération des chantiers forestiers de la Gaspésie sous l'égide du SSE. Cet organisme grouperait alors douze syndicats forestiers et plus de 1 000 bûcherons[59]. En 1945, un mémoire soumis au ministre de la Colonisation estime que l'expérience de la coopération est une réussite et qu'il faut la poursuivre. Pour les élites, c'est avant tout un mouvement social qui doit permettre le relèvement social, intellectuel et physique des bûcherons. En 1949, aux réserves déjà accordées aux syndicats forestiers, le gouvernement québécois ajoutera une réserve spéciale, appelée Madeleine-Mont-Louis. Résultat d'un échange de concessions avec la Brown Corporation, cette réserve, mesurant 255 milles carrés, sera exploitée par six syndicats coopératifs de Gaspé-Nord dans les années 50. En 1958, on comptera dix-sept colonies forestières en Gaspésie.

On peut donc constater que la coopération est bien implanté en Gaspésie à la fin de la Deuxième Guerre mondiale. Les principaux secteurs de la vie économique et sociale en sont empreints. Les mouvements coopératifs les plus importants sont même intégrés à des fédérations nationales. La population protestante, isolée par la langue et la religion, est presque exclue du mouvement alors fortement encadré par le clergé catholique. Depuis la création du diocèse de Gaspé et l'arrivée d'un évêque dynamique, l'Église catholique s'est grandement fortifiée et est devenue de plus en plus interventionniste. Ce n'est que graduellement que les laïcs prendront la relève d'un clergé dont l'ascendance sur la population gaspésienne traverse ses plus beaux jours.

La consolidation

MGR ALBINI LEBLANC Le 22 décembre 1945, Albini Leblanc est appelé à succéder à Mgr François-Xavier Ross, décédé en juillet de la même année. Né à Bouctouche (N.-B.) le 1er mai 1894, il est ordonné prêtre le 15 mai 1921. Après des études en théologie à Rome, on le retrouve, en 1930, curé-fondateur de la paroisse Sainte-Thérèse-de-l'Enfant-Jésus, située près de Moncton. En 1937, il fonde à Bouctouche la maison de retraites fermées « Villa Saint-Joseph ». Il est élu évêque de Hearst (Ontario) le 17 décembre 1940.

Mgr Leblanc est intronisé à Gaspé le 8 mai 1946. La crise des vocations sacerdotales et la survie du séminaire diocésain accaparent bien vite son attention. Dès 1947, il entreprend d'organiser, sous forme de congrès, une croisade de prières et d'études qui durera jusqu'à 1955. Chaque congrès débute le jeudi soir avec l'arrivée au reposoir du cortège marial. Le ven-

Congrès des vocations à Madeleine en 1952. (Coll. privée)

dredi, c'est la journée des enfants; le samedi, celle de la famille; on y célèbre des messes, on y assiste à des forums, des discussions, des jeux scéniques, des défilés de barques, des processions aux flambeaux. Le dimanche, c'est la grande fête avec ordinations à la prêtrise et à d'autres ordres sacrés[60].

Malgré les efforts des clercs de Saint-Viateur, le séminaire continuait à s'endetter. En 1947, ces religieux décident d'en abandonner la direction. Mgr Leblanc confie alors au clergé diocésain la direction totale et la réorganisation sur tous les plans du collège. Les prêtres deviennent donc, du jour au lendemain, les administrateurs et les professeurs de cette institution. Ils sont neuf à accepter de relever le défi, secondés pour un temps par quelques clercs de Saint-Viateur. En outre, pour pourvoir aux problèmes financiers, Mgr Leblanc décrète comme obligatoire le versement de $3 par famille comme le suggérait Mgr Ross en 1923. Les paroisses sont responsables de recueillir ces fonds. La somme totale de toutes les contributions remises au séminaire atteindra, à la fin de 1962, le chiffre de $710 672. Devant le nombre accru des inscriptions, il devenait nécessaire de procéder à un premier agrandissement du séminaire. Mgr Leblanc s'y emploie dès 1951 et il obtient à cette fin du gouvernement provincial une subvention de $550 000[61].

Mgr Albini Leblanc, évê-
que de Gaspé (1945-
1957). (MRG)

Mgr Leblanc fait par ailleurs construire la maison de retraite fermées de Black-Cape (Caps-Noirs), inaugurée en 1951, et, en décembre 1953, il ouvre à Gaspé le foyer Notre-Dame, dirigé par les Oblates missionnaires de Marie-Immaculée et destiné à accueillir des jeunes ouvrières « privées de l'atmosphère et de la sauvegarde du foyer ». Agrandie en 1956, cette maison reçoit elle aussi des retraitantes des paroisses avoisinantes pendant les mois d'hiver. Pour assurer un soutien aux oeuvres pastorales diocésaines et spécialement celle des retraites, Mgr Leblanc met aussi sur pied en 1956 l'organisme Caritas-Gaspé. Le 4 février 1951, il avait inauguré la radiodiffusion quotidienne du chapelet à sept heures du soir. Cette émission vivra jusqu'au 4 juin 1973, rejoignant pendant longtemps à chaque soir plusieurs milliers d'auditeurs en Gaspésie, aux Iles-de-la-Madeleine et au Nouveau-Brunswick.

L'évêque de Gaspé se donne également le mandat de « travailler au maintien de la discipline et à la sauvegarde de la morale évangélique » en luttant contre « l'anarchie et la révolution des idées, contre le sensualisme et le matérialisme des moeurs[62]. » Comme son prédécesseur, Mgr Leblanc déplore la baisse de la moralité. Aussi prêche-t-il souvent le port de vêtements « honnêtes », les fréquentations prudentes, le choix de films approuvés par la censure, la réserve dans les sports et les danses, etc. Mais surtout, il lutte contre l'alcoolisme par des campagnes de tempérance et des pressions sur les tenanciers afin qu'ils observent rigoureusement la loi des liqueurs.

Mgr Leblanc trouve la mort dans un accident d'auto à Saint-Majorique le 17 mai 1957. Il revenait de Québec où les autorités gouvernementales l'avaient assuré d'une somme de $250 000 pour un second agrandissement au séminaire.

COURS CLASSIQUE ET TECHNIQUE

À l'aube de la Révolution tranquille, le séminaire, qui a presque 40 ans, continue de recruter ses élèves partout en Gaspésie, aux Iles-de-la-Madeleine et même à l'extérieur du diocèse. En effet, en 1960-1961, sur 337 inscrits, 299 viennent de la Gaspésie, 30 des Iles-de-la-Madeleine et 8 sont d'ailleurs[63]. À partir de 1959, une section classique est ouverte au collège de Bonaventure. Affilié au séminaire de Gaspé, ce dernier ne procure que les quatre premières années de cet enseignement. À Matane, dans le diocèse de Rimouski, c'est en 1953 qu'une section classique est organisée à l'école Damours sous la direction des clercs de Saint-Viateur. Quatre ans plus tard, on commence la construction d'un collège classique supervisé par le séminaire de Rimouski et affilié, comme toutes les institutions de ce genre, à l'Université Laval. En septembre 1958, 150 élèves y font leur entrée, dont 86 pensionnaires.

Dans le domaine agricole, l'école de Val-d'Espoir bénéficie de nouvelles installations en 1958 et continue de dispenser son enseignement. Les

Tableau 5.5. Niveau d'études des Gaspésiens, 1961.

Niveau	Bonaventure	Gaspé	Matane
Primaire	89,7	89,7	90,6
1re-4e secondaire	21,0	22,3	22,5
5e secondaire	4,1	5,9	4,7
Études universitaires	1,9	2,6	1,7

Source: Robert Hirsch, *Les origines et la nature des déséquilibres régionaux du Québec*, Québec, Planification du développement régional. Série II: Rapport d'analyse 1967, p. 109.

années 50 voient aussi la fondation de deux écoles de métiers: à Matane en 1950 et à Sainte-Anne-des-Monts en 1951. Pour les jeunes filles qui désirent s'instruire au-delà du cours primaire, deux possibilités sont offertes: l'école ménagère et l'école normale. En septembre 1947, les soeurs du Bon-Pasteur, qui dirigent l'école ménagère régionale de Matane, obtiennent la permission de fonder une école normale à cet endroit. Deux autres institutions de ce genre apparaissent en Gaspésie: à Sainte-Anne-des-Monts en 1945 et à Carleton en 1947. Celle de Gaspé existait déjà depuis 1924.

Il faut noter que la scolarisation des jeunes Gaspésiens et Gaspésiennes ne devient réellement significative que grâce à la loi de l'instruction obligatoire adoptée en 1944. « Dès sa première année d'application, écrit l'inspecteur Paul Hubert, l'assiduité des élèves atteint dans les écoles catholiques élémentaires un sommet inégalé: 89% de présence moyenne dans le district de Gaspé-Sud-Bonaventure et 97% dans celui de Matane-Gaspé[64]. » Encore peu de Gaspésiens fréquentent l'université: quelque 200 seulement chaque année dans la décennie 1950.

SERVICE SOCIAL ET HÔPITAUX

En plus de celui de l'éducation, l'Église occupe toujours à l'époque les champs des services sociaux et des services de santé. Depuis 1950, la Gaspésie bénéficie, en principe, de l'action du Service social de Rimouski. Mais le territoire s'avère beaucoup trop vaste pour les moyens de ce dernier. Plusieurs personnes déplorent ainsi le fait que des enfants soient placés en institution en dehors de la péninsule. Du côté gouvernemental, la loi de l'assistance publique, en vigueur depuis 1921, est surtout destinée aux cas d'hospitalisation. L'insistance se fait de plus en plus pressante chez les professionnels et le clergé afin que soit établie une agence de service social en Gaspésie.

En août 1954, Mgr Leblanc obtient du gouvernement les lettres patentes constituant en corporation le « Service social du diocèse de Gaspé ». Le bureau de direction est composé de sept membres. L'abbé Claude Allard en est le premier président-directeur-général. L'agence se pourvoie d'une secrétaire et d'une infirmière. Elle établit par la suite une pouponnière, administre l'assurance-chômage et les allocations familiales, s'occupe d'adoption, de délinquance, d'alcoolisme et d'indigence[65].

Les services de santé prennent aussi de l'expansion en Gaspésie. En effet, durant les années 50, on songe à transformer certains centres de rétablissement en hôpitaux en axant les traitements sur l'hygiène et la prévention. Ainsi, à Chandler, l'hospice des soeurs de la Providence retrouve sa vocation d'hôpital en 1947. L'agrandissement et la modernisation des hôpitaux régionaux s'imposent très vite. En 1953, l'Hôtel-Dieu de Gaspé, érigé un quart de siècle plus tôt, est jugé exigu et désuet par un comité d'étude. On propose de reconstruire sur une échelle plus vaste, de fonder une école d'infirmières avec résidence pouvant recevoir soixante élèves et instaurer certaines spécialités. L'ancien Hôtel-Dieu servirait alors à abriter des orphelins, des invalides et des vieillards[66].

Les hôpitaux gaspésiens ont à leur tête des communautés religieuses, comme c'est le cas à peu près partout au Québec. À Maria, on trouve une corporation formée de quatre médecins, d'un dentiste, d'un marchand et du curé. L'hôpital est cependant dirigé par les soeurs de Saint-Paul de Chartres qui ont également la charge de l'hôpital de Sainte-Anne-des-Monts. Certaines frictions apparaissent alors entre laïcs et religieux. Quoi qu'il en soit, l'évolution de l'hospitalisation en Gaspésie suivra son cours.

L'ÉCOLE DES PÊCHERIES DE GRANDE-RIVIÈRE

La science et le progrès ne touchent pas seulement l'éducation et l'art médical: ils atteignent également les méthodes séculaires des pêcheurs gaspésiens. On se souvient qu'en août 1936, a été établie à Grande-Rivière une station fédérale de recherche. En 1939, l'Université Laval déménage sa station de biologie marine de Trois-Pistoles à la station expérimentale de Grande-Rivière pour y coordonner les recherches techniques de la station fédérale avec celles qu'elle conduit en biologie. En 1948, sous l'instigation de Camille Pouliot, député de Gaspé et ministre de la Chasse et des Pêcheries, le centre de recherche est complété par l'aménagement d'une école d'apprentissage qui, pendant une décennie, va dispenser des séries de cours, en général très brèves, soit de un à trois mois, destinées à donner aux jeunes pêcheurs une formation professionnelle et technique. En 1949, et ce, pendant trois ans, le ministère de la Chasse et des Pêcheries accorde aux fils de pêcheurs un octroi annuel de $100, à condition qu'ils s'inscrivent à un cours de six semaines à l'école de Grande-Rivière[67].

En 1958, une nouvelle orientation est insufflée à l'école; on y organise pour la première fois un cours régulier d'une durée de deux ans. La première année, les élèves suivent des cours de lettres et de sciences ainsi que des cours pratiques de menuiserie, de soudure, d'électricité et de mécanique d'ajustage. La seconde année, ils doivent opter pour le cours en pêcheries pratiques en mer ou pour les métiers connexes à terre. Le groupe de terre étudie la gestion industrielle, la réfrigération, l'hygiène publique, la physique, la chimie et les sous-produits de la pêche. Le groupe de mer s'initie à la pêche, à la navigation, au fonctionnement des appareils de navigation et des moteurs marins diesel ainsi qu'à la météorologie et à l'océanographie[68]. À l'instar de nombreuses écoles moyennes d'agriculture, l'école d'apprentissage donne aussi des cours d'économie domestique aux filles de pêcheurs. Les cours d'hôtellerie du Mont-Albert sont également dispensés à l'école de Grande-Rivière.

La naissance d'un nouveau mouvement coopératif chez les pêcheurs à l'aube de la Deuxième Guerre mondiale s'inscrivait dans la perspective d'une évolution technologique et dans un contexte économique très favorable. Entre 1939 et 1945, Pêcheurs-Unis voyait le nombre de ses « locales » plus que quadrupler. Cette période de quasi-euphorie ne peut cependant pas durer. Dès la fin du conflit mondial, les problèmes ressurgissent: les prix se mettent à fléchir et les conditions de l'industrie deviennent de plus en plus difficiles. L'enthousiasme coopératif des débuts baisse, les cercles d'étude n'existent plus et peu de pêcheurs s'abonnent au journal *À Pleines Voiles*, né en 1945 au Service social-économique de La Pocatière. Les sociétaires hésitent avant d'attribuer 1% ou 2% des profits nets à un fonds de réserve; ils sont impatients de recevoir leur ristourne et souvent tentés de vendre leurs produits ailleurs qu'à la coopérative.

PÊCHEURS-UNIS

La décentralisation de l'organisme fait également problème. Le territoire est vaste et les unités locales trop nombreuses. Pour exercer un contrôle aussi serré que possible, la fédération doit immobiliser environ le quart de son actif total. De plus, les gérants locaux ne seraient pas toujours à la hauteur de leurs fonctions et adoptent une politique trop paternaliste vis-à-vis des pêcheurs désenchantés. La faiblesse des mises de fonds et le recours au crédit des banques contribuent aussi à mettre la fédération dans une situation précaire. Les « locales » ne peuvent se permettre d'investir dans la modernisation des procédés de traitement avant d'acheminer le poisson vers les points de vente. Si l'idée d'une prise en main collective du processus de transformation sourit à plusieurs, les coopératives sont petites, leurs liquidités réduites, et on redoute toujours l'aventure financière[69].

En fait, en plus d'une crise de confiance de la part des membres, Pêcheurs-Unis fait face à une crise financière qui l'amène, en 1947, au bord de la faillite. Il ne peut rencontrer ses redevances. En août 1948, la coopérative doit alors se résoudre, mais à contre-coeur, à solliciter la tutelle gouvernementale, troquant ainsi une indispensable garantie d'emprunts contre un droit de veto du gouvernement. Le ministère de la Chasse et des Pêcheries ordonne une enquête sur la situation financière de la fédération, qui conclut par des critiques sévères à l'endroit de l'ancienne administration de Pêcheurs-Unis. Le conseil d'administration sollicite alors l'aide de Mgr Leblanc, qui accepte de rencontrer le bureau de direction. Une assemblée conjointe a lieu à Gaspé le 22 octobre 1948. Mgr Napoléon Labrie, évêque de Baie-Comeau, et Mgr Lionel Scheffer, vicaire apostolique du Labrador, sont présents. On y discute notamment de deux nécessités: celle d'une vérification complète et objective de la situation financière de Pêcheurs-Unis et celle de remplacer au plus tôt le contrôleur gouvernemental, F. M. Gibaut. Celui-ci n'a pas bonne presse dans le milieu malgré ses talents d'administrateur. Il est un ancien employé des Robin, jersiais d'origine et soupçonné d'être franc-maçon. De fait, il est remplacé en mai 1949 par Charles-Elmer Desourdy, recommandé pour sa probité et sa compétence. Mgr Leblanc avait reproché à plusieurs reprises aux dirigeants de Pêcheurs-Unis d'avoir quelque peu abusé de la confiance des sociétaires. Pour lui, la mainmise gouvernementale devenue inévitable ne doit pas se prolonger. Durant toute la crise, il a été une sorte d'intermédiaire auprès des autorités gouvernementales.

Desourdy insouffle une nouvelle orientation au mouvement. Le ton change; les propos deviennent sobres, techniques, pragmatiques. Les syndicats sont l'objet de contrôles administratifs fréquents, les pêcheurs coupables de ventes illicites sont bannis. Plus de tolérance de la part du gouvernement et de la coopérative aboutit à l'adhésion de Pêcheurs-Unis à l'Association des producteurs de poisson du Québec et du Nord du Nouveau-Brunswick.

Désormais, le SSE n'exerce plus la même influence sur les pêcheurs; ses théories et ses pratiques ne répondent plus aux besoins. Dans le domaine de la coopération comme dans ceux de l'éducation et des services hospitaliers, le message de la doctrine sociale de l'Église se heurte à des difficultés matérielles, à des rapports de forces économiques et aux progrès technologiques.

La nouvelle administration s'avère efficace. Les nouveaux patrons sont moins préoccupés par les devoirs de la coopération et se soucient davantage de la rentabilité commerciale et de l'ouverture de nouveaux marchés. En 1948, le déficit consolidé s'élevait à $150 827; dix années plus tard, les réserves et surplus atteignent $282 383, soit une marge de $433 200. L'augmentation des bénéfices nets est spectaculaire: au déficit de $65 871 de 1948 succède d'importants profits évalués à $43 044 en 1950, à $68 550 en 1953 et à $168 234 en 1958[70]. Aux idéalistes de la coopération ont succédé des hommes d'affaires pragmatiques qui amorcent une opération de consolidation des acquis.

Au début des années 60, l'intégration s'impose de plus en plus, malgré « l'esprit d'anse », qui incite chaque petit groupe de pêcheurs à disposer de ses propres services. Pêcheurs-Unis, la principale entreprise de pêche au Québec, finit par assumer la responsabilité du traitement, de la congélation, de l'entreposage et du transport du poisson. En plus, la fédération va petit à petit se débarrasser du fardeau que constituent les nombreux ateliers dispersés et peu rentables.

Bien que la coopération connaisse surtout des consolidations après 1945, des coopératives sont tout de même créées dans de nouveaux secteurs. C'est le cas de l'électricité.

LES COOPÉRATIVES D'ÉLECTRICITÉ

Avant la guerre, c'était le fouillis. Des compagnies existaient mais elles se contentaient d'électrifier les petites villes et les gros villages et délaissaient les campagnes, car ce n'était guère payant d'y investir, compte tenu des distances. Ainsi, à Matane, en 1932, la Compagnie de Pouvoir du Bas-Saint-Laurent, propriété de Jules Brillant de Rimouski, dota le village de l'électricité lorsqu'elle harnacha les chutes de la rivière Métis. Dans les années 50, elle prolongera sa ligne jusqu'à Sainte-Anne-des-Monts. Plus à l'est, à Marsoui, Alphonse Couturier, qui y possédait un moulin, fit la même chose.

En 1945, la loi de l'électrification rurale entre en vigueur. Elle vise la formation de coopératives et leur consent des prêts. Sont ainsi mises sur pied les coopératives d'électricité de Gaspé-Sud et de Bonaventure. Cette dernière est l'oeuvre de la Chambre de commerce de Bonaventure qui veut améliorer le service irrégulier que fournit la Chaleur Bay Power Company Limited depuis 1928. Elle en achète le réseau en 1947. Parmi ses réalisations, notons sa fusion avec la petite coopérative de Nouvelle, le haussement et la réparation du barrage de Saint-Elzéar, la construction d'une ligne de transmission qui relie New-Carlisle, Saint-Elzéar, New-Richmond et Nouvelle, la construction d'un réseau de distribution de 400 milles qui couvre tout le territoire de la coopérative, soit d'Anse-aux-Gascons à Ristigouche, et enfin, en 1958, la signature d'un contrat en vertu duquel le syndicat achète un minimum de 2 000 HP de la Compagnie de Pouvoir du Bas-Saint-Laurent en provenance de l'Hydro-Québec. En 1947, la coopérative de Bonaventure comptait 1 409 clients; dix ans plus tard, ce chiffre passe à 5 350[71].

La coopérative de Gaspé-Sud couvre tout le comté du même nom, soit de Rivière-au-Renard à Newport. Comme dans Bonaventure, les curés prennent une part active dans sa fondation et sa gestion. Le promoteur en est Mgr Charles-Eugène Roy et les réunions ont souvent lieu dans les différents presbytères. Les problèmes financiers sont aigus et l'on fait même du porte à porte pour recueillir des fonds. Le gérant Roger Bourget dirige une vingtaine d'hommes. Il y a souvent des pannes, comme vers 1950 quand 700 à 800 poteaux sont couchés par le verglas entre Newport et Rivière-au-Renard. Les esprits de clocher se font également sentir: chacun veut que sa paroisse ait la priorité dans l'électrification. Les assemblées sont parfois houleuses, notamment lorsqu'il est question de desservir les colonies, et les prises de bec sont fréquentes entre Mgr Roy et le curé Alfred Bujold de Cap-aux-Os. À la fin des années 50, la coopérative est en bonne santé avec un capital de près de $100 000. Elle réussit même à fournir du courant à Murdochville au moment où se brise le câble sous-marin de l'Hydro-Québec. Mais, il reste que le coût de l'électricité est deux fois plus élevé à Gaspé qu'à Montréal.

Vers le milieu de la décennie 1950, est fondée la Coopérative d'électricité de Gaspé-Nord. En 1958, elle dessert 900 abonnés depuis Ruisseau-à-Rebours jusqu'à Petit-Cap. Elle acquiert les aménagements hydro-électriques que possédait la Mont Louis Seigniory Limited sur la rivière Mont-Louis. Là comme dans les autres endroits où l'électricité s'installe, des « peddlers» visitent les familles pour leur vendre différents accessoires électriques, des réfrigérateurs et des poêles payables à raison de quelques dollars par semaine. Dès 1958, avec l'apparition d'un réseau de télévision qui, de Rimouski, dessert la péninsule gaspésienne, on commence à acheter des téléviseurs[72].

LA NAISSANCE DU SYNDICALISME

Au contraire du coopératisme, le syndicalisme met du temps à s'implanter en Gaspésie. Il faut dire que les centres industriels sont rares et que les compagnies font tout ce qui est possible pour en retarder l'implantation.

À Chandler, malgré des conditions de travail très dures, il faut attendre la réouverture de l'usine en 1937 pour que les ouvriers demandent un syndicat. La Confédération des travailleurs catholiques du Canada (CTCC) leur envoie un organisateur. Près de 100% des travailleurs adhèrent au syndicat et des représentants locaux sont élus. Mais le gérant général de l'usine de la Gaspesia Sulphite Company, E.M. Little, se refuse à reconnaître l'union, alléguant qu'il ne peut traiter qu'avec un syndicat international du fait que sa compagnie fait affaire avec les marchés étrangers. Il dit craindre que les travailleurs américains refusent de manutentionner et de traiter la pulpe provenant de Chandler si un syndicat catholique y est formé. La vraie raison est que les compagnies de pâtes et papier préfèrent négocier avec l'American Federation of Labor, moins militante. Ne parvenant pas à se faire reconnaître, la CTCC perd de plus en plus de crédibilité. En 1942, les travailleurs approuvent majoritairement l'abandon du syndicat catholique et se joignent à l'International Brotherhood of Pulp, Sulphite and Paper Mill Workers, qui négocie un an plus tard leur première convention collective. Ils obtiennent que la préférence dans l'emploi soit accordée aux membres de l'union et que l'adhésion syndicale soit obligatoire. Ils arrachent aussi de minces augmentations de salaire et des réductions dans les heures de travail ainsi que deux semaines de vacances après dix ans de service[73]. Mais plus les années passent, plus les relations deviennent tendues entre l'entreprise et ses employés. En 1947, la Gaspesia Sulphite n'acquiesce aux demandes des travailleurs que sous une menace de grève.

En 1953, les négociations sont rompues et le cas est référé à un tribunal d'arbitrage qui donne raison à la compagnie. La question primordiale sur laquelle on se bute toujours est celle des salaires, qui sont parmi les plus bas dans l'industrie québécoise des pâtes et papier.

Ailleurs, c'est la Fédération nationale catholique de l'Industrie du Bois du Canada, affiliée à la CTCC, qui assume, pendant la guerre et les quelques années suivantes, la responsabilité de l'organistion syndicale dans les scieries. Les débuts sont difficiles; certains essais échouent, notamment à Les Méchins. C'est en 1947 que l'aumônier des syndicats catholiques, Théodule Desrosiers, écrit à François-Xavier Légaré, le permanent de la Fédération, pour lui demander de créer un syndicat à Les Méchins. Il est

Machine à papier au moulin de Chandler. (ACN)

effectivement fondé le 3 août. Mais en 1948, la Fédération constate que les cotisations ne se paient pas, qu'on ne tient pas d'assemblées et que le secrétaire du syndicat est absent du village. Plusieurs facteurs expliquent cet état de chose. D'abord, il faut traiter avec plusieurs employeurs, ce qui rend difficile la cohésion nécessaire à toute vie syndicale. Ensuite, le caractère saisonnier de l'emploi ne favorise guère la légalité du membership. De plus, il y a les distances: Les Méchins est situé à près de 100 milles de Rimouski, ce qui rend les communications peu commodes, surtout en hiver. Dans ces conditions, l'éducation syndicale devient presque impossible. Ailleurs dans le diocèse de Gaspé, la Fédération avait tenté d'obtenir en 1944 la permission des autorités religieuses de syndiquer les ouvriers de Cap-Chat, de Sainte-Anne-des-Monts et de Marsoui. Mais Mgr Ross ne croyait pas le moment opportun et voulait « prendre le temps de former les syndiqués et de leur inculquer le véritable esprit syndical catholique avant de former des syndicats[74] ».

Au printemps de 1948, une même démarche est faite auprès de Mgr Leblanc qui se laisse finalement convaincre. À Cap-Chat, le syndicat reçoit l'accréditation le 3 août. S'ensuivent les premières négociations avec la Compagnie James Richardson. L'évêque avait invité le curé Guillaume Cassivi à agir comme aumônier local. Le 5 septembre, devant son attitude plutôt défavorable au syndicat, Mgr Leblanc lui adresse une mise en garde très ferme, lui rappelant, entre autres points, que « les capitalistes exploitent très habilement la question d'opportunité et de bonne entente, partout où l'on veut tenter l'organisation et assurer le fonctionnement des syndicats et des conventions collectives[75]... »

À Marsoui, une tentative de syndicalisation est tuée dans l'oeuf par le tout puissant Alphonse Couturier, qui est souvent le créancier de ses travailleurs, encore partiellement payés en coupons, et le propriétaire de leur logement. Il suffit à l'employeur d'élever la voix à l'assemblée de fondation du syndicat pour que tout s'écroule et que chacun rentre tranquillement chez soi[76]. Couturier avait aussi à quelques reprises menacé de fermer son moulin et ses chantiers s'il s'organisait un syndicat dans la paroisse. Il semble également bénéficier de l'appui du curé de l'endroit.

Dans les années 50, la CTCC fait peu parler d'elle en Gaspésie. L'UCC s'étant implantée chez les bûcherons, elle préfère ne pas lui faire concurrence. À partir de la fin de la décennie cependant, elle commence à syndiquer divers autres groupes de travailleurs, tels ceux des hôpitaux, du chantier maritime de Gaspé et les employés des usines et entrepôts de Pêcheurs-Unis à Rivière-au-Renard, Gaspé, Newport et Paspébiac.

L'UCC CHEZ LES BÛCHERONS ET LES CULTIVATEURS

Au début de l'année 1952, on découvre que l'Union des Bûcherons, qui s'emploie depuis un certain temps à grouper les travailleurs de la forêt, a de bonnes chances de réussir lorsque se fera la drave printannière. Craignant l'emprise sur les bûcherons gaspésiens de cette union soupçonnée d'être communiste, Mgr Leblanc rencontre les agriculteurs et les bûcherons et les convainct de leur obligation comme catholiques d'opter plutôt pour l'Union Catholique des Cultivateurs. À l'instar de ses collègues des autres parties de la province, Mgr Leblanc voit en celle-ci l'organisme le plus à même d'encadrer les bûcherons. À partir de ce moment, le père René Tremblay est nommé aumônier diocésain. Jean-Marie Jobin est engagé à titre de secrétaire général et propagandiste. Il s'emploie aussitôt, avec le concours des curés, à l'organisation de syndicats paroissiaux en utilisant des méthodes parfois rocambolesques. En quinze jours, sept syndicats sont établis. Au début, on s'en tient à la Baie-des-Chaleurs, pour ensuite passer aux autres secteurs de la Gaspésie[77].

Comme les agriculteurs ne sont pas tellement nombreux dans la péninsule, l'UCC cherche surtout à recruter ses membres chez les bûcherons et les propriétaires de boisés de ferme. À la fin de la décennie, elle gagne de grosses batailles, tant pour les forestiers que pour les cultivateurs. Durant l'année 1957, par exemple, elle a gain de cause lorsqu'un groupe de cultivateurs-bûcherons et de pêcheurs-bûcherons perdent leurs prestations d'assurance-chômage pour avoir refusé d'aller au lac Saint-Antoine où les conditions de travail sont inacceptables. Elle obtient aussi un conseil arbitral permanent en Gaspésie. Elle se bat pour les agriculteurs afin que le gouvernement fédéral accorde un octroi pour aider à défrayer les coûts prohibitifs du transport des engrais chimiques. Toujours la même année, grâce à la loi de mise en marché des produits agricoles, les producteurs de bois ont enfin leur mot à dire dans la fixation des prix du bois de pulpe.

Une autre victoire importante a lieu en 1960. Le 1er janvier, la Commission du salaire minimum accorde aux bûcherons une amélioration sensible sur le prix à forfait (70¢ la corde). Le 19 mars, la Commission, non seulement revient sur sa décision, mais abolit les taux minimums du travail à forfait établis dans des ordonnances antérieures. Or, la coupe du bois s'effectue à 90% sur une base forfaitaire. De plus, les bûcherons savent que le prix minimum devient presque automatiquement le prix maximum. L'ordonnance est amendée devant les protestations de l'UCC.

La lutte la plus importante pour la reconnaissance du droit d'association professionnelle est la grève de sept mois déclenchée le 11 mars 1957 à la mine de cuivre de Murdochville. L'histoire du syndicalisme dans cette ville remonte à l'automne 1952, alors que plus de 90% des employés donnent leur adhésion aux Métallurgistes unis d'Amérique, affiliés au Congrès canadien du Travail (CCT), et réclament leur certificat de reconnaissance syndicale à la Commission des relations ouvrières du Québec (CRO). La Gaspé Copper Mines s'y oppose, alléguant que ses opérations n'en sont pas au stade de la production et qu'ainsi les employés concernés ne sont pas

**LA GRÈVE DE
MURDOCHVILLE**

représentatifs du groupe à être embauché plus tard.

Deux autres campagnes d'organisation suivent, soit au cours de l'été 1953 et au cours de l'hiver 1953-1954. Cette fois, les métallos doivent lutter contre l'Union internationale des employés des mines (UIEM), affiliée au Congrès des Métiers et du Travail du Canada (CMTC). Ce dernier syndicat a la faveur de la compagnie; il obtient finalement le certificat de reconnaissance syndicale au printemps de 1954. Deux ans plus tard, à la suite de pourparlers, les deux grandes centrales, la CCT et la CMTC fusionnent pour former le Congrès du Travail du Canada (CTC). Il est alors décidé qu'on laissera aux mineurs le soin de choisir leur affiliation; 90% d'entre eux se prononcent pour les métallos[78].

Au cours de l'été 1956, la compagnie requiert de la CRO les documents syndicaux relatifs à la demande d'accréditation, prétendant que la loi le lui permet. La Commission ne remettant pas toutes les pièces, la Gaspé Copper Mines obtient un bref de prohibition contre la CRO, désirant ainsi empêcher l'émission du certificat de reconnaissance syndicale. L'union demande à l'entreprise de négocier quand même une convention collective. La compagnie refuse. La tension augmente.

Loin de vouloir discuter, la firme congédie le président du syndicat, Théo Gagné, le 8 mars 1957. Les employés débraient le 11 et font du piquetage. Le 12 avril, une injonction interlocutoire est émise contre le piquetage. Le juge endosse la position de la compagnie selon laquelle cette forme de manifestation est illégale parce que la grève elle-même est illégale, le syndicat ne possédant pas de certificat. La police provinciale est dépêchée sur les lieux. Le 26 avril, un réservoir d'huile à fournaise servant à alimenter le concentrateur de la compagnie est dynamité à Mont-Louis. Du 22 mai au 6 juin, quelques échauffourrées se produisent entre grévistes, « scabs» et policiers. En effet, la Gaspé Copper Mines engage quelque 800 « scabs» durant cette grève. Le 19 août, il y a une marche sur Murdochville, à laquelle participent quelque 450 ouvriers et leurs chefs venus de différents centres industriels de la province. Le 2 septembre, une autre marche, mais cette fois devant le parlement de Québec, attire plus de 5 000 travailleurs et sympathisants des grévistes de Murdochville. Entre-temps, le premier ministre canadien, John Diefenbaker, refuse d'agir pour des motifs « constitutionnels» et celui du Québec, Maurice Duplessis, préfère ne pas intervenir parce que les esprits sont, dit-il, trop échauffés pour qu'il puisse y avoir entente. S'ensuivent pendant ce temps d'autres actes de violence, des menaces de la compagnie, des gestes de sabotage, etc.

Au bout de sept mois, la grève est perdue. La compagnie a recommencé à produire à l'aide des « scabs» et plusieurs grévistes sont retournés au travail, à la mine ou ailleurs. Bon nombre de ceux qui tiennent jusqu'à la fin, soit jusqu'au 7 octobre 1957, ne sont pas réembauchés. Le syndicat n'obtiendra son certificat de reconnaissance syndicale qu'en 1965.

Les grévistes furent déçus de la réserve manifestée par le clergé lors des événéments de Murdochville. Les responsables religieux sont plutôt intervenus de façon discrète. Ils ont fait certaines démarches auprès des autorités gouvernementales et syndicales (CTC)[79] et ils ont accepté de rencontrer à quelques reprises les parties en cause, tant la compagnie que le syndicat afin de découvrir un terrain d'entente, sans succès pourtant.

Au 20e siècle, la communauté protestante gaspésienne perd, et de ses effectifs, et de son pouvoir. En terme de pourcentages, les départs sont plus nombreux que chez les catholiques. Ce mouvement de désertion semble s'accélérer après la Deuxième Guerre mondiale. Les jeunes anglo-saxons tiennent de moins en moins à l'héritage paternel et ils se dirigent nombreux vers l'Ontario et les États-Unis. À différents endroits, on verra même certaines églises et écoles fermer leurs portes ou diminuer leurs services. On peut expliquer cette saignée démographique des anglophones par le manque de travail dans la péninsule et la possibilité de trouver des emplois plus attrayants et plus rémunérateurs ailleurs.

L'EFFACEMENT DES PROTESTANTS

Les protestants sont aussi victimes des phénomènes de régionalisation, de catholicisation et de francisation que l'on constate de plus en plus en Gaspésie à mesure que le 20e siècle avance, et particulièrement après la Deuxième Guerre mondiale. Ainsi, les créations du diocèse de Gaspé, de diverses institutions et services de langue française, de coopératives et d'unités syndicales dirigées par des francophones, contribuent à réduire l'ancienne prédominance socio-économique de la communauté de langue anglaise qui s'exerçait surtout au niveau local. La régionalisation des activités économiques entraîne aussi une minorisation du groupe anglo-saxon au sein de l'ensemble francophone très majoritaire qui s'approprie les leviers de décision régionaux.[80]

Parmi les diverses confessions protestantes, ce sont encore les anglicans qui sont les plus nombreux. Dans le comté de Bonaventure cependant, ils sont légèrement devancés par les membres de l'Église Unie. Dans les années 1920, les pasteurs de l'Église d'Angleterre desservent une vingtaine d'endroits différents en Gaspésie. Vers 1937, environ un quart de la population du diocèse anglican de Québec habite la côte gaspésienne; Sandy-Beach et York sont les secondes plus grandes congrégations du diocèse. Dans les années 40, les pasteurs anglicans oeuvrant en Gaspésie sont au nombre de sept. En 1945, un plan de réaménagement modifie le territoire de quelques congrégations. Vers 1953 enfin, des dessertes sont organisées à Murdochville et à l'île d'Anticosti.

Après la fusion, en 1925, des méthodistes avec une partie des presbytériens et des congrégationalistes pour former l'Église Unie du Canada (United Church), la population presbytérienne voit ses effectifs diminuer constamment au profit de l'Église Unie. Un ministre presbytérien se maintient quand même à New-Carlisle et, pendant un certain temps, à Fontenelle (Saint-Majorique) près de Gaspé. L'Église Unie, elle, a des représentants à Cap-aux-Os, Douglastown, New-Carlisle, New-Richmond, Escuminac et Matapédia.

Pendant longtemps, il subsiste aussi des groupes *brethren* dans les secteurs de New-Richmond et de Bonaventure et des baptistes à Matapédia. On remarque aussi, à la fin des années 50, l'arrivée dans la région de Gaspé d'un ministre pentecôtiste. Enfin, on peut souligner, à partir de 1933, la présence de petites communautés de Témoins de Jéhovah le long de la rivière York[81].

Les relations entre les catholiques et les protestants sont généralement assez bonnes, en tout cas meilleures qu'auparavant. Bien sûr, l'Église catholique continue de défendre les mariages entre les deux groupes religieux, mais maintenant qu'elle est nettement prépondérante en Gaspésie, son attitude est moins rigide envers les protestants. Ainsi, par exemple, leurs pasteurs peuvent faire, sans problèmes, du ministère auprès des malades dans les hôpitaux catholiques de la péninsule. On peut souligner aussi le cas du révérend H.I. Apps, ministre anglican de Malbaie, qui, après avoir été sollicité par des prêtres catholiques pour appuyer la mise sur pied de la coopérative d'électricité de Gaspé-Sud, en deviendra plus tard le président, même si plus d'une dizaine de curés sont membres du conseil d'administration[82].

Entre 1920 et 1960, le profil religieux et social de la Gaspésie a changé. Par le coopératisme et le syndicalisme, les péninsulaires ont amélioré leur qualité de vie. Les choses ont changé aussi au niveau du leadership local et régional. En effet, en 1960, on constate qu'il n'est plus seulement l'apanage des prêtres, de gens d'affaires puissants ou de certains notables, mais aussi de propriétaires de petites entreprises et commerces, de gérants de coopératives, d'administrateurs publics ou privés, de professionnels divers etc. Le curé qui était, il y a si peu de temps, le personnage le plus influent de la communauté, voit son rôle s'estomper et même se faire contester. Les medias d'information, surtout, obligent de plus en plus la population gaspésienne à confronter ses schèmes de pensée avec les objectifs et les valeurs que lui proposent la nouvelle société technologique et qui poussent à une prise de conscience qui remet en question les cadres traditionnels[83]. Parmi ceux qui voient leur rôle et leur importance sociale s'accroître graduellement, il y a aussi les hommes politiques de la région.

17

Politique et politiciens

Au 20e siècle, les questions d'ordre politique tiennent une place de plus en plus importante dans la vie des gens. Le rôle de l'État dans la société s'accroît continuellement et le député demeure l'intermédiaire privilégié entre le gouvernement et le citoyen. L'information à caractère politique devient de plus en plus accessible, que ce soit à travers les journaux dont la circulation s'accentue ou de façon plus immédiate par la radio. Mais c'est surtout en période électorale que les gens manifestent de l'intérêt pour la politique. Le député, que souvent l'on n'a pas vu depuis la dernière élection, fait alors le tour des villages et des paroisses de son comté, accompagné de ses organisateurs et de divers tribuns. De plus en plus, les formations politiques se structurent autour des chefs et de leurs proches collaborateurs, qui transcendent vraiment leur groupe.

Libéraux, conservateurs et unionistes

En 1920, la Gaspésie est aux mains des libéraux, tant à Ottawa qu'à Québec. Il en est ainsi depuis plus de vingt ans. Les équipes d'organisateurs étant les mêmes aux deux niveaux politiques, les liens sont très forts entre les branches provinciale et fédérale des deux grands partis qui dominent la scène politique. Un nouvel intervenant fait son apparition sur la scène québécoise dans les années 1930; il s'agit de l'Union nationale de Maurice Duplessis. Cette nouvelle formation résulte d'une coalition entre l'ancien parti conservateur provincial et l'Action libérale nationale de Paul Gouin.

LE RÔLE DE L'ÉLU GASPÉSIEN   À l'instar de leurs chefs, les hommes politiques voient leur rôle traditionnel prendre de l'importance. Ainsi, durant la dépression économique des années 1930, les gouvernements doivent mettre sur pied des mécanismes pour garder l'économie à flot et aider les plus éprouvés. Au fil des ans, les commissions ou régies gouvernementales se font plus nombreuses: bureaux de placement, assistance publique, commission des liqueurs, etc. Divers programmes, comme les pensions de vieillesse en 1936, l'assurance-chômage en 1941 et les allocations familiales en 1944, s'ajoutent aux octrois gouvernementaux. L'expansion des ressources financières de l'État et de ses champs d'intervention permet aussi d'étendre le favoritisme. Ces facteurs contribuent à accentuer le rôle du député qui a la main haute sur l'administration gouvernementale au niveau de sa circonscription et qui est la courroie de transmission des griefs de ses commettants.

Lors de la crise de 1929, le chômage atteint des proportions très élevées. L'industrie forestière est particulièrement touchée: à Chandler, plus d'une centaine d'ouvriers perdent leur emploi. Au début des années 1930, plusieurs milliers de familles gaspésiennes reçoivent l'aide de l'État. Les comtés de Gaspé-Sud et de Bonaventure détiennent même le record provincial quant au nombre de nécessiteux secourus par le gouvernement. À ces secours directs s'ajoutent les octrois pour l'exécution de travaux publics tels la construction de quais, de brise-lames, de chemins, etc. L'État verse quelques centaines de milliers de dollars chaque année en vertu de la loi sur les secours aux chômeurs. Avec les municipalités, les députés jouent alors un rôle majeur auprès des gouvernements pour l'obtention ou le prolongement de travaux. Ils prennent aussi une part active dans la distribution de l'argent et des contrats obtenus. Il arrive toutefois qu'une partie de ces subventions finissent dans les poches d'entrepreneurs privés plutôt que dans celle des chômeurs.

Après la Deuxième Guerre mondiale, les gouvernements élargissent leurs programmes et leurs services, étendant par le fait même les champs d'intervention des députés. On augmente aussi le nombre des bureaux régionaux ou locaux des ministères et organismes liés aux nouveaux programmes. Ainsi, en 1945, le gouvernement provincial possède à Matane les services suivants: un bureau de placement, un bureau régional d'agronomes, celui du procureur général, de la Commission des liqueurs, une unité sanitaire, des services du ministère de la Voirie, des Pêcheries, du Secrétariat provincial et du ministère de la Colonisation, sans compter le palais de justice et le bureau d'enregistrement. Le gouvernement fédéral y possède, lui, un bureau de poste et des douanes et un service de la Gendarmerie royale[1].

La machine gouvernementale sert souvent à récompenser les amis du régime. C'est au député que revient la tâche de voir à ce que ses partisans occupent des postes dans les services gouvernementaux, profitent des contrats de voirie ou puissent simplement travailler. Les changements de gouvernement entraînent par ailleurs des pertes de privilèges. De décembre 1921 à août 1930, on compte vingt destitutions de maîtres de poste pour une soi-disant ingérence politique dans le comté de Bonaventure et vingt-deux dans celui de Gaspé, ce qui représente 26% de toutes les destitutions de maîtres de poste de la province pour la même période[2]. Voilà beaucoup de dérangement quand on sait que le même parti détenait le pouvoir pendant presque toute cette période. Lorsque les libéraux sont renversés au milieu des années 1930, les purges se font encore plus massives.

La tradition de récompenser les partisans du gouvernement peut parfois

Bona Arsenault, député
fédéral de Bonaventure,
1945-1957. (APC)

s'avérer moins facile qu'il ne paraît. Ainsi, au scrutin fédéral de 1945, Bona Arsenault se fait élire comme député indépendant dans le comté de Bonaventure. Il gagne la bataille surtout grâce à l'appui qu'il reçoit d'environ 5 000 « nationaux » (partisans de l'Union nationale) et conservateurs du comté. Mais peu après son élection, il passe au parti libéral. Le nouveau député doit alors, d'une part, manifester sa reconnaissance à ceux qui l'ont élu et, d'autre part, aux libéraux qui ont voté contre lui mais qu'il représente désormais. « Un "National", écrit le député de Bonaventure, était-il vu au travail sur un quai; aussitôt une lettre de protestation partait immédiatement du comté en direction de Rimouski, de Québec ou d'Ottawa, dénonçant Bona Arsenault et l'accusant de "tout donner aux bleus"[3]. »

Dans bien des cas, semble-t-il, les avantages matériels et économiques reçus par l'individu ou sa localité motivent davantage les adhésions politiques que ne peuvent le faire les convictions profondes. Il n'en reste pas moins que la tradition de fidélité à un parti demeure encore forte. Jusque dans les années 50, il va de soi que les membres d'une famille votent comme le père. Le sociologue Marcel Rioux constate que cette habitude semble s'estomper au cours de cette décennie. Il remarque aussi que les élections de la province suscitent plus d'intérêt que celles du pays. L'aide d'Ottawa est surtout statutaire (bureaux de poste, quais) alors que celle de Québec est plutôt discrétionnaire. En effet, à ce dernier niveau, il faut demander les divers octrois et programmes disponibles[4]. L'administration provinciale a la charge des routes, des écoles, de la pêche, des terres publiques, de la forêt, de l'agriculture, secteurs de responsabilité qui ont une incidence beaucoup plus directe sur les gens.

À cause des distances entre son comté et le parlement ou tout simplement à cause de ses absences délibérées, l'homme politique reçoit beaucoup de correspondance de ses électeurs, « une correspondance qui dévore le temps du député, au rythme de plusieurs centaines de lettres par semaine », de dire Bona Arsenault. Les griefs, les demandes d'appui ou d'aide sont nombreux. « Il s'ensuit, continue le député, des entrevues, des conciliabules, des "confessions" qui remplissent les journées et une partie des nuits que l'élu du peuple peut passer parmi les siens...[5] »

On peut noter que la plupart des hommes politiques sont natifs de la péninsule ou y vivent au moment de leur élection. La moitié sont des avocats, quelques-uns sont des maires de villages et deux ou trois seulement peuvent être considérés comme faisant partie des classes laborieuses.

LES HOMMES DE KING ET DE TASCHEREAU En 1920, le Parti libéral domine la scène en Gaspésie. Les frères Rodolphe et Gustave Lemieux tiennent en main le comté de Gaspé; Charles Marcil et Joseph-Fabien Bugeaud sont bien implantés dans Bonaventure; François-Jean Pelletier et Joseph Dufour représentent depuis peu la circonscription de Matane. Deux longs règnes libéraux commencent alors: celui de William Lyon Mackenzie King à Ottawa et celui de Louis-Alexandre Tasche-reau à Québec. Du côté fédéral, les libéraux gaspésiens n'éprouveront pas de difficultés majeures jusqu'à la fin des années 50, alors que leur collègues provinciaux devront compter avec la présence de l'Union nationale à partir de 1935.

Au fédéral, les années 1920 sont encore caractérisées par la présence des indéracinables Rodolphe Lemieux et Charles Marcil. Lemieux, président de la Chambre des communes, se fait élire dans Gaspé par de confortables majorités: 80% des voix en 1921, 68% en 1925 et 64% en 1926[6]. À l'exception du scrutin de 1921, les réélections de son collègue Marcil dans Bonaventure se font de façon plus serrée. Dans le comté de Matane, les règnes politiques sont moins longs et le député François-Jean Pelletier se fait remplacer à l'élection de 1925 par un autre libéral, Georges-Léonidas Dionne, un avocat bien connu dans le comté. Le grand organisateur politique des libéraux est alors John Hall Kelly, ancien député provincial de Bonaventure, puis conseiller législatif. Il accompagne les hommes politiques dans leurs tournées et voit au bon fonctionnement de la machine du parti dans la péninsule.

J.-Fabien Bugeaud, député provincial de Bonaventure, 1914-1924. Photo tirée de: *Album de la législature, 1916*

En 1926, la nationalisation du chemin de fer Matapédia-Gaspé par le Canadien National est au centre des débats entourant la campagne électo-rale fédérale. Mackenzie King, alors chef de l'opposition, se rend à New-Carlisle et promet indirectement la nationalisation de la voie ferrée gaspésienne en affirmant que « la population de la péninsule de Gaspé ne doit pas beaucoup de chose au Parti conservateur qui a laissé le chemin de fer privé dans cette région en dehors du système ferroviaire national[7] ». En 1929, le gouvernement King nationalisera les deux compagnies qui se partagent le tronçon.

À l'élection de 1930, Rodolphe Lemieux n'est plus candidat dans le comté de Gaspé. Il se retire après avoir représenté cette circonscription pendant plus de 25 ans. C'est alors l'avocat madelinot Maurice Brasset qui lui succède. Dans Bonaventure, Charles Marcil devance par une faible marge de 48 voix son adversaire conservateur, Edward Andrew Morgan. Dans Matane, Léonidas Dionne se fait battre par un conservateur, le notaire Henri Larue, natif de Baie-des-Sables mais demeurant à Matane. Nous sommes alors au début de la grande crise et les conservateurs ont beau jeu pour prendre à partie le gouvernement libéral de King, qui est d'ailleurs défait par Richard B. Bennett.

Au Québec, les libéraux se maintiennent au pouvoir de 1897 à 1936, soit pendant près de quarante ans. La Gaspésie suit le mouvement. De 1920 à 1936, les comtés de Gaspé, de Bonaventure et de Matane n'élisent que des hommes de Louis-Alexandre Taschereau. En 1920, lorsque ce dernier succède à Lomer Gouin comme premier ministre du Québec, le Montréa-lais Gustave Lemieux représente le comté de Gaspé, l'avocat J.-Fabien

Maurice Brasset, député fédéral de Gaspé, 1930-1940. (MRG)

Bugeaud, celui de Bonaventure et le marchand Joseph Dufour, de Saint-Moïse, celui de Matane. À l'élection de 1923, Dufour se fait élire dans le nouveau comté de Matapédia et le docteur J.-Arthur Bergeron devient le nouveau titulaire du siège de Matane. Maire de la localité du même nom pendant une quinzaine d'années, il fonde l'hôpital et agit aussi comme directeur de la Compagnie de pouvoir du Bas-Saint-Laurent. Il sera réélu à trois reprises.

En avril 1930, les autorités provinciales scindent le comté de Gaspé en deux: Gaspé-Nord et Gaspé-Sud. La circonscription de Gaspé-Nord (comté municipal de Gaspé-Ouest et une partie de Gaspé-Est) comprend le territoire sis entre les localités de Cap-Chat et de l'Échouerie ainsi qu'une partie de la zone intérieure comprenant notamment le parc de la Gaspésie et le secteur de la future ville de Murdochville. Gaspé-Sud (comté municipal de Gaspé-Est et une partie de Gaspé-Ouest) conserve l'autre partie de l'ancien comté, c'est-à-dire le territoire qui s'étend de Rivière-au-Renard au canton Newport, à l'entrée de la baie des Chaleurs. La création d'une nouvelle entité électorale s'appuie à l'époque sur l'augmentation de la population du vaste comté de Gaspé et sur la conviction que cette population s'accroîtra encore.

Aux élections provinciales d'août 1931, Gustave Lemieux ne revient pas comme candidat. Dans le nouveau comté de Gaspé-Nord, c'est un résident de Cap-Chat, Thomas Côté, qui se fait élire. Un autre libéral, Alexandre Chouinard gagne la lutte dans le comté voisin de Gaspé-Sud. Natif de Cap-d'Espoir, le député Chouinard pratique le droit à Montmagny. Il serait un proche de Maurice Marquis, le propriétaire du journal *Le Gaspésien*. Marquis, qui vient d'absorber *La Voix de Gaspé*, son seul concurrent dans la péninsule, est un fervent libéral et il fait de ses journaux de véritables organes de propagande lors des élections. Au scrutin de 1931, des pages complètes du journal *Le Gaspésien* servent à vanter les réalisations des libéraux et à pourfendre les conservateurs de Camillien Houde: « La Gaspésie, y écrit-on, a eu l'occasion d'assister aux contorsions savantes du clown Camillien Houde; elle a vu le "Grand Hernié" se promener avec la grâce et la souplesse du pachyderme dans le domaine de la politique provinciale. Messire Houde a conté des fables à sa façon. Pour s'être si bien amusé aux dépens des électeurs "d'en bas" et avoir voulu comme son ami Bennett faire avaler des crapauds aux crédules, ce mauvais gouvernement mérite une bonne fessée[8]. »

Le journal de Marquis commente de belle façon la tournée qu'effectuent les ministres de l'Agriculture, Adélard Godbout, et de la Colonisation et des Pêcheries, Hector Laferté. Il paraît qu'à Paspébiac, « la vaste patinoire locale regorgeait d'une foule énorme. Telle était l'affluence des auditeurs à l'intérieur qu'il fallut pour rendre l'atmosphère respirable pratiquer à coups de marteaux des bouches d'air dans les murs[9] ». À cette assemblée, dix-neuf maires du comté de Bonaventure demandent aux participants de reconduire le mandat de l'avocat Pierre-Émile Côté, candidat libéral dans cette circonscription. Côté avait été élu pour la première fois aux partielles de 1924, succédant à J.-Fabien Bugeaud, avec qui il tenait un bureau d'avocat à New-Carlisle. Réélu sans opposition en 1927, il l'est encore en 1931 lorsqu'il bat le conservateur Bona Arsenault. Dans le comté de Matane, le docteur J.-Arthur Bergeron conservera lui aussi son poste. Le 2 août, le premier ministre Taschereau avait même choisi la ville de Matane pour déclencher sa campagne électorale.

Pierre-Émile Côté, député fédéral de Bonaventure 1937-1939 et député provincial du même comté, 1924-1936 et 1939-1942. (ANQ)

La situation des libéraux provinciaux devient difficile en ce début des années 1930. L'usure du pouvoir se fait sentir. En 1934, des dissidents libéraux fondent l'Action libérale nationale sous la direction de Paul Gouin, fils de l'ancien premier ministre. Le Parti conservateur, de son côté, choisit Maurice Duplessis comme chef pour remplacer Camillien Houde. Aux élections de 1935, Gouin et Duplessis forment une coalition pour renverser le gouvernement de Taschereau. Dès 1934, Duplessis s'était rendu en Gaspésie pour consolider les forces conservatrices, faibles et longtemps désunies. En septembre, il avait rencontré Bona Arsenault et le docteur Charles Houde, propriétaire de la station radiophonique CHNC, qui avait accordé aux deux hommes des conditions très généreuses pour la diffusion de discours contre le Parti libéral et le député de Bonaventure, Pierre-Émile Côté[10].

Aux élections de 1935, l'Action libérale nationale présente des candidats dans Bonaventure, Gaspé-Nord et Matane et un candidat conservateur fait la lutte au député libéral Alexandre Chouinard dans Gaspé-Sud. Dans ce dernier comté, la convention libérale tenue à Percé dégénère en bagarre. En effet, trois aspirants se présentent: le docteur Camille-Eugène Pouliot, de Cap-d'Espoir, Wilfrid Molloy, maire de Chandler, et le député sortant, Alexandre Chouinard. Les partisans de Pouliot et de Molloy se plaignent que l'assemblée aurait été manipulée pour favoriser Chouinard. Des manifestants enfoncent les quatre grandes portes du palais de justice où se tient la convention et brisent les carreaux d'une quinzaine de fenêtres[11]. John Hall Kelly, alors ministre sans portefeuille dans le cabinet de Taschereau et organisateur de la campagne libérale en Gaspésie, préside la convention et reçoit une balle de neige (la rumeur dira une balle d'arme à feu). L'assemblée d'investiture se termine dans le brouhaha le plus total après que la police eût tenté, sans succès, de maintenir l'ordre et sans qu'aucun candidat officiel n'ait été choisi. Kelly fait venir par la suite un contingent de la police provinciale pour se protéger et assurer l'ordre lors de la mise en nomination des candidats tant libéraux que conservateurs. Bona Arsenault, alors le choix du Parti conservateur, raconte que l'assemblée fut tenue en présence des policiers que Kelly avait fait venir de Québec. « Inutile d'ajouter, dit-il, que les esprits étaient montés. Chaque parole des

Perreault Casgrain,
député provincial de
Gaspé-Nord, 1939-1944.
(ANQ)

De nombreuses person-
nalités assistaient aux
festivités de 1934 à
Gaspé: R.B. Bennett, pre-
mier ministre du
Canada, le cardinal J.-M.
Rodrigue Villeneuve,
Léon Patenaude,
lieutenant-gouverneur
du Québec et Alexandre
Taschereau, premier
ministre du Québec.
(Coll. privée)

orateurs était couverte de huées ou d'acclamations. C'était un tumulte et un chaos indescriptible[12]. »

À l'élection précédente, la mise en nomination des candidats libéraux et conservateurs qui se tenait aussi à Percé avait dégénéré en une bataille de quatre heures. « On s'est emparé de l'estrade, faisant descendre les candidats, partout on se battait. Plusieurs ont eu des blessures dont une jambe cassée. On s'est rendu au palais de justice, où l'on cassa plusieurs vitres. Les orateurs ont dû fuir la foule qui était montée. La police a dû faire beaucoup de travail pour remettre l'ordre à cette émeute[13]. »

Toutefois, à l'élection de 1935, malgré les problèmes rencontrés dans Gaspé-Sud, l'organisation de John Hall Kelly réussit à garder les comtés gaspésiens sous sa férule. Dans Gaspé-Sud, même si Pouliot et Molloy se présentent contre lui comme libéraux indépendants, Alexandre Chouinard se fait réélire. Les libéraux n'auraient pas lésiné sur la distribution de chèques aux nombreux chômeurs et d'octrois pour la construction de bateaux de pêche[14]. D'ailleurs, l'attribution de ces octrois se fait de façon plus ou moins régulière. Au Comité des comptes publics en 1936, on accuse même le député Chouinard d'avoir reçu des octrois qu'il n'a pas transmis ou qu'il n'a transmis que sur « d'insistantes réclamations[15] ».

Éclaboussé par des scandales, le premier ministre Taschereau remet les rênes du pouvoir à Adélard Godbout en juin 1936; ce dernier déclenche peu après des élections. Maurice Duplessis, qui vient de former son Union nationale, fait une tournée en Gaspésie où il est bien reçu. Camille-Eugène Pouliot, ce libéral révolté, reçoit la confiance de Duplessis et se présente dans Gaspé-Sud contre Alexandre Chouinard, dénigré par les allégations du Comité des comptes publics. Dans Gaspé-Nord, un homme d'affaires, Alphonse Pelletier, fait la lutte au libéral Thomas Côté. Dans Bonaventure, l'Union nationale parachute l'avocat Henri Jolicoeur pour combattre le député Pierre-Émile Côté, alors ministre de la Voirie. Dans Matane, Onésime Gagnon, ancien député et ministre fédéral et candidat défait à la convention du parti conservateur du Qébec en 1933, se présente contre le député Arthur Bergeron. Les quatre candidats unionistes se font élire, contribuant au balayage dont est victime le Parti libéral. Onésime Gagnon devient quelques mois plus tard ministre des Mines, de la Chasse et des Pêcheries.

Aux élections d'octobre 1939, les libéraux d'Adélard Godbout reprennent le pouvoir et, par la même occasion, les sièges de Gaspé-Nord, avec Perreault Casgrain, et de Bonaventure, avec Pierre-Émile Côté. Casgrain, un avocat de Rimouski, devient ministre sans portefeuille dans le nouveau gouvernement. Après sa défaite de 1936, Côté avait eu la consolation de se faire élire député fédéral aux partielles de Bonaventure tenues à la suite du décès de Charles Marcil en 1937. Dans le gouvernement Godbout, il occupe, de novembre 1939 à octobre 1942, le poste de ministre des Terres et

Forêts, de la Chasse et des Pêcheries. Il démissionne alors pour devenir juge à la Cour supérieure, laissant le comté de Bonaventure vacant jusqu'aux élections d'août 1944.

Les années 1930 donnent lieu au plus grand rassemblement de personnalités et de visiteurs qu'ait jamais connu la Gaspésie. L'événement est la commémoration des fêtes du quatrième centenaire de la découverte du Canada par Jacques Cartier en 1534[16]. Tenue au village de Gaspé la fin de semaine des 24, 25 et 26 août 1934, cette célébration regroupe, selon certaines estimations, plus de 30 000 personnes venues d'un peu partout. Tout ce monde ne pouvant loger au village, 2 000 chambres sont offertes au public entre Gaspé et Rivière-au-Renard et 1 000 autres sur le parcours de la baie jusqu'à Douglastown. De plus, pour accomoder les nombreux visiteurs, le Canadien National met en service 58 wagons-lits et voitures de première classe, quatorze locomotives et une cinquantaine d'employés

**LES FÊTES
DE 1934
À GASPÉ**

Le costume d'Évangéline est à l'honneur à l'occasion du quatrième centenaire de la découverte du Canada. (NGS)

supplémentaires. Il construit un mille de voies de garage, installe un moteur pour fournir la lumière et l'eau aux trains garés à Gaspé et ouvre huit wagons-lits et deux wagons-buffets aux visiteurs incapables de se trouver un logis.

Les festivités tenues à Gaspé s'inscrivent dans une série de cérémonies commémorant la venue de Cartier au Canada. Elles commencent à Charlottetown dans l'Ile-du-Prince-Édouard pour se poursuivre à Gaspé, Québec, Trois-Rivières, Montréal, Ottawa, Toronto, Niagara et Rochester. À Gaspé, on a prévu et organisé de grandes manifestations pour les vendredi 24, samedi 25 et dimanche 26 août. On y attend de nombreux dignitaires dont les deux premiers ministres. Ces célébrations fournissent l'occasion aux journaux du Québec de parler de la péninsule gaspésienne, de ses problèmes et de son avenir.

Au soir du jeudi 23 août, trois convois ferroviaires du Canadien National quittent Montréal à destination de Gaspé. Un autre, en provenance de Québec, se met en branle le vendredi. Plusieurs personnalités, dont le cardinal Rodrigue Villeneuve et le lieutenant-gouverneur du Québec, Léon Patenaude, se rendent en Gaspésie à bord de ces trains. Le premier à partir est celui du journal *Le Devoir*. On doit même y refuser du monde. Les trois trains en provenance de Montréal arrivent à Gaspé le vendredi soir avec leurs 1 200 passagers. Entre Matapédia et Gaspé, le convoi qui transporte le cardinal Villeneuve est retardé par la foule qui se tient en bordure de la voie ferrée pour acclamer le prélat et recevoir sa bénédiction. À son arrivée à Gaspé, les cloches de la nouvelle cathédrale l'accueillent en sonnant à toute volée pour la première fois.

D'autres personnalités préfèrent se rendre sur les lieux des festivités par mer ou par la voie publique. Ainsi, le premier ministre canadien, Richard B. Bennett, se rend à Gaspé à bord du *Saguenay*, tandis que le consul général de France, René Turck, s'y amène à bord d'un navire du ministère de la Marine. Des dignitaires français doivent arriver en Gaspésie à bord du paquebot *Champlain* après une escale à l'Ile-du-Prince-Édouard, repre-

nant en partie l'itinéraire de Jacques-Cartier. Le premier ministre du Québec, Alexandre Taschereau, emprunte, quant à lui, le nouveau boulevard Perron.

Le vendredi soir, après l'arrivée des trains en provenance de Montréal, diverses activités religieuses et sociales agrémentées d'une fête de nuit inaugurent les célébrations. Le samedi matin, 70 barques de pêcheurs décorées pour la circonstance accueillent et escortent au son des pétarades de leur moteur le paquebot *Champlain* à son arrivée dans la baie de Gaspé. Des hydravions participent aussi à la démonstration de bienvenue. Pour l'occasion, on a décoré tout le port de Gaspé d'oriflammes aux armes des provinces françaises. Un arc de triomphe à l'effigie de Jacques Cartier surplombe l'entrée des quais. Plusieurs navires français, anglais, canadiens et des centaines de barques de pêcheurs mouillent à ce moment dans les eaux du port. Après les cérémonies d'accueil, les délégués français se transportent à terre, où deux chefs indiens venus de la Côte-Nord les saluent, en rappel de l'arrivée de Cartier 400 ans auparavant.

En après-midi, a lieu le dévoilement d'une grande croix de pierre érigée en face du terrain de la future basilique du souvenir. Cette réplique en pierre de la modeste croix de bois de Jacques Cartier pèse 32 tonnes. Il a fallu trois semaines pour l'installer. Devant quelque 5 000 personnes et pendant qu'éclatent des gerbes pyrotechniques et une salve d'artillerie des frégates françaises, le premier ministre Bennett fait tomber les drapeaux qui voilent la croix. On lit un message du roi d'Angleterre et plusieurs personnages prononcent des discours de circonstance.

Le samedi soir, les fêtes atteignent un point culminant. À six heures, le Comité national des fêtes du 4e centenaire offre un banquet officiel. Les dignitaires prennent la parole devant environ 600 convives réunis dans de grandes tentes installées près du séminaire. Ceux qui ne peuvent entrer écoutent à la radio la retransmission des discours. Pendant ce temps, à bord des divers navires illuminés pour la circonstance, une « société brillante » composée de Français et de Canadiens des deux langues festoie.

Le dimanche, les fêtes se terminent par une messe pontificale en plein air célébrée par le cardinal Villeneuve, assisté de Mgr Camille Roy, recteur de l'Université Laval. Y participent aussi plusieurs évêques québécois, ontariens et manitobains, un clergé nombreux et divers personnages officiels. Le cardinal bénit alors la pierre angulaire de la future basilique du souvenir de Gaspé. Vers midi, commence le mouvement de retour des visiteurs après ces trois jours de festivités. Toute la publicité accompagnant le déroulement des fêtes de Gaspé contribue à mieux faire connaître la péninsule gaspésienne, qui commence à cette époque à recevoir ses premiers contingents de touristes routiers.

LA DÉFENSE DE LA NATION

Lors de la Seconde Guerre mondiale, la Gaspésie retient une autre fois l'attention, mais de façon tout autre que lors des fêtes de 1934. En effet, à compter de 1941, des sous-marins allemands longent les côtes gaspésiennes et s'attaquent aux navires alliés.

Dès le début des hostilités, le ministère de la Défense nationale avait tracé un plan de défense dans le golfe Saint-Laurent qui incluait l'aménagement d'une base navale à Gaspé (Sandy-Beach). En 1941, le commodore H.C. Nares commande, de ses quartiers généraux situés à Gaspé, cette base nommée HMCS Fort Ramsay. Lorsqu'elle est complètement organisée, la place-forte abrite quelque 3 000 hommes de l'armée, de la marine et de l'aviation canadienne, dix-neuf navires, dont cinq dragueurs de mines et sept corvettes, et des avions amphibies. Sa mission est de patrouiller les eaux du golfe Saint-Laurent pour protéger les navires alliés contre les sous-marins allemands.

Pour la protection de la base elle-même, on ferme d'un puissant filet métallique sous-marin le passage lui donnant accès entre les deux presqu'îles de Sandy-Beach et de Peninsula (Penouille). De plus, on installe à l'extérieur de cette barrière, de part et d'autre de la baie de Gaspé et sur des hauteurs appropriées, deux forts. Celui de Peninsula, au nord, comprend deux casemates munies de canons de six pouces et reliées entre elles par quelques milles pieds de tunnels et de chambres fortes pour munitions. À celui de Prével, au sud, on installe des canons géants, les plus gros en Amérique du Nord, capables de tirer des obus de très gros calibre, mais de courte portée. Dans la falaise, sous les canons du fort Peninsula, des projecteurs puissants balaient de leurs faisceaux la baie de Gaspé sur toute sa largeur[17].

Malgré toutes ces précautions, les sous-marins allemands frappèrent dans les eaux gaspésiennes et gagnèrent une bataille que les autorités canadiennes réussirent à envelopper d'une efficace discrétion. Le 12 mai 1942, un premier navire, le *Nicoya*, un cargo britannique, est coulé au large de Cloridorme. Six hommes perdent la vie et les survivants, dont 70 hommes d'équipage et dix passagers, gagnent la rive et sont recueillis par

Installations militaires du H.M.C.S. Fort Ramsay de Sandy-Beach (Boom defence), 1944. (APC)

les gens de Saint-Yvon et de Cloridorme. On amène les blessés à Gaspé.

Plusieurs sous-marins nazis sillonnent alors le Saint-Laurent mais l'un d'entre eux, le *U-517*, se fait particulièrement meurtrier. Son capitaine, le lieutenant-commandant Paul Hartwig, relate par la suite au journal montréalais *The Gazette* les péripéties de la chasse qu'il a menée dans le golfe et autour de la Gaspésie du 27 août au 6 octobre 1942. Il raconte comment il a réussi, avec ses 22 torpilles, à couler en six semaines neuf navires alliés totalisant 27 888 tonnes, performance qui fit 32 morts et des dizaines de blessés du côté des alliés, sans occasioner la moindre blessure pour l'équipage du sous-marin[18].

En tout, en 1942, une trentaine de navires sont coulés dans le Saint-Laurent; 258 Canadiens et alliés perdent la vie dans ces parages et on compte des centaines de blessés. En juin 1941, les soeurs hospitalières de l'Hôtel-Dieu de Gaspé et le ministère de la Défense nationale avaient paraphé une entente aux termes de laquelle une salle de 50 lits et la salle d'opération de l'Hôtel-Dieu allaient être mises à la disposition des militaires victimes des attaques ennemies. L'ouverture officielle a lieu le 27 octobre. Les militaires quitteront l'Hôtel-Dieu en novembre 1944[19].

Le système de défense est alors mal organisé et on déplore des retards dans la transmission des messages et dans l'intervention des forces aériennes. En 1943, par suite des attaques de l'année précédente, la Gaspésie entière est en état constant d'alerte. On a alors mis en place la plupart des éléments de défense. Les submersibles ennemis ne se manifestent cependant pas cette année-là. En 1944, par contre, les sous-marins allemands torpillent la frégate *HMCS Magog*, la corvette *Shawinigan* et le cargo *Fort Thompson*[20].

À certains endroits le long des côtes gaspésiennes, les autorités érigent des postes d'observation et de garde. À Cap-Chat, on installe une station de radar, à Rimouski et à Matane de petits camps d'entraînement, et à Mont-Joli un camp-école et un terrain d'aviation. D'autres mesures de sécurité tel le « dimount », c'est-à-dire l'obscurcissement des phares des automobiles et des fenêtres des maisons, sont instaurées. En 1942, alors que les sous-marins allemands sont très actifs à l'entrée du Saint-Laurent, une ordonnance du gouvernement prescrit à la population de l'Isle-Verte (Rivière-du-Loup) à Douglastown de masquer toutes les fenêtres du coucher du soleil jusqu'au matin afin de cacher à l'ennemi tout point de repère. À quelques endroits, des représentants de l'armée de réserve, de la police provinciale et du Comité de protection civile érigent des barrages routiers et exigent des passants la présentation de la carte d'enregistrement national. « Les étrangers ont extrêmement de mal à circuler à pieds ou en véhicules sur les routes de la péninsule », écrira un journaliste de *La Presse*[21].

Les militaires mettent également sur pied un service de guet aérien (*Air*

« Pour la protection de la base elle-même, on avait fermé d'un puissant filet métallique sous-marin le passage lui donnant accès entre les deux presqu'îles de Sandy-Beach et de Peninsula. » (APC)

Torpille de Saint-Yvon et son propriétaire, Roch Côté. Cet engin allemand qui avait raté sa cible, vint percuter la côte à Saint-Yvon le 8 septembre 1942. (MRG)

Detection Corps), regroupement de militaires et de volontaires qui ont pour fonction de surveiller la présence des ennemis et de la signaler aux autorités par téléphone. « Ces guetteurs, comme on le devine facilement, sont des pêcheurs eux-mêmes qui ne sont pas déjà embrigadés dans les forces armées, ce sont leurs femmes et à l'occasion leurs enfants[22] ». Ces factionnaires font partie des groupes de milice ou de réservistes qui sont formés un peu partout en 1943. Les officiers de l'armée réussissent à recruter 2 000 Gaspésiens en deux mois pour la défense côtière. Dans un village de 656 habitants, 69 recrues s'inscrivent en l'espace d'une heure et demie. Même la petite localité de Saint-Joachim-de-Tourelle a son 3e bataillon de réserve, sous la direction de son curé, Régis Grenier. Un journaliste du journal *Le Devoir*, parti avec des collègues à l'été 1943 pour examiner le système de défense à l'entrée du Saint-Laurent, rend hommage aux réservistes: « Ces rudes gaillards qui se sont levés à 4 heures du matin pour aller chercher la "boëte" [...] qui, après un déjeuner frugal et vite avalé, s'en vont en pleine mer, cette fois, pêcher la morue jusqu'au déclin du jour [...] trouvent encore assez d'ardeur dans leurs veines pour faire de longues marches, par tous les temps, pour s'entraîner au maniement de la carabine et aux autres exercices de milice et de culture physique qui leur permettront de défendre leurs côtes... » Il écrit encore à la fin de sa tournée: « Ce que nous avons vu au pays de Gaspé, ce sont de véritables préparatifs en vue d'une offensive et non pas de simples préparatifs de défense[23] ». Le brigadier général Edmond Blais, commandant du district no 5 (Québec), dirige la défense de la Gaspésie. Selon lui, « la Gaspésie est vulnérable parce qu'elle offre dans ses milliers d'anses, baies, plages, petits ports naturels et autres, autant de points susceptibles d'intéresser l'ennemi[24] ».

Comme au moment de la Première Guerre mondiale, des sections locales de la Croix-Rouge existent en différents endroits de la Gaspésie. Celle de Matane, par exemple, va confectionner durant le conflit plus de 27 000 articles et utiliser 2 100 livres de laine à tricoter pour les soldats[25].

Comme ils l'ont fait lors de la guerre 1914-1918, plusieurs Gaspésiens se portent volontaires pour aller combattre en Europe. Aux élections fédérales de mars 1940, soit six mois après le début des hostilités, 73 personnes du comté de Gaspé, 41 de Bonaventure et 26 de Matane votent à titre de militaires[26]. À cette date, une seule division canadienne est rendue en Europe. En juin 1942, lors d'un débat à la Chambre des communes sur la conscription, le député libéral de Bonaventure, J.-Alphée Poirier, affirme que la Gaspésie a fourni plus de 4 000 volontaires. En mars 1943, Poirier indique que, depuis le début du conflit, son comté « a fourni aux trois forces armées environ 2 500 volontaires. De plus, le district numéro 5 a appelé au moins 1 000 conscrits sous les armes dans le comté de Bonaventure, et nous avons tout près de 1 000 hommes dans l'armée de réserve ». Le député pense qu'environ 40% des hommes mobilisables de son comté dans la classe des 19 à 45 ans sont alors sous les armes[27]. Par ses interventions, Poirier veut démontrer que son comté a déjà fourni à l'armée tous les bras disponibles et que les jeunes qui restent sont indispensables à l'agriculture et aux pêches et qu'il faut faire cesser les appels. Les chiffres qu'il fournit sont donc probablement exagérés.

J.-Alphée Poirier, aviculteur de Bonaventure, s'était fait élire en 1940 dans le comté du même nom. Dans Matapédia-Matane, c'était un autre libéral, le maître de gare Arthur-Joseph Lapointe, qui avait gagné les élections. Il représentait cette circonscription depuis 1935. Dans Gaspé, un nouveau venu, Sasseville Roy, enlèvait le comté aux libéraux à l'élection de 1940. Il s'était présenté devant l'électorat de Gaspé comme conservateur indépendant. Cet homme d'affaires, natif de Cap-Chat mais résidant à Gaspé, se trouvait le seul candidat d'allégeance conservatrice à se faire élire au Québec à l'occasion de ces élections. La peur bien entretenue de voir les conservateurs revenir au pouvoir et instaurer à nouveau la conscription comme en 1917 influença grandement les électeurs québécois qui demeurèrent fidèles au Parti libéral. D'ailleurs, Roy réussit à se faufiler de justesse entre deux candidats libéraux dont le député sortant, Maurice Brasset. L'unioniste Camille Pouliot, qui représentait alors le comté provincial de Gaspé-Sud, apporta une aide appréciable à Sasseville Roy.

Le député fédéral de Gaspé intervient souvent relativement à la politique de guerre du gouvernement libéral de MacKenzie King. En tant que député conservateur national indépendant, il critique l'effort de guerre du gouvernement. En 1940-1941, les conservateurs veulent forcer King à la conscription. Leur seul député au Québec s'oppose alors fermement à cette politique impérialiste de son parti. En septembre 1941, Sasseville Roy quitte les conservateurs en claquant la porte. « Tout Canadien français, déclare-t-il alors, qui a été mêlé au Parti conservateur, tel qu'il existe aujourd'hui, doit admettre qu'il ne fait pas partie de cette famille politique. Il y est, au mieux, un étranger toléré, adopté par nécessité, que l'on considère avec un certain degré de curiosité [...] Ils ont fermement l'opinion que nous, Canadiens français, sommes une cause de soucis dans leurs efforts pour faire du Canada une Angleterre américaine [...] J'ai décidé de les abandonner[28]. »

Roy devient farouchement anti-conscriptioniste comme son collègue libéral de Bonaventure, J.-Alphée Poirier. Par suite de diverses pressions, le premier ministre King avait commencé à établir graduellement la conscription en l'imposant dans un premier temps pour la défense du territoire canadien seulement. En avril 1942, King organise un plébiscite pour le dégager de l'engagement anti-conscriptioniste qu'il avait pris auparavant. Il obtient une majorité à cet effet dans le Canada, même si le Québec fait opposition à 72%. En Gaspésie, malgré la présence d'anglophones qui favorisent généralement l'augmentation de l'effort de guerre

« En 1942, alors que les sous-marins allemands sont très actifs à l'entrée du Saint-Laurent, une ordonnance du gouvernement prescrit à la population de l'Isle-Verte (Rivière-du-Loup) à Douglastown de masquer toutes les fenêtres du coucher du soleil jusqu'au matin afin de cacher à l'ennemi tout point de repère. » (Musée maritime de l'Islet)

Joseph-Alphée Poirier,
député fédéral de Bona-
venture, 1940-1945.
(APC)

du Canada, le vote négatif est de l'ordre de 78%. On vote ainsi: 3 296 en faveur de la conscription et 10 292 contre dans Bonaventure, 3 885 en faveur et 14 533 contre dans Gaspé et enfin 1 463 votes favorables et 14 074 défavorables dans Matapédia-Matane[29].

En juin, le député Poirier vote contre son parti lors de la deuxième lecture d'un projet de loi qui autoriserait le gouvernement à imposer la conscription, le temps venu, par un simple arrêté en conseil. De son côté, Sasseville Roy se joint en 1944 à un groupe formé d'anciens députés conservateurs francophones, de libéraux dissidents et de nationalistes dans une organisation appelée « Mouvement des indépendants », dirigée par Frédéric Dorion. Bien vu par Duplessis, cette formation présente 95 candidats au Québec à l'élection fédérale de 1945, alors que les conservateurs n'osent en présenter que 29[30]. Ni les uns ni les autres n'obtiennent de succès et Sasseville Roy est défait par le candidat libéral.

L'après-guerre ou l'époque duplessiste

BLEUS À QUÉBEC, ROUGES À OTTAWA

Après la guerre, le Canada et le Québec connaissent deux longs règnes politiques, soit celui des libéraux à Ottawa et celui des unionistes à Québec. En août 1944, Maurice Duplessis et l'Union nationale reprennent le pouvoir à Québec des mains du libéral Adélard Godbout. Ce dernier, qui a prôné la coopération avec le gouvernement fédéral durant la guerre, se voit accuser pendant la campagne électorale d'avoir sacrifié les intérêts du Québec. Godbout fait élire 37 candidats, le Bloc populaire (nationaliste) quatre et Duplessis prend le pouvoir avec 47 sièges. Les quatre circonscriptions gaspésiennes se joignent à l'Union nationale. Les candidats de ce parti dans la péninsule reçoivent l'appui de Sasseville Roy. Dans Matane, Onésime Gagnon est facilement réélu. Il devient trésorier de la province (ministre des Finances à partir de 1951), fonction qu'il occupera jusqu'en janvier 1958. Dans Gaspé-Sud, le député unioniste sortant, Camille-Eugène Pouliot, se maintient facilement en place. Comme son collègue de Matane, le médecin-maire de Cap-d'Espoir devient lui aussi titulaire d'un ministère. Il prête serment en tant que ministre de la Chasse et des Pêcheries le 30 août 1944, poste qu'il occupera jusqu'à la défaite de l'Union nationale en 1960. Dans Gaspé-Nord, Alphonse Pelletier, défait en 1939 par un libéral, regagne son siège. Il en est de même pour Henri Jolicoeur dans la circonscription de Bonaventure.

Joseph-Sasseville Roy,
député fédéral de Gaspé,
1940-1945. (APC)

L'Union nationale garde la Gaspésie dans son giron de 1944 à 1956, exception faite du comté de Gaspé-Nord qui, de 1948 à 1952, passe aux libéraux par l'intermédiaire de l'ex-maire de Sainte-Anne-des-Monts, J.-Robert Lévesque. L'Union nationale dispose d'une solide organisation et l'influence de ses deux ministres, Gagnon et Pouliot, joue un rôle important. Cela fait dire à Duplessis de passage à Matane à l'été 1948: « Jamais la Gaspésie n'a été traitée avec plus de générosité. Pour la première fois dans l'histoire de la province, elle a deux ministres dans le Cabinet[31] ».

Wilbert Coffin pendant son procès en juillet 1954. Photo: Charles Bernard.

En traitant de cette période de l'histoire gaspésienne, il faut aborder la fameuse affaire Coffin, qui fait encore couler beaucoup d'encre. Le 16 juillet 1953, les journaux de la province rapportent que l'on vient de retrouver la trace de trois chasseurs américains portés disparus depuis le 12 juin. Ils étaient partis chasser l'ours aux sources de la rivière Saint-Jean. À ce moment, on prévoit déjà la possibilité d'un acte criminel. En fait, à la mi-juillet, on découvre d'abord les restes d'un seul corps, les deux autres, une semaine plus tard. Des agents de la sûreté provinciale, des gardes-chasse et des guides participent aux recherches. Parmi eux, se trouve Wilbert Coffin, un prospecteur anglophone de Gaspé, le dernier semble-t-il à avoir vu les trois Américains. Le 24 juillet, le solliciteur général du Québec, Antoine Rivard, retient l'hypothèse d'un meurtre. Le 11 août, il annonce l'arrestation de Coffin comme témoin important dans cette affaire après que des inspecteurs eurent découvert chez sa compagne à Montréal des objets appartenant aux victimes. L'affaire, qui avait fait la une des journaux en juillet 1953, continue de passionner les quotidiens pendant longtemps. Le 19 juillet 1954, s'ouvre à Percé le procès de Wilbert Coffin, accusé de meurtre. À partir de preuves circonstantielles, les douze jurés concluent unanimement à la culpabilité de l'accusé. Les tribunaux d'appel refusent à Coffin un deuxième procès et il est pendu à Montréal le 10 février 1956. L'affaire fait beaucoup de bruit à l'époque et aussi par la suite, des gens doutant sérieusement de la culpabilité du prospecteur gaspésien.

Le journaliste et écrivain Jacques Hébert a publié, en 1958 et en 1963, deux livres sur l'affaire Coffin[32]. Dans son deuxième ouvrage, il réclame une Commission royale d'enquête. S'adressant dans sa conclusion aux gouvernants du Québec il écrit: « À moins que vous prouviez que j'ai menti et que vous me mettiez en prison pour "méfait public", votre devoir est clair, vous devez sans plus tarder instituer une Commission royale d'enquête, faire comparaître les assassins de Wilbert Coffin, confondre les procureurs de la Couronne qui ont transformé le procès de Percé en un spectacle inqualifiable où de cyniques cabotins en robe ont joué un "show" qui fait la honte des hommes libres de ce pays et utilisé à fond les services d'un sadique en uniforme, le capitaine Alphonse Matte, enfin, vous avez l'obligation stricte de réhabiliter la mémoire de Coffin, de verser à sa famille des dédommagements qui s'imposent et de rechercher les

Camille-Eugène Pouliot,
député provincial de
Gaspé, 1936-1962.
(MRG)

Léopold Langlois,
député fédéral de Gaspé,
1945-1957. (APC)

véritables meurtriers des trois chasseurs américains. Rien de moins ne saurait satisfaire le peuple du Québec et celui du Canada tout entier[33]».

Le gouvernement provincial institue alors la Commission d'enquête Brossard sur l'affaire Coffin qui publie, le 27 novembre 1964, un rapport de 693 pages où on peut lire: « L'ensemble de la preuve soumise à cette commission tend à confirmer et non à contredire le verdict du jury de Percé et les décisions de nos tribunaux à l'effet que Coffin n'était pas innocent du meurtre dont il fut accusé. Le procès Coffin n'a pas été une injustice. "L'affaire Coffin" en a été une; plusieurs personnes ont contribué à la perprétation de cette injustice[34]».

Si durant les années 50, ce sont les Bleus qui gouvernent à Québec, du côté d'Ottawa, ce sont les Rouges qui exercent le pouvoir. Mackenzie King dirige le pays jusqu'en 1948 et Louis Saint-Laurent par la suite. La Gaspésie reflète l'image du tableau politique québécois: bleue à Québec, rouge à Ottawa. Au scrutin fédéral de juin 1945, trois nouvelles têtes d'affiche apparaissent en Gaspésie. Dans la circonscription de Gaspé, Léopold Langlois, avocat de Sainte-Anne-des-Monts, défait l'ex-conservateur Sasseville Roy. Dans Matapédia-Matane, le journaliste Philéas Côté gagne comme libéral-indépendant. Il défait, entre autres adversaires, le versatile Oscar Drouin qui a été tour à tour député du Parti libéral, de l'Action libérale nationale, de l'Union nationale (ministre), encore du Parti libéral (ministre) et qui se présentait cette fois-ci comme candidat indépendant avec l'appui de Maurice Duplessis. Enfin, dans le comté de Bonaventure, Bona Arsenault, ancien candidat conservateur défait à plusieurs élections, se fait élire comme indépendant grâce à l'appui de conservateurs, d'unionistes et de libéraux. D'après Robert Rumilly, Duplessis aurait fait verser $2 000 au candidat indépendant de Bonaventure pour l'aider à battre ses adversaires. Quand Arsenault passe au Parti libéral peu après son élection, Duplessis aurait fait ce jeu de mot célèbre: « Il faut que Bona parte »[35].

Ce n'est pas sans peine que Bona Arsenault parvient à se faire accepter par les libéraux. N'est-il pas un ancien conservateur? Ne les a-t-il pas combattus à l'élection de 1945? Est-il un bleu déguisé? La direction de l'organisation libérale de Bonaventure travaille contre lui en prévision de la prochaine convention libérale. Un télégramme envoyé par la Fédération libérale nationale du Canada vient mettre un frein aux dissensions: les délégués adoptent alors unanimement une résolution le reconnaissant comme leur candidat officiel.

Aux élections de 1949, l'Union nationale apporte son aide active aux candidats conservateurs. Ainsi, dans Bonaventure, le député provincial, Henri Jolicoeur, parcourt le comté de paroisse en paroisse. Malgré cette aide, les libéraux gagnent encore dans Bonaventure, Gaspé et Matapédia-Matane. En 1953, l'Union nationale se montre plus discrète dans son appui aux conservateurs fédéraux même si certains députés, tels Henri Jolicoeur et Camille Pouliot, travaillent encore en faveur des candidats tories. Les libéraux conservent leurs comtés aux élections de 1953. Léopold Langlois est réélu dans Gaspé, Bona Arsenault dans Bonaventure et, dans Matapédia-Matane, un entepreneur et concessionnaire d'automobiles de Matane, Léandre Thibault, remplace Philéas Côté, qui ne se représente pas.

1957: L'HEURE DES CONSERVATEURS

Aux élections fédérales de juin 1957, le nouveau chef des conservateurs, maintenant appelés progressistes-conservateurs, John Diefenbaker, met fin à 22 ans de régime libéral au Canada. Deux des trois comtés gaspésiens, Bonaventure et Gaspé, appuient alors le leader conservateur. Dans Bonaventure, où aucun député tory n'avait été élu depuis 1887, Bona Arsenault se fait battre de justesse par un homonyme, l'ingénieur forestier Nérée Arsenault, natif lui aussi de Bonaventure. Le député unioniste du comté, Henri Jolicoeur, n'a pas ménagé ses efforts contre Bona Arsenault, qui l'avait fait battre en 1956. On accusera par la suite Nérée Arsenault de s'être fait élire comme indépendant dans son comté pour se déclarer député conservateur au lendemain des élections, ce qu'il niera[36]. Dans le comté voisin de Gaspé, l'ex-sous-ministre de Camille Pouliot, Roland English, soutenu par Duplessis, se fait élire par une faible majorité, aux dépens du député sortant, Léopold Langlois. Les députés de Bonaventure et de Gaspé comptent parmi les quelques hommes politiques fédéraux redevables à l'Union nationale de leur présence à Ottawa après l'élection de 1957.

Nérée Arsenault, député fédéral de Bonaventure, 1957-1958. (APC)

L'année suivante, le premier ministre canadien, John Diefenbaker, chef d'un gouvernement minoritaire, annonce la tenue d'un nouveau scrutin pour le mois de mars. Sa victoire, la plus écrasante depuis la Confédération, le porte au pouvoir avec 208 sièges, contre 49 aux libéraux. Il obtient la majorité dans toutes les provinces sauf à Terre-Neuve. Le Québec, de tradition libérale au fédéral, fournit 50 comtés au parti de Diefenbaker, lot dans lequel on retrouve les trois circonscriptions gaspésiennes. Roland English gagne encore dans Gaspé. Dans Bonaventure, un avocat de New-Carlisle, Lucien Grenier, succède à Nérée Arsenault qui ne se représente pas. Grenier se fera remarquer par... son silence. Durant tout son mandat, il n'aurait pas prononcé un seul mot en Chambre[37]. Dans Matapédia-Matane, un fermier de la Vallée, Alfred Belzile, remporte la victoire. Encore là, les conservateurs gaspésiens ont bénéficié de l'aide de leurs amis de l'Union nationale.

La question du prolongement du chemin de fer Mont-Joli-Matane jusqu'à Sainte-Anne-des-Monts devient un des grands thèmes politiques en cette fin des années 1950. Discuté depuis longtemps, ce projet, espère-t-on, bénéficiera de l'appui du nouveau gouvernement conservateur. Les organismes de la région voient dans la concrétisation de ce projet la possibilité de ranimer l'économie de la côte nord de la Gaspésie. La ville

Roland English, député fédéral de Gaspé, 1957-1963. (APC)

Lucien Grenier, député fédéral de Bonaventure, 1958-1962. (APC)

minière de Murdochville vient de naître; on espère que le prolongement de la voie ferrée facilitera l'exploitation des gisements de l'intérieur de la péninsule.

Le 2 décembre 1957, une délégation composée de gens de la Chambre de commerce de Gaspé-Nord, d'industriels de la région, des députés English et Arsenault et du député provincial de Gaspé-Nord, Alphonse Couturier, présente un mémoire à cet effet au premier ministre Diefenbaker et à son ministre des Transports, George Hees. Le chanoine Alcidas Bourdages, alors curé de Sainte-Anne-des-Monts, pilote cette délégation et s'en fait le porte-parole auprès des autorités gouvernementales. En mars 1959, une pétition circule dans les comtés de Gaspé, Matane et Rimouski. En avril, des milliers de signatures s'accumulent au bureau de Roland Gagnon, de Cap-Chat, instigateur de cette campagne destinée à sensibiliser les autorités fédérales. Presque toutes les municipalités de la péninsule font parvenir au gouvernement des résolutions en faveur du projet. Le clergé gaspésien se met aussi de la partie[38].

Durant la semaine du 20 septembre 1959, Diefenbaker séjourne en Gaspésie dans le cadre d'une tournée provinciale. Il se rend à Sainte-Anne-des-Monts, à Murdochville, à Gaspé, à Chandler et à New-Richmond. On tente alors de forcer la main au chef du gouvernement canadien. Après toutes ces démarches, le gouvernement présente enfin un projet de loi pour la continuation de la ligne ferroviaire jusqu'à Sainte-Anne-des-Monts. Cependant, surviennent les élections de 1962. Matane et Gaspé réélisent des députés conservateurs mais le gouvernement conservateur se retrouve minoritaire et il subit la défaite un an plus tard. En 1964, Lester B. Pearson suspend les crédits votés par son prédécesseur pour le projet ferroviaire gaspésien, optant plutôt pour l'amélioration du réseau routier.

À L'AUBE DE LA RÉVOLUTION TRANQUILLE

Pendant que les conservateurs occupent le devant de la scène à Ottawa, il se prépare des changements lourds de conséquence au Québec. Dès les élections de juin 1956, l'Union nationale commence à perdre des votes en Gaspésie. Matane et Gaspé-Sud restent fidèles aux ministres Onésime Gagnon et Camille-Eugène Pouliot, tandis que Alphonse Pelletier conserve de justesse le comté de Gaspé-Nord. Mais Bonaventure tombe aux mains des libéraux. Gérard D. Lévesque, jeune avocat natif de Port-Daniel, y défait l'unioniste Henri Jolicoeur. Ex-président de la Chambre de commerce de la Gaspésie et homme d'affaires, Lévesque a reçu l'appui de Bona Arsenault, député fédéral du comté.

La montée des libéraux provinciaux se poursuit et s'accentue à la suite de la mort de Maurice Duplessis en septembre 1959, suivie de celle de Paul Sauvé, son successeur, au début de janvier 1960. Un des hommes forts du parti en Gaspésie, le ministre des Finances, Onésime Gagnon, a déjà quitté son siège de Matane en 1958 pour accéder au poste de lieutenant-gouverneur. Le maire de Mont-Joli, Benoit Gaboury, l'avait remplacé. L'autre tête d'affiche du parti dans la région, le ministre Camille-Eugène Pouliot, se voit accuser en mars 1959 de népotisme.

En dépit de ces accusations, auxquelles les électeurs de Gaspé-Sud ne semblent pas avoir accordé une grande foi, le docteur Pouliot gagne encore les élections de juin 1960, qui portent le Parti libéral au pouvoir. Les deux autres députés unionistes sortants mordent la poussière: Alphonse Couturier dans Gaspé-Nord perd aux mains de Claude Jourdain, avocat de Cap-Chat; Benoit Gaboury dans Matane cède la place à Philippe Castonguay, maire de Les Boules. Dans Bonaventure, Gérard D. Lévesque obtient une seconde majorité sous la bannière libérale.

Trois Gaspésiens, Gérard D. Lévesque, René Lévesque, originaire de New-Carlisle et futur premier ministre du Québec, et Bona Arsenault, député de Matapédia, entrent au Cabinet de Jean Lesage. Gérard D. Lévesque reçoit le ministère de la Chasse et des Pêcheries, assumé depuis seize ans par Camille-Eugène Pouliot, tandis que Bona Arsenault accède au poste de ministre des Terres et Forêts; René Lévesque devient, lui, titulaire du ministère des Ressources hydrauliques.

Alphonse Couturier, député provincial de Gaspé-Nord, 1952-1960. (MRG)

* * *

Tout au long de ce chapitre, on s'est limité aux niveaux de la politique provinciale et fédérale. Il existe pourtant la politique municipale et scolaire, plus près des réalités quotidiennes et peut-être plus soumise au contrôle effectif des électeurs. D'une part, on peut dire que les élus locaux sont dans l'ensemble soucieux d'éviter à leurs commettants des dépenses difficiles à justifier; d'autre part, le jeu de la partisanerie politique atteint aussi ce niveau. À vrai dire, la politique municipale s'aligne aussi sur les grands partis, de nombreux maires appuyant l'une ou l'autre des grandes formations politiques.

On ne peut par contre déceler de signe d'un pouvoir régional ni d'une structure de concertation entre intervenants de même niveau comme les députés ou les Chambres de commerce. Cependant, vers la seconde moitié des années 1950, quelques groupements amorcent un travail de réflexion sur le développement de la région; ainsi des représentants de professions libérales de la Baie-des-Chaleurs forment un embryon d'association et, à l'occasion, font appel à des spécialistes ou à des conférenciers. Le père Jacques Cousineau viendra ainsi parler de syndicalisme à Gaspé, à la suite de la grève de Murdochville (1957).

Encore dans la Baie-des-Chaleurs, durant la même période, quelques tentatives enthousiastes mais fragiles apparaissent dans le domaine économique; on a ainsi un « Conseil économique de la Gaspésie » qui se penche sur les problèmes de la péninsule au cours de plusieurs rencontres; mais

Gérard D. Lévesque, député provincial de Bonaventure, 1956-19... Photo: Légaré & Kedl l.tée. (Coll. privée)

aucune volonté politique ne soutient ses efforts de réflexion. Quelques recherches s'effectuent aussi dans le Bas-du-Fleuve et en Gaspésie sous l'influence d'un groupe d'universitaires sortis notamment de la faculté des Sciences sociales de l'Université Laval.

L'ordre secret des Chevaliers de Jacques-Cartier exerce aussi en Gaspésie une action de concertation et d'animation discrète, comparable dans ses effets à bien des débats publics et politiques. On sait que cet Ordre avait vu le jour à Ottawa dans les années 1930 et se vouait aux intérêts des Canadiens français catholiques de toutes les régions du pays. Il ne survivra cependant pas à la Révolution tranquille.

De 1920 à 1960, les hommes politiques de la Gaspésie, comme en d'autres temps et en d'autres lieux, sont motivés avant tout par la quête du pouvoir. Cela n'empêche pas qu'ils ont contribué à l'amélioration de la situation péninsulaire. Il est peut-être facile, dans la foulée démocratique des décennies 1970 et 1980, de ne voir en eux que des « patronneux » corrompus mûs exclusivement par des intérêts personnels. Mais, à une époque où le paternalisme est érigé en système, favoriser ses partisans faisait partie du jeu.

18

La Gaspésie
en voie
d'émancipation
(1960-1980)

par Jules Bélanger,
président de la Société
d'histoire de la Gaspésie

Cette Histoire de la Gaspésie *se termine vers 1960, à l'aube de ce qu'on a appelé la Révolution tranquille. Quand on voudra poursuivre ce travail, il faudra le faire à partir de cette époque où l'histoire du Québec amorçait un important virage. Le texte qui suit n'est pas de l'histoire au sens scientifique du terme: sorte d'épilogue vivant, il se veut tout simplement le témoignage d'un Gaspésien sur sa région. L'auteur tente de cerner ici les événements qui ont le plus transformé sa petite patrie en ces 20 dernières années et il brosse un portrait de la Gaspésie et de son peuple tels qu'il les voit lui-même en 1981.*

Depuis les années 1960, beaucoup de choses ont changé au Québec. La Révolution tranquille a été en quelque sorte le passage à une ère nouvelle. La Gaspésie, dont l'isolement avait toujours freiné sinon bloqué l'évolution, a connu elle aussi de rapides transformations. Non pas que l'isolement séculaire de la péninsule n'existe plus, mais on a réussi à l'atténuer de façon significative et le branle-bas qui a secoué le Québec pendant les deux dernières décennies a porté en Gaspésie plus que des échos lointains: il a profondément marqué cette région.

Une tentative gouvernementale de développement qui s'appela le Bureau d'aménagement de l'Est du Québec (BAEQ) y fut pour quelque chose dans cette nouvelle vigueur de la Gaspésie, même si l'ensemble de l'aventure, du moins après le recul dont nous disposons, devait se solder par un échec.

Les communications s'étant améliorées, le Québec en mutation a entraîné dans son sillage la Gaspésie et sa population mais il y avait beaucoup de rattrapage à faire et on n'en a encore vu que le début. En outre, des forces nouvelles sont apparues et, de l'intérieur, on a vu surgir des initiatives et une volonté de prise en charge qui ont largement contribué à associer la péninsule au mouvement de renouveau que vivait le Québec.

Le BAEQ, un espoir à l'horizon

Lorsqu'en 1963 la population de la région du Bas-Saint-Laurent, de la Gaspésie et des Iles-de-la-Madeleine commença à entendre parler du Bureau d'aménagement de l'Est du Québec (BAEQ), il put y avoir dans l'air de nombreux courants de scepticisme explicable mais, de façon générale, un vent d'espoir souffla sur ce territoire qu'on allait appeler désormais et pour la durée de l'expérience extraordinaire « la région-pilote ».

Il y avait effectivement de quoi espérer. Cette région reconnue depuis toujours pour son très bas revenu annuel moyen, pour la rareté des emplois qu'elle offrait et pour son taux élevé d'émigration[1], cette région qu'on qualifiait souvent de sous-développée, cette région de misère et d'attentes séculaires allait être aménagée de façon totale. Cette fois on allait y mettre les moyens: beaucoup d'experts et beaucoup d'argent.

Le gouvernement du Québec avait décidé de relever un défi de taille. Dresser un plan d'aménagement et le mettre à exécution pour amener les citoyens de la région à un « niveau de vie régional comparable à celui de l'ensemble du Québec sans avoir à recourir, de façon massive, à des mesures de redistribution des richesses sous forme de transferts gouvernementaux[2] ». Pour lancer l'opération, le gouvernement libéral de Jean Lesage profita de l'Entente fédérale-provinciale ARDA et, de 1963 à 1966, le BAEQ consacra $4 000 000 à des recherches et à un programme d'animation

« L'esquisse comprenait 2 500 pages de textes et quarante annexes techniques. » (MRG)

sociale. Une nuée de chercheurs, d'enquêteurs, d'animateurs et de parleurs s'étendit alors sur la région qui se vit étudier, mesurer, analyser et planifier comme elle ne l'avait jamais été auparavant.

> Dans le cahier numéro 1 du *Plan de développement* publié par le BAEQ le 30 juin 1966, on trouve, en note 1 de l'introduction générale, aux p. XIII et XIV, la description suivante du BAEQ: « Le Bureau d'Aménagement de l'Est du Québec Inc. (BAEQ) est une compagnie privée, sans buts lucratifs, formée en 1963, en vertu de la première partie de la Loi des Compagnies de Québec par les deux Conseils économiques régionaux du territoire-pilote, le Conseil d'Orientation Économique du Bas-St-Laurent (COEB), et le Conseil Régional d'Expansion Économique de la Gaspésie et des Iles-de-la-Madeleine (CREEGIM). Ces deux organismes se partagent également les parts (nominales) de la compagnie et les dix postes au Bureau de Direction. Cette dernière instance du BAEQ assume la direction effective de l'organisme.

PARTICIPATION POUR LA FORME

Une dimension importante et originale du travail du BAEQ fut d'amener la population à participer à l'élaboration du plan et, éventuellement, à son exécution. Une quinzaine d'animateurs fondèrent dans les quelque deux cents localités du territoire-pilote autant de comités locaux d'aménagement.

Les aménagistes qui avaient envahi le territoire étaient pour la plupart frais émoulus des universités du Québec et des États-Unis et ils avaient appris dans leurs livres des théories d'aménagement rural qu'il leur tardait de mettre en pratique. L'occasion rêvée leur en était offerte. La région-pilote devenait leur premier grand laboratoire.

Les chercheurs et aménagistes du BAEQ travaillèrent probablement avec sincérité dans le but d'en arriver à l'objectif principalement visé, qui était de relever le niveau de vie de la région. Cependant, leurs théories étaient loin de correspondre à la réalité profonde que vivait et que voulait vivre la population. C'est pourquoi l'association des comités locaux des citoyens à l'élaboration du plan pouvait être, dans l'esprit et dans la stratégie des aménagistes, beaucoup plus utile pour se faire accepter dans le milieu que pour se faire aider à transformer une société tout à fait ignorante des récentes découvertes des universités modernes sur les façons d'aménager des territoires ruraux.

On consulta la population, on l'écouta aussi mais il semble bien qu'on fit peu de cas de ses façons de voir l'aménagement de son territoire. Voilà, très probablement, la cause la plus importante de l'échec du BAEQ dont nous parlerons plus loin.

Le plan fut donc l'affaire des spécialistes et non de la population concernée. On a consulté 1,5% de la population et on a essayé « de changer la mentalité de ces ''arriérés'' ». La logique du BAEQ fut d'étouffer le dynamisme populaire, de sous-estimer les potentialités du monde rural[3]. « Le BAEQ connaissait déjà les problèmes à résoudre dans tous les secteurs »

Guy Fortier, député provincial de Gaspé-Sud, 1962-1976. (Biblio. de la Législature)

mais on faisait faire des inventaires pour donner à « la population l'occa-sion de se familiariser avec la situation de sa localité et de sa zone[4]. »

Avant le plan il y eut l'esquisse du plan. Elle parut en 1965 et ce fut impressionnant. Jamais cette région incluant la Gaspésie n'avait été l'objet d'une étude aussi volumineuse. L'esquisse comprenait 2 500 pages de texte et 40 annexes techniques. Et vint le plan en juin 1966. Il se composait de dix cahiers totalisant 2 048 pages et de 231 recommandations dictées par les six grands objectifs qui orientaient l'ensemble du plan. L'ouvrage fixait dans le futur trois étapes de réalisation, soit 1972, 1977 et 1982.

Il fallait ensuite passer aux actes concrets, à la réalisation du plan. Le 26 mai 1968, les gouvernements du Canada et du Québec signent une entente générale de coopération sur la réalisation du plan de développement de la région du Bas-Saint-Laurent-Gaspésie-Iles-de-la-Madeleine. Au terme de l'entente, les deux gouvernements s'engagent à investir $258 790 000 pour la réalisation des divers programmes du plan. De plus, ils « reconnaissent le Conseil régional de développement de l'Est du Québec Inc. comme l'interlocuteur régional privilégié, tant et aussi longtemps qu'à leur juge-ment, cet organisme de participation et de consultation demeurera vérita-blement représentatif de la population de la région[5]. »

L'ENTENTE DE 1968

C'était là une somme intéressante mais en réalité on allait bientôt décou-vrir qu'il s'agissait plutôt de poudre aux yeux. Clermont Dugas, géographe à l'Université du Québec à Rimouski, l'a bien vu et le dénonce dans des termes clairs: « Le désillusionnement est arrivé lorsque les textes de l'Entente ont commencé à circuler en grande quantité et après que des personnes éclairées en eurent fait l'analyse. Une première désillusion était due à la répartition de l'assiette budgétaire. Une deuxième avait pour cause l'esprit même de l'Entente. Par son contenu, on était loin de percevoir un désir réel de développer la région. Il s'agissait beaucoup plus de mesures temporisatrices. Enfin, une troisième source de désenchantement est appa-rue en face de l'incapacité de l'ODEQ et des ministères concernés de dépenser dans les laps de temps prévus les argents budgétés. Des $258 000 000, $114 000 000 étaient affectés au développement social et à la valorisation de la main-d'oeuvre. Il s'agissait d'une somme d'argent faisant partie de fonds réguliers dépensés à travers tout le Canada et qu'on avait converti en fonds spéciaux. Il y avait de plus quelque $26 000 000 consacrés à l'administration des projets et à la recherche. Les sommes vraiment disponibles pour l'exécution de mesures concrètes d'aménagement se chif-fraient en moyenne à $2 300 000 par comté et par année. Il faut dire que cet argent ne représentait même pas en totalité un effort nouveau. Il incluait des budgets réguliers de divers ministères. Cette première Entente n'était en somme qu'un magistral trompe-l'oeil[6]. » Un des six grands objectifs du

LE DÉSEN-CHANTEMENT

plan, le troisième, s'énonçait comme suit: « Lancer un vaste programme de reclassement de la main-d'oeuvre pour procurer à celle-ci la mobilité occupationnelle et géographique nécessaire. » Noble intention qui, on vient de le voir, engloutit à elle seule plus de 44% de tout l'argent de l'Entente de 1968. On dépensa des sommes imposantes pour préparer des citoyens à des emplois qu'ils ne trouveraient pas dans la région. Pendant des années, on berça d'illusions toute une population en l'entretenant avec des millions qui, en définitive, n'étaient que des prestations d'aide sociale déguisées.

LA GASPÉSIE OUBLIÉE   La population avait espéré — et on l'avait bien encouragée à le faire — qu'en vertu du plan du BAEQ on cesserait enfin d'exporter les travailleurs pour exporter plutôt les produits de leur travail. La Gaspésie avait, dans toute la région du BAEQ, des raisons particulières d'espérer dans ce sens; elle connaissait depuis longtemps une telle hémorragie de sa jeunesse. Le désenchantement n'en fut que plus grand. La Gaspésie récolta bien peu de la célèbre aventure planificatrice.

D'abord, la Gaspésie fut considérée en quelque sorte comme quantité négligeable dans l'ensemble de la région-pilote. Négligeable, sûrement pas par son étendue mais peut-être, aux yeux des planificateurs, par les possibilités d'y orchestrer des conditions de vie comparables à celles de l'ensemble du Québec. Des rumeurs de goût humoristique douteux ont circulé pendant les années où on pensait que le BAEQ pourrait vraiment changer des choses: on disait par exemple que la Gaspésie pourrait bien être fermée et transformée en parc national, une fois sa population amenée vers l'ouest.

Pourtant destiné à promouvoir le développement de toute la région-pilote, le plan préconisa deux pôles industriels prioritaires localisés respectivement à Rivière-du-Loup et à Rimouski. « On a associé beaucoup trop intimement la notion d'industrialisation à celle d'urbanisation. Il en a découlé un plan très timide au niveau de l'industrie. On y sent nettement un manque de confiance dans les possibilités d'industrialisation du territoire. La Gaspésie est totalement laissée pour compte, elle est traitée en véritable parent pauvre. Vouloir la soumettre à un éventuel effet polarisateur de Rimouski démontre le peu d'attention que l'on a accordé aux problèmes de distances à l'intérieur de la région, et à son manque d'articulation. Développer Rimouski sans rien faire de spécial pour la Gaspésie aurait pour effet d'accroître les disparités économiques entre les deux grandes sous-régions [...] on a totalement ignoré tous les aspects positifs offerts par les diverses sous-régions[7]. »

Les experts du BAEQ n'avaient pas compris qu'il y a de profondes disparités dans ce territoire dont ils voulaient planifier l'aménagement et que tenter de les oublier ne pouvait être qu'une erreur susceptible de stériliser tous leurs projets trop théoriques et homogénéisateurs. Et c'est ce

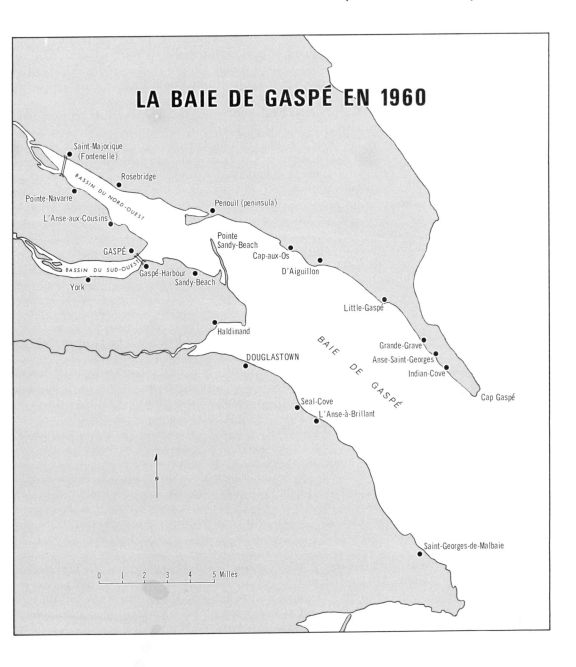

LA BAIE DE GASPÉ EN 1960

François Gagnon,
député provincial de
Gaspé-Nord, 1962-
1970. (Biblio. de la
Législature)

qui se produisit. Une telle incompréhension de la réalité socio-économique, aussi bien que géographique du territoire, a entraîné l'aménagement à Rimouski d'une capitale administrative que les Gaspésiens ont toujours jugée trop coûteuse, trop lointaine et doublement inefficace et inutile parce qu'à peu près démunie de pouvoirs décisionnels.

Aussi, les Gaspésiens ont-ils constamment boudé et refusé cette capitale créée et imposée par le BAEQ. La région administrative du Bas-Saint-Laurent — Gaspésie est une création bâtarde: on l'a fabriquée de deux territoires par trop disparates. Ces deux territoires diffèrent largement aux plans de l'histoire, du peuplement, des mentalités et des ressources naturelles. Sous plus d'un aspect, la Gaspésie et son peuple constituent une entité géographique et sociale nettement caractérisée et originale. Selon le gros bon sens, les profils social et économique de la Gaspésie s'opposaient à l'implantation d'une capitale administrative à 175 milles de New-Richmond, à 250 milles de Chandler et à 240 milles de Gaspé.

Après de longues et dommageables attentes, on devait amorcer lentement une correction de la situation susceptible de ranimer l'espoir. En mars 1977, le nouveau premier ministre du Québec, René Lévesque, annonça dans son discours du trône: « On soumettra à l'Assemblée nationale de nouveaux mécanismes pour définir les découpages régionaux les plus appropriés. » Au début de 1981, voici l'annonce de la formation en Gaspésie des premières municipalités régionales de comté du Québec (MRC). Il s'agissait des municipalités régionales Denis-Riverin, Pabok et d'Avignon. Les autres MRC de la Gaspésie étaient en voie de formation. On prévoyait que ces instances administratives nouvelles disposeraient de pouvoirs décisionnels et de budgets importants.

Autre événement significatif d'une reconnaissance gouvernementale de la Gaspésie comme région différente: le 9 avril 1981, un arrêté ministériel du gouvernement du Québec créait la région Gaspésie/Iles-de-la-Madeleine de Radio-Québec. Par cette décision, on détachait la nouvelle région de celle qui s'appelait jusqu'à ce jour Bas-Saint-Laurent/Gaspésie/Iles-de-la-Madeleine. Pour les Gaspésiens, ce geste promettait. Ils le virent comme un exemple devant entraîner de plus complètes corrections des erreurs du BAEQ.

LA FERMETURE DE L'ARRIÈRE-PAYS

Mais, revenons en arrière à l'époque où le BAEQ permettait encore certains espoirs. On voulait, bien sûr, réduire le haut taux de chômage en Gaspésie. Un des moyens d'y parvenir fut de vider les paroisses ou localités de l'arrière-pays où, il est vrai, à cause d'une coordination inadéquate de l'exploitation des ressources de la forêt et de l'agriculture, on vivait généralement dans une pauvreté qui nécessitait des mesures de redistribution massive des richesses sous forme de transferts gouvernementaux ou allocations sociales.

Un des moyens de
réduire le chômage fut de
vider les paroisses de
l'arrière-pays. (MRG)

Nos planificateurs n'avaient pas prévu que peu de temps après le vidage systématique de ces localités officiellement mal organisées, tout un mouvement allait se développer ramenant des villes anonymes et polluées vers les terres abandonnées de la Gaspésie des centaines de citoyens. Ceux-ci avaient découvert que leur bonheur n'était pas nécessairement lié à la qualité des infrastructures de leur environnement mais davantage à la vie simple et frugale de paysans-cultivateurs humant et savourant, avec un petit revenu, un grand espace et beaucoup de liberté. Les Gaspésiens qu'on a évincés de leur localité sont-ils moins chômeurs et plus heureux?

> *Comment on a vidé mon pays*
> ... jusque là, les gens de mon pays vivaient heureux, mais un jour des étrangers «eurent vent» de nos richesses!... Comme une nuée d'insatiables sauterelles, ils vinrent pour en dévorer les forêts!...
> Quand mon pays fut ruiné, ses lacs vidés et partis les étrangers, vinrent ensuite des fonctionnaires sans âme qui n'avaient jamais entendu d'autres chansons que celle des sous... ils venaient pour dire aux gens de mon pays: «on n'est pas bien ici!... La liberté habite dans les grands centres, où il y a de grandes écoles et de grands magasins!... Et, si cette vérité est trop dure, on vous donnera pour le croire, beacoup d'argent!...
> Un premier trouva la proposition raisonnable, puis son voisin aussi... celui du bout du rang, ne voulant pas rester seul, dut à son tour croire la «vérité» des fonctionnaires sans âme!...
> C'est ainsi qu'un jour, sur le front de ce pays qu'on croyait immortel, on déposa le linceul de l'oubli...
>
> *Delvida Leblanc,*
> *natif de la paroisse fermée de Saint-Louis-de-Gonzague,*
> RHG, XIII:3, *(juillet-septembre 1975), p. 155.*

De nombreux témoignages permettent de répondre par la négative. En 1973, Dugas écrit: «L'actuelle volonté de réaménager l'arrière-pays entre en opposition avec des mesures devant provoquer son vidage et visant à

Alexandre Cyr, député
fédéral de Gaspé,
1963-19... (MRG)

reclassifier une bonne partie de ses travailleurs dans des emplois urbains [...] les familles des paroisses à fermer, dont le départ était rendu inévitable, attendirent « sur leurs valises » pendant des années la fin d'imbroglios administratifs avant de connaître définitivement le sort qu'on leur réservait. Alors que la préoccupation majeure de la population était la création d'emplois rémunérateurs afin d'arrêter le flux migratoire, beaucoup de mesures de l'Entente visaient son grossissement[8]. »

En septembre 1971, l'entente de 1968 est amendée dans le sens des principales revendications populaires et de quelques promesses électorales. On peut pratiquement parler d'une deuxième entente et le budget global dont disposent les deux ententes sur une période s'étendant maintenant jusqu'en 1976 est de $411 000 000. De cette somme, $54 600 000 sont affectés à l'amélioration du réseau routier, ce qui ne permettra la reconstruction que d'une partie de la route de ceinture. Encore en avril 1981, les Gaspésiens ont dû revenir, à l'occasion des élections générales du Québec, à la sempiternelle revendication d'une route moderne convenable qui compléterait le tour de la péninsule.

La nouvelle entente donne encore la part du lion à la formation générale et professionnelle, soit $86 000 000, et relativement peu pour la création de nouveaux emplois susceptibles de garder en Gaspésie la main-d'oeuvre qu'on aura préparée chèrement.

Au 31 mars 1973, on n'avait réussi à dépenser que 53,4% des $411 000 000. L'ODEQ, en ses bureaux de Rimouski, souffre d'une inefficacité décourageante. Les cerveaux instruits et les bonnes idées y abondent mais on manque des pouvoirs nécessaires dont Québec se fait obstinément la jalouse gardienne pour de visibles raisons de rentabilité politique.

UN BILAN PEU RELUISANT

Nous voilà donc, au sujet du BAEQ et de l'ODEQ, en face d'un diagnostic qui n'a rien d'optimiste. Les six grands objectifs énoncés dans le plan[9] et dont on visait la réalisation pour 1982 n'ont été que très partiellement atteints moins d'un an avant l'échéance fixée.

On pourrait inscrire du côté passif le premier de ces objectifs qui était la modernisation des secteurs de base. Nous verrons plus loin comment dans le plus important de ces secteurs de base de l'économie gaspésienne, soit celui de la pêche, le plan s'avéra un échec à peu près total.

Quant au deuxième objectif, celui de la création d'activités dynamiques nouvelles, il y a eu progrès mais si peu que la déception populaire demeure grande devant le taux élevé de chômage de ces Gaspésiens à qui on avait fait miroiter un après-BAEQ qui leur donnerait du travail chez eux.

Le quatrième objectif visait le développement en collaboration avec la population. Or, on l'a vu, la consultation populaire fut plutôt formelle et le développement réalisé en Gaspésie depuis 1960 est loin de découler en totalité de l'action du BAEQ.

Le sixième objectif concernait la structuration rationnelle de l'espace. Pour les aménagistes, il s'agissait de déménager du monde vers des centres mieux organisés. Ce fut l'erreur dont on a parlé plus haut. Il reste à l'actif du bilan la valorisation de la main-d'oeuvre: c'était la nature du troisième objectif. On a effectivement, avec de larges tranches du budget global des ententes, sensiblement amélioré la main-d'oeuvre et ainsi bon nombre des éternels émigrants gaspésiens ont pu s'amener à Montréal, à Québec, sur la Côte-Nord ou à la Baie de James avec une meilleure formation et plus de possibilités de décrocher un emploi.

Enfin, il y avait le cinquième objectif qui se formulait ainsi: l'éclosion d'une conscience régionale qui se traduira par une identification populaire aux objectifs et moyens de développement proposés. Ici il y a eu action efficace mais non pas de la façon ni dans le sens prévus. Il y a eu éclosion de conscience régionale et on le doit autant à la déception d'une population ahurie de voir tant de planificateurs, de plans, d'études et d'écrits et si peu de changements concrets mesurables en termes d'emplois nouveaux, qu'à l'animation proprement dite entreprise dans les comités locaux du BAEQ.

De plus, s'il y a eu éveil de conscience régionale, la notion de région ne correspondit pas dans la population à celle que souhaitaient les planificateurs. Très tôt, on vit s'accentuer la démarcation nette entre au moins deux consciences régionales dans la région-pilote. Le phénomène engendra mécontentements et protestations du côté de la Gaspésie qui ne trouvait pas son dû dans la part que lui accordaient les planificateurs et les administrateurs plutôt installés dans leur capitale à Rimouski. Et tout cela, nous l'avons vu plus haut, parce que les experts-aménagistes avaient omis ou refusé de considérer les profondes disparités d'ordre divers qui caractérisent les deux moitiés de la région-pilote, soit le Bas-Saint-Laurent et la Gaspésie.

Néanmoins, il y eut en Gaspésie comme dans le Bas-Saint-Laurent une certaine éclosion de la conscience régionale par suite de l'action du BAEQ et ce fut bénéfique.

Amédée Lapierre, un Madelinot, administrateur diplômé des Universités Laval et de Fontainebleau, fut coordonateur des pêches à l'ODEQ de 1971 à 1973. Il vécut là l'expérience pénible de l'inefficacité d'une machine administrative démunie de pouvoirs exécutifs et vouée à tourner en rond. Avec un certain recul, il conclut cependant à des résultats positifs de la grande aventure: « À l'ODEQ, les coordonnateurs ne demeuraient pas longtemps s'ils prenaient des décisions. Québec ne voulait pas de deuxième gouvernement à Rimouski. L'ODEQ réussissait à oublier la politique, elle en riait même. À Québec, on ne pensait pas de la même façon. J'ai vertement critiqué cette aventure mais, avec dix ans de recul, je vois maintenant beaucoup de positif dans le travail du BAEQ et de l'ODEQ.

Albert Béchard, député fédéral de Bonaventure, 1962-1979. (MRG)

Russel Keays, député fédéral de Gaspé, 1965-1968 (MRG)

L'animation a amené des populations à trouver des solutions à leurs problèmes. L'éducation populaire a progressé. L'exécution de certains travaux fut accélérée, par exemple ceux de la route 132, des parcs industriels et de certaines infrastructures touristiques. Les millions qu'on a dépensés ont davantage fait avancer la Gaspésie que si on les avait utilisés sans l'intermédiaire de l'ODEQ[10]. »

La pêche:
on manque le bateau

Le premier objectif du plan ayant été de moderniser les secteurs de base traditionnels de la région, il convient de considérer quel sort fut réservé, après le BAEQ, aux pêches, qui constituent depuis des siècles la trame de fond de l'histoire gaspésienne. En esquissant un bilan du BAEQ, nous avons classé au passif le premier de ces objectifs.

Le plan a malencontreusement, et probablement avec la meilleure volonté du monde, engagé l'industrie de la pêche en Gaspésie dans une sorte de cul-de-sac dont elle a grand peine à se sortir. Les planificateurs avaient décidé que le développement de la pêche passerait par quelques parcs industriels bien équipés d'infrastructures où s'installeraient de nouvelles usines d'envergure de transformation du poisson aussi bien québécoises qu'étrangères. Les petits havres de pêche traditionnels allaient disparaître. On concéderait la vie à quelques-uns d'entre eux qui s'appelleraient points secondaires. En Gaspésie, ils se trouveraient à Carleton et à Malbaie. Les parcs industriels allaient régner sur la pêche à Rivière-au-Renard, à Grande-Rivière, à Paspébiac et à Cap-aux-Meules aux Iles-de-la-Madeleine.

Or, ces beaux plans se buttèrent de façon fort coûteuse et décevante à la très concrète réalité d'une population de pêcheurs et de producteurs qui, depuis des siècles, vivent de la pêche dans de nombreux villages échelonnés sur la côte de la péninsule où on est nullement disposé à voir fermer tous les petits havres de pêche et les petites usines de transformation pour concentrer le tout, développement domiciliaire inclus, autour de quelques grands parcs industriels unilatéralement créés par la froide sagesse économique de quelques planificateurs.

En effet, à compter de 1970, on mit en chantier, à Rivière-au-Renard, à Grande-Rivière et à Paspébiac, d'importantes jetées de pierre à l'intérieur

La maquette de l'édifice de la DGPM. (Coll. privée)

desquelles on allait aménager des parcs industriels. On dépensa pour ces travaux quelque $30 000 000. L'aménagement des infrastructures de ces parcs se poursuit encore et pourtant, en 1981, aucune usine n'est encore venue s'installer dans ces lieux où on voulait en attirer le plus possible.

Depuis dix ans cependant de nouvelles usines de transformation du poisson ont vu le jour en Gaspésie. On a assisté ainsi à l'implantation de Les fruits de mer de l'Est du Québec à Matane, Les Pêcheries Tourelles à Saint-Joachim-de-Tourelle, La poissonnerie Cloridorme dans la localité du même nom, La poissonnerie Boulay à L'Anse-à-Valleau, Curadeau et Frères à Rivière-au-Renard, Les pêcheries de L'Anse-au-Griffon et Les

Le *Kristina Logos* mesurant 190 pieds de longueur; sa capacité de prise est de 450 000 livres de crevettes. (Coll. privée)

Crevettes du Nord-Atlantique à L'Anse-au-Griffon, Gagnon & Fils Ltée à Sainte-Thérèse-de-Gaspé. D'autres usines déjà en activité avant la construction des parcs industriels ont connu des développements importants, toujours à l'extérieur des parcs. Il en a été ainsi de Lelièvre et Lemoignan à Grande-Rivière et de Pêcheries Malbaie dans la localité du même nom.

L'usine de traitement du poisson des Pêcheurs-Unis du Québec à Rivière-au-Renard était déjà en place avant la construction du parc industriel qu'on a aménagé autour du site où elle se trouve. De même à Paspébiac, on a organisé le parc industriel après l'implantation d'une usine du traitement, fermée en 1975.

À Newport, les Pêcheurs-Unis possèdent une usine de transformation que les aménagistes du BAEQ vouaient à la disparition mais qui produit actuellement plus de poisson de fond que l'importante usine de la même société coopérative située à Rivière-au-Renard.

Il est étonnant, voire inquiétant, de constater ainsi que des infrastructures payées par les trésors publics pour améliorer l'industrie de la pêche demeurent inutilisées ou à peu près. Mais, ce qui doit inquiéter davantage ce sont les raisons qui ont amené les industriels de la pêche à investir des sommes importantes en dehors des parcs industriels pour se doter à leurs frais d'infrastructures nécessaires et, au surplus, se voir refuser les subventions gouvernementales auxquelles ils auraient eu droit en utilisant l'espace des parcs déjà aménagés. On aménageait et on aménage encore en 1981 en dehors des parcs industriels à cause des lenteurs décourageantes et des tracasseries de la Direction générale des pêches maritimes, qui ne trouvait plus les moyens de prendre la décision d'accorder à quiconque la permission de construire une usine à l'intérieur des parcs industriels. Las d'attendre des décisions, les hommes d'affaires durent oublier les parcs industriels. Quant aux entrepreneurs de l'extérieur de la Gaspésie, les mêmes lenteurs gouvernementales, la même inefficacité, la même absence d'initiative de la part de la DGPM les ont tout à fait découragés de s'installer dans nos parcs industriels.

LA ZONE DES 200 MILLES Lorsque le gouvernement canadien a concédé des quotas de pêche dans la zone de 200 milles, le Québec n'était pas équipé de bateaux adéquats. Ce furent donc les provinces de Terre-Neuve et de la Nouvelle-Écosse qui héritèrent des quotas. De plus, le Québec se voyait pratiquement banni de cette zone par la politique fédérale d'octroi de permis. En effet, n'étaient éligibles à l'obtention d'un permis que les bateaux de 200 pieds ou moins, ce qui accommodait tout à fait les pêcheurs de Terre-Neuve et de la Nouvelle-Écosse. Pour ceux du Québec cependant, beaucoup plus éloignés de la zone de 200 milles, un bateau de 200 pieds ne pouvait permettre une pêche rentable: pour pêcher plus loin, il faut rapporter plus de poisson, il faut plus d'équipement et d'espace de conservation, plus de carburant, donc plus de gros bateaux.

On ne pouvait tolérer indéfiniment cette situation. En 1976, dès sa nomination comme adjointe pour les pêcheries au ministre de l'Industrie et du Commerce, la députée des Iles-de-la-Madeleine, Denise Leblanc, attacha le grelot et se mit à la recherche des moyens d'amener le Québec à pêcher sa part des ressources de la zone des 200 milles. L'idée fit son chemin et c'est ainsi qu'en juin 1981 des hommes d'affaires gaspésiens faisaient l'acquisition, avec la collaboration financière du gouvernement du Québec (SOQUIA), du chalutier-usine danois de 190 pieds, le *Kristina Logos*.

Ce sont les Pêcheurs-Unis du Québec, dont les sociétaires sont pour la plupart des Gaspésiens, et Les Fruits de mer de l'Est du Québec, une compagnie de Matane, qui ont acquis la majorité des actions de Pêcheries P.F. Kosmos Canada Ltée, une nouvelle compagnie dont les Danois détiendront un tiers des actions jusqu'en mai 1986. Avec un équipage de dix-neuf hommes, le *Kristina Logos* pêchera douze mois par année, écoulera une partie de ses prises sur les marchés européens développés par les Danois et rapportera en Gaspésie des crevettes congelées à bord en quantités suffisantes pour procurer du travail pendant six semaines aux 350 employés des usines de Matane et de Rivière-au-Renard.

Un autre épisode peu glorieux pour les administrateurs gouvernementaux fut la razzia effectuée dans les années 70 sur les fonds de hareng de la baie de Gaspé par la compagnie B.C. Packers de la Colombie-Britannique. Cette entreprise s'est installée à Gaspé en 1969 avec usine et bateaux et elle a pêché le hareng de façon intensive. Bon nombre de bateaux sont venus de la Colombie-Britannique où on avait déjà épuisé les stocks de cette espèce. Dès 1970, il s'est pêché en Gaspésie 82 000 000 de livres de hareng et la B.C. Packers en a eu 95%. Cinq ans plus tard, les captures totales de hareng se limitaient à 13 000 000 de livres. L'espèce était en voie de disparition dans la région et, de plus, B.C. Packers n'apportait rien à l'économie régionale. En effet, la plupart des emplois étaient détenus par des gens de l'extérieur.

LA RAZZIA DE LA B.C. PACKERS

Bref, l'industrie de la pêche en Gaspésie n'a pas été ce qu'elle aurait pu et ce qu'elle aurait dû être en ces deux dernières décennies. La volonté de faire accéder la pêche gaspésienne à l'âge moderne a lamentablement fait défaut.

Un événement est venu, le 28 mai 1978, ranimer l'espoir. Ce fut la tenue à Gaspé du sommet économique sur la pêche, à l'issue duquel le premier ministre Lévesque annonça que la Direction générale des pêches maritimes transporterait ses pénates de Québec à Gaspé.

UN ESPOIR NOUVEAU

L'implantation à Gaspé devrait enfin permettre à la DGPM de faire preuve de dynamisme et d'efficacité. En 1980, on déménagea donc une partie de cette Direction générale à Gaspé, dans des locaux aménagés temporairement à même l'ancien monastère des ursulines. On construira pour 1983, sur un site dominant la baie et le parc nautique de Gaspé, un édifice moderne capable de loger toute la DGPM avec ses laboratoires.

Facteurs de changement

\\ La Gaspésie a toujours souffert de son isolement par rapport aux autres régions du Québec. En 1960, les moyens de transport et de communication la reliant à Rimouski, à Québec ou à Montréal avaient grandement évolué. Cependant un isolement relatif pesait toujours sur la péninsule et freinait le rythme du développement auquel elle pouvait aspirer dans un Québec en plein essor. En une vingtaine d'années, les moyens de transport et de communications évoluèrent de façon sensible et, même s'ils sont encore jugés inadéquats par les Gaspésiens et par leurs visiteurs, leur amélioration y fut pour beaucoup dans les changements qui ont marqué la région depuis 1960. \\

TRANSPORTS   La route de ceinture de la Gaspésie, l'ancienne route « 6 » devenue la « 132 », a été considérablement améliorée. On n'y trouve presque plus de ces « sentiers de vaches améliorés », cahoteux et tortueux, qui caractérisaient la route du « tour de la Gaspésie ». Dans les comtés de Matane, de Matapédia et de Bonaventure, la « 132 » a été refaite en grande partie. Dans le comté de Gaspé, on attend encore de la voir se redresser et s'élargir sur au moins la moitié de son parcours.

De 1960 à 1981 on a reconstruit 642 des 885 kilomètres de la route de ceinture de la Gaspésie. Il reste donc, autour de la péninsule, 243 kilomètres de ces routes d'un autre âge, soit 27% de l'ensemble qu'il est urgent de remplacer par une voie moderne.

Conséquemment aux améliorations apportées à la « 132 », des services de transport régulier par camions, semi-remorques et fardiers se sont implantés autour de la péninsule en liaison avec les centres d'affaires de l'extérieur. Ainsi, la compagnie d'autobus Voyageur assure depuis 1970 un service quotidien ceinturant la Gaspésie dans les deux sens et la reliant à Rimouski, à Québec et à Montréal.

Le transport aérien a aussi fait des progrès, quoique la population gaspésienne se voit encore traiter ici en parent pauvre. En 1975, la compagnie Air Gaspé, qui desservait une partie de la Gaspésie, fut achetée par Québecair qui continua le service en lui apportant quelques améliora-

Un avion de Air Gaspé.
(Coll. privée)

tions. Six ans plus tard, il s'agit encore d'un service de deuxième classe dont les Gaspésiens ont beaucoup à se plaindre, surtout à cause de l'irrégularité des vols. Le transporteur se rabat sur la qualité et la quantité des services aéroportuaires qui, à Gaspé et à Bonaventure, limitent la régularité des vols. Effectivement, la Gaspésie attend toujours que le ministère fédéral des Transports lui accorde les services aéroportuaires minimaux dont elle a besoin.

Pendant ce temps, la voie ferrée, qui fut longtemps dans l'histoire de la Gaspésie la voie vers l'avenir, demeure le moyen de transport des voyageurs peu pressés ou de ceux qui tiennent à voyager à meilleur marché. Il semble que le transport des marchandises soit rentable pour le Canadien National qui exploite le tronçon Matapédia-Gaspé. Quant au transport des passagers, la même compagnie, et Via-Rail depuis peu, tergiversent entre des améliorations à y apporter et des restrictions pour le rentabiliser. On passe périodiquement du train conventionnel avec wagons-lits et wagon-restaurant au « railiner » à peu près dénué de services et que les Gaspésiens ont baptisé « Spoutnik », parce qu'il a fait sa première apparition en 1957 à peu près au moment du lancement du fameux satellite russe. Il s'agissait d'une appellation enthousiaste et plutôt erronée car, en 1981, le « railiner » prend à peu près le même nombre d'heures que le train conventionnel pour relier Gaspé à Matapédia. Quant à ce train qu'on remet en service de temps à autre, il est peu comparable aux trains reliant Halifax à Vancouver: wagons moins confortables, salle à manger de tenue minable, menus différents, etc.

Les conditions extrêmement ardues auxquelles les voyageurs gaspésiens avaient été confrontés pendant des siècles aussi bien pour se déplacer à l'intérieur de la péninsule que pour en sortir vers les centres urbains ont fini par faire d'eux des voyageurs patients et endurcis. Les Gaspésiens voyagent beaucoup. Les hommes d'affaires et administrateurs font régulièrement la navette entre la péninsule et les villes de Rimouski mais surtout de Québec et Montréal. Bon nombre de jeunes Gaspésiens étudient dans les institutions de ces villes. Régulièrement, des malades de la péninsule sont hospitalisés dans les mêmes villes. De plus et surtout, les émigrés gaspésiens forment légions à Montréal et à Québec. Il y en aurait cent mille, soit autant qu'en Gaspésie, dans la seule ville de Montréal. Et puis ce peuple aime à se visiter. Pendant le long hiver, on rend visite à la parenté de Montréal qui surgira en Gaspésie pour quelques jours de vacances au bord de la mer lorsque reviendra juillet.

LA TÉLÉVISION   En même temps que l'amélioration des moyens de transport, la Gaspésie des vingt dernières années a connu une autre liaison avec les centres urbains qui allait largement influencer le mode de vie des Gaspésiens pour le conformer davantage à celui des citadins. Ce fut l'avènement de la télévision. Le premier et encore le seul service de télévision desservant la majeure partie de la Gaspésie fut mis en place le 17 octobre 1959, à partir d'antennes et de studios installés à 1 825 pieds d'altitude sur le mont Saint-Joseph à Carleton. De ce site, l'antenne de CHAU-TV alimente 12 réémetteurs lui permettant de porter ses images jusqu'à Grande-Vallée et sur la moitié nord du Nouveau-Brunswick. Charles Houde, qui avait été à l'origine de la première station radiophonique gaspésienne, à New-Carlisle en 1926, fut aussi au départ de CHAU-TV, qui passa aux mains de la Compagnie Prades Inc. en 1967. La programmation diffusée par CHAU-TV ne comprend que six heures par semaine de contenu régional. Elle offre un peu plus de temps d'émissions en provenance de Moncton et la majeure partie de son horaire se répartit entre les émissions de Radio-Canada et celles du réseau TVA. Ainsi les Gaspésiens n'ont pas encore accès, en 1981, à la programmation totale de Radio-Canada pour laquelle ils paient cependant leur part de taxes. Depuis plusieurs années, divers organismes du milieu revendiquent ce service, qu'on leur promet d'élection en élection.

Quant à la télévision de Radio-Québec, on l'avait promise pour 1989 mais, en 1975, à l'occasion d'audiences publiques tenues à Rimouski, plusieurs organismes ont vigoureusement réclamé l'accélération de l'avènement de ce service. Enfin, le 19 février 1979, le gouvernement du Québec annonce sa décision d'approuver l'extension du réseau d'antennes de Radio-Québec et précise que, dans les mois suivants, des études d'ingénierie seront entreprises pour l'implantation de ces antennes en Gaspésie. En 1981, Radio-Québec prévoit que l'installation des antennes devant amener son signal de Montréal à Gaspé sera terminée en 1983. De plus, dès l'automne 1981, le comité permanent de la nouvelle région de Radio-québec, Gaspésie/Iles-de-la-Madeleine se mettra à l'oeuvre pour planifier et produire la programmation régionale.

La télévision a porté dans les foyers gaspésiens la même image que l'on regardait dans tous le foyers du Québec. Les Gaspésiens vibrent ou s'attendrissent aux mêmes téléromans que les Montréalais, ils entendent les mêmes conférenciers et les mêmes vedettes qui dispensent sérieusement ou en riant leurs conceptions de la vie, du bonheur, des valeurs, de la morale. De plus, la publicité télévisée incite constamment les Gaspésiens à consommer, en quantité et en qualité, comme on le fait en ville. Le centre d'information et d'orientation que l'on retrouvait dans chaque paroisse au moment où le curé faisait son prône dominical a largement cédé sa place au petit écran dont l'influence est forte parce qu'il s'allume dans bien des foyers dès le matin pour ne s'éteindre qu'à l'heure du coucher.

Il est vrai qu'un certain retour s'effectue vers les traditions et les coutumes régionales. Les folkloristes, ethnologues et autres chercheurs se précipitent pour sauver ce qui en reste. On les voit en Gaspésie comme ailleurs. Ce renouveau d'intérêt n'est-il pas provoqué par la conscience qu'on a de voir disparaître des caractéristiques, des différences, des coutumes et des traditions régionales qui font la richesse de l'humanité?

LA SCOLA-RISATION

Depuis 1960, la Gaspésie comme l'ensemble du Québec a connu une rapide et intense scolarisation. Avec la création du ministère de l'Éducation, on vit naître, en 1964, les commissions scolaires régionales de la Baie-des-Chaleurs, de la Péninsule, des Monts et Gaspésia, desservant toute la péninsule au niveau de l'enseignement secondaire. Parallèlement, furent mises en place les commissions scolaires locales, responsables de l'enseignement primaire. Il en fallut 12 pour ceinturer la Gaspésie et couvrir le territoire des quatre commissions scolaires régionales, soit celui qui se trouverait à l'est d'une ligne imaginaire rejoignant, du nord au sud, Baie-des-Sables à Saint-Alexis-de-Matapédia. On les nomma, en une sorte d'évocation du paysage et de l'histoire, Ristigouche, Tracadièche, Val-d'Accueil, Monseigneur-Matte, Des-Anses, Rocher-Percé, Grande-Hermine, Forillon, La-Tourelle, Matane, Chaleur-Bay, Gaspe Protestant. Au 30 septembre 1980, la clientèle inscrite dans les écoles de ces commissions scolaires locales s'élevait à 15 159. Quant aux écoles polyvalentes des quatre commissions scolaires régionales, elles comptaient, à la même date, 9 826 jeunes.

En même temps que s'organisaient ces nouvelles commissions scolaires et que l'on construisait tout autour de la Gaspésie un chapelet d'écoles polyvalentes, les Gaspésiens eurent à livrer bataille pour conserver et développer chez eux le niveau collégial d'enseignement. Le ministère de l'Éducation s'apprêtait alors à organiser à travers le Québec un réseau de collèges publics qu'on eut l'intention un moment d'appeler Instituts et qu'on affubla finalement du sigle peu euphonique de CEGEP (Collège d'enseignement général et professionnel). A Québec, les fonctionnaires décidèrent qu'il n'y aurait pas de collège public en Gaspésie et que pour mieux instruire la jeunesse gaspésienne il faudrait la confier au Collège de

Tableau 6.1. Clientèle scolaire du collège de la Gaspésie.

Année	Nombre d'étudiants*
1968-1969	502
1969-1970	903
1970-1971	1 062
1971-1972	1 081
1972-1973	1 001
1973-1974	1 060
1974-1975	1 065
1975-1976	1 008
1976-1977	900
1977-1978	1 094
1978-1979	1 175
1979-1980	1 194
1980-1981	1 185
1981-1982	1 308

* Incluant l'Institut des pêches de Grande-Rivière.

Rimouski. Le 21 août 1965, le ministre de l'Éducation, Paul Gérin-Lajoie, se présenta à Fort-Prével pour annoncer officiellement la nouvelle.

L'annonce eut l'effet d'une bombe et, devant les vives réactions de la population, le gouvernement se ravisa. Les institutions d'enseignement collégial de la Gaspésie s'organisèrent en un comité qui s'appela le « Comité d'organisation du Cégep en Gaspésie et aux Iles-de-la-Madeleine[11] ». Démarches, pourparlers et correspondances se succédèrent et, le 22 novembre 1967, la Mission des cegeps, création du ministère de l'Éducation, se rendait à Gaspé pour y entendre les Gaspésiens plaider leur cause. À l'issue de la rencontre, la confiance régnait et le 19 mars 1968, le nouveau ministre de l'Éducation, Jean-Guy Cardinal, annonçait la création du Cégep de la Gaspésie, à Gaspé.

Cette victoire fut importante. On ne peut raisonnablement penser que, privée de cegep, la jeunesse gaspésienne aurait pu accéder aux études collégiales en aussi grand nombre que nous le montre le tableau suivant.

Pendant cette même période, un deuxième cegep s'organisait en Gaspésie, celui de Matane. Il contribua de façon importante à la dispensation de l'enseignement collégial dans la péninsule puisque de 1970 à 1980 il vit s'inscrire une clientèle qui passa de 494 à 782 étudiants.

Il n'existe pas d'enseignement universitaire à plein temps en Gaspésie. Cependant, peu après sa fondation en 1969, l'Université du Québec à Rimouski se préoccupait de la décentralisation de son enseignement et du

développement de programmes à temps partiel sur un vaste territoire s'étendant de La Pocatière à Gaspé, en plus des Iles-de-la-Madeleine et de la région de Hauterive. À cet effet, une première entente était conclue entre l'université et les services d'éducation permanente des Cégeps, dès 1971, dans le but d'établir une collaboration et un partage des clientèles étudiantes adultes.

Cependant, c'est à partir de 1974 que l'UQAR amorce une véritable politique de décentralisation de son enseignement à temps partiel, avec la création de trois bureaux régionaux à Gaspé, Carleton et Matane. Ces trois sous-centres regroupaient l'ensemble du territoire gaspésien, y compris les Iles-de-la-Madeleine.

On doit reconnaître que l'UQAR a fait des efforts louables pour rendre l'enseignement universitaire accessible aux Gaspésiens sur leur territoire.

Le Collège de la Gaspésie dont l'origine fut le premier séminaire de Gaspé. Photo: Guy Collin.

Ainsi, de septembre 1973 à avril 1980, l'université a dispensé 706 activités en Gaspésie, dont 316 pour les seuls territoires de Gaspé et de la Baie-des-Chaleurs, c'est-à-dire une moyenne de 18 activités par session[12].

En 1980, l'UQAR comptait 1 104 étudiants à temps partiel inscrits à ses cours dispensés sur le territoire gaspésien, dont 679 pour les sous-régions de la Baie-des-Chaleurs, de Gaspé et des Iles. Ces étudiants adultes se répartissaient dans une douzaine de programmes de premier cycle universitaire (certificats et baccalauréats), principalement en administration, en sciences de l'éducation, en animation et en nursing.

En dépit de ces efforts de décentralisation, il reste beaucoup de chemin à parcourir pour faire bénéficier la population gaspésienne de l'enseignement universitaire sur son territoire. Qu'il suffise de mentionner que la proportion de Gaspésiens fréquentant à plein temps l'université n'était que de 1% en 1975, en comparaison avec 2,2% pour la moyenne québécoise[13]. Ces étudiants se répartissaient dans plusieurs universités, notamment à Montréal, à Québec et à Rimouski.

Le développement de l'enseignement universitaire, fût-il à temps partiel, pose néanmoins des problèmes en Gaspésie, comme dans toutes les régions périphériques et faiblement urbanisées du Québec. Les principaux sont d'ordre structurel: vaste étendue du territoire, dispersion de la clientèle étudiante, coûts élevés des activités pédagogiques et facilités de communications variables selon les saisons. À ces difficultés il faut en ajouter d'autres qui leur sont reliées: difficulté de recrutement des professeurs, éventail restreint des programmes offerts et pédagogie souvent non-adaptée aux contraintes structurelles et à une clientèle d'étudiants adultes. Il faut néanmoins souhaiter que des tentatives d'innovation pédagogique comme l'enseignement à distance, expérimentée depuis quelques années à l'UQAR, puissent se généraliser en Gaspésie, rendant ainsi l'université accessible à un plus grand nombre.

LA SYNDICA-LISATION   Quand éclata la désormais célèbre grève de Murdochville, le 11 mars 1957, relativement peu de Gaspésiens avaient expérimenté les réalités et les émotions du monde syndical, du moins chez eux en Gaspésie. Par la suite et graduellement, les travailleurs de la Gaspésie se sont organisés en syndicats répartis dans les trois grandes centrales qu'on connaît au Québec.

La Fédération des Travailleurs du Québec (FTQ) regroupe le plus grand nombre de travailleurs gaspésiens. Ses effectifs de 1981 pour toute la péninsule, incluant Matane et la vallée de la Matapédia, totalisent plus de 4 900 syndiqués. Ce chiffre ne comprend pas pas cependant les travailleurs de la construction qui se retrouvent dans quelque dix-huit métiers. On compte 1 318 syndiqués de la FTQ à Murdochville, 768 à Matane, 647 à New-Richmond, 1 280 à Chandler et 239 à Gaspé.

En 1981, la Confédération des syndicats nationaux (CSN) regroupe 3 200

Gaspésiens et Gaspésiennes dans les secteurs publics de la santé et de l'enseignement et dans les secteurs privés des pêches, des chantiers maritimes, des garages et des services municipaux.

Dans le monde de l'enseignement, c'est le Syndicat des travailleurs de l'enseignement de l'Est du Québec (STEEQ) qui regroupe la majorité des effectifs gaspésiens. En 1960, la syndicalisation des enseignants se voyait quelque peu bouder par certains employeurs. Environ 50% des professeurs de la centaine de commissions scolaires qui encerclaient la péninsule faisaient partie de syndicats. À cette époque, le traitement annuel des enseignants se situait en moyenne à $3 500 et celui des enseignantes à $1 500. En 1980, tous les enseignants des niveaux primaire et secondaire (laïques et religieux) à l'emploi des treize commissions scolaires de la Gaspésie (Baie-des-Sables à Matapédia), soit environ 1 700 personnes, sont membres du STEEQ. Leur salaire moyen, identique pour les hommes et les femmes, se situe à $24 000.

Il ne fait aucun doute que l'action syndicale a profondément modifié le visage social et économique de la Gaspésie pendant ces vingt dernières années. Elle y a produit ce qu'elle produisait ailleurs au Québec, mais le changement fut sûrement plus marqué en cette péninsule où l'ensemble des travailleurs avaient du rattrapage à faire par rapport à ceux des autres régions du Québec.

Ainsi, les revendications syndicales montrent généralement que les travailleurs gaspésiens sont moins bien payés qu'ailleurs au Québec où le coût de la vie est généralement moins élevé. Il y a là une anomalie que les syndicats s'acharnent à corriger. Ainsi, la grève générale menée par le syndicat des ouvriers de Mines Gaspé à Murdochville (FTQ) du 17 octobre 1978 au 29 mai 1979 s'appuyait en grande partie sur cette injustice à corriger. La nouvelle convention de travail signée en mai 1979 par ce syndicat atténue heureusement une telle disparité de salaires mais elle ne la détruit pas encore complètement.

Murdochville, baromètre de la situation syndicale au Québec
Pour les mineurs de Murdochville, capituler devant la force de l'argent, libre d'agir et protégée dans son déploiement, constituerait un reniement intolérable de leur authentique droit syndical; ce serait démontrer que l'atmosphère des relations patronales-ouvrières dans notre province favorise l'oppression. Car la Gaspésie est loin de l'Ontario et des États-Unis, où le climat de la liberté syndicale se répand sur nos régions limitrophes; elle se trouve éloignée également des grands centres industriels de la province, où l'opinion publique et la solidarité ouvrière peuvent agir. Le baromètre de Murdochville est planté en plein vent laurentien, au coeur de la forêt gaspésienne; aucun courant n'y vient altérer le degré de pression propre à l'autonomie du Québec. Murdochville devient donc le baromètre par excellence de la situation syndicale chez nous: nos yeux sont fixés sur lui.

Extrait de « Le baromètre de Murdochville »,
Jacques Cousineau, S.J.,
Relations, décembre 1957, p. 174-175.

Il faut attribuer en bonne partie à la syndicalisation le relèvement général du niveau de vie en Gaspésie, la valorisation de certaines professions, dont celle de l'enseignement, l'instauration de la sécurité d'emploi avec ses effets sur l'économie, enfin la montée d'une certaine solidarité entre syndiqués qui, même si elle permet ou provoque parfois des actions excessives, réussit souvent à coordonner suffisamment de force pour obtenir un meilleur partage des richesses.

Gaspésie 1981

Et quel est maintenant le visage de cette péninsule que le Québec a entraîné dans sa révolution tranquille? Qu'est devenue depuis ces vingt dernières années cette Gaspésie des images lointaines, et dans le temps et dans l'espace, cette Gaspésie dont les fils vivent autant en ville que dans leur village natal, cette Gaspésie qui a exporté sa population de façon aussi constante et massive qu'elle l'a fait de son poisson?

La Gaspésie de 1981 demeure toujours cette terre de beauté, ce mariage de la montagne et de la mer entre lesquelles se blottissent au fond des baies riantes des villages colorés souvent construits comme par la fantaisie des courants d'air. Le peuple gaspésien continue toujours de s'attacher à sa péninsule. Mais il ne vit plus de façon très différente de celle de l'ensemble des Québécois. La population a diminué et les sources de revenu ont de beaucoup augmenté. Le revenu moyen s'est donc accru de façon rapide et le genre de vie a changé avec les conséquences que cela entraîne généralement. Le Gaspésien moyen vit loin de ses compatriotes des centres urbains mais il n'est plus loin de vivre comme eux.

DÉMOGRAPHIE: COURBE DÉCROISSANTE Le chômage demeure en Gaspésie un malheur permanent. Même s'il n'est pas facile d'en évaluer les taux avec exactitude, compte tenu de la proportion considérable d'emplois saisonniers qu'on y trouve et de l'augmentation rapide du nombre de femmes à la recherche de ces emplois, nous savons que la Gaspésie souffre de l'un des plus hauts taux de chômage au Québec. Selon Statistique Canada, ce taux passait de 11,2% en 1961 à 19,6% en 1976. Diverses autres sources d'information font état de chiffres variant annuellement entre 30 et 37%, le taux le plus bas se situant à 17% en été et le plus élevé à 47% durant l'hiver.

Phénomène bien connu en Gaspésie et facilement explicable, ce sont surtout les jeunes qui émigrent. Selon les zones du territoire, la population

Lancement de *Forillon*, premier chalutier de 87 pieds appartenant au capitaine coopérateur Donatien Duguay de Gascons en 1966. Photo: Cassidy.

de 15 à 24 ans compte pour une proportion de 30 à 57% de l'ensemble des émigrants. On constate ainsi que la moyenne d'âge de la population de certains villages gaspésiens se situe bien au-dessus de la normale, la majorité des jeunes ayant pris le chemin des villes, des chantiers, des collèges et des universités.

La Gaspésie n'a donc pas encore cessé d'exporter en ville et sur la Côte-Nord sa jeunesse et même une partie de sa population adulte. D'autre part, là comme partout en Occident, le taux de natalité a baissé considérablement: de 35,1 par 1 000 habitants qu'il avait été en 1958, il a chuté à 16,4 en 1979. C'est ainsi qu'une population de 97 165 en 1961 amorça une courbe légèrement décroissante pour ne plus compter que 96 641 personnes en 1980[14].

Par voie de conséquence, les coûts de l'assistance sociale s'élèvent d'autant plus rapidement que le coût de la vie est monté au cours de la dernière décennie. Ainsi, alors que les Gaspésiens touchaient un quart de millions de dollars par mois en assistance sociale vers 1965, ils en ont reçu 2,4 millions pour le seul mois de janvier 1980. En mars 1981, les 7 564 bénéficiaires, dont 60% sont considérés comme aptes au travail, touchaient $2 663 000. Pendant l'année 1981, ils coûteront à l'État la somme de $30 000 000.

Il suffit de jeter un coup d'oeil sur les principales sources de revenu des travailleurs gaspésiens pour réaliser l'ampleur du changement depuis 1960.

CE N'EST PLUS COMME HIER

Dans le domaine des pêches d'abord, même si, comme on l'a vu, le plan du BAEQ et l'action gouvernementale se sont avérés des échecs, l'industrie a progressé. À cause du remplacement graduel des petites embarcations par les cordiers et les chalutiers qui emploient moins d'hommes pour rapporter de plus grosses prises, le nombre de pêcheurs a légèrement diminué de

1960 à 1978, passant de 2 390 à 2 249. Les employés d'usine cependant ont vu s'accroître leurs effectifs. De 605 emplois-année en 1960, ils en étaient à 1 038 en 1978. Leur moyenne de revenu annuel est passé de $1 609 en 1960 à $8 557 en 1978.

Quant aux pêcheurs, leur métier n'en est plus un de misère, du moins pour un bon nombre d'entre eux qui s'adonnent à la pêche hauturière. Une bonne cinquantaine de cordiers et chalutiers de 18 à 25 mètres forment la flotte de pêche gaspésienne. Ces bateaux valent approximativement de $450 000 à $620 000 chacun et fonctionnent avec un équipage de trois à six hommes. Ils partent en mer dans le golfe Saint-Laurent, certains pour trois ou quatre jours, d'autres pour toute une semaine. Quand ils reviennent au quai, leurs cales contiennent des cargaisons de poisson dont le poids varie entre 30 000 et 80 000 livres.

Les propriétaires de ces bateaux, qui en sont généralement les capitaines, touchent pour la plupart des revenus annuels de plus de $100 000 avant impôt. Il n'est pas rare de voir de ces pêcheurs se reposer pendant une partie de l'hiver en Floride ou dans les Antilles et même y posséder leur appartement.

On peut s'expliquer ces changements radicaux dans le standing de nos pêcheurs quand on considère que de 1960 à 1979 leurs prises de poisson de fond et de mollusques et crustacés sont passées de 44,5 à 94,5 millions de livres, ce qui est une augmentation de 112,5%, mais surtout que les prix ont augmenté assez rapidement pour faire passer les ventes totales, dans la même période, de $1 391 000 à $20 093 000. Il s'agit alors d'une augmentation de 1 345%.

De plus, ces dernières années, la demande sur le marché mondial du poisson a connu un important accroissement. Une cause majeure de ce phénomène fut la pénurie qui frappa les Européens quand, à compter de 1976, on leur imposa de sévères quotas de pêche en mer du Nord et quand, un peu plus tard, le Canada ferma l'accès aux étrangers à cette zone de l'océan Atlantique où ils venaient assidûment pêcher depuis des temps immémoriaux.

LA FORÊT

La forêt, qui recouvre 85% du territoire de la péninsule, a continué de fournir du pain aux Gaspésiens; elle leur permet maintenant d'y mettre davantage de beurre. En 1978, on comptait dans les forêts et les usines qu'elles alimentent 2 529 ouvriers qui ont touché $33 799 000 pour une moyenne annuelle de $13 364. Il faut noter qu'il s'agit là, pour un bon nombre, d'employés saisonniers. Cette industrie occupe environ 12% de la main-d'oeuvre gaspésienne. À l'usine de la Consolidated Bathurst de New-Richmond, qui a commencé ses activités en 1965, le revenu moyen de l'ouvrier est passé de $5 210 cette année-là à $18 293 en 1980. La production de carton de cette usine a évolué dans le même temps de 550 tonnes à 650 tonnes par jour.

La cartonnerie de New-Richmond. Production: plus de 650 tonnes par jour. Photo: Charles Bernard.

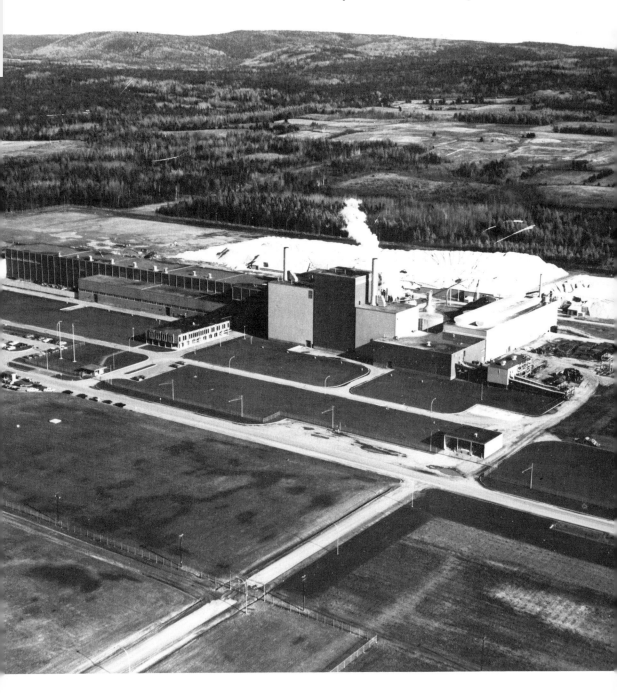

LES MINES   La seule exploitation minière qui assure de l'emploi aux Gaspésiens depuis ces vingt dernières années est la compagnie Les Mines Gaspé, qui exploite un important site de minerai de cuivre à Murdochville depuis 1955. En 1960, on y employait 800 personnes, dont le revenu horaire moyen se situait à $2,05; en 1980, ce sont 1 600 employés qui gagnent un salaire horaire moyen de $7,07. Le cuivre gaspésien rapporte en salaire $45 000 000 par année à des travailleurs, dont 80% sont d'origine gaspésienne. La production de l'usine de Murdochville a triplé de 1960 à 1980.

L'AGRICULTURE   La Gaspésie, on l'a vu amplement, n'a jamais été un territoire agricole. La mer omniprésente et les immenses forêts montagneuses ont toujours laissé relativement peu de bras et d'espace à la culture du sol. L'agriculture a cependant sa place, particulièrement dans le comté de Bonaventure.

Depuis 1960, des efforts ont été déployés pour développer l'agriculture. Les producteurs se sont regroupés dans l'Union des producteurs agricoles (UPA). De 1961 à 1976, la réorientation d'un certain nombre de Gaspésiens vers des emplois à temps plein a entraîné l'abandon d'une quantité considérable de petites terres peu rentables. Le nombre d'acres de terre en culture se serait alors réduit de plus de la moitié, passant de 86 000 à 40 000. Le potentiel cultivable de la Gaspésie serait actuellement utilisé à environ 35%. Par ailleurs, l'élevage aurait progressé: on évaluait le bétail à $1 834 000 en 1961 et à $3 994 000 en 1976. En 1974, les quotas de lait pour les comtés de Bonaventure et de Gaspé totalisaient sept millions de livres. Le troupeau de vaches à boucherie du comté de Gaspé comptait, en 1980, 2 000 têtes évaluées à $750 pièce.

Désireux de voir l'agriculture progresser plus rapidement en Gaspésie, le ministère de l'Agriculture du Québec a instauré en 1976 un programme spécialement adapté à cette région. Il s'agissait d'un plan de développement d'une durée de trois ans qui allait apporter des investissements agricoles pour $9 000 000, dont $3 125 000 sous forme de subventions du ministère et auquel 600 agriculteurs allaient participer. Au printemps de 1979, le ministère proposa un deuxième projet d'une durée de cinq ans, auquel le gouvernement consacrerait $3 286 500 répartis dans neuf programmes: l'apiculture, la production en maraîchage mixte et en petits fruits, la production des légumes de la famille des crucifères et des pommes de terre, l'élevage du vison, du renard et du lapin, l'élevage des moutons, la production de viande bovine, la production laitière, la mise en valeur des terres agricoles non utilisées et, enfin, un programme destiné à permettre à une centaine de propriétaires de petites fermes d'améliorer leur productivité. Pour ces derniers, l'agriculture n'est qu'une activité complémentaire, mais leur ensemble constitue sur le territoire gaspésien une partie importante du potentiel agricole.

La désormais célèbre loi sur la protection du territoire agricole que le

La « girafe » à l'oeuvre dans une galerie souterraine de Murdochville. Photo: Cassidy.

ministre Jean Garon avait réussi à instaurer et à faire appliquer en diverses régions du Québec depuis décembre 1978 devait bientôt toucher la Gaspésie. Le 19 juin 1981, un décret gouvernemental entrait en vigueur et identifiait comme région agricole désignée le territoire de toutes les corporations municipales et les territoires non organisés de la péninsule.

Toutes ces mesures, aussi bien incitatives que préventives, devraient faire grandir sensiblement cette faible proportion de 4% de la main-d'oeuvre gaspésienne que l'on attribue à l'agriculture.

LES SECTEURS PUBLIC ET PARA-PUBLIC

Le temps est révolu où l'enseignant gaspésien ou bien l'infirmière gaspésienne devait se contenter d'un salaire inférieur à celui qu'on payait en ville. La standardisation des traitements dans les services publics et para-publics a injecté dans l'économie régionale des sommes considérables et cette normalisation équitable a eu un effet d'entraînement sur les échelles de salaires en vigueur dans le secteur privé.

Ainsi, quelque 1 650 Gaspésiens et Gaspésiennes trouvent un gagne-pain aussi rémunérateur que partout ailleurs au Québec dans cinq centres hospitaliers desservant la population de Cap-Chat à Matapédia. Uniquement en salaire, l'Hôtel-Dieu de Gaspé a payé $6 750 000 en 1980-1981, le Sanatorium Ross a versé 5,5 millions, l'hôpital de Chandler 5,1 millions, celui de Maria 4,6 millions et celui de Sainte-Anne-des-Monts 4,4 millions. Dans le domaine scolaire, par exemple, le Collège de la Gaspésie a payé $6,7 millions à ses 275 employés en 1980-81.

CONSCIENCE POPULAIRE

Nous avons déjà parlé de cette éclosion d'une conscience régionale qui constituait un des objectifs du BAEQ et nous avons vu qu'il y avait eu effectivement un progrès dans ce domaine.

La population a appris, stimulée par quelques chefs de file et organismes divers, à exiger des améliorations à son milieu physique et le respect de son patrimoine. On a vu, en 1966, l'éclosion d'un enthousiasme inattendu qui aboutit en une quasi unanimité aux dimensions du Québec autour d'un projet dont l'enjeu matériel avait relativement peu d'importance mais dont l'esprit exprimait une volonté de voir s'affirmer la Gaspésie. C'était le projet du rapatriement de la *Grande-Hermine*, une réplique du vaisseau de Jacques Cartier que le gouvernement canadien faisait construire pour l'exposition universelle de 1967 avec l'intention de l'amener ensuite en permanence à Québec. Les Gaspésiens, à travers une bruyante campagne de presse, ont convaincu les Québécois, incluant le maire de Montréal, que la réplique du fameux vaisseau devait s'ancrer à Gaspé et nulle part ailleurs. Le premier ministre du Canada, Lester B. Pearson, reçut à Ottawa une délégation du « Comité du rapatriement de la Grande-Hermine » qui lui remit une pétition signée par des milliers de citoyens et accompagnée de résolutions officielles de plus de 500 municipalités du Québec représentant des millions de citoyens.

Le mouvement souleva toute une vague de sympathie et mobilisa beaucoup d'énergie, mais il ne put avoir raison des pouvoirs politiques. Le rapatriement de la Grande-Hermine à Gaspé ne se concrétisa pas mais les Gaspésiens avaient réussi à mobiliser l'opinion publique en leur faveur et ils y prirent goût. Les opérations Dignité 1 et Dignité 2, qui jouèrent un rôle très important d'animation populaire dans le Bas-Saint-Laurent portèrent leur écho et leur influence dans la péninsule. À Bougainville en 1974, à Cap-Chat en 1978, on n'hésite pas à bloquer routes et ponts pour obtenir du gouvernement des décisions qui tardent trop à venir.

Dans la Baie-des-Chaleurs, à la demande du Conseil du comté de Bonaventure, le groupe Recherche-action en développement organise un sommet économique à Bonaventure en avril 1980. L'initiative a pour but d'amorcer une concertation sur le développement économique et d'orienter les priorités du Conseil de comté et de ses partenaires. Ce sommet met sur pied un Conseil de développement économique qui s'affaire depuis lors à revendiquer l'amélioration de services publics et la décentralisation de certaines ressources administratives nécessaires à la relance de l'économie de la Baie-des-Chaleurs.

Une des anses du parc Forillon: on en a évacué les hommes. (Parcs Canada)

L'EXPROPRIATION DE FORILLON

Une autre période de la dernière décennie, mettant aux prises citoyens et gouvernement, contribua à alerter les Gaspésiens au sujet de leurs droits et de l'importance de les défendre: ce fut l'expropriation massive, en 1971, de villages et de parties de villages se trouvant à l'intérieur du territoire choisi par le gouvernement fédéral pour y aménager le premier parc national au Québec, le parc Forillon.

Les tâches ingrates de l'expropriation et du vidage du territoire, jugées nécessaires par le gouvernement fédéral, furent confiées au gouvernement du Québec. Jamais au Québec on n'avait connu une expropriation d'une ampleur comparable: une superficie d'environ 59 000 acres, comprenant 350 propriétés avec constructions, 1 690 propriétés boisées et approximativement 2 500 parcelles de lots, entraînant la relocalisation d'environ 205 familles.

Un nombre considérable de ces expropriés acceptèrent des indemnités injustes; une centaine d'entre eux cependant refusèrent l'indemnité et leur cause fut portée devant la Régie des services publics du Québec par Lionel Bernier, un jeune avocat, lui-même fils d'un pêcheur-cultivateur exproprié de la localité de Cap-des-Rosiers.

Le 5 mars 1973, le président de la Régie, le juge Guy Dorion, rendait son jugement. Il est clair, sans ambages et accablant. Il donne raison aux expropriés et il affirme que leurs biens ont été évalués par les experts du gouvernement du Québec à des taux nettement et même scandaleusement trop bas. La Régie enjoint ainsi le gouvernement à verser aux requérants des sommes allant, en certains cas, jusqu'à quatre ou cinq fois plus que l'offre initiale. Le gouvernement alla en appel devant la Cour supérieure, où les expropriés durent faire face à une imposante batterie de juristes, d'évaluateurs et d'autres experts. Ils remportèrent néanmoins une deuxième et décisive victoire.

Les expropriés qui avaient accepté l'offre du gouvernement font à leur tour appel à Lionel Bernier, qui réussit à faire rouvrir les livres, très légalement mais plutôt honteusement fermés. L'avocat récupère ainsi des indemnités correctives pour une somme de $2 000 000.

L'OPINION POLITIQUE   Sur le plan politique, la Gaspésie de 1981 présente un visage différent de celui qu'elle avait en 1960. Dans le comté de Bonaventure, le même député libéral, Gérard D. Lévesque, est en place à l'Assemblée nationale depuis le 20 juin 1956: il est devenu le doyen des parlementaires à Québec. Le comté de Gaspé se fit représenter lui aussi par un député libéral, le docteur Guy Fortier, de 1962 à 1976, année où l'abbé Michel Lemoignan reprit la bannière de l'Union nationale, que le docteur Camille Pouliot avait portée jadis pendant la majeure partie du régime duplessiste, soit de 1936 à 1962.

Aux élections de 1981, alors que le député libéral de Bonaventure voit sa majorité se rétrécir une troisième fois, le député sortant de Gaspé, après avoir accédé au poste de chef intérimaire de l'Union nationale en mars 1980, après avoir milité à ce titre en faveur du « non » pendant la célèbre campagne référendaire de mai 1980 et après être devenu chef de son parti en octobre de la même année, perd son siège aux mains du péquiste Henri Lemay. Des 33% des électeurs qui avaient appuyé le candidat unioniste en 1976, seulement 11% lui sont restés fidèles.

Rémi Bujold, député fédéral de Bonaventure, 1979-19... (MRG)

Là-bas, chez nous, on vivait heureux...
(Arthur Perry)
M. Arthur Perry a 80 ans. Son grand-père s'était installé, dans ce coin magnifique de Cap-des-Rosiers-Est, à l'ombre du cap Bon-Ami et de la Vieille. Il y a lui-même passé sa vie. Depuis août dernier, il demeure au village, à quelque trois milles de son milieu naturel, comme il le nomme, dans une maison achetée par son fils. Il me confie: « C'est trop loin et trop proche! Je ne m'habituerai jamais ici. Il nous manque la plage, l'espace et puis surtout, là-bas, c'est là que je suis né. Quand ils ont parlé du Parc, dans les débuts, on s'attendait de rester chez nous. Mais ça a mal tourné! J'ai des amis dans les HLM, [...] ils pleurent depuis qu'ils sont là. Il y a une souffrance dans ça. Il y en a qui m'ont dit: "on vivra pas vieux icitte". »
« Là-bas, chez nous, poursuit l'octogénaire se souvenant et souriant, attendri, on vivait heureux, rien ne nous manquait. Mais ils ont été durs, vous savez: je les ai vus allumer la maison de mon frère, j'étais là. Je peux y aller souvent, c'est pas loin, mais revenir c'est redoubler ma peine. Ce que j'aimerais, ce serait d'aller finir mes jours là. Et puis, vous savez, les touristes vont nous manquer.
Ils aimaient ça, nous voir... et nous aussi, bonnement... »

Jules Bélanger,
« Les ''déportés'' du Parc Forillon »,
Le Devoir, 31 mai 1973.

Tableau 6.2. Évolution du vote en Gaspésie (comtés de Bonaventure et Gaspé) aux élections québécoises.

Parti	Pourcentage des votes obtenus			
	1970	**1973**	**1976**	**1981**
Parti libéral	50,1	66,1	41,0	48,0
Union nationale	32,5	6,2	26,5	6,5
Parti québécois	15,4	24,0	31,5	45,5

Michel Lemoignan, député provincial de Gaspé, 1976-1981. (MRG)

Si l'on observe l'évolution en Gaspésie des trois principaux partis politiques de la scène québécoise pendant ces dix dernières années, on remarque chez deux d'entre eux des courbes irrégulières dans lesquelles se succèdent gains et reculs. Par ailleurs, le troisième parti et le plus jeune, le Parti québécois, fondé par le Gaspésien René Lévesque qui le préside et l'a conduit au gouvernement en 1976 pour lui obtenir un nouveau mandat en 1981, trace, lui, une courbe régulière et ascendante. Les quelques données suivantes, pour les comtés de Gaspé et de Bonaventure, illustrent cette évolution de l'électorat gaspésien de 1970 à 1981. Il semble bien que dans les années à venir, la lutte se fera entre libéraux et péquistes, suivant en cela la tendance générale au Québec. La résistance de l'Union nationale, surtout dans le comté de Gaspé, n'a fait que retarder le réalignement des forces politiques déjà amorcé ailleurs au Québec.

À la Chambre des communes, les deux comtés de Bonaventure et de Gaspé ont élu des candidats libéraux à peu près régulièrement depuis 1960. Albert Béchard a représenté Bonaventure de 1962 à 1979, lorsque Rémi Bujold lui succéda. Alexandre Cyr siège à Ottawa pour le comté de Gaspé depuis 1963, avec cependant une interruption de 1965 à 1968, terme pendant lequel il dut céder sa place au député conservateur Russel Keays.

Comme sur l'ensemble du territoire québécois, un réseau élaboré de services de santé s'est développé en Gaspésie pendant les vingt dernières années, pour répondre aux besoins et attentes d'une population qui en avait été particulièrement privée. Aux cinq centres hospitaliers de Sainte-Anne-des-Monts, de Murdochville, de Gaspé, de Chandler et de Maria, il faut ajouter, comme institutions majeure de santé, le Centre hospitalier Sanatorium Ross, de Gaspé, qui accueille et traite les handicapés mentaux. Six centres locaux de services communautaires (CLSC) dispensent des services de types communautaires et de santé de première ligne: ils ont leurs locaux à Mont-Louis, à Grande-Vallée, à Rivière-au-Renard, à Chandler, à Paspébiac et à Matapédia. Pour recevoir les personnes âgées de la région,

LES SERVICES DE SANTÉ

quatre centres d'accueil ont été mis en place à Cap-Chat, à Chandler, à New-Carlisle et à Maria.

Dans un effort d'intégration à la société des mésadaptés de diverses catégories, l'institution appelée « La Vigie » s'est implantée à Gaspé, d'où elle dirige deux autres points de services sur le territoire; un deuxième organisme, « Le Cabestan », a vu le jour dans la même localité en 1976 pour aider particulièrement les handicapés physiques et mentaux adultes. Sainte-Anne-des-Monts a vu naître un service de ce genre et compte aussi une institution spécialisée en réadaptation des alcooliques et toxicomanes, le Centre d'accueil Pavillon La Montagne.

Le Centre hospitalier de l'Hôtel-Dieu de Gaspé a institué en 1978 un Centre de santé communautaire desservant toute la Gaspésie. À Sainte-Anne-des-Monts, à Gaspé, à Chandler et à Bonaventure, des Centres locaux des services sociaux dispensent des services à l'enfance et à la jeunesse, des services d'adoption, des services à la Cour supérieure, des services de placement d'enfants en famille d'accueil ou en centre d'accueil, des services à la famille, aux adultes et personnes âgées, soit à leur domicile, en centre d'accueil ou en centre d'hébergement, des services en milieu scolaire, en milieu hospitalier, en centre de réadaptation pour adultes et, au Centre de Bonaventure, des services particuliers aux Amérindiens. Enfin, tous ces centres assurent des services d'urgence sociale, vingt-quatre heures par jour et sept jours par semaine.

LA VIE CULTURELLE

On a souvent dit que l'air salin, le foie de morue et l'horizon du grand large favorisent depuis toujours en Gaspésie la dimension artistique de la vie. Une semaine de travail moins longue, un peu plus d'argent de poche, des contacts plus nombreux avec l'extérieur, l'accès à des moyens nouveaux, voilà autant de facteurs qui ont contribué à encourager la créativité des artistes et artisans gaspésiens pendant ces vingt dernières années.

De plus, au début des années 70, une structure s'est mise en place pour soutenir et canaliser les énergies susceptibles de développer l'activité culturelle dans la péninsule. Il s'agit des Comités de développement culturel (« codecs »), qui se définissent comme des regroupements d'organismes et/ou d'individus qui oeuvrent à l'avancement culturel des municipalités. Dans la poursuite de leur principal objectif, ces comités se sont donné des rôles spécifiques dont l'identification des besoins des citoyens, l'inventaire des ressources culturelles, humaines et physiques, la diffusion de l'information culturelle, la participation à la planification et à l'organisation de stages de formation et de projets communs et la représentation des organismes culturels auprès des autorités municipales.

Une quinzaine de « codecs » ont vu le jour dans autant de localités et ils ont réussi à animer tout autour de la Gaspésie une série de foyers culturels dont certains, particulièrement actifs, révèlent des talents et des oeuvres suscitant ainsi à la ronde fierté et émulation. Le « codec » de la ville de Gaspé, par exemple, qui a nom Gasp'Art, organise annuellement environ 800 heures d'ateliers où on s'initie, entre autres activités, à la sculpture, à la peinture, à la photographie, à la poterie, au travail sur cuir, à la musique, au chant choral et à la danse. Le ministère des Loisirs, de la Chasse et de la Pêche subventionne les trois quarts de ces activités de Gasp'Art, le reste est financé par la municipalité.

Dès 1962, naissait à Gaspé, à l'initiative de l'abbé Michel Lemoignan, alors professeur d'histoire au Séminaire diocésain, la Société historique de la Gaspésie. Ses buts: « colliger et conserver tous les ouvrages, documents, objets, souvenirs, pouvant servir à l'histoire de la Gaspésie; étudier et faire connaître notre histoire régionale; entreprendre toute démarche jugée utile à ces fins; publier une revue historique[15] ». L'année suivante, la jeune société historique publie le premier numéro de la *Revue d'Histoire de la Gaspésie*, qui allait faire montre d'une vitalité remarquable: fruit du bénévolat d'un groupe d'amis de l'histoire régionale, elle a paru depuis lors quatre fois par année. Ayant pris depuis 1979 le nom de *Gaspésie*, elle se montre en mars 1981 sous une nouvelle parure et offre un contenu plus dense et plus varié. Elle devient alors plus qu'une revue d'histoire, en quelque sorte une revue de la vie culturelle régionale. Au printemps 81, son 74e numéro tire à 4 000 exemplaires.

En 1977, la Société historique de la Gaspésie voit se concrétiser son plus vieux rêve: on inaugure, le 17 juin, le Musée régional de Gaspé. Premier musée construit en totalité par le ministère des Affaires culturelles du Québec, il a comme thèmes spécifiques l'histoire et les traditions populaires de la région, mais il constitue à la fois un petit centre culturel qui présente annuellement une vingtaine d'expositions d'artistes, d'artisans ou de collectionneurs, aussi bien locaux que régionaux, nationaux ou étrangers. Il participe ainsi de façon sensible à la fois à la décentralisation vers la Gaspésie des oeuvres de la culture universelle et à l'éclosion des talents régionaux.

L'intérêt de la population pour son patrimoine se développe graduellement et on en voit les manifestations en divers endroits de la côte. À L'Anse-au-Griffon, le Manoir LeBoutillier, construit de 1836 à 1838 avec la cargaison de pin d'un vaisseau naufragé, a été classé monument historique en 1973 et acquis par le ministère des Affaires culturelles en 1976. Depuis 1977, un comité de citoyens de la localité planifie et organise dans cette maison historique des programmes de développement socio-culturel et touristique. C'est ainsi que la population peut se familiariser avec certaines traditions et les faire revivre. Des ateliers d'apprentissage y sont organisés pour encourager l'artisanat régional. ¶

Le banc de Paspébiac, qui fut le site principal des activités des Jersiais Robin et LeBoutillier, à la fin du 18e siècle et au début du 19e, se voit classer par le ministère des Affaires culturelles comme site historique en août 1981. Fondé en 1977 par les citoyens de l'endroit, le « Comité pour la sauvegarde des bâtiments historiques de Paspébiac » s'est donné comme mission de sauver les bâtiments qui restent et de les utiliser pour mettre en valeur le patrimoine régional dont ils sont d'importants témoins. L'imposant entrepôt « B.B. » s'est ainsi transformé en un centre d'animation socio-culturelle.

Depuis une quinzaine d'années, l'archéologie a commencé à dévoiler, pour sa part, de nombreuses traces de l'activité humaine en Gaspésie depuis quelque 6 000 ans. On a ainsi localisé et fouillé au moins partiellement plusieurs sites: Cap-Chat, Sainte-Anne-des-Monts, Saint-Joachim-de-Tourelle, Cap-au-Renard, Marsoui, Grande-Vallée, Rivière-au-Renard, Penouille, l'île Bonaventure, Pabos et Ristigouche[16].

À Saint-Elzéar, on connaissait depuis longtemps l'existence d'un trou dans la montagne « d'où sortait de la fumée les jours de grand froid ». Le 12 décembre 1976, trois citoyens de la localité, Renaud Lebrun, Pierre Cayouette et Gabriel Chicoine, spéléologues improvisés, descendent dans le « trou » et posent les pieds sur un talus couvert d'ossements à l'entrée d'une grotte étrange...! Ils viennent de découvrir, sans le savoir encore, d'importantes grottes remplies de vestiges de 250 000 ans de vie en Gaspésie.

La vieille péninsule révèle petit à petit les secrets d'un passé plus lointain encore. Un musée de paléontologie a surgi à Miguasha en 1979 pour faire connaître au public un site fossilifère qui intéresse et instruit depuis le début du siècle les chercheurs des grandes universités du monde. On y trouve une profusion de poissons et de plantes fossiles de 365 millions d'années[17].

On a vu se former en diverses localités de la péninsule des troupes de théâtre, des groupes de musiciens, de chanteurs et de danseurs dont les performances ont souvent atteint à une belle qualité. Peintres, sculpteurs et autres artistes gaspésiens participent de plus en plus aux expositions régionales et même nationales. Un certain nombre de ces artistes se sont fait une renommée internationale. Mentionnons la porcelainière Enid Legros, la poétesse Françoise Bujold et la sculptrice Suzanne Guité. Ces deux dernières sont décédées presqu'en même temps, en janvier 1981. Madame Guité a laissé, en plus de ses oeuvres nombreuses, le Centre d'Art de Percé, qu'elle avait fondé en 1956 en restaurant une ancienne et très belle grange dans laquelle elle avait aménagé un petit théâtre, une galerie d'expositions, un cinéma et des ateliers de peinture, de ballet, de modelage et de sculpture. Animé par sa fondatrice, le Centre d'Art de Percé est devenu le lieu de rencontre, le banc d'essai et le tremplin efficace de toute une pléiade d'artistes québécois.

Suzanne Guité et Albert Tommi dans le centre d'art de Percé. (ACN)

Plusieurs organisations s'occupent d'amener en Gaspésie des artistes et

Rémi Bujold, député
fédéral de Bonaventure,
élu en 1979.

Alexandre Cyr, député
fédéral de Gaspé
depuis 1963.

spectacles de haute qualité: troupes de théâtre, musiciens, chanteurs, etc. L'assistance à ces événements culturels s'élargit graduellement: les expériences locales en la matière nourrissent l'intérêt du public, de même que la popularité des artistes-visiteurs qui les a précédés par la télévision.

L'artisanat régional se développe et prend heureusement de plus en plus de place parmi les pacotilles qui infestent encore les comptoirs de souvenirs. Les artisans gaspésiens jouissent d'une réputation de plus en plus enviable dans les centres urbains d'artisanat. Julienne Bernatchez, de Rivière-au-Renard, devient en 1979 l'artisane de l'année du Québec. Marion Poirier, de New-Carlisle, se mérite prix et honneurs à l'échelle du Québec avec la haute qualité et la finesse de ses tableaux en courte-pointe.

Les services d'information ont connu un certain progrès en Gaspésie dans la dernière décennie. Diffusion-Gaspésie, un comité de citoyens de Gaspé fondé en 1972, a amené l'implantation de l'hebdomadaire régional *Le Pharillon* en 1973. Les propriétaires du journal, des hommes d'affaires de Rimouski, ont peu après restreint son territoire au secteur de Gaspé pour en créer deux autres dans ceux de Chandler et de New-Richmond: *Le Havre* et *Le Chaleur*. Diffusion-Gaspésie entreprit alors en 1973, comme deuxième projet, de donner à la ville de Gaspé une radio communautaire. C'est ainsi qu'en décembre 1978 entrait en ondes la station radiophonique de Radio-Gaspésie (CJRG-MF Gaspé/CJRE-MF Rivière-au-Renard) desservant le territoire de la ville de Gaspé, qui regroupe depuis 1971 les 18 000 citoyens de douze localités.

En 1979, c'était au tour des citoyens de la Baie-des-Chaleurs de se mettre à la tâche pour établir chez eux une radio communautaire. Le projet de la nouvelle station *La Bonne Aventure* poursuit normalement son cours et ses promoteurs prévoient l'entrée en ondes à l'automne 1982. Par suite d'une comparution devant le Conseil de radio et de télévision du Canada (CRTC) en même temps que Radio-Gaspésie, en décembre 1976, la station radiophonique privée de CHNC de New-Carlisle a mis sur pied un service d'information régionale. Depuis 1977, d'autres pressions de groupes populaires ont permis aux citoyens de quelques localités gaspésiennes d'acheter les grands quotidiens de Montréal et de Québec le jour même de leur parution, mais à condition d'en payer le double du prix en raison des frais de transport.

S'intéressant à toute la grande région du Bas-Saint-Laurent, de la Gaspésie et des Iles-de-la-Madeleine, le Conseil de la culture de l'Est du Québec regroupe des organismes et individus travaillant au développement culturel régional. Ce conseil encourage les relations les plus étroites entre le développement culturel régional et celui des diverses municipalités impliquées. Aussi, la plupart des « codecs » sont membres de cet organisme régional.

Le Conseil des loisirs de l'Est du Québec, dont les services s'étendent à toute la Gaspésie, possède, en plus de ses services de sports, de plein air et de développement communautaire, un service de loisir culturel. Ce service assure une aide aux organismes culturels et voit à l'application des programmes d'aide aux fêtes populaires et aux ateliers d'initiation.

LES LOISIRS

Parmi les autres formes de loisirs, les sports conservent la part du lion. Les Gaspésiens y consacrent beaucoup d'énergies, de temps et d'argent, en le pratiquant eux-mêmes ou en... regardant les autres. La nature gaspésienne regorge d'attraits et de possibilités pour les sportifs: mer, montagnes, forêts, lacs, rivières, parcs nationaux et zones d'exploitation contrôlée (ZEC). C'est la région tout entière qui invite à la pratique du sport. De plus en plus, les sportifs apprennent à utiliser ces ressources. On vient d'ajouter à la liste impressionnante des sports pratiqués en Gaspésie celui des acrobaties vélivoles à Mont-Saint-Pierre, où viennent maintenant se balader dans le ciel les participants aux compétitions internationales.

On a vu surgir aussi tout un tissu d'aménagements sportifs. Si on comptait trois ou quatre arénas dans la Gaspésie de 1960, on en trouve maintenant quinze que la popularité du hockey a édifiées à des coûts variant de $200 000 à $600 000 chacun. Tous les villages ou à peu près ont leurs équipes de hockey de différents calibres et lorsque viennent les tournois, c'est souvent l'honneur de la localité qui se joue, parfois celui des familles des vedettes ou encore celui des entraîneurs. La préparation des équipes, leur entraînement, leurs déplacements, leur hébergement et toutes les autres attentions que nécessitent de nombreuses compétitions régionales suscitent une participation plus qu'enthousiaste.

Et les Gaspésiens fêtent. À peu près chaque municipalité a réussi à trouver un personnage historique, un animal ou un fruit pour désigner son festival annuel. Dans certaines localités, on organise deux festivals par année en plus du carnaval d'hiver avec reine, duchesses et autres éléments féériques les plus usuels.

Il n'y a plus guère de village gaspésien où on ne trouve au moins un bar-salon. Les localités plus populeuses en comptent quatre ou cinq et leurs terrains de stationnement ressemblent, particulièrement les soirs de fins de semaine, aux cours des églises à l'heure de la grand'messe il y a vingt ans. Une partie de ces établissements attirent leur clientèle en offrant des spectacles divers dont les artistes viennent généralement de Montréal. On y a importé les attraits qui font les nuits de la grande ville.

Les Gaspésiens s'amusent et ils boivent. Voici quelques chiffres éloquents. En 1978, selon la Société des alcools du Québec, les Gaspésiens ont absorbé 14,23 litres de vins et spiritueux en moyenne par personne. Mais ces quelques verres n'impressionnent plus quand on sait quelle quantité de bière s'y est ajoutée. En 1980, les Gaspésiens ont bu 42 000 000 de bouteilles de bière, soit une moyenne de 434 bouteilles par personne. En

1979, la consommation par personne dans l'ensemble du Québec avait été de 270 bouteilles. Le coût de cette seule dépense, à inscrire au budget des loisirs ou à celui de l'épicerie: \$20 125 000. \\

LA VIE RELIGIEUSE

Tant de changements allaient nécessairement marquer aussi le visage religieux de la population gaspésienne. Comme ailleurs au Québec, l'Église ne jouerait plus le même rôle dans la péninsule. « Le Québec est maintenant une société sécularisée, complètement autonome par rapport à l'Église. Les questions à dimension politique, économique, sociale et culturelle de la vie quotidienne et du monde des affaires sont traitées sans recours aux institutions religieuses. Les différents organismes ont perdu leur caractère confessionnel, sauf l'école, en partie[18]. »

En arrivant à Gaspé en 1923 pour y organiser un nouveau diocèse, Mgr Ross avait écrit à ses prêtres que « rien ne se fait si le clergé ne prend les devants » et que les prêtres restent dans la bonne tradition en organisant les forces de leurs paroissiens sur le terrain économique[19]. Or, avec les années 60, le temps était venu pour le clergé gaspésien de laisser de plus en plus à des laïques la majeure partie des responsabilités qu'il avait assumées. La scolarisation générale avait porté fruit et les prêtres n'avaient plus à se faire gérants de caisses populaires, commissaires d'écoles ou secrétaires de municipalités. Ils l'ont compris et ils ont graduellement cédé la place.

D'ailleurs, la réduction de leurs effectifs allait inciter les prêtres gaspésiens à accélérer ce processus. L'équipe sacerdotale vieillissait et le recrutement s'amenuisait. Vers 1960, on voyait annuellement six à huit nouveaux prêtres s'ajouter au clergé diocésain; de 1973 à 1977, seulement deux nouveaux ordonnés sont venus rejoindre les rangs de l'équipe sacerdotale; pendant la même période, douze prêtres décédaient, six prenaient leur retraite et cinq autres abandonnaient leurs fonctions.

La pratique religieuse aussi a diminué. Dans certaines paroisses, elle n'est plus que de 30%, ailleurs elle s'est maintenue à 80%. Pour l'ensemble de la Gaspésie, on parle d'une fréquentation dominicale de 60% de la population catholique, ce qui dépasse la moyenne observée au Québec.

Si le clergé gaspésien n'affiche plus cette omniprésence que les circonstances lui avaient imposée et à laquelle on s'était habitué, son leadership demeure considérable. À titre d'exemple, mentionnons la campagne annuelle en faveur des oeuvres diocésaines, la campagne de Caritas-Gaspé. De 1960 à 1980, les résultats de cette collecte croissent constamment, ce qui n'est pas la règle dans les autres diocèses du Québec. Or, les laïques qui organisent Caritas-Gaspé s'accordent à dire que lorsque le curé se met de la partie on est assuré du succès.

Parmi les associations d'apostolat laïque qui oeuvrent en Gaspésie, les plus actives et les plus efficaces sont celles des Chevaliers de Colomb et celle des Filles d'Isabelle. Elles sont aussi celles qui comptent le plus grand

Mgr Jean-Marie Fortier, évêque de Gaspé, 1965-1968. (MRG)

nombre de membres: au 31 décembre 1977, la première comptait 3 042 membres et la deuxième 1 375. Ces hommes et ces femmes apportent une collaboration importante à l'évêque et au curé. La plupart des curés font eux-mêmes partie de l'association des Chevaliers de Colomb, contribuant ainsi à intensifier les relations entre les laïques et le clergé.

La paroisse cependant a perdu de sa cohésion et de sa capacité de mobilisation. Cette structure n'exerce plus l'influence d'antan sur une jeunesse qui, depuis l'avènement des écoles régionales, voyage matin et soir à travers quatre ou cinq paroisses, dès la fin des études primaires.

Mgr Gilles Ouellet, évêque de Gaspé, 1968-1973. (Coll. privée)

Depuis les années 1960, les évêques ont joué en Gaspésie un rôle dont l'éclat a varié, comme dans tout le Québec et même ailleurs dans le monde, à cause des profondes mutations que vivait la société. Arrivé à Gaspé en 1958, Mgr Paul Bernier continua la tradition du pasteur présent à presque tous les événements de quelque importance de la vie du diocèse. À compter de 1961, des tâches spéciales dans la préparation et dans le déroulement du Concile, de même qu'une persistante maladie l'ont contraint de réduire considérablement sa présence et son travail en Gaspésie. Mgr Jean-Marie Fortier le remplaça en 1965 et fut l'homme du passage harmonieux entre les Églises d'avant et d'après le Concile. Il fut le chef d'une Église devenue plus modeste et moins omniprésente.

Mgr Gilles Ouellet devient évêque de Gaspé en 1968 après avoir été missionnaire au Philippines et supérieur général des Prêtres des missions étrangères. Pendant cinq ans, il oeuvrera en Gaspésie en inculquant chez le clergé et les laïques l'ouverture sur le monde. En 1973, c'est Mgr Bertrand Blanchet qui accède au siège épiscopal de Gaspé. Fils de cultivateur de la région de Montmagny, il est docteur en biologie végétale et ancien professeur au collège de Sainte-Anne-de-la-Pocatière.

Avec ses confrères de l'épiscopat québécois, l'évêque de Gaspé se fait de plus en plus présent aux problèmes qui confrontent les Québécois et les Gaspésiens. Après l'attitude plutôt discrète qu'ils avaient adoptée pendant les années de la Révolution tranquille, on les voit s'affirmer de nouveau comme chefs de file de qui une partie importante de la population réclame des orientations. Avec les autres évêques du Québec, il a donné, depuis 1975, des points de vue fort écoutés sur les options politiques des Québécois, les conditions des travailleurs, le sort des Inuits. Il s'exprime publiquement au sujet du conflit opposant les Micmacs, particulièrement ceux de la réserve de Ristigouche, et les autorités gouvernementales du Québec sur les droits de pêche au saumon.

Mgr Bertrand Blanchet, évêque de Gaspé, 1973-19... (Coll. privée)

Dans un message à la population diffusé sur les ondes de CHAU-TV le 24 juin 1981, Mgr Blanchet, se gardant bien de porter un jugement sur le contenu des négociations réalisées ou à venir entre les Micmacs et le gouvernement du Québec, attire l'attention sur le fait que le problème des droits de pêche au saumon n'est que la pointe d'un iceberg dont on a trop

Henri Lemay, député
provincial de Gaspé,
1981-19... (MRG)

longtemps sous-estimé l'importance. Et l'évêque pose les quelques questions suivantes: Comment les terres des réserves indiennes, si petites, peuvent-elles fournir une base économique capable de garantir l'avenir des communautés qui y vivent? Quelle place véritable offre-t-on aux Amérindiens sur le marché du travail? Comment expliquer qu'en 1974, l'espérance de vie d'un Canadien était de 68 ans alors que, pour un Amérindien, elle était de 46 ans? Comment expliquer qu'en 1975, la mortalité infantile était deux fois plus élevée chez les Amérindiens? Comment expliquer qu'à la fin des années 60, seulement 12% des écoliers amérindiens étaient dans la classe qui correspondait à leur âge?... Sans oublier le taux plus élevé d'alcoolisme, d'accidents graves, de délinquance, d'incarcération qui sont les symptômes d'un profond malaise social.

En somme, l'histoire religieuse de la Gaspésie des années 60-80 fut à peu près celle du Québec dans son entier. Il y eut, après le Concile, dans les esprits et dans les foyers, de sérieuses interrogations. Certaines restèrent sans réponse, d'autres conduisirent à l'indifférence et d'autres enfin à une foi ou à une pratique religieuse plus convaincues et plus adultes. L'engagement du laïcat dans l'Église se diversifia et prit une nouvelle ampleur.

* * *

La Gaspésie de 1981 n'a plus son visage de 1960. Communications et échanges ont atténué ses particularismes. Sa population ressemble davantage maintenant à celle de tout le Québec. La mutation rapide de ces vingt dernières années implique des progrès indiscutables, mais elle a coûté une bonne partie de l'originalité gaspésienne, voire des originalités qui caractérisaient les diverses régions de la Gaspésie.

L'hospitalité traditionnelle s'est quelque peu refroidie. Elle s'est ajustée au style de vie urbain: les Gaspésiens hésitent maintenant quelque peu avant d'aller prendre un repas ou passer un bout de veillée chez un voisin sans entente préalable. Les horaires personnels sont souvent serrés et minutés, un peu comme celui de la télévision qui ne tient pas compte de la visite. Les rencontres amicales et sociales qu'occasionnaient régulièrement les perrons d'église, les clôtures et les cordes à linge n'ont plus leur sympathique popularité: on dispose de peu de temps avant et après la messe, quand on y va; il n'est plus guère confortable de causer sur les clôtures depuis qu'on en a remplacé les lices de cèdre par la broche de «Stelco»; les ménagères qui utilisent encore les cordes à linge peuvent maintenant échanger plus discrètement par téléphone...

Pierre De Bané, député
fédéral de Matane,
1968-19... (MRG)

La mobilité nouvelle et les contacts plus rares entre voisins cachent davantage les besoins des autres: ainsi, le sens de l'entraide a perdu de sa spontanéité. On est devenu plus individualiste. Et ce Gaspésien que la nécessité avait rendu ingénieux, ce cultivateur-pêcheur qui pratiquait vingt métiers, ce garagiste sans diplôme qui improvisait avec une lime la pièce que l'automobiliste en panne aurait dû attendre de Montréal, ces artisans de la débrouillardise recourent maintenant aux spécialistes des machines complexes que la technologie moderne a installées jusqu'en Gaspésie.

Le langage gaspésien et ses accents particuliers ont connu eux aussi les conséquences de la nouvelle mobilité de la société et de son insertion, par les télécommunications et les écoles polyvalentes, dans le laminoir du village global.

Au cours de ce processus d'émancipation rapide et de progrès réels, les Gaspésiens ont perdu des valeurs. Le phénomène était-il inévitable? Probablement. Il pourra toutefois n'être que temporaire et ses dégâts réparables. N'est-ce pas ce qui se produira si les Gaspésiens, prenant vivement conscience de ce qui leur glisse entre les doigts, décident de retourner aux sources pour y reprendre ce qui les faisait différents et pour le conserver et l'intégrer comme ferment d'un vécu en évolution constante? On n'atteindra à ce noble idéal que par la force d'une volonté collective et soutenue. Or, un mouvement se dessine en ce sens un peu partout dans la Gaspésie des années 1980.

Yves Bérubé, député provincial de Matane, 1976-19... (MRG)

Les représentants politiques politiques de la Gaspésie

Tableau 1. Les députés des comtés de Gaspé et de Bonaventure, 1792-1867

Gaspé	Bonaventure	Matane
O'Hara, Edward (1792-1800)	Gossett, John (1830-1832)	
Vandenvelden, William (1800-1804)	Thibodeau, Édouard (1830-1836)	
Pyke, George (1804-1814)	Hamilton, John Robinson (1832-1834)	
Brown, George (1814-1816)	Deblois, Joseph-François (1835-1838)	
Cockburn, James (1816-1819)	McCracken, James (1836-1838)	
Taschereau, Jean-Thomas (1820-1827)	Hamilton, John Robinson (1841-1844)	
Christie, Robert (1827-1830)	LeBoutillier, John (1844-1847)	
Power, William (1832-1838)	Cuthbert, William (1848-1851)	
LeBoutillier, John (1833-1838)	LeBoutillier, David (1851-1854)	
Christie, Robert (1841-1854)	Meagher, John (1854-1861)	
LeBoutillier, John (1854-1867)	Robitaille, Théodore (1861-1867)	

Tableau 2. Les députés fédéraux de la Gaspésie, 1867-1981

Gaspé	Bonaventure	Matane*
Fortin, Pierre (1867-1874) (**C**)	Robitaille, Théodore (1867-1879) (**C**)	Pelletier, François-Jean (1917-1925) (**L**)
Harper, Louis George (1874-1875) (**C**)	Beauchesne, Pierre-Clovis (1879-1882) (**C**)	Dionne, Georges-Léonidas (1925-1930) (**L**)
Short, John (1875-1878) (**C**)	Riopel, Louis-Joseph (1882-1891) (**C**)	Larue, J.-E.-Henri (1930-1935) (**C**)
Fortin, Pierre (1878-1887) (**C**)	LeBoutillier-Fauvel, William (1891-1897) (**L**)	Lapointe, Arthur-Joseph (1935-1945) (**L**)
Joncas, Louis-Zéphirin (1887-1896) (**C**)	Guité, Jean-François (1897-1900) (**L**)	Côté, Philéas (1945-1953) (**L**)
Lemieux, Rodolphe (1896-1911) (**L**)	Marcil, Charles (1900-1937) (**L**)	Thibeault, Léandre (1953-1958) (**L**)
Gauthier, Louis-Philippe (1911-1917) (**C**)	Côté, Pierre-Émile (1937-1939) (**L**)	Belzile, J.-Alfred (1958-1963) (**C**)
Lemieux, Rodolphe (1917-1930) (**L**)	Poirier, J.-Alphée (1940-1944) (**L**)	Tremblay, René (1963-1968) (**L**)
Brasset, Maurice (1930-1940) (**L**)	Arsenault, Bona (1945-1957) (**L**)	De Bané, Pierre (1968-) (**L**)
Roy, J.-Sasseville (1940-1945) (**C**)	Arsenault, Nérée (1957-1958) (**C**)	
Langlois, Léopold (1945-1957) (**L**)	Grenier, Lucien (1958-1962) (**C**)	
English, Roland (1957-1963) (**C**)	Béchard, Albert (1962-1979) (**L**)	
Cyr, Alexandre (1963-1965) (**L**)	Bujold, Rémi (1979-) (**L**)	
Keays, J. Russell (1965-1968) (**C**)		
Cyr, Alexandre (1968-) (**L**)		

* Matapédia-Matane à partir de 1937.

Note: (**L**): Parti libéral; (**C**): Parti conservateur.

Tableau 3. Les députés provinciaux de la Gaspésie, 1867-1981

Gaspé	Bonaventure	Matane
Fortin, Pierre (1867-1878) **(C)**	Hamilton, Clarence (1867-1871) **(L)**	Pinault, Louis-Félix (1890-1892) **(L)**
Flynn, Edmund James (1878-1890) **(L) (C)**	Robitaille, Théodore (1871-1874) **(C)**	Flynn, Edmund James (1892) **(C)**
Carrier, Achille Ferdinand (1890-1892) **(L)**	Beauchesne, Pierre-Clovis (1874-1876) **(C)**	Pinault, Louis-Félix (1892-1897) **(L)**
Flynn, Edmund James (1892-1900) **(C)**	Tarte, Joseph-Israël (1877-1881) **(C)**	Caron, Donat (1899-1918) **(L)**
Kennedy, Xavier (1900-1904) **(L)**	Riopel, Louis-Joseph (1881-1882) **(C)**	Fortin, Octave (1918-1919) **(L)**
Lemieux, Louis-Joseph (1904-1910) **(L)**	Martin, Henri-Josué (1882-1890) **(C)**	Dufour, Joseph (1919-1923) **(L)**
Perron, Joseph-Léonide (1910-1912) **(L)**	Mercier,Honoré (1890-1894) **(L)**	Bergeron, Joseph-Arthur (1923-1936) **(L)**
Lemieux, Gustave (1912-1931) **(L)**	Lemieux, François-Xavier (1894-1897) **(L)**	Gagnon, Onésime (1936-1958) **(U)**
	Clapperton, William Henry (1897-1904) **(L)**	Gaboury, Benoît (1958-1960) **(U)**
	Kelly, John Hall (1904-1914) **(L)**	Castonguay, Philippe (1960-1963) **(L)**

Gaspé-Nord	Gaspé-Sud	Bonaventure (suite)	Matane (suite)
Côté, Thomas **(L)** (1931-1936)	Chouinard, A. **(L)** (1931-1936)	Bugeaud, Joseph-Fabien (1914-1924) **(L)**	Bernier, Jacques (1964-1966) **(L)**
Pelletier, Alphonse **(U)** (1936-1939)	Pouliot, C.-E. **(U)** (1936-1962)	Côté, Pierre-Émile (1924-1936) **(L)**	Bienvenue, Jean (1966-1973) **(L)**
Casgrain, Perreault **(L)** (1939-1944)	Fortier, Guy **(L)** (1962-1973)	Jolicoeur, Henri (1936-1939) **(U)**	Côté, Marc-Yvan (1973-1976) **(L)**
Pelletier, Alphonse **(U)** (1944-1948)		Côté, Pierre-Émile (1939-1942) **(L)**	Bérubé, Yves (1976-) **(Q)**
Lévesque, J.-Robert **(L)** (1948-1952)		Jolicoeur, Henri (1944-1956) **(L)**	
Couturier, Alphonse **(U)** (1952-1960)		Lévesque, Gérard D. (1956-) **(L)**	
Jourdain, Claude **(L)** (1960-1962)			
Gagnon, François **(U)** (1962-1973)			

Gaspé

Fortier, Guy (1973-1976) **(L)**
Lemoignan, Michel (1976-1981) **(U)**
Lemay, Henri (1981-   ) **(Q)**

(L): Parti libéral; **(C):** Parti conservateur; **(U):** Union nationale; **(Q):** Parti québécois.

Notes

AAQ	Archives de l'archevêché de Québec
ACN	Archives photographiques du Canadien National
AEG	Archives de l'évêché de Gaspé
AER	Archives de l'évêché de Rimouski
AMNH	American Museum of Natural History
ANQ	Archives nationales du Québec
ANQR	Archives nationales du Québec à Rimouski
APC	Archives publiques du Canada
AQT	Archives de Québec Téléphone
ARSAB	Archives des Rédemptoristes de Sainte-Anne-de-Beaupré
ASHG	Archives de la Société historique de la Gaspésie
ASHM	Archives de la Société historique de Matane
ASQ	Archives du Séminaire de Québec
AUQR	Archives de l'Université du Québec à Rimouski
BAEQ	Bureau d'Aménagement de l'Est du Québec
BRH	*Bulletin des recherches historiques*
BUA	Bishop University Archives
CMS	Church Missionary Society
CSDQ	*Church Society of the Diocese of Quebec. Annual Report*
DBC	*Dictionnaire biographique du Canada*
GNC	Galerie nationale du Canada
JAL	*Journal de l'Assemblée législative*
JCA	*Journal de la Chambre d'assemblée*
MAC	Ministère des Affaires culturelles
MAIN	Ministère des Affaires indiennes et du Nord
MEG	Mandements des évêques de Gaspé
MEQ	Mandements des évêques de Québec
MNC	Musées nationaux du Canada
MRG	Musée régional de Gaspé
MSRC	*Mémoires de la Société royale du Canada*
MTL	Metropolitan Toronto Library
NGS	National Geographic Society
PMS	The Peabody Museum of Salem
RAC	*Rapport sur les archives du Canada*
RAPQ	*Rapport de l'archiviste de la province de Québec*
RHAF	*Revue d'histoire de l'Amérique française*
RHG	*Revue d'histoire de la Gaspésie*
RHM	*Revue d'histoire de Matane*
RMDQ	*Rapport sur les missions du diocèse de Québec*
RHBSL	*Revue d'histoire du Bas Saint-Laurent*
RSIP	*Rapport du Surintendant de l'Instruction publique*

Chapitre 1:
Le paysage gaspésien

1. Westing, Arthur H., *Warfare in a Fragile World. Military Impact on the Human Environment.*, SIPRI (Stockholm International Peace Research Institute), Taylor & Francis, London, 1980, xiv-249p.; Toynbee, Arnold, *A Study of History* (Abridgment of volumes I-VI by D.C. Somervell), Oxford University Press, New York & London, 1947, xiii-617p.; McNeill, William H., *A World History*, Oxford University Press, London, New York, Toronto, 1967, xii-478p.; Dansereau, Pierre, « L'écologie et l'escalade de l'impact humain », *Revue internationale des Sciences Sociales*, 22(4):683-706, 1970 et *La terre des hommes et le paysage intérieur*, Conférences Massey, Radio-Canada, Leméac, Montréal, 1973, 191p.

2. On trouvera des exposés et des discussions plus approfondis des principes de l'écologie, et de leur application à l'analyse et à la planification du territoire dans les ouvrages suivants: Dansereau, Pierre, *Biogeography: an Ecological Perspective*, Ronald Press, New York, xiii-394p.; Fernand Grenier (éd.), « Biogéographie dynamique du Québec », *Études sur la géographie du Canada: Québec*, University of Toronto Press, 1972, p. 74-110; *La terre des hommes et le paysage intérieur*, 1973; *EZAIM: Écologie de la Zone de l'Aéroport International de Montréal. Le cadre d'une recherche écologique interdisciplinaire*, Les Presses de l'Université de Montréal, 1976, xviii-343p.; *Harmonie et désordre dans l'environnement canadien*, Conseil consultatif canadien de l'Environnement, rapport no 3, 1980, vi-89p.; Dansereau, Pierre et Gilles Paré, 1977, Ecological Grading and Classification of Land-Occupation and Land-Use Mosaics, I, II, Fish. & Env. Canada, Lands Directorate, *Geographical Paper No. 58*, x-63p.

3. Ayrton, W.G., *Région de Chandler-Port-Daniel, comtés de Bonaventure et de Gaspé-Sud*, Ministère des Richesses naturelles du Québec, rapport géologique no 120, 1967, iv-97p. + cartes; McGerrigle, H.W., *The geology of eastern Gaspé*, Québec, Ministère des Mines, Rapport géologique no 35, 1950, 168p.; Dresser, John A. et T.C. Denis, *La géologie de Québec. Volume II. Géologie descriptive*, Ministère des Mines, Québec, rapport géologique no 20, 1946, xiv-647p.; McGerrigle, H.W., *Histoire géologique de la région de Percé*, Québec, Ministère des Richesses naturelles, direction générale des Mines, GT 2, 1968, 36p.

4. Alcock, F.J., *Geology of Chaleur Bay region*, Canada, Dept. Mines, Geol. Surv, Mem 183, 1935, 146p. Géologie de la baie des Chaleurs, Canada, Minis-

tère des Mines, Comm. géol., mém. 183, 1935, iv-165p.; Blanchard, Raoul, *L'est du Canada français*, « Province de Québec ». *Tome I*, Publ. Inst. Sci. Franco-Canad., Montréal, Beauchemin, 1935, 366p.; BAEQ (Bureau d'Aménagement de l'Est du Québec), *Atlas régional du Bas-St-Laurent, de la Gaspésie et des Iles-de-la-Madeleine*, BAEQ et ARDA, 1966, [s.p.], 5 sections, quelques cartes en pochette.

5. Wilson, Cynthia V., *Le climat du Québec. Première partie: Atlas climatique*, Ottawa, Service météorologique du Canada, Information Canada, 1971, [s.p.]; Gagnon, R.M., *Climat des Chic-Chocs*, Québec, Ministère des Richesses naturelles, Service de la météorologie, MP 36, 1970, 103p.; Villeneuve, G.-Oscar, *Climatic Conditions of the Province of Quebec and their Relationship to the Forests*, Québec Lands and Forests Department, Meteorological Branch, Bull. 6, 1946, xi-123p. et *Aperçu climatique du Québec*, Québec, Ministère des Terres et Forêts, bull. no 10, 1948, 25p.

6. Fernald, M.L., « Persistence of Plants in Unglaciated Areas of Boreal America », *American Academy of Arts & Science*, Mem. *15*, 1925, p. 241-342; frère Marie-Victorin, « Le dynamisme dans la flore du Québec », *Contr. Lab. Bot. Univ. Montréal*, 13:1-89, 1929; « Phytogeographical Problems of Eastern Canada », *Amer. Midl. Nat.*, 19: 489-558, 1938; Wynne-Edwards, V.C., « Isolated Arctic-Alpine Floras in Eastern North America. A Discussion of their Glacial and Recent History », *Trans. Roy. Soc. Canada*, Ser. *III*, Sect. *V*, 31:1-26, 1937; « Some Factors in the Isolation of Rare Alpine Plants », *Trans. Roy. Soc. Canada*, Ser. *III*, Sect. *V*, 33:1-8, 1939; Scoggan, H.J., *The Flora of Bic and the Gaspe Peninsula, Quebec*, Canada, Natl. Mus. Biol. Ser. No 39, Bull. 115, 1950, iv-399p.; Rune, Olof, « Notes on the Flora of the Gaspé Peninsula », *Svensk Bot. Tidskrift*, 48(1):117-136, 1954; Dahl, Eilif, « The Nunatac Theory Reconsidered from a Biogeographic and Geologic Point of View », *Bull. Ecol. Soc. Amer.*, 42(4):163, 1961.

7. Wynne-Edwards, V.C., *Sea-Birds at Percé and the Gaspé Peninsula*, Gnaedinger Printing Company, 1937, 32p.; Melançon, Claude, *Percé et les oiseaux de l'Ile Bonaventure*, Montréal, Les Éditions du Jour, 1963, 95p.

8. Dansereau, Pierre, « Biogéographie », *Encyclopaedia Universalis*, 3:293-301, 1968.

9. Dansereau, Pierre, *Prospective socio-économique du Québec, 1ère étape. Sous-système écologique (1). Dossier technique (1.1). Diagnostics préliminaires*, Office de planification et de développement du Qué-

bec, Collection « Études et Recherches », Éditeur officiel du Québec, 1978, vi-118p.; Dansereau, Pierre et Kimon Valaskakis, *Ibid. Rapport-synthèse*, OPDQ, Éditeur officiel du Québec, 1978, vii-x-43p.; Valaskakis, Kimon et Pierre Dansereau, *Ibid. dossier Technique (1.2). Aspects du développement*, OPDQ, Éditeur officiel du Québec, 1978, vi-86p.; Valaskakis, Kimon, *Le Québec et son destin international: les enjeux géopolitiques*, Montréal, Quinze, 1980, 149p.; Jouandet-Bernadat, Roland, pour le Groupe québécois de Prospective, *Le futur du Québec au conditionnel*, 1981 (sous presse).

10. Dorney, Robert S., « La planification écologique de l'utilisation des terres au Canada: problèmes, méthode, interaction du public, des spécialistes et de l'entreprise, stratégie d'exécution », Colloque sur les terres, Fredericton, 19 au 22 septembre 1972; Cons. Canad. Min. Ress. & Env., Montréal, 35p. polycopiées; Coleman, Derek J., *An Ecological Input to Regional Planning*, University of Waterloo, School Urban & Regional Planning, 1975, x-227p.; Jurdant, M., J.-L. Bélair, V. Gérardin et J.-P. Ducruc, *L'inventaire du Capital-Nature. Méthode de classification et de cartographie écologique du territoire (3e approximation)*, Pêches et Environnement Canada (Québec), Direction régionale des Terres, sér. de Classification écologique du territoire no 2, 1977, xiii-202p.; McHarg, Ian, *Design with Nature*, Natural Hist. Press, Garden City, New York, 1969, ix-198p.; Leopold, Luna B., Frank E. Clarke, Bruce B. Hanshaw and James R. Balsley, « A Procedure for Evaluating Environmental Impact », *Geol. Surv. Circular 645*, U.S. Dept. Interior, Washington, D.C., 1971, iii-13 + table; Sachs, Ignacy, *Stratégie de l'écodéveloppement*, Éditions Économie et Humanisme, Les Éditions Ouvrières, Paris, 140p.

11. Dansereau, Pierre, « L'implantation du super-aéroport de Montréal et son impact sur le milieu naturel et social », *Forces* (Hydro-Québec), no 18, 1972, p. 20-34; EZAIM: Le cadre d'une recherche écologique interdisciplinaire, 1976.

12. Dansereau et Paré, Ecological Grading and Classification, 1977.

13. Dansereau, Pierre, L'écologie et l'escalade, 1970; *La terre des hommes*, 1973.

14. Dansereau, Pierre, *Harmonie et désordre*, 1980.

15. Valaskakis, Kimon, Peter S. Sindell, J. Graham Smith et Iris Martin, *La société de conservation* (tras.: Pan Bouyoucas), Montréal, Quinze, 1978, 241p.

16. Québec: Conseil consultatif des réserves écologiques, *Rapport annuel 1978/79*, Québec, 1980, 93p.

17. Moisan, Gaston, « le caribou de Gaspé I. Histoire et distribution. Le caribou de Gaspé II. », *Naturaliste canadien*, 27(10):225-234; (11-12):262-274, 1956; « Le caribou de Gaspé. III. Analyse de la population et plan d'aménagement », *Naturaliste canadien*, 28(1): 5-27, 1957.

18. Dansereau, Pierre, *Écologie de la zone de l'aéroport international de Montréal. Premier rapport. Septembre 1971*, Centre de recherches écologiques de Montréal, projet EZAIM, 1971, vii-291p.

19. Brière, Roger, « La Percésie touristique », *Revue canadienne de géographie*, 13(1-2): 39-52, 1959.

20. Dansereau, Pierre et Gilles Paré, *Arrondissement naturel de Percé*, Étude réalisée pour Dorval et Fortin, architectes, Québec; Centre Rech. Sci. Env. (CERSE), UQAM, 1975, 62p.

Chapitre 2:
Les Amérindiens

1. T.E. Lee, « Some Remarkable Sites in the Gaspe », *Anthropological Journal of Canada*, 7:2 (1969), p. 28-30.

2. José Benmouyal, « La Gaspésie », Claude Chapdeleine dir., *Images de la préhistoire du Québec, Recherches Amérindiennes au Québec*, VII:1-2 (1978), p. 61.

3. Les spécialistes entendent par sylvicole la dernière phase de la préhistoire nord-américaine (1000 avant J.-C.-1500 après J.-C.). Elle se caractérise par l'implantation de l'agriculture et l'art de fabriquer des poteries en terre cuite.

4. Georges Barré, *Cap-Chat (DG DQ-I) Un site du Sylvicole moyen en Gaspésie*, Québec, Ministère des Affaires culturelles, 1978, 76p.

5. Virginia P. Miller, « Aboriginal Micmac Population: a Review of the Evidence », *Ethnohistory*, 23:2 (printemps 1976), p. 117-125.

6. Jacques et Maryvonne Crevel, *Honguedo ou l'histoire des premiers Gaspésiens*, Québec, Éditions Garneau, 1970, p. 28-30.

7. *Ibid.*

8. Bernard Gilbert Hoffman, *Historical Ethnography of the Micmac of de Sixteenth and Seventeenth Centuries*, Ph.D. Thesis (Anthropology), University of California, 1954, p. 708.

9. Gabriel-Theodat Sagard, *Le Grand Voyage au pays*

des Hurons cité dans Crevel, *op. cit.*, p. 36.

10. Paul Le Jeune, *Relations des Jésuites* cité dans *Ibid.*, p. 35.

11. Nicolas Denys, *The Description and Natural History of the Coast of North America*, Toronto, The Champlain Society, 1908, p. 599.

12. *Ibid.*, p. 598.

13. *Ibid.*, p. 596.

14: Chrestien Le Clercq, *New Relation of Gaspesia with the Customs and Religion of the Gaspesian Indians*, Toronto, The Champlain Society, 1910, p. 348.

15. *Ibid.*, p. 352.

16. Nicolas Denys, *The Description and Natural...* cité dans Antoine Bernard, *La Gaspésie au soleil*, Montréal, Les Clercs de Saint-Viateur, 1925, p. 80.

17. Denys, *op. cit.*, p. 585.

18. Le Clercq, *op. cit.*, p. 345.

19. *Relations des Jésuites*, t. I: *(1611-1636)*, Montréal, Éditions du Jour, 1972, « Relation de 1616 », p. 8.

20. Hoffman, *Historical Ethnography...*, p. 515.

21. Denys, *op. cit.*, p. 586.

22. Le Clercq, *op. cit.* cité dans Crevel, *Honguedo...*, p. 61.

23. Lescarbot, *Histoire de la Nouvelle-France* cité dans Wilson D. & Ruth Sawtell Wallis, *The Micmac Indians of Eastern Canada*, Minneapolis, University of Minnesota Press, 1955, p. 244.

24. Wallis, *op. cit.* cité dans Crevel, *op. cit.*, p. 60.

25. Le Clercq, *op. cit.*, p. 339.

26. *Relations des Jésuites*, t. I: *(1611-1636)* cité dans Crevel, *op. cit.*, p. 34.

27. Hoffman, *op. cit.*, p. 605.

28. Le Clercq, *op. cit.*, p. 406.

29. *Ibid.*, p. 429.

30. Wallis, *op. cit.*, p. 211.

31. Crevel, *op. cit.*, p. 45-46.

32. Raynald Parent, *Les Amérindiens à l'arrivée des Blancs et les débuts de l'effritement de leur civilisation*, M.A. (histoire), Université Laval, 1976, p. 65 et suivantes. Une version remaniée de cette thèse constitue le chapitre II de Jean Hamelin, dir., *Histoire du Québec*, Toulouse, Privat, 1976, p. 29-58.

33. David Lee, « Les Français en Gaspésie », *Cahiers d'Archéologie et d'Histoire*, no 3 (1972), p. 29-30.

34. Le Clercq, *New Relation...* cité dans François-Marc Gagnon, « "Ils se peignent le visage..." » — Réaction européenne à un usage indien au XVIe et au début du XVIIe siècle », *RHAF*, 30:3 (décembre 1976), p. 372.

35. Lescarbot, *Histoire...* cité dans Crevel, *op. cit.*, p. 38-39.

36. Crevel, *op. cit.*, p. 44.

37. *Relations des Jésuites* cité dans *Ibid.*, p. 42.

38. *Ibid.*, p. 46.

39. *Ibid.*, p. 43.

40. *Ibid.*

41. *Ibid.*

42. *Relations des Jésuites*, t. I: *(1611-1636)*, « Relation de 1616 », p. 8.

43. Bernard, *La Gaspésie...*, p. 125.

44. Le Clercq, *New Relation...*, p. 357.

45. *Ibid.*, p. 355.

46. Wallis, *The Micmac Indians...*, p. 126.

47. Le Clercq, *op. cit.*, p. 363.

48. Denys, *The Description...*, p. 590.

49. Le tabac que les Micmacs fumaient à profusion provenait des Hurons puis, plus tard, des Français.

50. Champlain, *Voyages...* cité dans Crevel, *op. cit.*, p. 141.

51. Le Clercq, *op. cit.*, p. 394.

52. Denys, *The Description...* cité dans Bernard, *op. cit.*, p. 81.

53. Le Clercq, *op. cit.*, p. 430.

54. Denys, *op. cit.*, p. 605.

55. Le Clercq, *op. cit.*, p. 407.

56. Denys, *op. cit.*, p. 605.

57. *Ibid.*, p. 603.

58. Le Clercq, *New Relation...* cité dans Bernard, *op. cit.*, p. 127.

59. Le Clercq *op. cit.*, p. 399.

60. *Ibid.*, p. 357.

61. *Ibid.* cité dans Charles-Eugène Roy et Lucien Brault, *Gaspé depuis Cartier*, Québec, Au Moulin des Lettres, 1934, p. 87.

62. Miller, « Aboriginal Micmac... », p. 122.

Chapitre 3:
Explorateurs,
pêcheurs et
missionnaires
(1534-1650)

1. Cité dans Marcel Trudel, « Jacques Cartier », *Dictionnaire Biographique du Canada*, vol. I: *1000 à 1700*, Québec, PUL, 1967, p. 171.

2. Jacques Cartier, *Voyages en Nouvelle-France*, Montréal, Éditions Hurtubise HMH, 1977, p. 53.

3. *Ibid.*

4. Cartier, *Voyages...* cité dans Antoine Bernard, *La Gaspésie au Soleil*, Montréal, Les Clercs de Saint-Viateur, 1925, p. 61.

5. Cartier, *op. cit.*, p. 54.

6. *Ibid.*, p. 58.

7. *Ibid.*

8. *Ibid.*, p. 60. Cet épisode est devenu par la suite, aux yeux de plusieurs historiens, le geste officiel faisant de Gaspé le berceau du Canada. En 1934, la France et le Canada célébrèrent à Gaspé, en des cérémonies grandioses, le quatrième centenaire de cette prise de possession officielle du Canada par Jacques Cartier au nom du roi de France. On éleva alors une croix de granit près du lieu où le Malouin aurait planté la sienne le 24 juillet 1534. En 1977, dans le même esprit, le gouvernement canadien érigea à Gaspé un nouveau monument en remplacement de celui de 1934.

9. H.P. Biggar, *Voyages of Jacques Cartier*, Ottawa, Archives publiques du Canada, 1924, p. 290.

10. *Ibid.*

11. Charles De La Morandière, *Histoire de la pêche française de la morue dans l'Amérique septentrionale, des origines à 1789*, Paris, Maisonneuve et Larose, 1962, t. 1, p. 92.

12. *Ibid.*, p. 163.

13. Denys, *The Description...* cité dans Paul-Louis Martin et Gilles Rousseau, *La Gaspésie de Miguasha à Percé*, Québec, Librairie Beauchemin/Éditeur officiel du Québec, 1978, p. 111.

14. *Ibid.*, p. 114.

15. Denys, *The Description...* cité dans Jacques & Maryvonne Crevel, *Honguedo ou l'histoire des premiers Gaspésiens*, Québec, Éditions Garneau, 1970, p. 129-130.

16. *Ibid.*, p. 132.

17. *Mémoire de Raudot...* cité dans De La Morandière, *op. cit.*, p. 169.

18. Denys, *The Description...* cité dans Martin et Rousseau, *op. cit.*, p. 116.

19. APC, MG 1, Série C-11A, Vol. 122, *Mémoire sur la chasse et la pêche au Canada*, 1723.

20. *Ibid.*

21. De La Morandière, *op. cit.*, p. 177.

22. *Mémoire sur la chasse...*

23. *Mémoire de 1760* cité dans Pierre Rastoul et Alain Ross, *La Gaspésie de Grosses Roches à Gaspé*, Québec, Librairie Beauchemin/Éditeur officiel du Québec, 1978, p. 178.

24. *Mémoire anonyme de 1706* cité dans Rastoul et Ross, *op. cit.*, p. 175.

25. *Ibid.*, p. 177.

26. Laverdière, *Oeuvres de Champlain* cité dans Antoine Gagnon, *Histoire de Matane 1677-1977*, Rimouski, Impressions des Associés, 1977, p. 54.

27. *Ibid.*, p. 55.

28. Gabriel Theodat Sagard, *Le Grand Voyage au Pays des Hurons*, Montréal, Hurtubise HMH, 1976, p. 27-28.

29. *Relations des Jésuites*, t. 1: *(1611-1636)*, Montréal, Éditions du Jour, 1972, « Relation de 1636 », p. 48.

30. *Relations des Jésuites*, t. III: *(1642-1646)*, Montréal, Éditions du Jour, 1972, « Relation de 1646 », p. 87.

31. « Reconnaissance de dette par devant notaire de Michel Marguy, maître basque du navire le Nostre Dame d'Espérance, aux fins d'un voyage de la Terre Neusve aux Ysles de Gaschepé », reproduit dans Crevel, *op. cit.*, p. 193.

32. Robert Leblanc et Marcel Delafosse, « Les Rochelais dans la vallée du Saint-Laurent (1599-1618) », *RHAF*, X:3 (décembre 1956), p. 350-352.

33. *Ibid.*, p. 352.

34. Sagard, *Le Grand Voyage...* cité dans Bernard, *La Gaspésie...*, p. 109.

35. *Relations des Jésuites* cité dans Crevel, *op. cit.*, p. 81.

36. *Ibid.*, p. 86.

Chapitre 4:
Essais
de colonisation
(1650-1713)

1. Le lecteur intéressé aux péripéties du différend Frontenac-Damours consultera avec profit Antoine Gagnon, *Histoire de Matane, 1677-1977*, Rimouski, Impressions des Associés, 1977, p. 78 et suivantes.

2. *Ibid.*, p. 87.

3. Denys, *The Description...* cité dans Paul-Louis Martin et Gilles Rousseau, *La Gaspésie de Miguasha à Percé*, Québec, Librairie Beauchemin/Éditeur officiel du Québec, 1978, p. 168-169.

4. «Acte de concession...» cité dans Jacques et Maryvonne Crevel, *Honguedo ou l'histoire des premiers Gaspésiens*, Québec, Éditions Garneau, 1970, p. 156-157.

5. Le Clercq, *New Relation...* cité dans C.-E. Roy, *Percé, sa nature, son histoire*, Percé, 1947, p. 89.

6. «Mémoire de...» cité dans Charles De La Morandière, *Histoire de la pêche française de la Morue dans l'Amérique septentrionale, des origines à 1789*, Paris, Maisonneuve et Larose, 1962, t. 1, p. 376.

7. «Mémoire de...» cité dans Crevel, *op. cit.*, p. 157.

8. Cité dans Alfred Pelland, *Vastes Champs offerts à la Colonisation et à l'Industrie. La Gaspésie. Esquisse historique. Ses ressources, ses progrès et son avenir.* Québec, Ministère de la Colonisation, des Mines et des Pêcheries, 1914, p. 14.

9. «Lettre de Frontenac au ministre Colbert», 6 novembre 1679, *RAPQ*, 1926-1927, p. 106-107.

10. Sur les entreprises de Riverin, voir les pages suivantes.

11. Cité dans Jean-François Blanchette, «Le dernier demi-siècle du Régime français à Gaspé et Forillon», *RHG*, XIII:4 (octobre-décembre 1975), p. 185.

12. Denys, *The Description...* cité dans Martin et Rousseau, *La Gaspésie...*, p. 170.

13. *Ibid.*

14. Cité dans *Ibid.*, p. 169.

15. Pourtant, la même année, De Meulles avait manifesté le désir d'asseoir la pêche permanente sur des bases solides. Les prises de position de l'intendant, qui peuvent sembler parfois contradictoires, sont exposées dans De La Morandière, *op. cit.*, p. 366 et suivantes.

16. MEQ, J.-C.-C. de Saint-Vallier, «Lettre circulaire aux habitants de l'île Percée», 4 août 1686, p. 179.

17. Cité dans De La Morandière, *op. cit.*, p. 369.

18. De Saint-Vallier, *loc. cit.*, p. 179.

19. *Ibid.*, p. 180.

20. «Mémoire du sieur Riverin sur la nécessité de pêcheries en Nouvelle-France. 1685», *Collection de manuscrits relatifs à la Nouvelle-France*, Québec, 1883, t. 1, p. 347.

21. Cité dans Crevel, *op. cit.*, p. 150.

22. Cité dans Gagnon, *Histoire de Matane*, p. 89.

23. Antoine Bernard, *La Gaspésie au Soleil*, Montréal, Les Clercs de Saint-Viateur, 1925, p. 96-97.

24. Cité dans Michel Henri St-Amant, *The Public Life of Denis Riverin 1675-1717*, M.A. (History), University of Western Ontario, 1975, p. 84.

25. Cette seigneurie a été concédée originellement à Antoine Caddé. En 1689, sa veuve la remet au gouverneur qui la cède à Riverin. Celui-ci s'en départit à son tour en 1700 en faveur de son ex-associé, François Hazeur.

26. «Instruction pour le sieur comte de Frontenac, gouverneur et lieutenant général pour le roy dans les pays de la domination de sa majesté en l'Amérique septentrionale (7 juin 1689)», *RAPQ*, 1927-1928, p. 10.

27. «Mémoire au roi...» cité dans Crevel, *op. cit.*, p. 160.

28. «Mémoire du sieur Riverin...» cité dans Crevel, *op. cit.*, p. 152.

29. *Ibid.*

30. *Ibid.*, p. 153.

31. *Ibid.*, p. 154-155.

32. Charlevoix, *Histoire et description...* cité dans De La Morandière, *op. cit.*, p. 381.

33. St-Amant, *The Public Life...*, p. 97.

34. *Ibid.*, p. 98.

35. *Ibid.*, p. 104-106.

36. «Relation des Jésuites» cité dans Michel Le Moignan, «Une mine de plomb à Petit Gaspé (1665)», *RHG*, III:3 (juillet-septembre 1965), p. 136.

37. Cité dans Le Moignan, *loc. cit.*, p. 137.

38. Doublet, *Journal du corsaire...* cité dans Charles-Eugène Roy et Lucien Brault, *Gaspé depuis Cartier*, Québec, Au Moulin des Lettres, 1934, p. 78.

39. Cité dans Le Moignan, *loc. cit.*, p. 137.

40. Cité dans Père Hugolin, «L'établissement des Récollets à l'Isle Percée 1673-1690», *BRH*, 17:12 (décembre 1912), p. 371.

41. Cité dans Crevel, *Honguedo...*, p. 74.

42. Cité dans Roy, *Percé, sa nature...*, p. 84.

43. MEQ, J.-C.-C. de Saint-Vallier, «Règlements pour les missionnaires de l'île Percée», août 1686, p. 175-176.

44. De Saint-Vallier, «Lettre circulaire...», p. 178.

45. De Saint-Vallier, «Règlements pour les missionnaires...», p. 175-176.

46. *Ibid.*, p. 177.

47. Le Clercq, *New Relation...* cité dans Crevel, *op. cit.*, p. 81.

48. Chrestien Le Clercq, *Nouvelle Relation de la Gaspésie qui contient les moeurs et la religion des Sauvages Gaspésiens. Porte-Croix, adorateurs du Soleil et d'autres peuples de l'Amérique septentrionale, dite le Canada*, Paris, Auroy, 1691, 572p.

49. Cité dans De La Morandière, *Histoire de la pêche...*, p. 383.

50. «Lettre du Gouverneur de Frontenac au ministre», 17 novembre 1689, *RAPQ*, 1927-1928, p. 25.

51. Le Clercq, *op. cit.*, p. 333.

52. David Lee, «Les Français en Gaspésie», *Cahiers d'archéologie et d'histoire*, no 3 (1972), p. 39.

Chapitre 5:
Paix et guerre
(1713-1760)

1. David Lee, «Les Français en Gaspésie», *Cahiers d'archéologie et d'histoire*, no 3 (1972), p. 61.

2. «Mémoire...» cité dans Jacques et Maryvonne Crevel, *Honguedo ou l'histoire des premiers Gaspésiens*, Québec, Éditions Garneau, 1970, p. 137.

3. «Mémoire...» cité dans Charles De La Morandière, *Histoire de la pêche française de la Morue dans l'Amérique septentrionale, des origines à 1789*, Paris, Maisonneuve et Larose, 1962, t. 1, p. 701.

4. Lee, *loc. cit.*, p. 40.

5. *Ibid.*

6. Pierre Rastoul et Alain Ross, *La Gaspésie de Grosses-Roches à Gaspé*, Québec, Librairie Beauchemin/Éditeur officiel du Québec, 1978, p. 91.

7. Mario Mimeault, «Michel Mahiet et la pêche côtière au Mont-Louis 1744-1759», *RHG*, XVII:1-2 (janvier-juin 1979), p. 14 et suivantes.

8. *Ibid.*, p. 7.

9. Lee, *loc. cit.*, p. 41.

10. Cité dans Jules Bélanger, «La carrière d'ardoise de Grand-Étang», *RHG*, VIII:2 (avril-juin 1970), p. 59.

11. Cité dans Joseph-Noël Fauteux, *Essai sur l'Industrie au Canada sous le Régime français*, Québec, Imprimeur du Roi, t. 1, 1927, p. 141.

12. Cité dans Bélanger, *loc. cit.*, p. 62.

13. *Ibid.*, p. 68.

14. Cité dans Lee, *loc. cit.*, p. 36.

15. Pierre-Georges Roy, *Inventaire de pièces sur la côte de Labrador conservées aux Archives de la Province de Québec*, Québec, 1940, t. 1, p. 282.

16. Lee, *loc. cit.*, p. 50.

17. Cité dans Charles-Eugène Roy et Lucien Brault, *Gaspé depuis Cartier*, Québec, Au Moulin des Lettres, 1934, p. 91.

18. *Ibid.*

19. *Ibid.*

20. «Les Papiers...», cité dans Crevel, *Honguedo...*, p. 186.

21. «Mémoire de Bougainville» cité dans *Ibid.*, p. 186.

22. Cité dans Roy et Brault, *op. cit.*, p. 92.

23. *Ibid.*

24. *Ibid.*, p. 78.

25. Paul-Louis Martin et Gilles Rousseau, *La Gaspésie de Miguasha à Percé*, Québec, Librairie Beauchemin/Éditeur officiel du Québec, 1978, p. 151.

26. Lee, «Les Français...», p. 59.

27. *Ibid.*

28. *Ibid.*

29. Cité dans Crevel, *Honguedo...*, p. 176.

30. De La Morandière, *Histoire...*, p. 602.

31. On peut lire la vie du capitaine Jean Barré dans Mario Mimeault, «Jean Barré. Un Gaspésien dans la tourmente de la Conquête», *Gaspésie*, XIX:1 (Hiver 1981), p. 29-35.

32. «Registre de l'Acadie...» cité dans Crevel, *op. cit.*, p. 76.

33. Cité dans Roy et Brault, *Gaspé depuis Cartier*, p. 93.

34. *Ibid.*

35. « Mémoire sur les postes... » cité dans Crevel, *op. cit.*, p. 188.

36. « Les Papiers... » cité dans *Ibid.*, p. 187.

37. « Mémoire de Bougainville » cité dans *Ibid.*

38. « Mémoire de l'intendant Bigot... » cité dans Roy et Brault, *op. cit.*, p. 95.

39. Cité dans *Ibid.*, p. 96.

40. Cité dans *Ibid.*

41. Cité dans *Ibid.*

42. Cité dans *Ibid.*

43. C.-P. Stacey, « James Wolfe », *Dictionnaire Biographique du Canada*, vol. III: *De 1741 à 1770*, Québec, PUL, 1974, p. 723.

44. Cité dans Roy et Brault, *op. cit.*, p. 100. Toute cette partie sur les Anglais en Gaspésie s'inspire du journal du capitaine Bell que la plupart des historiens de la Gaspésie reprennent quand ils traitent de ce sujet.

45. Roy et Brault, *op. cit.*, p. 100.

46. Cité dans Michel Le Moignan, « La paroisse de Grande-Rivière », *RHG*, X:1 (janvier-mars 1972), p. 9.

47. Cité dans Crevel, *Honguedo...*, p. 159.

48. Cité dans Stacey, *loc. cit.*, p. 724.

49. Gustave Lanctôt, « Le dernier effort de la France au Canada », *MSRC*, vol. XII (1918), p. 41 et suivantes.

50. Cité dans Pacifique de Valigny, « Ristigouche. Métropole des Micmacs, théâtre du "dernier effort de la France au Canada", trait d'union entre le Canada français et l'Acadie », *Bulletin de la Société de géographie de Québec*, XIX:1 (janvier-février 1925), p. 151.

51. René Goblot, « Opération Restigouche », *RHG*, VIII:4 (octobre-décembre 1970), p. 195.

52. Cité dans Pacifique de Valigny, *loc. cit.*, p. 157.

53. *Ibid.*, p. 158.

54. *Ibid.*, p. 161.

55. *Ibid.*, p. 159.

Chapitre 6:
Occupation,
organisation
et exploitation
du territoire

1. Régis Sygefroy Brun, « Liste des habitans de ce Poste; à Ristigouche le 24 décembre 1760 », dans « Régis Sygefroy Brun nous révèle deux documents », *RHG*, VII:1 (janvier-mars 1970), p. 31-34.

2. « Livre pour le dénombrement des familles Acadiennes réfugiées le long des Côtes de l'Acadie, juillet et août 1761 », *Ibid.*, p. 35-36.

3. Reproduit dans *RAPQ*, 1936-1937, p. 113-116.

4. E.-P. Chouinard, *Histoire de la paroisse de Saint-Joseph-de-Carleton, 1755-1906*, Rimouski, Imprimerie générale de Rimouski, 1906, p. 8.

5. Reproduit dans « Correspondance Haldimand-Cox », *RAC*, 1888, p. 20. Ces données semblent plus complètes que celles émises par l'abbé J.-M. Bourg dans sa lettre à l'évêque de Québec en 1785 et dont la copie se trouve à l'évêché de Gaspé.

6. *Ibid.*

7. Yvon Daneau & Jean-Paul Gagnon, *Organisation sociale en Gaspésie*, M.A. (sociologie), Université Laval, 1962, p. 61.

8. J.-B.-A. Ferland, *La Gaspésie*, Québec, A. Côté et cie, 1877, p. 72-73.

9. *Ibid.*, p. 35.

10. Joseph Bouchette, *Description topographique de la province du Bas-Canada avec des remarques sur le Haut-Canada...*, Londres, Faden, 1815, p. 603.

11. Joseph Bouchette, *The British Dominions in North America; or a Topographical and Statistical Description of the Provinces of Lower and Upper Canada...*, London, Longman, 1832, t. I, p. 327.

12. *Recensement du Canada*, 1844.

13. Carmen Roy, *Littérature orale en Gaspésie*, Ottawa, Ministère du Nord canadien, Bulletin no 134, 1955, p. 6.

14. Ferland, *op. cit.*, p. 194-195.

15. J.-G. Barthe, *Souvenirs d'un demi-siècle ou Mémoires pour servir à l'histoire contemporaine*, Montréal, J. Chapleau & Fils, 1885, p. 103.

16. Antoine Bernard, *La Gaspésie au soleil*, Montréal, Les Clercs de Saint-Viateur, 1925, p. 174.

17. Reproduit dans *RAPQ*, 1936-1937, p. 116.

18. Pacifique de Valigny, « Ristigouche. Métropole des Micmacs, Théâtre du "dernier effort de la France au Canada", trait d'union entre le Canada français et l'Acadie », *Bulletin de la Société de géographie de Québec*, XX:2 (1926), p. 110.

19. ASHG, *Mémoire sur l'état actuel du Village Micmack de Ristigouche*, 1816-1817.

20. *Recensement du Canada*, 1825.

21. *Mémoire sur l'état actuel...*

22. Ferland, *op. cit.*, p. 233.

23. *Ibid.*, p. 245.

24. J.-Octave Plessis, « Journal de la mission de 1811 et de 1812 », *Le Foyer Canadien*, vol. 3 (1865), p. 120-121.

25. « Rapport du comité spécial sur la pétition de certains habitans du district de Gaspé se plaignant de divers griefs et autres références », *Journal de la Chambre d'Assemblée*, vol. 39 (1830), app. T.

26. André Lepage, *Histoire de la population et du peuplement de la péninsule de Forillon*, Québec, MAIN, Parcs Canada, Recherche historique, 1978, p. 24-25.

27. Ferland, *op. cit.*, p. 101-102.

28. *Ibid.*, p. 35, 44, 50.

29. Plessis, *loc. cit.*, p. 157.

30. Ferland, *op. cit.*, p. 80.

31. « Rapport annuel de Pierre Fortin... 1859 », *Doc. de la Session*, vol. 18 (1860), doc. no 12, p. 123.

32. Ferland, *op. cit.*, p. 149-150.

33. Barthe, *op. cit.*, p. 113-114.

34. « Rapport du comité d'enquête sur les Prétentions de diverses personnes à des terres dans le district de Gaspé », *Journal de la Chambre d'Assemblée*, vol. 29-30 (1820-1821), app. X (1821).

35. *Ibid.*

36. *Ibid.*

37. *Ibid.*

38. « Rapport du comité spécial sur la pétition... ».

39. Ivanhoé Caron, « Historique de la voirie dans la province de Québec », *BRH*, vol. 39 (1933), p. 376.

40. *Journal de la Chambre d'Assemblée*, vol. 38 (1828-1829), 2 décembre 1828.

41. *Ibid.*, 31 décembre 1828, p. 244 et suivantes.

42. *Ibid.*, p. 245-246.

43. Joseph Bouchette, *A Topographical Dictionary of the Province of Lower Canada*, London, Longman et alii., 1832, mot ROADS.

44. « Pétition d'habitans du comté de Gaspé se plaignant de griefs », *Journal de la Chambre d'Assemblée*, vol. 39 (1830), p. 49-50.

45. *Ibid.*

46. *Journal de la Chambre d'Assemblée*, vol. 42 (1832-

1833), app. 2, app. X (1832).

47. *Ibid.*

48. Charles-Eugène Roy et Lucien Brault, *Gaspé depuis Cartier*, Québec, Au Moulin des Lettres, 1934, p. 126.

49. Ferland, *op. cit.*, p. 110.

50. Barthe, *Souvenirs...*, p. 115.

51. « Rapport du comité spécial sur la pétition... »

52. *Ibid.*

53. « Pétition d'habitans... »

54. *Gaspe Gazette*, 4 janvier 1848.

55. Notes d'André Lepage et Jean Laliberté dans *Images de la Gaspésie au XIXe siècle*, réédition de l'ouvrage de Thomas Pye, *Canadian...*, Québec, Presses Coméditex, 1980, p. 49.

56. *Ibid.*

57. Plessis, *loc. cit.*, p. 131-132.

58. Bouchette, *Description topographique...*, p. 607.

59. *Journal de la Chambre d'Assemblée*, vol. 42 (1832-1833), p. 31-32.

60. Fernand Ouellet, *Histoire économique et sociale du Québec, 1760-1850*, Montréal, Fides, 1971, p. 353.

61. Roy et Brault, *op. cit.*, p. 106-107. Aussi, John Mason Clarke, *The heart of Gaspe. Sketches in the Gulf of St. Lawrence*, New York, the MacMillan Company, 1913, p. 140-141.

62. Notes de Lepage-Laliberté, *op. cit.*, p. 10.

63. Roy et Brault, *op. cit.*, p. 106-107.

64. Reproduit dans « Correspondance Haldimand-Cox », p. 33.

65. *Ibid.*

66. Thomas Pye, *Canadian Scenery: District of Gaspe*, Montréal, John Lovell, 1866, p. 39.

67. Cité dans Alfred Pelland, *Vastes champs offerts à la colonisation et à l'industrie. La Gaspésie. Esquisse historique. Ses ressources, ses progrès et son avenir*, Québec, Ministère de la Colonisation, des Mines et des Pêcheries, 1914, p. 21.

68. *Ibid.*, p. 32.

69. David Lee, *Gaspé...*, cité dans les notes de Lepage-Laliberté, *op. cit.*, p. 11.

70. Reproduit dans « Correspondance... », p. 30.

71. Notes de Lepage-Laliberté, *op. cit.*, p. 12.

72. Ganong, traduit et cité dans Pacifique de Valigny, « Ristigouche... », p. 103.

73. Reproduit dans « Correspondance Haldimand-Sherwood », *RAC*, 1891, p. 22.

74. L.F.S. Upton, « Joseph Claude », *DBC*, vol. IV: *De 1771 à 1800*, Québec, PUL, 1980, p. 166.

75. Cité dans *Ibid*.

76. *Ibid.*

77. AEG, Bte *Carleton-Correspondance*, « Joseph-Marie Bélanger à Mgr Plessis », 25 septembre 1816.

78. « Requête des habitants de la Baie des Chaleurs se plaignant de Edward Isaac Mann », *Journal de la Chambre d'Assemblée*, vol. 28 (1819), p. 50.

79. *Ibid.*, p. 51.

80. ANQR, Fonds *Capucins de Ristigouche*, Réserve de Ristigouche, « Dalhousie aux Micmacs », deux lettres, octobre 1826.

81. Ferland, *op. cit.*, p. 237.

82. ASHG, *Mémoire...*, 1816-1817.

83. *Ibid.* Ces îles sont situées sur les rivières Ristigouche et Cascapédia. Voir ANQR, Fonds *Capucins de Ristigouche*, Réserve de Ristigouche, Ile des rivières Ristigouche et Cascapédia.

84. AEG, Bte *Carleton-Correspondance*, « Joseph-Marie Bélanger à Mgr Plessis », 12 octobre 1814.

85. ANQR, Fonds *Capucins de Ristigouche*, Archives paroissiales, Sainte-Anne-de-Ristigouche, I-3: réserve de Ristigouche, « Mgr Signay au gouverneur Aylmer », 31 mars 1834 et « Louis-Stanislas Malo et Micmacs au gouverneur Aylmer », 30 juillet 1834.

86. *La Presse*, 27 août 1927.

87. Cité dans Bernard, *La Gaspésie...*, p. 169.

88. « Lettre d'Acadiens à Francis LeMaistre, lieutenant-gouverneur de Gaspé », Bonaventure, 20 juin 1795, Patrice Gallant, *Les registres de la Gaspésie (1752-1850)*, Sayabec, 1968, Fascicule 6, app., p. XXXIX.

89. Bernard, *op. cit.*, p. 169.

90. Plessis, *loc. cit.*, p. 125.

91. *Journal de la Chambre d'Assemblée*, vol. 28 (1819) p. 107.

92. On retrouve à Ottawa le Registre des terres (Gaspe Land Claims) de cette commission; *APC*, RG1, L7, vol. 79. Voir aussi des listes de réclamations dans les *Journaux de la Chambre d'Assemblée*, vol. 33 (1823-1824), app. M et vol. 34 (1825), app. E.

93. Dr Von Iffland, « Aperçu d'un voyage dans le district de Gaspé pendant les mois de Mai, Juin, Juillet et une partie d'Août 1821 », *RHG*, VII:1 (janvier-mars 1969), p. 33.

94. « Rapport du comité spécial sur la pétition... »

95. J.-C. Langelier, *Liste des terrains concédés par la Couronne dans la province de Québec de 1763 à 1890*, Québec, Ch. Fr. Langlois, 1891, p. 13.

96. Bouchette, *Description topographique...*, p. 602.

97. J.-E. Garon, *Historique de la colonisation dans la province de Québec*, Québec, Ministère de la Colonisation, 1940, p. 11-12.

98. *Canada. Documents parlementaires*, Bureau d'enregistrement et de statistiques, app. du premier rapport, (1849), p. 29.

99. Cité dans Pelland, *op. cit.*, p. 30-31.

100. « Pétition du district de Gaspé, relativement aux chemins, aux places d'élection, aux titres pour les terres et aux charges des Seigneurs », *Journal de la Chambre d'Assemblée*, vol. 42 (1832-1833), p. 31-32.

101. Cité dans Lepage, *Histoire de la population...*, p. 75.

102. *The Quebec Gazette*, 5 avril 1844, p. 3.

103. *Canada. Documents...*, p. 29.

104. André Lepage, *Rapport de travail: dossier propriété foncière à Grande-Grève*, Québec, MAIN, Parcs Canada, Recherche historique.

105. Louis Fromenteau, « Lettre à J.-A. Panet, contenant quelque description de Gaspé... », 15 mars 1794, *BRH*, vol. 39 (1933), p. 154-155.

106. *Ibid.*, p. 155.

107. *Recensement du Bas-Canada*, 1831.

108. « Rapport du comité spécial sur la pétition... »

109. ASHG, *Mémoire...*, 1816-1817.

110. Ferland, *op. cit.*, p. 211.

111. Von Iffland, « Aperçu... », p. 41.

112. « Rapport du comité spécial sur la pétition... »

113. Von Iffland, *loc. cit.*, p. 31.

114. Bouchette, *The British Dominions...*, t. I, p. 328.

115. « Rapport du comité spécial sur la pétition... »

116. *Ibid.*

117. *Journal de la Chambre d'Assemblée*, vol. XXVI (1817), app. B, no 12.

118. *Journal de la Chambre d'Assemblée*, vol. 43 (1834), app. H.

119. *Journal de la Chambre d'Assemblée*, vol. 45 (1835-1836), 10 novembre 1835.

120. Cité dans Ouellet, *op. cit.*, p. 361.

121. Arthur Le Gros, « Charles Robin on the Gaspe Coast, 1766 », *RHG* II:3 (juillet-septembre 1964), p. 141-142.

122. *Ibid.*

123. « Rapport du comité d'enquête... »

124. Ouellet, *op. cit.*, p. 300.

125. *Journal de l'Assemblée législative*, vol. VIII (1849), p. 199.

126. ANQ, *QBC 13, vol. 30*, « Papiers d'Étienne Martel, agent de la Couronne, Division de Bonaventure, Correspondance 1843-1847 ».

127. *The Montreal Gazette*, 20 novembre 1828.

128. David J. McDougall, « The Shipbuilders, Whalers and Master Mariners of Gaspe Bay in the Nineteenth Century », Eric W. Sager and Lewis R. Fisher, eds., *The Enterprising Canadians: Entrepreneurs and Economic Development in Eastern Canada, 1820-1914*, Saint-John's, Memorial University of Newfoundland, 1979, no. 11, p. 128, 129, 140.

129. Bouchette, *Description topographique...*, p. 603.

130. « Rapport du comité d'enquête... ».

131. Bouchette, *A Topographical Dictionary...*, mot GASPE COUNTY.

132. *Recensements du Bas-Canada*, 1819 et 1827; *Recensements du Canada-Uni*, 1844 et 1851.

133. James McPherson Lemoine, *Chronicles of the Saint Lawrence*, Montréal, Dawson Bros., 1878, p. 85.

134. *RMDQ*, no 17 (avril 1866), « Mission de Cascapédiac », p. 118.

135. Notes de Lepage-Laliberté, *op. cit.*, p. 69.

136. Ferland, *op. cit.*, p. 200.

137. Pye, *Canadian...*, p. IX.

138. Ferland, *op. cit.*, p. 175.

139. Roy et Brault, *Gaspé depuis...*, p. 119.

140. Antoine Gagnon, *Histoire de Matane, 1677-1977*, Rimouski, Impressions des Associés, 1977, p. 334.

141. Louise Dechêne, *William Price, 1810-1850*, Licence ès Lettres (histoire), Université Laval, 1964, p. 60.

142. Stanislas Drapeau, *Études sur les développements de la Colonisation du Bas-Canada depuis dix ans: 1851-1861*, Québec, Léger Brousseau, 1863, p. 16.

Chapitre 7:
La morue sèche,
moteur
de l'économie

1. Adam Short & Arthur G. Doughty, eds, *Documents relatifs à l'histoire constitutionnelle du Canada, 1759-1791*, Ottawa, Imprimeur du Roi, 1921, vol. 1, p. 62.

2. Marcel Hamelin, *Jacques Terroux et le commerce entre 1760 et 1765*, Licence ès Lettres (histoire), Université Laval, 1961, p. 58.

3. Cité dans Arthur Charles Saunders, *Jersey in the 18th and 19th Centuries Containing an Historical Record of Commercial Entreprise...*, Jersey, J.T. Bigwood Ltd, 1930, p. 213.

4. Cité dans Hamelin, *op. cit.*, p. 61.

5. Cité dans *Ibid.*, p. 63.

6. Saunders, *op. cit.*, p. 213.

7. André Lepage, *Histoire de la population et du peuplement de la péninsule de Forillon*, Québec, MAIN, Parcs Canada, Recherche historique, 1978, p. 13.

8. Cité dans Hamelin, *op. cit.*, p. 58.

9. Peu d'études intéressantes ont paru sur le sujet. Les anthropologues André Lepage et Roch Samson sont les premiers à étudier dans le détail l'organisation sociale et économique des pêcheries gaspésiennes au 19e siècle. Ils commencent maintenant à nous livrer leurs travaux.

10. John P. Le Garignon, « La présence jersiaise en Gaspésie », *RHG*, XVI:2-3 (avril-septembre 1978), p. 63.

11. Sur Charles Robin, voir principalement les travaux de David Lee, dont la biographie du personnage à paraître dans le volume VI du *DBC*.

12. David J. McDougall, « The Shipbuilders, Whalers and Master Mariners of Gaspe Bay in the Nineteenth Century », Eric W. Sager and Lewis R. Fisher, eds., *The Enterprising Canadians: Entrepreneurs and Economic Development in Eastern Canada, 1820-1914*, Saint John's, Memorial University of Newfoundland, 1979, no 11, p. 127.

13. Saunders, *op. cit.*, p. 34 et 202.

14. John Mason Clarke, *The Heart of Gaspe. Sketches in the Gulf of St. Lawrence*, New York, MacMillan Company, 1913, p. 176-177.

15. Harold A. Innis, *The Cod Fisheries. The History of an International Economy*, Toronto, University of Toronto Press, 1940, p. 192.

16. Saunders, *op. cit.*, p. 207.

17. Innis, *op. cit.*, p. 192.

18. Reproduit dans «Correspondance Haldimand-Cox», *RAC*, 1888, p. 20.

19. Bona Arsenault, *Histoire et généalogie des Acadiens*, T. 1: *Histoire des Acadiens*, Leméac, 1978, p. 262.

20. Reproduit dans «Correspondance...», p. 21.

21. Robin cité dans Clarke, *op. cit.*, p. 180-181.

22. Reproduit dans «Correspondance...», p. 21.

23. Traduit et cité dans Charles-Eugène Roy, *Percé et Gaspésie*, 1950, p. 36.

24. Robin cité dans Clarke, *op. cit.*, p. 182.

25. Reproduit dans «Correspondance...», p. 22.

26. *Ibid.*, p. 21.

27. Reproduit dans *RHG*, II:4 (octobre-décembre 1964), p. 219-221.

28. Reproduit dans «Correspondance...», p. 25.

29. Reproduit dans *Ibid.*, p. 26.

30. Reproduit dans *Ibid.*, p. 28.

31. Roy, *op. cit.*, p. 32.

32. Fernand Ouellet, *Histoire économique et sociale du Québec, 1760-1850*, Montréal, Fides, 1971, p. 115.

33. Clarke, *op. cit.*, p. 183.

34. Saunders, *op. cit.*, p. 214.

35. Lepage, *op. cit.*, p. 21-22.

36. Saunders, *op. cit.*, p. 214.

37. *Ibid.*

38. McDougall, *loc. cit.*, p. 127.

39. Lepage, *op. cit.*, p. 19.

40. APC, RG1, L3L, vol. III, p. 54459-54461.

41. APC, RG1, L7, vol. 79, «Gaspe Land Claims», p. 77 et 93.

42. Lepage, *op. cit.*, p. 20.

43. D'après les chiffres compilés par E.T.D. Chambers, *Les pêcheries de la province de Québec*, Québec, Ministère de la Colonisation, des Mines et des Pêcheries, 1912, p. 126, 127, 128, 139, 140.

44. J.-B.-A. Ferland, *La Gaspésie*, Québec, A. Côté et Cie, 1877, p. 115.

45. Innis, *op. cit.*, p. 494.

46. *The Montreal Gazette*, 20 novembre 1828.

47. Nérée Gingras, «Vieux papiers: Impressions de Gaspésie en 1857», *Le Canada français*, vol. 26, no 5 (janvier 1939), p. 487.

48. *The Montreal Gazette*, 20 novembre 1828.

49. André Lepage, *Ressources documentaires pour l'étude des pêcheries gaspésiennes, 1- Le fonds de la compagnie Robin*, Québec, MAC, Dir. du patrimoine, Rapport de recherche, 1980, p. 56-57.

50. Le chiffre de 800 familles indiqué dans *The Montreal Gazette* du 20 novembre 1828 est cependant exagéré.

51. Lepage, *Ressources...*, p. 29.

52. Ferland, *op. cit.*, p. 114.

53. Innis, *op. cit.*, p. 356.

54. Michel Le Moignan et Roch Samson, «William Hyman», *DBC*, vol. XI, sous presse.

55. *Statuts du Canada*, 9 décembre 1843 (7 Vict. Chap. 45).

56. *Journal de l'Assemblée législative*, vol. VIII (1849), app. H.

57. *Ibid.*

58. Notes d'André Lepage et Jean Laliberté dans *Images de la Gaspésie au XIXe siècle*, réédition de l'ouvrage de Thomas Pye, *Canadian...*, Québec, Presses Coméditex, 1980, p. 8.

59. *Ibid.*, p. 8-9.

60. *Ibid.*, p. 9.

61. «Rapport annuel de Pierre Fortin..., 1856», app. du *JAL*, vol. 15 (1857), app. no 23.

62. *Ibid.*

63. Innis, *op. cit.*, p. 279.

64. Chambers, *op. cit.*, p. 122.

65. «Procédés d'un Comité Spécial [...] pour mieux régler les Pêches dans le District Inférieur de Gaspé...», *Journal de la Chambre d'Assemblée*, vol. 32 (1823), app. P.

66. «Rapport du comité d'enquête sur les Prétentions de diverses personnes à des terres dans le District de Gaspé», *Journal de la Chambre d'Assemblée*, vol. 29-30 (1820-1821), app. X (1821).

67. Moses H. Perley, «Report on the Fisheries of the Gulf of Saint Lawrence», 1849, *The Canadian Naturalist and Geologist*, vol. 4 (1859), p. 40.

68. *Ibid.*, p. 52.

69. « Procédés d'un Comité Spécial... ».

70. Joseph Bouchette, *The British Dominions in North America; or a Topographical and Statistical Description of the Provinces of Lower and Upper Canada...*, London, Longman et alii, 1832, t. I, p. 329.

71. Joseph Bouchette, *A topographical Dictionary of the Province of Lower Canada*, London, Longman et alii, 1832, mots BONAVENTURE COUNTY et GASPE COUNTY.

72. « Procédés d'un Comité Spécial... ».

73. *Ibid.*

74. « Rapport du Comité Spécial sur la pétition de certains habitans du district de Gaspé se plaignant de divers griefs et autres références », *Journal de la Chambre d'Assemblée*, vol. 39 (1830), app. T.

75. Innis, *op. cit.*, p. 281.

76. *Ibid.*

77. *Débats de l'Assemblée législative*, 21 avril 1886, Henri-Josué Martin, p. 526-527.

78. *RMDQ*, no 18 (avril 1868), « Missions de Gaspé », p. 40.

79. Gingras, *loc. cit.*, p. 487.

80. Mgr Joseph-Octave Plessis, « Journal de la mission de 1811 et 1812 », *Le Foyer Canadien*, vol. 3 (1865), p. 122.

81. Mgr Joseph-Octave Plessis, *Journal des visites pastorales de 1815 et 1816*, Québec, Imprimerie Franciscaine Missionnaire, 1903, p. 11-12.

82. Gingras, *loc. cit.*, p. 494.

83. Plessis, *op. cit.*, p. 10.

84. Roch Samson, *La pêche à Grande-Grave au début du XXe siècle*, Québec, MAIN, Parcs Canada, Recherche historique, 1977, p. 123.

85. Bouchette, *The British Dominions...*, T. I, p. 329.

86. « Rapport du comité d'enquête sur les Prétentions... ».

87. Ferland, *op. cit.*, p. 119.

88. « Rapport du comité d'enquête... ».

89. « Rapport annuel de Pierre Fortin..., 1863 », *Doc. de la Session*, vol. 23 (1864), doc. no 5, p. 24.

90. « Rapport annuel de Napoléon Lavoie..., 1870 », *Doc. de la Session* (C), vol. 4 (1871), doc. no 5, p. 227.

91. Samson, *op. cit.*, p. 117.

92. « Rapport du comité spécial sur la pétition... ».

93. « Rapport annuel de Pierre Fortin..., 1859 », *Doc. de la Session*, vol. 18 (1860), doc. no 12, p. 133-134.

94. *Ibid.*, p. 134.

95. André Lepage, *L'organisation sociale du travail dans les établissements de pêche gaspésiens au 19e siècle*, Québec, MAC, Dir. du patrimoine, Rapport de recherche, 1979, p. 2.

96. Ferland, *op. cit.*, p. 165.

97. Gingras, *loc. cit.*, p 493. Lire aussi le « Rapport annuel de Pierre Fortin..., 1859 », *loc. cit.*, p. 133-134.

98. « Rapport du comité d'enquête... ».

99. « Rapport annuel de Napoléon Lavoie..., 1872 », *Doc. de la Session* (C), vol. 6 (1873), doc. no 4, p. 15.

100. Jean Hamelin et Yves Roby, *Histoire économique du Québec, 1851-1896*, Montréal, Fides, 1971, p. 240.

101. Gingras, *loc. cit.*, p. 494.

102. « Rapport annuel de Pierre Fortin..., 1859 », *loc. cit.*, p. 135-136. Voir aussi Gingras, *loc. cit.*, p. 494-495; James McPherson Lemoine, *Les pêcheries du Canada*, Québec, Atelier typographique du Canadien, 1863, p. 104-106; Samson, *op. cit.*, p. 134-157.

103. Nous nous référons à André Lepage, *L'organisation...*, et à Samson, *La pêche...*, p. 79-83 et 87-97.

104. Ferland, *op. cit.*, p. 73-74.

105. *Ibid.*, p. 110-111.

106. Lepage, *L'organisation...*, p. 3 et Samson, *op. cit.*, p. 81.

107. Lepage, *L'organisation...*, p. 4.

108. *Ibid.*, p. 4-5.

109. Gingras, *loc. cit.*, p. 490-491. Le terme « armateur » qu'emploie Gingras est trompeur car on désigne souvent les propriétaires de firmes marchandes par cette dénomination.

110. *Ibid.*, p. 491-492.

111. Lepage, *L'organisation...*, p 9.

112. *Ibid.*, p. 7.

113. *Ibid.*

114. Lepage, *Histoire de la population...*, p. 88-89.

115. Lepage, *L'organisation...*, p. 8.

116. Reproduit dans « Correspondance Haldimand-Cox », p. 20.

117. Plessis, *loc. cit.*, p. 135.

118. « Rapport du comité d'enquête... ».

119. Bouchette, *The British Dominions...*, t. I, p. 329.

120. Lepage, *Histoire de la population...*, p. 88-89.

121. Notes d'André Lepage et Jean Laliberté..., p. XIII.

122. Lepage, *L'organisation...*, p. 10.

123. *Ibid.*, p. 11.

124. Thomas Pye, *Canadian Scenery: District of Gaspe*, Montréal, John Lovell, 1866, p. 40.

125. «Rapport annuel de Pierre Fortin..., 1859», *loc. cit.*, p. 134.

126. Ferland, *op. cit.*, p. 187-188.

127. «Rapport annuel de Pierre Fortin..., 1857», *App. du JAL*, vol. 16 (1858), app. no 31.

128. Ferland, *op. cit.*, p. 116-117.

129. Lepage, *L'organisation...*, p. 2.

130. *Ibid.*

131. Charles-Eugène Roy, *Percé, sa nature, son histoire*, Percé, 1947, p. 162.

132. «Rapport annuel de Napoléon Lavoie..., 1874», *Doc. de la Session* (C), vol. 8 (1875), doc. no 5, p. 62-63.

133. Samson, *op. cit.*, p. 22.

134. Lepage, *Ressources documentaires...*, p. 50.

135. Ferland, *op. cit.*, p. 185.

136. Reproduit dans «Correspondance Haldimand-Sherwood», *RAC*, 1891, p. 23.

137. AEG, Bte *Carleton-Correspondance*, «Lettre de Joseph-Marie Bélanger aux membres du Parlement du Bas-Canada, 30 décembre 1815.

138. Ferland, *op. cit.*, p. 186.

139. «Voyage de Mgr Plessis en Gaspésie en 1811», *RHG*, VI:2-3 (avril-septembre 1968), p. 95-96.

140. Lepage, *L'organisation...*, p. 9.

141. *Ibid.*, p. 5.

142. «Rapport du comité spécial sur la pétition...».

143. Gingras, *loc. cit.*, p. 496.

144. Dr Von Iffland, «Aperçu d'un voyage dans le district de Gaspé pendant les mois de Mai, Juin, Juillet et une partie d'Août 1821», *RHG*, VII:1 (janvier-mars 1969), p. 36.

145. Pierre Rastoul et Alain Ross, *La Gaspésie. De Grosses-Roches à Gaspé*, Québec, Beauchemin-Éditeur officiel du Québec, 1978, p. 222.

146. «Rapport du comité spécial sur la pétition...».

147. «Rapport annuel de Pierre Fortin..., 1859», *loc. cit.*, p. 136.

148. *Journal de l'Assemblée législative*, vol. XI (1852-1853), app. JJJJ (1853), p. 22.

149. «Rapport annuel de Napoléon Lavoie..., 1875», *Doc. de la Session* (C), vol. 9 (1876), doc. no 5, p. 42 et Lepage, *Ressources documentaires...*, p. 43.

150. «Rapport du comité spécial sur la pétition...».

151. Ferland, *op. cit.*, p. 81.

152. «Rapport du comité d'enquête...».

153. *Ibid.*

154. Joseph Bouchette, *Description topographique de la province du Bas-Canada avec des remarques sur le Haut-Canada...*, Londres, Faden, 1815, p. 603-604.

155. «Rapport du comité spécial sur la pétition...».

156. Ferland, *op. cit.*, p. 191.

157. Pye, *op. cit.*, p. 39.

158. *Journal de la Chambre d'Assemblée*, vol. 41 (1831-1832), p. 371.

159. *Journal de l'Assemblée législative*, vol. 1 (1841), app. N.

160. *Journal de la Chambre d'Assemblée*, vol. 38 (1828-1829), 2 décembre 1828.

161. Ouellet, *Histoire économique...*, p. 87.

162. Charles-Eugène Roy et Lucien Brault, *Gaspé depuis Cartier*, Québec, Au Moulin des Lettres, 1934, p. 117.

163. Perley, «Report on the Fisheries...», p. 52.

164. Bouchette, *Description...*, p. 603.

165. «Rapport du comité d'enquête...».

166. Bouchette, *The British...*, t. I, p. 329-330.

167. «Rapport du comité spécial sur la pétition...».

168. *Journal de l'Assemblée législative*, vol. 3 (1843), app. no 6.

169. Hamelin-Roby, *op. cit.*, app. 21 et 22.

170. Plessis, «Journal de la Mission...», p. 145.

171. Bouchette, *The British...*, t. I, p. 330.

172. *Ibid.*

173. Francine Lelièvre, *Histoire humaine du parc national Forillon*, Gaspé, MAIN, Parcs Canada, manuscrit, 1973, p. 176.

174. J.-B.-A. Ferland, *Opuscules. Le Labrador*, Qué-

bec, A. Côté et Cie, 1877, p. 128-129.

175. Plessis, *loc. cit.*, p. 145.

176. *The Quebec Gazette*, 30 avril et 8 mai 1788.

177. Ouellet, *op. cit.*, p. 304-305.

178. Cité dans A.D. Flowers, *The Loyalists of Bay Chaleur*, Vancouver, Precise Instant Printing, 1973, p. 105.

179. Ferland, *La Gaspésie*, p. 244-245.

180. *Journal de l'Assemblée législative*, vol. 3 (1843), app. LL.

Chapitre 8:
Ébauche
d'encadrement
religieux
et administratif

1. Pacifique de Valigny, *Chroniques des plus anciennes églises de l'Acadie*, Montréal, l'Écho de Saint-François, 1944, p. 26 et 28.

2. AEG, Tiroir 83: *Bonaventure*, « Mgr J.-O. Briand à Bonaventure Carpentier », 2 octobre 1768.

3. Cité dans Fidèle Thériault, « Bonaventure Carpentier », *DBC*, vol. IV; *DE 1771 à 1800*, Québec, PUL, 1980, p. 146.

4. Auguste Gosselin, *L'Église du Canada après la Conquête*, t. I: *1760-1779*, Québec, Laflamme, 1916, p. 313.

5. *Ibid.*

6. Cité dans Éloi De Grâce, « Joseph-Mathurin Bourg », *DBC*, vol. IV: *De 1771 à 1800*, Québec, PUL, 1980, p. 88 et AEG, bte *Carleton-Correspondance*, « Mgr J.-F. Hubert à J.-M. Bourg », 4 mai 1790.

7. *RAPQ*, 1930-1931, p. 318, « Mgr J.-F. Hubert au gouverneur Carleton », 18 juillet 1795.

8. *RAPQ*, 1935-1936, p. 164, « Mgr B.-C. Panet à Antoine Gagnon », 2 mars 1831.

9. Dorothy Phillips, *St. Matthew's Church, Peninsula*, s.l., 1979, p. 3.

10. *Ibid.*, p. 5.

11. André Lepage, *Histoire de la population et du peuplement de la péninsule de Forillon*, Québec, MAIN, Parcs Canada, Recherche historique, 1978, p. 58.

12. Dr Von Iffland, « Aperçu d'un voyage dans le district de Gaspé pendant les mois de Mai, Juin, Juillet et une partie d'Août 1821 », *RHG*, VII:1 (janvier-mars 1969), p. 23.

13. Cité dans H.R. Casgrain, « Les Acadiens après leur dispersion (1755-1775) », *MSRC*, vol. V (1887), p. 70.

14. Nérée Gingras, « Vieux papiers: Impressions de Gaspésie en 1857 », *Le Canada français*, 26:5 (janvier 1939), p. 490.

15. J.-B.-A. Ferland, *La Gaspésie*, Québec, A. Côté et Cie, 1877, p. 164-165.

16. *Ibid.*, p. 144-145.

17. *Ibid.*, p. 145.

18. *RMDQ*, no 13 (avril 1859), « Missions au sud du Saint-Laurent », p. 35.

19. AEG, Bte *Carleton-Correspondance*, « Lettre de J.-M. Bourg à Mgr Hubert », 28 mars 1795.

20. *Ibid.*

21. *RAPQ*, 1934-1935, p. 328, « Mgr B.-C. Panet à J.-A. Boisvert », 9 février 1829.

22. AAQ, *V.G. II*, 12, « J.-M. Bourg à Mgr Hubert ».

23. « Rapport du comité spécial sur la pétition de certains habitants du district de Gaspé se plaignant de divers griefs et autres références », *Journal de la Chambre d'Assemblée*, vol. 39 (1830), app. T.

24. *RMDQ*, no 1 (janvier 1839), avant-propos.

25. *RMDQ*, no 13 (avril 1859), « Missions au sud du Saint-Laurent », p. 15.

26. Von Iffland, *loc. cit.*, p. 26.

27. Gingras, *loc. cit.*, p. 497.

28. *RMDQ*, no 15 (mars 1863), « Missions de Port-Daniel », p. 56.

29. *RMDQ*, no 19 (mai 1870), « Mission de Ristigouche », p. 96-97.

30. AEG, Bte *Carleton-Correspondance*, « Mgr B.-N. Panet à L.-S. Malo », 26 février et 9 août 1930.

31. *RAPQ*, 1936-1937, p. 167, « Mgr J. Signay à J.-B. McMahon », 11 mars 1833.

32. Cité dans Louis-Philippe Audet, *Le système scolaire de la province de Québec*, T. III: *Aspects historiques: l'Institution Royale, les débuts: 1801-1825*, Québec, Éd. de l'Érable, 1952, p. 182.

33. Cité dans *Ibid.*

34. AEG, Bte *Carleton-Correspondance*, Diverses lettres, année 1831.

35. *Journal de l'Assemblée législative*, vol. 3 (1843), 4

octobre 1843.

36. Von Iffland, *loc. cit.*, p. 34.

37. L'école de fabrique est placée sous la responsabilité du curé de la paroisse et des marguilliers. Mais en Gaspésie, il n'y a pas encore de paroisse.

38. Ferland, *op. cit.*, p. 84.

39. *Ibid.*, p. 193.

40. Cité dans *Ibid.*, p. 186.

41. Réginald Day, « L'histoire judiciaire de la Gaspésie », *RHG*, XII:1 (janvier-mars 1974), p. 19.

42. Cité dans Charles-Eugène Roy et Lucien Brault, *Gaspé depuis Cartier*, Québec, Au Moulin des lettres, 1934, p. 128.

43. « Rapport du comité spécial sur la pétition... ».

44. *Journal de l'Assemblée législative*, vol. 3 (1843), app. AA.

45. *Journal de la Chambre d'Assemblée*, vol. VII (1799), p. 149.

46. *Statuts du Bas-Canada*, 1808 (48 Geo. III, chap. 35).

47. Von Iffland, *loc. cit.*, p. 39.

48. « Rapport du comité d'enquête sur les Prétentions de diverses personnes à des terres dans le District de Gaspé », *Journal de la Chambre d'Assemblée*, vol. 29-30 (1820-1821), app. X (1821).

49. Von Iffland, *loc. cit.*, p. 39.

50. *Ibid.*, p. 22.

51. *Ibid.*

52. Day, *loc. cit.*, XII:3 (juillet-septembre 1974), p. 219.

53. *Journal de l'Assemblée législative*, vol. 3 (1843), app. G.

54. « Rapport du comité d'enquête... ».

55. *Journal de l'Assemblée législative*, vol. 3 (1843), app. G.

56. « Rapport du comité spécial sur la pétition... ».

57. *Ibid.*

58. *Statuts du Canada*, 1852-1853 (16 Vict. chap. 30 et 16 Vict. chap. 93).

59. *Journal de la Chambre d'Assemblée*, vol. 45 (1835-1836), p. 143.

60. *Ibid.*, p. 501.

61. ANQ, Fonds *Joseph-François Deblois*, « Lettre de J. Ferguson Winter à J.-F. Deblois », 19 août 1835.

62. André Lepage, *Ressources documentaires pour l'étude des pêcheries gaspésiennes, a- Les archives des bureaux d'enregistrement et palais de justice de Percé et de New Carlisle*, Québec, MAC, Dir. du patrimoine, Rapport de recherche, 1980, p. 3.

63. Day, *loc. cit.*, XII:3 (juillet-septembre 1975), p. 109.

64. *Rapport du ministre des Terres et Forêts, 1943-1944*, app. 6, service du Cadastre, p. 120.

65. N.-E. Dionne, « Les lieutenants-gouverneurs de Gaspé », *RHG*, III:2 (avril-juin 1965), p. 96-109.

66. David Lee, « Nicholas Cox », *DBC*, vol. IV: *De 1771 à 1800*, Québec, PUL, 1980, p. 194-195.

67. *Journal de la Chambre d'Assemblée*, vol. 29-30 (1820-1821), p. 321.

68. Antoine Bernard, *La Gaspésie au soleil*, Montréal, Les Clercs de Saint-Viateur, 1925 p. 206.

69. « Pétition d'habitans du comté de Gaspé se plaignant de griefs », *Journal de la Chambre d'Assemblée*, vol. 39 (1830), p. 49-50.

70. ANQ, Fonds *Événements de 1837*, no 3838, « Copie des observations du grand juré du district de Gaspé », Douglastown, 27 août 1838.

71. ANQR, Fonds *Capucins de Ristigouche*, Archives paroissiales, Sainte-Anne-de-Ristigouche, I-4: chefs et Conseil de Ristigouche.

72. Antoine Bernard, *Histoire de la survivance Acadienne, 1755-1935*, Montréal, Les Clercs de Saint-Viateur, 1935, p. 398.

73. *Journal de la Chambre d'Assemblée*, vol. 38 (1828-1829), p. 495.

74. « Pétition d'habitans... ».

75. *The Montreal Gazette*, 5 mars 1833 et *RAC*, 1900, p. 768, « R. Christie à lord Goderich », 29 octobre 1832.

76. APC, *MG 24 B 4*, Fol. 47-48.

77. *Journal de la Chambre d'Assemblée*, vol. IX (1801), p. 65-67.

78. J.-G. Barthe, *Souvenirs d'un demi-siècle ou Mémoires pour servir à l'histoire contemporaine*, Montréal, J. Chapleau & Fils, 1885, p. 143-150.

79. Notes d'André Lepage et Jean Laliberté dans *Images de la Gaspésie au XIXe siècle*, réédition de l'ouvrage de Thomas Pye, *Canadian...*, Québec, Presses Coméditex, 1980, p. 4-5.

80. *Journal de la Chambre d'Assemblée*, vol. 42 (1832-1833), p. 130, 156, 157, 195.

81. *Journal de l'Assemblée législative*, vol. 1 (1841), 18 juin 1841.

82. «Rapport du comité spécial sur la pétition...».

83. *Journal de la Chambre d'Assemblée*, vol. 40 (1831), 11 février 1831.

84. *Journal de l'Assemblée législative*, vol. X (1851), app. T.

85. *Revue Agricole*, septembre 1863, p. 288.

86. «Rapport du comité d'enquête sur les prétentions...».

87. *Ibid.*

88. *RAC*, 1938, p. 140, «Comte de Dalhousie à Sir G. Murray», 28 janvier 1829.

89. *Journal de la Chambre d'Assemblée*, vol. 42 (1832-1833), p. 40-41.

90. *Ibid.*, p. 564-565.

91. ANQR, Fonds *Capucins de Ristigouche*, Archives paroissiales, Sainte-Anne-de-Ristigouche, I-9: divers, «R. Christie à lord Aylmer», 28 août 1832 et «Lord Goderich à lord Aylmer», 21 novembre 1832.

92. *RAC*, 1900, p. 783, «Lord Aylmer à lord Goderich», 6 avril 1833 et «Lord Aylmer à lord Goderich, 23 avril 1833.

Chapitre 9:
L'extension
du peuplement

1. *Recensement du Canada*, 1891.

2. Alfred Pelland, *Vastes champs offerts à la colonisation et à l'industrie. La Gaspésie. Esquisse historique. Ses ressources, ses progrès et son avenir.*, Québec, Ministère de la Colonisation, des Mines et des Pêcheries, 1914, p. 3.

3. Cité dans *Ibid.*, p. 66.

4. *RMDQ*, no 18 (avril 1868), «Missions de Gaspé», p. 40.

5. Cité dans Pelland, *op. cit.*, p. 66.

6. *Journal de l'Assemblée législative*, vol. 16 (1858), app. no 21.

7. *Ibid.*

8. *Revue agricole*, octobre 1863, p. 17.

9. *Statuts du Canada*, 1851 (14-15 Vict., chap. 106).

10. *Journal de l'Assemblée législative*, vol. 16 (1858), app. no 21.

11. Philip K. Bock, *The Micmac Indians of Restigouche: History and Contemporary Description*, Ministère du Nord canadien, Bulletin no 213, 1966, p. 20.

12. *Annuaire statistique du Québec*, 1915, p. 160.

13. *Journal de l'Assemblée législative*, vol. 15 (1857), app. no 25, La péninsule de Gaspé.

14. Cité dans Eugène Rouillard, *La colonisation dans les comtés de Témiscouata, Rimouski, Matane, Bonaventure, Gaspé*, Québec, Département de la Colonisation et des Mines, 1899, p. 120.

15. Jean-Chrysostome Langelier, *Esquisse sur la Gaspésie*, Lévis, Mercier et Cie, 1884 et Rouillard, *op. cit.*

16. *Débats de la Chambre des Communes*, 27 février 1882, Pierre Fortin, p. 119.

17. Langelier, *op. cit.*, p. 8.

18. *Recensement du Canada*, 1881.

19. *Doc. de la session*, vol. 24 (1865), doc. no 37, Rapport sur le port franc de Gaspé, 1864, p. 26.

20. Jacqueline Beaulieu et Georgette Leblanc, *Matapédia, 1903-1978*, Rimouski, Impressions des Associés, 1978, p. 111.

21. Rouillard, *op. cit.*, p. 85.

22. Pelland, *op. cit.*, p. 210.

23. Yolande Lavoie, *L'émigration des Québécois aux États-Unis de 1840 à 1930*, Québec, Éditeur officiel du Québec, 1979, p. 45.

24. *Débats de l'Assemblée législative*, 11 décembre 1890, Honoré Mercier, p. 336.

25. Arthur Buies, *Les comtés de Rimouski, de Matane et de Témiscouata*, Québec, Belleau et Cie, 1890, p. 35-36.

26. *CSDQ*, vol. LXV (1906), G.R. Walters, p. 84. (Traduction libre)

27. A.E.G., Tiroir 33: *Gaspé*, «Pierre Fortin à Mgr Edmond Langevin», 4 septembre 1882.

28. *Ibid.*, 21 septembre 1882.

29. *Ibid.*, 4 septembre 1882.

30. *CSDQ*, vol. LVII (1898), W.G. Lyster, p. 45-46.

31. Victor-Amédée Huard, *Labrador et Anticosti*, Montréal, Beauchemin et Fils, 1897, p. 158.

32. AEG, Tiroir *Pabos*, «Rapport sur la paroisse de Sainte-Adélaïde de Pabos», 1881.

33. André Lepage, *Histoire de la population et du peuplement de la péninsule de Forillon*, Québec, MAIN, Parcs Canada, Recherche historique, 1978, p. 39.

34. Rouillard, *La colonisation...*, p. 39.

35. « Rapport annuel de Pierre Fortin... 1865 », *Doc. de la Session*, vol. 26 (1866), doc. no 36, p. 39.

36. *RMDQ*, no 17 (avril 1866), « Missions du sud du St-Laurent », p. 111.

37. Rouillard, *op. cit.*, p. 38.

38. *Ibid.*, p. 42-45.

39. Plus de 150 familles pour les deux endroits. *Recensement des Canadas*, 1851.

40. *RMDQ*, no 14 (mars 1861), « Missions du district de Gaspé », p. 42.

41. *Journal de l'Assemblée législative*, vol. XI (1852-1853), App. J.J., 1853.

42. *RMDQ*, no 14 (mars 1861), « Missions du district de Gaspé », p. 43.

43. *Doc. de la Session* (Q), vol. 12 (1878-1879), General report of the Commissionner of Agriculture and Public Works, p. 150-151.

44. *Débats de l'Assemblée législative*, 20 août 1879, Edmund James Flynn, p. 326.

45. *Recensements du Canada*, 1851, 1881 et 1921.

46. A.P. Coleman, « The Gaspé Peninsula », *MSRC*, 1921, p. LI.

47. Arthur Buies, *Chroniques canadiennes; humeurs et caprices*, Montréal, Sénécal, 1884, p. 258.

48. *Ibid.*

49. Sur la naissance des institutions municipales et scolaires, voir J.M.S. Careless, *The Union of the Canadas. The Growth of Canadian Institutions 1841-1857*, Toronto, McClelland & Stewart Limited, 1967.

50. Pour une analyse du rôle de la paroisse au Québec, voir Normand Séguin, *La conquête du sol au 19e siècle*, Montréal, Boréal/Express, 1977, p. 180-187.

51. *Annuaire statistique du Québec*, 1919, p. 48.

52. *Ibid.*

53. Langelier, *Esquisse sur...*, p. 92.

54. Raoul Blanchard, *L'Est du Canada français, province de Québec*, Montréal, Beauchemin, 1935, vol. 1, p. 201.

55. *Journal de l'Assemblée législative*, vol. 15 (1857), app. no 25, La péninsule de Gaspé.

56. Alfred Pelland, *Vastes champs offerts à la colonisation et à l'industrie. La région Matane-Matapédia. Ses ressources, ses progrès et son avenir*, Québec, Ministère de la Colonisation, des Mines et des Pêcheries, 1912, p. 28.

57. Antoine Bernard, *La Gaspésie au soleil*, Montréal, Les Clercs de St-Viateur, 1925, p. 245.

58. *Annuaire statistique du Québec*, 1919, p. 48-50.

59. Jean Hamelin et Yves Roby, *Histoire économique du Québec, 1851-1896*, Montréal, Fides, 1971, p. 174 et Séguin, *op. cit.*, p. 182.

60. Séguin, p. 181-182.

61. Pelland, *Vastes champs... La Gaspésie...*, p. 210.

62. Langelier, *op. cit.*, p. 93-94.

63. *Ibid.*, p. 99.

64. *Ibid.*, p. 94.

65. *Ibid.*, p. 95.

66. *Doc. de la Session* (Q), vol. 27 (1893), doc. no 4, p. IV.

67. Séguin, *op. cit.*, p. 84.

68. *Doc. de la Session* (Q), vol. 8 (1874-1875), doc. no 2, Rapport du commissaire des Terres de la Couronne, p. IX.

69. *Doc. de la Session* (Q), vol. 22 (1889), doc. no 3, Rapport général du commissaire de l'Agriculture et de la Colonisation, p. 152-153.

70. *Doc. de la Session* (Q), vol. 19 (1885-1886), doc. no 4, app. no 39, p. 65.

71. *Guide du colon*, 1894, p. 130-133.

72. *Rapport du ministre des Terres et Forêts*, 1943-1944, app. 6, Service du Cadastre, p. 123.

73. *Doc. de la Session* (Q), vol. 21 (1888), doc. no 6 (1887), Annexe II, p. 317-326 et 393-401.

74. *Débats de l'Assemblée législative*, 20 août 1879, Edmund James Flynn, p. 326.

75. Rouillard, *La colonisation...*, p. 72.

76. A.E.G., Bte Colonisation. Catéchisme (enseignement), « M. Lamontagne à Mgr Jean Langevin », 9 février 1881.

77. *Doc. de la Session* (Q), vol. 35 (1902), doc. no 14, Colonisation et Mines, p. 175-176.

78. *Ibid.*, p. 176.

79. *Doc. de la Session* (Q), vol. 1 (1899), doc. no 4, Rapport du commissaire de l'Agriculture et des Tra-

vaux Publics, p. 255-256.

80. *Débats de l'Assemblée législative*, 5 décembre 1873, P.-A. Tremblay, p. 17.

81. *Doc. de la Session* (Q), vol. 1 (1869), doc. no 4, Agriculture et Travaux Publics, p. 260.

82. *Doc. de la Session* (Q), vol. 5 (1872), doc. no 2, Agriculture et Travaux Publics, p. 490.

83. *Doc. de la Session* (Q), vol. 1 (1869), doc. no 4, p. 260.

84. Pelland, *Vastes champs... La Gaspésie...*, p. 69.

85. J.-E. Garon, *Historique de la colonisation dans la province de Québec de 1825 à 1840*, Québec, Ministère de la Colonisation, 1940, p. 68.

86. *Doc. de la Session* (Q), vol. 38 (1905), doc. no 7, app. B., Mémoire sur les réserves de colonisation, p. 269.

87. Alfred Pelland, *La région de Bonaventure*, Québec, Ministère de la Colonisation, des Mines et des Pêcheries, 1908, p. 30.

88. *Doc. de la Session* (Q), vol. 38 (1905), doc. no 7, p. 262-264.

89. *Doc. de la Session* (Q), vol. 5 (1872), doc. no 4, Agriculture et Travaux Publics, p. 245.

90. A.E.G. Bte *Plaintes contre le clergé (2)*, «Département des Terres de la Couronne à Napoléon Thivierge», 13 janvier 1874.

91. *Doc. de la Session* (Q), vol. 7 (1873), doc. no 4, app. 2, p. 137.

92. *Doc. de la Session* (Q), vol. 24 (1890), doc. no 2, p. 6 et A.E.G., tiroir 21: *New-Richmond*, «Antoine-Philippe Bérubé à Mgr Jean Langevin», 8 avril 1890.

93. *Le Progrès du Golfe*, 20 octobre 1905.

94. Pelland, *Vastes champs... La Gaspésie...*, p. 62.

95. Thomas Pye, *Canadian Scenery: District of Gaspé*, Montréal, John Lovell, 1866, 55p.

96. Blanchard, *L'Est du...*, p. 44.

97. A.E.G., Bte *Vieux documents, no 2*, «Rapport de Louis Desjardins à Mgr Jean Langevin», 15 novembre 1867.

98. *Rapport sur l'agriculture, l'immigration et la colonisation*, 1868, Québec, Côté, p. 117.

99. «Rapport annuel de Pierre Fortin... 1856», *App. du JAL*, vol. (1857), app. no 23.

100. Jean Audet, *Géographie de Chandler et de sa région immédiate*, Licence (géographie), Université

Laval, 1965, p. 71.

101. *Doc. de la Session* (Q), vol. 10 (1876), doc. no 4, Terres de la Couronne, app. 23, 6 octobre 1876.

102. *Doc. de la Session* (Q), vol. 24 (1890), doc. no 112, p. 47-50.

103. *Rapport de la Commission de colonisation de la province de Québec*, Québec, Charles Pageau, 1904, Annexe 5, Enquêtes dans Bonaventure, p. 7.

Chapitre 10:
La diversification
de l'économie

1. Alfred Pelland, *Vastes champs offerts à la colonisation et à l'industrie. La Gaspésie. Esquisse historique. Ses ressources, ses progrès et son avenir*, Québec, Ministère de la Colonisation, des Mines et des Pêcheries, 1914, p. 143.

2. *Revue agricole*, août 1863, p. 277.

3. «Rapport annuel de Théophile Têtu..., 1868», *Doc. de la Session* (C), vol. 2 (1869), doc. no 12, p. 62.

4. Raoul Blanchard, *L'Est du Canada français, province de Québec*, Montréal, Beauchemin, 1935, vol. 1, p. 70.

5. *Gazette des campagnes*, 13 mars 1884, p. 250.

6. *RMDQ*, no 14 (mars 1861), «Missions du district de Gaspé», p. 55.

7. «Rapport annuel de Pierre Fortin..., 1857», *App. du JAL*, vol. 16 (1858), app. no 31.

8. Thomas Pye, *Canadian Scenery: District of Gaspe*, Montréal, John Lovell, 1866, p. 37.

9. AEG, Bte *Vieux documents, no 2*, «François-Adelme Blouin à Mgr Jean Langevin», 15 novembre 1867.

10. *RMDQ*, no 15 (mars 1863), «Missions de Port-Daniel», p. 58.

11. *Rapport sur l'agriculture, l'immigration et la colonisation*, Québec, Côté, 1868, p. 125.

12. *Gazette des campagnes*, 15 octobre 1866, p. 190.

13. Auguste Béchard, *La Gaspésie en 1888*, Québec, Imprimerie nationale, 1918, p. 61-63.

14. *RMDQ*, no 18 (avril 1868), «Missions de Gaspé», p. 37.

15. Cité dans Pelland, *op. cit.*, p. 64.

16. *Le problème de la colonisation au Canada-français*, Congrès de colonisation, Chicoutimi, juillet 1919, p. 65.

17. Cité dans Pelland, *op. cit.*, p. 155.

18. Alfred Pelland, *Vastes champs offerts à la colonisation et à l'industrie. La région Matane-Matapédia. Ses ressources, ses progrès et son avenir*, Québec, Ministère de la Colonisation, des Mines et des Pêcheries, 1912, p. 40.

19. *RMDQ*, no 17 (avril 1866), « Mission de Cascapédia », p. 118-119.

20. *Le Progrès de Valleyfield*, 24 septembre 1885.

21. Cité dans Arthur Buies, *Les comtés de Rimouski, de Matane et de Témiscouata*, Québec, Belleau et Cie, 1890, p. 39-40.

22. *Doc. de la Session* (Q), vol. 3 (1870), doc. no 3, Rapport du commissaire de l'Agriculture et de la Colonisation, p. 18.

23. *Doc. de la Session* (Q), vol. 3 (1870), doc. no 17, Agriculture et Travaux Publics, p. 12.

24. Blanchard, *op. cit.*, p. 74.

25. *Recensement du Canada*, 1881.

26. *Recensement du Canada*, 1911.

27. *Gazette des campagnes*, 15 octobre 1866, p. 189.

28. Jean-Chrysostome Langelier, *Esquisse sur la Gaspésie*, Lévis, Mercier et Cie, 1884, p. 53.

29. *Gazette des campagnes*, 15 octobre 1866, p. 189.

30. Eugène Rouillard, *La colonisation dans les comtés de Témiscouata, Rimouski, Matane, Bonaventure, Gaspé*, Québec, Département de la Colonisation et des Mines, 1889, p. 45.

31. Langelier, *op. cit.*, p. 53.

32. Auguste Béchard, « Un soir d'été à Percé », *L'Ancien Québec, descriptions, nos archives, etc.*, Québec, Belleau et Cie, 1890, p. 43.

33. *Le Progrès de Valleyfield*, 17 septembre 1885.

34. *Débats de la Chambre des Communes*, 13 mars 1914, Charles Marcil, p. 1756.

35. Pierre Rastoul et Alain Ross, *La Gaspésie de Grosses-Roches à Gaspé*, Québec, Beauchemin/Éditeur officiel du Québec, 1978, p. 42-43.

36. Jacques Letarte, *Atlas d'histoire économique et sociale du Québec, 1851-1901*, Montréal, Fides, 1971, p. 21-22.

37. *Journal de l'Assemblée législative*, vol. 15 (1857), app. no 24, La péninsule de Gaspé.

38. *Ibid.*

39. *Revue agricole*, octobre 1863, p. 16.

40. *Ibid.*, p. 17.

41. *Quebec Diocesan Gazette*, XX:9 (septembre 1913), p. 109.

42. *Journal de l'Assemblée législative*, vol. 15 (1857), app. no 25, La péninsule de Gaspé.

43. Langelier, *op. cit.*, p. 67.

44. *Le Progrès de Valleyfield*, 24 septembre 1885.

45. *Ibid.*

46. Buies, *Les comtés...*, p. 56.

47. *Journal de l'Assemblée législative*, vol. V (1846), app. J.

48. *Doc. de la Session*, vol. 26 (1866), doc. no 5, app. au rapport du ministre de la Colonisation.

49. *Doc. de la Session*, (Q), vol. 22 (1889), doc. no 3, Rapport du commissaire de l'Agriculture et de la Colonisation, p. 29.

50. *Annuaire statistique du Québec*, 1915, p. 620.

51. *Doc. de la Session* (Q), vol. 27 (1893), doc. no 2, Rapport du ministre de l'Agriculture, section: cercles agricoles.

52. *Annuaire statistique du Québec*, 1915, p. 620.

53. Pelland, *Vastes champs... La Gaspésie...*, p. 62.

54. *Doc. de la Session* (Q), vol. 34 (1901), doc. no 3, Inspection des beurreries et fromageries, p. 322.

55. *Recensement du Canada*, 1901.

56. *Débats de la Chambre des Communes*, 13 mars 1914, Charles Marcil, p. 1756.

57. *Annuaire statistique du Québec*, 1919, p. 340-341.

58. Blanchard, *L'Est du...*, p. 36.

59. Jean Hamelin et Yves Roby, *Histoire économique du Québec, 1851-1896*, Montréal, Fides, 1971, p. 218.

60. *Ibid.*

61. *Doc. de la Session* (Q), vol. 8 (1874-1875), doc. no 2, Statement of Timber limits..., 1873, p. 38-48.

62. *Ibid.*

63. *Rapport de la Commission de colonisation de la province de Québec*, Québec, Charles Pageau, 1904, Annexe 5, Enquêtes dans Bonaventure, p. 2-3.

64. *Recensements du Canada*, 1851, 1871, 1891.

65. « Rapport annuel de Pierre Fortin..., 1857 », *loc. cit.*

66. Pye, *Canadian...*, p. 20.

67. « Rapport annuel de Pierre Fortin..., 1860 », *Doc. de la Session*, vol. 19 (1861), doc. no 15.

68. *Doc. de la Session* (Q), vol. 19 (1886), doc. no 4, app. 37, p. 77.

69. *Ibid.*

70. Rastoul et Ross, *La Gaspésie...*, p. 35.

71. Antoine Gagnon, *Histoire de Matane, 1677-1977*, Rimouski, Impressions des Associés, 1977, p. 362.

72. *Ibid.*

73. Pierre-Yves Pépin, *La mise en valeur des ressources naturelles de la région Gaspésie-Rive-Sud*, Québec, Ministère de l'Industrie et du Commerce, 1962, p. 182.

74. « Rapport annuel de Napoléon Lavoie..., 1875 », *Doc. de la Session* (C), vol. 10 (1876), doc. no 5, p. 40.

75. *Journal de l'Assemblée législative*, session 1869, app. no 2.

76. « Fortin... 1858 », *loc. cit.*

77. « Rapport annuel de Pierre Fortin..., 1863 », *Doc. de la Session*, vol. 23 (1864), doc. no 5, p. 21.

78. « Fortin... 1857 », *loc. cit.*

79. *Recensement du Canada*, 1891 et Pelland, *Vastes champs... La Gaspésie...*, p. 109-115.

80. Blanchard, *op. cit.*, p. 97.

81. Alfred Pelland, *La région de Bonaventure*, Québec, Ministère de la Colonisation, des Mines et des Pêcheries, 1908, p. 14.

82. Pelland, *Vastes champs... La Gaspésie...*, p. 104.

83. *Doc. de la Session* (Q), vol. 42 (1909), doc. no 3, app. 53, p. 203-204.

84. *Rapport de la Commission...*, p. 18.

85. *Doc. de la Session* (Q), vol. 43 (1910), doc. no 67, « C.-E. Bernier au commissaire des Terres », 22 mai 1905.

86. Blanchard, *op. cit.*, p. 98.

87. *Doc. de la Session* (Q), vol. 19 (1886), doc. no 4, app. 37, p. 77.

88. *Journal de l'Assemblée législative*, vol. 15 (1857), app. no 25, La péninsule de Gaspé.

89. Blanchard, *op. cit.*, p. 81.

90. *Doc. de la Session* (Q), vol. 44 (1911), doc. no 104.

91. *Débats de la Chambre des Communes*, 11 mai 1914, Charles Marcil, p. 3703.

92. *Doc. de la Session* (Q), vol. 41 (1908), doc. no 10, Terres et Forêts, p. IX.

93. Pelland, *La région...*, p. 14.

94. *Doc. de la Session* (Q), vol. 24 (1890), doc. no 112, p. 73.

95. *Doc. de la Session* (Q), vol. 44 (1911), doc. no 104.

96. Rouillard, *La colonisation...*, p. 89.

97. *Doc. de la Session* (Q), vol. 24 (1890), doc. no 112, p. 49-50.

98. AEG, Bte 24 *Chandler*, « Victor Côté à Mgr Blais », 23 janvier 1914.

99. *Quebec Diocesan Gazette*, XX:3 (septembre 1913), p. 109.

100. Jean Audet, *Géographie de Chandler et de sa région immédiate*, Québec, M.A. (géographie), Université Laval, 1965, p. 77.

101. *Doc. de la Session* (Q), vol. 36 (1903), doc. no 22, p. 79.

102. *CSDQ*, vol. LX (1901), D. Horner, p. 104.

103. « Rapport annuel de Napoléon Lavoie..., 1874 », *Doc. de la Session* (C), vol. 9 (1875), doc. no 5, p. 6.

104. Irénée Richard, « Un rêve avorté. L'entreprise de la Madeleine, 1915-1929 », *RHG*, vol. II, no 2 (avril-juin 1964), p. 73-80.

105. J.-A. Vézina, « La compagnie Price à Matane (1) », *RHM*, II:I (décembre 1966), p. 17.

106. J.-A. Vézina, « La compagnie Price à Matane (2) », *RHM*, II:II (juillet 1967), p. 24.

107. Louis Blanchette, « Rapport Lyster (2) », *RHM*, XI:II (juin 1976), p. 25.

Chapitre 10:
Les activités
maritimes

1. « Rapport annuel de Pierre Fortin... 1864 », *Annual Report of Pierre Fortin*, Recueil de rapports annuels du service de protection des pêcheries du Golfe Saint-Laurent entre 1858 et 1870, Bibliothèque de la Législature du Québec, p. 37.

2. « Rapport annuel de Napoléon Lavoie... 1872 »,

Doc. de la Session, (c), vol. 6 (1873), doc. no 8, p. 14.

3. André Lepage, *Ressources documentaires pour l'étude des pêcheries gaspésiennes*, 1- *Le Fonds de la compagnie Robin*, Québec, MAC, Dir. du patrimoine, Rapport de recherche, 1980, p. 26.

4. « Rapport annuel de Pierre Fortin... 1857 », *App. des JAL*, vol. 16 (1858), app. no 31.

5. *Ibid.*

6. « Rapport annuel de Pierre Fortin... 1862 », *Doc. de la Session*, vol. 21 (1863), doc. no 5, Tableau sur le nombre de bâtiments employés aux pêcheries...

7. Thomas Pye, *Canadian Scenery: District of Gaspé*, Montréal, John Lovell, 1866, p. 33.

8. Donat Robichaud, *Le Grand Chipagan. Histoire de Shippagan*, Montréal, Imprimerie Gaspé Ltée, 1976, p. 170.

9. « Rapport annuel de Pierre Fortin... 1861 », *Doc. de la Session*, vol. 20 (1862), doc. no 11.

10. Michel Le Moignan et Roch Samson, « William Hyman », *DBC*, vol. XI: *De 1881 à 1890*, sous presse.

11. *Ibid.*

12. Francine Lelièvre, *Histoire humaine du parc national Forillon*, Gaspé, MAIN, Parcs Canada, Recherche historique, 1973, p. 54.

13. *Ibid.*, p. 54-55.

14. Mabel Dunn-LeBoutillier, « Les LeBoutillier en Gaspésie », *RHG*, X:1 (janvier-mars 1972), p. 39.

15. « Rapport annuel de Pierre Fortin... 1856 », *App. du JAL*, vol. 15 (1857), app. no 23.

16. Notes d'André Lepage et Jean Laliberté dans *Images de la Gaspésie au XIXe siècle*, réédition de l'ouvrage de Thomas Pye, *Canadian...*, Québec, Presses Coméditex, 1980, p. 31.

17. « Fortin... 1856 », *loc. cit.*

18. « Fortin... 1857 », *loc. cit.*

19. *RMDQ*, no 18 (avril 1868), « Mission de Rivière-au-Renard », p. 56.

20. Auguste Béchard, *La Gaspésie en 1888*, Québec, Imprimerie nationale, 1918, p. 22.

21. « Rapport annuel de Théophile Têtu... 1868 », *Doc. de la Session* (C) vol. 2 (1869), doc. no 12, p. 62.

22. « Rapport annuel de Napoléon Lavoie... 1873 », *Doc. de la Session* (C), vol. 7 (1874), doc. no 4, p. 16.

23. « Rapport annuel de Napoléon Lavoie... 1874 »,

Doc. de la Session (C), vol. 8 (1875), doc. no 5, p. 8.

24. *Ibid.*

25. « Rapport annuel de Napoléon Lavoie... 1875 », *Doc. de la Session* (C), vol. 9 (1876), doc. no 5, p. 40.

26. « Lavoie... 1874 », *loc. cit.*, p. 78-81.

27. James McPherson Lemoine, *Les pêcheries du Canada*, Québec, Atelier typographique du Canadien, 1863, p. 102-104.

28. « Lavoie... 1875 », *loc. cit.*, p. 40.

29. *Doc. de la Session* (Q), vol. 22 (1889), doc. no 3, État des comptes publics..., p. 25.

30. André Lepage, *Histoire de la population et du peuplement de la péninsule de Forillon*, Québec, MAIN, Parcs Canada, Recherche historique, 1978, p. 88.

31. A.P. Coleman, « The Gaspé Peninsula », *MSRC*, 1921.

32. « Fortin... 1864 », *loc. cit.*, p. 37.

33. « Rapport annuel de Pierre Fortin... 1859 », *Doc. de la Session*, vol. 18 (1860), doc. no 12, p. 132.

34. « Rapport annuel de Napoléon Lavoie... 1877 », *Doc. de la Session* (C), vol. 11 (1878), doc. no 1, p. 5.

35. Roch Samson, *La pêche à Grande-Grave au début du XXe siècle*, Québec, MAIN, Parcs Canada, Recherche historique, 1977, p. 70, 133.

36. Se référer aux statistiques disponibles dans les rapports du Service canadien de protection des pêcheries du golfe Saint-Laurent ou du département de la Marine et des Pêcheries dans les documents parlementaires ou de session fédéraux.

37. « Lavoie... 1875 », *loc. cit.*, p. 41.

38. Moses H. Perley, « Report on the Fisheries of the Gulf of Saint Lawrence », 1849, *The Canadian Naturalist and Geologist*, vol. 4 (1859), p. 49.

39. Pye, *op. cit.*, p. 33.

40. *Ibid.*, p. 32-33.

41. *Ibid.*, p. 15.

42. « Fortin... 1857 », *loc. cit.*

43. Samson, *La pêche...*, p. 23.

44. « Rapport annuel de Napoléon Lavoie... 1869 », *Doc. de la Session* (C), vol. 3 (1870), doc. no 11, p. 16.

45. Notes de Lepage-Laliberté..., p. XIII.

46. Harold A. Innis, *The Cod Fisheries. The History of an International Economy*, Toronto, University of

Toronto Press, 1940, p. 403.

47. « Fortin... 1859 », *loc. cit.*

48. « Rapport annuel de Pierre Fortin... 1860 », *Doc. de la Session*, vol. 19 (1861), doc. no 15.

49. Raoul Blanchard, *L'Est du Canada français, province de Québec*, Montréal, Beauchemin, 1935, vol. I, p. 268.

50. Pye, *op. cit.*, p. 44.

51. Innis, *op. cit.*, p. 358.

52. Victor-Amédée Huard, *Labrador et Anticosti*, Montréal, Beauchemin et Fils, 1897, p. 172-181.

53. *Ibid.*, p. 129.

54. « Fortin... 1859 », *loc. cit.*, p. 137

55. *Doc. de la Session*, vol. 23 (1864), doc. no 71.

56. « Rapport annuel de Pierre Fortin... 1858 », *app. du JAL*, vol. 17 (1859), app. no 15.

57. *Débats de la Chambre des Communes*, 3 mai 1879, Pierre Fortin, p. 1752.

58. « Rapport annuel de Pierre Fortin... 1855 », *App. du JAL*, vol. 14 (1856), app. no 25.

59. « Fortin... 1856 », *loc. cit.*

60. *Débats de la Chambre des Communes*, 3 mai 1869, Pierre Fortin, p. 157.

61. « Rapport annuel de Théophile Têtu... 1867 », *Annual Report of Pierre Fortin*, Recueil de rapports annuels du Service de protection des pêcheries du golfe Saint-Laurent entre 1858 et 1870, Bibliothèque de la Législature du Québec, p. 21.

62. « Fortin... 1860 », *loc. cit.*

63. *App. du JAL*, vol. IX (1852-1853), app. JJJJ (1853).

64. Samson, *La pêche...*, p. 24.

65. E.-T.-D. Chambers, *Les pêcheries de la province de Québec*, Québec, Ministère de la Colonisation, des Mines et des pêcheries, 1912, p. 166.

66. *Doc. de la Session*, vol. 19 (1861), doc. no 32.

67. Firmin Létourneau, « La côte nord de Gaspé », *RHG*, III:4 (octobre-décembre 1965), p. 79.

68. *App. du JAL*, vol. XI (1852-1853), app. JJJJ (1853).

69. *Doc. de la Session*, vol. 24 (1865), doc. no 37, Rapport des inspecteurs des ports francs..., p. 18.

70. « Rapport annuel de Pierre Fortin... 1863 », *Doc. de la Session*, vol. 23 (1864), doc. no 5, p. 42.

71. AEG, Bte *Port-Daniel. Correspondance et Documents*, « Lettre de Thomas-Eugène Beaulieu à Mgr Baillargeon », 20 décembre 1861.

72. *Doc. de la Session*, vol. 24 (1865), doc. no 37, Rapport des inspecteurs des ports francs..., p. 21 et 25.

73. *Ibid.*, p. 22-23.

74. *Ibid.*, p. 25.

75. « Fortin... 1864 », *loc. cit.*, p. 39-40.

76. Charles-Eugène Roy et Lucien Brault, *Gaspé depuis Cartier*, Québec, Au Moulin des Lettres, 1934, p. 118.

77. André Lepage, *Le banc de Paspébiac, site commercial et industriel*, Québec, MAC, Dir. du patrimoine, Rapport de recherche, 1980, p. 80.

78. Jean-Chrysostome Langelier, *Esquisse sur la Gaspésie*, Lévis, Mercier et Cie, 1884, p. 75-76.

79. « Rapport annuel de Napoléon Lavoie... 1871 », *Doc. de la Session* (C) vol. 5 (1872), doc. no 5, p. 22.

80. Langelier, *op. cit.*, p. 76.

81. Cité dans Louis-Zéphirin Joncas, *Les pêcheries du Canada*, Ottawa, Département de l'Agriculture, 1886, p. 18.

82. « Fortin... 1858 », *loc. cit.*

83. « Fortin... 1856 », *loc. cit.*

84. Lemoine, *Les pêcheries...*, p. 120-121.

85. « Lavoie... 1869 », *loc. cit.*, p. 21.

86. « Les souvenirs de Marie-Dina Arseneau (1846-1951) », *RHG*, XV:2 (avril-juin 1877), p. 94.

87. *Commission de la conservation*, Canada, *Pêcheries maritimes de l'Est du Canada*, Ottawa, The Mortimer Co., 1912, p. 107.

88. « Rapport annuel de Pierre Fortin... 1865 », *Doc. de la Session*, vol. 26 (1866), doc. no 36, p. 53.

89. « Lavoie... 1877 », *loc. cit.*, p. 6.

90. Louis Bérubé, « La production », Esdras Minville, dir., *Pêche et chasse*, Montréal, Fides, 1946, p. 89.

91. « Rapport annuel de Napoléon Lavoie... 1870 », *Doc. de la Session* (C), vol. 4 (1871), doc. no 5, p. 227.

92. Fortin... 1856, 1858 et 1959, *loc. cit.*

93. David J. McDougall, « The Shipbuilders, Whalers and Master Mariners of Gaspé Bay in the Nineteenth Century », Eric W. Sager and Lewis R. Fisher, Eds., *The Enterprising Canadians: Entrepreneurs and Economic Development in Eastern Canada, 1820-1914*, St. John's Memorial University of Newfoundland, 1979,

no 11, p. 136.

94. « Têtu... 1867 », *loc. cit.*, p. 24.

95. McDougall, *loc. cit.*, p. 134.

96. Langelier, *op. cit.*, p. 37.

97. Rapport annuel de Napoléon Lavoie... 1871, 1872, 1876 et 1877, *op. cit.*

98. *Doc. de la Session* (C), vol. XXXVI (1902), doc. no 22, 34e rapport annuel du ministre de la Marine et des Pêcheries, 1901, p. 94.

99. Pierre Provost, *Contre vents et marées. Les 55 ans de la Coopérative des pêcheurs de Carleton*, Québec, Éditeur officiel du Québec, 1978, p. 74.

100. Richard Nettle, *The Salmon Fisheries of the St.Lawrence and its Tributaries*, Montréal, Lovell, 1867, p. 87.

101. *Revue Agricole*, octobre 1863, p. 18.

102. « Têtu... 1867 », *loc. cit.*, p. 26.

103. « Lavoie... 1871 », *loc. cit.*, p. 20 et 21.

104. Cité dans *Doc. de la Session* (C), vol. 13 (1880), doc. no 9, annexe 3, p. 54-55.

105. James McPherson Lemoine, *Chasse et pêche au Canada*, Québec, N.S. Hardy, 1887, p. 259.

106. Nous traiterons de la pêche sportive dans le chapitre intitulé « L'impact des communications ».

107. Joncas, *Les pêcheries...*, p. 15.

108. Fabien Bugeaud, *Nos pêcheries*, Montréal, L'École Sociale Populaire, s.d., p. 3.

109. *Annuaire statistique du Québec*, 1919, p. 384.

110. Samson, *La pêche...*, p. 68.

111. Pierre-Yves Pépin, *La mise en valeur des ressources naturelles de la région Gaspésie-Rive-Sud*, Québec, Ministère de l'Industrie et du Commerce, 1962, p. 104.

112. *Doc. de la Session* (C), vol. XLIII (1909), doc. no 22, p. 146.

113. AEG, tiroir *Paspébiac*, « Cyprien Larrivée à Mgr Jean Langevin », 16 février 1886.

114. AEG, tiroir *Paspébiac*, « Cyprien Larrivée à Mgr Jean Langevin », 9 mars 1886.

115. Lepage, *Ressources documentaires...*, p. 4.

116. Huard, *Labrador...*, p. 173.

117. John Mason Clarke, *The Heart of Gaspé. Sketches in the Gulf of St. Lawrence*, New York, The MacMillan Company, 1913, p. 57.

118. Innis, *op. cit.*, p. 428.

119. Alfred Pelland, *Vastes champs offerts à la colonisation et à l'industrie. La Gaspésie. Esquisse historique. Ses ressources, ses progrès et son avenir*, Québec, Ministère de la Colonisation, des Mines et des Pêcheries, 1914, p. 151.

120. Robichaud, *Le Grand Chipagan...*, p. 181.

121. L.-E. Carufel, *La péninsule gaspésienne et la colonisation dans les comtés de Gaspé et de Bonaventure*, Montréal, Tellier, 1903, p. 26.

122. Voir à ce sujet Louis Bérubé, *Coup d'oeil sur les pêcheries de Québec*, Sainte-Anne-de-la-Pocatière, École supérieure des pêcheries, 1941, p. 16-18; Clarke, *The Heart...*, p. 60-62; Pierre Rastoul et Alain Ross, *La Gaspésie de Grosses-Roches à Gaspé*, Québec, Beauchemin Éditeur officiel du Québec, 1978, p. 187-188; Augustine Jalbert-Côté, « La révolte de 1909 à Rivière-au-Renard », *RHG*, IV:1 (janvier-mars 1966), p. 5-9.

123. *Le Cri de l'Est*, 19 avril 1912.

**Chapitre 12:
La péninsule
sort de son
isolement**

1. « Rapport annuel de Pierre Fortin... 1863 », *Doc. de la Session*, vol. 23 (1864), doc. no 5, p. 41.

2. Charles-Eugène Roy, *Percé, sa nature, son histoire*, Percé, 1947, p. 139-140.

3. *Débats de la Chambre des Communes*, 9 mars 1876, Théodore Robitaille, p. 549.

4. *Débats de la Chambre des Communes*, 23 avril 1883, Pierre Fortin, p. 821.

5. *Débats de la Chambre des Communes*, 7 mai 1888, Louis-Zéphirin Joncas, p. 1268.

6. *Débats de la Chambre des Communes*, 17 juin 1891, William LeBoutillier-Fauvel, p. 981.

7. Jean-Chrysostome Langelier, *Esquisse sur la Gaspésie*, Lévis, Mercier et Cie, 1884, p. 83.

8. « Rapport annuel de Pierre Fortin... 1860 », *Doc. de la Session*, vol. 19 (1861), doc. no 15.

9. *Débats de la Chambre des Communes*, 14 mai 1902, Charles Marcil, p. 5037.

10. *Ibid.*, Rodolphe Lemieux, p. 5044.

11. *Débats de la Chambre des Communes*, Comité des subsides, 9 octobre 1903, p. 13721-13746.

12. *Ibid.*, 25 mars 1909, p. 3470.

13. Raoul Blanchard, *L'Est du Canada français, province de Québec*, Montréal, Beauchemin, 1935, vol. 1, p. 52.

14. Jean Hamelin et Yves Roby, *Histoire économique du Québec, 1851-1896*, Montréal, Fides, 1971, p. 115.

15. Arthur Buies, *Chroniques canadiennes; humeurs et caprices*, Montréal, Sénécal, 1884, p. 248.

16. *L'Écho du Golfe*, 10 septembre 1885 et *Le Progrès de Valleyfield*, 10 septembre 1885.

17. *Débats de la Chambre des Communes*, 14 mai 1902, Charles Marcil, p. 5034.

18. *Le Soleil*, 8 juin 1908.

19. *Débats de la Chambre des Communes*, 24 avril 1914, Charles Marcil, p. 3084.

20. *Débats de la Chambre des Communes*, 18 mars 1918, Rodolphe Lemieux, p. 2321.

21. *Débats de la Chambre des Communes*, Comité des subsides, 23 juin 1897, p. 4339-4340.

22. *Le Canadien*, 10 avril 1867.

23. *Le Canadien*, 6 novembre 1867.

24. *Débats de la Chambre des Communes*, 19 décembre 1867, Pierre Fortin, p. 321.

25. Hamelin et Roby, *op. cit.*, p. 126.

26. « Rapport annuel de Napoléon Lavoie... 1870 », *Doc. de la Session* (C), vol. 4 (1871), doc. no 5, p. 227.

27. *Doc. de la Session* (C), vol. 10 (1877), doc. no 6, annexe 28, Rapport supplémentaire sur le chemin de fer Intercolonial, p. 196.

28. Gaétan Gervais, *L'expansion du réseau ferroviaire québécois (1875-1895)*, Ph.D. (histoire), Université d'Ottawa, 1978, p. 327.

29. *La Minerve*, 12 septembre 1881.

30. Langelier, *op. cit.*, p. 82-87.

31. Gervais, *op. cit.*, p. 328.

32. *Débats de l'Assemblée législative*, 22 mars 1882, Louis-Joseph Riopel, p. 55.

33. Gervais, *op. cit.*, p. 329.

34. *Débats de la Chambre des Communes*, 10 avril 1884, Hector Langevin, p. 1603.

35. Cité dans Gervais, *op. cit.*, p. 335.

36. *Commission Royale d'enquête sur le chemin de fer de la Baie des Chaleurs*, Procès-verbaux des séances et dépositions des témoins, 1891, p. 202-203.

37. *Ibid.*, p. 849.

38. *Débats de la Chambre des Communes*, 2 avril 1900, Wilfrid Laurier, p. 2991-2992.

39. *Débats de la Chambre des Communes*, 15 juillet 1903, Charles Marcil, p. 6837-6838.

40. *Débats de la Chambre des Communes*, 20 janvier 1913, Charles Marcil, p. 1825.

41. Il est fait référence ici à la chute du gouvernement Mercier en décembre 1891, suite à ce qu'il est convenu d'appeler le scandale de la Baie-des-Chaleurs. Nous traitons de cette affaire dans le chapitre intitulé « Le personnel politique ».

42. Louis Blanchette, « Les chemins de fer du littoral nord de la Gaspésie », *RHM*, X:II (juillet 1975), p. 46.

43. *Le Progrès du Golfe*, 12 août 1904.

44. Jacques Ouellet, « La venue du chemin de fer dans l'Est du Québec », *RHBSL*, III:3-4 (décembre 1976), p. 18.

45. Antoine Gagnon, *Histoire de Matane, 1677-1977*, Rimouski, Impressions des Associés, 1977, p. 457.

46. Ivan S. Brookes, *The Lower St. Lawrence: a Pictorial History of Shipping and Industrial Development*, Cleveland, Fresh Water Press, 1974, p. 249.

**Chapitre 13:
L'organisation
sociale
et politique**

1. Nérée Gingras, « Vieux papiers: Impressions de Gaspésie en 1857 », *Le Canada français*, 26:5 (janvier 1939), p. 486-487.

2. *Statuts du Canada*, 1861, (23 Vict., chap. 18, sect. 46).

3. AER, *Registre des actes officiels: A*; du 15 janvier 1867 au 3 mars 1870, p. 97.

4. *Le Canada ecclésiastique*, 1890, p. 42-44.

5. *Le Canada ecclésiastique*, 1918, p. 99.

6. AEG, Bte 82: *Bonaventure*, « Pétition des gens de Bonaventure à Mgr Turgeon », 27 décembre 1852.

7. Jean-Chrysostome Langelier, *Esquisse sur la Gaspésie*, Lévis, Mercier et Cie, 1884, p. 90.

8. D.R. Keyworth, Ed., *St. James'Anglican Church. Port Daniel. One Hundred Years of Witness*, s.l., 1969, p. 21.

9. Langelier, *op. cit.*, p. 90.

10. AEG, *Mont-Louis. Correspondances: 1867-1897. Documents: 1845-1897*, « Joseph-Marie Dubé à Mgr Blais », vers 1891.

11. AEG, Bte 30: *Douglastown*, « Jérôme Sasseville à Mgr Turgeon », 26 novembre 1851.

12. *CSDQ*, vol. XVII (1859), p. 31.

13. *CSDQ*, vol. XVIII (1860), J. de Mouilpied, p. 16.

14. *CSDQ*, vol. XXIII (1865), J. de Mouilpied, p. 22.

15. BUA, *Quebec Diocesan Archives*, B-13 (or-pr), no 59.

16. *CSDQ*, vol. LVI (1897), A.S. Balfour, p. 90.

17. Dorothy Phillips, *St. Matthew's Church, Peninsula*, s.l., 1979, p. 21.

18. *The Quebec Diocesan Gazette*, II:15 (mars 1895), G.R. Walters, p. 54.

19. *The Acts and Proceedings of the Sixth General Assembly of the Presbyterian Church in Canada*, Toronto, Presbyterian Printing House, 1880, p. CLXII.

20. Phillips, *op. cit.*, p. 21.

21. *Ibid.*, p. 35 et 67.

22. *Les églises du diocèse de Gaspé*, Rimouski, Imprimerie Bellavance Inc., 1979, p. 183.

23. Cité dans Béatrice Chassé, *L'affaire Casault-Langevin*, D.E.S. (histoire), Université Laval, 1965, p. 18.

24. Cité dans *Ibid.*, p. 12.

25. André Lepage, *Histoire de la population et du peuplement de la péninsule de Forillon*, Québec, MAIN, Parcs Canada, Recherche historique, 1978, p. 59.

26. *Quebec Diocesan Gazette*, XVII:9 (septembre 1910), p. 115.

27. Frank W. Remiggi, « La lutte du clergé contre le marchand de poisson », Eric W. Sager and Lewis R. Fisher, Eds, *The Enterprising Canadians: Entrepreneurs and Economic Development in Eastern Canada, 1820-1914*, St. John's, Memorial University of Newfoundland, 1979, no 13, p. 185-197.

28. *RMDQ*, no 14 (mars 1861), « Missions du district de Gaspé », p. 46.

29. *RMDQ*, no 18 (avril 1868), « Missions de Gaspé »,

p. 41-42 et 46.

30. AEG, *Port-Daniel. Correspondance et Documents*, « Thomas-Eugène Beaulieu à Mgr Baillargeon », 20 décembre 1861.

31. Les archives des pères Capucins de Ristigouche sont accessibles aux ANQR.

32. « Les Capucins à Ristigouche », *RHG*, X:2-3 (avril-septembre 1972), p. 202.

33. AEG, Bte 24: *Chandler*, lettre du 7 mars 1917.

34. ARSAB, *Digesta Chronica Collegiorum Congregationis S. Redemptoris provincia Belgica, Vice-prov. Canadensis*, 1879-1894, tabella.

35. *Journal de l'Assemblée législative*, vol. XI (1852-1853), app. JJ (1853).

36. *Ibid.*

37. *Journal de l'Instruction Publique*, 1861, p. 191.

38. Auguste Béchard, *La Gaspésie en 1888*, Québec, Imprimerie nationale, 1918, p. 113-114.

39. *Journal de l'Instruction Publique*, 1863, p. 153.

40. *Doc. de la Session*, vol. 21 (1862), doc. no 34, Extrait du rapport de M. l'inspecteur Béchard.

41. AEG, Bte *Percé (Ile Bonaventure)*, Rapport annuel sur les missions de Percé et du Cap Désespoir, 1858-1859.

42. Lionel Allard, « L'éducation en Gaspésie en 1855 », *RHG*, I:2 (mai-juin 1963), p. 69.

43. *Doc. de la Session* (Q), vol. 20 (1887), doc. no 5, RSIP, 1885-1886, p. 49.

44. *Doc. de la Session* (Q), vol. 22 (1889), doc. no 5, RSIP, 1887-1888, p. 84.

45. *Doc. de la Session* (Q), vol. 15 (1881-1882), doc. no 5, RSIP, 1880-1881, p. 81.

46. *Doc. de la Session* (Q), vol. 8 (1874-1875), doc. no 3, RSIP, 1873-1874, p. 116.

47. *Doc. de la Session* (Q), vol. 20 (1887), doc. no 5, RSIP, 1885-1886, p. 56.

48. *Doc. de la Session* (Q), vol. 27 (1893), doc. no 5, RSIP, 1892-1893, p. 102-103.

49. Lionel Allard, « L'éducation en Gaspésie en 1900 », *RHG*, I:4 (octobre-décembre 1903), p. 162.

50. *Annuaire statistique du Québec*, 1919, p. 170.

51. *Doc. de la Session* (Q), vol. 6 (1873), doc. no 3, RSIP, 1872-1873, p. 17.

52. *Doc. de la Session* (Q), vol. 15 (1881-1882), doc. no 5, RSIP, 1880-1881), p, VI-VII.

53. *Doc. de la Session* (Q), vol. 1 (1869), doc. no 2, RSIP, 1867-1868 et vol. 18 (1884-1885), doc. no 5, RSIP, 1883-1884, p. 358-381.

54. *Doc. de la Session* (Q), vol. 19 (1886), doc. no 5, RSIP, 1884-1885, p. 444.

55. AEG, Bte *Carleton, Documents 1841-1926*, « Soeur St-Robert à Mgr Blais », 29 janvier 1914.

56. *Annuaire statistique du Québec*, 1915, p. 315.

57. *Journal de l'Assemblée législative*, vol. 14 (1856), app. no 2, doc. no 16.

58. *Journal de l'Assemblée législative*, vol. XI (1852-1853), app. JJ (1853).

59. Calculs faits à partir de *Doc. de la Session* (Q), vol. 14 (1869-1880-1881), RSIP, 1867-1868-1879-1880.

60. Alfred Pelland, « Vastes champs offerts à la colonisation et à l'industrie. La Gaspésie. Esquisse historique. Ses ressources, ses progrès et son avenir », Québec, Ministère de la Colonisation, des Mines et des Pêcheries, *Annuaire statistique du Québec*, 1915, p. 315.

61. *Doc. de la Session* (Q), vol. 36 (1903), doc. no 5, RSIP, 1901-1902, p. 19.

62. Dans son édition du 10 novembre 1900, *Le Soleil* se vante même d'avoir plus de 1 500 abonnés dans le seul comté de Gaspé!

63. Les exemplaires de ce journal sont très rares. Celui du 13 février 1851 (vol. 4, no 7) se trouve à la Bibliothèque de la Législature du Québec et il existe quelques autres copies non classées aux archives du palais de justice de New-Carlisle.

64. Les seuls originaux connus sont à la Bibliothèque du Séminaire de Québec. On y retrouve les onze numéros de la collection.

65. Stanislas Drapeau, *Études sur les développements de la colonisation du Bas-Canada depuis dix ans: 1851-1861*, Québec, Léger Brousseau, 1863, p. 24.

66. *Gazette officielle du Québec*, janvier-décembre 1869, p. 33.

67. Pelland, *op. cit.*, p. 176 et 180.

68. Il existe des biographies officielles des parlementaires fédéraux et provinciaux depuis 1867. Il s'agit dans le cas des députés fédéraux du volume de J.K. Johnson, *The Canadian Directory of Parliament, 1867-1967*, Ottawa, Public Archives of Canada, 1968, 731p. Pour les élus provinciaux, il faut consulter le *Répertoire des parlementaires québécois, 1867-1978*, Québec, Assemblée nationale du Québec, 1980, 796p.

69. AEG, Bte 83: *Bonaventure*, « Joseph-Louis Alain à Mgr Turgeon », 22 août 1861.

70. *L'Événement*, 17 et 19 octobre 1876.

71. Cité dans Béatrice Chassé, *L'affaire...*, p. 19.

72. Cité dans *Ibid.*, p. 21.

73. AEG, *Maria. Correspondances: 1860-1902*, « Jacob Gagné à Mgr Edmond Langevin », s.d.

74. Andrée Désilets, *Une figure politique du 19e siècle, François-Xavier Lemieux*, DES (histoire), Université Laval, 1964, p. 87.

75. AEG, Bte 48: *Diocèse avant érection*, « Prêtres et missionnaires du comté de Bonaventure à Mgr Langevin », 14 avril et 26 août 1890.

76. *L'Électeur*, 5 octobre 1886. Voir aussi le numéro du 7 octobre. Du côté conservateur, consulter les articles du *Journal de Québec* des 7, 8, et 9 octobre.

77. *Commission Royale d'enquête sur le chemin de fer de la Baie des Chaleurs*, Procès-verbaux des séances et dépositions des témoins, p. 200.

78. *Le Soleil*, 28 avril 1897.

79. Claire Marcil Bruchési, « Biographie de l'Honorable Charles Marcil », *RHG*, VIII:2 (avril-juin 1970), p. 111.

80. *Le Soleil*, 5 juin 1908.

81. *Débats de la Chambre des Communes*, 29 mai 1913, Charles Marcil, p. 11606.

82. Provincial Tourist Bureau, *The Gaspe Peninsula. History, Legends, Resources, Attractions*, Québec, Department of Highways and Mines, 1930, p. 203.

83. CSDQ, vol. LXXV (1916), A.J. Vibert, p. 95.

84. Antoine Gagnon, *Histoire de Matane, 1677-1977*, Rimouski, Impressions des Associés, 1977, p. 565.

85. *Rapport sur la treizième élection générale pour la Chambre des Communes du Canada*, Ottawa, 1917, comtés de Bonaventure, Gaspé et Matane.

86. *Ibid.*

87. *Rapport sur la quatorzième élection générale pour la Chambre des Communes du Canada*, Ottawa, 1921, comtés de Bonaventure, Gaspé et Matane.

88. *Le Soleil*, 23 et 30 novembre 1921.

89. Phillips, *St. Matthew's...*, p. 69.

90. Gagnon, *op. cit.*, p. 424.

91. *Le Devoir*, 2 octobre 1914 et G.W.L. Nicholson, *Le corps expéditionnaire canadien, 1914-1918*, Ottawa, Imprimeur de la Reine, 1963, p. 34-35.

Chapitre 14:
Les problèmes
de l'économie

1. Louis Bérubé, « La Production », Esdras Minville, dir., *Pêche et Chasse*, Montréal, Fides, 1946, p. 96. Nous empruntons à cet auteur les quelques données statistiques qui suivent.

2. *La Voix de Gaspé*, 10 avril 1930.

3. Pierre-Yves Pépin, *La mise en valeur des ressources naturelles de la région Gaspésie-Rive-Sud*, Québec, Ministère de l'Industrie et du Commerce, 1962, p. 105.

4. Paul Larocque, *Pêche et coopération au Québec*, Montréal, Éditions du Jour, 1978, p. 59.

5. Pour l'histoire du mouvement coopératif en Gaspésie, voir plus loin le chapitre intitulé « Le religieux et le social ».

6. *Gaspésie*, 16 janvier 1960.

7. MEG, F.-X. Ross, no 39, Circulaire au Clergé, 4 janvier 1928, p. 408 et 409.

8. *La Voix de Gaspé*, 25 octobre 1928. Voir aussi; *Ibid.*, 11 octobre 1928, 12 décembre 1928, 28 février 1929 et 13 juin 1929, pour les autres données sur l'évolution de l'industrie de la pêche pendant cette décennie.

9. Raoul Blanchard, *L'Est du Canada français, province de Québec*, Montréal, Beauchemin, 1935, vol. 1, p. 44.

10. Claude Allard, *Le Comté de Bonaventure*, Licence (sciences sociales), Université Laval, 1947, p. 31.

11. Blanchard, *op. cit.*, p. 90 et AEG, Bte *Agriculture*, « Alexandre Bardou à Mgr Ross », juin 1929.

12. *La Voix de Gaspé*, 28 février 1929.

13. Ministère de l'Intérieur, *La Gaspésie; ses ressources naturelles et son développement économique*, Ottawa, Imprimeur du Roi, 1926, p. 20.

14. *Annuaire statistique du Québec*, 1931, p. 296-299.

15. *La Voix de Gaspé*, 11 septembre 1930.

16. Blanchard, *op. cit.*, p. 90.

17. MEG, F.-X. Ross, no 7, C. Cl., 21 juillet 1923, p. 65.

18. *Doc. de la Session* (Q), Vol. 62 (1929), Rapport du ministre de la Colonisation, des Mines et des Pêcheries, tableau 1, p. 1.

19. J.-E. Garon, *Historique de la colonisation dans la province de Québec de 1825 à 1940*, Québec, Ministère de la Colonisation, 1940, p. 41-43.

20. *Ibid.*, p. 11.

21. *Doc. de la Session* (Q), Vol. 60 (1927), Rapport du ministre de la Colonisation, des Mines et des Pêcheries, p. 276.

22. *Guide du colon*, 1930, p. 68.

23. MEG, F.-X. Ross, no 7, C. Cl., 21 juillet 1923, p. 69.

24. Réal Bujold, « Val-d'Espoir. Un arc-en-ciel gaspésien », RHG, XI:4 (octobre-décembre 1973), p. 278.

25. *Guide du colon*, 1930, p. 80.

26. Gregor Kremenliev, *The Company and the Town: A History of the Pulp and Paper Town of Chandler, Quebec (1912-1971)*, M.A. (History), Concordia University, 1975, p. 62-65, 99-118.

27. Irénée Richard, « Un rêve avorté. L'entreprise de la Madeleine, 1915-1929 », RHG, II:2 (avril-juin 1964), p. 80-85.

28. Ministère de l'Intérieur, *La Gaspésie...*, p. 27.

29. *La Voix de Gaspé*, 21 février 1929.

30. Benoît Brouillette, « L'industrie des pâtes et du papier », Esdras Minville, dir., *La forêt*, Montréal, Fides, 1944, p. 200.

31. Antoine Bernard, *La Gaspésie au soleil*, Montréal, Les Clercs de St-Viateur, 1925, p. 299.

32. Esdras Minville, « Le problème social de la forêt », Minville, *La forêt*, p. 334.

33. Provincial Tourist Bureau, *Along Quebec Highways — Tourist Guide*, Quebec, Department of Highways and Mines, 1930, p. 275.

34. *Recensement du Canada*, 1921, 1931.

35. Blanchard, *op. cit.*, p. 102-103.

36. *La Voix de Gaspé*, 17 janvier 1929.

37. *La Voix de Gaspé*, 7 mars 1929.

38. *Annuaire statistique du Québec*, 1922-1930.

39. Blanchard, *op. cit.*, p. 63.

40. Joseph Risi, « Petite histoire d'une vieille étude économique en Gaspésie », *La problématique du développement en milieu rural*, Rimouski, Université du Québec à Rimouski, 1976, p. 202.

41. Ces estimations sont faites à partir des trois inventaires suivants: *Inventaire des ressources naturelles et industrielles 1937 — Comté municipal de Gaspé-Ouest... Comté municipal de Gaspé-Est... Comté municipal de Bonaventure*, ministère des Affaires municipales, de l'Industrie et du Commerce de la Province de Québec, 1937. Elles reposent sur des bases plus solides que les chiffres des recensements fédéraux qui comptent comme pêcheurs tous ceux qui, âgés de dix ans et plus, tirent un revenu quelconque de la pêche, sans considérer le temps qu'ils y ont consacré. Voir aussi J. Risi, *Rapport général sur l'enquête économique faite dans les comtés de Gaspé-Nord, Gaspé-Sud et les Iles-de-la-Madeleine*, manuscrit, 1937, p. 15.

42. *Inventaire... Gaspé-Ouest*, p. 21 et 25 et *Inventaire des ressources naturelles et industrielles 1937 — Comté municipal de Matane*, ministère des Affaires municipales, de l'Industrie et du Commerce de la Province de Québec, 1937, p. 36 et 106.

43. *Débats de la Chambre des Communes*, 21 mai 1932, Onésime Gagnon, p. 3205-3215.

44. *Rapport général du ministre de la Chasse et des Pêcheries de la province de Québec, 1945-1946*, tableau 7, p. 24 et 25; Bérubé, *loc. cit.*, p. 102-103.

45. Louis Bérubé, *Coup d'oeil sur les pêcheries de Québec*, Sainte-Anne-de-la-Pocatière, École supérieure des pêcheries, 1941, p. 48; « La production... », *loc. cit.*, p. 110-111; Pépin, *La mise en valeur...*, p. 107; Larocque, *op. cit.*, p. 62.

46. Paul Larocque, *op. cit.*, p. 54 et 55; J. Risi, *op. cit.*, Manuscrit, 1957, p. 38.

47. Robert Rumilly, *Maurice Duplessis et son temps*, Montréal, Fides, 1973, vol. 1, p. 351.

48. Pierre Rastoul et Alain Ross, *La Gaspésie de Grosses-Roches à Gaspé*, Québec, Librairie Beauchemin/Éditeur officiel du Québec, 1978, p. 82.

49. Ivan S. Brookes, *The Lower St. Lawrence: A Pictorial History of Shipping and Industrial Development*, Cleveland, Freshwater Press, 1974, p. 249.

50. AEG, Tiroir 13, *Bois et mines*, « Eugène S. Audet à Mgr Ross », 15 mai 1928; « Plainte de Jean-Marie Côté de Petite-Anse » et « État de compte de Jean-Marie Côté à la Mont Louis Seigniory Limited », mars 1934.

51. *Inventaire... Gaspé-Ouest*, p. 21.

52. Gérard Guité, *Le milieu gaspésien et ses ressources*, thèse (sciences sociales), Université Laval, 1940, p. 41; *Inventaire... Gaspé-Ouest*, p. 45 et *Inventaire... Gaspé-Est*, p. 146.

53. Guité, *op. cit.*, p. 50, 53; Larocque, *op. cit.*, p. 19, 22 et 23.

54. Blanchard, *L'Est du Canada...*, p. 94.

55. Guité, *op. cit.*, p. 51 et 52; *Inventaire... Matane*, p. 23.

56. Guité, *op. cit.*, p. 52.

57. *Doc. de la Session* (Q), vol. 19 (1935-1936), Rapport du ministre de la Colonisation, 1935, p 223.

58. AEG, Bte *Colonisation, Catéchisme (Enseignement)*, « Mgr Ross à Irénée Vautrin », 14 février 1935.

59. AEG, Tiroir *Brébeuf*, « François Casey à Mgr Ross », 29 novembre 1938.

60. *Inventaire... Matane*, p. 29, 137, 139 et 141.

61. Au sujet de cette colonie, voir dans le chapitre « Le religieux et le social » la question des syndicats forestiers.

62. *Inventaire des ressources naturelles 1937 — Gaspésie — conclusions générales*, Ministère des Affaires municipales, de l'Industrie et du Commerce de la Province de Québec, 1937, p. 3.

63. *Inventaire... Matane*, p. 14.

64. *Inventaire... Gaspé-Est*, p. 10.

65. *Inventaire... Conclusions générales*, p. 17 et 18.

66. À moins d'indications contraires, les renseignements contenus dans cette partie proviennent de Pépin, *La mise en valeur...*

67. *Le comté de Gaspé-Ouest. Inventaire économique*, 1958, Ministère de l'Industrie et du Commerce, 1959, p. 35.

68. Paul Boucher, *Monographies économico-sociales des comtés ruraux du Québec, La Gaspésie*, Québec, ministère de l'Agriculture et de la Colonisation, 1962, p. 25.

69. Kremenliev, *The Company...*, p. 74-79.

70. BAEQ, *Esquisse du plan. Les mines*, Mont-Joli, 1965, p. 14.

71. Claude Labarre, *L'impact économique régional du complexe minier de Murdochville*, Mont-Joli, 1966, p. 25 et 26.

72. *Le comté de Gaspé-Ouest...*, p. 35.

73. Sur la question des nouveaux types de navires, voir Larocque, *op. cit.*, p. 239-251 et Pépin, *op. cit.*, p. 118-120.

74. Larocque, *op. cit.*, p. 317.

75. Pour cette sous-partie, outre Pépin, nous nous sommes servis de Boucher, *op. cit.*, et des *Recensements du Canada*, 1941, 1951 et 1961.

76. Marcel Rioux, *Belle-Anse*, Ottawa, Musée national du Canada, Bulletin no 138, 1961, p. 66.

Chapitre 15:
L'impact
des communications

1. *Le Devoir*, 25 août 1934.

2. *Débats de la Chambre des Communes*, 25 avril 1921, Rodolphe Lemieux, p. 2561.

3. *Le Devoir*, 25 août 1934.

4. Cité dans Denis Cayouette, « Le circuit ferroviaire dans Gaspé-Sud », *RHG*, XVII:65 (janvier-mars 1979), p. 25-26.

5. Péninsulaire (Charles-Eugène Roy), *La Gaspésie intérieure. Ses richesses, ses besoins, son avenir*, Montréal, L'École sociale populaire, 1928, p. 5.

6. Cité dans *Ibid.* p. 2.

7. *Débats de la Chambre des Communes*, 19 avril 1950, Léopold Langlois, p. 1746.

8. Cité dans Alphonse Loiselle, *La Gaspésie d'aujourd'hui (La Bretagne Canadienne)*, Montréal, Ed. Al. Loiselle, 1948, p. 66.

9. *Débats de la Chambre des Communes*, 13 février 1962, Roland English, p. 881.

10. Divers documents émanant du Service des relations publiques de la Clarke Transport Canada Inc. et Pierre-Yves Pépin, *La mise en valeur des ressources naturelles de la région Gaspésie-Rive-Sud*, Québec, Ministère de l'Industrie et du Commerce, 1962, p. 330.

11. *Le Devoir*, 14 août 1941.

12. Cité dans Robert Rumilly, *La Gaspésie. Enquête économique*, Québec, Le Soleil, 1944, p. 87.

13. Pépin, *op. cit.*, p. 337; *Ma Gaspésie*, 23 janvier 1958 et 7 novembre 1959.

14. Pépin, *op. cit.*, p. 337 et BAEQ, *Esquisse du Plan. Le transport*, Mont-Joli, 1965, p. 229.

15. Pépin, *op. cit.*, p. 338 et BAEQ, *op. cit.*, p. 222.

16. *Le Devoir*, 31 mai 1919.

17. *La Voix de Gaspé*, 13 septembre 1928 et 27 décembre 1928.

18. *La Voix de Gaspé*, 13 septembre 1928.

19. *Ibid.*, 18 avril 1929.

20. *Annuaire statistique du Québec*, 1927, 1931; *La Voix de Gaspé*, 28 février 1929.

21. *La Voix de Gaspé*, 13 juin 1929.

22. Provincial Tourist Bureau, *The Gaspe Peninsula. History, Legends, Resources, Attractions.* Québec, Department of Highways and Mines, 1930, p. 100 et 114 (traduction libre).

23. Office provincial du Tourisme, *La Gaspésie. Histoire, Légendes, Ressources, Beautés*, Québec, Ministère de la Voirie et des Mines, 1933, p. 75, 99, et 115.

24. *Le Gaspésien*, 3 janvier 1931.

25. Roger Brière, *Le tourisme en Gaspésie*, M.A. (géographie), Université de Montréal, 1957, p. 45.

26. Labarre, *L'impact économique régional du complexe minier de Murdochville*, Mont-Joli, 1966, p. 23.

27. Jules Bélanger, « Le Comte Jacques de Lesseps », *RGH*, VIII:4 (octobre-décembre 1970), p. 181-187.

28. Pépin, *La mise en valeur...*, p. 328 et « La symbiose progressive des régions Gaspésie-Rive-Sud et Côte-Nord », *L'Actualité économique*, 35:4 (janvier-mars 1960), p. 634.

29. Le lecteur intéressé à plus de détails consultera avec profit *Le Progrès du Golfe*, 30 juillet 1948, et Claude Allard, « Désastre aérien en 1948 », *RHG*, 1:3 (juillet-septembre 1963), p. 146-148.

30. Monique J. Lebel, « Le téléphone dans le Bas Saint-Laurent », *RHBSL*, IV:3-4 (septembre 1977), p. 4 et 6.

31. Québec Téléphone, Service des Relations publiques, *Inventaire du Livre des délibérations du bureau de direction de la Compagnie du Téléphone de Métis*, p. 11.

32. Québec Téléphone, Service des Relations publiques, *Inventaire du Livre des délibérations du bureau de direction de « The Bonaventure & Gaspe Telephone Company »*, p. 1 et 2.

33. *Ibid.*, p. 4 et 5.

34. *Annuaire statistique du Québec*, 1929, p. 374-375.

35. Québec Téléphone, Service des Relations publiques, *Inventaire du Livre des délibérations du bureau de direction de « The Bonaventure... »*, p. 9.

36. *La Voix de Gaspé*, 24 janvier 1929.

37. AEG, Tiroir 15: *Caisses Populaires*, « Georges Fre-

nette à Mgr Ross », 25 septembre 1931.

38. André Beaulieu et Jean Hamelin, *Les journaux du Québec de 1764 à 1964*, Québec, PUL, 1965, p. 23.

39. Entrevue avec Lionel Boisseau, prêtre et animateur d'une réflexion religieuse quotidienne à CHNC, New-Carlisle, 16 juillet 1979.

40. Elzéar Lavoie, « L'évolution de la radio au Canada français avant 1940 », *Recherches sociographiques*, XII:1 (janvier-avril 1971), p. 41.

41. *À Pleines Voiles*, 1:4 (1er avril 1945), p. 12.

42. Jacques De Guise, *Les médiums d'information à l'intérieur du territoire-pilote*, Mont-Joli, 1965, p. 58.

43. Bertrand Émond, « CKBL: Une station régionale (1948-1972) », *RHBSL*, IV:3-4 (septembre 1977), p. 27.

44. Jean-Chrysostome Langelier, *Esquisse sur la Gaspésie*, Lévis, Mercier et Cie, 1884, p. 18.

45. *Doc. de la Session* (Q), vol. 23 (1890), Rapport du secrétaire et régistraire de la Province de Québec pour l'exercice 1888-1889, app. 26, p. 72.

46. E.T.D. Chambers, *Les pêcheries de la province de Québec*, Québec, Ministère de la Colonisation, des Mines et des Pêcheries, 1912, p. 185.

47. James MacPherson Lemoine, *Chasse et pêche au Canada*, Québec, N.S. Hardy, 1887, p. 260.

48. *Débats de la Chambre des Communes*, 15 mai 1883, Pierre Fortin, p. 1279.

49. Chambers, *op. cit.*, p. 185.

50. Jean-Paul Dubé, *Dernière chance du saumon?*, Québec, Les Éditions La Liberté, 1972, p. 50.

51. Cité dans Paul-Louis Martin et Gilles Rousseau, *La Gaspésie de Miguasha à Percé*, Québec, Librairie Beauchemin/Éditeur officiel du Québec, 1978, p. 76-77.

52. Paul-Louis Martin, *Histoire de la chasse au Québec*, Montréal, Éditions du Boréal Express, 1980, p. 109 et 167.

53. Gaston Moisan, « Le caribou de Gaspé », *Le naturaliste canadien*, LXXXIII:10 (octobre 1956), nos 11-12 (novembre-décembre 1956) et LXXXIV:1 (janvier 1957), p. 226-234, 262-274, et 5-27.

54. Brière, *op. cit.*, p. 39 et 40.

55. Provincial Tourist Bureau, *Romantic Quebec-Gaspe Peninsula*, Québec, Roads Department, 1929, 32p.

56. *Doc. de la Session* (Q), vol. 69 (1935), Rapport du ministre de la Voirie, p. 112; *Le Gaspésien*, 19 août 1933.

57. Wilfrid Boney, « The Gaspe Peninsula Wonderland », *The National Geographic Magazine*, LXVIII:2 (August 1935), p. 209-230.

58. Gérard Guité, *Le milieu gaspésien et ses ressources*, Licence (sciences sociale), Université Laval, 1940, p. 95.

59. Joseph Risi, *Rapport général sur l'enquête économique faite dans les comtés de Gaspé-Nord, Gaspé-Sud et les Iles-de-la-Madeleine*, Manuscrit, 1937, p. 57.

60. Brière, *op. cit.*, p. 18.

61. AEG, Tiroir 51: *Gouvernement provincial*, « Mgr Ross à Ralph Frederick Stockwell », 16 octobre 1933; MEG, F.-X. Ross, no 44, C. Cl., 24 juin 1929, p. 471; *Ibid.*, no 3, C. Cl., 25 mars 1933, p. 25.

62. Brière, *op. cit.*, p. 100 et 132.

63. Provincial Tourist Bureau, *The Gaspe...*, p. 196.

64. *Ibid.*, p. 132 (traduction libre).

65. Brière, *op. cit.*, p. 35 et 41. Dans les paragraphes qui suivent, nous emprunterons à cet auteur les données statistiques sur le tourisme.

66. Rioux, *Belle-Anse*, Ottawa, Musée national du Canada, bulletin no 138, 1961, p. 51.

**Chapitre 16
Le religieux
et le social**

1. AEG, « Rapport de la Commission nommée par le Chapitre à sa séance d'octobre 1920 pour étudier la question de la division du diocèse de Rimouski ». Les chiffres ne correspondent pas tout à fait à ceux de la supplique à Rome qui donne 59 729 habitants (52 129 catholiques et 7 600 protestants) et 59 paroisses et missions.

2. *Ibid.*

3. Charles-Eugène Roy, « Érection du diocèse de Gaspé », *RHG*, X:2-3 (avril-septembre 1972), p. 75.

4. *Le Canada ecclésiastique*, 1923, p. 105. Ces chiffres sont contestés par Mgr Ross qui corrige *Le Canada ecclésiastique* de 1923 en indiquant 43 prêtres séculiers et 9 prêtres réguliers, ce que confirme d'ailleurs le premier annuaire diocésain publié en 1922. *Le Canada ecclésiastique*, 1946, p. 156. Le registre des statistiques de l'évêché de Gaspé indique, pour 1946, exactement 71 784 catholiques et 8 754 non-catholiques.

5. Ludger Trépanier, « Le clergé de Gaspé en 1922 », *RHG*, X:2-3 (avril-septembre 1972), p. 124.

6. « L'Histoire des Soeurs du Christ-Roi à Gaspé », *RHG*, IX:2 (avril-juin 1971), p. 286.

7. AEG, Bte *Mgr Ross*, La Gaspésie, Manuscrit d'une allocution prononcée à Rimouski, avril 1934, p. 15.

8. MEG, F.-X. Ross, no 3, Mandement d'Entrée, 3 mai 1923, p. 20 et 21.

9. Maurice LeBel, « Monseigneur François-Xavier Ross », *La Revue de l'Université Laval*, II:8 (avril 1948), p. 665.

10. MEG, F.-X. Ross, no 3, ME, 3 mai 1923, p. 28.

11. Cité dans LeBel, *loc. cit.*, II:7 (mars 1948), p. 588.

12. François-Xavier Ross, « L'expérience des Syndicats de pêcheurs », *Ensemble*, VI:1 (janvier 1945), p. 5 et 22.

13. MEG, F.-X. Ross, no 33, C. Cl., 18 décembre 1926, p. 363.

14. *Ibid.*, no 19, C. Cl. 5 mai 1936, p. 194-195.

15. AEG, Bte *Mgr Ross*, La Gaspésie, Manuscrit d'une allocution prononcée à Rimouski, avril 1934, p. 19.

16. LeBel, *loc. cit.*, II:7 (mars 1948), p. 591.

17. AEG, *Corr. Mgr Ross*, tiroir 2, Section A, Chemise I, « Mgr Ross à Eugène L'Heureux », 8 avril 1942.

18. Paul Larocque, *Pêche et coopération au Québec*, Montréal, Les Éditions du Jour, 1978, p. 19.

19. Lionel Allard, « L'Éducation en Gaspésie en 1925 », *RHG*, II:2 (avril-juin 1964), p. 104-106.

20. *Rapport du Surintendant de l'Instruction publique de la province de Québec pour l'année 1941-1942*, app. no 1, p. 128. La région no 8 comprend les districts scolaires de Rimouski, Mont-Joli, Matane, Matapédia, Bonaventure, Gaspé-Nord, Gaspé-Sud et les Iles-de-la-Madeleine.

21. AEG, Bte *Mgr Ross*, La Gaspésie, Manuscrit d'une allocution prononcée à Rimouski, avril 1934, p. 18.

22. *Annuaire statistique du Québec*, 1927, p. 111.

23. Antoine Bernard, *Les Soeurs de Saint-Paul de Chartres dans le monde. Au Canada*, Sainte-Anne-des-Monts, Les Soeurs de Saint-Paul, 1957, p. 349-352.

24. Marie-Anna Vignola, « Glanes », *RGH*, XII:2 (avril-juin 1974), p. 175. Tout ce numéro de la *RGH* est consacré à l'histoire des ursulines de Gaspé de 1924 à 1974.

25. *Rapport du Surintendant de l'Instruction publique de la province de Québec pour l'année 1936-1937*, app. no 1, p. 107; *Ibid.*, 1944-1945, app. no 1, p. 120.

26. *Ibid.*, 1942-1943, app. no 3, p. 184.

27. Jules Bélanger, « Le séminaire de Gaspé à travers le demi-siècle diocésain », *RGH*, X:2-3 (avril-septembre 1972), p. 168 et 173; MEG, F.-X. Ross, no 31, C. Cl., 1 octobre 1926, p. 340.

28. Antoine Bernard, *Les Clercs de Saint-Viateur au Canada. Le second demi-siècle 1897-1947*, Montréal, Les Clercs de Saint-Viateur, 1951, p. 542.

29. *Annuaire du Séminaire de Gaspé*, 1943-1944, p. 11-14.

30. AEG, Tiroir 27: *Hôpital de Chandler*, « Mgr Blais à la Supérieure des soeurs de la Providence », 21 juillet 1915; Une soeur de la Providence, « Hôpital de la Providence de Chandler. Premier établissement hospitalier de la Gaspésie », *RHG*, X:2-3 (avril-septembre 1972), p. 190.

31. AEG, Tiroir 27: *Hôpital de Chandler*, « Convention entre la communauté des soeurs de la Charité de la Providence et la St. Lawrence Pulp and Lumber Corporation », 16 janvier 1917.

32. « Historique de l'Hôtel-Dieu de Gaspé », *RHG*, X:2-3 (avril-septembre 1972), p. 164. Paul Joncas, « Mgr F.-X. Ross, le premier fondateur de l'Hôtel-Dieu », *RHG* XIV:2-3 (avril-septembre 1976), p. 86. Pour plus de détails sur l'histoire de l'Hôtel-Dieu de Gaspé, il faut consulter tout ce numéro spécial double intitulé « Les 50 ans de l'Hôtel-Dieu de Gaspé ».

33. Antoine Gagnon, *Histoire de Matane, 1677-1977*, Rimouski, Impressions des Associés, 1977, p. 413.

34. MEG, F.-X. Ross, no 7, C. Cl., 21 juillet 1923, p. 68.

35. Alexandre Boudreau, « Inventaire du mouvement coopératif en Gaspésie », *Ensemble*, V:4 (avril 1944), p. 18.

36. Le volume de Paul Larocque, *Pêche et coopération au Québec*, est un ouvrage de base pour l'étude du mouvement coopératif chez les pêcheurs gaspésiens.

37. AUQR, Fonds *Louis Bérubé*, UQAR-75-02-2, « Rapport sur les coopératives de Gaspésie », décembre 1923, p. 7 et 12; Larocque, *op. cit.*, p. 47.

38. Ross, « L'expérience... », p. 5 et 6.

39. Georges Lafontaine, *Le coopératisme et l'organisation économique de la Gaspésie*, Montréal, Valiquette, 1940, p. 33.

40. Émile Bouvier, « En Gaspésie coopérative », *Rela-*

tions, août 1941, p. 219; Jean Boucher, « On devient maître chez soi en Gaspésie », *Ensemble,* novembre 1941, p. 31; *À Pleines Voiles,* I:4 (1er avril 1945), p. 12; Larocque, *op. cit.,* p. 73-74.

41. Le siège social de Pêcheurs-Unis est d'abord situé à Québec, puis en 1940 à Gaspé et ensuite à Montréal. Gaspé devient un bureau régional de production en 1944. Une usine régionale a été aménagée à Matane pour desservir les pêcheurs de la Côte-Nord et de Gaspé-Nord. Voir Larocque, *op. cit.,* p. 88 et 89.

42. Larocque, *op. cit.,* p. 92-94.

43. Boudreau, « Inventaire... », p. 17.

44. Adrien Bernard, « Les Caisses Populaires ont 75 ans », *RHG,* XIV:1 (janvier-mars 1976), p. 8 et 11.

45. AEG, Tiroir 15: *Caisses Populaires,* « Rapport annuel de l'Union régionale des caisses populaires Desjardins du district de Québec », 1924, p. 28.

46. *Ibid., Caisses Populaires,* « J.-Albert Saint-Laurent à Mgr Ross », 6 juillet 1937.

47. Cité dans Paul Leblanc, *La Gaspésie avant et après la coopération,* Montréal, Institut Carillon, 1945, p. 35.

48. MEG, F.-X. Ross, no 7, C. Cl., 21 juillet 1923, p. 72.

49. AEG, Tiroir 15: *Caisses Populaires,* « J.-Albert Saint-Laurent à Mgr Ross », 6 juillet 1937.

50. Bernard, *loc. cit.,* p. 21 et 22.

51. *À Pleines Voiles,* I:3 (1er mars 1945), p. 8.

52. AEG, Tiroir 15: *Caisses Populaires,* « J.-Albert Saint-Laurent à Mgr Ross », 23 janvier 1942.

53. *À Pleines Voiles,* 2:8 (1er août 1946).

54. Gérard Guité, « Une expérience intéressante à Maria », *Ensemble,* III:5 (mai 1942), p. 19.

55. Esdras Minville, « L'expérience de Grande-Vallée », *Ensemble,* IV:9 (novembre 1943), p. 3 et 4.

56. Alphonse Larochelle, « La colonie forestière de Grande-Vallée », *Ensemble,* VI:4 (avril 1945), p. 11.

57. Minville, *loc. cit.,* p. 5.

58. P.-A. Dorion, « Le Syndicat agricole et forestier de Grande-Vallée: une expérience coopérative », *Ensemble,* VIII:9 (novembre 1947), p. 12.

59. *À Pleines Voiles,* I:1 (1er janvier 1945). Le nombre de bûcherons indiqué ici semble nettement exagéré.

60. Paul Joncas, « Mgr Albini Leblanc, deuxième évêque de Gaspé (1946-1957) », *La Société Canadienne d'Histoire de l'Église Catholique,* Sessions d'études, 46 (1979), p. 111 et 112.

61. Paul Joncas, « Les évêques du diocèse de Gaspé », *RHG,* X:2-3 (avril-septembre 1972), p. 104 et 105.

62. MEG, A. Leblanc, M.E., 8 mai 1948, p. 21.

63. *Annuaire du Séminaire de Gaspé,* 1960-1961, p. 24.

64. *Rapport du Surintendant de l'Instruction publique de la province de Québec pour l'année 1943-1944,* app. no 1, p. 125.

65. AEG, Tiroir *Service Social,* « Les débuts du service social en Gaspésie », s.d.

66. Georges-Étienne Blanchard, *Schéma du problème hospitalier en Gaspésie,* Gaspé, Imprimerie de Chandler, 1953, p. 3-5.

67. Paul Bouchard, *Québec en évolution de Taschereau à Duplessis,* Québec, Publications Haleco, s.d., p. 25.

68. Département des Pêcheries de la Province de Québec, *Prospectus. École d'Apprentissage en Pêcheries. Grande-Rivière. Gaspé-Sud,* Grande-Rivière, 1958, p. 5-7.

69. Larocque, *op. cit.,* p. 158, 161 et 173.

70. *Ibid.,* p. 345.

71. *Bicentenaire de Bonaventure 1760-1960,* Bonaventure, 1960, p. 326; *Ma Gaspésie,* 13 mars 1958.

72. *Le comté de Gaspé-Ouest. Inventaire économique, 1958,* Ministère de l'Industrie et du Commerce, 1959, p. 45 et 119.

73. Gregor Kremenliev, *The Company and the Town: A History of the Pulp and Paper. Town of Chandler, Quebec (1912-1971),* M.A. (History), Concordia University, 1975, p. 155 et 164-168.

74. Cité dans Engelbert St-Laurent, *La naissance du syndicalisme catholique dans l'Est du Québec 1941-1950,* M.A. (histoire), Université Laval, 1979, p. 83.

75. AEG, « Mgr Leblanc à Guillaume Cassivi », 5 septembre 1948.

76. St-Laurent, *op. cit.,* p. 90-91.

77. Entrevue avec Jean-Marie Jobin, directeur général de l'Union des Producteurs agricoles de la Gaspésie, Black-Cape, 16 juillet 1979.

78. Roger Cabot, *Le conflit de reconnaissance syndicale de Murdochville en 1957,* M.A. (relations industrielles), Université Laval, 1966, p. 4, 6 et 8.

79. AEG, *Dossier Grève de Murdochville,* correspondance de Mgr Paul Joncas avec diverses instances politiques et syndicales, 1957.

80. On consultera avec profit Roger Clarke, *In Them Days: the Breakdown of a Traditional Fishing Economy in an English Village on the Gaspe Coast*, Ph.D. thesis (geography), McGill University, 1972, p. 118, 132 et 191.

81. Dorothy Phillips, *St. Matthew's Church, Peninsula*, s.l., 1979, p. 79 et 93.

82. *Quebec Diocesan Gazette*, LXII:5 (mai 1955), p. 13.

83. Yvan Daneau et Jean-Paul Gagnon, *Organisation sociale en Gaspésie*, M.A. (sociologie), Université Laval, 1962, p. 203.

Chapitre 17:
Politique
et politiciens

1. Antoine Gagnon, *Histoire de Matane, 1677-1977*, Rimouski, Impression des Associés, 1977, p. 434.

2. *Débats de la Chambre des Communes*, 21 mars 1935, Arthur Sauvé, p. 1908-1909.

3. Bona Arsenault, *Malgré les obstacles*, Québec, Institut littéraire du Québec, 1953, p. 160.

4. Marcel Rioux, *Belle-Anse*, Ottawa, Musée national du Canada, bulletin no 138, 1961, p. 42.

5. Arsenault, *op. cit.*, p. 160.

6. Rapports sur les quatorzièmes, quinzièmes et seizièmes électiosn générales pour la Chambre des Communes du Canada, Ottawa, 1921, 1925, 1926, comté de Gaspé.

7. *L'Action catholique*, 4 septembre 1926.

8. *Le Gaspésien*, 2 juillet 1931.

9. *Ibid.*, 11 juillet 1931.

10. Robert Rumilly, *Maurice Duplessis et son temps*, Montréal, Fides, 1973, T. 1, p. 153.

11. *Le Devoir*, 18 novembre 1935.

12. Arsenault, *op. cit.*, p. 74.

13. *Le Gaspésien*, 20 août 1931.

14. Rumilly, *op. cit.*, p. 203.

15. *Ibid.*, p. 227, 228 et 232.

16. Sur cet événement, voir *Le Devoir*, *La Presse*, et *Le Soleil* du 15 au 30 août 1934.

17. Nous devons ces détails sur les fortifications de Gaspé au capitaine Georges Allard de Gaspé qui servit comme officier de la marine canadienne au Fort Ramsay de 1942 à 1945.

18. *The Gazette*, 26 février 1972.

19. Michel Le Moignan, « Les Hospitalières et les torpilles allemandes, (la guerre en Gaspésie: 1941-1944)», RHG, XIV:54-55 (avril-septembre 1976), p. 124.

20. *Le Devoir*, 28 juin 1943. Voir aussi: Yvan S. Brookes, *The Lower St. Lawrence: A Pictorial History of Shipping and Industrial Development*, Cleveland, Freshwater Press, 1974, p. 225.

21. *La Presse*, 16 juin 1943.

22. *Le Devoir*, 22 juin 1943.

23. *Ibid.*, 7 juillet 1943. Voir aussi: *Ibid.*, 28 et 29 juin 1943.

24. *La Presse*, 17 juin 1943.

25. Gagnon, *Histoire...*, p. 424.

26. *Rapport sur la dix-neuvième élection générale pour la Chambre des Communes du Canada*, Ottawa, 1940, comtés de Gaspé, Bonaventure et Matapédia-Matane.

27. *Débats de la Chambre des Communes*, 24 juin 1942, J.-Alphée Poirier, p. 3801; *Ibid.*, 23 mars 1943, p. 1531.

28. *Le Devoir*, 5 novembre 1941.

29. *La Gazette du Canada*, LXXV:413 (23 juin 1942).

30. Marc Laterreur, *Les tribulations des conservateurs au Québec (de Bennett à Diefenbaker)*, Québec, PUL, 1973, p. 115.

31. *Le Progrès du Golfe*, 2 juillet 1948. Notons que de 1942 à 1944, le cabinet Godbout compte deux ministres gaspésiens: Pierre-Émile Côté et Perreault Casgrain. Il faut ajouter cependant que Casgrain est ministre sans portefeuille.

32. *Coffin était innocent*, Beloeil, Les Éditions de l'homme, 1958, 188p. et *J'accuse les assassins de Coffin*, Montréal, Éditions du jour, 1963, 176p. Au moins un autre ouvrage a été publié sur la question: John Edward Belliveau, *Coffin Murder Case*, Markham, Paperjacks Ltd, 1979, 175p.

33. *J'accuse...*, p. 175-176.

34. *Rapport de la Commission d'enquête Brossard sur l'affaire Coffin*, imprimé par l'Office d'information et de publicité du Québec, 27 novembre 1964 (3 vol.), p. 687 et 692.

35. Rumilly, *Maurice Duplessis...*, t. 2, p. 75.

36. *Débats de la Chambre des Communes*, 30 octobre 1957, Nérée Arsenault, p. 593.

37. Laterreur, *op. cit.*, p. 207.

38. *Ma Gaspésie*, 26 décembre 1957 et 23 avril 1959.

Chapitre 18:
La Gaspésie
en voie
d'émancipation
(1960-1980)

* Toutes les statistiques utilisées dans cette partie et pour lesquelles nous ne donnons pas de référence explicite ont été recueillies par l'auteur auprès des diverses instances concernées.

1. D'après une enquête scientifique effectuée par le *Financial Post* en 1963, alors que le revenu par personne s'établissait à $1 310 au Québec, soit 87% du revenu moyen national, en Gaspésie, soit dans les comtés de Matane, Gaspé-Nord, Gaspé-Sud et Bonaventure, il se situait à $623, ce qui était 41% du revenu moyen national.
En 1967, une autre enquête effectuée par le journal *Le Soleil* révélait que 75 à 80% des jeunes Gaspésiens ayant terminé un cours de métier ou de technologie quittaient la région pour travailler au loin.

2. Cahier numéro 1 du *Plan de développement*, p. 11.

3. Clermont Dugas, *L'Est du Québec à l'heure du développement régional*, Cahiers de l'Université du Québec à Rimouski, numéro 1, 1973, p. 121-123.

4. Bertrand Lebel, « Notes sur l'animation sociale au BAEQ », *Parti pris*, III:10, mai 1966, p. XX.

5. Texte officiel de l'Entente, article 7.

6. Dugas, *op. cit.*, p. 127-128.

7. *Ibid.*, p. 118.

8. *Ibid.* p. 120, 130-131.

9. *Plan de développement*, cahier no 1, BAEQ, 30 juin 1966, p. 43.

10. Extraits d'une interview accordée à l'auteur par Amédée Lapierre le 12 mai 1981.

11. Ce comité fut formé le 8 avril 1967 au cours d'une réunion tenue à Gaspé par le Comité d'Organisation de l'Enseignement collégial en Gaspésie et aux Iles-de-la-Madeleine, lui-même mis sur pied par suite d'une initiative de l'Association des Anciens du Séminaire de Gaspé en sa réunion du 25 septembre 1966. Il se composait de représentants des onze institutions d'enseignement collégial de la région concernée, de neuf représentants des groupes socio-économiques de la même région. Il se donna comme exécutif Jules Bélanger à la présidence, Wilfrid Carter et Guy Émond aux vice-présidences et Jude Hughes au secrétariat.

12. Marcelle Beaupré *et al.*, *Vers une politique de décentralisation*, Rimouski, Université du Québec à Rimouski, avril 1981, 165p. (L'année universitaire se divise en trois sessions: automne, hiver, été. Les statistiques des sessions de l'été et de l'automne 1974 n'étaient pas disponibles.)

13. *Ibid.*, p. 156.

14. Statistiques du diocèse de Gaspé. Ces chiffres excluent la population des Iles-de-la-Madeleine mais ils incluent celle des non-catholiques de la péninsule (comtés de Bonaventure et de Gaspé, soit de Ristigouche à Cap-Chat). Ces statistiques ne correspondent pas exactement à celles de Statistique Canada que nous avons utilisées ailleurs dans cet ouvrage.

15. *Lettres patentes constituant en corporation la Société historique de la Gaspésie*, publiées dans RHG, I: 1 (janvier-mars 1963), p. 47-48.

16. François Picard, « La Gaspésie des archéologues », *Gaspésie*, XIX:74 (avril-juin 1981), p. 30-41.

17. Marius Arsenault et Marc Brassard, « Miguasha: site magistral de poissons fossiles », *Gaspésie*, XIX, nos 72-73 (Hiver 81), p. 20-28. Le ministère du Tourisme a confié la responsabilité de la recherche et de l'animation du musée à l'Université du Québec à Rimouski, entre 1976 et 1980.

18. *Rapport présenté par l'Assemblée des évêques du Québec à l'occasion de la visite quinquennale à Rome*, 1978, p. 48.

19. *Mandements des évêques de Gaspé*. Circulaire au clergé, le 21 juillet 1923, vol. 1, p. 73. Il nous paraît utile de donner ici tout le paragraphe en question. « Dans notre région nous sommes encore au temps où rien ne se fait si le clergé ne prend pas les devants. À proprement parler, l'organisation économique ne relève pas de notre ministère et nous pourrions bien nous en désintéresser. Mais la religion, qui doit assurer le salut éternel des hommes, contribue fortement à leur procurer le bien-être temporel, et l'Église a des bénédictions pour toutes les industries créées par l'activité humaine. Ce sont les moines qui ont appris aux Barbares à défricher le sol, c'est l'Église qui a organisé les Corporations du Moyen-Âge, et c'est le clergé qui a sauvé du naufrage la colonie canadienne. Nous restons donc dans la bonne tradition en organisant les forces de notre peuple sur le terrain économique. Les pouvoirs publics le comprennent si bien qu'ils sollicitent notre concours et favorisent notre action. »

Orientation
bibliographique

La documentation sur la Gaspésie est assez variée mais d'inégale valeur. *Bibliographie de l'Est du Québec* est le seul répertoire bibliographique exhaustif disponible mais il est encore sous forme de bande informatisée (James Thwaites *et al.*, Banque ordinolingue BADADUQ, U.Q.R.). Cet outil de travail n'inventorie cependant pas les sources manuscrites. Le *Gaspesiana* de soeur Saint-Denis (Fides, 1965) s'avère pour sa part incomplet. *Bibliographie annotée de l'histoire humaine du parc national Forillon* (Francine Lelièvre, Parcs Canada, 1971) est un autre répertoire d'auteurs et de titres, mais il est surtout valable pour le secteur de Gaspé.

Parmi les principaux regroupements de sources manuscrites et imprimées, signalons les documents des administrations publiques, politiques et judiciaires, tels les papiers des gouverneurs, du Colonial Office, les journaux législatifs, les documents de session, les rapports des ministères, les annuaires statistiques, les recensements décennaux, les comptes rendus des débats parlementaires, les documents des municipalités, des palais de justice et des bureaux d'enregistrement, etc. Les archives religieuses sont aussi très importantes, particulièrement celles de l'évêché de Gaspé. Enfin, certains fonds déposés à Ottawa (APC), tel celui de la Charles Robin Company, renferment des renseignements d'une grande richesse. André Lepage a fait une évaluation du fonds Robin dans *Ressources documentaires pour l'étude des pêcheries gaspésiennes, 1- Le fonds de la compagnie Robin* (MAC, 1980). Michel Émard, dans ses *Cahiers gaspésiens*, a commencé, lui, à transcrire certains inventaires et à publier quelques sources concernant la région.

Il n'existe aucune synthèse sur l'histoire de la Gaspésie. Celle-ci est la première. Certains ouvrages généraux sont cependant indispensables. Ainsi en est-il de *La Gaspésie au soleil* d'Antoine Bernard (Les Clercs de Saint-Viateur, 1925). Fortement axé sur l'histoire religieuse et sur l'aspect acadien de l'expérience gaspésienne, ce volume commence cependant à accuser son âge. Beaucoup plus récents, deux itinéraires culturels, *La Gaspésie de Grosses-Roches à Gaspé* (Pierre Rastoul et Alain Ross, Beauchemin/Éditeur officiel du Québec, 1978) et la *Gaspésie de Miguasha à Percé* (Paul-Louis Martin et Gilles Rousseau, *ibid.*) nous livrent une esquisse historique intéressante sur chaque secteur du littoral gaspésien. On peut trouver aussi plusieurs monographies de paroisses ou de villages plus ou moins intéressantes et répétitives. Parmi les mieux réussies et les plus importantes, signalons *Gaspé depuis Cartier* (Charles-Eugène Roy et Lucien Brault, Au Moulin des Lettres, 1934), *Percé, sa nature, son histoire* (Charles-Eugène Roy, 1947), *Histoire de Matane, 1677-1977* (Antoine Gagnon, Impressions des Associés, 1977) et *Historique de l'île Bonaventure* (Madeleine Bisson, manuscrit, MTCP, 1978). Sur le secteur de Forillon, parmi les diverses études de Parcs Canada, on peut lire *Histoire humaine du parc national Forillon* (Francine Lelièvre, Parcs Canada, 1973) et surtout *Histoire de la population et du peuplement de la péninsule de Forillon* (André Lepage, Parcs Canada, 1978), mieux documentée.

Les biographies, elles, sont très rares. Il y a *The Public Life of Denis Riverin, 1675-1717* de Michel St-Amant (M.A., History, University of Western Ontario, 1975) et *The Robins in Gaspe, 1766 to 1825* de David Lee (Manuscrit en possession de l'auteur). Les volumes du *Dictionnaire Biographique du Canada* contiennent plusieurs courtes biographies de Gaspésiens ou de personnages ayant oeuvré dans la péninsule du 16e au 19e siècle. Pour ce qui est des périodiques, la *Revue d'Histoire de la Gaspésie*, maintenant appelée *Gaspésie*, regroupe depuis dix-huit ans divers articles, témoignages, notices généalogiques et anecdotiques, etc. d'ordre régional. Signalons aussi *L'Histoire au pays de Matane*, qui restreint son champ d'investigation à un territoire plus limité.

Sur la préhistoire gaspésienne, les travaux sont encore très rares. La plus importante recherche est la thèse de José Benmouyal, *North Gaspe Prehistory: Contribution to Quebec Archeology* (Ph. D., Archeology, Simon Fraser University, 1969). On en a donné un aperçu dans « La Gaspésie » (*Recherches amérindiennes au Québec*, 7:1-2, 1978). Mentionnons aussi l'article de T.E. Lee, « Some Remarkable Sites in the Gaspe » (*Anthropological Journal of Canada*, 7:2, 1969) et le volume de Georges Barré, *Cap-Chat, Un site du Sylvicole moyen en Gaspésie* (MAC, 1978). Pour l'étude des Amérindiens, quelques sources sont à consulter dont les *Relations des Jésuites* (6 vol.) et surtout Chrestien Le Clercq, *Nouvelle Relation de la Gaspésie...* (The Champlain Society 1910), qui est un bon exemple de l'image que se faisait un missionnaire des premiers habitants de la péninsule et qu'il faut utiliser avec précaution. Plus ethnographique est Nicolas Denys, *The Description and Natural History...* (The Champlain Society, 1908). La plupart des études sur les Micmacs portent sur le groupe en général et laissent peu de place aux « Gaspésiens ». Seuls Pacifique de Valigny dans « Restigouche. Métropole des Micmacs... » (*Bulletin de la Société de Géographie de Québec*, XIX:1-2, 1925) et Philip K. Bock dans *The Micmac Indians of Restigouche...* (Musée national du Canada, Bulletin no 213, 1966) s'intéressent directement à ceux de la Baie-des-Chaleurs. Pour approfondir la recherche, il semble nécessaire de consulter les archives des Capucins de Ristigouche (ANQR).

La Gaspésie du Régime français n'a pas encore fait l'objet d'un travail approfondi. Une bonne introduction à la période a été faite par David Lee, « Les Français en Gaspésie » (*Cahiers d'archéologie et d'histoire*, no 3,

1972); l'auteur a dépouillé bon nombre de sources manuscrites. *Honguedo ou l'histoire des premiers Gaspésiens* de Jacques et Maryvonne Crevel (Garneau, 1970), malgré l'absence d'interprétation et la mauvaise qualité de l'édition, a le mérite de réunir les textes les plus importants de l'époque. Les explorateurs qui ont visité les côtes gaspésiennes ont laissé plusieurs descriptions de celles-ci, tels Jacques Cartier, *Voyages...* (Éd. Hurtubise HMH, 1977) et Champlain (C.H. Laverdière, *Oeuvres de Champlain*, E. Desbarats, 1870). Pour ce qui est de la pêche, les meilleures précisions sont apportées par Charles De La Morandière, *Histoire de la pêche française...* (Maisonneuve et Larose, 1962, T. 1). Le phénomène des entrepreneurs canadiens et français qui s'installent dans la péninsule est mal connu. Les deux articles de Mario Mimeault, « michel Mahiet...» (*RHG*, XVII:1-2, 1979) et « Jean Barré...» (*Gaspésie*, XIX:1, 1981) montrent que c'est à partir des actes notariés qu'il faut établir la recherche. L'histoire religieuse et militaire a eu quelques historiens dont le père Hugolin « L'établissement des Récollets...» (*BRH*, 17;12, 1912), Gustave Lanctôt, « Le dernier effort...» (*MSRC*, vol. XII, 1918) et Judith Hudson, *The Battle of Restigouche* (National Historic Sites, 1968).

La période de l'histoire gaspésienne qui s'étend de la Conquête anglaise au milieu du 19e siècle était, il n'y a pas si longtemps, encore mal connue. Précisons d'abord que cette partie du volume est une adaptation de la thèse de Marc Desjardins, *La Gaspésie, 1760-1850* (M.A., histoire, Université Laval, 1981). Peu de temps après que fut terminée la rédaction des années 1760-1850, paraissait l'étude de David Lee, « La Gaspésie, 1760-1867» (*Cahiers d'archéologie et d'histoire*, no 23, 1980); nous n'avons ainsi pu mettre à contribuiton les recherches de Lee. Les deux textes ayant plusieurs objectifs communs, les recoupages sont cependant inévitables. Sur l'histoire générale de la pêche à la morue, le livre de Harold A. Innis, *The Cod Fisheries. The History of an International Economy* (University of Toronto Press, 1970) s'avère indispensable. La thèse d'André Lepage, *Le capitalisme marchand en Gaspésie: la cie Robin dans la Baie des Chaleurs, 1820-1870* (Ph. D., anthropologie, Université Laval, à paraître) sera la première analyse fouillée sur le système commercial jersiais en Gaspésie et plus particulièrement sur les relations entre la compagnie Robin et les pêcheurs. Lepage a également rédigé pour le compte du MAC divers rapports sur cet aspect du passé gaspésien, dont *L'économie domestique des pêcheurs de la Baie des Chaleurs, clients de la compagnie Robin, 1826-1861* (1980). L'article de Roch Samson, « Gaspé 1760-1830. L'action du capital marchand chez les pêcheurs» (*Anthropologie et Sociétés*, 5:1, 1981) est aussi à consulter. Un autre article digne de mention est celui de David J. McDougall, « The Shipbuilders, Whalers and Master Mariners of Gaspé Bay in the Nineteenth Century» (*The Enterprising Canadians...*, St.

John's, Memorial University of Newfoundland, 1979). Le commerce jersiais a fait l'objet de la thèse de Rosemary E. Ommer, *From Outpost to Outpost — The Jersey Merchant Triangle in the Nineteenth Century*. Ph. D., McGill University, 1978. Sur les groupes ethniques, peu de choses. Pour les Acadiens, voir Bona Arsenault, *Histoire et généalogie des Acadiens* (Leméac, 1978, 6 vol.) et pour les Loyalistes, A.D. Flowers, *The Loyalists of Baye Chaleur* (Precise Instant Printing, 1973). Quelques chroniques de voyage et rapports d'enquête sont riches en renseignements sur cette époque. Ainsi, les comptes rendus de Mgr J.-Octave Plessis, « Journal de la mission de 1811 et de 1812 » (*Le Foyer Canadien*, vol. 3, 1865), de Joseph Bouchette, *Description topographique...* (Faden, 1815) et *The British Dominions...* (Longman et alii, 1832), du « Rapport du comité d'enquête sur les Prétentions... » (*JCA*, vol. 29-30, 1820-1821, app. X, 1821), du « Rapport du comité spécial sur la pétition... » (*JAC*, vol. 39, 1830, app. T) et surtout de J.-B.-A. Ferland, *La Gaspésie* (A. Côté et Cie, 1877).

Pour la période 1850-1920, on dispose d'une documentation plus abondante. Sur la société gaspésienne, il faudra surveiller la thèse de Frank W. Reiggi, *Nineteenth Century Settlement and Colonisation on the Gaspé North Coast...* (Ph. D., Geography, McGill University, à paraître). Sur la pêche, le rapport de Roch Samson, *La pêche à Grande-Grave au début du XXe siècle* (Parcs Canada, 1977) s'avère intéressant. Du même auteur, une thèse: *Pêcheurs et marchands de la Baie de Gaspé au 19e siècle: les rapports de production entre la compagnie Hyman & Sons et ses pêcheurs-clients* (M.A., anthropologie, Université Laval, 1981). On peut aussi consulter avec profit E.T.D. Chambers, *Les pêcheries de la province de Québec* (MCMP, 1912). Deux séries de témoignages nous donnent des renseignements de grande importance sur la société et l'économie gaspésiennes des années 1850-1880. Ce sont d'abord les rapports annuels de Pierre Fortin, Théophile Têtu et Napoléon Lavoie du Service Canadien des Pêcheries (*App. des JAL* et *Doc. de la Session* fédéraux, 1855 et ss.) et ensuite les *Rapports sur les missions du diocèse de Québec* (1859-1874). Chez les contemporains, il faut aussi mentionner l'ouvrage de Thomas Pye, *Canadian Scenery: District of Gaspé* (John Lovell, 1866), traduit et annoté par Jean Laliberté et André Lepage sous le titre *Images de la Gaspésie au XIXe siècle* (Presses Coméditex, 1980). L'*Esquisse sur la Gaspésie* de Jean-Chrysostome Langelier (Mercier et Cie, 1884) renferme également des renseignements de premier ordre. Même chose pour les deux brochures d'Alfred Pelland, *Vastes champs... La Gaspésie* (MCMP, 1914) et *Vastes champs... la région Matane-Matapédia* (MCMP, 1912) dont une partie est rétrospective.

Au 20e siècle, l'utilisation des journaux est très importante. Si la grande presse permet de saisir les moments importants de l'histoire politique, les hobdomadaires régionaux nous renseignent sur un éventail de sujets et témoignent des préoccupations de l'élite gaspésienne. Sur l'économie des années 1920, il faut consulter le volume premier de *L'Est du Canada français* du géographe Raoul Blanchard (Beauchemin, 1935). Ce dernier a parcouru la péninsule et a laissé des constatations qui témoignent d'une grande perspicacité. Voir aussi *La Gaspésie, ses ressources naturelles et son développement économique* (Ottawa, Ministère de l'Intérieur, 1926). Les inestimables rapports de l'enquête économique de 1937, *Inventaire des ressources...* des comtés de Matane, Gaspé-Ouest, Gaspé-Est et Bonaventure (Mamic, 1937) permettent une vue détaillée des problèmes qu'affronte chaque localité pendant la crise économique. On peut aussi consulter les volumes de la collection « Notre milieu » dirigée par Esdras Minville (Fides, 1943-1946) qui font une large place à la Gaspésie, particulièrement celui sur les pêches. Sur ce thème, voir aussi Louis Bérubé, *Coup d'oeil sur les pêcheries de Québec* (École Supérieure des Pêcheries, 1941). Sur les années d'après-guerre, l'ouvrage de base est celui du géographe Pierre-Yves Pépin, *La mise en valeur des ressources naturelles...* (MIC, 1962). Très intéressant et détaillé, il peut aussi servir à l'étude de périodes antérieures. Dans la même veine, voir les divers travaux du BAEQ. Le centre industriel de Chandler a bénéficié de deux thèses: Gregor Kremenliev, *The Company and the Town...* (M.A., History, Concordia University, 1975) et Jean Audet, *Géographie de Chandler...* (M.A., géographie, Université Laval, 1965). Signalons aussi quelques thèses qui datent des années 40: Gérard Guité, *Le milieu gaspésien et ses ressources* (Licence, sciences sociales, Université Laval, 1947); Thérèse Légaré, *Conditions économiques et sociales des familles de Gaspé-Nord* (*Ibid.*, 1947). Sur le tourisme, voir la thèse de Roger Brière, *Le tourisme en Gaspésie* (M.A., géographie, Université de Montréal, 1957). Sur le mouvement coopératif chez les pêcheurs, il faut consulter Paul Larocque, *Pêche et coopération au Québec* (Éd. du Jour, 1978). On pourra compléter par Louis Bérubé, *Une victime de l'âge de fer: le premier mouvement coopératif chez les pêcheurs de la Gaspésie* (M. Sc. Soc., Université Laval, 1949) et Pierre Provost, *Contre vents et marées. Les 55 ans de la Coopérative des pêcheurs de Carleton* (Éd. officiel du Québec, 1978). Sur les transformations socio-économiques de l'après-guerre, le lecteur aurait intérêt à lire le *Belle-Anse* du sociologue Marcel Rioux (Musée National du Canada, Bulletin no 138, 1961) et la thèse de Yvon Daneau et Jean-Paul Gagnon, *Organisation sociale en Gaspésie* (M.A. sociologie, Université Laval, 1962). La ville minière de Murdochville a suscité deux travaux. Dans *Monographie de Murdochville* (Licence, géographie, Université Laval, 1971), Philippe Vaillancourt s'est intéressé à l'évolution du centre industriel tandis que Roger Cabot a analysé la célèbre grève de 1957 dans *Le conflit de reconnaissance syndicale de Murdochville en 1957*, (M.A., relations industrielles, Université Laval, 1966). Pour les questions d'ordre religieux, voir les mandements des évêques de Gaspé et la *Revue d'histoire de la Gaspésie*, en particulier le numéro spécial double d'avril-septembre 1972. Sur la minorité protestante et son déclin, le lecteur consultera avec profit Roger Clarke, *In Them Days. The Breakdown...* (Ph. D., Geography, McGill University, 1972).

* * *

Depuis les années 1960 et particulièrement depuis l'expérience du BAEQ (1963-1966), on compte une multitude de publications concernant la Gaspésie, qui se trouve intégrée dans un ensemble territorial plus vaste: l'Est du Québec. Cette « région-plan », comme on l'a souvent désignée, recouvre le Bas-Saint-Laurent et la Gaspésie. Nous ne citerons ici que quelques titres plus significatifs à travers la multitude d'études sectorielles et régionales. (Pour plus de détails, consulter la banque bibliographique informatisée BADADUQ de l'Université du Québec).

Au départ, il convient de mentionner les travaux du géographe Clermont Dugas de l'UQAR, qui font le point sur l'aménagement du territoire et qui mettent en relief les problèmes liés à la dispersion: *L'Est du Québec à l'heure du développement régional*. Rimouski, Cahiers de l'UQAR, no 1, 1975, 328p.; *Un pays de distance et de dispersion*. Québec, Presses de l'Université du Québec, 1981, 221p. Bibl. p. 209-216; « Étude des facteurs de modification de la répartition du peuplement dans l'Est du Québec (1966-1971)». *Cahiers de géographie de Québec*, 19, 46 (avril 1975): 167-188.

Il n'existe à ce jour aucune étude historique d'ensemble sur le BAEQ, bien qu'on puisse relever de nombreux articles commentant l'expérience. La meilleure analyse-bilan est celle de Clermont Dugas: « Le développement régional de l'Est du Québec, de 1963 à 1972», *Cahiers de géographie de Québec*, 17, 41 (sept. 1973): 292-315. Voir aussi: Paul Angers et Léon Dion. *Particiption et planification régionale: l'expérience du BAEQ (1963-1966)*. Québec, Université Laval, 1971, 319p. (miméographié). Sur l'intervention dans le secteur des pêches, consulter Omer Chouinard, *Une expérience de développement régional dans l'Est du Québec: l'intervention dans le secteur pêche en Gaspésie et aux Iles-de-la-Madeleine (1963-1972)*. M. Sc. (sociologie), Université Laval, 1975.

Sur les années 1970, citons quelques publications en particulier: Cormier-B., Micheline, *La consolidation du sous-développement de la région Bas-Saint-Laurent-Gaspésie*, M.A. (sociologie), Université de Montréal, 1974. OPDQ. *Le profil de l'Est du Québec. Région 01*. Coll. « Les schémas régionaux », Québec, Office de planification et de développement du Québec, 1976, 209p.; OPDQ. *L'armature urbaine de l'Est du Québec. Région 01*. Coll. « Les schémas régionaux », Québec, OPDQ, 1977, 181p. Cartes.; *La problématique du développement en milieu rural*. Rimouski, UQAR-GRIDEQ, 1976, 277p.; *L'Est du Québec*. Numéro spécial de la revue *Possibles*, 2, 2-3 (hiv.-print. 1978. Charles Banville. *Les Opérations Dignité*. Québec, Fonds de recherches forestières de l'Université Laval, 1977, 128p. Alain Gagnon. *Le modèle centre-périphérie appliqué à l'Est du Québec*. Cahiers du GRIDEQ, no 6, Rimouski, Université du Québec à Rimouski, 1979, 154p. Bibl. p. 137.

Index

S

TUVWY

Table
des matières

Sixième partie

Nous remercions les personnes et les institutions qui ont bien voulu apporter leur aide à la trame illustrative de notre *Histoire de la Gaspésie*:

Monsieur Pierre Dansereau, Madame Douglas Barette, Monsieur Alexandre Bernier, Monsieur A. Bédard, Madame Madeleine Bisson, Monseigneur Alcidas Bourdages, Madame Christiane Brink-Martel, Monsieur Guy Collin, Madame Cynthia Dow, Monsieur Jean-Marie Fallu, Monsieur Robert Fortin, Monsieur Michel Goudreau, Monsieur Lionel Mauger, Monsieur Arthur Campbell, Monsieur J.-A. Campbell, Madame Helen Watson, Monsieur Charles Bernard, Monsieur Alfred Cassidy, Monsieur Jean-Marie Jobin, Monsieur Albéric Babin, Monsieur Fabien Sinnett, Monsieur Judes Hughes, Archives nationales du Québec, Archives publiques du Canada, Archives du Séminaire de Québec, Canadian Geographical Society, Canadien National, Galerie nationale du Canada, Musée McCord, Musée du Québec, New Brunswick Museum, *Nos racines*, le journal *Le Pharillon*, le journal *Le Havre*, le journal *Spec*, Royal Ontario Museum, Metropolitan Toronto Library, Ursulines de Gaspé, Évêché de Gaspé, Augustines de Gaspé, Musée régional de Gaspé, Parcs Canada, Éditeur officiel du Québec, Inventaire des biens culturels du Québec, Philatelic Bureau of the Jersey Postal Administration

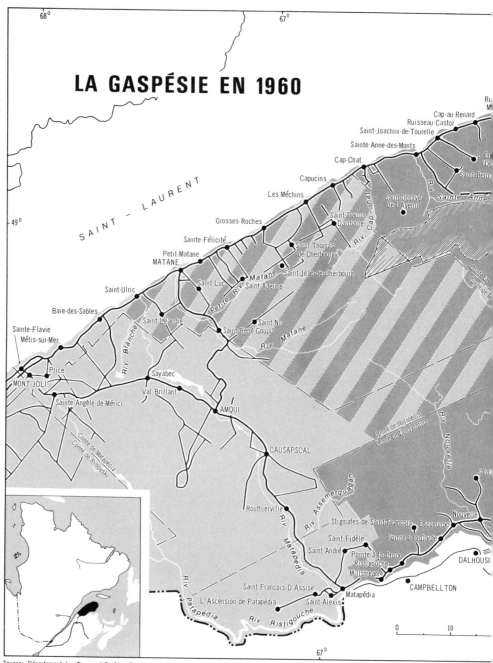

LA GASPÉSIE EN 1960

SAINT – LAURENT

68°
67°
49°
67°

Cap-au-Renard
Ruisseau-Castor
Saint-Joachim-de-Tourelle
Sainte-Anne-des-Monts
Cap-Chat
L En
(D
Saint-Bern
Capucins
Les Méchins
Saint-Octave-de-l'Avenir
Grosses-Roches
Saint-Paulin-Dalibaire
Sainte-Félicité
Saint-Thomas-de-Cherbourg
Petit-Matane
MATANE
Saint-Luc
Matane
Saint-Jean-de-Cherbourg
Saint-Ulric
Saint-Adelme
Baie-des-Sables
Saint-Léandre
Saint-Nil
Saint-René-Goupil
Sainte-Flavie
Métis-sur-Mer
Price
Sayabec
MONT-JOLI
Val-Brillant
Sainte-Angèle-de-Méric
AMQUI
CAUSAPSCAL
Riv. Blanche
Riv. Matane
Petite Riv.
Riv. Cap-Chat
Riv. Sainte-Anne
Comté de Matapédia
Comté de Rimouski
Comté de Matapédia
Comté de Bonaventure
Riv. Nouvelle
Riv. Assemetquagan
Routhierville
Stigmates-de-Saint-François
Escuminac
Nouvelle
Saint-Fidèle
Pointe-à-la-Garde
Saint-André
Pointe-à-la-Croix
Ristigouche
Millstream
DALHOUSI
Saint-François-D'Assise
Matapédia
CAMPBELLTON
L'Ascension-de-Patapédia
Saint-Alexis
Riv. Matapédia
Riv. Patapédia
Riv. Ristigouche

0   10

Source: Département des Terres et Forêts, <u>Province de Québec, districts provinciaux électoraux.</u> 1957.

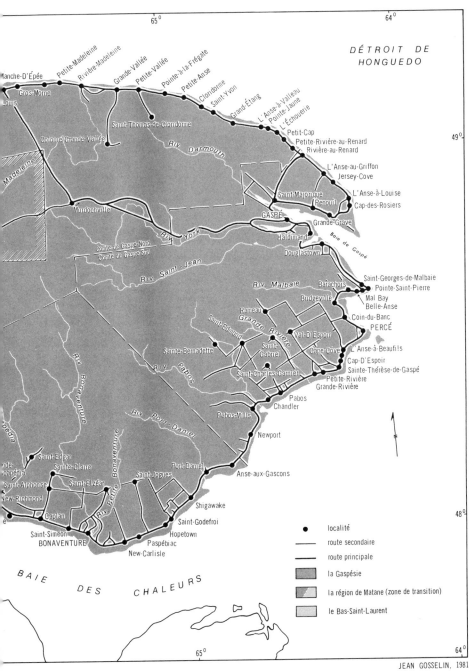

DÉTROIT DE HONGUEDO

65° 64°

Manche-D'Épée
Petite-Madeleine
Rivière-Madeleine
Gros-Morne
Louis
Grande-Vallée
Petite-Vallée
Pointe-à-la-Frégate
Petite-Anse
Cloridorme
Saint-Yvon
Grand-Étang
Colombe-Grande-Vallée
Saint-Thomas-de-Cloridorme
L'Anse-à-Valleau
Pointe-Jaune
L'Échouerie
Petit-Cap
Petite-Rivière-au-Renard
Rivière-au-Renard
Riv. Darmouth
L'Anse-au-Griffon
Jersey-Cove
Madeleine
Murdochville
Saint-Majorique
Penouil
L'Anse-à-Louise
Cap-des-Rosiers
GASPÉ
Grande-Grave
Riv. York
Haldimand
Baie de Gaspé
Comté de Gaspé-Nord
Comté de Gaspé-Sud
Douglastown
Riv. Saint-Jean
Saint-Georges-de-Malbaie
Riv. Malbaie
Barachois
Pointe-Saint-Pierre
Bridgeville
Mal Bay
Belle-Anse
Rameau
Saint-Edmond
Grande Rivière
Coin-du-Banc
PERCÉ
Sainte-Bernadette
Saint-Gabriel
Val-D'Espoir
Cape-Cove
L'Anse-à-Beaufils
Cap-D'Espoir
Riv. Pabos
Saint-Charles-Garnier
Sainte-Thérèse-de-Gaspé
Petite-Rivière
Grande-Rivière
Riv. Bonaventure
Pabos
Chandler
Riv. Port-Daniel
Pabos-Mills
Newport
Petite Bonaventure
Saint-Edgar
Sainte-Claire
Saint-Jogues
Port-Daniel
Anse-aux-Gascons
Saint-Alphonse
Saint-Elzéar
New-Richmond
Shigawake
Caplan
Saint-Godefroi
Saint-Siméon
Hopetown
BONAVENTURE
Paspébiac
New-Carlisle

48°

49°

localité
route secondaire
route principale
la Gaspésie
la région de Matane (zone de transition)
le Bas-Saint-Laurent

BAIE DES CHALEURS

65° 64°

JEAN GOSSELIN, 1981

Achevé d'imprimer
le 31 novembre 1981 par les travailleurs
des ateliers Marquis, à Montmagny,
pour le compte des éditions du Boréal Express